白珖 編著

大運
大易卦

易術全書

明文堂

추 천 사

三星運命哲學館의 白玧 先生이 「易術全書」를 펴내게 되매 축하의 慶賀를 금할 수가 없읍니다. 易術 全般에 걸쳐서 이처럼 重厚한 冊子가 나왔다는 것은 易術界의 慶事는 물론 全國民의 期待에 相應하는 바라고 思料되는 바입니다.

觀相, 手相, 姓名, 四柱, 宮合을 하며 묶어 본 사실만으로도 귀중한 意義를 內包하고 있습니다. 사실 易學은 광범위하고 깊은 學問인 것입니다. 이것이 잘못 인식되어 文明에 逆行하는 迷信처럼 보는 견해는 速히 拂拭되어야 하겠습니다.

易學은 宇宙萬物의 原理를 究明하는 哲學입니다. 이 宇宙의 攝理로 볼 때 人間은 하나의 小宇宙인 것입니다. 故로 觀相 四柱등은 別個의 分野가 아니고 相互 聯關性을 지니고 있는 만큼 分離해서 論할 수 없음은 再論할 필요도 없겠읍니다.

易術全書라고 하니까 막연히 소홀할 것이 아니냐 하는 의문을 갖게 되는 분도 있을지 모르겠으나 실제로 本書를 살펴본다면 그 치밀함과 세밀함에 놀라움을 금치 못할 것입니다. 「姓名學」 하나만 예를 들어 말할지라도 數理解說에 의한 作名法, 五行으로 姓名짓는법, 陰陽에 依한 姓名配置法, 朱子式(往來式) 解名法, 周易에 의한 姓名鑑定法 등으로서 「성명학」으로는 이 이상 完璧을 期할 수가 없다고 봅니다.

白玧 先生은 世上이 다 아는바와 같이 學士 易術人으로서는 國內 唯一의 觀相家입니다. 이분의 眼目으로 엮어진 本書야 말로 易術界에서는 勿論 一般 家庭이나 한卷씩 備置할 寶典이라고 서슴없이 추천하는 바입니다.

崔 道 和 識

추천사

避凶就吉코자 함은 人之常情이라 하겠습니다. 그래서 사람들은 누구나가 자기의 운명을 미리서 알고 싶어 하는 것인지도 모릅니다.

神이 아닌 이상 남의 운명을 어떻게 예언할 수 있을 것인가 懷疑하지 않을 수 없을 것입니다만 宇宙萬物의 原理를 바탕으로 한 易理는 능히 그 攝理에서 벗어날 수 없는 人間의 운명을 豫斷할 수 있을 것입니다. 얼굴을 보고서 骨相學的으로 어떤 類型의 人間이며 性格과 運勢를 대략 말해줄 수 있는 것임이 하나의 常識이고 氣色을 정확하게 볼 줄 안다면 몇시간이나 며칠 후로 다가올 운명을 的中시킬 수 있습니다. 그만큼 정확한 역술인의 慧眼은 通靈하는 바라고 하겠습니다.

觀相、手相、姓名、四柱라고 하면 前近代的인 遺物視하는 傾向이 없지 않음은 유감이 아닐 수 없습니다. 易理의 聖典처럼 귀하게 여겨지고 있는 「周易」은 東洋의 古典으로 첫손가락에 꼽히고 있음을 감안할지라도 우리는 이에 대한 새로운 認識이 要請된다고 보겠습니다.

此際에 學士 易術人으로 似而非 易術을 배격하고 易術界의 倫理淨化를 위해 앞장서고 있는 大韓易道倫理委員會 委員長으로 계시는 白珖先生이 「易術全書」를 編著한 사실에 대해서 慶賀의 念을 금할 수가 없는 바입니다. 이 冊이 널리 普及되어 많은 사람들에게 易術이 무엇인가를 인식케 하는 것은 勿論 處世에 적잖은 도움이 될 것이라고 믿어 의심치 않는 바입니다

李 月 海 識

머리말

근래에 관상(觀相)、수상(手相)、성명(姓名)、사주(四柱)에 관한 책자가 몇가지 나왔습니다만 너무 전문적이거나 너무 초보적인 감이 없지 않았고 또 이를 종합한 전서(全書)도 지금껏 나온바가 없음을 감안하고 본인이 이번에 역술전서(易術全書)를 내놓게 되었습니다. 역술이 마치나 문명(文明)의 이단(異端)인 것처럼 괴잔을 받기도 합니다만 사실은 그 반대입니다. 역술인을 찾아오는 사람의 수는 나날이 늘어가고 있습니다. 자기의 과거와 현재 미래의 운명을 판단 받고자 하는 사람으로서 역술이라는 것이 전혀 근거가 없는 미신이라고 하면 돈이 드는 짓을 절대로 하지 않을 것입니다. 오늘날 역술인을 찾는 사람은 특히 지식인들이 많음을 볼 수 있습니다.

역술은 엄연히 四천년의 전통을 가지고 통계과학(統計科學)、경험과학(經驗科學)으로써 오래전부터 실증(實證)이 되어왔던 것입니다. 사람은 누구나가 주어진 운명이 있습니다. 그 운명을 전폭적으로 바꿀 수는 없고 다만 후천적(後天的)인 노력으로 약간 고치게 할 수는 있는 것입니다. 그러니까 역술인이 어느 사람의 운명을 판단해주고 불행한 운을 시사(示唆)해줌으로써 그걸 피하는데 노력하도록 하는 것입니다. 본인은 이를 우산에 비유를 하고 싶습니다. 비가 온다고 해서 우리가 그 비를 완전히 안맞고 걸어갈 수는 없고다만 우산을 받침으로써 비를 덜 맞을 수 있다는 것입니다. 역술은 반드시 역술인 만의 전매특허는 아닙니다. 엄연한 역리(易理)에 근거해서 보게 되는만큼 좀더 많은 사람들이 역술인을 찾아가는 번거로움을 피하고 책 한권이면 어떤 것이든 족히 알아볼 수 있도록 역술을 종합하고 또 친절한 설명을 해서 알기 쉽도록 꾸몄으면 하는 평소의 염원이 오늘에야 그 결실을 보게 되었습니다.

선배나 동학의 연구를 참고하고 아울러 본인의 연구를 토대로 해서 펴낸 것이 강호제현(江湖諸賢)에게 다소나마 도움이 된다면 더 없는 기쁨으로 알겠습니다.

白 珖 識

易術全書 차례

제六장 기색론(氣色論) ---- (56)

기색(氣色)의 구별, 육기(六氣)의 구별, 동색(動色), 수색(守色), 취색(聚色), 산색(散色), 성색(成色), 변색(變色), 이색(利色), 해색(害色), 건체색(蹇滯色), 활염색(滑艶色), 광부색(光浮色)

제二편 수상학(手相學)

제一장 손의 형태와 특징 ---- (65)

수상의 의의, 오른손과 왼손, 여자의 수상, 큰손과 작은 손, 손의 모양, 손바닥의 특징과 기상.

제二장 다섯 손가락과 손등 ---- (66)

각 손가락의 성능, 손가락의 형상, 손가락의 길이와 형태, 엄지손가락의 형상, 손가락 끝의 특징, 손등의 형상.

제三장 손의 형상과 손바닥의 구(丘) ---- (69)

사각형, 예술형, 주걱형, 철학형, 원추형, 원시형, 혼합형, 손의 세 구분, 구(丘)의 명칭, 각구의 작용 의의

제四장 손금 ---- (72)

생명선과 운세, 명운선과 운이, 재운선과 재물, 두뇌선과 성격, 감정선과 애정운, 결혼선과 결혼운, 태양선과 인기, 건강선과 건강, 직관선과 재능, 방종선과 체질, 수경선과 지능, 금성대와 감수성, 팔찌선과 따따증세, 기타의 선과 약호.

제三편 성명학(姓名學)

제四편 사 주 학(四柱學)

제五편 남녀 궁합 보는 법

제一편 관상학(觀相學)

관상이 좋다고 태만하면 안되고 반면에 관상이 나쁘다고 실망할 필요는 없다. 관상(觀相)이 불여심상(不如心相)이란 말이 있지 않은가. 노력하는 사람에게 행운은 돌아오는 것이다.

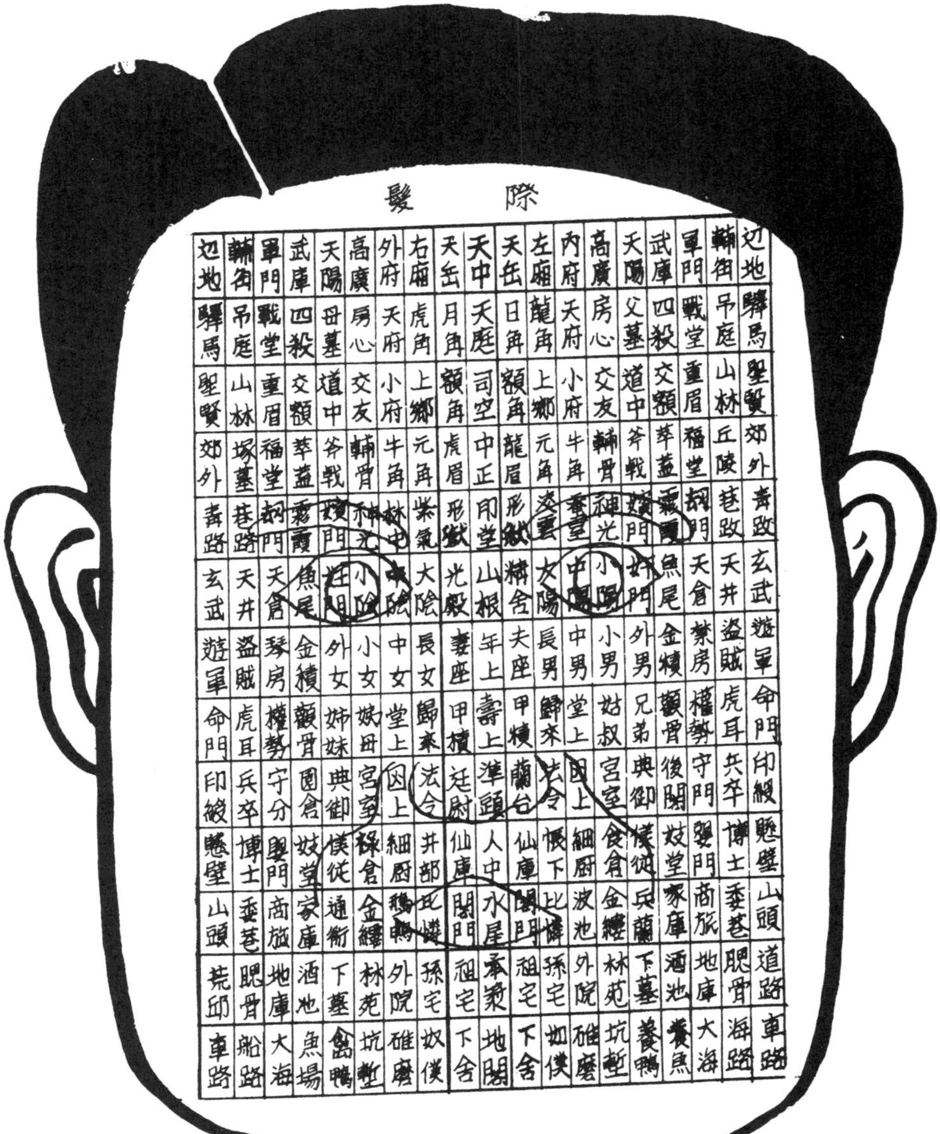

髮際
邊地 輔角 軍門 武庫 天陽 高廣 外府 右廂 天岳 天中 天岳 左廂 內府 高廣 天陽 武庫 軍門 輔角 邊地
驛馬 弔庭 戰堂 四殺 父墓 房心 天府 虎角 月角 天庭 日角 龍角 天府 房心 父墓 四殺 戰堂 弔庭 驛馬
聖賢 山林 重眉 交額 道中 交友 小府 上卿 額角 司空 額角 上卿 小府 交友 道中 交額 重眉 山林 聖賢
郊外 塚墓 福堂 華蓋 斧戟 輔骨 牛角 元角 虎眉 中正 龍眉 元角 牛角 輔骨 斧戟 華蓋 福堂 丘陵 郊外
靑路 巷路 劫門 彩霞 紫氣 形獄 印堂 形獄 蠶室 神光 彩霞 劫門 巷政 靑政
玄武 天井 天倉 魚尾 太陰 光殿 山根 精舍 太陽 魚尾 天倉 天井 玄武
遊軍 盜賊 琴房 金櫃 外女 小女 中女 長女 妻座 年上 夫座 長男 中男 小男 外男 金櫃 禁房 盜賊 遊軍
命門 虎耳 權勢 顴骨 姉妹 姨母 堂上 歸來 甲櫃 壽上 甲櫃 歸來 堂上 姑叔 兄弟 顴骨 權勢 虎耳 命門
印綬 兵卒 守分 園倉 典御 宮室 因上 法令 廷尉 準頭 蘭台 法令 因上 宮室 典御 後閣 守門 兵卒 印綬
懸壁 博士 嬰門 妓堂 僕從 祿倉 細厨 井部 仙庫 人中 仙庫 帳下 細厨 食倉 僕從 妓堂 嬰門 博士 懸壁
山頭 委巷 商旅 家庫 通衢 金縷 鵝鴨 比隣 閣門 水星 閣門 比隣 波池 金縷 兵蘭 家庫 商旅 委巷 山頭
荒邱 肥骨 地庫 酒池 下墓 林苑 外院 孫宅 祖宅 承漿 祖宅 孫宅 外院 林苑 下墓 酒池 地庫 肥骨 道路
車路 船路 大海 魚場 鵝鴨 坑塹 碓磨 奴僕 下舍 地閣 下舍 奴僕 碓磨 坑塹 養鴨 養魚 大海 海路 車路

(十三部位圖)

제一편 관상학(觀相學)

제一장 관상개설

— 옛날 동양의 성현들이 마음의 상 피부의 상을 연구한 학문으로 오랜 시일을 거쳐 경험을 쌓아서 얻어진 지식이며 인생철학인 동시에 통계학적 과학이므로 지금까지 계속 발달하고 있으며 서양에서도 연구열이 높아가고 있다.

인상의 관찰 방법은 어떻게 하나

1 우선 형을 본다……사람의 감추어져 있는 성질에나 운명을 보는데는 제일 먼저 얼굴이나 자세의 모습에서 실마리를 찾지 않으면 안된다. 이 형이라는 것은 체격의 살마름, 눈 코 입의 대소 윤곽의 어디에 특히 장점이 있으며 결점이 있는가 하는 그 눈에 띄는 형상을 말하는 것이다.

2 활기를 본다……살아 있는 한 사람은 생명력이 있다. 이 생명력이 어떠한 상이 되어 외면에 나타나는 그 상태가 곧 활기인 것이다. 운이 좋은가 나쁜가 하는 것은 이 활기와 깊은 연관성을 가지고 있다. 이것을 육체의 면으로 볼 때 신체의 활기가 있는 경우는 더 말할 것 없이 건강하여 병마가 침입할 겨를이 없고 만일에 병을 앓다가 속히 회복되어 원기를 돌구게 되는 것이다. 또 운명의 면으로 볼 때 금전운에 활기가 있는 경우는 금전운에 길이 열려서 일가의 번영을 가져오게 할 수가 있는 것이다. 이와 반대로 만일 활기를 잃게 되면 신체가 허약하게 되거나 가난하거나 하여 어두운 운명에 빠지게 된다. 이와 같은 활기는 얼골이나 자태의 그 어딘가에 형상을 통하여 나타나는 것이지마는 만일 이 활기를 놓치고 형상만이 잡히게 되면 사람의 운의 성쇠나 성질의 움직임은 도저히 판단하기 어려운 것이다.

3 인물은 마음의 가짐에서……인상은 마음가짐에 따라서 변해진다. 신경질적인 사람은 신경질적으로 태평한 사람은 태평함이 얼굴 표정에도 나타나게 된다. 운명도 이와 같이 마음의 변화에 따라 변하게 된다.

4 인상은 운명을 만든다……옛날에 웃는 집에 복이 든다고 하였다. 항상 웃는 사람은 인상이 웃는 인상이 되어 좋은 운이 찾아들 것이다.

운세의 분류법

……생애의 운세는 사람의 얼굴에 따라 그 사람의 일생의 운·불운을 판단하는 것인데 이것에는 얼굴을 상·중·하의 三단계로 나누어 보는 방법이 가장 자연스럽고 또 보기도 쉬우므로 옛부터 이 방법이 많이 쓰여지고 있다(그림-五). 머리털 난데서부터 눈섭까지는 초년운(初年運). 눈섭 난데서부터 코끝까지는 중년운(中年運). 코끝부터는 턱밑까지는 만년운(晩年運).

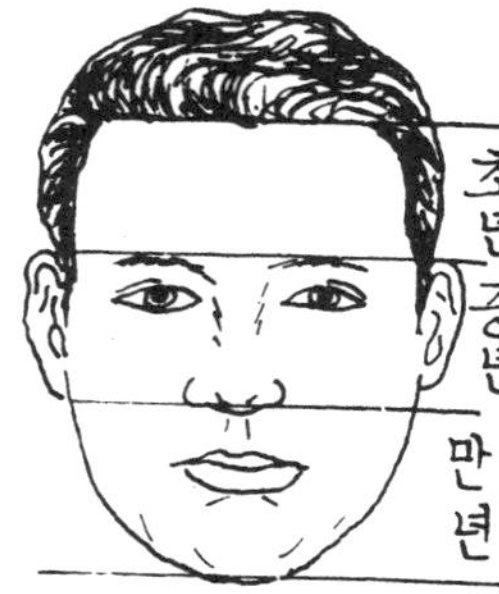

(그림-1)

※一四세 이하는 귀로써 본다(왼쪽 一—七세 오른쪽 八—一四세).

초년운(一五—三○세)……머리털 난 곳부터 눈섭 있는 데까지·즉 이마에 해당하는 부분은 청소년시대의 운·불운을 나타낸다.

○이 곳에서 상처가 없고 주름이 고이며 윤기가 있어 밝은 사람은 청소년시대에 건강하고 잘 성장하여서부모에게서도 많은 사랑을 받아 청춘을 즐길 수 있는 길상(吉相)이다.

○이마에 상처나 헌데가 있거나 주름이 난잡하게 져 있으면 청소년시대에 양친이 가난하거나 애정이 없으므로 해서 가정이 쓸쓸하고 또 신체가 허약하여 명랑하고 즐거운 생활을 누릴 수 없음을 나타내는 것이다.

중년운(三一―五○세)……눈썹 머리에서부터 코끝까지의 얼골을 횡단하는 일획(一劃) 곧 안면의 중앙부는 중년의 운세를 표시한다。

○눈·코·광대뼈·키를 포함하는 이 부분은 장년시대에 사회에 나와 생활전선(生活戰線)에서 재산·가정 지위를 확고히 할 수 있느냐、없느냐의 운세를 나타낸다。 이 부분에 큰 결점이 없으면 중년에 대과(大過)없이 보낼 수 있는 것이다。

○이 얼굴 중앙부의 코나 키의 어느 부분이 매우 작으면 중년에 재산을 모으기가 어렵게 되며 사회의 표면에 나서서 활동할 힘이 약해진다。

만년운(五一세 이후)……입·턱 등의 얼굴 아랫부분은 만년운을 나타내는데 곧 주택이 안정하고 자손이 번영하게 살 수 있을 것인가에 대한 것을 본다。

○입이 작지 않고 턱이 풍만하게 발달해 있는 사람은 좋은 주택에서 살며、인생 최후의 운을 완전히 다 할 수가 있는 것이다。

○얼굴 아랫부분의 턱이 빈약하고 작게 오무라든 사람은 중년에 비록 번영하였더라도 만년에는 자손에게 배반당하거나 주택의 안정이 없는 등 가정생활을 쓸쓸하게 마칠 격이다。

얼굴의 생김새와 성질

여윈형의 얼굴

1 얼굴 모양……얼굴이 길다란 것과 같이 신체의 각 부분 목·몸둥이·다리 등이 모두 가늘고 길어서 살이 충분이 붙지를 않고 골격도 또한 가늘어 보이며 체중이 가벼운 것이 보통이다(그림―2)

2 그 성질……이 형의 사람은 운동신경보다도 지각의 신경이 미묘하여 보고 듣는 것·맛을 보는 감각、등이 특히 민감하며 그것이 곧 쾌·불쾌의 표정으로 얼굴에 나타나 신경질처럼 보이기도 한다。

이와 같이 여윈 사람은 특히 얼굴이 긴 사람의 뛰어난 센스를 가지고 있어 음악·그림·문학·무용·옷 입는 법 같은 미모에 대한 동경이 강하며 재질이 뛰어난 미를 가질 줄 아는 눈을 가지고 있다。 그렇지 않더라도 머리를 쓰고 새로운 것을 창조해내는 재능이 있다。

(그림―2)

3 얼굴이 긴 여성……얼굴이 긴 여성은 미인이라 불리우는 사람에 흔히 보이는데 두뇌가 명석하고 눈치가 빨라서 주위를 항상 깨끗이 하는 습성이 있다。 사람에 따라서는 그것이 사치에 흘러 기품이 높고 실현하지도 못할 이상을 쫓는 수도 있다。 또 마음이 약한 탓으로 쓸데없는 고생을 하기도 하고 또 감정적인 사람이 되기도 한다。 그러나 모든 일에 수동적이어서 남의 호의를 달게 받아 생활할 팔자이며 또한 그와 같은 생각의 테두리에서 벗어날 수 없는 사람이기도 한 것이다。

4 건강……이와 같이 얼굴이 긴 사람은 남녀 다 같이 어려서부터 체력에 자신이 없고 지능이나 신경을 쓰는 것 또는 실내적인 흥미를 가지며 그 때문에 운동부족이 되어 그것이 쌓이고 쌓여서 신경쇠약이나 내장의 기능이 쇠약한 소모성 병에 걸리기 쉽다。 그러나 건강하지 못한 자기 자신을 잘 알아서 조섭을 잘 하는 사람은 살이 찌고 혈기가 많은 사람보다는 오히려 착실히 일하며 버티어 낼 수 있는 것이다。

5 직업……예술·예능과 같은 것 또는 학문이나 지식에 관계되는 일에 적당하며 창작력을 살리는 설계·고안·계획 등은 즐겨 할 수 있으므로 어느 조직에

서 일하는 사무원 등도 적격이다

얼굴이 모난 사람

1 얼굴모양…… 몸 전체의 골격이 굵고 살이 탄탄하며 얼굴이 검고 턱뼈 광대뼈 등이 뻗쳐서 얼굴이 네모지고 남자다운 상을 하고 있다(그림3)

2 성질…… 감정이 둔하여 희로애락을 표정이나 태도에 잘 나타내지 않으며 체력에 자신이 있어 일하는 방향으로 나간다면 상당한 생활을 이룰수 있으나 그릇된 방향으로 돌리게 되면 폭력을 쓰는 파괴적 인물이 된다。

(그림-3)

3 얼굴이 모난 여성……이와 같은 얼굴은 남성의 얼굴이다 그러므로 남성과 같은 면에서 일하여 여성다운 애교나 부드러움이 없으므로 남성의 관심을 사는 일이 없고 결혼후 맞벌이를 하든지 독신으로 지내게 된다. 광대뼈가 눈에 띠도록 튀여나온 여성은 이러한 성격이 더 농후하다.

4 직업…… 밖에서 노무적인 일에 종사함이 가장 적합하다. 또 다소 위험을 수반하는 일 사나운 기질의 사람들을 상대로 하는 일이 적합하다。

얼굴이 둥근 모양

1 얼굴 모양……이 형에 속하는 사람은 살이 찐 편이며 얼굴의 윤곽이나 신체에 있어서 둥근 곡선을 이루고 있다。남성이라도 이와 같은 형은 가슴에 살이 충분히 붙어 있고 배가 나와서 묵직한 체격을 이루고 있다(그림4)

2 성질…… 사람을 대하는데 부드럽고 몸집이 텁텁해 보이나 속히 피곤해 보인다。 근로정신이 결핍된 때는 비판을 받기 쉽다。 이러한 형은 육체의 향락에 빠지는 본능이 남보다 빠지는 경향이 있다。 또 면밀한 계획을 잘못 세우며 낭비를 잘 하며 반면에 애교가 있다。

(그림-4)

3 건강…… 단지 살이 쪄도 탄력이 없으면, 무지하고 감각이 둔하여 고생을 하게 되며 알맞게 탄력이 있으면 활기가 있고 생기가 넘치는 힘이 있어 지상의 화락을 체험해 나갈 수 있는 운이다。

4 직업…… 오랫동안 정성을 드리는 일은 할 수 없으나 애교를 본위로 하는 장사에 종사하면 호화로운 생활을 할 수 있다。

제2장. 얼굴의 각부 보는 법 — 이마(額)의 관상법

○운명을 결정하는 부분……이마는 지식의 창고인 동시에 그 사람의 근본 운동을 표시하는 중요한 부분입니다. 이마를 보고 현명하고 어리석음을 알려며는 그 모양은 물론 그 밖의 상도 보지 않으면 안됩니다。이마의 뼈가 나오고, 살이 두터우면 흠집이나 기미가 난잡한 무늬가 없고 피부의 살결이 고운 이마는 지성이 충분한 상이라 할 수 있다. 이마의 뼈가 나오고 들어감이 눈에 띠이개나 난잡한 무늬가 많은 것 살결이 거칠고 빛갈이 나쁜 것 등은 지성의 정도가 낮은 것을 의미한다。

○이마의 생김새

이마의 양쪽 구석의 뼈가 뻗치고 고 크게 벗어져 올라간 남성은 창의와 창작력이 있어서 계획, 설계 디자인 또는 음악·문예·그림 등에 이 체로 체질과 정열을 의미한다(그림5)

○모난 이마는 남성적인 이마로서 꼼꼼스럽고 실

무적이며 착실해서 여러사람의 신용을 얻는다 그리고
또 중년 후부터 인정을 받게 된다。(그림6)

(그림-5)

(그림-6)

○여성의 이마가 아취형으로
둥글게 벗어진 것은 후
처형이며 남편에게 의지
할 수 없는 처(그림7)

여성은 육감이 빠르고 남의 기분을 잘 맞추어 주는
교적인 재능이 있을 뿐만 아니라
랑한 기분으로 분위기를 변화
그리고 조용히 있을 기질이
사로서 나날이 분주히 보내게
속되지 못하나 또는 오랫동안
어서는 행복하게 지낸다(그림8)

(그림-7)

(그림-8)

고 정열적인 활동가로써 건설적
다。 이마가 넘어진 듯 하다고
다고는 볼 수 없다。
○이마가 소빈약하여 보이며
람은 성적인 늠름한 정신력과
에 재산을 모으기도 하지만
고 턱도 현저히 작고 비약하며
결합 또는 병약으로 인하여 보통의

○어렵다。
가 이마의 뼈가 전혀
이 평평하게 생긴 것은 눈에 뛰지 않고
한 것으로 체력이 나여 성에게서 볼 수 이마의
사람들과의 교제가 좋고 두지에는 절여 되어 있는 하부
수 있으며 애정도 깊다。 위의 사람들과도 동화할 수 있으나 상

고 미간(눈섭과 눈섭의 사이)……양
할 만큼 관상적으로도 또한 눈섭
강이나 정신의 급소 발달에 사이
운세의 전기 급소라 해는 당하며 건

(그림-9)

○것은 표전 생 또 개 강
생 없 없 인집을 고는 미이시에 활
정에 간다 에 당되 나도
을서 누여 사이。되정 시는
릴러람 므기구의 정 또
반태 은아 로로체 기신한
고어수사 름 서적운가의
났 람운답 크 으세
행복하며 있으세고 게이로의이발
복라는로가 미 곳달에
한도 부 말라 중 나길에
운터강아 요그 타흉 운해는
생자을 하서 시 나이 나세당
활기 호여 성 타의하
을의가감 흠 되패있아난 며
을 대지을재이 는가기직다전건

세기○보에고사난나
를는미내서 게을
간게 있되 난
나것에 부다어만잡
쁘이 된터。 나한
게 자다는혹즐는
는보。 거 주
통모 사가운일름
하이양 회난 이이
지며의 의한인
알좌주 인집을
는우름 정에
다의살 을서
。은
(그림9) 군형만 중년이 잡혀지나서부터 있으면 운생

(그림-10)

이마의 주름……청년시대부터 이마의 주름이 석줄
로 평평하게 곱게 새겨져 있는
것은 기억력이 좋고 생각하는
이 민첩하며 사람들과 자주 부딪
출세하여 가정에 행복이 거듭
요령있는 사람이 많다
금전운은 처세를 잘하여 이성문
제가 곰나 일어나기 쉽다(그림10)

○젊은 시절부터 늙은이 이마 전체에 잔주름이 새겨 있는 것은 고생이 많은 생활을 하였거나 또는 신체가 허약함을 의미한다。

○남문이라 하여 끊어진 데가 많고 불규칙한 짧은 주름이 약간 깊이 된 사람은 사업을 영위하면 중년에 가서 파란을 초래하게 된다。 이런 상은 근친과의 인연이 없거나 또는 병약으로 인하여 어렸을 매 락이 적었음을 의미하는 것이다(그림-11)

(그림-11)

○주름이 이마의 아래쪽에 한줄만 세겨져 있는 것은 이마가 좁고 몸집이 째여있는 사람에게서 흔히 볼 수 있다。 젊은 시절에 부모의 덕을 입지 못하고 빈몸으로 생활을 하게 되지 않으면 안 될 처지에 놓여져서 크게 활동하지만 지려이나 덕성이 수반되지 못한 경향이 있다。(그림-12)

(그림-12)

눈섭의 상

눈섭의 의의…… ○눈섭에는 근친 특히 형제간의 인연이 표시되어 있다。

○눈섭의 한쪽이 높고 한쪽이 낮은 것은 양친 중에 어느 한쪽과 일찍 이별하든지 또는 순조로히 운을 계척할 능력이 결여되여 있는 것이다

○눈섭속의 흠집은 형제와 화합하지 못하거나 형제운이 없으며 사마귀는 총명하며 여성은 결혼후 집안주인 노릇을 할 격이다。

○젊어서 눈섭에 흰 털이 나는 사람은 건강에 주의할 것이다。

눈섭의 진함과 연함과 길고 짧은 것은 어떻게 되나

○눈섭이 특히 진한 사람은 대를 이을 입장이며 부자간의 인연이 매우 두터우며 성긴 사람은 재치가 있고 요령이 좋으며 지나칠 정도로 재변가이다。

여성은 남성보다 눈섭이 성긴 것이 보통이고 너무 성긴 것은 근친과의 인연이 희박하고、일찍부터 고생을 겪는다 그러나 처세에 능숙하다

눈섭의 형태와 장단……

○초생달처럼 생긴 눈섭은 선배나 이성의 애정으로 속히 운이 열리지만 줏대가 없고 남을 믿는 탓으로 속임수에 빠지는 일이 적지 않다。 그러나 예능방면에는 좋은 센스를 가지고 있다。

∧모양의 눈섭은 정열적이며 일에 대해서는 정열이다· 성공율도 크고 최후의 승리를 거둔다· 여성은 고집이 세지만 운이 세고 사치스러워진다。

○눈꼬리가 처지고 팔자모양의 눈섭을 한 남성은 열빠진 듯이 보이나 요령이 좋으며 성격적·결함으로 실수하는 일이 있기는 하나 의외로 남의 도움을 받아 운을 개척해 나간다。 여성은 조혼이 불운하기 쉬운 경향이 있다。

○눈섭이 길제 한일(一)자로 된 사람은 무관심 무골형이며 애정의 표정이 극히 유치하지만、일에는 끈기가 있어 매우 열중한다(그림 13)

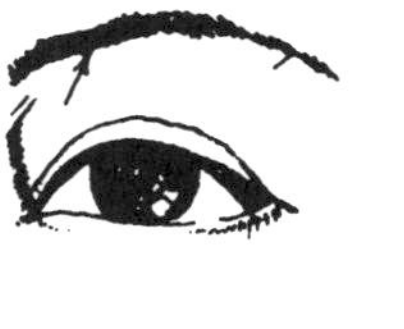
(그림-13)

눈의 관상……

눈을 보고 그 사람의 성질이나 운명을 보는데는 형태뿐만 아니라 눈으로부터 쏘아 나오는 안광의 감도를 감득하여야 한다。 눈이 크고 아름다와도 안광에 힘이 없으면、바보와 같은 아름다움밖에는 안되며 이와 반대로 눈이 작아도 안광에 힘이 있으면 빛나는 회망과 왕성한 생활력으로 운을 개척해 나갈 수가 있다。 눈에 부드러운 화기가 없으면 남에게 경원을 받는다。

○눈의 좌우균형……

눈의 좌우균형 한쪽이 올라가고 한쪽이 내려간 눈을 가진 사람은 사업이나 결혼해서 재출발하게 된다

○눈의 한쪽이 크고 작은 것이 특히 눈에 띠는 남성은 재치가 있고 요령이 있으며 여성은 기질이 세어 남자의 심리를 교묘히 조종하는 비밀을

터득하고 있어 금전운도 좋으나 최초의 결혼은 오래 계속 못한다。

눈의 대소와 나오고 들어감…… 위아래의 눈까풀에 살이 많이 붙어서 눈이 나와 있는 사람은 도량이 있고 활동가이다。 어떤 방법이라도 남의 윗사람이다。 여성도 활동하게 되나 남편운이 희박하고 책임의 부담이 더욱 중해진다(그림14)

(그림-14)

(그림-15)

○눈이 들어간 사람은 좀 음침하고 말씨가 서투르며 화려하지 못하나· 착실히 일하는 만성형이다 돈은 남기지 못하고 부부 맞벌이를 하게 된다。(그림15)

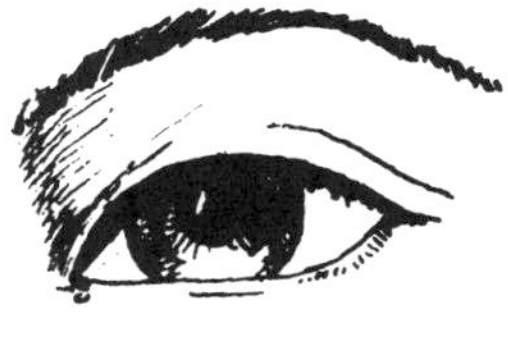

(그림-16)

○눈과 눈섭 사이가 먼 사람은 마음이 부드럽고 호감을 사며 인덕이 있으나 낭비가 많고 남에게 속히기 쉬운 결점이 있으나 예능 방면이나 양재 같은 화려한 부업이 적당하다。(그림16)

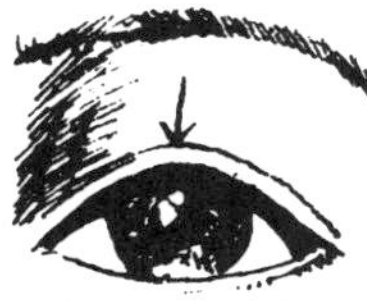

(그림-18)

(그림-17)

윗눈까풀…… 눈과 눈섭 사이가 좁더라도 살이 탄력있게 두툼이 불어 있는 것은 빈손으로 재산을 모으거나 독학으로 입신하여 이름을 떨칠 그야말로 성공한 사람 중의 큰 인물이 된다。(그림17)

○윗눈까풀의 윤곽이 둥글고 눈이 둥그스름한 사람은 오관의 감각뿐만 아니라 어여쁜 것이다。 미운 것의 느낌이 강하며 남의 마음을 꿰뚫어 보며 상대편을 재빠르게 판단하는 등 감각에 예민한 데가 있다。 또 예능 방면에 그 천분을 살리는 센스나 표현력도 우수하다。 애정은 솔직 담백하여 거짓이 없고 교제해 보아도 호감을 가질 수 있는 사람이다。(그림18)

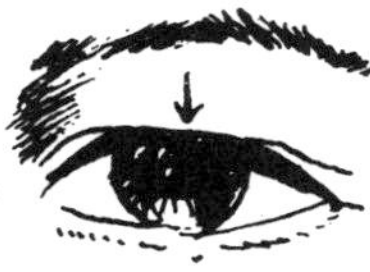

(그림-19)

○늙은이의 눈처럼 윗눈까풀이 무겁게 아래로 들이워저 있는 사람은 높고 아름다운 것을 감상하며 즐기기 보다는 타산적인 금전주의가 되거나 냉정하고 비판적인 사람이 되기 쉽다、 여성은 정감이 없고 감정이 둔하며 남편운이 희박한 것이 보통이나 장사군의 아내로는 좋은 상이다。(그림19)

○윗눈까풀에 주름이 많이 나 있는 남성은 색을 좋아하고 아내를 소홀히 하며 정부를 두는 경향이 있다。 그러나 여성에게는 좋은 상이며 10대부터 운세가 트이고 인기가 올라 이성으로부터의 총애를 많이 받으므로 손님을 상대로 하는 기생 따위 직업에는 생활이 절로 풍족하게 된다(그림20)

(그림-20)

(그림-21)

아랫눈까풀…… 아랫눈까풀의 살이 없는 것은 또한 그을은 것처럼、 보기 흉한 색은 성교의 과도 혹은 성병 등 때문에 부부간의 쾌감을 얻지 못하거나 체력이 극도로 쇠약해진 상이다。 이 부분에 흠이나 사마귀가 있으면 자식운에 장해가 된다。(그림21)

○눈 아래의 뼈가 없는 부분은 와잠이라 하며 성애(性愛)와 그 연장인 자식운이 나타나 있다。 이 부분에 흠이나 사마귀가 없고 피부가 아름다우면 만족한 부부생활을 이룰 수 있다。

눈꼬리…… 눈 코로부터 살쩍(귀밑털)까지 이르는 일대는 이성과의 애정생활 곧 연애·결혼과 그 운。 불운이 나타나 있는 중요한 부분이다。 이 부분의 일대에 살이 풍부하게 붙어 있으면 성적 박력이 강

하고 성애에 만족한 감정을 지속할 수 있다.(그림 22)

(그림－22)

(그림－23)

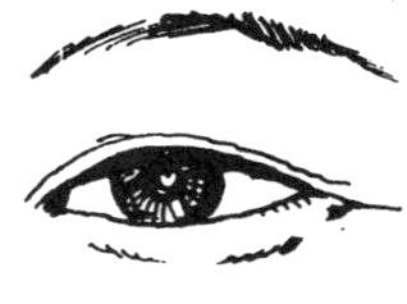
(그림－24)

(그림－25)

○눈꼬리 끝이 긴 사람은 건실하고 인덕이 있을 뿐만 아니라 부부간의 사이가 매우 좋고 경제적으로도 윤택하며 가운이 점점 번창할 행운을 타고난 사람이다.(그림 23)

○젊은 나이로 눈꼬리에 잔주름이 많이 생긴 여성은 부부운이 희박하여 화합하기 어렵고, 자식도 두기 어렵다. 남성은 처운이 없고, 부부간에 불만이 계속된다.(그림 24)

○눈꼬리와 눈섭 끝이 모두 아래로 내려와 八자 모양으로 되어 있는 것은 초혼에 실패하기 쉽다.(그림 25)

눈동자

(그림－26)

눈의 검은자위가 올라가서 흰자위가 많이 드러나 보이는 것은 험상이며 이런 눈을 가진 사람은 자기의 욕망을 관철하기 위해서는 주위의 사정도 돌보지 않고 자기 마음 내키는 대로 해치우는 냉정한 사람으로 보여진다. 그리고 애정에는 다산과 기교가 많고, 심상치 않은 것이 있다.(그림 26)

○흰눈자위에 푸른 기를 띤 것은 신경이 흥분해 있거나 또는 히스테릭하게 되어 있음을 의미한다.

○검은자위가 크게 보이는 사람은 인정이 두텁고 이성에게 온정을 다하는 순정가이다.

코의 관상

코의 의미…… 코는 문화의 정도를 나타냄과 동시에 제운을 말하는 중요한 부분이며 너무 낮고 작은 코는 교양이 없고, 사회생활 등의 능력이 약하며 중년의 금전운이 좋지 못하다.

○나면서부터 코가 비뚜려져 있는 것은 생활에 변화가 많고, 부자이든지 가난하든지 극에서 극으로 변동하는 등 생활에 안정성이 없으며 여성은 애정의 즐거움이 오래 계속 못하고 결혼에 불안을 느끼는 경향이 있으며, 코가 항상 붉은 사람은 금전이 생기면 단명하게 되고, 장사하면 만년에 이르러 고생이 그치지 않는다.

긴 코와 짧은 코…… 코의 길이는 얼굴 길이의 三분의 一가량이 표준이다. 이것보다 약간 짧고 위로 쳐저 있는 사람은 명랑하고 애교가 있어서 호감을 사게 된다. 가정의 주부로서는 유쾌한 인상을 줄 것이며 많은 손님을 상대로 하는 장사로는 인기를 끌 것이다. 다소 경솔해지기 쉽다.

○코가 얼굴 길이의 四분의 一가량으로 극히 짧은 여성은 남편운이 없고, 집안에서 주인 노릇을 하며 한 집안 식구의 생활책임을 지게 되며 코가 특히 긴 사람은 음침하고 사소한 일에 구애되기 쉬우며 지적인 일에나 사무원이라면 몰라도 손님 상대의 영업방면에는 적당치 못하다.

코의 모양…… 콧대가 서서 단정한 모양을 한 것은 음악이나 예술 문학의 이해가 깊으며 또한 그 친분이나 재능을 표현할 능력이 있다. 그러나 코의 상이 나쁘면 허영만이 강하게 된다.(그림 27)

콧대에 뼈가 솟아 층을 이룬 남성은 투지가 있고 고집이 세어서 의분을 일으키는 성질이 있으나 인기직업은 부적당하고 육체의 노동이나 지적인 일이라면 그 장점을 충분히 나타낼 수 있다.(그림 28)

(그림-27)

(그림-28)

(그림-29)

여성으로써 이러한 코를 가진 사람은 성질이 강하여 온후한 남편을 만나면 그 결점은 나아질 수 있다。

○주먹코라 하여 코 모양이 갈고리처럼 되어 살이 두둑이 불은 사람은 선천적으로 금전을 모으는 데 비결을 알고 있으며 처세에 빈틈이 없고 목적을 위하여 수단과 방법을 가리지 않는다。(그림 29)

코마루…… 코마루에 성의 기능이 나타나 있는 것으로 매독이 이곳에 돋는 것을 보아도 알 수 있다。○코마루의 빛갈이 흐려서 붉으스럼하게 보이는 것은 월경에 이상이 있거나 또 성의 기능이 불안전한 징조이다。○코마루에 흠점이 없고 피부가 곱게 밝아 있는 것은 성의 기능이 순조롭고、건전하며 부인은 안산한다。○웃을 때에 콧마루의 정면에 세로줄이 한 줄 나타나 있는 것은 자식운이 없을 상이다。

코가 살찐 정도…… 코의 좌우에 살이 엷고、집어 올린 듯이 지나치게 생긴 사람은 악의는 없으나 사회의 실정에 어둡고 재산도 잘 불지를 않으며 자칫하면 남에게 속이기 쉽다。애정에 있어서도 아름다운 것을 찾으며 현실의 애욕에 만족하지 않는다。○코의 뼈가 눈에 띄지 않고、전체적으로 살이 찐 정도가 보기 좋으면 금전운이 좋고 본업 이외의 수입도 있어서 풍족한 생활을 이를 수 있으며 또 건강도 좋아서 즐거운 생활을 누릴 수 있다。

코방울…… 코방울이 좌우로 볼록해 있으면 젊은 시절부터 항상 수입이 있어서 생활이 안정되고、여성은 혼인하면 집안이 번성하고、즐거운 생활을 누릴 상이다。○코마루가 낮고 코방울이 좌우로 크게 벌어 있으면서 넓다。이렇게 생긴 코는 무슨 일에나 구애되지 않는 성격이지만 장사 일에는 누구에게도 뒤지지 않으며 몸치장을 하지 않고 사업에 열성을 다하여 돈벌이의 노력을 아끼지 않는다。○코방울의 살이 집게로 집은 듯이 엷은 사람은 돈을 모으는 재간이 없고 자기 힘으로는 재산을 이루지 못한다。그 금전운은 남편이나 자식에 의하는 경우가 많다。

코끝…… 코끝은 금전운이 나타나는 부분이므로 그 형상뿐 아니라 빛갈이 좋고 나쁜 것도 판별해야 한다。○코끝이 매우 좁은 사람은 융통성이 없는 고집통으로 장사 일에는 맞지 않으나 기술이나 사무계통방면으로 진출하면 윗사람으로부터 신용을 얻어서 절로 운을 개척할 수 있다。○코끝이 살이 동그란히 붙어 있으면 친밀감이 있고 융통성이 있으며 남의 커여움도 받아서 재산도 모으고 일생을 명랑하게 지낼 수 있다。

입과 운명

○입의 상…… 입은 정욕이나 애정이 두텁고 얇음의 표시뿐만 아니라、부부운이나 금전운 그리고 생활력이 분명히 나타나 있다。○입은 다물었을 때의 형상과 더불어 벌렸을 때의 형상에서 그 대소를 보는 것이 중요하다。입을 크게 벌리는 사람은 그만큼 생활력이 왕성하고 넓은 범위에 걸쳐서 활동할 수 있다。미인이기도 하지만 또 사교적 재능도 뛰어나며 금전운은 특히 좋고 깨끗한 교재를 할 수 있는 사람이다。○입술의 빛갈이 암자색으로 되어있는 사람은 악

질에 걸려 있거나 또는 음탕한 사람으로서 자식운이 없다。

○입의 대、소와 여성의 생식기와는 무관계한 것이며 여성과의 쾌감의 유무는 입의 대소에 의한 것이 아니고 입술의 살의 탄력의 유무에 좌우되는 것이다。

○입의 크기……입의 좌우의 폭은 두 눈의 검은 눈동자 안쪽의 거리와 같은 것이 표준인데 이보다 폭이 큰 입이라야 한다。 여성의 입은 이 표준보다 큰 것이 좋다。(그림 30)

(그림 30)

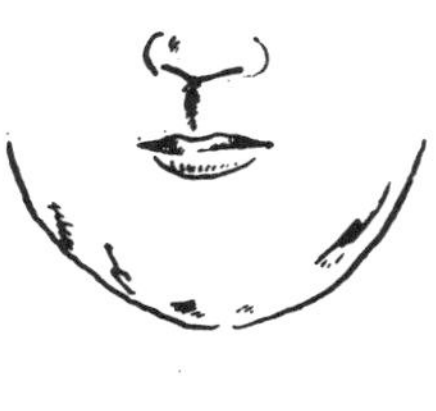
(그림 31)

○입이 큰 남성은 생활력이 왕성하여 사업을 수행할 의지력이 있는 활동가이다。 애정의 표현법이 대담 솔직하고 일견 무관심한 듯 보이나 진실성이 있다。 여성으로서 입이 두툼하고 모양이 좋은 분은 활동가로 때로는 남성보다 일을 더 하며 금전운이나 가정운도 대단히 좋은 형이다。

○입이 작은 남성은 소심하고、겁이 많으며 재능의 인정을 받지 못하고、환경의 구속을 받게 된다。 세밀한 사업에 종사하면 확실히 운을 개척해 나갈 것이나 부친의 재산을 이어받아 많은 사람을 통솔하는 입장에 놓이게 되면 아래 사람에게 배반을 당하여 결국 이상적인 생활은 누릴 수 없게 된다。(그림 31)

삐쭉한 입、오무라든 입……입이 앞으로 빼쭉 나온 것은 야성적이며 젊었을 때부터 생활의 고생이 많고 자기의 힘만으로 처신해야 하며 남에게 친절을 베풀고 일에 적극적으로 열성을 다함으로 사회적으로 자기의 지위를 충분히 쌓을 수 있지만 여성 관계에 있어서는 부부 사이에 갈등이 생기기 쉽다。

○입이 힘없이 오무라든 남성은 여러 가지로 걱정되는 일이 많아서 적극성을 피지 못하고、너무 체면을 차리는데서 남에게 선수를 빼앗기며 속이기도 쉽다。 온건한 직업이나 사무원 등에 적합한 성격의 소유자이다。(그림 32)

(그림 32)

위와 같은 입을 가진 여성은 남편을 의지하여 생활하게 되나 한편 딴 사람에게도 끌리기 쉽다。

윗 입술의 모양……○윗 입술은 남에게 대한 애정의 표시이며、아랫 입술은 자기 본위의 애정이 나타나 있다。

○윗 입술이 두텁고、그 윤곽이 마치 조개를 엎으로 보는 듯한 형상으로 되어 있는 것은 색욕이 왕성하며、비속한 애욕에 금전을 낭비한 사람이다。(그림 33)

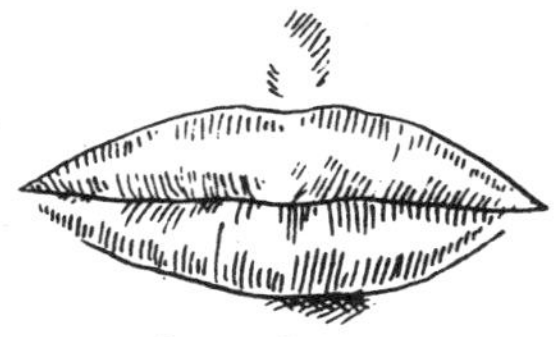
(그림 33)

(그림 34)

○윗 입술이 매우 엷은 사람은、박정(薄情)하고 애정의 표시 방법이 철저하여 친절미가 없다。

남성에 있어서는 애정보다도 사업에 충실한 편이나、여성에 있어서는 성적 매력이 없고 남성에 대해서 애정의 만족감을 충분히 주지 못하므로 많은 사랑을 받지 못한다。(그림 34)

○윗 입술의 윤곽이 활(弓)모양으로 둥글게 될수록 애욕적이고、이성(異性)에게나 의지가 강한 사람에게 끌리기 쉽다。

○윗 입술의 살이 두텁고、윤곽이 직선적으로 되어 있는 사람은、사무적이고 진실한 사람이며、

교양도 있고 애정의 표현이 아름답다. 겉으로는 에로틱하게 보이기도 하나, 반면에 수월히 보아 넘기지 못할 사람이다.

○ 윗 입술의 가운데 빨간 부분의 살이 드리워져 있는 것은, 마음을 한 곳에 집중하는 성질을 나타낸 것으로, 애정이나 사업 또는 학업에도 열성적이어서 딴 곳에 마음을 팔지 않는다. 또 기억력도 좋고 학업에는 우수한 성적을 올린다. (그림 35)

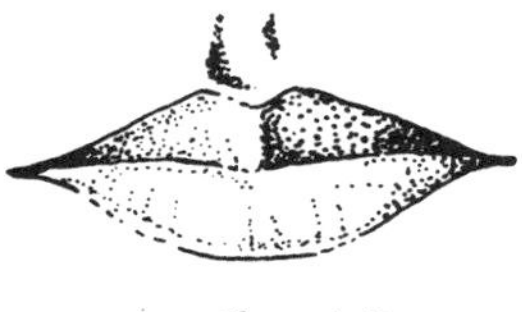

(그림 35)

(그림 36)

○ 윗 입술의 중앙이 위로 쳐져서 입이 벌어진 듯이 보이는 사람은, 마음이 정돈되지 못하고 사고력(思考力)도 약하며 놀기를 좋아하여 금전도 낭비한다.

아랫 입술의 모양……○ 아랫 입술은 자기본위의 애정과 개성을 나타낸다. 이 부분이 너무 삐죽해 있거나 또는 비뚤어져 있는 것은 개성이 너무 강하거나 너무 자기 본위에서 사귀기가 어려운 사람이다. (그림 36)

○ 아랫니가 윗니보다 돌아 나와 있기 때문에 입술이 잘 맞지 않는 남성은, 아내로 인하여 고생을 한다. 여성은 매력이 없고 남성적이며, 남편운이 약할 뿐 아니라, 일생동안 직업을 가지게 된다. 만일 남편에게만 의존하려다간 가정적인 분쟁이 그치지 않을 것이다(그림 37). 이러한 상을 범죄나 잔인한 상으로만 보는 것은 부당하다.

○ 아랫 입술의 살이 두텁고 앞으로 삐죽 내민 상은, 진심으로 남과 친할 맛이 없고, 또 남의 충고를 받아들일 만한 아량도 갖지 않을 뿐더러, 자아(自我)만을 내세우려는 사람이며, 표면으로는 어떻게 보이든지 간에 여차하면 가면의 본성을 나타낸다. 여성은 초혼(初婚)에 실패할 팔자다. (그림 38)

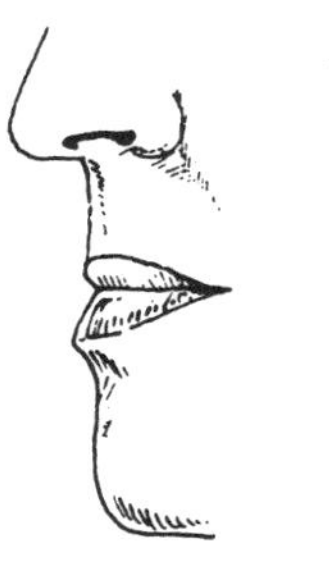

(그림 37)

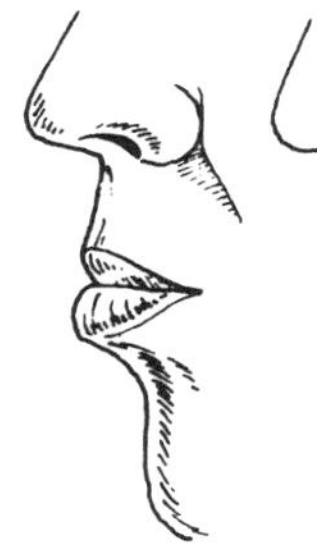

(그림 38)

(그림 39)

(그림 40)

○ 아랫 입술이 윗 입술보다 오므라든 것은, 선천적으로 마음이 약하고 남에게 이용당하기 쉽다. 여성은 지나치게 선량하여서 남성의 유혹에 빠지기 쉬우며 독립적인 사업을 경영하는 사람과 혼인하는 것은 좀 생각할 문제이다(그림 39)

○ 아랫 입술이 힘 없이 들이워져서 벌려진 듯한 입을 가진 남성은, 곤경을 이겨낼 힘이 약하고, 일의 중도에서 마음이 변하기 쉬운 사람이다. 또 여성의 유혹에도 잘 빠지며 페미니스트(feminist = 女權伸張論者)가 될 사람이다.

○ 아랫 입술에 세로 줄이 여러개 깊이 파여진 사람은, 많은 사람을 초청하여 회식(會食)하거

나 놀기를 좋아하며, 돈의 낭비를 아끼지 않는다. 이 무늬를 「환대문(歡待紋)」이라 한다.(그림 40)

ㅇ입의 양쪽 끝이 올라간 듯하고, 언제나 가느다란 미소(微笑)를 띄는 여성은 여러 사람들에게 호감을 사며, 부부 간도 원만하여 명랑한 생활을 계속할 수 있다. 이와 같이 생긴 입은 금전적으로 행운을 타고난 상이다.(그림 41)

(그림 41)

(그림 43)

(그림 42)

(그림 44)

ㅇ입의 양쪽 끝이 들이워져 있는 여성은 가정생활에 있어서 고독하고, 결혼 후 남편을 믿을 수가 없어서 고독하고, 결혼 후 남편을 믿을 수가 없어서 독신으로 지낼 상이다. 남성으로서 극단으로 양쪽 끝이 들이워 있는 것은, 좋은 아내를 잃거나, 또는 아내의 애정을 못 받기 쉽다.(그림 42)

ㅇ입의 양쪽 끝이 볼(頰) 속으로 들어갈 정도로 굳게 맺혀져 있는 남성은 생활의욕이 왕성하여, 무쇠와 같은 굳센 의지로서 초지(初志)를 관철할 것이나, 예능방면에는 적당치가 않다(그림 43)

ㅇ입의 양쪽 끝이 힘없이 맺혀진 사람은 의지가 박약하고, 여성에게 주책 없으며, 향락을 좇아서 돈을 낭비 한다.

ㅇ입술의 모양이 방정하고 끝이 긴 것은, 선배에게 따뜻하게 대할 뿐 아니라, 친구를 위해서도 우정을 다하고, 후배의 원조에 노력을 아끼지 않는 사람이며, 인망(人望)이 있어서 어디에 가나 대우를 받는다. 생활은 건실하고 가정은 원만하여, 비록 금전은 많지 않더라도 즐거운 인생을 누릴 수 있는 것이다.(그림 44)

입 주변의 상

직업운을 보는 법령(法令)……ㅇ콧방울의 옆에서 일어나, 입의 양 끝을 지나는 세로줄을 상학(相學)에서는 「법령(法令)」이라 하며, 이것은 사회에 나와 활동하여, 지위나 수입을 높일 수 있느냐 없느냐 하는 운·불운을 나타내는 중요한 선이다(그림 45).

ㅇ법령이 좌우로 바르게 나타나 있는 남성은 사업운이 좋고, 여성은 가정에 있어서 그 입장이 차츰 향상된다.

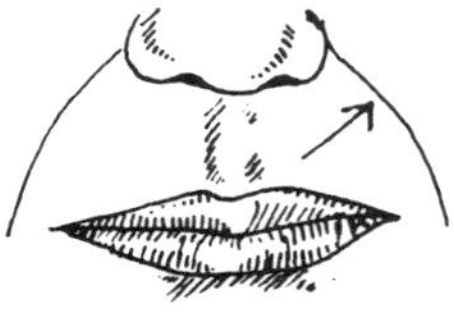
(그림 45)

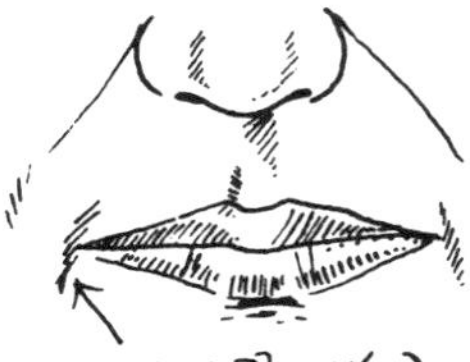
(그림 46)

ㅇ법령의 좌우가 눈에 띨 정도로 고르지 못하게 생긴 것은, 직업에 안정성이 없고, 중도에서 방침을 변경하여 일을 끝마치기가 어렵다.

ㅇ 여성으로서 법령이 너무 깊은 것은, 남성들처럼 준엄한 사회에 있어서 생활의 방도를 강구하지 않으면 안될 상이다.

ㅇ 법령의 빛갈이 거므스름한 때는, 사업운이 좋지 못하고 수입이 줄어들어 생활의 위협을 받게 된다.

ㅇ 법령의 색윤이 좋은 때는 수입이 안정해 있음을 말하는 것이다.

ㅇ 법령은 입 가로부터 一~三부 정도 떨어져 있는 것이 보통이지만, 법령 그 자체가 입 가를 스치는 것, 또는 법령의 안쪽에 입 끝을 지나는 짧은 세로줄이 나타나 있는 것 등은, 초혼에 있어서 여성은 남편운이 좋지 않을 상이다 (그림 46).

인중의 형상……ㅇ 코의 바로 아래에 파여진 도랑을「인중(人中)」이라 하는데, 이것은 미간(眉間)에 다음 가는 급소(急所)이다. 이 곳은 양친으로 부터 이어 받은 혈통과 자손에게 끼치는 운명이 나타나 있으며, 여성에 있어서는 자궁(子宮)의 기능과 자식운이 나타나 있다.

ㅇ 인중은 아래로 향하여 차츰 넓고 윤곽이 확실한 것이 가장 좋은 상이다. 이러한 모양을 한 사람은 생활력이 왕성할 뿐 아니라 자손에게도 그 왕성한 생활력을 전해주게 되어, 그 자손들도 어버이에 못지 않은 활동가가 된다.

ㅇ 인중의 좌우 어느 한 쪽이 특히 굽어져 있는 것은, 순진하지를 못하고, 자손운도 박약함을 의미한다.

ㅇ 인중이 매우 깊고 좁으며, 위축된 듯한 형국을 한 사람은, 여성에 있어서는 자궁의 발육이 늦고 활기가 없으며, 생활이 흡족하지를 못하다.

남성에 있어서도 또한 성기(性器)의 발육이 늦어, 사회에 나와서 비약할 능력이 약하고 혼인이 늦어지며, 재운(財運)도 만년에 이르러서야 겨우 나아질 것이다.

ㅇ 인중이 얇고 넓은 것은, 재주가 있고 일찍 출세하며, 광범하게 활동할 능력을 표시하는 것이다 (그림 47). 여성으로서 인중이 넓은 것은 적극적이고 교제가 넓으며, 금전운도 과히 나쁘지 않다.

ㅇ 인중이 긴 것은 장수할 상이라 하나, 반드시 그렇다고 볼 수는 없다. 그러나 오래 사는 사람으로서 인중이 짧지 않은 것만은 사실이다.

(그림 47)

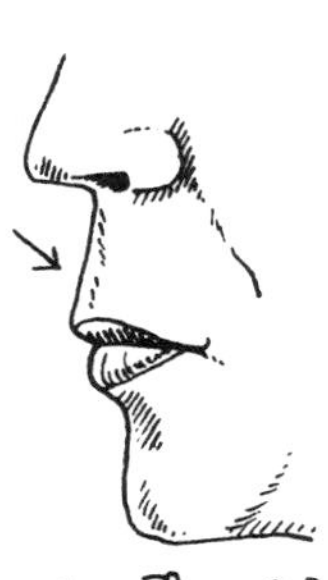

(그림 48)

ㅇ 인중이 길고 또렷하게 생겼으면, 귀족적인 우월감을 가지고 있어서, 허영을 부리기 쉽다. (그림 48)

ㅇ 윗 입술이 말려 올라가서 인중이 짧게 보이는 것은 단순하고 소견이 좁아, 다른 것을 생각하려고 하지 않는다. 좁은 범위내에서 변화가 없는 사업을 착실히 하여 인생을 보내게 되나, 믿을 만한 배경이 없이는 생활을 이루어 나갈 수가 없다(그림 49). 여성은 남편이나 자식에 대한 애정의 표현 방법이 너무나 단순하여, 자식이 장성한 뒤로는 경멸당하기가 쉽다.

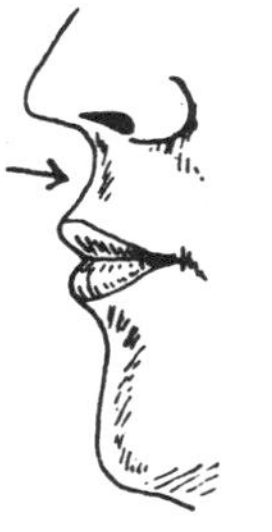

(그림 49)

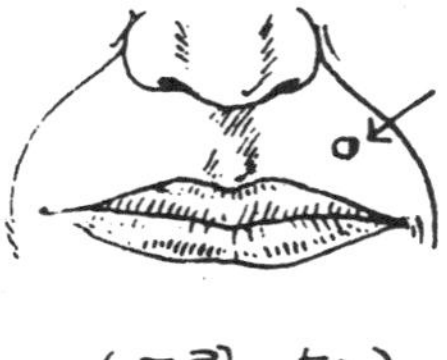

(그림 50)

코 아래의 상…… ㅇ 코밑의 수염이 난 부분은, 식록(食祿), 곧 수입을 나타낸다.

ㅇ 이 부분의 살이 눌려진 것처럼 엷게 생긴 사람은 아직 생활이 안정하지 못한 상태에 놓여 있는 것이다.

ㅇ 이 부분에 수염이 없는 남성은, 완전한 인품이 못되며, 주거(住居)가 안정되지 못하고, 수입도 고르지 못하여 어렵게 지낼 상이다.

ㅇ 입수염이 나 있는 이 부분에 커다란 사마귀(黑子)가 있는 것은, 실속이 있고, 여러 사람으로 부터 인망(人望)을 얻는다. 또 일생을 통하여 의식의 부족을 느끼지 않는다(그림 50).

ㅇ 환자의 입 주위의 빛갈이 고와지면 병이 속히 회복된다.

치열(齒列)…… ㅇ 가느다란 이(齒)가 곱게 나 있는 것은, 사치로운 테가 없고 친근미를 가지기 어려운 사람이다.

ㅇ 두개의 앞니가 눈에 띌 만큼 큰 것은, 여러 사람으로부터 호감을 사게 되어 인기도 올라지나, 남성은 여난(女難)을 초래할 염려가 있다.

ㅇ 앞니가 구부려져 나 있는 것은, 일찍 양친과 이별할 상이다.

ㅇ 버드렁니는 명랑하고 떠들기를 좋아하며, 경솔하고 뒷 손질을 못하는 사람이다. 남녀 모두 초혼에 실패하기 쉽다.

ㅇ 겹니를 가진 남성은 여성에게 호감을 사게 되며, 여성은 겹니와 더불어 턱이 둥글면 영리하고 사교적인 재능이 있어, 이성과의 교제도 넓어진다.

ㅇ 겹니라도 하관(下顴)이 특히 작은 여성은 쓸데 없는 걱정을 잘하고, 떠들기를 좋아하

기 때문에 한 때는 호감을 사게 된다.

턱의 관상

턱의 흠집과 흑자(黑子)……○턱에 눈에 띌 정도로 큰 흠집이 있는 것은, 주거(住居)에 안정성이 없다.

○턱에 큰 흑자가 있는 사람은, 중년에 훌륭한 집이나 또는 넓은 저택에 살 운명을 지니고 있다.(그림 51)

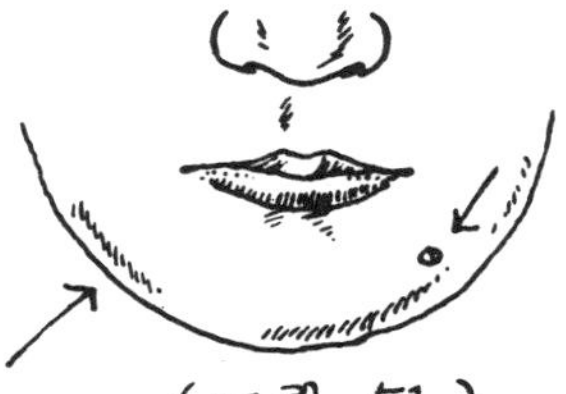

(그림 51)

○턱 전체의 빛깔이 그을은 듯 거므스름 한 것은, 냉(冷)으로이 인하여 병에 걸린 징조이다.

○ 턱이 목욕탕에서 갓 나온 것처럼 맑고 윤기가 있는 때는 건강하고 애정에 충만하여, 순조로운 생활을 누릴 수 있는 상이다.

턱의 형상……○앞으로 보아서 살이 탄력 있고, 둥굴고 통통하게 생긴 턱을 가진 사람은 인정이 두텁고 자식운이 좋으며 만년에 생활이 안정된다. 여성으로서 이와 같은 둥근 턱을 가진 사람은, 여유있는 몸과 마음으로 상대편에 안도감을 주며, 스스로 호감을 사게 되어 운이 열린다.

○정면으로 보아서 턱이 네모 반듯한 사람은 끈기가 있으며, 사치 따위는 거들떠 보지도 않고 일하는 근면가이다. 좀 야성적인 듯하지만, 애정에 점착성(粘着性)이 강하고 애인에게 매우 충실하다(그림 52).

(그림 52)

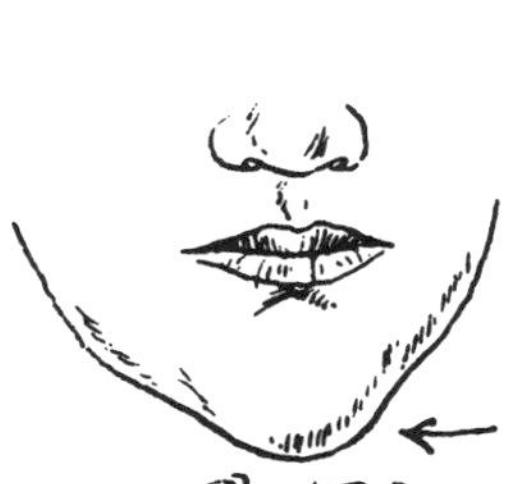

(그림 53)

○턱의 끝이 뾰족하여 귀엽성 있게 생긴 여성은 아름다움을 동경하는 이상가로서, 예능에 흥미를 갖거나 즐거움을 느끼거나 하지만, 실리(實利) 방면이나 속된 일에는 밝지 못한 경향이 있다.(그림 53). 남성으로서 이러한 상을 가진 사람은 예능·예술에 센스가 있으나, 처세술에는 능하지 못하다.

○턱의 중앙이 갈라져 있는 것은, 심미안(審美眼)이 있고, 창작력도 풍부하며, 예술 방면으로 진출하면 천분을 발휘한다.

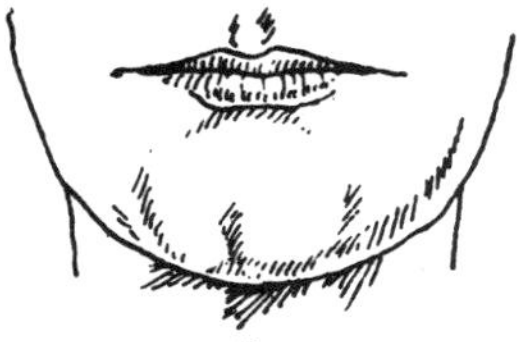

(그림 54)

(그림 55)

만일, 예술 방면에 종사하지 않으면 정열가로서, 여성의 찬미자가 된다. 재운

은 약하여 많은 저축이 없다.(그림 54)

○턱이 둥글고 앞으로 나온 사람은 인정미가 있어서, 남을 위하여 일하는 데에 기쁨을 느끼며 가정의 원만을 위하여 최선을 다할 사람이다.(그림 55) 여성으로서 이러한 턱을 가진 사람은 애정이 두텁고, 자식의 교육에도 열성을 다한다.

○턱은 둥글게 생겼으나 후퇴하여 있는 것은, 애정이 있고 남을 받아들일 만한 아량을 가졌어도, 자진하여 애정을 표시하는 적극성이 없기 때문에 냉정한 사람으로 보이는 수가 있다(그림 56).

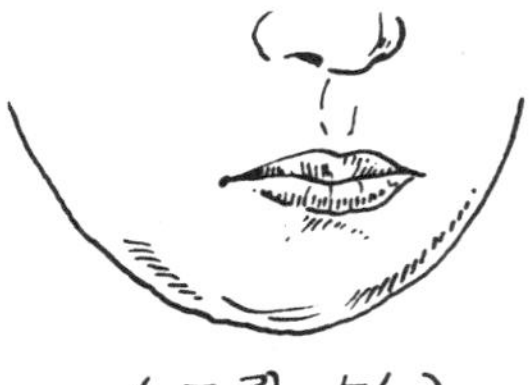

(그림 56)

(그림 57)

○얼굴에 비하여서 턱이 뾰족하고 작으며 후퇴해 있는 것은, 애정 생활에 만족하지 못하는 점이 있어서, 생활의 고독을 느낀다. 더우기 여성은 남편에 의하여 불운하게 되는 경향이 있으므로, 직업을 가지는 것이 좋다. 두뇌가 우수한 사람이라도 이러한 턱을 가졌으면 요절(夭折)하거나, 또는 비운에 빠지는 일이 많으며, 실업가(實業家)인 경우는 중년에 갑자기 재산을 잃어버리는 수가 있다(그림 57).

긴턱·짧은 턱……○턱이 특히 긴 것은, 선량하고 다정다감한 사람이며, 여성에게는 친절하고 애처가이다(그림 58). 또한 입이 꼭 다물어지고 턱이 긴 남성은 자신(自信)이 세고 의지가 강하며, 처음의 일념을 관철하는 힘을 가지고 있다.

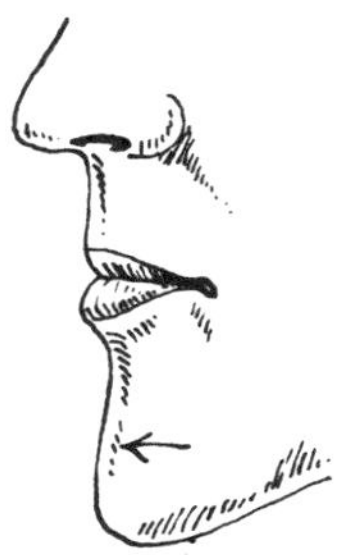

(그림 58)

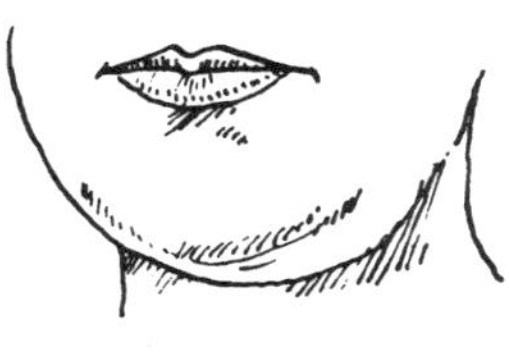

(그림 59)

○턱이 짧은 것은, 열정적이 못되고 냉정한 판단력으로 사물을 처리하는 성미로서, 매우 사무적인 사람이다.

턱이 짧아도 둥그스름하면 가정생활이 안정되나, 짧고 뾰족하면 인정이 없고 도량이 좁을 뿐만 아니라, 부부 사이에 있어서도 쓸쓸하게 지낸다.

턱을 옆으로 본 상……

○턱부터 목(咽喉)에 걸쳐서 살이 풍부하여 소위「이중턱」으로 생긴 사람은, 마음이 관대하여 남을 용납하는 아량이 있으며, 또 인덕도 갖추고 경제적으로 안정된 생활을 이룰 수 있다. 여성은 남편이나 자식들로부터 사랑을 받아 즐겁고 유쾌히 살아갈 수 있는 좋은 운이 된다(그림 59).

○턱으로부터 목에 걸쳐서 살이 빠져, 턱이 엷어 보이는 것은, 남의 결점을 관대히 볼

만한 아량을 가지지 못하고, 인덕도 갖추지 못해 있을 뿐더러 금전운도 또한 따르지 않는다. 이 부분의 살은 현재는 엷더라도, 장래는 풍만하게 될 가능성이 있다. (그림 60).

(그림 61)

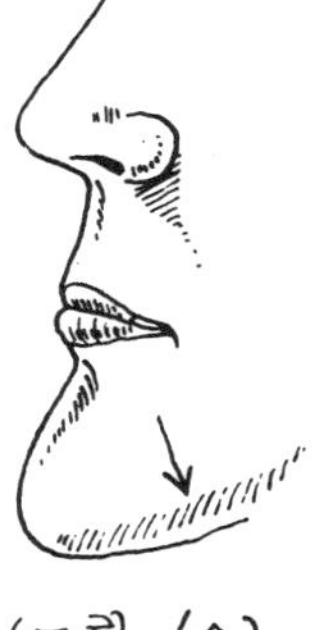
(그림 60)

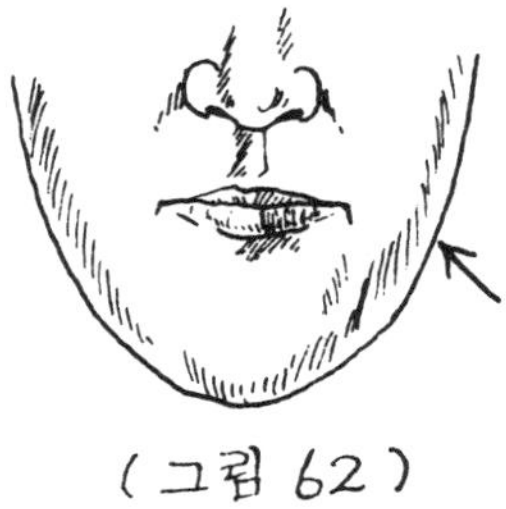
(그림 62)

악골의 상……

ㅇ 아래턱뼈의 귀 아래에 해당하는 부분의 뼈를 「악골(顎骨=당나귀뼈)」이라 한다.

이 뼈가 고양이처럼 좌우로 튀어나온 사람은 둔감하여, 상대편의 미묘한 감정의 움직임을 잘 알아차리지 못한다. 그러나 한편, 끈기가 있고 최후까지 밀고 나아가는 힘을 발휘한다. 여성에 대한 운은 없지만, 꾸준히 벌어서 만년이 되면서부터 겨우 안정된 생활을 누릴 수 있다(그림 61).

ㅇ 귀 아래의 뼈가 눈에 띄지 않을 정도로 평평한 얼굴을 가진 남성은 감정가(感情家)이며, 좋고 싫어하는 것이 많고 의지는 그다지 강하지 못하다. 그러나, 감수성이 예민하고, 문화적인 사업에는 그 재능을 발휘할 수 있다. 남성은 일찍부터 이성에 눈뜨고 성격이 강한 여성에게 마음이 끌린다. (그림 62)

볼(頰)과 광대뼈

관골(觀骨)……ㅇ관골(觀骨=광대뼈)은 생활의 거친 물결과 싸워 나가는 힘을 나타내고 있다. 광대뼈가 앞쪽으로 위세 있게 튀어나온 것은, 생활의 원동력이 되는 기력이나 체력이 왕성하여서, 사업이나 정치, 학술이나 사상 운동으로 사회에서 활약할 역량이 풍부한 상이다.

ㅇ광대뼈의 정면의 발달이 부족하고, 눈 아래쪽이 평평한 것은 활동력이 결핍되고, 사회에 진출할 운이 약한 상이며, 튼튼한 배경의 후원이나 믿을만한 배우자에 의하여서만 운을 개척해 나갈 수가 있다.

ㅇ 눈 아래로부터 귀에 걸쳐서 광대뼈가 옆으로 뻗쳐 있는 것은 수동적(受動的) 입장에서 참을성 있게 일할 상이며, 기업주나 자본주 밑에서 역량있는 일을 한다.

ㅇ여성이라도 광대뼈는 다소 분명한 것이 좋고, 체력이나 생활력이 강하여 적극적으로 일하며, 장래에는 가운(家運)의 기초를 쌓게 된다.

ㅇ여성으로서 광대뼈가 눈에 띌만큼 특히 높은 사람은, 남편운이 좋지 못하고 사회에 나와

남성적 입장에서 활동할 팔자이다.

불의 살(頰肉)과 인기(人氣)……○코의 양쪽에 불의 살(頰肉)이 두툼하게 붙어서 복실복실하게 생긴 사람은 인기를 모을 길상이다. 이러한 살이 붙은 사람은 남의 호의를 받게 되고, 즐겁게 지내며 생활에는 부족을 느끼지 않는다. 불에 살이 풍만하면 예능인은 인기가 높아지고, 직업인은 일찍 출세를 하며, 상인은 장사가 점점 번창하여지고, 아내된 사람은 가운의 번영과 화합(和合)의 중심이 되는 등, 모두 번영과 발전을 가져온다.

○코의 양쪽 살이 깎아 버린 듯이 평평하게 된 사람은, 교제에 친절미가 없고, 너무 고지식하거나 엄하게 굴어서, 그다지 호감을 사지 못한다. 이러한 상을 가진 사람이 예능방면에서 출세하려면 인기가 오르지 못하고 험난한 길을 걷게 된다. 인기가 필요한 직업에서는 이 불의 살이 붙어 있을 것이 절대 조건임은, 많은 실례에서 얼마든지 찾아볼 수 있는 일이다.

보조개……○남성으로서 보조개가 있는 사람은 마음이 상냥하고 여성의 친구가 많으며, 혼인도 일찍 하게 되지만 초혼에서는 아내를 잘못 얻기 쉽다. 또 남성다운 패기가 적고, 대체로 여성적이며, 인기적 직업으로서 운을 개척하든지 또는 자기보다 위인 여성에 의하여 재산을 얻는 수가 있으나, 놀기를 좋아하여 금전을 모으지 못한다.

○ 여성으로서 보조개가 생기는 사람은 일찍부터 남성들의 주목을 끌어 인기를 모으게 되고, 자기보다는 훨씬 마음도 굳세고 재주가 있는 자식을 낳을 것이다.

귀(耳)의 관상

귀와 운명……○귀에는 신기(腎氣=性力)와 금전운과 부모운이 나타나 있다.

○귀가 나면서부터 변형(變形)된 사람이나 좌우의 모양이 매우 달라 보이는 사람은, 어렸을 때에 부모와 이별할 운이다.

○귀가 약간 아래쪽에 붙어 있는 것은, 아랫사람들의 사정을 잘 알고 있음을 의미하는 것이지만, 너무 아래쪽에 있는 것은 지위나 신분이 떨어질 상이다.

○귀가 위쪽에 붙어 있는 것은, 유력한 사람으로부터 인정을 받아, 생활이 안정될 운을 표시하는 것이다.

○귀가 단단한 것은 기력이나 성력(性力)이 모두 왕성하여, 곤경(困境)중에서도, 스스로의 힘으로 운을 개척할 것을 의미한다.

○귀가 특히 부드러운 것은 체력, 또는 정신력이 박약하다.

(그림 63)

ㅇ귀가 얼굴에 바싹 붙어서, 정면으로 부터 그 형상이 보이지 않을 정도로 된 것은, 얼굴의 폭이 넓고 살이 찐 사람들에게서 흔히 볼 수 있는 것으로, 이런 사람은 도량도 넓고 체력도 오래 견디며, 뭇 사람 위에 설 관록도 구비되어 좋은 운세를 가지고 있다. 사업에도 성공하며, 본인의 대(代)에서 재산을 이룬다 (그림 63).

속귀(內耳)의 상……ㅇ속귀(內耳)의 연골(軟骨=물렁뼈)이 튀어 나와서, 귀가 뒤집은 듯한 모양을 하고 있는 사람은, 고집이 세고 자기의 신념을 관철할 능력을 가지고 있다. 남성은 매우 적극적이며, 가정에 박혀 있지 못하고 매우 바쁘게 일한다. 또한 직업여성은 일 때문에, 가정의 주부(主婦)는 가정을 위하여 분주히 활동한다 (그림 64).

(그림 64)

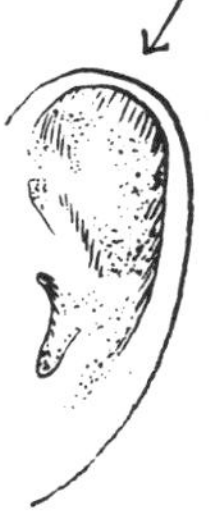

(그림 65)

ㅇ귓속의 물렁뼈가 힘 없이 안으로 접어든 사람은 무사태평주의로서, 애정이나 교제나 사업에도 수동적(受動的)인 편이며, 그것이 혹간 유리하게 될 때도 있으나 제삼자로부터 압력을 받게 된다 (그림 65).

귓불……ㅇ귓불(耳朶)에 살이 없고, 뾰족하게 모가 져서 얼굴에 붙어 있는 것은, 큰 재산이 붙기 어렵고, 혹 큰돈을 쥐었더라도 그것을 곧 소비해버리기 쉽다. 이런 귀를 가진 사람은 확실한 배경을 가지고, 그 밑에서 생활하는 것이 훨씬 행복하다 (그림 66).

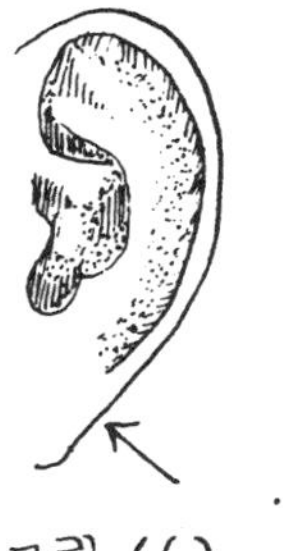

(그림 66)

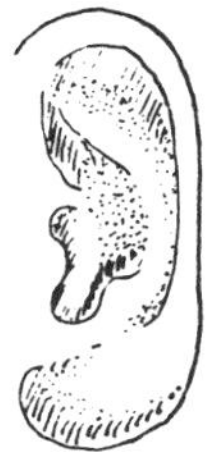

(그림 67)

ㅇ귓불의 살이 두텁고, 늘어져 있는 것은 옛부터 복귀(福耳)라 하여, 금전운이 있어서 재산을 모은다. 크게 한몫 보든지, 또는 꽤 많은 재산을 이어 받아서 세간을 늘이며, 여성은 활동적인 남편을 맞이하여 행복한 생활을 누린다 (그림 67).

제3장 구전과 경험에 의한 관상

ㅇ눈섭뼈가 불거지고 코밑의 인중(人中)에 수염이 없는 사람은 자녀(子女)를 많이 잃을 상이요(男子).

ㅇ눈이 크고 무서운 광채(光彩)가 들어난 사람은 형벌(刑罰)로 죽을 상이다.

ㅇ콧대(鼻梁)에 뼈가 불거진 사람은 집을 망하고 타향에서 죽을 상이요.

ㅇ살찐(肥滿) 사람이 얼굴이 붉으면 성질이

급하고 마음이 불량하다.

○ 야윈(瘦弱)사람이 머리털이 노란사람은 욕심이 많고 간사한 상이요.

○ 머리는 큰데 목(頸)이 가는(細) 사람은 三십전에 죽을 상이다.

○ 목이 둥글고 머리가 적고 삐뚜러지고 이마가 꺽인 사람은 평생 성공하지 못할 상이요.

○ 동양인으로서 남녀간에 눈동자(眼睛)가 노란(黃)사람은 성질이 조급한 상이요.

○ 눈알(眼球)이 툭 비어진 사람은 관재(官災)와 형벌을 당할 상이다.

○ 남자의 눈이 큰 사람은 항상 여자의 구설을 들을 상이요.

○ 남자의 눈섭이 가는 사람은 여자의 재산을 얻을 상이다.

○ 남녀간에 머리칼이 농탁(濃濁)한 사람은 호색(好色)할 상이요.

○ 남녀간에 울대뼈(結喉)가 불거진 사람은 재혼(再婚)하고 객사(客死)할 상이다.

○ 눈섭이 희박(稀薄)하고 입이 큰 사람은 언제든지 물에 놀랄 상이요.

○ 귓속의 검은 사마귀(黑子)가 있거나 눈섭에 있어도 수액(水厄)을 당할 상이다.

○ 눈섭에 흑점이 있는 사람은 여자의 구설을 듣고 또는 수액이 있을 상이요.

○ 남녀간에 곱슬머리는 호색(好色)하고 형벌을 받을 상이다.

○ 동양사람은 남녀를 물론하고 노랑머리는 빈천(貧賤)할 상이요.

○ 눈이 깊고 수염이 노란 사람은 살인(殺人)할 상이니 극히 조심해야한다.

○ 눈섭 중간이 끊어진 사람은 운이 맥힘이 많고.

○ 코밑의 인중(人中)에 수염이 없는 사람은 남의 일을 해주나 공이 적을 상이다.

○ 눈을 깜짝(瞬)이지 않고 상하좌우(上下左右)로 빗겨보는 사람은 도둑질할 상이요.

○ 눈섭이 숙고(垂) 귀가 낮게 붙은 사람은 거개 서자(庶子)가 많다.

○ 여자의 얼굴이 발딱재쳐진 사람은 간음(姦淫)하고 재가(再嫁)할 상이다.

○ 남자의 머리가 숙여진 사람은 탐냄이 많을 상이요.

○ 몸은 큰데 손이 작은 사람은 평생 큰 재물

을 모으지 못할 상이다.

○몸은 작은데 손만 큰 사람은 평생 어리석은 사람이요.(註. 이런 사람은 두뇌(頭腦)는 좋지 않으나 손재주는 비상하므로 수공업(手工業)을 하면 성공할 수 있다.

○추울 때 피부가 물고기 비늘같이 되는 사람은 자수성가(自手成家)할 상이다.

○피부가 뱀껍질(蛇皮)처럼 생긴 사람은 패가(敗家)할 상이다.

○여자의 얼굴이 큰 사람은 대개 효행(孝行)이 없을 상이요.

○여자의 눈이 둥그런(圓睛) 사람은 시어머니(媤母)를 해롭게 한다.

○얼굴은 큰데 코가 몹시 작은 사람은 독립심(獨立心)이 없다.

○우편 어깨가 높은 사람은 빈주먹으로 큰 부(大富)를 이룰 상이다.

○좌편 어깨가 높은 사람은 부모유산을 탕진하고 말년에 가난해서 고생할 상이다.

○꿈에 「군소리」를 하는 사람은 일생에 쓸데 없는 말을 많이하는 상이요.

○입술이 푸른 사람은 늙어서 병들어 굶어 죽을(困病餓死) 상이다.

○여자가 땀(汗)이 많이 나는 사람은 고생이 많을 상이요.

○여자가 땀이 전연 없는 사람은 무자(無子)할 상이다.

○여자의 땀 냄새가 향기로운 사람은 귀할 상이요.(향수를 뿌리지 않아도)

○여자의 땀 냄새가 고약한 사람은 천한 상이다.

○어린 아이가 잘 때에 이를 갈면 부모에게 해로울 상이요.

○어린 아이가 입을 벌리고 자면 잔병이 많아서 키우기가 어렵다.

○소아(小兒)의 손등이 소복(厚)한 것은 키울 때에 욕을 볼 것이요.

○여자가 광대뼈(頰骨)가 내밀고 뼈가 억센 사람은 독신생활을 하는 것은 좋으나 남편의 인연이 박하고(과부상).

○남자의 눈속에 검은 사마귀(黑子)가 있는 사람은 총명한 상이요(眼科重出).

○ 여자의 입술이 희면 병을 얻고 푸르면 죽을 상이요(女唇白病、青必死).

○ 눈썹에 긴 털이 난 사람은 장수(長壽)는 하나 긴 털이 위(上)로 향한 자는 처자에게 해롭다.

○ 코만 홀로 높고 광대뼈가 너무 낮은 사람은 고봉(孤峯)이라 하여 신망가패(身亡家敗)할 상이요.

○ 귓가 갓(邊)이 없으면 八十 장수한다. 아들보다 손자가 영화롭다. 만일 귀의 상부(上部)가 갓이 있으면 이와 반대다.

○ 수염이 목아래(項下)에 난 사람은 대게 외척(外戚)의 재산을 얻을 상이다

○ 여자의 눈썹이 칼끝 처럼 생긴 사람은 대게 자궁수술(子宮手術)을 한다.

○ 여자의 와잠이(眼下無骨處)이 중(二重)으로 된 사람은 대개 애비다른 자식(異父之子)을 낳는다.

○ 목아래에 빼가(結喉) 불거진 사람은 대게 五십전에 죽는이가 많고 또는 외가 집이 파산한다.

○ 남자가 승장(承醬-口下凹處)에 수염이 없고, 입술이 붉은 사람은 반드시 수액(水厄)이 있을 상이요.

○ 검은사마귀 위에 털이 난 사람은 반드시 호걸(豪傑)스런 상이다. 또 자수성가(自手成家)한다.

○ 여자의 아랫입술이 웃입술을 싼(包) 사람은 일생에 구설이 많을 상이요.

○ 사람의 음성(音聲)이 운(韻)이 없는 사람은 가난할 상이요. (男貧女賤)

○ 발가락(足指)이 짧고 발의 장심(足中央)이 합(陷)하고 발의 뼈가 많은 사람은 빈천할 상이다.

○ 발의 살결이 좋고 두터우며 연한털(軟毛)이 난 사람은 평생을 안락(安樂)하게 지낼 상이요.

○ 발의 빛갈이 붉고 윤택한 사람은 고귀(高貴)할 상이다.

○ 귓속이 프른 것은 좋지않고 흰것은 죽기가 쉽다(귀는 희고 귀속은 붉어야 좋다).

○ 여자의 머리가 뻣치고 거친(粗髮) 사람은 남편과 자식에게 해롭다.

○ 얼굴이 몸에 비하여 너무 희어서 눈빛(雪色)과 같은 사람은 중형(重刑)을 범할 상이요.

○ 손가락이 여섯개(六指-속칭六손)-달린 사

람은 아버지나 어머니에게 해롭고 평생 영달(榮達)하기 어렵다.

○몸은 희고 얼굴이 누런 사람은 초년에 곤궁하더라도 중년과 말년에는 행복할 상이요.

○얼굴은 희나 몸이 누런 사람은 초년은 좋아도 중년과 만년에 곤궁할 상이다.

○여자의 손바닥에 잔금(細紋)이 있는 사람은 반드시 아들을 낳을 상이요.(有子)

○남자의 불알(陰囊)에 무늬(紋)가 없는 사람은 반드시 무자(無子)할 상이다.

○여자의 머리가 둥근 사람은 귀자를 낳을 상이다(婦女頭圓生貴子).

○남자의 이마가 깎인 사람은 평생 현달(顯達)하기 어렵고 (男兒額削難顯達).

○여자의 배꼽아래에 털이 많이 난 사람은 음난하고 천한 상이요 (淫女臍下生多毛).

○눈썹에 붉은 빛이 은은한 사람은 여자는 귀하게 되고 남자는 부자가 된다 (男富女貴).

○몸은 긴데 손이 짧은(身長手短)자는 성공하기 어렵고.

○눈꼬리(魚尾)의 금(紋)이 천창(天倉)으로 올라간 사람은 자수로 성공할 상이다.

○여자의 얼굴에 사마귀는 좋지 않으나 다만 천창에 있는 것은 좋다. 반드시 아들 사형제(四子)를 둘 상이다.

○여자의 이(齒)가 밖으로난(뻐드렁니) 사람은 형상(刑傷)이 있고 안으로 향한 것은 고독(孤獨)할 상이다.

○여자가 얼굴이 검고 몸이 흰 자는 천하고 얼굴에 반점(斑點)이 있고 몸이 푸른 사람은 천한 상이다.

○야윈사람이 입술이 붉은즉 아들이 많고 입술이 흰즉 수(壽)가 짧다.

○여자의 얼굴이 누런(黃面) 사람은 색을 좋아하고 (女人黃面多好色).

○입술이 푸르거나 흰 사람은 아들이 없다.

○야윈사람이 혈색이 희면 좋지 않고 살찐사람이 혈색이 흰즉 마음이 인자(仁慈)하다.

○얼굴에 잔털(面毛)이 없는 사람은 빈궁해서 타국(他國)으로 달아날 상이요.

○머리가 유하고 입이 바른자는 마음씨가 좋은 사람이다.

○노인(老人)이 흑반(속칭 검버섯)이 생긴즉 수반(壽斑)이라하여 장수할 상이다.

○소아(小兒)가 허리가 넓으면 장수할 상이다.

○사람이 살이 찔라면 허리에서부터 찌는게 좋고 가슴에나 얼굴에서부터 찌는 것은 좋지않다

○ 사람이 사지(四肢)가 마르기(乾) 시작하면 一년 내에 죽기가 쉽고.

○ 늙은 사람이 흰머리가 검어지는 자는 장수할 상이다. 늙어서 이가 나도 장수한다. 그러나 반드시 자식과 손자에게는 해롭고 고독할 상이다.

○ 일월각(日, 月角)에 선모(旋毛)가 있거나 또는 이마에 난문(亂紋)이 많은 사람은 사생아(私生兒)이다.

○ 이마는 큰데 얼굴이 적고 뾰쭉하거나 콧대가 아주 없는 사람은 백사가불성(百事不成)할 상이요.

○ 이마(額骨)에 川과 같은 문(紋)이 있는 사람은 이름을 날릴 상이다.

○ 산림(山林)에 사마귀 한개가 있는 사람은 큰 재산을 얻을 상이요. (그러나 獸虫에 咬傷하는 수가 많다.)

○ 사마귀에 二개의 긴털이 난 사람은 귀자를 낳을 상이다.

○ 와잠(臥蠶)에 자색(紫色)이 있으면 귀자를 낳고 검거나 푸른즉 처자에게 사망의 환이 있다.

○ 남자의 간문(奸門)에 잡색(雜色)이 있는 사람은 창부(娼婦)로써 처첩(妻妾)을 삼는다.

○ 콧대(年上壽上)에 一凹가 있거나 혹은 一문(紋)이 있거나 흠(斑痕)이 있으면 반드시 한번 실패가 있고 두개가 있으면 두번 실패가 있을 상이요.

○ 턱(頤)에 서숙알(粟粒)과 같은 백색(白色)이 있으면 부하의 해를 당한다.

○ 간문(奸門)에 백색이 생기면 여자와 술로 인해서 몸을 망하고 처에게 해가 있다.

○ 만년에 백색과 흑색이 생기면 처를 상하고 자(子)를 손(損)한다.

○ 발바닥에 금이 곧은 금은 좋와도 횡문(橫紋)은 좋지 않다.

○ 족문(足紋)은 三개가 직선으로 위로 향한 것은 좋으나 교차(交叉)된 것은 형(刑)이 많고 자손도 늦다.

○ 손가락이나 발가락이 뱀대가리(蛇頭)처럼 생겼거나 매주둥이(鷹嘴)같이 된 사람은 일생 간교(奸巧)하여 고독하다. 여자는 반드시 부모에게 해롭다.

○ 여자의 오리발은 대개 천상이고

○ 남자의 오리발도 어리석다.

○ 남자는 인당과(印堂) 준두(準頭)로써 평생 길흉을 판단할 수 있고.

○ 여자의 음문(陰門)이 우로 향한 것을 상급이라 하고 아래로 향한 것을 하급이라 한다.

○배꼽은 깊어야 다산(多産)하고 얕은 것은 생산을 하지 못한다. 배꼽에 털이 산만한 것도 하급이다.

○젖은 붉고 검고 커서 위로 향한 것이 상급이고 희고 적어 아래로 행한 것은 하급이다.

○산근(山根)에 횡문(橫紋)이 한개 있으면 고향을 떠날 상이요 두개 있으면 육친(六親)을 이별하고 세개 있으면 빈주먹으로 성가(赤手成家)할 상이다.

○밤에 자면서 소리 지르며 침을 흘리는 버릇이 있는 사람은 이것을 夜曹라 하여 노인은 괜찮으나 소년은 좋지 않다. 三십三세에 죽거나 四십三세 혹은 五십五세, 六십六세에 죽는다.

○남자의 얼굴이 청수(清秀)한 이가 대머리(이마위가 훌떡 벗겨진것)가 되면 고관(高官)이나 회사의 사장이되고 탁하게 생긴 얼굴에 대머리는 궁상이다.

○늙은이가 잠이 많으면 죽기가 쉽고 소년이 잠이 많으면 어리석다.

○홀연(忽然)눈이 아래로 숙이고 아래만 보는자는 곧 죽을 상이요. 홀연히 조급하게 구는 자는 중병이 있다.

○소년의 머리가 희어도 부모를 잃고 크게 불리할 상이다.

○콧구멍(鼻孔)에는 털이 반드시 나야한다. 콧구멍을 창고(倉庫)라는 바 털이 많이 난 것을 여량(餘糧)이라 하고 두세개가 밖으로 나온 것을 장창(長鎗)이라 한다. 곡간에 양식이 남은 것은 좋와도 장창은 좋지 않다.

○난대 정위(蘭台, 廷尉)가 얇어서 움직이는(벌름벌름) 것은 평생에 재산을 모으지 못할 상이다.

○턱(地閣)에 금(紋)이 한개 있으면 주택이 한채 있고 두개 있으면 두곳에 전장(田庄)을 둔다. 그러나 수액(水厄)이 있을 상이다.

○잘 때에 느닷없이 소리를 지르는(狂叫) 사람은 악한(惡漢)에게 횡액으로 죽는다.(橫死相)

○병든 사람이 엎어져 눕는(伏臥)것은 살 상이요(生相) 보통사람이 엎디어서 눕는 사람은 일직 죽을 상이다.

○누어서 콧노래를 부르거나 한숨(嘆氣)짓는 사람은 결코 길조가 아니다(대개 과부의 습관이다).

○누어서 이를 가는(臥中磨齒) 사람은 처자궁에 해롭다.

○누어서 불을 부는것(吹火)처럼 숨을 쉬는 자는 소년에 형벌로 죽을 상이요.

○늙은이가 불부는 숨을 쉬면 와석종신(臥席終身)을 못할 상이다.

ㅇ 혹(肉瘤)은 빛갈이 붉은 것은 좋아도 희거나 검은 것은 좋지않다

ㅇ 등(背)뒤에 혹이 생긴 사람은 비록 부(富)하나 오래가지 못할 상이다.

ㅇ 면상에 혹이 생긴 것은 궁상이 많고 아랫도리(下身)에 혹이 있어도 하천할 상이다

ㅇ 손톱(指甲)이 밖으로 뻗은 자는 고독하고 손바닥이 붉고 두터운 자는 부귀할 상이다.

남자의 사십일종 빈궁상(男子忌四十一種貧窮相)

一、머리가 틀어지고 깎인 사람(頭忌偏削).

二、머리털이 거칠고 농탁한 사람(髮忌粗濃).

三、눈썹꼬리가 아래로 숙은 사람(眉忌下垂).

四、귀가 꽃핀 것처럼 뒤집힌 사람(耳忌花開).

五、눈빛이 사납게 드러난 사람(眼忌露光).

六、콧대가 죽은 사람(鼻梁忌陷).

七、콧대(年壽)가 불거진 사람(梁忌露骨).

八、코끝이 뾰족한 사람(準忌尖削).

九、턱이 뾰족한 사람(頤忌尖削).

十、코구멍이 보이는 사람(鼻忌露孔).

十一、난대정위가 얇은 사람(蘭廷忌薄).

十二、인중 가에 무늬가 있는 사람(人中忌紋).

十三、입이 뾰족한 사람(口忌尖火).

十四、하관이 깎인 사람(下庫忌削).

十五、목에 뼈가 맺힌 사람(項忌露骨-結喉).

十六、변지에 잔털이 많은 사람(邊地忌寒毛).

十七、배꼽이 쑥 나온 사람(臍忌高露).

十八、등에 고랑이 진 사람(背忌陷坑).

十九、젖이 희고 적은 사람(乳忌白小).

二十、배의 위(上)가 큰 사람(腹忌上大).

二十一、배꼽이 너무 아래로 있는 사람(臍忌近下).

二十二、허리가 틀어진 사람(腰忌偏斜).

二十三、무릎에 힘줄이 드러난 사람(膝忌露筋).

二十四、발바닥이 함하고 깎인 사람(足忌陷削).

二十五、손가락이 거칠고 딴딴한 사람(指忌粗硬).

二十六、발뒤굼치가 깎이고 적은 사람(踉忌削小).

二十七、음성이 낮고 적은 사람(聲忌低小).

二十八、볼기가 뾰족하고 적은 사람(臀忌尖小).

二十九、손바닥이 얇은 사람(手忌掌削).

三十、손가락이 틀어지고 짧은 사람(指忌短偏).

三十一、잇발이 드물고 얇고 적은 사람(齒忌疎薄).

三十二、걸을 때 꾸물거리는 사람(步忌蛇行).

三三、목쉰소리 하는 사람(聲忌低沈).
三四、눈이 적고 짧은 사람(神忌短小).
三五、개기름이 흐르는 사람(色忌油垢).
三六、기(皮肉色)가 성글고 탁한 사람(氣忌疎濁).
三七、허벅살이 너덜너덜한 사람(肉忌虛浮).
三八、뼈가 단단한 사람(骨忌粗硬).
三九、혈색이 침침하여 어두운 사람(血忌暗色).
四〇、수염이 갈라진 사람(人中無毛鬚忌開花).
四一、배꼽이 아래로 향한 사람(臍忌下朝).
※ 이상 四십一종에 범한즉 고독하지 않으면 가난하고 궁하다(不孤則窮).

여자 사십일종 빈천상(女子四十一種貧賤相)

一、머리가 뾰족한 사람은 첩상(妾相)이다.
二、머리털이 누렇고 강한 사람은 고독한 상이다.
三、귀가 뒤집힌 사람은 재가(再嫁)할 상이다.
四、눈썹꼬리가 숙은사람은 생이별한다.
五、눈에 살기 있는 사람은 상부(喪夫)한다.
六、눈이 누런 사람은 성질이 조급하다.
七、코가 뾰족한 사람은 첩이 될 상이다.
八、입이 뾰족한 사람은 말년에 고독하다.
九、뻐드렁니가 난 사람은 남편과 자식궁에 해롭다.
一〇、이가 뾰족한 사람은 말년에 고독하다.
一一、광대뼈가 불거진 사람은 과부가 많다.
一二、머리털이 명문(耳前)까지 난 사람은 단명하다.
一三、목아지가 짧은 사람은 고생이 많다.
一四、등이 크고 골이 진 사람은 빈상이다.
一五、가슴이 내밀어진 사람은 상부(喪夫)나 생이별한다.
一六、젖이 희고 적은 사람은 자식이 적다.
一七、음문(陰門)에서 냄새가 나는 사람.
一八、음문에 털이 없는 사람.
一九、음문에 털이 너무 많은 사람.
二〇、배꼽이 얕은 사람.
二一、허리가 틀어진 사람은 가난하다.
二二、다리에 힘줄이 많은 사람은 고생이 많다.
二三、살이 너무 많이 찐 사람은 대개 불임(不姙)이고 신약(身弱)하다.
二四、혈색이 검은사람은 운이 막힘이 많다.
二五、코가 어신 사람은 팔자가 세다.

팔대(八大)란 무엇인가?

一、눈이 크고 광채가 있는 사람(眼大彩神).
二、코가 크고 연수가 높은 사람(鼻大梁高).
三、입이 크고 양끝이 향상한 사람(口大向上).
四、귀가 크고 갓이 분명한 사람(耳大有廓).
五、머리가 크고 이마가 솟은 사람(頭大額聳).
六、얼굴이 크고 성곽이 분명한 사람(面大要廓).
七、몸이 크고 상정이 긴 사람(身大上長).
八、소리가 크고 맑은 사람(聲大韻清).
※ 이 상을 八대라 하여 부귀할 상이다.

一、눈이 크나 광채가 없는 사람(眼大無神).
二、코가 크나 연수가 낮은 사람(鼻大梁低).
三、입은 크나 양끝이 향하한 사람(口大向下).
四、귀는 크나 갓이 없는 사람(耳大無廓).
五、머리가 크나 이마가 낮은 사람(頭大額低).
六、얼굴은 크나 귀가 작은 사람(面大耳小).
七、몸은 크나 하정이 긴 사람(身大下長).
八、소리는 크나 탁한 사람(聲大韻濁).

二六、소리가 우렁찬 사람은 팔자가 세다.
二七、재쳐진 얼굴(仰面)은 재가(再嫁)할 상이다.
二八、눈에 항상 눈물끼가 있는 사람은 자식을 잃는다.
二九、도화색(桃花色)인 사람은 팔자가 세다.
三〇、얼굴에 반점과 죽은깨가 많은 사람은 자손궁에 걱정이 많다.
三一、눈꼬리가 아래로 처진 사람은 생이별한다.
三二、말하기 전에 먼저 웃는 사람은 음란하다.
三三、입을 삐쭉거리는 사람은 질투심이 많다.
三四、옆눈질 하는 사람은 마음이 좋지 못하다.
三五、배꼽이 음문에 가깝고 쑥 나온 사람.
三六、얼굴은 크고 코가 적은 사람은 가난하다.
三七、여자가 남자같은 사람은 과부 독신이 많다.
三八、입술이 희고 얇은 사람은 병약하고 구설이 많다.
三九、손가락이 몹시 짧은 여자는 식모가 많다.
四〇、눈에 흰창이 많은 사람은 상부(喪夫)나 상자(喪子)한다.
四一、몸에서 악취가 나는 사람은 빈천하다.

※ 이상은 비록八대이나 파격이라 빈천할 상이다.

팔소(八小)란 무엇인가?

一、눈은 작으나 가늘고 긴 사람(眼小細長).
二、코는 작으나 연수가 높은 사람(鼻小樑高).
三、입은 작으나 붉고 윤택한 사람(口小紅潤).
四、귀는 작으나 단단하고 윤택한 사람(耳小堅潤).
五、머리는 작아도 골이 분명한 사람(頭小骨圓).
六、얼굴은 작아도 위의가 있는 사람(面小有威).
七、몸은 작으나 단정한 사람(身小端正).
八、소리가 작으나 맑은 사람(音小韻清).

※ 이상은 비록 작아도 격에들어 부귀할 상이다.

오장(五長)이란 무엇인가?

一、머리가 길고(頭長)
二、얼굴이 길고(面長)
三、몸이 길고(身長)
四、손이 길고(手長)
五、발이 긴(足長) 사람을 五장이라 한다.

※ 얼굴이 풍후하면 부하고 청수하면 귀하다. 풍후하나 탁한 사람은 빈천하다.

오단(五短)이란 무엇인가?

一、머리가 짧고(頭短)
二、얼굴이 짧고(面短)
三、몸이 짧고(身短)
四、손이 짧고(手短)
五、다리가 짧은(脚短) 사람을 五단이라 한다.

※ 다섯 가지가 골루 짧고 골육이 상균하고 인당(印堂)이 명윤하고 五악이 조공(朝貢)한 사람은 부귀할 상이다.

오소(五小)란 무엇인가?

一、머리가 작고(頭小)
二、눈이 작고(眼小)
三、배가 작고(腹小)
四、귀가 작고(耳小)
五、입이 작은(口小) 사람을 五소라 한다.

※ 다섯 가지가 비록 다 작더라도 단정하고 아무 흠이 없는 사람은 귀하게 될 상이다. 만일 한두가지는 크고 작으면 빈천

할 상이다.

오로(五露)란 무엇인가?

一, 눈이 툭 솟고(眼凸)
二, 콧구멍이 뻔하고(鼻仰)
三, 귀가 뒤집히고(耳反)
四, 입술이 걷어치고(唇乾)
五, 울대뼈가 나온자(喉結)를 五로라 한다.

○눈이 툭 솟은 사람은 명을 재촉하고(促壽)
○콧구멍이 뻔한 사람은 가난하고(貧寒)
○귀가 뒤집힌 사람은 고생이 많고(多苦)
○입술이 걷어친 사람은 구설이 많고(多厄)
○울대뼈가 나온 사람은 객사 한다(客死).

※이와 같이 하나하나 따지면 대단히 좋지 못할 뿐 아니라 미관상으로도 보기 싫은 상이다. 그러나 다섯가지가 다 이처럼 보기 싫게 생겼으면 도리어 재복이 많다.

※八大、八小、五長、五小、五露가 다 격에 맞으면 얼굴이 못생겼어도 부귀하고 격에 안맞으면 얼굴이 훌륭해도 가난하다.

십대공망(十大空亡)이란 무엇인가?

一. 이마가 뾰족한 것이 천공(天空)이니 부모덕이 없고 관운이 부족하고 초년 고생이 많을 상이다.

二, 턱이 뾰족한 것이 지공(地空)이니 만년의 재복과 처자의 덕이 없고 육친(六親)이 냉담하여 늦게 고생한다.

三, 콧구멍이 뻔하게 보이는 것은 인공(人空)이니 중년에 고생이 많다.

四, 산근(山根-鼻根)이 꺼어진 사람은 四공이니 형제 처자의 덕이 적다.

五, 인중(人中-鼻下溝)에 수염이 없는 사람은 五공이니 친구의 덕이적고 아내는 있으나 자식이 적다. (爲人費力)

六, 얼굴이 빼딱해서 관골(顴骨)이 부족하고 귀가 작거나 크더라도 성곽(城廓)이 없는 사람은 六공이니 매사에 용두사미(龍頭蛇尾)와 같아서 시작은 있으나 끝을 맺지 못하고 부모유산도 없고 수도 길지 못하다.

七, 머리털이 짧고 꼬실꼬실(捲髮)해서 불로 지진 것 같은 사람은 七공이니 성질이 강하고 자녀를 많이 잃고 웃사람을 공경하지 못하고 아래 사람을 친하지 못하여 불효자(不孝子)가 많다.

八, 누당(淚堂)이 깊고 검은 사람은 八공이니 처자궁이 좋지 않고 음덕(陰德)을 베풀줄 모르는 사람 이다.

九, 눈에 광채가 없는 사람은 九공이니 단명요절(短命夭折)하기 쉽고 자녀의 인연이 박하며 형제의 덕이 없다.
十、귀뒤에 빼는 있으나 눈썹이 없는 사람을 十공이라 하여 육친의 덕이 없고 형제가 없고 독신이 되고 무척 고단하다. 비록 장수하나 늙어서 의지할 곳이 없을 상이다.
※ 이상 십대공망(十大空亡)을 범한 사람은 고독하고 무의무탁(無依無托)한 사람이 많다. 한두가지 범한 것은 액이 가볍다.

십살(十殺)이란 무엇인가?

一、얼굴이 술취한것 같은 사람은 一살이요、
二、사람이 없을 때 혼자 말하는 사람은 二살이요、
三、맥없이 침을 퉤퉤 뱉는 사람은 三살이요、
四、눈에 붉은 빛이 쏘는 사람은 四살이요、
五、정신이 혼탁한 사람은 五살이요、
六、소리가 깨진 종소리같은 사람은 六살이요、
七、아래 수염은 있고 웃수염이 없는 사람은 七살이요、
八、밥먹을 때 식은땀 흘리는 사람은 八살이요、
九、코가 휘어 졌거나 구멍이 뻔한 사람은 九살이요、
十、겨드랑이에서 노랑내(腋下狐臭)나는 사람은 十살이다.
※ 이상 十살을 범한 사람은 풍파가 많고 빈천할 상이요、한두가지 범한 것은 약간 해가 있으나 극악한 것은 면한다.

십대천라(十大天羅)란 무엇인가?

一、얼굴전체에 연기(煙氣)처럼 흑기(黑氣)가 생기는 사람을 사기천라(死氣天羅)라 하여 죽기가 쉽고、
二、얼굴전체에 백분가루 흩어놓은것 처럼 백기(白氣)가 뜨는 사람을 상곡천라(喪哭天羅)라 하여 중복(重服)을 입는다.
三、얼굴에 청기(青氣)가 만면한 사람을 우체천라(憂滯天羅)라 하여 걱정이 많고、
四、얼굴이 누런색(黃氣)이 뜬 것을 질병천라(疾病天羅)라 하여 병에 걸릴 상이다.
五、얼굴에 개기름이 흐르는 것을 허화천라(虛花天羅)라 하여 모든 일이 될듯될듯하나 되지않고、
六、눈을 곱게 흘기며(流視) 눈웃음을 치는 사람을 간음천라(姦淫天羅)라 하여 남녀간에 음란한 상이다.
七、얼굴이 불처럼 시뻘건 사람을 관사천라(官司天羅)라 하여 관재가 많고、
八、얼굴이 술취한것 같은 사람을 형옥천라(刑獄天羅)라 하여 감옥에 갈 상이다.
九、남자의 소리가 애교(愛嬌)가 있고 여자의 태도가 있는 사람을 고형천라(孤刑天羅)라 하여 고독하며 처자에게 해롭고、

十、코끝에 아롱점(鼻頭班點)이 있어 먼지처럼 더럽게 생긴 사람을 퇴패천라(退敗天羅)라 하여 모든 일이 잘되지 않고 실패만 할 상이다(以上 察色).

육천상(六賤相)이란 무엇인가?

一、부끄러움을 모르는 사람은 一천이요、

二、일을 당해서 웃기만하는 사람은 二천이요、

三、나가고 물러감에 밝지못한 사람은 三천이요、

四、남의 단처를 말하기 좋아하는 사람은 四천이요、

五、자기의 장처를 자랑하는 사람은 五천이요、

六、사람에게 아부(阿附)하는 사람은 六천이다.

※ 이런 사람은 아무리 훌륭하게 생겼드라도 대인이 못되고 소인(小人)에 불과하다.

육악(六惡)이란 무엇인가?

一、사람을 바라볼 때 염소처럼 꼿꼿이 보는 사람은 마음이 선량하지 못하다. (羊眼直視性不仁)

二、입술이 걷어져서 잇빨이 드러난 사람은 마음이 온화하지 못하다. (乾唇露齒性不和)

三、울대뼈가 드러난 사람은 처자의 재앙이 많다. (結喉妻子招災殃)

四、몸은 큰데 머리가 작은 사람은 녹이없다. (身大頭小貧無祿)

五、상정이 짧고 하정이 긴 사람은 분파할 상이다. (三停不等貧奔波)

六、뱀처럼 꾸물거리거나 참새처럼 팔작팔작 뛰어가는 사람은 패가할 상이다. (蛇行雀步多風波)

※ 이 상과 같이 생긴 사람은 절대로 큰 성공을 할 수 없다. 늘 식소사번(食少事煩)하고 노다공소(勞多功小)할 상이다.

제四장 얼굴의 열세가지 형(十三形)

三형질과 십문자형(三形質十文字形) ㅡ 사람의 얼굴은 전장안면과(顏面科)에서 이미 말한바와 같이 천태만상(千態萬相)으로서 똑같은 사람은 하나도 없다.

그래서 열가지의 글자형(十文字型)을 따서 由、甲、申、田、同、圓、目、用、王、風 으로 구별하였으니 나 서양에서는 이것을 간단하게 세가지형을 따서 ○형 □형 ▽형 등으로 나누어 주로 성질과 직업을 판단하기도 한다.

동양의 十文字形으로 비교하면 ○형은 圓자에 해당하고 □형은 田자나 同자에 해당하고 ▽형은 甲자에 해당된다. ○형을 영양질(營養質)이라하고 □형을 근골질(筋骨質)이라하고 ▽형을 심성질(心性質)이라고 부른다.

○형 영양질(營養質)

○형은 얼굴이 둥그스름하고 살결이 불그레하며 항상 미소(微笑)를 띄고 있다.

귀는 아래가 살이 많이 붙고 색이 붉으며 코는 현담(懸膽)처럼 생기고 머리털이 부드럽다. 이런 사람은 정력이 풍부해서 활동력이 강하고 다소 변덕이 있는 것이 결점이나 수완(手腕)은 좋은 사람이다. 대체로 은행(銀行)이나 회사(會社)의 중역(重役)이나 사장(社長)은 영양질의 사람이 많다. 이런 사람은 통솔력이 강하고 뱃장이 크며 경제적인 관념도 철저하기 때문에 상업을 하면 재산가(財産家)가 되기 쉬운 상이다. 이런 사람은 정치가의 두목이 되거나 의학(醫學) 예술 기타 무슨 방면으로나 인기를 독점해서 평생 재운이 풍족할 상이다. 관상학상 제일 좋은 형이다.

□형 근골질(筋骨質)

□형은 그림에서 보는바와같이 얼굴이 모지고 발달해서 활동적이고 정력적이다. 잠시도 가만히 앉아 있기를 싫어한다. 대개 군인, 정치가로서 출세하는 이가 많고 운동가(運動家)의 소질이 풍부하다. 대개 여자는 영양질이 많은 반면에 남자는 근골질이 많다. 마음은 공정하고 솔직해서 좋으나 너무 적극적 이기 때문에 용두사미(龍頭蛇尾)와 같이 일을 크게 시작해 놓고 뒤에 가서 후회하는 수가 많다. 이런 사람은 대개 코가 높고 힘차게 생겼으며 뼈가 많고 살이 부족하기 때문에 큰 재산가는 될 수 없고 토목건축(土木建築) 방면이나 생산공장(生産工場)같은 것을 경영하면 어느 정도 재산을 모을 수 있다. 이런 사람은 일찍 군인 방면으로 진출하면 고급장성(高級將星)이 될 수 있다.

▽형 심성질(心性質)

▽형은 그림에서 보는 바와 같이 얼굴이 하관과 귀가 쭉빨고 머리가 윗쪽 발달하였다. 두뇌가 발달하였기 때문에 관찰력은 풍부하나 모든 일을 너무 심각하게 생각하므로 때로는 신경질을 부리는게 결점이다. 그리고 흔히 이런 체질은 건강이 약해서 늘 고민하는 수가 있다.

이런 사람은 상업이나 정치가가 되기보다는 교육자나 철학자 종교가등이 좋고 예술방면이면 순수(純粹)문학이나 음악이면 작곡가가 되는게 좋다. 그렇지 않으면 기술방면으로 진출하면 상당한 발전을 할수있다. 이런 사람은 무엇보다도 학계(學界)로 진출해서 학리의 연구나 저술(著述)을 한다면 당대에는 비록 청빈(淸貧)하더라도 후세에 이름을 낼것이다.

由자형

由자형은 턱은 넓고 풍부하나 이마가 아주 좁고 뾰족한 사람으로 대개 아버지가 일찍 죽거나 혹은 살아있다 하드라도 부모덕이 박해서 학업을 닦을 수 없고 초년 二十五세 까지는 고생이 막심하고 고향을 떠나서 二十六세 부터 활동하여 성공할 상이다. 이마가 부족하므로 관계(官界)보다 상업(商業)이 낫고. 만일 코가 좋으면 五십세 안에 상당한 재산을 쌓을 것이요. 눈끝의 간문(奸門)과 눈두덩이 윤택하면 만년에 처자의 복이 많고 행복하게 살 상이다. 그러나 눈두덩이 좋지 못하면 만년에 의식은 풍족하나 자손이 부족해서 걱정이 되는 수가 있다. 여자는 재취(再娶)의 상이요. 초취(初娶)로 간즉 실패한다.

甲자형

甲자형은 이마는 넓고 좋으나 턱이 쭉빠른 것을 이름이다. 이와 같은 사람은 대개 아버지 한분에 어머니가 두세명씩 되는 수가 있다. 비교적 유족한 가정에서 태어났으므로 아버지가 첩(妾)을 얻는 수가 많고 만일 계모나 서모가 없는 사람은 양자를 가서 다른 부모를 섬기는 수도 있다. 마음은 약간 신경질이 있는것이 결점이다. 초년은 부모덕으로 학업을 닦을수 있음으로 얼굴이 청수하면 중귀(中貴)이상 할수 있고 상업보다 관계(官界)가 낫고 특히 교육, 철학, 종교, 예술, 기술 방면으로 진출하면 성공율이 빠르다. 초년과 중년운은 좋으나 五십세가 넘으면 청빈(淸貧)하다.

申자형

申자형은 중정(中停)만 발달하고 상정과 하정이 부족한 것을 이름이다. 이마가 뾰족하여 좁고 턱이 송곳처럼 쭉빠르고 코와 광대뼈(顴骨)만 발달한 것을 申자형이라 한다. 이마가 부족하니 초년 고생이 많을 것이요, 이마의 부모궁(日月角)이 죽었으니 육친(六親)의 덕이 없다. 자수성가하여 三십세가 넘고 보니 늦게 만난 젊은 아내가 자녀를 생산하여 웃음으로 꽃을 피우고 재산도 점점 늘어간다. 고생을 많이한 보람이 있어 의지도 강하고 백절불굴(百折不屈)하여 五십세 까지 인간 재미가 무던하다. 그러나 고생도 팔자련가 뜻밖에 천재지변(天災地變)이 일어나서 하루아침에 망하는 수가 있으니 화재(火災)를 조심하고 부동산(不動産)을 사두는게 좋다. 여자는 초혼은 실패하고 재가(再嫁)할 상이다.

田 자 형

田자형은 사고(四庫)가 풍만하고 얼굴이 모지고 뼈와 살이 고르게 붙은 것을 이름이다. 삼정(三停)이 평등하니 평생에 의식이 풍족하고 오악(五嶽)이 조공했으니 부귀겸전할 상이다. 四십 전후에 큰 성공을 할 것이요 될수 있으면 부동산(不動産)을 구입해 놓는 것이 안전하다. 동산은 손해보기 쉽다. 그러나 여자는 대개 초혼(初婚)에 실패하고 재혼하는 사람이 많다. 남자도 일처(一妻) 가지고는 안된다. 성패는 있으나 곧 복구하고 여하튼 의식은 족하다.

다같은 田자형이라 하더라도 살이 많이 찐 사람은 재산가가 될수 있고 살이 부족하고 뼈가 억세면 八자가 세다. 밭에는 흙이 두터워야 곡식이 잘되는 이치와 같다. 눈이 좋은자는 중귀(中貴)이상 할수 있다. 대개 아들이 많은게 특징이다.

同 자 형

동(同)자형은 대개 어려서는 부모덕으로 의식걱정 없이 잘지내고 三십전에 기초를 세운다. 그러나 마음이 독하지 못하므로 친구의 보증을 선다거나 동업을 해서 사람을 너무 믿다가 실패하는 수도 있다. 반면에 성격이 온화하고 강유를 겸해서 관계(官界)나 상계(商界)를 막

론하고 다 성공할수 있다. 사람이 덕이 있어 칭찬이 많으며 처자궁도 좋고 八十세 가량 장수한다. 여자도 역시 남자와 같은 운명이다.

圓 자 형

圓자형은 얼굴이 둥그스럽하고 눈 입 귀가 다 둥글다. 살결이 불그스럼하고 원만한 체질을 가진 사람이다. 성질 기타는 영양질과 똑같다. 대개 이런 사람은 고향에서 사는 이가 많고 얼굴이 둥근이는 타향으로 가는 이가 많다. 왜냐하면 공(球)은 둥굴기 때문에 멀리 굴러가고 모진것은 잘 구르지 않기 때문에 자수성가(自手成家)하여 상당한 재벌가(財閥家)가 될수 있다. 회사의 중역이나 은행의 간부들은 대개 圓자형이 많다. 관록을 먹드라도 사업관청이 훨씬 좋다. 그러나 얼굴이 아무리 원만하드라도 눈이 둥글고 살이 너무 찐즉 한참 성공하여 행복하게 살다가 뇌일혈(腦溢血)로 급사(急死)하는 수가 있다. 대개 양처(兩妻)를 둔다.

(圓 자형)

目 자 형

目자형은 얼굴이 길고 좁은 사람으로 二십세 전에는 부모덕으로 비교적 행복한 편이나 二십세 후

로는 부모의 유산이 있으면 까먹어 버릴 상이다. 마음이 총명하나 큰 도량이 없고 신경질을 잘 부리며 사람꼴을 보지 못한다. 자식은 二、三 형제 두나 큰 덕이 없고 수는 八십세 가령 사는 수가 많다.

여자는 시어머니(媤母)와 시누(媤妹)꼴을 보지 못하고 늘 불평이 많고 남편궁은 생이별을 했다가 다시 만나든가 상배를 하는 수가 많다. 目자형은 얼른 보기는 그럴듯하나 얼굴이 좁아서 마음도 좁고 큰 성공을 바라기 어렵다.

用 자 형

用자형은 얼굴이 언듯 보기에는 同자와 같으나 同자는 얼굴이 반듯한 반면에 用자는 얼굴이 고르지 못하고 울퉁불퉁하게 생긴 것을 말한다.

초년은 二십五세까지 고생이 많으나 중년부터 五십세까지 약 二십五년간 활동해서 상당한 성공을 할 상이다. 그러나 가끔 재앙이 많고 여러번 실패한다. 만일 코가 굽고 입이 틀어진 자는 더욱 심하다. 일찍 고향을 떠나서 타관에 가서 성공하나 五십세가 넘으면 말년 운이 좋지 못해서 상처(喪妻)하기 쉽고 자식운도 박하여 재산도 날아가 버리고 고생하는 수가 많다. 여자도 남자와 같다. 수(壽)는 잘 살면 일찍죽고 가난하면 오래 살수 있다. 用자는 대개 申자의 운명과 거의 같다. 중년에 덕을 많이 베풀면 좋을 것이다.

王 자 형

王자형은 얼굴이 방정하나 뼈만 솟고 살이 통 없는 것을 이름이다. 눈끝부분의 천창(天倉)과 양볼 부분인 지고(地庫)가 들어가 뼈가 많고 살이 적어 큰 부(富)를 이루기 어렵다. 천창이 공은 맞았으니 부모의 유산을 상속 받았으면 다 까먹어 버리고 자수성가해서 평생의 의식은 걱정 없을 상이다. 고향을 떠날 상이며 농촌(農村)에 살면 몰라도 도시에 살면 적어도 열두번 이사를 해야할 상이다.

처궁이 박하고 자손은 두드라도 늘 자식걱정이 많다. 대체로 큰 부자는 되지 못하고 의식만 족할 뿐이다. 말하자면 권도 살림에 불과하다. 여자는 일찍 실패하고 재취로 갈 상이요, 평생 고독할 상이다. 만일 고독하지 않으면 三십一세에 요사(夭死)하기 쉽다.

風 자 형

風자형은 이마의 천정이 모지고 넓고 턱이

비어지고 살이 많이 찌고 좌우관골(顴骨)이 좁은 것을 아름이다. 이런 사람은 사교술(社交術)이 좋아서 고관이나 큰 실업가를 이용할 수는 있으나 오래 가지 못한다. 약간 투기성(投機性)

이 있고 방랑성(放浪性)이 많다. 초년 관은 부모덕에 학업을 닦았다하드라도 관록을 오래 먹지 못하고 변동을 자주하여 고관이 될수없다. 이사를 여러번하고 마침내 가난할 상이다. 평생 떠도는 생활을 할뿐 고정적인 정착성(定着性)이 대단히 부족하다. 여자는 대개 화류계(花柳界)로 흐르기 쉽고 가정 부인이라면 팔자가 세어서 자식이 있으면 남편이 없고 남편이 있으면 자식이 없다. 남편과 자식을 똑같이 보전하기는 어려운 상이다.

제5장 물형론(物形論)

— 짐승의 모양으로 관상보는 법 —

용의 형상(龍形)

푸른용이 여의주를 희롱하는 상(青龍弄珠之形)

一、수염이 길고 아름다우며
二、두골(頭骨)이 좌우상부(左右上部)가 나오고(頭角)
三、얼굴이 길고
四、코가 높고
五、눈이 둥글고 눈방울이 약간 솟고
六、귀가 높이 솟고
七、인당골(印堂骨)이 천중(天中)까지 뻗고(伏犀貫庭)
八、신체가 장(長大)하고
九、사람을 누르는(厭人之氣)위의(威儀)가 있고
十、골격이 청수하고 행동이 출중하다.

용형은 어느지명(地名)을 물론하고 다 좋다. 이런 상은 극히 드문 것으로서 극귀(極貴)할 상이다. 얼굴이 아무리 훌륭해도 수염이 없으면 진짜 용형이라 할수없다.

옛날 중국 한나라 고조황제(漢高祖劉季)는 봉의 눈에 용의 코(鳳眼龍準)라 한다. 그가 三십세전에 고생을 많이 하다가 만년에 천자(天子-皇帝)가 된 것은 초년에는 수염이 자라지 못했기 때문에 고생을 했고 만년은 수염이 훌륭히 자랐기 때문이라고 한다.

기린의 형상

기린이 밭두덕에 걷는 상(麒麟步畝之形)

一、머리가 넓고
二、눈섭이 거칠고
三、목이 길고
四、이마가 높이 솟고

五、귀가 크고
六、얼굴이 청수하여 언듯봐서 학(鶴)형과 같으나 학보다 살이 더쪘다.
※ 이런상은 대귀(大貴)한 상이다. 山、木、松、林、雲字든 지명(地名)에 살면 더욱 좋다. 水、井、川、野字든 지명은 좋지 않다.

사자형상 (獅子形)

숲에서 나온 사자상(出林獅子之形)

一、코끝(準頭)이 풍후하고 산근이 끊어지고 (山根到陷)
二、웃수염이 적고 아랫수염이 더북하게 많이나고
三、눈썹이 새까맣게 많고
四、머리가 모지고
五、이마가 넓고 凸하며
六、광대뼈가 솟고
七、신체가 장대한것을 사자라 한다.

길지(吉地)와 기지(忌地)는 기린과 같다.
직업은 사법관(司法官)이 좋고 사업(事業)을 해도 부(富)가 될수 있다.

호랑이의 형상(虎形)

산 숲에서 나온 호랑이 상(猛虎出林之形)

一、이마가 모지고
二、입이 크고
三、소리가 웅장하고
四、입술이 붉고 이는 희며
五、귀가 작고
六、눈이 크고 빛이 사람을 쏘아보고
七、행보(行步)에 위의가 있고
八、풍채가 당당한 사람을 호랑이 형이라 한다.

※ 남자는 문무겸전(文武兼全)하고 부귀할 수 있으나 여자는 결혼(結婚)한 후에 三년내에 상부(喪夫)하여 과부가 되는 수가 많다. 또 남녀간에 호랑이눈(虎眼)을 가진 사람은 일찍 아들을 키우지 못하고 대개 아들이 많지 못하다.
길지(吉地)-山、林、松、洞、嶺.
흉지(凶地)-金、水、火、井、海.

코끼리의 형상(象形)

밀림에 걸어가는 코끼리의 상(密林步象之形)

一、코가 특별히 길고
二、눈이 구슬처럼 둥글고 윤기가 있으며
三、이마가 넓고
四、얼굴이 길고
五、언어(言語)가 정중하고

六, 위의(威儀)가 있는 자

※ 이런 상은 부귀한다. 길지(吉地)는 사자와 범과 같고 흉지(凶地)도 또한 같다.

원숭이의 형상(猿形)

밤을 까먹는 원숭이 상(拾栗才猿)

一, 얼굴이 붉고
二, 이마가 넓고
三, 눈썹이 많으나 거칠고
四, 수염이 적고 머리털이 드물고
五, 얼굴에 비해서 귀가 뾰죽하고
六, 여자를 보면 웃는 얼굴을 짓는다.

※ 이런 상은 성질이 급하고 호색(好色)하는게 결점이나 재주가 비상하고 수단이 좋아서 부귀할 상이다.

길지(吉地) 山, 栗, 松, 林.
기지(忌地) 海, 水, 川, 江.

곰의 형상(熊形)

양지끝에 누워있는 곰의 상(陽地臥熊之形)

一, 등이 둥글고
二, 체격이 장대하고
三, 피부가 몹시 검고
四, 첫 인상(初印像)에 우둔(愚鈍)한 듯한 사람은 곰의 형상이다.

※ 이런 상은 영리하지는 못하나 재운(財運)은 좋아서 부(富)를 할 상이다. 특히 군인(軍人) 방면에 진출하면 물불(水火)을 헤아리지 않고 잘 싸우기 때문에 큰 성공을 할수있다.

길지(吉地)와 흉지(凶地)는 호랑이와 같다.

사슴의 형상(鹿形)

봄 풀밭에 거니는 사슴의 상(春草游鹿之形)

一, 걸음이 빠르고
二, 눈빛이 푸르고
三, 얼굴이 약간 길고
四, 경치(景致)를 좋아한다.

※ 이런 상은 일생을 청한(清閑)하게 살 상이다. 길지(吉地)와 흉지(凶地)는 곰과 같다.

승냥이의 상(豹形)

숲속에 숨은 승냥이 상(林中隱豹之形)

一, 눈이 무섭게 광채가 있고
二, 털이 많고
三, 호랑이와 같으나 얼굴이 약간 길다.

※ 이런 상은 청수(清秀)하면 사법관(司法官)에 출세할 수 있고 혼탁(混濁)하면 도리어 형벌(刑罰)을 당한다. 길지(吉地)와 흉지(凶地)는 사자와 같다.

성성이의 형상(猩猩形)

술취해서 누워있는 성성이 상(醉臥猩猩之形)

一, 머리털이 밤송이(栗)처럼 꼿꼿이 스고

二, 얼굴이 언제나 붉으레하고 살이 많이 찌고

三, 눈썹에 눈에 바싹 붙고 눈이 깊고

四, 귀가 크고

五, 코가 높다.

※ 이런 상은 술만보면 사족을 못쓰는(好酒客) 버릇 때문에 큰 일을 낭패하는 수가 많다. 재운관은 좋은 편이고 길지와 흉지(凶地)는 사자와 같다.

여우형상(狐形)

늙은 여우가 뼈를 희롱하는 상(老狐弄骨之相)

一, 얼굴은 고으나 마음이 좋지 못하고

二, 감언이설(甘言利說)을 잘하여 남을 잘 속이고

三, 시골(腮骨)이 크고

四, 성질이 급하고 색을 좋아(好色)한다.

※ 이런 상은 거짓말을 잘하기 때문에 신용을 잃어서 결국은 패가(敗家)할 상이다. 길지(吉地) 흉지(凶地)는 사자와 같다.

돼지의 형상(猪形)

산돼지가 밭에 내려오는 상(山猪下田之形)

一, 귀가 크고 얼굴이 좁고

二, 잘때 숨을 불고(宿吹噓風)

三, 음식(飮食)에 청탁(淸濁)을 가리지 않고

四, 머리는 넓으나 목(項)이 짧고

五, 이마는 평평하나 눈이 깊고 광채가 없고

六, 뺨(腮)은 도두룩하나 입이 뛰뛰하다.

※ 이런 상은 재운(財運)은 좋으나 욕심(慾心)이 많아서 수전노(守錢奴)라는 별명(別名)을 듣기 쉽다. 또 죽을 때에 횡사(橫死)하여 죽은 뒤에 시체(屍體)를 해부(解部)하는 수가 많다. (形如猪相 死必分屍 - 특히 양조장(釀造場)이나 정미소(精米所)를 경영하면 부(富)를 쌓을 것이다. 길지(吉地)와 흉지(凶地)는 독자들의 상상에 맡긴다.

소의 형상(牛形)

풀밭에 누운 소의 형상(草田臥牛之形)

一, 체격이 장대(壯大)하고

二, 눈이 검고 머리통이 넓고

三, 광대뼈가 나오고

四, 입은 두텁고 크나 폭이 좁고

五, 걸음이 느리다.

※ 이런 상은 평생 의식은 풍족하나 노력(勞力)이 많고 성격은 충직하나 재치(才智)가 부족

해서 타인에게 이용(利用) 당하기 쉽다. 직업은 농업이 제일 좋다. 길지(吉地)는 草、太、豆、屋、野 흉지(凶地)는 水、火、井、川、海.

말의 형상(馬形)

말이 방울을 흔들며 달리는 상(馳馬打鈴之形)

一、얼굴이 길고
二、사고(四庫、天倉地庫)가 깊고
三、이(齒)가 크고 허리가 길고
四、방귀를 잘 뀐다.

※ 말형상도 여러가지가 있다. 얼굴이 청수하고 고상하게 생겼으면 천리준마(千里駿馬)라 하여 대귀(大貴)하고 얼굴이 혼탁하여 속(俗)되게 생겼으면 짐실은 말(重駄之馬)이나 밭가는 말(石田耕馬)이라 하여 평생 노고(勞苦)가 많다. (길지(吉地)와 흉지(凶地)는 소와 같다.)

개의 형상(狗形)

개가 도둑 지키는 상(猛犬守盜之形)

一、머리가 크고
二、눈동자가 약간 누렇고
三、얼굴이 하관이 빠르고
四、귀가 높이 솟고
五、신경질을 잘 부린다.

※ 이런 상은 눈치가 빠르고 자기에게 잘하는 자에게는 은혜를 잊지 않고 갚아 주나 반면에 자기를 미워하는자에게는 또 상대를 하지 않는다. 직업은 고관의 비서(秘書) 또는 참모(參謀)가 좋고 사교술(社交術)이 능란하므로 타인의 호감(好感)을 많이 사게되어 성공하기 쉽다.

길지(吉地)는 門字(例)南門通、內、外、東門內、外、西門內、外北門街 등. 흉지(凶地)는 도살장(屠殺場) 부근.

염소의 형상(羊形)

풀밭에 자우는 염소의 상(羊眠草田之像)

一、八자의 수염이 나고
二、눈이 노랗고(睛黃) 사람을 쏘아 본다.
三、턱이 뾰쪽하고
四、머리를 흔드는 버릇이 있고
五、다리가 짧다.

※ 이런 상은 청수하면 귀(貴)나 부(富)를 하나 대개 성질이 불량(不良)하다. 길지(吉地)와 흉지(凶地)는 소와 같다.

당나귀의 형상(驢形)

※ 모든점이 말과 같으나 귀가 말귀보다 큰것이 특징이고 운명과 성질은 말과 같으나 성질이 더 급하고(馬形 參照) 또 걸음이 말보다 빠르다. 먹잘것 없이 바쁜(食少事煩) 사람이다.

도끼의 형상(兎形)

도끼가 달을 바라보는 상(玉兎望月之形)

一, 이마가 둥글고
二, 눈썹이 적고
三, 귀가 크고 쫑긋하며
四, 몸에 살이 통통하게 쪘다.
五, 눈이 연홍색이다.

※ 이런 상은 첫인상(初印像)이 좋아서 사람에게 귀염을 받으나 남자는 호색(好色)하기 때문에 여난(女難)을 당하기 쉽고 여자는 유혹(誘惑)에 빠지기가 쉽다. 직업은 관록(官祿)이 좋으나 특히 의학(醫學)을 전공하면 성공이 빠르다. 길지(吉地)는 草, 葛, 林, 岩, 花 등. 흉지(凶地)는 사자와 같다.

봉의 형상(鳳形)

대숲에 깃들이는 봉의 상(竹林棲鳳之形)

一, 머리가 길고
二, 코가 높고
三, 눈썹과 눈이 길고
四, 목이 길고
五, 몸에 살이 많지 않다.

※ 이런 상은 부귀할 상이다. 어떤 사람이 「당신은 봉(鳳)의 형상이므로 앞으로 밀(小麥)을 취급(取扱)하면 크게 성공하겠오」라는 관상가의 말에 자극을 받고 제면업(製麵業)을 시작 했다. 과연 五년내에 상당한 재산을 벌었다. 원래 봉이란 새는 죽실(竹實)을 먹는 것이므로 밀은 꼭 죽실과 모양이 같기 때문이다.

길지(吉地) 竹, 實, 梧, 桐, 閣, 山麥

해오리(鷺形)

해오리가 물고기를 엿보는 상(白鷺窺魚之形)

모든 점이 학과같으나 고상(高尙)한 맛이 없고 음식에 청탁(淸濁)을 가리지 않는 자를 학같으나 학이 아니고 해오리라 한다. 길지(吉地)는 海, 川, 江, 水, 邊 등. 흉지(凶地)는 金. 학은 관운(官運)이 좋으나 해오리는 관운이 부족하고 평생 분파(奔波)하고 청빈(淸貧)하다.

학의 형상(鶴形)

소나무 위에서 춤추는 학의 상(松枝舞鶴之形)

一, 머리가 둥글고
二, 이마가 너르고
三, 얼굴이 야위고(瘦弱)
四, 목이 길고 매친뼈(結喉)가 있으며
五, 키가 크고 스타일이 좋다.

※ 남자는 관운(官運)은 좋으나 재운(財運)이 부족하고 여자는 인테리가 많으나 대개 고독(孤獨)한 사람이 많다. 직업은 대체적으로 관록(官祿)이 좋고 만일 사업을 한다면 깨끗하고 신선한 것이 좋다.

(例) 茶房, 手藝品商, 書店등. 성질은 고상하고 음식을 함부로 먹지않고 질(質)을 취해서 먹고 육식(肉食)보다 채식(菜食)을 좋아하고 신선한 생선을 좋아하고 특히 과실(果實)과 음악을 좋아한다. 길지(吉地) 山, 林, 松등. 華麗處.
흉지(凶地) 金.

앵무새의 형상(鸚鵡形)

말잘하는 앵무새의 상(能言鸚鵡之形)

一, 눈이 작으나 길고(眼小長)
二, 이마와 목이 짧고(額, 頸短)
三, 코끝이 풍원(準頭豊圓)하고
四, 글씨를 잘쓰고(筆頭生花)
五, 걸음이 빠르다.(行步將急)

※ 이상과 같은 사람은 대개 말을(雄辯) 잘하고 사교(社交)술이 좋아서 맨주먹으로 성가할 상이다. 이마가 짧아서 초년 고생은 있으나 四십세 후에는 귀인(貴人)의 추천을 받아 대성할 상이다. 직업은 변호사, 대의원(代議員) 목사(牧師) 웅변가(雄辯家). 길지(吉地) 山, 林, 園, 竹, 松등. 흉지(凶地)는 별로 없다.

공작의 형상

궁중에서 춤추는 공작의 상(孔雀舞宮之形)

一, 얼굴이 작고(面小)
二, 살이 많이 쪄고(身肥)
三, 의복(衣服)의 사치(奢侈)를 좋아하고
四, 더운 음식을 좋아한다.

※ 이상과 같이 생긴 사람이 있다면 얼굴보다 몸이 좋으므로(面相不如体相之原理) 반드시 성공할 것이다. 길지(吉地) 華麗한 住宅, 宮廷등. 흉지(凶地)는 누추한 곳. 직업은 官吏, 实業家등.

까치의 형상(鵲形)

기쁜 소식을 알리는 까치의 상(喜信報鵲之形)

一, 얼굴이 작고
二, 눈동자가 검고
三, 걸음이 빠르다.

※ 이런 상은 친구에게 기쁜 뉴스를 잘 전해주고 사교술이 좋다. 인상이 좋으면 까치라하고 검으면 가마귀라 한다. 직업은 신문, 잡지, 통신기자, 외교원등. 길지(吉地) 木, 野. 흉지(凶地) 金, 火, 弓.

참새의 형상(雀形)

주린 새가 벌레를 찾는 상(飢雀尋虫之形)

一、얼굴이 작고

二、신체가 허약하고 작으며

三、눈동자를 사방으로 내두르고

四、깜짝 깜짝 놀라는 버릇이 있다.

※ 이런 사람은 평생 식소사번하여 큰 부자는 되지 못할 상이다. 길지(吉地) 野、虫、穀、林、山 등. 흉지(凶地) 金、火.

제비의 형상(燕形)

잠자리를 쫓는 제비의 상(燕子逐蜻之形)

一、입술이 붉고

二、입이 윤택하며

三、턱이 붉고

四、몸이 가볍다.

※ 길지(吉地) 水、海、川、江 等. 직업은 水業、미술. 여자는 대개 기생(妓生)이 많다.

매의 형상(鷹形)

날으는 매가 토끼를 차는 상(飛鷹搏兎之像)

一、머리가 모지고(頭方)

二、이마가 둥글고(額圓)

三、입이 낚시처럼 휘어지고(口鉤)

四、코끝이 구부정하니 아래로 휘어졌다(鼻曲).

五、눈동자가 붉고 성질이 급하다.

※ 이상과 같이 생긴 사람이 얼굴이 청수하면 대귀할 수 있으나 수양이 부족한 사람은 이기욕(利己慾)이 많아서 상종하기 어렵다. 직업은 군인(軍人)、공장주(工場主)、사법관(司法官)、양계업(養鷄業)、길지(吉地) 山、松、林、木、鳥 등. 흉지(凶地) 海.

기러기의 형상(雁形)

모래밭에 내려오는 기러기 상(平沙落雁之形)

一、눈이 할개(叙視)하고

二、입이 퍼졌다.

※ 길지(吉地)는 海、沙、月、江、南、簫 등. 흉지(凶地) 網、銃. 직업은 水業、酒業 漁業이 대길(大吉).

거북이의 형상(龜形)

거북이 물결을 희롱하는 상(金龜弄波之形).

一、이마가 모지고 평평하며

二、눈썹이 거칠고 눈이 크며

三、몸이 크고 코가 솟았으며

四、목이 평평하고 발이 짧으며
五、등이 구부정하다.
길지(吉地) 水、海、江、沙、波、등.
흉지(凶地) 桑、火 등. 직업은 水業.

쥐의 형상(鼠形)

겨울 고집에든 쥐의 상(鼠人冬庫之形)

一、눈이 둥글고 검은창이 많고 흰창이 적고(眼圓黑多白小)
二、입이 뾰족하고(口角尖小)
三、신체가 작고
四、이(齒)가 세밀(細密)하고 안으로 옥았다.

※ 이런 상은 평생 의식(衣食)은 족하나 이기심(利己心)이 많아서 상종하기 어려운 상이다. 직업은 농업、창고업(倉庫業)、정미업(精米業)、

두꺼비의 형상(蟾形)

장마통에 나온 두꺼비의 상(霖中伏蟾之形)

一、얼굴이 재껴지고 눈알이 솟고
二、이가 드러나고 수염이 드물고
三、얼굴에 죽은깨가 많고
四、호흡(呼吸)이 빠르다.

※ 이런 상은 첫보기에는 별로 신통치 않으나 재복은 좋은 상이다. 직업은 우산(雨傘) 장사가 좋다.

물고기의 형상(魚形)

맑은 강물에 노는 고기의 형상(清江游魚之形)

一、머리가 뾰족하고
二、눈을 뜨고 잔다
三、눈의 흰창이 四방으로 보인다.

※ 이런 상은 횡액(橫厄)으로 죽는다. 길지(吉地) 水、江、海、川. 흉지(凶地) 山、火、鈎、網.

뱀의 상(蛇形)

뱀이 개구리를 안은상(金蛇抱蛙之形)

一、눈이 둥그랗고 작으며 살기(殺氣)가 차고
二、입술이 얇고, 혀가 길며
三、혓바닥을 낼름낼름하는 버릇이 있다.

※ 이런 상은 남자는 상처상자(喪妻、喪子)하고 여자는 상부(喪夫)하지 않으면 자식을 많이 상한다. 뱀형은 사람을 해치는 상이므로 가이 상종할 수 없다.

정장 기색론(氣色論)

기색(氣色)의 구별(區別)— 무릇 기색(氣色)에는 두가지가 있으니 一은 기(氣)요 二는 색(色)이다. 기(氣)는 피내(皮內)에 있고 색(色)은 피외(皮外)에 있다. 기(氣)가 완화(緩和)하지 못하면 이것을 기(氣)라 할수 없고 밝지 못하고 완(緩)하지 못하면 기산(氣散)한 것으로 간주(看做)한다. 색(色)은 윤택(潤澤)하지 못한 것은 색(色)이라 할수 없고 색(色)이 광윤(光潤)하지 못하면 허색(虛色)이다.

원래 기색(氣色)은 오장육부(五臟六腑)의 여정(餘精)으로서 외(外)로 나타나는 것은 색(色)이요 내(內)에 있는것은 기(氣)라고 한다. 색은 있어도 기가 없거나 기는 있어도 색이 없으면 이것을 기색(氣色)으로써 길흉(吉凶)을 논할 수 없다.

피내(皮內)에 있는것은 미래지사(未來之事)요 피외(皮外)에 있는것은 과거지사(過去之事)다. 선명한 것은 정왕(正旺)하고 담색(淡色)은 이미 왕기(旺氣)가 지난 것이다. 그러므로 무슨 일인가를 알고자하면 소속궁(所屬宮)을 살펴야 한다.

기색(氣色)의 도(道)는 천지(天地)의 기(氣)와 합하여 사시(四時)로 나누어서 상생상극(相生相剋)의 이치(理致)로서 생기는 것이니 먼저 백삼십부위(百三十部位)의 구별, 그궁(其宮)의 과한(過根) 길흉(吉凶)을 구별한 즉 진퇴(進退) 간의 백발백중(百發百中)하는 것이다. (百三十部位는 十三部位를 말한 것이다).

기색법(氣色法)은 전술(前述)한 바와 같이 두가지로 나눌 수 있으나 기실(其實)은 합(合)해서 한가지로서 표준(標準)을 삼는다. 그러므로 색(色)은 있으나 기(氣)가 없는 것을 부광(浮光)이라 해서 기색(氣色)이라 할 수 없고 또는 기(氣)는 있어도 색(色)이 없는 것을 명량(明亮)이라 해서 기색(氣色)이라 할수 없다. 기름을 바른 것 처럼 활염(滑艶)한 것을 유구(油垢)라 해서 또한 기색(氣色)이라 할 수 없다.

기색은 아침에는 면부(面部)에 나타났다가 밤에는 폐부(肺腑)로 들어간다. 이 기색출몰(氣色出沒)은 자기의 마음이 걱정이 된대서 흉기(凶氣)가 나타나는 것도 아니요 또는 그 마음이 기쁘대서 미색(美色)이 나타나는 것도 아니다. 자연의 감응에 의하여 환락(歡樂)중에도 장차 간고(將次艱苦)가 올 징조(徵兆)가 나타나기도 하고 혹은 고난중에도 환락의 기(氣)를 예고하므로 반드시 장래에 있어서 그 결과가 생기고 마는 것이다.

이것은 모두가 자기의 신명(神明)이 선지선각(先知先覺)의 영(靈)이 있기 때문이다. 기(氣)는 자기의 정신을 만드는 어머니요 색(色)은 아버지이다. 오장육부간을 주류(週流)하고 칠정(七情-喜,怒,哀,樂,愛,惡,慾)에 의해서 표현된다. 처음은 기(氣)가 되나 기(氣)가 정(定)한 즉 색(色)이 된다. 그러므로 그 기(氣)의 깊고 얕음을 보고 그 색(色)의 동정을 살핀다음 차차 그 진퇴(進退)를 알수있다.

육기(六氣)의 구별 - 상법(相法)에 육기(六氣)가 있으니 一을 청룡(靑龍)의 기(氣)라 하는것으로 그 색(色)이 금회잠명(錦繪蠶明)과 같다. 금회(錦繪)라 하는것은 이선(此線)의 난반(乱盤)하는 것과 같이 그 색이 선명한 것을 길색(吉色)이라 한다.(잠명(蠶明)이라 하는 것은 늙은 누에(老蠶)의 황명(黃明)한 것을 이름이다.) 무릇 잠(蠶)이 장차 늙을 때에는 목아지에서부터 염색(艶色)이 뻔쩍거리다가 점점 전체가 뻔쩍이는 것이다. 사람이 장차 운이 트려면 준두(準頭)에서부터 길색(吉色)이 들기 시작하여 점점 제부(諸部)까지 통하게 되는 것이다. 그러므로 이색(此色)이 만일 천정(天停)에 발현(發現)하여 안하(眼下)(三陰三陽)에 뻗치면 반드시 귀자(貴子)를 낳고 관록궁(官祿宮)이나 재성(財星)에 나타나면 반드시 관작(官爵)의 승진이 있으며 와잠(臥蠶)에 나타나면 반드시 천재(天財)가 있다.

二를 주작(朱雀)의 기(氣)라 하는 것이니 그 색(色)은 저녁노을(晩霞)이 수영(水映)한거와 같다. 이색(此色)은 구설관재(口舌官災)가 있다.

三을 구진(句陳)의 기(氣)라 하는 것이니 그 색은 풍란흑운(風乱黑雲)과 같다. 이색(此色)이 나타나면 패업분리(敗業分離)가 있다.

四를 뛰는 뱀(騰蛇)의 기(氣)라는 것이니 그 색(色)은 불타고난 재와 같다. 도적(盜賊) 화재(火災)가 있다.

五를 백호(白虎)의 기(氣)라 하는 것이니 그 색은 지(脂)에 유(油)를 바른것처럼 생겼다. 질병 또는 부모 형제 등의 죽음이 있다.

六을 현무(玄武)의 기(氣)라 하는 것이니 그 색은 아침연기가 안개와 혼합한 것과 같은 것이다. 이색이 나타나면 나쁜 병으로 사망(死亡)한다. 이 육신(六神)의 기(氣)중에는 구진(句陳)、현무(玄武)의 양기(兩氣)가 가장 흉(凶)한 것이다. 만일 명문(命門)에서 발(發)하여 안하(眼下)에 돌면 반드시 자녀를 잃고 만일 복덕(福德) 준두(準頭)에 돌면 실패를 보고 명궁(命宮)에 나타나면 자신이 죽고 또는 사문오혈(四門五穴)에 나타난즉 반드시 죽는다. 사문(四門)이라는 것은 「건(乾)、감(坎)、간(艮)、진(震)」 오혈(五穴)이라는 것은 「이(耳)、목(目)、구(口)、비(鼻)、설(舌)」 공(孔)」이다. 기색(氣色)은 천기자동(天機自動)의 묘(妙)가 있는 것이므로 억지로 변색(变色)할 수 없다. 그러므로 안정시(安靜時)에 준두(準頭)에 일점(一點)의 악색(惡色)이 나타나면 일년내에 반드시 재앙(災殃)이 생긴다.

만일 우환(憂患)의 시기에 인당(印堂)에 황색(黃色)이 안에 비치고 혹은 이색(此色)이 있고 청흑(靑黑)의 안에 나타나면 머지 않아서 행복이 온다. 만일 일단(一段)의 청흑색(青黑色)은 우환(憂患)이 생길 징조(徵兆)를 표시하는 것이다. 그러므로 멀면 백일이내(百日以內)요 가까우면 열흘안에 좋지 않은 일이 오는것이다. 내색(內色)은 양양해서 청흑(青黑)이 스스로 물러가면 길조(吉兆)가 반드시 생긴다. 봄에 발생하는 색(色)은 푸른색(色)이 다만 삼양(三陽)의 아래에 있는 것이 좋고.

여름에 발생하는 색은 홍(紅)과 엷은 녹색이 산근(山根)에 있어야 좋고 또 인당(印堂)에는 없어서는 안된다.

가을에는 가장 황자색(黃紫色)이 좋다. 황(黃)은 토생금(土生金)이므로 토성(土星) 양(兩)관에 나타나면 좋다.

겨울에는 흑(黑)에 백(白)을 겸한 것이 좋고 지각(地閣)을 보는것이 제일 좋다.

그러므로 사람이 위지(危地)에 처했을 때라도 준두(準頭)에 눈황색(嫩黃色)이 나타나고 사고(四庫)에 담홍색(淡紅色)이 있으며 또는 천중(天中)에 황광(黃光)의 색(色)이 있어 일층 광채(光彩)의 색이 일어나면 이것을 국인(國印)이라하여 홀로 위험(危險)을 돌파(突破)할 뿐만 아니라 도리어 큰 복(福)이 오는 것이다.

오색(五色)중에 다좋은 것도 있고 다 흉(凶)한 것도 있으니 청기(青氣)는 취(翠)와 같은것을 생색(生色)이라 하고 남색(藍色)과 같은 것을 사색(死色)이라 한다. 적색(赤色)은 닭의 벼슬과 같은것은 생색(生色)이라 하고 생선피와 같은것은 사색(死色)이라한다. 백기(白氣)는 돼지비개와 같은것은 사색(死色)이라 하고 마른뼈와 같은 것을 생색(生色)이라 한다.

흑기(黑氣)는 오우(烏羽)와 같은 것을 생색(生色)이라 하고 그와 반면으로 끄름(煙煤)과 같은 것을 사색(死色)이라 한다. 황기(黃氣)는 거위부리와 같은 것을 생색(生色)이라 하고 낙엽과 같은 것은 사색(死色)이라 한다. 그러나 기색(氣色)이 정(定)치 못하면 새벽에는 청명(晴明)하였다가도 어둠이 되면 풍우(風雨)가 일어나는 것처럼 아침에는 좋아도 저녁에는 흉(凶)으로 변하는 수도 있다. 그러므로 음덕(陰德)을 행하면 골격(骨格)도 달라 지거든 하물며 기색(氣色) 쯤이야 변하기 가장 쉬운 것이다. 흉(凶)한 것을 길(吉)하게 할수도 있는 것이므로 相은 변하기 쉽다고 옛날부터 전해왔다. 가령 일면(一面)의 부위(部位)가 다 좋고 미목이 청수(清秀)하더라도 다만 기색(氣色)이 혼암(昏暗)하면 공명(功名)이 지체(遲滯)될수 있다. 기(氣)는 신(神)의 형(形)을 농(弄)하며 신(神)으로 화한다.

오장육부를 주류(週流)하여 칠정(七情)의 변화로 인해서 오악사독(五岳四瀆)에 발(發)하여 육부(六腑)에 숨는다. 그러므로 악독(岳瀆)은 이에 기색(氣色)이 심오하게 표현하는 곳이다. 좋은 일을 당하여도 취개(驟開)하지 않고 흉사(凶事)를 당하여도 또한 취발(驟發)하지 않는다. 그렇다고 모든 일에 있어서 먼저 악독(岳瀆)을 볼 바에는 기색의 경중(輕重)과 천심(淺深)을 봐서 길흉화복(吉凶禍福)을 알고 그 진퇴(進退)를 정할 수 있다.

황기(黃氣)가 잘 나타나면 가장 좋고 황기(黃氣)가 흩어지고 청기(靑氣)가 안개낀 것처럼 나타나면 흉(凶)하다. 홍기(紅氣)는 살속에 있고 화색(火色)은 살갗에 있는 것이 보통이나 만일 화기(火氣)가 강하면 재(災)가 있다. 자기(紫氣)는 귀인(貴人) 서인(庶人)을 막론하고 좀처럼 드물게 보이는 기색(氣色)이다. 그러므로 자기(紫氣)와 비슷한 색(色)은 희색(喜色)이라하고 화기(火氣)는 재(災)가 있다. 그외 색(色)의 상잡(相雜)한 것을 다 잡색(雜色)이라 한다.

골격(骨格)이 귀상(貴相)일지라도 잡기(雜氣)의 난색(亂色)이 들면 발달할 수 없다. 가령 원산기봉(遠山奇峰)의 수경(秀景)일지라도 구름이 가리어서 보이지 않다가 한번 대지(大地)의 청풍(淸風)을 만나 구름을 걷어 버린다면 기봉수경(奇峰秀景)일 뿐만 아니라 반드시 사람으로서 버릴 수 없는 것이나 같다. 이것이 즉 기색(氣色)을 관찰(觀察)하는 법이다.

마의선생(麻衣先生)이 말하기를「기색(氣色)은 유귀신불측지기(有鬼神不測之機)하고 능분천지지원기(能奔天地之元氣)라」하였다. 가장 긴요(緊要)한 것은 먼저 동수색(動守色), 산취색(散聚色)과 변성색(変成色) 이해색(利害色) 건체색(蹇滯色) 활염색(滑艶色) 광부색(光浮色) 홍자적(紅紫赤)의 삼색(三色)을 일일히 구별해서 판단(判斷)하면 스스로 통천(通天)하는 신험(神驗)이 있다.

동색(動色)이란 무엇인가? — 동색(動色)이란 신(神)을 논(論)하고 색(色)을 논할 때는 안면(顔面)을 볼 것이요 색(色)을 논하고 광(光)을 논할 때에는 준두(準頭)와 인당(印堂)을 본다. 인당은 기색(氣色)의 취처(聚處)요 준두(準頭)는 기색(氣色)의 발처(發處)다. 인당(印堂)의 기색(氣色)은 노랑기가 명랍(黃如明蠟…蜜蠟)과 같은데 붉기가 금회(錦繪)와 같이 내기(內氣)가 심명(深明)하고 외색(外色)이 미암(微暗)하여 달이 두번 다시 밝는거와 같으면 동(動)해도 좋다. 준두(準頭)의 기색이 새롭기가 눈황자채(嫩黃紫彩)를 열린거와 같이 광(光)이 있고 얼굴에 윤기가 가득하면 동(動)해도 좋다. 살쩍과 눈썹에 취록감청(翠綠紺靑)의 광(光)이 있고 모발에 정채(精彩)의 윤(潤)이 있으면 관(官)을 구하거나 재(財)를 구하거나 명리(名利) 공히 움직인즉 크게 이롭다.

수색(守色)이란 무엇인가? — 수색(守色)이란 사독(四瀆)이 밝은 것 같으나 밝지 못하고 어두운것 같으나 어둡지 않은 것을 유산(流散)이라 한다. 오악(五岳)이 어두운 것 같으나 어둡지 않고 명(明)한 것 같아도 명명(明明)하지 않은 것을 기체(氣滯)라고하여 모두 수구(守舊)해야한다. 암내담명(暗內淡明)하여 기색(氣色)이 열리지 않고 다만 한군데 윤색(潤色)을 발(發)한 지라도 또한 수세(守勢)를 취(取)해야지 망동(妄動)하면 반드시 패(敗)하고 말것이다. 이 색(色)은 길흉(吉凶)한 가지로 진(進)하기도 쉽고 퇴(退)하기도 쉽기 때문이다.

취색(聚色)이란 무엇인가? ─ 취색(聚色)이란 기(氣)가 족(足)하고 색이 안으로 밝게 모이고 색이 약간 어둡더라도 사고(四庫)가 밝고 미황자색(微黃紫色)이 드는 것을 취색(聚色)이라 한다. 장색(掌色)이 좋고 안면(顔面)이 외암내명(外暗內明)하면 이것을 소취(小聚)라 하고 혹은 홍황(紅黃) 혹은 청흑(靑黑)하여 기색(氣色)이 부(浮)한 거와 같이 밝고 곳곳에 취록색(翠綠色)이 나타나고 미미한 선홍(鮮紅)의 색(色) 점점한 하청(霞靑)의 색(色) 심심한 담홍색(淡紅色) 잔잔한 미황색(微黃色)과 같은 것은 다 염려(艷麗)의 색으로 대취(大聚)라 하여 능히 제체(諸滯)를 뚫고 제흉(諸凶)을 물리칠 수 있다. 혈기가 형난(熒暖)하고 눈동자의 빛(眸光)이 사람을 쏘는 듯하며 백청(白睛)이 신(神)을 귀(貴)하고 또는 오악(五岳)을 통하여 기(氣)가 살쩍과 눈썹에 투출(透出)하면 면색(面色)이 부족하고 색이 약간 어둡다. 그러므로 또 대취색(大聚色)이라한다. 많은즉 반년 적은즉 일년 내에 창가(創家)할 수 있다. 이 취색(聚色)이 있으면 유유히 등(動)하여도 대길(大吉)하다. 큰 재산(財産)을 모으거나 큰 공명(功名)을 이룰 수 있는 상(相)이다.

산색(散色)이란 무엇인가? ─ 산색(散色)이란 색(色)은 있어도 기(氣)가 없는 것을 산색(散色)이라 한다. 또는 만면(滿面)의 광채(光彩)는 일색(一色)인데 황(黃) 흑(黑) 백(白)의 색이 혼잡(混雜)하여 한결 같지 못한 것을 또한 산(散)이라 한다. 또는 명중(明中)에 명(明)치 못하고 암중(暗中)에 암(暗)을 열지 못한것도 또한 산(散)이라 한다. 안면(顔面)이 약간 밝다 할지라도 귀, 코가 다 어둡고 두눈이 빛나더라도 적흑(赤黑)이 미량(微亮)하여 눈동자가 정(定)치 못한 것도 또한 산(散)이라 한다.

이와같은 산색(散色)은 반드시 실패한다. 좌우간 수분(守分)하는 것이 상책이다. 망동(忘動)하지 않고 분수(分數)를 지키면 그 반의 실패를 면할 수 있다.

성색(成色)이란 무엇인가? ─ 성색(成色)이란? 혹은 공명(功名) 혹은 사업 혹은 모사(謀事) 혹은 구재(求財) 등. 귀가 홍명

(紅明) 윤택(潤澤)하고 준두(準頭)가 명량(明亮)
하면 성색(成色)이라 한다. 준두(準頭)가 좌우관골(左右顴骨)
준두(準頭) 인당(印堂)이 깨끗하여 윤색(潤色)
이 돌고 안신(眼神)이 명철한즉 귀인(貴人)이
끌어 주어서 입신출세(立身出世) 할 수도 있고
만일 사업가 라면 사람들과 더불어 일을 이루
어 큰돈을 벌수 있다.

변색(变色)이란 무엇인가? - 변색(変色)이란
색(色)의 암(暗)한 것이 다시 변하여 명철하
게 된즉 근심이 변해서 되려 기쁨이 되고 명
중(明中)에 울울(鬱々)해서 어둠이 겹친 것은
길(吉)함이 도리어 흉(凶)으로 되는 것이다. 즉, 전자
(前者)를 체중유명(滯中有明)이라 하고 후자(後者)
를 명중유체(明中有滯)라 한다. 혹은 기(氣)는
있어도 색(色)이 없거나 혹은 색은 있어도 기
가 없는 것은 변하기 쉽다. 색은 밝은데 일월
(日月)(兩眼)이 혼몽(昏蒙)한 것도 흉(凶)으로 변
하기가 쉽다. 색은 어두어도 양안(兩眼)에 수정
(守精)이 있으면 대흉(大凶)이라도 흉(凶)이 되지
않는다. 혹은 미황색(微黃色)을 나타내고 혹은
청흑색(青黑色)을 나타내어 날마다 한번씩 변하
는 것과 같으면 좋지 못하다. 혹 三, 四일에 일
변(一変)하는 것도 좋지 못하다. 혹 자(紫)가 미
적(微赤)하거나 홍(紅)이 미흑(微黑)으로 변하
거나 황(黄)이 미흑(微黑)으로 변하는 것은 다 흉
(凶)으로 변하는 것이다. 이 변색(变色)이 난(乱)
해서 정할 수 없는 색이 나타날 때에는 약간의
호색(好色)이 있다 하드라도 또한 좋지 못하다.
기색(氣色)에 청(青) 흑(黑) 적(赤) 암중(暗中)
에라도 미미한 눈황색(嫩黃色)을 띈다면 능히
길조(吉兆)가 오는 것이다. 황색이(黃色)이 토성
(土星)의 상(上) 인당의(印堂) 중(中) 오산(五山)
의 머리에 있으면 좋다. 다만 황색(黃色)은 지라
(脾)의 신(神)으로서 또는 오색(五色)의 변하는 것
이다. 사계절의 토용(土用) 즉 七十二일 간을 말
하는 것이다. 이 색(色)은 다 길(吉)로 변하는 것
이다. 이 색은 오색(五色) 중의 정채(精彩)이므
로 청(青) 황(黃), 적(赤), 백(白), 흑(黑)의 중
(中)에 논하는 것이 아니라 이 자색(紫色)이 출
현한 즉 다 좋은 일은 있어도 흉(凶)한 것은 자
연퇴각(自然退却)한다. 다만 안중(眼中)에 신
(神)은 심장(心) 간(肝) 폐(肺) 콩팥(腎) 지라
(脾)의 오기(五氣)의 생(生)하는 바이므로 신(神)
은 능히 기(氣)를 누룰 수 있다고 옛 사람은 말
하였다.

이색(利色)이란 무엇인가? - 이색(利色)이
란 암중(暗中)의 스스로 온윤영창(溫潤榮暢)
하고 안으로 미명(微明)하며 이(耳) 준(準) 기(氣)
양(兩)관이 다같이 밝고 장심(掌心)의 기(氣)
가 홍(紅)하고 피혈(皮血)의 광채(光彩)가

있고 안내(眼內)에 신(神)이 족(足)한즉 사업을 하며는 대리(大利)를 본다. 색(色)이 약간 잡(雜)하고 얼굴에 미암(微暗)이 있더라도 액(額) 준(準) 관(顴) 악(顎)의 오악(五岳)에 자기(紫氣)가 심명(深明)한즉 무슨 사업을 하든지 큰 이익을 볼수 있다. 무릇 이 색(色)이 있으면 진퇴(進退) 공히 대길(大吉)하다.

해색(害色)이란 무엇인가? ㅡ 해색(害色)이란 년수(年壽)가 붉은즉 관형(官刑)의 해(害)가 있고 사고(四庫)가 어두운즉 여중(旅中)에 여인(女人)의 해(害)가 있고 정(井)벽조가 붉은즉 손실(損失)의 해(害)가 있고 산림(山林)이 붉으면 화난(火難)의 해(害)가 있고 인당(印堂)이 푸르면 연루(連累)의 해가 있고 화난(花難)이 얼굴에 가득하면 여행중에 해가 있고 지각(地閣)이 검으면 수액(水厄)의 해가 있고 안색(眼色)이 혹은 심황(深黃) 혹은 범록(泛綠)하면 반드시 대해(大害)가 있다. 만일 이런 색이 나타나면 꼼짝말고 문자그대로 「두문불출(杜門不出)」해야지 그렇지 않고 움직였다가는 반드시 대경실색(大驚失色)의 환(患)을 당하고 말것이다. 분수를 지키고 있은즉 다행히 그 액(厄)의 반을 면할 수가 있다.

건체색(蹇滯色)이란 무엇인가? ㅡ 건체색(蹇滯色)이란 하부(下部)에 탁기(濁氣)가 있고 살갗이 윤(潤)하지 못하고 오장(五臟)도 화(和)하지 못하므로 그 색이 체(滯)하게 된다. 사고(四庫)가 진흙과 같고 이(耳)와 준두(準頭)가 연기낀 것처럼 어둡고 삼양(三陽)에 색이 암(暗)하고 만면(滿面)이 몽암(朦暗)한 것은 모든 일이 건체(蹇滯)한다. 일면(一面)이 미명(微明)하드라도 안(眼)에 장(障)의 색을 일으킨즉 음(陰)이 성(盛)하여 양(陽)을 산(散)하여 일을 한즉 반드시 건체(蹇滯)한다. 얼굴이 누렇게 색체(色滯)한 것이 진흙(泥)과 같으면 토(土)를 범해서 체(滯)한 것이요 얼굴이 붉고 내(內)로는 백(白)하고 외(外)로는 불꽃처럼 붉은것은 화(火)를 범해서 체(滯)한 것이요 얼굴이 검고 색(色)이 체(滯)한 것은 수(水)를 범해서 체(滯)한 것이요 얼굴이 희고 말라서 색(色)이 없는 것은 금(金)을 범해서 체(滯)한 것이라 한다. 또는 얼굴이 번쩍거리기가 기름을 바른것처럼 생겼으면 신(神)을 범해서 체(滯)한 것이라하여 이상(以上) 모두를 대기색(大忌色)이라 한다. 소년시대에 이 색(色)이 있으면 二十年의 건체(蹇滯)가 있고 말년에 이 색이 있으면 종신(終身)토록 운(運)이 없다. 대궁(大窮)대패(大敗)의 색(色)이라 해서 진퇴(進退)간에 다 좋지 못하다. 음덕(陰德)을 지키는게 좋다 그러면 모든 기(氣)가 열리어 그 재(災)를 면할 수 있다.

활염색(滑艶色)이란 무엇인가? — 활염색(滑艶色)이란 기색(氣色)과 같은 것이 아니다. 따로 보는 법이 있다. 그 색(色)은 유리위에 기름을 바른 것처럼 또는 색이 무루녹아(濃) 단청(丹青)의 주사(朱砂)와 같다. 내기(内氣)가 명(明)하지 않고 외색(外色)이 오지 않고 홀로 활염(滑艶)하여 윤택(潤澤)의 구(垢)를 혼합(混合)한거와 같은 것이다. 활염(滑艶)이 부범(浮泛)해서 장차 변하려는 색(色)인 것이다. 그러므로 활염(滑艶)은 미색(美色)이 아니다. 만일 이 색이 나타나면 남자는 하천(下賤)하게 되고 여자는 창부나 광대의 무리가 된다. 혹시 다른 곳에 좋은 곳이 있다 하더라도 녹(祿)을 잃고 또는 실직(失職) 파직(破職)하게 된다. 그러므로 활염(滑艶)이 한번 오면 반드시 재(災)가 가까운 장래에 올것을 예고하는 것이다. 주의하지 않으면 길색(吉色)으로 오단(誤斷)하기 쉽다.

광부색(光浮色)이란 무엇인가? — 광부색(光浮色)이란 활염(滑艶)과 같은 것은 아니다 따로 일설(一說)이 있다. 백(白)하기가 분(粉)과 같고 또는 적(赤)하기 불과 같고 만면(滿面)에 광부(光浮)한 것이다. 이 색(色)이 있으면 패가(敗家)할 사람으로서 만일 젊은 사람이라면 죽기 쉽고 노인이라면 고생하기가 쉽다.

만일 색이 농(濃)하면 죄를 범하고 여자는 음란해서 무자(無子)하기 쉽다. 만일 득남(得男)하드라도 실패하기 쉽다.

혹 부호(富豪)가 이런 색이 있으면 반드시 빈궁하게 된다. 그러므로 광부(光浮)의 색은 미색(美色)이 될 수 없다. 정신이 떠서 장차 변하려는 색이므로 화(禍)의 근본이니 크게 피해야할 색이라 하나도 취(取)할 것이 없다.

제二편 수 상 학(手相學)

손금은 변한다고 하지만 중요한 손금은 변치 않는다。 수상학은 이미 통계과학(統計科學)으로서 정확성(正確性)이 증명되고 있다。

수상학(手相學)

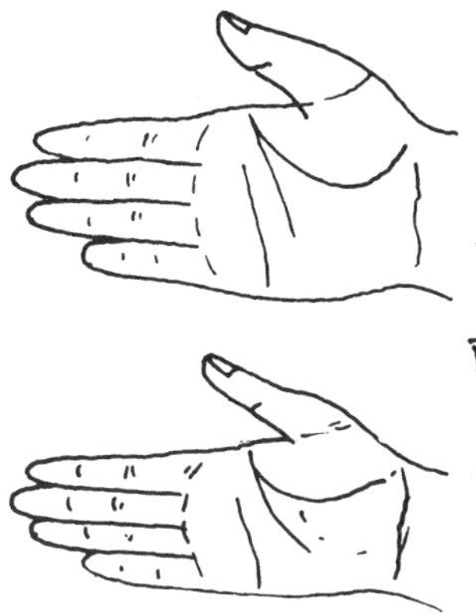

(그림 — 1)

손바닥의 살점과 건강

손을 잡아 보아서 차거운 사람은 정열적인 것이라 하고 뜨거운 사람은 냉정한 표시라고도 하나, 어쨌든 적어진 감각에서 오는 느낌은 제개수상에도 통하는 점이 있다.

1 살이 얇은 손…… 손바닥 살이 없고 평평하게 생긴 사람은 체력의 결핍이 원인이며, 실행력이 없고 애정에도 집착과 깊이가 결여되어, 역경에 처했을 때에는 혼자서 타개할 능력을 잃고 만다. 여자의 경우는 애정 교환에 신선미가 없고 별다른 감정도 주지를 못한다.

2 살이 부드럽고 두터운 손…… 너무 완만하며 계획성이 없고 연애나 향락에는 남보다 몇갑절 빠지기 쉬워도, 모가 지지 않고 친밀성이 깊어서 남들의 사랑을 받아 운명을 개척하는 장점이 있다. 손님 상대를 하는 장사면에 나선다면 재능을 발휘한다.

3 탄력 있는 두터운 손…… 손바닥마다 모지고(엄지 손가락 머리)가 두텁고 탄력이 풍부한 사람은 체력이 왕성하여 피곤함을 모르고 끈기가 있다. 여성의 경우는 대담하고 남성들의 인기를 모으며, 유부녀인 경우는 남편의 난봉을 막을만한 능력을 나타낸다.

4 마른 손…… 손바닥이 건조하드라도 빛갈만 나쁘지 않으면 건강하고 운세도 순조롭다.

5 기름진 손…… 손바닥에 기름이 껴서 진득진득한것은, 신경쇠약에 걸려 있거나 또는 잘 조섭을 못한 데에 원인이 있으며 체력이나 기력의 쇠약함을 의미한다.

6 윤기가 있는 손…… 손바닥의 혈색이 좋고 윤기가 있는 것은, 건강도 좋고 사업도 순조로와서 번영을 이룰수 있는 운이다. 유부녀인 경우는 생활이 안정되고 가정에 화기가 돌며 직업여성인 경우는 환경과 수입이 극히 순조로움을 의미한다.

제2장 다섯 손가락과 손톱

각 손가락의 성능

각 손가락에 관한 명칭은 위의 그림과 같다.

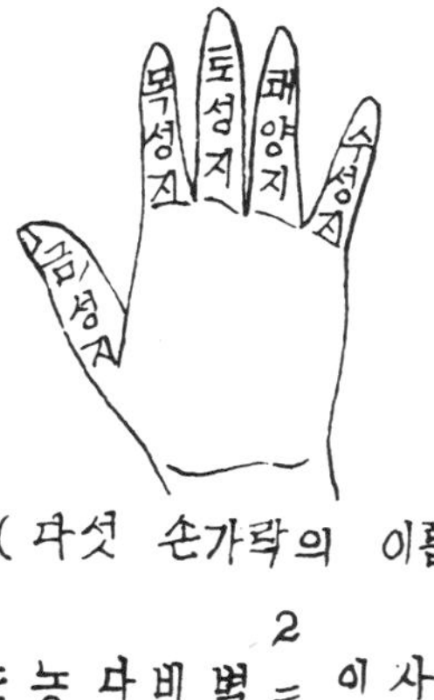

(다섯 손가락의 이름)

1 목성지…… 향상력·권세욕·지배욕이 강하고 자신이 권세므로 향상능동적이고 지배력이 강하다. 이 손가락이 잘 생기고 잘 발달된 사람은 정치가·군인·관리등 직업이 좋다.

2 토성지…… 사색적이고, 사려와 분별성이 있어서 좋으나, 고독하고 비관하거나 염세관에 빠지기 쉽다. 직업으로는 수학·물리·화학·농업·목축·철학 방면에 진출하는 것이 좋다.

3 태양지…… 모험심과 요행심이 크며, 독창력이 있고 예술적 소질도 풍부하다. 직업으로는 투기적인 사업면이나 예술적 방면이 적당하며, 광업·토건·무역·해사 등도 좋으며, 공업의 기업면에도 성공할 수 있다.

4 수성지…… 웅변술·외교술에 능하며 기지와 상재가 있다. 변호사·과학자·상업·외교관 의사 등 모두 적당하다.

손가락의 형상 첨두형(그림-2의 1)…… 손가락 전체가 가늘고 길며 끝이 뾰족하여 맵시가 있어 보이는 형인데 여성에게 많고 남성에게서는 거의 볼수 없다.

성격은 가사에 대해서의 재능은 별로 없고 금전의 낭비가 있는 데다가 비 실제적이며 허영이 많다.

기분파이며 이상만이 높다. 외관만을 자랑하는 데서 사치에 흐르기 쉽다.

직감력은 발달되어 있으나, 신체가 튼튼하지도 못하면서 침식이 불규칙 하며 자극적인 것을 좇느라고 건강을 해롭

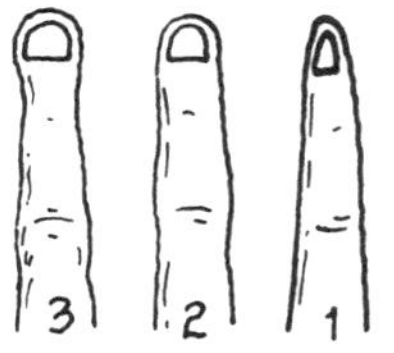

(그림-2)

희게 된다.

원통형(그림-二의2)…… 밑이나 끝이 모두 같은 굵기인데 건실한 생각을 가진 실천가 이며 실제적이고 실용적인 것을 존중하며 계획성 있게 일을 하여 확실하게 돈을 모으는 성격이다.

애정면에도 진실성이 있어서 한번 교제하면 그 정의를 오래 계속하는 진정이 있다. 평범하고 진실하며 사회에 유익한 일을 하는 사람으로서 호감을 갖게 한다. 이성이 강하므로 사회학·법률·공예 방면에도 성공한다.

주걱형(그림二의3)…… 끝이 주걱처럼 부풀어 있는 모양인데 서양 사람 등에서 흔히 볼 수 있는 형인데 창의와 창작의 재능을 가지고 있어서, 새로운 것을 개척하는 열정과 실천력이 강하므로 잠시도 쉬지 않고 부지런하여 적극적으로 움직인다. 솔직하고 명랑하며 이식적 방면이나 과학적방면에 진출하면 성공한다. 체계가 정연하여 계획성이 면밀한 장점이 있다.

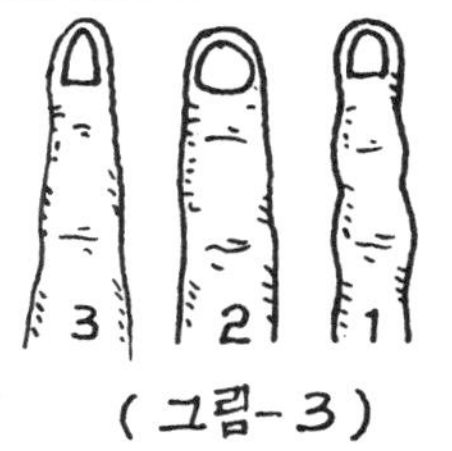

(그림-3)

마디형(그림-三의1)…… 손가락이 가늘며 살이 적고 관절이 조금 솟아서 손가락을 한데 모으면 그 사이로 약간한 틈이 생기는 것이 특징이다.

극히 신중을 기한다. 애욕은 맹목적이 아니며, 오히려 알뜰한 편이며 연구 분석, 사고의 방향으로 움직이며, 상업에는 깊은 관심을 갖지 않는다.

뼈가 굵은 형(그림-三의2)…… 뼈가 굵고 뭉툭하게 생긴 형으로 농부·사냥군·노동자들에게서 흔히 볼수 있는데 신체가 늠름하고 한서풍우에도 능히 견디며, 곤란에 굽지 않고 끈기 있게 일을 계속하는 굳센 힘의 소유자이나 단순·소박하기 때문에 변화가 많은 사업이나 두뇌를 쓰는 일에는 부적당하다. 농업·수산업·토목건축 중에도 노무적인 면이 적합하다.

원추형(그림-三의3)…… 밑뿌리가 굵고 끝이 가늘며 손가락 전체에 살이 토실토실한 것으로 기분에 지배되기 쉽고, 연애나 애욕에는 쉽게 움직인다. 놀기 좋아하고 낭비가 많아 저축을 하지 않지만 낙천적인 성격자이며 악의가 없이 대하여 상대방에게 호감을 주는 부분으로, 만일의 경우에도 대단한 파란을 일으키는 일이 거의 없다. 다만 이성의 유혹에 빠지기 쉬우므로 성문제에는 특히 주의가 필요하다. 물품판매·음식점·오락방면에 적합하며 예술가 등에 진출함도 매우 적격이다.

손가락 길이와 성격 그 기준이 되는 것은 손바닥의 길이를 10으로 하면, 가운데 손가락의 길이는 七내지 八로 되어 있는 것이 보통인데 六·五 이하이면 짧은 손가락이고, 八 이상이 되면 긴 편이다.

손가락은 길수록 성질이 연약하게 되고 짧을수록 원시적이 된다.

1 매우 긴 손가락……손바닥 길이의 八할 이상인 사람은 사회의 실정에 어둡고 의지가 박약하여 좌절되기 쉬우며 열등감에 빠져 자신을 잃든가 하여 발전성이 희박하다.

2 긴 손가락…… 八할이 되는 사람은 꼼꼼한 일에 신경을 쓰는 일이 많으므로 신경질이 되기 쉽다. 또 실행력이 박약하고 어려운 경우를 당하면 그로부터 도피 하려는 경향이 있다.

3 특히 짧은 손가락……六·五 이하인 사람은 자아의 관념이 없고 너무 단순 소박 하며 정상적인 생활을 못하고 저급한 생활을 보내게 된다.

4 세 손가락의 길이……집게손가락은 가운데 손가락의 제一마디에 중앙에 해당하는 것이 표준이지만, 그 보다도 긴 사람은 자만심·정복욕이 강하여, 때로는 폭군적

인 권력을 쇄두르는 경향이 있다. 짧은 사람은 마음이 약하고 출세·성공욕이 결핍되어 있다. 무명지는 가운데 손가락의 제一마디의 위로부터 三분의一 까지 뻗어 있는 것이 표준이다. 그 보다도 긴 사람은 실없고 경솔하며, 그보다 짧은 사람은 교재술이 없고 생활이 저급하게 된다.

새끼손가락은 무명지의 제일 윗마디의 금까지 도달하는 것이 표준인데 긴 사람은 눈치가 빠르고 꾀가 많아서 재치가 있는 듯이 보이나, 거짓말을 더러 하는 경향이 있다. 짧은 사람은 경제관념이 결핍되고 금전을 운용할 줄 모르는 위인이다 (그림-Ⅲ)

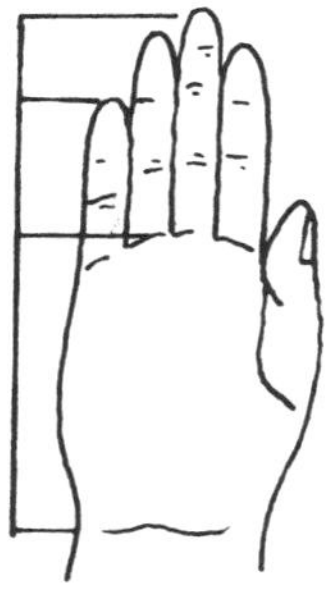

(그림-4)

엄지손가락의 형상

길이……손바닥 옆에 붙여보아서 집게손가락의 둘째마디의 중앙에 오는 것이 표준이다. (그림-Ⅲ) 이보다도 긴 사람은 두뇌가 명석하고 통솔력이 있어서 운이 빨리 열리며 이성적이고 남성적이며, 건강한 표시이다. 너무 길면 고집이 세다. 짧으면 생활력이 약하고 애정의 표시 방법이 졸열하다. 또 감정적이고 본능적이며 허약하고 여성적인 면이 많다. 너무 짧으면 자극적이고 극단에서 극단으로 격변하는 성격이다.

모양……부드럽고 뒤로 잘 젖혀지는 사람은 요령이 좋고 환경에 곧잘 동화하는 성격이지만, 감정에만 흐르고 변심하기 쉽다. 또 엄지손가락이 너무 강직하여 뻣뻣한 사람은 의지력은 세나 융통성이 적다. 또 끝의 폭이 넓고 두터우며 살모사의 대가리처럼 생긴 사람은 무모한 사람이며, 여성은 남성적인 성격을 띈다.

길고 맵시있게 원통형이면 악의가 없고 여러사람에게 호감을 가지며 생활도 윤택하게 지낼 수 있다.

★ 엄지손가락의 길이…… 첫째마디는 결단력과 의지력을, 둘째마디는 논리와 이성을 나타낸다. 첫째마디가 긴 사람은 독단적이며 저돌적이고 고집이 세어서 실패하기 쉽다. 둘째마디가 긴 사람은 분별이 있고 계획성이 있다. 둘째마디가 매우 짧은 사람은 몰상식하고 이지가 부족하며 큰 일을 이루기가 어렵다. (그림-五)

★ 장골부…… 길면 동정심이 많다.

★ 엄지손가락의 형상 (그림-六)

(가) 매우 추하고 피부가 거칠다. 둔감하고 원시적이다.

(나) 폭이나 살점이 적당히 균형이 잡혀서 고상하게 보인다. 선량한 성격이며 취미도 고상하다.

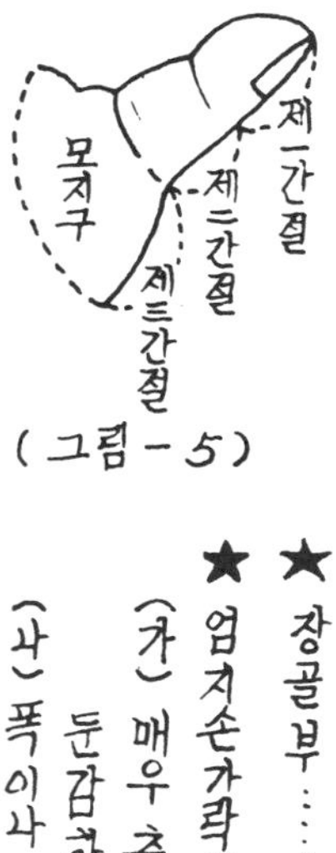

(그림-5)

(다) 둘째가 첫째마디보다 가늘고 둥글며 뼈의 허리같이 보인다. 두뇌가 명석하고 이지적이다.

(라) 엄지손가락이 짧고 폭이 넓으며 형상은 꼭 부채를 편듯하고 완고하며 성질도 그다지 좋은 편이 못된다.

(마) 옆으로 본 모양이 그림과 같이 생겼는데 둔감하고 완고하며 난폭하다.

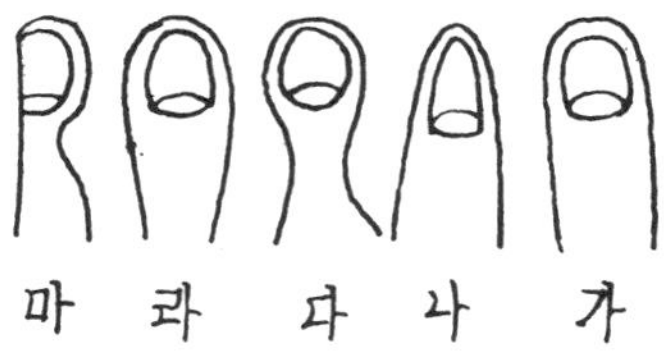

(그림-6)

손가락 끝의 살찜

옆으로 보아서 손가락 끝의 살이 얇고 뾰족하게 생긴 사람은, 재주가 없다. 그러나 무엇을 쓰는 일이나 혹은 변론, 또는 자기를 표현하는 재능에는 매우 능하다. (그림-七의1)

살이 두텁게 붙어 있는 사람은 손재주가 있고 기예, 공예 기타 손끝을 쓰는 일에 적당하다. (그림-七의2)

손톱의 형상　손톱의 끝이 가늘어지고 뾰족하며 갈고리처럼 펴져 보이게 하고 진행하게 나타나 있는 것이 건강의 표시다.

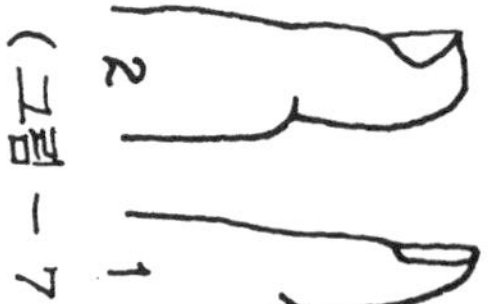

(그림-7)

○ 긴 손톱...... 기관·심장에 지장되기 쉽고 고질적인 것, 신체적인 것보다도 마음다운 것, 신경적인 것에 쏠리는 경향이 있다.(그림 7의 1)

○ 짧은 손톱...... 손재주가 있는 타입과 활동을 좋아하는 타입이 있다. 한가지 일에 매우 열심히나 감정의 표현 수단이 지속하지 못한다(그림-7의 2).

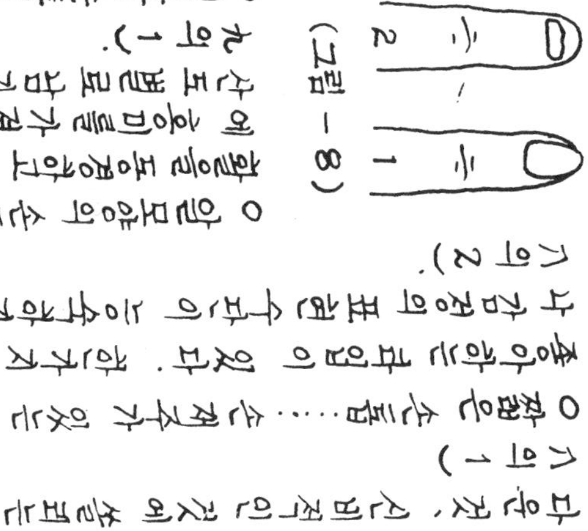

(그림-8)

○ 원모양의 손톱...... 활동적인 정력을 표현하고 행동이나 옷차림에 신경을 가볍게 쓰는 경향도 적으며 무리를 하지 못한다(그림-8의 1).

○ 네모난 손톱...... 신경질을 부리고 화는 성격으로서 일을 열심히 하는 타입이 있다 (그림 8의 2)

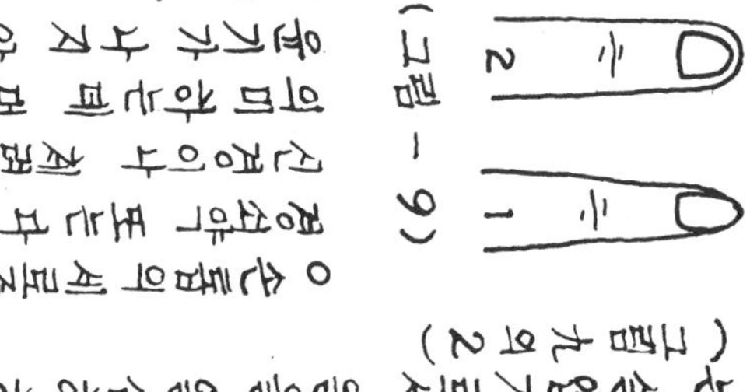

(그림-9)

○ 손톱의 세로줄...... 스트레스·신경쇠약, 또는 다른 질병의 전조로서 신경이나 체력이 쇠약해진 것을 의미하는 때 과로 손톱의 끝이 부러지고 윤기가 나지 않는 것이다(그림-10의 2)

○ 손톱의 가로줄...... 질병이나 출산 등에 기인한 것이며, 혹은 혈액순환의 장애, 또는 영양적 결핍이 있음을 의미하는 것이다.(그림-10의 1)

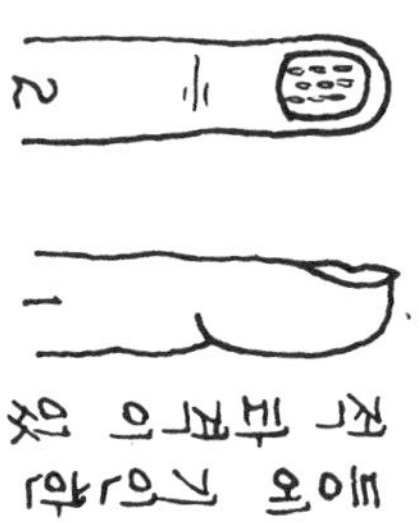

(그림-10)

제3장 손의 형상과 손바닥의 구(丘)

실천형　굵고 짧은 손이 많으며, 그렇다고 하여도 모양 없게 생긴 손도 아니다.

손바닥과 손가락의 길이가 비슷하고 손가락의 굵기도 아래 위가 비슷한 네 손가락, 실천적 성격이며 그러한 이상가와는 반대이다. 규칙적 사고를 좋아하고 실리적인 성격이므로 규칙적 생활에 충실한 편이며 노력가로 평판한다.

[직업] 공무원, 회사·은행원·교사·기술자·농업경영 등이 좋다.(그림-11)

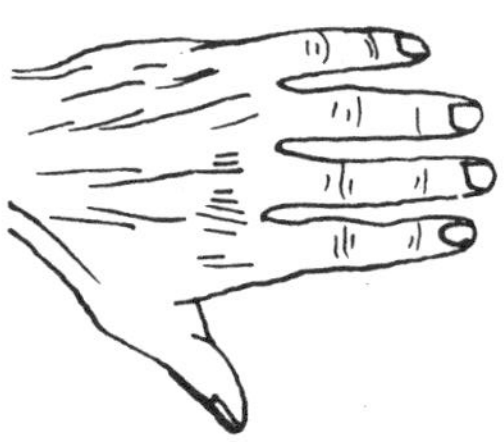

(그림-11)

철학형　원추형으로 된 손가락이며 투박하고 끝이 뾰족하며, 피부 색깔이 엷었다. 사물에 대한 관찰과 양심을 존중하며 사고에 능하며 처리도 신중하고 무책임하거나 적당주의를 싫어하는 강자 못하는 것이 결점이다. 이론적 권위의식이 강하다. 물질적 대우에 무관심하고 청렴하는 성격이 많고 모험을 싫어하는 경향이 있다.

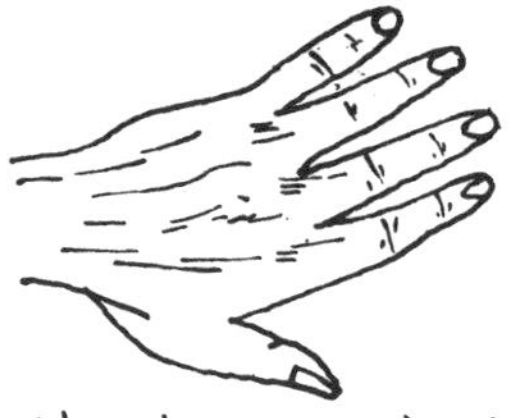

(그림-12)

[직업] 학자·기술자·또는 종교가 무용가 등 (그림-12)

활동형 끝이 솔쪄고 두툼하며 짧고 무디어서 억센 감이 난다. 자주적 독립성이 강하고 감투력과

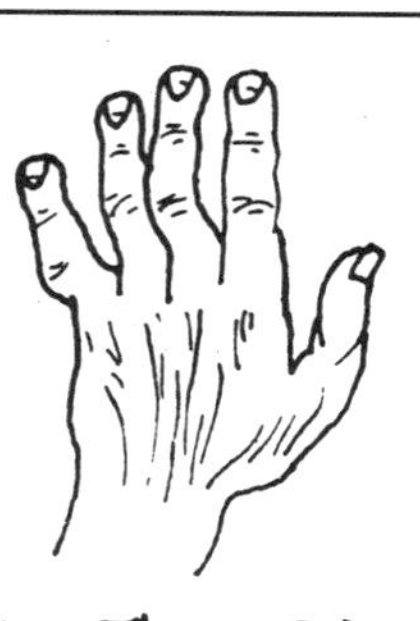

(그림－13)

의지력이 굳세며, 백절불굴의 정신으로 어떠한 난관도 뚫고 나가려는 성격의 소유자다.

부지런하고 정력적이어서 눈부신 활동을 하는 사람이다. 의타심이 적고 의협심과 투기심이 좀 지나친 편이며 모험적 행동도 곧잘 한다(그림－一三)

[직업] 정치가·무역상·군인방면·토건·광업·해사 등

철학형. 손가락마디에 굴곡이 심하고 손등에 힘줄이 굵게 드러나 있으며 손가락이 길고 사이가 뜬것이 특징. 물질욕이 적고 사색을 즐겨하나 응변과 사교면에 능하지 못하다. 행동이 활발하지 못하고 침체하며 고독하다.

[직업] 철학·종교·수학적 방면에 또는 과학자나 발명가로도 소양이 있다. 예술면과 상공업 방면은 극히 부적당.

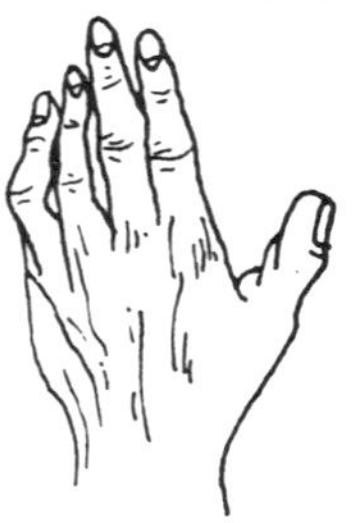

(그림－14)

영적형 손가락이 매우 가늘고 긴데 적극성이 부족하며 공상만을 하며 의지력이 박약하고 진취성이 결핍되었으나, 이상만은 높고 의타심이 많다 기질과 신체도 튼튼한 편이 못되어 육체적인 일에도 약하다.

[직업] 문예·기예·음악·무용·미술 등이 적합하며, 상공·관리등은 적당치 않다.(그림－一五)

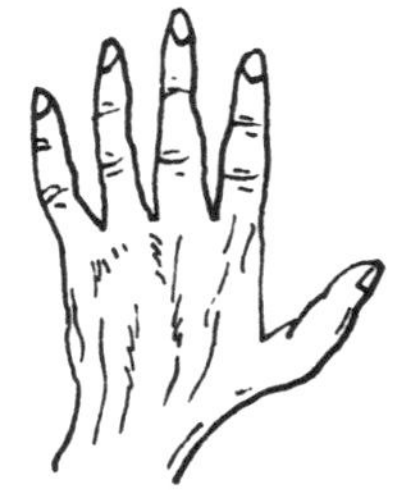

(그림－15)

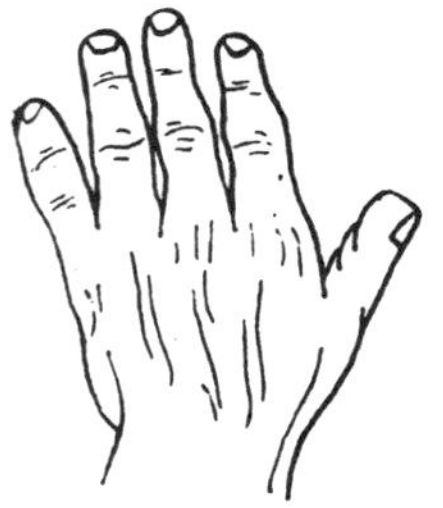

(그림－16)

원시형 손바닥이 두텁고 거칠며 손가락 마디가 솟았으며 사이가 뜨다. 손톱이 두껍고 짧으며 손바닥이 넓다. 인내력이 강하고 의지가 굳세어 백절불굴 노력하는 장점이 있다. 단순하고 임기응변성이 없고 면밀한 계획을 세우지 못한다. 음악·미술 등에는 무관심하여 운세의 발전도 늦다

[직업] 육체 노동이 가장 적합(그림－一六)

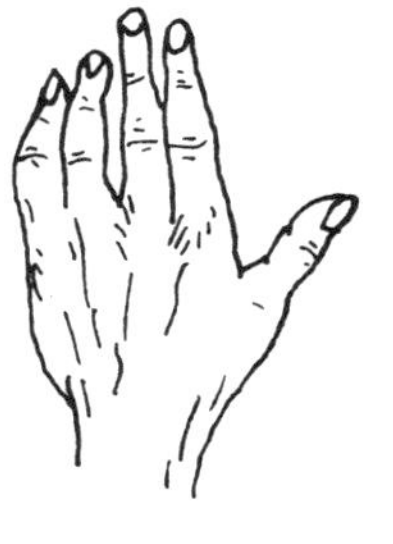

혼합형 잡종형이라고도 하는데 두가지 이상의 형이 혼합되어 있는 손모양인데 성격이나 직업상으로 복잡한 것과 변태성을 가진 점이 특징이라 하겠다.

손의 세구분 손을 三단으로 구분해 보면 제一구는 정신계로서 이 부분이 잘 발달된 사람은 두뇌가 명석

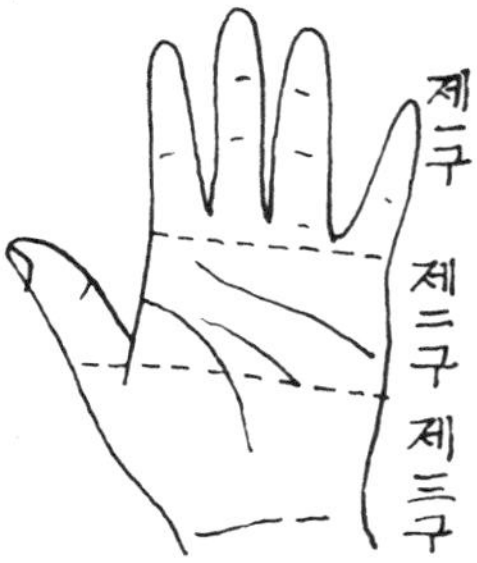

(그림－17)

하고 감정이 우아·온후하며 지식면의 발전이 양호하다.

제二구는 정치·법률·경제·군인·공업가 등으로 대성한 인재가 많다.

제三구는 지적 면에는 부적당(그림－一七)

구의 명칭

손바닥 주변의 약간 높은 데를 구라 하며, 중요한 의미를 가지고 있어서 수상을 보는 기준이 된다. (그림-一八)

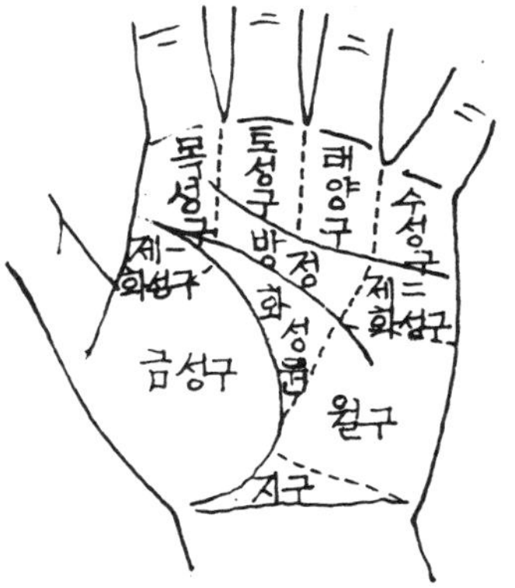

(그림-18)

○금성구(金星丘)……모지구에 있는 굵은 선(생명선)에 둘러 있는 반원구의 살점이 좋은 부분.

○제一화성구(第一火星丘)·금성구의 위쪽인데 삼각형 비슷하게 생긴 부분

○목성구(木星丘)……집게손가락의 밑뿌리에 해당되는 부분

○토성구(土星丘)……가운데손가락에 해당하는 부분

○태양구(太陽丘)……무명지의 밑뿌리에 해당하는 부분

○수성구(水星丘)……새끼손가락의 밑뿌리에 해당하는 부분.

○제二화성구(第二火星丘)……수성의 밑부분에 해당하는 부분

○월구(月丘)……손을 꼭 쥐어 보아서 새끼손가락 끝에서부터 손목의 선 부근에 이르는 부분

○지구(地丘)……손목의 선을 밑변으로 하는 산 모양의 부분

○화성원(火星原)……손의 중심부에 해당하며 굵은 세 개의 줄로 둘러 싸여서 삼각형을 이루고 있다.

○방정(方庭)……화성원의 위쪽에 자리잡은 구형(矩形)으로 생긴 부분

각 구의 중요 의의

제一화성구－남성적인 감투 정신을 의미하며 적극적인 행동력이나 경쟁심을 나타낸다. 이 구가 발달한 사람은 군인 정치가 등이 적업이며 일반적 학술이나 상공업 방면은 부적당하다.

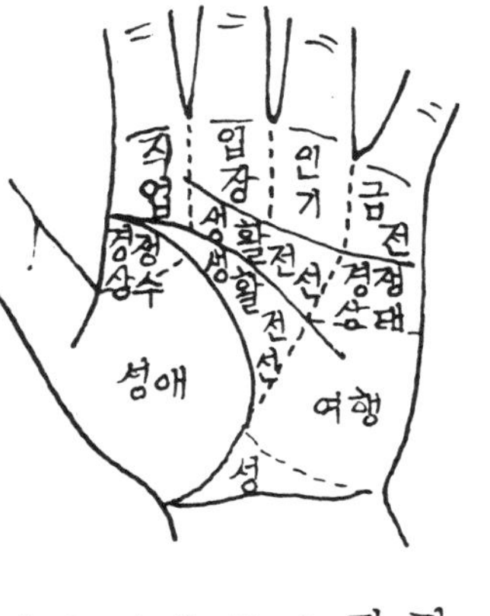

목성구－자신의 능력을 전개하여 사회적으로 진출하려는 생활의욕을 나타내며, 직업을 구하거나 사업의 성공 여부에 대한 운을 표시한다.

이 구가 발달한 사람은, 사려와 분별성이 좋은 장점이 있으나, 너무 조심성 있는 데서 자칫하면 고독감에 사로잡혀 감상적 기분으로 우울에 빠지기 쉽다. 그러나 절약, 검소하여 생활의욕이 왕성하다.

토성구－자숙, 진정의 작용을 나타내는 부분으로 흥분하기 쉬운 정신을 자제하고 올바르게 살아가는 길로 인도하는 역할을 함으로 이 구에 상처나 좋지 못한 부호가 생기면 상식을 벗어난 행동으로 나오기 쉬운 것이다. 또 이곳은 일의 성과가 나타난다. 토성구가 발달한 사람은 사치나 화려한

것을 좋아하지 않고 검소한 생활을 하는 강인한 성격의 소유자지만 너무 조심성이 있고 경계심을 일으키는 데서 감상적으로 흐르기 쉬우며 보수적 경향이 있다. 과학연구·농업·목축업 등은 적업이다.

태양구 ― 생활환경을 태양과 같이 밝게하는 구실을 한다. 남에게 호감을 사거나 예능 등으로 인기를 모으고, 기타 신용이나 명성을 떨칠 수 있는지 없는지의 운세를 나타내는 곳인데 이곳은 운세를 표시하는 태양선이 나타나 있다. 이 구가 발달한 사람은 직감력이 예민하고 성격이 명랑하며 웅변을 잘하고 열정적이며 예술적 면의 소양도 많으나 금전운도 좋으므로 실업계에 진출함도 좋다. 그러나 금전의 낭비성도 많다. 명예욕이 강하나 남을 중상모략하여 자기의 이익만 꾀하려는 편은 아니고 처세술에도 능하다.

수성구 ― 기민함과 재능이 나타나 있는 것으로 마음을 조종하는 수단이나 상재, 외교적 수완의 유무가 표시되며 재운선이 있어서 금전운을 나타낸다 변호사·외교가·과학자·의사·실업가 등 모두 적격이다.

제二화성구 ― 외적에 대한 방어와 경계심이 표시되고 적으로부터 받는 영향도 나타나 있다.

월구 ― 무형의 정신계나 마음의 동향을 나타내는 곳으로, 창조나 기획의 재능·미를 추구하는 정서·영감 등을 표시하는 중요한 부분이다. 이 구가 발달된 사람은 상상력이 풍부하여 문인으로나 신비학(神秘學) 방면으로 나아가면 성공하지만 직업의 변천이 있기 쉽고 실천력이 박약한 결점이 있다.

지구 ― 사람의 정신과 육체를 발생하는 수태(受胎)·발생·생식(生殖)의 상태가 나타나 있다. 이곳에 잔주름이 많은 것은 체력이 약한 것을 말하며, 생활발전의 에너르기의 결핍을 표시하는 것이다.

화성원과 방정 ― 이 두 부분은 손의 중앙부에 자리잡고 있어서 식생활에 있어서의 체력이나 기력의 근성을 나타낼 뿐 아니라 생활 전선에서 패하느냐 이기느냐, 희망이 달성되느냐 등을 표시하는 곳으로 동양 상법에서는 「명당(明堂)」이라 하여 예부터 중요시 하던 곳이다. 이 구가 적당한 심도(深度)로 오목해 있으면 이상적이나 너무 깊이 함몰해 있으면 운세가 약하다

제4장 손 금

손금의 명칭 손바닥에는 기본이 되는 세개의 굵은 선이 있고 또 여러가지 선이 가로·세로로 새겨져 있음을 볼수 있다. 선은 길어도 그다지 중요하지 않은 것도 있으며, 짧아도 그것이 중대한 의의를 가지는 것 등이 있는데 이들 대소장단의 선에는 다음과 같은 명칭이 있다.

1 생명선(生命線)……신체의 강약과 수명을 보는 선

2 두뇌선(頭腦線)……성격을 나타내는 선
3 감정선(感情線)……애정과 감정문제를 표시하는 선
4 운명선(運命線)……사회생활의 운·불운을 표시하는 선
5 태양선(太陽線)……명성·신용·인기를 나타내는 선
6 재운선(財運線)……금전운의 유무를 나타내는 선
7 결혼선(結婚線)……연애나 결혼을 표시하는 선
8 건강선(健康線)……건강상태를 나타내는 선
9 방종선(放縱線)……신체의 무리를 표시하는 선
10 인기선(人氣線)……인기·지지를 나타내는 선
11 수경선(手頸線)……건강을 나타내는 선
12 총애선(寵愛線)……총애·후원을 나타내는 선
13 피로선(疲勞線)……신체의 피로·쇠약을 나타내는 선
14 장해선(障害線)……역경·곤란을 나타내는 선
15 화성선(火星線)……활력을 나타내는 선
16 영향선(影響線)……이성의 애정을 표시하는 선
17 희망선(希望線)……희망이나 계획을 표시하는 선
18 원조선(援助線)……윗사람의 원조나 후원을 나타내는 선

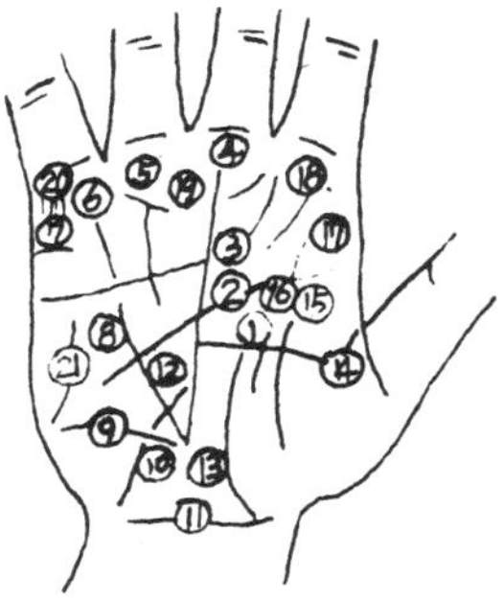

19 금성선(金星線)……감수성을 나타내는 선
20 자녀선(子女線)……자녀의 운세를 나타내는 선
21 직감선(直感線)……육감을 나타내는 선

선(線=掌紋)은 끊어진 데가 없이, 깊고 선명하게 새겨진 것이 가장 좋은 상이지만 그런 손금은 극히 드물며, 대개는 그 외의 여러가지 형상과 부호를 만들고 있다. 이제 그 상과 그것을 나타내는 의미를 살펴보면 다음과 같다.

지선(支線)……위 또는 아래로 가지(枝)처럼 갈라진 선. 위로 향한 지선은 발전·행운, 아래로 향한 지선은 쇠퇴·불행을 의미한다.

사슬모양(鎖狀線)……산만(散漫)함을 의미하며 그 선의 가진바 성능을 감퇴 시킨다.

자매선(姉妹線)……하나의 선의 바로 옆에 평행하여 짧게 그어진 선이다. 본선(本線)의 의미를 강화 또는 그 결함을 보충한다.

절단선(切斷線)……선이 중도에서 끊어진 것으로, 명확히 절단된 것은 파괴 정지를 의미하는 흉조(凶兆)이다. 그러나 이에 병행하여 짧은 선이 나타나 있으면 그것은 단속선이라 하여 절단된 선의 결함을 보충하는 것이 된다.

절단이중선(切斷二重線)……선이 한가닥으로 연속해 있지 못하고 불규칙한 모양을 한 것으로, 선의 의미를 매우 나쁘게 한다. 위 아래 또는 좌우로 두 선의 끝이 복선식으로 되어 있으면 단속선과 거의 같은 의미를 가진다.

이분선(二分線)……Y자 형으로 갈라진 것. 선의 능력을 좋은 방향으로 변화시키는 구실을 한다.

총상선(總狀線)……선의 끝이 여러 갈래로 갈라져 뭉둥이처럼 되어 있는 것으로, 그 선의 쇠약 또는 피로를 의미한다.

사각형(四角形)……작은 선이 모여서 정사각형 또는 구형(矩形)으로 된 것으로 재액 방지의 행운의 부호이다.

섬형(島形)……선이 중도에서 부풀어 눈(目)의 형상으로 대소(大小)를 불구하고 중대한 변동을 예고하며 항상 불운한 의미를 가지고 있다.

별형(星形)……별모양의 부호가 나타나 있으면

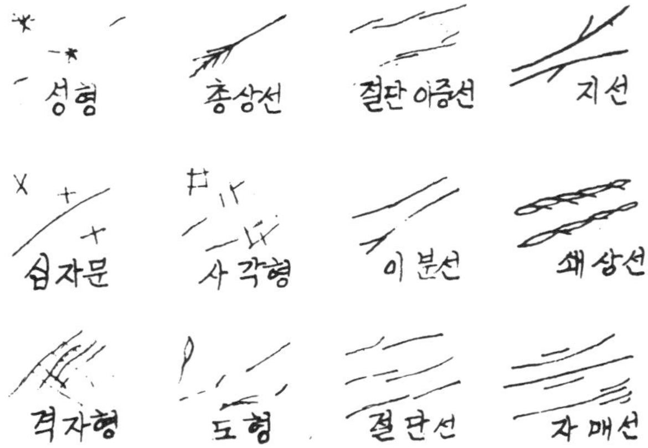

길상이나 토성구의 경우에 한해서만 다소의 장애를 초래하기 쉽다.

십자문(十字紋)……정십자(正十字) 또는 약간 크게 그려진 것도 있으나 크기는 서픈(三分)이내이다. 돌발적인 좋지 못한 징조이기는 하나, 다만 집게손가락 아래에 나타난 십자가(神秘十字架紋)형만은 예외로 친다.

격자형(格子型)……길고 짧은 불규칙한 선이 정자(井字)모양으로 여러 개 그어진 것으로, 운세가 정체(停滯)되어 다시 변화되지 못함을 의미.

파상선(波狀線)……물결모양으로 굴곡이 연속된 것인데 본선(本線)의 능력을 약화시킨다.

오점(汚點)……손금에 오점, 즉 반점(斑點)이 나타난 것은 그 선의 능력을 감퇴시킨다.

생명선과 육체

생명선과 건강 — 생명선이란 모지구를 반원형으로 둘러싸여 손목 쪽으로 뻗쳐 있는 매우 굵은 선인데 건강상태나 생사·상해 등 육체에 관한 모든 것을 표시하는 선이므로 운명을 판단하는데 있어, 매우 중요시되는 것이다.

장수할 상(그림-一二)— 생명선의 길이는 곧 생명력을 나타내는 것으로, 이 선이 길수록 그만큼 장수할 생명력을 가지며, 짧으면 그만큼 약화를 의미한다. 생명선의 아래부분이 모지구의 아래쪽을 둘러싼 것은 장수의 상이나 이 선의 중도에

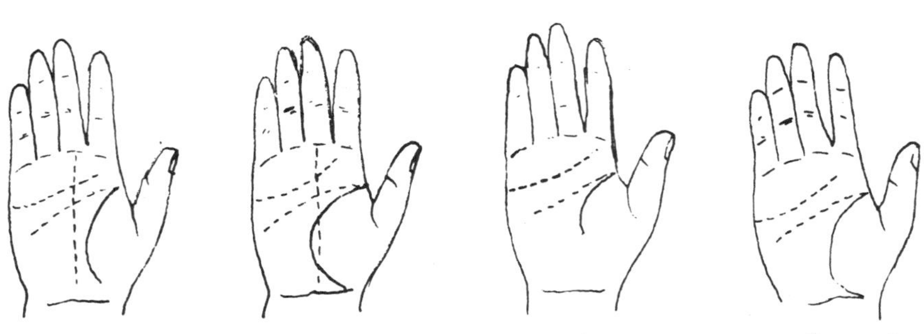
(그림-12) (그림-13) (그림-14) (그림-15)

사상(死相)을 나타난상이면 천명(天命)을 다 할 수 없다.

짧은 생명선(그림-一三)— 장수의 힘이 약함을 의미하나 그것이 약하더라도 단편을 잘하고, 또 다른 부위에 좋은 상이 나타나 있으면 이 결점이 상당히 보충된다.

활기를 편 상(그림-一四)— 생명선이 모지구를 크게 둘러싸서 금성구의 폭이 넓게 된 사람은, 육체적인 에너르기가 넘쳐 있어서, 생활고를 극복해 나아갈 수가 있다. 의지가 약한 여성은 색정(色情)문제로 실패를 초래하기 쉽고 의지가 강한 여성은 예술방면이나 혹은 여급 등 직업에 종사함으로써 명랑한 생활을 누릴 수가 있다.

활기를 띠지 못한 상(그림-一五)— 모지구가 작은 사람은 육체적 에너르기가 부족한 증거다. 얌전해 보이지만 부부생활에 있어서는 원만하지 못하며, 사소한 일에도 곧잘 피로를 느끼는 체질이다.

이런 상은 자녀운도 박약하다.

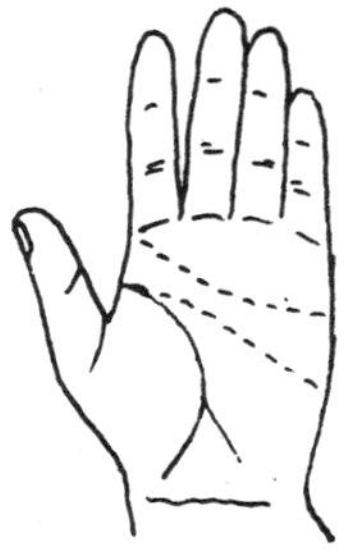
(그림-16)

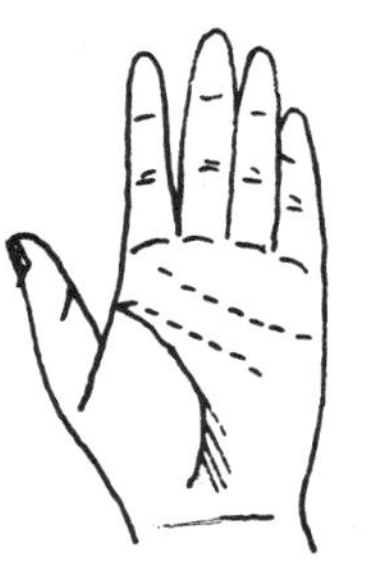
(그림-17)

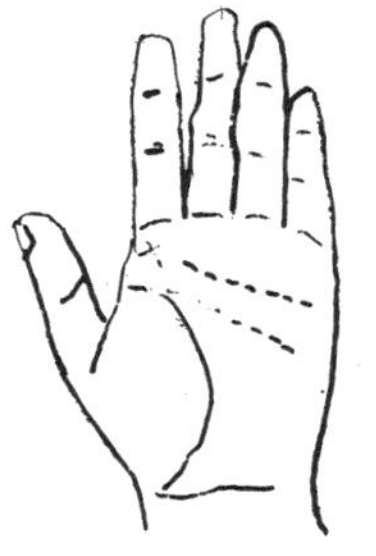
(그림-18)

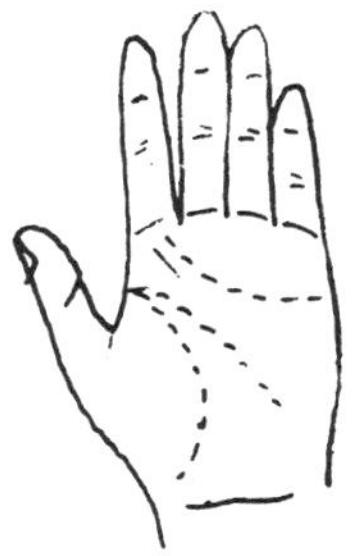
(그림-19)

침착성이 없는 상(그림-一六)

ㅡ생명선의 중간 쯤에서 월구로 향해 한 줄의 긴 지선이 나타나 있는 것은 중년에 들어서 신체가 허약해질 상이다. 또 거처도 변경되기 쉽고, 한 곳에 오래 붙어 있을 팔자가 못된다.

신체가 허약한 상(그림-一七)

ㅡ생명선의 중앙쯤 부터 아래쪽에 걸쳐, 불규칙한 선이 여러개 갈라져 있는 것은, 신경과민에 빠지고 곧잘 피로를 느낀다. 건강해지면서 차츰 없어지는 수가 있다(이 지선이 위로 향하여 많이 뻗쳐 있으면 과감한 노력성이 있고 진취적이며, 신체도 건강하다)

소원 성취의 판단(그림-一八)

ㅡ생명선으로부터 집게손가락의 중앙에 생긴 선을 「희망선(希望線)」이라고 하며, 생활의 향상 발전과 소원 성취의 여부를 판단한다. 이 선이 분명하면 명랑한 생활을 누릴 수 있고 수입도 안정된다. 만일, 이 선의 끝이 가로줄로 막히게 되면, 장해가 생겨서 희망을 달성하기가 어렵고 전연 없는 사람은 의지와 용기도 별로 갖지 못하고 다만 목전의 일에만 만족해 할 사람이다.

운이 트이는 선(그림-一九)ㅡ생명선에서 갈라지지 않고 단독으로 생긴 짧은 선을 말한다. 이것은 선배나 상관, 그밖의 유력한 사람으로부터 인정을 받아서 운이 열리게 됨을 의미한다.

(그림-20)

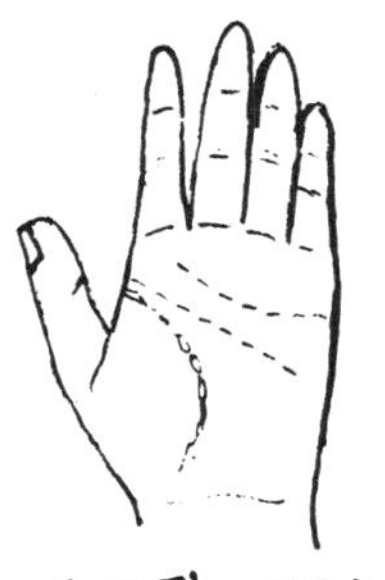
(그림-21)

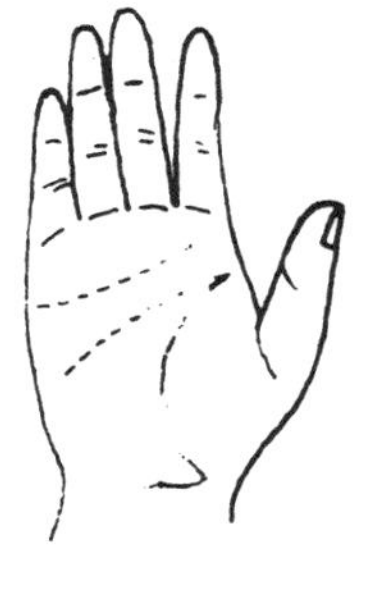
(그림-22)

신경질이 있는 상(그림-二〇)

ㅡ생명선의 기점 가까이에서 지선이 나와 있는 사람은 너무 세심하거나, 신경과민에 빠져서 조그만 일에도 신경을 돋우어, 곧잘 성을 내는 버릇이 있다. 그러한 성격이 혹 일하는 데는 장점일 수도 있으나, 신경질적이 되는 결점도 있다.

자주 질병에 걸리는 상(그림-二一)ㅡ생명선이 사슬모양으로 비틀린 상은 체질이 허약함을 의미하며, 신체에 저항력이 없으므로 질병에 걸리게 되면 회복이 늦다. 이러한 사람은 약효보다는 자연요법을 취하도록 해야 한다.

질병을 나타내는 상(그림ㅡ二二)ㅡ생명선이 끊어진 것은 질병에 걸려 있음을 표시한다. 끊어진 선의 간격이 一~二푼이면 큰병에 걸림을 암시하는 것이고 끊어져서 좌우로 퍼져 있는 것은 큰병은 앓지 않거나 병세의 회복이 빠름을 의미한다. 끊어진 선의 간격이 三분의 一푼(分)이내이면 병을 가볍게 치른다.

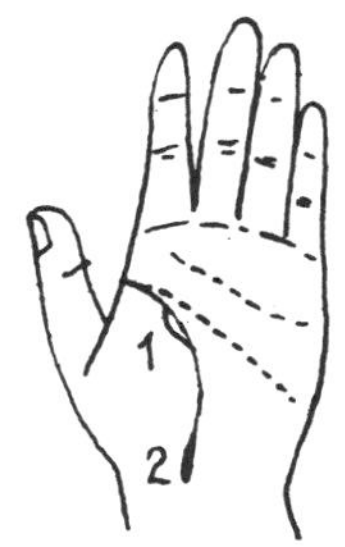

(그림-23)

건강에 장해되는 섬(그림-二三)-생명선에 나타나 있는「섬」은 건강을 해치는 상이다. 선의 기점에 있는 섬은, 나면서부터 비밀한 병에 걸려 있음을 나타내고 중간에 있으면 유년(流年)을 표시하는 연령 때에 질병에 걸린다.(그림의 1)

섬은 또 상해를 나타내는 수도 있다. 생명선 아래 끝쪽에 있는 섬은 체력이나 정신력이 박약하기 때문에 재능을 충분히 발휘못하고 불리한 입장에 처해 있기 쉽다.(그림의 2)

영향선과 애인

이성의 애정(그림-二四)-생명선의 바로 안쪽을 달리는「영향선」은 이성과의 애정을 표시하는 선으로서 위끝을 생명선의 유년(流年)과 맞추어 보면 애인이 생기는 연령을 알 수가 있다.

(그림-24)

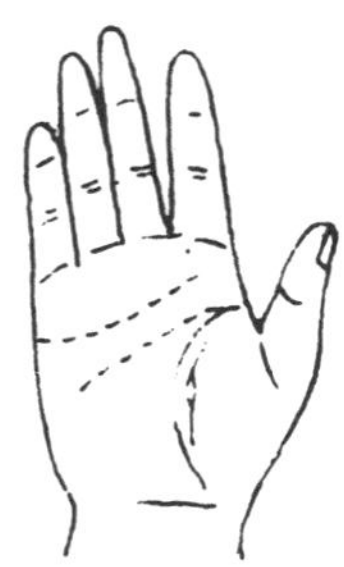

(그림-25)

애인으로부터 받는 번민(그림-二五)-영향선의 위에 섬이 세로로 생긴 것은, 애인이 말썽을 일으켰거나 또는 그 건강이 좋지 못한 까닭으로, 본인에게 손해나 기타의 번거로움을 끼치게 되며 그 결과로 해서 두 사람이 이별하게 되는 수도 있다.

애정에 느끼기 쉬운 선(그림-二六)-생명선에 거의 평행하는 가느다란 선들이 모지구 전체에 새겨져 있는 사람은, 민감하게 이성의 감정을 잘 살피며 그의 세밀한 부분까지 충분한 애정을 쏟으며 손님 상대의 직업에 종사하는 사람들에게서 흔히 볼 수 있는 상이다.

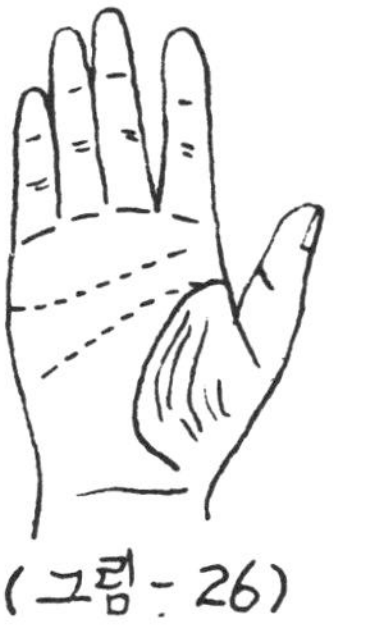

(그림-26)

화성선과 활력

화성선의 의의(그림-二七)-생명선에서 약간 떨어져, 그에 평행하여 굵고 길게 새겨져 있는 선으로 생명선에 활기를 주거나 약점을 보충하는 보조선 역할을 하며 씩씩하고 활동적이며 일에 열성을 다한다. 만일 생명선이 사슬 모양이거나 끊어져 있어도 이 선이 길고 선명하게 나타나 있으면 그 결점이 보충된다.

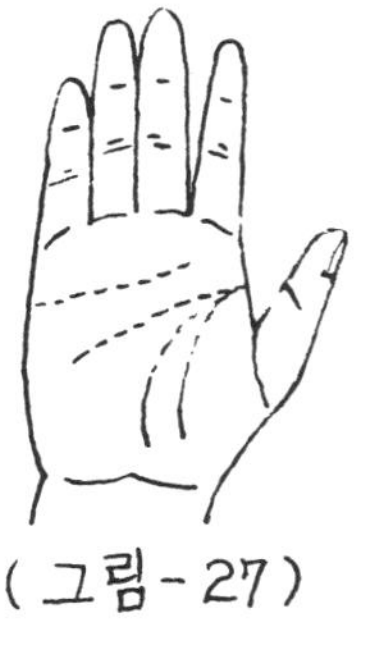

(그림-27)

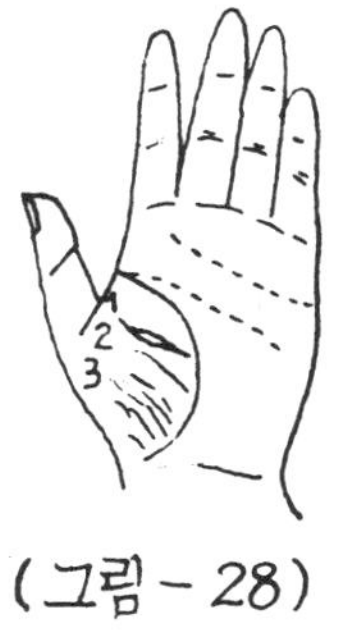

(그림-28)

마음의 상처(그림-二八)-금성구에 옆으로 약간 긴 섬이 나타나 있는 것은 애정의 번잡한 문제가 일어남을 말하는 것인데, 남자는 여난(女難)이 있을 상이다(그림의-). 약간 비뚜름히 깊게 파진 선은, 애인을 잃고 깊은 상처를 받음을 표시하는 것이다(그림의 2) 아랫부분에 비뚜름한 줄이 무수히 나타나 있음은 물질적인 곤경에서 벗어나지 못하고, 고생을 겪고 있음을 표시한다(그림의 3).

두뇌선과 성격

두뇌선의 의의　집게손가락과 엄지손가락의 사이에서 나와, 손바닥의 중앙을 옆으로 달리는 굵은 선으로 지능(知能)과 그 지능의 전개하는 생활력을 나타내므로, 이 선의 우열은 곧 운명에 중대한 영향을 미친다. 두뇌선의 기점을 보면 생명선에 붙어있는 것과 떨어져 있는 것으로 구별된다.

후자에도 여러가지 상이 있는데 대체로 자부심과 표현력과 행동의 적극성을 띠고 있다. 만일 1—二푼(分) 정도 떨어져 있으면 자부심이 강하고 사회에 나와 적극 활동할 능력을 나타내며 여성인 경우는 기개가 높고 남성적이 된다.

(그림—29)

경솔한 상(그림—二九)—두뇌선과 생명선과의 사이가 二푼 이상이나 떨어져 있는 사람은, 자부심이 너무 강하여 자만심에 빠지게 되고, 마음 내키는 대로 즉석에서 해치우는 성미이나 한번 실수하게 되면 그만 건잡을 수 없는 큰 실패를 초래하기 쉽다.

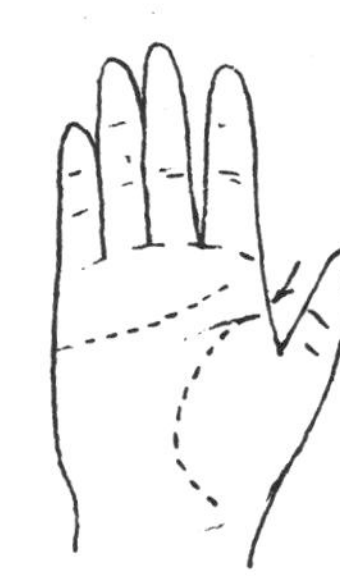

(그림—30)

두뇌가 좋은 상(그림—三○)—두뇌선이 생명선으로부터 약간(一푼 이내) 떨어져서 일어나 있고, 끊어진 데가 없이 분명히 새겨져 있는 사람은 센스가 빨라서 주위 사람들로부터 호감을 받는다. 여성으로서 이러한 상은 대개가 미모의 주인공이다.

집착성을 띈 상—집게손가락 아래쪽의 생명선에서 나와 있는 것은 가장 많이 볼 수 있는 상으로 사물에 집착하여, 신경을 쓰는 성질이 있다. 약간 이론만을 따지려드는 면도 있지만 무모한 것을 삼가는 만큼, 실패가 적고 사업을 실리적으로 운영하는 데에 수완을 발휘한다.

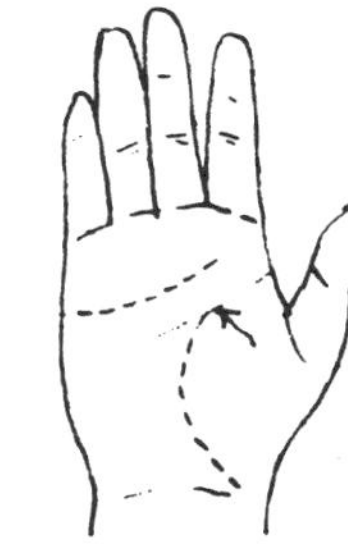

(그림—31)

소극적인 상(그림—三一)—기점이 훨씬 아래로 가운데손가락의 아래쪽, 혹은 그 근처의 생명선에서 일어나 있는 것은, 성격이 소극적이 되어 결단성이 둔하고 자신을 결핍한 따위 성질이 된다. 이러한 상은, 오래동안 정성을 들여서 하는 일이나 괴기적인 것, 때로는 그 민감한 성질을 살려 음식점 영업 등, 인기를 밑천으로 하는 장사 따위에 종사하면 가장 알맞을 것이다.

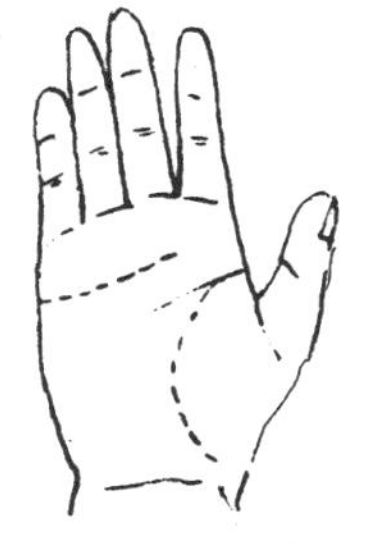

(그림—32)

재능을 가진 상(그림—三二)—두뇌선은 한 줄로 길게 새겨져 있는 것이 짧은 것보다는 처세의 재능도 있고 출세·성공의 가능성이 많지만 이 선이 길더라도 끊어져 있거나 섬이 많거나, 기타 좋지 못한 상이 나타나 있는 것은, 짧게 분명히 나타나 있는 것보다 재능이나 운세가 뒤떨어지는 것이다.

착실히 운을 개척하는 상—두뇌선은 그 끝이 건강선을 겨우 넘어선 정도가 표준이지마는, 그보다도 훨씬 짧아서 가운데손가락과 무명지의 아래쪽에서 그쳐진 것은, 꼼꼼하여 착실한 노력으로써 입신할 수 있는 사람이다.

의뢰심이 강한 상(그림-三三)- 두뇌선이 짧고 약하며 가운데 손가락의 아래쪽에서 그쳐져 있는 것은, 눈앞의 금전이나 애욕에만 마음이 동하여 자기의

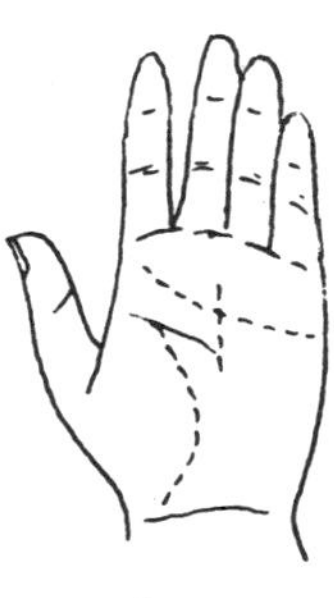
(그림-33)

능력만으로 생활할 수 없고, 다른 사람이나 배우자에게 기생하여 생활할 사람이다.

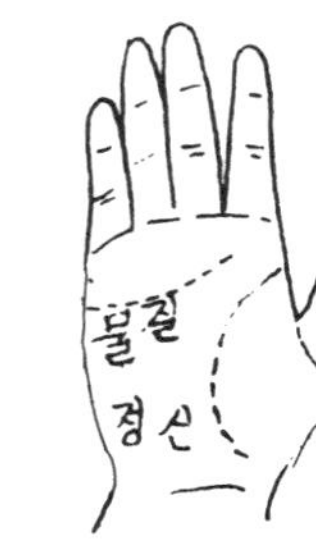

(그림-34)

물질과 정신(그림-三四)- 두뇌선을 경계로 하여 상·하로 나누어 보면, 상부는 현실의 유형(有形)의 세계를 의미하며, 하부의 월구(月丘)는 무형(無形)의 세계를 의미한다. 만일, 두뇌선이 끝이 위로 쳐지면 물욕이 왕성하여 파산적이 되고 선의 끝이 아래로 내려갈수록 무형의 신비적인 것을 좇는 것이다.

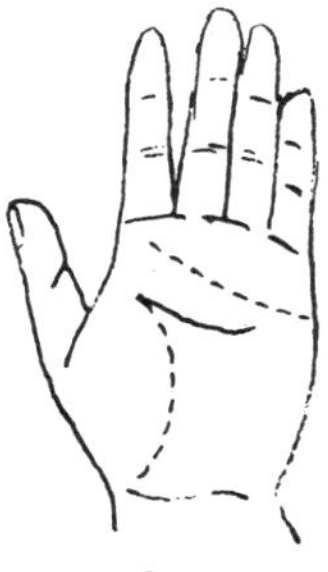
(그림-35)

금전운의 지능선(그림-三五) 옆으로 달리는 지능선의 끝이 위로 쳐져 있는 것은 상업이나 금융 등의 실리적(實利的)인 사업에 적당한 사람이다. 여성이 이러한 상을 가지고 있으면 상냥함이 없고, 애정의 표현방법에도 기교가 부족하다.

(그림-36)

실행력이 있는 상(그림-三六)- 두뇌선이 길고 일직선으로 새겨져 있으면 과감히 능력발휘해 실사회에서 유능한 활약성을 보인다.

연애보다도 사업속에서 살며 허영, 허식을 피하고 실무나 사업면에 그 실력을 발휘하여 운의 강세를 나타낸다.

(그림-37)

센스가 있는 두뇌선(그림-三七)- 완만한 곡선을 그으면서 월구(月丘)의 중앙부로 굽어진 두뇌선은, 상상력 창작력이 풍부해 예술·예능 등에 이해를 가지고 있거나 혹은 새로운 형, 새로운 기술을 창조해내는 재능이 있다.

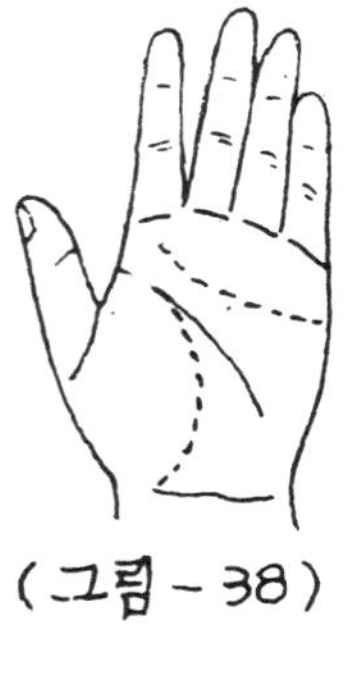
(그림-38)

실업계에 적당한 상(그림三八)- 두뇌선으로부터 위로 향한 지선은 파산적인 성격과 금전운이 열려짐을 의미하고 새끼손가락 아래로 향한 지선은 상업이나 실업적 수완이 있어서 투자·투기 등의 사업으로 돈을 모을 수 있으며 사업운도 좋아서 성공을 거둔다.

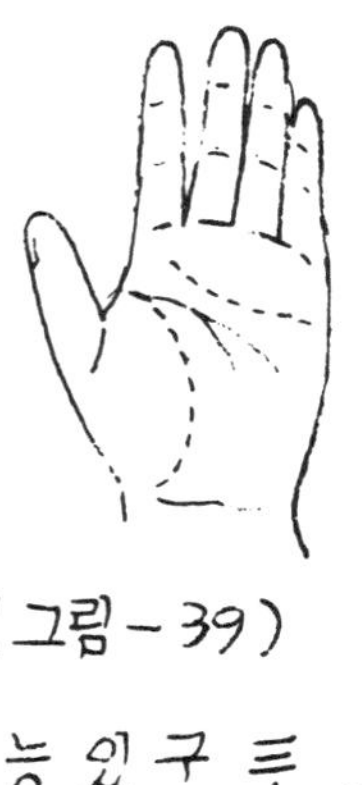
(그림-39)

처세술이 능한 상(그림-三九)·두뇌선의 중도에서 월구로 향하여 지선이 달려 있는 것은, 타산적이고 재능이 풍부함과 동시에 감성이 예민하여 착상(着想)을 잘 하므로 실업계에서 입신할 수 있다. 이러한 상을 가진 여성은 타산적인 방면에 종사함이 좋다.

이중(二重) 두뇌선(그림-四○) - 한 줄은 생명선에서 또 한 줄은 그와 떨어져 일어나, 이 두 줄의 두뇌선이 평행하게 나와 있는 사람은 그 방면에서 이름을 떨치고 풍부한 생활을 누린다. 여성은 사교성이 좋고 상당한 지위도 차지하지만 성격이 강직하여 주인 노릇하기가 십상팔구다.

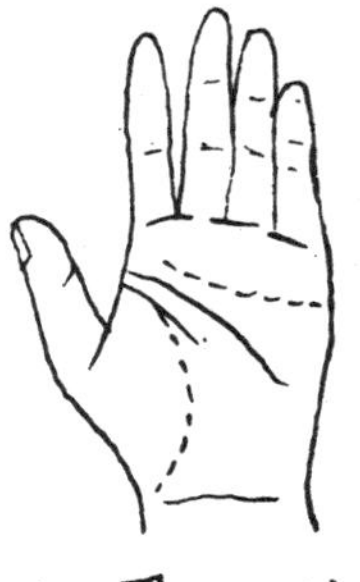
(그림-40)

(그림-41)

철저한 성격(그림-四一) - 손바닥을 좌우 일직선으로 달리고 있는 굵은 선을 가진 사람으로서 손이 크지만 않다면 의지가 세고 뱃장이 있어서 일을 철저히 하는 성질이 있으며 곧잘 성공도 거두지만, 일단 수가 틀리면 되끝 하나 남지 않게 재산을 탕진한 사람이다. 만일 손이 큰 사람은 극단으로 달리지 않고 한가지 일에 오래 전념하는 착실한 성격의 소유자이다. 이러한 상을 가진 여성은 기질은 곧지만 애교가 없고 사무적으로 처리해 버리는 성미이며, 운명적으로도 부부 맞벌이를 하든지 또는 자활의 길을 걷게 될 팔자이다.

(그림-42)

물질본위의 상(그림-四二) - 지능선의 끝이 약간 위로 구부러올라가, 무명지 아래 가까이에서 감정선과 맞붙어 있는 것은 목적달성을 위해서 수단방법을 가리지 않음으로 적을 만들거나 무리한 짓을 하여 일에 마찰이 있기 쉽다. 부부운이 박약하고 상대편에 폐를 끼치는 일이 많다.

배타성이 없는 상(그림-四三) - 사슬모양으로 되어 있는 것은 열(熱)하기 쉬운반면 차갑기도 쉬우며 사고력이 희박하여 기분에 지배되기 쉬운 사람이다.

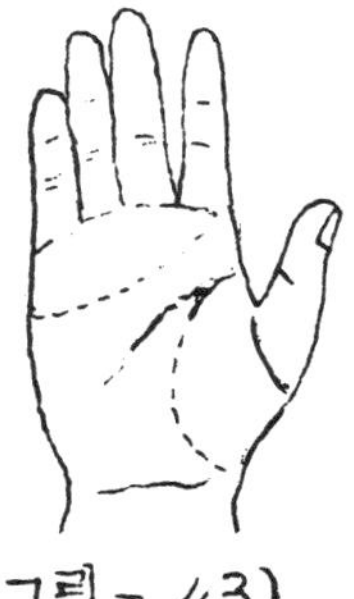
(그림-43)

만일 감정선도 꼬여 있으면 독선적이어서 맹목적인 행동에 달리기 쉬우며 연애에 실패하기 쉽다. 두뇌선·생명선이 모두 사슬모양인 사람은, 몸이 허약하기 때문에 학업 또는 사업을 끝까지 지탱해 나갈 수가 없게 된다.

신경기능의 결환(그림-四四) - 가운데손가락의 아래쪽에 있는 섬은 신경기능이 매우 델리케트하여 약간의 자극에도 그 평형을 잃고 신경질이 되기 쉽다.(그림의 1). 또 말단에 분명한 선이 나타나 있는 것은, 신경계의 질환 또는 두통(頭痛)이 나기 어려운 상태를 말하는 것이다 (그림의 2).

(그림-44)

십자문 - 무명지의 바로 아래쪽으로 내려와서 두뇌선 위쪽에 십자가의 무늬가 있는 것은, 교통사고나 선박 또는 높은 곳에서부터 떨어져 머리에 부상을 입을 상이다.

감정선과 애정생활

사당의 표시 감정선은 새끼손가락쪽의 손바닥 측면의 위로부터 四분의 一가량의 곳에서 일어나 무명지쪽으로 향하여 새겨져 있는 굵은 선인데 우정 연애·부부애·모성애의 유무와 결혼생활의 행·불행도 나타내는 것이다.

감정선의 여러가지 손금은 한줄로 깊이 새겨져 있는 것이 가장 이상적이긴 하나, 감정선에 한해서는 다소 불규칙하고 폭이 넓은 것이 애정의 표현방법이 능란하다. 감정선에 지선이 없고 쇠줄처럼 생긴 상은 애정에 둔감하고, 그 표시방법도 너무 소박하여 무미하다. 감정선은 길수록 그 애정도 두텁고, 짧을수록 박정하다.

질투심이 많은 상(그림-四五)-감정선이 목성구(집게손가락의 밑뿌리)의 아래 부분을 옆으로 건너질러 손바닥 끝 근처에까지 뻗쳐있는 것은, 애정의 독점욕이 매우 강하며 집착심이나 질투심이 강한 사람이다.

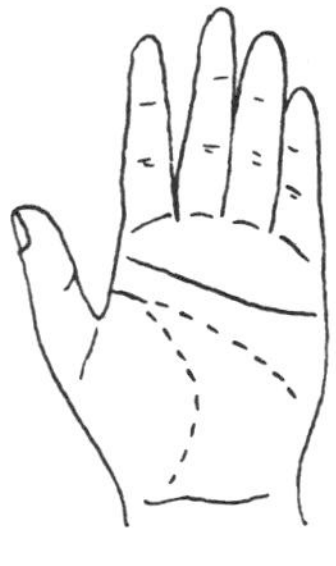
(그림 - 45)

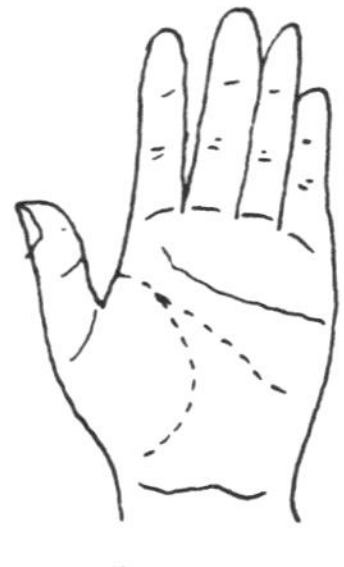
(그림 - 46)

성실성이 있는 애정(그림-四六)-감정선의 끝이 목성구의 중앙 근처에서 그쳐져 있는 것은 변함 없는 따뜻한 정과 관대한 마음씨를 가지고 있는 사람이며, 금전이나 애욕에 유혹되는 일이 적고, 침착하게 애정생활을 누린다. 이러한 상을 가진 여성은 이상적인 아내로서 매력이 있다. 남성에 있어서는 애인에 대하여 성실성을 가지고 있을뿐 아니라, 사업에 대해서도 성의를 다하는 사람이다.

헌신적인 애정(그림-四七)-감정선의 끝이 집게손가락 밑줄, 또는 바로 그 아래(一푼 정도)에 뻗쳐 있는 것은, 애정이 두텁고 헌신적이며 성의를 표시하는 상이므로 배우자로서는 가장 이상적인 타입이다.

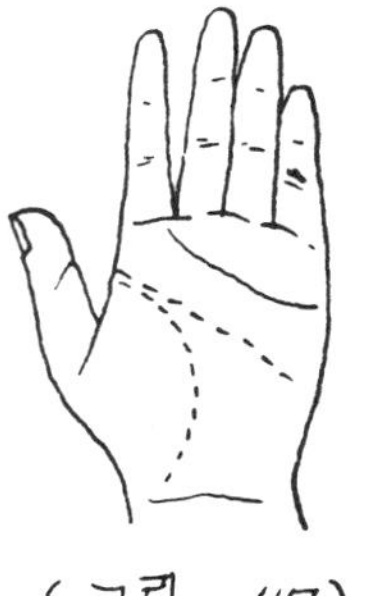
(그림 - 47)

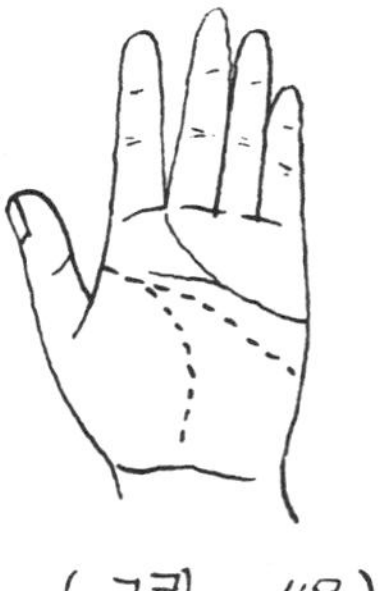
(그림 - 48)

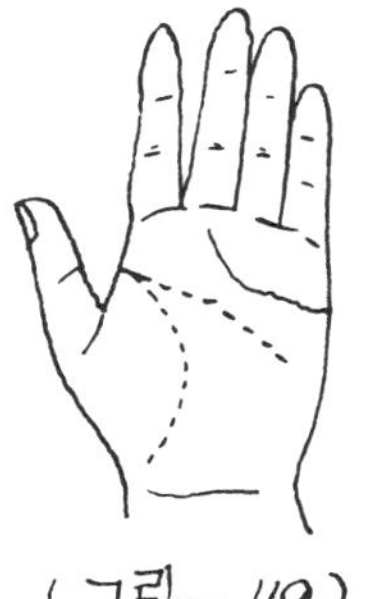
(그림 - 49)

담백한 애정(그림-四八)-감정선의 끝이 집게손가락과 가운데손가락 사이로 들어간 것, 혹은 그 一~二푼(分) 아래에서 그쳐진 것 등은, 이성(異性)에 대해서 외곬으로만 애정을 가지는 사람이다. 또 결벽할 정도로 사람을 가리는 품이 심해서 게으른 사람이나 주책없는 사람 따위는 철저히 배척하는 경향이 있다.

무성의한 애정(그림-四九)-감정선의 끝이 활(弓)처럼 위로 치쳐서 토성구(가운데손가락의 밑뿌리)로 들어가 있는 상은, 자기 본위로 애정을 표시하는 것이다.

애정에 빠지지 않는 상(그림-五〇)-감정선의 끝이 갑자기 하향(下向)하여 집게손가락 아래에서 생명선의 기점(起點)에 접촉되어 있는 것은 기분이 명랑하지 못하고 화려한 연애를 못한다. 감정선의 끝이 위로 향하여 있는 것은 낙관적이고 애정에

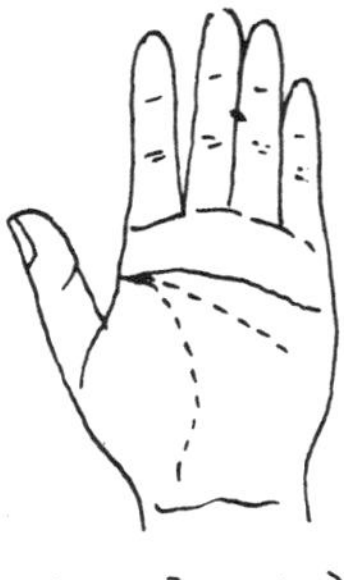

(그림-50)

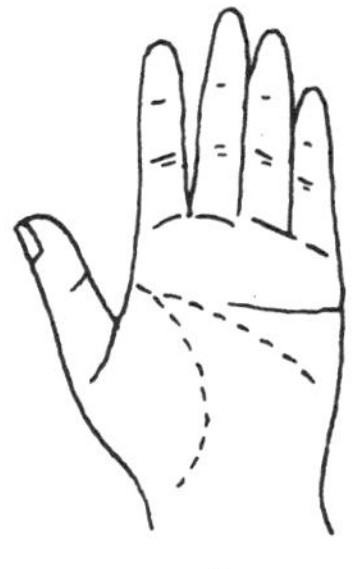

(그림-51)

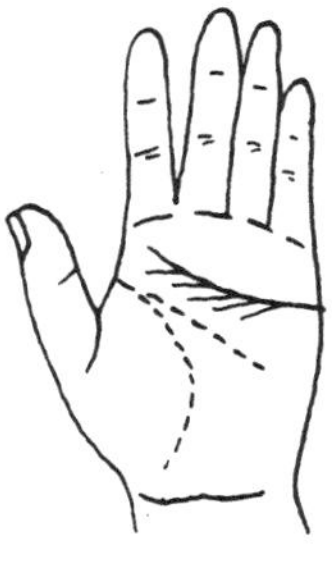

(그림-52)

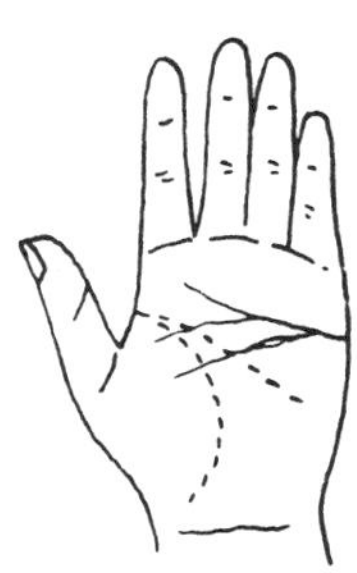

(그림-53)

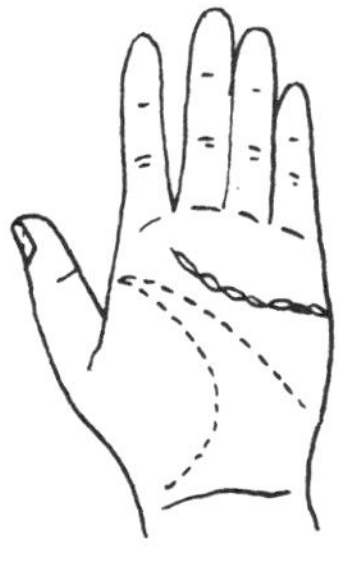

(그림-54)

탄력이 있으며 아래로 향할수록 애정에 탐익되지를 않는다.

사업본위의 파입(그림-五一)-감정선이 비교적 곧게 뻗쳐서 가운데 손가락 아래에 머물러 있는 것은, 사업을 본위로 하는 사람이며, 애정문제에는 매우 깨끗하다.

비련의 상(그림-五二)-감정선으로부터 갈라져 아래로 향하여 있는 지선은 애인과의 이별을 의미하는 것인데 가늘고 짧은 것이 많을수록 애인과 헤어지는 일이 많아진다. 이 하향(下向)한 지선의 끝이 두뇌선에 저촉되어 있는 것은 생활에 파격을 받을 만큼한 애정의 비극을 초래함을 나타내는 것이다.

정열적인 연애(그림-五三)-감정선에서 아래로 곧게 뻗친 지선이 모지구로 점범해 들어간 것은 열렬한 연애를 표시하는 선이다. 이 지선의 어느 부분에 섬이 생긴 것은 부자연한 삼각관계에 빠짐을 의미한다.

애정의 변화가 있을 상(그림-五四)-감정선이 사슬모양으로 되어 있는 것은 부박(浮薄)한 상이다. 마음이 변하기 쉽고 새로운 자극

새로운 이성(異性)을 찾아서 다정다한(多情多恨)한 생활을 누리려고 한다. 그러나 두뇌선이 훌륭하면 다정다감한 애정은 세련되어서 문학·영화·연극이나 기타 화려한 직업으로 인기를 모으게 된다.

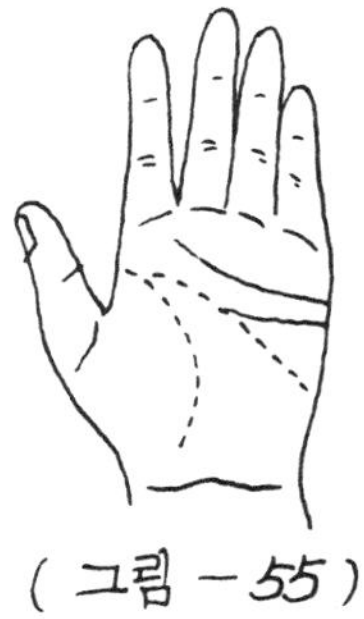

(그림-55)

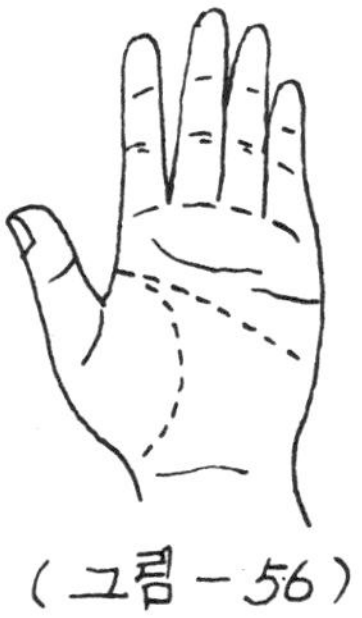

(그림-56)

(그림-57)

착실성을 나타내는 상(그림-五五)-이중(二重)감정선이라 하여 두 줄의 평행한 감정선이 그림과 같은 위치에 새겨져 있는 사람은, 애정이 풍부하지만 사업면에도 열중하여 곤란을 극복해 나아가는 착실한 사람이다. 여성은 활동가로서 상당한 수입도 있고 이름도 날릴 상이다.

초혼운이 박약한 상(그림-五六)-감정선이 무명지와 새끼손가락의 아래쪽에서 끊어지면 초혼의 부부생활이 오래 계속되지 못함을 의미한다.

이성과의 문제(그림-五七)-감정선의 끝이 짧은 횡선으로 정지된 것은(그림의 1) 애정문제로 말미암아 트러블이 일어날 징조이다. 감정선 위에 생긴 섬은 비련을 나타낸다(그림의 2). 섬이 여러 개가 계속되어 사슬모양으로 된 것은 다정다한(多情多恨)한 사람이다. 감정선 위에 한 때 붉은 반점(班點)이 나타나 있는 것은 흥분하거나 또는 송사(訟事)가 있을 징조나 그 사건의 고비를 넘으면 빛같은 차츰 소멸된다(그림의 3).

운명선과 성공운

뜻깊은 운명선   가운데손가락 밑뿌리로 향하여 뻗쳐 있는 세로줄을 운명선이라고 하는바, 이 운명선은 사람의 운·불운은 어떻게 변해질것인가 하는 따위 그 변화의 상태나 시기를 표시하는 중요한 선이다. 운명선은 행운의 원동력을 나타내는 생명선, 두뇌선이 좋아야만 비로서 그 성과를 가져오는 것이다.

운명선의 기점과 말단의 관법(觀法)   운명선이 어디에서 시작되었는가에 따라서 그 사람의 인생스타트의 길을 알 수가 있다.

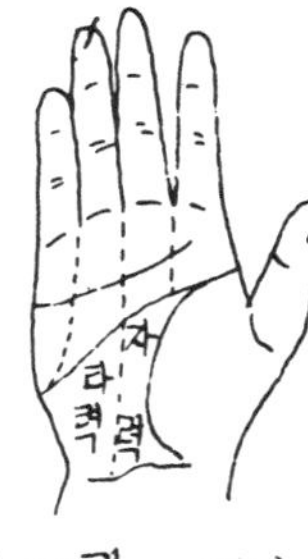

(그림-58)

그림-五八을 보면 자력(自力)·타력(他力)으로 나누어져 있는데 자력의 안에서 일어난 운명선은 독자적인 능력으로 사회에서 활약하여야 할 운명을 의미하며 타력의 범위안에서 사온 운명선은 좋은 환경 속에서 대중의 인기, 자기보다도 나은 배우자등으로부터 받는 혜택으로써 사회에 진출하게 됨을 의미한다. 운명선이 분명하게 새겨져 있는 것이면 사회적으로 발전할 수 있는 것이며 중간에 가끔씩 끊어져 있는 것은, 직업이나 환경이 변동되는 수가 많다.

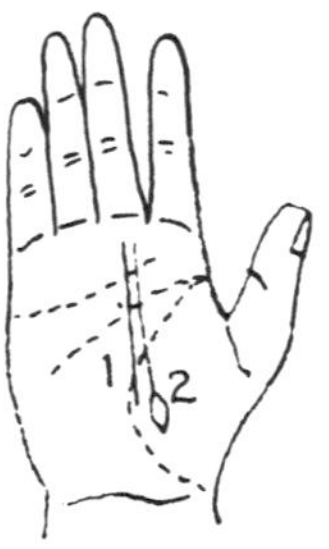

(그림-59)

근친에 의한 운(그림-五九)- 운명선이 금성구로부터 뻗어 있는 것은 근친의 도움에 의하여 사회에 진출할 상이다. 이 선이 매우 짧으면 그 재산을 없애고 불운할 것이며, 가운데손가락의 밑뿌리에까지 이른 것은 사회적으로 크게 비약할 상이다(그림의 1). 선의 아래쪽에 섬이 나타나 있는 것은 불의(不義)의 관계에 있음을 의미한다(그림의 2).

자력으로 운을 개척할 상(그림-六○)- 운명선이 생명선에 접하여 그 아래쪽으로부터 나와 있는 것은, 자력으로 입신할 사람이다.

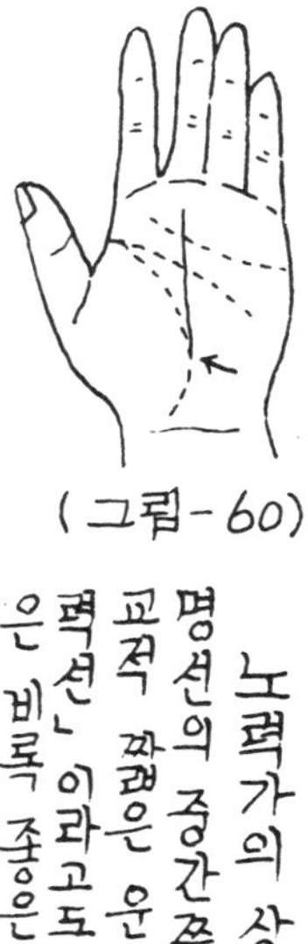
(그림-60)

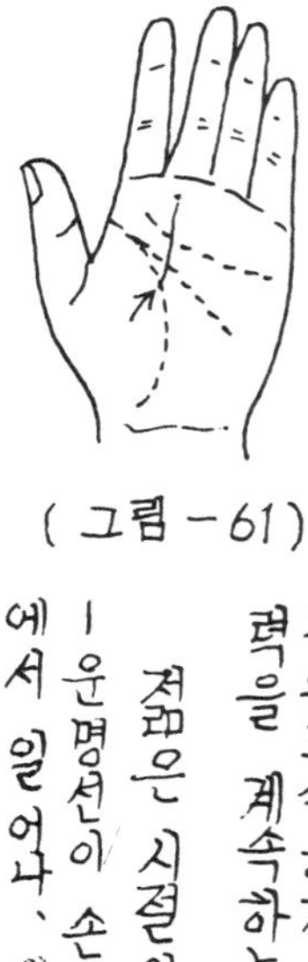
(그림-61)

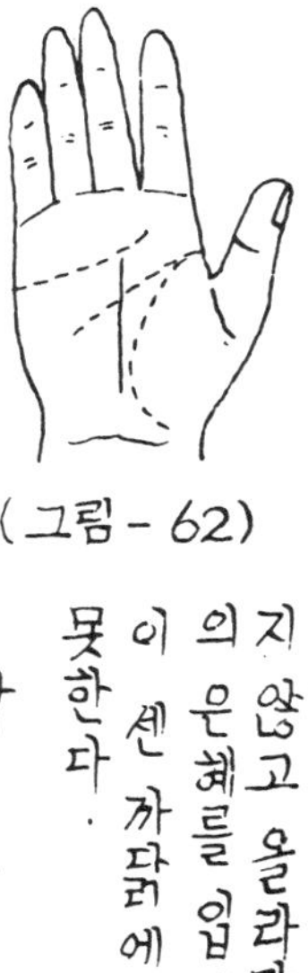
(그림-62)

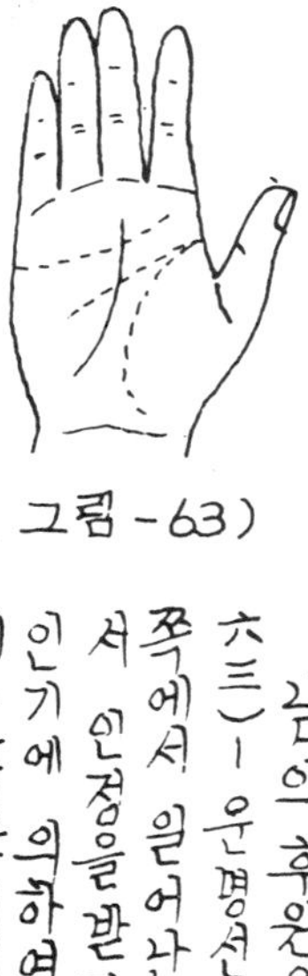
(그림-63)

노력가의 상(그림-六一)- 생명선의 중간쯤부터 올라간 비교적 짧은 운명선을 특히 「노력선」이라고도 하는데 이 사람은 비록 좋은 환경에 있어도 무위도식하지 않고 끝까지 노력을 계속하는 사람이다.

젊은 시절의 행운(그림-六二)- 운명선이 손목의 가운데 위치에서 일어나, 생명선에 접촉되지 않고 올라간 사람은, 조상의 은혜를 입기는 했으나 고집이 센 까닭에 양보심을 갖지 못한다.

남의 후원을 받을 상(그림-六三)- 운명선이 특히 월구쪽에서 일어난 것은 타인에게서 인정을 받거나 원조, 또는 인기에 의하여 운을 개척하든지, 혹은 이성(異性)으로부터의 금전이나 정신적 원조에 의하여 사회에 진출하게 됨을 의미한다. 직업으로는 문예·예능 외교 등이 적합하다.

변화가 많은 상(그림-六四)- 생명선의 중간쯤부터 매우 짧고 두뇌선에 채 미치지 못한 정도의 선이 여러 개 나와 있는 것은, 자주 환경의 변화가 있어서

(그림-64)

불안정한 생활이 계속되어 운세가 막히는 일이 많다. 여 들 선중에서 어느 한 줄만이 길게 선명히 나타나 있으면 변화없는 생활을 유지할 수가 있다

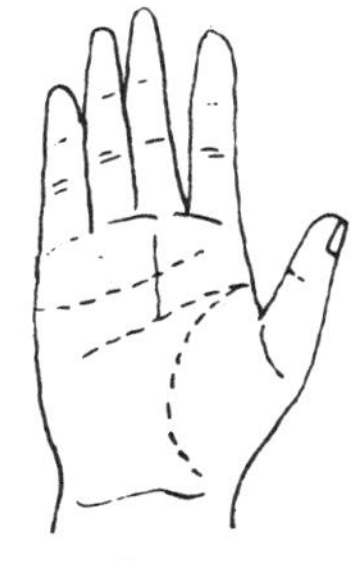

(그림-65)

환경이 일변하는 상(그림-六五)- 손바닥의 중앙으로부터 일어난 것은, 환경이나 직업이 변동되거나 사회적으로 눈부신 진출을 하여 중책을 맡게 됨을 의미한다.

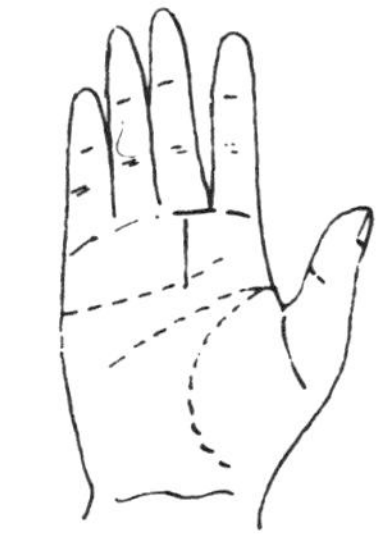

(그림-66)

만변이 분망할 상(그림-六六)- 운명선이 감정선의 위쪽으로 짧게 새겨져 있으면, 만년에 이르러서야 분망히 돌아갈 팔자다. 대체로 운명선이 손의 아래쪽에서 나와 있으면 젊은 시절에 바쁘게 지내게 되며, 위쪽으로 올라간 것은 만년에 다망해질 상이다.

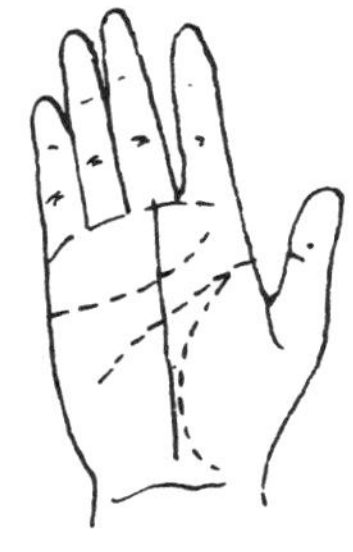

(그림-67)

곤란을 극복할 상(그림-六七)- 손바닥 아래쪽에서부터 가운데 손가락의 밑뿌리에 걸쳐서 일직선으로 올라간 것은 성질이 거칠고 운세도 강하며, 인생가도(人生街道)를 줄곧 맥진(驀進)할 기개를 가지고 있는 사람이다. 따라서 어떤 방면에서도 재빠른 출세, 성공의 길에 들어설 가능성이 있다. 그러나 태양선이 잘 생겨야만 성공을 거둘 수 있다. 이와 같은 운명선을 가진 여자는 성질이 매우 강직하여 남편운이 박하고 직업을 가져 사회에서 활약할 팔자가 된다.

직업 여성의 상(그림-六八)- 운명선은 가운데 손가락의 중간으로 향하여 올라가는 것이 보통이다. 때로는 손가락 사이로 향하여 생기는 수가 있다. 집게손가락과 가운데 손가락과의 사이로 올라간 여성은, 곤란을 극복하여 씩씩하게 버티며 중년에 들어서도 직업전선에 나서게 된다.(그림의 1)

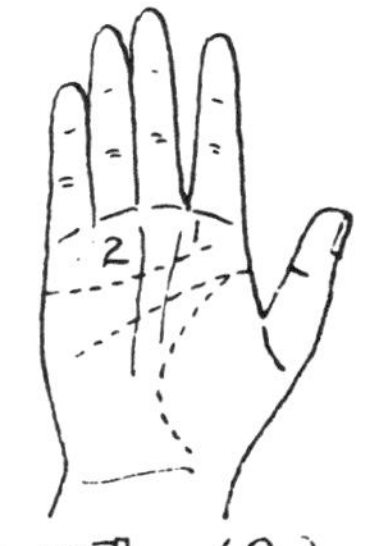

(그림-68)

또 가운데 손가락과 무명지와의 사이로 향하면 여러 사람의 호의를 사게 되고, 재능의 인정을 받아 눈부신 활동을 한다. 여성은 대단한 활동가로 남편을 대신하여 직장을 갖게도 된다(그림의 2).

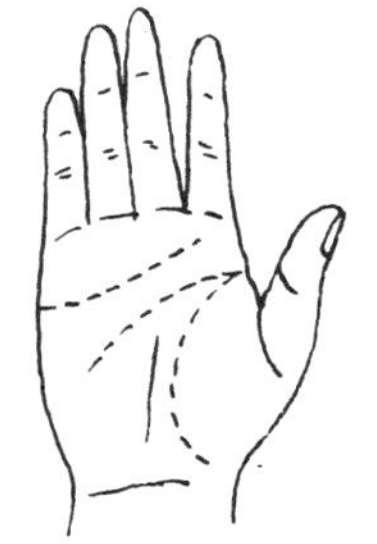

(그림-69)

재기할 상(그림-六九)- 운명선이 손바닥의 중앙까지에만 뻗친 것은, 중년에 이르러 계속해온 사업이 나 근무처의 사정이 그 유년(流年)이 표시하는 해에 일변되어, 재출발 해야하는 숙명적인 선이다.

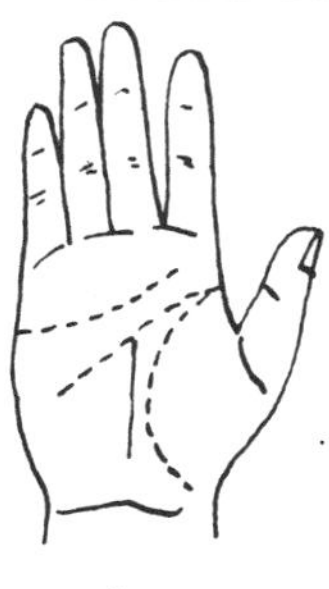
(그림-70)

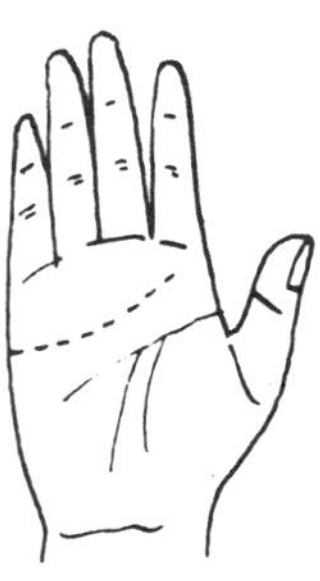
(그림-71)

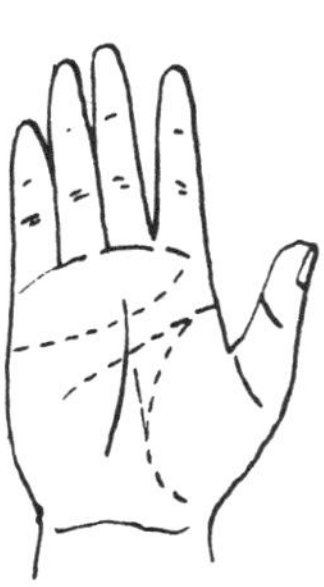
(그림-72)

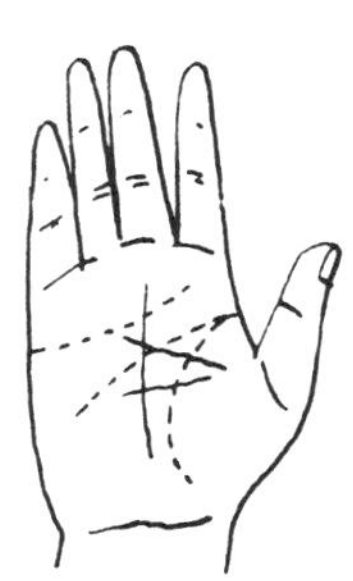
(그림-73)

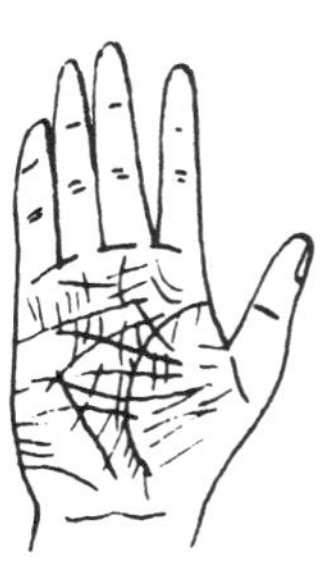
(그림-74)

중년에 운이 마감될 상(그림-七○)- 가운데 손가락으로 향하여 나온 운명선이 두뇌선에서 갑자기 끊어진 것은 중년에 큰 손재를 입거나 또는 실각의 운명을 표시한다. 여성(아내)인 경우는 부부간에 이별의 위험성이 내포되어 있다.

성격이 강직한 사람(그림-七一)- 운명선이 집게손가락과의 사이로 향하여 있으나, 두뇌선에서 정지되어 있는 것은 성격이 강직하여 사업이나 애정에 있어서 자신이 만만하여 남에게 쉬 양보를 하려들지 않는다.

두개의 운명선(그림-七二)- 운명선은 기점을 달리 하여 두 줄, 또는 간혹 세줄로 나와 있는 수가 있는데 두 줄로 나와 있는 사람은 운세가 세며, 여성인 경우는 남성적 성격이 농후해진다.

타격을 받을 상(그림-七三)- 운명선을 횡단하는 장해선은, 굵은 것이 실패 실각, 대손(大損), 부부이별 등 큰 타격을 입을 것을 나타내며, 가늘게 생긴 것은 가벼운 타격을 입게 됨을 표시하는 것이다.

거미줄 같은 선(그림-七四)- 손바닥을 횡단하는 불규칙한 선으로 손바닥이 부드러우면 신경질이며 손바닥이 딱딱하면 고생이 많고, 운이 열리지 않는다.

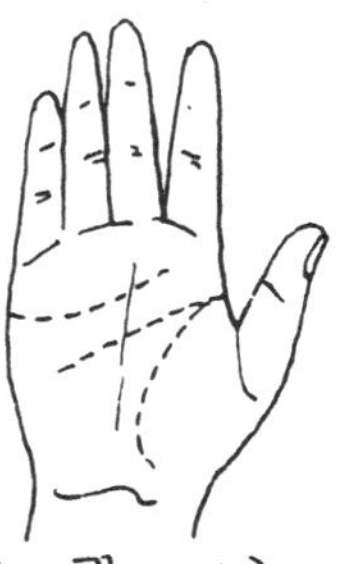
(그림-75)

(그림-76)

(그림-77)

방침이 바꾸어질 상(그림-七五)- 운명선이 끊어진 것은 사업이나 환경에 있어서 타격이 생김을 나타내는 것이다.

입장이 흔들리기 쉬운 상(그림-七六)-운명선이 군데군데 끊어져 있는 것은, 생활력이 약하고 의지도 또한 박약하여 사업이나 행복한 생활을 누릴 수 없고, 남에게 의지할 입장에 놓이게 된다.

남을 위하여 일할 상(그림-七七)- 운명선의 끝이 감정선에서 막혀진 것은, 남을 위해서 자진해 일을 하며, 정의(情意)를 다한다.

후원자가 생길 상(그림-七八)- 월구로부터 비스듬히 나와 있는 한 줄(선)이 운명선에 흘러들어간 것은, 자기보다 훨씬

원등한 사람과 결혼하게 되거나 또는 후원자가 나타나서, 갑자기 운이 좋게 됨을 의미한다.

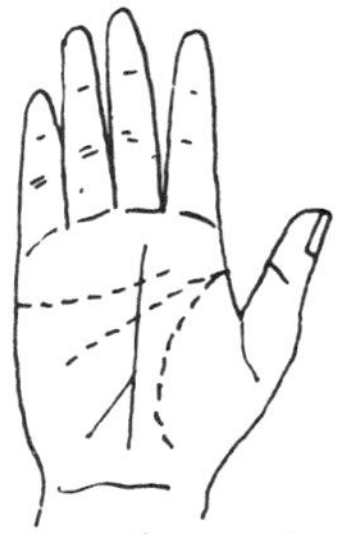

(그림-78)

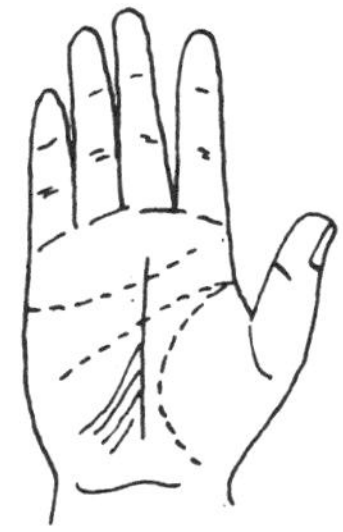

(그림-79)

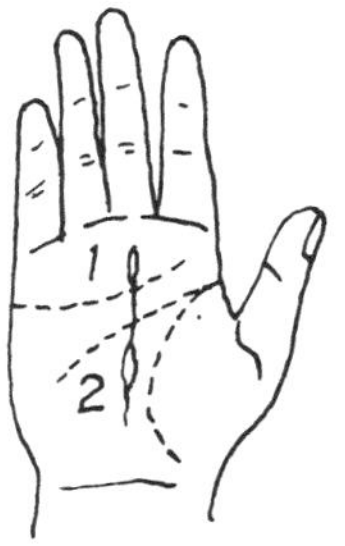

(그림-80)

(그림-81)

인기가 높아질 상(그림-七九)- 운명선으로 향하여 월구쪽에서 뻗어난 사선(斜線)이 몇 줄 나와 있는 것은, 인기가 매우 높아져서 단기간에 재산을 모을 수 있는 화려한 운세를 나타낸다. 인기 가수나 영화배우 등에서 흔히 볼 수 있다.

금전운을 나쁘게 하는 상(그림-八〇)-운명선의 끝에 있는 토성구의 섬(그림의1)은 운세가 나쁘게 될 상이다. 운명선의 중도에 있는 섬(그림의 2)은 금전운이 나쁘거나 또는 정사(情事)로 인하여 낭비가 있을 것을 의미한다.

신비십자형(神秘十字形: 그림-八一)- 감정선의 중앙쯤에서 나와, 아래로 향한 선이 운명선과 교차되어 생긴 십자형은 종교가, 점술가 등에서 볼 수 있으며 행운적인 것이 못된다.

지선이 있는 운명선 — 일종의 권력욕과 지배욕에 좌우되며, 또 책임 관념이 매우 강하여 크게 출세할 격이다.

태양선과 인기

태양선이란? 태양구로 향하여 올라간 선을 태양선이라고 하는데 인기·신용·지위 등을 표시한다. 태양선은 운명선과 같이 중요한 선인 바 이 두 선이 함께 갖추어져 있는 경우에 한해서 사회적으로 성공하며, 남들로부터 인정도 받게 된다.

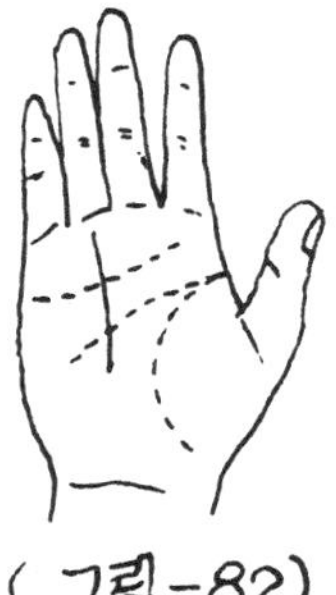

(그림-82)

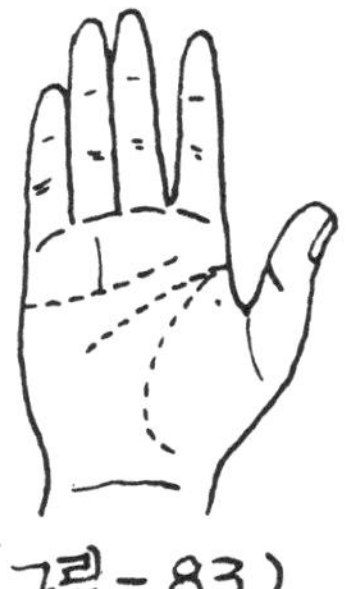

(그림-83)

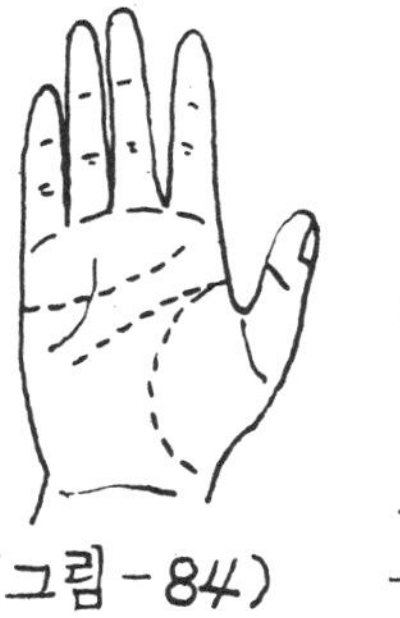

(그림-84)

인기를 끄는 상(그림-八二)-월구로부터 뻗어나서 태양구로 들어가는 길다란 태양선은 예능이나 예술, 기타 손님을 상대로 하는 장사 등에 종사하면 성공한다.

아직 운이 트이지 않는 상(그림-八三)- 태양선이 감정선의 위로만 짧게 새겨져 있는 것은, 아직 운이 트이지 않음을 의미한다.

진실히 운을 개척할 사람(그림-八四)-화성구로부터 활모양으로 올라간 사람은, 착실하여 신용을 잘 지키며 착한 남편, 좋은 아버지로서 일가의 화목과 번영을 도모하며, 여성은 남성적인 기질이 된다.

한가지 일에 전념 못하는 상(그림-八五)-태양구에 가늘고 힘없는 태양선이 몇개 불규칙하게 있는 것은, 한 가지 일에 전력을 기울이지 못하는 상이다. 손님 출입이 많은 곳에서는 팔방미인격인 활약으로 영업성적을 올릴 수가 있다.

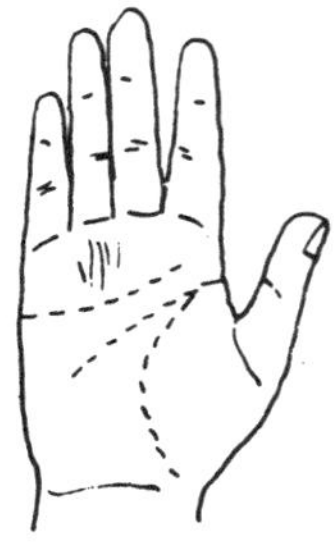
(그림-85)

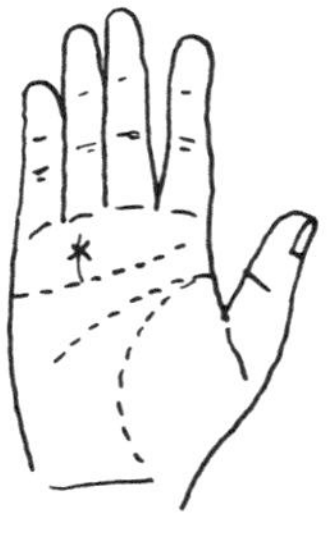
(그림-86)

운이 트이는 상(그림-八六)-태양선상에 있는 태양구의 별은, 갑자기 인기가 높아져서 수입이 늘거나 요직에 등용되는 등 좋은 운을 표시한다.

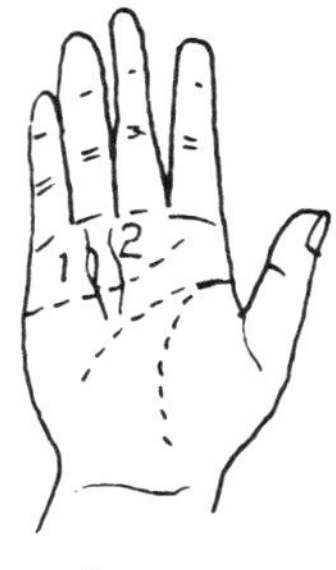
(그림-87)

불운한 태양선(그림-八七)-태양선에 「섬」이 있는 것은 막다른 골목에서의 번민의 상태를 나타내는 것이다. 그것이 병 때문인가 금전 때문인가는 생명선이나 재운선과 맞추어 보면 절로 알 수 있다(그림의1). 물결모양으로 구비쳐 있는 것은, 운이 트여있지 않음을 표시하는 것이다(그림의2). 이 선이 얼마 후 곧게 펴져 있으면 운세가 번성하여지고 생활의 안정도 기할 수 있다.

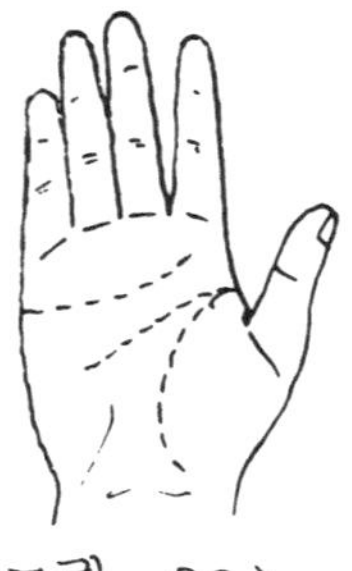
(그림-88)

인덕이 따르는 상(그림-八八)-손바닥의 새끼손가락 아래 구석에서 일어난, 一～一.五푼(分) 정도의 사선(斜線)은 인덕이나 인기를 나타내는 선으로서, 인기직업, 기타 손님상대의 장사를 하는 사람에게는 불가결한 선이다.

다른 선에서 갈라진 태양선-태양선이 운명선에서 갈라져 위로 뻗쳐있으면 자력으로 최후의 성공을 거둘 상이며, 생명선에서 갈라져 위로 뻗은 것은, 제삼자의 신임을 받아 성공할 상이며 재물도 크게 얻을 수 있다.

재운선과 금전운

재운선의 뜻 새끼손가락의 밑뿌리에 있는 세로줄을 「재운선」이라 하며 금전·재산의 운을 나타내는 것이다.

수입이 안정될 상(그림-八九)-재운선이 바늘을 세운 듯이 곧게 뻗쳐 있으면 수입이 안정하여 순조로운 생활을 계속할 수가 있다.

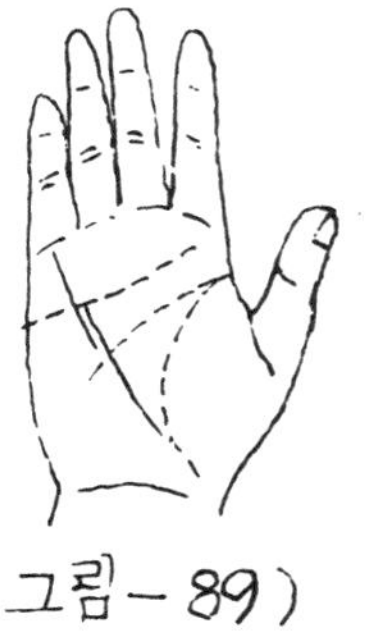
(그림-89)

쪼들릴 상(그림-九〇)-재운선이 나와 있더라도 그 형상이 쪼그러지고(그림의1) 굽어진 데가 있거나 구부러져(그림의2)있는 것 따위는 금전운이 나쁘다. 차츰 재운이 좋아짐에 따라 변해가는 수도 있다.

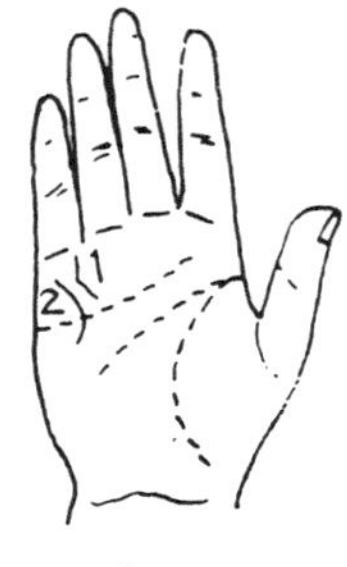

(그림-90)

건강선과 질병

건강선의 뜻 건강선은 손바닥의 중앙 아래쪽에서부터 새끼손가락 아래의 감정선에서 그치는, 약간 비스듬히 생긴 선으로서 건강상태나 질병을 나타내는 것이다. 건강선은 생명선으로 부터 약간 떨어져 일어나 있으면 끊어진 데가 없이, 일직선으로 되어 있으면 건강상태가 좋은 것으로 본다.

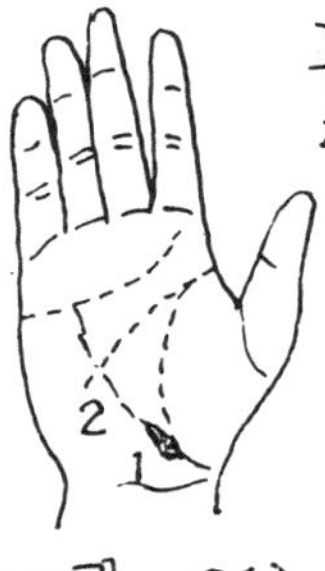

(그림-91)

질병을 나타내는 상(그림-九一)-건강선의 하부에 나와 있는 섬은 호흡기의 질병을 나타낸다(그림의1). 건강선의 곳곳에 끊어진 데가 있는 것은 소화 기능이 허약함을 의미하는 것이다(그림의2). 또 건강선이 감정선과 두뇌선을 연결하며 비스듬히 달린 것은 뇌병에 걸리기 쉬우며, 황색을 띠고 짤막짤막하게 된 선은, 심장·간장 등의 질병에 걸려 있음을 의미한다. 건강이 회복되면 선도 길고 일직선으로 분명하게 된다.

방종선과 체력

정신·체력의 소모를 의미하는 선-방종선은 월구쪽에 비스듬히 또는 옆으로 나타나는 것인데 체력이나 정신의 소모를 지나치게 강요하는 경우에 흔히 나타난다.

(그림-92)

부자연한 생활(그림-九二)-월구의 하부를 횡단한, 활모양으로 생긴 방종선은, 한쪽 끝이 생명선에 접촉되어 있으면, 사업이나 가사 또는 황음등으로 인하여 건강을 해친 표적이다(그림의1). 월구쪽 측면으로부터 짧은 횡선이 여러개가 나와 있는 사람은 신경질이 되기 쉬운 것이다(그림의2).

수경선과 건강

수경선이라 함은…(그림-九三)-건강한 사람에 있어서는 손목에 보통 석줄의 선이 새겨져 있는데 모두 분명히 나와 있으면 건강하고 긴장된 분위기에서 일을 착실히 해 나갈 수가 있다.

제일 위의 깊이가 얕고 세끼를 꼰것처럼 되어 있으면 건강이 좋지 못하며, 아래 두줄이 분명하지 않은 것은 몸이 허약하고 끈기가 없는 상이다(그림의1).

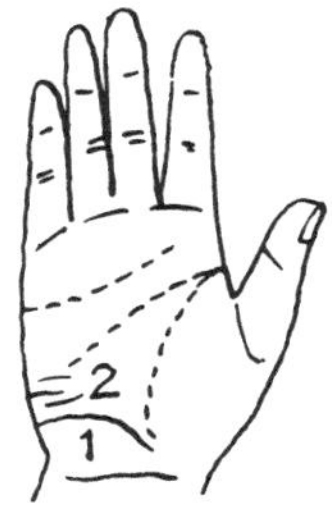

(그림-93)

지구에 나타난 횡선(그림의2) 자식복이 희박하다. 첫째 수경선이 손바닥쪽으로 중간에 구부러져 들어간 것은, 생식기능의 장해와 수태의 불능을 의미한다.

금성대와 감수성

금성대가 표시하는 의미 — 가운데손가락과 무명지의 밑뿌리를 둘러싼 반원형의 짤막짤막한 선(그림-九四)을 「금성대」라 일컫는다. 신경이 과민하고 감정이 농후하며, 그때그때의 기분에 지배되기 쉽다. 금성대가 있고 손의 살점이 엷은 사람은, 성적으로는 민감하나 체력이 그에 따르지 못하기 때문에 늘 불만해하고 초조해 한다. 이 금성대가 있고 두뇌선이 선명하면, 민감한 정서나 정조(情操)가 문학이나 미술·복식·예능 등에 나타나는 것이다.

(그림-94)

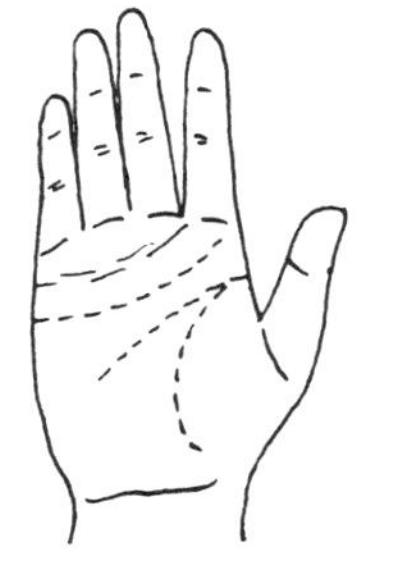
(그림-95)

감각이 예민한 상(그림-九五)— 짧막한 금성대의 일부가 결혼선에 이어져 있는 남성은, 애정과 요리·복장 등에도 민감하며, 여성의 영역에까지 참견하는 성미다. 또 성애(性愛)에 있어서는 유희적이 되거나 여성 숭배의 경향이 있다. 초혼에 지장이 생기기 쉽다.

결혼선과 부부생활

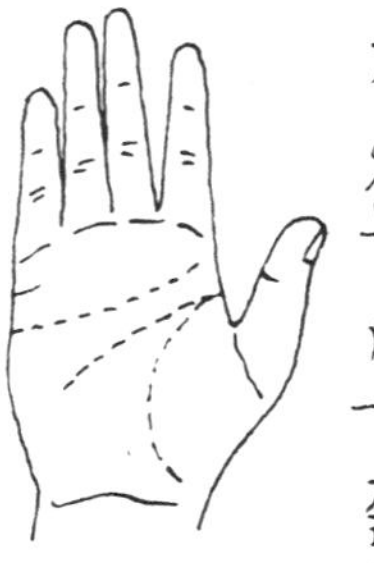
(그림-96)

애정을 표시하는 상(그림-九六)— 수성구에 새겨져 있는, 매우 짧은 횡선(橫線)으로, 결혼 생활의 운·불운뿐만 아니라, 이성과의 사랑 관계도 표시한다.

결혼선의 수효와 결혼의 횟수와는 반드시 일치되는 것이 아니다.

결혼 적령기 — 새끼손가락의 밑뿌리의 횡선과 감정선의 사이를 생애에 맞추어 결혼선이 그 중앙에 있으면 몇 살에 결혼하고, 그 아래에 있으면 매우 어렵다. 그래서 운명선이나 기타의 굵은 선의 위치에 의하여 결혼의 적령기를 맞추는 데에 중점을 두어야 할 것이다.

한줄만의 결혼선 — 결혼선이 좌우 똑 같은 위치에 있는 여성은, 부부간에 정감이 두텁고 가정생활에 들어가 편안한 생활을 누릴 수 있는 사람이다.

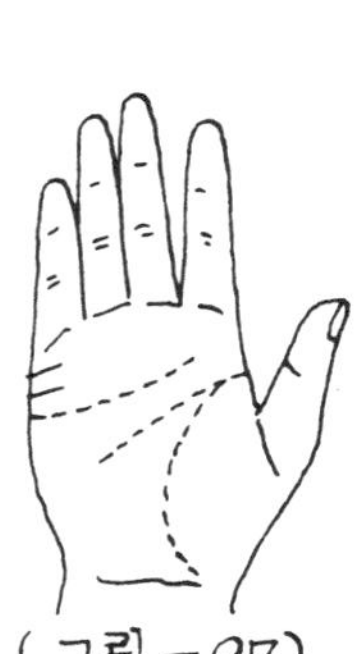
(그림-97)

두번의 신혼 생활(그림-九七)— 새끼손가락의 횡선과 감정선의 사이를 삼등분한 위치에 결혼선이 두줄 새겨져 있는 것은 두번 신혼 기분을 맛보게 된다.

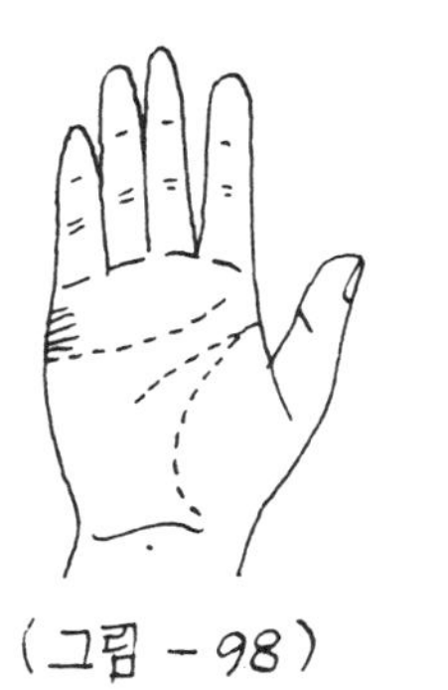
(그림-98)

이성에게 호감을 가질 상(그림-九八)— 결혼선에 이르지 못한 짧은 선이 불규칙하게 여러 개 나와 있는 것은 결혼에 이르지 않는 애욕에 그침을 의미하며, 제삼자에게는 다정한 사람으로 보이게 되는 것이다.

(그림-99)

독신으로 지낼 상(그림-九九)— 결혼선의 끝이 갑자기 위쪽으로 구부러져 있는 여성은, 육체나 혹은 성격적으로 중성이며, 독신생활을 하거나 또는 남편을 대신하여 처신할 운세이다. 이러한 남자는 젊은 시절에 아내로 인하여 고생할 팔자이다.

박약한 결합(그림-100)— 끝이 아래로 구부러져 무명지와 새끼손가락 아래쪽에 해당하는 감정선에 접

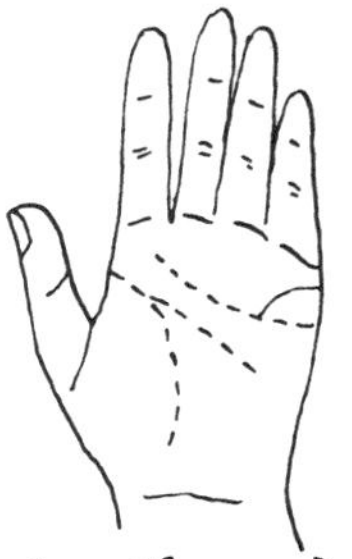
(그림-100)

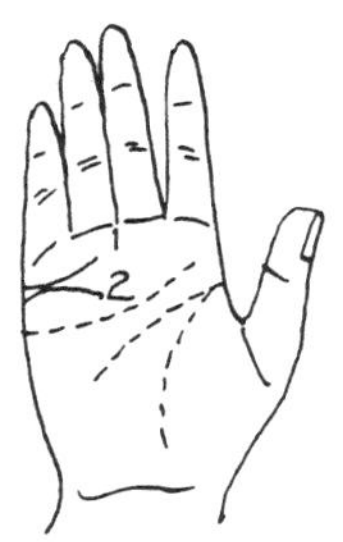
(그림-101)

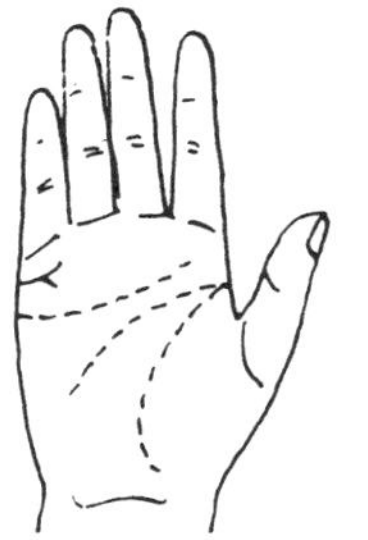
(그림-102)

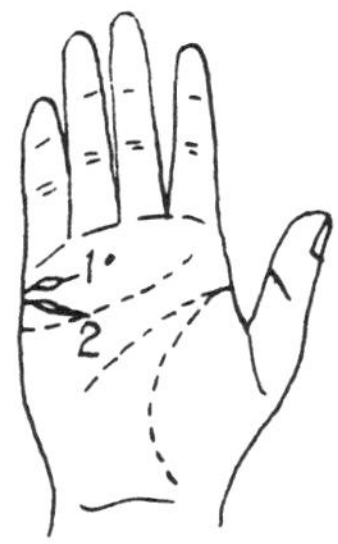
(그림-103)

촉되어 있는것은 부부의 결합이 박약함을 의미하고 별거 내지 이혼을 의미한다.

배우자에 의한 운·불운(그림-一〇一)— 결혼선의 끝에서 나온 짧은 선이 위로 향하여져서 태양구에 이른 것은, 행복한 가정을 이룩하게 됨을 의미한다(그림의1). 선의 끝이 태양선에 저촉되면 좋은 배우자를 얻을 운이 더한층 강해진다. 결혼선의 끝이, 차츰 아래로 처져서 태양구의 아래쪽으로 이른 것은, 배우자의 질병 또는 성격의 결함, 혹은 그 근친관계로 본인에게 좋지 못한 영향이 미칠 상이다(그림의2)

교섭이 없는 부부(그림—一〇二)— 끝이 두 갈래로 갈라진 것은, 별거나 이혼 외에 부부가 동거를 해도 육체적인 교섭이 없음을 표시한다.

내심 불만인 부부생활(그림-一〇三)— 결혼선에 섬이 있는 것은, 부부 사이에 불만이 잠재해 있는 것인데 섬이 있어도 결혼선이 곧으면 그다지 문제가 되지 않는다.(그림의 1). 감정선에 저촉된 하향(下向)의 결혼선에 섬이 있으면 불만이 폭발되어, 이혼에까지 발전하는 수가 있다(그림의2).

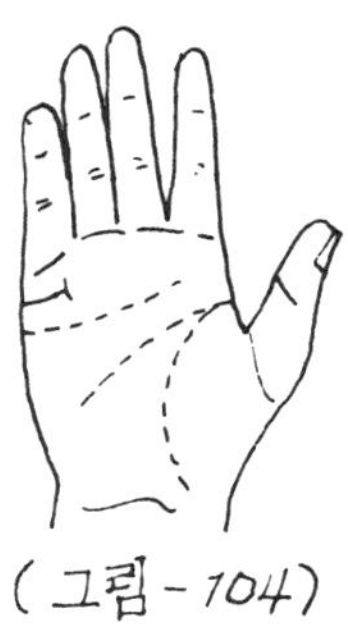
(그림-104)

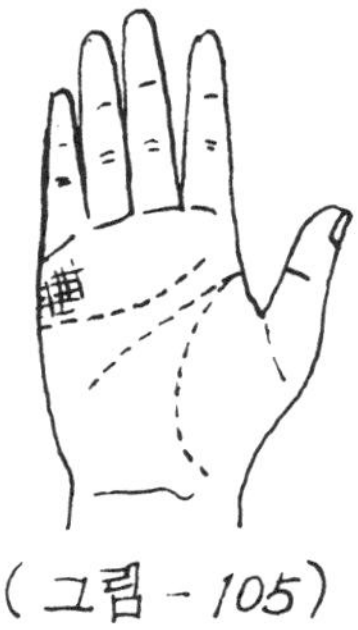
(그림-105)

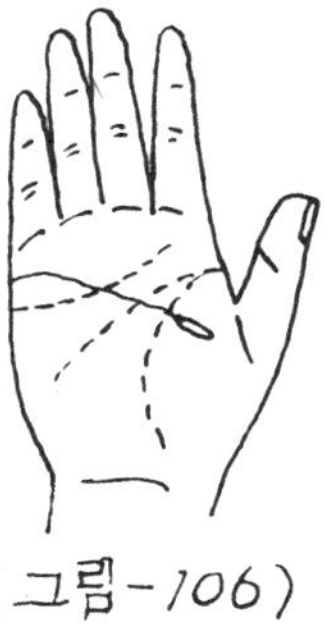
(그림-106)

결혼의 시기(그림-一〇四)— 결혼선의 끝이 짧은 종선으로 급하게 정지되어 있는 것은, 아직 결혼의 시기가 이르지 못함을 표시하며 이 종선을 관철하여 넘어선 것은, 막힘이 있더라도 결혼생활에 들어갈 수 있다. 또 희미하거나 없어져 버린 것은 시기가 가까와졌거나 또는 장애물이 없어졌음을 의미한다.

당분간 독신으로 있을 상(그림-一〇五)— 몇 개의 결혼선이 불규칙한 종선으로 끊어져 있어, 격자형(格子形)으로 되어 있는 것은, 진정한 결혼의 상대자를 아직 찾지를 못하고 있는 상이다. 이것은 결혼운이 다가옴에 따라 희미해지고, 선명한 좋은 선으로 변해지는 수가 있다.

정사의 갈등(그림-一〇六)— 결혼선에서 나온 하나의 선이 생명선을 횡단하여 모지구로 들어간 것은 부부간의 위기를 표시하는 것이며 이 선의 끝 또는 중간에 섬이 있으면, 부부간의 갈등의 원인이 되는 정사문제가 일어난다.

결혼후의 삼각관계 — 주선 옆으로 또 하나의 선

이 병행해 있는 것은, 결혼 후 이성과의 삼각관계에 놓이게 됨을 의미한다. 결혼선이 사슬모양으로 되어 있는 것은, 예측치 못한 불행이 결혼에서 나타나게 됨을 표시한다.

기타의 선과 운명

자녀선 결혼선 위에 위로향한 가느다란 선을 「자녀선」이라 한다. 이 선이 깨끗하고 많이 난 것은 자녀운이 좋음을 의미하며 중단 되었거나 혹은 구부러진 것은 자녀운이 박함을 나타내는 것이다.

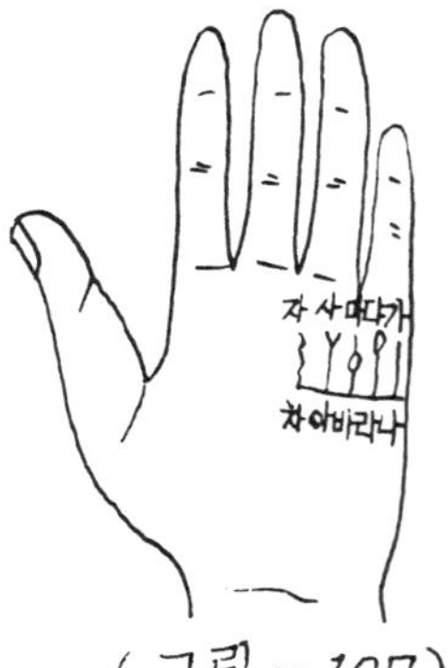

(그림 - 107)

선의 수효는 자녀의 수를 표시한다.

가-나 곧게 선 것이 가장 으뜸이며 좋은 자식을 둔다.

다-라 끝에 섬으로 그쳐져 있는 것은, 자식을 낳아도 기르기 어렵다.

마-바 중간에 섬이 있는 것은, 한때 병으로 고생하다가 성장한 것을 의미.

사-아 끝이 갈라져 있는 것은, 자녀와 생이별 하기쉽다.

자-차 물결모양으로 된 선은, 자녀의 건강이 좋지 못하거나 혹은 불구가 되기 쉽다.

직감선 새끼손가락 아래쪽으로부터 두뇌선 쪽으로 향한 선이 반원형으로 되어 월구의 아래쪽으로 뻗은 선을 「직감선」이라는데 신비력과 직감력이 비상히 강대함을 나타내는 것으로 천재적 대 발명가나 예언자 혹은 명담정 등에서 볼 수 있는 상이다.

여행선 수경선으로부터 위로 향하여 나타난 것, 생명선 하부에서 나온 것, 월구상에 나타난 것, 등 여러 가지가 있다.

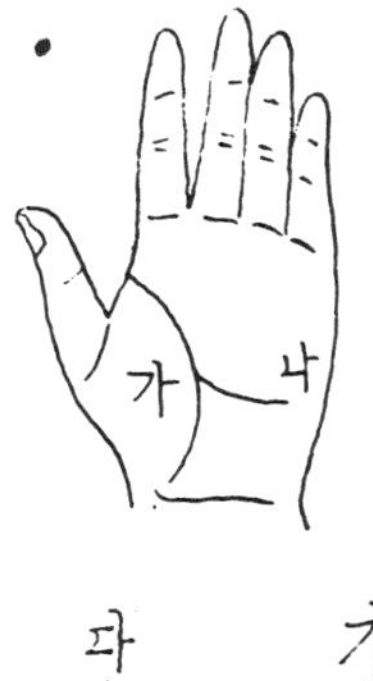

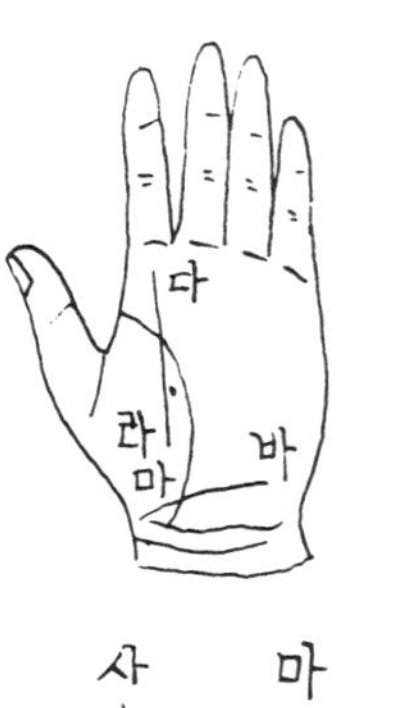

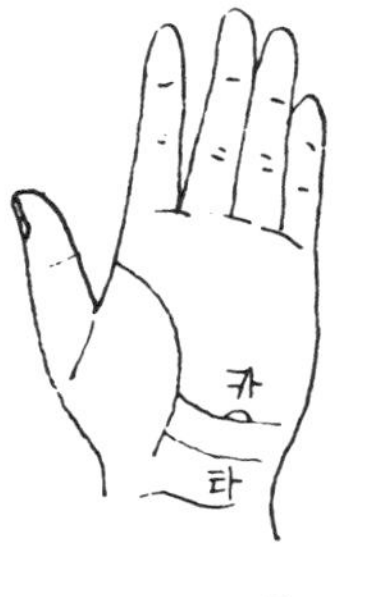

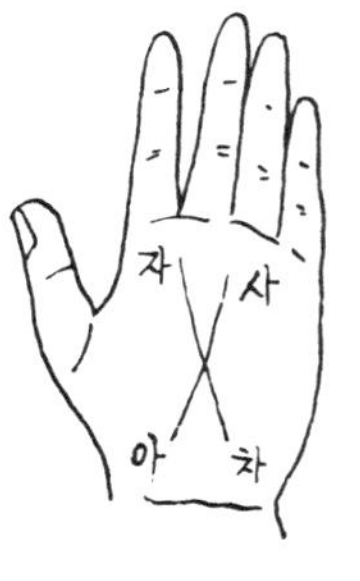

가-나 생명선의 아래쪽에서부터 월구쪽으로 향하여 나온 것은 자주 고향을 떠나, 오랜 방랑생활을 겪게 됨을 의미

다-라 모지구에서 목성구로 향하여 뻗은 선은, 상당한 기간에 걸쳐 객지에 여행하여 성공을 거둘 상.

마-바 수경선에서 월구쪽으로 뻗은 선은, 멀리 항해할 것을 표시한다.

사-아 손바닥 아래에서 토성구로 향하여 뻗으면서 서로 교차된 것은, 객지에서 재난을 만나 고생할 것이며 생명에도 위협을 주는 일이 있다.

카-타 생명선 하부에서 월구로 향하여 뻗친 선에 섬이 있는 것은, 객지에서 병상이 있겠으며 십자문이 있는 것은, 여행 목적이 어떤 장애로 인하여 수포로 돌아갈 것을 표시하는 것이다.

수상은 변한다

손금은 영구불변한 것이 아니라 신체의 건강상태나 환경이

사 노력、기타의 운세의 움직임에 따라 그 상이 변하는 것이다. 선 중에서도 생명선·두뇌선·감정선의 굵은 선은 그 본래의 위치를 변하지 않지만、그들의 선에서 나오는 지선이나 또는 다른 가느다란 선은、없어지기도 하고 새로 나타나기도 하며、또는 새로운 모양을 만들어 운세의 변화를 미리 예언 하기도 한다.

수선(手線)의 변화는 몇 개월만에 변하는 따위 주기적인 것이 아니라、위급을 고하는 경우에는 새로 선이 갑자기 나타나며、별다른 변화가 없으면 오래 동안 같은 상태를 지속하며 수선의 변화가 빨리 나타나는 것은、사람과 직업에 따라 다르며、손득(損得)이 속히 나타나는 일에 종사하는 사람은、봉급생활자 보다도 그 변화가 일찍 눈에 띄는 것이다.

손바닥을 보고 어느 선이 새로 나타났고 어느 선이 소멸되어 갔는가 하는 것은、선의 생멸(生滅)·기복(起伏)의 움직임을 자세히 관찰하며 운세가 어떻게 변화할 것인가를 미리 추측할 수가 있기 때문이다. 이와 같은 운세를 알아내는 데에 수상의 신비성이 있는 것이다.

제三편 성명학(姓名學)

성명을 짓는법을 알았으면 우선짓기에 앞서 관상과 수상 그리고 사주를 본 후에 그 운에 맞추어 성명을 지어야 된다.

제三편 성명학(姓名學)

그 성명은 사람의 존재를 대표하는 것으로 누구나 이름을 후세에 까지 남기고 싶어하는 것이 인간의 욕망이다.

그래서 성명을 잘 지어야 하고 또 나쁜 이름은 고쳐야 하고 고칠수 없을 경우에는 아호나, 예명이나, 펜 네임을 써야한다.

―성명은 어떻게 지어야 하나?

◎ 좋은 이름의 3원칙 ― 모든것은 원리에 따르되

(1) 부르기 좋고, 듣기 좋게 ― 즉 마신다(馬信多)나 신장로(申長路)나 이구석(李九錫)등은 안된다.

(2) 좋은 뜻의 글자로 ― 즉 액을 떼다하여 개똥이, 쇠똥이, 갑돌이, 돌쇠등은 좋지 않다. 이것을 한자로 쓰면 돼지는 저(猪) 개는 견(犬)이 되고 또 간사하다는 간(奸)이나 획수가 좋다 하여( )은 피해야 한다.

(3) 어렵고 쓰지않는 글자는 피해야 한다 ― 오늘날 한자 폐지론이 대두되는 때에 어려운 글자를 써서 남이 알아보지 못하는것 보다는 쉽고 뜻이 좋은 글자를 선택해야 한다.

◎ 남자와 여자 이름의 구별

남성은 고상하고 씩씩하여 남성답게 여성은 우아하며 유순하여 여성답게 지어야 한다.

◎ 과욕은 해롭다.

위인의 이름이나 명인(名人)의 이름을 따서 써서는 안되고 또 구태어 좋은 이름만 지으려 하지 말고 그 사람의 성격이나 사주에 맞도록 지어야 한다.

제一장 수리해설에 의한 작명법

한자는 그 획수를 세는데 있어 일점(一點) 일획(一劃)도 틀려서는 안된다. 예를 들면 一, 十까지의 숫자에서 七, 八, 九, 十은 그 획수가 二획이나 문자의 뜻은, 七획은 七로써 신비한 힘을 나타내고 있으므로 八은 八획, 九는 九획으로 十은 十획으로 계산한다. 百, 千, 萬, 億등은 기본 숫자라는 그 성질이 달라서 百은 六획 千은 三획 萬은 十五획으로 계산한다.

그리고 「氵」은 三획이나 실은 「水」이므로 四획이 정당하다. 그러므로 淑은 十二, 洙는 十획으로 계산한다. 또 「艹」(艸)는 六획으로 「扌」는 四획(手)이고 「阝」(左) 八획 「阝」(右)는 七획이고 珠, 珣등은(王은 玉部이므로) 玉이 五획이나 十一획이 정당하다.

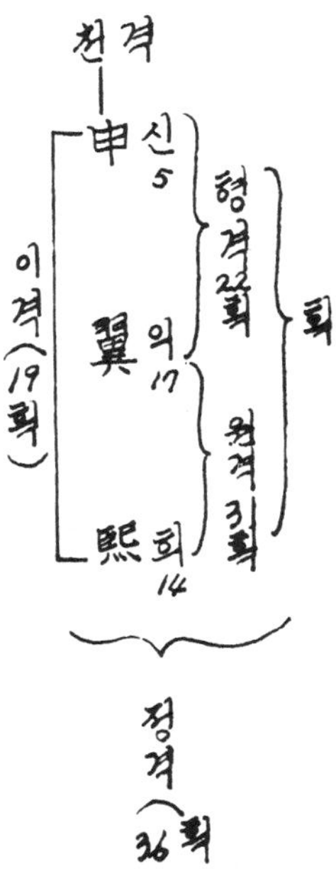

그러나 성자(姓字)가 두자(二字)인 경우에는 성자획수(姓字劃數)를 합산(合算)하여 보게되나 한자성과 다름없이 수리(數理)를 계산하면 된다.

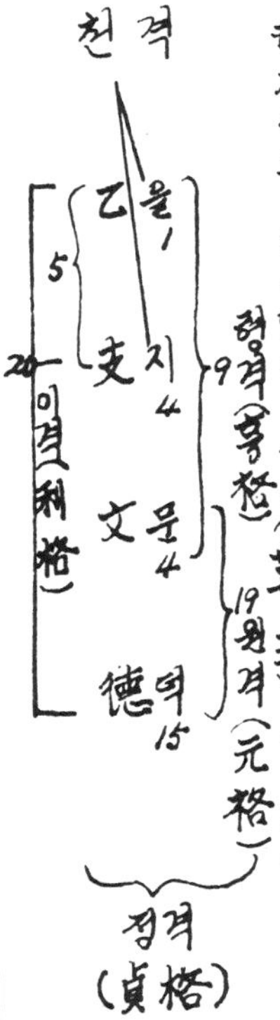

또 이름이 외자이름(單字名)인 경우에도 성은 천격이고 형격은 성과 외자 이름이 형격이고 외자 이름은 원격이 되고 이격은 성만이 이격인 점이 다르다.

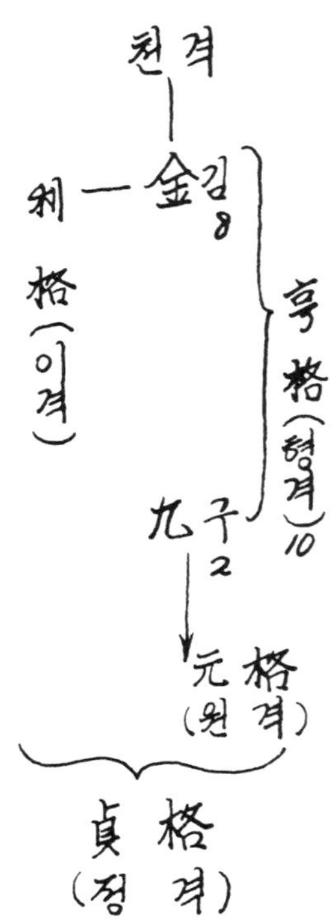

◎ 천격, 형격, 원격, 이격, 정격이란 어떤 뜻을 가졌을까?

천격의 획수는 그 사람의 기본되는 운을 말하고 형격의 획수는 일생을 지배하는 것으로 성(姓)자인 천격이 토대운으로 하늘을 뜻한다.

원격은 땅(地)을 뜻하는 것으로 하늘과 땅사이에 있는것이 형격이니 이것이 곧 자기 자신을 뜻하는 것으로 중년운을 말한다

그리고 원격은 어렸을 때의 운을 좌우하는 것으로 어렸을때는 성을 뺀 이름만 부르고, 장성하면 성과 이름을 다 부르고, 노년에는 성만 부르게 되어 박씨, 이씨 또는 박씨 영감, 이씨 영감으로 부르게 된다. 이격은 말년운을 말함이다.

여기서 성명을 사람몸의 구조와 비교한다면 천격은 머리고 형격은 몸통이고 원격은 다리이고 이격은 인품으로 외모를 뜻한다.

이격은 가정환경과 친우와 사회적인 활동관계를 뜻한다.

◎ 天、亨、元、利、貞格을 어떻게 맞추어야 하나?

성명을 짓거나 풀이하는 것은 매우 중요한 일이다. 다음의 성명 풀이를 보고 알아보자

성명을 짓거나 풀이를 할때 우선 十七, 二十二, 十五, 三十二의 천격, 형격, 원격, 이격의 수가 좋은가 나쁜가를 또 각 격에 어울리는 가를 알기 위해선 다음의 방법으로 한다.

즉 十七, 二十二, 十五 획수에서 전부 十, 또는 二十, 三十을 떨어버리고 남은 수를 가지고 보는데 十七은 七이고 二十二획은 二가 되고 十五획은 五획이 되는데 여기서 주로 볼것은 천격의 떨어버린 획수(앞에서 七획)와 亨格의 떨어버린 획수(앞에서 二획)를 가지고 다음의 표에서 그 글자가 上운인가 中운인가 下운인가를 보고 지으면 된다.

다음의 표는 성명 짓는데 극히 필요하다.

上、中、下는 운이 좋고 나쁨을 말하고 숫자는 여기에 해당되는 운의 설명란의 기호이니 이 숫자를 다음표의 설명란에서 읽으면 그 운명을 알수있을 것이다.

형격 획수 \ 천격 획수	1~2	3~4	5~6	7~8	9~10
1~2	上	上	下	下	中
	1	2	3	4	5
3~4	上	中	中	下	下
	11	12	13	14	15
5~6	上	上	上	上	上
	21	22	23	24	25
7~8	中	中	上	中	上
	31	32	33	34	35
9~10	上	下	中	上	中
	41	42	43	44	45

형격 획수 \ 원격 획수	1~2	3~4	5~6	7~8	9~10
1~2	上	上	上	中	中
	6	7	8	9	10
3~4	上	中	上	中	中
	16	17	18	19	20
5~6	下	中	上	上	下
	26	27	28	29	30
7~8	中	中	上	中	中
	36	37	38	39	40
9~10	中	中	中	下	中
	46	47	48	49	50

가로줄 맨위 천격의 난을 보면 七ㅣ八이 있으니 여기에 해당하고 다시 왼편의 형격난에서 一ㅣ二획의 난을 보면 亨格의 수가 二획이니 천격 七ㅣ八 표의 一ㅣ二 난의 교차점을 보면 해당하니 下가 되나 결국 난의 파 이름은 좋지 않다는 결론이 나온다. 그 밑에 숫자 四는 이웃에 대한 설명의 번호로 좋고 나쁨을 본다.

그러면 다시 천격은 七획으로 고정되고(姓이니까) 亨格(형격)의 가운데의 좋은 수를 찾으니 上운 中운 上운이 五획이나 六획 七획 八획 九획이 있으나 그리고 十획이 다시 좋은 거나 앞에서 다음 형격과 맞추어 짓는다. 수영근(隋永根)으로 원격의 난을 보면 (永根)의 획이 六획의 난에 해당되고 그 표에서 밑으로 내려와 형격의 五난을 보면 이 사람에 해당되어 좋다. 형격의 획수가 천격과 형격이 一ㅣ二획을 나쁘니 결국은 上운이 되어야 된다는 결론이다. 그러나 고쳐야 이 책의 뒤에는 이름에 쓰는 한자가 획수별로 나와 있으니 좋은 글자를 골라 맞추어 봐서 좋은 결로 골라지으면 된다.

예 ※

천격 — 임任 6 — 6
형격 { 임任 6, 천天 4 } 10
원격 { 천天 4, 목穆 16 } 20

천격 — 민閔 12
형격 { 민閔 12, 남南 9 } 21
원격 { 남南 9, 혜惠 14 } 23

天 格 (6)
亨 格 (10)
元 格 (10)

天 格 (2)
亨 格 (1)
元 格 (3)

이와같이 하는 것이나 좋고 나쁜것은 위의 표에서 가려내면 되고 이름에 많이 쓰이는 한자나에서 정확한 획수와 글자를 적어 놓은대로 사용하면 된다.

그러면 앞 표에서 형격운이나 천격운의 설명을 알고져 할땐 거기에 해당된 나의 번호를 다음 페이지에서 읽으면 된다.

※ 예ㅣ 隋永根(수영근)의 성명에서 천격(七획)과 형격(二획)을 대조해서 4라는 숫자를 다음 페이지에서 四에 해당하는 설명을 읽으면 된다.

이렇게 해서 완전한 성명이 되면 종 획수에 의한 一획부터 八十一획 까지의 설명을 보면 된다.

★ 一二八 페이지 참조

- 형격
  - 천격
    - 남南 9
    - 궁宮 10
    - (19)
  - 원격
    - 순舜 12
    - 기基 11
    - (23)
  - (31)

天格(9)
亨格(1)
元格(3)

— 81 획수의 작명 일람표 —

상운의상	1	3	5	11	13	15	21	23	31	33	37	34	41	63	65	81	
상운의 중	6	7	8	16	17	18	24	25	29	45	47	48	52	57	67		
중 운	26	27	30	38	40	42	49	51	55	71	73						
중운의하	4	42	14	22	46	50	53	59	69	72	79	80					
하 운	2	9	10	19	20	28	34	36	43	44	54	56	60	62	64	66	70

◎. 천격과 형격은 어떤 관계가 있고 형격과 원격은 어떤 관계가 있나 다음표를 보자.

天格
- 조상운 —(형격을 중심으로 하여 천격과의 관계)
- 대인관계운
- 성공운
- 윗 사람과의 운
- 관청과의 관계

형 격

(형격을 중심으로 하여 원격과의 관계) →

원격
- 가 정 운
- 부 하 운
- 기 반 운
- 직 업 운
- 건 강 운

이상과 같은 운이 있으나 그 관계를 살펴 작명에 이용하면 된다.

◎ 성(姓) 다음에는 어떤
획수의 글자를 쓰는게
좋은가?

앞에서 천격과 형격
형격과 원격의 획수에
의해서 성명의 좋고 나
쁨을 설명했는데 여기서
는 그것을 일람표에 의
해 찾도록 하였다.

방법은 金씨라는 八획
의 성(姓)이 몇획의 글
자로 이름의 첫자를 써
야 좋은가를 알려면 다
음 일람표에서 성의 획
수난에서 金의 八획을
찾고 다음에는 이름이
영오(永五)면 永자가 五
획이니 五획을 이름난에
서 찾으면 上운 上이
나온다.

예를 들면 임기광(任
起光)이라는 성명이 있
다면 任의 획수가 六획
이니 다음 표에서 성의
획수난에서 六획을 찾고
다음에 起의 획이 十획
이니 十획을 이름의 난
에서 찾으면 上운 中이
나온다.

— 이름의 첫 글자 획수의 길운 보는법 —

姓의 획수 \ 운	上운의 上	上운의 中	上운의 下	中 운
1	2 4 10 12 14 20 22	5 6 7 15 16 17 23	31	25 26 29
2	1 3 9 11 13 19 21 29	4 5 6 14 15 16 22 23 27	30	24 25 28
3	2 8 10 12 18 20 28 30	3 4 5 13 14 15 22 26	29	23 24 27
4	1 7 9 11 17 19 27 29 30	2 3 4 12 13 14 20 21 25	28 31	22 23 26
5	6 8 10 16 18 26 28	1 2 3 11 12 13 19 20 24	27 30	21 22 25
6	5 7 9 15 17 25 27	1 2 10 11 12 18 19 23	26 29	20 21 24
7	4 6 8 14 16 24 26 30	7 10 11 17 18 22	25	19 20 23
8	3 5 7 13 15 23 25 29	8 9 10 16 17 21	24 27	18 19 22 30
9	2 4 6 12 14 22 24 28 30	7 8 9 15 16 20	23 26	17 18 21 29
10	1 3 5 11 13 21 23 27 29	6 7 8 14 15 19	22 25	16 17 20 28 30
11	2 4 10 12 20 26 28 30	5 6 7 13 14 18	21 24	15 16 19 27 29 31
12	1 3 9 11 19 21 25 27 29	4 5 6 12 13 17	20 23	14 15 18 26 28 30
13	2 8 10 18 20 24 26 28	4 5 6 11 12 16	8 19 22	13 14 17 25 27 29
14	1 2 7 9 17 19 23 25 27	2 3 4 10 11 15	18 21 22	12 13 16 24 26 28
15	6 8 16 18 22 24 26	1 2 3 9 10 12 14 26 30	17 20 28	11 12 15 23 25 27
16	4 5 7 15 17 21 23 25	1 2 8 9 13 29	16 19	10 11 14 22 24 26
17	4 6 14 16 18 20 22 24	1 5 7 8 12 28 30	15 18	9 10 12 13 21 23
18	3 5 13 15 19 21 23	6 7 11 27 29 30	14 17	8 9 12 20 22 24
19	2 4 12 14 18 20 22	5 6 10 26 28 29	13 16	7 8 11 19 21 30
20	1 3 11 13 17 19 21	4 5 9 25 27 28	12 15	6 7 10 18 20 22 29
21	2 10 12 16 18 20	3 4 8 24 26 27	11 14	5 6 9 17 19 21 28 30
22	1 9 11 15 17 19	2 3 7 23 25 26 30	10 13	4 5 8 16 18 20 27 29
23	8 10 14 16 18	1 2 6 22 24 25 29	9 12	3 4 7 15 17 19 26 28
24	7 9 13 15 17	1 5 21 23 24 28	8 11	2 3 6 14 16 18 25 27
25	6 8 12 14 16	4 20 22 23 27	7 10	1 2 3 5 13 15 17 24 26 30

형격(亨格)에 一·二의 수(數)가 있는 것

1、천격(天格)一·二ㅡ이 배합은 길운으로 타(他)의 협력과 지원에 의해서 희망、목적이 순조롭게 달성 합니다.

2、동(同)三·四ㅡ운수가 융성하여 아침 햇볕이 솟아 오르듯 타(他)를 제압하고 번영하나 때에 있어서는 햇볕이 솟아 오르기 전에 구름이 덮일 수도 있읍니다.

3、동(同)五·六ㅡ이 운수는 중운(中運) 이하로 생각지 않은 지장으로 인해서 일이 돈좌(頓挫)하여 할 수 없이 목적을 달리 하지 않으면 안 되게 됩니다. 건강상의 원인으로 해서 가족운(家族運)이 박할 기미도 보입니다.

4、동(同)七·八ㅡ말하자면 요령이 나쁜데서 모든 일이 불여의(不如意)하여 그것을 초조하게 서두르는 마음에서 정신쇠약、우울증에 걸려 애를 먹을 염려가 있읍니다. 마음을 너그럽게 가지고 건강을 해(害)하지 않는 것이 중요합니다.

5、동(同)九·十ㅡ연달아 찾아드는 불운에서 오랫동안 고생이 계속되나 드디어 봄철이 찾아들어 꽃이 핀다는 운수 입니다. 만년(晩年)은 행복 하게 됩니다.

6、원격(元格)一·二ㅡ 호운(好運)의 혜택을 입어서 일이 융성、가정은 평화와 원만(圓滿)을 두루 얻게 됩니다. 때로는 사소한 불행이 일어나지만 본래의 행복은 그것에 의해서 조금도 동요되지는 않는 것입니다. 자식복도 많고.

7、원격(元格)三·四ㅡ평범한 가운데 운수는 온건히 뻗어서 만년에 열매를 맺읍니다.

8、동(同)五·六ㅡ불행、불운은 먼데서 부터 치우고 찾아오는 성운(盛運)입니다. 인격적으로도 사람들에게 존대를 받읍니다. 다만 견고한 제방도 작은 구멍 하나에서 무너지게 되는 것임므로 성운인 때에 태만심(怠慢心)은 삼가하지 않으면 안 됩니다.

9、동(同)七·八ㅡ행하는 일이 모두 뜻대로 되지 않아 때로는 불우에 눈물을 흘리는 운수가 보입니다.

다른데서 협력이나 지원이 있을 때는 그것을 비꼬아 생각 하거나 공연한 고집을 부리지 말고 그 호의를 솔직히 받아 들이는 것이 중요함니다.

10、동(同)九·十ㅡ무력 무력 오르는 운수가 갑자기 무너지는 일이 있는 형(形)입니다. 행운인 때는 너무 하늘만 치어다보고 웃줄 하지 말고、밑에도 살펴서 지면에서 발이 실수하지 않도록 하는 것이 긴요합니다. 운수가 무너지게 되면 불우는 비교적 길게 계속 함니다.

형격(亨格)에 三·四의 수(數)가 있는 이름

11、천격(天格)一·二- 선배、상사(上司)의 끌어 주는 덕이 있고、아래서도 신뢰와 존경을 받아 생애는 행복합니다. 이 호운을 손상하는 일이 있다고 하면 색정(色情)관계가 유일한 것으로 경계심을 요함니다.

12、동(同)三·四- 운수가 순조롭고 크지도 않고 작지도 않는 중도(中道)를 지장이 없이 살아갈 수가 있으나 지위(地位)와의 관계가 나쁘면 역경인 눈물을 흘리게 됨니다.

13、동(同)五·六- 길운으로 만사가 뜻대로 되는 운수이나 타(他)와 원망을 사서 그 때문에 운이 정체하는 일이 있읍니다. 인화(人和)가 중요함니다.

14、동(同)七·八- 어느 한도의 생활을 최고점으로 하고는、그 이후는 후지부지 하강하는 쇠운을 가지고 있읍니다. 건강상에도 증변이 후의 병액이 있음으로 무리를 고집하지 말고 견실한 방침으로 일보 일보 전진할 것이 필요함니다.

15、동(同)九·十- 흉운의 배합으로、청장년기에 경제상의 고뇌와 건강상의 고통이 번갈아 가면서 찾아 듬니다. 타개책(打開策)에는 종교의 신앙귀의(信仰歸依)가 있으나 무엇보다 마음의 수양과 단련이 첫째 입니다.

16、원격(元格)一·二- 굳은 의지를 가지고 일을 행하면 성공은 틀림없다는 호운 입니다. 인덕에 있어서 위에서나 아래서도 신뢰를 쌓게 되지만 특히 가족、연척간(緣戚間)으로 부터의 신뢰가 이 행복의 토대로 되어 있읍니다.

17、동(同)三·四- 행운은 오래 가지 않고 예기했든 사람의 지원도 자주 중단되어 고군분투라는 형이 보입니다. 그러나 하늘이 무너져도 솟아날 기회가 없도 것은 아닙니다. 지원이 끊어 졌다고 해서 절망을 하여 일을 동댕이 쳐버린다는 그러한 일이 있어서는 안 됨니다.

18、동(同)五·六- 안락한 생애가 계속되는 운수입니다. 이 배합수에는 불행이라는 이름이 붙는 것은 그림자도 없고、오히려 너무 싱거울 정도로 평온무사가 계속하나 천격(天格)의 수와의 관계가 섭섭한 때는 불의에 풍우(風雨)가 거칠게 되는 일이 있읍니다.

19、동(同)七·八- 이 배합수에는 안정성이 없는 운수가 있읍니다. 그것도 천운이라고 할 수는 없어서 거의가 자기자신의 언행에 의해서 초래하는 성질인 것이므로 타인과의 쟁의를 삼가하며 건강에 주의하는 것이 중요함니다.

20、동(同)九·十- 에를 써서 뻗을려고 하는 줄기가 땅에 비료가 부족해서 뻗을 수가 없다는 형으로 불안、초조가 감돌고 있는 운수입니다.

때에 있어서는 불의의 재난을 당하는 일도 있으나 수양여하(修養如何)로 호전됩니다.

21、 형격(亨格)에 五·六의 수(數)가 있는 배합

천격(天格)一·二 — 선천운(先天運)이 좋아서 선조 또는 부모의 여덕(餘德)을 받아 인생의 전반(前半)은 행복하게 지낼 수가 있으나 본인의 노력이 여기에 가하지 않고는 중기(中期)에서 역운(逆運)이 밀고오는 운수에 있읍니다.

22、 동(同)三·四 — 사람들이 좋은 운이라고 누구나 말할만큼 행운의 혜택을 입고 있으나 그러나 이 행운에는 본인의 여간 아닌 노력이 있음으로서 이루어진 것이므로 운이 좋다고 과신을 해서는 안됩니다. 이 반성이 없이는 타(他)의 원조가 끊어지고, 후회막급한 일이 있읍니다.

23、 동(同)五·六 — 성급하게 날뛰면 실패를 초래하고, 침착하게 진행하면 성공한다는 운수를 가지고 있읍니다. 단번에 거만금(巨萬金)을 얻는 것보다, 점차로 이익을 거두는 것이 중요합니다.

24、 동(同)七·八 — 하나의 행운이 다른 행운을 불러들이고, 그 행운이 또 다음의 행운을 불러 들인다는 길수의 배합입니다. 다만 지위(地位)와의 배합에 주의하지 않으면 행운이 범운(凡運)으로 됩니다.

25、 동(同)九·十 — 한번 막히면 전락(轉落)은 불잡을 곳이 없이 계속 굴러 내리는 흉운을 가지고 있읍니다. 성격적으로 봐서 외화(外華)를 부리며 실패를 감추는 겉치레 태도가 있으나 전락되는 것을 인증(認證)이 되면 서슴치 말고 외화나 외문(外聞) 따위의 가장을 버리고 솔직히 사람의 구조를 구하는 것이 이 흉운을 구출하는 유일의 수단입니다.

26、 원격(元格)一·二 — 운명의 변천이 심한 형으로 되어 있읍니다. 특히 여성은 빈가에서 귀부인으로, 귀부인에서 또 빈가로 되돌아 간다는 극단의 운수가 있읍니다. 마음씨 여하로는 중년차후(中年次後)에 병액이 있으므로 건강에 주의를 요합니다.

27、 동(同)三·四 — 유소년(幼少年)에서 청년기에 이르는 동안에 전도(前途)에 가로막힌 운명은 가시덤불의 길입니다. 그러나 의지를 견고히 하여 타(他)를 돌아보지 않고 매진하면 반드시 광명의 낙원에 이를 수가 있읍니다.

28、 동(同)五·六 — 평범무사, 아무 기(奇)도 없이 안정한 행복감에 살 수가 있는데 이 행복감에 불만을 품게 되면 불운이 단번에 닥쳐 옵니다. 분수를 지키며 안심입명

(安心立命)하는 것이 중요합니다.

29、 원격(元格)七·八ㅡ석교(石橋)를 두들겨 보면서 건너가는 조심성이 깊은 성격이어서 오히려 다른데서 신용을 얻어서 성공합니다 중년이후에 남녀관계로 위기를 초래할 일이 있으므로 몸가짐을 삼가하지 않으면 안 됩니다.

30、 동(同)九·十ㅡ병액、재난、실패를 일수 인수(一手引受)하는 느낌이 있으나 그것을 참고 또 참아 다시 새 출발을 한다는 그러한 노력이 마침내 힘을 갖어 드디어 성공하여 행복을 얻는 운수 입니다. 장수(長壽)이나 소화기계통에 주의하지 않으면 불치의 난병(難病)으로 명(命)을 잃게 되는 일이 있읍니다.

31、 천격(天格)一·二ㅡ일난(一難)이 지나가면 또 일난(一難)의 얄궂은 운명이나 자신을 가지고 그것을 강력히 헤치고 나가면 드디어 춘풍에 싸인 행복을 맞을 수가 있는 배합수 입니다. 다만 이 운명의 꽃의 열매를 열(十)을 얻느냐、다섯(五)을 얻느냐 또는 두 셋(二·三)을 얻느냐 하는 것은 그 사람의 노력 여하에 의한다는 것을 알아 두지 않으면 안 됩니다.

형격(亨格)에 七·八의 수(數)가 있는 운수

32 천격(天格)三·四ㅡ이 배합에 의한 운수는 불우를 당하는 일이 많으나 어리석음만을 부리지고 있지 말고 그럴듯 하게 생각되는 방향으로 노력을 쌓으면 행복이 찾아 옵니다.

33、 동(同)五·六ㅡ운수가 비교적 강한 편이어서 자기의 의지에 의하여 화려하게 인생가도를 밀고 나아가나 휴식하면 운수가 시들게 되는 형 입니다. 이것으로 우선 안정이 됐다는 낙관은 금물이며、활동과 노력을 하는 것이 곧 자신이 행복하게 되는 본체(本体)라는 것을 잊어서는 안 됩니다. 병을 앓고 안 앓는 데에도 행불행(幸不幸)의 갈림길로 됩니다.

34、 동(同)七·八ㅡ어두운 운수 입니다. 헤메고 또 헤메도 별이 비취는 곳에 나오지 못하고 일생을 빈고(貧苦)속에 잠길 흉운이나 정직한 곳에 신이 따르나니、사람을 원망하지 말고、자포자기(自抛自棄)하지 말며 자기 본래의 직을 천직으로 믿고 부조런히 하면 적을지언정 광명이 비취지 않는 것도 아닙니다.

35、 동(同)九·十ㅡ이것은 길운으로、만사가 자기의 뜻과 같이 이루어진다는 운수에 있으나 심신을 도에 넘게 사치를 하면 뜻하지 않는

일에 목숨을 잃게 되는 일이 있읍니다. 외상에 경계를 요합니다. 여성은 재혼할 수가 있읍니다.

36. 원격(元格)一·二 — 현상에 당선돼서 얻은 상품이 예상외로 보잘 것 없는 대품(代品)이였다는 격으로 모든 예정이 어그러져서 실익(實益)이 어그러져서 실익이 얼마 되지 않을 뿐 외에 자칫 잘못하면 전락(轉落)한다는 마음 놓을 수 없는 운수입니다. 치밀한 계획을 세워서 착실히 지위(地位)를 지키는 일이 중요합니다.

37. 동(同)三·四 — 아무리 가고 또 올라가도 산넘으면 또 산, 언제까지 가도 인가 있는 목적장소가 나오지 않는 운수가 종반기에 있으나 그렇다고 정신상의 균형을 잃고 자포자기하게 되면 어두운 골짜기에 전락하여 종생(終生)을 두고 솟아오를 수가 없읍니다. 은인자중, 성급하게 하지 말고, 꾸준한 노력을 하는 것이 좋읍니다.

38. 동(同)五·六 — 어떤 일을 해도 성공을 한다는 혜택을 입은 행운의 배합수입니다. 여성도 사회적으로 이름을 날릴 수가 있읍니다.

39. 동(同)七·八 — 유아독존(唯我獨尊)의 성격으로 자기 스스로 세상을 등지는 운수가 보입니다. 재지(才智), 기략은 보통사람 이상으로 재간이 있으므로 그 능력을 이용하는데 있어 자아를 억제하는 마음의 단속을 하면 세인의 존경과 명성을 획득할 수가 있읍니다.

40. 원격(元格)九·十 — 평온한 행복의 생활이 계속되나 어느 주기에 불의의 흉사가 생겨서 그 생활을 위협하는 일이 있읍니다. 그렇지만 그 때에 태연하게 처리하는 수양이 있다면 흉사는 한 때 지나가는 소나비와도 같이 지나가 버립니다.

형격(亨格)에 九·十의 수자(數字)가 있는 것은.

41. 천격(天格)一·二 — 일생의 결산을 본다면 반길반흉(半吉半凶)의 배합운으로 이름을 취하고 실(實)을 버리느냐, 이름을 버리고 실(實)을 취하느냐, 언제나 이러한 기로에 서게 됩니다. 다만 이름을 취해서 행복하느냐, 실을 취해서 행복할 것이냐 하는 것은 그 사람의 조건에 의합니다. 재난을 당하는 일이 있어도 이상하게 액을 면합니다.

42. 동(同)三·四 — 단호한 의지력을 가짐으로서 성공할 수도 있으나 정신적으로는 불성공(不成功)으로 되는 운수를 가지고 있읍니다. 경제적으로 이익을 올린다 해도 사회의 악평과 미움을 받고, 또 가정적으로도 손실로 됩니다.

43. 동(同)五·六 — 실력은 있으나 사람들이 인정을

해주지 않는다는 불만이 청년기에 있을 운명에 놓여 있읍니다. 그 때문에 세상을 백안시(白眼視)한 결과, 점점 불우의 도를 더 깊게 하여가는 실정으로 됩니다. 다소는 못난이 처럼 돼서 머리를 굽힐 수가 있다면 과연 그 실력이 빛나게 되는 것입니다.

44、천격(天格)七·八— 원래에 인덕이 있고 기묘하게 사람들에게 호감을 사게되어 협력원조를 받아 그 때문에 의외의 성공을 거둘 수가 있읍니다. 그러나 거기에만 너무 의뢰를 갖게되면 일전(一轉)하여 비경(悲境)에 울지 않으면 안 됩니다. 후의(厚意)는 후의、원조(援)는 원조、타력(他力)본원(本願)으로 부터 자력(自力)본원(本願)의 실력단련이 제일(第一)로 봅니다.

45、동(同)九·十— 여기에서는 자기를 과신하는데서 마음이 쏠려 실력이상의 일을 하다가는 실패할 운수가 있읍니다. 그렇기는 하나 어느 정도까지는 예정대로 진전이 되는 것이므로 그 한도에 있어서 손수 부레이크를 걸어 좌우를 살펴보면서 확실한 걸음으로 나아가는 방법이 절대 필요합니다.

46、원격(元格)一·二— 지반이 단단히 다져진 것 같이 보이나 왕왕 지진에 흔들리는 형으로 그때 놀래서 가치없는 상처를 입지 않도록 명심하십시오.

47、동(同)三·四— 재액·불행이 연이어 일어나게 되나 그 불운은 큰 것은 아닙니다. 의지력을 강하게 먹고、바르게 세상을 살아간다는 마음을 가지고 나아가면 머지 않아 평탄한 길로 나올 수가 있게 되리라.

48、원격(元格)五·六— 안주의 터전을 얻지 못하고 평생을 갈팡질팡할 운수가 따르고 있읍니다. 고생이 끊일새 없어 여기는 재미를 못본 고장이니 다른 곳으로 가보자— 가서본 즉 거기도 역시 마음에 들지 않아 쉴새 없이 이곳 저곳으로 자리를 전전해서도 마침내 안식처를 얻지 못한다는 상입니다. 어디나 정불일탓— 행복은 의외에도 가까운 곳에 있다는 것을 잘 생각해 볼 필요가 있읍니다.

49、동(同)七·八— 이 배합운은 씩씩하게 세상을 살아갈 힘은 있어도 어쩐지 마가 붙어 실패를 하게되는 상으로 되어 있읍니다. 그럼과 동시에 실패의 원인을 깨닫고 그것을 깊이 반성하는 일도 없으므로 일생을 두고 마침내 큰 행복은 얻지를 못하게 됩니다. 극히 주의하지 않으면 안 됩니다.

50、동(同)九·十— 달밤에 횃불격으로 밝은 밤이 더 환하게 되는 것같이 한 때는 호화롭고 세도있는 사람도 비웃을 정도의 행복을 누리게 되나 얼마 안가서 일장춘몽으로 화하여 조락(凋落)할 수도 있읍니다. 그것이 깊이 뿌리를 뻗어 생활의 근거가 없는 때문이니 부박한 인생감을 버리고 근면하고 견실하게 하여 두고 이 세상을 번영할 줏대를 갖는 것이 중요합니다.

※ 다음의 글자는 쓰지 않는게 좋다.

天	(四획)	불진 불성
日	(四획)	불행 조난
月	(四획)	불우 고과
地	(七획)	재화 병고
星	(九획)	박약 불운
雲	(十二획)	산재 불진
光	(六획)	박명 불진
玉	(五획)	쇠패 불행, 고독
笑	(十획)	불운 박약, 비애
富	(十二획)	비애 재화 불행
女	(三획)	불행, 불운, 고독,
鐵	(二十一획)	불우 박명
明	(八획)	반대압시, 불운
銀	(十四획)	불신 박명
童	(十二획)	하천 불신
春	(八획)	박명, 산재
德	(十획)	박덕, 불행,
夏	(十획)	파란, 불성,
山	(三획)	고독, 곤궁,
秋	(八획)	박명, 불우,
川	(三획)	고독, 곤궁,
冬	(五획)	불진,
石	(五획)	불성, 박약,

花	(十획)	허영 단명
松	(八획)	불혜 박약
國	(十一획)	조난, 불행, 박명
龍	(十六획)	불운, 조난, 박명
壽	(十四획)	불행, 불우, 박명
勝	(十二획)	실패 파란
福	(十四획)	박약, 재화, 고독
虎	(八획)	고독, 무자, 병고
子	(三획)	가정불혜
至	(六획)	하천 불우
吉	(六획)	불화 조난
仁	(四획)	박약 불우
榮	(十四획)	불신 재화
美	(九획)	불신 파란
蘭	(二十一획)	고독 고질

3. 수리해설(數理解說)

① 삼라만상(森羅萬像)의 기본되는 수로서 최대(最大)의 길복(吉福)을 나타내는 행운수인 동시에 귀품 대공(大功)하며 세상일을 통달(通達)하여 귀와 명예가 따르게 되는 대길(大吉)의 수이다.

② 국재주와 기능은 충천(沖天)하나 원기가 없어 결면하기 어려울뿐 아니라 심한 역경에서 신고(辛苦)를 또는 이루지 못하나니 처자와 생이별(生離別)을 겪고 사이별(死離別)하게 되나 마음을 너그럽게 갖고 덕을 베풀면 면할수 있다.

③ 지모(知謀)가 출중하여 복록이 많고 용감무쌍한 과단성으로 활동적인 천성(天性)에 대업을 이룬다. 권(權)과 위(威)가 세상에 떨치며 삼십미만(三十未滿)에 출세하여 만인(萬人)이 부러워 하는 지도적 인물이 된다.

④ 파명의 징조를 나타내는 흉수(凶數)로 불구(不具) 단명(短命) 불완(不完) 멸망(滅亡)의 불길의 수이다. 곤란이 겹치고 병고(病苦) 단명(短命)이 되어 우왕좌왕 하다 일생을 보낸다.

⑤ 좋은 일이 겹쳐 길한 운수로 성공운이 많다. 뇌가 명석하고 심신이 건전하며 복록장수 부귀 등의 운이 충만하므로 타향에서 대성하여 쓰러진 집안을 재기(再起)시킴은 금력, 미덕, 인품이 원만하여 만인의 존중을 받는다.

⑥ 하늘로부터 덕을 받을 수 이며 그 성품이 원만하고 경사스럽고 행복함을 누리니 길수(吉數)로 누리나 가정이 번창하여 재물이 모이고 풍족한 복록을 누리나 부부결합의 선택 여하로 결정되는 수가 많다. 말년을 행복하게 지낸다.

⑦ 독립적인 기상과 권위(權威)를 지닌 수로 성격이 강직하여 남과 어울리지 않는 그런 점은 있으나 완강한 성격으로 위풍이 당당한 사리조절의 재능이 겸비하여 정력의 소유자이기 때문에 불의를 재하고 만난을 배제하여 성공할 기질을 갖추어 있어

의도하는 바는 결단코 성취할 수다.

⑧ 강건한 의지는 능히 만난을 극복하여 목적하는 바를 달성하여 영달할 수나 완고한 고집으로 약간의 장애가 있을것이니 이점만 주의하면 대성할 수 있다.

⑨ 일시 대지(大志) 대업(大業)을 이룩하여 이름이 세상에 날려 부귀공명 영달하나 대게는 중단 혹은 성공후 좌절(挫折)로 비참한 결과를 맺거나 자손으로 인하여 번민과 비애와 불구, 병고, 형벌, 살상 단명등을 초래할 수다.

⑩ 매사에 결실이 없고 헛소문만 난다. 두뇌는 영리하나 결단성이 부족하여 실패운이 따라다녀 기회를 잃고 허덕이게 되는 고로 가사에는 처자를 생이별하는 가정파란의 고생수나 이것을 이겨낼땐 의외의 성공을 거둔다.

⑪ 성질이 온화유순하고 이지적(理智的) 사고(思考)나 진취할 기질이 있어 목적달성하고 사회적 지위를 획득할 수다.

⑫ 재치있고 계략(計略)을 세우나 무력하여 중도에서 좌절할 수로 심신이 허약하고 육친이 부덕하고 부부이별과 변고신음 가정빈곤 사업실패등의 흉수다.

⑬ 성품이 영리지략하여 임기응변(臨機應變) 자유자재(自由自在)하는 재사격(才士格)으로 활기가 넘치고 명랑하여 상하(上下)의 신망을 얻어 입신양명할 수다.

⑭ 온후한 성격은 심사숙고하는 이지(理智)가 있어 손쉽게 입신출세는 하나 가정파란과 육친무덕 부부이별 고독병약 단명등으로 타향에서 고생하다 패가한 수이다.

⑮ 지혜와 덕망이 겸비한 두령운으로 초년엔 곤난을 면치 못하나 자수성가하여 상하신망을 얻어 두령이 될 대길상의 수다.

⑯ 온순정직한 성품으로 상하의 신망을 얻어 입신출세할 수다.
여자이면 부덕으로 남편을 잘 섬기고 가정에 행복을 가져오는 길수이다.

⑰ 강직한 성품은 만난을 극복하여 만인의 존경속에 대성할 수나 기회를 잃고 권위를 믿고 고집을 세우려고 하여 불화를 일으킬 수다.

⑱ 유능한 재지(才智)와 완고한 의지는 반드시 대성을 이루지만 너무 완고한 성질로 가정적 사회적으로 불행을 초래할 경우가 있으니 온유한 성품만 살리면 대성할 길수다.

⑲ 지혜가 풍부하고 활동력이 왕성하여 탁월한 기획을 세우지만 수포화(水泡化)되기가 쉽고 부부 인연이 박약하여 육친의 덕이 없고 불구 형액 무자등의 불운이 겹치어 실상(失傷) 불구(不具) 피살(被殺) 등 극히 흉한 수이다.

⑳ 성격이 날카로와 지모지략(智謀智略)은 있으나 심신이 허약하고 부부이별 질고(疾固) 단명(短命) 재승박덕(才勝薄德)등 대패(大敗)하는 대흉수다.

㉑ 지략이 출중하여 자립대성(自立大成) 대지대업(大志大業)을 성취하여 부귀영달한 두령운으로 건강한 체질과 지모와 덕망은 지도적 인물이 될 대길할 수다.

㉒ 활동성이 왕성하고 성격이 유순하여 발전성이 있으나 중도에서 좌절되는 수가 많다. 부부생활은 병난, 불구 단명 피살등의 암시를 지닌 대흉수다.

㉓ 지(智)와 덕(德)을 겸비하여 천성적(天性的)으로 영도적(領導的) 기질이 풍부하여 포부를 관철시켜 부귀영달 및 영예로운 존귀가 천하에 떨치게 된다. 여성은 운이 세어 과부될 우려가 있다.

㉔ 무(無)에서 유(有)를 창조하면서 불굴의 노력으로 전진발전하여 공명이 세상에 떨친다. 특히 재복 염복이 많아 부귀영달하고 여자의 도움으로 행운을 잡는다.

㉕ 권위적 위세가 있고 재물의 혜택이 많아 안락한 생활을 영위한다. 만인의 사표(師表)가 될 수이나 오만하면 불화를 일으킬 수이니 수양이 필요하다.

㉖ 탁월한 영웅심과 활발한 성격을 소유하여 결단성과 의협심이 있어 대의를 위하여는 희생정신이 있어 공을 이룩하나 파란중첩을 겪게 마련이니 성공을 위하여 감수하여야만 하는 수이다.

㉗ 명철한 지략과 재치가 있으나 매사를 중도에서 실패하는 수다. 실패, 신고, 불구, 형액, 단명, 피살등의 암시를 지닌 흉수다.

㉘ 바다의 파도에 밀리는 낙엽과 같은 격으로 파란이 많아 가정파탄, 자기희생 매사실패의 연속된 생활에서 허덕이기 마련이다.

㉙ 부귀영화와 장수를 누릴수 있는 대길수로 항상 발전, 지위획득으로 재복과 명예를 겸비한다.

㉚ 만능의 재지(才智)를 가졌으나 매사에 처음은 거창하다 끝이 없어 허송세월로서 타향살이 하게된다. 일확천금(一攫千金)의 투기심이 강하여 실패, 곤고, 단명의 쇠퇴격이다.

㉛ 만난을 돌파하고 자립하여 적수와 공권으로 성공하는 길수다. 공명영달(功名榮達) 수복강녕하여 역경을 무사하게 돌파되여 지도적 지위까지 순조롭게 이르는 대길수다.

㉜ 명예를 얻어 기초를 잡고 만사 형통할 것이며 수복강녕하여 여자는 부덕을 겸유하여 남편의 뒷받침이 커서 가정의 행운을 가져오는 대길수다.

㉝ 용의주도(用意周到)한 계책을 수립하고 실천이 수단하여 권세와 명성을 떨쳐 대 성공의 길수이나 사람됨이 보통 이하면 도리어 흉운이 될 수다. 여자에게는 좋지 않다

㉞ 불의(不意)의 재화가 계속 발생하여 불행을 초래한다. 실패, 곤고, 단명, 자살, 피살 등의 흉운이 감돌아 말년에는 비참한 운명을 면치 못하게 되는 대흉수이다.

㉟ 재능은 있으나 역량이 미치지 못하고 지모가 있으나 권위가 따르지 못하기 때문에 준수한 인품으로 예능방면으로 대성할 수나 대사를 이룰수 없다. 여자에겐 대길수다.

㊱ 성공과 실패가 연속하는 무상(無常)이 회전하는 운수로 투기심이 많아 실패도 많으나 성공으로 재기 잘한다. 빈곤, 박명의 극흉이 아니면 대성할 대길이 겹친 운수다.

㊲ 대지대업(大志大業)을 성취하여 공을 세워 영웅격(英雄格)으로 부귀영화를 가져오는 대길수이나 너무 외곬으로만 파고들어가 고독에 빠지기 쉽다.

㊳ 통솔의 힘이 없어 두령은 되지 못하고 평범한 사람은 되나 불행과 실의를 면치 못한다. 문학(文學)과 기술방면에 진출하면 성공할수 있으나 대성은 못한다.

㊴ 만사를 선처하여 재산이 풍부하여 유사시에 성공할 수 있다. 성패가 심한 격으로 만년에 안과태평할 수나 간혹 가정불화 처자이별의 암시를 가지고 있다.

㊵ 운기가 약하여 일시 성공은 하나 물거품에 지나지 못한다. 육친무덕, 가정파탄, 조난 형액, 박명의 불길한 암시를 지닌 형격수다.

㊶ 대귀대성(大貴大聖)하여 대업(大業)을 성취하고 고명(高名)한 이름을 천추에 떨치어 선각지명(先覺之明)으로 만인의 사표가 되여 지도적 위치에서는 대길수다.

㊷ 완강한 성격은 발전을 저해하여 고난과 형극의 길을 걷게 되며 가족이별 고질병 불구, 형액, 살생등을 초래하는 대 흉수다.

㊸ 강인한 성격은 세상사를 능히 참아내지만 대개 파란많은 일생을 보내기 마련이다 실패의 연속으로 정신착란증 실종 참사등의 불길한 수이다.

㊹ 일생을 어두운 길에서 방황하게 되고 고질, 불구 형액, 발광, 살상등 계속 횡사하기 쉬운수다.

㊺ 지모와 덕망으로 대지대업(大志大業)을 성취하고 명성운과 명예는 만인의 사표로서 지도적 인물이 되는 대길수다.

㊻ 일시의 영웅이 되나 독수공방할 불길수 격으로 유능한 재능은 충만하나 세상이 알아주지 않는 수이다.

㊼ 만사에 능숙한 지략이 있어 대성업하여 사회적으로 이름을 떨칠격이다. 따라서 부귀 영화에 만인의 존경을 받고 일생을 지낼수다.

㊽ 고귀한 성품은 수복강녕할 대길수로 세상의 유능한 인물로서 세속(世俗)을 피해 살려는 명철한 현인의 수다.

㊾ 대길과 대흉이 서로 겹쳐있어 걷잡을수 없는 영달과 실패를 연속하며 한평생을 지내게 되는 수이다.

㊿ 자립하지 못하고 풍전등화격이다. 심신이 허약하고 병고, 재액등이 야기되는 대흉수로 자립하지 못하는 수이다.

51 기발한 착상과 강건한 정신은 고난을 헤쳐갈 불굴의 노력으로 대업을 완수하여 복록을 누릴 대길수 격이다.

52 무에서 유를 낳고 한번 일으킨 일은 실패하지 않는다. 비약적으로 크게 성공하여 반석같은 지반을 유지한다.

53 의지박약하여 실패등을 암시하는 수로 건강하면 목적 달성할 수는 있으나 마음이 약한자는 흉수다.

(54) 만사 실패할 수로 패가망신, 불구, 병질, 형액, 단명을 초래하는 대흉수다.

(55) 심신의 불안전으로 제 위치를 지키지 못하는 수나 의지가 강하면 만난을 극복하여 성공할 수다.

(56) 실천력이 부족하여 지취의 기상이 없고 손재 재앙이 중첩하여 만년에는 최대의 흉악이 침연하여 만사에 대패(大敗)할 수다.

(57) 천부(天賦)의 행복을 타고나서 부귀영화를 누리며 백사가 여의하여 평탄대로를 걷는 수다.

(58) 실패를 거친 후가 아니면 성공을 이루지 못한다. 실패후에 집안에 중흥을 가져오며 만년에는 대성할 수이다.

(59) 의지가 약하여 매사에 성취하지 못하는 수로 손재망신, 실의, 역경은 당연한듯 따르며 평생을 시산으로 지내는 수다.

(60) 출발은 좋으나 종착이 좋지 않아 실패와 곤난을 직면하게된 수다.

(61) 목적과 소망을 달성하여 부귀를 누릴수 있는 길상의 수다.

(62) 내외(內外)의 불화로 실천력이 결핍하여 처음에는 목적을 달성하나 점차로 쇠퇴하여 역경에 처하게 되며 불의의 재난을 면치 못하는 흉상의 수이다.

(63) 우로(雨露)의 혜택으로 점차 발전하여 크게 성공하는 수로 오복을 구비하여 일생을 부와 귀를 누릴것이고 특히 자손에 영화가 있는 수다.

(64) 재간은 있으나 실력발휘를 못하고 재난이 중복되며 가정불화 병체 단명의 수이다.

(65) 만사가 제대로 진행되어 평생을 무사한 행복을 받아 가운이 일어나고 최대의 복을 누리는 행복한 수다.

(66) 진퇴를 결정치 못하는 성격으로 괴로움이 계속되어 손재 재앙이 계속 따라 일신 일가가 파멸하는 흉운의 수다.

(67) 만사를 다룸에 있어 장애가 없고 천부의 행운을 타서 자기 소망을 달성하여 가운이 크게 번창할 대길수다.

(68) 근면성실로 발전할 발명의 재능이 있어 그 기능을 최고도로 발휘하여 성공하기에 이른다.

(69) 궁핍과 병약에 시달려 무기력한 사람이 되어 어두운 나날을 보낸다. 사경에서 헤매이는 운이다.

(70) 험악한 일생을 지내는 흉수다. 참담과 우수가 그치지 않고 공허와 절망의 수다. 불구, 살상, 단명의 액수가 있는 흉수다.

(71) 자연의 길사를 함유하고 부귀영달 번영을 얻는 수로 용기는 약하나 행운의 수다.

(72) 쾌락과 궁박을 겸한 수로 전반은 행복하고 후반은 비운으로 외견으로는 길하나 내용으로는 흉하다. 초년은 길하나 만년은 흉액한 수격이다.

(73) 포부를 관철할 수 있는 용기는 없으나 자연의 복이 있어 평생을 편안히 지내는 수다.

⑭ 무지(無知) 무능(無能) 무식(無識)하여 불의의 재앙과 무수한 신고를 겪고 역경에서 헤매는 불행한 수다.

⑮ 부귀를 얻는 길격으로 돌진하는 대세로 재앙을 물리쳐 행복을 획득하는 길상이다.

⑯ 모든 일에 실패를 거듭하여 역경에서 헤매게 되니 싸움이 자주 있겠고 병약과 이별의 흉조가 있는 수다.

⑰ 흉중에서도 길조가 보이는 수로 선대유산(先代遺産)을 받아 중년까지 이끌어가나 말년에는 파산을 가져오는 불행한 수다.

⑱ 길흉이 엇갈려 흉수에 속해 재능이 있으나 중년전에는 성공을 하지 못하고 만년에는 편고 신산에 빠질 암시가 있는 수다

⑲ 정신불안, 절조희박 등으로 실천력이 없어 신용을 얻지 못하고 비난을 받고 세상에 무용지물(無用之物)의 취급을 당하는 수다

⑳ 평생 악운으로 신고, 병마, 형액, 단명의 흉상의 수다.

㉑ 九와 九의 교차수이고 최종의 끝수로 처음의 一에 되돌아가 크게 길복을 누린다. 만물의 기본수로 一과 똑같은 뜻을 지니고 있다.

제二장 오행(五行)으로 성명 짓는 법

앞에서는 만물을 획수로서 성명을 지었는데 여기서는 木、火、土、金、水의 五행 작용으로 성명짓는 법을 설명하기로 한다.

五행에는 서로가 다섯가지의 성정(性情)이 있는데 이 五성은 서로가 친화(親和)하는게 있고 서로가 멀리하는게(상극) 있다.

이 우주의 삼라만상(森羅萬象)의 경우를 표시하면 다음과 같다.

五행에는 五성이 방위에는 五방이 세시(歲時)에는 五시가 기상(氣象)에는 五기가 덕(德)에는 五상(常)이 색채(色彩)에는 五색이 장기(臟器)에는 五장이 음성(音聲)에는 五음이 있어서 이것에 해 자연의 현상이나 인간의 성질도 좋아지고 나빠지는 것이다.

五행에 의한 변화 일람표

五行	木	火	土	金	水
五方	東 동쪽	南 남쪽	中央 한가운데	西 서쪽	北 북쪽
五時	春 봄	夏 여름	季節 계절	秋 가을	冬 겨울
五氣	仁愛 어질고 사랑스러움	剛猛 강하고 맹렬함	寬宏 관대하고 넓음	殺伐 무서움	柔和 부드럽고 화목함
五常	仁 어질다	禮 예의	信 믿음	義 의리	智 지혜
五色	靑 청색	赤 붉은색	黃 노랑	白 흰색	黑 검정
五臟	肝 간	心 마음	脾 지라	肺 폐	腎 신장
五音	牙音 어금니소리	舌音 혓소리	喉音 목구멍소리	齒音 잇소리	唇音 입술소리
五음 시	가카行	나다라타行	아하行	사자차行	마바파行
總和	木性	火性	土性	金性	水性

표에서 木性의 사람은 운동적인 진행의 방향은 동에 있고, 계절은 만물이 소생하는 봄에 있고 성질은 어질고 사랑스러우며, 색채는 평화스러운 청색이고, 장은 간장이고, 음성은 어금니 소리에 표시음은 가카行이고 총화는 木性이며, 숫자는 一, 二 획에 속한다는 것을 알수 있다.

앞으로 표시음과 총화의 木, 火, 土, 金, 水의 五性과 그에 따라 숫자로 표시된 음이 중요하다.

〈암 기 법〉

나무집(木)을 진한, 두(一, 二)사람이 불(火)을 놓아 생사(三, 四)람을 잡아 흙(土)으로 오륙명을 치니 쇠(金) 망치를 든 칠팔명의 장정이 달려들기에 물(水)로 뛰어들려는 찰나 구듯(九) 발에 치여 십(十) 팔계로 넘어갔다와 같이 외우면 되겠다.

—五行의 상생(相生)과 상극(相剋)과 상비(相比)

오행상생(五行相生)— 길(吉)한것

〈그림1〉

목(木)은 화(火)를 생하고(木生火)
화(火)는 토(土)를 생하고(火生土)
토(土)는 금(金)을 생하고(土生金)
금(金)은 수(水)를 생하고(金生水)
수(水)는 목(木)을 생하고(水生木)

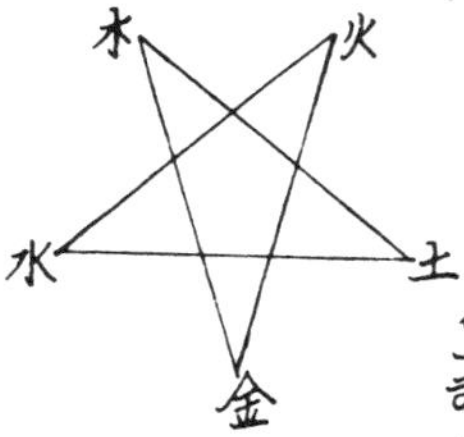

오행상극(五行相剋)— 흉(凶)한것

〈그림2〉

목(木)은 토(土)를 극한다(木剋土)
토(土)는 수(水)를 극한다(土剋水)
수(水)는 화(火)를 극한다(水剋火)
화(火)는 금(金)을 극한다(火剋金)
금(金)은 목(木)을 극한다(金剋木)

—오행상비(五行相比)—나쁜 운

목비목(木比木) 화비화(火比火) 토비토(土比土)
금비금(金比金) 수비수(水比水)
이와같이 서로 조화를 이루고 있다.

五行			해 설
木性	어금니 소리	ㄱ. ㅋ.	견실하고 독보적인 지반을 닦아 성공한다 자존심이 강하다.
火性	혓소리	ㄴ.ㄷ.ㄹ.ㅌ.	명랑하고 재치가 있으며 괴변성이 있다 다소 경솔한 단점도 있다.
土性	목구멍 소리	ㅇ. ㅎ.	독실 근후하며 치밀한 계획과 노력으로 대성하는 침착한 성품이다.
金性	잇소리	ㅅ.ㅈ.ㅊ.	용감강인한 실천력으로 곤난을 극복하여 성공한다. 좀 냉정한 편이다.
水性	입술소리	ㅁ. ㅂ. ㅍ.	사물이 임기 응변하며 지모가 있으나 의심증을 가지고 있다.

—예—

(1)
木—ㄱ—金
土—ㅇ—榮
土—ㅎ—浩

(2)
土—ㅇ—林
木—ㄱ—光
土—ㄱ—鎬

(3)
金—ㅈ—趙
水—ㅁ—明
木—ㄷ—道

이와같이 풀이해 보면 바로 알수 있다
이름의 좋고 나쁜것은 일람표에서 보면 쉽게 알수 있으나 金榮活 가 木, 土, 土이니 그림(二)에서 木은 土를 生한다는 말이 없고, 土가 土를 生한다는 말이 없으니 다시 그림(三)에서 보면 木은 土를 극하고 土는 土를 비(比)한다고 하였으니 이 이름은 분명히 나쁜 것이다.
다음 林光鎬는 土, 木, 土이니 다시 그림(二)에서 보면 土는 木을 生한다는 말이 없으니 나쁘다는걸 바로 알수 있다.
趙明道는 金, 水, 木, 그림(一)에서 보면 金은 水를 生하니 되었고, 그 다음에 水, 木에서 水는 木을 生한다 하였으니 이 이름은 五행으로는 되었다.
그러나 앞에서 말한 획수의 운도 좋아야 할것이다.

※ 좋은 이름의 경우

木	火	金	水
木火土 木水土	火木土	金木木 金金水	水火金
木火金 木土水	火木木	金木土 金火火	水金火
木金火 木土水	火木金	金土木 金金土	水金金
木金土 木水火	火金水	金金木 金水水	水水金
木金金 木火水	火水金	金金火 金水火 金火水	

一 五行의 획수(劃数)로 작명하는 법 一

이 획수에 의한 五행의 작명은 그렇게 중요치는 않으나 현재 성명풀이에 사용하고 있으니 설명하기로 한다.
木, 火, 土, 金, 水는 숫자의 순서를 나타냄과 같이 쓰이며 이 五행의 하나 하나에 음과 양의 숫자를 붙이면 다음과 같다.

天干	숫자	五行
甲	一	木
乙	二	
丙	三	火
丁	四	
戊	五	土
己	六	
庚	七	金
辛	八	
壬	九	水
癸	十	

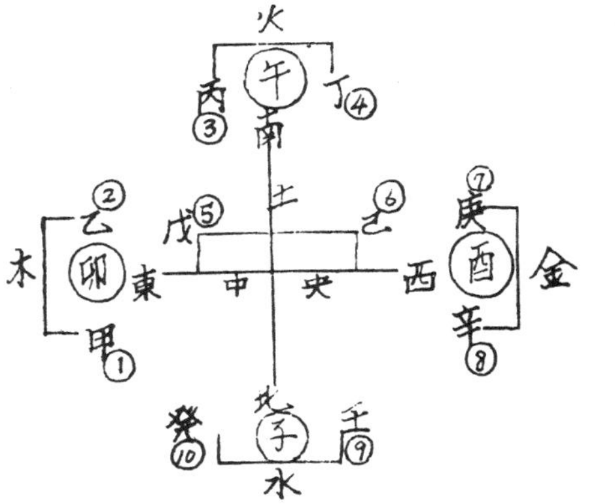

※ 방위도에 의한 그림으로 그리면 위의 그림과 같다.

(상생 또는 친화의 경우)

水 ← 金 ← 土 ← 火 ← 木

⑩⑨ ⑧⑦ ⑥⑤ ④③ ②①

癸壬 辛庚 己戊 丁丙 乙甲

(상극되는 경우)

金 ← × ← 火 ← × ← 水 ← × ← 土 ← × ← 木

⑧⑦ ④③ ⑩⑨ ⑥⑤ ②①

— 五행 획수의 실제 방법 —

위의 숫자에서 一、二、三、四、五、六、七、八、九、十은 十一、二十三、三十五 二十七、十八등이 있을때는 十까지는 위의 표에서 그대로 쓰고 그이상 十一부터는 十을 二十을 三十을 제한 나머지 수로 본다.

볼때는 天格、亨格、元格의 획수를 앞의 도표에서 木、火、土、金、水의 五行에 의해 찾아낸다.

漢昌大	馬京和	金乙中
天 漢 14 / 亨 漢 14 + 昌 8 = 22 / 元 昌 8 + 大 3 = 11 / 火↑木↑↓木	天 馬 10 / 亨 馬 10 + 京 8 = 18 / 元 京 8 + 和 8 = 16 / 水↑金↑土	天 金 8 / 亨 金 8 + 乙 1 = 9 / 元 乙 1 + 中 4 = 5 / 金↑水↕土
天格 14획 10획을 제하면 4획이니 火성으로 丁에 속한다.	天格 10획 10은 그대로 하여 水이며 癸에 속한다.	天格 8획 8은 그대로 金성이며 辛에 속한다.
亨格 22획 20획을 제하면 2획이니 木성이고 乙에 속한다.	亨格 18획 10획을 제하면 8이 남으니 金성이며 辛에 속한다.	亨格 9획 9는 그대로 하여 水성이고 壬에 속한다.
元格 11획 10획을 제하면 1획이니 木성이고 甲에 속한다.	元格 16획 10획을 제하면 6이니 土성이고 己에 속한다.	元格 五획 5는 그대로 하여 土성에 속하고 戊에 속한다.

이리하여 좋고 나쁜것은 앞 五행의 길흉 판단법에 의해 보면 된다 이것에 대한 설명은 五행에 의한 성명 해설난을 읽으면 된다.

제三장 음양에 의한 성명 배치법

성명에 있어서는 팔자(八字)의 원리와 같이 천지인(天地人) 삼재(三才)의 변화가 있어 음양(陰陽) 획수의 조화를 살펴야 한다. 만약 음양배합이 조화되지 않으면 일이 패(敗)하고 조화가 잘되면 모든 일이 순조롭게 진행되는 것이다. 이를 설명하면 자획(字劃)의 수가 十획이상인 경우에는 十을 제하고 나머지 수만 계산한다. 그리고 짝수인 음격획수(陰格劃數) 二、四、六、八、十 ●은 음획수고 홀수인 양격획수(陽格劃數) 一、三、五、七、九 ○은 양수다.

— 행운으로 되는 음양(陰陽)의 배치 —

— 三字姓名 —

8 金 ●	10 馬 ●	3 千 ○
5 正 ○	10 根 ●	5 王 ○
3 大 ○	13 實 ○	8 和 ●

— 二字姓名 —

9 桂 ○	8 金 ●
6 仲 ●	12 景 ●

— 음양이 조화되지 않는 배치 —

석자성명(三字姓名)

●●●	○○○
삼자성명이 모두가 음	삼자성명이 모두가 양

두자성명(二字姓名)

●●	○○
이자 성명이 모두가 음	이자 성명이 모두가 양

위와 같이 음양이 조화되지 않으면 부부이별 무자, 불구, 패, 형액, 단명하게 된다.

三元五行 의 성명풀이

木·火·土·金·水 運部

一 목운부(木運部)

木木木=지혜가 발달하여 자기의 위치를 확고히 구축해 나가는 점진적 노력가로서 다정한 면도 있으나 이기 시기심도 남달리 강하여 모든 일을 손조롭게 성공시켜 편안하게 생애를 영위하여 심신이 안일하고 장수 행복할 길배치(吉配置).

木木火=생각이 치밀하여 착실하게 발전하되 특히 부하를 사랑하고 또 가정적으로 처자를 중히 여기며 상부와의 관계도 잘 조화시켜 나아가 사교적으로 자기 위치를 지켜 과히 탈선하지 않고 향상 발달하게 되니 자연 모든 액이 침범치 못하니 종생 행복 번영할 길배。

木木土=대지에 뿌리 박고 운로를 개척하여 그 명망과 신의로 성공을 거둔다。 가정의 충실과 조화로 안심하고 전진할 수 있으며 어떤 어려운 큰일도 잘 처리하는 능력이 있어 패하는 일 없어 뜻을 이루고 장수 행복할 길배(吉配)。

木木金=온건한 지조와 착실한 노력으로 점점 발전해 나가나 도시 자리가 편치 못한 운이라 할까 처자와 부하를 아껴주건만 불평불만이 일어 심신의 불안이 연속되기만 하는 배치(配置)

木木水=모든 일에 능숙해서 착착 잘 되어간다. 이는 처자와 부하의 도움이 크다고 하겠는데 마사를 너무 서둘지 말고 남의 달콤한 말에 속지 않고 절도를 지키면 건전 행복할 길배

木火木=두뇌가 명석하고 매우 활동적이어서 윗사람과 아랫사람의 조절에 힘쓰면 통솔적인 자기의 능력을 유감없이 발휘할 수 있어 건전 행복하게 되는 길배。

木火火=활동적이며 과단성을 겸비한 수재형으로 모든 일에 급진과 모험을 감행하기 일쑤다。 그러나 인내력이 부족한 게 옥의 티다。 이 점만 극복하면 자신만만한 인생 행로를 활보할 길배이다。

木火土=솔선수범하는 성품이다。 뜻한바 포부 관철을 능히 기할 수 있는 길배이다。

木火金=활동력이 강하고 통솔 능력이 있어서 큰일을 할 수 있는 운임。 유의해야 할 것은 처자와 부하를 아끼고 이성 교제의 난잡을 피하면 성공 발전할 수 있는 길배。

木火水=외교적 능력은 비상한 편이나 돌발적인 사고로 흉변하는 수가 있겠다 그러나 처세의 덕으로 위기일발에서 모면될 수도 있다

木土木=항상 중심적 위치에서 자기 능력을 발휘하게 되다 도대체가 선조의 음덕도 없고 그래서 주어도 받지 못하는 운격임。

木土火=언뜻 보기엔 피동적인 것 같지만 매사에 당해서 능동적으로 잘 처리함은 순조롭게 성공할 수 있다。 혹 앞길이 막히드라도 처자와 부하의 조력으로 대성하는 길배。

木土土=운로에 장애가 많으나 칠전팔기(七顚八起)하는 정신으로 끝내는 성공할 수 있는 노력적

인 복력(福力)의 길배。

木土金＝남의 도움이 적은데도 끈질긴 노력으로 난관 능히 극복하고 자기 위치를 확보하게 된다。가정의 화목은 물론 후배에 대해서도 관대한 태도로 환경을 좋게 조성해서 큰일을 일으키는 길배。

木土水＝침착하고 매사에 융화를 위하여 이상을 달성코자 노력하나 뜻아닌 장해를 만나 궁지에 빠지게 되니 노력은 많고 공은 적은 결과가 된다。

木金木＝노력적이요 결단적인 성품은 매사에 굳은 지력으로 난관을 극복하고 목적 달성을 위해 애의 쓰는 그 보람이 없게 된다, 덕이 부족해서인지 능력이 있어도 남이 알아주지를 않아 비운에 빠진다。

木金火＝직선적인 성격이라 혼자의 힘으로 개척코자 하지만 난관이 많다。좌충우돌(左衝右突)하다가 결국은 인생을 비관하게 된다。

木金土＝어떤일에 당해서든지 자신이 만만하지만 덕이 없어 성공하기 어렵겠으나 인화에 노력하면 상응한 지위를 확보할 수 있다。또한 내조와 후배의 보필로 큰 일을 성취할 수 있겠다。

木金金＝투철한 두뇌를 믿고 강인하게 밀고 나가 일을 이루지만 융통성 없는 고집이 비방을 받게 된다。고로 맹목적으로 자기가 제일이란 생각을 버리는 게 좋다。

木金水＝지모와 깊은 도량이 있어 창의성을 발휘하나 출세를 하게 된다 그러나 항상 덕을 쌓는데 게을리 하지 않고 남과 융화하는데 힘써야 됨

木水木＝영특한 사고력은 남이 추종하기 힘들 정도다 사회적으로 상당한 지위를 획득하고 부귀를 누릴 길배임。

木水火＝능숙한 수완은 곤경도 길운으로 바꾸게 되지만 가정운을 가볍게 보아도 미묘하게 뜻밖의 재앙을 받게 된다。

木水土＝때를 얻으면 큰 일을 성취하게 되어 이름 떨치지만 뜻밖의 변을 당해 십년의 공이 헛수고가 되겠다 가정도 불우하게 되어 사방을 유랑할 흉배치(凶配置)

木水金＝비상한 꾀와 임기응변하는 재능으로 공명을 얻게 된다 제다가 처자와 부하의 도움을 입어 부귀 수복이 무궁하다

木水水＝능소능대하는 처세방법은 하고자 하는 일에 성공을 할수 있다。남에게는 호감을 사는 처세술인만큼 부귀 행복을 이루는 길배다。

二. 화운부(火運部)

火木木＝앞을 내다보는 예지가 있는데다 처세에 능하고 모든 일에 솔선수범하는 만큼 덕망을 얻게 됨。고로 무난히 목적을 달성코 사회에 유익한 지도자가 된다。

火木火＝생각이 깊고 처세에 능해서 지도적 인물이 되어 큰 뜻을 무난하게 성취하고 부귀공명을 누린다

火木土＝행복의 운인데다가 지덕이 겸비한 만큼 일

일찍 벼슬에 오른다. 두령격인 인물로서 이름을 천추에 남기겠다.

火木金＝자기 능력에 반비례해서 은연중 방해를 받아 기초 동요가 심해 줏대가 없이 되어 매사를 확립하지 못하고 만다. 가정이 화평스러우면 사회적 진로에 장해가 발생하고 사회 성공이 순조로우면 가정 불안이 연속되니 불가사의한 운로라 하겠다.

火木水＝지혜와 인덕(仁德)과 용기로 모든 일에 당해서 선량·정직을 신조로 전진하는 만큼 혼란한 환경속에 있을지라도 능히 성공을 거두게 된다. 학술·기술면 등 특히 정신문화 개발에 힘써 큰 일을 부흥시켜 수복을 함께 누릴 길배임.

火木木＝활동적인데다 과감해서 일찍 벼슬길에 오른다 특히 참모의 보필이 크고 내조의 공 또한 적지 않아 눈부신 진도로 부귀를 누릴 길배임.

火火火＝한말로 말해서 제멋에 사는 사람이다 망상적인 권위·금전·용기는 하루 아침에 비참하게 될 흉배다.

火火土＝한 번 폭발하면 물불을 가리지 않고 일을 해내는 성격이다. 이 성격이 잘 발휘되면 사회적 명성을 쟁취해서 어느 권좌에 오를 수 있겠다. 특히 부하를 아끼고 가정적이며 능동적이어서 지도적인 확고한 기반을 닦을 길배.

火火金＝휴화산이 다시 폭발한듯 자신 만만하게 마구 돌진하게 되어 어느정도 성공을 거두게 되나 덕 부족으로 고립화 되기가 쉽겠다.

火火水＝비상한 지략으로 한 때 영달하게 되지만 하루아침에 스러질 수도 있겠다. 재앙이 속출해서 탄식을 금할 수 없으리라.

火土木＝성질이 온건하고 조상의 음덕도 있어 일찍기 벼슬길에 오르게 된다 가업을 계승하게 되어 크게 일으킬 수 있으니 가정적으로 약간 조심이 있을 것임.

火土火＝하늘의 총을 입어 모든 일이 뜻처럼 돼 간다 자손이 번창하고 재물도 크게 얻고 이름을 천추에 남길 아주 좋은 배치임.

火土土＝지모가 깊고 매사에 충실하여 사회사업에 공헌이 크니 사람들의 존경을 한몸에 받는다.

火土金＝지모와 재능이 특출해서 일을 그릇침이 없고 공명을 크게 얻게 되리라.

火土水＝선조의 여덕과 하늘의 도음으로 성공하게 되지만 가정적으로는 근심이 끊이지 않겠다

火金木＝영명한 지혜와 담대한 과단성은 한 때 성공을 거두겠으나 중도에서 좌절하게 됨. 가정적으로도 불화가 끊이지 않게 되니 물에 빠진 격이다.

火金火＝안하무인하고 과대망상의 무모한 행동은 아무리 책략을 써서 어느 정도의 사회적 진출은 한다고 해도 덕이 없어 주위가 모두 적이라 적막강산을 느끼게 되는 흉배.

火金金＝굳세고 과단적인 성격은 한 때 성공을 거두게 되나 뜻 아닌 재난으로 전도가 막히게 된다. 그러나 처자와 부하의 원조로 간신히 숨을

돌리게 됨.

火金土 ॥ 너무 벅찬 일을 자신 만만하게 덤비었다가 바로 앞이 절벽이라 혼자 힘으로는 어렵다는 걸 깨달게 되어 주의의 도움을 받아 겨우 성공을 하게 된다。

火金水 ॥ 의지가 강철 같아 꺾일 줄 모르고 적진하니 세상의 비난을 사게 되어 한때 영달도 물거품으로 화하기 쉽겠다。 그러나 주위 사람과 융화에 힘쓰면 간신히 화목될 수 있음을 배치。

火水木 ॥ 사교적이고 활동적이면서 수완이 있어 출세할 수 있겠으나 불리한 판국에서 부딪치게 되어 사람과의 빈번한 출돌로 고독하게 된다. 세밀한 처세술도 하잘것없는 것이 되고 마는가. 육친간의 애로와 부하의 의리로 만년에는 편안하게 됨。

火水火 ॥ 활동적이고 민완한 수재형이다. 다만 너무 자신이 만만해지고 상충하극을 하는 통에 결국은 재앙을 만나 넓은 비다에 외로히 뜬 조각배처럼 고독하게 된다。

火水土 ॥ 큰 포부만 가졌지 실천이 불능하게 되리。 모든 일이 재앙을 만나 급변하니 자신만만한 지모와 재략도 헛것이 되고 만다。 게다가 부하의 철저한 원한을 사게 되고 처자 육친의 심한 발달을 받아 번민을 하게 되는 흉배。

火水金 ॥ 인덕이 전혀 없어 자립성가에 노력해서 어느 정도 성공을 거두게 되나 거기에 도취되어 교만해짐으로 해서 비참하게 되지만 처자의 회생적인 도움으로 간신히 지탱하는 흉배운。

火水水 ॥ 비상한 간지(奸智)로 어느 정도 자립 출세할 듯하나 원래 유동 변화가 심해서 동쪽에서 자고 서쪽에서 밥을 먹는 신세다。

三. 토운부(土運部)

土木木 ॥ 진취적 기상이 있고 사람됨이 정직하며 급히지 않고 노력함은 큰 뜻을 품고 출세 발전할 수 있다。 그 견실하고 참을성 있음은 혹 중간에 방해되는 일이 생길지라도 관철할 수 있어 결국 부귀영화를 자손에게까지 누리게 할 수 있는 길운배다.

土木火 ॥ 만물이 태양의 혜택으로 발육 성장하듯 모든 일이 뜻대로 되고 강직하고 부드러움을 겸하고 있음은 부귀발전과 이름을 떨칠 수 있다 고로 능히 세상 사람들을 좋은 길로 이끌어 만인의 스승으로 흠모의 대상이 되는 것이다。 처자 자애의 근기와 아울러 주위의 덕망이 한테 모이니 강녕할 운배이다。

土木土 ॥ 지혜와 꾀가 깊고 인내심이 강해서 만난을 극복할 수 있다。 대륙에 안겨 대기를 호흡하니 공명 영달하는 페이는 오르지 자수성가하는 기질로 의뢰심이 없는바 그 기상은 좋으나 선공의 이면에는 고뇌와 번민이 겹처 있기 마련이다。 결국 노력은 많았으나 공이 적고 큰 뜻이 다 이뤄시지 못해 아쉬움이 남는 운로(運路)다

土木金 ॥ 원래가 호걸적인 운력을 발휘하며 꾀를 씀이 온건하면서도 굳세어서 비바람 몰아치는 페도 꺾이지 않고 만난을 극복하고 무리하게 나가 출세하지만 위아래가 불통해서 좌우가 이어지지 않는다 이는 너무 무리를 한 것이다 노력은 많으나 공이 적고 모든 일이 파탄하기 쉽고 결국

고립해서 도와주는 사람 없고 비애로 종말되는 잠용(潛龍)의 흉배다.

土木水 = 재질과 덕망을 아울러 갖추고 있어서 무에서 유를 창조해 내는 격이다. 인자하게 처세를 해서 출세를 하게 된다. 원래 부모덕이 없었지만 인내심이 강해 웬만한 장애라도 이기고 나아가는 크게 쓰일 재목이나 같다. 자립 재기를 도모하나 중도에 억압을 받아 큰 포부를 다 펴지 못한다. 그러나 현모양처의 숨은 덕택으로 어느 정도 성공을 기할 수 있는 운배.

土火木 = 큰 뜻으로 큰 업을 능히 이룩해서 이름이 빛난 운이다. 민활한 활동력은 용이하게 지위와 권세를 획득해서 만인의 우두머리로 통솔할 격이다. 또한 가정운이 건전해서 내조의 공이 크고 부하와 후배들의 협조로 별로 난관 없이 모든 일이 순조롭게 이루어진다. 아울러 웃사람에겐 보필을 잘하여 앞길이 탄탄히 열릴 [illegible] 길배다.

土火火 = 득기(得氣)하면 능력이 배가되어 진출기상이 뚜렷하다. 이상대로 통솔력의 발휘는 세인이 경탄할 정도. 이름을 천하에 떨칠 길배다.

土火土 = 건전한 활동력으로 이상을 발휘해서 상통하달의 수완 있는 우수한 두뇌를 지니고 있다. 명예와 이익을 무난히 획득하는 대길운이다. 웃사람을 존경하고 아랫사람을 아끼는 이상적 인격은 세인의 존경을 한 몸에 받고 만사 형통 생애를 태평하게 보낼 길배.

土火金 = 투철한 두뇌는 판단력이 정확해서 전진 향상할 수 있다! 그러나 겉으로 화려할 뿐 안으론 장애 많다. 타인에 대해서는 아량과 지혜로서 처세하나 가족과 부하에게는 비정 냉혹하다. 내허외실 외화내곤이라 이점 깨달아 잘 처리하면 복록과 명예를 기할 수 있다.

土火水 = 비상한 재능과 지혜로 능히 자수성가한다. 그러나 어느 정도 기반이 닦아졌을 때 돌연한 사고로 해서 진퇴유곡에 빠지고 만다. 한때 영화도 한바탕 꿈이었으니 패가망신의 원인은 기초적인 운의 음양부조(陰陽不調)에 있다.

土土木 = 사람됨이 정직하여 진출기상이 굳건해서 비록 처음에 어려움이 있어도 꺾이지 않고 노력해서 대업을 성취하고야 만다. 단 하극상으로 때때로 어려움이 있겠다.

土土火 = 온후 독실한데다 인내 성실 동화력으로 처신을 해서 자신의 실력을 발휘하니 명예와 청복이 후대에까지 미치는 길배(吉配). 내조와 인덕을 입어 운이 잘 트이게 된다.

土土土 = 대륙적인 성격과 자중성을 아울러 갖춘 아량은 남을 위해 희생적으로 봉사하게 된다. 부동산이 풍부하고 자손에게도 경사스러움이 미친다. 다만 친합과 그렇지 못함을 분명히 가리지 못한 소치로 오해를 사기 쉬우나 인생의 의미 발견에 수양하면 대길배(大吉配).

土土金 = 강직하고 부드러움을 아울러 갖추고 있을 뿐 아니라 과단성이 있어서 난관을 돌파하니 뜻한 바 목적이 달성을 하고야 만다. 조상 부모와 선배의 은덕이 풍부하고 가정운이 안강하며 자손이 창성하는 길배.

土土水 = 외유내강(外柔內剛)하며 능소능대(能小能大)해서 세상일을 처리하는데 중용으로 부귀를 얻게 된다. 사회적 지위와 재정은 선조의 혜택과 아울

러 목적달성이 순조롭지만 가정운이 좋지않다.

土金木=부모와 선배의 혜택으로 모든 일이 순조롭게 이루어지나 일거수(一擧手)에 영화를 잡았으나 일투족(一投足)에 실각(失脚)한다. 길흉의 혼선운(混線運)으로 전개, 유의무인(有義無仁)은 가정이 흔들리게 된다.

土金火=재주가 지나쳐서 임기응변(臨機應變)에 능하다. 시운(時運)을 얻어 큰 일에 임하나 도처 무적이다. 그런데 유의무례(有義無礼)하고 자만정의(自慢正義)만 내세워 사사시비(事事是非), 건건풍파(件件風波)고 게다가 소견없는 아내로 해서 가정이 편안치가 못하다.

土金土=철석같은 의지와 과단성있는 용기, 번쩍이는 지모(智謀)는 천하의 어려운 일도 능히 경륜할 수 있다. 세상에 그 이름을 떨친다. 내조의 덕이 크다.

土金金=맹호출림(猛虎出林)의 상은 자연 그 권위가 왕성해서 사람들이 모두 따르게 된다. 초지일관(初志一貫)하는 존귀한 정신은 천추에 이름을 남길 수 있는 길배(吉配).

土金水=외유내강하되 때로는 추상같은 사물처리로 큰 일을 이룬다. 사회적으로 대단한 지위를 얻게 되며 아울러 존경을 받고 있다.

土水木=비상한 지략과 임기응변의 기지가 있다. 만첩한 사교수단을 발휘해서 한 때 명성이 세상에 떨친다 도가 지나치면 쌓아올린 일이 허사가 되기 쉽다. 도량을 좀더 넓게 가지면 어느 정도 성공을 가기(可期)할 배치(配置)

土水火=지모가 뛰어나고 담력이 커서 임기응변의 재간으로 출세를 꾀한다. 그러나 모든일에 풍파가 많아 하는 일이 잘 안되고 가정운도 나쁜 흉배(凶配).

土水土=학예(學藝)가 발달해서 이름이 원근에 떨친다. 조업은 박복해서 자립성가해 근근히 생활함. 가정운도 일합일산(一合一散), 사업도 일성일패(一成一敗)라 신명안위(身命安危)가 걱정되는 흉배.

土水金=무궁무진한 기지로 큰일을 능히 성취하나 그 덕은 참모 의리에 힘입은바 많다. 선조 음덕은 부족하고 자립성가하는데 재물은 풍부함. 여러사람을 구제하는 운이라 자기 욕심을 버리면 끝이 좋다.

土水水=사색적이며 또한 지략이 있어서 전반생은 큰일을 이루나 후반생이 쇠약해서 병을 앓기 쉽다. 지나친 욕심 없이 정도를 걸어가면 중운(中運)은 된다.

四. 금운부(金運部)

金木木=사회적 진출이 강하고 모든일에 사

교와 타산、검진적 노력으로 자수성가한다. 그러나 천덕(天德)은 부족하고 객지 방황、허송세월을 하다가 늦게야 처덕을 볼 수 있음. 일정한 전문적 능력、즉 무형의 보물을 확보해둠이 좋다.

金木火= 외허내실(外虛內實)、인내와 노력으로 전진해서 성공을 하게 됨. 그러나 도중에 어려움이 많아 시련이 많지만 끝내는 목적을 얻는 배치다.

金木土= 우유부단은 내심고뇌(內心苦惱)고 외향충돌(外向衝突)은 천운불리(天運不利)다. 신고역경(辛苦逆境)은 심신이 고통이고 나가 내외불평이 자자한 운배다.

金木金= 지능이 탁월해서 매사 진보적이지만 너무 타산적이고 시기심이 지나쳐 한때 명망을 얻었다 해도 결국 미치지 못함만 같지 못해 실패하여 파란이 심하다. 비참한 말로가 되기 쉬운 흉배다.

金木水= 겉으로 보기는 행복한 것 같으나 안으로 심히 고통하는 운이다. 선조 덕도 있고 사람들과 더불어 한 일도 결국은 성공 무덕이며 박평한 운인데 현처의 훌륭한 내조로 후반생이 영화로울 수도 있다.

金火木= 과단력이 있어서 영예를 얻게 되나 부모、선배、친우에게 여정을 내기 일쑤여서 될 일도 안된다. 그 이상 전진이 불능 진퇴유곡이나 묘행 후배의 도움과 내조의 덕으로 행운을 만회할 수도 있는 운배.

金火火= 지모와 활동력이 대단해서 어려움을 이기고 전진한다. 덕망을 잃지 않으면 명예를 남길 수 있으나 자칫 지나쳐서 오명을 천추에 남길 우려가 있다. 일찍 인간수업을 쌓으면 남과 친화해서 번영을 누릴 운배.

金火土= 억강부약하고 용감무쌍한 과단성은 일찍 입신 출세할 호운. 자수성가해서 가정적으로도 예(禮)와 신(信)의 어버이인데 부모、선배에게도 억강(抑强) 정신을 발동하는 관계로 되려 어지러움을 스스로 불러들일 수가 있으니 자기 수양이 요구됨.

金火金= 과단성과 용기가 있어 한때 이름을 얻으나 안하무인하는 행동은 사람들의 비난을 면치 못한다. 하지만 덕을 쌓으면 재부를 이룰 수도 있다.

金火水= 과대망상은 일마다 실패다. 비참의 연속은 사람들이 가까이 하지 않고자 하니 흥배가 아닐 수 없다.

金土木= 외유내강과 인내심이 강해서 일찍기 벼슬을 하게 된다. 온건한 수완과 정직한 행동은 중앙에 위치하여 자수성가할 운. 처자에게 조금 근심이 있으나 큰 불행은 아니고 인생을 유위한 직업에 종사하게 된다.

金土火=온건하며 착실한 성품은 능히 목적을 달성해서 모든 일이 무난함. 부모의 혜택이 없어도 자수성가한다. 인내심이 강하고 만물을 포섭하는 관용이 있어 부귀영화가 몸에 따르는 대길운. 내조와 선후배의 도움으로 큰일을 성취한다.

金土土=성품이 원만해서 모든 일에 장애가 없어 영달은 물론 물질적 혜택을 충분히 받게 됨. 또한 자손에게도 경사스러움이 전해진다.

金土金=상하와 빈부의 구별없이 모두 선심으로 대하여 사람들이 흠앙하여 자연 부귀영화가 몸에 따르기 마련. 모든 일에 중심적 위치를 점하니 만사형통하는 길배.

金土水=건전하게 성공 발달하는 자수성가의 운이다. 항상 선심으로 남을 대하니 유위한 생애를 보내게 되는 운배다.

金金木=정의 일방으로 돌진하니 명명과 권위를 얻게 되나 너무도 야심적인 면이 있어 앞뒤를 돌보지 않음은 인망을 잃어 되려 비난의 대상이 된다. 가정불화는 물론 사회적 융화를 겸하여 뜻밖의 화를 초래하기 쉬우니 화평을 위주해서 수양함으로해서 길운을 가져올 수 있다.

金金火=고집이 대단해서 발전도상에 파란을 야기해도 금석가투(金石可透)의 정신으로 상당한 권위를 얻게 되고 맨손으로 집을 일으키고 만다. 그러나 사회적 불화는 자기 위험의 함정에 빠져 자리가 불안하게 된다. 또한 감정불화로 격심한 고통을 겪게 되나 수양에 힘쓰면 길운이 돌아올 운배다.

金金土=모든 일을 착수함에 있어서 기초를 튼튼히 한다. 허다한 난관이 있어도 이를 뚫고 나가는 개척정신이 투철해서 늦게라도 성공하여 명성과 재부를 남기는 길운임. 너무 강직한 것이 비난을 사기도 하나 아량을 위주해서 처세하면 이상적인 발달운으로 볼 수 있음.

金金金=풍운아적(風雲兒的)인 기질로 전진하니 일기당천(一騎當千)으로 대업을 이룩한다. 그러나 그것이 지나쳐 중도에 좌절될 우려가 있으니 아량을 가지고 수양에 힘쓰면 길운이 유지된다.

金金水=모든 일을 평형조절(平衡調節)하는 바 능소능대(能小能大)해서 성공 영달하기가 어렵지 않다. 가정적으로도 화평한 길배.

金水木=순풍에 돛을 단 격으로 부귀행운을 손쉽게 성취함 부모덕은 말할 것도 없고 인화음덕(人和陰德)으로 편안함을 누리는 길배(吉配).

金水火=비상한 선배의 재주와 능숙한 외교적 수단이 있는데다 선배의 혜택을 힘입어 만사를 순탄하게 성취한다. 그러나 후배 부하에 대하여 요령부득한 생대로 해서 후환을 당할 우려가 있으니 약자를 구원하는 미덕을 함양해야 하는 배치(配置).

金水土=천혜(天惠)의 덕으로 뜻한바 순조롭게 발전한다. 특히 학예면에 능통하여 이름이 사방에 떨친다. 잘못하면 자리가 불안하게 마련이다. 이는 수하 사람의 배신과 처자의 불화로 해서다.

金水金=능소능대한 사교적 수완과 임기응변의 묘를 선용해서 전진 발전하니 부귀와 영화를 누리게 된다. 천혜와 인덕이 있어 일이 계획대로 잘 됨. 가정 복록도 많은 길배.

金水水=사색적이며 냉정한 추리력이 있다. 외교에도 능소능대해서 모든 일을 잘 처리한다. 이름이 세상에 떨치고 부귀영달하나 한번 풍랑을 만나면 신명이 위험할 수도 있다.

五. 수 운 부(水運部)

水木木 — 이성과 지능이 발달하여 지도적인 인물로 중인을 영도할 운.
水木火 — 건실저력하여 매사에 선견지명이 있어 부귀수복 자손여경 유명천추의 길운.
水木土 — 천혜를 입어 순수명리하며 만인의 숭배하는 지도적 인격으로 영예를 지닐 운.
水木金 — 선조의 여덕으로 성공발전하나 금의의 불화를 당해 불안고민할 운.
水木水 — 지모가 출중하며 무주한 노력으로 부귀공명을 누릴 길상한 운.
水火木 — 활동력이 강해 목적한 바를 관철하려 하나 여정에 봉착하다. 기회를 잃음이 신변 안위가 염려되는 운.
水火火 — 겉은 화려하나 속은 곤란이 계속하다. 꼭 신변에 유해한 비운으로 결론되는 흉조.
水火土 — 외강내유한 호전적 입에 미치하는 파란이 없어 중도좌절하나 성공영화도 초용한 운.
水火金 — 명예욕과 금욕에 파심하여 풍파무진하나 파란열방으로 끝나는 극 흉의 운.
水火水 — 거북이 속출하는 슬기로운 흉조. 사회도 가정도 신명도 동서남북이 모두 흉방이라.
水土木 — 동화로용성과 자중심이 발전하여 애쓰나 가정운이 전무하니 속다한 흉.
水土火 — 노력성공을 기하나 난관에 봉착한다. 용퇴으로 근근 평운유지의 운.
水土土 — 자중한 실천력은 인내극기하여 큰 뜻을 이루나 의욕도 흉으로 마시지 않은 되리 노력부아 하는 운.
水土金 — 온건자중은 대사를 성공영달로 유도 장차 안강평부의 운.
水土水 — 완고불통의 외고집은 평지풍파를 야기 안전적 파강산인 흉배.
水金木 — 부귀와 권도는 얻으나 가정불평이 연속됨. 수양하면 편강할 운배.
水金火 — 일대 성공하여 부귀영예를 얻으나 예, 의, 지의 수신함양이 요망되는 운.
水金土 — 신의를 신조로 다재적인 성공으로 흥왕하는 영웅운으로 풍운기린의 길배.
水金金 — 강건용진하여 부귀영달하나 선천운과 중요지대의 불안은 후천운 참도저하로 유도되는 길운.
水金水 — 상부하조의 온화한 수완은 출세의 기반을 구축. 내외화평 상하융화로 재사형통하는 길운.
水水木 — 외교내치의 묘리를 발휘 사회적으로 지위확보하여 성공영달하는 운.
水水火 — 노도같이 전진발전하나 급변재난의 폭발로 일생이 파란으로 종말하는 흉배.
水水土 — 고인영웅은 파란살의 도화선이다. 부귀를 이루어서 구할고, 유랑모산으로 끝나는 흉배.
水水金 — 명리를 겸득하여 부귀번영을 자진공취, 내조의 운세은 성공무병의 기초가 되는 길운.
水水水 — 이 운세는 오로지 선 후천운, 운기와 생극도리 여하로 재강할 운배.

이름에 많이 쓰는 한자

※ 여기에 수록된 글자는 91년 4월 1일부터 시행된 〈人名漢字〉와는 무관합니다.

一 劃部

一 乙

二 劃部

二 人 卜 丁 又 了 力

三 劃部

三 上 下 大 土 士 千 子 女 丈 寸 凡 勺 叉 己 巳 万 久 乞 也 干 于 小 山 川 弓 口 夕 尸

四 劃部

不 丹 中 仁 元 文 父 夫 天 之 介 以 方 木 火 水 日 月 曰 云 太 犬 井 尹 切 公 反 午 卞 友 化 升 孔 王 毛 巴 亢 牙 允 刈 勾 勿 卬 双 収 夭 壬 尤 少 尺 屯 引 弔 心 戶 手 才 支 文 斗 欠 止 毋 比 氏 片 牛 今 内 丑 斤

五 劃部

丕 且 世 丘 丙 丞 主 仔 仕 付 代 仙 他 永 甲 正 白 外 令 可 石 充 兄 冬 立 功 加 北 占 卯 司 台 只 句 右 出 刊 包 半 去 史 古 叫 召 叱 央 失 奴 宁 巨 巧 左 市 布 平 幼 弍 弘 弗 必 戊 旦 本 末 札 氐 民 玉 王 玄 瓦 生 用 田 由 申 目 皮 矛 矢 示 禾 穴 乎 疋

六 劃部

百 年 件 交 企 伐 合 伏 仲 伍 全 共 先 北 光 兆 再 冲 刑 列 印 任 同 吏 后 向 名 吉 回 因 地 圭 在 多 妃 夷 如 好 字 存 宇 安 宅 寺 州 庄 式 弛 旬 早 旭 旴 曲 有 机 朱 朴 次 此 汀 求 汜 年 礼 竹 羊 羽 老 而 耳 肉 臣 自 至 臼 舌 舟 艮 行 衣 西 丞

七 劃部

亨 位 但 何 作 伸 住 佃 佐 佛 佰 仰 伽 兌 況 冷 利 廷 判 助 努 却 呂 吳 吾 君 呈 吟 址 均 坊 壯 妙 妥 孝 宋 完 宏 尾 局 岐 巡 希 序 弟 形 志 忍 我 成 攻 改 攸 夾 昊 更 李 杜 材 村 杓 杏 汰 汎 池 江 汝 汗 每 牢 甬 甫 町 男 延 秀 究 良 見 角 言 谷 豆 豕 里 車 辛 辰 邑 釆

八 劃部

京 享 供 來 使 侍 佳 佶 例 依 金 其 命 雨 具 典 函 券 到 卓 協 卦 卷 取 受 叔 味 周 固 坤 坪 夜 奉 奇 始 妹 姐 姓 姊 季 孟 宗 宜 官 定 宙 宛 尚 居 岡 岸 岩 岳 岬 幸 底 府 庚 店 征 忠 快 念 所 技 扶 折 抄 把 承 投 政 於 易 表 旺 明 昇 昊 昌 昔 東 枝 松 科 枚 杳 果 林 杰 欣 武 汶 沛 決 亞 玖 直 社 秉 長 門 青 初 兒

九 劃部

兗 俞 胄 冠 前 則 勇 勉 勁 南 郎 厚 哉 品 咸 垠 垣 奎 垢 奐 姬 威 姚 姜 宣 度 建 彥 律 怡 思 性 拓 招 抱 施 是 春 昭 昞 映 星 昱 昴 柱 柄 柔 柳 柏 查 治 泰 泉 沿 沼 河 波 泳 法 炫 炳 炯 玟 珏 玧 皆 癸 皇 省 相 眉 祉 紅 紀 美 盈 昨 計 貞 革 軍 重 首 香 亮 亭 信 俊 保 矜 音 章 訂 要 禹 秋 耶 致 衍 段 祇 祈 奏 奕

十 劃部

倍 倫 候 俸 倉 倚 值 個 修 准 兼 剛 原 哲 城 夏 娥 娘 孫 容 宮 宰 家 粉 峯 峻 島 師 席 座 庭 徐 徑 紛 恩 時 晉 祖 書 曺 特 娛

員俱唐株桂裁栓根桐栢桃校栗殊般洪洙津洋洲
活洛烈烔珍珉盈眞祚祖砲秦紕紋翁耕耿芙芮
芸芝芬花芳記訓財起恭馬骨高

十一 劃 部

偉健動悅參啓商國基培堅埠執寅宿專將崇崔
崐崑崗常庸康庵強彩雪魚鳥御得悟扈振敏敍
斌乾晳軒晙晩晧晟晝曼望梧梅梁梵浦海浚浩浪珖
珣班珦珠浯產祥章第符習翊胤苑英茂許邦朗偶停
凰勘尉張近背迎婆

十二 劃 部

傑凱勝博喜善喆圍堯舜壹富尋幾庾弼媄循復惠敦
朝期植森棟欽棠淇淳淋深淡淵淑然詠理現琇球異皓盛
荀草象貴賀貿鄉閔阮雄集雲黃智普晶晴景勛惇惟惜悳
捧措採授淀清登發程童竣肅結給能順邵間項筍筆捷

十三 劃 部

備傳勢勤嫄嵩幹廉彙意愉愛想感揮援敬新暎會
楚楊楓楠極業椿歲湧琪湖渡湘湳湜溫熙煥照渼琦煜琵琥
琴當盟督祿聖莊號補裕詩詮琡資路載農郁鉉鈴鈺雷園義
經雅阿郊迴賈豊解詳衙蜂莫換僅握　換僅群

十四 劃 部

僖壽綺嫣寧實慈愼暢榕榮溶溥溪準溢璋瑞瑄瑟瑛瑜監睿
碧福禎種箕管精維網與萃華荊誠誘豪賓赫趙輔逢途連
郞銀銃銘閏領鳳嘉夢碩兢境嫦彰榔槍逖滋滄熊態認
煽熏腕聞萊齊裹綠

十五 劃 部

樂樑樟漸漫滿漢瑩演範練輪萬葉葛賢賛輝進逸
郭震魯賦慶調複儀價億劉墨增甎嬉寬廣墩影徹
德慮慧慕敷模槿落緖箱磁確畿

十六 劃 部

儒勳學彊憧憙憲憬曉機樹瞰曄潤潘潭縝潔燕穆
積輸蓉蓋蒼蓄諸運道達都錢鋼錫陳陸默龍凝
暸暹燃輸衛璋遂錄陪陵陶靜興羲

十七 劃 部

彌應憶檀燮營燦禧總繁璡聲蔡蔣遠鄉鍾鍵鍊隆
陽韓駿鮮鴻齋臨優償壕嬰擇燦璜禪蔚蓬遜隋霞

十八 劃 部

戴曙濟濤濠濯璨爀爵環禮簡繡礎翼鎔鎬濬燾
繕覆謨顏騎

十九 劃 部

麒麗鵬願顚韻贊鏡選轍譚薛穩璿鵠鏞曠鄭

二〇 劃 部

嚴壤寶瀚耀羅覺鐘孃騰邁露馨

二一 劃 部

爛藝鐸隨鐵 鶴欄櫻

二二 劃 部
蘆蘇邊鑑隱權 攝灌歡鑄
二三 劃 部
巖瓘蘭鑛顯麟
二四 劃 部
瓚靈
二五 劃 部
觀

성에 많이 쓰이는 한자

一 劃 部
一 乙
二 劃 部
丁卜乃入力刀又
三 劃 部
弓干于凡山也大
四 劃 部
尹元文方太公孔王仇午天夫化井
毛牛日仁水木巴卞牙片才中今
五 劃 部
白玄申田史玉皮石平
弘永功巨台北令禾司

六 劃 部
安朴全吉朱伍印牟守先好宅冰在弛圭光
七 劃 部
李吳辛成呂宋池余延車釆甫判杜何吾
良別佐位孫谷克見廷弟江邑利
八 劃 部
金孟具奇尚沈林房表宗卓奉周知明承
季來空板和舍京昌昇忠長松叔岳固庚
直決官沙虎享析
九 劃 部
南俞禹柳姜咸河宣俊泰相姚貞秋祈則
信思彖香韋律拓泉奏前波昭
十 劃 部
孫徐洪高宮殷翁秦貢馬時唐素桂桓
晋花芳夏耿栢訓書原校曺起凉益
骨眞洙芦容
十一 劃 部
崔許康張曹魚梁邦商梅胡珠彬
啓堅班那扈章強浪國埋乾尉英
常邢專将寅
十二 劃 部
黃閔童智敦場景賀程森閑順善邵弼
勝尋終能象曾堯斯卯登舜異祿庾

十三 劃 部
楊琴廉莊雷椿傳楚阿裘郁賈庚
新敬
十四 劃 部
趙裵鳳對槐端賓種萃部連溫兢
榮壽溪管實華福慈
十五 劃 部
郭劉葉魯漢墨萬廣德慶寬
十六 劃 部
盧陳潘都鞠陸諸錢輸龍蒙燕
陶霍黔興縣
十七 劃 部
韓蔡鍾蔣陽鄉鮮聰澤鄧彌濃獨
十八 劃 部
魏簡禮歸遲戴
十九 劃 部 羅鄭薛龐
二十 劃 部 嚴還釋
二一 劃 部 顧隨
二二 劃 部 權邊蘇蘆龔隱
二三 劃 部 欒
二五 劃 部 觀

주자식(朱子式) 해명법(解名法)

주자식 작명법은 오래전부터 보아 내려온 재래식(在來式) 작명법이다。 이는 첫 이름자의 획수를 세어 八로 제한 남은 수로 첫자리를 만들고 다음 이름 글자도 또 그와같이 하여 그 다음 자리를 만들어 보면 되는데 만일 외자 이름이면 성의 획수와 합해서 보면 된다。 그리고 한가지 알아둘 일은 八로 제해서 딱 떨어지면(○이 되면) 八로 자리를 놓고 八 이하의 획수는 八로 제할 수가 없으니 그 숫자를 그대로 자리수로 놓아 보면 되는 것이다。

보기를 들자면

萬15 吉6

「萬」은 15획이 된다。「卄」는 「艸」이니 따라서 3획이 아니라 6획으로 치니까 「萬」이란 12획이 아니라 15획이 되는 것이다。 15를 八로 제하면 7이 남으니 그것을 윗자리로 잡고 다음에 「吉」은 6획이니 八로 나눈 수가 없는만큼 그대로 6을 자릿수로 놓아 보면 된다。 그러면 이 이름의 「七六」이란 숫자를 풀이에서 찾아보면 사실은 그렇게 길하지 못한 이름임을 알게 되었을 것이다。

一 始見貧苦 終賴榮貴
처음에는 빈한해서 고생을 하나
종당은 부귀영화를 누리리라

二 古木逢春 終見開花
고목이 봄을 만나니
꽃이 피는 것을 볼수 있다

三 天顏好聲 英雄優遊
천성적으로 얼굴과 목소리가 고우니
한량으로 편안하게 잘 지낸다

四 木馬行時 終成財利
어려서부터 돈세 눈을 뜨더니
결국은 재물을 모으게 된다

五 身退九級 花落空房
몸값이 자주 떨어지니
꽃은 지고 빈방이 쓸쓸 하구나

六 愁心不解 爭訟不利
근심하는 마음이 풀리지 않고
싸움과 소송에 이롭지 못하다

七 寂寞空山 透迤高臥
쓸쓸하기 짝이 없는 빈 산에서
쇠약한 몸으로 높이 누웠다

八 愁見春夢 終無風景
근심스런 봄 꿈을 꾸니
종내 경치를 볼수 없다

二 暗裏衣冠 身成名利
어둠 속에서 의관을 하고
몸을 이뤄 명리를 얻었다

三 碧玉琅玕 舟行江亭
벽옥이나 낭간처럼 귀한 구슬이려니
배를 타고 강가의 정자를 찾는다

二三 二十年光 有似飄風
二十년 동안의 세월을
회오리 바람만 치는 것이었다

二四 安身守義 名譽新風
몸을 편안히 하고 의를 지키니
그 명예가 바람을 타서 펴진다

二五 雎鳩獨鳴 日食五粥
비둘기가 홀로 슬피우니
죽만 먹는 신세로다

二六 有求逢折 霜綠漸潤
일을 이루고자 하나 좌절을 당하니
서릿기운이 점점 스며 드는구나

二七 唇缺調談 左漏右蹇
입술이 없으니 말이 고루지 못하고
왼발의 종기가 터지고 오른발은 절는다

二八 有君寵保 賞賜無雙
임금이 극히 총애하는 만큼
후한 상금을 내리도다

三一 日更月新 壽福綿綿
날이 바뀌고 달이 새로워질 때마다
수복을 오래도록 누리게 되다

三二 木火無緣 血深如塵
나무와 불이 인연이 없으니
핏줄속에 티끌만 남는다

三三 枝動不靜 勤身之務
자식이 많게 되니
힘써 일하지 않을 수 없다

三四 修行榮長 杳蓮開新
몸을 닦으니 영화가 길어
연꽃의 향기가 풍긴다

三五 聰明文章 風雲有光
문장에는 총명함이 있으니
풍운에 빛이 있음과 같다

三六 十年臥病 終身不差
십년동안이나 병석에 있었지만
종신토록 차도가 없구나

三七 二十光景 風雲豪蕩
二十년 동안의 세월이
호탕한 사람을 영위 하였구나

三八 第一金榜 俊夫餘慶
금방에 장원으로 이름이 걸렸으니
그 사람의 덕을 본사람이 많게 된다

四一 風雲新來 雪氣騰天
풍운이 새로 몰아치니
번갯불이 하늘에서 번쩍이는구나

四二 糊口城門 低頭心事
입에 풀칠을 하고자 성문에서
고개를 숙이고 구걸하는 심사로다

四三 一振金聲 陰谷暖氣
한바탕 호탕한 소리를 지르니
음침하던 골짝기에 따뜻한 기운이 돌더라

四四 雍容自得 優遊度日
모든것을 너그럽게 용납하니
편안한 세월을 보내게 되더라

四五 有財無功 終得不亨
재산은 있으나 공이 없어서
종당에는 형통치 못하더라

四六 長秋千人 仁聲自聞
긴긴 가을날에 천사람의
인자한 소리를 스스로 듣게 된다

四七 五鬼滿林 向人吊門
다섯 귀신이 수풀속에 우굴거리니
사람을 향해서 조문하는 격이다

四八 才起貌美 事事新新
재주가 있고 얼굴이 뛰어나게 생겼으니
일마다 새로와 진다

五一 含唇切齒 千年未伸
이가 빠진 관계로 입술을 다문것이
천년토록 펴지 못한다

五二 太行大路 三月奄行
태행산으로 향하는 대로를
석달동안이나 가게 되다

五三 琴瑟淸音 一家爭春
비파의 맑은 소리가
한 가정의 봄 기운을 도돈다

五四 家門千里 刑到更留
천리길에 있는 가문에 까지
형벌이 따라 다니게 된다

五五 不願事事 老物與降
원치 않은 일들이
쓰레기처럼 밀려 든다

五六 花落無實 狂風更放
꽃은 떨어졌으나 열매가 맺어지지 않고
미친듯이 불어쳤던 바람은 잦아건만…

五七 右脚已折 左目亦盲
오른다리가 이미 부러졌는데
왼쪽 눈이 또 멀다니……

五八 大盛千人 仁吉四海
크게 성공하니 그를 마르는 천사람이
어진덕을 널리 퍼트린다

六一 枯木逢春 千里有光
고목나무가 봄을 만나니
천리까지 빛이 퍼진다

六二 薰風吹軒 子孫縉紳
따뜻한 바람이 동헌에 불어드니
자손들이 모두 벼슬을 하게 된다

六三 風生保位 巨川舟楫
바람이 이니 자기자리에 보전에 힘쓰고
큰강을 배를 타고 노를 저어간다

六四 若非英雄 壽福不期
만약 영웅이 되지 않으면
수복을 기대할수 없다

六五 身安保居 風塵不侵
몸이 편안히 집안에 있으니
바람과 티끌이 침노하지 못한다

六六 重遭險波 魂魄驚散
거듭 험악한 파도를 만나니
혼백이 놀라 흐터질 지경이다

六七 有魚無鱗 有財無功
고기가 비늘이 없으니
재산은 있지만 공을 세우지 못한다

六八 紫府背衣 皇恩自得
조정에서 내린 관복을 걸치니
임금의 은혜를 스스로 알았다

七一 老龍得雲 食前方丈
늙은 용이 구름을 얻으니
식전이건만 기운이 솟는다

七二 老龍無聲 江邊垂淚
늙은 용이 소리없이
강변에서 눈물을 흘린다

七三 青鳥無春
華蓋無風
파랑새는 언제나 봄을 뜻하니
화사한 분위기에 바람한점 없구나

七四 柳衡一道
山月徘徊
버들가지가 길에 느러졌으니
산에 비친 달그림자가 어른거린다

七五 身得疾病
墻有寇賊
몸에는 질병이 생기고
도적이 담을 넘는다

七六 射之眉間
賣少空房
눈썹 사이에 화살을 맞았으니
팔리는건 없고 장사가 안된다

七七 朝后折桂
雲落飄風
아침에 계수나무가 부러졌으니
회오리 바람에 집안이 기울어 지겠다

七八 一入刑門
有何壽疆
형문에 들어가고 보니
어찌 수명 장수를 말하랴

八一 名高桂籍
紫府文字
이름이 높아 계적에 오르고
조정에 나가 문장을 발휘하다

八二 鳳鶵麟閣
光披日月
봉과 기린이 집에 이르니
그 빛이 일월처럼 찬란하다

八三 江上起樓
心適自安
강뚝위에 누각을 짓고 지내니
마음이 편안하기 이를데 없다

八四 飄零東西
暮年得病
회오리 바람이 동서에 불어치니
말년에 병을 얻게 되다

八五 才學一枝
道德文章
재주와 학문이 한결같고
도덕과 문장이 뛰어나다

八六 初稼平地
山頭與齊
처음에는 평지에서 살게 되나
나중에는 산머리에서 조용히 지낸다

八七 立身揚名
文章變換
몸을 세우고 이름을 드날리니
문장으로도 유명하게 된다

八八 清香滿堂
帝傍揚名
맑은 향기가 집안에 가득하니
임금의 옆에서 이름을 드날린다

제5장. 주역(周易)에 의한 성명 감정법

여기서는 짓는법은, 복잡하니 피하고 이름이 좋은가 나쁜가를 감정하는 것으로 끝내고저 한다.

다음 도표에서 외편을 보면 성수, 총수, 명수가 있는데 이것의 획수에 의해 성명의 길흉을 판단하는 것이다.

보는법……성수난의 옆으로 보면 二, 十, 十八의 숫자는 성의 획수고 총수의 옆으로 十七, 四一은 성과 이름을 합한 총획수이고 명수의 十五 三九 등은 이름의 총획수이다.

〈보기〉

高 10 — 36
福 14 — 26
童 12

이 성명에서는 성이 十획이니 옆의 표에서 성수가 十획인 것을 찾아 왼편의 적힌 숫자대로 책장을 넘기면 각 괘가 있으니 이 괘를 왼고 성명의 길흉을 살피면 된다.

성수	페이지
1	
2	143. 144
3	144
4	145
5	145. 146
6	146
7	147
8	147. 148
9	148
10	143. 144
11	144
12	145
13	145. 146
14	146
15	147
16	147. 148
17	148
18	143. 144
19	144
20	145
21	145. 146
22	146
23	147
24	147. 148
25	148

즉 高福童의 성명에서 十획은 페이지가 있으니 이 페이지를 찾아 성수 十획에서 아래로 내려가 총획수 三六획을 찾아 그 오른편 끝이 「五四 뇌택귀매괘」임을 알수 있을 것이다.

괘 풀이는 뒤에서 五四번을 찾아 설명을 보면 된다.

설명을 보면 좋지 않다. 복이 많으라고 지은 이름이지만 실은 그 반대가 된 셈이다.

주역(周易)으로 보는 성명풀이표

성수	2		10		18		2		10		18		2		10		18		三三 天山遯卦 (천산돈괘)
총수	17	41	33	57	25	49	9	33	25	49	41	65	25	49	17	41	33	57	
명수	15	39	23	47	7	31	7	31	15	39	23	47	23	47	7	31	15	39	
성수	2		10		18		2		10		18		2		10		18		四五 澤地萃卦 (택지췌괘)
총수	26	50	18	42	34	58	18	42	34	58	26	50	10	34	26	50	42	66	
명수	24	48	8	32	16	40	16	40	24	48	8	32	8	32	16	40	24	48	
성수	2		10		18		2		10		18		2		10		18		一四 火天大有卦 (화천대유괘)
총수	11	35	27	51	43	19	3	27	19	43	35	59	19	43	11	35 59	27	51	
명수	9	33	17	41	25	1	1	25	9	23	17	41	17	41	1	25 49	9	33	
성수	2		10		18		2		10		18		2		10		18		五四 雷澤歸妹卦 (뢰택귀매괘)
총수	20	44	12	36	20	28 52	12	36 60	28	52	44	20	4	28	20	44	36	60	
명수	18	42	2	26	2	10 34	10	34 58	18	42	26	2	2	26	10	34	18	42	

성수	2	10	18	2	10	18	2	10	18	三七
총수	5 29	21 45	37 61	21 45	37 61	29 53	13 37	29 53	21 45	風火家人卦
명수	3 27	11 35	19 43	19 43	27 51	11 35	11 35	19 43	3 27	(풍화가인괘)

성수	2	10	18	2	10	18	2	10	18	二九
총수	14 38	30 54	22 46	6 30 54	22 46	22 46 62	22 46	14 38	30 54	坎爲水卦
명수	12 36	20 44	4 28	4 28 52	12 36	4 28 44	20 44	4 28	12 36	(감위수괘)

성수	2	10	18	2	10	18	2	10	18	一八
총수	23 47	15 39	31 55	15 39	31 39	23 47	7 31	23 47	39 63	山風蠱卦
명수	21 45	5 29	23 37	13 37	21 29	5 29	5 29	13 37	21 45	(산풍고괘)

성수	2	10	18	2	10	18	2	10	18	七
총수	8 32	24 48	40 64	24 48	16 40	32 56	16 40	32 56	24 48	地水師卦
명수	6 30	14 38	22 46	22 46	6 30	14 38	14 38	22 46	6 30	(지수사괘)

성수	3	11	19	3	11	19	3	11	19	六
총수	17 41	33 57	25 49	9 33	25 49	41 65	25 49	17 41	33 57	天水訟卦
명수	14 38	22 46	6 30	6 30	14 38	22 46	22/23 46	6 30	14 38	(천수송괘)

성수	3	11	19	3	11	19	3	11	19	三一
총수	26 50	18 42	34 58	18 42	34 58	26 50	10 34 58	26 50	42 66	澤山咸卦
명수	23 47	7 31	15 39	15 39	23 47	7 31	7 31 55	15 39	23 47	(택산함괘)

성수	3	11	19	3	11	19	3	11	19	三五
총수	11 35	27 51	43 67	27 51	19 43	35 59	19 43	35 59	27 51	火地晉卦
명수	8 32	16 40	24 48	24 48	9 32	16 40	16 40	24 48	8 32	(화지진괘)

성수	3	11	19	3	11	19	3	11	19	三四
총수	20 44	12 36	28 52	12 36 60	28 52	20 44	4 28 52	20 44	36 60	雷天大壯卦
명수	17 41	1 25	9 33	9 33 57	17 41	1 25	1 25 49	9 33	17 41	(뇌천대장괘)

성수	3	11	19	3	11	19	3	11	19	六一
총수	5 29 53	21 45	37 61	21 45	13 37 61	29 53	13 37 61	29 53	21 45	風澤中孚卦
명수	2 26 50	10 34	18 42	18 42	2 26 50	10 34	10 34 58	18 42	2 26	(풍택중부괘)

성수	3	11	19	3	11	19	3	11	19	六三
총수	14 38 54	30 54	22 46	6 30 54	22 46	38 62	22 46	14 38	30 54	水火旣濟卦
명수	11 35 51	19 43	3 27	3 27 51	11 35	19 43	19 43	3 27	11 35	(수화기제괘)

성수	3	11	19	3	11	19	3	11	19	二七
총수	23 47	15 39	31 55	15 39	31 55	23 47	7 31 55	23 47	39 63	山雷頤卦
명수	20 44	4 28	12 36	12 36	20 44	4 28	4 28 52	12 36	20 44	(산뢰이괘)

성수	3	11	19	3	11	19	3	11	19	四六
총수	8 32 56	24 48	40 64	24 48	16 40 64	32 56	16 40 64	32 56	24 48	地風升卦
명수	5 29 53	13 37	21 45	21 45	5 29 53	13 37	13 37 61	21 45	5 29	(지풍승괘)

성수	4	12	20	4	12	20	4	12	20	四四
총수	9 33 57	25 49	41 65	25 47	17 41	33 57	17 41	33 57	25 49	天風姤卦
명수	5 29 53	13 37	21 45	21 45	5 29	13 37	13 37	21 45	5 29	(천풍구괘)
성수	4	12	20	4	12	20	4	12	20	四七
총수	18 42	34 58	36 60	10 34 58	26 50	42 66	26 50	18 42	26 50	澤水困卦
명수	14 38	22 46	16 40	6 30 54	14 38	22 46	22 46	6 30	6 30	(택수곤괘)
성수	4	12	20	4	12	20	4	12	20	五六
총수	27 51	19 43	35 59	19 43	35 59	27 51	11 35 59	27 51	43 67	火山旅卦
명수	23 47	7 31	15 39	15 39	23 47	7 31	7 31 55	15 39	23 47	(화산 여괘)
성수	4	12	20	4	12	20	4	12	20	一六
총수	12 36 60	28 52	44 68	28 52	20 44	36 60	20 44	36 60	28 52	雷地豫卦
명수	8 32 56	16 40	24 48	24 48	8 32	16 40	16 40	24 48	8 32	(뇌지 예괘)
성수	4	12	20	4	12	20	4	12	20	九
총수	21 45	13 37 61	29 53	13 37 61	29 53	21 45	5 29 53	21 45	37 61	風天小畜卦
명수	17 41	1 25 39	9 33	9 33 57	17 41	1 25	1 25 49	9 33	17 41	(풍천소축괘)
성수	4	12	20	4	12	20	4	12	20	六○
총수	6 30 54	22 46	38 62	22 46	14 28 62	30 54	14 38 62	30 54	22 46	水澤節卦
명수	2 26 50	10 34	18 42	18 42	2 26 50	10 34	10 34 58	18 42	2 26	(수택절괘)
성수	4	12	20	4	12	20	4	12	20	二二
총수	15 39 63	31 55	23 47	7 31 55	23 47	39 63	23 47	15 39 63	31 55	山火賁卦
명수	11 35 59	19 43	3 27	3 27 51	11 35	19 43	19 43	3 27 51	11/21 35	(산화 비괘)
성수	4	12	20	4	12	20	4	12	20	二四
총수	24 48	16 40 64	32 56	16 40 64	32 56	24 48	8 32 56	24 48	40 64	地雷復卦
명수	20 44	4 28 52	12 36	12 36 60	20 44	4 28	4 28 52	12 36	20 44	(지뢰 복괘)
성수	5	13	21	5	13	21	5	13	21	二五
총수	9 33 57	25 49	41 65	25 49	17 41	33 57	17 41	33 57	25 49	天雷无妄卦
명수	4 28 52	12 36	20 44	20 44	4 28	12 36	12 36	20 44	4 28	(천뢰 무망괘)
성수	5	13	21	5	13	21	5	13	21	二八
총수	18 42	34 58	26 50	10 34 58	26 50	42 66	26 50	18 42	34 58	澤風大過卦
명수	13 37	21 45	5 29	5 29 53	13 37	21 45	21 45	5 29	13 37	(택풍대과괘)
성수	5	13	21	5	13	21	5	13	21	六四
총수	27 51	19 43	35 59	19 43	35 59	27 51	11 35 59	27 51	43 67	火水未濟卦
명수	22 46	6 30	14 38	14 38	22 36	6 30	6 30 54	14 38	22 46	(화수 미제괘)
성수	5	13	21	5	13	21	5	13	21	六二
총수	12 36 60	28 52	44 68	28 52	20 44	36 60	20 44	36 60	28 52	雷山小過卦
명수	7 31 55	15 39	23 47	23 47	7 31	15 39	15 39	23 47	7 31	(뇌산소과괘)

괘	구분									
二○ 風地觀卦 (풍지관괘)	성수	5	13	21	5	13	21	5	13	21
	종수	21 45	37 61	29 53	13 37 61	29 53	45 69	29 53	21 45	37 61
	명수	16 40	24 48	8 32	8 32 56	16 40	24 48	24 48	8 32	16 40
五 水天需卦 (수천수괘)	성수	5	13	21	5	13	21	5	13	21
	종수	6 30 54	22 46	38 62	22 46	14 38 62	30 54	14 38 62	30 54	22 46
	명수	1 25 49	9 33	17 41	17 41	1 25 49	9 33	9 33 57	17 41	1 25
四一 山澤損卦 (산택손괘)	성수	5	13	21	5	13	21	5	13	21
	종수	15 39 63	31 55	23 47	7 31 55	23 47	39 63	23 47	15 39 63	31 55
	명수	10 34 58	18 42	2 26	2 26 50	10 34	18 42	18 42	2 26 50	10 34
三六 地火明夷卦 (지화명이괘)	성수	5	13	21	5	13	21	5	13	21
	종수	24 48	16 40 64	32 56	16 40 64	32 56	24 48	8 32 56	24 48	40 64
	명수	19 45	3 27 51	11 35	11 35 59	19 43	3 27	3 27 51	11 35	19 43
一三 天火同人卦 (천화동인괘)	성수	6	14	22	6	14	22	6	14	22
	종수	25 49	17 41	33 57	17 41	33 57	25 49	9 33 57	25 49	41 65
	명수	19 43	3 27	11 35	11 35	19 43	3 27	3 27 51	11 35	19 43
一七 澤雷水卦 (택뢰수괘)	성수	6	14	22	6	14	22	6	14	22
	종수	10 34 58	26 50	42 66	26 50	18 42	34 58	18 42	34 58	26 50
	명수	4 28 52	12 36	20 44	20 44	4 28	12 36	12 36	20 44	4 28
五○ 火風鼎卦 (화풍정괘)	성수	6	14	22	6	14	22	6	14	22
	종수	19 43	35 59	27 51	11 35 59	27 51	43 67	27 51	19 43	35 59
	명수	13 37	21 45	5 29	5 29 53	13 37	21 45	21 45	5 29	13 37
四○ 雷水解卦 (뢰수해괘)	성수	6	14	22	6	14	22	6	14	22
	종수	28 52	20 44	36 60	20 44	36 60	28 52	12 36 60	28 52	44 68
	명수	22 46	6 30	14 38	14 38	22 46	6 30	6 30 54	14 38	22 46
五三 風山漸卦 (풍산점괘)	성수	6	14	22	6	14	22	6	14	22
	종수	13 37 61	29 53	45 69	29 53	21 45	37 61	21 45	37 61	29 53
	명수	7 31 55	15 39 49	23 47	23 47	7 31	15 39	15 39	23 47	7 31
八 水地比卦 (수지비괘)	성수	6	14	22	6	14	22	6	14	22
	종수	22 46	38 62	30 54	14 38 62	30 54	46 70	30 54	22 46	38 62
	명수	16 40	24 48	8 32	8 32 56	16 40	24 48	24 48	8 32	16 40
二六 山天大畜卦 (산천대축괘)	성수	6	14	22	6	14	22	6	14	22
	종수	7 31 55	23 47	39 63	23 47	15 39 63	31 55	15 39 63	31 55	23 47
	명수	1 25 49	9 33	17 41	17 41	1 25 49	9 33	9 33 57	14 41	1 25
一九 地澤臨卦 (지택임괘)	성수	6	14	22	6	14	22	6	14	22
	종수	16 40 64	32 56	24 48	8 32 56	24 48	40 64	24 48	16 40 64	32 56
	명수	10 34 58	18 42	2 26	2 26 50	10 34	18 42	18 42	2 26 50	10 34

卦										
一〇 天澤履卦 (천택이괘)	성수	7	15	23	7	15	23	7	15	23
	종수	25 49	17 41	23 57	17 41	33 57	25 49	33 57	25 49	41 65
	명수	18 42	2 26	10 34	10 34	18 42	2 26	26 50	10 34	18 42
四九 澤火革卦 (택화혁괘)	성수	7	15	23	7	15	23	7	15	23
	종수	10 34 58	26 50	42 66	26 50	18 42	34 58	18 42	34 58	26 50
	명수	3 27 51	11 35	19 43	19 43	3 27	11 35	11 35	19 43	3 27
二一 火雷噬嗑卦 (화뢰서합괘)	성수	7	15	23	7	15	23	7	15	23
	종수	19 43	35 59	27 51	11 35 59	27 51	43 67	27 51	19 43	35 59
	명수	12 36	20 44	4 28	4 28 52	12 36	20 44	20 44	4 28	12 36
三二 雷風恒卦 (뇌풍항괘)	성수	7	15	23	7	15	23	7	15	23
	종수	28 52	20 44	36 60	20 44	36 60	28 52	12 36 60	28 52	44 68
	명수	21 45	5 29	13 37	13 37	21 45	5 29	5 29 53	13 37	21 45
五九 風水渙卦 (풍수환괘)	성수	7	15	23	7	15	23	7	15	23
	종수	13 37 61	29 53	45 69	29 53	21 45	37 61	21 45	37 61	29 53
	명수	6 30 54	14 38	22 46	22 46	6 30	14 38	14 38	22 46	6 30
三九 水山蹇卦 (수산건괘)	성수	7	15	23	7	15	23	7	15	23
	종수	22 46	38 62	30 54	14 38 62	30 54	46 70	30 54	22 46	38 62
	명수	15 39	23 47	7 31	7 31 55	15 39	23 47	23 47	7 31	15 39
二三 山地剝卦 (산지박괘)	성수	7	15	23	7	15	23	7	15	23
	종수	31 55	23 47	39 63	23 47	39 63	31 55	15 39 63	31 55	47 71
	명수	24 48	8 32	16 40	16 40	24 48	8 32	8 32 56	16 40	24 48
一一 地天泰卦 (지천태괘)	성수	7	15	23	7	15	23	7	15	23
	종수	16 40 60	32 56	24 48	8 32 56	24 48	40 64	24 48	16 40 64	32 56
	명수	9 33 53	17 41	1 25	1 25 49	9 33	17 41	17 41	1 25 49	9 33
一 乾爲天卦 (건위천괘)	성수	8	16	24	8	16	24	8	16	24
	종수	17 41	33 57	25 49	9 33 57	25 49	41 65	25 49	17 41	33 57
	명수	9 33	17 41	1 25	1 25 49	9 33	17 41	17 41	1 25	9 33
五八 兌爲澤卦 (태위택괘)	성수	8	16	24	8	16	24	8	16	24
	종수	26 50	18 42	34 58	18 42	34 58	26 50	10 34 58	26 50	42 66
	명수	18 42	2 26	10 34	10 34	18 42	2 26	2 26 50	10 34	18 42
三〇 離爲火卦 (이위화괘)	성수	8	16	24	8	16	24	8	16	24
	종수	11 35 59	27 51	43 67	27 51	19 43	35 59	19 43	35 59	27 51
	명수	3 27 51	11 35	19 43	19 43	3 27	11 35	11 35	19 43	3 27
五一 震爲雷卦 (진위뢰괘)	성수	8	16	24	8	16	24	8	16	24
	종수	20 44	36 60	28 52	12 36 60	28 52	44 68	28 52	20 44	36 60
	명수	12 36	20 44	4 28	4 28 52	12 36	20 44	20 44	4 28	12 36

성수	8	16	24	8	16	24	8	16	24	五七
종수	29 53	21 45	37 61	21 45	37 61	29 53	13 37 61	30 54 29	45 69	巽爲風卦
명수	21 45	5 29	13 37	13 37	21 45	5 29	5 29 53	14 38 13	21 45	(손위풍괘)
성수	8	16	24	8	16	24	8	16	24	二九
종수	14 38 62	30 54	46 70	30 54	22 46	38 62	22 46	38 64	30 54	坎爲水卦
명수	6 30 54	14 38	22 46	22 46	6 30	14 38	14 38	22 48	6 30	(감위수괘)
성수	8	16	24	8	16	24	8	16	24	五二
종수	23 47	39 63	31 55	15 39 63	31 55	47 71	31 55	23 47	39 63	艮爲山卦
명수	15 39	23 47	7 31	7 31 55	15 39	23 47	23 47	7 31	15 39	(간위산괘)
성수	8	16	24	8	16	24	8	16	24	二
종수	32 56	24 48	40 64	24 48	40 64	32 56	16 40	32 56	48 72	坤爲地卦
명수	24 48	8 32	16 40	16 40	24 48	8 32	8 32	16 40	24 48	(곤위지괘)
성수	9	17	25	9	17	25	9	17	25	一二
종수	17 41 65	33 57	49 73	33 57	25 49	41 65	25 49	41	33 57	天地否卦
명수	8 32 56	16 40	24 48	24 48	8 32	16 40	16 40	24	8 32	(천지비괘)
성수	9	17	25	9	17	25	9	17	25	四三
종수	26 50	42 18	34 58	18 42	34 58	26 50	10 34 58	26 50	42 66	澤天夬卦
명수	17 41	25 1	9 33	9 33	17 41	1 25	1 25 49	9 33	17 41	(택천쾌괘)
성수	9	17	25	9	17	25	9	17	25	三八
종수	11 35 59	27 51	43 67	27 51	19 43	35 59	19 43	35 59	27 51	火澤睽卦
명수	2 26 50	10 34	18 42	18 42	2 26	10 34	10 34	18 42	2 26	(화택규괘)
성수	9	17	25	9	17	25	9	17	25	五五
종수	20 44	36 60	28 52	12 36 60	28 52	44 68	28 52	20 44	36 60	雷火豊卦
명수	11 35	19 43	3 27	3 27 51	11 35	19 43	19 43	3 27	11 35	(뇌화풍괘)
성수	9	17	25	9	17	25	9	17	25	四二
종수	29 53	21 45	37 61	21 45	37 61	29 53	13 37 61	29 53	45 69	風雷益卦
명수	20 44	4 28	12 36	12 36	20 44	4 28	4 28 52	12 36	20 44	(풍뢰익괘)
성수	9	17	25	9	17	25	9	17	25	四八
종수	14 38 62	30 54	46 70	30 54	22 46	38 62	22 46 70	30 54 38	30 54	水風井卦
명수	5 29 53	13 37	21 45	21 45	5 29	13 37	13 37 61	13 37 21	5 29	(수풍정괘)
성수	9	17	25	9	17	25	9	17	25	四
종수	23 47 71	22 46 39	31 55	15 39 63	31 55	47 71	31 55	23 47	39 63	山水蒙卦
명수	14 38 62	5 29 22	6 30	6 33 54	14 38	22 46	22 46	6 30	14 38	(산수몽괘)
성수	9	17	25	9	17	25	9	17	25	一五
종수	32 56	24 48	40 64	24 48	40 64	32 56	16 40 56	32 56	48 72	地山謙卦
명수	23 47	7 31	15 39	15 39	23 47	7 31	7 31 57	15 39	23 47	(지산겸괘)

괘(卦)풀이

一、건(乾)☰ 아래건乾下 위건乾上 건은 하늘이다(乾爲天)

〈자연 이즈러짐 징조〉

(해설) 건(乾)이란 굳세고 싱싱하여 피로를 모르는 것. 강건(剛健)이요, 충실이요, 능동이다. 모든 양효(陽爻)〈⚊〉는 굳세고 적극적인 것을 상징한다. 다 양효로 되어있는 이 괘(☰)는 그 가장 순수한 것을 의미한다. 자연에 비유하면 하늘이 움직이는 것이요, 사람으로서는 장년기요, 국가로서는 전성기(全盛期)를 말한다. 물론 번성의 기운을 가리키는 괘지만, 그만큼 긴장이 연속되고 책임은 무겁다. 그러나 사물이란 일어나면 반드시 쇠하는 법, 절정에 이르는 것은 쇠퇴하고 몰락하는 첫걸음이다. 행운이라고 지나치게 낙관하지 않도록 명심해야 한다. 건은 용(龍)으로 상징하여 설명된다.

二、곤(坤)☷ 아래곤坤下 위곤坤上 곤은 땅이다(坤爲地)

〈어머니인 대지〉

(해설) 곤의 괘는 대지(大地)의 상징이다. 대지는 고요하여 움직이지 아니하나 풍성한 힘을 갖추고 있으므로 온갖 것을 낳고 기른다. 모두 음효(陰爻)〈⚋〉로 되어 있는 이 괘는 건(乾)☰이 굳세고, 적극적이고 남성적인데 대하여, 유순하고, 소극적이고, 여성적인 것을 뜻한다. 물론 유약하다고 하지만, 그것은 강건보다 뒤 떨어진다는 것은 아니다. 하늘의 에너르기에도 땅이 받아 들일 때에 만나타날 수 있다. 남성의 정기도 여성을 얻고야 비로서 새로운 생명을 만든다. 음과 양은 대립하면서도 통일되어 가는 것. 이 괘는 소극을 지킴으로서 적극을 앞서고, 뒤떨어짐으로써 앞에 서며, 유하면서도 강을 제어하는 도를 말하고 있다.

三、둔(屯)☵☳ 아래진震下 위감坎上 물과 천둥은 둔이다(水雷屯)

〈태어나는 괴로움〉

(해설) 둔(屯)이란 막히다, 나갈 수 없다. 이를테면 초목의 싹이 굳은 땅을 뚫고 나올 수 없는 상태를 말한다. 안에는 젊고 싱싱한 생명의 힘이 있다. 그러나 아직 충분히 뻗어 나갈 힘이 모자라는 것이다. 인생에 비유하면 고민이 많은 청년기요, 사업으로 말하면 곤란한 일이 연이어 닥쳐오는 창업기를 말한다. 위의 괘 ☵ 감(坎)은 물이니 빠지는 것을 말하고, 아래의 괘는 ☳ 진(震)으로 천둥(雷)이며 움직임을 말한다. 둔은 움직이며 하나 곤란에 빠진 상태를 말하는 것이다.

이 괘는 네가지 큰 어려운 괘(四大難卦·屯·習坎·蹇·困)의 하나지만, 나쁜 뜻만이 있는게 아니다.

인생 시초부터 고른 바람에 돛달기를 바랄 수 있겠는가! 젊음에 불타는 생명의 힘은 곤난—그것이 힘든 것일수록—을 견디고, 이

길 때, 새로운 발전이 약속되는 것이다. 이를테면 크게 이루기 위해 겪어야 할 홍역이라 할까!

四、몽(蒙) ䷃ 아래감坎下 위 간艮上 산과 물은 몽이다
(山水蒙) 〈철들지 않은 어린애〉

(해설) 몽이란 덩굴(蔓草)의 일종. 무성하여 나무를 다 덮고 그 밑을 어둡게 하므로, 「몽몽하다」「덮는다」란 뜻이 된다. 이 괘는 갓 태어난 상태를 가리킨다. 둔(전항)의 뒤를 받아, 무지몽매한 어린이의 상태를 나타내고, 그 지능이 어떻게 계발 되는가, 곧 계몽(啓蒙)〈몽을 연다〉의 도를 말한다. 따라서 지성(知性)과 관계되는 일에 종사하는 이에게는 밝은 미래를 알려 주는 괘다. 윗괘의 ☶ 간(艮)은 산, 아래괘의 ☵ 감(坎)은 물을 가리키고, 산 언저리에 솟아나는 샘의 끝이다. 샘의 흐르는 물줄기는 가날퍼 의지가 되지 않으나, 마침내는 큰 강이 될 가능성을 가지고 있다. 어린이도 또한 한없는 가능성을 가지고 있다. 그러나 그 가능성을 온전하게 실현하기 위해서는 소박한 마음으로 좋은 지도자들에게 배워야 한다.

五、수(需) ䷄ 아래건乾下 위 감坎上 물과 하늘은 수다
(水天需) 〈은인자중하다〉

(해설) 「수(需)」란 기다리는 것, 대기한다는 뜻이다. 인생에는 시기가 올 때까지 은인자중해야 하는 일이 많다. 때를 기다린다. 물론 기다리는 방법이야 여러가지 있으리라. 그러나 움직이면 위험한 일이 오기 때문에 기다리는 것이다. 윗괘의 ☵(감·坎)은 위험한 강, 아랫괘의 ☰(건·乾)은 강건을 나타낸다. 몸과 마음이 강건하면서도 위험이 앞에 있기에 자중하는 것이다. 무턱대고 전진하는 어리석음을 피한다. 초조하게 굴지 않으며 찬스를 기다린다. 이 것이 참된 용기 아니냐! 힘과 기운을 기르면서 시기를 기다리면 큰 성공을 얻을 수 있으리라.

六、송(訟) ䷅ 아래감坎下 위 건乾上 하늘과 물은 송이다
(天水訟) 〈싸움은 물가까지〉

(해설) 송(訟)이란 소송, 재판을 가리킨다. 인간사회에 싸움은 따르기 마련인가. 개인, 집단, 국가 간의 대립, 그리고 저마다 자기 내부에서 일어나는 모순과 상극이 그치는 일이 없다. 윗괘(卦) ☰ (건=하늘을 뜻한다)는 위로, 아랫괘 ☵ (감=물을 뜻한다)는 밑으로 이같이 완전하게 의견과 방향을 달리하는 형이 「송」의 괘다. 이런 경우 끝까지 자기 주장만을 고집한다면 대립은 더욱 심해지고 불리한 결과만을 불러들이게 되는 법이다. 지금 기운(氣運)은 쇠하였다. 대수롭지 않은 고집을 버리고 우애와 협조에 힘쓸 일이다. 끊임없는 추구는 그 반동(反動)도 또한 크다는 것을 명심하라.

七、사(師) ䷆ 아래감坎下 위곤坤上 땅과 물은 사다 (地水師) 〈싸움의 길〉

(해설) 「사람이 태어나면 무리를 이루지 않을 수 없다.」(荀子) 인간은 그 본 바탕이 사회적 존재다 「사(師)」란 것은 다수의 집단 또는 군대란 말이다. 주(周)나라 때의 제도는 五백명을 여(旅)、二천五백명을 사(師)、만二천五백명을 (軍)이라 했다. 집단이나 군대에는 지도자가 필요하다. 지도자가 뛰어난 것이냐、아니냐는 그 집단의 운명을 좌우한다. 많은 장병을 인솔해서 싸움에 이기려면 어떻게 할 것인가? 이것은 또 오늘의 관리자들이 가져야 할 과제가 되는 것이다. 이 괘는 집단 지도자의 도(道)를 설명하고 있다. 그 원칙은 「정정(貞正)」이다. 아무리 괴로워도 바른 목적이 있는 한 백성은 따르는 법이다.

八、비(比) ䷇ 아래곤坤下 위감坎上 물과 땅은 비다 (水地比) 〈인화(人和)〉

(해설) 오랜 전쟁이 끝나면 사람들은 화기애애해서 서로가 친해지는 법이다. 비(比)란 글자는 두 사람이 나란히 한 꼴이며 친밀하고 서로 돕는 것이다. 괘의 꼴은 땅(☷坤)위에 물(☵坎)이 있고 양자가 친밀하고 화목함으로써 만물을 낳고 기르는 것이다. 또 천자의 자리를 의미하는 오양(아래서부터 다섯번째의 ⚊)에 많은 음(⚋)이 사이좋게 있는 꼴이며 지도자의 주위에 사람들이 사모하여 모이는 것을 나타낸다.

너그러운 마음으로 사람들을 맞는다면 처음에는 우여곡절이 있지만 나중에는 많은 사람들의 협력을 얻어 큰 사업을 완성할 수 있는 것이다. 그렇지 않으면 많은 여성을 매혹시키는 남성이라 볼 수도 있다. 따라서 여성에게 있어서는 간단한 문제가 아닐 것이다. 뒤 떨어지는 자는 흉하다고 했다.

九、소축(小畜) ䷈ 아래건乾下 위손巽上 바람과 하늘은 소축이다(風天小畜) 〈강한 것을 지배한다〉

(해설) 축(畜)이란 머물게 하다、저축하다、기른다는 뜻이다. 작은 것(한개의 陰)이 큰 것(다섯개의 陽)을 머물게 하려 하기 때문에 조금밖에 할 수가 없다. 소축은 작은 것이 그리고 적게 머문다는 뜻이다. 상도를 벗어난 남편이나 군주를 아내나 신하가 머물게 하려 하는 것이다. 작은 것이 큰 것을 머물러 두려면 그것대로 방법이 있어야 한다. 공연히 대립해서는 망치고 만다. 음(陰)의 힘은 약하다. 기운(氣運)은 충만하지만 일이 잘 안될 때는 우울하고 짜증이 나는 법、「밀구름은 끼었으나 비를 내리지 않는다(密雲不雨)」는 말과 같

다. 절대로 성급하게 굴지 말라.

十、이(履) ䷉ 아래 태兌下 위 건乾上 하늘과 못은 이다
(天澤履)〈호랑이 꼬리를 밟는다〉

(해설) 이(履)란 밟는다. 실천한다는 뜻이다. 실천에는 언제나 위험이 따르는 법이다. 그러나 위험을 두려워만 한다면 아무 일도 할 수 없다. 범의 꼬리를 밟는 것과 같은 위험을 만날 때 어떻게 처신하면 될 것인가?

이 괘는 강하고 이로운 것을 나타내는 윗괘의 ☰(乾)에 유순(柔順)을 나타내는 ☱(兌)가 따르고 있는 형상이다. 윗사람이나 경험자의 말을 솔직하게 따르고 선배의 경험에서 교훈을 찾는 마음씨가 필요하다. 덮어놓고 앞으로 마구 달려가다는 반드시 실패한다.

자기의 힘을 생각해서 착실하게 나아가면 처음에는 위험과 부닥치지만 반드시 목적을 이룰 수 있을 것이다.

二、태(泰) ䷊ 아래 건乾下 위 곤坤上 땅과 하늘은 태다
(地天泰)〈상하 화합. 태평의 길〉

(해설) 이 괘는 하늘을 가리키는 ☰(乾)이 밑에 있고 땅을 의미하는 ☷(坤)이 위에 있다. 말하자면 천지가 거꾸로 된 폭이지만 이것이 오히려 잘된 것이다. 곧 하늘의 기(氣)는 위로 오르고 땅의 기(氣)는 밑으로 내려가는 성질을 가진다. 만일 하늘이 위에 있고 땅이 밑에 있다면 양자는 점점 떨어지고 만다. 거꾸로 되어 있기 때문에 하늘의 기가 올라가고 땅의 기가 내려옴으로서 양자가 합쳐지고 만물이 생겨나는 것이다. 여기는 대립물(對立物)의 통일을 잡는 역리(易理)의 이상적인 꼴이 나타나 있는 것이다. 인간관계로 말한다면 상사와 부하, 남편과 아내, 부모와 자식, 강자와 약자 혹은 친구, 동지가 화합일치해서 만사가 순조롭게 되기 위해선 어떻게 할 것인가를 가리키고 있다. 「태(泰)」란 것은 안온하고 편안한 것. 괘의 모양을 보더라도 꼭 짜인 지반에 세워진 건물을 연상케 한다. 안정된 번영이다. 그러나 태길은 흉으로 돌아간다. 방심은 금물이다. 제三효(爻)의 말을 명심해야 한다.

三、비(否) ䷋ 아래 곤坤下 위 건乾上 하늘과 땅은 비다
(天地否)〈막힌 시대의 현상〉

(해설) 「비(否)」는 앞의 괘 「태(泰)」와 정반대가 되는 괘다. 하늘은 위로 오르고 땅은 어디까지나 밑으로 내려간다. 무슨 일이나 서로 상치되고 반대되고 어울리지 않는다. 주위 모든 이가 차디차게 대할 것이고, 四면八방이 막힌 상태다. 백성의 뜻은 정치에 반영되지 않고 빈부의 차는 심해진다. 괘의 꼴도 약한 기반 위에 굳고 강한 것이 올라 타고

있으니 언제 무너질지 모르는 모래 위에 세운 누각(砂上樓閣)격이다.

지금 당신은 위기에 직면하고 있다. 일각의 여유가 없다. 막힌 상태를 타개하기 위해서 진심으로 성실하게 맞서지 않으면 안된다. 각 효사(爻辭)의 첫마디는 이를 위한 힌트를 제시한다.

三、동인(同人) ䷌ 아래이離下 위건乾上 하늘과 불은 동인이다 〈벗을 찾아서〉

(해설) 「동인(同人)」이란 남과 뜻을 같이하는 동지를 구해서 같이 가는 것. 「동인 잡지」의 어원이다. 윗괘의 ☰(乾)은 강건하여 쉬지 않는 활동력, 아랫괘의 ☲(離)는 빛나는 지성을 의미한다. 실천력이 없는 인테리나 수레를 끄는 말같은 활동가는 아니다.

풍부한 지성과 실행력을 가진 조직자, 공작자요, 부드러운 마음을 가진 사람이다. 사람들을 조직해 나가기 위해서는 결코 낡은 사연(私緣)을 의지해서는 안 된다.

어디까지나 공적인 인간관계를 만들어 내는 것이 중요하다. 그래서 처음에는 고독하고 괴롭지만 안일하기를 선택해서는 안 된다.

초지를 관철하면 반드시 기쁨이 찾아 온다.

四、대유(大有) ䷍ 아래건乾下 위이離上 불과 하늘은 대유다(火天大有) 〈대낮의 태양〉

(해설) 대유(大有)란 크게 가진다는 뜻이다. 모든 것을 포용하고 왕성한 기운(盛運)을 계속 보존하는 괘다. 「대유」는 또 풍년을 의미한다. 곡물이 창고에 가득차 있고 유복하고 만족한 것을 나타내는 괘다.

윗괘인 ☲(離)는 태양, 아랫괘인 ☰(乾)은 하늘을 가리킨다. 태양이 중천에 올라 강한 빛과 열을 구석구석까지 보내는 꼴이며, 또 커한 지위에 있는 음효(陰爻)가 유화한 포용력으로 주위의 양효(陽爻)를 데리고 있는 모양이다. 무엇을 하나 순풍에 돛단격으로 모든 것이 자기 편이다. 지금이야 말로 적극적으로 행동할 때인 것이다.

그러나 호괘(互卦)는 「쾌(夬)」다. 왕성한 기운 속에 찾아드는 실수의 원인을 언제나 잊지 않도록 해야한다.

五、겸(謙) ䷎ 아래간艮下 위곤坤上 땅과 산은 겸이다(地山謙) 〈익을수록 머리 숙이는 벼이삭〉

(해설) 「대유」괘 다음에 「겸(謙)」괘를 둔 것에 주의해 보자. 「대유」는 공장한 부를 가졌다는 뜻이었다. 겸은 공평하게 나누어 가짐이다. 국민소득이 배로 증가하더라도 소득의 차가 심해지는 사회는 불안정한 것이다.

겸이란 겸손, 겸허를 가리킨다. 자기를 무시하고 남의 앞에 자기를 낮추는 일이다. 사욕, 자만심을 버리고 남을 따른다. 이것은 만월은 반드시 이즈러지고 높은 산이 물로 인해 깎겨 내려 밑에 쌓이는 것과 같은 것이다.

고귀하면 고귀할수록 비천에 봉사할 것을

잊지 말아야 한다. 뛰어난 재능 아름다운 용모는 겸허함으로써 한층 더 빛을 더하는 것이다.

六、예(豫) ☳☷ 위 진震上 아래 곤坤下 천둥과 땅은 예다
(雷地豫) <환락(歡樂)의 공과 죄>

(해설) 예는 세가지 뜻을 가지고 있다. 즐거움(樂)、태만、미리란 뜻이다. 「환락」에 빠지면 「방심」해서 뜻하지 않은 실패를 한다. 「미리」경계하여야 한다. 괘형(卦形)으로 봐서는 땅위 ☷(坤)에 양기가 뇌동하는 ☳(震) 봄이다. 겨우내 쌓아 두었던 에네르기를 모두 발산해야 한다.

여지껏 불우했던 것은 온전히 오늘을 위한 준비단계였던 것이다. 준비 완료, 방심하지 않고 환희의 앞날을 열고 나서야 한다.

七、수(隨) ☱☳ 위 태兌上 아래 진震下 못과 천둥은 수다
(澤雷隨) <무엇을 따를까?>

(해설) 수(隨)란 따른다는 뜻이다. 수행、부수(附隨)、수희(隨喜)하는 수다. 「따른다」는 것은 주체성을 잃고 물결의 흐름에 따라 흘러가는 뜻이 아니다. 무엇을 따르는가、이것은 주체의 결단에 달려 있다. 따라가는 대상을 똑똑히 정해야 한다.

윗괘의 ☱(兌)는 젊은 여자、아랫괘 ☳(震)은 중년 남자다. 중년남자가 소녀에게 홀려 따르는 격이 되고 실력자가 한 걸음 양보해서 자기 밑에 사람을 따르는 것이라고도 할 수 있다. 어떤 것이던 간에 진지한 행동을 취한다면 반드시 좋은 결과를 얻을 수 있다.

이 괘를 계절에 비한다면 가을이다. (一설에 의하면 초봄이라고도 한다). 왕성한 기운이 쇠할 때 남을 따르는 기분을 잊지 말아야 한다.

八、고(蠱) ☶☴ 위 간艮上 아래 손巽下 산과 바람은 고다
(山風蠱) <화가 바뀌어 복이 된다>

(해설) 고(蠱)란 벌레들이 그릇(皿)을 파 흩으린다. 또는 접시에 담은 음식에 벌레들이 들끓고 있다는 말이다. 태평이 계속되면 부패와 혼란이 안으로 스며든다. 괘의 꼴도 산(山)☶(艮) 밑에 바람(風)☴(巽)이 불어 닥쳐 재앙을 일으키는 현상、또는 중년 부인 ☴(巽)이 젊은 사내 ☶(艮)를 고혹(蠱惑)하는 꼴을 가리키고 있다.

천변지이(天變地異) 풍기문란(風紀紊乱)、참으로 다사 다난하다. 그러나 절망하지 말라. 궁하면 통한다. 모순이 심하면 심할수록 반대로 근본적 해결이 가능하다. 이것을 기회로 내부를 파고드는 병근을 철저히 빼버려야 한다. 부패와 혼란시의 때는 동시에 혁신 신생의 때 이기도 하다.

九、임(臨) ☷☱ 위 곤坤上 아래 태兌下 땅과 못은 임이다
(地澤臨) <세상에 임한다>

(해설) 임(臨)이라는 것은 위에서 아랫 것을 내려다 보는것、바꿔어 위에서 지배와 보호를 하는 것이다(君臨). 지배하는 방법은 갖가지지만 이 괘는 위 아래가 가깝게 지내는 상태를 말한다.

또 밑에 두개의 양(陽)(⚌)이 있고 운기(運氣)가 점점 융성할 때다. 그러나 이런 경우는 단기 결전(短期決战) 급속히 성하고 곧 쇠퇴할 경향이 있기 때문에 시기를 보는 눈이 예민해야 한다. 또 열중하는가 하면 곧 잊어버리는 인간류형(人間類型)을 나타내는 것이기 때문에 좀처럼 정신차려 덤비지 않으면 일생 한을 남기기 쉽다.

二〇、관(觀) ䷓ 아래 곤坤下 위 손巽上 바람과 땅은 관이다
(風地觀)〈사물을 보는 방법에 대해서〉

(해설) 관(觀)은 응시(凝視)하는 것, 그저 막연히 보는 것이 아니고 깊은 곳까지 뚫어지게 잘 보는 것을 말한다. 이 괘의 꼴은 음의 세력(⚋)이 위의 양(⚊)을 눌러 밀어낼 듯한 세력을 보이고 있다. 또 땅 위(☷)(坤)에 바람(☴)(巽)이 불어 닥치는 모양을 표현하고 있다.

군자의 도가 쇠하고 이욕(利慾)이 서로 다투어 질서를 파괴하는 때다. 그러나 이러한 때 일수록 조용히 심사숙고해서 현상의 깊은 곳까지 꿰뚫어 보아야 한다.

이러한 태도가 몸에 젖으면 덕이 되어 사람들을 감화할 수 있다. 행동보다도 고요히 생각할 시기 때문에 지도적인 지위에 있는 사람, 교육자, 학자, 연구가들에게는 좋은 괘다.

二一、서합(噬嗑) ䷔ 아래 진震下 위 이離上 불과 천둥은 서합이다(火雷噬嗑)〈연대(連帶)조직의 쇠기〉

(해설) 서합(噬嗑)이란 물건을 씹는 것을 말한다. 괘의 골을 보면 위와 아래의 양효(⚊)는 턱, 음효(⚋)는 치아, 이와 이 사이에 물건이 있어서 상하가 서로 움직여 씹지 못하게 방해하는 상태다. 방해물을 씹어 재면 위아래가 합쳐진다. 또 윗괘인 ☲(離)는 태양, 전광(電光), 아랫괘인 ☳(震)은 활동, 뇌동(雷動)뇌성으로 어느 것이나 왕성한 활동력을 상징한다.

왕성한 생활력과 적극성으로 장해물을 물리치고 나아간다면 큰 성과가 있으리란 것을 가리킨다. 그러나 장해물은 강양(剛陽)이기 때문에 대수롭지 않게 생각하다가는 뜻하지 않은 저항을 받게 된다. 철저하지 못한 타협이나 고식적인 수단을 쓰지 말고 전력을 기울여서 정면으로 뚫고 나가도록 명심하라.

三、비(賁) ䷕ 아래 이離下 위 간艮上 산과 불은 비다
(山火賁)〈문명과 퇴폐(頹廢)〉

(해설) 비(賁)는 꾸밈, 장식(裝飾)이란 뜻이다. 아름다운 장식은 사람들의 마음을 기쁘게 하는 것이며 또 그것은 예(禮)가 되어 사회질서를 이룬다. 괘의 모양은 산을 의미하는 ☶(艮) 밑에 태양을 의미하는 ☲(離)가 있어 저녁노을이 산천초목을 아름답게 물들이는 것을 가리킨다. 그러나 그 것은 동시에 몰락 직전에 반짝 빛을 내는 형세를 암시하기도 한다. 문명이 지나치게 진보하면 퇴폐미(頹廢美)를 좋아하게 되어 마침내 소박한 생명력은 잃게 된다. 개인으로 말하자면 외면만을 치장

하고 내면적인 묘미를 잃고마는 것이다. 무슨
일에나 외면의 화려 성대한 것에만 정신을
빼앗기지 말고 신중하게 내용을 검토해야 한
다.

二三、박(剝) ䷖ 아래 곤坤下 위 간艮上 산과 땅은 박이다

(山地剝)<스며들어 오는 위기>

(해설) 「박(剝)」이란 벗긴다. 깎아내린다는
뜻이다. 양(陽)의 힘이 점점 깎여 곧 무너지
려는 위기를 말한다. 서괘전(序卦伝)에서는
문화가 극도로 난숙하면 그 뒤에는 반드시 사
회가 쇠멸한다고 설명하고 있으며 괘의 모양도
아래서부터 상승하는 음효(陰爻)들이 겨우
하나 밖에 남지 않은 양효를 압도하고 있고,
또 높이 솟은 산(☶艮)이 침식작용으로 인해서
평지(☷坤)로 화해버리는 모양을 나타내고 있다.
스스로 깨닫지 못한 중병, 실각을 바라고 있는 부
하 방탕(一陽에 五陰)으로 인한 파산등 쇠운
의 극이다. 함부로 애쓰지 말고 가만히 겨울이
지날 때까지 기다려야 한다. 겨울이 오면 봄이
멀지 않으니 一양 내복(一陽來復)의 괘가 다음에
기다리고 있다.

二四、복(復) ䷗ 아래 진震下 위 곤坤上 땅과 천둥은 복이다

(地雷復)<한번 양이 가면 다시 돌아 온다
(一陽來復)>

(해설) 파괴뒤에는 건설이 시작된다. 부흥
이다. 「부(復)」는 동지(冬至)를 가리킨다.
음(陰)의 기(氣)(⚋)가 길은 그 속에 양의 기
(氣)(⚊)가 싹트기 시작하고 서서히 봄이 돌아
오는 것이다. 괘꼴도 땅속(地中)(☷)에 깊은
곳에 봄기운이 발동(☳震)하고 있음을 가리
킨다. 오랜 고통도 이제 한순간 뿐이다. 그
러나 조급히 뛰어 나가려하지 말라. 덤벼 싹
을 내려하면 늦서리를 맞아 시들어 버린다. 신
중히 장래의 큰 계획을 세워야 한다. 역점
(易占)에는 복연(復緣) 화해, 실물(失物)에
좋다고 하는 괘다.

二五、무망(无妄) ䷘ 아래 진震下 위 건乾上 하늘과 천둥은

무망이다(天雷无妄)<흐르는 대로>

(해설) 「무(无)」는 무(無) 망(妄)은 망(望) 어떻
게 하고 싶다는 기대와 예정, 속셈, 속임수를
버리고 되는대로 내버려 두는 일이다. 노자(老
子)의 무위자연(無爲自然)의 도와 비슷하다.
무망(無望)이라는 것은 또 생각지 않았던 일,
예기치 않았던 일이란 뜻이다. 하늘의 섭
리에 내 맡겨 뜻하지 않았던 일에 부닥쳐
도 동요하거나 행동하는 일없이 조용히 솔
직하게 그것을 받아 들이는 일이다. 물론
그것은 단순한 소극적인 것과는 다르다. 혼
자 홍수를 만나더라도 묵묵히 매지를 붙
들고 떠나지 않는 농부의 마음, 괴롬을 참
고 어린애를 기르는 어머니의 태도다. 또 송대
(宋代)의 학자는 망(妄)을 거짓 엉터리라

고 해석하고 「무망(无妄)」이란 지성 진실한 것이라고 설명하고 있다.

二六、대축(大畜) ☶☰ 아래건乾下 위간艮上 산과 하늘은 대축이다(山天大畜)〈막대한 축적(蓄積)〉

(해설) 대축(大畜)은 「九、소축」과 맞비교되고 대가 소를 기른다는 것, 곧 위대한 왕자가 인재를 보호하고 교육하고 실력을 쌓게 한다는 뜻이다. 「축(畜)」의 옛 자는 축(蓄)이다. 밭이 무성(玆)하다. 곧 풍작을 말한다. 대축은 대풍작으로 창고에 곡식이 산처럼 쌓이는 상태다. 큰 희망을 품는 이는 먼저 힘을 길러야 한다.

인덕, 지식, 인재, 자금을 충분히 저축하고 기력, 충실, 정기가 넘쳐 흐름으로써 비로서 큰 사업을 다할 수 있다. 위험이나 장해도 당당히 극복해 낼 수 있다. 괘의 꼴은 하늘의 기(天氣)(☰)를 광장하게 저축해서 초목을 길러내는 산(☶)을 가리키는 것이다.

二七、이(頤) ☶☳ 아래진震下 위간艮上 산과 천둥은 이다(山雷頤)〈기르는(養) 도(道)〉

(해설) 이(頤)는 덕이다. 「서합(噬嗑)」에서 설명한 것처럼, 괘의 꼴은 윗턱 아랫턱을 가리킨다. 또 윗괘 ☶(艮)은 「멎는다」 아랫괘(震)은 「움직인다」는 뜻이며 마치 덕의 움직임과 일치한다. 사람은 덕을 움직임으로써 음식물을 받아 육신을 기른다. 이런 뜻에서 이(頤)는 「기른다」는 뜻이 된다. 몸을 기른다. 정신을 기른다. 남을 기르고 물건을 기르는 등등 「기르는(養)」 도(道)는 참으로 다양한 것이기 때문에 그만큼 신중하게 해야 한다. 병은 입으로 들어가고 화는 입에서 나온다. 언어, 음식에는 특히 주의해야 하리라.

二八、대과(大過) ☱☴ 아래손巽下 위태兌上 못과 바람은 대과다(澤風大過)〈과중한 임무〉

(해설) 「대과(大過)」는 대(大)(陽)가 지나치게 많아 그것을 받들고 있는 것이다. 약하다는 뜻, 곧 안바란스를 말한다. 지나치게 많은 일을 맡아 말할 수 없는 고역에 괴로움을 받는 것이다. 괘의 꼴도 홍수의 물결(洪流)(☱兌)에 빠진 나무(木)(☴巽)를 나타내고 있다. 그렇다고 해서 일을 포기할 수는 없다. 격류에 견디어 내고 크나큰 용맹심을 가지고 해 내야 할 것이다. 남녀관계에 있어서도 안바란스가 뚜렷히 나타나고 특히 유부녀가 젊은 남자와 불의의 사랑에 빠지는 경향이 있다. 회사 같은 데서는 상하를 연결하는 파이프가 막혀 중간에 있는 자가 지나치게 강해진 상태다. 「대과(大過)」는 대들보가 지붕 무게에 눌려 휘어지는 것으로 비유될

수 있다.

二九、습감(習坎) ䷜ 아래 감坎下 위 감坎上 감은 수가 된다 (坎爲水) 〈하나의 환관이 지나가면 또 하나의 환관이 온다〉

(해설) 네개의 큰 난괘(難卦)(屯、習坎、蹇、困)의 하나다. 감(坎)은 험난에 빠진다는 뜻이다 이 괘는 감(坎)이 둘이 겹쳐서 (習) 차례차례 험난에 빠지는 것을 나타내고 있다. 이러한 때 태도 여하에 따라 사람의 참된 인격이 결정된다. 곤란에 눌려 버리고 말든가 그렇지 않으면 고난을 거듭함으로서 연마하고 용기와 힘을 기르든가...... 지금 당장 곤란을 해결한다는 것은 어려운 일이다. 무슨 일에나 두려워하지 않는 신념과 고식을 버린 지성을 가지고 격류와 맞서는 외에 다른 도리가 없다.

三〇、이(離) ䷝ 아래 이離下 위 이離上 이는 화가 된다 (離爲火) 〈정열(情熱)을 따라〉

(해설) 「이(離)」괘는 불, 태양을 상징한다. 또 밝음이요 지성이다. 불이 붙는다는 뜻에서 서로 마주붙는 것을 가리키기도 한다. 이 괘는 위 아래 두 괘가 ☲(離)이니, 더할 나위 없이 밝은 태양, 불같은 정열 그리고 명석한 지성을 나타내고 있다. 자기가 설 곳에 든든히 뿌리를 박고 능력을 있는 한다 발휘할 때다. 그러나 정열에 내 맡겨 경솔한 행동을 할 경향도 있다. 「암소를 기르면 길하다」 — 암소처럼 온순함이 중요하다.

三一、함(咸) ䷞ 아래 간艮下 위 태兌上 못과 산은 함이다 (澤山咸) 〈마음의 교류 — 연애(戀愛)〉

(해설) 함(咸)이란 느낌(感), 감응(感應)을 가리킨다. 마음의 교류 없이 사회생활은 성립되지 않는다. 그 사회의 최소단위, 마음이 교류되는 전형이 부부다. 이 괘의 윗괘 ☱(兌)는 젊은 여자 아랫괘(艮)는 젊은 남자를 의미하고 여자 발밑에 남자가 무릎을 꿇고 사랑을 구하는 꼴이다. 젊은 남녀는 사귀면 곧 사랑의 불꽃이 일어난다. 가장 감응되기 쉬운 점에서 이 괘로 인해 감응의 원리를 가리키고 있다. 「함(咸)」의 원리는 부부로부터 사회 일반, 그리고 다시 천지 우주에까지 설명할 수 있다.

三二、항(恒) ䷟ 아래 손巽下 위 진震上 천둥과 바람은 항이다 (雷風恒) 〈변화가 없는 생활 — 결혼〉

(해설) 연애 뒤에는 결혼이다. 항(恒)이란 언제나 변치 않는다는 뜻이며 안정된 결혼생활을 의미한다. 윗괘 ☳(震)는 성년 남자, 아랫

괘 ☴(巽)는 성년된 여자, 「함(咸)」괘에서는 젊었던 두 사람도 이제는 중년이 되고 위치도 남자가 위에 서고 여자는 아래서 따르고 있다. 이전의 불타던 연정도 평온한 생활로 변하였다. 이같이 되면 또 파란을 바라는 마음이 움직인다. 곧 「들뜨기」 시작한다. 위험한 유혹을 쫓아버리지 않으면 항구한 길은 얻을 수 없다. 지금은 부부사이 뿐 아니라 무슨 일이나 처음에 지녔던 마음을 잊지 않고, 신기(新奇)한 것에 유혹되는 일없이 방침을 일관해서 나가는 것이 긴요하다.

三三、돈(遯) ☶☰ 아래간艮下 위건乾上 하늘과 산은 돈이다(天山遯)〈일보후퇴(一歩後退)〉

(해설) 송(宋)의 대학자 주희(朱熹)가 천자의 시강(侍講=군주를 가르키는 이)으로 있을 때 권신(權臣) 한탁주(韓侂胄)의 전제를 탄핵하는 상소문을 제출하려 했던 일이 있다. 이것을 안 제자들은 스승의 위험을 두려워 말렸으나 듣지 않고 마침내 점을 쳐서 결정하기로 했다. 그 때 얻은 것이 돈(遯)괘였다. 주희는 말없이 물러나 상소문을 태워버리고 나서 은퇴했다고 한다. 돈이라는 것은 피해 물러난다는 뜻 또 돼지(豚)와도 통한다. 돼지는 달아나기 잘하는 동물이다. 운기가 쇠해져서 때가 좋지 않을 때는 지체없이 물러가는 것이 상책이다. 괘꼴은 음(陰)의 세력(⚋)이 일어나서 위에 있는 양(⚊)이 은퇴하는 것을 말한다. 힘을 다해 이를 뚫고 나가려 하지 말고 쇠운이 지나기를 기다릴 것이라.

三四、대장(大壯) ☰☳ 아래건乾下 위진震上 천둥과 하늘은 대장이다(雷天大壯)〈싸움이 헛되다는 것〉

(해설) 대장이란 대(大) 곧 양(陽)이 왕성하다는 것, 또 크게 왕성하다는 것이다. 양기가 아래서부터 성하여 위로 올라가고 위의 음기를 쇠하게 하는 꼴이다. 음기를 띤 것은 모두 윗괘 양기가 호화롭게 활기를 띠고 나아가는 상태. 따라서 겉으로 보기와는 달리 실질적이 못되는 경향이 있다. 하늘(☰乾)에서는 뇌성(☳震)이 들리는데 전혀 비가 내릴 징조가 없는 괘상이다. 이러한 때에는 자기 자신을 다시 한번 되돌아 볼 필요가 있다. 사업을 확장하는 것도 좋고 힘을 믿고 돌진할 때인 것이다. 그러나 태평스럽게 방심하면 큰 실패를 한다.

三五、진(晉) ☷☲ 아래곤坤下 위리離上 불과 땅은 진이다(火地晉)〈아침해가 하늘에 오르다(旭日昇天)〉

(해설) 진(晉)이란 나아감(進)을 말한다. 「대장(大壯)」과 같이 맹진(盲進)하지는 않는다. 때를 만나 모든 능력을 발휘하는 것이다. 윗괘 ☲(離)는 불(火), 곧 태양, 아랫괘 ☷(坤)는 땅, 땅에 태양이 비치기 시작한 것이다. 희망에 찬 아침이다. 지금은 얼마든지 일을 맡기만 하면 순조롭게 해낼 수 있다. 일하면 일할수록 주위로부터 인정되어 크게 보답을 받을 수

있다. 고통속에 있던 사람도 이제부터는 상승하기 시작한다. 따라서 덤빌 필요는 없다. 천천히 자신을 가지고 자기 위치에서 나아가면 된다.

三六、명이(明夷) ䷣ 아래 이離下 위 곤坤上 땅과 불은 명이다(地火明夷)〈간난이 그대를 옥(玉)으로 만들리라〉

(해설) 명이(明夷)란 명(明)이 깨어진다. 이(夷)는 뜻 곧 현명한 것이 상처를 입는 것이다. 「진(晉)」과 정반대로 태양(☲離)이 땅(☷坤)속을 떨어져 암흑이 지배하고 있는 꼴이다. 또 어둡고 어리석은(暗愚)자가 위에 있어서 재능있는 부하를 누르고 있다고도 볼 수 있다. 이러한 때에 변변찮은 재능을 발휘해서 국면을 타개하려 한다면 곧 주위 사람들한테 얻어맞아 터지고 말 것이다. 괘상에 나타난 것처럼 밝은 지혜(明知)(離)를 어리석음(暗愚)(坤)으로 가장하고 조금씩 내면의 충실을 꾀해야 한다. 「바보」라는 말을 듣는 것이 좋다. 고난 속에서 닦아진 실력은 마침내 옥과 같이 빛나게 될 것이다.

三七、가인(家人) ䷤ 아래 이離下 위 손巽上 바람과 불은 가인이다(風火家人)〈집안의 평온〉

(해설) 가인(家人)이란 글자 그대로 가정의 가족을 말한다. 가족의 중심은 부부며 특히 주부의 구실은 크다. 가정이 항상 평화롭기 위해서는 주부의 따뜻한 마음씨가 필요하다. 이 괘는 남편을 위로하고 자식을 귀히 여기는 현모양처를 가리킨다. 괘의 꼴은 상양(上陽)을 빼고는 바른자리(正位)에 있고 또 상하가 바로 응(正應)하고 있다. 가정을 지켜 부모 형제 부부가 화목하다. 윗괘(上卦)의 ☴(巽)는 장녀, 아랫괘의 ☲(離)는 중녀(中女)다. 가끔 여자들 사이에 일어나는 갈등으로 가정의 평화를 위협한다. 며느리와 시어머니, 시누이 등등. 이 괘는 위에 있는 장녀에게 중녀(中女)가 따르고 있다. 이로 인해서 만사가 원만하게 된다.

三八、규(睽) ䷥ 아래 태兌下 위 이離上 불과 못은 규다(火澤睽)〈며느리와 시어머니〉

(해설) 규(睽)란 거스른다, 반목한다는 말이다. 전항에서 말한 「가인(家人)」의 괘를 거꾸로 한 것으로 가정의 불화, 의견의 상치, 모순상극(矛盾相剋)을 가리킨다. 윗괘의 ☲(離)는 불(火)·소녀(小女) 아랫괘의 ☱(兌)는 못(澤)·중녀(中女)다. 불은 위에 물은 아래로 그 향하는 방향이 정반대다. 또 여자들 사이의 음성적인 대립이다. 며느리와 시누이의 대립, 그런 느낌을 주는 괘다. 이러한 때는 큰 문제를 풀려고 해서는 안 된다. 적은 일을 조금씩 하는 마음씨가 필요하다. 며느리나 시어머니가 한 집안에 없을 수 없는 인원(人員)인 것처럼, 만물은 모두 서로 모순된 속에서 비로소 동일이 있고 진보가 있는 법

이다. 모순을 잘 살리는 것이 중요하다.

三九、건(蹇) ䷦ 아래간艮下 위 감坎上 물과 산은 건이다
(水山蹇)〈일이 생각대로 진척되지 않는다〉

(해설) 건(蹇)이란 앉은뱅이나 절름발이를 가리킨다. 여기서 일이 생각대로 진행되지 않는다는 뜻이 나온다. 앞 뒤가 다 「위험으로 가득차고」 사면팔방이 다 막혀 꼼짝 달싹 못하는 상태다. 괘 꼴도 험한 산(☶艮)과 위험한 큰 강(大河)(☵坎)을 가리키고 있다.

이러한 때는 할 수 있는대로 무리하지 말고 평범한 길을 선택하고, 견식있는 이의 의견을 듣는 것이 중요하다. 그래도 고난이 계속되는 것은 어찌할 수 없는 운명이다. 「험한 것을 보고 잘 머물러 있으니 지혜로운 일이 아니냐」 ―부질없이 나아가지 말고 조용히 반성해서 덕을 닦고 위험하고 힘든 시기가 지나기를 기다려야 한다.

四十、해(解) ䷧ 아래감坎下 위 진震上 천둥과 물은 해다
(雷水解)〈눈이 녹는다〉

(해설) 해(解)는 풀린다, 해결한다는 뜻이다. 계절에 비한다면 춘분(春分)에 해당한다. 얼음이 풀리고 만물은 소생한다. 그리고 지금까지 괴롭고 걱정되던 어려운 문제도 해결되어 새로 출발할 때가 온 것이다. 이 기회를 놓치지 말라. 곧 좋은 기회를 붙잡아야 한다. 어물어물하다가는 기회를 놓치게 된다. 괘의 형은 봄의 천둥(春雷)(☳震)과 봄비(春雨)(☵坎)를 나타내고 있다. 밭갈고 씨뿌릴 때 게을러 허송세월하면 일년의 수확은 바랄수 없다. 엄동을 빠져나온 해방감에 잠기는 것도 좋지만 절대로 방심하지 말라.

四一、손(損) ䷨ 아래태兌下 위 간艮上 산과 못은 손이다
(山澤損)〈손해를 보고 이득을 얻으라〉

(해설) 손(損)이란 손감(損減) 손실(損失)이란 뜻이지만 단순한 손해가 아니고 오히려 봉사(奉仕)라는 말에 가깝다. 자기힘을 쪼개서 남을 준다. 곧 사회에 봉사한다는 뜻이다. 한푼의 이익도 없으면서 그리고 주위가 비웃을지라도 신념을 관철하는 것이 바로 「손(損)」의 도(道)인 것이다. 그 것을 단순한 손실이라고만 볼 것인가? 기쁨을 얻을 것인가는 그 사람의 마음속에 달린 문제다. 큰 목적을 위해 작은 욕심을 버린다. 옳음으로서 이득을 본다. 사랑하는 사람을 위해 자기를 희생한다. 곧 눈앞의 이익을 버리고 먼 장래를 얻는 것은 중요한 일이다. 괘의 꼴은 산(☶艮) 밑에 있는 늪(澤☱兌), 못이 자기를 낮춤으로써 산은 한층 더 높아진다.

四二、익(益) ䷩ 아래 진震下 위 손巽上 바람과 천둥은 이익이다(風雷益)〈달리는 바람 빠른 천둥(疾風迅雷)〉

(해설) 전항에서 말한 「손(損)」과는 반대로 위를 줄이고 밑을 더하는 것인데 윗사람이 아랫사람들에게 자비를 베푼다는 뜻이다. 그것이 맨 나중에는 자신에게 이롭다. 이것은 「손(損)」의 경우와 마찬가지다. 윗괘의 ☴(巽)은 바람(風), 따른다(從)는 뜻이며 아랫괘의 ☳(震)은 천둥(雷), 움직인(動)다 라는 뜻을 나타내고 있다. 아래가 움직이면 위가 이를 따르고 돕는다. 하늘이 편들어 주는 것이다. 질풍신뢰(疾風迅雷), 기회가 좋다고 보면 돌진하는 것이 좋다. 적극적으로 곤란을 극복해서 널리 사회적 이익을 꾀하는 자에게는 크게 길할 괘다. 또 「손(損)」(아래를 줄인다)을, 민중의 권리를 제한하는 비상시의 권력 집중이라 한다면 「익(益)」은 민주주의, 평화시대를 가리키는 것이다.

四三、쾌(夬) ䷪ 아래 건乾下 위 태兌上 못과 하늘은 쾌다(澤天夬)〈독재자를 단죄(斷罪)하다〉

(해설) 쾌(夬)라는 것은 결궤(決潰), 결렬(決裂)의 결(決)에 해당되는 말로 열어 젖힌다. 중대한 일을 결행한다는 뜻이다. 맨 위에 음효(陰爻)⚋가 있어서 다섯개의 양효(陽爻)⚊를 내리 눌르고 있다. 독재자가 여론을 무시하고 압정을 실시하는 꼴이다. 어떠한 위험이나 어떠한 비상 수단을 써서라도 이 독재자를 제거(夬)해야 한다. 굳세고 태연한 정신(乾)으로 이를 감행할 때 비로서 사람들은 기쁨(兌), 화목을 얻을 수 있는 것이다. 그러기 위해서는 불순한 동기가 없어야 한다. 사리사욕을 버리고 정의를 관철할 것, 또 자기 발판을 든든히 하고 실행할 것, 폭력은 될 수 있는대로 피하는 것이 중요하다.

四四、구(姤) ䷫ 아래 손巽下 위 건乾上 하늘과 바람은 구다(天風姤)〈여왕벌(女王蜂)과 같은 여자〉

(해설) 구(姤)는 해후(邂逅)의 후(逅)와 같은 것으로 우연히 만난다는 뜻이다. 「쾌(夬)」에서 소인(小人)의 세력을 쫓아버리고 평화스런 시대가 왔다고 생각하고 있을 때 생각지 않았던 곳에서 재화가 닥쳐온다는 뜻이다. 괘꼴(卦形)은 아랫괘의 음효(陰爻)⚋가 다섯개의 양효⚊를 싣고 있다. 곧 한 여자가 다섯 남자를 상대하고 있는 꼴이다. 물장사를 하고 있는 여자라 하더라도 상당한 수완이 있다. 이러한 방면에는 좋은 괘지만 결혼 상대로서는 좋지 않다. 「아내를 삼는데 쓰지 말라.」라고 되어 있다. 그것은 그렇다고 치고 이 괘를 나쁜 면에서만 보아서는 안된다. 우연한 상봉은 아름다운 인간관계를 낳는 일도 있는 법이다.

四五、췌(萃) ䷬ 아래곤坤下 위태兌上 못과 땅은 췌다(澤地萃)〈사막의 오아시스〉

(해설) 췌(萃)의 본 뜻은 풀이 무성한 것으로 사람이나 물건이 모인 것을 의미한다. 땅(地☷坤)위에 못물(澤水☱兌)이 모이고 초목이 무성하고 사람이 모여 교역(交易)이 이루어진다. 마치 사막의 오아시스다. 여행자는 오아시스를 만나 하늘의 은혜를 고마워한다. 이 괘는 현재의 번영은 하늘과 조상의 은덕인데 그것을 감사할 줄 모르고 자기 힘만 과신해서는 안된다고 경고하고 있다. 또 못의 물이 땅에 모이는 모양에서 홍수가 있으나 풍작을 거둘 수 있다. 또 호수. 온천을 생각할 수도 있다. 옛부터「잉어가 용문(龍門)에 오르는 상(象)」이라고도 해서 입시. 취직. 인사이동 등에는 크게 길한 괘다

四六、승(升) ䷭ 아래손巽下 위곤坤上 땅과 바람은 승이다(地風升)〈자라나는 새싹〉

(해설) 승(升)이란 오른다는 뜻, 땅(☷坤)속에 싹이 나온 어린 나무(☴巽)가 하늘을 향해 구력무력 자라는 모양을 나타낸 괘다. 상승(上昇)을 나타낸 괘는 세개가(晋、升、漸) 있지만 순조롭게 성장하는 것은 이 괘가 최고다. 세력으로 보면 아침해가 오르는 (旭日昇天) 진(晋)이 최고지만, 이것은 가끔 위험과 잘못이 따르는 법. 이 괘는 견실하게 자라고 자신을 가지고 향상하는 것을 나타내고 있다. 그리고 「단전(彖傳)」에는 이에 대비하기 위해서 때를 만날 것과 실력을 기를 것, 후원자를 얻을 것, 이 세가지를 들고 있다. 어린 싹에는 이봄이란 계절과 강열한 생명력과 풍부한 양분이 필요한 것이다.

四七、곤(困) ䷮ 아래감坎下 위태兌上 못과 물은 곤이다(澤水困)〈섶에 누어 쓸개를 핥다(臥薪嘗膽)〉

(해설) 곤(困)이란 글자는 울타리 안에 있는 나무로 자라나려고 하지만 방해되고 고민하는 상태를 나타내고 있다. 괘의 꼴도 철철 넘쳐야 할 못(☱兌)이 말라버린(☵坎=물이 아래에 있다) 모양을 나타내고 있다. 또 세개의 강효(剛爻)(⚊)가 모두 음효(陰爻)(⚋)에 싸여 괴로워하는 모양이다. 변변찮은 사람들에게 방해되어 뜻을 못 이루고 있다. 자금난을 받는다. 무엇을 말하더라도 믿어 주지 않는 것처럼 사면이 꽉 막힌 때를 말한다. 그러나 시련의 시기야 말로 인간의 참된 품위가 나타난다. 월왕(越王) 구천(句踐)이 자기는 오왕(吳王)의 부하가 되고, 아내는 오왕의 여종이 된 이런 역경에 있었지만 와신상담(臥薪嘗膽) 뜻을 이루었다는 옛 이야기를 생각해야 한다.

四八、정(井) ䷯ 아래손巽下 위감坎上 물과 바람은 정이다(水風井)〈맑은 물이 가득찬 우물〉

(해설) 정(井)이란 우물이란 뜻이다. 괘상은 물(☵坎) 아래 나무(☴巽)가 있고 우물 속에 두레박을 넣은 꼴이다. 우물은 그 모양이 허술하지만 물은 퍼내도 끝이 없는 생명을 가지고 있다. 인간생활에 꼭 있어야 하는 것이지만 보통은 그 고마움을 모른다. 모든 사람에게 개방되어 있고 지나가는 나그네도 그 은혜를 받는다. 우물은 가끔 쳐내야 한다. 신진대사가 필요한 것이다.

우물에는 두레박이 있어야 한다. 모처럼 맑은 물도 퍼낼 수 없이 썩고 만다. 우물은 이동할 수는 없다. 가만히 제 자리를 지키고 있다.

이러한 성질을 인간에게 맞추어 생각케 하는 것이 이 괘다.

四九、혁(革) ䷰ 아래 이離下 위 태兌上 못과 불은 혁이다

(澤火革) 〈혁명의 시기가 이르다〉

(해설) 혁(革)이란 새롭게 하다. 혁명, 혁신, 변혁의 혁이다. 낡은 것을 새로운 것으로 만들어 가는 과정이다. 괘꼴을 보면 불(火☲離)과 물(水☱兌)이 서로 맞서고 있는 꼴, 또는 중녀(中女)(離)와 소녀(小女)(兌), 곧 위 아래가 대항 충돌하는 꼴이기도 하다. 「혁(革)」은 이 모순 상극을 해결하는 도(道)다. 거기에는 잔 재주를 부리거나 사욕으로 움직여서는 안 된다. 다소의 혼란은 피할 수 없으나 어디까지나 바른 도(正道)를 지켜야 한다. 혁신은 단순한 변화가 아니다. 거기는 적극적인 가치가 포함되어 있는 것이다. 보기 흉한 수단으로써 목적을 더럽히지 말고, 「이(離)」가 가리키는 밝은 지혜(明知), 용기도 한층 높은 단계로 비약할 때인 것이다.

五十、정(鼎) ䷱ 아래 손巽下 위 이離上 불과 바람은 정이다

(火風鼎) 〈세발 달린 솥〉

(해설) 정(鼎)이란 세발 달린 솥을 말한다. 솥이는 그릇, 세발로 받쳐져 있다. 신령에게 바치는 제물을 솥이는 제기(祭器), 그리고 또 국가 권위의 상징이기도 하다. 권위를 의심하는 것을 세 발 솥의 경중(輕重)을 따진다고 표현하는 것도 여기서 나온 말이다. 세 개의 발은 협력과 안정을 가리킨다. 三점은 하나의 평면을 결정하고 세 개의 발이 가장 안정한 수 있기 때문이다. 세 사람이 힘을 합해서 무거운 것을 받쳐 나가는 모양, 개인으로는 소위 三박자(三拍子)가 나란히 된 꼴로 무슨 일이나 순조롭게 진전함을 나타낸 괘다. 남녀관계에서는 三각관계를 나타내지만 그것도 원만히 되는(初爻)것이다. 끝까지 협력관계를 잃지 않는 것이 긴요하다.

五一、진(震) ䷲ 아래 진震下 위 진震上 진은 천둥이 된다

(震爲雷) 〈대산 명동(大山鳴動)〉

(해설) 진(震)은 천둥, 움직임을 말한다. 이

괘는 그것이 두렵으로 되어 있어 천둥이 하늘과 땅 사이를 진동시킨다는 뜻이다. 고대인은 천둥을 하늘이 노하는 소리로 알고 아주 두려워했다. 그러나 이것이 뜻밖에도 실해(実害)가 적다는 것을 경험으로 알고 있었다. 이목(耳目)이 놀래 움직일 정도로 두려운 일을 당할 때는 이 천둥을 생각하는 것이 좋다. 침착, 냉정하게 거동하면 이외로 아무 일 없이 지나칠 수 있는 것이다. 또 이 괘는 헛 위세만 부리고 요긴한 내용을 가지지 않은 것을 말한다. 십분 조심하라.

五二、간(艮) ䷳ 아래 간艮下 위 간艮上 간은 산이 된다(艮爲山) 〈움직이지 않는 산들〉

(해설) 앞에서 말한「진(震)」괘와 정반대가 되는 괘다. 따라서 이 괘의 뜻도 아주 반대가 된다. 진은 움직이는 천둥이지만「간(艮)」은 태연히 움직이지 않는 산이다. 깊이 깊이 생각해서 경거망동을 삼가야 할 때다. 경솔하게 나아가면 산에 또 산이 있는 난관에 부닥칠 것이다. 괘 꼴은 각효(各爻)가 모두 바로 응(正應)한 것이 없다. 협력자는 기대할 수 없고 홀로 자기 곧을 갈 각오가 필요하다. 의뢰심은 아무 소용이 없다. 착실한 노력으로 현재의 지위, 환경을 지켜 나가야 한다.「간(艮)」은「쾌(夬)」나「함(咸)」처럼, 몸의 여러 부분을 비교해서 발부터 머리로 차례로 올라간다.

五三、점(漸) ䷴ 아래 간艮下 위 손巽上 바람과 산은 점이다(風山漸) 〈착실한 성장(成長)〉

(해설) 점(漸)이란 천천히 나아가는 것. 급격한 성장은 바랄 수 없지만 착실하게 순서를 밟아 나아가는 것을 말한다. 괘 꼴은 산(☶艮) 위의 나무(☴巽)가 눈에 보이지 않는 속도로 그리고 착실하게 자라남을 나타내고 있다. 또 여자(☴巽)가 침착하게(☶艮) 구혼을 기다리는 모양이다. 각효(各爻)의 사(辭)는 기러기가 물가에서 바위로 바위에서 다시 육지로, 나무 위로, 산위로 그리고 높은 구름 속으로 날아가는 모양을 상징하고 있다. 기러기는 엄격한 一부 一처제를 지키는 새로 이상적인 부부 관계의 상징, 또 날을 때는 절대로 서열을 흩으려뜨리지 않는다. 혼례의 의식이 바른 순서로 실시되는 것처럼 무슨 일이나 순서바르게 진행된다면 길하다.

五四、귀매(歸妹) ䷵ 아래 태兌下 위 진震上 천둥과 못은 귀매다(雷澤歸妹) 〈바르지 못한 연애〉

(해설) 귀매(歸妹)라는 것은 젊은 여자가 시집가는 것을 말한다. 그러나 이 괘에서 말하는 것은 정상적인 결혼이 아니다. 젊은 여자(☱兌)편에서 적극적으로 나이 많은 남자(☳震)에게 덤벼들어 여자로서 기다려야 할 상도를 거스르고 있다. 또 음효(陰爻)⚋가 양효(陽爻)⚊를 눌러버리는 꼴이다. 남자가 움직여(☳震) 여자가 기뻐한다(☱兌). 곧 육체관계만으로 결합되어

애정이 모자란다. 역(易)에는 남녀관계를 가리키는 괘가 넷이 있지만(咸、恒、漸、歸妹) 이 괘만이 불길한 운명을 말하고 있는 것은 그 때문이다. 정신적인 것을 충실(充實)케 하고 오래 결합하도록 관계를 높여갈 필요가 있다. 이것은 한 예를 든 것이지만 결혼 뿐 아니라 모든 일에 그러하다.

五五、풍(豐) ䷶ 아래 이離下 위 진震上 천둥과 불은 풍이다 (雷火豐)〈충족(充足) 안에 슬픔(悲哀)〉

(해설) 풍(豐)이란 굉장히 풍만한 것을 이 괘는 모든것이 풍족한 상태를 나타내고 있다. 그러나 궁하면 통하고 성하면 반드시 쇠하는 것이 역(易)의 이치다. 역경 때문에 허덕이는 자에게는 구원의 길을 가르치고, 성운(盛運) 속에 있는 자에게는 반드시 경고하고 있다. 「해가 중천에 있으면 반드시 기울고 달이 차면 또 이즈러진다.」 — 현재의 상태를 유지하는 것만으로도 적지 않은 노력이 필요한 것이다. 새로이 사업을 확장한다는 것은 더구나 말이 안 된다. 남녀관계에 있어서는 장남(☳震)과 중녀(中女)(☲離) 곧 원숙한 부부지만 이 것도 언젠가는 쇠한다는 것을 암시하고 있다. 각효(各爻)의 사(辭)는 암흑이 지배하는 가운데 밝은 지혜(明知)(☲離)를 가지고 움직이는(☳震) 처세법을 말하고 있다.

五六、여(旅) ䷷ 아래 간艮下 위 이離上 불과 산은 여다 (火山旅)〈고독한 나그네〉

(해설) 여행은 유쾌한 것이다. 하지만 이것은 근래의 일이다. 옛 사람들에게는 여행이 가장 큰 고통이었다. 교통의 불편, 숙소의 불비는 물론 낯선 토지, 익숙지 못한 사람들 속에서 혼자 산다는 불안은 현대의 우리들로서는 도저히 상상 못할 일이다. 여인숙(旅人宿)을 전전하는 나그네가 상징하는 것은 불안정한 생활(轉居轉職), 고독한 성격, 실연 등이 있다. 이러한 때는 무리해서 이를 타개하려 하지 말고 조급히 굴지 말고 수동적인 태도로 대처해야 한다. 동네에 들어가면 거기에 따라야 한다. 그리고 나그네는 자기 목적지를 잊지 않도록 마음 속으로는 자기의 이상을 꼭 지켜 나아가야 한다. 인생은 오래고 먼 나그네 길인 것이다.

五七、손(巽) ䷸ 아래 손巽下 위 손巽上 손은 풍이 된다 (巽爲風)〈부드럽기 비할데 없다(柔軟無比) — 바람(風)〉

(해설) 손(巽)은 바람을 상징한다. 이 괘는 손(巽)이 둘 겹친 꼴로 살살 불어오는 바람이다. 바람은 어떤 물체와 마주치면 부드럽게 몸을 피해 지나간다. 손(巽)은 손(遜)이란 뜻으로 겸손하다, 양보한다는 뜻이 된다. 바람은 또 어떤 좁은 구멍에도 찾아 들어간다. 손(巽)이란 들어간다는 뜻이다. 어떤 일에도 인간관계에도 부드러운

적응성을 가지고 들어 갈 수 있는 인간을 가리킨다. 그러나 유연성은 잘못하면 원칙이 없는 생활에 빠질 위험도 있다. 우유부단(優柔不断)하다는 비난을 받는 일도 없지 않을 것이다. 진퇴에 망서리고 결단을 주저하는 일이 많지만 뛰어난 지도자를 따라 그르침이 없도록 힘써야 한다.

五八、태(兌) ☱☱ 아래 태兌下 위 태兌上 태는 못이 된다

(兌爲澤)〈화합해서 기뻐한다(悅樂)〉

(해설) 태(兌)라는 것은 기뻐한다(悅)는 뜻으로 태(兌☱)는 못, 소녀, 입을 가리키고 있으며, 이 괘는 그것이 두개가 나란히 있어서 두 처녀가 즐겁게 속삭이며 웃는 모양을 나타내고 있다. 거기는 보는 이로 하여금 자연히 미소를 짓게 하는 온화한 분위기가 있다. 즐겁고 화목하게 사는 것이 얼마나 중요한 것인가를 가르치는 괘다. 입은 웃고 말하는 것으로 마음을 서로 통하는 것이지만 한번 잘못하면 입이 더러워지고 서로 욕지거리를 해서 불화를 일으키는 것이다. 인간관계를 부드럽게 하는 기름 노릇을 하는 입은 무엇보다도 성실한 마음을 바탕으로 해야 한다. 달콤하고 좋은 구변이 참된 인간관계를 만드는 것은 아니다. 지금도 학교관계의 단체나 기숙사에 여택(麗澤)이란 이름이 남아 있는 것은 이 괘의 대상전(大象傳)에서 취한 것이다.

五九、환(渙) ☴☵ 아래 감坎下 위 손巽上 바람과 물은 환이다

(風水渙)〈떠나는 민심(民心離反)을 막아라〉

(해설) 「환(渙)」은 흩어진다(散散), 흩으려뜨린다는 뜻이다. 돛을 달고 배가 물위를 가는 상(象)이라고 해서 밖으로 크게 에네르기를 발산시켜 큰 사업을 해내는 시기다. 괘의 꼴은 물위에(水面☵坎) 부는 바람(☴巽)이 떠 있는 나무 잎이나 휴지를 흩으려뜨리는 모양을 가리킨다. 정체(停滯)를 날려 버리고 새 출발을 꽤하는데 좋은 괘다. 그러나 「흩어진다」는 그 것은 민심이 떠나는 것, 나라 안이 분열된다는 것, 집안이 흩어진다는 캄캄한 전도를 암시하고 있다. 출발할 때는 우선 이 일을 생각해서 마음을 가다듬고 나아가야 한다. 그러면 큰 위난(大危難)을 극복해서 뜻을 이룰 수 있을 것이다.

六〇、절(節) ☵☱ 아래 태兌下 위 감坎上 물과 못은 절이다

(水澤節)〈유혹을 물리친다〉

(해설) 절(節)이란 「한정이 있고 머문다」 곧 절도(節度)를 지킨다는 뜻이다. 「절(節)」의 본뜻은 대나무 마디에서 오는 말인데 마디마디는 잘라본 것이다. 개인의 건강(節制)에서 대인관계(節操) 정치(節義) 그리고 천지의 추이(推移-季節의 循環)도 모두 「절(節)」이 있음으로 해서 순조롭게 이루어진다. 괘의 꼴은 못(沼澤☱兌)이 물(☵坎)을 저장하고 있는 상태를 가리키고 강물이

범람하지도 않고 고갈하지도 않게 조절하고 있다.
달콤한 유혹을 물리치는 것은 괴로운 일이다. 그러나 그 괴로움(☵坎)을 즐겨 (☱兌)받아들이는 것이 「절(節)」이다. 절을 지켜서 비로서 참된 행복이 있는 법이다. 그러나 절을 너무 고집한다는 것도 좋지 못하다. 절제를 지나침으로써 병에 걸리는 것은 쓸데 없는 일이다.

六一、중부(中孚) ䷼ 아래 태兌下 위 손巽上 바람과 못은 중부다(風澤中孚)<지성이면 감천이다>

(해설) 중부(中孚)란 마음에 성실함이 넘쳐흐르는 것이다. 부(孚)라는 글자는 조(爪)와 자(子)자가 합쳐져서 된 것으로 본 뜻은 어미새가 알을 품고 새끼를 깐다는 뜻이다. 어미새의 애정이 알의 생명을 불러 일으키는 것처럼, 성의는 반드시 사람의 마음을 감동시킨다. 괘의 꼴은 위에 있는 바람(☴巽)이 사방을 불어서 아래 있는 못(☱兌)을 움직인다. 곧 웃사람의 성의에 아랫사람이 감동하고 즐겨(☱兌) 따르는(☴巽) 것이다. 지극한 정성에는 하늘도 느낀(感天)다. 성의를 가지고 나아가면 위난을 극복하고, 뜻을 이룰 수 있는 것이다.

또 위 아래의 괘가 입을 맞대고 있는 모양으로 진심으로 결합된 두 사람을 상징하는 괘다.

六二、소과(小過) ䷽ 아래 간艮下 위 진震上 천둥과 산은 소과다(雷山小過)<저자세(低姿勢)>

(해설) 소과(小過)란 작은 사람이 너무 많다, 또는 적게 지나치는 뜻이다「二八. 대과(大過)」와 반대되는 괘다. 소(小)라는 것은 음(陰)이란 뜻, 음효(陰爻⚋)가 우수해 한다는 뜻이다. 괘 꼴은 곧 소인(小人)이 양효(陽爻⚊)에 비해서 많다. 위 아래가 서로 반대방향을 향하고 있어 효(爻) 두개를 합치면「☵坎」(危難)이 된다. 분열(分裂)이나 갈등으로 인해서 곤란에 직면하고 있는 시기에 해당된다. 이러한 때에는 무리하게 큰 문제를 처리하려 하지 않고 일상 사무를 과단성있게 해결하는 것이 중요하다. 지나치게 소극적이라는 비난을 받을 정도로 저자세로 일을 하면 대길하다.

六三、기제(旣濟) ䷾ 아래 이離下 위 감坎上 물과 불은 기제다(水火旣濟)<완성(完成)의 아름다움(美)>

(해설) 기제(旣濟)란「만사가 이미 이루어진다」、일이 모두 이루어졌다는 뜻이다. 이 괘는 저마다 효가 다 바른 자리(正位)、(陰爻는 二、四、六、陽爻는 一、三、五)에 있어서 모두 바로 응(正應)하고 있다. 역(易)의 이론으로 보면 가장 이상적인 꼴이다. 고난과 노력 끝에는 모든 사람

이 알맞는 지위를 얻어 안정되고 일치협력해서 평화를 지키고 있는 상태다. 그러나 역(易)이란 것은 쉴새없는 변화이어서 완성은 동시에 붕괴의 시작이 된다. 완성되고 나면 창조의 에네르기는 결핍된다. 이 때에 중요한 것은 새로운 사업에 손을 대지 말고 현상유지에 힘을 쓰는 것이다.

64、미제(未濟) ䷿ 아래감坎下 위이離上 불과 물은 미제다(火水未濟)〈유전(流轉)이 그치지 않는다〉

(해설)「기제(旣濟)」의 괘는 완성미(完成美)의 상징이었다. 그러나 역(易)은 그것으로 끝나지 않는다. 완성으로 끝나서야 역(易·变化)이 아니다. 완성도 또한 유전(流轉)의 한 모습(相)인 것이다. 「시초는 길하고 끝은 흐트러진다(乱)(旣濟)」- 그 혼란 중에서 위난을(危難)(☵坎)을 일으켜 광명(☲離)을 구하는 것이 이 괘다. 좌절(挫折)되는 일도 있다. 고통도 많다. 해야 할 일들이 차례차례 닥쳐온다. 이것을 한번에 처리하려 하지 말고 끈기있게 부드럽게 대처해야 한다. 각효(各爻)는 바른 자리를 벗어나 있지만 모두 바로 응(正應)하고 있다. 일치 협력해서 난관을 헤치고 나아가는 것이 중요하다. 그것만 할 수 있으면 강건(剛健)한 기(氣)가 넘쳐「건(乾)」으로 되돌아 온다.

제四편 사주(四柱)

사주는 도망을 못한다고 하는 말이 있다. 또 팔자소관 이란 말도 있는 것과 같이 우리들은 어떤 숙명(宿命)에 사는 것인지도 모른다.

제一장 손마디로 사주 보는 법

왼손 바닥을 펴서 그마디마다 그림과 같이 정한 뒤 자기 나이가 무슨 띠에 속하는가를 알아야 한다.

그러면 처음 시작하는 것을 지지(地支)인 子를 一 丑을 二 寅을 三 卯를 四 辰을 五 巳를 六 午를 七 未를 八 申을 九 酉를 十 戌을 十一 亥를 十二로 十三은 다시 子로 十四는 丑으로 세어서 나이와 달과 날자와 시를 세어 가면 된다.

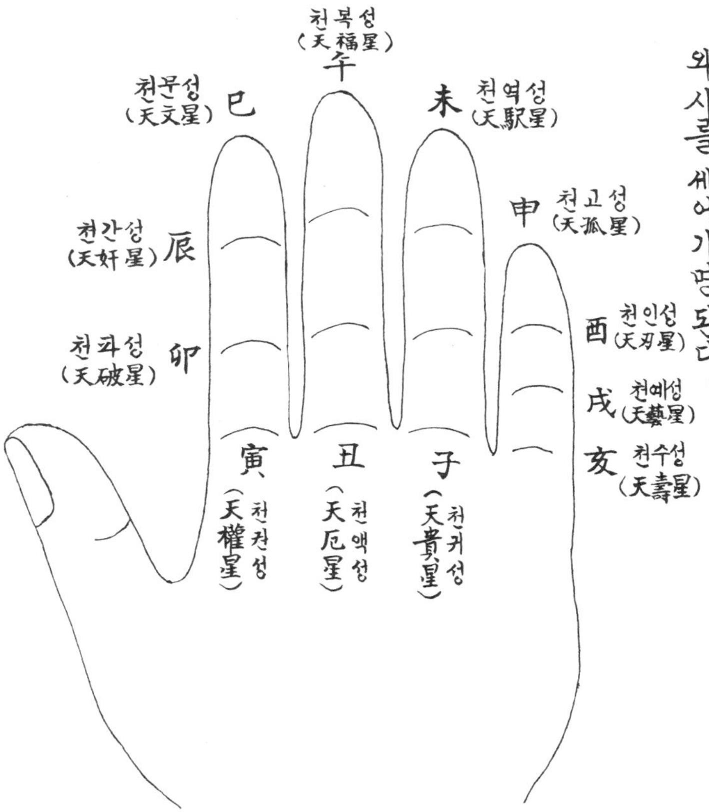

여기서 二十五살에 四월 二十六일 生이 저녁 十一시경에 태어난 사람의 사주를 예로 보자.

즉 二十五살이니 별지 달력에서 무슨 띠인가를 살펴 一九七一년도에 二十五살은 여령대조표에서 보면 丙戌이니 그림에서 보면 천예성(天藝星)에 해당하니 年 天藝星의 해설을 보면 되고 또 四月이니 그 자리에서부터 세어서 亥에 둘 子에 셋 丑에 넷이 되어 天厄星이 나오니 해설은 月 天厄星을 보면 되고 다시 生日이 二十六日이니 그 자리에서 부터 丑에 一 寅에 二…… 이렇게 세어서 二十六이면 寅에 닿아 天權星이 되니 日 天權星의 해설을 읽으면 되고 時가 저녁 十一時니 子時이므로 생일이 寅에와 끝났으니 거기서부터 시간은 子, 丑, 寅…… 의 순서로 세어서 子는 寅, 卯는 丑, 辰은 寅이 되어 寅이 되는 자리는 天奸星이 되니 時天奸星의 해설을 읽으면 되는 것이다.

여기서

一, 生年은 초년운이 되고
二, 生月은 중년운이 되고
三, 生日은 장년운이 되고
四, 生時는 말년운이 된다.

地支 시간	시 간
子時	23~1
丑時	1~3
寅時	3~5
卯時	5~7
辰時	7~9
巳時	9~11
午時	11~13
未時	13~15
申時	15~17
酉時	17~19
戌時	19~21
亥時	21~23

제二장

그림사주풀이보는법

전생운 보는법

⊙ 앞에서 자기 나이가 무슨 띠인가를 안후 그띠를 아래 표 가로줄 맨 위에서 찾아서 그 아래로 내려와 오른편 옆줄에서 자기 생월을 찾아 서로 만나는 숫자가 곧 운이 된다.

생월 \ 생년	(자)子	(축)丑	(인)寅	(묘)卯	(진)辰	(사)巳	(오)午	(미)未	(신)申	(유)酉	(술)戌	(해)亥
一月	1	2	3	4	5	6	7	8	9	10	11	12
二月	2	3	4	5	6	7	8	9	10	11	12	1
三月	3	4	5	6	7	8	9	10	11	12	1	2
四月	4	5	6	7	8	9	10	11	12	1	2	3
五月	5	6	7	8	9	10	11	12	1	2	3	4
六月	6	7	8	9	10	11	12	1	2	3	4	5
七月	7	8	9	10	11	12	1	2	3	4	5	6
八月	8	9	10	11	12	1	2	3	4	5	6	7
九月	9	10	11	12	1	2	3	4	5	6	7	8
十月	10	11	12	1	2	3	4	5	6	7	8	9
十一月	11	12	1	2	3	4	5	6	7	8	9	10
十二月	12	1	2	3	4	5	6	7	8	9	10	11

봉황 (鳳凰)

鼠變鳳凰 쥐가 봉황으로 변하게 되니
聰明正直 총명하고 정직한 사람이다
貴出人上 귀함이 여러사람보다 뛰어나게 되니
名播四海 이름이 세상에 널리 알려지게 되리라
到處有功 가는곳마다 공이 있으니
清職生活 깨끗한 관리로 생활 하리라
刑殺照命 형살이 운명을 비치게 되면
一時之厄 일시에 액을 면치 못하리라
事々順成 일마다 순조롭게 되어가니
一生通達 일생을 통달하게 지내게 되다

사자 (獅子)

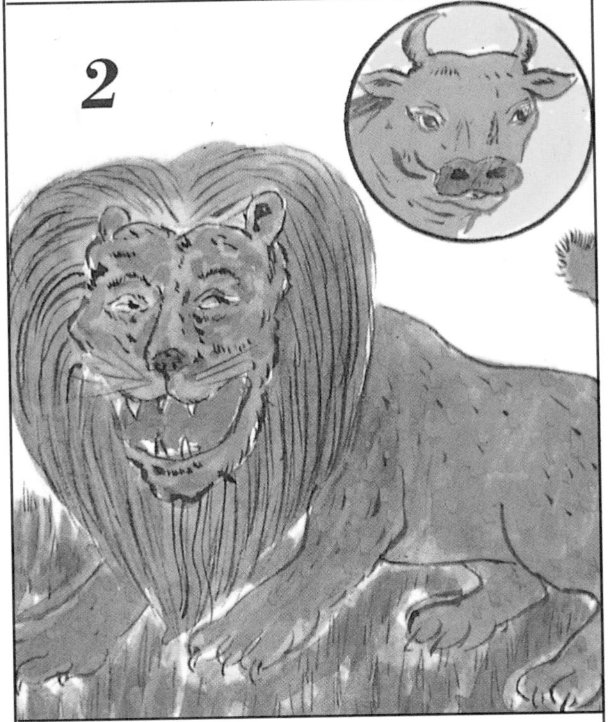

牛變獅子 소가 변하여 사자가 되니
必有權威 반드시 권위가 있으리라
性多固執 성격은 고집이 많으므로
間々口舌 간々이 구설수가 있게 되리라
平生之事 평생의 일은
火厄愼之 화재수를 조심해야 하리라
勞力成功 노력으로 성공을 하게되니
積小成大 적은것을 쌓아서 큰 것을 이룬다
中年之運 중년의 운수는
前後露積 앞과 뒤로 노적을 쌓아 놓고 살리라

금계 (金鷄)

3

虎變金鷄
酒商大吉
六親無德
何多害人
每事勤實
中途挫折
走馬加鞭
貧中損財
晩年之運
終得回春

범이 변해서 금닭이 되니
술장사를 하면 크게 흥하다.
육친의 덕이란 조금도 없으니
나를 해치고자 하는 사람만 많다.
매사를 근면하게 하지만
중도에 좌절을 당하기 쉽다.
달리는 말에 채찍을 더하니
가난한 중에 손재를 보게 되다
말년의 운수를 말 한다면
봄을 다시 만난듯이 좋다.

노치 (老雉)

4

兔変老雉
才藝過人
才勝薄德
難聚厚財
善計無用
苦杯難免
欲速不達
空過歲月
吉星照來
富貴隨身

토끼가 변해서 늙은 꿩이 되니
재주가 남보다 뛰어나다.
그래서 오히려 박덕하니
재물을 모으기가 극히 어렵다
좋은 꾀가 쓸모가 없게 되니
고생을 면하기가 어렵다.
속히 하려고 하지만 되지 않으니
허송세월만 보내게 된다.
길성이 비치게 되면
부귀가 몸에 따르게 되리라.

연자 (鷰子)

5

龍變爲鷰 용이 변해서 제비가 되니
花柳八字 화류계 팔자라 할수 있다
天性大急 천성이 매우 급하기는 하지만
好施他人 남에게 인정을 많이 끼쳐주다
若無身厄 만약 몸에 액이 없게 되면
手足有欠 수족에 흉이 있게 되리라
水災愼之 수재를 조심해야 되다
更有火厄 또한 화재수도 있게 되다
吉星入命 길성이 비쳐주게 되면
富貴長壽 부귀와 장수를 하게 된다

홍곡 (鴻鵠)

6

蛇變爲鵠 뱀이 변해서 고니가 되니
諸事多敗 모든일에 실패가 있다
櫛風浴雨 비바람이 몰어치는 가운데
東奔西走 동분서주하게 바쁘기만 하다
移徙頻々 이사를 빈번하게 하니
座地不安 안정감을 가질 수가 없다
刑星入宅 형액성이 집에 들어 있으니
官口愼之 관재와 구설을 조심해야 한다
吉星入門 길성이 문에 비치게 되면
進取發展 더우 발전하게 된다

백록 (白鹿)

7

馬變爲鹿 말이 변하여 사슴이 되었으니
平生淸職 평생을 청백한 관리로 지내리라
以文從商 글로써 돈을 벌게 되었으니
千金不絶 많은 돈이 수중에 떨어지지 않으리라
官祿大吉 관록운이 아주 좋으니
立身揚名 출세를 하여 이름을 떨치리라
家宅和合 집안이 화목하게 되니
五福招來 오복이 저절로 오게 된다
凶星入門 흉성이 운명에 들어오게 되면
虛入陷井 자칫하면 함정에 빠지게 된다.

공작 (孔雀)

8

羊變孔雀 양이 변하여 공작새가 되었으니
食祿振振 벼슬과 의식이 족하게 되리라
天恩不深 보모의 은혜를 많이 입지 못하였으니
自手成家 자수성가 할 운수니라
古基不利 옛 고향이 이로웁지 못하니
移鄕大吉 고향을 옮기면 더욱 좋으리라
善供無德 남에게 공을 베풀어도 덕이 없으니
何人知我 아무도 나를 알아주는 사람이 없다
吉星照命 길성이 명궁에 비치게 되면
名播海外 이름이 해외까지 떨치게 되리라.

적구 (赤鳩)

9

猿變爲鳩
天性順直
遊興事業
一握千金
初年多困
中末小富
上順下和
滿室和氣
凶星照來
孤寡難免

원숭이가 변하여 비둘기로 되니
천성은 소박하고 곧은 사람이니라
유흥사업을 하게 되면
일시에 천금을 얻으리라
초년에는 많은 고난을 겪으나
중년과 말년에는 작은 부자는 되리라
윗사람과 아랫사람에게 화목하고
집안에는 화기가 가득 차리라.
흉성(신살편 참조)이 명궁에 비치니
외로움과 과부의 운을 면치 못하리라

주작 (朱雀)

10

鷄變朱雀
刑厄門間
平生所忌
水火之災
初年多恨
中年成功
農商從事
晩年回運
吉星入來
幸運必兒

닭이 변하여 주작으로 되니
형과 액이 이따금 있으리라
일생에 조심해야 할 것은
수재와 화재를 조심하라.
초년에는 한이 많으나
중년에는 성공할 격이라
농업이나 상업에 종사하면
말년에 좋은 운이 돌아 오리라
길성(복성편과 과살편 참조)이 오면
행운아가 되리라.

청학 (靑 鶴)

狗變爲鶴
安過太平
爲人正直
每事公平
不商不農
平生自樂
祖業豊厚
一生大吉
凶星入門
萬態不振

개가 변하여 학이 되었으니
편안하고 태평하게 지내게 되리라
사람됨이 정직하니
매사에 공평을 기하리라
장사와 농사를 하지 않드래도
일생을 안락하게 지내리라.
유산을 넉넉하게 받았으니
일생을 편하게 지내리라
흉한 별이 운명에 들어오면
만사가 제대로 되지 않으리라

앵무 (鸚 鵡)

猪變鸚鵡
口辯能通
一度死線
更得回春
財祿隨身
意外橫財
雄志智畧
超出衆人
凶星照來
喜悲雙曲

돼지가 변하여 앵무새가 되었으니
구변이 능통 하리라.
한번 죽을 고비를 넘기면
다시 봄을 맞이 하리라
재물 녹이 몸에 따르게 되니
의외의 횡재를 얻으리라
영웅의 지모와 재략은
뭇 사람 중에서 뛰어나리라
흉한 별이 비쳐오면
희비 쌍곡이 들어오리라.

— 초년운 —

앞에서 자기의 띠를 알아서 가로줄 맨 윗줄에서 자기의 띠를 찾아서 아래로 내려 오다가 오른편 줄에서 자기의 낳은 달을 찾아서 교차점의 숫자를 책 안에서 찾으면 된다.

가령 뱀띠인 사람이 생월(낳은달)이 三月 이면 二十을 찾으면 되겠다.

또 용띠인 사람이 생월이 十二月 이면 十六의 숫자가 나오는데 이 숫자를 책 속에서 찾으면 된다.

年 / 月	(자) 子	(축) 丑	(인) 寅	(묘) 卯	(진) 辰	(사) 巳	(오) 午	(미) 未	(신) 申	(유) 酉	(술) 戌	(해) 亥
1	13	14	15	16	17	18	19	20	21	22	23	24
2	14	15	16	17	18	19	20	21	22	23	24	13
3	15	16	17	18	19	20	21	22	23	24	13	14
4	16	17	18	19	20	21	22	23	24	13	14	15
5	17	18	19	20	21	22	23	24	13	14	15	16
6	18	19	20	21	22	23	24	13	14	15	16	17
7	19	20	21	22	23	24	13	14	15	16	17	18
8	20	21	22	23	24	13	14	15	16	17	18	19
9	21	22	23	24	13	14	15	16	17	18	19	20
10	22	23	24	13	14	15	16	17	18	19	20	21
11	23	24	13	14	15	16	17	18	19	20	21	22
12	24	13	14	15	16	17	18	19	20	21	22	23

자년천귀성 (子年天貴星)

才藝出衆
少年登科
言辯出衆
到處春風
心性柔順
固執多分
務於農商
衣食自足
殺星照命
反爲貧賤

재주가 많은 사람중에 뛰어나니
젊어서 높은 벼슬을 하게 되리라
언변이 뭇사람 중에서 뛰어나니
가는곳마다 봄바람 이로다.
마음과 성품이 유순하나
다소 고집이 있다
농사나 장사에 힘을 쓰면
의식은 걱정없이 지내리라
살성이 운명에 비치면
도리어 빈천을 면치 못하리라

축년천액성 (丑年天厄星)

初中多厄
末年小富
病厄不絶
諸事多滯
東西奔走
食小事煩
天上仙官
謫下人間
吉星照命
富貴隨身

초년과 중년은 액이 많고
말년에는 소부가 되리라
병과 액이 그치지 않으니
모든일이 잘 되지 않는다
동서로 바삐 쫓아 다니나
먹을 것은 적고 일은 많다
하늘의 신선이
인간에 태어난 격이로다
길성이 운명에 비치면
부귀가 몸에 따르리라.

인년 천권성 (寅年天權星)

功名出衆
官祿大開
土局金體
爲人俊秀
有智多能
任意用權
桃花殺臨
女色愼之
凶星入門
反成賤人

공명이 뭇 사람에게 알려지니
높은 벼슬을 오래 하리라
땅에서 금이 낳는 격이니
사람됨이 준수하다
지혜와 능력이 많으니
임의로 권세를 부리리라
색을 좋아하는 운이 비쳤으니
여색을 주의 하여야 한다
흉한 별이 운명에 들어오면
다시 천한 사람이 되리라

묘년 천파성 (卯年天破星)

刑宮犯殺
兩妻之命
若無此厄
叩盆難免
東西奔走
虛送歲月
千金家產
一朝見散
吉星照命
轉禍爲福

처궁에 살성이 범하였으니
두 아내를 거느릴 운명이로다
만약 이 액이 없다면
상처할 수로다
동서로 분주하게 다니니
허송세월만 하리라
천금이나 되는 재산을
하루아침에 버리게 된다
길성이 운명에 비치니
화가 변하여 복이 되리라.

진년 천간성 (辰年天奸星)

琴瑟有調 부부간에 금실이 좋으니
妻妾滿堂 아내와 첩이 화목하게 지내리라
能小能大 능소 능대한 수단이 있으니
才藝過人 재주가 보통사람을 넘으리라
名聞四海 이름이 세상에 알려지니
爲人出衆 뭇 사람중에서 뛰어나리라
前後露積 앞 뒤에 노적을 쌓고 있으니
金玉滿堂 금과 옥이 집안에 가득하다.
凶星入門 흉성이 운명에 들어오면
難免乞人 걸인이 될 수로다.

사년 천문성 (巳年天文星)

文星照命 문성이 운명에 비쳤으니
玉堂清貴 옥당에 좋은 벼슬을 하리라
聞一知十 하나를 들으면 열을 터득하니
爲人聰明 사람됨이 총명하리라.
琴瑟和樂 부부간에 화락하게 지내나
膝下多憂 자손으로 인하여 걱정이 많다
容貌端正 용모가 단정하니
平生貴人 평생에 귀한 사람이 되리라
凶星照命 흉성이 명궁을 비치면
反爲昏濁 도리어 혼탁하게 되리라

오년천복성 (午年天福星)

前後露積
高官大爵
身兼土體
財源綿綿
德高名高
錦衣玉食
到處春風
意氣洋洋
若照殺星
削髮爲僧

앞뒤로 노적을 쌓아 놓고
고관대작을 하게 되리라
운명이 흙과 같이 두터우니
재물이 한없이 많으리라
덕도 높고 이름도 높으니
좋은 옷에 좋은 음식을 먹으리라
가는 곳마다 봄바람이 부니
의기가 양양하도다
만약 살성이 운명에 비치면
삭발하고 중이 되리라

미년천역성 (未年天驛星)

驛馬照命
東西奔走
食小事煩
多困之人
在家有憂
出外心閒
心性固執
又有奇才
吉星入命
反爲富貴

타향살이 할 운명이 비쳤으니
동서로 분주히 돌아 다니리라
먹을 것은 없이 일만 많으니
곤궁한 사람이니라
집에 있으면 근심이 많고
객지에 나가면 마음이 편하리라
고집이 있는 사람이고 또
남보다 뛰어난 재주도 있다
길성이 운명에 들어오면
다시 부귀를 누리리라

신년 천고성 (申年天孤星)

21

年入天孤
孤獨之人
雖有食祿
膝下多敗
莫近酒色
損財口舌
初年之運
累經病厄
吉星來照
多子多妻

날때부터 외로운 운명이 비쳤으니
고독한 사람이니라
비록 먹는것과 벼슬자리가 있드래도
자손에게는 패할 수가 많다
술이나 색을 가까이 하면
재산과 구설의 해가 있으리라
초년의 운수는
여러차례 병과 액을 겪으리라
길성이 운명을 비치니
많은 아내에 많은아들을 두리라

유년 천인성 (酉年天刃星)

22

年入天刃
夫婦不和
身有傷欠
諸厄消滅
家產多敗
難免困苦
與人和之
固執敗家
吉星照命
名揚四海

날때부터 천인성이 비쳤으니
부부간에 금실이 좋지 못하다
몸에 큰 흉터가 있으면
모든 액운을 면케 되리라
살림살이에 실패가 많으니
곤궁함을 면키 어려우리라
여러 사람과 화합함은 좋으나
고집으로 패가하게 되리라
길성이 운명에 비치면
이름이 세상에 떨치리라

술년천예성 (戌年天藝星)

年入藝星
畵家得名
一聞千悟
才學出衆
演藝歌曲
萬人驚嘆
衣食自足
一生大吉
凶星照命
難免賤人

날때부터 천예성이 비쳤으니
화가로 이름을 얻게 되리라
한가지를 들으면 천가지를 깨치니
재주가 뭇 사람중에 출중하리라
연기와 노래를 잘하니
만인이 경탄하리라.
의식이 풍족하니
일생을 편히 지내리라
흉성이 운명에 비치면
천한 사람이 되리라.

해년천수성 (亥年天壽星)

壽星照命
鶴髮老人
食祿雖多
少年喪妻
積小成大
年年增産
爲營漁業
一攫千金
凶星入命
乞食之人

날때부터 수성이 운명에 비쳤으니
백발이 되도록 장수하리라
먹을 것과 벼슬자리가 많으나
중년에 상처할 수로다
티끌모아 태산이 되니
해마다 살림이 늘어나게 되다
만약 고기잡이를 하면
일확천금을 하리라
흉성이 운명에 들어오면
걸인이 되리라.

초·중년운

(月星法) 월성법

앞에서 자기의 띠를 찾아서 가로줄 맨 윗줄에서 자기의 띠를 찾아서 아래로 내려오다가 오른편 줄에서 자기의 낳은 달을 찾아서 교차점의 숫자를 찾아 책 안에서 찾으면 된다

가령 나이가 뱀띠인 사람이 생월이 三월이면 三十二를 책 속에서 찾으면 된다

또 용띠인 사람의 생월이 十二월이면 二十八의 숫자가 나오는데 이 숫자를 책 속에서 찾으면 된다.

생월 \ 생년	(자) 子	(축) 丑	(인) 寅	(묘) 卯	(진) 辰	(사) 巳	(오) 午	(미) 未	(신) 申	(유) 酉	(술) 戌	(해) 亥
一月	25	26	27	28	29	30	31	32	33	34	35	36
二月	26	27	28	29	30	31	32	33	34	35	36	25
三月	27	28	29	30	31	32	33	34	35	36	25	26
四月	28	29	30	31	32	33	34	35	36	25	26	27
五月	29	30	31	32	33	34	35	36	25	26	27	28
六月	30	31	32	33	34	35	36	25	26	27	28	29
七月	31	32	33	34	35	36	25	26	27	28	29	30
八月	32	33	34	35	36	25	26	27	28	29	30	31
九月	33	34	35	36	25	26	27	28	29	30	31	32
十月	34	35	36	25	26	27	28	29	30	31	32	33
十一月	35	36	25	26	27	28	29	30	31	32	33	34
十二月	36	25	26	27	28	29	30	31	32	33	34	35

월천귀성 (月天貴星)

承受祖業
前後露積
陰陽和合
子孫滿堂
中年之時
破家亡身
七星有功
可免其厄
一時困苦
末年治富

부모 조업을 많이 받았으니
앞 뒤에 다 노적이로다
음양이 화합하니
자손들이 집에 가득하다
중년 시절에
파가 망신수가 있으나
칠성에 공을 들이게 되면
그 액을 면할 수 있다
한때 고통이 있다 해도
말년에는 부자가 된다

월천액성 (月天厄星)

初年之時
病厄不離
中年之運
寒谷回春
產業漸增
一時生光
因人被害
一朝破產
正心修道
末年安樂

초년 운수는
병과 액이 떠나지 않는다
중년 운수는
추운 골짜기에 봄이 온것과 같다
재산이 차츰 불어가니
한때나마 빛을 보게 되다
사람으로 인해서 해를 입으니
하루아침에 파산수가 있다
바른 마음으로 도를 닦으면
말년엔 안락하게 될 것이다

월천권성 (月天權星)

將星入命 장수별이 운명에 비치니
統率萬人 만인을 통솔하게 되다
向者有功 가는 곳마다 공을 세우니
名聲大振 명성이 크게 떨친다
十年大權 십년동안이나 권세를 잡았는데
何可長久 어찌 오래 가기를 바라랴
一入衰運 하번 쇠한 운수가 들어오면
每事挫折 매사가 잘못되기만 한다
六親無德 육친의 덕이 없으니
移去他鄕 타향으로 옮겨 가야 한다

월천파성 (月天破星)

破星入命 파성이 운명에 비치니
破家離鄕 파가하고 고향을 떠나게 되다
千里他鄕 천리나 되는 타향에서
幸逢貴人 요행히 귀인을 만나게 되다
自手成家 자수성가 하게 되니
家産饒足 가산이 넉넉하게 되다
愼之固執 고집을 삼가지 않으면
不意灾厄 뜻밖에 재액을 당한다
如此之命 이같은 운명 일진데
獻功金石 부처에게 공을 드림이 좋다

월천간성(月天奸星)

29

奸星入命
酒商大吉
紹价爲業
手弄千金
每事多謀
自取禍厄
信斧削足
莫信他人
掘地得金
努力成功

천간성이 명에 들었으니
술장사를 하면 대길하다
소개업을 하면
손으로 천금을 희롱하리라
매사에 꾀가 많으나
스스로 화액을 취한다.
믿는 도끼에 발을 찍히는 격이니
남을 너무 믿어서는 안된다
땅을 파서 금을 얻게 되니
노력으로 성공하게 된다

월천문성(月天文星)

30

醫業之命
可活萬人
爲人淸秀
萬人尊敬
可宜官祿
一生安過
中年之數
一時破産
五十未滿
名利更新

의사가 될 운명이니
만인을 살릴 수 있다
사람됨이 청수 하니
만인에게서 존경을 받는다
관록도 좋은 편이지만
일생을 편하게 지낼 수 있다
중년의 운수는
한때 파산수가 있다
오십이 못되어서
이름과 재물이 다시 올수다

월천복성 (月天福星)

鼠入倉庫 쥐가 창고에 들었으니
食祿有餘 식록이 남아 돌아간다
莫嘆初困 처음의 고생을 탄식하지 말라
中後發福 중년후에 발복하게 된다
以羊易牛 양을 가지고 소와 바꾸게 되니
一時得財 일시에 재물을 얻게 된다
心持正直 마음을 정직하게 가지면
子孫餘慶 자손에게도 경사가 얻게 된다
若逢殺星 만약 살성을 만나게 되면
平生孤貧 평생이 고독하고 가난하다

월천역성 (月天驛星)

驛馬照命 역마성 운명에 비치면
巫卜之人 무당 노릇을 할 팔자다
花間蝶舞 꽃 사이에서 나비가 춤을 추니
衣食有餘 의식이 남아 돌아 간다
在家不安 집에 있으면 불안하기만 하고
出外心活 밖에 나가면 되려 편하다
移鄕得財 고향을 떠나서 재물을 얻으니
赤手成家 맨주먹으로 집을 일으킨다
吉星暗照 길성이 운명에 비치면
大官可期 큰 벼슬을 하게 될 것이다

월천고성 (月天孤星)

日暮西天
해가 서쪽하늘에 저물어 가는데

獨坐嘆息
홀로 앉아 탄식을 한다

早失父母
일찍 어버이를 잃으니

四顧無親
아무데도 친척이 없다

之東之西
동쪽으로 가고 서쪽으로 가다

意外得財
뜻밖에 재물을 얻게 된다

初年有恨
초년에 한스런 일이 있으니

中末發福
중년 말년엔 발복을 한다

吉星照命
길성이 운명에 비치면

平生安樂
평생을 안락하게 지낸다

월천인성 (月天刃星)

殺星照命
살성이 운명에 비쳤으니

獻功七星
칠성에 공을 드려야 된다

諸厄自消
모든 액이 스스로 없어지니

向者有功
가는 곳마다 공이 있게 마련이다

落馬之殺
말에서 떨어질 수이니

身上傷痕
몸에 흉터가 된다

平生所愼
평생에 조심할 것이 있으니

蛇狗之物
뱀과 개를 조심해야 된다

風霜已過
풍상이 이미 지나갔으니

晩年太平
만년에 태평하게 되리라

월천예성 (月天藝星)

藝星照命
歌手得命
若不如此
技術爲業
重逢此星
漁夫之命
中年一敗
末年成功
吉星照命
以官成名

천예성이 운명에 비치었으니
가수로 이름을 얻게 된다
만약 그렇게 되지 않으면
기술직업이 좋다
천예성을 거듭 만나면
어부 노릇이 좋겠다
중년에 한번 실패수가 있지만
말년이면 성공을 하게 된다
길성이 운명에 비치게 되면
벼슬로써 이름을 이룬다

월천수성 (月天壽星)

月照天壽
頭揷御花
初年有疾
中年發展
末年之數
一經大厄
心臟虛弱
胃腹有疾
吉星並照
屋上加屋

생월에 천수성이 비치었으니
머리에 어사화를 꽂았다
초년에 병을 많이 앓으나
중년에는 건강하게 된다
말년의 운수는
한번은 큰 액을 겪는다
심장이 허약해서
위장병을 앓기 쉽다
길성이 아울러 비치면
집 위에 집을 더 짓게되는 격이다

장·중년운(壯·中年運)

중년이라 함은 인생의 황금기이다, 과연 당신의 중년운은 어떠한가요?,

사(巳)년생이고 생월이 四월 생일이 十八일 이면 사(巳)년생 줄에서 화살표 방향으로 가서 四월을 찾아서 아래로 내려와 생일란에서 十八일을 찾아서 내려온 것과 만나는 숫자 三八이 나온다 이 숫자를 이 책 안에서 찾으면 된다,

生年(난해)띠																									
亥	해년생	돼지	→	→	→	→	→	→	→	→	→	→	→	一	二	三	四	五	六	七	八	九	十	十一	十二
戌	술년생	개	→	→	→	→	→	→	→	→	→	→	一	二	三	四	五	六	七	八	九	十	十一	十二	
酉	유년생	닭	→	→	→	→	→	→	→	→	→	一	二	三	四	五	六	七	八	九	十	十一	十二		
申	신년생	잔나비	→	→	→	→	→	→	→	→	一	二	三	四	五	六	七	八	九	十	十一	十二			
未	미년생	염소	→	→	→	→	→	→	→	一	二	三	四	五	六	七	八	九	十	十一	十二				
午	오년생	말	→	→	→	→	→	→	一	二	三	四	五	六	七	八	九	十	十一	十二					
巳	사년생	뱀	→	→	→	→	→	一	二	三	四	五	六	七	八	九	十	十一	十二						
辰	진년생	용	→	→	→	→	一	二	三	四	五	六	七	八	九	十	十一	十二							
卯	묘년생	토끼	→	→	→	一	二	三	四	五	六	七	八	九	十	十一	十二								
寅	인년생	범	→	→	一	二	三	四	五	六	七	八	九	十	十一	十二									
丑	축년생	소	→	一	二	三	四	五	六	七	八	九	十	十一	十二										
子	자년생	쥐	一	二	三	四	五	六	七	八	九	十	十一	十二											

生日(난날)	난날		난달																						
	1	13	25	37	38	39	40	41	42	43	44	45	46	47	48	37	38	39	40	41	42	43	44	45	46	47
	2	14	26	38	39	40	41	42	43	44	45	46	47	48	37	38	39	40	41	42	43	44	45	46	47	48
	3	15	27	39	40	41	42	43	44	45	46	47	48	37	38	39	40	41	42	43	44	45	46	47	48	37
	4	16	28	40	41	42	43	44	45	46	47	48	37	38	39	40	41	42	43	44	45	46	47	48	37	38
	5	17	29	41	42	43	44	45	46	47	48	37	38	39	40	41	42	43	44	45	46	47	48	37	38	39
	6	18	30	42	43	44	45	46	47	48	37	38	39	40	41	42	43	44	45	46	47	48	37	38	39	40
	7	19		43	44	45	46	47	48	37	38	39	40	41	42	43	44	45	46	47	48	37	38	39	40	41
	8	20		44	45	46	47	48	37	38	39	40	41	42	43	44	45	46	47	48	37	38	39	40	41	42
	9	21		45	46	47	48	37	38	39	40	41	42	43	44	45	46	47	48	37	38	39	40	41	42	43
	10	22		46	47	48	37	38	39	40	41	42	43	44	45	46	47	48	37	38	39	40	41	42	43	44
	11	23		47	48	37	38	39	40	41	42	43	44	45	46	47	48	37	38	39	40	41	42	43	44	45
	12	24		48	37	38	39	40	41	42	43	44	45	46	47	48	37	38	39	40	41	42	43	44	45	46

일천귀성 (日天貴星)

平生所營
滄海船業
朝得暮用
手弄千金
至於中分
興味津津
性如急火
或恐短壽
吉星入門
名振四海

평생에 경영해야 할 일은
바다에서 배사업을 하게 되다
아침에 얻은 것을 저녁에는 써버리니
손으로 천금을 희롱한다
중분에 이르면
운이 트여 흥미가 진진하다
성질이 불과 같이 급하니
혹시 명이 짧을가 두렵다
길성이 문에 들어오게 되면
이름을 세상에 떨치게 되다

일천액성 (日天厄星)

落木之數
車馬愼之
不入山中
莫近水邊
若無身厄
一生多困
少年困苦
中末發福
吉星照命
富貴自來

나무에서 떨어질 운수니
차와 말을 조심해야 한다
길은 산에 들어가지 말고
물가에 가까이 가지 마라
만약 몸에 액이 없으면
일생에 곤난함이 많게 되다
소년시절엔 고생이 많으나
중년, 말년엔 발복하게 되다
길성이 운명을 비치면
부귀가 저절로 온다.

일천권성 (日天權星)

魚變成龍
前途洋洋
文武兼全
金榜掛名
權威堂堂
萬人仰視
初中大通
末年不利
凶星入命
農商之人

물고기가 변해서 용이 되니
전도가 양양하게 되어 간다
문관과 무관을 겸전하게 되니
과거에 급제해서 이름을 낸다
권세와 위엄이 당당하니
만인들이 우러러 본다
초년 중년엔 운수가 대통하나
말년운은 좋지가 않다
흉성이 운명에 비치면
농업이나 상업을 해야 한다

일천파성 (日天破星)

茫茫大海
怒濤孤舟
事不如意
一事難成
東西奔走
虛往虛來
中年小安
末年多厄
吉星照命
幸福之人

망망한 큰 바다에
성난 파도를 만난 외로운 배와 같다
일이 뜻과 같지 못하니
한가지 일도 되는 것이 없다
동쪽 서쪽으로 분주하게 다니나
허망하게 가고 허망하게 오도다
중년에 조금 편하게 되나
말년에 액이 많게 된다
길성이 운명을 비치면
행복한 사람이 되리라

일천간성(日天奸星)

走馬石上
一身不安
酒色愼之
或恐病厄
食少事煩
子孫昌盛
多奸多謀
不得人心
吉星入門
反成富貴

말이 돌 위로 달리니
일신이 편하지 못하다
술과 여색을 조심 해야지
혹시 병과 액이 있을가 두렵다
먹을 것은 적고 일만 많은데
자손만은 번성하게 된다
간사하고 꾀가 많으니
인심을 얻기가 어렵다
길성이 문에 비치면
도리어 부귀를 이루게 되리라

일천문성(日天文星)

日出扶桑
萬里光明
以文布德
世稱君子
積德積善
子孫餘慶
多得內助
家產漸增
凶星入命
多亂多厄

해가 동쪽에서 돋아오르니
만리에 광명이 비치게 된다
글로 덕을 펴고 있으니
세상에서 군자라고 칭하다
선을 쌓고 덕을 쌓으니
자손에게도 경사가 남는다
부인의 도움을 많이 입고 있으니
가산이 점점 늘어 간다
흉성이 운명을 비치게 되면
어지러움과 액이 많게 되다

일천복성 (日天福星)

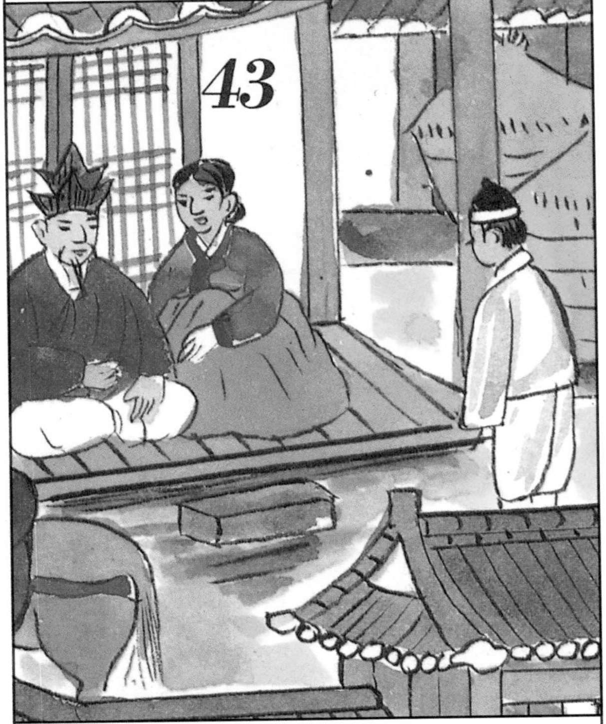

東風解氷
枯木逢春
門户繁榮
富貴隨身
富家出身
外洋修學
陰陽和合
四時有節
凶星照來
浮雲身勢

동풍에 얼음이 풀리니
고목이 봄을 만나게 되었다
문호가 번영하게 되니
부귀가 몸에 따르게 되다
부자집에서 태어나
외국에 가서 배움을 닦게 되다
음양이 화합하게 되니
사철이 절서가 있게 되다
흉성이 비치게 되면
뜬 구름 신세가 되다

일천역성 (日天驛星)

馳馬長安
少年得意
遍踏江山
四海爲家
井后之事
苦杯難免
欲速不達
更待後期
凶星照命
術業可期

장안으로 말을 달리니
소년시절에 뜻을 이루게 되다
강산으로 두루 다니니
사해로 집을 삼는다
사십세 이후의 일을 본다면
쓴잔을 면하기 어렵다
빨리 하고자 하나 미치지 못하니
다시 뒷날을 기다리고 있으라
흉성이 운명에 비치면
점장이 직업을 하게 되다

일천고성 (日天孤星)

萬星城邊
敗軍之將
時運不利
有志未就
天地無情
何多困厄
欲免此厄
修道遠惡
吉星入門
困龍得水

만리나 되는 성벽에
패군의 장수 격이다
때와 운수가 이롭지 못하니
뜻은 있지만 이루지 못한다
천지가 무정하게 되었으니
어찌 괴로움이 많지 않으랴
이 액을 면하고자 하면
도를 닦고 악을 멀리 해야 한다
길성이 문에 들어오면
곤한 용이 물을 얻은 셈이다

일천인성 (日天刃星)

日刃入命
飛鶴傷翼
飢者逢風
蝶蜂失路
意欲冲天
事多中折
初年多恨
末年發福
吉星入命
萬人仰視

생일에 천인성이 들었으니
날으는 학이 날개를 상했다
굶주린 자가 바람을 만나면
벌과 나비가 길을 잃은 격이다
마음만은 하늘을 찌를듯 하나
일마다 중도에서 꺾이고 만다
초년엔 한스러운 일이 많으나
말년엔 발복을 하게 되었다
길성이 운명을 비치면
만인이 우러러 보게 된다

일천예성 (日天藝星)

飛龍上天 용이 하늘에 올라
雲行雨施 구름을 타고 비를 내린다
身運太平 신수가 태평하게 되었으니
財祿隨身 재물과 녹이 몸에 따르기 마련이다
春回大地 대지에 봄빛이 드니
百花爭發 백가지 꽃이 다투어 핀다
技藝成名 기술과 예술로 이름을 내니
手弄千金 천금을 손에 굴린다
凶星照來 흉성이 비치게 되면
畵中之餠 그림의 떡과 같도다

일천수성 (日天壽星)

千載老松 천년된 소나무가
四時青青 사시에 푸르고 푸르다
文武兼全 문무를 겸하게 되니
衣食有餘 의식이 남아 돌게 된다
有順逢順 순풍에 돛을 단 격이니
去去益榮 가고 갈수록 영화스럽다
萬里無雲 만리에 구름이 없으니
海天一碧 바다와 하늘이 한결같이 푸르다
凶星照命 흉성이 운명을 비치게 되면
貧夭難免 가난과 요절을 면치 못한다

말년운 보는법

가로줄 맨 위에서 자기 띠를 찾아 아래로 내려오다가 오른편 생시(生時) 줄에서 자기의 낳은 시간을 찾아서 그 만나는 숫자를 책에서 찾으면 된다.

亥(해)	戌(술)	酉(유)	申(신)	未(미)	午(오)	巳(사)	辰(진)	卯(묘)	寅(인)	丑(축)	子(자)	생년 / 생시
60	59	58	57	56	55	54	53	52	51	50	49	子 23시~1시
49	60	59	58	57	56	55	54	53	52	51	50	丑 1~3
50	49	60	59	58	57	56	55	54	53	52	51	寅 3~5
51	50	49	60	59	58	57	56	55	54	53	52	卯 5~7
52	51	50	49	60	59	58	57	56	55	54	53	辰 7~9
53	52	51	50	49	60	59	58	57	56	55	54	巳 9~11
54	53	52	51	50	49	60	59	58	57	56	55	午 11~13
55	54	53	52	51	50	49	60	59	58	57	56	未 13~15
56	55	54	53	52	51	50	49	60	59	58	57	申 15~17
57	56	55	54	53	52	51	50	49	60	59	58	酉 17~19
58	57	56	55	54	53	52	51	50	49	60	59	戌 19~21
59	58	57	56	55	54	53	52	51	50	49	60	亥 21~23

시천귀성 (時天貴星)

商山四皓
圍碁消日
春回南國
百花爭發
上下和睦
家宅安樂
入海求珠
開花結子
凶星入門
下賤之人

상산의 네 선인이
바둑으로 날을 보낸다
남국에 봄이 오니
백가지 꽃이 다투어 핀다
상하가 화목하게 되니
집안이 안락하게 된다
바다에서 구슬을 구하고
꽃이 피어 열매를 맺는것과 같다
흉성이 문에 들어오니
천한 사람이 되리라

시천액성 (時天厄星)

後海前山
大厄當頭
浮雲蔽日
陰陽不交
苦盡甘來
先損後益
一生如流
一悲一喜
吉星入命
轉禍爲福

뒤는 바다고 앞으로는 산이니
큰 액이 앞에 이르렀다
구름이 해를 가리우니
음양이 화합하지 못한다
괴로움이 가고 즐거움이 오니
먼저 손해가 있고 뒤에 이익이 있다
일생이 흐르는 물과 같을진대
한번은 슬프고 한번은 기쁘다
길성이 운명을 비치게 되면
화가 되려 복이 된다

시천권성 (時天權星)

鷹踞樹枝 群雉皆伏
擇居吉地 福祿自來
七年大旱 喜逢甘雨
事多如意 豈不美哉
凶星入門 天狗作害

매가 나무가지에 앉았으니
꿩들이 모두 엎드리었다
길할 땅을 가리어 살면
복록이 스스로 온다
칠년이나 가물었던 판에
단비를 만난 격이다
일이 뜻과 같이 되니
어찌 즐겁지 않으랴
흉성이 문을 비치면
천구살이 해를 끼치게 된다

시천파성 (時天破星)

男負女戴 移去他鄉
山程水程 去去泰山
有志未成 仰天大笑
偶逢貴人 晩時生光
吉星入門 魚龍得水

남자는 짊머지고 여자는 머리에 이고
타향으로 떠나게 된다
산길이나 물길이
갈수록 험하기만 하다
뜻은 있으나 이루지 못하니
하늘을 쳐다보고 크게 웃는다
우연하게 귀인을 만나니
늦게야 빛이 나게 된다
길성이 문에 들어오면
물고기와 용이 물을 얻은 격이다

시천간성 (時天奸星)

猿在樹下 원숭이가 나무 밑에서
變化無窮 갖은 재주를 다 부리고 있다
興敗多端 흥하고 패함이 자주 있으니
平生不安 평생이 편안하지 못하다
兩手執餠 두 손에 떡을 잡은 격이니
自意未定 자의대로 정하지 못한다
莫近酒色 주색을 가까이 하지마라
破家亡身 파가 망신하게 된다
吉星照來 길성이 비쳐주게 되니
財錦盈箱 재물과 비단이 상자에 가득하다

시천문성 (時天文星)

十年讀書 십년이나 글을 읽어서
男兒遂志 남아가 뜻을 이루게 된다
意外成功 의외로 성공을 하게 되었으니
錢財陳陳 돈과 재물이 진진하게 되었다
千里他鄕 천리나 되는 타향에서
喜逢故人 기쁘게 친구를 만난격이다
太乙照命 신령한 별이 운명에 비치게 되면
衣食豊足 의식이 풍족하게 되리라
一入凶星 한번 흉성이 들어오게 되면
萬事歸虛 만사가 허무하게 돌아간다

시천복성 (時天福星)

金榜掛名
錦衣還鄉
寶劒出匣
光射斗牛
魚得大海
任意往來
瑞光照來
慶事盈門
凶星入命
風前燈火

과거에 급제를 하게 되어
비단옷을 입고 고향에 돌아온다
보검이 갑에서 나오니
눈이 부시도록 번쩍인다
물고기가 바다를 얻은 격이니
모든 일이 뜻대로 잘 되리라
상서로운 빛이 비쳐오니
경사스러운 일이 문에 가득하다
흉성이 운명을 비쳐오면
바람 앞에 등불 격이다

시천역성 (時天驛星)

馬立城頭
雙路之格
欲速不達
可嘆可嘆
十生九死
何多困厄
二女同居
其志不合
吉星入門
轉禍爲福

말이 성벽 머리에 서있는데
길이 두갈래로 되어 있다
빨리 하고자 하나 되지 않으니
탄식만 거듭하게 된다
열번 삶에 아홉번 죽을번하니
어찌 괴로움이 이렇게 많을가
두 여자가 같이 살게 되었으니
뜻이 서로 맞지 않게 되리라
길성이 문에 들어오면
화가 도리어 복이 될수도 있다

시천고성 (時天孤星)

雪滿窮巷
孤松獨立
五鬼侵入
事多魔害
無后奉祀
可免此厄
運轉東方
小得平安
吉星照命
寒谷回春

눈이 깊은 골짜기에 쌓였는데
외로운 소나무가 홀로 서 있다
다섯 귀신이 침입하니
일마다 마해가 붙는다
자손 없는 사람의 제사를 지내주면
가히 이 액을 면할수 있다
운이 동방으로 돌아오게 되면
조금 편안함을 얻으리라
길성이 운명을 비치면
추운 골짜기에도 봄볕이 든다

시천인성 (時天刃星)

羝羊觸藩
自取其禍
廣大天地
納履何去
枯木無春
開花難望
名山大川
祈禱則吉
吉星入命
福祿振振

염소가 울타리를 들이 받으니
그 화를 스스로 취하는 격이다
크고 넓은 천지 간에
신을 메고 어디로 가야 하는가
고목에 봄이 없으니
꽃이 피기를 바랄 수 없다
명산 대천을 찾아가
기도를 하면 길하게 된다
길성이 운명을 비치게 되면
복록이 진진하게 되리라

시천예성 (時天藝星)

頭揷桂花
名播四海
渴者飮水
飢者得食
身運通泰
所願成就
初中大富
末年見敗
凶星入門
虎入陷井

머리에는 계수나무 꽃을 꽂았으니
이름이 세상에 떨치게 되다
목마른 사람이 물을 마시고
굶주린 사람이 밥을 얻었다
신수가 통태하게 되니
소원이 성취하게 되다
초년·중년에 큰 부자가 되지만
말년에는 실패를 보게 되다
흉성이 문에 들어오게 되면
범이 함정에 빠진 격이다.

시천수성 (時天壽星)

千年壽龜
出於大野
和風吹來
花發千山
遇逢貴人
千金自來
猛虎出林
其勢堂堂
凶星入門
刑厄難免

천년이나 산 거북이
넓은 들로 나오는 격이다
화창한 바람이 불어 오니
모든 산의 꽃이 피게 되다
우연히 귀인을 만나게 되면
천금이 스스로 오게 되다
맹호가 숲에 나오게 되니
그 세력이 당당하기만 하다
흉성이 문에 들어오게 되면
형액수를 면하기 어려우리라

福星編

(복 성 편) 운명에 좋은 별

연령 대조표에서 자기 연령을 찾아 무슨생(예: 甲子生이면 甲만 乙年生이면 乙만 丙年生이면 丙만) 즉 앞의 글자만 찾아서 아래표에서 먼저 甲、乙、丙……을 찾아서 내려오다가 왼편에서 자기의 낳은 시를 찾아 그 만나는 번호를 찾으면 된다. 번호에 나오지 않으면 복성이 없는 것이다.

예를 들면 七十년에 二十五살에 九~十一시에 낳은 사람은 연령 대조표에서 보면 丙戌이니 丙만 찾아서 왼편에서 九~十一시로 보면 六一·六六、六九가 나오니 이것을 책에서 찾으면 된다

生時(생시) \ 生年(생년)	甲(갑)	乙(을)	丙(병)	丁(정)	戊(무)	己(기)	庚(경)	申(신)	壬(임)	癸(계)
子 (자)	64, 63 68, 67	70 71								69 67
丑 (축)	65	66	72		70 71			66 69	62	
寅 (인)	70 71	65		64 67 68	61	61	61 63		72	62
卯 (묘)	72		64 67 68	63		70 71	70 71	72		
辰 (진)	62		65	72	65					70 71
巳 (사)	66 69	62	61 66 69	65	63 66 69	65 64 68 67	72	64 67 68	61 63	72
午 (오)		63		70 71	64 67 68	63	64 67 68	61		61
未 (미)		72	62	66 69	62	66 69	65	70 71		
申 (신)		61		62		62		65	70 71	64 63 68 67
酉 (유)	61		63			72			64 67 69	
戌 (술)							62		65	
亥 (해)		64 67 68	70 71	61	72		66 69	62 63	62 63	65

복관(福官)

61

命入福星
大富之人
一生大吉
幸福之人
向者有功
財祿振振
有順逢順
去去益榮
應天三光
備人五福

운명에 복성이 들었으니
큰 부자가 될 사람 이리라
일생이 크게 길하니
행복한 사람 이리라
향하는 곳마다 공이 있으니
재물과 녹이 진진 하리라
순함이 또 순함을 만나게 되니
가면 갈수록 영화스러우리라
하늘의 세가지 빛이 응했으니
사람이 다섯가지 복을 갖추었도다

귀예(貴藝)

62

周遊四方
藝術得名
此人之運
一生奔走
千金不絕
食祿有餘
初年困苦
中末發展
七星有功
諸事如意

사방을 두루 돌아 다니어
예술로 이름을 얻으리라
이 사람의 운은
일생동안 분주 하리라
천금이 그치지 않으므로
먹을 것이 넉넉 하리라
초년에는 고생이 많으나
중년부터는 발전 하리라
칠성에게 공을 드리면
매사가 뜻대로 되리라

왕극 (旺極)

高大廣室
侍立君王
子孫滿堂
財積如山
吉星入門
富貴可得
萬里無雲
海天一碧
若逢凶星
事事多滯

고대광실에서
임금님을 모시게 되리라
자손들이 집에 가득 차고
재물 역시 산과 같이 쌓이리라
길한 별이 문에 들어 오면
부와 귀를 가히 얻으리라
만리에 한점의 구름도 없으니
바다와 하늘이 한가지로 푸르구나
만약 흉한 별을 만나면
일마다 안되는 수가 많으니라

합을 (合乙)

二德合乙
貴人之像
長安大路
日傘浮前
以文成名
名傳千秋
順風掛帆
安樂太平
卜居吉地
灾厄不侵

두 가지의 덕이 을과 합하였으니
귀인의 상이로다
장안의 큰 거리에서
일산이 앞에 떠 있구나
글로써 이름을 얻게되니
그 이름이 천추에까지 전해지리라
순풍에 돛대를 달았으니
안락하고 태평해 지리라
좋은 땅을 가려 살게 되니
재앙이 침범하지 못하리라

거부(巨夫)

65

陰陽和合
夫婦和樂
七年大旱
喜逢甘雨
貴人助我
吉慶助身
日暖風和
百花爭發
玉盤佳肴
金樽美酒

음양이 서로 화합하니
부부가 서로 사이좋게 즐기리라
칠년이나 되는 큰 가뭄에
기쁘게 단비를 만난격과 같으리라
귀한 사람이 나를 도와주니
길한 것과 경사스러운것이 몸에 따르리라
날씨도 따뜻하고 바람 역시 따스하니
온갖 꽃이 다투어 피리라
옥으로만든 소반에 좋은안주가 있으니
금동이에는 향기짙은 술이 있더라

무고(武庫)

66

武人之命
手執兵權
統率萬人
權威振動
眼前旗幟
無數之兵
初中大發
中後一敗
好運更來
末年又發

무인이 될 운이니
병권을 잡게 되리라
만인을 통솔하니
권세와 위엄이 크게 떨치리라
눈 앞에는 기치가 있으니
헤아릴 수 없는 많은 군사가 있으리라
초년과 중년에는 크게 발전되나
중년 이후에는 패가 한번 있게 되리라
좋은 운이 다시오니
말년에야 또 발전이 있게 되리라

증식 (增 食)

渴馬得水
意外生光
食祿陳陳
前後露積
飢者逢豐
病馬得針
早年多厄
中年發達
十人耕田
一人食之

목이마른 말이 물을 얻게되었으니
의외로 빛이 나게 되었구나
식록이 진진하니
앞 뒤로 노적이 쌓였도다
배고픈 자가 풍요함을 만나니
병든 말이 침을 맞은격과 같으니라
어렸을 때는 액이 많겠으나
중년서 부터는 발달 하겠다
열사람이 밭을 갈아서
한사람을 먹게 해주는 격이다

인문 (印 門)

暗中行人
偶得明燭
魚遊春水
其尾洋洋
掘地得金
晩時生光
莫恨初困
富貴在前
七星有功
無窮福祿

캄캄한 밤중에 다니는 사람이
뜻밖에 밝은 촛불을 얻었도다
고기가 봄날 물에 놀고 있으니
그 꼬리가 양양 하구나
땅을 파서 금을 얻으니
느지막 해서야 행복해 지리라
초년의 어려움을 한하지 말라
부귀가 눈앞에 있으리라
칠성에 공을 드리면
무궁한 복록이 있으리라

69 산하 (山河)

猛虎出林
其勢堂堂
山河入命
萬人仰視
威高祿重
治國安民
枯木逢春
開花結子
此人平生
利在東南

맹호가 숲속에서 나오니
그 세력이 당당하구나
산하 별이 명에 들어 있으니
만인이 우러러 보리라
위엄이 높아지고 녹이 거듭되니
나라를 다스리고 백성을 편안케 하리라
고목이 봄을 만났으니
꽃이 피고 열매를 맺게 되는 격이다
이 사람의 평생은
이로움이 동남쪽에 있으리라

70 관인 (官印)

身帶官印
榮華入門
魚變成龍
造化無窮
容貌端正
爲人正直
一呼百諾
威勢堂堂
天喜入命
福祿自來

몸에 관인을 갖고 있으니
영화가 문으로 들어오리라
물고기가 변해 용이 되니
조화가 무궁하리라
용모가 단정하니
사람됨이 정직하리라
한번 소리치면 백사람이 응하니
그 위세가 당당 하리라
천희의 별이 명에 들어오면
복록이 스스로 오리라

시횡 (施橫)

花下飮酒
興味津津
雲開萬里
天下共明
東園桃李
各得其時
上順下和
慶事重重
小往大來
其利不少

꽃아래에서 술을 마시게 되니
흥미가 진진하구나
구름이 만리까지 걷혀 있으니
천하가 모두 밝구나
동쪽 정원에 있는 복숭아와 오얏 꽃이
각기 그 때를 얻게 되리라
상하가 순조롭고 화평하니
연거푸 경사가 있으리라
작은 것이 가면 곧 큰것이 오니
그 이로움이 적지 않구나

고재 (庫財)

千里他鄕
喜逢故人
前路暗昧
仙人指路
財產如山
大富之人
雖有財產
子孫有厄
七星献功
諸厄自滅

천리 타향에서
반갑게도 친구를 만난다
앞길이 캄캄해서 갈곳을 모르는데
신선이 길을 가리켜 주리라
재물을 산처럼 쌓았으니
큰 부자라고 하리라
비록 재산이 있으나
자손에게는 액이 있구나
칠성에 공을 드리면
모든 액이 저절로 없어지리라

凶星編 (흉성편) 운명에 나쁜 별

연령 대조표에서 연령을 찾아 무슨 생(예 甲子生이면 甲만 乙亥生이면 乙만、丙子生이면 丙만) 즉 앞의 글자만 택해서 아래 표에서 먼저 甲、乙、丙……을 찾아서 내려오다가 오른편에서 자기의 낳은 달을 찾아 그 만나는 번호를 찾으면 된다、찾다가 번호가 나오지 않으면 흉성이 없는 것이다、

예를 들면 七六년도에 二六살에 三월이면 七九나 八四가 나오는데 이 번호를 찾으면 된다、

生月(생월) \ 生年(생년)	甲(갑)	乙(을)	丙(병)	丁(정)	戊(무)	己(기)	庚(경)	申(신)	壬(임)	癸(계)
一月	84 73 80		73 74 84			74	79		80 73 81 74	74
二月	81				80		76		76 82	76
三月		79 84			75 77	75	75	77 81 82	77 83	
四月	74	73		74			83	83		
五月	76 79	82		76 84	76 79		80			81 83
六月	77	86	77 80	77	78 84	80 83	78	75	75 78 79	77 78 82
七月	78		79 81 82	73 79	73	84	74	74 78		
八月	82	81		83			84	76 79		75
九月	78		79 83		81 82	77	77	84		
十月	83	74 83		81 82	74 83	73	73 82	73 80	84	73 79
十一月		76				76 78	81			
十二月		75 77 78	76 77	75 78		79 81 82				

고진살 (孤辰殺)

命入孤辰 명에 고진살이 들었으니
孤獨之格 고독한 팔자로다
男子喪妻 남자는 상처를 할 것이고
女子喪夫 여자는 남편을 잃게 되리라
獨守空房 공한 살이 들어 홀로 지내게 되니
虛送歲月 허송세월만 보내는구나
至誠禱厄 정성을 다해 도액 한다면
可免此數 이 운수를 가히 면할 수 있으리라
太乙照命 태을별이 명을 비치면
轉禍爲福 화가 변해 복이 되리라

과숙살 (寡宿殺)

命入空房 명에 공방살이 들었으니
琴瑟不安 부부의 정이 편치 못하리라
若無致誠 만약 정성을 들이지 않는다면
生離死別 생이별을 하지 않으면 사별을 하게 되다
廣大天地 크고 넓은 천지간에
無依無托 의지할 곳이 없으리라
晩年成家 말년에 집을 이루나
小得平安 약간 평안함을 얻을 뿐이다
吉星照來 길성이 비춰오면
四通五達 사통 오달 하리라

대패살 (大敗殺)

敗星入門 패살이 문에 들어오니
破家移鄕 파가해서 고향을 등지게 되다
祖業不守 조업을 지키지 못하니
餘恨無解 남은 한을 풀길 없어라
火厄侵入 화액수가 침입했으니
遭難之運 난리를 만난 운이라
暗夜空堂 어두운 빈 집에서
自愁自嘆 스스로 수심에 잠겨 탄식하리라
吉星入命 길한 별이 명에 들어오면
大貴顯出 크게 귀하게 되어 뛰어나게 나타나리라

적랑살 (赤狼殺)

赤狼入命 적랑살이 명에 들어 있으니
凶厄綿綿 흉액이 잇달아 끊어지지 않으리라
男負女戴 남자는 등에 지고 여자는 머리에 이고
千里他鄕 천리 타향으로 떠나리라
酒色敗家 주색으로 패가하게 되니
刑厄隨身 형액수가 항상 따라 다니리라
禱厄除殺 액을 빌어막고 살을 제거한다면
自然發福 자연히 복이 나타나리라
太乙照命 태을 별이 명을 비치면
百事亨通 백가지 일이 형통하리라

천랑살 (天狼殺)

不入山中 산에 들어가지 않는다면
虎厄何畏 어찌 호랑이의 액을 두려워 하리오
若非病厄 만약 병액이 아니면
刑厄隨身 형액수가 몸에 따르리라
無后奉祀 자손없는 이의 제사를 지내 주다면
前途漸開 앞길이 점점 열리리라
浮雲蔽日 뜬구름이 해를 가리니
陰陽不交 음양이 사귀지 못하리라
吉星照來 길한 별이 비쳐주면
金玉滿堂 금과 옥이 집에 넘치리라

팔패살 (八敗殺)

畵虎不成 호랑이를 그린다는 것이
反爲狗子 그만 개가 되고 말았구나
蜂蝶失路 벌과 나비가 길을 잃은 격이니
前途茫茫 앞길이 아득 하구나
以女致禍 여자 때문에 화를 입게 되니
莫近女色 여색을 가까이 하지 말지어다
凡事所營 경영하는 바 모든 일이
有頭無尾 머리만 있을뿐 꼬리가 없구나
風霜已過 바람과 서리가 이미 지나 갔으니
晩時生光 만년에서야 행복해 지리라

소랑살(小狼殺)

忙忙歸路 臨津無船
殺鬼作害 損財多端
此殺照處 一驚水厄
魚龍失水 何日得水
吉星照來 千金自來

매우 바쁘게 돌아가는 나그네가
나루터에 다다르니 배가 없구나
요사한 귀신이 해를 끼치니
손해 수가 많으리라
살이 비치고 있으니
수액 때문에 한번 놀라리라
물고기와 용이 물을 잃어 버렸으니
언제쯤이나 물을 얻으리오
길성이 비춰 오면
천금이 저절로 오리라

파가살(破家殺)

東食西宿 一身奔走
若干祖業 一朝破盡
如鳥焚巢 魚龍失水
勞心勞力 末年小成
吉星並照 枯木逢春

밥은 동쪽에서 먹고 서쪽에서 잠을 자니
한몸이 매우 바쁘구나
다소간의 조업이 있다지만
하루아침사이에 파진 되리라
둥지에 불이 난 새와 같고
물을 잃은 물고기와 용의 신세다
힘껏 노력하게 되면
말년에야 약간 이루어 지리라
길한 별이 아울러 비치면
마른 나무가 봄을 만난격이 되리라

삼형살 (三刑殺)

刑星照命
長沙之厄
因人被害
身運不吉
凡事所營
一無成事
妻子並凶
間間見敗
吉星照命
苦盡甘來

형액의 별이 명에 비치니
귀향살이 할 액이 있으리라
타인 때문에 해를 입게 되니
신수가 불길 하리라
경영하는 바 모든 일이
한가지도 이루어짐이 없으리라
처자가 모두 흉하니
간간히 실패함을 보리라
길한 별이 명을 비치면
고생이 다가고 즐거움이 오리라

육합살 (六合殺)

夫婦和合
百年同樂
魚入大海
意氣洋洋
財運大開
動則見利
平生所愼
酒色之事
凶星入門
大厄綿綿

부부가 서로 화합하니
백년을 함께 즐거이 보내리라
고기가 큰바다로 들어가는 격이니
의기가 양양하도다
재운이 활짝 열렸으니
활동하면 이익을 보리라
평생동안 조심할 것은
술과 여자 이니라
흉한 별이 문에 들어 오면
큰 재앙이 그치지 않고 계속 되리라

대모살 (大粍殺)

萬里長程
去去泰山
家族分散
東西流離
一人耕田
十人食之
三年病客
晩逢良醫
吉星照臨
祿在四方

만리 정도나 되는 먼 길에
가도 가도 태산이로구나
가족이 모두 분산하게 되니
동서로 유랑하며 떠돌아 다니리라
한사람이 밭을 갈아
열사람을 먹이게 되는 팔자다
삼년동안 병이들어 있다가
늦게야 명의를 만나리라
길성이 비쳐오면
사방에 먹을것이 있으리라

사관살 (四關殺)

殺魔侵入
家宅不安
有弓無矢
來敵何妨
前水後山
前路難尋
飛鳥入網
安知生死
吉星入門
一生安過

요사스런 귀신이 침입하니
집안이 편안하지 못하리라
활은 있지만 화살이 없으니
어찌 오는 적을 어찌 막으리오
앞에는 물이요 뒤에는 산이 있으니
앞길을 찾아내기가 힘들 노릇이로구나
날으는 새가 그물에 걸렸으니
어찌 생사를 알수가 있으리오
길한 별이 문에 들어오면
평생을 편안하게 보내리라

직업을 알아내는 법

사람은 누구나 직업을 가지기 마련이다. 그러나 자기 운명에 맞는 직업이나 그 직업이 좋으면 괜찮지만 나쁘면 좋은 직업을 택해야 될 것이다.

보는 법은 연령대조표에서 무슨생(예를들면 甲子生이면 甲만 乙亥生이면 乙만 丙子生이면 丙만)즉 앞의 글자만 택해서 아래표 가로줄 맨 위에서 자기 나이에 해당하는 글자를 짚어서 내려오다가 오른편 생월란에서 자기의 낳은 달을 찾아 그만나는 번호를 책에서 찾으면 된다

生月 \ 生年	甲(갑)	乙(을)	丙(병)	丁(정)	戊(무)	己(기)	庚(경)	申(신)	壬(임)	癸(계)
1 월	85 86	107 108	105 106	103 104	101 102	99 100	97 98	95 96	93 94	91 92
2 월	87 88	85 86	107 108	105 106	103 104	101 102	99 100	97 98	95 96	93 94
3 월	89 90	87 88	85 86	107 108	105 106	103 104	101 102	99 100	97 98	95 96
4 월	91 92	89 90	87 88	85 86	107 108	105 106	103 104	101 102	99 100	97 98
5 월	93 94	91 92	89 90	87 88	85 86	107 108	105 106	103 104	101 102	99 100
6 월	95 96	93 94	91 92	89 90	87 88	85 86	107 108	105 106	103 104	101 102
7 월	97 98	95 96	93 94	91 92	89 90	87 88	85 86	107 108	105 106	103 104
8 월	99 100	97 98	95 96	93 94	91 92	89 90	87 88	85 86	107 108	105 106
9 월	101 102	99 100	97 98	95 96	93 94	91 92	89 90	87 88	85 86	107 108
10 월	103 104	101 102	99 100	97 98	95 96	93 94	91 92	89 90	87 88	85 86
11 월	105 106	103 104	101 102	99 100	97 98	95 96	93 94	91 92	89 90	87 88
12 월	107 108	105 106	103 104	101 102	99 100	97 98	95 96	93 94	91 92	89 90

인관 (印官)

身登青雲
金冠玉帶
身運通泰
所願成就
和氣滿堂
子孫有慶
新月漸生
前途洋洋
凶星並照
百事中折

몸이 벼슬길에 오르니
금관을 머리에쓰고허리에는옥대를띠었구나
신수가 좋으니
원하는 것이 이루어 지리라
따스한 기운이 집안에 가득하니
자손에게 경사가 있으리라
초승달이 점점 커지니
앞길이 양양하도다
흉한 별이 아울러 비치게 되면
백가지 일이 중간에서 좌절 되리라

농업 (農業)

門土沃土
生涯豊足
春播秋收
多大收獲
因天之道
因地之利
以養父母
士人之道
凶星多照
耳聾之人

문앞에 옥토가 있으니
살아가는 테는 풍족하리라
봄에 씨를뿌리고 가을에 거둬 들이니
큰 수확을 하리라
하늘의 길을 사용해서
땅의 이익을 얻게 되리라
이로써 부모를 섬기니
훌륭한 사람의 도리라 하겠다
흉한 별이 많이 비치면
귀머거리가 되리라

도재 (屠宰)

87

手把金斧
每日殺牛
身雖賤職
食祿有餘
凶殺入命
祈禱解殺
大人此運
揚名千秋
吉星並照
高官大爵

손에 쇠도끼를 쥐고
매일 소를 죽이는 구나
비록 천직에 종사한다고 하나
먹을 것이 넉넉하리라
흉한 별이 명에 들었으니
공을 드리다면 살을 풀수 있으리라
대인이 이런 운이라면
그 이름을 천추에 떨치는 도다
길한 별이 아울러 비치게 되면
높고 귀한 벼슬을 하리라

어상 (魚商)

88

魚物爲高
以口得利
日中爲市
來客頻頻
千金去來
食祿振振
積小成大
去去增進
若得吉星
萬人之師

어물로 장사를 하니
입으로 이익을 얻는다
한 낮에 시장을 세우게 되니
오는 손님들이 많고 많드라
천금을 거래하니
먹을 것이 많고 많드라
적은 것을 쌓아서 큰 것이 되니
갈수록 살림이 더하여 나아 가리라
만약 길성을 얻으면
만인의 스승이 되겠다

수재 (秀才)

圖案職業
手才過人
用錢如水
朝聚暮散
不貧不富
中人福祿
之東之西
萬人歡迎
凶星入命
病厄不絕

도안하는 직업을 하게되니
손재주가 뛰어났구나
물쓰듯 돈을 쓰니
아침에 모아서 저녁에 쓰는구나
가난 하지도 부유하지도 않고
중인의 복록이라 하겠다
동쪽으로 가나 서쪽으로 가나
만인이 환영하리라
흉한별이 명을 비치면
병액이 그치지 않으리라

조립 (造笠)

造笠生活
竹物多取
手才巧妙
才勝薄福
欲速不達
大成難望
勞而無功
可嘆可嘆
吉星並照
大人之命

갓을 만들며 생활하니
대를 많이 만지게 된다
손재주가 썩 묘하니
재간은 있다고 하나 복이 적으리라
급히 하고자 하나 이루지 못하고
크게 되기는 바라기가 어렵겠구나
노력은 하지만 공이 없으니
가히 탄식할 만한 노릇이 구나
길한 별이 아울러 비치면
큰 사람이 되겠다

잡화(雜貨)

萬物買賣
每日商業
食祿隨身
千金不絕
初年困苦
中年大發
若非二母
無后奉祀
吉星並照
以官得名

온갖 물건을 팔고 사니
매일 장사를 하고 있구나
먹을 것이 따르니
천금이 떨어지지 않으리라
초년에는 어려움이 있겠으나
중년부터는 크게 발전하겠다
만약 어머니가 두 사람이 아니면
후사가 없는이의 제사를 지내 줘야 좋으리라
길한 별이 아울러 비치면
벼슬로써 이름을 얻으리라

도기(陶器)

陶器商業
食祿有餘
雖云賤業
內則有實
泥土成器
手巧過人
中年當限
大財入手
凶星重逢
盲人不免

오지그릇 장사를 하니
먹을 것이 넉넉 하구나
비록 천한 직업이라지만
안으로는 실속이 있겠다
진흙을 빚어서 그릇을 만들고 있으니
묘한 솜씨가 실로 뛰어났구나
중년에 가서
큰 재물을 얻게 되리라
흉한 별을 거듭 만나면
소경을 면치 못하겠다

주상 (酒商)

酒商生活 술을 팔며 생활하니
多積飮食 많은 음식을 쌓아두고 있다
初年破産 초년에는 파산수가 있어
移居他鄕 타향으로 옮겨 살게 되리라
徘徊四方 사방으로 돌아 다니다가
偶得安居 우연히 살 곳을 만나리라
中年當限 중년에 가서
産業漸增 살림이 점점 더하여 나아 가리라
吉星並照 길한 별이 아울러 비치면
官祿生活 관록으로 생활하게 되리라

마차 (馬車)

運搬爲業 운반하는 일을 업으로 삼고 있으니
勞力成功 몸을 수고해서 집을 일으키리라
早失父母 일찍 양친을 잃으니
學文難成 학문을 닦기가 어려웠다
之東之西 동쪽으로 또는 서쪽으로 다니다가
偶得小財 우연히 약간의 재물을 얻으리라
中年運回 중년에 가서 운이 돌아와
家産漸增 살림이 더하여 점점 나아 지리라
吉星多助 좋은 별이 많이 도와주면
平生富貴 평생을 부키하게 지내리라

음악(音樂)

彈琴歌曲 거문고를 뜯으며 노래를 하니
風流男兒 풍류를 즐기는 남아로다
花柳春城 꽃과 버들이 봄날 성루에 만발하니
優遊自足 스스로 즐기고 놀고 있구나
虛往虛來 쓸데 없이 왔다 갔다 하니
過空歲月 허송세월만 하게 되리라
雖謂閒人 비록 한가한 사람이지만
外面春風 겉보기에는 상팔자로다
吉星並見 길성이 아울러 비치면
高官之命 높은 벼슬을 할 수 있다

걸인(乞人)

東西爲家 동서를 집으로 여기니
門前乞食 문앞에 서서 빌어 먹으리라
一到門前 한번 남의 문전에 다다르니
狗先吠來 개가 먼저 짖으며 오더라
早別家族 일찍 가족과 헤어지니
天地無情 하늘도 땅도 정이 없더라
獻功石佛 돌부처에게 공을 드리면
可免此厄 이 액을 가히 면할 수가 있겠다
吉星照臨 길성이 비쳐오면
慶事盈門 즐거운 일이 문에 넘친다

타철(打鐵)

鎔金成器 쇠를 녹여 그릇을 만드니
手巧之人 손재주가 있는 사람이다
早失父母 일찍 양친을 잃었으니
古土無緣 옛땅에 인연이 없구나
千里他鄕 천리 타향에서
自手成家 자수성가할 운이다
少年多困 소년시절에 어려움이 많겠으나
晩年亨通 만년에 모든일이 뜻과같이 되리라
吉星入門 길성이 문에 들어오면
事事好轉 매사가 다 좋게 되리라

이상(履商)

履商爲業 신발장수로 업을 삼으니
困苦難免 어려움을 면치 못하리라
終日勞力 종일 수고를 해도
別無所得 별로 소득이 없겠다
何以薄福 어찌 복이 적은가
食根不足 식근이 부족한 까닭이니라
心雖衝天 마음같아서는 비록 하늘을 찌를듯 하지만
每事中折 매사가 중도에서 꺾이고 말리라
吉星入門 길한 별이 명을 비치면
反爲貴人 도리어 귀인이 되겠다

복술(卜術)

卜術爲業 점을 치는 것으로 업을 삼으며
華蓋重重 화개별이 여거푸 있구나
能通五行 능히 오행을 통달하니
頭腦發達 두뇌가 발달 했구나
善導人間 선으로 사람을 이끌어 주어
濟濟蒼生 세상의 모든사람들을 구하리라
爲人淸秀 사람됨이 청수하니
萬人尊敬 뭇 사람들에게 존경을 받으리라
凶星並照 흉성이 아울러 비치면
不具之命 불구자가 될 팔자로다

포수(捕獸)

徘徊山野 산과 들을 이리저리 돌아다니며
捕獸爲業 사냥을 업으로 삼으리라
殺星入命 살성이 명에 들어 있으니
多殺禽獸 짐승을 많이 죽이리라
七星有功 칠성에 공을 드리면
諸殺自解 모든 살이 저절로 풀리리라
子孫多剋 자손들에게 많은 살극이 있어서
悲淚難免 슬픈 눈물을 금치 못하리라
吉凶多照 길한 별이 많이 비치면
轉禍爲福 화가 변하여 복이 되리라

승도(僧道)

削髮爲僧
空山修道
世俗不近
紅塵不侵
念誦朝暮
自樂平生
白雲深處
與鶴爲友
重逢吉星
大人可期

머리카락을 잘르고 중이 되어서
빈 산에서 도를 닦으리라
세상의 풍속을 가까이 안하니
속세의 번거로움이 오지 않으리라
조석으로 염불을 왼우니
평생동안 스스로 즐겁게 지내리라
흰구름 떠있는 깊숙한 곳에서
학과 함께 우정을 나누더라
여거푸 길섭을 만나면
상차 큰 사람이 되리라

상선(商船)

滿船積載
每日運搬
蒼波萬里
白鷗爲友
秋月春風
酒家送日
順風掛帆
安如盤石
吉星入門
貴人之狀

배 위에서 물건을 가득 싣고서
날마다 운반을 하게 되리라
넓은바다 물결은 만리나 되는데
흰 갈매기와 더불어 벗을 하리라
가을 달과 봄바람 속에
술로 세월을 보내리라
순풍을 타고 돛대를 걸었으므로
반석 처럼 편안 하리라
길한 별이 문에 들어오게 되면
귀인이 될 상이리라

재봉 (裁縫)

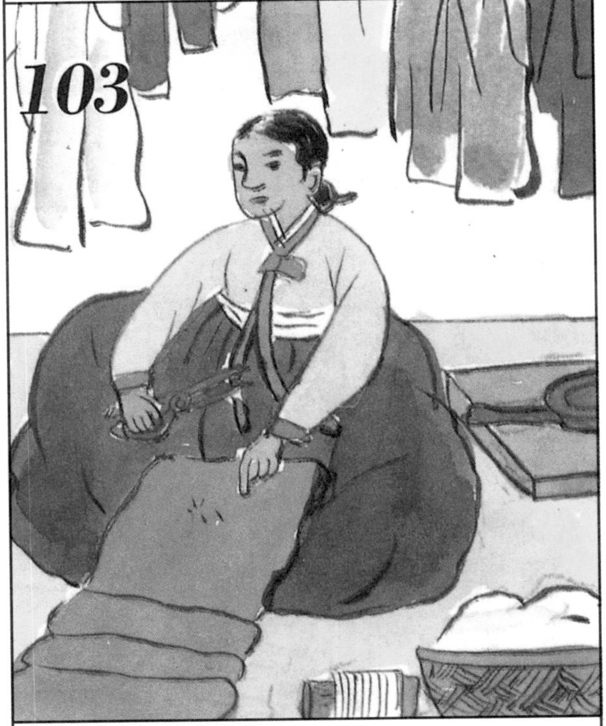

裁縫爲業
食小事煩
每事不振
虛送歲月
勤勤得食
不富不貧
勞力成功
積小成大
吉星多照
福祿綿綿

바느질로 업을 삼고 있으니
일은 번잡하나 먹을 것이 적구나
매사가 잘되어가지 않으니
허송세월만 보내게 되었드라
근근히 먹고 살고 있으니
부유하지도 않고 가난하지도 않구나
몸을 수고해서 성공하게 되니
적은 것이 쌓이고 쌓여 큰 것을 이루었도다
길한 별이 많이 비치니
복록이 그치지 않으리라

교사 (教師)

教師爲業
弟子多養
山下精舍
山明水麗
爲人清枯
才多薄福
清貧生活
道高文章
吉星並照
百事如意

가르치는 것으로 업을 삼고 있으니
제자들을 많이 길러내리라
산 아래 정자가 있으니
산수가 밝고 맑은 곳이니
사람됨이 청고해서
재주는 많으나 복이 적도다
청빈한 생활을 하니
도가 높은 문장이로다
길한 별이 아울러 비치면
모든 일이 뜻대로 되겠다

미상 (米商)

105

米穀爲商 食祿振振
東西南北 穀物貿易
手弄千金 富名可期
救活飢人 積善事業
凶星重逢 貧夭之命

쌀장사를 업으로 하니
먹을 것이 진진하리라
동서남북 사방에서
곡물을 사고팔고 바꿈질을 하러 온다
수중에서 천금을 희롱하니
가히 부자 이름을 들을수 있으리라
굶주린 사람을 구제하니
적선사업이로구나
흉한 별을 연거푸 만나면
가난하고 요절할 운이 되리라

무협 (武俠)

106

三四之人 修練劒術
十年受苦 一朝成功
統率萬人 威振萬里
到處有功 功名赫赫
凶星並照 病厄不絕

삼사인이
검술을 수련하고 있구나
십년동안이나 괴로움을 받고 있다가
하루 아침에 성공을 하리라
만인을 거느려서 다스리리니
위엄이 만리까지 떨치리라
이르는 곳마다 공이 있으니
공명이 혁혁하게 빛나리라
흉한 별이 아울러 비치게 되면
병액이 그치지 않으리라

포목 (布木)

107

綢緞布木
買賣得利
千金去來
大富可知
順順成家
幸福之人
人生百年
有味中流
凶星並照
奴僕之命

비단과 포목장사를 업으로 하니
사고 파는데에 이익이 있구나
천금이 왔다 갔다 하니
큰 부자로구나
순순히 집을 이루니
행복스런 사람이로구나
인생살이 백년에
중년에 가야 재미가 있으리라
흉한 별이 아울러 비치면
노예가 될 팔자로다

수조 (垂釣)

108

閒坐垂釣
風塵不侵
世慮皆忘
疑似仙人
功名不求
三公不換
半醉夕陽
帶月歸家
七星有功
富貴可享

한가히 앉아 낚시를 드리우니
더러운 속세가 침범하지 않는다
세상 생각을 다 잊으니
흡사 신선이 아닌가 의심을 할 지경이다
공명을 구하지 않으니
삼공과는 바꾸지 않으리라
반쯤 취해서 석양에
달빛을 받으며 집으로 돌아오는구나
칠성에 공이 있으면
부귀를 가히 누리게 되리다

科甲編

(과갑편 - 과거또는 벼슬)

앞에서 자기의 띠가 무슨 띠인가를 알아서 그 띠를 아래 표에서 가로줄 맨 윗줄에서 찾아서 자기가 언느시에 태어났는지를 안후 우편에서 자기의 시를 짚어서 그만나는 번호를 이 책에서 찾으면 된다

가령 도끼띠에 五시경이나 七시경에 태어났다면 아무것도 없으니 과거나 벼슬이 없는 것이고 九시나 十一시면 112 나 115 가 나오니 이 번호를 책에서 찾으면 된다

亥(해)	戌(술)	酉(유)	申(신)	未(미)	午(오)	巳(사)	辰(진)	卯(묘)	寅(인)	丑(축)	子(자)	생년 띠 / 生時 시
	113 115			111 117			110 113 116			109 112 114		子 자 (23시~1시)
110 114 117			109 113 118			112 115			111 116			丑 축 (1~3)
		112 118			114 116			109 111 116			110 115	寅 인 (3~5)
	109 111 116			110 112 115			114 118			113 117		卯 묘 (5~7)
113 115			111 117			110 113 116			109 112 114 118			辰 진 (7~9)
		110 114 117			109 113 118			112 115			101 116	巳 사 (9~11)
	112 118			114 116			109 111			110 115		午 오 (11~1)
109 111 116			110 112 115			114 118			113 117			未 미 (1~3)
		113 115			111 117			110 113 117			114 109 118 112	申 신 (3~5)
	110 114 117			109 113 118			112 115			111 116		酉 유 (5~7)
112 118			114 116			109 111 117			110 115			戌 술 (7~9)
		109 111 116			110 112 115			114 118			113 117	亥 해 (9~11)

허수(虛宿)

109

先折丹桂
鴈塔題名
富貴兼全
幸福之人
少年之節
名振四海
仕路平吉
一生無波
吉凶重逢
反爲農商

먼저 붉은 계수나무를 꺾어 놓았으니
기러기의 탑에 이름을 걸었구나
부와 귀가 겸전한 운명이니
행복한 사람이구나
소년시절에
이름이 사해에 진동하게 되리라
벼슬길은 평탄한 편이므로
일생에 파란은 없으리라
길성과 흉성을 연거푸 만나게 되면
도리어 농업이 아니면 상업을 하게 되다

심수(心宿)

110

勤勤讀書
馬頭之榮
金冠朝服
錦衣還鄉
爲人清秀
絕世文章
福祿隨身
到處春風
凶里重逢
反爲愚賤

열심히 글을 읽게 되니
말머리에서 영화를 보게 되리라
금관을 머리에 쓰고 조복을 입게 되었으니
금의 환향 하리라
사람됨이 청수한 편이고
세상에서 제일가는 문장이니라
복록이 항시 몸에 따라 다니므로
이르는 곳마다 봄바람 이로구나
흉성을 거듭 만나면
도리어 어리석을뿐 아니라 천하게 되리라

묘수(昴宿)

此人平生
學士之職
心性正直
四方稱德
高樓巨閣
詩書萬卷
天地相合
人和家和
凶星再逢
刑厄不免

이 사람의 평생을 보게 되면
학사의 직업을 갖게 되리라
심성이 정직해서
사방에서 칭찬을 받으리라
높은 다락과 큰 집에
시와 서를 기록한 책이 만권이 되리라
천지가 서로 합했으니
사람과 집이 모두 화하게 된다
흉한 별을 다시 만나게 되면
형액수를 면치 못하리라

성수(星宿)

此人職名
郡守之職
一邑統率
名官可期
初年多困
中後發展
有順逢順
前途洋洋
凶星入門
貧苦之命

이 사람의 직업은
군수의 직을 맡게 되리라
한 고을을 통치하게 되고
이름난 관리가 되리라
초년에 많은 고생이 있더라도
중년 이후에는 발전이 있으리라
순한 것이 또 순한 것을 만나게 되니
앞길이 양양하게 되리라
흉한 별이 문을 비치게 되면
빈곤할 운이 되리라

방수(房宿)

頭上揷花
壯元及第
御使之職
全國回巡
少年安樂
中末泰平
福祿振振
去去益榮
凶星重逢
一時乞人

머리 위에 꽃을 꽂으니
장원급제를 하게 되리라
어사의 벼슬을 하여
전국을 순회할 운이로다
소년시절부터 안락하며
중년 말에도 태평하게 지내리라
복록이 진진하니
갈수록 더욱더 영화롭게 되리라
흉성을 거듭만나면
한때 걸인이 될 운이다

진수(軫宿)

此人之職
武官之命
統率萬人
權威堂堂
到處有功
功名赫赫
三陽照來
子孫餘慶
凶星多逢
下賤之人

이 사람의 직업은
무관이 될 운이다
만인을 다스릴 상이니
권세와 위엄이 당당하게 되리라
가는 곳마다 공이 있으니
공과 이름이 더욱 빛나리라
삼양이 비쳐오니
자손에게 경사가 남아 있으리라
흉성을 만나게 되면
천한 사람이 되리라

항수(亢宿)

十年歲月 십년 세월을
燈下讀書 등불 아래에서 글을 읽는다
一到科場 한번 과거보는 곳에 이르러서
先折丹桂 먼저 붉은 계수나무를 꺾으리라
一聞千悟 한번 들으면 천가지를 깨닫게 되니
才智之人 재주와 지혜가 많은 사람 이구나
人生如流 인생은 흐르는 물과 같으나
有味中年 중년은 재미있는 생활이 되리라
凶星並見 흉한 별이 여러개 나타나면
反爲昏濁 도리어 혼탁한 사람이 될 운이다

귀수(鬼宿)

一進科場 한번 과거보는 곳에 나가니
身登龍門 몸이 용문에 오르게 되리라
君王之側 왕의 곁에 있으면서
治國安民 나라를 다스려 백성들을 편안케 하리라
日麗中天 날이 중천에 밝아오니
金銀滿庫 금과 은이 창고에 가득하니
一生多福 일생에 복이 많으리라
所望如意 바라는 바가 뜻대로 되리라
凶星重重 흉성이 거듭 비치게 되면
一事無成 한가지의 일도 이루어짐이 없으리라

누수(婁宿)

天受其福
一品之貴
一呼百諾
威振萬里
食客數千
門前成市
名門出身
世世官祿
凶星照來
半減其福

하늘에서 부터 복을 받으니
일품의 벼슬을 하게 되리라
한번 소리치면 백사람이 대답하게 되니
위엄이 만리에 까지 떨치게 되리라
식객이 수천명이 되니
문전에는 저자를 이루리라
명문의 출신이 되었기에
대대로 관록을 먹게 되리라
흉성이 비쳐오게 되면
그 복이 반이나 감하게 된다

우수(牛宿)

忠義之官
名傳千秋
兼備文章
世稱君子
功名盖世
福及子孫
爲人清秀
清白之人
凶星並照
事事不振

충의로 벼슬을 하고 있으므로
이름이 천추에 전해지리라
문장을 겸비하고 있으니
세상에서 군자라고 칭찬을 받게 되리라
공명이 세상을 뒤덮으니
그 복이 자손에게 까지 미치게 되리라
위인이 청수하니
청백한 사람이라
흉한 별이 모두 비치게 되면
매사가 잘 되지 않게 되리라

兄弟宮
(형 제 궁)

형제궁은(鴈宮-기러기궁)안궁이라고도 한다、

— 찾아보는 법 —

자기가 낳은달과 낳은 시간을 알아서 아래 가로줄 맨 위에서 자기가 낳은달을 찾아 아래로 내려오면서 오른편 생일난에서 낳은 시간을 찾아 그 만나는 번호를 이 책에서 찾으면 된다.

生時(생시) \ 生月(생월)	一月	二月	三月	四月	五月	六月	七月	八月	九月	十月	十一月	十二月
子(자) 23시~1시	126	125	124	123	122	121	120	119	130	129	128	127
丑(축) 1~3	127	126	125	124	123	122	121	120	119	130	129	128
寅(인) 3~5	128	127	126	125	124	123	122	121	120	119	130	129
卯(묘) 5~7	129	128	127	126	125	124	123	122	121	120	119	130
辰(진) 7~9	130	129	128	127	126	125	124	123	122	121	120	119
巳(사) 9~11	119	130	129	128	127	126	125	124	123	122	121	120
午(오) 11~13	120	119	130	129	128	127	126	125	124	123	122	121
未(미) 13~15	121	120	119	130	129	128	127	126	125	124	123	122
申(신) 15~17	122	121	120	119	130	129	128	127	126	125	124	123
酉(유) 17~19	123	122	121	120	119	130	129	128	127	126	125	124
戌(술) 19~21	124	123	122	121	120	119	130	129	128	127	126	125
亥(해) 21~23	125	124	123	122	121	120	119	130	129	128	127	126

포 (胞)

119

洞庭秋月
一鴈獨飛
九秋重陽
向南飛來
孤飛心情
千秋之恨
吉星並照
三四同飛
此人之運
食祿有餘

동정호에 가을달이 비추고 있는데
한마리 기러기가 홀로 날아
구월구일의 중양절 가을에
남쪽을 향해 날아온다
쓸쓸하게 날아가는 그 심정은
천추에 한이 서려 있더라
길성이 비쳐주면
셋넷이 함께 날게 되리라
이 사람의 운수는
먹을 것이 넉넉할 팔자로다

태 (胎)

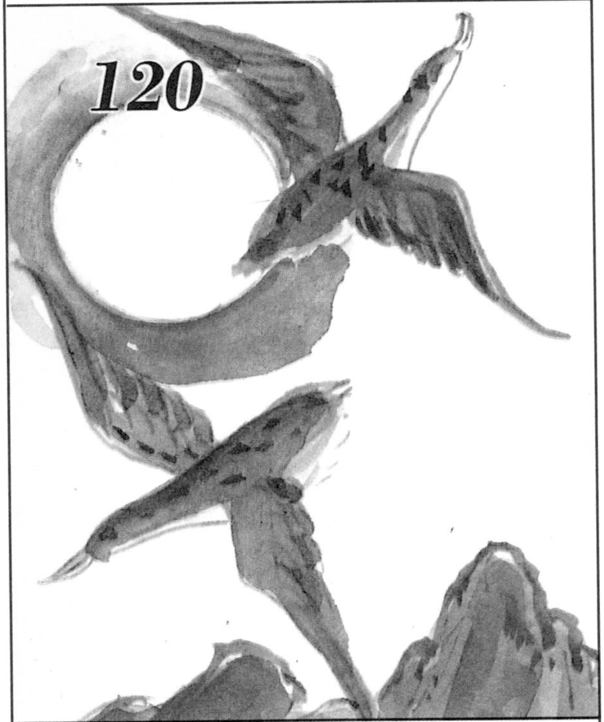

120

空山明月
二鴈各飛
心理不合
不睦之狀
兄耶弟耶
莫論被德
命照六害
多損多失
吉星照臨
群鴈同飛

적적한 산에 밝은 달은 비치는데
기러기 두마리가 각각 날아간다
마음과 뜻이 합하지 못하니
화목하지 못할 형상이니라
형과 동생사이로 보건데
서로 덕을 입었다고 다투지 말라
운명에 육해살이 비치게 되면
많은 손실이 있게 되리라
길한 별이 비쳐주면
기러기가 떼를 지어 함께 날아가리라

양 (養)

水碧沙明
三鴈同飛
同氣連枝
上和下睦
古土無緣
移鄕大吉
飛必含蘆
必有智慧
若逢凶星
孤獨之狀

물도 푸르고 모래도 맑은데
세마리의 기러기가 함께 날아가다
같은 기운이 가지로 연하여 있으니
상하가 서로 화목하다
옛터에 인연이 없으니
고향을 떠남이 크게 좋으리라
꼭 갈대를 물고 날으니
필히 지혜가 있는 것이리라
만약 흉성을 만나게 되면
고독한 형상이 되리라

생 (生)

遠山近海
五鴈成陣
若有四五
異腹可知
中年之運
東西各飛
衣食饒足
一生大吉
凶星疊疊
未免孤獨

산은 멀고 바다는 가까운데
다섯마리 기러기가 진을 이루었다
만약 넷 다섯이 있으면
이복이 있음을 능히 알수 있으리라
중년의 운수는
동서로 각각 날아가게 되는 운이다
의식이 풍족하니
일생이 크게 길하리라
흉성이 중첩해 있으면
고독을 면함이 어려우리라

욕 (浴)

123

雲外萬里
一雙同飛
天地無情
早別父母
古其不利
出外成功
食祿津津
晩得平安
吉星入門
兄弟滿堂

구름 밖 만리에
한쌍이 함께 날아간다
하늘과 땅이 모두 무정하니
일찍 부모를 이별하게 된다
옛터가 불길하니
밖으로 나가면 성공하게 되리라
식록이 왕성하고 많게 되니
늦게야 편안하게 되리라
길성이 문에 들어 오면
형제들이 집에 가득차게 되리라

대 (帶)

124

萬頃滄波
三鴈同飛
中年分散
東西各飛
初年幸福
中後多敗
敗後更新
末年大安
吉星入門
一家和平

만경창파 위에
세마리의 기러기가 함께 날아 가다
중년엔 분산해서
각각 동서로 날아가다
초년에는 행복하나
중년 이후에는 패함이 많으리라
패한후에 다시 새로워지니
말년에 크게 편안 하리라
길한별이 문에 들어 오면
한 집안이 화평하리라

관 (冠)

125

初雖四雁
終得三雁
兄友弟睦
上下順應
陰陽和合
家道漸進
高山植木
積小成大
凶星並照
中道敗亡

처음에는 비록 네마리의 기러기 이지만
마지막에는 세마리의 기러기만 남는다
형제가 우애하고 화목하게 되니
상하가 순응하게 되리라
음양이 서로 화합하게 되니
집안이 점점 나아지리라
높은 산에도 나무를 심으니
점점 크게 되리라
흉한 별이 아울러 비치면
중도에서 패망하리라

왕 (旺)

126

蕭湘夜月
五雁同飛
天地有情
父母長壽
人和家和
財穀多積
中末之年
多見失敗
凶星入門
孤獨之人

소상강에 달빛은 밝은데
다섯마리 기러기가 사이좋게 날아간다
하늘과 땅이 정이 있으니
부모님이 장수하리라
사람과 집안이 모두 화목하니
재물과 곡식이 많이 쌓이리라
중년과 말년에는
많은 실패가 있으리라
흉성이 문에 들어오면
고독한 사람이 될 팔자니라

쇠 (衰)

127

雖有三鴈
晩得一雙
爲人早達
到處有功
花柳春風
風流之客
末年之運
家道破敗
七星獻功
此厄免之

비록 기러기가 세마리가 있지만
결국에는 한쌍만 남게 되다
위인이 조달해서
가는곳마다 공이 있으리라
화류 춘풍에서 노니
풍류를 좋아하는 사람이니라
말년의 운을 보면
집안 살림에 패수가 있게 되다
칠성에 공을 드리면
이 액을 면할 것이다

병 (病)

128

雖有兄弟
隔山各飛
兄弟反目
難得和合
食祿有餘
子孫多敗
天性論之
必有固執
吉星入門
高官之人

비록 형제가 있으나
산을 사이에 두고 제각기 날아가리라
형제가 반목하게 되니
서로 화합하기가 힘들게 되리라
먹을 것이 많이 있다고 해도
자손에게는 많은 패함이 있으리라
천성으로 말한다면
틀림없이 고집이 있으리라
길한 별이 문에 비치게 되면
고관이 될 운이 되리라

사 (死)

129

此人之命 이 사람의 운명은
一鴈獨飛 한마리의 기러기가 홀로 날아가는 격이니라
六親無德 육친의 덕이 없으니
可嘆可嘆 가히 탄식하고 탄식하리라
或有兄弟 혹 형제가 있다 해도
各各飛散 각각 흩어져 버리리라
掘地得金 땅을 파헤쳐 금을 얻게 되니
勞力成功 노력으로 성공하리라
吉星入門 길한 별이 문에 들게 되면
轉禍爲福 화가 복으로 변하리라

장 (葬)

130

二鴈同飛 두마리의 기러기가 함께 날지만
異腹可期 이복이라 하겠다
天地不久 하늘과 땅이 오래 못가니
幼年多困 어렸을때 많은 곤액이 있으리라
之東之西 동으로 혹은 서쪽으로 간다 해도
別無好事 좋은 일이라고는 별로 없으리라
末年當限 말년에 다다라서
小得平安 약간의 편안함을 얻게 되리라
吉星並照 길성이 아울러 비치면
富貴在前 부귀가 앞에 있으리라

夫婦宮 (부부궁)

이 부부궁이란 부부의 행 불행을 말해주는 것으로서 생사이별 까지도 말해준다.

보는 법은 아래 표의 맨 위에서 자기의 띠를 찾아 아래로 내려오다가 오른편 생월란에서 생월(낳은달)을 찾아 그 만나는 숫자를 책에서 찾으면 된다

亥(해)	戌(술)	酉(유)	申(신)	未(미)	午(오)	巳(사)	辰(진)	卯(묘)	寅(인)	丑(축)	子(자)	生年(생년) / 生月(생월)
131	131	140	137	134	131	140	137	134	131	140	137	一 月
132	132	141	138	135	132	141	138	135	132	141	138	二 月
133	133	142	139	136	133	142	139	136	133	142	139	三 月
134	134	131	140	137	134	131	140	137	134	131	140	四 月
135	135	132	141	138	135	132	141	138	135	132	141	五 月
136	136	133	142	139	136	133	142	139	136	133	142	六 月
137	137	134	131	140	137	134	131	140	137	134	131	七 月
138	138	135	132	141	138	135	132	141	138	135	132	八 月
139	139	136	133	142	139	136	133	142	139	136	133	九 月
140	140	137	134	131	140	137	134	131	140	137	134	十 月
141	141	138	135	132	141	138	135	132	141	138	135	十一 月
142	142	139	136	133	142	139	136	133	142	139	136	十二 月

화합 (和合)

夫唱婦隨 남편이 노래하고 부인이 따르니
百年琴瑟 금실이 백년 배필이라
家庭和樂 가정이 화목하니
安樂生活 편안하고 즐거운 생활을 누리리라
人和家和 사람과 집안이 모두 화목하니
萬事和平 만사가 모두 화평하게 되리라
人生如流 인생은 흐르는 물과 같으니
幸福可期 행복은 가히 기약할 수가 없구나
凶星入門 흉한 별이 문에 들어오면
貧困之命 빈곤할 팔자가 되리라

상량 (商量)

前妻死別 전처가 죽어 이별하게 되니
新妻結緣 새로 부인을 맞아들여 인연을 맺게된다
早年不利 젊은 시절에는 이롭지 못하게 되니
晩年偕老 만년에 가서 해로하게 되리라
老年之運 노년의 운수는
安樂太平 안락하고 태평하게 되리라
家產增進 집안 살림이 더하여 나가니
去去榮華 갈수록 영화롭게 되리라
凶星入命 흉한 별이 명에 들면
三妻八字 세번 장가갈 팔자가 되리라

오역 (忤逆)

獨宿空房
浮萍身勢
事事不成
難成家業
浮雲蔽日
陰陽不交
入海求兎
事多虛妄
吉星照臨
富貴在前

공방살이 들어 홀로 지내게 되니
부평같은 신세가 되었도다
일마다 하나도 이루어지지 않으니
가업을 이루기가 어려우리라
뜬구름이 해를 가리우니
음양이 서로 사귀지 못하리라
바다에서 토끼를 구하는 격이니
일에 있어서 허망하게 되리라
길한 별이 비치면
부귀가 앞에 있으리라

보수 (保守)

夫婦偕老
子孫滿堂
家勢漸潤
錢財有餘
天定配匹
百年同樂
寒谷回春
萬國太平
凶星入門
畵中之餠

부부가 해로하게 되니
집에 자손이 가득 차리라
집안 형편이 점점 넉넉하게 되니
돈과 재물이 남아 돌아가게 되리라
하늘이 정한 배필이니
백년을 함께 즐거움을 누리리라
추운 계곡에 봄이 다시 오니
만국이 태평함과 같으리라
흉한 별이 몸에 들어오게 되면
그림의 떡이나 다름이 없게 되리라

입사 (入舍)

流離他鄕
夫婦各分
勞而無功
困苦何多
之東之西
一無好事
虛往虛來
老年之恨
吉星並照
轉禍爲福

타향에서 유리 표박하게 되니
부부가 서로 떨어지게 되리라
아무리 애를 써도 공이 없으니
괴롭고 곤함이 어찌 많지 않으리오
동으로 가고 서쪽으로 가도
좋은 일이란 하나도 없더라
허망하게 왔다 갔다 하니
늙으막에 한이 많게 되리라
길한 별이 아울러 비쳐주면
화가 변해서 복이 된다

이처 (離妻)

離妻離子
入山修道
白雲深處
麋鹿爲友
功名分外
安貧樂道
一讀仙書
又飮清水
吉星照臨
威振萬里

처자식을 이별하고 나서
산으로 들어가 도를 닦게 되리라
흰구름만 보이는 곳에서
사슴과 벗하며 지내리라
공명을 분수 밖으로 여기며
가난함을 좋게 생각하고 도를 즐긴다
한번 신선의 글을 읽은 후
또 맑은 물을 마시다
길한 별이 비치게 되면
위엄이 만리까지 진동하게 되리라

중부 (重夫)

日落西天
獨坐空房
數次結緣
難存其夫
子孫無德
悲淚難禁
在家心亂
出外心閒
吉星並照
福壽可期

해가 서천으로 떨어져 저물어 가는데
홀로 빈방에 앉았구나
서너차례 인연을 맺었다고하나
그 지아비를 보존하기가 어려우리라
자손의 덕이 없으니
슬픈 눈물을 금하기 어려우리라
집에 있으면 심정이 어지럽고
밖에 나가면 마음이 한가해 지리라
길한 별들이 비쳐주게 되면
수복이 다 함께 기약할 수 있으리라

처첩 (妻妾)

妻宮犯殺
重重妻妾
桃花入命
酒色不利
頻頻破家
十生九死
七星獻功
凶厄盡滅
吉星照來
幸福之人

처궁에 살이 범해 있으니
연거푸 처첩을 두게 되리라
도화살이 명에 들어 있으니
주색이 이롭지 못하리라
자주 집을 파하게 되므로
열번 살고 아홉번 죽게 되리라
칠성에게 공을 드리면
흉한 액이 다 없어지리라
길한 별이 비쳐오면
행복한 사람이 되리라

극자(剋子)

子女極貴
妻妾多多
多見剋子
悲淚難禁
衣食豊足
敗數連綿
名山祈禱
可免此厄
吉星並照
子孫滿堂

자녀가 극히 귀하니
처첩이 많으리라
자손들을 많이 실패하니
슬픈 눈물을 금키 어려우리라
의식이 풍족하나
실패수가 자주 계속되리라
명산에 기도하면
이 액을 면할 수 있다
길성이 모두 비치면
자손이 만당하리라

상혐(相嫌)

夫婦反目
家庭不和
若不死別
生離可畏
其志不合
日日舌戰
七星有功
可免此厄
吉星並照
人和家和

부부가 서로 싸우니
가정이 불화하다
만약 사별하지 않으면
생이별이 두려울 수다
그 뜻이 서로 맞지 않으면
날마다 말다툼이라
칠성에 공을 드리면
이 액을 면할 수 있다
길성이 모두 비치면
사람과 집안이 화평하리라

격산(隔山)

夫婦隔山
消息杳然
獨守空房
無味歲月
四十平生
虛送歲月
禱厄則吉
諸事亨通
吉星入門
百年偕老

부부가 산을 등지고 멀리 떨어져 있으니
소식이 전혀 없게 되리라
홀로서 빈방을 지키니
재미 없는 세월만 보내게 되리라
사십평생을 지내는 동안
허송세월만 보내게 되리라
액을 빌면 길하게 되니
만사가 형통하게 되리라
길한 별이 문에 들어오면
백년해로를 하리라

구자(求子)

欲求子息
妻妾重重
衣祿有餘
悲淚難禁
惡殺作害
獻功七星
晩得一子
家道泰平
吉星並照
五福俱全

자식을 얻으려고
많은 처첩을 두리라
의복과 록이 여유가 있다고 하나
서러운 눈물을 금하기 어려우리라
악한 살이 해를 끼치니
칠성에다가 공을 드려야 좋으리라
늦으막에 자식하나를 얻게 되니
집안이 크게 편안해 지리라
길한 별이 아울러 비치면
다섯가지 복이 다 갖추어 오전하게 되리라

子孫宮
(자 손 궁)

이것은 자손을 몇이나 두다는 것을 열매의 갯수로 표시하였다. 열매가 하나면 하나인 것이다

보는 법은 아래표의 맨 위에서 자기의 띠를 찾아 아래로 내려오다 오른편 생월란에서 생월을 찾아 그 만나는 숫자를 책에서 찾으면 된다.

生年(생년) / 生月(생월)	子(자)	丑(축)	寅(인)	卯(묘)	辰(진)	巳(사)	午(오)	未(미)	申(신)	酉(유)	戌(술)	亥(해)
一月	152	143	146	149	152	143	146	149	152	143	146	149
二月	153	144	147	150	153	144	147	150	153	144	147	150
三月	154	145	148	151	154	145	148	151	154	145	148	151
四月	143	146	149	152	143	146	149	152	143	146	149	152
五月	144	147	150	153	144	147	150	153	144	147	150	153
六月	145	148	151	154	145	148	151	154	145	148	151	154
七月	146	149	152	143	146	149	152	143	146	149	152	143
八月	147	150	153	144	147	150	153	144	147	150	153	144
九月	148	151	154	145	148	151	154	145	148	151	154	145
十月	149	152	143	146	149	152	143	146	149	152	143	146
十一月	150	153	144	147	150	153	144	147	150	153	144	147
十二月	151	154	145	148	151	154	145	148	151	154	145	148

일교(一橋)

此人之命 一子之數 北斗獻功 三子可期 諸殺入門 除殺大吉 雖有食祿 子孫不多 吉星並照 子多之狀

이 사람의 운을 보면
자식은 하나 밖에 둘수 없는 팔자다
북두성에 공을 드리다면
자식 삼형제를 얻게 되리라
모든 살이 문에 들었으면
모든 살을 제거하면 크게 길하리라
비록 식록이 있다고 하더라도
자손이 많지 못하리라
길한 별이 아울러 비쳐주면
많은 자식을 둘 상이다

이교(二橋)

此人之命 二子之數 殺神照命 子孫有害 至誠祈禱 一子登科 陰陽和合 一家太平 吉凶相半 中人之福

이 사람의 운을 보면
아들 형제를 둘수 없는 운명이다
살신이 명을 비쳐주고 있으니
자손들에게 해가 있으리라
정성을 다 해서 기도를 하면
한 자식이 벼슬길에 오르리라
음양이 화합해 있으니
일가가 편안해 지리라
길한 것과 흉한 것이 서로 반반이면
중인의 복을 누리게 되리라

삼교(三橋)

此人運命
三子之數
天狗作害
多見致敗
早子難養
致誠大吉
初年多困
中年發展
吉星並照
一生大通

이 사람의 운명은
삼형제를 둘 운이로다
천구가 해를 부리니
많은 패수를 보리라
일찍 둔 자식은 키우기 힘든다
정성을 드린다면 크게 길하겠다
초년에는 많은 고통이 있겠으나
중년에는 발전하리라
길한 별이 아울러 비치면
일생에 크게 통함이 있으리라

사교(四橋)

此人運命
四子之數
黃陵古墓
五鬼侵入
子孫有害
解殺大吉
中末之年
家道中興
吉星並照
諸殺自滅

이 사람의 운명은
자식 넷을 둘 운이로다
황릉이라는 옛 묘지에서
다섯 귀신이 침입하리라
자손에 해가 있으니
살을 풀어버리면 크게 길하리라
중년 말년의 운수는
집안이 중흥하게 되리라
길한 별이 아울러 비치면
모든 살이 스스로 없어지리라

오교 (五橋)

147

此人運命
五子之數
食祿不足
困苦難免
天下萬事
兩事不全
富則子小
貧則子多
吉星照臨
五福兼全

이 사람의 운명은
다섯 형제를 둘 운이로다
식록이 부족하니
곤란을 면키 어려우리라
천하 만사를 보면
두가지 일이 다 온전하지 못하리라
부유하게 되면 자식이 적고
가난하게 되면 자식이 많아 지리라
길한 별이 비쳐 주면
다섯가지 복이 다 갖추어 온전하게 되리라

육교 (六橋)

148

此人之運
六子之數
平生所忌
狗肉不食
或照殺星
反爲孤獨
名山祈禱
不見損失
吉星照來
福祿隨身

이 사람의 운명은
여섯 아들을 둘 운이다
평생동안 꺼려야할 것은
개고기를 먹지 말아야 되느니라
혹 살성이 비치면
오히려 고독하게 되리라
이름난 산에가서 기도를 드리면
손실을 보지 않으리라
길한 별이 비쳐오면
복록이 몸에 따르리라

칠교(七橋)

149

此人之運
七子之數
天狗來侵
可畏無子
佛前致誠
可保子孫
食小事煩
東奔西走
吉星來照
所願成就

이 사람의 운수는
자식을 일곱명 둘 운이라
천구가 침입하게 되면
가히 자식이 없게 될가 걱정이다
부처님 앞에 정성을 드리면
가히 자손을 보전할 수 있으리라
먹을 것은 적은 대신 일은 번거로우니
부산하게 이리 저리 돌아다니게 되리라
길한 별이 비쳐오면
바라는 것이 이루어 지리라

팔교(八橋)

150

此人之運
八子之數
子位逢空
反爲無子
過則有損
反爲虛妄
禱厄最宜
極爲致誠
吉星並照
向者有功

이 사람의 운수는
자식을 일곱명 둘 운이다
자손 위치에 공을 만나면
도리어 자식이 없으리라
지나치면 손해 수가 있게되니
도리어 허망해 지리라
액풀이 기도를하면 제일 좋으니
극히 정성을 드려야 하리라
길한 별이 아울러 비치면
향하는 곳마다 공이 있으리라

구교(九橋)

此人之運
九子之數
天狗作害
僅保一二
陰陽不交
萬物不生
勞而無功
虛送歲月
吉星來照
食祿有餘

이 사람의 운을 보면
자식을 아홉명 둘 수라
천구가 해를 부려
겨우 하나, 둘만 보전하리라
음양이 사귀지 못했으니
만물이 발생하지 못하리라
노력은 하나 공이 없으니
허송세월만 보내게 되리라
길한 별이 비쳐오면
먹을 것이 풍족하게 되리라

십교(十橋)

此人之運
十子之數
狗馬之肉
平生不食
雖多子息
途中損失
七星獻功
諸災盡解
吉星照臨
錦衣玉食

이 사람의 운을 보면
자식 열명을 둘 팔자라
개고기와 말고기는
평생 먹지 안해야 하리라
비록 많은 자식이 있다 해도
중도에 손실이 많으리라
칠성에 공을 드린다면
모든 액이 전부 없어지게 되리라
길한 별이 운에 비치게 되면
사치스런 의복과 음식을 먹게 되리라

십일교 (十一橋)

153

此人之運
十一子數
雖多子息
終得二子
名山祈禱
子孫有榮
中年之運
家道漸興
吉星照入
高必成功

이 사람의 운은
자식 열한 사람을 둘 운수라
비록 많은 자식이 있다고 하나
마지막에는 자식 둘 뿐이다
이름난 산에 가서 기도를 드리면
자손들에게 영화가 있으리라
중년의 운수는
집안이 점점 부유하게 되리라
길한 별이 비쳐오면
반드시 크게 성공하리라

십이교 (十二橋)

154

此人之運
十二子數
如此之命
例外之運
多則反小
極爲致誠
一到殺星
秋風落葉
吉星照來
富貴多子

이 사람의 운은
자식 열둘을 두게 되리라
이 같은 운명은
예외의 운이리라
많으면 도리어 적게 되는 것이니
지극히 정성을 드려야 하리라
한번 살성이 오면
가을 바람에 떨어지는 낙엽과 같으리라
길한 별이 비쳐오면
부귀하고 또 자식도 많게 되리라

제十三장 神殺編

(-신살편- 운명이 나쁜 살)

- 보는 법 -

이 신살이 운명에 비치는 사람은 몸에 병이 생기거나
무슨 일을 하여도 화를 당하는 수가 많으니 주의하여야 한다
그러나 길성과 겹치면 그 화를 면하는 수가 있다
이를 보는 방법은 앞에서 자기의 띠를 안 후 열 표에서 가로줄
맨 위에서 자기의 띠를 찾아 아래로 내려와 오른편에서 자기의
생월을 찾아 그 만나는 번호를 찾으면 되다
예를 들면 돼지나 토끼나 염소띠인 사람이 四월에 태어났다
면 그 번호가 164가 나오니 이 번호를 찾아보면 되다

生月(생월) \ 生年(생년)	巳酉丑 (사유축)	亥卯未 (해묘미)	申子辰 (신자진)	寅午戌 (인오술)
一月	155	161	164	158
二月	156	162	165	159
三月	157	163	166	160
四月	158	164	155	161
五月	159	165	156	162
六月	160	166	157	163
七月	161	155	158	164
八月	162	156	159	165
九月	163	157	160	166
十月	164	158	161	155
十一月	165	159	162	156
十二月	166	160	163	157

겁살 (劫殺)

早別父母
移鄕奔走
財錦如雲
或聚或散
妻子不全
無情歲月
極爲致誠
可免此厄
吉星並照
末運大通

일찍 부모를 이별하니
고향을 떠나게 되어 분주해 지리라
재물과 비단이 뜬구름과 같아서
혹 모였다가도 또 흩어지리라
처자식이 온전하지 못하고 보니
무정세월이라 하리라
극히 지성을 드리게 되면
가히 이액을 면할 수가 있으리라
길한 별이 아울러 비추면
말년 운수가 대통하리라

재살 (災殺)

刑殺重重
官事愼之
無依無托
一身孤單
兄弟之間
莫論被德
七星獻功
諸殺自解
吉星照命
事事順成

형살이 거듭거듭 있으니
관의 일을 조심해야 하리라
몸을 의탁할 곳이 없으니
일신이 고단하리라
형제 사이에는
덕을 입었다고 논하지 말라
칠성에게 공을 드리게 되면
모든 살이 스스로 풀리리라
길한 별이 명을 비치면
모든 일이 순조롭게 잘 이루어 지리라

천살 (天殺)

天殺入命 禱厄可吉
若不如此 每事中折
所營之事 風前燈火
在家不安 出外心安
吉星入門 化凶爲吉

천살이 운명에 들어 있으므로
도액 하면은 길해 지리라
만약 이같이 안하다면
매사가 중도에서 끊어지게 된다
경영하는 일은
바람앞에 등불과 같은 격이다
집에 있게되면 편하지 못하나
밖에 나가면 마음이 편해 지리라
길한 별이 문에 들어오면
흉이 변하여 길하게 되리라

지살 (地殺)

地殺照命 一天二地
勞而無功 何有所得
初年風霜 中年小發
佛前祈禱 百殺自退
吉星入門 衣食平平

지살이 운명을 비치면
하늘은 하나인데 땅은 둘이다
노력은 해도 공이 없으니
무슨 소득이 있으리오
초년에는 풍상이 많겠으나
중년부터 조금씩 발전하리라
부처 앞에 기도하면
백살이 스스로 물러 가리라
길성이 문에 들어오면
의식이 평평해 지리라

연살 (年殺)

命入桃花
妻妾相爭
莫近酒色
敗家亡身
本無祖業
自手成家
七星獻功
富貴在前
吉星並照
諸殺退去

도화살이 운명에 들었으니
처첩이 서로 다투리라
술과 계집을 가깝게 말라
패가 망신수가 있으리라
본래 조업이 없으므로
자수성가 하리라
칠성에게 공을 드린다면
부귀가 앞에 있으리라
길성이 아울러 비치면
모든 살이 물러 가리라

월살 (月殺)

月殺照命
巫卜之人
古基不利
出他成家
小有食祿
家宅不安
獻功金石
天佑神助
吉星入門
事事吉昌

월살이 운명을 비치니
무복을 할 팔자다
옛터가 불리 하므로
다른 곳에서 성가 하리라
약간의 식록이 있다 해도
집안이 편안하지 못하리라
공을 금석에 드리면은
하늘과 귀신이 도우리라
길한 별이 문에 들어오면
만사가 길하고 번창해 지리라

망살 (亡殺)

桃木接梨 복숭아 나무에다 배나무를 접붙였으니
眞假不分 진짜와 가짜를 분간하기 어렵구나
亡神照命 망신살이 명을 비치니
橫厄愼之 횡액수를 조심해야 하리라
累見喪敗 누차 실패를 당하게 되니
隱憂不離 숨은 근심이 떠나지 않으리라
誠心祈禱 성심 성의로 기도하면
諸厄自消 모든 액이 저절로 없어지리라
吉星入門 길한 별이 문에 들어오면
反爲富貴 도리어 부하고 귀하게 되리라

장성 (將星)

將星入命 장수별이 명을 비치니
武人可期 가히 무인이 되리라
爲人早達 사람됨이 조달해서
雄志內把 가슴속에 영웅의 뜻을 품었도다
武官出身 무관으로 출세하니
福祿自隨 복록이 저절로 따르리라
家計漸進 집안이 점점 나아지니
大富可期 장차 크게 부유하게 되리라
一入凶星 흉한 별이 한번 들어오면
身病未免 신병을 면할수 없으리라

번 안 (樊 安)

花柳春城
蜂歌蝶舞
幼多安樂
能修學業
少年得意
到處春風
平生之事
安樂生活
凶星疊見
貧夭之命

꽃과 버들이 봄날 성에 우거지니
벌은 노래 부르고 나비는 춤을 추리라
어려서 편안하고 즐거움이 많기에
능히 학업을 닦으리라
소년시절에 뜻을 얻었으니
이르는 곳마다 봄바람 이로다
평생일을 보면
편안하고 즐거운 생활을 하리라
흉한 별을 여거퍼 보면
가난하고 요절하는 운이 되리라

역 마 (驛 馬)

驛馬入命
一渡滄波
出洋出入
意外得財
初多困苦
中末大過
頻頻移動
多忙之人
凶星入門
萬事不成

역마가 명에 들었으니
한번 바다를 건너리라
외양에 출입해서
뜻밖의 재물을 얻으리라
처음에는 많은 어려움이 있겠으나
중년과 말년에는 대통 하리라
빈번히 이동을 하니
퍽 바쁜 사람이 되리라
흉한 별이 문에 들어오면
만사가 이뤄지지 못하리라

유해(六害)

日落西山
忙忙歸客
六親無德
何人助我
父母妻子
各散離去
多成多敗
一生奔走
吉星並照
五福綿綿

해가 서산으로 지게되니
바쁘게 돌아가는 나그네 구나
육친의 덕이 없으니
누가 나를 도와 주리오
부모와 처자식들도
각각 흩어져 떠나게 되리라.
이루어짐도 많으나 패함도 많으니
일생이 분주하리라
길한 별이 아울러 비치면
오복이 면면하리라.

화개(華蓋)

華蓋入命
僧尼之像
小人爲僧
大人文章
爲人清秀
超出凡人
献功名山
諸事亨通
凶星入命
刑厄重重

화개별이 명을 비치면
중이될 팔자로다
소인이라면 중이될 팔자이고
대인이라면 문장이 되리라
사람 됨이 청수해서
보통사람에 비해 뛰어나리라
이름이 있는 산에 공을 드리면
모든 일이 형통 하리라
흉한 별이 명을 비치면
연거퍼 형액수가 있으리라

性質 및 健康
(성질 및 건강)

사람의 성질이나 건강을 알려면 자기의 낳은해(띠)와 낳은달(生月)을 알면 된다

아래 표의 가로줄에서 띠를 짚어 아래로 내려오다 오른편 생월란에서 생월을 찾아 그 만나는 숫자를 책에서 찾으면 된다.

生月(생월) \ 生年(생년)	(자)子	(축)丑	(인)寅	(묘)卯	(진)辰	(사)巳	(오)午	(미)未	(신)申	(유)酉	(술)戌	(해)亥
一月	167	168	169	170	175	174	173	172	171	170	169	168
二月	168	169	170	171	176	175	174	173	172	171	170	169
三月	169	170	171	172	177	176	175	174	173	172	171	170
四月	170	171	172	173	178	177	176	175	174	173	172	171
五月	171	172	173	174	167	178	177	176	175	174	173	172
六月	172	173	174	175	168	167	178	177	176	175	174	173
七月	173	174	175	176	169	168	167	178	177	176	175	174
八月	174	175	176	177	170	169	168	167	178	177	176	175
九月	175	176	177	178	171	170	169	168	167	178	177	176
十月	176	177	178	167	172	171	170	169	168	167	178	177
十一月	177	178	167	168	173	172	171	170	169	168	167	178
十二月	178	167	168	169	174	173	172	171	170	169	168	167

자년생인 자궁 (子年生人 滋宮)

膽大心小	담이 큰것 같지만 마음은 작고
諸事強直	모든 일에 강직한듯 보인다
外面溫厚	겉으로는 온후하듯 하지만
內心含惡	속 마음에는 오기가 있다.
潛謀持術	은근히 꾀를 지니고 있으나
他人不知	다른 사람은 알지를 못한다
窮處強勢	궁한 곳에서는 강세를 부리고
嫉妬惡氣	질투와 오기가 대단 하다
時時寬厚	때때로 너그러운 성격이나
孤立不免	외로움을 면치 못한다.
平生職業	평생 직업으로는
官吏教育	관리나 교육자가 좋다
農商亦是	농업、상업 역시 적당해서
食衣有餘	의、식은 남아 돌아간다
平生謹病	평생에 조심할 병은
胃病腰痛	위장병과 요통이다
我之因緣	나와 인연이 되는 띠는
申卯寅亥	잔나비、토끼、호랑이、돼지이다

축년생인 결궁 （丑年生人 結宮）

正直仁慈 정직하고 인자해서
信用深厚 신용이 깊고 두텁다
忍耐心強 참을 심이 강하나
活動力小 활동력은 되려 작다
僅僅努力 근근히 노력하고 있는데
意志堅固 의지가 매우 굳세다
怒心一發 한번 화가 나면
水火不辭 물 불을 가리지 않는다
時時變屈 때때로 변하는 만큼
如履薄氷 엷은 얼음을 걷는 듯 하다
君之職業 적당한 직업으로는
工業土建 공업이나 토건업 이다
警察牧畜 또한 경찰이나 목축업도
可謂適格 적당한 직업이라고 하겠다
病則消化 병을 앓는다면 소화기 계통이나
腫氣性病 종기, 성병이다
平生緣分 평생 연분으로는
巳午亥酉 뱀, 말, 돼지, 닭띠 이고
次之因緣 다음으로 좋은 인연은
申辰未人 잔나비, 용, 염소띠 이다

인년생인 연궁 (寅年生人 演宫)

君之性質 성질을 말할 것 같으면
猛虎出林 맹호가 숲을 뛰쳐나온 격이다
臨事操急 일에 임해서 매우 조급하니
決裁迅速 처리하는데 신속하다
智慧聰明 지혜가 총명하니
活動敏活 활동이 민첩하다
威勢堂堂 위세가 당당하니
人自屈伏 사람들이 스스로 굴복한다
一握兵權 한손에 병권을 쥐니
萬人仰視 만인이 우럴어 본다
平生愼事 평생에 삼가해야할 일은
激情暴露 과격한 감정을 폭발 함이다
業則礦山 직업으로는 광산과
證券空船 증권、비행사、선원이 좋다
身上愼病 몸에 조심해야 할 병은
膽脚氣也 담병 각기병이다、
前生有緣 전생부터 인연있는 띠는
亥子卯午 돼지、쥐、토끼、말띠다、

묘년생인 풍궁 (卯年生人 豐宮)

每事未決 일마다 되지를 않으니
臨之不行 어떻게 해볼 수가 없구나
變屈亦甚 변화가 역시 심하니
安定難望 안정을 기하기가 어렵다
若爲懈惰 하고자 아니할 때는
逢雷不動 벼락이 쳐도 끔쩍 않는다
弄談滋甚 농담을 실없이 잘하니
或有失身 혹 실수를 할찌 모른다
迫力不足 밀고 나가는 힘이 부족해서
推進亦少 일의 추진이 늦다
平生之業 평생의 직업으로는
教育醫師 교육자, 의사가 좋고
藝術商業 예술, 상업 그리고
美術是當 미술에 대한 직업이 적당하다
終身之病 일신상의 병으로는
結核脚氣 결핵, 각기이며
注意之病 역시 주의해야 할 병은
肝臟胃腸 간장병 위장병이다.
緣則卯亥 인연있는 띠는 토끼, 돼지
子巳午人 그리고 쥐, 뱀, 말띠이다.

진년생인 분궁 (辰年生人 奮宮)

171

氣質活達 기질이 활달하고
自制力強 자제력도 세다
一定之事 한번 결정한 일은
不變他事 절대로 변하지 않는다
雅量豐富 너그러운 마음이 풍부하니
自重自強 자중하는 마음이 강하다
獨特努力 남다른 노력 심은
特出萬人 만인 가운데 특출하다
內在固執 안으로는 고집이 도사리고 있어도
外好名譽 겉으로는 호인인 듯 속인다
平生職業 평생직업으로는
官吏土建 관리、토건업이 좋고
運搬貿易 아울러 운수 무역
觀光實業 관광 실업계가 적당하다
一身之病 일신상의 병으로는
肩痛神經 시경계통의 병과
關節性病 관절염 성병에다가
眼疾之病 눈에 일어나는 병 등이다.
緣人巳午 인연이 있는 띠로는 뱀띠、말띠
申酉戌丑 그리고 잔나비、닭、개、소띠이다

사년생인 지궁 (巳年生人 止宮)

性品細察 성품이 세밀한 편이어서
博學多才 아는 것이 많고 재주가 있다
外見靜溫 겉으로 보기는 조용하고 따스하나
內性暴發 안에 독한 마음이 도사리고 있다
智勇兼全 지혜와 용기는 있으면서도
實踐不足 실천력이 부족하다
一事置重 한 일에만 치중하는 편이라
不改前進 깨우쳐서 전진할 줄을 모른다
不要偏屈 편벽되고 비굴한 마음은 필요 없고
不思虛望 허망한 생각은 하지 말라
業則作家 직업으로는 작가
詩人教育 그리고 시인 교육자가 좋고
亦有好職 역시 좋은 직업으로는
言論官吏 언론계 관리에 종사함도 가하다
平生愼病 평생에 조심할 병은
消化不良 소화불량
神經系統 또는 신경계통의 질환에다
眼病之疾 눈에 일어나는 병이다
緣人寅卯 인연있는 사람은 범, 토끼와
丑辰戌人 소, 용, 개띠이다

오년생인 합궁 (午年生人 合宮)

君之生世 그대를 짐승에 비유한다면
如馬如驢 말이나 나귀와 같도다
精力益強 정력이 말할수 없이 세고
金力亦旺 돈을 모으는데도 역시 왕성하리라
百戰不屈 백번 싸움을 해도 굴하지 않고
鬪志旺盛 투지가 왕성하기만 하다
間間粗暴 간간히 횡포를 부리는 때가 있어
人多憎惡 사람들의 미움을 사기가 쉽겠다
愼之濫用 삼가해야할 것은 남용의 버릇이고
謹之酒色 특히 주색에 조심할지어다
君之擇業 직업으로 택할만한 것은
銀行會社 은행원 회사원이 좋고
亦是好職 역시 좋은 직업은
土建業可 토건업이라 할수 있다
平生懼病 평생에 두려워 해야할 병은
心性高血 고혈압 증세라고 본다
平生因緣 인연있는 띠로는
寅亥未戌 범、돼지、염소、개띠이다、

미년생인 노궁 (未年生人 老宮)

性質溫厚 성질이 온후할 뿐더러
考察明確 고찰하는 점이 명확하다
漸進基業 무슨 일을 점진적으로 하되
努力不斷 끊임 없는 노력으로 해낸다
外貌柔順 겉으로는 유순 한듯하나
內心堅強 안으로는 매우 강견하다
義氣好俠 의기심이 강하지만
多少利己 다소 이기심도 없지 않다
金錢去來 금전 거래를 하더라도
愼之親友 친한 친구와는 삼가하라
君之職業 적당한 직업으로는
法律著述 법률가、저술가를 비롯해서
醫師美術 의사、미술가 그리고
表具師也 표구사를 들수 있다
君之愼病 조심해야할 질환은
神經衰弱 신경쇠약 뿐이다
平生因緣 인연의 좋은 띠는
亥午丑辰 돼지、말、소、용
又有因者 또 말하자면
戌年生人 개띠를 들수 있겠다

신년생인 완궁 (申年生人 緩宮)

君之受稟 그대가 받은 성품은
多謀輕率 꾀가 많고 경솔한 점이 있다
一擧一動 일거 일동을 행하는데
警戒不足 경계심이 부족한 것이 흠이다
如是臨事 일에 당해서도 역시
龍頭蛇尾 용두사미가 되는 격이다
頻數更職 직업을 바꾸기를 빈번히하고
言辭多辯 실천보다도 말이 많은 편이다
強健敏活 때로는 강건 민활하기도 하나
駑鈍優劣 노둔하고 우열한 변화가 있다
嫉妬怠慢 질투심과 태만심이 있어서
孤立不免 고립되는 것을 면치 못하다
平生之業 평생에 적당한 직업으로는
官職運動 관직、운동가는 물론
小賣仲介 소매업、중개업 그리고
辯士俳優 변사 、배우등이다
身吉愼病 일신상의 병으로는
呼吸打折 호흡기、타박상、절골을 조심하라
緣人未丑 인연있는 사람으로는 염소、소
辰酉亥戌 용、닭、돼지、개띠이다!

유년생인 수궁 (酉年生人 隨宮)

才過謀能 재주가 지나쳐서 모사가 능하고
嗜好華麗 화려한 것을 무척 좋아 한다
不謹女色 여색을 삼가하지 않으면
困難重重 곤란한 일이 거듭될 것이다
鬪志堅固 투지력이 만만한 만큼
實踐力强 실천력이 강한 것은 물론이다
隱忍自重 명심할 일은 은인자중해서
不就官途 벼슬길에 나아가지 않도록 하라
平生職業 평생의 직업을 말하다면
聲樂俳優 가수, 배우를 비롯해서
辯士宗教 변사, 종교가 그리고
文士則吉 무필가를 들수가 있겠다
平生愼病 일생동안 조심해야될 질환은
神經結核 신경통 결핵병에다
眼病性病 안질 성병 그리고
胃腸病也 위장병을 지적할 수있다
平生有緣 평생동안 인연있을 사람으로는
未卯戌辰 염소, 토끼, 개, 용띠 이고
亦有愛緣 또 사랑하는 인연이 있다면
子亥女可 쥐, 돼지띠를 들수 있다

술년생인 연궁 (戌年生人 煉宮)

平性正直 심성이 정직하면서
意志鐵石 의지는 철석같이 굳다
奮鬪努力 분투 노력하는 사람으로서
不爲虛行 헛된일은 행하지 않는다
助兄助弟 남을 도와주는데 있어서
不辭水火 물, 불을 가리지 않는다
每事勇決 매사를 용단으로 결정하는데
處理明白 그 처리가 매우 명백하다
不足之點 부족한 점이 있어
或有爭論 쟁론을 일으키기 쉽다
研磨心身 심신을 연마하는 만큼
必就大人 반드시 성공하리라
平生好職 평생의 좋은 직업으로는
法官警察 법관이나 경찰 직업인데
若不官祿 만일 관록을 먹지 않으려면
探索著述 탐색가나 저술가가 좋다
愼病則胃 조심해야할 병은 위와
神經過敏 신경과민이라 하겠다
緣則未巳 인연이 있는 띠는 염소, 뱀
子午丑申 그리고 쥐, 말, 소, 잔나비띠이다.

해년생인 실궁 (亥年生人 實宮)

論之性稟 성품을 말하고자 하면
流水潛池 흐르는 물이 못에 담긴 것 같다
外貌愚頓 겉으로는 우둔한 것 같이 생겼지만
內心深厚 안으로는 매우 깊고 두터운 바가 있다
每事考察 모든 일을 살피는데 있어서
周密着實 세밀하고 착실한 것이다
若爲暴發 만일 성질이 폭발하면
來如洪水 마치 홍수처럼 무섭다
果斷不足 다만 과단성이 부족해서
實踐未及 실천력이 부족하다
如此短處 이 단점을 알고서
改則偉大 고쳐나간다면 위대한 일을 해낸다
平生之業 평생에 알맞은 직업으로는
鑛山貿易 광산과 무역이고 또한
倉庫典當 창고업 전당업 그리고는
長期軍隊 군인 직업에 적당하다、
壽則長壽 건강한 편이어서 장수할 수 있고
病則心臟 병이라면 심장염을 조심해야 한다
緣則申卯 인연이 있는 띠로는 잔나비、토끼
酉寅子人 그리고 닭、범、쥐띠의 사람이다

제十五장 命宮(명궁)

명궁은 장수하거나 요절하는 것을 말한다.

보는 법은 자기의 낳은 띠와 낳은 시간을 알아서 아래표의 맨위에서 띠를 찾고 오른편 생시란에서 낳은 시를 찾아 그 만나는 숫자를 책에서 찾으면 된다.

生年(생년) / 生時(생시)	(자)子	(축)丑	(인)寅	(묘)卯	(진)辰	(사)巳	(오)午	(미)未	(신)申	(유)酉	(술)戌	(해)亥
一 月	186	189	180	183	186	189	180	183	186	189	180	183
二 月	187	190	181	184	187	190	181	184	187	190	181	184
三 月	188	179	182	185	188	179	182	185	188	179	182	185
四 月	189	180	183	186	189	180	183	186	189	180	183	186
五 月	190	181	184	187	190	181	184	187	190	181	184	187
六 月	179	182	185	188	179	182	185	188	179	182	185	188
七 月	180	183	186	189	180	183	186	189	180	183	186	189
八 月	181	184	187	190	181	184	187	190	181	184	187	190
九 月	182	185	188	179	182	185	188	179	182	185	188	179
十 月	183	186	189	180	183	186	189	180	183	186	189	180
十一 月	184	187	190	181	184	187	190	181	184	187	190	181
十二 月	185	188	179	182	185	188	179	182	185	188	179	182

부고 (富庫)

衣食有餘
子孫有厄
七星獻功
二子終孝
天壽如何
八十可期
五日滯病
從仙之年
柱見丑卯
六旬加三

입을것과 먹을것이 여유가 있지만
자손에게 액이 있구나
칠성에게 공을 드린다면
두 자식을 두리라
하늘로부터 받은 목숨은 얼마나 될까
여든살은 능히 기약 하리라
오일간을 체증으로 앓아 누웠다가
이 세상을 떠나게 되리라.
사주에서 축묘를 본다면
예순살에 세살을 더하게 되리라.

적고 (積庫)

吉星照臨
家產饒足
末年之運
積財如山
四五蘭空
一枝長春
天壽幾何
七十五歲
柱中酉丑
六十五歲

길한 별이 비쳐지면
집안 살림이 풍족하게 되리라
말년의 운은
산처럼 재물을 쌓게 되리라
사오명의 자식가운데에서
한명만이 종신 하겠다.
천수는 얼마나 될까
일흔다섯살이니라.
사주에 유, 축이 있으면
예순다섯을 살게 되리라

번고 (樊庫)

初年多困
後分太平
早失父母
移去他鄕
一曰幾何
七十五歲
黃泉歸路
二子終身
病名何也
冷痰之疾

초년에는 고생이 많겠으나
후에는 무사하고 평안하겠다.
일찍 양친을 여의었으니
타향으로 옮겨 가겠다
수명은 얼마나 될까
일흔다섯 이로다
황천으로 돌아갈때
두 아들이 종신하겠다.
병명은 무얼까
냉 담 병이 겠구나.

허고 (虛庫)

勞心勞力
別無所績
人間遺跡
二子終身
天壽何如
九十可期
病重三日
歸于黃泉
人間別世
風痰之症

애써 마음과 힘을 기울였다 해도
얻는게 별로 없으리라
사람에게 남긴 자취를 본다면
자식 두 사람이 종신하게 되리라.
하늘로 부터받은 목숨은 얼마나 될까
아흔살이 되리라
병이 들어 위독하게 되지 사흘만에
이세상을 하직하게 되리라
인간 세상을 이별 할때
풍이나 담병으로 죽으리라.

귀고 (貴庫)

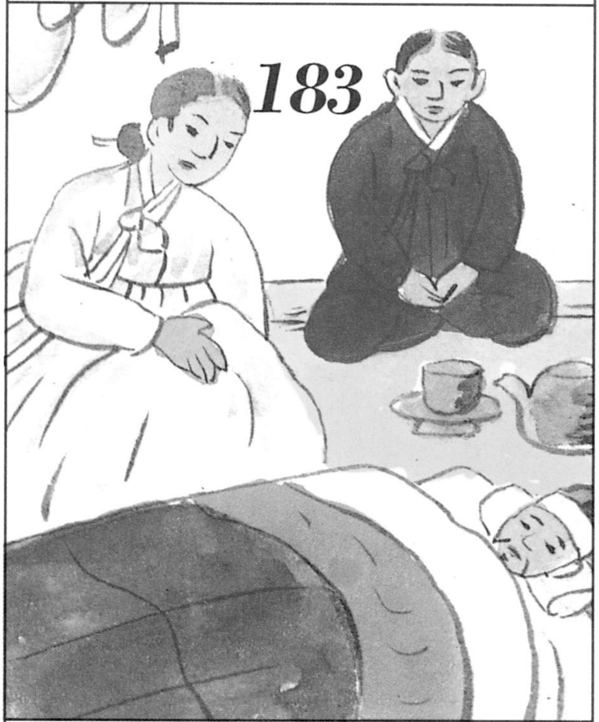

早歲移鄕
自手成家
二子之中
一子終孝
壽命如何
七十之歲
得病五日
冬節之時
咳嗽之症
別世之命

어릴때에 고향을 떠나게 되니
스스로의 힘으로 집을 이루리라
자식 두사람 중에서
한 아들이 종신하게 되리라
수명은 얼마나 될까
칠십세가 되리라.
병을 얻어 닷새가 되니
추운 겨울철이로구나
해수병으로
세상을 하직 하리라.

정고 (正庫)

時和年豐
家道漸昌
庭前寶樹
二枝長春
壽命如何
七十二歲
得病三日
永別人世
陰雲蔽天
細雨之日

시절이 좋아서 풍년이 드니
집안이 차츰차츰 번성하여 잘되어 가리라
정원앞에는 보배나무가 있는데
가지 둘이 긴 봄이로다
수명은 얼마나 될까
일흔 두살이로다
병이 드지 사흘만에
영영 세상을 하직하겠다
음산한 구름이 하늘을 가리고 있으니
가랑비가 내리는 날이로구나

모고(暮庫)

初年困苦
晩得其財
佛前献功
二子終身
中風之症
三日黃泉
平生愛酒
因此成病
半晴半陰
別世之日

초년에는 고생이 많겠으나
느즈막에야 재물을 얻으리라
부처 앞에 공을 드리면
두 아들이 종신하리라
중풍에 걸려서
삼일 만에 황천객이 되리라
평생동안 술을 즐겨하니
이 때문에 병을 얻게 되었도다
반은 맑고 반은 흐린 날에
세상을 떠나리라

사고(査庫)

此人一生
敗數頻頻
中後漸進
衣食自足
其子雖多
難結其實
七星献功
能保子孫
天壽如何
六十八歲

이 사람의 일생은
패수가 빈번하게 있으리라
중년 이후부터는 점점 나아지니
의복과 먹을 것이 풍족하게 되리라
비록 자식이 많다고 하더라도
그 열매는 맺기가 힘들겠도다
칠성에게 공을 드리면
능히 자손을 보전할 수가 있겠다
하늘이 주신 명수는 얼마나 될까
예순 여덟살이로다.

만고 (滿庫)

吉慶入門 아주 경사스런 일이 문에 들어오니
金玉滿堂 금과 옥이 가득하리라
荆宮犯殺 형궁에 살이 범해 있으니
一見叩盆 한 차례 상처수가 있으리라
三子終身 세 자식이 종신하리라
得病三日 병이 든지 사흘만에
七十六歲 일흔여섯살의 나이로
永別人間 인간 세상을 하직하리라
其病症何 어떠한 증세의 병일까
冷滯之症 냉과 체증으로 죽으리라

공고 (空庫)

此人平生 이 사라람의 평생은
食小事煩 일은 번잡하나 먹을것은 적구나
初分平平 초년에는 평탄하나
后分困難 후에는 곤란을 받으리라
三四之中 세 넷의 자식 중에
二子終身 자식 둘이 종신하리라
天壽如何 천수는 얼마나 될가
九十上壽 구십 상수 하리라
多年火滯 여러해 동안 화체로 신음하다가
永別人間 이 세상을 하직 하리라.

합고 (合庫)

189

積善積德 선을 쌓고 덕을 쌓으니
必有餘慶 필히 경사가 있으리로다
獻功金石 금석에 공을 드리다면
多子之格 많은 자식을 둘수 있겠도다
中年之運 중년의 운은
食祿漸增 식록이 점점 나아 지리라
冷疾風症 냉증 풍증으로
一月別世 일개월 만에 세상을 하직 하리라
天壽如何 천수는 얼마나 될까
七十七歲 일흔일곱살 이로다

천고 (天庫)

190

此人一生 이 사람의 일생은
中後成家 중년 이후에 집을 이루게 되리라
佛前獻功 부처 앞에 공을 드리면
二子終身 두 아들이 종신 하리라
老病呻吟 노환으로 앓다가
五日別世 오일만에 별세하리라
天壽如何 천수는 얼마나 될까
八旬加一 여든한살 이네
不寒不暖 춥지도 덥지도 않고
半陽之日 반쯤 볕이 비치는 날이로다

제十六장 대 왕(大王)편

대왕편은 죽어서 지옥으로 가되 세상에 많은 죄를 지었다면 어떤 형벌을 받게 되는가를 표시한 것이다.

죄를 짓지 않은 사람은 가지 않으나 만약 사주 팔자에 받게 되었다면 이 책에 표시된 형을 받게 된다는 것이다.

보는 법은 연령대조표에서 자기가 무슨 해에 태어났나를 알면 된다. 예를 들면 1970년에 33살이면 무술생이니 이 표에서 무술해를 찾아 그 맨 밑의 숫자를 이 책에서 찾으면 197 이 나오게 된다.

戊午 무오	壬子 임자	丙午 병오	甲午 갑오	庚子 경자	丙子 병자	甲子 갑자	壬午 임오	戊子 무자	庚午 경오	나이에 해당하는 해
己未 기미	癸丑 계축	丁未 정미	乙未 을미	辛丑 신축	丁丑 정축	乙丑 을축	癸未 계미	己丑 기축	辛未 신미	
庚申 경신	甲寅 갑인	戊申 무신	丙申 병신	壬寅 임인	戊寅 무인	丙寅 병인	甲申 갑신	庚寅 경인	壬申 임신	
辛酉 신유	乙卯 을묘	己酉 기유	丁酉 정유	癸卯 계묘	己卯 기묘	丁卯 정묘	乙酉 을유	辛卯 신묘	癸酉 계유	
壬戌 임술	丙辰 병진	庚戌 경술	戊戌 무술	甲辰 갑진	庚辰 경진	戊辰 무진	丙戌 병술	壬辰 임진	甲戌 갑술	
癸亥 계해	丁巳 정사	辛亥 신해	己亥 기해	乙巳 을사	辛巳 신사	己巳 기사	丁亥 정해	癸巳 계사	乙亥 을해	
200	199	198	197	196	195	194	193	192	191	책번호

(제이전) 초 강 대 왕
(第二殿) 初 江 大 王

확 탕 지 옥
(鑊 湯 地 獄)

죽어 지옥에 들어가되 가마솥 안에다 삶아서 죽이는 형을 다스리는 왕이 될 수로다.

(제일전) 진 광 대 왕
(第一殿) 秦 廣 大 王

도 산 지 옥
(刀 山 地 獄)

죽어 지옥에 들어가되 칼을 심어 놓은 산의 형을 다스리는 왕이 될 수로다.

(제삼전) 송 제 대 왕
(第三殿) 宋 帝 大 王

한 빙 지 옥
(寒 氷 地 獄)

죽어 지옥에 들어가되 얼어 죽이는 감옥을 다스리는 왕이 될 수로다.

(제사전) 오 관 대 왕
(第四殿) 五 官 大 王

검 수 지 옥
(劍 樹 地 獄)

죽어 지옥에 들어가되 시뻘겋게 단 나무의 가지와 같은 칼로 형을 다스리는 왕이 될 수로다

(제오전) 염 라 대 왕
(第五殿) 閻 羅 大 王

발 설 지 옥
(拔 舌 地 獄)

죽어 지옥에 들어가되 혀를 뽑는 형을 다스리는 왕이 될 수로다.

(제륙전) 변 성 대 왕
(第六殿) 變 成 大 王

독 사 지 옥
(毒 蛇 地 獄)

죽어 지옥에 들어가되 독사가 우글대는 감옥을 다스리는 왕이 될 수로다.

(제칠전) 태 산 대 왕
(第七殿) 泰 山 大 王

좌 마 지 옥
(挫 磨 地 獄)

죽어서 지옥에 들어가서 죄를 다스리되 꺾어서 갈아죽이는 왕이 될 수로다.

(제팔전) 평 등 대 왕
(第八殿) 平 等 大 王

추 해 지 옥
(錐 解 地 獄)

죽어서 지옥에 들어가서 송곳으로 찍어 죽이는 형을 다스리는 왕이될 수로다

(제구전) 도 시 대 왕
(第九殿)(都 市 大 王)

철 상 지 옥
(鐵 床 地 獄)

죽어 지옥에 들어가되 철로된 감옥을 감독하는 왕이 될 수로다.

(제십전) 전 륜 대 왕
(第十殿) (轉 輪 大 王)

흑 암 지 옥
(黑 暗 地 獄)

죽어 지옥에 들어가되 칠흑 같이 어두운 감옥을 다스리는 왕이 될 수로다.

제五편 남녀궁합 보는 법

궁합을 보기 위해서 生年、月、日、時를 天干과 地支로 알아 내야 한다. 책장을 넘겨 알아 보기로 하자.

제五편 남녀 궁합보는법

제一장 개설(槪說)

年·月·日·時의 干支를 알아내는법.

天干	地支
甲	子
乙	丑
丙	寅
丁	卯
戊	辰
己	巳
庚	午
申	未
壬	申
癸	酉
	戌
	亥

옆의 표에서 甲、乙、丙、丁……은 天干이고 子、丑、寅、卯……는 地支이다.

만세력이나 책력에서 자기가 태어난 해를 찾으면(찾을 때는 만(滿))으로 계산하니 나이에서 한살을 빼서 그해에서 이 나이를 빼서 본다.

① 해의 天干과 地支(甲(天干) 子(地支))니 乙(天干) 卯(地支))니 하는 것)가 나오고

② 다시 그 옆으로 달을 보면 달의 天干、地支가 나오고

③ 또 날의 天干、地支는 예로 설명하면

一九五○년 一月 二十五日인 경우를 들어 날의 天干과 地支를 보면

一九五○년은 만세력에서 보면 庚寅年이고 一月은 戊寅이고 二十五日은 癸未가 一日이고 癸巳가 十一日이고 癸卯가 二十一日이니 二十五日은 위의 그림에서 癸未를 찾아 天干을 보면 二十一日이니 그 자리에서부터 엄지 손가락으로 짚어서 계가 二十一 갑이 二十二 을이 二十三、병이 二十四 정이 二十五日이 되어 정(丁)이라는 것을 알고、다시

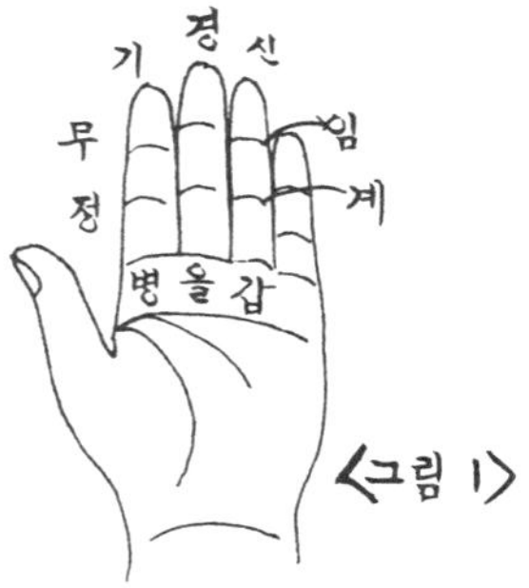

〈그림 1〉

癸卯가 二十一日이니 癸卯의 地支는 卯로 위의 그림에서 卯가 二十一日이니 여기서 부터 辰이 二十二 巳가 二十三 午가 二十四 가 되어 二十五 未가 되어 地支가 未라는 것을 안다.

그래서 결국 二十五日의 天干과 地支는 丁未라는 것을 알게 된다.

一九五○年 一月 二十五日은 庚寅年 戊寅月 丁未日이라는 결론을 알게 된다.

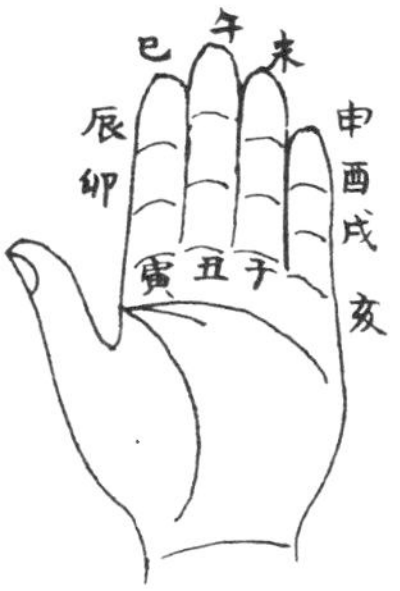

④ 다시 이 사람이 낳은 시가 오후 五시라면 옆의 그림에서 이 사람의 생일이 丁未日이니 天干이 丁이나 壬이면 庚子부터 시작하니 庚子가 二十三時부터 一시고 辛丑이 一時부터 三時이고 癸卯가 五時부터 七시이니 결국 癸卯時에 해당한다 하겠다.

時 ＼ 日	甲子시부터 甲己일에는	丙子시부터 乙庚일에는	戊子시부터 丙辛일에는	庚子시부터 丁壬일에는	壬子시부터 戊癸일에는
子 時 23~1	甲子	丙子	戊子	庚子	壬子
丑 時 1~3	乙丑	丁丑	己丑	辛丑	癸丑
寅 時 3~5	丙寅	戊寅	庚寅	壬寅	甲寅
卯 時 5~7	丁卯	己卯	辛卯	癸卯	乙卯
辰 時 7~9	戊辰	庚辰	壬辰	甲辰	丙辰
巳 時 9~11	己巳	辛巳	癸巳	乙巳	丁巳
午 時 11~13	庚午	壬午	甲午	丙午	戊午
未 時 13~15	辛未	癸未	乙未	丁未	己未
申 時 15~17	壬申	甲申	丙申	戊申	庚申
酉 時 17~19	癸酉	乙酉	丁酉	己酉	辛酉
戌 時 19~21	甲戌	丙戌	戊戌	庚戌	壬戌
亥 時 21~23	乙亥	丁亥	己亥	辛亥	癸亥

이렇게 하여
① 一九五〇年 ② 一月 ③ 二十五日 ④ 五時는
① 경인년이고 ② 戊寅月이고 ③ 二十五日은 丁未日이고
④ 는 癸卯時에 해당되다.

다시 예를들면
천세력에서 서기 ① 一九五五년 ② 六월 ③ 二四일 ④ 오후 十一시 二十분 ① 을미년 ② 癸未월 ③ 甲辰일(二一일이 辛丑이니 계산해서) ④ 甲子(앞 그림에서 甲子일 이니 甲子시부터 시작하여 乙亥시가 二시부터 二三시 까지니 결국 다시 二三시부터 一시에 해당되어 甲子시가 되다

또 한 예
① 서기 一九五七년 ② 十월 ③ 八일 ④ 六시四四분 천세력에 의해 ① 丁酉 ② 辛亥月 ③ 乙巳日(一일이 戊戌이니 계산하여 ④ 己卯시(앞 표에 의해 天干이 乙이나 庚이면 丙子부터 시작하니 五시부터 七시까지는 己卯시에 해당됨)
이와 같이 보는 것이니 時間을 계산할 때는 다음의 암기법을 쓰면 되겠다

· 甲己일의 甲子시 부터는 갑자기 감기가 들어
· 乙庚일의 丙子시부터는 을과에 병자가 되어
· 丙辛일의 戊子시부터는 병신으로 무자 되어
· 丁壬일의 庚子시부터는 정임이의 경자가
· 戊癸일의 壬子시부터 무게를 다니 임자가 울더라

— 궁합 보는 법 —

앞에서와 같이 年에서, 月에서, 時에서 각각 天干과 地支를 찾아내어 아래 표에 의해서 오행에 의해 무엇에 해당 되는가를 찾으면 된다. 우선 앞에서
① 庚寅年 ② 戊寅月 ③ 丁未日 ④ 癸卯時니 아래 표에서
① 庚寅年은 辛卯, 庚寅은 송백목 ② 戊寅月은 己卯, 戊寅은 성두토 ③ 丁未日은 丁未, 丙午는 천하水가 되고 ④ 癸卯, 壬寅은 금박금이 각각 되어 ① 年궁은 木이요 ② 月궁은 土요 ③ 日궁은 水요 ④ 時궁은 金이 되다. 年여기서 ① 年궁은 초년이고 ② 月궁은 청년이고 녀③ 日궁은 장년이고 ④ 時궁은 노년 또는 말년운이 되다.
이 사람이 男子라면 이 사람과 결혼할 여자의 生, 年, 月, 日, 時를 봐서
① 年은 乙未年이고 ② 六月은 癸未月 이고 ③ 二十四일은 甲辰日 이고 ④ 十一시 三〇분은 甲子時가 되어 다시 이것을 六〇갑자 병납음표에 의해
① 乙未는 사중금 ② 癸未는 양류목 ③ 甲辰은 복등화 ④ 甲子는 해중금이 되어 이여자의 ① 연궁은 金 ② 月궁은 木 ③ 日궁은 火 ④ 時궁은 金을로써 이것을 남자와 겨누어 남자를 먼저 여자를 나중에 하여, 우선 연궁부터 시작하여 ① 男木女金 ② 月은 男土女木 ③ 日은 男水女火 ④ 時는 男金女金이 되니 이것을 다음페이지에서 찾아 그것이 좋은가 나쁜가를 골라 좋으면 궁합이 좋은 것이고 나쁘면 하지 말아야 겠다.
그 좋고 나쁜 것은 다음 표를 보면 되겠다

60 갑자 병 납음표(六十甲子 並 納音表)

庚子(경자) 辛丑(신축)	壬寅(임인) 癸卯(계묘)	甲辰(갑진) 乙巳(을사)	丙午(병오) 丁未(정미)	戊申(무신) 己酉(기유)	간지
壁上土(벽상토) 벽위의 흙	金箔金(금박금) 금박으로 쓰인 금	覆燈火(복등화) 가려진 등불	天河水(천하수) 하늘의 냇물	大驛土(대역토) 큰역에 있는 흙	五 행
庚寅(경인) 辛卯(신묘)	壬辰(임진) 癸巳(계사)	甲午(갑오) 乙未(을미)	丙申(병신) 丁酉(정유)	戊戌(무술) 己亥(기해)	간지
松柏木(송백목) 소나무와 잣나무	長流水(장류수) 길게 흐르는 냇물	沙中金(사중금) 모래가운데 금	山下火(산하화) 산아래서 일어난 불	平地木(평지목) 평지에서 있는 나무	五 행
庚辰(경진) 辛巳(신사)	壬午(임오) 癸未(계미)	甲申(갑신) 乙酉(을유)	丙戌(병술) 丁亥(정해)	戊子(무자) 己丑(기축)	간지
白鑞金(백납금) 백납으로 된 금	楊柳木(양류목) 버드나무	泉中水(천중수) 샘 가운데 물	屋上土(옥상토) 지붕위에 얹힌 흙	霹靂火(벽력화) 번갯불	五 行
庚午(경오) 辛未(신미)	壬申(임신) 癸酉(계유)	甲戌(갑술) 乙亥(을해)	丙子(병자) 丁丑(정축)	戊寅(무인) 己卯(기묘)	간지
路傍土(노방토) 길가의 흙	劍鋒金(검봉금) 칼끝의 금	山頭火(산두화) 산꼭대기에서 일어난 불	澗下水(간하수) 산골짜기의 물	城頭土(성두토) 성머리의 흙	五 행
庚申(경신) 辛酉(신유)	壬戌(임술) 癸亥(계해)	甲子(갑자) 乙丑(을축)	丙寅(병인) 丁卯(정묘)	戊辰(무진) 己巳(기사)	간지
石榴木(석류목) 석류나무	大海水(대해수) 큰바다의 물	海中金(해중금) 바다가운데의 금	爐中火(노중화) 화로속의 불	大林木(대림목) 큰숲속의 나무	五 행
庚戌(경술) 辛亥(신해)	壬子(임자) 癸丑(계축)	甲寅(갑인) 乙卯(을묘)	丙辰(병진) 丁巳(정사)	戊午(무오) 己未(기미)	간지
釵釧金(채천금) 금비녀와 금팔지의 금	桑柘木(상자목) 산뽕나무	大溪水(대계수) 큰개울의 물	沙中土(사중토) 모래속의 흙	天上火(천상화) 하늘위의 불	五 행

이 표는 남자와 여자가 만남이 좋은가 나쁜가를 빨리 알아보기 쉽게한 것이다.

X표는 상극이고 ○표는 좋고 △표는 나쁘나 상극은 아니라는 것이다.

— 남, 여의 궁합 길흉표 —

男金女金	X	男木女金	X	男水女金	○	男火女金	X	男土女金	○
男金女木	X	男木女木	X	男水女木	△	男火女木	○	男土女木	X
男金女水	○	男木女水	○	男水女水	○	男火女水	X	男土女水	X
男金女火	△	男木女火	○	男水女火	○	男火女火	X	男土女火	○
男金女土	○	男木女土	○	男水女土	○	男火女土	○	男土女土	○

男金女金
남금여금

龍變化魚
용변화어

물고기가 변해서 용이 되도다

男女同宮不相宜 (남녀동궁불상의)
平生無益不同居 (평생무익부동거)
牛馬錢財多耗失 (우마전재다모실)
官患連綿有百災 (관환연면유백재)

남녀가 동궁이면 서로 편안하지 못하며
평생 이로운 것이 없어 같이 살지 못한다
여러가지 재산에 손실이 더하며
관재와 환재가 끊이지 아니한다

男 金 女 火
남 금 여 화

瘠 馬 重 馱
척 마 중 타

여윈 말이 무거운 짐을 실었다.

금철봉화자분멸
金鐵逢火自焚滅
부부역여수중화
夫婦亦如水中火
전재입택환작산
錢財入宅還作散
득생세말명장부
得生歲末命長富

금과 쇠부치가 물을 만나면 자연히 타서 없어지니
부부 역시 물속에 불이 들어간 것과 같다.
재물이 집에 들어오면 도로 흩어져 없어지나
말년에 얻는 것은 부귀하고 장수 하나니라.

男 金 女 水
남 금 여 수

駟 馬 得 馱
사 마 득 타

사마가 수레에 실을 짐을 얻었다

금수동거희익신
金水同居喜益新
과동초목갱봉춘
過冬草木更逢春
만당자손효양영
滿堂子孫孝養榮
오매불망사초봉
寤寐不忘似初逢

금과 물이 같이하면 기쁜 일이 새로 더하며
겨울이 지나 초목이 봄을 만남과 같다
여러 자손들이 효하고 영화로우며
자나깨나 잊혀지지 않는 것이 처음 만남과 같다.

男 金 女 木
남 금 여 목

遊 魚 失 水
유 어 실 수

물고기가 물을 잃었다.

매봉관재상유재
每逢官災常有災
부모자손상불화
父母子孫相不和
우마재보진산실
牛馬財寶盡散失
부부상리각공방
夫婦相離各空房

관재와 재화가 자주 만나면
부모와 자손이 서로 화합하지 못하다.
재물이 흩어져 없어지니
부부가 이별하여 서로 빈방을 지킨다

男木女金
남목여금

臥牛負草
와우부초

누운 소가 풀을 짊어
진 격이다.

金刀由來伐林木
금도유래벌림목
女金男木必喪夫
여금남목필상부
朝朝哭泣何時絶
조조곡읍하시절
各離他鄉必見死
각리타향필견사

쇠부치 칼은 원래 나무를
베이는데 쓰며
여금, 남목이면 반드시
남편상을 당한다
아침마다의 울음소리 어느때
그치며
서로 이별하여 타향에서 죽는
꼴을 본다

男木女木
남목여목

主失鷄犬
주실계견

주인이 닭과 개를
잃었으니....

兩木同居頻成敗
양목동거빈성패
夫婦末年病必中
부부말년병필중
先時富貴後時貧
선시부귀후시빈
錢財子孫秋風落
전재자손추풍락

두 목이 같이 살면 성패가
빈번 하며
부부가 말년에는 꼭 병에
걸린다
먼저는 부하고 귀하나 후에는
가난하며
재물과 자손이 형편 없이 시
들어간다.

男金女土
남금여토

山得土木
산득토목

산이 흙과 나무를
얻었다.

華堂玉閣珠樓上
화당옥각주루상
夫婦相樂子孫昌
부부상락자손창
百穀倉庫無不盈
백곡창고무불영
奴婢牛馬見無窮
노비우마견무궁

옥과 구슬로 지은 좋은 집에서
부부가 서로 화락하고 자손이 번성
하리라
창고에는 여러가지 곡식이 많이
쌓였으니
종과 짐승까지도 궁한 것을
모르도다

男木女土
남목여토

人多裁衣
인다재의

남이 많은 옷을 짓는구나.

木土相居雖相傷 목토상거수상상
若無土地木何生 약무토지목하생
身雖有病非爲患 신수유병비위환
自來食祿過平生 자래식록과평생

목토가 서로 살면 비록 상하나
만약 땅이 없으면 나무가 어찌 살고
몸은 비록 병이 있으나 앓지 않으며
예로부터 내려오는 식록으로 평생을 지낸다

男木女火
남목여화

三夏逢扇
삼하봉선

여름에 부채를 가지게 되었으니

平生同樂同富貴 평생동락동부귀
五男二女稱善人 오남이녀칭선인
夫婦相生神鬼護 부부상생신귀호
喪夫喪妻各命長 상부상처각명장

평생을 같이 즐기고 부귀하니
오남 이녀를 두게 되니 선한 이라 칭하다
부부가 서로 사니 신이 도와 주며
부부가 서로 장수 한다.

男木女水
남목여수

鳥變成鷹
조변성응

새가 변해서 매가 되었다.

水木相逢命福昌 수목상봉명복창
榮華富貴萬歲歡 영화부귀만세환
奴婢旺盛牛馬興 노비왕성우마흥
年年位高定一昌 연연위고정일창

水와木이 서로 만나나니 명과 복이 창성하고
영화와 부귀의 기쁨이 끝이 없도다
종과 우마까지 왕성하게 일어나니
해마다 지위가 높아지며 창성하다.

男水女木
남수여목

鮫變爲龍
교변위룡

상어가 변해서 용이 되었다.

子孫昌茂如枝葉 (자손창무여지엽)
相生成就茂成陰 (상생성취무성음)
富貴長壽於斯足 (부귀장수어사족)
林木涵養無窮水 (임목함양무궁수)

자손이 창성하는 것이 나무가지 같고
서로 자라서 무성하니 그늘이 지도다
부귀장수가 이에 끝이지 아니하니
나무를 기르는데는 끊임이 없는
물이 필요함과 같도다!

男水女金
남수여금

三客逢弟
삼객봉제

세째 아이가 또 동생을 보나니….

水金相生意相和 (수금상생의상화)
三男四女常有存 (삼남사녀상유존)
牛馬奴婢富貴榮 (우마노비부귀영)
七寶金銀盈倉庫 (칠보금은영창고)

물과 금이 서로 사니 뜻이 서로
화합하며
삼남 사녀가 항상 있을 것이다.
우마와 노비까지 부귀하며
영화로우며
많은 금은 보화가 창고에
넘치는도다

男水女水
남수여수

病馬逢針
병마봉침

병든 말이 영험한 침을 맞았다.

水水同居喜事多 (수수동거희사다)
世間財物連不絕 (세간재물연부절)
子孫奴婢世世昌 (자손노비세세창)
晝夜歡樂位益高 (주야환락위익고)

물과 물이 같이 살면 기쁜 일이
많으며
세상의 재물이 끝이 없다
자손과 노비가 길이 창성하니
밤낮 기쁘며 지위가 더욱 높아진다

男 火 女 火
남 화 여 화

龍 變 爲 魚
용 변 위 어

물고기가 변해서 용이 되다.

양화상봉시불의
兩火相逢是不宜
매조상쟁다재난
每朝相爭多災難
만고재보자소멸
滿庫財寶自消滅
선부후빈각분산
先富後貧各分散

불이 서로 만나니 편안하지 못하며
아침마다 싸우니 어려운 재난이 많도다
창고에 가득찬 재물이 자연히 없어지니
처음은 부하고 뒤에는 가난하며 서로 흩어지도다.

男 水 女 土
남 수 여 토

萬 物 逢 霜
만 물 봉 상

만물이 서리를 맞았다

수토상극다재액
水土相剋多財厄
부부병거시불상
夫婦並居是不祥
자손불효탐한거
子孫不孝貪寒居
백곡재보산사방
百穀財寶散四方

물과 흙은 상극이니 재액이 많으며
부부가 같이 살아도 상서롭지 못하다
자손은 불효하고 살림은 가난하게 사니
여러가지 곡식과 재물이 사방으로 흩어진다.

男 水 女 火
남 수 여 화

花 落 逢 暑
화 락 봉 서

꽃이 떨어지니 마음까지 서글퍼 진다.

수화상극곡래흉
水火相剋曲來凶
동거일실불상화
同居一室不相火
부부상상귀신책
夫婦常想鬼神嘖
상부상처비명장
喪夫喪妻非命長

물과 불은 서로 상극이며 본래부터 흉하니
한방에 같이 있기는 서로 화합치 못하다.
부부가 항상 귀신같이 여기고 싸우니
서로 죽고 명이 짧아 진다

男 火 女 水
남 화 여 수

老 脚 渡 橋
노 각 도 교

노인이 다리를 건너가니
위태롭게 보인다.

수화상봉시불상
水火相逢是不祥
동실동거불상화
同室同居不相和
수취재곡속위산
雖聚財穀速爲散
패가경산무락사
敗家傾産無樂事

물과 불은 서로 만나면 좋지
못하니
한방에 같이 있어도 서로 화합
하지 못하도다
혹시 재물과 곡식을 얻어도
속히 흩어지니
가세가 기울어지고 즐거움이
없도다

男 火 女 木
남 화 여 목

鳥 變 成 鶴
조 변 성 학

새가 변해서 학이 되다

목화상봉양상신
木火相逢兩相新
자손만당영무재
子孫滿堂永無災
영화부귀만조정
榮華富貴滿朝廷
상하화목세세안
上下和睦世世安

나무와 불이 서로 만나면 두가
지가 친합이 있으니
여러 자손들이 오래도록 재앙이
없도다
온 나라안의 부귀와 영화를
다 차지하니
위와 아래가 화목 하고 길이
길이 안락 하도다

男 火 女 金
남 화 여 금

龍 失 明 珠
용 실 명 주

용이 구슬을 잃었다.

화중유금자분망
火中有金自焚亡
부부응지구불화
夫婦應知久不和
재보편작화재소
財寶便作火災消
흉다길소나하부
凶多吉少奈何富

불속에 금이 있으면 자연히
타서 없어지나니
부부가 서로 알면서도 화합치
못하도다
재물을 쉽게 만들어도 불에다
서 없어지니
흉한 일은 많고 좋은 일은 적
으니 어찌 부자가 되리오

男土女木
남토여목

枯木逢秋
고목봉추

고목나무가 가을을 만난 격이다.

토목원래초재화
土木元來招災禍
형장뇌옥가부절
刑杖牢獄家不絕
가무일물심간난
家無一物甚艱難
생리사별다고액
生離死別多苦厄

흙과 나무는 원래부터 재화를 부르니 집안에서 옥에 갇히는 놈과 형장에 매맞는 놈이 끊이지 않는다. 집에는 아무것도 없으니 곤란이 막심하며 죽지 아니하면 생이별하고 고액이 많도다.

男土女金
남토여금

鳥變成鷹
조변성응

새가 변해서 매가 되다.

토금병거수명장
土金並居壽命長
주야희락만사창
晝夜喜樂萬事昌
자손수패식록고
子孫受佩食祿高
연년상위정일창
年年上位定一昌

흙과 금이 같이 있으니 수명이 길며 밤낮으로 기쁜일이 있으니 만사가 창성하도다. 자손이 벼슬에 나아가 녹을 많이 받으니 이로 인해 해마다 지위가 오르니 창성하기만 하도다

男火女土
남화여토

人變成仙
인변성선

사람이 변해서 신선이 되다.

화토상봉명합장
火土相逢命合長
오남이녀세대창
五男二女世代昌
정기위패영중중
旌旗爲佩榮重重
봉황대상위고강
鳳凰臺上位高強

불과 흙이 서로 만나니 그 명이 길며 오남 이녀를 가지니 여대에 창성 한다 정기를 휘날리니 그 영화가 거듭하며 높은 자리에 앉으니 그 자리가 높고 강하여 지도다

男土女土
남토여토

開花滿枝
개화만지

나무의 가지마다 꽃이 가득 피었다

二土並居倉庫滿 (이토병거창고만)
子孫孝養命長壽 (자손효양명장수)
每年吉慶祿重來 (매년길경녹중래)
富貴功名萬年昌 (부귀공명만년창)

두 토생이 같이 사니 창고가 가득하고
자손이 효양을 잘하니 장수하도다
해마다 경사롭고 이로우니 녹봉이 두터워지며
부귀와 공명이 오래도록 창성하도다.

男土女火
남토여화

魚變成龍
어변성용

물고기가 변해서 용이 되었다.

土火相生第一榮 (토화상생제일영)
子孫孝養命長壽 (자손효양명장수)
年年慶賀重重進 (연년경하중중진)
富貴功名處處榮 (부귀공명처처영)

흙과 불은 서로 생하니 첫째로 성하며
자손이 효도를 잘하니 장수하도다
해마다 경사가 거듭하여 나아가니
부귀와 공명이 곳곳마다 성하도다

男土女水
남토여수

飮酒悲歌
음주비가

술을 마시며 슬픈 노래를 부른다.

土水並居生多苦 (토수병거생다고)
官災口舌永不絶 (관재구설영부절)
子孫孤獨錢財散 (자손고독전재산)
父母親戚不和睦 (부모친척불화목)

흙과 물이 같이 살면 괴로움이 많아지며
관재와 구설이 끊이지 않도다
자손은 외로우며 재물은 흩어지니
부모나 일가간에 화목하지 못하다

제 二장 택일법(擇日法)

一. 혼인택일.

혼인택일은 신랑신부에 해당되는 생기, 복덕, 천의 날이면 제일좋고 유혼, 절체 날은 보통이고 화해, 절명, 귀혼날은 쓰지를 못한다. 다음으로는 황도일과 흑도일이 있는데 황도일만이 길일(좋은날)로 쓴다. 그리고 十三가지의 살(殺)이 있는 날을 피해야 하고 입춘일과 입하일과 입추일, 입동일, 동지, 단오, 사월초파일을 피하여야 한다. 다음은 대개 생기일과 황도일을 가려서 쓴다.

이중에 지붕을 이는 날은 천화일만 피하고 고사(告祠)날은 공망일(空亡日)을 피하여야 한다.

㊀ 남녀 혼인 날자 가리는 법

一. 생기 — 복덕 — 천의는 대길일(大吉日)
二. 귀혼 — 유혼 — 절체는 평길일(平吉日)
三. 화해 — 절명 — 은 불길일(不吉日)

아래 표에서 남자는 위에서, 여자는 아래에서 자기의 나이를 찾아서 남자면 아래로 내려가고, 여자면 위로 올라와 대길이나 평길을 찾아 오른편에서 무슨 날에 해당할가를 봐서 별지에 六九년도부터 一九七五년까지의 달력을 기입해 놨으니 여기서 해당되는 날을 찾아 정하면 된다.

예를 들면 二六세의 남자가 혼인 날자를 좋은 날자를 택할려고 할 때는 二六은 위의 오른편에 있으니 거기서부터 아래로 내려와 길일을 찾으니 맨위는 화해로 불길이니, 그 다음은 절체로 평길이니 괜찮고, 다음은 절명이니 불길이고, 다음은 유혼이니 평길이니 괜찮고, 다음은 천의는 대길, 그 다음은 복덕, 역시 대길이다. 그러나 천의 오른편의 날자를 보면 절체는 축인의 날자나 별지 달력에서 축인의 날을 골라서 사용하면 된다. 천의나 복덕역시 천의는 오고, 복덕은 신유니 오와 신과 유의 날을 골라서 쓰면 된다.

남자 나이	자(子)		축(丑) 인(寅)		묘(卯)		진(辰) 사(巳)		오(午)		미(未) 신(申)		유(酉)		술(戌) 해(亥)		여자 나이
58 50 42 34 26 18 10	화해	불길	절체	평길	절명	불길	유혼	평길	천의	대길	복덕	대길	귀혼	평길	생기	대길	10 18 26 34 42 50 58
59 51 43 35 27 19 11	유혼	평길	복덕	대길	천의	대길	화해	불길	절명	불길	절체	평길	생기	대길	귀혼	평길	17 25 33 41 49 57 65
60 52 44 36 28 20 12	귀혼	평길	천의	대길	복덕	대길	생기	대길	절체	평길	절명	불길	화해	불길	유혼	평길	16 24 32 40 48 56 64
61 53 45 37 29 21 13	천의	대길	귀혼	평길	유혼	평길	절명	불길	화해	불길	생기	대길	절체	평길	복덕	대길	15 23 31 39 47 55 63
62 54 46 38 30 22 14	복덕	대길	유혼	평길	귀혼	평길	절체	평길	생기	대길	화해	불길	절명	불길	천의	대길	14 22 30 38 46 54 62
63 55 47 39 31 23 15	생기	대길	절명	불길	절체	평길	귀혼	평길	복덕	대길	천의	대길	유혼	평길	화해	불길	13 21 29 37 45 53 61
64 56 48 40 32 24 16	절체	평길	화해	불길	생기	대길	복덕	대길	귀혼	평길	유혼	평길	천의	대길	절명	불길	12 20 28 36 44 52 60
65 57 49 41 33 25 17	절명	불길	생기	대길	화해	불길	천의	대길	유혼	평길	귀혼	평길	복덕	대길	절체	평길	11 19 27 35 43 51 59

二. 황도일과 흑도일

황도일은 좋은날이고 흑도일은 불길한 날이니 피해야 한다. ○는 황도일이고 ×표는 흑도일이다. 아래 표에서 맨위는 달이고 오른편은 날자니 좋은날을 골라 별표의 달력에서 좋은날을 골라 정하면 된다.

	1~7	2~8	3~9	4~10	5~11	6~12
자	○	×	×	×	○	×
축	○	×	×	○	○	×
인	×	○	×	×	×	○
묘	×	○	×	×	○	○
진	○	×	○	×	×	×
사	○	×	○	×	×	○
오	×	○	×	○	×	×
미	○	○	×	○	×	×
신	×	×	○	×	○	×
유	×	○	○	×	○	×
술	×	×	×	○	×	○
해	×	×	○	○	×	○

三. 十三살

① 천살 ⑤ 망라살 ⑨ 왕망살 ⑬ 황사살
② 피마살 ⑥ 천적살 ⑩ 십악살
③ 홍사살 ⑦ 고초살 ⑪ 월압살
④ 수사살 ⑧ 귀기살 ⑫ 월살
(칸안의 숫자가 이 十三살 번호이다.)

다음 표에서 오른편은 날이고 맨 위는 달이니 아무표가 없는 곳의 날을 골라써야 한다.

날자 \ 달	1	2	3	4	5	6	7	8	9	10	11	12
자	2.3 5		3.8 13	10	2.4 6	3.7.8 4.10.13		9	2.3 13.8	5	1.11	3.8 13
축	8	7	3.10	8	12	3	4.5 10.8		3.12	1.6 11.8		3.9
인	9	8.10 13	6		8.13			8.10 13	1.4 7.11		8.13	
묘	10			2	7.9			1.2 6.11	10		4	2
진	6.7	3.4		5.12	3.10		1.11	3.12	9	10	3	10.12
사		3.9	5	4	3	1.6 11		3			3.5 10	7
오	13		2	13	1.11	4.9	2.13	7		13	2.6	
미			12	1.6 7.11			12	4	5	9	12	
신		5	1.9 11	3		1	3	5	6	3.4	7	5
유	3	1.2 6.11		3		2	3.7 9			2.3		4
술	1.4 11	12	7		5	12	6			12	9	
해			4	9		5				7		1.6 11

四、혼인시의 길일、이날을 택하면 살성이 비쳐도 해소가 된다.

월												
1월	병인	경인	정묘	신묘	무인	정축	기축	기묘	병자	무자	경자	
2월	병자	병술	병인	경자	경술	경인	무인	무자	무술	을축	정축	기축
3월	병자	병술	갑자	갑술	을축	정축	정유	기축	기유	무자	무술	
4월	갑자	갑술	갑신	병자	병신	병술	무자	무신	무술	을유	정축	기유
5월	갑신	갑술	갑술	병신	병술	을미	을유	술신	무술	계미	계유	
6월	갑술	갑신	갑오	신사	신미	임진	임오	임신	계사	계미		
7월	갑오	갑신	을사	을미	을유	임오	임신	계사	계미	계유		
8월	갑진	갑오	갑신	신사	신미	임진	임오	임신	계사	계미		
9월	경진	경오	신묘	신사	신미	임진	임오	계묘	계사	계유		
10월	경인	경진	경오	신묘	신사	임인	임진	임오	계묘	계사		
11월	경인	경진	신축	신묘	신사	정축	정묘	정사	기축	기묘	임인	
12월	경자	경인	병자	병인	병진	무자	무인	무진	신묘	신용	정묘	기묘

五. 길일(吉日)을 찾아 내는법

좋은 날을 가리고저 할려면 우선 설명난에서 자기가 하고져 하는 날의 가장 좋은 날을 골라 그 아래로 내려와 선택할려는 달에서 머물러 이에 해당된 날을 이책에 나온 달력에서 가려내면 된다.

가령 집을 짓거나 무슨 일을 하는데 좋은 날을 택한다면、천덕이나 월덕이나 천덕 합을 택하는게 좋다、一月은 丁字날、二月엔 申字날 이런 식으로 보면 된다.

가령 음력 一九七〇年 二月에 굴이나 흙 다루는 날을 택한다면 월공의 아래로 내려와 오른편에서 경자(庚字)의 날을 택하면 되는데、별지의 달력 二月에서 경자를 찾으면 二月 四日이 (경)인이고 十四日이 (경)자의 날이고 二月 二十四이 경술의 날이나 이날 중에서 정하면 되는 것이다.

월재(月財)의 九、三、四、二、七、六、九、三、四、二、七、六、등은 날자 그대로 하고、옥제사일은 경신이면 경신의 날만 진자일이면 신자의 날만 선택해 쓰면 된다.

五. 길일을 찾아 내는 법

좋고 나쁜 날	설명	正월	2월	3월	4월	5월	6월	7월	8월	9월	10월	11월	12월
천덕(天德)	집짓고 장례에 쓰나 백사에 대길	정	신	임	신	해	갑	계	인	병	을	사	경
월덕(月德)	백사에 대길	병	갑	임	경	병	갑	임	경	병	갑	임	경
천덕합(天德合)	천덕과 같이 씀	임	사	정	병	인	사	무	해	신	경	신	을
월덕합(月德合)	월덕과 같이 씀	신	기	정	을	신	기	정	을	신	기	정	을
월공(月空)	글을 올리고 고치거나 만들거나 흙을 다루는날	임	경	병	갑	임	경	병	갑	임	경	병	갑
월은(月恩)	황은대사와 같이 씀	병	자	경	기	무	신	임	계	경	을	갑	신
월재(月財)	집짓고 이사하거나 장사에 씀	九	三	四	二	七	六	九	三	四	二	七	六
생기(生氣)	재물, 양자, 혼인에 씀	술	해	자	축	인	묘	진	사	오	미	신	유
천의(天醫)	의사를 구하여 병을 다스릴때	축	인	묘	진	사	오	미	신	유	술	해	자
왕일(旺日)	상량, 하관에 쓰나 흙을 다루면 해롭다	인	인	인	사	사	사	신	신	신	해	해	해
상일(相日)	왕일과 같음	사	사	사	신	신	신	해	해	해	인	인	인
해신(解神)	모든 살을 풀어서 백사에 대길	신	신	술	술	자	자	인	인	진	진	오	오
오부(五富)	집짓고 장사 지낼때	해	인	사	신	해	인	사	신	해	인	사	신
옥제사일(玉帝赦日)	하늘에서 사하는 날로 매사에 무조건 좋은날	경신	갑자	을축	병인	신묘	임진	정해	갑오	을미	병신	신유	임술
황은대사(皇恩大赦)	모든 재앙이 없어지는날	술	축	인	사	유	묘	자	오	해	진	신	미
천사일(天赦日)	몸에 죄를 사하는날	술	축	진	미	술	축	진	미	술	축	진	미
요안일(要安日)	생을 받아 복을 받는날	인	신	묘	유	진	술	사	해	오	자	미	축
만통사길(萬通四吉)	무해 무독한날	오	해	신	축	술	묘	자	사	인	미	진	유

六. 흉일을 피하는 법

보는 법은 길일을 볼때와 같고 다만 띠의 날을 택하는 점이 다르다. 즉 갑을병정 순서가 아니고 자축인묘 순서의 날을 택하는 점이다.

종고 나쁜날	설명	1월	2월	3월	4월	5월	6월	7월	8월	9월	10월	11월	12월
강천(罡天)	백사에 해로우나 황도가 닿으면 씀	자	자	미	인	유	진	해	오	축	신	묘	술
하괴(河魁)	강천과 같음	해	오	축	신	묘	술	사	자	미	인	유	진
지파(地破)	흙을 다룰때	해	자	축	인	묘	진	사	오	미	신	유	술
나망(羅網)	혼인、송사、출행할때	자	신	사	진	술	해	축	신	미	자	사	신
멸몰(滅沒)	나망과 같음	축	자	해	술	유	신	미	오	사	진	미	인
천구(天狗)	재사 지낼때	자	축	인	묘	진	사	오	미	신	유	술	해
왕망(往亡)	모든 출행에	인	사	신	해	묘	오	유	자	진	미	술	축
천적(天賊)	이사가거나 재물이나 돈거래할때	진	유	인	미	자	사	술	묘	신	축	오	해
피마(披麻)	시집가거나 집을 들면 해로움	자	유	오	묘	자	유	오	묘	자	유	오	묘
홍사살(紅紗殺)	시집가면 해로움	유	사	축	유	사	축	유	사	축	유	사	축
온황살(瘟癀殺)	병치료, 집을 짓고 고치거나 이사하면 나쁜날	미	술	진	인	오	자	유	신	사	해	축	묘
토온(土瘟)	흙을 다루거나 샘을 못파는날	진	사	오	미	신	유	술	해	자	축	인	묘
토기(土忌)	흙을 다루지 못하고 터닦지 못함	인	사	신	해	묘	오	유	자	진	미	술	축
토금(土禁)	흙을 다루지 못하는날	해	해	해	인	인	인	사	사	사	신	신	신
천격(天隔)	출행 못하고 구관 못함	인	자	술	신	오	진	인	자	술	신	오	진
지격(地隔)	씨를 못뿌리고 장사 못지내는날	진	인	자	술	신	오	진	인	자	술	신	오
산격(山隔)	산에 들어가거나 나무를 베거나 수렵하면 나쁜날	미	사	묘	축	해	유	미	사	묘	축	해	유
수격(水隔)	물에 들어가거나 고기를 잡거나 배를 타면 나쁜날	술	신	오	진	인	자	술	신	오	진	인	자

七、천월덕 합일(天月德合日)

이날을 쓰면 모든 살이 없어진다.

천덕합(天德合)

一월ㅡ임(壬)일 二월ㅡ기(己)일 三월ㅡ정(丁)일
四월ㅡ병(丙)일 五월ㅡ인(寅)일 六월ㅡ사(巳)일
七월ㅡ술(戌)일 八월ㅡ해(亥)일 九월ㅡ신(辛)일
十월ㅡ경(庚)일 十一월ㅡ갑(甲)일 十二월ㅡ을(乙)일

월덕합(月德合)

一월ㅡ신(辛)일 二월ㅡ기(己)일 三월ㅡ정(丁)일
四월ㅡ을(乙)일 五월ㅡ신(辛)일 六월ㅡ기(己)일
七월ㅡ정(丁)일 八월ㅡ기(己)일 九월ㅡ신(辛)일
十월ㅡ기(己)일 十一월ㅡ정(丁)일 十二월ㅡ을(乙)일

八、십악 대패일(十惡大敗日)

이날에 무슨 일을 하면 실패한다.

◎ 갑년(甲年-甲자가 들어간 해)이나 을년(乙年-乙자가 들어간 해)에는 三월의 무술(戊戌)일 七월의 병신(丙申)일 十월의 정해(丁亥)일

◎ 을년(乙年)과 경년(庚年)에는 四월의 임신(壬申)일 九월의 기사(己巳)일

◎ 병년(丙年)과 신년(辛年)에는 三월의 신사(辛巳)일 九월의 경진(庚辰)일 갑진(甲辰)일

◎ 무년(戊年)과 계년(癸年)에는 六월의 기축(己丑)일

◎ 십악일(十惡日)
다음에 말하는 열개의 날은 어느 해가 되었던 피해야 한다.

갑진일(甲辰日) 을사일(乙巳日) 임신일(壬申日)
병신일(丙申日) 정유일(丁酉日) 경진일(庚辰日)
무술일(戊戌日) 기해일(己亥日) 기축일(己丑日)
경인일(庚寅日) 계해일(癸亥日) 정해일(丁亥日)

九、혼인할때 주당보는 법

이것은 신부가 신랑집으로 신행해 올 그 순간에 보지 않거나 피해야 할 것은 그 순간만 피하거나 보지 않으면 된다.

그 보는법은 혼인하는 달이 클때는 큰달의 것을 보고 작을때는 작은것을 보는데 혼인하는 날자가 정해졌을때 그 날자를 아래표에서 봐서 그 날자가 맨 밑을 봐서 주당이 어디에 걸리는가를 봐 신랑이나 신부가 걸리면 안되니 一、九、十七、二五、七、十五、二三、三、十一、十九、二七、日 등의 날은 신행하면 안되고 부역이나 아궁이나 처마밑이나 봉당이 걸리면 그 곳만 그날 신행와서 보지 않거나 들어가지 않으면 된다.

그리고 시아버지나 시어머니나 시누이가 걸리면 시행해 오는 그 순간만 피하면 된다.

큰 달인 경우

날자	1	2	3	4	5	6	7	8
	9	10	11	12	13	14	15	16
	17	18	19	20	21	22	23	24
	25	26	27	28	29	30	31	
주당	신랑	시어머니 시누이	봉당	시아버지	처마밑	아궁이	신부	부역

작은 달인 경우

날자	1	2	3	4	5	6	7	8
	9	10	11	12	13	14	15	16
	17	18	19	30	21	22	23	24
	25	26	27	28	29	30		
주당	신랑	부역	신부	아궁이	처마밑	시아버지	봉당	시어머니 시누이

안장(安葬) 주당 보는 법

큰 달인 경우

날자				주당	길흉
1	9	17	25	文(여)	아버지가 피한다
2	10	18	26	男(남)	남편이 피한다
3	11	19	27	孫(손)	손자가 피한다
4	12	20	28	死(사)	피해야할 날
5	13	21	29	女(여)	아내가 피한다
6	14	22	30	母(모)	어머니가 피한다
7	15	23		婦(부)	며느리가 피한다
8	16	24		客(객)	손님이 피한다

작은 달인 경우

날자				주당	길흉
1	9	17	25	母(모)	어머니가 피한다
2	10	18	26	女(여)	아내가 피한다
3	11	19	27	死(사)	피해야 한다
4	12	20	28	孫(손)	손자가 피한다
5	13	21	29	男(남)	남편이 피한다
6	14	22		文(부)	아버지가 피한다
7	15	23		客(객)	손님이 피한다
8	16	24		婦(부)	부인이 피한다

신행할때 주당 보는 법

큰 달인 경우

날자				주당	길흉
1	9	17	25	아궁이	좋음
2	10	18	26	봉당	좋음
3	11	19	27	잔치상	나쁨
4	12	20	28	죽음	나쁨
5	13	21	29	뒷문	나쁨
6	14	22	30	앞문	나쁨
7	15	23		행길	나쁨
8	16	24		부엌	좋음

작은 달인 경우

날자				주당	길흉
1	9	17	25	부엌	좋음
2	10	18	26	행길	나쁨
3	11	19	27	앞문	나쁨
4	12	20	28	뒷문	나쁨
5	13	21	29	죽음	나쁨
6	14	22		잔치상	나쁨
7	15	23		봉당	좋음
8	16	24		아궁이	좋음

이사 주당 보는 법

큰 달인 경우

날자				주당	길흉
1	9	17	25	安(안)	좋음
2	10	18	26	利(리)	좋음
3	11	19	27	天(천)	좋음
4	12	20	28	害(해)	나쁨
5	13	21	29	殺(살)	나쁨
6	14	22	30	富(부)	나쁨
7	15	23		師(사)	나쁨
8	16	24		災(재)	나쁨

작은 달인 경우

날자				주당	길흉
1	9	17	25	天(천)	좋음
2	10	18	26	利(리)	좋음
3	11	19	27	安(안)	좋음
4	12	20	28	災(재)	나쁨
5	13	21	29	師(사)	나쁨
6	14	22		富(부)	나쁨
7	15	23		殺(살)	나쁨
8	16	24		害(해)	나쁨

十. 큰 공망일(大空亡日)

이날은 무슨 일을 하든 좋은데 곳하고 제사 지내고 기도하는 때는 안된다.

보는법은 별지의 달력에서 이날을 가려내면 된다.

㊀ 갑신일(甲申日) 무신일(戊申日) 갑술일(甲戌日)
갑오일(甲午日) 임자일(壬子日) 임인일(壬寅日)
임진일(壬辰日) 계묘일(癸卯日) 을축일(乙丑日)
을해일(乙亥日) 을유일(乙酉日)

十一. 천농일(天聾日) — 하늘이 귀먹는날

이날은 무슨 일을 하든 좋은날이다.

보는법은 별지의 달력에서 이날을 가려내면 된다

○ 병인일(丙寅日) 무진일(戊辰日) 병자일(丙子日)
경자일(庚子日) 임자일(壬子日) 병진일(丙辰日)

十二. 지아일(地啞日) — 땅이 벙어리 되는날

이날도 무슨 일을 하든 좋다.

보는법은 별지의 달력에서 이날을 고르면 된다.

○ 을축일(乙丑日) 정묘일(丁卯日) 기묘일(己卯日)
신사일(辛巳日) 을미일(乙未日) 기해일(己亥日)
신축일(辛丑日) 계축일(癸丑日) 신유일(辛酉日)

十三. 구둘을 고치지 못하는 날(흑두법-黑頭法)

이날 구둘을 고치면 사람이 죽으니 피해야 한다.

○ 쥐해(子年) 말해(午年) 닭해(酉年)
토끼해(卯年)에는 7월이 흑두일이다
○ 범해(寅年) 잔나비해(申年) 뱀해(巳年)
돼지해(亥年)는 一월과 十월이 흑두일이다.
○ 용해(辰年) 개해(戌年) 양해(未年) 소해(牛年)는
四월이 흑두일이다.

十四. 태백살(太白殺) — 손보는날

이것은 날자를 따라다니며 사람을 방해하는 손(귀신)을 말하는데 아래표에서 방향말의 날자에는 귀신이 이날은 이 방향에 있다는 것이다.

즉, 一일 十一일 二十一일에는 동쪽에 있으니 동쪽 방향은 피해야 된다는 말이니 이런 식으로 보면 된다.

방향	날자			
동	1	11	21	
동남	2	12	22	
남	3	13	23	
남서	4	14	24	
서	5	15	25	
서북	6	16	26	
북	7	17	27	
북동	8	18	28	
좋은날	9	19	29	
	10	20	30	31

十五. 생갑(生甲) 병갑(病甲) 사갑(死甲)

생갑일만 가리어 쓰고 병갑이나 사갑일을 쓰지 않는다. 보는 법은 별지의 달력에서 여기에 기재된 날을 본다.

해 / 갑	생갑(生甲)	병갑(病甲)	사갑(死甲)
쥐해(子)	쥐(子)날	범(寅)날	용(辰)날
말해(午)	말(午)날	잔나비(申)날	개(戌)날
소해(丑)	용(辰)날	쥐(子)날	범(寅)날
양해(未)	개(戌)날	말(午)날	잔나비(寅)날
범해(寅)	범(寅)날	용(辰)날	쥐(子)날
잔나비해(申)	잔나비(申)날	개(戌)날	말(午)날
토끼해(卯)	쥐(子)날	범(寅)날	개(戌)날
닭해(酉)	말(午)날	잔나비(申)날	용(辰)날
용해(辰)	용(辰)날	쥐(子)날	잔나비(申)날
개해(戌)	개(戌)날	말(午)날	범(寅)날
뱀해(巳)	범(寅)날	용(辰)날	쥐(子)날
돼지해(亥)	잔나비(申)날	개(戌)날	말(午)날

—결혼후 망하게 되는 경우—

○ 一월생인 여자와 九월생인 남자
○ 三월생인 여자와 一월생인 남자
○ 五월생인 여자와 二월생인 남자
○ 七월생인 여자와 四월생인 남자

—다음 경우의 남녀는 혼인을 않는다.

○ 八월생인 여자와 二월생인 남자
○ 六월생인 여자와 十二월생인 남자
○ 八월생인 여자와 十월생인 남자
○ 十월생인 여자와 十二월생인 남자

◎ 합혼 개폐법(合婚開閉法)……남녀가 결혼할 때의 적합한 나이

결혼하는 해로서는 대개(大開) 반개(半開) 폐개(閉開)의 해가 있는데 대개의 해에는 연애결혼하면 부부가 잘 살고 반개해의 사람은 평평한 부부생활을 하고 폐개해의 사람이 연애결혼하면 부부가 이별하게 된다.

다음 표는 이에 해당되는 것을 표시한 것이니 각 개(開)에 해당된 나이는 남녀가 상호 잘 맞고 맞지 않은 것이니 가려써야 겠다.

開 / 나이 / 地支에 들어간 해	대개(大開)	반개(半開)	폐개(閉開)
자. 오. 묘. 유. 생 (子. 午. 卯. 酉生)	26 20 29 22 17	27 21 15 30 24 18	28 22 16 31 25 19
인. 신. 사. 해생 (寅. 申. 巳. 亥生)	25 19 28 22 16 31	32 23 26 17 29 20	33 24 15 27. 18. 30. 21
진. 술. 축. 미생 (辰. 戌. 丑. 未生)	24 15 27 18 30 21	31 22 25 16 28 19	32 23 26 17 29 20

제三장 이사 방위 보는법

이사 방위를 보는 방법은 이사를 할 사람의 나이가 몇인가를 안후 아래 표에서 나이로 내려와 숫자가 나오면 그 숫자의 해석을 보고 흉(凶)일 경우는 피하면 된다.

㈠ 천록방(天祿方)으로 이사하면 하늘에서 녹을주니 관록을 얻는다.

㈡ 안손방(眼損方)으로 이사하면 눈이 멀게 된다.

㈢ 식신방(食神方)으로 이사하면 재물이 생기고 만사가 잘된다.

㈣ 징파방(徵破方)으로 이사하면 재물이 흩어지고 도난을 당한다.

㈤ 오귀방(五鬼方)으로 이사하면 가택이 편하지 못하고 병을 얻는다.

㈥ 합식방(合食方)으로 이사하면 재물이 절로 들어와 부귀를 얻는다.

㈦ 친귀방(親鬼方)으로 이사를 하면 관(官)으로부터 재앙과 불상사가 일어난다.

㈧ 관인방(官印方)으로 이사하면 관록과 운수가 좋다.

㈨ 퇴식방(退食方)으로 이사하면 가정 불화가 일고 재물에 손실이 있게 된다.

방향	성별 \ 나이	10	11	12	13	14	15	16	17	18	19	20	21	22	23	24	25	26	27	28	29	30	31	32	33	34	35	36	37	38	39	40	41	42	43	44
동	남							7												1												4				
	여							6												9												3				
동남	남								8	1											3	4											6	7		
	여								8	8											2	3											5	6		
남	남										7												1													
	여										6												9												3	
남서	남											1	2											4	5										6	7
	여											9	1											3	4											6
서	남	5												8												2										
	여													7												1										
서북	남		5	6											8	9											2									
	여		4	5											7	8											1	2								
북	남				2												5											3	8							
	여				1												4												7							
북동	남					1	2											4	5											7	8					
	여					9	1											3	4											6	7	9				

방향	성별 \ 나이	45	46	47	48	49	50	51	52	53	54	55	56	57	58	59	60	61	62	63	64	65	66	67	68	69	70	71	72	73	74	75	76	77	78	79
동	남								7												1												4			
	여								6												9												3			
동남	남										1											3	4											6	7	
	여									8	8											2	3	3										5	6	
남	남											7												1												4
	여											6												9												3
남서	남	8											1	2											4	5										
	여	7											9	1											3	4										
서	남		5												8												2									
	여		4												7												1									
서북	남			5	6											8	9											2								
	여			4	5											7	8				5							1	2							
북	남					2												5											3	8						
	여					1												4												7						
북동	남						1	2											4	5											7	8				
	여						9	1		8									3	4											6	7				

부록(附錄)

지청오 선생의

明堂자리 보는 법

산세(山勢)로 본 명당(明堂)

아득한 태초에 우리가 사는 세상은 혼돈하고 기운이 엉클어져 있다가 맑은 기운은 하늘이 되고 탁한 기운은 떨어져서 땅이 되었으니 즉 이것이 음(陰)과 양(陽)이니 산은 위로 솟고 물은 아래로 흐르는 것이다.

이 어떠한 학설이라도 음양을 떠난 학설이 있을 수 없다.

우리 인간에게 백해구공(百骸九空)이 있다지만 땅에도 만수천산(萬水千山)이 있으니 어떤 것은 나타나고 또 어떤 것은 서로 얽혀져 있다. 우리의 몸에 뼈와 마디가 있으며 보이는 구멍이 있는가하면 육안으로 찾아볼 수 없는 구멍이 있다.

우리 인간은 천지 음양 산수 속의 자연에서 나서 천년만년 자자손손이 살다가 또 다시 자연으로 돌아가기에 우리는 산과 물을 그리워하고 좋아하는지도 모른다.

옛 속담에 인걸은 지령이란 말이 있듯이 잘난 사람이 있으면 못난 사람이 있고 키 큰 사람이 있으면 키 작은 사람이 있듯이 모두가 산천의 수려한 기상과 산천의 둔탁한 기상에 의해 나오는 것이기 때문이다.

산이 높고 물이 깊고 들이 넓으면 인심이 너그러우며 도량이 넓고 큰 사람이 나오고 산과 물이 좁아 협착하면 소견이 좁고, 산이 험하면 표독한 자가 나오며 산이 높고 물이 맑으면 그 동네가 윤택하여 부자가 많고, 산천이 맑고 수려하면 태어난 사람의 얼굴까지 아름다운 것이다.

천을태을(天乙太乙)에 속한 산이 구름밖에 솟구쳐 있으면 벼슬이 법관에 오르고, 흘러가는 물구멍을 짐승과 새 모습한 형국의 산과 바위가 감아주면 한림학사(翰林学士)가 나올 것이요. 산형국의 왼편이 깃발이 나르는듯 하고 바른편엔 북이 울리는듯 솟아 있으면 대장과 장수가 나올 자리요. 산 형체의 뒤가 병풍을 친듯 하고 앞을 강이 막아 주면 재상과 문신이 나올 땅이다.

작은 산이 위로 뾰죽하고 그스름한 산형을 은병(銀甁)이라고 하는데 석숭이 같은 부자가 생겨나고 산이 구부러져서 높고 낮음이 없이 껴안은 것을 옥막형(玉幕形)이라고 하여 배도(裵度) 같이 귀하게 되는 명재상이 나올 땅이다.

산 형국(形局)이 초생달처럼 가느다케 미인의 눈썹인 듯한 모양은 아미산이라고 부르며 산 형세가 이쯤되면 딸이 귀하게 되어 왕후가 아니면 귀비가 나올 땅이요. 천마의 형국이 남방에 위치하고 머리가 번쩍 들리고 몸체가 약간 낮아서 평평히 나아가다가 꼬리가 되어 툭 떨어지면 반드시 왕후가 나올 자리다.

또 앞 뒤 좌우로 기운차게 내려오면서 크고 작은 아름다운 봉우리가 천봉우리 만봉우리로 호위한 것은 삼천 궁녀의 기상이고 앞 뒤로 벌어진 낮은 산봉우리가 팔백형화(八百炯火)가 떠오르는 듯한 자리는 모두 극귀 극존한 제왕이 나타날 자리다.

여러 산이 그치는 곳에 진혈이 있고 여러 산이 모이는 곳에 명당이 있는 것이다.

산세가 모두 등을 져서 달아나면 집안이 파산될 것이며 한 물이 기울어져 흘려 빠지면 관에서 물러서고 실직하게 되며 산형상이 어지러운 치마자락 같으면 여자가 음난을 하고 물이 당국 안으로 꽤하고 나가면 자손이 절손된다.

태극(太極)과 무극(無極)

혼연(渾然)이 원리(元理)가 충막(充漠)하여 상(狀)이 없으나 가히 상(像)이 있으며 数가 없으나 가히 나뉘어 있으니 이른바 이것이 천지(天地)의 시분(始分)이라.

상(像)이 없은즉 가히 이름이 있을리 없고 数가 없는즉 가히 모든 것을 헤아릴 수 없는 것이다. 그러나 이 우주는 판단하기 이전에 이름이 없고 도수(度数)를 아지 못하나 어느 사이에 알지 못하는 도수원자(度数原者)를 이미 집사(執使)하여 왔으니 이것을 이른바 자연지도(自然之道)라 일컫는다.

무극천지가 개벽하기 전에 혼돈상태 즉 우주상태의 원리가 되는 본체(本體)이니 태극(太極)은 천지개판과 더불어 양의(兩儀)를 움직이게 한다. 움직이는 자를 양(陽)이라하고 고요한 자를 음(陰)이라 일컫는다.

무극자는 극이 없는고로 보아도 보이질 않고 태극자는 오직 있으되 크게 있는고로 무물불진(無物不盡)이다.

다시 말해서 천지(天地)가 생기기 전을 무극이라 하고 무극을 한 기점으로 하여 다음 차례로 논하게 되니 무극이 즉 태극이요. 태극에서 양의가 생기고 양의가 사상(四像)을 생기게 하고 사상(四像)이 팔괘(八卦)를 생기게 했다.

무극이나 태극에 있어서 기존해 있는 음양도 양이 먼저 생기고 음이 뒤에 생긴 것이 아니요. 음이 먼저 생기고 양이 생긴 것도 아니다。 또한 음만 독립하여 충막할 때가 있을 수 없으며 또한 독립하여 있을 수 없다。

양은 맑고 음은 탁하고 양은 원(圓)하고 음은 방(方)하다。 청이원자(淸而原者)는 양중(陽中)의 양이요。 양 중의 음자(陰者)다。 탁이방자(濁而方者)는 음중(陰中)의 음자요。 음중의 양자이니 이것이 즉 천지(天地)의 상(像)이다。

하늘과 땅은 무극으로부터 기원된다。 하늘에 땅에도 리(理)와 기(氣)가 있고 하늘에도 역시 리와 기가 있는 것이다。 이와같이 돌이켜 보건대는 하늘과 땅이 땅 중에 하늘이 있고 하늘위에 또 땅이 있으니 시작이 없고 종말이 없다。 먼저가 없고 뒤에가 없으며 껍질이 없고 안이 없다。

산수지맥(山水之脈)

물이 구비쳐 흐르면 산이 구비치고 물이 수직이면 산이 곧고 물이 급하게 흐르면 산도 급하게 흐르며 물이 일어나면 산도 일어나고 물이 끊어지면 산도 끊어지고 물이 고이면 산도 한데 모인다。

물이 동으로 흐르면 산은 서쪽으로 뻗어나며 물이 남쪽으로 세차게 흐르면 산의 북쪽이니 산과 물이 교회지처(交會之處)에는 산맥이 이내 그치고 혈(穴)이 이내 맺아진다。 이와같은 이치로 추리하여 보건대 혈처(穴處)의 유무(有無)를 알수 있게 된다。

八卦管二十四山圖

산의 용맥(竜脈)이 방정(旁正) 하고 배면(背面)하니 이에 출맥행도(出脈行度)에 따라 각연(各然)하다。

明堂자리는 果然 있을까?

明堂자리가 있을까 없을까 하는 얘기는 허황하고도 막연한 얘기 같으면서도 조상을 明堂이라는 자리에 매장하고 나면 후련한 심정은 웬일일까?

조상의 묘를 잘 모셔야만 후손들이 부귀와 영화를 잘 누린다는 얘기보다 明堂자리에 모신다는 것은 효심(孝心)이 기도하고 또한 이왕에 묘를 쓸 바에는 산세(山勢)의 여러 모양과 전망을 살펴본 다음 매장함은 인간의 상애(相愛)요。 또한 자식이 부모에 대한 예의인 것이다。

옛부터 자식이 부모를 섬기고 빰맞는 法이 없다고 했거늘 그 부모 또한 자식이 잘 되기를 바라는 마음이 곧 부모의 마음이다。 무덤 속에 들어가서 자식이 잘 되기를 바라는 바다。 자식이 잘 되고 대대손손 덕망이 높고 학식이 겸비한 후손이 태어남은 곧 明堂의 덕이라 하여 누구나 明堂을 찾아 헤메는 것이다。

그 한예로 대통령직을 지낸 윤보선씨를 빼놓을 수 없다。 윤보선씨의 웃대 조상인 윤선비는 한양에서 벼슬을 하다 벼슬자리를 내어놓고 정처없이 하향하다가 충청남도 아산이란 곳에 정착했다。 하루는 윤선비가 이웃동네를 다녀 오다가 길거리에서 웬 거지 하나가 쓸어져 누워 있는 것을 발견하고 그 거지를 업고 집으로 돌아와 밥을 먹이고 옷을 입혀 근 한달동안이나 치료를 한 탓으로 무사히 병은 완쾌됐다。 그 거지는 윤선비에게 「저는 윤선비님의 은혜를 어떻게 갚을 길이 없읍니다。 그러하오니 제가 평소 풍수를 조금 알아둔 것이 있아오니 저를 따라오시면 자리를 하나 잡아드리겠읍니다」하고 윤선비를 데리고 산으로 올랐다。 산을 넘고 또 산을 넘어도 끝이 없는지라 윤선비는 「죽으면 아무데나 끌어 묻으면 될껄 무엇 때문에 이렇게 다니느냐」고 했더니 「묘는 아무데나 쓰는 것이 아닙니다。 따라간 오십시오」하고 또 산 하나를 넘더니만 무릎을 탁치면서 「여기가 明堂이요。착하시고 어지신 선비님이 돌아가시거든 이곳에 묻어달라 하시오。큰 인물이 나올 겁니다」하고 거지는 말을 한뒤 홀연히 달아나 버린 것이다。그 이후 윤씨의 가문은 수많은 학자가 쏟아져 나왔으니 윤치영·윤치호·윤일선·윤보선씨등 당대의 유명인을 찾아볼 수 있는 전설아닌 비화가 후세에 전해지고 있다。

그뿐만도 아니다。조상의 묘를 잘 못써서 벼슬길에서 귀향길로 바뀐 선비도 있었고 지금도 시골에는 산꼭대기에 묘를 써서 비가 오지 않는다는 이야기등으로 미루어 볼때 아무리 과학의 문명이 발달하고 인공위성이 달나라를 여행하더라도 明堂자리는 부정도 긍정도 할 수 없는 일이라 하겠다。

풍수학설의 유래

풍수학설이 언제부터 전해 내려왔는가는 아직도 아는 사람은 없다。다만 문헌에 따르면 고대 중국에서 발생하지 않았나 생각된다。

진나라 시대 때에 주선도(朱仙桃)라는 역리학자가 내놓았다는 수산기(水山記)는 明堂자리 보는 법으로 당시에는 아무도 이를 믿으려 하지 않았을 뿐만 아니라 이구동성으로 미친 사람이라고 놀렸다고 한다。

그러나 수산기가 신통하게 맞아 들어가자 진시황제는 수산기를 보고 일반인 가운데 왕이 나오면 어떻게 되느냐고 염려하여 황실에서만 비치하여 明堂을 쓰도록 령을 내렸다。그리고는 진시황제는 왕의 계승을 염려하여 주선도를 엉뚱한 죄명을 씌워 죽였던 것이다。

이 소문이 전하여져서 한나라 에서도 장자방이 청오경(青烏經)과 청낭정경(青囊正經)을 저술했는데 역시 억울한 누명을 뒤집어 쓰고 세상을 떠났고 당나라에 와서도 최성왕이 금낭경(錦囊經)을 저술하여 이를 황실에서는 비단주머니에 넣어 대대로 응용하였다。그후 역리학자들이 많이 쏟아져 나왔으므로 당나라 황제는만약 민간 중에서 왕이 태어난다면 九族을 멸망하리라는 명령이 내려진만큼 그 오묘한 이치는 동양철학(東洋哲學)에 기인한 것이며, 어디까지나 형이상학적 논리로 인정을 받았던 것이다。

龍勢圖

우리 나라에서도 삼국시대에 역리학이 널리 전파되었고 일본에서는 우리나라에서 이름난 역리학자 13명을 뽑아 장군이나 훌륭한 사람이 나올만한 명당자리에 혈맥을 짤랐고 이여송이도 우리나라의 산맥을 보고 너무나 많은 장군들이 태어날것을 우려하여 혈맥을 짤랐으니 명당자리는 수없이 짤리고 말았던 것이다。

비록 묘소만이 명당자리는 아니다。이조시대때 무학대사가 한양(漢陽)을 도읍지로 선정한 것도 역리학에 의거한 것이고 심지어 공동묘지나 국군묘지 등도 역리학에 의하여 선정되고 있다。그러나 시대의 발전으로 말미암아 고속도로의 계획으로 산허리는 수갈래로 갈라져 혈맥을 짤라놓아 아쉬운 감이 없잖아 있지만 그래도 백두산의 정기를 이어받은 한반도에는 아직도 명당자리는 수없이 많이 있다。

明堂자리는 어떤 것일까?

明堂에는 内明堂과 外明堂으로 대별할 수 있지만 그 어느 모두가 산세가 한데 모인 것을 明堂이라고 부른다。다시 말하면 산이 병풍처럼 빙 둘러서 바람을 막아주고 앞에는 물을 만나 자연 멈추어져 있는것 같아야 하며 꼭 사람이 누울 수 있는 정도의 면적에 불쑥 봉분이 있어야 하고 그 흙 또한 색갈이 좋아야 한다。바위 덩어리에도 사람이 누울 수 있을만큼 흙으로 되어 있어 그 흙만 긁어내면 바로 널이 들어갈 만큼 되어 있는 곳이 명당 자리인 것이다。

지금은 무어라고 할 단계는 못되지만 고 이승만 박사의 묘소나 육영수여사가 잠든 동작동 국군묘지는 마치 공작이 도사리고 앉아있는 형상에 공작이 알을 품고 있는 형상이요。거기서 명수대 앞 한강을 굽어보면 마치 우리나라 지도의 형상이요。그 흐르는 한강수는들어오는 물은 보여도 나가는 물은 보이질 않으니 이 또한 명당의 자리가 아닌가 생각된다。

나쁜 자리는 어떤 것일까?

나쁜 곳에 묘를 쓰면 집안에 액운이 잇달고 재물이 흘러나가며 때로는 흉액이 들어 패가망신하게 되니 묘를 써서 안되는 곳이 있다。

풍수설에 따르면 흙이라고는 별로 없고 암석으로 된 곳에 묘를 쓰면 집안이 망한다고 한다。그래서 옛부터 인간은 죽으면 흙으로 돌아가지 돌밑으로 돌아간다는 말은 없다。뼈와 흙이 융합되어야지 뼈와 돌이 융합되면 가운은 쇄하고 재물은 모이질 않는다。

그리고 산맥이 이어져야지 독산(独山)이면 자손이 끊어져 대를 잇지 못한다。

지기는 후강전응(後罡前應)하고 중산환합(衆山環合)하는 곳으로 여러개의 산이 겹쳐져 있지 않고 홀로 서 있는 산에는 묘를 쓰지 말아야 한다。

또한 아무리 明堂자리라 하더라도 산맥이 끊어진 곳에 묘지를 쓰면 패가망신 되며 초목(草木)이 자라지 않는 황폐한 곳에 묘지를 쓰면 집안이 빈곤하고 생계가 대대로 이어지기 어렵다。이 세상 모두가 음양조화가 이루어져야 한다。산이 있는 곳에 물이 있어야 하고 흙이 있는 곳에 풀이 있기 마련인데 산 기운인 지기(地気)가 없으면 나쁜 묘 자리라 하겠다。

그러므로 전자(前字)에 말한 것이 있어 산맥에는 꼭 발원지가 있다。태(胎)、정(定)、순(順)、강(強)、포(包)、장(藏)등 여섯 가지의 체가 순서되로 있어야 한다。그리고 수구는 들어오는 것은 보여도 출구(出口)는 보이지 말아야 하며 산세(山勢)가 병풍을 두는 것같이 조용해야함을 밝혀둔다。

묘지장식에 유의할 점

묘를 아름답게 장식을 하고 싶은 마음은 누구나 있다。 묘를 장식한다고 하여 나무를 바싹 심는 일은 좋지 않다。되도록이면 묘지에서 멀리 떨어져 심는 것이 좋고 아까시아 나무 같은 것을 심으면 뿌리가 묘지에 까지 침범할 우려가 있으므로 10여미터 지점에 사철나무인 상록수 따위를 심는 것이 좋다。그리고 꽃은 아무 것이라도 좋다。

明堂의 穴을 찾아라

지기(地気)에 대한 이야기는 많다。그중에도 한나라 시대에 궁중 대궐의 용마루 끝에 구리종이 매달려 있었는데 이 구리종은 궁중에서 상당히 멀리 떨어져 있는 산에서 캐 내었다。

그런데 어느날 구리종이 아무도 때리지 않는대도 저절로 울려 모든 사람들은 불길한 흉조라고 두려워 했다。이에 황제는 동방삭이를 불러 아무도 종을 치지 않았는대도 저절로 울리는 연유를 물은즉 동산(銅山)이 무너진 탓이라고 대답했다。

황제는 너무 어이없는 일이라 급히 사람을 불러 보내어 확인한 결과 동방삭이의 말이 사실이다。황제는 그 원인을 물었을때 지기(地気)는 사람으로 말하면 모자의 인연과 같으므로 구리종은 어머니격인 산이 무너지니까 그 기운을 받아서 자연 소리내며 우는 것이라고 대답했다。

사람은 조상으로 부터 피와 살을 받아 태어날때 유전을 받게 되듯이 지기 (地気)도 그 유전을 받고 있다。

지기(地気)의 지상도(地相図)를 살펴보면 ①은 현무(玄武)라 하여 산의 정상을 말하고 그 방향을 북방이며 ②는

屛幃神褥

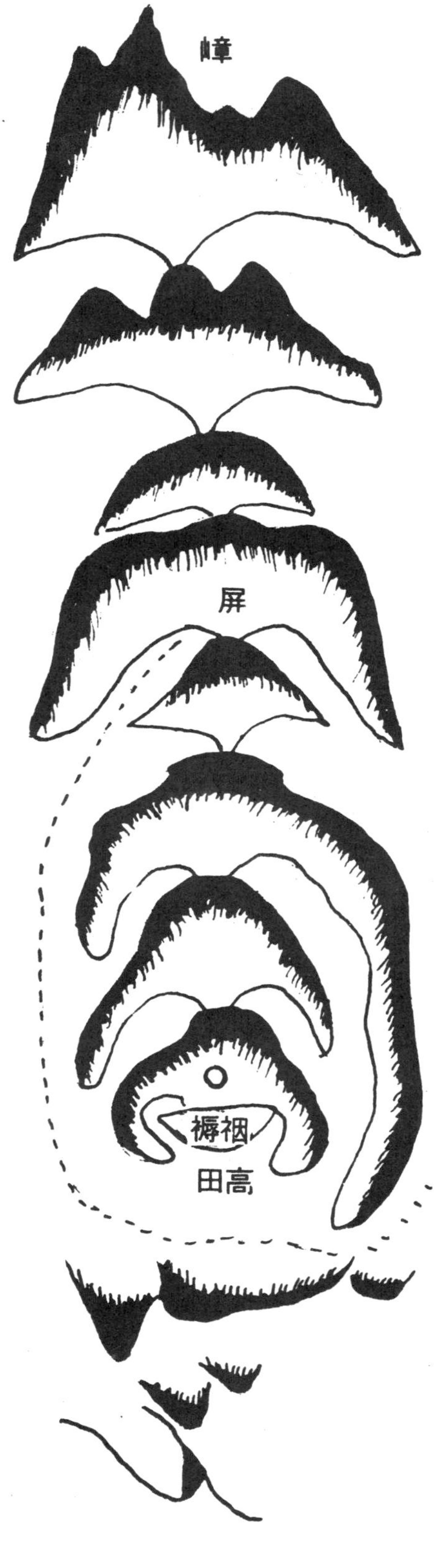

백호(白虎)이고 방향은 오른편이다. ③은 청룡(青竜)으로 왼편이며 좌청룡 우백호라는 지형의 한 형태이고 ④는 재난혈이라 하여 산기운이 뭉쳐있는 지점이며 ⑤는 주작이라하여 산이 병풍처럼 빙둘러쳐져 바람을 막아주고 ⑥은 산기운이 뭉쳐서 멎을 수 있게 물이 있어물이 흐르거나 고여있는 것을 말한다.

그런데 아무리 명당자리라 하더라도 청룡이 없거나 백호가 없으면 가운이 기울고 재물이 없어서 가난을 면치못하게 되며 또한 앞쪽 주작(朱雀) 부분을 둘러막은 물줄기가 없으면 재물과 자손이 궁하여 좋지 않고 주작 앞에 세차게 흐르면 관운이 좋아 영화를 얻으며 반대로 물소리가 세차게 들리면 우환이 그치지 않는 법이다.

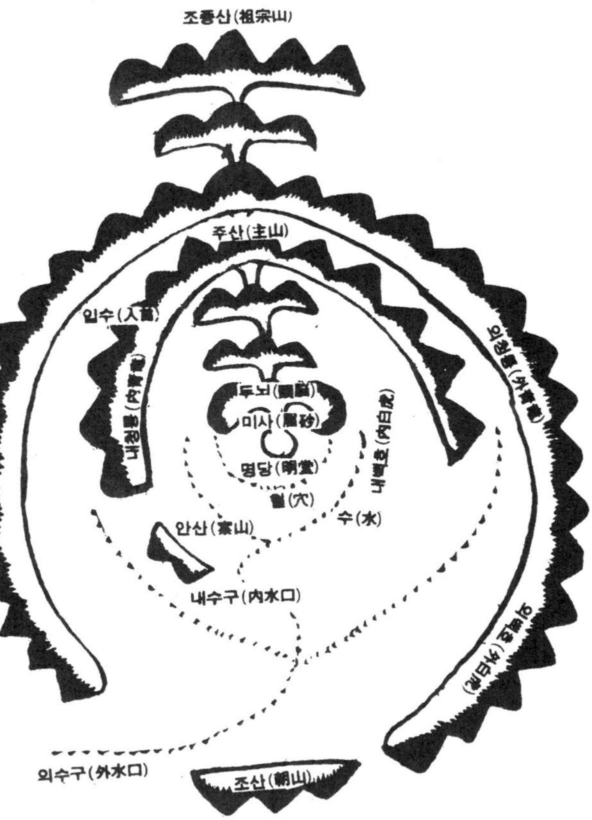

■ 자상법(地相法) 기본용어에 대한 풀이

음택(陰宅)=산사람은 양(陽)으로 통하고 죽은 사람은 음(陰)으로 통하므로 음택이란 곧 죽은 사람의 집이라는 것으로 묘지를 뜻하는 것이다.

양기(陽基) = 산 사람의 집이나 혹은 마을 또는 도성(都城)을 말한다.

용(龍)=땅의 기복을 뜻하며, 말하자면 산맥의 기복이 용과 같다는 뜻이다.

맥(脈)=절(節)이라고도 하며 지맥이나 산맥의 기복을 용이라고 한다면 용신(龍身)에는 음양의 생기가 흘러야 하는 것이다. 이 음양의 생기는 사람의 신체 내부에서 피가 도는 것과 같다. 그러므로 지기가 연이어 흐르는 곳을 맥(脈)이라고 하며 이 맥이 일기일복(一起一伏)하고 좌절우곡(左折右曲)하는 것을 목간(木幹)이라고도 한다. 또 가지가 뻗어 나간 것을 절(節)이라고 하는 것이다.

혈(穴)=바로 증기가 뭉쳐있는 곳을 뜻한다. 인체의 어느 부분중 그 혈을 지르면 살고 죽는 것과 같이 산세에도 그런 혈이 있는 것이다.

사세통설(四勢統說)=사세(四勢)란 주작 현무, 청룡, 백호(朱雀, 玄武, 青龍, 白虎)를 말한다.

즉 주작이라 함은 앞에 있는 안산(案山)을 말하며, 안산은 공작이 날개를 펴고 춤을 추는듯 감돌아 있어서 주객(主客)이 상대방에 다정한 모양으로 되어 있음을 필요로 한다. 이에 반하여 안산이 등을 진 승거(勝去)의 형상이면 좋지 않은 것이다.

현무라 함은 위에 따라 온 산맥을 말하며 현무는 머리가 곧고 얕게 굽어져서 관기정통한 형상을 필요로 한다.

이에 반하여 용공이 기복이 없는 형상이면 불가한 것이다.

만약 무현무(無玄武)라면 후맥이 풍부함을 필요로 하며 높이 쌓인 것이 공(穴)에서 한층 더 넓으면 가히 좋다고 하겠다.

백호(白虎)라는 것은 우편으로 솟구쳐 감돌은 산을 말함이며 백호는 산세가 치닫지 않은 형상으로 순순히 엎드리어 공(穴)을 호위하는 듯한 형국을 필요로 한다. 이에 반하여 난폭한 형상과 도주하는 모양은 좋지 않은 것이다.

청룡, 백호는 二중 三중으로 겹겹이 둘려 있음이 더욱 더 필요하다.

청룡이란 좌편에 둘러 쌓인 산세를 말함이며 청룡은 겹겹히 꿈틀꿈틀 굽어 감도는 듯 공(穴)을 감싸 호위하는 듯한 형국을 필요로 한다. 이에 반하여 곧장 내려가거나 혹은 반궁(反弓)의 형상을 이루게 되면 가히 쓰지 못하는 것으로 이를 질주(疾主)라고 한다.

나성정설(羅城定說)=나성(羅城)이란 동서남북 주위에 솟아 있는 산을 말한다.

옛날 도시에 비하면 성곽과 같은 것이다. 부족함이 없이 사방의 산이 높고 혹은 얕게 둘려 있음을 말하며 성곽은 곳에 따라 문이 있듯이 나성에는 물이 들어오고 물이 나가는 수구(水口)가 있다.

조안정설(朝案定說)=조안(朝案)은 공(穴)앞에 있는 산을 말한다. 앞에 있는 산을 안산이라고 하며 안산 뒤에 있는 산을 조산이라 한다.

안산이 있으면 앞이 허하지 않고 수습이 되며 주밀하여 사방이 단아하게 보이면 가히 좋다고 할수 있다.

조산이 있으면 더욱 당국(當局)이 빛을 발하며 조산과 안산이 겸비한 것은 가히 격을 갖춘 산이라 하겠다.

간혹 조산은 있으나 안산이 없고 안산은 있으나 조산이 없는 땅이 있으나 크게 구애됨은 없다.

사령통설(四靈統說)=사령(四靈)이란 관·귀·이·요(官鬼禽曜)를 말한다.

이·요(禽曜)는 보이므로 숨기지 못하고 관귀(官鬼)는 숨어 있어서 나타나지 않는 것이다.

안산 배후에 있는 봉우리를 관(官)이라 이름하며 관의 형국이 돌리어 보이는 회두(回頭)가 혈(穴)을 바로 비춰주는 듯한 상을 조혈(照穴)의 상이라 하여 쓸만하다.

만약 득혈(得穴)에 관봉(官峯)이 없다면 좋은 자리가 못되는 것이다.

주산(主山)배후에 있는 봉우리를 귀(鬼)라고 한다.

귀상(鬼相)이 배후에 있되 봉우리 하나가 단정히 있음을 요하며 크게 솟아 있으면 역시 불미한 것이다. 귀봉이 없다면 귀지가 못되는 것이다. 암석(岩石)의 작은 산이 수구중간 주변에 있는 것을 이(禽)라고 한다. 이봉(禽峯)이란 앙상 유정하여 서로 바라보는듯한 형상을 필요로 하며 이(禽)가 없으면 불영(不榮)한 땅이라 하겠다. 소산암석(小山岩石)이 청룡, 백호 밖에 있는 것을 요(曜)라고 한다.

요란 서로가 뜻이 있어서 바라 보는 듯한 형국을 필요로 하며 혹 요봉(曜峯)에 암석이 없으면 그 혈지(穴地)는 오래가지 못한다.

논오성정형(論五星正形)=산은 금(金)·목(木)·수(水)·화(火)·토(土)의 다섯종류가 있으며 그 형국이 청아하고 둥글게 생긴 형체(形體)를 금산체(金山體)라 하며, 머리(山頭)가 약간 둥글고 그 형체가 헌출하게 솟은 체국을 목산(木山)이라 이르며, 줄기차게 봉우리마다 파도처럼 나가다가 머므는 듯한 곡형(曲形)을 한 산을 수산(水山)이라 하며, 산머리가 뾰족히 솟아서 충선(沖天)하는 듯한 산은 화산(火山)이라 하며, 전후 사면이 후중(厚重)하고 평평한 형체를 한 산을 토산(土産)이라 한다. 행룡낙맥(行龍落脈)에 있어서 오성(五星)의 천변 만화하는 양산이 혹은 상생으로 혹은 상극으로 결혈(結穴)되어 있으므로 자세히 관찰하지 않으면 잘못 판단하기 쉬우므로 지술학자는 재삼 재고(再考)하여 오성(五星)을 바르게 판단하여야 한다.

옛 지가서(地家書)인 오성가운(五星歌云)에 「水星一似生吸走 木直金戀土宿模 火星尖秀向南生」이라 한 것은 이 오성(五星)을 바르게 판단하는 철어(哲語)인 것이다.

금산(金山)=금(金)은 맑고 부드러워서 산형 역시 밝고 바르며 그러므로 금성(金星)의 형체를 태양(太陽)이라 하며 낮으막히 솟은 형체를 일컬어 태음(太陰)이라 한다.

금성(金星)의 행동 낙맥(行龍落脈)이 많이 모이는 혈처(穴處)는 대개 봉(鳳)이 춤을 추듯 새가 날으는 듯한 봉무비도(鳳舞 飛島)의 형국이다.

옛글에 「金星形體에 結穴處가 多生、高形 혹은 峨眉之形 혹은 傀凸之形으로 結穴되는 것도 金星만이 갖는 自然의 理」라 하였다.

목산(木山)=목성(木星)은 청수하면서 높이 솟아 있어서 겉으로는 강하고 안으로는 유하며 마디마디가 결합됨이 삼정혈(三停穴)·통소형·일자목형(一字木型) 인형(人形)등에 낙맥되는 수가 가장 많다.

발복(發福)에 있어서는 반드시 대귀(大貴)한 준걸(俊傑)이 나타날 것이며, 가히 장목성의 진득(眞得)이라 하겠다.

수산(水山)=수성(水星)은 형체가 유하게 굴곡하며 그 성(性)이 다변하여 바른 모양이 적고 그 형국의 굽음이 많아 행용 낙맥(行龍 落脈)에 있어서 용사(龍蛇)와 같은 결혈이 많으며 혹은 곡류지처(曲流之處)나 혹은 양양 곡수(洋洋曲水)에 낙혈됨이 있다. 결혈처는 평지 연맥(平地 連脈)에 가장 많으며 그 기(氣)가 은은하여 형체를 식별하기가 어려우므로 세심히 요찰하여야 한다.

화산(火山)=화형(火形)은 항상 윗끝이 호동(好動)하므로 조종(祖宗)의 산체기 높이 솟아 하늘을 찌르는듯 한 형세로, 밑으로 꼽게 깔렸고 형국이 비겸지류(鈋鎌之類)와 같아야 결혈처가 있는 것이다. 체형이 수려하며 용혈득국(龍穴得局)은 극품지지(極品之地)라 하겠다.

토산(土山)=토형(土形)은 평평하여 그 형체가 순후(純厚)하며 행용(行龍)·낙맥(落脈)에 있어서는 (晃流 玉屛 金書誥軸)이다.

이와 같은 형국에 결혈이 되며 혹은 각첨(角尖)의 유형에도 결혈되는 수가 있다.

혈처가 높이 있어서 진혈(眞穴)로 득지(得地)한다면 발음(發音)이 대개 청규하게 되고 얕고도 작은 자리는 목민(牧民)의 관이 연출하고 토성이 이어 나갔으면 반드시 부국(富局)이 겠다.

용신결혈 상생(龍身結穴相生)=이 형체는 오성의 변화가 주산(主山)으로 부터 결혈처까지 기복의 마디마디에 상생

(相生)하여 결지(結地)되여 있다. 반드시 부귀의 땅이요, 충효 예의의 자손이 속출하는 가히 대지(大地)라 하겠다.

용신결혈 상극(龍身結穴剋相)=이 형체는 오성(五星)·용신(龍身)이 주산(主山)으로부터 마디마디 상극(相剋)되어 결혈되었으므로 반드시 재흉 환패하여 패가 망신하게 된다. 자손은 불충·불효·불의의 사람이 생기며 이른바 패망의 땅이라 하겠다.

그러나 상극체에 있어서도 전환 변화가 있어서 금성 행용(金星行龍)이 목성에 작혈(作穴)하면 금극목(金剋木)으로 흉격이나 좌우로 화성을 얻어서 화성이 흉격을 제지하며 수성을 득하면 수성의 도움을 받아 흉이 길로 바뀌어 선패(先敗)후성(後成)하므로 초패 연후에 후성 재기하는 땅이 허다하므로 잘 살펴야 한다.

번화룡(翻花龍)=행용맥낙(行龍脈落)의 세(勢)가 거의 양편으로 가지를 놓고 달리는 것이 보통 산맥의 형태인 것이다. 이것을 일컬어 용(龍)이 갖춘 귀족(貴足)이라 하며 또는 지네 발이라고도 한다.

번화룡(翻花龍)이란 내룡(來龍)의 지각(枝脚)이 순하게 뻗치지 않고 역(逆)으로 뻗어 있음을 말한다. 용신(龍身)을 호위치 않는 포악한 형세를 말하는 신하가 임금에게 읍하는 것과 같고 자식이 아비를 받드는 것과 같고 계집이 남편에게 순종하는 것과 같이 혈(穴)에 대해 조공(朝貢)하는 것과 같은 산을 말한다.

득(得)**과 수구**(水口)=혈(穴), 혹은 내명당 양쪽에서 또는 청룡, 백호 사이에서 시작되어 흐르는 물의 발원처(発源處)를 득(得)이라 하고, 그 물줄기가 용호(龍虎)와 서로 껴안은 사이를 흐르는 곳을 파(破), 또는 수구(水口)라고 부른다.

지현(之玄)=내룡(來龍)이 바로 입수(入首)로 옮겨지려고 하는데 그 맥형(脈形)이 갈지(之)자와 같고 혹은 감을현(玄)자와 같이 굴곡(屈曲)되어 뻗어온 곳을 말한다.

미사(眉砂)=입수에서(入首) 두뇌(頭腦)를 거쳐 혈(穴)로 옮겨지는 조금 높은 긴 둔덕 또는 판막상(瓣)을 이룬 곳을 말한다. 그 모양에 따라서 아미사, (蛾眉砂), 월미사(月眉砂), 팔자미사(八字眉砂)등의 이름이 있다.

안산(案山)=혈(穴)앞에 사(砂)의 일종으로 좀 낮고 작은 산을 말한다.

조산(朝山)**과 대산**(對山)=혈(穴)앞의 사(砂)의 일종으로서 안산에 비하여 고대(高大)한 산으로 마치 빈객(賓客)이 주인에게 절을 하는 것과 같고 신(九星)의 사, 또는 구요(九曜)의 산이라고 부른다. 구성(九星)은 빈랑(貪狼=木星의 變體)、거문(巨門=土星의 變體)、녹존(祿存=土星의 變體)、문곡(文曲=水星의 變體)、염정(廉貞=火星의 變體)、무곡(武曲=金星의 變體)、파군(破軍=金星의 變體)、좌포(左輔=金星의 變體)、우필(右弼=金星의 變體)등으로서 오성(五星)의 정체(正體)에서 변형(變形)된 것이다. 구요(九曜)란 다시 구성(九星)에서 변형된(變形) 것으로서 아홉 가지가 있다. (太陽、太陰、金水、紫氣天財、天罡、孫曜、燥土、掃蕩)。

낙산(樂山)=산용(山龍)이 혈(穴)을 맺을 때는 반드시 이에 의지할 침락(枕樂)이 필요하다. 이 침락을 낙산이라고 하며, 혈(穴)의 뒤에 있다.

간용(看龍)=심용(尋龍)=산맥의 내왕(來往)을 탑사하고, 그 진위(眞僞)와 생사(生死)를 보는 것을 관룡 또는 심룡이라고 한다.

형세(形勢)=용(龍)이 혈(穴)을 맺을 때 내면적(內面的)으로 생기(生氣)가 내려와 머물고 융결(融結)한 곳을 찾으려면 산국(山局)의 행세를 살피고 호위(護衛)、저사(諸砂)가 구비됨을 말한다.

용론(龍論)=용(龍)이란 산맥, 즉 지맥을 말하는 것이다. 좌편으로 뻗어내린 산맥을 좌선용(左旋龍)이라 하여 우편으로 뻗어내린 산맥을 우선용(右旋龍)이라 한다.

곧게 뻗어 나간 산맥을 직용(直龍)이라 하며 살같이 달리는 듯한 산맥을 직룡(直龍)이라 한다. 뻗어 나가는 산맥이 방향을 바꾸어 돌아가는 맥로(脈路)를 회룡(回龍)이라 하며 야산지대에 순순히 뻗어나간 산맥을 순용(順龍)이라 한다. 달리는 방향에서 다시 솟구쳐 되돌아 반대방향으로 뻗어나간 산맥을 역용(逆龍)이라 한다.

이 모든 행룡은 어느 용이나 시발점이 있으며 그것을 가리켜서 조산(祖山)이라 한다.

조산이 있기 때문에 분맥이 있고 길게 뻗어 간 장용(長龍), 짧게 끊고 온 단용(短龍), 서리서리 뭉쳐진 반용(盤龍) 혹은 숨고 혹은 크고, 혹은 작고 혹은 동쪽으로, 혹은 서쪽으로, 혹은 솟아오르고, 혹은 엎드리고, 혹은 넓고, 혹은 얕고, 혹은 굽으리고, 혹은 끊어져 있다. 행룡은 또한 수십리 혹은 수백라 수천리에서 산맥이 끊어져 있다.

용이란 어느 난맥(落脈)을 마론하고 조산(祖山) 즉 주산낙맥(主山落脈)을 중심으로 출맥하여 어떤 것은 일어서고, 굽으리고 열리고 닫히고 넓고 좁아서 천가지 만가지의 기복이 수려하게 변하며 그 생김이 살이 찌고 원만하며 끝이 단정하여 음양이 분명하여야만 진용진혈(眞龍眞穴)이라 이르는 것이다.

오성(五星)=산의 모양을「성(星)」「요(曜)」로 부르는 경우가 있다。이것은 산형(山形)을 오행(五行)에 배(配)할 경우나、구성(九星)、구요(九曜)에 배(配)할 때에 붙이는 이름으로서、목성(木星)의 산이란 산형(山形)이 목형(木形)、목체(木體)를 이룬 것을 말하며、금성(金星)의 산이란 산의 형태가 금체(金體)에 흡사한 산을 말한다。이것을 성(星)이라고 부르는 까닭은 오행(五行)이 하늘에 있어서는 상(象)을 이루고、땅에 있어서는 모양(形)을 이룬다는 천지상형(天地象形)에 상응(相應)하는 원리에 따른 뜻인 것이다。

목성(木星)의 산=나무가 바로 선것과 같이 솟은 산。

화성(火星)의 산=불길과 같이 뾰죽히 솟아난 산。

토성(土星)의 산=평평하고 벽돌같은 산。

금성(金星)의 산=산마루는 둥글고 아래가 넓어서 마치 종을 엎어 놓은 것과 같은 산。

수성(水星)의 산=구불 구불하여 물결과 같이 뻗은 산。

구성(九星)=오성(五星)의 정형(正形)에서 변형(變形)된 것을 구성한 것이다。

이런 형국에 재혈(載穴)을 하면 패망한다。

겁살용(劫殺龍)=행룡의 변화가 심하게 있어서 오행을 분변치 못하게 상생상극하여 가다가 정맥(正脈)을 이탈하여 산만 불숙하며 겁맥탈기(劫脈奪氣)한 용신을 겁살용(劫殺龍)이라고 이름하는 것이다。이쯤되면 대흉 대패의 땅이라 하겠다。

원진수도(元辰水圖)=원진자(元辰者)는 혈앞의 득수(得水)가 곧게 흘러나가는 것을 말한다。수직직거(水直直去)·수직무관(水直無關)등의 수로를 말한다。즉 흔히 말하는 당문파(當門破)라는 것이 이것이다。속패(速敗)속망(速亡)하는 충격의 혈지(穴地)라 하겠다。

단 원진자라도 앞에 산이나 물을 얻어 산수(山水)가 만전횡란(彎轉橫闌)하게 돌아 있으면 초년은 발음(發音)이 없다하더라도 늦게는 길(吉)하여 지령(地靈)대로의 발복(發福)이 되어갈 것이다。

또한 복기낙용입좌(伏起落龍入坐)의 격은 갖추어 있으되 오직 물 한줄기의 실격으로、결점이 있다면 인위(人爲)적으로라도 축대를 쌓고 흙을 돋아서 재혈한다면 격을 낮추게 되어 길지가 되는 수도 있는 것이다。여기에 산천 변화의 이치가 생하며 오행변화의 화(化)가 있는 것이다。

반조수도(反跳水圖)=형체가 미묘하고 삼방(三方)이 주밀하여 형국은 되었다하더라도 흐르는 물줄기가 혈처를 배반도사(背反跳斜)하여 흘러간다면 천어(千語)의 호평이 일언(一言)의 가치도 되지 않는다。

장후(葬後) 반드시 곧 패산(敗産)할 땅이요、분산 패주(敗走)하게 되여 음양의 산수배합의 법이 매우 중하다함을 다시 한번 생각하게 되는 것이다。

반포수도(反抱水圖)=용득(龍得)의 변화가 망측하나 생용(生龍)에 있어서는 내용(內龍)됨이 사생으로 호술되어 횡용(橫龍)이건 순용(順龍)이건 회룡(廻龍)이건 간에 용필(龍必) 요속기(要束氣) 진국(眞局)으로 되어 이기(理氣)생왕(生旺)하여 결혈되어 있음을 말한다。

필연 대발·대부·대귀(發·富·貴)의 땅이라 하겠다。

사(砂)=묘지 주변의 형세를 뜻하는 것으로 지상술(地相術)이 전해 내려 오면서 모래(砂)를 가지고 그 형세를 그려 왔으므로 산수의 형세를 부를 때 사(砂)라고 한다。

국(局)=국은 바로 혈과 사를 합쳐서 양기냐 아니면 음택이냐 하는 것을 국이라고 하며 음택국이니 양기국(陽基局)이니 하는 것이다。

내룡(來龍)=일국(一局) 일혈(一穴)에 이르는 용맥(龍脈)에 부친 이름으로 맥이 혈에 들어 가려는 지점을 뜻한다。

조산(祖山)내룡(來龍)의 혈(穴)에서 가장 멀고 높은 산을 조산(祖山)이라고 부르며 가깝고 높은 산을 종산(宗山)이라고 한다。

주산(主山)**과 후산**(后山)=주산과 후산은 내룡맥절(來龍脈節)중에서 혈(穴)뒤에 높이 솟아난 산으로 대개 마을이나 묘 뒤에 산이 있는 것을 뜻한다。이런 산 밑에 마을이 없으면 마을을 진호(鎭護)한다는 뜻에서 진산(鎭山)이라고 부른다。

입수(入首)=좁은 뜻의 내룡(來龍)이 혈중(穴中)으로 들어가려고 하는 것을 입수(入首)라고 하며 혈(穴)과 국(局)에 용두(龍頭)가 들어간 것으로 보는 것이므로、이 용두가 들어 가려고 하는 곳을 입수라 한다。

두두뇌(頭腦)=입수(入首)와 혈(穴)과의 접합점에서 좀 높게 솟아난 곳을 말하며 용두(龍頭)의 이마에 해당 한다고 하여 두뇌라고 한다。

성(城)**과 사성**(砂城)=두뇌(頭腦)에서 소맥(小脈)이 일어나서 혈(穴)의 주위에 둘러쳐진 것을 사성이라고 한다。

청용백호(靑龍白虎)=혈(穴)이 남면(南面)한 곳이라면 혈(穴)뒤의 내맥(來脈)에서 나와서 혈(穴)의 동쪽을 두르고、혈(穴)의 앞을 지나서 혈(穴)의 서을 지나서 혈(穴)의 서쪽에서 그치는 산맥을 청용(靑龍)이라하고、혈(穴)뒤의 내맥(來脈)에서 나와서 혈(穴)뒤의 서쪽을 돌아 혈(穴)앞을 동쪽으로 뻗어서 끝난 산맥을 백호(白虎)라고 부른다。청용백호(靑龍白虎)는 수호신(守護神)인 사신(四神=靑龍·白虎·朱雀·玄武)중에 그 동쪽과 서쪽을 호위하는 것을 말한다。

제 례 (祭 禮)

제一절 기 제

기제의 대상 기제의 대상은 부모 조부모 및 배우자로 한다. 다만, 무후한 3촌이내의 존속 동행렬(同行列) 또는 비속의 친족에 대하여는 기제를 지낼 수 있다.

기제의 일시 기제는 별세한 날 일몰 후 적당한 시간에 지낸다.

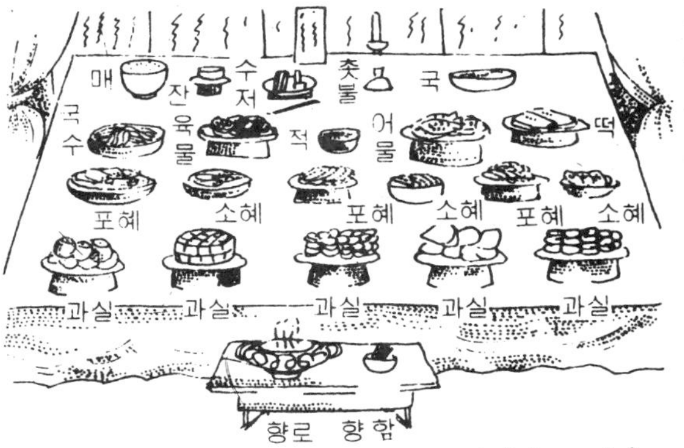

1. 신위봉안(神位奉安) 사진 또는 지방을 모신다.

제가 기제는 제주의 집에서 지낸다.

제주(祭主) ① 제주는 고인의 장자 또는 장손이 되며 장자 또는 장손이 없는 경우에는 차자 또는 차손이 제사를 주제한다.

② 상처(喪妻)한 경우에는 남편이나 그의 자손이, 자손이 없이 상부(喪夫)한 경우에는 아내가 제주가 된다.

참사자(參祀者) 기제의 참사자는 고인의 직계 자손과 근친자로 한다. 다만 부득이 참사할 수 없는 직계자손은 자기가 있는 곳에서 묵념으로 고인을 추모하는 시간을 갖는다.

행사(行祀)방법 기제는 양위가 모두 별세하였을 경우에는 합설(合設)하는 것을 원칙으로 한다.

신위(神位) 신위는 고인의 사진으로 하되 부득이한 경우에는 지방으로 한다.

지방(紙榜) 지방은 한글로 백지에 먹으로 다음과 같이 쓴다.

1、고인의 부모인 경우에는 **아버님 신위 어머님 본관성 ○○○씨 신위**

2. 참신(參神)
참사자는 일제히 신위 앞에 재배한다.

조부모인 경우에는 할아버님 신위 할머님 본관성 ○○○씨 신위

배우자인 경우에는 부군(夫君) 신위 망실(亡室) ○○○씨(본관성) 신위라 하며 제39조 단서의 경우에는 그 신위에 제주와의 친족관계를 표시한다.

2、합설한 경우에는 양위의 지방을 다 모신다.

축문(祝文) 기제의 축문은 별지 제7호 서식에 의하여 먹으로 쓴다.

제수(祭羞) ① 제수는 평상시의 간소한 반상 음식으로 한다.

② 제수는 자연스럽게 진설한다.

제복(祭服) 제복은 깨끗한 평복의 정장으로 갖추어 입는다.

제식절차 기제의 절차는 다음과 같다.

3. 강신(降神)
제수는 분향하며 모사(茅沙)에 술을 붓고 재배한다.

제二절 절 사

절사의 대상 절사의 봉사대상은 직계조상으로 한다.

절사의 일시 절사는 추석절 아침에 지낸다.

4. 헌작(獻酌)
헌작은 단헌(單獻)을 원칙으로 한다.

제가 절사는 제주의 집에서 지낸다.

제주 제주는 종손(宗孫)이 되며 제사를 주제한다.

참사자 참사자는 직계자손으로 한다.

봉사방법 봉사대상을 합사(合祠)한다.

신위 신위는 지방으로 한다.

지방 지방은 한글로 백지에 먹으로 「**선조 여러 어른 신위**」라 쓴다.

축문 절사의 축문은 별지 제8호 서식에 의하여 먹으로 쓴다.

제수 제수는 기제에 준하되 메는 떡으로 가름할 수 있다.

제복 및 제식절차 제복 및 제식절차는 기제에 준한다.

제三절 연 시 제

연시제의 대상 연시제의 대상은 부모, 조부모 및 배우자로 한다.

연시제의 일시 연시제는 1월 一일

아침에 지낸다.

제가, 제주, 참사자 및 제복등 제가 제수, 참사자 및 제복 등은 기제에 준한다.

봉사방법 봉사대상을 합쳐하는 것을 원칙으로 한다.

신위 신위는 기제에 준한다.

지방 지방은 기제에 준하되 합사하는 경우에는 봉사대상을 열기한다.

제수 제수는 기제에 준하되 메는 떡국으로 가름한다.

제식절차 연시제의 절차는 기제에 준하되, 축문은 읽지 아니한다.

제四절 성 묘

성묘 후손을 선영(先塋)에 참배하고 묘역(墓域)을 살피되, 그 시금는 각자의 편의대로 한다.

방법 성묘의 방법은 재배 또는 묵념으로하고, 제수는 마련하지 아니한다.

5. 독축(讀祝)
독축후 제주는 재배한다.

一、기제의 축문
부조의 경우

년 월 일
아들(또는 손자) ○○는 삼
어머님(또는 할머님)신위전에
가 고하나이다.
아버님(또는 할아버님)께서 별세하시던 날을 다시 당하오니 추모의 장을 금할 수 없읍니다.
이에 간소한 제수를 드리오니 강림하시와 흠향하시옵소서.

※ ① 양위분 합설할 경우에는 겸선의 부분에 열기한다.
② 어머니, 할머니의 경우는 위에 준한다

6. 삽시(揷匙)
삽시후 합문(闔門)은 하지 아니하고 참사자는 묵념한다.

※ 자손이 없이 상부(喪夫)한 경우에는 아내가 제주가 되고 축문은 위에 준한다.

三、삼촌, 이내의 친족의 경우 전 一, 二의 예에 준하되 다음 사항에 유의한다.

㉮、손아래 동행렬(同行列) 또는 비속에 대하여는 「신위에 이른다.」「제수를 차렸으니 운감하기 바란다.」로 바꿔 쓴다.

㉯、존속 또는 손위 동항렬에 대하여는 추모의 뜻을, 손아래 동항렬과 비속에 대하여는 추도에 뜻을, 간결한 말로 표시한다.

㉰、제주와 기제대상의 친척관계 칭호는 동례에 의한다.

7. 헌다(獻茶)
숭늉(熟冷)을 국과바꾸어 놓고 메를 물에 만 다음 잠시 부복(俯伏)한 후 철시(撤匙)한다.

지석(誌石) 만들기

一、돌 또는 벽돌의 경우

가、크기와 모양

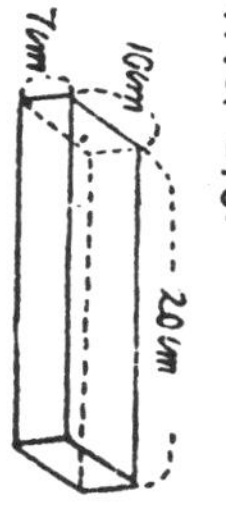

나、기재요령

① 위쪽 : 본관 성명○○○○○의 묘

② 앞쪽 : 생년월일, 사망년월일 배우자 성명 등.

③ 뒤쪽 : 주상 이름.

④ 밑쪽 : 고인의 이력.

다、기록은 묵서(墨書) 양각(陽刻) 또는 음각(陰刻)으로 한다.

二、사발의 경우

사발로 지석을 만들 경우는 안쪽에 전기사항을 간략하게 먹으로 기입하고 재를 채워 덮어 묻는다.

8. 사신(辭神)
참사자는 일제히 신위앞에 재배한다.

절사의 축문

년 월 일
후손 ○○○는 선조 여러 어른 신위전에 삼가 고하나이다. 오곡이 무르익은 추석날을 맞이하니 여러 선조님의 높으신 은덕이 새삼 느껴지며 추모의 정이 더욱 간절하여 집니다.
이에 간소한 제수를 드리오니 강림하시와 흠향하시옵소서.

9. 신위봉환(神位奉還)
사신은 거두고 지방이면 불사른다.

一、일반적 제례

1、제 례

제례(祭禮)란 제사 지내는데 대한 여러 가지 예(禮)를 말하는 것이다.

그런데 이 예가 그리 복잡하지 않은데도 불구하고 제대로 지켜지지 않음은 그만큼 현대인들이 제사를 등한(等閑)히 한다는 증거(證據)가 되고 따라서 조상에 대한 자손의 도리(道理)를 다하지 않는다는 결과가 되는 것이다.

「뿌리 없는 나무가 어디 있으며, 조상 없는 자손이 어디 있느냐」고 말씀하시는 어른들의 가르치심을 듣지 않더라도, 역시 나를 낳아 길러 주시고 돌봐주신 선조에 대하여 정성을 다하고 예로써 모시는 것은 자손의 당연(當然)한 도리라 하겠다.

생활에 바쁘고 일에 쫓기는 오늘날 한가히 부모나 조상에 대한 생각만 하고 있을 수는 없지만, 그래도 1년에 한번 돌아오는 제삿날만이라도 보은 감사(報恩感謝)의 뜻을 가지고 예(禮)를 지켜야 함은 두말할 것도 없다.

우리 나라에서는 수백년 동안 오대 봉사(五代奉祀)니 사대 봉사(四代奉祀)니 하여 종가집 맏아들이 제사를 지내왔다. 이것이야말로 동방 예의지국(東方禮儀之國)으로 불리어지는 한민족(韓民族)의 자랑이 아닐 수 없다.

그러나 이 제사가 많은 음식과 제수(祭需)를 차려 놓아야만 되는 것은 아니다.

모든 것이 형편에 맞도록 차리고, 다만 정성껏 지내면 될 것이다. 남의 이목(耳目)이 두려워서 형편이나 분수에 넘치도록 한다는 것은 그릇된 생각이다.

「한 그릇의 냉수보라도 정성껏 지내라」고 한 옛 어른의 가르치심은 그대로

• 합사때의 지방쓰기

어머님 경주 김씨 신위
어머님 경주 최씨 신위
아버님 신위
할머님 안동 권씨 신위
할아버님 신위

• 배우자의 경우

망실 청송 심씨 신위
부군 신위

• 부모의 경우

어머님 신위 경주 김씨
아버님 신위

▲ 지방쓰기(한글)

▼재래식 쓰기

• 부모 합사의 경우

顯妣孺人南陽洪氏神位
顯考學生府君神位

※ 부(父)나 조부가 벼슬을 했으면 學生대신 관직명을 쓴다.

• 남편과 아내의 경우

顯辟學生府君神位
亡室孺人清州韓氏神位

• 조부·조모 합사의 경우

顯室姓孺人金海金氏神位
顯祖考學生府君神位

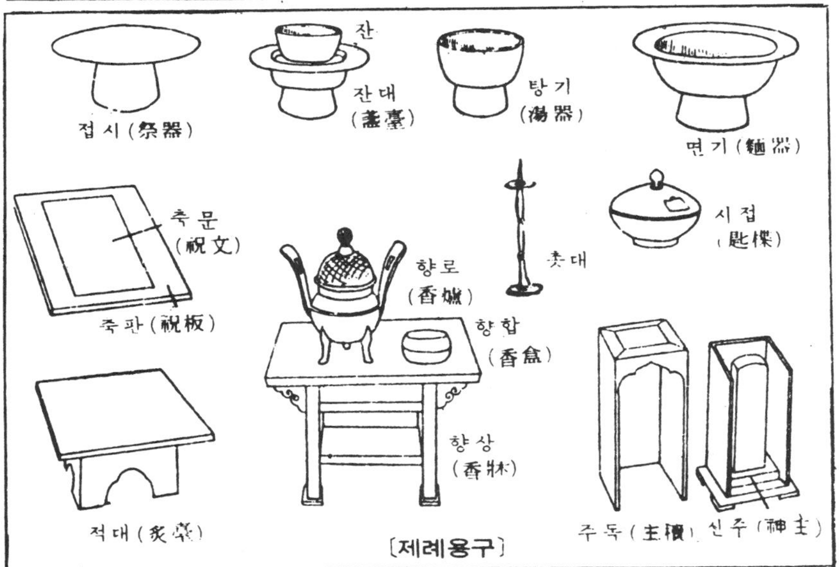

[제례용구]

진리인 것이다。

2、제사의 종류

제사에는 상중의 우제(虞祭)와 소상(小祥)、대상(大祥)、담제(禫祭) 외에 시제(時祭)、다례(茶禮)、기제(忌祭)、묘제(墓祭)등이 있다。

그런데 우제와 소상·대상·담제는 상례편에서 설명하였기 때문에 여기서는 생략하고 그 외의 것을 설명하고자 한다。

① **시제**(時祭) 철을 따라서 一년에 네번 종묘에 지내던 제사였으나 현재는 거의 지내지 않고 있다。

② **다례**(茶禮) 절후에 따라 간단히 지내는 제사이며、이는 정월 一일과 八월 추석(秋夕) 또는 명절마다 지내는 제사이다。

③ **기제**(忌祭) 돌아가신 날 지내는 제사로、오늘날 보통 제사라고 불리우는 것이 이것이다。

④ **묘제**(墓祭) 시조에서부터 모든 조상들의 묘소(墓所)에 가서 지내는 제사로、대개 한식(寒食)이나 시월에 날짜를 정하여 지내고 있다。

그리고 이밖에 천(薦)이라는 것이 있었다。

이 천은 보통 천신(薦神=薦新)이라 해서 철을 따라 새로 나온 곡식으로 만든 음식이나 과일등을 사당(祠堂)에 올리던 것을 말한다。그러나 사당이 거의 없다시피 된 오늘날、대개의 가정에서는 집안의 윗자리에 과일이나 새 음식을 갖다 놓는 풍속으로 변하고 있다。

3、제 수

제수란 제사에 쓰는 제물을 말하는 것인데、이는 어디까지나 깨끗이 차려야 한다。뿐만 아니라 제수를 차리는 주부나 기타 사람들도 가능(可能)하면 목욕하여 몸을 깨끗이 하고 임하는 것이 정성의 표현이 될 것이다。

주부(主婦)는 제삿날 며칠 전부터 제사에 대한 계획과 준비를 하여야 한다。집안에 어른이 계시면 어른과 상의하고、주인과 상의한 일이면 주인과도 한다。즉 제수의 종류、제수의 분량、제주(祭酒) 등에 이르기까지 상의를 한다。

그리고 이와 아울러 제사 지낼 때 써야한 기구도 모두 꺼내서 깨끗이 닦아야 한다。즉 주인은 젯상이며、교의(交椅)며、탁자(卓子)、병풍、돗자리 등을 꺼내어 쇄소(灑掃)하고、주부는 제기(祭器)등을 꺼내어 깨끗이 닦는다。

이와 같은 일들을 미리 해 놓으면 제삿날 집안도 깨끗하고 정숙한 맛도 있을뿐 아니라、일에 부닥쳐 당황하지 않고 순조롭게 처리할 수 있는 것이다。

소기와 대기에는 오탕 오적(五湯五炙)이나 삼탕 삼적、편、포、유과、당속、실과 등을 굽이 높은 접시에 기본이 되는 제물과 함께 고입니다。

삼탕 삼적과 기타의 제물은 ① 젯메(祭)、② 삼탕(三湯=소탕、육탕、어탕)、③ 삼적(三炙=소적、육적、어적)、④ 채소(菜蔬=삼색 나물)、⑤ 침채(沈菜=동치미)、⑥ 청장(淸醬)、⑦ 청밀(淸蜜=꿀、조청)、⑧ 편(餠=백편)。

제상의 기본되는 제물 및 기명을 도시(圖示)하면 다음과 같습니다。

제 물	기 명
메	반기(鍮、砂器)
탕(湯)	탕기(鍮、砂器)
채소(菜蔬)	제기접시(鍮、木器)
침채(沈菜)	보시기(鍮、砂器)
청장(淸醬)	종지(鍮 또는 砂器)
과실(果實)	제기접시(鍮、木器)
제주(祭酒)	주병 제주잔
갱수(更水)	대접(大楪)
시접(匙楪)	시저(匙箸)나 대접
모사(茅沙)	모사기(茅砂器)
위패(位牌)	목제(木製)
향로(香爐)	유기나 사기
촉대(燭臺)	유기

⑨ 포(脯=북어、건대구、건문어、건전복、건상어、암치、오징어、육포)、⑩ 유과류(油果類)、산자(饊子)、채소 강정(菜蔬糖精)、매작 강정(梅雀糖精) ⑪ 당속류(糖屬類=옥춘、오화당、원당빙당、매화당、각당)、⑫ 다식(茶食=녹말、송화、흑임자)、⑬ 전과(前果=연근、생강、유자)、⑭ 실과(實果=생실과、숙실과)、⑮ 제주(祭酒=청주)、⑯ 경수(更水=숭늉)、⑰ 시접(匙楪=수저와 대접)、⑱ 모사(茅砂)、⑲ 위패(位牌)

⑳ 향로、및 촉대로써、오탕 오적으로 할 때는 소、육、어、봉、잡탕의 오탕 및 소、육、어、봉、채소적의 오적으로 하고 나물도 오색으로 갖추는 법입니다。

집안에 따라서는 기본되는 제물 외에도 각종 유밀과、정과、요리 등을 준비하게 진설하기도 합니다만、너무 형식에 끌려 허례를 차릴 필요는 없읍니다。

제물의 진설이 끝나면 곧 지방을 써서 붙이고 향로에 향불을 피움으로써 기제는 시작이 되는 것입니다。행사(行祀)의 순서는 강신(降神)으로부터 시작이 되는데 지방 아닌 신주(神主)의 신위를 모실 경우에는 참신(參神)으로부터 행사가 시작되는 것입니다。

★ 추 도 식

원래 제사는 집안끼리 모여서 지내는 것이 원칙이나、고인이 사회적으로 덕망이 높았거나 공익적으로 이바지한 바가 클 때에는 그 고인을 위하여 친지와 가족들이 모여 추도식을 하게 된다。그런데 이 추도식에 참가한 사람들은 개인별로 분향배례한 다음 유가족에게 인사하고 자리로 돌아온다。

대개 장례시에 준하여 정중하고 엄숙해야 하며、옷차림도 화려한 것은 피하는 것이 좋다。

〈식 순〉

一、개 식 一、추도사
一、배 례 一、추도가
一、고인의 약력보고 一、개별분향

4、지방과 축문 쓰기

지방이란 종이로 만든 신주라는 뜻으로、길이 八촌(寸)、넓이 三촌(寸)의

제례

제상 차리는 방법

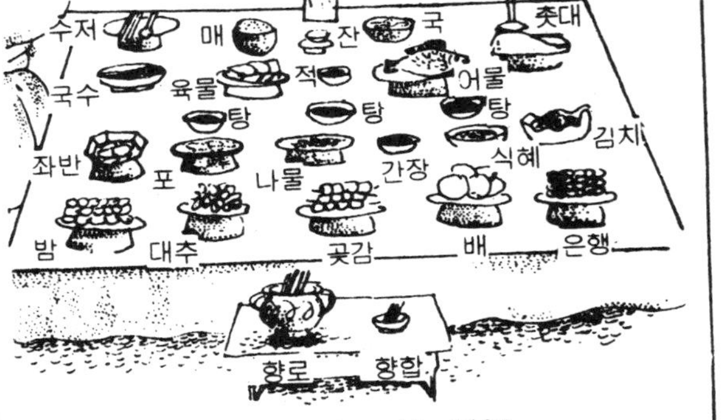

한 분을 모실 때(左)

양위를 모실 때(右)

깨끗한 백지(白紙)에, 먹을 진하게 갈아서 세로로 쓴다. 이 지방은 신(神)의 자리를 표하는 것으로, 집의 가장 높은 자리에 병풍을 치고 그 중앙(中央)에 지방을 붙여서 신위를 정한다. 이 경우에 비록 사진을 놓았다 하더라도, 지방을 붙여 신위를 정한 다음 사진을 놓는 것이 좋을 것이다. 그리고 축문도 마찬가지로 백지에 쓰게 되는데, 크기는 갱지(更紙) 一六절(切) 정도의 크기에다 해자(楷字)로 정성껏 쓴다.

이 지방과 축문의 예를 들면 다음과 같다.

지방 서식

① 부모의 경우

顯妣孺人南陽洪氏神位 (현비유인남양홍씨신위)

顯考學生府君神位 (현고학생부군신위)

※ 만일 한 분만 돌아가셨을 때에는 그분의 것만 쓴다.

② 아내의 경우

亡室孺人淸州韓氏神位 (망실유인청주한씨신위)

③ 남편의 경우

顯辟學生府君神位 (현벽학생부군신위)

④ 조부·조모의 경우

顯祖妣淑夫人金海金氏神位 (현조비숙부인김해김씨신위)

顯祖考通政大夫縣令府君神位 (현조고통정대부현령부군신위)

※ 조부는 문관(文官)으로 관등은 정二品(正二品)의 통정대부이고, 관직은 2품 현령(지금의 군수)임.

⑤ 고조부·고조모의 경우

顯曾祖妣貞敬夫人高靈申氏神位 (현증조비정경부인고령신씨신위)

顯曾祖考正憲大夫觀察使府君神位 (현증조고정헌대부관찰사부군신위)

※ 증조부는 문관으로 관등은 정二品이고 관찰사를 지냈음.

⑥ 고조부 고조모의 경우

顯高祖妣淑夫人東萊鄭氏神位 (현고조비숙부인동래정씨신위)

顯高祖考贈折衝將軍司果行勵即校尉 宣傳官府君神位 (현고조고증절충장군사과행려즉교위 선전관부군신위)

※ 고조부(高祖父)는 무과 선전관(宣傳官)을 지냈으며, 사후에 정3품 사과(司果)의 증식을 받았던 것이다.

축문 서식(祝文 書式)

▲ 축문(祝文)에 있어 다음의 용어는 특히 주의해서 틀림이 없도록 해야 할 것이다.

㉠ 위일부임……처·제 이하는 「망일부진」라 쓴다.

㉡ 호천망극…… 조·고·비 이상은 「불승영모」라 하고, 방친에는 「불승감창」이라 하고, 처에는 「비탁전의」라 쓴다.

㉢ 근이……처·제 이하는 「玆以」라 쓴다.

㉣ 공신전헌……처·제 이하는 「伸比奠儀」라 쓴다.

㉤ 년·삭·일 위의 「모」에는 간지를 써 넣는다. (이하동)

① 아버지의 경우

維歲次某年某月某朔某日孝子 (유세차 모년 모월 모삭 모일 효자)
○○ 敢昭告于 (감소고우)
顯考學生府君 歲序遷逾 諱日復臨 (현고학생부군 세서천이 위일부임)
追遠感時 昊天罔極 謹以淸酌 庶羞 (추원감시 호천망극 근이청작 서수)
恭伸奠獻 尙 (공신전헌 상)
饗 (향)

② 아내의 경우

維歲次某年某月某朔某日夫○○ (유세차 모년 모월 모삭 모일 부)
○○ 敢昭告于 (감소고우)
亡室孺人河東鄭氏 歲序遷易 亡日復 (망실유인하동정씨 세서천이 망일복)
至 追遠感時 不勝愴愴 玆以淸酌 庶 (지 추원감시 불승감창 자이청작 서)
羞伸此奠儀 尙 (수신차전의 상)
饗 (향)

③ 부모의 경우

유세차 모년 모월 모삭 모일 효자 (維歲次 某年 某月 某朔 某日 孝子)
○○ 감소고우 (敢昭告于)
현고 학생부군 (顯考學生府君)
현비 유인 남양홍씨 세서천이 (顯妣孺人 南陽洪氏 歲序遷易)
현고 휘일부임 추원감시 호천망극 (顯考 諱日復臨 追遠感時 昊天罔極)
근이청작 서수공신 (謹以淸酌 庶羞恭伸)
전헌 상 (奠獻 尙)
향 (饗)

④ 남편의 경우

유세차 모년 모월 모삭 모일 처 ○○ (維歲次 某年 某月 某朔 某日 妻 ○○)
○○ 감소고우 (敢昭告于)
현벽 학생부군 세서천이 위일부임 (顯辟 學生府君 歲序遷易 諱日復臨)
추원감시 호천망극 근이청작 서수 (追遠感時 昊天罔極 謹以淸酌 庶羞)
공신 전헌 상 (恭伸 奠獻 尙)
향 (饗)

※ 지방이건 축(祝)이건 양위(兩位=父母 祖父母 등) 분이 다 돌아가셨을 때는 어느 분의 제삿날이건 양위 분을 다 지내게 되기 때문에 지방에도 양위를 다 쓴다.

그 쓰는 위치는 위에 보인 서식대로 언제나 고위(考位) 지면의 왼편(左)에 쓰고 비위는 오른편(右)에 나란히 쓴다.

만일 어머니나 할머니가 두 분 이상일 때에는 왼편(左)에서 부터 차례로(고위·비위)쓴다.

⑤ 할아버지 할머니 경우

유세차 모년 모월 모삭 모일 효손 (維歲次 某年 某月 某朔 某日 孝孫)
○○ 감소고우 (敢昭告于)
현조고 통정대부 현령 부군 (顯祖考 通政大夫 縣令 府君)
현조비 숙부인 안동김씨 세서천이 (顯祖妣 淑夫人 安東金氏 歲序遷易)
현조비 휘일부임 추원감시 불승 (顯祖妣 諱日復臨 追遠感時 不勝)
영모 근이청작 서수공신 전헌 상 (永慕 謹以淸酌 庶羞恭伸 奠獻 尙)
향 (饗)

5、진설하는 법

진설은 집사(執事)가 준비한 제수를 교의(交椅=신주를 모시는 의자)와 젯상(祭床)에 놓고 제찬(祭饌)을 늘어놓는 것을 말한다.

차려 놓는 곳은 대청이라도 좋고 방이라도 좋으나, 정면(正面)에 병풍을 치고 돗자리를 깐 뒤에 먼저 교의를 놓고 그 앞에 젯상(祭床), 그리고 그 앞에 향안(香案)을 놓는다. 향안에는 향로와 향합을 놓고 향안 밑에는 모사(茅沙) 그릇을 놓는다.

제사 지낼 시간이되면 집사(執事)가 진찬(陳饌)을 한다. 그 진설도와 방법은 위아래의 그림과 같다.

〔양위 진설도〕

신 위

면 메 국		시저	메 국 편		5
잔반			잔반		
촛대	육전	적	어전	촛대	4
탕	육탕	소탕	어탕	탕	3
포	숙채	간장	채	혜	2
과	과	과	과	과	1
축 판	향로	향합	잔	퇴주 술	

모 사

▲ 이 진설에는 여러가지 복잡한 격식이 있다. 위의 그림에서 제사 지내는 사람이 향해서 오른편(右)을 동(東)이라 하고, 왼편(左)을 서(西)라 한다.

그리고 동쪽으로 번호가 붙어 있는데 그것은 무슨 격식이 있는 것이 아니고 설명의 편이상 붙인 것이며, 1을 제一열로 생각하고 2를 제二열로 3을 제三열, 4를 제四열, 5를 제 五열로 생각하고서 설명하고자 한다.

1은 조과(造果)나 과일을 놓는 줄.
2는 채(菜) 즉 나물류를 놓는 줄.
3은 탕(湯)을 놓는 줄.
4는 적(炙)과 전(煎)을 놓는 줄.
5는 반경(飯羹)을 놓는 줄.

이것을 좀더 구체적으로 말하면,

·좌포우혜(左脯右醯)라 해서 놓는 왼편에 놓고, 식혜는 오른편에 놓는다.
·어동육서(魚東肉西)라 해서 포류는 동쪽에 놓고, 육류(肉類)는 서쪽에 놓는다.
·두동미서(頭東尾西)라 해서 생선의 머리는 서쪽으로 향하게 하고, 꼬리는 동쪽으로 향하게 놓는다.
·홍동백서(紅東白西)라 해서 과일이나 조과의 붉은 것은 동쪽으로 놓고, 흰 것은 서쪽으로 놓으라는 것을 말한다.

진설의 순서는 먼저 시첩(匙楪)과 잔반(盞盤)을 신위 앞에 놓고 탁지 양편에 촛대를 놓은 다음, 앞줄에서부터 차례로 놓아 간다. 여기서 잔반(盞盤)을 딴 줄로 잡기는 했으나 반드시 그렇게 해야하는 것은 아니다.

6、제사 지내는 시간

제사는 본래 돌아가신 날 이른 새벽에 지내도록 되어 있지만, 요새는 자정(子正) 조금 지나면 지내고 있다.

하여간 남들이 모두 잠자는 조용한 시간, 즉 새벽 한시에서부터 두시 사이에 지내는 것이 엄숙한 맛이 있을 것이다.

◉ 제사 지내는 순서

제사는 다음과 같은 순서에 의하여 지내게 된다.

1 강신

① 강신…강신이란 신위께서 강림하

시어 음식을 드시기를 청한다는 뜻이다。

강신은 제주 이하 모든 제관이 관수 서립한 후 제주가 신위 앞에 나아가 꿇어 앉아 분향하고 우집사(자질들이 함)가 술을 잔에 차지 않도록 조금 따라 제주에게 주면 제주는 받아서 모사 그릇에 세번으로 나누어 붓고 빈잔은 우집사에게 돌려 보내고 일어나서 재배한다。

그런데 향을 피움은 위에 계신 신을 모시고자 함이요, 술을 따름은 아래 계신 신을 모시고자 함이라 한다。

2 참신

② **참신**…참신은 강신을 마친후 제주 이하 모든 참사자가 함께 재배한다。신주인 경우에는 참신을 먼저하고 지방인 경우에는 강신을 먼저 한다。

3 초헌

③ **초헌**…제주가 신위 앞에 나아가 꿇어 앉아 분향한 후 좌집사가 잔을 제주에게 주면 우집사가 잔에 술을 가득 붓고 제주는 강신할 때와 같이 오른 손으로 잔을 들어 모사에 조금씩 세번 기울여 부은뒤에 양손으로 받들어 집사자에게 주면 집사자는 그것을 받아서 올린다。

먼저 고위(아버지 위)앞에 올리고 두번째 잔을 받아서 그대로 비위(어머니 위)앞에 올리어 정저(저를 고르는 것)한다。

④ **독축**…독축이란 축문 읽는 것을 말한다。이 독축은 초헌이 끝난뒤 제주 이하 모든 제관이 꿇어 앉고 제주 옆에 제관이 앉아 축을 읽게 된다。

그런데 이 축은 엄숙한 분위기를 조성하기 위해서라도 목청을 가다듬어 천천히 그리고 크게 읽어야 한다。

축을 다 읽고 나면 일동이 곡을 하고 조금 있다가 모두 일어나 재배한다。

4 독축

⑤ **아헌**…아헌이란 둘째번에 올리는 잔을 말한다。아헌은 주부가 하는 것이 예의이나 주부가 올리기 어려울 때에는 제주의 다음가는 근친자가 초헌과 같이 한다。

5 아헌

6 종헌

⑥ **종헌**…종헌이란 끝잔 올리는 것을 말한다。종헌은 아헌자의 다음가는 근친자가 아헌과 같이하며 잔은 칠홉 반쯤 부어서 올린다。

집안에 따라서는 이 아헌과 종헌에도 석을 올리는 수가 있다。

7 첨작

⑦ **첨작**…유식이라고도 하는데 이 유식은 초헌자가 다시 신위 앞에 나아가 꿇어앉은 후, 우집사가 다른 잔에 술을 조금 따라 초헌을 주면 좌집사가 잔을 받아 종헌이 드릴때에 채우지 않은 잔에 세번으로 나누어 첨작한다.

⑧ **계반삽시**…계반삽시란 메 그릇의 뚜껑을 열고 수저를 꽂는 것으로 수저는 동을 향하게 꽂는다. 즉 수저바닥이 동쪽으로 가게 하여 꽂는다.

⑨ **합문**…합문이란 참사자 일동이 문을 닫는 것을 말하며(대청인 경우에는 뜰아래로 내려 섭 대청이나 마루에서 조용히 기다린다.

8 계반삽시

⑩ **계문**…계문이란 문여는 것을 말한다. 제주가 앞에 서서 기침하고 일동을 데리고 들어간다(올라간다).

9 합문

10 계문

11 헌다

⑪ **헌다**…숭늉을 갱과 바꾸어 올리고 메를 조금씩 세번 떠서 말아 놓고 정저한다.

⑫ **철시복반**…철시복반이란 숭늉그릇에 놓인 수저를 거두고 메그릇을 덮는 것이다.

⑬ **사신**…참사자 일동이 재배하고 신주는 사당으로 모시고, 지방과 축을 불사르는 것을 말한다.

⑭ **철상**…철상이란 모든 제수를 물리는 것을 말하며 제수는 뒤에서부터 물린다.

⑮ **음복**…음복이란 **조상께서 주시는** 복된 음식이라는 뜻으로 제사가 끝나면 참사자와 가족이 모여서 시식을 한다. 이는 친족과 이웃에도 나누고, 이웃어른을 모셔다 대접하기도 한다.

12 철시복반

13 사신

14 철상

15 음복

양위진설도

	신 위
5	면 메 국 시저 메 국 편
	잔반 잔반
4	炙대 육전 저 어전 炙대
3	탕 육탕 소탕 어탕 탕
2	포 숙채 간장 채 혜
1	과 과 과 과 과
	축 판 향로 향합 잔 퇴주 술
	모 사

1.은 조과나 과일을 놓는 줄。
2.는 채 즉 나물류를 놓는 줄。
3.은 탕을 놓는 줄。
4.는 적과 전을 놓는 줄。
5.는 반갱을 놓는 줄。
이것을 좀더 구체적으로 말하면,

좌포우혜라 해서 포는 왼편에 놓고 식혜는 오른편에 놓는다。

어육동서라 해서 어류는 동쪽에 놓고 육류는 서쪽에 놓는다。

두동미서라 해서 생선의 머리는 동쪽으로 향하게 하고、 꼬리는 서쪽으로 향하게 놓는다。

홍동백서라 해서 과실이나 조과의 붉은 것은 동쪽으로 놓고、 흰것은 서쪽으로 놓으라는 것을 말한다。

이장(移葬)하는 法

□ 도참설과 이장
□ 이장에 대한 절차

면 례(緬禮)

장례를 치른 지 수년 내에 면례(緬禮)에 따라 이장을 하는 일이 있읍니다。이것은 옛날의 이중장법(二重葬法)의 세골(洗骨) 풍습이 풍수설(風水說)과 합치하여 장례 후 어떤 기간을 거쳐 무덤을 파 본 결과 유골(遺骨)에 이상이 있으면 불길(不吉)하다고 보는 데서 하는 일입니다。 무덤을 파 보아 무덤속이 온건(溫乾)하면 유골(遺骨)은 흰빛 또는 노란빛을 나타내어 좋다고 보고 무덤속이 냉습(冷濕)하여 유골이 검은빛 또는 더러운 빛을 나타내면 불길하다고 인정하여 이장을 하는 풍습이 있읍니다。 이것은 분묘 존중의 뜻에서 나온 것으로 묘지의 좋고 나쁨이 장차 그 자손의 길흉화복(吉凶禍福)을 초래한다는 풍수 사상에서 나온 일로서 신라 말기의 중 도선(道詵)에 의하여 중국의 풍수설이 「도참설(圖讖說)」로 조술(組述)된 이래 고려와 이조를 통하여 임금에서 서민에 이르기까지 모두 이설에 탐익되어 가운(家運)이 부조(不調)하거나 여러가지 일이 잘 되어 나가지 않을 때에는 곧 풍수에 기인한다고 믿어 풍수사(風水師)를 시켜 길지(吉地)를 택하여 몇 번이라도 개장(改葬)하는등 그 폐해는 적지 않았습니다。

그리하여 이조 태종(太宗) 一七년에는 참위서(讖緯書)에 관한 서적을 모아 불살라 비린 일이 있으며、 숙종(肅宗)은 친히 이 폐해를 지적하여 「근래의 사대부(士大夫)는 풍수설에 사로잡힌 바 되어 천장(遷葬)하는 사람이 끊일새 없으니 그 폐가 심하여 특명(特命)으로 엄금한다」고 하여 형법(刑法)으로 금하게 되었읍니다。 그러나 일반에 풍미(風靡)한 묘지 화복의 속신은 좀처럼 씻을 수가 없었으니 그 까닭은 정주(程朱)와 같은 사람도 숭조 과중(崇祖過重)의 나머지 음양술가(陰陽術家)의 설이 또한 이치가 있다고 한 견해가 이조의 유학자들에게 큰 영향을 주었던 것입니다。 그리하여 숙종 一七년에 도승지(都承旨) 심단(沈檀)의 계장(啓狀)에 나타난 바와 같이 「근래 사대부는 감여설(堪輿說=風水說)에 매혹되어 천장함이 많으며、 감사(監司)、 수령(守令)에 있어서는 산을 본도(本道)、 본읍(本邑)의 땅을 점유하여 수백호의 큰 마을이라도 혹은 우민(愚民)을 위협하며 가옥을 헐어버리는 등」 권력가의 민폐가 심하였고、 또 일반 사람들도 풍수사에 의하여 한번 적지(適地)를 얻었다고 하면 그 땅의 원근이나 가격의 여하를 불구하고 집안 재산을 다 털어서라도 그 묘지를 사들여 이장을 하였던 것입니다。 이에 따라 합장(合葬)이나 계장(繼葬)이나 반장(返葬)도 성행하였으며、 묘지로 인한 송사(訟事)가 끊이지 않아 지방 행정의 크나큰 일이었읍니다。

이러한 풍수설에 대한 속신(俗信)은 현재에도 완전히 가시지 않아 부유층에 있는 사람이나 지방의 기로(耆老)들의 믿는 바가 되어 이장의 큰 원인을 이루고 있읍니다。 이에 대하여 이조 말기의 석학(碩學) 정 다산(丁茶山)의 말을 인용하여 경각심(警覺心)을 환기코자 하는 바입니다。 「산림 경제(山林經濟)」

一一권(지리)에「분외(分外)의 큰 땅을 갈구(渴求)하지 말라。 사람은 스스로 덕을 닦으면 곧 좋은 땅도 또한 이루며 사람은 스스로 악을 행하면 곧 흉지(凶地)를 또한 이룬다。 대략은 풍수를 안다고 하더라도 간절히 남에게 장지를 지시하지 말라。 시험 삼아 보라。 풍수로서 행세하는 사람은 자식은 많을지 모르지만 부귀한 사람은 백의 한두 사람도 없다。 어찌 적앙(積殃)이 많지 않다 하랴。 하물며 사람은 선(善)을 찾지 않고 도리어 재앙을 그 선산(先山)의 불길에 돌리어 동서(東西)에 천장(遷葬)하여 그 부모의 해골로 하여금 다시 지하에 안온을 얻지 못하게 하는 것처럼 불효도 또한 가히 크다고 할 것이로다」라고 따끔히 풍수설로 인한 이장의 폐풍(弊風)을 경계하였듯이、 오늘날 묘의 이장에 있어 다른 사람의 산지(山地)에서 옮겨야 될 경우나 도로 또는 주택지 등이 되어 부득이 이장하지 않으면 안될 경우 외에는 풍수설로 인한 이장은 없도록 해야 할 것입니다。

이장에 대한 절차는 초상 때와 같은데 그 대략을 적으면 다음과 같습니다。

이장 준비 먼저 이장할 묘지를 택하고 관렴구(棺殮具)를 갖추어야 합니다。 관은 초상 때의 관의 크기를 견양하여 만들고 만일 관이 삭아 없어졌을 때에는 다시 적당한 치수로 만듭니다。

그리고 염(殮)에 쓰이는 의금(衣衾)은 대렴(大殮) 때 쓰는 것과 같은 염습의(殮襲衣)를 마련하고、 그와 별도로 솜과 백지、 편죽(片竹)가는 새끼、 전판(剪板)등을 마련했다가 무덤을 파 보아 필요 없으면 쓰지 않습니다。

상복은 초상 때의 제복과 같이 만드는데 남자와 여자의 삼년복을 입을 사람은 시마(緦麻) 복제와 같이 하고 유복친(有服親)은 모두 조복(吊服)에 삼(麻)을 더합니다。 굴관(屈冠)과 건(巾) 수질(首絰)、 의(衣)、 상(裳)、 띠(帶) 요질(腰絰)、 신(履)등 삼년복을 입는 사람의 상복과、 백포건(白布巾)、 환질(環絰)、 백포삼(白布衫)、 띠(帶)등 유복친이 입는 상복을 각기 마련합니다。 그 관드는 법은 초상 때와 별로 다름이 없읍니다。

신묘지(新墓地)의 개토(開土) 날짜를 택하여 이장할 묘지의 영역(塋域)을 개토하고 산신(山神)에게 고사(告祀)를 지냅니다。

초상 때와 같은 의식으로 하는데 그 축문은 다음과 같다。

維歲次 干支 某月干支朔 某日干支
某官[관직이 없을 때는 幼學이라고 씀]姓名 敢昭告于
土地之神 今爲某官姓名[婦人이면 某封某氏라고 씀] 宅兆不利 將改葬于此
[평토제 축문에는 宅兆 이하 아홉 자를 고쳐 建玆宅兆라고 씀] 神其保佑
俾無後艱 謹以 淸酌脯醢 祗薦于

그런데 만일 합장(合葬)이나 계장(繼葬)일 때는 선영(先塋)에 고하는데 그 때 쓰는 축문은 초상 때의 경우와 같습니다。 무덤을 파고 광중(壙)을 만드는 법은 초장 때와 같이 합니다。

그리고 이장 전날 아침에는 사당(祠堂)에 고하는데 이 때 읽는 축문은 다음과 같습니다。

維歲次 干支 某月干支朔 某日干支
某孫某名 玆以
顯某位某官府君[婦人이면 某封某氏라고 씀] 體魄 托非其地 恐有意外之患
驚動
先靈 不勝憂懼 將卜以是月某日 改葬
于某所 謹以酒果 用伸虔告謹告

만일 장사 지낸지 三년 안에 이장을 할 때에는 영좌가 있으므로 상식(上食)을 하고 고축(告祝)합니다。

이장 예식(移葬禮式) 이장하는날 새벽에 주인은 시마복(緦麻服)을 입고、 복이 있는 친척은 소복(素服)을 하여 신주를 내어 모시고 곡을 합니다。

①계묘(啓墓)…구산(舊山) 묘지에 이르러 무덤을 열 때에 산신에게 고사를 지냅니다。 이 때 읽는 축문은 다음과 같습니다。

維歲次 干支 某月干支朔 某日干支
某官姓名 敢昭告于
土地之神 玆有某親官姓名[산신 축문을 참조하여 고쳐 씀] 卜宅玆地 恐有
他患 今將啓窆 遷于他所 謹以 淸酌脯
醢 祗薦于神
神其佑之 尙
饗

집사자(執事者)는 구묘소(舊墓所)에 흰포장(白布幕)을 치고 제사 준비를 합니다。

계묘(啓墓)할 때 무덤 앞에 주과포혜(酒果脯醯) 등 제상을 차려 놓고[상석(床石)이 있으면 상석 위에 차림] 주인 이하 모두 재배하고、 주인이 향을 피우고 술잔을 올리어 재배하고 나면 축관이 북쪽을 향하고 꿇어 앉아 다음과 같은 축문을 읽습니다。

維歲次 干支 某月干支朔 某日干支
某孫某名 敢昭告于
顯某位某官府君[婦人이면 某封某氏라고 씀] 葬于玆地 歲月滋久 體魄不寧
今專改葬 伏惟
尊靈 不震不驚
[어머니의 묘를 옮기어 아버님의 묘에 합장(合葬)할 때는 今將改葬이라는 넉자를 고쳐 今將遷塋於 顯考先祔이라고 씀]

축을 다 읽고 나면 주인 이하 일동이 재배하고 철상(撤床)합니다。 그리고 역사하는 인부들이 무덤을 파기 시작하면 상주 이하 복인들은 출관할 때까지 곡을 하며、 무덤에서 관을 들어 내어 자리 위에 옮겨 놓을 때에는 관을 뒤따르며 곡을 합니다。

관을 자리에 옮겨 놓으면 축관이 공포(功布)로 관을 닦고 이금(侇衾)을 덮어 둡니다。 그리고 관 앞에 전(奠)을 차리고 축관이 향을 피우고 술잔을 올리며 상주 이하 복인들은 재배하고 곡을 합니다。 식사 때가 되면 상식(上食)을 올리고 곡을 하는데 초상 때의 의식과 같이 합니다。 그런데 친근한 벗이면 상식때 들어와 곡을 해도 좋은데 이 때에는 곡을 마치면 주인이 배례합니다。

② 개관(改棺)·개염(改殮)…전을 올리고 나면 개관(改棺)、 개염(改殮)을 시작합니다。 모든 절차는 초상 때의 예와 같은데、 역사하는 일꾼이 새 관을 장막밖에 갖다 놓으면 집사자는 염상(殮牀)을 관 서편에 차려 놓고 관을 열어 시체를 여럿이 들어 내어 염상 위에 안치하여 대렴 때와 같은 절차로 염을 합니다。 염을 마치고 시체를 새 관에 안치하고 빈 곳을 솜으로 보공(補空)하고 천금(天衾)을 덮고 나면 주인과 복

인들은 곡을 합니다。 그리고 나면 관 뚜껑을 덮어 은정(隱釘)을 박습니다。 염상과 구관(舊棺)은 철거하고 새관에 이금을 씌웁니다。 그리고 영좌를 설치하고 대렴 때와 같은 양식으로 전을 드립니다。

만약 구관이 삭지 않았으면 개관을 할 필요가 없고 다만 관을 열어 살펴본 뒤 보공할 데가 있으면 솜으로 보공을 하고 관 뚜껑을 다시 닫습니다。 그리고 관이 삭아 들기가 힘들 경우에는 엷은 송판을 대어 옷칠을 하고 관이 완전히 삭아버렸을 때에만 부득이 개관을 합니다。

개관, 개염은 가볍게 다룰 수 없으니 만약 조금이라도 소홀히 하여 유골의 뼈마디가 착오가 있으면 상주의 비통함이 매우 클 것이므로 반드시 염습에 능한 이를 써서 개염을 극히 상심히 하여 조금이라도 후회함이 없도록 할 것입니다。

③ 천구(遷柩)·발인(發靷)…개관이 끝나면 관을 상여에 싣습니다。 먼저 철전(撤奠)하고 축관이 북향하여 다음과 같이 고사합니다。

今日 遷柩 就輿 敢告

그런 후에 역자(役者)는 관을 들어 상여에 싣습니다。 상여에 싣고 나면 영좌를 설치하고 전을 드립니다。 축관이 향을 피워 술잔을 올리고 두릎을 꿇고 앉아 다음과 같이 고사를 합니다。

靈輀載駕 往新料宅

그리고 복관이 급했다 일어나면 주인 이하 복인은 곡을 하고 재배합니다。 전을 천하고 유의(遺衣)가 있으면 유의를 요여에 싣고 분향합니다。 발인은 초장 때와 같은 의례로서 이장할 신산(新山)으로 향합니다。 신산에 다달으면 먼저 산신(山神)에게 고사를 지냅니다。

각 종교식 제례

□ 간단한 추도 의식으로

기독교식 추도식 기독교에서는 제사를 지내지 않습니다。 단지 기일(忌日)을 당하면 가족이 모여 추도식을 갖되 주례자(목사)를 모시고 대개 다음과 같은 순서로 식을 진행합니다。

찬송
기도
성경 낭독
찬송
기념 추도
묵도
찬송
주기도문

첫번 찬송은 대개 423장이나 501장을 부르는데 그 선택은 주례 목사의 임의로 하며 일동이 부르는 것입니다。 그 다음의 기도는 목사가 혼자 대표로 하는데, 그 내용은 돌아가신 이를 생각하고 유족들이 슬퍼만 할 것이 아니라 하늘 영광을 바라보고 위안과 소망을 갖게 하여 달라는 내용의 기도입니다。 그 다음의 성경은 열왕기 상 2장 1절~3절, 잠언 3장 1절~10절, 누가 복음 16장 19절~31절 묵시록 1장 1절~8절을 목사가 봉독하는 것입니다。

그 다음 찬송은 대개 75장이며 추도시에는 돌아가신 행적이나 유훈을 주례자가 말씀하는 것입니다。 묵도는 약 분간이며 찬송 505장、 주기도문으로 식은 끝나게 됩니다。

기독교에서 제사를 지내지 아니한다 함은 죽은 이를 아예 추모하지 않는다는 의미가 아니라 죽은 이를 신격화(神格化)하여 숭배하지 않는다는 의미입니다。

천주교 제사 천주교에서는 장례 후 3일, 7일, 30일이 되면 연미사를 드리고, 소기 때는 반드시 연미사를 드릴 뿐 아니라 온 가족이 고해, 영 성체를 드림을 강조하고 있읍니다。 방문 오는 손님에게는 간소한 음식을 차려 대접하여도 무방하다고 합니다。 특히 죽은 이를 위하여 미사를 드리는 일은 「파띠마」의 성모께서 부탁하신 일이라 하여 근래에는 굉장히 교회에서 강조를 하고 있읍니다。

또한 일반의 묘제(墓祭)에 해당하는 무덤 방문이라는 것도 있으니, 「한국 가톨릭 지도서」에 보면 다음과 같이 설명하였읍니다。

「교우들이 1년 중 어떤 날에든지 묘지를 방문할 만하고 외교인들이 성묘하는 날 묘지를 찾아 가 잔디를 입히든가 잡초를 깎든가 하여도 관계 없다。 될수 있는 데로 교우들은 추사이망 첨례날 묘지를 방문할 것이다。 특히 교우 묘지가 있으면 이 날 단체적으로 묘지를 방문함이 좋은 풍속이다。 서양서는 이날 냉단자까지라도 다 묘지에 모이고, 그 묘지와 관계 없는 교우들도 다 모인다 한다。 아름다운 풍속이다。

불교식 추도 의식 불교에서는 추도 의식이라 하여 소기(小忌) 대기(大忌)를 맞이하거나 죽은 이의 생일을 맞이하면 절에 찾아 가 다음과 같은 절차로 추도식을 지냅니다。

개식
삼귀의례
독경
묵도
추도문 낭독
약력 보고
추도사
감상
소향
답사
폐식

먼저 사회하는 법사의 개식 선언으로 추도식은 시작됩니다。 곧 이어 불(佛) 법(法)、 승(僧)의 삼보(三寶)에 귀의한다는 삼귀의례를 베푼 후、 경전 중의 경전이라는 선약심경(般若心經)을 주례사가 읽습니다。 묵도는 참석한 일동이 입정(入定=방에 들어 가 앉음)하여 드리며 추도문 낭독은 고인의 약력 보고와 겸하여 하기도 합니다。 추도사는 주례 법사가 하는 것인데 추도와 위안의 말은 겸한 것이며 감상(感想)은 내빈중에서 하나가 나와 위로사를 말합니다。 소향(燒香)은 선유족(先遺族) 차내객(次來客) 순서이고, 답사는 유가족의 내빈의 감상에 대한 답례입니다。 개식 선언을 한 법사가 폐식을 선언함으로써 식은 완전히 끝납니다。

이외에도 재(齋)와 영반(靈飯)이 있는데, 재는 七七재를 흔히 가리키는 말입니다。

추도식과 위령제

추도식

돌아가신 아가 특히 사회적으로 명망이 높으신 분이라면 친지들과 사회단체의 발기(發起)로 추도식을 거행하는 수가 있읍니다。 추도식의 장소는 대개 강당이라든가 묘소 앞에서 거행하는 제사의 의식에서와 같은 제물은 물론 차려 놓지를 않습니다만 고인을 추모하는 의미에서 대개 다음과 같은 식순(式順)으로 식을 진행합니다。

개식은 사회자의 선언으로 시작이 되고 묵념은 일동이 약 一분간 고인을 추도하는 의미에서 하는 것입니다。 만약 묘소 앞에서 추도식을 거행하는 경우에는 묵념 대신 배례(拜禮)를 하기도 합니다。

고인의 약력 보고 및 추도사는 생전에 고인과 특히 관계가 깊었던 분들이 하는 것이 원칙입니다。 추도가는 대개 합창단이 하는 것이고 분향은 줄을 지어 참례한 사람들 일동이 하게 됩니다。

개식
묵념
고인의 약력 보고
추도사
추도가
분향
폐식

위령제

위령제는 죽은 사람의 영혼을 위로함과 아울러 그들을 추모하는 제사입니다. 대체로는 전쟁이나 천재지변으로 다수의 생명이 희생되었을 경우 합동으로 지내는 것이 보통이며, 제단이나 지방이나 사진을 모시고 식을 거행합니다. 그 대체적인 순서는 다음과 같습니다。

개식
묵념
위령사 낭독
추도가
분향
폐식

어떤 때에는 기독교식이나 불교식 등으로 종교적인 집전을 하는 경우도 있읍니다. 이때에는 각 종교의 추도식 순서에 준하여 순서를 결정합니다。

이와 비슷한 의식으로는 순국 열사 제전 의례가 있읍니다。 문교부에서 제정한 그 의식 순서는 다음과 같습니다。

제례 거행서
주악
일동 경례
약력 보고
추모사
분향·헌작
일동 경례
주악
예필 선언

이 때의 신위는 사진, 영전 또는 신주, 지방으로 하고 제상은 서서 경례, 분향을 할 수 있게 높이 합니다。 제복은 건포를 원칙으로 하며 복장은 집사 집례의 제복은 원칙으로 하며 도포 혹은 유건을 착용할 수도 있읍니다。

이 제식은 현재 일반적인 제례 양식이 유교식임에 비추어 어떠한 제례에도 공통적으로 사용할 수 있게 한 것이 특징입니다。

이 외에도 추념제(追念祭)라는 것이 있는데 그 절차는 추도식과 대동 소이합니다。 단지 식의 주안점(主眼點)이 그들의 행적을 회고하는데 있다고 하겠읍니다。 그러므로 이 경우의 예식에는 고인들의 약력 보고 및 추념문(追念文) 낭독이 가장 중요한 순서가 될 것입니다。

만약 이 의식을 종교식으로 한다면 중간에 목사나 중의 기도 또는 염경을 삽입하는 편이 좋겠읍니다。

또 위령제에 있어서나 그 밖의 추도식에 있어서 분향·헌작의 의식이 상당한 혼란을 일으키는 예를 가끔 봅니다。 혼잡을 피하기 위하여서 분향·헌작의 예는 꼭 필요한 연고자 외에는 될수 있는 한 삼가는 편이 좋겠읍니다。 대표 및 몇 명 정도로 제한하여 시간을 절약하는 것이 옳겠읍니다。

상례(喪禮)

임종 병자가 위독한 상태에 빠지면 가족들은 침착한 태도로 다음 일을 진행한다。

一、병자에게 꼭 물어둘 일이 있으면 내용을 간추려 병자가 대답하기 쉽게 묻고、대답을 기록한다。

二、가족은 속히 직계 존、비속 및 특별한 친지에게 기별하고 병실에 모여 병자의 마지막 운명을 지킨다。다만 어린이의 병실 출입은 삼가하게 한다。

수시 병자가 운명하면 지체없이 다음과 같이 수시한다。

一、깨끗한 백지나 햇솜으로 코와 귀를 막는다。

二、눈을 감기고 입을 다물게 한 뒤 머리를 높게 하여 괴고 손발을 바로 잡는다。

三、나무관 위에 시체를 뉘고 홑이불로 덮은 뒤에 시상(屍床)으로 옮겨 병풍이나 가리개로 가리고 그 앞에 고인의 사진을 모시고 촛불을 밝히며 향을 피운다。

발상 수시가 끝나면 가족은 검소한 옷으로 갈아입고 근신하며 애도하되 맨발이나 머리푸는 것은 아니하고 호곡은 삼가한다。

상재 ① 고인의 배우자와 직계비속은 상제가 된다。

② 주상은 장자가 되고 장자가 없을 경우에는 장손이 승중하여 주상이 된다。다만、상처한 경우에는 남편이 주상이 된다。

③ 고인이 무후(無後)한 경우에는 최근 친자가 상례를 주재한다。

복인 복인의 범위는 고인의 八촌 이내 친족으로 한다。

호상(護喪) 상가에는 호상소를 마련하고 주상은 친족간이나 친지중에서 상례에 밝고 경험이 많은 사람을 호상(護喪)으로 정하여 부고와 장례에 관한 안내、연락、조객록、부의록、사망신고、매(화)장허가 신청등을 다루도록 한다。

부고 ① 장일과 장지가 결정되는 대로 호상은 가까운 친지 및 친족들에게 별지 제四호 서식에 의하여 부고한다。

② 관공서 및 일반 직장이나 단체 명의에 관련된 부고는 하지 아니한다。

입관(入棺) 운명후 24시간이 지나면 다음과 같이 입관한다。

一、깨끗한 수건으로 시체를 닦아낸 다음 고인의 깨끗한 평상복중의 식물성의복 또는 수의(壽衣)를 갈아 입히고 입관한다。

二、입관할 때에는 관벽과 시체사이에 공간을 깨끗한 백지나 마포로 채워 시체가 관속에서 흔들리지 아니하도록 한다。

영좌(靈座) ① 입관 후에는 병풍이나 가리개로 가려놓고 마로 정결한 위치에 영좌를 마련하고 고인의 사진을 모신다음 촛불을 밝히고 향을 피운다。

② 영좌의 오른쪽에는 명정을 만들어 세운다。

명정 명정은 한글로 홍포(紅布)에 흰색으로 "직함○○、본관○○、성명○○의 구"라 쓰며 그 크기는 온폭에 길이 2미터 정도로 한다。

성복(成服) 입관이 끝나면 상제와 복인은 성복하되 성복제는 지내지 아니한다。

상복 ① 상제 복장은 다음과 같이 한다。다만、부득이한 경우에는 화려하지 아니한 평상복의 정장으로 한다。

一、남자 복장

가、한복일 경우에는 흰옷、흰 두루마기에 마포두건을 쓰거나 마포 상장(麻布喪章)을 가슴에 달고 흰 고무신을 신는다。

나、양복일 경우에는 검은양복 검은 넥타이、검은 양말에 검은 구두를 신고 마포상장을 가슴에 단다。

二、여자복장

가、한복일 경우에는 흰 치마

저고리에 흰 버선 흰 고무신을 신고 마포 상장을 가슴에 단다.

나、양복일 경우에는 검은 양복에 검은 구두를 신고 마포 상장을 가슴에 단다.

② 복인의 복장은 남녀 다 같이 화려하지 아니한 평상복에 검은 상장(喪章)을 가슴에 단다.

③ 상복을 입는 기간은 장일까지로 하되, 상제의 상장은 탈상시까지 다는 것을 원칙으로 한다.

④ 상장의 크기와 모양은 부도(附圖) 제1에 의한다.

조문 ① 상제는 성복이 끝나면 조문을 받는다.

② 조객에 대한 음식 접대는 하지 아니한다.

③ 조객은 조화를 보내지 아니한다.

장일 장례는 5일 이내에 지낸다.

장사 장사는 매장 또는 화장으로 한다.

장지 장지는 공동묘지 또는 공공 납골당으로 함을 원칙으로한다.

천광 ① 천광은 깊이 一、五미터 정도로 한다.

② 합장하는 경우에는 남좌 여우(男左女右)로 한다.

횡대(橫帶) 및 지석(誌石) ① 횡대는 나무판 또는 대나무로 한다.

② 지석은 돌 회벽돌 또는 사발로 하고 부도 제3에 의하여 글자를 새기거나 적어 넣는다.

영결식 ① 영결식장은 상가 또는 기타 편리한 장소에 마련한다.

② 예정된 시간에 영구를 식장에 옮기고 그 옆에 명정을 세우며 제상에는 사진을 놓고 촛대 향로(香爐) 및 향합(香盒)을 준비한다.

③ 영결 식순은 다음과 같다.

1、개 식
2、주상 및 상제들의 분향배례
3、고인의 약력보고
4、조 사
5、조객분향
6、호상인사
7、폐 식

운구 ① 운구는 영구차 또는 영구 수레로 한다. 다만, 부득이한 경우에는 상여로 운구한다.

② 행렬을 지어 운구할 때는 사진 명정 영구 상제 및 조객의 순으로 한다.

③ **하관 및 성분** 영구가 장지에 도착하면 묘역을 다시 살피고 곧 하관한다.

② 하관후 명정을 영구위에 펴놓고 횡대를 덮은 다음 회격(灰隔)하고 평토(平土)한다.

③ 평토가 끝나면 준비한 지석을 오른편 아래쪽에 묻고 성분(成墳)한다.

④ 정상제(停喪祭)와 하관시의 폐백 등은 하지 아니한다.

위령제 ① 성분이 끝나면 영좌를 분묘앞에 옮겨 간소한 제수(祭需)를 진설하고 분향 헌작(獻酌) 독축(讀祝) 및 배례한다.

② 위령제의 축문(祝文)은 별지 제五의 서식에 의한다.

③ 반우제(返虞祭)는 지내지 아니한다.

탈상 ① 부모 조부모와 배우자의 상기(喪期)는 운명한 날로부터 一〇〇일로 하되 기타의 경우에는 장일까지로 한다.

② 상기중 궤연(几筵)은 설치하지 아니한다.

③ 탈상제는 기제(忌祭)에 준한다.

④ 탈상제의 축문은 별지 제六호 서식에 의한다.

※ 자손이 없이 상부(喪夫)한 경우에는 아내가 위령제를 지내되 축문은 위에 준한다.

三、삼촌 이내의 친족의 경우

전 一、二의 예에 준하되 다음사항에 유의한다.

가、손아래 동항열(同行列) 또는 비속(卑屬)에 대하여는 「너의 영에 이른다」「누리기 바란다」로 바꿔 쓴다.

나、상례를 주재하는 자와 망인의 친족관계 칭호는 통례(通例)에 의한다.

별지 제四호 서식

부 고

본관○○○ 성명○○○공 본관○○○ 성명 ○○○씨 께서 년 월 일 시에 로 별세하였기에 이에 삼가 알려 드립니다.

미 망 인(부군)		김 순 이
아 들		홍 길 동
딸		홍 갑 순
손 자		
장 일	년	월 일
장 지		자택에서
영결식장		
장 지	년	월 일
호 상		

별지 제5호 서식

위령제 축문

1. 부조의 경우

년 월 일

아들(또는 손자) ○○는 아버님(또는 할아버님) 영전에 삼가 고하나이다.

오늘 이곳에 유택을 마련하였사오니 고히 잠드시고 길이 명복을 누리옵소서.

※ 어머니 할머니의 경우는 위에 준한다.

2. 아내의 경우

년 월 일

아들(또는 손자) ○○는

당신의 영앞에 고합니다.

이곳에 유택을 마련하오니 고이잠드시고 길이 명복을 누리소서.

탈상제의 축문

1、부조의 경우

년 월 일

아들(또는 손자) ○○는

아버님(또는 할아버님) 영전에 삼가 고하나이다.

세월이 덧없이 어느덧 상기를 마치게 되었사오니 애도하는 마음 더욱 간절하옵니다.

이에 간소한 제수를 드리오니 강림하시와 흠향하시옵소서.

※ 어머니、할머니의 경우에는 위에 준한다。

※ 자손이 없어 상부(喪夫)한 경우에는 아내가 탈상제를 지내되 축문은 위에 준한다。

2、아내의 경우

년 월 일

남편 ○○○는

당신의 영앞에 고합니다.

당신이 돌아간지 벌써 100일이 되어 이제 상기를 마치게 되니 슬프고 아픈 마음을 금할 수 없읍니다.

이에 간소한 제수를 드리니 흠향하소서.

상례는 슬프고 엄숙한 의식

사람이 죽는다는 것은 그가 일생동안 함께 살아오던 가족 친척 친지들 모든 반려자와 영원히 작별을 고하게 되는 것이므로 참으로 슬프고 엄숙한 일이 아닐수 없읍니다。이 슬픈 심정을 질서있게 표현하면서 마지막 이별을 엄숙하고 절차 있게 행하는 것이 곧 상례(喪禮)가 되겠읍니다。

예문(禮文)에『예를 다하여 장사 지내라』는 말은 곧 이를 가리키는 말입니다。그러나 예라는 것은 알맞아야 합니다。너무 소홀해도 안되고 너무 지나쳐도 예가 되지 못합니다。『과공(過恭)이 비례(非禮)』라는 말이 있읍니다。 그때의 사정과 형편에 따라 예절을 차릴 일입니다。

그러나 종래의 우리나라 상례의식은 번잡하고 형식에만 치우쳐서 실행이 매우 어려웠을 뿐만 아니라 이로 인한 경비도 막대하여서 그 폐단이 이만저만이 아니었읍니다。그리고 이 번잡하고 형식에 치우친 의식절차는 이를 연구하지 않은 사람으로서는 그 실행방법과 절차를 알지 못하기 때문에 부득이 상례의식을 잘 아는 전문가를 불러서 일일이 지시를 받아가면서 상례는 피동적인 역할을 하지 않으면 안되었던 것입니다。

그러나 이제 시대도 달라졌으니 만치 상례절차도 우리의 생활감정과 일치가 되도록 치루어져야 하리라고 봅니다。우리의 생활감정과 동떨어진 번잡하고 허식화된 상례의식은 타파해야 되겠읍니다。

상례에 있어서 슬퍼하는 것은 인간 본능의 발로라고 할수 있읍니다。이 본능의 발로를 어떤 형식적인 제도로서 지나치게 제압하는 것은 오히려 천리(天理)를 역행하는 결과를 가져오는 것입니다。

그래서 성인들도『예는 마음에서 우러나와야 한다(禮出於情)고』하였읍니다。그러므로 예를 행하는데는 어떤 강제성이 개재되어도 진실한 예라고 볼수는 없읍니다。

특히 상중에는 창황하고 분주하여 주상(主喪)은 혼자서 그 일을 감당하기 어렵습니다。그러므로 호상(護喪)과 집사자(執事者)들이 일의 두서를 가려 진심으로 주인을 도와 주어야 합니다。

임종에서 하관 노제까지

1、유 언

병자는 자손에게 하는 말이 있으니、그것은 교훈(敎訓)도 있으며、혹은 재산(財産)의 분배(分配) 같은 일을 말하여 둔다。이것을 유언이라 한다。또한 자손은 병자에게 무슨 하실 말씀이 없으시냐고 은근하며、침착한 태도로 간곡히 유언을 청하기도 하며 자세히 기록하여 명심한다。녹음기가 있으면 녹음도 좋다。

2、임 종

마지막 숨이 넘어가는 것을 운명(命)이라하며 또는 임종(臨終)이라고도 하는데 운명하기 즉전(即前) 病者를 시체(屍體) 모실 방으로 옮겨 모시고(遷居正)、안밖에 고요하고 정숙히 (內外安靜)하며、햇솜(綿)으로 입과 코를 가리고 운명하기를 기다린다。

3、수 시

운명하여 숨이 아주 끊어진 뒤에는

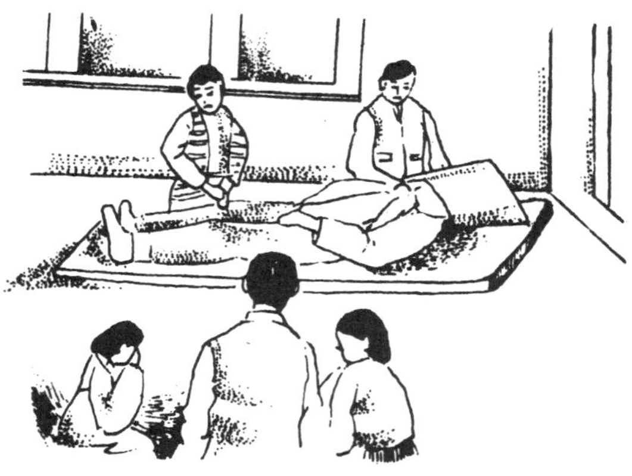

햇솜으로 입과 코를 덮고 남녀 가곡(哭)을 하고, 수시를 하는 것이니 시체가 굳기 전에 손발을 고루 주물러서 펴고 백지로 시체의 얼굴을 덮고 머리를 똑바로 괴어 삐뚜러지지 않게 하고 백지나 베헝겊으로 좌우 어깨를 단단히 동이고(緞), 두 팔과 두 손길을 곧게 펴서 두 손을 배위에 올려 놓되, 남자는 좌수(왼손)을 위로 하고 여자는 우수(오른손)을 위로하여 놓고 두 다리를 곧게 펴놓고 두 발길을 똑바로 모아가지고 백지나 베로 동이여 어그러지지 않게하여 덮어 놓고 다시 곡한다.

4、고 복

혼을 부르는 것으로, 수시가 끝난 뒤에 시체를 대면(對面) 않은 사람으로서 채반에 밥(白飯) 세그릇(속칭 사자밥) 짚신(사자짚신) 세켤레를 담아 대문(大門) 밖에다 놓고 여상에는 여자가 남상에는 남자가 죽은 사람이 평소에 입던 옷 즉, 남자면 두루마기(周衣), 여자면 적삼을 가지고 지붕위에 올라가서(升屋中雲) 왼편손으로 옷깃을 잡고 바른 손으로 옷의 허리를 잡고 마당에서 북향하여 옷을 휘두르며, 크고 긴 목소리로 학생모공(學生某公)벼슬이 있으면 모관모공(某官某公)이라 한다.

여상(女喪)에는 유인 모관모씨라고 또는 남편의 職品(직품)을 쫓아 모부인 모관모씨(某婦大某官某氏) 복-복-복-(復) 세번 부르고 옷은 지붕위에 놓아두거나 또는 갖다가 시체위에 덮고곡한 뒤에 시체를 시상(屍牀:시체를 올려놓는 상)에 모시되 머리는 남향으로 두고 시체상하를 똑바르게 단단히 고정시켜 기우러지지 않도록 하고 병풍 이나 돗자리로 가리어 바람을 막는다.

5、발상과 상주

머리를 풀고 곡하여 초상(初喪)을 반포하는 것으로 즉 발상(發喪)이라 하는데, 아들, 딸, 며느리가 머리를 푼다.

상주는 죽은 사람의 장남(長男)이 되는 바 만일 장남이 죽고 없는 경우에는 장손(長孫)이 아버지 대신으로 만 상주가 되어 승중상(承重喪)으로 주상(主喪이 된다.

이것을 승중상이라 하며, 출계(出系 양자간 것)한 아들과 출가(出嫁)한 딸은 머리를 풀지 않으며 비녀만을 뺀다.

남편상사(男便喪事)에는 머리를 푼다.

복인(服人)들중 남자상에는 흰 두루마기를 입되 父喪이면 좌단(左袒:왼편소매)를 끼지 않고 어깨에 엇매이며, 여자 상제들은 머리를 풀고 흰 옷으로 갈아 입는다.

요즈음 도회지(都會地)에서는 상가(喪家)의 표시(表示)를 다음과 같이 써서 문밖에 붙이고 발상하는 일도 있다.

6、호 상

발상(發喪)이 끝나면, 곧 상주를 대표해서 친족(親族)이나 친우중(親友中)에서 가장 상례(喪禮)에 밝고 경험있는 사람을 뽑아 초종범절(初終凡節)을 맡아보는 것이 호상이며, 장례식의 진행에 대한 여러가지 일을 맡아볼 몇사람을 정한다.

이때부터 호상은 지필묵(紙筆墨)과 공책(空冊) 수권을 준비하여 금전(金錢)과 물품(物品)의 출납(出納)을 맡아보며, 조객(吊客)의 출입(出入)과 부의금(賦儀金)의 수납(收納)을 일일이 기록한다.

(註) 문상객의 출입을 적는 책은 부상(父喪)에는 조객록(吊客錄)이라 하고 모상(母喪)에는 조위록(吊慰錄)이라 하며 부의금(賻儀金)의 수납을 적는 책은 부의록(賦儀錄)이라고 쓴다. 백지에 붓글씨로서 기록해야 한다.

※ 호상시의 준비

① 축 ② 상례 ③ 사서…조객(吊客)의 출납을 맡는 사람. ④ 종이…책을 만들 것. ⑨ 벼루(硯)…혹은 잉크. ⑦ 붓(筆)…혹은 철필.

7、전

죽은 사람을 생시와 같이 섬기기 위해서 전(奠)을 올리는 것인데 주과포혜로 시상(즉 시체의 오른쪽 어깨부근)에 전을 드리는 것이며, 염습이 끝날때까지 날마다 한번씩 드리는 것이다. 전을 드리는 것은 슬픔에 가득하므로 상제가 친히 올리지 못하고 집사자가 올리며、절을 하는 절차는 없다.

※ 전 드릴때의 준비

① 탁…밥상、② 포… ③ 과…과일이나 채소 ④술…⑤혜… ⑥세수대 ⑦수건

관과 칠성판

호상은 목공을 겸하여 관을 만들고 할때 주의할 것은 시체의 몸 길이와 부피에 알맞도록 하여야 한다.

칠성판은 염습할 때에 필요한 것으로서 시신의 밑에 까는 것이다.

또한 부모 회갑이 지나면 미리 관을 준비하여 옷칠을 하여 소중히 두었다가 쓰는 예도 있다.

8、부 고

호상은 상주와 협의하여 친족、 친지에게 신속히 부고를 전한다.

부고서식(널리알릴때)

[부고의 한글 서식]

부 고

○○부친 ○○공(또는 모친 ○○여사) ○월 ○일 ○시에 자택에서 별세하였사옵기 삼가 부고하나이다.

영결식일시 ○월 ○일 ○시
영 결 식 장 ○○○
장 지 ○○○
상 가 주 소 ○○시 ○○구(군
○○동(면) ○○가(리) ○○번지

상주 자 ○ ○ ○
여 ○ ○ ○

서기 년 월 일

호상 ○ ○ ○

9、습과 염

습：향나무 삶은 물이나 쑥삶은 물로 시체를 씻는 것인데 남자는 남자가, 여자는 여자가 하는 것인바, 시체의 입었던 옷을 벗기고 홑이불로 가리고 씻는다.

염：소염과 대염이 있으니 시체에 수의를 입히는 것이 소염이요, 입관하는 것이 대염이라 한다.

1、목욕준비

1、향탕수 그릇……시체의 위 아래에 놓는다.

2、새솜과 새수건 각 세벌……시체의 머리, 윗몸, 아래몸을 씻고 닦는 것으로 각각 놓는다.

3、주머니 다섯개……목욕한 머리털 좌우 손톱, 발톱을 각각 깎아 넣을 주머니.

5、빗……남녀 공용。

2、수의준비

1、복건……검은 명주베로 만든 갓과 일반인 모자。

2、두건……머리에 씌우는 수건과 같은 것。

3、망건……머리털을 싸는 것이니 검은 비단으로 한다。

4、명목……얼굴 싸매는 것으로 명주베로 사방 한자두치로 사각에 끈을 단다。

5、악수……손싸매는 것으로 길이 35cm(한자두치) 넓이 5cm(다섯치)로 한다。

6、충이……새솜으로 대추씨 같이 만들어 귀를 막는 것이다。

7、속옷……속적삼、속바지

8、겉옷……바지、저고리、버선、다님요대(허리띠)、행전、두루마기、조대때、토수 신(명주베에 종이를 붙여서 만든 신)

여자의 수의는 저고리、적삼(홍황록삼작) 속곳、단속곳、바지、큰 허리띠 홍상(붉은치마) 청상(푸른치마) 원삼조대、대대、머리가리는 파두、명목、악수。

9、천금……시체를 덮는 홑이불。

10、지금……시체밑에 깔 겹이불。

11、속포……시체를 묶는 것。

12、반함……쓰이는 버드나무 숟가락 한개、쌀 한홉、무공주 세개를 준비한다。

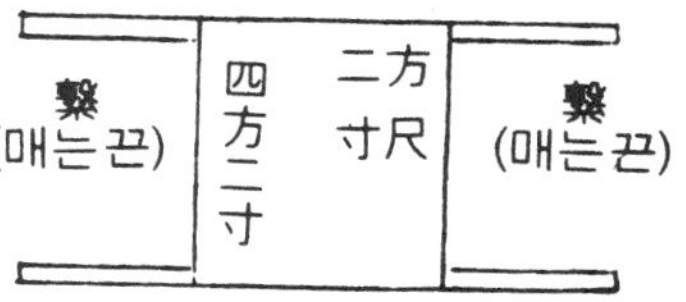

명목도

用緇帛方 一尺二寸 以爲裏 充之以絮 四角有繫

(명목은 검은 비단으로 만들되 붉은 비단으로 안을 받치고 사방에 매는 끈을 단다)

충이도

用新綿如棗核大

(충이는 깨끗한 솜으로 만들되、대추씨 만하게 한다)

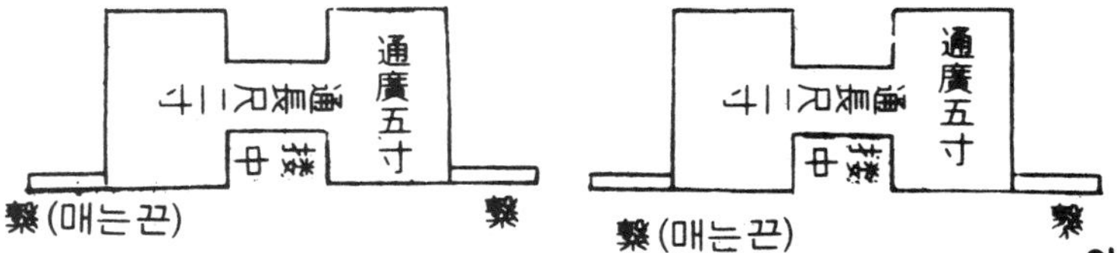

악수도

用玄帛長 一尺二寸 廣五寸二 分其長取 中央四寸 從兩邊裁 入一寸削 約之以纓 爲裏充之 以絮兩端 下角各有 繫

(악수는 검은 비단으로 만들되 길이는 1척2촌 너비는 5촌3분으로 그 길이 중에서 가운데 四치를 다음 그림과 같이 치씩 따 내며 안은 붉은 비단으로 받친다. 그리고 속에는 솜을 둔다)

염에는 소렴과 대렴의 두가지가 있으며 소렴은 수의를 입히는 것이요, 대렴은 입관하는 것을 말한다。

男女共人扶助 之遷于小斂床
(소렴할 때 남녀가 한가지로 시신을 받들어 소렴상에 옮긴다)

婦女尊行(여자의손위분) 憑屍髮(머리를 걷어매고 시체에의지함)

主 婦 哭 擗(애통하는 것)

主婦衆婦女 (만상제들)

同姓婦女 (망인의 친척 여자들)

妾 婢 (첩과 비복)

주의……시신(屍身)을 중심으로 해서 상주 이하 남자들은 왼편(左便), 여자들은 오른편에(右便) 자리 잡는다。

10、염과 습순서

향탕수를 들여오면 성인이라 모두 나와 북향하여 곡하고, 다시 들어가 시체의 입었던 의복과 초혼한 의복을 다 벗기고 새솜으로 향탕수를 찍어가지고 머리털을 씻은후 빗질하여 수건으로 닦고 남상은 상투를 짜고 여상은 당기 따서 버드나무 비녀로 쪽진다。또한 시체를 목욕시키는데는 향탕수를 윗것은 위래것은 아래만 구별하여 씻기며, 솜과 수건도 역시 머리, 윗몸 아래몸을 구별하여 사용한다。

머리털, 손톱, 발톱을 다듬은 것은 좌우수족을 분별하여 주머니에 넣었다가 입관할때 제자리에 같이 넣으며 속것과 적삼입히고 망건 씌우고 버선을 신긴후 이불로 덮고 집사자는 수의복을 조사해 가지고 생시의식과 같이 한다。

우선 습상(정한 침석)을 펴놓고 두루마기, 중치마, 저고리를 함께 겹하여 바르게 펴놓고 바지 입히고 버선, 다님 행전, 혁대(허리띠)를 다 맨후 네사람이 시체 상하를 일제히 들고서 먼저 겉옷을 겹쳐 펴놓고 아래로 부터 위로 차츰 올려가지고 좌우손을 옷소매로 매고 옷을 여민후 매지는 말고 졸습을 기다리며 다시 이불을 덮고 전을 올린다。

예배, 대곡을 시작하여 그치지 않는다。

11、설 전

전은 주·과·포·혜로서 좌포·우혜하야 상을 시체 동편에 놓고 집사가 손씻고 잔에 술을 부어 시체 동쪽(시체의 오른쪽)에 들이되 어깨부근에 놓고 애곡하고 이어서 만상제가 반함한다。

이와 같이 염습과 성복이 끝난 뒤에

는 아침, 저녁 끼니때에 상식하고 곡한다.

12、반 함

맏상제는 곡하며 왼쪽 소매를 벗어 바른편 허리에 꽂고 무공주 (구멍이 뚫리지 않은 구슬)세개를 담은 그릇을 받들고 쌀(깨끗이 닦은 생쌀 반수저가량) 담은 그릇에 버드나무수저를 꽂아 가지고 들어가서 명전으로 시체 면상을 덮고 상제는 시체 동편 발치로부터 서편으로 올라와서 동면하고 앉아 시체덮은 명건을 들고 버드나무 숟가락으로 쌀을 조금 떠서 오른편 입에 넣고(쌀은 왼편으로부터 떠다함) 동시에 무공주를 넣되 왼편과 가운데도 이와 동일하게 하고 햇솜 면주(누에고치에서 나오는 솜)에 싸서 턱아래를 보공(채우는 것)하고 복건을 씌우고 충이로 좌우구멍을 막고 명목을 덮고 신을 신기고 심의를 걷우어 여미되 옷깃은 산사람과 반대로 오른편으로 여미고 조대、대대를 동심결로 매고 악수를 맨다。

이것이 졸습 예필이다。

이것이 끝나면 다시 이불을 덮고 시상에 뫼신다。

13、소 렴

소렴은 족 수의를 입히는 예식으로 사망한지 제2일날 아침에 소렴하는 것으로 첫째、깨끗한 자리를 깔고 그 위에 지금을 펴놓은 다음 속포 20마를 일곱구비로 서려놓고 장포 7자를 길이로 깐 다음 시체를 그 위에 뫼신 후 위 아래 옷을 각각 겹쳐서 아래서 부터 위로 치올라 입힌 다음 버개를 내놓고 옷을 접어서 시체의 머리를 반듯하게 고이고 몸을 바르게 한다음 새솜으로 어깨를 보공(들어간 곳을 채우는 것)하고 좌우를 걷우어 매고 다시 양쪽다리를 옷으로 보공한 후 발끝까지 똑바르게 한뒤 수의를 왼편으로 부터 여미되 고름은 매지않고 손은 악수로 싸매고 명목으로 눈싸매고 복건과 두건을 씌우고 이불로 고르게 싼 다음 장포 두끝을 짜개여 각각 매고 속포를 묶은 다음 끊어서 속포 한쪽 끝을 세갈래로 쪼개여 아래서부터 차례로 묶어 올라가는 것이다。 그러니까 베폭은 일곱폭이나 묶는 매수는 21매가 되는 것이다。

망인이 여자일 경우 수의 입히기 까지는 여자가 하고 이후는 남자가 하는 바 이것이 소렴예필인바 다시 시상에 뫼시고 애곡한 후 상제남녀가 머리푼 것을 걷어 메우고 남자는 포두 건과 베 중단을 입고 자리에 나가 애곡하고 집사자가 전을 올리는 바 상제는 애통망극할 뿐 이것이 망인에 대한 최후의 봉사이니 상주 이하 근친일동이 지성을 다하여야 한다。

14、대 렴

소렴이 끝나면 소렴때 전 올렸던 상을 물리고 대렴식을 준비하는바 먼저 관을 시체옆에 놓고 출회(숫가루나 석회)를 관속에 펴서 판바닥을 고르게 하고 그 위에 두터운 백지를 두서너겹 깔고 지금(이불)을 깔고 버개를 놓은 다음 칠성판을 놓고(입관한대로 장사지낼 때는 칠성판은 없어도 좋음) 대렴포 30자에 횡포(가로메) 두매를 놓고 매일폭에 양끝을 반씩 쪼개면 좌우가 각 여섯쪽이며 그 다음 장매 한폭을 놓고 양끝을 셋으로 쪼갠후 그위에 대렴금을 펴놓고 상의와 산의를 놓은후 소렴한 시체를 받들어 그 위에 뫼시고 먼저 발을 여미고 다음에 머리를 여미되 먼저 좌편을 여민후 나중에 우편을 여미고 먼저 장포를 세매로 묶고 횡포를 매는데 좌우 각 다섯쪽만 묶고 한쪽은 제처 놓으니 모두 다섯매로 묶은후 시체를 받들어 입관하고 오랑을 관 상하에 넣은후 생시에 입던 의복이나 백지로 관속을 채우고 천금을 덮으며 상제이하 모든 복인이 애통하고 천개(관 뚜껑)를 덮고은정(나무못)을 박고 명정을 써서 관동편에 세우고 장지로 관을 쌓아서 노끈 50발로 내결관하고 또다시 초석(짚자리으로 쌓고 백지로 싼 가는 동아줄로 외결관하여 정당정침에 모시고 천금(관덮는 홑이불로 이불을 반으로 나누어 상은 검은 색으로 만든 이불)으로 관을 덮고 영좌를 배설하고 전을 올리되 소렴절차와 같이 하고 상제이하가 요질(삼으로 만든 허리띠)·수질(삼으로 만.든 머리테두리)를 벗지 아니하고 조석곡을 시작한다。

魂帛圖

長六寸 廣二寸

白紵布一尺爲之其制卷其兩端相向而三處束之 〔흰 베 한자로 만들되 양쪽 끝에서 맞접어 들어가 맞추고 앞의 그림과 같이 상(上)·중(中)·하(下) 세곳을 엇묶는다〕。

十五 영 좌

대렴이 끝나면 관을 정침에 모시고 그앞에 휘적을 치고 교의(의자)에 사진이나 혼백을 모시고 그 앞에 제상·그앞에 향상을 놓고 향로·향합·모사그릇·등대한쌍·떠등 망인이 생시에 사랑하던 물건을 갖다 놓는다。

16、명 정

명정은 죽은 사람의 명패로 넓이 한자 반 길이 여섯자 가량되는 붉은비단 흰 글자로 학생모관모공지구라 쓰고 벼슬이 있으면 벼슬이름을 쓰며、여자는 유인모관모씨지구라 쓰고 또는 남편의 직품을 쫓아 모부인모관모씨지구라 써서 관 모신 동편에 걸어 놓으며、영구를 운반할 때 장대 끝에 달고 앞서서 가며 영구가 쉬면 따라서 쉬게 된다。 하관할 때에는 관 위에 덮는다。

功 布(공포)

상여의 길잡이

士喪禮 云功布 長三尺 大功之布也 道路 有低 執以指麾 抑揚左右之

〔이 공포를 士喪禮에 말하기를 길이는 석자로 하되 大功布로 한다。 이 공포는 길잡이로서 도로의 높고 낮음이 있을 때、또 길이 좌우로 꺾일 때 이 공포로서 알린다〕

銘 旌(명정)

〔벼호나 본관 성을 적는 기〕

士喪 註 銘 明也 旌 識也 以死者 爲不可別故 以旗識之

〔士喪 註釋에 銘은 밝히는 것이요、旌은 記錄하는 것이니 죽은 사람

을 분변할 수 없는 까닭에 旗로서 알리는 것이다〕

예

학생 남양홍공지구 이사관신창맹공지구
學生 南陽洪公之柩 理事官新昌猛公之柩
유인연산서씨지구의학박사강능어공지구
儒人連山徐氏之柩醫學博士江陵於公之柩

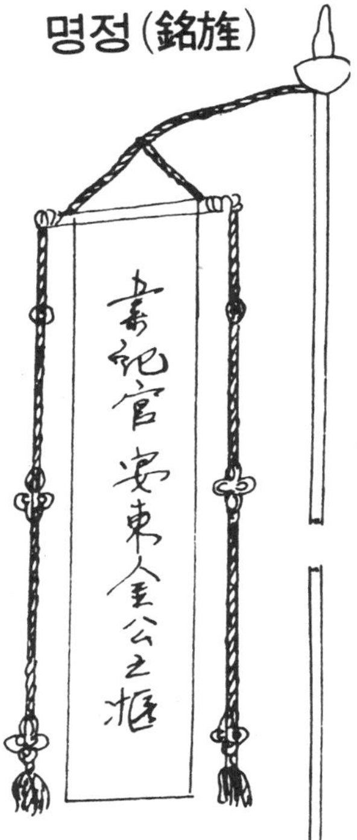

명정(銘旌)

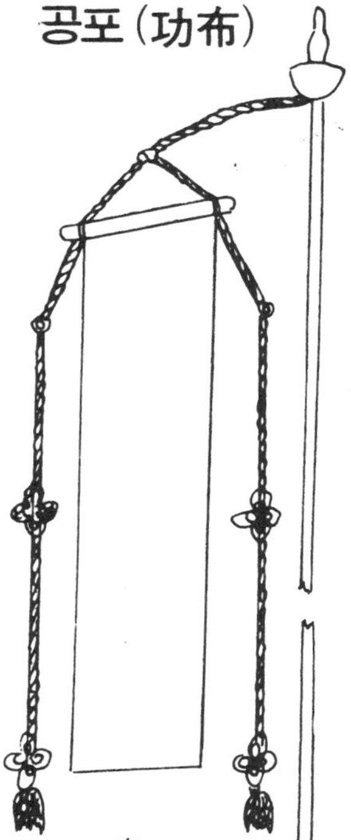

공포(功布)

17、성복제

사망한지 제3일(대렴이 끝난 그 이튿날) 상복을 갈아입고 영좌앞에 제상을 갖추어 제물을 차려놓고 혼백을 교의에 모시고 분향하고 잔을 올리는데 (아들·사위·아우·조카)의 차례로 잔을 올리고 곡하며、재배하고 지구도 분향 재배하며 남자는 영구의 동편에서 여자는 서편에서 서로 마주서서 곡하고 제 자손이 조부·백숙부·조모·백숙모의 차례로 손윗 사람앞에 꿇어앉아서 곡하며 절한다。

▼**斬衰冠**

斬衰齊衰大功 重服故 三辟積 向右 右陰也凶也

소공(小功)이하

〔참최·재최·대공은 중복인 고로 세번 접되 오른쪽으로 향한다〕

小功緦麻 輕服故 三辟積 向左 左 陽也漸從吉也

〔소공·시마는 경복인 고로 세번 접되 왼쪽으로 향한다。즉 꺾인 금이 왼쪽을 향한다〕

鄭註云緝邊向外 盖與裂縫 向外之意

〔정씨 주에 말하되 옷갓은 꿰매되 밖으로 향하게 한다〕

纓、以灰治之布 爲纓

〔쉶은 베로써 끈을 만든다〕

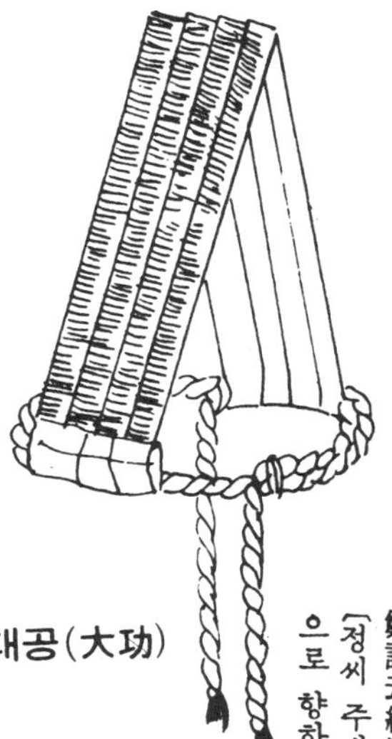

대공(大功)

大功冠 小功冠 〔齊衰와 같음〕

〔세번 주름잡는 것이 왼쪽으로 향하고 그 外는 齊衰와 같음〕

緦麻 澡纓辟積同小功餘與齊衰同

〔곤 매는 것과 주름잡는 것은 小功과 같고 그 外는 齊衰와 같음〕

수질(首絰)

참최(斬衰)

其紋結處 兩旁 各 綴絲 繫之 凡腰絰同

〔그 띠 맺는 두 곳을 각각 마는 노끈으로 매니、대개 요질은 다 이와 같음〕

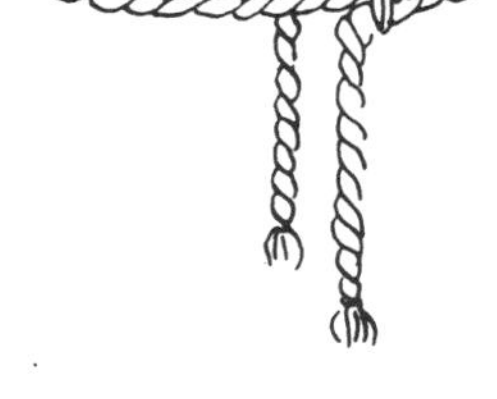

무(武)

〔斬衰杖〕

참최상에는 대나무지팡이로 상장을 사용한다。

〔齊衰杖〕

재최상에는 오동나무나 버드나무로 상장을 사용한다。

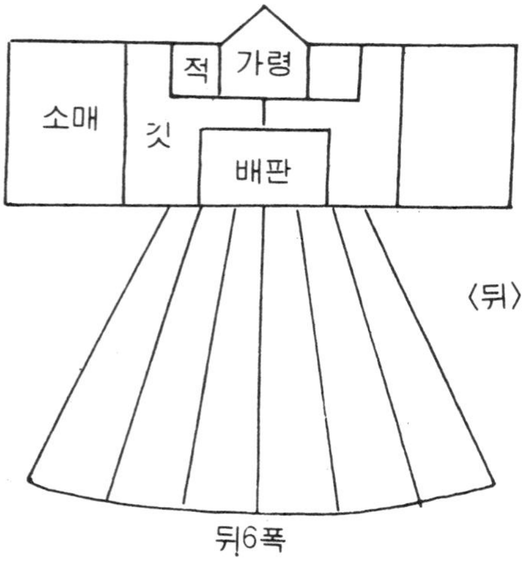

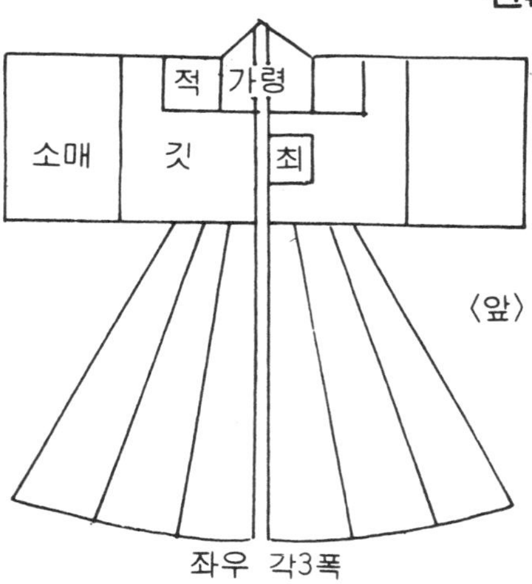

요질(腰絰)

재최(齋衰) 참최(斬衰)

斬衰及大功 初皆散垂 至成服 乃絞
至葬啓殯 復散垂 至卒哭 乃絞
[요질은 참최와 대공에 있어다 흩어
느리고, 성복에 이르러 매고, 또 장
사와 계빈에 이르러 다시 흩어 느리
고, 졸곡에 이르러 다시 맨다.

악수(握手)

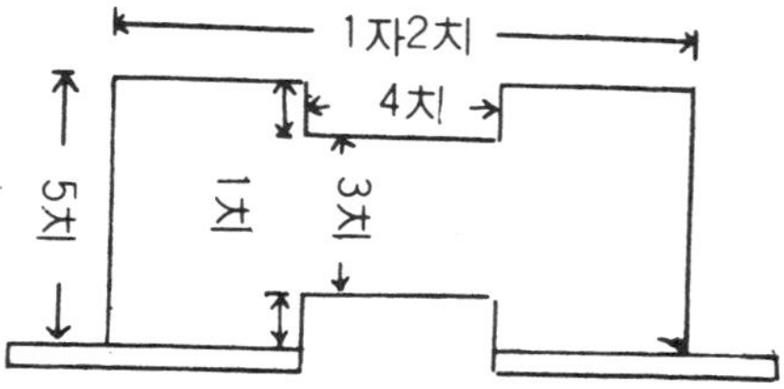

명목(幎目)

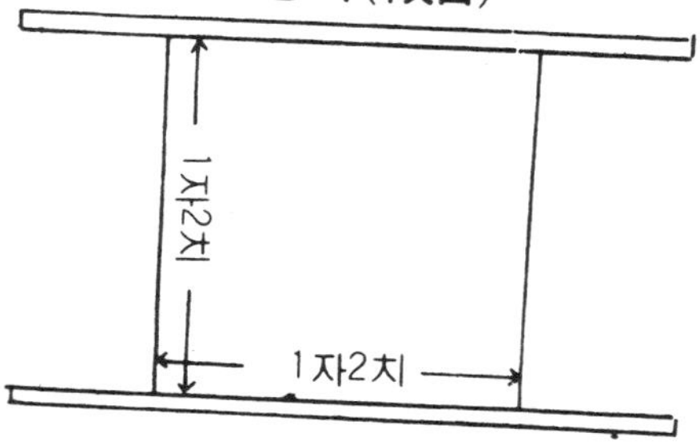

굴관 접는 법

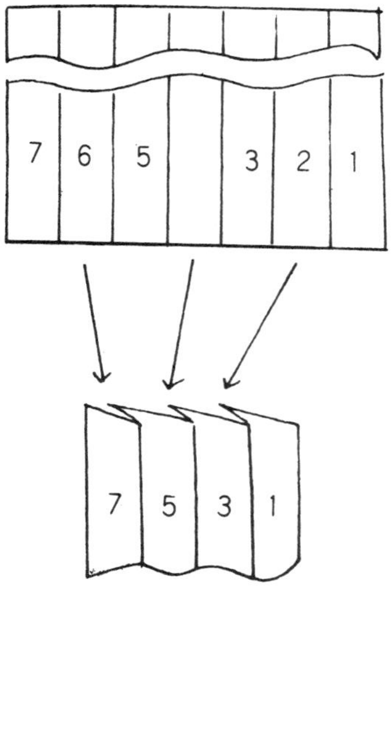

교대(絞帶)

재최(齋衰) 참최(斬衰)

소렴교(小殮絞)

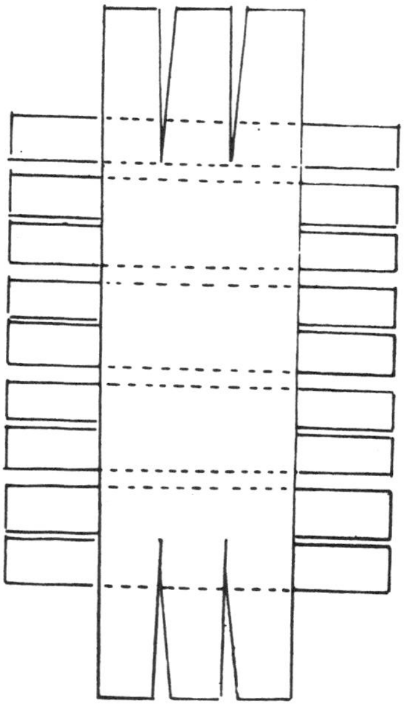

상례

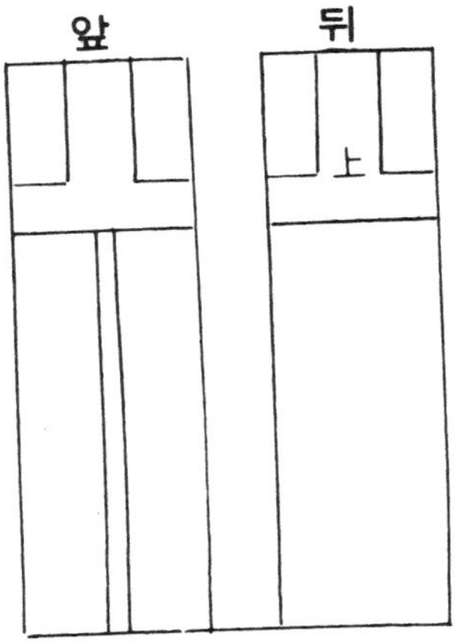

혼백 접는 법

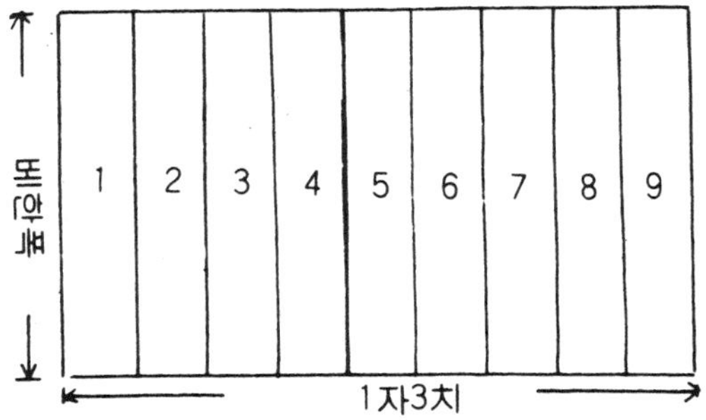

최복(衰服) 마르는 법

겹(袷)

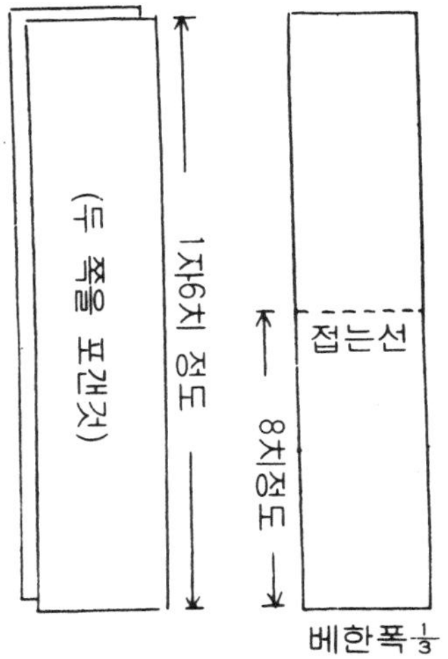

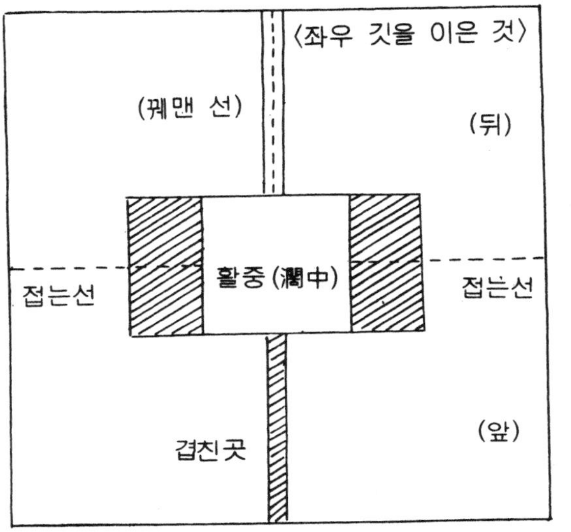

가령(加領)

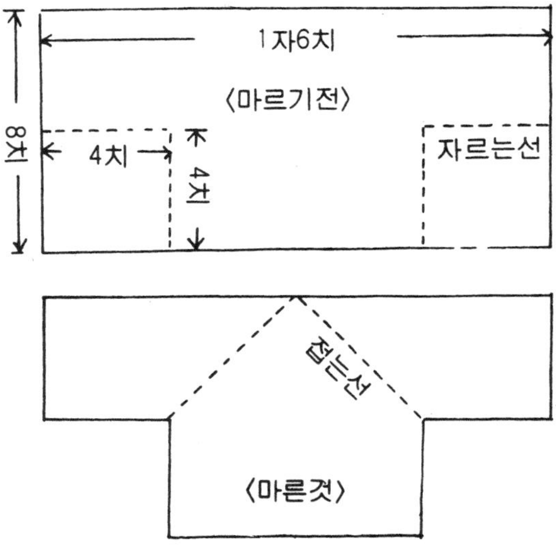

깃(衣身)

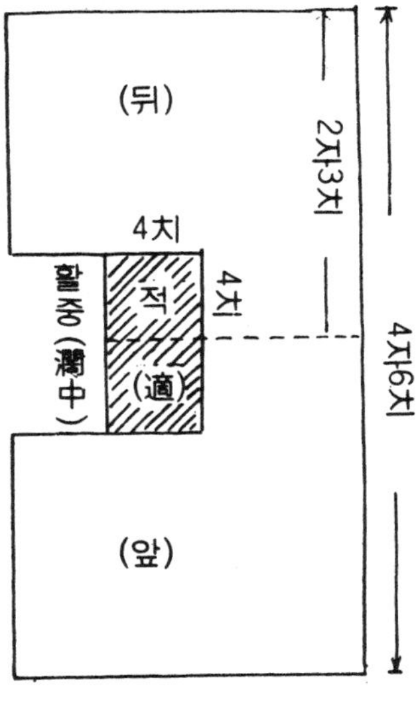

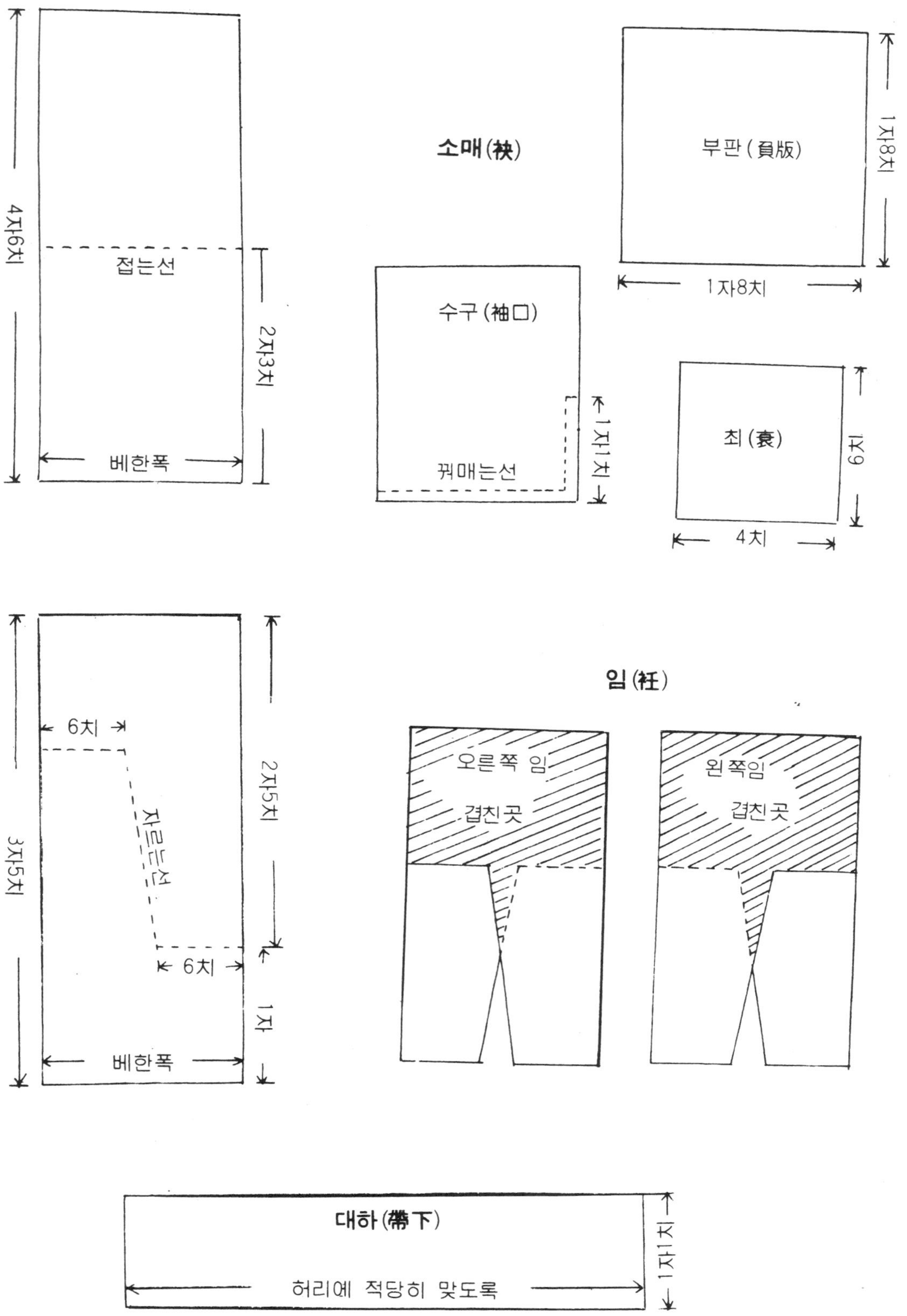
소매(袂)
4자6치
접는선
2자3치
베한폭
수구(袖口)
꿰매는선
1자1치
부판(負版)
1자8치
1자8치
최(衰)
6치
4치
6치
자르는선
6치
3자5치
2자5치
1자
베한폭
임(衽)
오른쪽 임
겹친곳
왼쪽임
겹친곳
대하(帶下)
허리에 적당히 맞도록
1자1치

동심결(同心結) 매는법

경사동심결

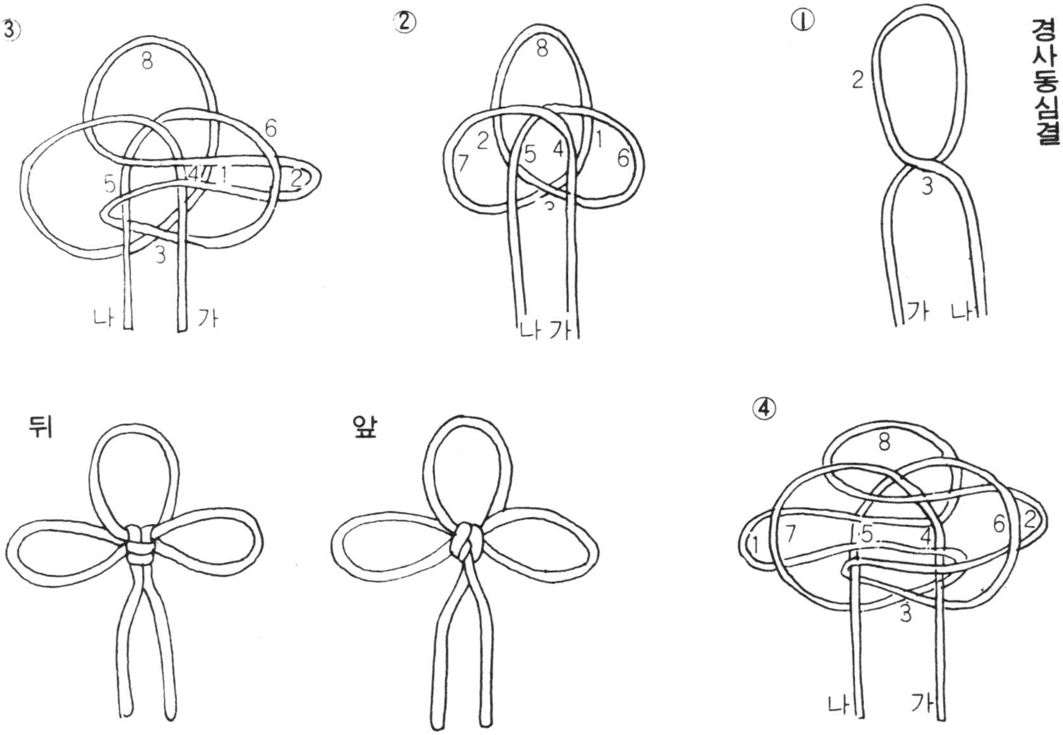

흉사동심결

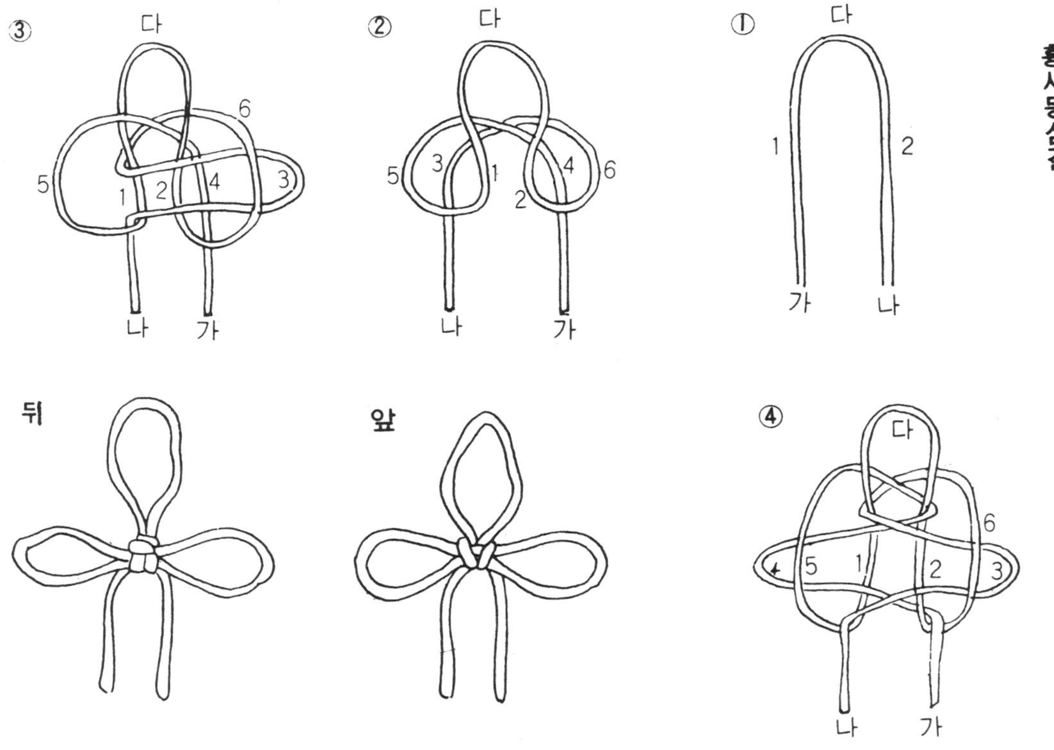

18、분 상

객지에서 부모상을 듣고 돌아옴을 말하는 것으로 부음을 들은 즉시로 곡하며 사자(使者=부고 가지고 온 사람、즉 인편인 경우)에게 절하고 의복을 흰옷으로 갈아입은 다음에 즉시 떠나 집에 당도하여 시신앞에 나아가 재배하고 변복한다。

최복(衰服)

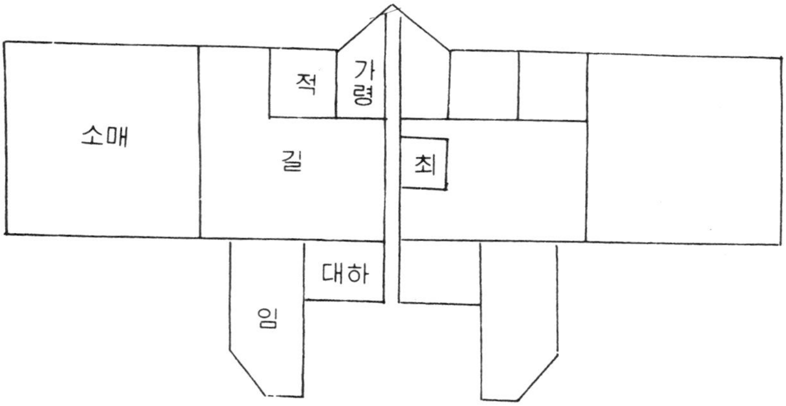

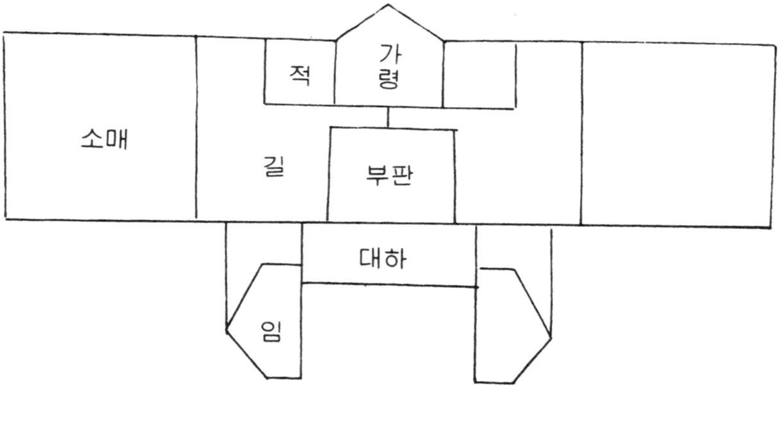

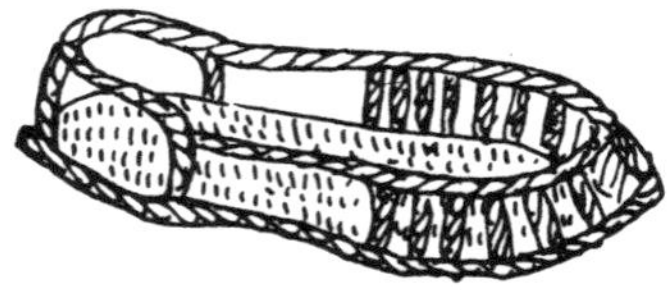

삼신(麻履)

菅野菅也

(참최의 신은 왕골로 만든다。만드는 식은 신총을 세 날 세번、두 날 두 번、한 날 한 번씩으로 거듭된다。

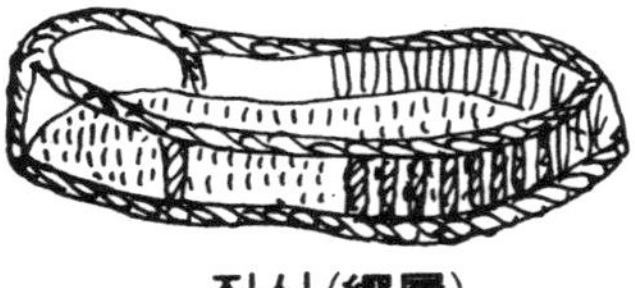

집신(繩履)

疏讀如不熟之疏見草體也

(재최의 신은 짚으로 만든다)

(부인복)

19、조상하는 법

조상은 원칙적으로 성복 후에 하도록 되어 있다。성복 전에는 가까운 일가친척들이나 또는 친한 친구가 가서 상주에게만 인사를 하고、시체에 대하여는 절하지 않는다、또 성복 후라도 돌아간 이와 면대가 없거나 여자인 경우에는 빈소에 절하지 않고 상주에게만 인사 한다(상복을 입을 처지에 있는 사람만이 영위를 본다) 그 인사라는 것도 대개가 장사 치르는데 대한 치리 등을 논의하게 되는 것이다。

조상하는 순서는 조객이 먼저 호상에게 성명을 통하고 들어가면 상주는 일어나 곡을 한다。조객은 영구 모신쪽을 향하여 곡하고 두번 절한 다음 다시 상주에게 절을하고 인사를 한다。 조객이 어른인 경우에는 상주가 먼저 절한다。

▼곡하는 방법

① **상주**…「애고 애고」하고 몹시 설워하며 통곡한다。

② **조객**…「허희 허희」하며 설워한다。 보통 이 「허희」를 「어이 어이」로 소리내어 곡한다。

▼인사하는 말의 종류

문…『상사란 웬말이요』

문…『얼마나 망극하시오』

답…『망극 하외이다』

문…『춘추가 높으시기는 하였지만 이렇게 갑자기 돌아가실 줄은 몰랐읍니다』 또는 『참으로 놀랐읍니다。 장지(葬地)는 어디지요』등을 묻는다。

그리고 만일 손아랫 사람의 장사인 경우에는

문…『얼마나 상심 되십니까』

『얼마나 아프시겠읍니까』

답…『어안이 벙벙 합니다』

『잊자해도 자꾸 머리에 떠오르는군요』이 밖에 그때 그때 경우에 맞도록 인사를 하고 물러난다。

현대식으로 빈소에 향로와 향이 있으면 곡하고、향로에 향을 집어 넣고 (피워 세우는 향이면 붙붙여 꽂음) 재배(두번절함)한다。

조객은 가지고 간 부의를 호상소에 내놓게 된다。부의는 적당한 물건으로 해도 좋고 돈으로 해도 좋다。

① **돈으로 하는 경우**—액수는 형편대로 성의를 표시하면 된다。부의를 할때에는 백지에 다음과 같이 써서 봉투에 넣고 또한 봉투에도 쓴다。

○ 동
김○○댁 호상소입납
○동 ○○○정

부 의
금 원
년 월 일

근 조
인금 ○○○원
년 월 일
○ ○ ○ 드림
이○○댁 호상소 납

② **물건으로 하는 경우**—물건은 대개 장사지내는데 필요한 것으로 골라 보내게 된다。그 쓰는 서식은 돈으로 할 때와 같으며、물건은 깨끗한 종이로 싸서 봉투와 함께 보낸다。

조상은 대개 초종에 하는 것이 원칙이나 그때의 사정으로 인해서 못했을 경우에는 위문 편지와 부의를 붙어 보낸다。

조위문을 좀더 구체적으로 구분 한다면 조상은 부모상과 승중상을 조문 함이요。위장은 조부모상과 백숙부모 형제자매 자질손등의 상을 위문하는 것이니 족이나 친지간에 슬픈 상을 당하였으나 형편 때문에 가보지 못할 때 조위하는 것이다。

▼전 보

멀리 있어 가볼 수 없는 경우에는 전보를 치는 경우도 있다。

『삼가 영전에 곡하나이다』

『삼가 영전에 분향하나이다』

영 결 식

영결은 최후의 작별이니 영구를 차나 상여에 싣고 그 앞에서 젯상에 재수를 진설하고 향불을 피워 단작으로 상주가 제사를 지낸다。

그 다음에 친척과 조객이 분향하고 재배 한다음 상주에게 인사한다。

영결의 제사는 견전이라 하는데 보통 메와 국을 쓰지 않으며 술도 단작이다 이 영결식은 집 마당이나 집 앞에서 하는 것이 보통이다。

① **조전**—조전은 발인 전에 오후 3 4시 경에 영좌에 진설하고、상주가 향을 피워 잔드리고 축을 읽고 난 직후 두번 절하고 제 자리에 돌아오면、그 다음부터 찬사자들도 곡을 하고 재배하는 것이다。

축 문

② **천구취여**—발인、즉 빈소에서 영구를 밖으로 나갈때 집사자가 영구 앞에 무릎을 꿇고 앉아 다음과 같이 축을 읽는다。

축 문

금천구 취여감고
今遷柩 就轝敢告

③ **견전**—견전은 영구를 장지로 발인할때에 영좌를 영구 앞에 모시고 나물과일、포、식혜를 진설하고 향 피우며 상주가 잔을 올리고、축관(축 읽는 이)이 축을 읽은 후 상주 이하 모두 재배하고 발인한다。

축 문

영이기가 왕즉유택
靈輀旣駕 往即幽宅
재진견례 영결종천
載陳遣禮 永決終天

20、발 인

영결식이 끝나면 명정、공포、만장、요여、요여배행、영구、영구시종、상인복인、조객의 순서로 출발한다。

요여배행은 복인 아닌 친척이 배행하는 것이 보통인데、복인이 배행하게 되

는 경우에는 건과 행전을 벗고 따르는 것이 원칙이며, 영구의 시중은 조카·사위들이 하는 것이 예법으로 되어 있다.

21、정　상

정상은 영구가 묘지에 도착한 후 안치하는 것이니 집사자가 먼저 정결한 곳으로 골라 차일과 병풍을 둘러 영구를 안치한 다음 혼백을 영좌상에 모시고 명정을 영좌옆에 걸고, 영좌앞에 주과포를 진설한 후에 상주가 곡하며, 조객이 오면 위문을 받는다.

22、천광회격

천광이란 광중을 파는 것을 말하는 것이요, 회격은 광중안에 회 다짐하는 것을 말한다。그런데 이 때에는 산신제와 토신제가 있으며, 그 절차는 다음과 같다。

23、산신제와 토신제

산신제와 토신제는 상인 이외의 사람이 지내는 것으로서, 산신제의 절차는 주·과·포·혜로 진설하고 산신 헌관이 꿇어 앉아 분향 재배한 후 집사가 술을 부어 헌관에게 주면 헌관이 받아 집사를 통하여 잔을 드리고 정저하고 독축한다。그 다음 사저하고 헌관 및 축관이 재배 한다。

① **개영 역사 토지**―개영 역사 토지는 망인의 시체를 영원히 보호하여 주기를 원하는 것이다。그러므로 산신에 먼저 제사하는 것이다。

축　문

維歲次(下支) 某月(下支)朔 某日(下支) 某官某(山神獻官姓名) (無官則幼學) 敢昭告于 土地之神(喪主姓名) 今爲某官姓名(亡人姓名 無官則學生或某封某氏) 營建宅兆 (祔葬則改今以某祔葬于某地) 神其保佑 碑無後艱 謹以淸酌 脯醢 祗薦于 神尙饗

② **平土**(一名題主)―평토는 하관한다음 봉분을 다 만들기 전에 영좌앞에 제수를 진설하고 제사를 드리는 것으로 시체가 지하에 들어감에 고하는 뜻이다。이 때에 신주 기성이면 신주에 제사를 드리고, 혼백은 땅에 묻으며 신주 미성이면 혼백에 제사를 드린다。

영좌앞에 상주와 참사자가 순서대로 정열한 후, 상주가 분향재배하고 다시 궤좌하여 전작한다。그 다음 축관이 상주 오른쪽에 꿇어 앉아 축을 읽고 상주 이하 전부 재배한다。

축　문

維歲次云云 孤子(父喪에는 孤子、母喪에는 哀子、父母俱亡에는 孤哀子 承重에는 孤孫 哀孫 孤哀孫、喪人은 官職맞추어 이 있어도 (不稱) 某(喪人의 名) 敢昭告于 尊靈(卑幼則去尊字) 拾舊從新 是憑是依(神主未成則 魂箱仍存) 姑憑姑依

평토후사토지

평토후 사토지는 망인의 시체를 이 땅에 매장하였으니 토지의 신은 영원히 보호하기를 원하는 것으로서 축문은 다음과 같다。

축　문

維歲次云云 某官姓名(山神獻官의 姓名) 敢昭告于 后土之神 今爲某官姓名 (亡人의 官職姓名) 乏玆幽宅神其保佑 碑無後艱 謹以淸酌 脯醢 祗薦于 神尙饗

24、하　관

천광과 회격이 끝나면 좌향과 시간을 맞추어 내결관을 끌러 공포로 관을 씻고 영구를 고요히 모시어 하관하여 이를 덮고 명정을 펴서 관위에 놓고 상주가 폐백(파랑 비단실과 붉은 비단실로 동승결을 맺은 것)올리는데, 관의 동상편에 현을 놓고 서하편에 훈을 놓아 곡재배하고 횡대 덮으며 격회평토하고 지석을 묻고 성분한다。

이것이 끝나면 영좌를 성분앞에 옮기고 젯상에 제수를 신설하고 상주가 향을 피워 잔을 올리고 축문을 읽은 다음 두번 절 한다。

그리고 최후 작별을 하는 의미로 묵념을 한 후 반우 한다。

▼ **지석**：지석은 두 개의 좋은 돌을 잘라서 한개는 밑돌로 하고 한개는 덮는돌로 만들어、밑돌에는 관직·성명·주소·생년월일·사망년월일·좌향을 각자(글자를 새김)하고、덮는 돌에는 모관 모공지묘라 써서 밑돌과 덮는 돌을 서로 합하여 석줄(철사)로 묶어서 묻는다。그러나 그보다 간단한 방법으로는 사발 안에다 좌향과 누구의 묘라는 것을 먹으로 써서 집불에 말리어 묻는 것이다。또 하나 다른 방법으로는 하관하고 세토로 관중을 채워 평면이 되면 석회를 고르게 펴서 다지고 그위에 성명(〇〇 지묘)라 쓰고 숯가루로 자획을 만든 후 글자가 절단나지 않을 정도의 세토로 덮고 봉분한다。

※ 묘지선정에 주의할 점

一 묘지를 고를 때는 오환(五患)이라 하여 다음과 같은 것에 피한다。

① 훗날 도로가 나지 않는 곳。
② 성을 쌓지 않고 산을 헐지 않는곳。
③ 개천 연못을 파지 않을 곳。
④ 밭이 되지 않을 곳。
⑤ 권력가에게 빼앗기지 않을 곳。

二、일반적으로 주의할 점

① 산중턱의 따뜻한 남향으로 한다。이것은 뒤에 성묘할 때도 좋다。
② 부락 근처는 좋지 않다。주택、도로 등으로 묘소를 옮길 우려가 있다。
③ 좌우로 내가 흘러 일단 머춰서 나가는 자리가 산이 좋고 초목이 싱싱하게 살아 있어 좋다。
④ 너무 높은곳 너무 낮은곳은 좋지 않다。산붙이나 또는 물이나기 쉽고 밭

으로 변하기 때문이다。

25、우 제

장례를 마친 다음 혼백을 만들어 모시고 집에 돌아오면 그날로 초우를 지낸다。

우제의 종류

이 우제는 초우·재우·삼우의 세 가지가 있으며 그 지내는 절차는 다음과 같다。

① **초우의 절차**—초우는 장례후 혼백을 모시고 돌아와 바로 지내며, 먼 거리인 때에는 도중에서도 지낸다。

② **재우의 절차**—재우는 초우 뒤의 유일을 골라 지낸다。 유일이란 십간 중의 유수의 날을 말하는 것이며,〔을·정·기·신·계〕이 재우는 아침에 지낸다。

③ **삼우의 절차**—재우를 지내고 다시 강일을 골라 삼우를 지낸다。 강일이란 십간중의 기수의 날을 말하는 것이며,〔갑·병·무·경·임〕이 삼우는 아침에 지낸다。

우제의 절차

① **강신**—사람이 죽으면 혼은 하늘로 올라가고 백은 땅으로 내린다 하여 향을 피워 혼을 청하고 술을 따라 아래의 백을 청한다는 뜻이니 상주가 영좌 앞에 나아가 분향 재배한 후, 좌집사가 잔반을 상주에게 주면 우집사는 상주가 받들고 있는 잔에 제주를 조금 따라 준다。상주는 그 잔을 모상에 따른 다음 조금 물러가 재배하고 본자세로 돌아간다。

② **참신**—참신은 강신한 후 상주 이하 모든 제관이 같이 곡하며 재배한다。

③ **초헌**—초헌은 상주가 영좌앞에 나아가 궤자한 후 좌집사가 잔반을 상주에게 주면 우집사는 상주가 받들고 있는 잔에 제주를 가득 따라 영위앞에 드렸다가 상주에게 도로 주면 상주가 모상에 조금씩 세번 따른다。 그리고 집사가 다시 영위전에 드리고 제반개(반개를 여는 것)하며 접상에 정저(저를 거는 것)하고 상주 이하 모든 참사자가 다 부복 정숙하며 축관이 상주 왼편에 궤자하여 축을 읽은후 상주는 재배 후 복위하며, 참사자도 곡하고 일어나 공수 서립한다。

④ **아헌**—아헌례는 자부가 아헌례에 당하는 것이나 만일 장자가 사망하여 손자가 승중이 되는 경우에는 손부가 되어 아헌 하는 것이니 초헌례와 같이 하고 독축만 아니하며 사배 복위한다。

⑤ **종헌**—종헌례는 차자가 하는 것이니 만일 차자가 없으면 가장 친근한 자가 하며 아헌례와 같다。

⑥ **유식**—유식은 신이 흠향하라는 뜻에서 상주가 영좌 앞에 나와 부복한 다음, 집사가 다시 제주를 따른 잔에부어 주며 상주가 반아 집사에게 주어, 종헌례에서 두린 잔에 세번에 첨작하고 급시 정좌한 후, 상주가 재배하고 복위하여 곡한다。

⑦ **합문**—합문은 첨작례를 행한 후 참사자가 모두 문밖으로 나가고 축관이 문을 닫는다。

⑧ **계문**—계문은 제관이 문밖에 잠시 있다가 축관이 [illegible]음 삼성(기침 세번)하고 문을 열고 들어와 신위 앞의 국을 거두고 숙수를 올리어 삽초반(세번 밥을 떠서 물에 화하는 것)한 다음 잠시 동안 기다려 시저(시저 거두는 것)합을 말한다。 상주 이하 모든 제관이 곡하며 재배 사신하면 집사가 신주를 거두고 축판이 분축한다。 혼백인 경우에는 상자 뚜껑을 덮는다。

축 문

維歲次〔干支〕 ○月〔干支〕 朔○日〔干支〕
孤〔哀〕子 ○○
敢昭告于
顯考〔母에는 顯妣〕 ○○官〔官이 없으면 學生府君〕
〔內喪에는 某封某氏〕
日月不居 奄及初虞〔再虞、三虞〕 夙興夜處 哀慕不寧 (妻에는 悲悼酸苦 不自勝堪) 謹以〔妻에는 玆以〕 清酌庶羞 哀薦祫事 〔再虞에는 虞事、三虞에는 成事
尙饗

26、졸 곡

졸곡은 슬프면 수시로 곡하다가 수시로 곡을 마치고 조석으로 곡한다는 뜻이다 장사날부터 석달만에 강일을 골라 지내는 제사이며, 절차는 우제와 같고 축문은 다음과 같다。

축 문

維歲次〔干支〕 ○月〔干支〕 朔○日〔干支〕 孤子○○ 敢昭告于顯考某官府君〔母는 某封某氏〕 日月不居奄及卒哭 夙興夜處 哀慕不寧 謹以淸酌 庶羞 哀薦 祔事
尙饗

※ 부상에는 「고자」라 쓰고 모상에는 「哀子」라 쓰며 부모가 다 돌아가셨을 때는 「孤哀子」라 쓴다。

※ 승중일 경우 조부상에는 「孤孫」祖父喪에는 「哀孫」、조부모가 다 돌아가셨을 때는 「孤哀孫」이라 쓴다。

27、부 제

부제는 졸곡 제사를 지낸 다음날 망인의 할아버지 신위(神位)와 망인의 신위 앞에 젯상을 같이 놓고 지내는데 망인이 지손(支孫)인 경우에는 지내지 않는다。

축 문

維歲次 ○年 ○月 ○朔 ○日〔干支〕
孝子 ○○
謹以淸酌 庶羞哀薦 祔事 于
顯考某官府君〔母는、某封某氏〕 適于
顯祖考某官府君 尙
饗

28、상식과 조석곡

성복후 부터는 아침 저녁으로 상식을 올리고 곡을 한다。 상식은 식사와 같이 올린다。

따라서 메(밥)·갱(국)·찬(반찬)·다(숭늉)를 올리면 된다。 탁자에 상식 찬품을 진설하고 메 그릇 뚜껑을 연 다음 숟가락을 꽂고, 젓가락은 수저·그릇위에 가지런히 놓는다。

한참 곡을 하나가 갱을 올리고 숭늉을 올리고 숭늉을 올린 후 조금 있다가 철상을 한다。 그러나 잔반과 잔은 늘젯상위에 놓아 둔다。

치상뒤 인사

장사가 끝나면 호상하던 사람들이 흩어져가고 첫성묘가 지나면 복인들과 일보아 주던 친구들이 각기 돌아갑니다。 이때 그분들에게 각각 치사의 인사를 빠뜨려서는 안됩니다。

경우에 따라서는 인사만으로 그쳐도 좋겠지만 특히 수고를 해주신 분에게는 간단한 선물을 하여 수고를 치사하는 것이 좋겠다。

이러한 일은 상주보다도 주부가 더 살펴서 해야 할 일이다.

호상을 해주신 어른에게는 다시 찾아가서 인사하는 것이 예의가 되겠읍니다 그리고 조상왔던 친지나 손님들에게 답조장(答吊狀)을 보내는 것을 잊어서는 안됩니다。이것을 다음과 같은 서식으로 엽서 크기의 종이에 인쇄해서 흰봉투에 넣어 보낸다。답조상의 예문(例文)은 다음과 같다。

> **삼가 아뢰옵니다.**
> **지난번 아버님(또는 어머님등)의 상을 당하였을 때는 따뜻한 위문의 말씀과 함께 분의 넘치는 조의를 보내주시와 감사한 마음 금할 길이 없사옵니다。황망한 가운데 우선 이 글로써 인사를 대신하려 하옵니다。**
> **년 월 일**
> **孤(哀)子 ○ ○ ○ 드림**

그 다음 상례를 치르고 난 뒤에는 집안이 산란하게 흐트러 졌을 것이니 주부는 질서를 잡아 다시 정돈한다。그리고 차차 안정되는 대로 망인의 유품을 정리하며 또는 유언에 따라 해야 할 일들을 계획하고 가사를 바로 잡아야 하겠다。

또 망인이 계획했었던 일이라든지 망인이 계획하고도 미처 하지 못했던 일을 이어가기 위해서 가족끼리 의논해야 합니다。필요에 따라서는 가족회의를 열어 의논합니다。유산의 상속에 관한 문제도 후환이 없도록 이때 결정하고 시행할 것이다。어쨌든 형편에 따라 각기 가풍(家風)에 맞추어 장사 뒷처리를 차근차근히 해나가야 한다

소상 · 대상

一、소 상

소상은 기년(만1년)되는 날 지내는 제사로서 상주가 삼일 재계하고, 기일 전날 오후 3、4시경에 집사가 준비한 제수를 진설한 후 상주는 순서에 따라 곡하고 모든 참사자는 영위앞에 서립한 후에 상주가 들어와 분향 전작한 다음 곡하고 두번 절한다。이 때에 모든 참사자도 곡하고 재배하며、상식하고 상주는 또 곡하고、조빈이 오면 위문을 받는다。

상식에 진설했던 제수는 자정전에 집사가 거두고、다시 새로운 제수를 차려놓고 제사를 지낸다。

즉 자정이 되어 제사를 지내려 할때 상주 이하 모든 복인이 각각 자리에선 후 집사가 상주 이하 복인으로 하여금 세수와 양치질을 시킨 다음 강복을 하

장례절차표〈葬禮節次表〉

일반장례

1. 수 시(收屍)
2. 보 복(皐復)
3. 발 상(發喪)
4. 습 빈(襲殯)
   ① 반 함(飯含)
   ② 소 렴(小殮)
   ③ 대 렴(大殮)
5. 영 좌(靈座)
6. 성 복(成服)
7. 영 결(永訣)
8. 발 인(發靷)
9. 반 우(返虞)

불교식장례

1. 오방폭(五方幡)
2. 무상계(無常戒)
3. 삭 발(削髮)
4. 목 욕(沐浴)
5. 세 수(洗手)
6. 세 족(洗足)
7. 착 군(着裙)
8. 착 의(着衣)
9. 착 관(着冠)
10. 정 좌(正座)
11. 시 식(施食)
12. 입 감(入龕)
13. 기 감(起龕)
14. 화장(火葬 또는 埋葬)
15. 창의(唱衣 時는 없음)

기독교식장례

1. 수 시(收屍)
2. 영결식(永訣式)
   ① 식사(式辭)
   ② 찬송(讚頌)
   ③ 기도(祈禱)
   ④ 성경낭독(聖經朗讀)
   ⑤ 시편교독(詩篇教讀)
   ⑥ 성경낭독(聖經朗讀)
   ⑦ 설교(說教)
   ⑧ 기도(祈禱)
   ⑨ 약세보고(略歲報告)
   ⑩ 조문, 조사, 조전
   ⑪ 조가(吊歌)
   ⑫ 주기도문(主祈禱文)
   ⑬ 출관(出棺)
3. 하관식(下棺式)
   ① 찬송(讚)
   ② 기도(祈禱)
   ③ 성경낭독(聖經朗讀)
   ④ 선고(宣告)
   ⑤ 기도(祈禱)
   ⑥ 주기도문(主祈禱文)
   ⑦ 축도(祝禱)

되 상주는 수질·부판·벽령등을 벗으며, 주부는 수질을 벗고 짧은 치마를 입으며, 각 복인은 복의를 벗은 후에 상주가 영위앞에 들어와 강신하는 것이니 그 예절은 졸곡제와 같다。

二、대 상

대상은 사망후 제주기년(만2년)기일에 행하는 제사이다。상식 드리는 절차는 소상 때와 같고, 자정에 제사 지낼 때는 상주와 주부는 상복을 벗고 흰옷을 입은 후에 강신하는 것이니 예절은 소상제와 같다。

※ 소상 대상 위문

(위문) 소상을 당하여 오죽 망극하오리까。

(답) 망극하오이다。

(비고) 대강으로 몇가지 예를 든것이니 이것을 숙독하여 충분히 이해하면 웅용은 각자의 형편에 의하여 자연히 우러나올 것이다。

① **담제(禫祭)**—담제(禫祭)는 대상으로부터 삼개월 만에 드리는 제사니, 삼년상(三年喪)을 무사히 마치므로 자손된 마음이 담담(淡淡)하고 평안(平安)하다는 뜻이다。

담제 일자(日字)는 석달째 되는 달의 정일(丁日)이나 해일(亥日)로 정하고 제사를 지낸다。

〔**小祥·大祥·祭祝文**〕

維歲次云云 孤子(母喪哀子、父母俱亡則孤哀子、承重則、孤孫、哀孫 孤哀孫) 某(祭主의 名)

敢昭告于

顯考某官府君(母喪云 顯妣某封某氏、承重則 顯祖考某官府君、顯祖妣某封某氏) 日月不居 奄及小祥(大祥에는 奄及大祥、禫祭에는 奄及禫祭) 夙與夜處 小心畏忌 不惰其身 哀慕不寧 謹以 淸酌庶羞 薦此常事(大祥에는 祥事禫祭에는 禫事) 尙饗

② **길제(吉祭)**—길제는 담제 다음날에 일자를 택하여 다음달 내월 상순 중정일(丁日)이나 해일(亥日)로 정하고 그 날을 당하여 신주를 사당에 옮겨 모심을 고하는 제사이다。그러므로 친진(親盡)한 오대조고비(五代祖考妣)의 신주는 조(체=청천)하고 고조고비(高祖考妣)·증조고비(曾祖考妣)·조고비(祖考妣)의 신주는 개재주(改題主)하는 것이니 축문은 다음과 같다。

〔**祝 文**〕

維歲次云云 五代孫某(宗孫名)

敢昭告于

顯五代祖考某官府君
顯五代祖妣某封某氏
顯高祖考某官府君
顯高祖妣某封某氏
顯曾祖考某官府君
顯曾祖妣某封某 氏
顯祖考某官府君
顯祖妣某封某氏

玆以先考某官府君喪期盡禮
當遷主人廟

顯五代祖考某官府君
顯五代祖妣某封某氏親盡神主當遷
顯高祖考某官府君
顯高祖妣某封某氏
顯曾祖考某官府君
顯曾祖妣某封某氏
顯祖考某官府君
顯祖妣某封某氏

神主今將改題世次迭遷不勝感愴謹以酒果用伸虔告謹告

주인 이하가 성복 관수(盥手=洗手)하고 사당 앞에 나아가 질명(質明=어둑한 새벽)에 행사(行祀)하는 것이니 절차는 시제의 時祭儀와 같다。

만장「輓章」쓰는 법

만장은 망인(亡人)을 애도하는 뜻에서 글을 지어 보내는 것으로 만사(輓詞)라고도 한다。

만장 첫 머리에는 근조(謹弔)라 하고 끝에는 자기의 성명을 쓰되 ○○(本)後人 ○○○(姓名)哭再拜 (例：蔚主後人 洪吉童 哭 再拜)라 쓴다。

政治家에 대한 輓章

추성일야낙동성 **樞星一夜落東城** 별루진진창해활 **別淚津津滄海濶**
지통천비수자명 **地天慟悲水自鳴** 분심첩첩태산경 **憤心疊疊泰山輕**
당당대의생전업 **堂堂大義生前業** 천추원한빙수문 **千秋怨恨憑誰問**
열열정신사후명 **烈烈精神死後名** 적막황능백일명 **寂寞荒陵白日明**

【**해설**】 동역성의 큰 별이 하루 밤 사이에 떨어지니 하늘과 땅이 슬퍼하니 애통하고 물도 스스로 목메여 운다。이별의 눈물이 진진하야 넓고 슬픈 바다를 이루니 분한 마음 쌓이고 쌓여서 태산도 오히려 가볍네。생전에 하시던 일은 대의가 당당하고 그 열열한 정신은 가신 후에 더 이름이 높게、천추에 원한을 그 누구에게 물어야 할까。적막하고 거치른 무덤에는 흰구름만이 오락가락 하구나。

소소낙목동추풍 **蕭蕭落木動秋風** 근역인민뇌수활 **槿域人民賴誰活**
금일곡군의불궁 **今日哭君意不窮** 구가선정불망중 **謳歌善政不忘中**

【**해설**】 가을 바람에 낙엽은 우수수 떨어지는데 그대가 황천으로 떠난다니 슬픈 마음 한이 없네、한국 사람들은 누구를 의지하여 산단말이요。그대의 착한 정사만을 잊지 못하고 있던 중인데。

教育家에 대한 輓章

오배차무복 **吾輩嗟無福** 도여사인거 **道與死人去**
선생엄구천 **先生奄九泉** 언공백세전 **言空百世傳**

【해설】 우리들이 복이 없어서 선생님이 돌아가셨읍니다。 도덕은 선생님과 함께 이 세상에서 사라지는 것 같으니 천만년 전할 인간의 도리를 전하여 줄 사람이 그 누구일까 합니다。

선학승운 거거과 문장수세 유방원
仙鶴乘雲遽遽過 文章酬世遺芳遠
천호기내 불유하 덕업전가 비음다
千呼其奈不留何 德業傳家庇蔭多
낙월광침 유방불 풍류유아 금안재
落月光沈猶彷彿 風流儒雅今安在
황산영모 전차아 정시지잔 백운가
荒山影暮轉嵯峨 程市只殘白雲歌

【해설】 신선이 되어 학을 타고 구름위로 오르니 천백번 불러도 돌아보지도 아니하니 어찌하여 문장은 오래 세상에 전할 것이요。 쌓으신 덕은 자손에 도움이 되리다。 선생님이 세상을 버리고 가시는 광경은 보름달이 밝은 바다 위에 지는듯 하고 다음 순간은 은은한 산모양이 방불하도다。 아담한 그 용모 고상한 그 풍류를 어디가서 다시 뵈오리 다만 선생님을 사모하는 이야기만이 남으리다。

親舊에 대한 輓章

소시수습 매동연 무단홀연 선화거
少時修習每同筵 無斷忽然仙化去
만경회해 상노년 송군휘루 석양천
晩境詼諧相老年 送君揮淚夕陽天

【해설】 어렸을 때는 항상 자리를 같이하여 공부하였고, 늙어서는 서로가 늙은이라고 농담하던 터인데 아무 말한마디 없이 가버린다는 말인가, 그대를 보내고서 눈물만 흘리고 있는데 어느사이에 해는 저물어서 세상은 어둠컴컴하네 그려。

통곡군령 루불경 요억소상 한야월
慟哭君靈淚不輕 遙憶瀟湘寒夜月
여하선아 상제경 인하쌍안 인오성
如何先我上帝京 忍何雙雁咽嗚聲

【해설】 그대의 영혼 앞에 통곡하니 눈물이 그치지 않네, 어찌하여 나보다도 먼저 저승길을 앞선단 말인가, 아득한 소상강 고요한 달밤에 짝잃은 외기러기의 슬피우는 소리를 차마 어찌 들으랴。

술친구에 대한 輓章

굴지논교 육십년 반모실차 지심우
屈指論交六十年 斑毛失此知心友
주담기도 공등전 욕열심간 제읍연
酒談幾度共燈前 欲裂心肝涕泣然

【해설】 육십평생에 다시 없는 친구로서 밤새워 술마시고 노래함이 몇 번이었던가 친구여 이 늙은 몸의 심정은 씻어지는 듯 하고 눈물은 걷잡을 수 없이 흘러만 내리네。

이주위생 이주사 황천금일 평안거
以酒爲生以酒死 黃泉今日平安去
생시호걸 사시선 응입죽림 회칠현
生時豪傑死時仙 應入竹林會七賢

【해설】 술로서 살다가 술로서 죽으니 살아서는 호걸이요 죽어서는 신선이라。 이제 태평한 마음으로 떠나시는 그대는 아마도 황천에 가서 일곱 현인을 만나고자 함인가 보네。

實業家에 대한 輓章

양곽대명 천고금 여하거작 황천객
陽霍大名闡古今 如何遽作黃泉客
군어사술 역부침 사아처창 향고림
君於斯術亦浮沈 使我悽愴向古林

【해설】 옛날에 양곽이란 대사업가의 이름은 고금에 빛나더니 그대로 그와 비슷한 술법으로 이름나더니 어찌하여 별안간에 황천객이 되어서 나로 하여금 눈물을 흘리며 혼자서 고향으로 돌아가게 합니까。

一般的인 輓章

증식인생 일몽장 부로해제 영결지
證場人生一夢場 父老孩堤永訣地
나하감인 송사행 해가호곡 총처량
奈何敢忍送斯行 薤歌呼哭總悽涼

【해설】 인간 세상이 꿈길갔다는 것은 알고 있었지만 그대를 만나지 못할까 하니 정말 꿈만 같으오。 남녀노소가 모두 나서서 영결하니 상여소리 울음소리 눈물바다로 이루는구료。

문군하사 작사행 인사친붕 송차결
問君何事作斯行 隣社親朋送此訣
적강신선 반옥경 잠연휘루 불침정
謫降神仙返玉京 潸然揮淚不堪情

【해설】 그대는 어찌하여 이 길을 떠난단 말인가 아마 자네가 본시 천상신선으로 잠시 인간에 귀양왔다가 이제야 불려가는 모양일세。 이웃동리 여러 친구들이 모두 나와 영결하는데 누구 아니 눈물 흘리며 슬퍼하지 않으리요。

기독교식 상례

일반 장례식

영결식(永訣式)

一、식사(式辭)…주례 목사의 개식사를 말합니다。
一、찬송…주례 목사가 임의로 택합니다。
一、기도…죽은 이의 명복을 빌고 아울러 유족들에게 위로를 내려 줍시사 하는 내용의 기원입니다。
一、성경 봉독…대개 고린도 후서 五장 一절이나 디모데 전서 6장 七절을 낭독합니다。
一、시편(詩篇) 낭독…시편 90편을 보통 읽습니다。
一、신약 낭독…대개 요한 복음 14장 1절~3절이나 데살로니가 전서 四장 13절~18절을 낭독한다。
一、기도
一、약력 보고
一、주기도문
一、출관

하관식

하관식의 일반적인 순서는
一、기도…주례 목사가 한다。
一、성경 낭독…고린도 전서 15장 51절부터 58절까지를 통상 읽는다。
一、선고…무리 중에서 아무든지 흙을 집어 관에 던지고 목사는 하나님께로부터 왔다가 다시 갔음을 선언합니다。
一、기도…명복을 비는 기도를 주례 목사가 한다。
一、주기도문
一、축도

아동 장례식

영결식

一、식사(式辭)…개식의 선언으로 목사가 한다。
一、찬송…목사의 임의 선택에 의하

여 찬송을 부릅니다.

一、가도…명복을 비는 기원을 말합니다.

一、성경 봉독…마가 복음 10장 一7절을 읽는 것이 보통입니다.

一、위안사…주례 목사가 가족들에게 주는 위안의 말씀을 하십니다.

一、기도

一、출관

하관식

一、찬송

一、기도

一、성경 봉독…시편 23편 1절부터 5절이나 묵시록 22장 一절부터 五절을 보통 낭독합니다.

一、주기도문

一、축도…목사의 축복 기도로써 장례식을 완전히 마칩니다.

천주교식 상례

십자고상을 잡고

천주교식 상례는 「성교 예규(聖敎禮規)」에 자세히 풀이가 되어 있읍니다. 이제 그 순서로 간단히 설명을 해 보면

종부 예비(終傅豫備)

사람이 죽을 위험이 있을 때에 주는 성사(聖事)가 종부(終傅)입니다. 병세를 보아서 될 수 있는 대로 병자가 본정신이 있을 때 신부를 청하여 종부 성사를 받습니다. 집안 식구들은 이의 준비를 위하여 가능한 한 옷을 갈아입히고 성유(聖油)를 바를 치체, 즉 얼굴, 눈, 귀, 코, 입, 손바닥 발바닥을 씻어줍니다. 그 밖에 예식에 필요한 물품을 준비하는데, 상위에 백포나 백지를 깔고 그 위에 고상(苦像), 촛대 둘, 성수 그릇, 성수채(聖水鞭), 맑은 물 담은 적은 그릇을 예비합니다.

종부 성사

신부가 오면 상 위에 있는 촛대에 불을 켜고 다른 이는 다 물러 나갑니다. 이것은 고해 성사(告解聖事)를 주기 위함입니다. 고해 성사가 끝나면 노자 성체, 종부성사, 임종전 대사의 순서로 성사를 진행시킵니다.

임종 전 대사

종부 성사는 신부 없이 죽을 경우에도 이를 받을 수 있읍니다. 주위의 사람들은 병자를 위하여 위로와 격려의 말을 하여 주고 거룩한 책들을 낭독해 줍니다.

운 명

운명시에는 성촉에 불을 켜고 임종경을 외우든지 성모덕서도문이나 매괴경을 통경합니다. 염경(念經)은 호흡이 그친 다음에라도 아직 얼마 동안 계속을 합니다. 될 수 있는 대로 운명 시에는 죽는 이의 마음에 불안을 주지 않기 위하여 통곡 체읍하지 않습니다.

초 상

임종 후에는 시신을 가리워 둠 보다 깨끗한 옷을 입혀 수족(手足)을 제자리에 정돈해 둡니다. 그 손은 합장을 시켜 묵주나 십자고상(十字苦像)을 잡고 있게 하고 얼굴을 매만져 눈을 감고 입을 다물게 합니다.

머리 곁 상 위에는 고상을 모시고 그 좌우에 촛불을 켜 성수 그릇과 성수를 놓습니다. 입관할 때까지 이 상태로 두며 사람들은 그 옆에 꿇어 앉아 연도(煉禱)를 합니다.

연미사(煉彌撒)

병자가 세상을 떠난 사실을 곧 본당 신부께 보고하는 동시에 곧 미사 예문을 드려 연미사를 청합니다. 그리고 본당이면 장례일과 장례 미사 시간을 신부와 의론하여 결정합니다.

장례식

장삿날에 이르면 본당에서는 관을 성당으로 운반하여 연미사와 사도 예절을 거행합니다. 입관과 출관, 행상 하관은 「성교 예규」에 따라 하되 화장(火葬)은 엄금합니다.

소기(小忌)와 대기(大忌)

장례후 3일, 7일, 30일에는 연미사를 드리고 소기, 대기 때에도 연미사와 가족의 고해, 영성체를 실행합니다.

예전의 천주교 교인들은 초상 때뿐만 아니라, 소기, 대기 때에도 재래식 상례중 신앙의 본질에 어긋나지 않는 점만을 취하였읍니다. 예컨대 음식을 차려 내는 일 같은 것입니다. 이러한 일들을 버리기 아직 어려우면 간소한 음식을 차려 대접할 것입니다. 또 묘지를 수시로 방문하여 예를 입힌다든가 잡초를 깎는 등의 손질을 하되, 재래식으로 성묘하는 날에 하여도 무방합니다.

불교식 상례

다비(茶毗)

불교의 의례 규범인 석문 의범(釋文儀範)에 보면 불교식 상례를 설명해 놓은 부분이 있으나 자세하지가 않습니다 추도 의식(追悼儀式)의 순서에 의하여 영결 의식을 거행한다고 합니다.

임종에서부터 입관에 이르는 절차는 일반에서 하는 재래식과 거의 비슷하며 다만 영결 의식에 있어서 일정한 순서를 가지고 있을 뿐입니다. 그런데 일반에서 말하는 장례를 불교에서는 다비(茶毗)라고 하며 여기에 그 순서를 설명해 보면

一、개식(開式)

一、삼귀 의례(三歸依禮)

一、약력 보고(略歷報告)

一、착어(着語)

一、창혼(唱魂)

一、헌화(獻花)

一、독경(讀經)

一、추도사(追悼辭)

一、소향(燒香)

一、사홍서원(四弘誓願)

一、폐식(閉式)

대개 이러한 순서이며 형편에 따라 가감하기도 합니다.

이제 식순을 좀더 자세히 설명하면 개식은 호상(護喪)의 대표가 하며, 삼귀 의례는 법주(法主)=영결식을 집행하는 승이 하며 불(佛), 법(法), 승(僧)의 세 가지 귀한 것(三寶)에 돌아가 의지한다는 예(禮)로 불교 의식에서는 항상 있읍니다.

약력 보고는 망인(忘人)을 추모하고 유족(遺族)을 안심시키고 위로하는 뜻에서 망인과 생존에 가까왔던 사람이 하게 됩니다.

착어(着語)라 하면 법주(法主)가 영결식에 대한 절차에 따라 망인(忘人)을

위해서 부처님의 교법(敎法)와 힘을 입어 망인을 안정시키는 말입니다.

창혼(唱魂)도 역시 법주(法主)가 하며 극락 세계에 가서 고히 잠들라는 것으로 요령(搖鈴)을 치며 하는 것입니다

헌화(獻花)는 유지(有志) 대표 및 친지들이 합니다.

독경(讀經)이란 법주(法主)와 참례자 모두 망인의 혼(魂)을 안정시키고 생존시에 모든 관계를 잊고 부처님 세계에 고히 잠들라는 염불(念佛)을 말합니다.

추도사는 초상시에는 조사(吊辭)라고 하며 일반에서 하는 것과 같은 것입니다.

소향(燒香)은 일동이 함께 향을 태우며 망인을 추모하고 애도(哀悼)합니다.

사홍 서원(四弘誓願)이란 법주(法主)가 하는 것으로 다음과 같습니다.

① 중생무변 서원도(衆生無邊誓願度) 즉 중생은 끝이 없으니 제도(濟度)하여 주기를 맹세하는 것이며,

② 번뇌 무진서원단(煩惱無盡誓願斷) 즉 인간의 번뇌는 다함이 없으니 번뇌를 끊기를 원하는 맹세이며,

③ 법문 무량서원학(法門無量誓願學) 즉 불교의 세계는 한량(限量)이 없으니 배우기를 원한다는 것이며,

④ 불도 무상서원성(佛道無上誓願成) 즉 불도보다 더 훌륭한 것이 없으니 불도를 이루기를 맹세코 원한다는 것입니다.

다음에 폐식(閉式)을 선언합니다.

그리고 장지로 향하는데 법주가 장지(葬地)까지 따라 가며 불교식 장례에서는 대개 화장(火葬)을 하는데 분구(焚口)에 넣고 다 탈 때까지 염불(念佛)을 하며 다 타면 법주가 흰창호지에 유골(遺骨)을 받아서 상제에게 주어 쇄골(碎骨)한 연후에 법주가 있는 절에 봉안(奉安)하여 제사를 지냅니다.

그리고 봉안한 절에서 四九제(四十九祭), 백일제(百日祭)내지 삼년상을 치릅니다. 3년상을 치르면 봉안도에 사진을 떼어 가는데 일반에서 궤연을 철거하는 것과 같습니다.

천도교식 상례

◇ 천도교 의절의 순서

◇ 기도식과 제복식의 순서

「천도교 의절(天道敎儀節)」에 따라 천도교식 상례를 차례대로 설명해 보겠읍니다.

수시(收屍)

사람의 죽음을 일컬어 천도교에서는 환원(還元)이라고 합니다. 환원 직후에 곧 천도교 의식에 쓰는 맑은 물(淸水)을 봉전(奉奠)하고 가족 일동이 심고(心告)한 후 신을 수렴(收殮)합니다.

심고란 한울님께 고하는 일종의 기도로써 다음과 같습니다.

「성령(性靈)이 우리의 성령에 융합되야 길이 인계 극락(人界極樂)을 향수(享受)하옵소서」

수조(受弔)

정당(正堂)에 청수탁(淸水卓)을 설치해 놓으면 조문하는 사람들은 이 앞에서 심고한 후 상주(喪主)에게 조의를 표합니다.

입관(入棺)

입관을 함에 필요한 명정(銘旌)은 다음과 같은 형식으로 씁니다.

天道敎 祀男(女)○○氏之柩

원직(原職)이 있는 경우에는 신남 신녀 대신 최고 직명(最高職名)과 도당호(道堂號)를 표시 합니다. 입관식을 마친 후에는 청수를 봉전(奉奠)하고 심고를 합니다.

성복식(成服式)

역시 청수를 봉전하고 상복을 입은후 심고합니다. 상복은 검은 색의 천으로 하나, 천의 질은 형편에 따라 자유로 합니다.

운구(運柩)

청수 봉전이 끝나면 심고한 후 운구(運柩)합니다.

영결식을 자택에서 거행할 때는 운구식을 생략하며 영결식은 발인시(發靷時)에 행합니다. 식은 자택이나 특정장소에서 하되 그 순서는 다음과 같습니다.

개식
청수 봉전
식사(式辭)
심고(全員)
주문(呪文) 3회 병독(並讀)
약력 보고
위령문 낭독
조사(吊辭) (내빈 중)
소향(燒香)
심고(心告)
폐식(閉式)

상기(喪期)와 기도식

상기는 배우자의 부모와 부부인 경우 105일이며, 조부, 조모, 숙부, 형제 자녀인 경우 49일 입니다. 위령 기도는 전자의 경우 환원일(還元日)로 부터 7일, 31일 49일 되는 날 행하되 그 순서는 다음과 같습니다.

제계(齊戒)
청수 봉전
심고
주문 105회 묵송(21字)
심고
폐식(閉式)

제복식(除服式)

환원 후 105일 오후 아홉 시를 기하여 다음과 같은 순서로 합니다.

제계(齊戒)
청수 봉전
제복(除服)
식사(式辭)
심고
주문 21회 묵송(21字)
추도사
심고
폐식

조 사(吊辭)

은사의 서거를 곡함

삼가 온덕 높으신 고○○○ 선생 영전에 사뢰나이다.

일찌기 민족 수난의 벅찬 시련 속에서 이 겨레의 유일한 활로가 무지를 깨우치고 몽매를 벗어나는 일임을 대각하신 선생님께서는 인생을 육영 사업에

헌신하기로 결심하신 이래 무려 30여 성상을 하루러이 후진 육성 사업에 전념하시사 우리 교육 사상 찬연한 공업을 이룩하셨나이다。특히 ○년전 본교 교장으로 부임하신 뒤로는 그간 위축했던 교풍을 혁신하고 각종 교내의 활동을 선도 강화하는 한편 별관 2동과 대강당을 신축하시사 명실 공히「대○○」의 면모를 자랑케 하였사옴은 오로지 선성의 고매한 인격과 영민한 식견 및 탁월한 능력의 소치이며 우리들 문생은 물론 앞으로 본교를 거칠 뭇 젊은이들이 길이길이 순앙해 마지 않을 공덕이옵니다。다행히 훌륭하신 선생님을 모시 나날이 융성하는 본교의 장래가 더욱 기대되옵던차 뜻하지 않은 부음에 접하오니 문생 알동의 낙담과 비애는 실로 헤아릴 길이 없나이다。

선생님께서는 이 땅 젊은 학도의 무기력하고 나태함을 매양 개탄하시고 기개 있고 건설 근면한 청년이 되기를 간곡히 부탁 하셨나이다。그 간곡하신 말씀은 지금도 우리 귀에 쟁쟁하오며 우리 가슴 속에서 생생히 소용돌이치고 있나이다。우리가 고된 하루의 삶에 지쳤을 때、또는 거센 세태의 격랑에 휩쓸려 어찌할 바를 모를 때、그 간곡하신 말씀은 새로운 용기를 북돋아 주며 새로운 힘과 신념을 낳게 하고 있어 이리하여 선생님께서 30여 성상 교육계에 헌신하시는 동안 그 가르침을 받들고 사회에 배출된 자제는 수 천을 헤아리고 있사오며 이들은 다 그 간곡한 말씀을 가슴속에 간직한 채 사회 각 방면에서 선생님 뜻을 받들어 힘차게 활동 하고 있나이다。 그리하여 선생님께서 뭇 심령에 심어 놓으신 그 거룩한 말씀 그 거룩한 정신은 이들과 이들 후손이 이 땅에서 삶을 누리는 한 영원히 살아 남을 것이며 또 세세 무궁토록 게승 될것이옵나이다。실로 선생님은 가시었어도 선생님의 정신은 우리 뭇 문생과 더불어 길이 살아 남을 것이옵니다。우리들은 불민불초하지만 그 정신을 받들어 금후 서로 힘을 합하여 말씀하신 대로 백절 불굴의 기개를 지니고 건실 근면하게 맡은바 영역에서 최선을 다할 각오이오니 선생님께서는 아무쪼록 인체를 방념하시고 고이 명목 하소서 아아、거룩하시고 은덕 높으신 선생님 그 고결하신 풍모는 지금 역력히 우러러 뵈옵는 듯 이 눈에 선하옵고 그 낭랑한 음성은 아직 우리 머리 위에서 명료하게 울리는 듯하나이다。이 교정의 나무 한 그루、풀 한 포기 돌 한 덩어리에마저 생생히 아로새겨 있는 선생님의 부드러운 손길、다정한 입김을 생각 하오면 가슴이 메어지듯 빠저린 슬픔만이 앞서나이다。

그러하오나 지금은 슬픔에만 잠길 때가 아니온 줄 아나이다。 하늘에 계신 선생님의 영은 금후도 줄곧 이 학교를 지키고 우리 문생들을 지키실 줄 믿사오며 계속 우리를 인도하고 살피실 줄 믿사옵고 그지 없는 슬픔을 거두어 선생님 명복만을 충심으로 기원하나이다。

삼가 본교 동창생을 대표하여 선생님 재천의 영에 이만 충격을 사뢰나이다。

弔狀(例)

省禮하옵고

千萬夢寢가에 尊大人(內艱喪에는 尊大夫人) 喪事는 至極驚怛하와 무슨 말씀을 하오리까。喪制는 根天 誠孝로 無量한 避壽를 하옵시길 바라왔압는데 어찌 이르실 줄 뜻하였겠읍니까。卒地에 巨創하옵신 일을 당하시니 初終 凡節을 어찌 禮로써 하옵시며 山地는 어디 吉地를 定하옵시고 襄禮의 擇日은 언제로 하시었나이까。哀毁中 禮節이 過히 損傷치나 아니하옵신지 모쪼록 寬抑하옵시고 以孝傷孝하시는데 일으시지 마시기를 바라나이다。저는 卽時 가서 뵈옵지 못하오니 情과 같지 못할 뿐 아니라 極히 罪悚하옵니다。數字 아뢰오니 下鑑하옵소서。

年 月 日

○○○ 疏上

※訃告後의 弔狀에는「初經凡節…… 언제로 하시었나이까」라는 말을 빼야한다。

弔狀(略式)

謹弔

○○○(亡人 稱呼)

喪事

年 月 日

○○○再拜

○○○氏

(喪主 姓名) 哀前

答弔慰文

稽顙再拜言 今般 先妣喪中에는 公私多忙하신 데도 不拘하고 鄭重하신 弔意를 伏蒙하와 無事히 葬禮를 畢하였기에 謝意를 謹表하오며、宜當 進拜 致謝할 것이오나 荒迷中 于先 紙上으로 人事말씀을 드리나이다。

○年 ○月 ○日

孫哀子 ○○○

○○

稽顙再拜言

今般 先考喪事時에는 公私多忙하신中 鄭重하신 弔問과 厚賂를 伏蒙하와 無事히 葬禮를 畢하였아옵기 宜當 進拜致謝할 것이나 荒迷中 于先 紙上으로 人事올리나이다。

年 月 日

孫哀子 ○○○

○○

答弔狀(略式)

伏蒙 尊座

俯賜 慰問

不勝 哀感

年 月 日

○○○再拜

(喪主 姓名)

○○○氏 座前

향 두 가

(香頭歌)

中에서

(서울 · 경기도)

향 두 가

세상천지 만물중에 사람밖에 또있는가
(후렴) 〈에헤ㅡ 에헤ㅡ〉
여보시오 시주님네 이내말씀 들어보소
이세상에 나온사람 뉘덕으로 나왔는가
석가여래 공덕으로 부모님전 뼈를빌어
어머님전 살을빌어 칠성님전 명을빌어
제석님전 복을빌어 이내일신 탄생하니

한두살에 철을몰라 부모은덕 알은손가
이삼십을 당하여도 부모은공 못다갚아
어이없고 애닯고나 무정세월 여류하여
원수백발 돌아보니 없던망령 절로난다
망령이라 흉을보고 구석구석 웃는모양
애닯고도 섧은지고 절통하고 통분하다
할수없다 할수없다 홍안백발 늙어간다
인간의 이공도를 누가능히 막을손가
청초 연년록이나 왕손은 귀불귀라
우리인생 늙어지면 다시젊지 못하리라
인간백년 다살아야 병든날과 잠든날과
걱정근심 다제하면 단사십도 못살인생
어제오늘 성턴몸이 저녁나절 병이들어
섬섬약질 가는몸에 태산같은 병이드니
부르나니 어머니요 찾는것이 냉수로다
인삼녹용 약을쓰나 약효험이 있을손가
판수불러 경읽은들 경의덕을 입을손가
무녀불러 굿을하나 굿덕인들 입을손가
재미쌀을 빌고빌어 명산대찰 찾아가서
상탕에 메를씻고 중탕에 목욕하고
하탕에 수족씻고 촛대한쌍 벌려놓고
향로향합 불갖추고 소지일장 드린후에
비나이다 비나이다 칠성님전 발원하고
신장님전 공양한들 어느성현 알음있어
감흥이나 할까보냐 제일전에 진광대왕
제이전에 초강대왕 제삼전에 송제대왕
제사전에 오관대왕 제오전에 염라대왕
제육전에 번성대왕 제칠전에 태산대왕
제팔전에 평등대왕 제구전에 도시대왕
제십전에 전륜대왕 열시왕의 명을받아
한손에 철봉들고 한손에 창검들고
쇠사슬을 비껴차고 활등같이 굽은길로
살대같이 달려가서 닫은문을 박차면서

뇌성같이 소리하고 성명삼자 불러내어
어서가자 바삐가자 뉘분부라 거역하며
뉘명이라 지체할까 실낱같은 이내목숨
팔뚝같은 쇠사슬로 결박하여 끌어내니
혼비백산 나죽겠네 여보시오 사자님네
노자도 갖고가게 만단개유 애걸한들
어느사자 들을손가 불쌍하다 이내신세
인간하직 망극하다 명사십리 해당화야
꽃진다고 설워마라 명년삼월 봄이오면
너는다시 피련마는 우리인생 한번가면
다시오기 어려워라 북망산 들어갈제
어찌갈고 심산험로 한정없는 길이로다
언제다시 돌아오랴 이세상을 하직하니
불쌍하고 가련하다 처자의 손을잡고
만단설화 다못하여 정신차려 살펴보니
약탕관 벌여놓고 지성구호 극진한들
죽을목숨 살릴손가 옛늙은이 말들으니
저승길이 멀다더니 오늘내에 당하여서
대문밖이 저승이라 친구벗이 많다한들
어느누가 동행할까 구사당에 하직하고
신사당에 허배하고 대문밖을 썩나가니
적삼내어 손에들고 혼백불러 허배하니
없던곡성 낭자하다 일직사자 손을끌고
월직사자 등을밀어 풍우같이 재촉하여
천방지방 몰아갈제 높은데는 낮아지고
낮은데는 높아진다 악의악식 붙은재산
먹고가며 쓰고가랴 사자님아 사자님아
내말잠깐 들어주오 시장한데 점심하고
신발이나 고쳐신고 쉬며가자 애걸한들
들은체도 아니하고 쇠몽치로 등을치며
어서가자 바삐가자 이렁저렁 여러나라
저승원문 다달으니 우두나찰 마두나찰
소매차며 달려들어 인정달라 비는구나

인정쓸돈 반푼없다 담배끊고 모은재산
인정한푼 써볼손가 저승으로 옮겨올까
환전부쳐 가져올까 의복벗어 인정쓰며
열두대문 들어가니 무섭기도 끝이없고
두렵기도 측량없다 대령하고 기다리니
옥사직이 분부듣고 남녀죄인 등대할제
정신차려 살펴보니 열시왕이 좌기하고
재판관이 문서잡고 다짐받고 봉초할제
어두귀면 나찰들은 전후좌우 벌려서서
기치창검 삼엄할때 형벌기구 차려놓고
대성호령 기다리니 엄숙하기 측량없다
남자죄인 잡아들여 형벌하며 묻는말이
이놈들아 들어보라 선심하랴 발원하고
진세간에 나아가서 무삼선심 하였는가
바른대로 아뢰어라 용방비한 본을받아
임금님께 극간하여 나라에 충성하며
부모님께 효도하며 기사구제 하였는가
헐벗은이 옷을주어 구난공덕 하였는가
좋은곳에 집을지어 행인공덕 하였는가
깊은물에 다리놓아 월천공덕 하였는가
병든사람 약을주어 활인공덕 하였는가
높은산에 불당지어 중생공덕 하였는가
좋은밭에 원두심어 행인해갈 하였는가
부처님께 공양드려 마음닦고 선심하여
열불공덕 하였는가 어진사람 모해하고
불의행사 많이하며 탐재함이 극심하니
너의죄목 어찌하리 죄악이 심중하니
풍도옥에 가두어라 착한사람 불러내어
위로하며 대접하여 몸쓸놈들 구경하라
이사람은 선심으로 극락세계 가올지니
아아니 좋을손가 소원대로 부를적에
네원대로 하여주마 극락으로 가려느냐
연화대로 가려느냐 선경대로 가려느냐

장생불사 하려느냐 서왕님의 사환되어
반도소임 하려느냐 네소원을 아뢰어라
옥제에게 소품하사 남중절색 되어나서
요지연에 가려느냐 백만군중 도독되어
장수몸이 되겠느냐 어서바삐 아뢰어라
석가여래 아미타불 옥제전에 주문하여
산신불러 의논하며 제도하게 이문하자
저든사람 선심으로 어서바삐 시행하여
대웅전에 초대하여 쉬이되어 나가리라
몸쓸놈들 잡아내어 다과올려 대접하며
너희놈은 죄중하니 착한사람 구경하자
남자죄인 처결한후 풍도옥에 가두어라
엄형국문 하는말이 여자죄인 잡아들여
시부모와 친부모께 너의죄목 들어봐라
동생항렬 우애하며 지성효도 하였느냐
고약하고 간혹한년 친척화목 하였느냐
동생간에 이간하고 부모말씀 거역하고
세상간악 다부리며 형제불목 하게하며
못듣는데 욕을하고 열두시로 마음변화
군말하고 성내는년 마주보고 웃음낙담
시기하기 좋아한년 남의말을 일삼는년
죄목을 물은후에 풍도옥에 가두어라
죄지경중 가리어서 온갖형벌 하는구나
도산지옥 화산지옥 차례대로 처벌할제
백설지옥 독사지옥 한빙지옥 금주지옥
모든죄인 처벌한후 각처지옥 부부지옥
착한여자 불러들여 대연을 배설하고
소원대로 다일러라 공경하며 하는말이
요지연에 가려느냐 선녀되어 가려느냐
제상부인 되려느냐 남자되어 가려느냐
부귀공명 하려느냐 제모왕후 되려느냐
소원대로 다일러라 네원대로 하여주마
극락으로 가게하니 선녀불러 분부하며

그아니 좋을손가 선심하고 마음닦아
불의행사 하지마소 회심곡을 업신여겨
선심공덕 아니하면 생마현상 못면하고
구령배암 못면하네 조심하야 수심하라
수신제가 능히하면 치국안민 하오리라
신상사후 찰혹하니 알았나니 우리형제
자선사업 많이하여 내생을 잘닦아서
극락을 나아가세 나무아미타불 관세음보살

상여 의식 노래

저승길이 멀다해도 대문밖에 저승이다
(후렴) 〈오홍 오아 오홍 오아〉
서산낙조 떨어진다해도
내일아침이면 돋건마는 또돋건마는
백발염주를 목에다걸고 극라세계 찾아가자
천산만민 시주님들 이세상에 사람밖에
또있으리오 인간세상에 나오신양반들
임자절로 났으라고 거들대고 벙청대시고
부모말씀 하대하셔도 불법말씀 들어보시면
인간세상에 나오신양반들 임자절로
아니났읍니다. 은중경은 어머님경이요
법화경은 아버님경인데 아버님전에 뼈를 빌으시고
어머님전에 살을 사여 인간세상에 나오신 양반들
칠성님에다 명을 받구 제석님의 복을 받아
십삭만에 나오실적에 석달만에 피를모구
여섯달에 육신생겨 십삭만에 탄문탄생
낳은자손 그어머님이 다그자손을 기르실때
어떤공력이 들었으료 진자리골라
어머님 누웁시고 옆 마른자리
아기를 뉘시고 음식이라 맛을 보아

쓰디쓴것 골라 노읍시고 쓰디쓴것 불상한것
내어머님이 주야밤낮 잡수시고 달고단것
애기를 먹이시고 오뉴월이라 단열밤에
모기빈대 각다귀가 뜯을세라 염려돼서
다떨어진 세살부치를 손에들고 그저후리드리
둥실날려 주옵시구 동지섣달 설한중에
백설펄펄 휘날릴때 그자손이 잠이들면
덮은데다 더두둑히 덮어주시고 그자손이
잠이깨면 부모일천 간장에
윈몸둥이를 쓸어주시며 윈팔윈젖을 물려놓고
어머님전 아버님전 사랑에겨워
웅덩허리치시면 사랑겨워 하시는말씀들
은자동아 금자동아 만첩청산에 보배동아
나라님에 충신동아 건지건곤에 일월동아
동네방네 구염동이야 부모님에 효자동이야
오색비단에 채색동이야 굴레벗은 용마동이야
은을주면 너를사며 채색비단에 오색동이야
사람마다 부모님의 공이 금을주면 너를 살소냐
무겁지가 않습니다 태산이로다
에이여라달고 에이여라달고.

향도가

아버님전 뼈를 빌고 어머님전 살을빌고
(후렴) 〈위홍 위홍〉
칠성님께 명을빌고 지성님께 복을빌고
인생일신 탄생하니 한두살에 철을몰라
부모은공 못다갚고 무정세월 여류더라
원수백발 달려드니 인생칠십 고래희라
없던망령 절로나니 망령들어 변할소냐

이팔청춘 소년들아 늙은망령 웃들마소
눈어둡고 귀먹으니 망령이라 흉을보며
구석구석 웃는모양 절통하고 애달프다
하릴없고 하릴없네
홍안박명 늙어지니 다시젊지 못하리라
인간칠십 다살아도 병든날과 잠든날과
걱정근심 다제하면 단사십이 못되나니
어제오늘 성턴몸이 저녁나절 병이들어
부르나니 어머니요 찾으나니 냉수로다
인삼녹용 약을쓰니 약덕이나 입을쏘냐
무당들여 굿을하니 굿덕이나 입을소냐
판수들여 경읽은들 경덕이나 입을소냐
재미쌀되 쓸고쓸어 명산대천 찾아가서
상탕에 마지짓고 중탕에 목욕하고
황초한쌍 불갖추고 소지석장 드린후에
지성발원 극진하니 어느부처 감동하리
하릴없이 죽겠고나 열시왕전 부친사자
월직사자 일직사자 열시왕의 명을받아
우수철퇴 비껴들고 좌수에는 오라사슬
비껴들고 활등같이 굽은길로
살대같이 달려와서 닫은문을 박차면서

성명석자 부른후에 실낱같은 이내목을
한번잡아 나꿔내니 혼비백산 나죽겠네
일가친척 많다마는 어느일가 대신가며
처자권속 있다하나 어느처자 등장하리
나는간다 나는간다 북망산천 나는간다
명사십리 해당화여 꽃진다고 설워마라
명년삼월 봄이되면 너는다시 피려니와
이내인생 죽어지면 어느시절 다시오리

상여소리

못다입고 못다먹고 세상밖에 나간다
(후렴) 〈너구리 넘처 너이터〉
꽃이지면 영지느냐 동지섣달 꽃지었다
춘삼월에 다시핀다 이내인생 한번가면
움이있나 싹이있나 나는간다 이내인생 한번가네
움이있나 싹이있나 젖은자리 마른자리
먹여서 길러 놓더니 오늘날 너하고
나하고는 이별이다 뒷동산에 보이는
할미꽃은 늙으나 젊으나 꼬부라져서
이내인생 삼십도 못살아서 세상을 버렸다
원통하고 가련하다 이산 저산
뻐꾹새는 울음이 절로오고 이내인생 한번 죽어서
뻐꾹새 우는소리 못듣는다 어두운 밤에 땅에 묻히니
뼈는 썩어서 황토흙이되고 살은썩어서 물이되고
달아달아 밝은달아 이내동천 비친달아
저달떠서 온다면은 우리부친 한번 가신 양반
언제나오나 저달은 지는데부모생각 절로난다
이내가신 양반은 움이 있나 싹이 있나
산소에 가보니 풀뿌리만 퍼졌네
풀뿌리도 서리를 맞으면 단풍이 든다

행두가

(강원도)

일시압명은 극락세계 나무아미타불
천지는 분단후에 삼남화상 일어나니
세상천지 만물중에 사람밖에 또있는가
여보시오 시주님네 이내말씀 들어보소
이지상에 나온사람 뉘덕으로 생겨났나
불보살님 은덕으로 아버님전 뼈를 타고
어머님전 살을 베고 칠성님전 명을 타고
제석님전 복을 타고 석가여래 제도하여
인생일신 탄생하니 한두살에 철을 몰라
부모은공 모르다가 이삼십을 당해오니
애옥한 고생살이 부모은공 갚을손가
절통하고 애통하다 머리뽑아 신을 삼고
살을 베어 창을 박고 이를 빼어 징을 걸어
아버님도 신으시오 어머님도 신으시오
부모은공 못다갚고 무정세월 약유하여
원수백발 달려드니 인생칠십 고래희라
없던망령 절로 난다 마음이야 변할소냐

이팔청춘 소년들아 노인 망령 웃지마라
눈어둡고 귀먹으니 망령이라 웃는 모양
절통하고 애닯도다 하릴없고 하릴없다
홍안백발 되었으니 다시젊지 못하리라
인생백년 다살아도 병든날 잠든날
걱정근심 다제하면 단사십을 못사누나
어제 오늘 성턴 몸이 저녁나절 병이 들어
섬섬하고 약한 몸이 태산같은 병이드니
부르느니 어머니요 찾느니 냉수로다
인삼녹용 약을먹은들 약덕인들 입을손가
판수들여 송경한들 경덕이나 입을손가
무녀불러 굿을한들 굿덕이나 입을손가
백미서되 쓸고쓸어 명산대천 찾아가서
상탕에 마지짓고 중탕에 목욕하고
하탕에 세수하고 황초한쌍 불켜놓고
향로향합 갖추고 소지한장 올린후에
비나이다 비나이다 하나님전에 비나이다
칠성님께 기도하고 부처님께 공양한들
어느곳 부처님이 응하여 살을손가
십왕전에 부리던 사자 십왕전에 명을 받아
일직사자 월직사자 한손에 배자들고
또한손에 철퇴들고 와과사슬 비껴차고
활등같이 굽은길로 살대같이 달려들어
천둥같이 호령하며 성명삼자 불러내며
어서가자 바삐가자 뉘분부라 거사리며
뉘명이라 지체할까 실낱같은 이내목에
팔뚝같은 쇠사슬을 한번매어 끌어내니
혼비백산 나죽겠네 사자님네들은 이내
말씀 들으시오 시장한데 점심이나
잡수시고 신발이나 고쳐신고
노자나 가지고가세 만단개유 애걸한들
저사자 들을손가 애고답답 설운지고
혼비백산 나죽겠네 불쌍하다 이내일신

인간타락 망극하다 명사십리 해당화야
꽃진다고 설워마라 명년삼월 돌아오면
너는 다시 피려니와 인생한번 돌아가면
다시오기 어려워라 이세상을 하직하고
북망산에 가리로다 어찌갈꼬 심산유곡
정처없는 길이로다 불쌍하고 가련하다
언제다시 돌아오리 처자식의 손을 잡고
만단설화 귀언하고 정신차려 둘러보니
구십각 아버님이 삽탕관을 벌여놓고
한모금 더 받아라 두모금 더 받아라
한숨짓고 한숨지며 혼비백산 나죽겠네
웃목을 바라보니 팔십각 어머님이
미음그릇 앞에 놓고 한숟갈 더 받아라
두숟갈 더 받아라 눈물짓고 앉은모친
혼비백산 나죽겠네 지성구호 극진한들
죽을명을 살릴소냐 옛늙은이 말들이
저승길이 멀다더니 오늘내게 당하여
대문밖이 저승일세 친구벗이 많다한들
어느친구 대신가며 일가친척 많다한들
어느일가 등장갈까 구사당에 허배하고
신사당에 하직하고 대문밖을 썩나서니
적삼내어 초혼하니 없던곡성 낭자하네
월직사자 등을 밀고 일직사자 손을 끌고
천방지축 돌아갈제 높은데는 얕아지고
얕은데는 높아지니 시장하고 숨이차다
애옥하고 고생살이 알뜰살뜰 모은전량
먹고가나 쓰고가나 세상이 허사로다
사자님께 쉬며가세 들은척도 아니하고
쇠몽치로 두드리며 어서바삐 가자하니
그러저러 열나흘만에 저승원문 다다르니
우두나찰 마두나찰 소리치며 달려들어
인정달라 하는소리 인정쓸돈 많이없다
단배주려 모은재물 인정한번 써나보세

저승으로 나려갈제　환전부처 가져올까
의복벗어 인정쓰고　열두대문 들어가니
무섭기도 그지없고　두렵기도 측량없다
대령하고 기다리니　왕사장이 분부하여
남녀죄인 잡아들여　다짐받고 문초할제
귀명청죄 나졸들이　전후좌우 벌려서서
기치창검 삼열한데　형장기구 차려놓고
대상호령 기다릴제　엄숙하기 측량없다
남녀죄인 잡아들여　차례차례 정구하여
나립한후 형벌하고　묻는말이 이놈들아
보아라
선심하여 발원하고　진세간에 나가더니
무슨선심 하였느냐　바른대로 아뢰어라
용왕비간 본을받아　한산극진 충성하며
중자왕생 호칙하여　혼정신성 효도하며
늙은이를 공경하고　형제간에 우애하고
제공화눈부에　무슨화목 하였으며
붕우유신 하였느냐　선심공덕 하나니
무슨선심 하였느냐　바른대로 아뢰어라

향두가

세상천지 만물중에　유인이 최귀하니
사람밖에 또있는가　석가여래 공덕으로
아버님께 뼈를빌어　어머님께 살을빌고
칠성님께 영을받고　제석님께 복을받고
이내몸이 탄생하여　어제날에 성하던 몸이
오늘날에 병이들어　부르나니 어머니요
찾나니 냉수로다　한두살에 철을몰라
부모은공 못다갚고　이세상 잊었네
명사십리 해당화야　꽃진다고 설워마라

명년삼월 돌아오면　너는 다시 피련마는
전상차사 무삼죄로　한번아차 돌아가니
육진장포로 잘끈묶어　소방석 대틀위에
덩그렇게 실어놓고　앞에도 여덟이요
뒤에도 여덟이요　이팔십육 열여섯
상두꾼에 어화난차　둘러메고
입일사당을 하직하고　신사당에 찾아가서
좌청룡 우백호를　좌우에 둘러놓고
청룡으로 울을삼고　청대홍대로 집을 삼고
공산명월 깊은밤에　두견접동 벗을삼고
산지조종은 곤륜산이요　수지조종은 황하수요
함경도 백두산은　두만강이 둘러있고
평안도 묘향산은　대동강이 둘러있고

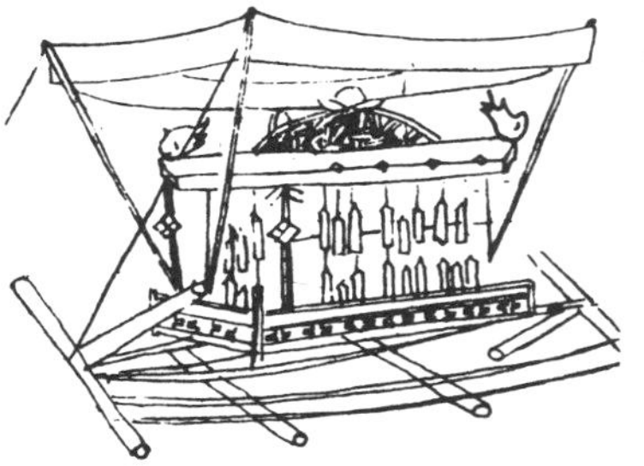

황해도 구월산은　임진강이 둘러있고
경기도 삼각산은　한강이 둘러있고
강원도 금강산은　동해수가 둘러있고
경상도 태백산은　낙동강이 둘러있고
전라도 지리산은　섬진강이 둘러있고
관동팔경을 이르리라　평해는 월송정이요
울진은 마해정이요　삼척은 죽서루요
강릉은 경포대요　양양은 낙산사요

간성은 청간정이요　고성은 삼일포요
통천은 총석정이라　세계의 명승지가
어드멘가 대궁답경이　명승지일세
악양루 고세대며　화양루 봉화대며
소상강 동정호며　남경에 일어서니
그경치가 제일이요　동남을 바라봐라
지평은 칠백리요　파강은 천리네
천외무상 십리봉은　구름밖으로 멀어있고
행화소상 이천리는　눈앞에 경개로다
악양루 높은집에　두잠이 앉아 지은글은
농정호로 깨웅하고　낙루포로 둥둥뜨는
배는 조각달 무광중에　초패왕의 원혼인가
천하의 명승지는　간곳마다 글귀로다
기산명수 별건곤에　소구홍유가 원호로 있
적벽강 추야월대　소자천이 놀어있고
채석장 명월야에　이적선이 놀어있고
화향루 봉화대에　문장명필이 재추로다
도원도리 편시추는　승지강산을 허송마라
산세를 미르리라　경기도는 산이중하매
사람이 나면 똑똑하고　충청도는 산이축하매
사람이 나면 재주있고　전라도는 산이순하매
사람이 나면 간교하고　경치산수를 불작시면
수락산이 멀어져서　도봉산이 생겨있고
도봉이 멀어져서　종남산이 되어있고
왕십리 청룡되고.　만호연이 백호로다
한강이 호수되어　동작이 수구막혀
천부금탕이 되었시니　만호자안이 이아닌가
시화연풍 구태미란　법률자로 돌아든다
천지지간 만물지중에　유인이 최귀하니
사람밖에 또 있는가　삼각산이 기봉하야
그산명기 대려와서　이멧자리 되었구나
전후좌우 살펴보니　문필봉이 만대봉이
단적봉이 청룡되고　우산이 백호로다

이메산고 삼년만에 아들애기 낳거들랑
대통령으로나 나가게하고
딸아기 낳거들랑 열녀부인 나게하라
대주남자 상주님은 액두액대를 몰라서
오늘날 종종 덜구에 쿵덩쿵덩 다져주게
남훈전 밝은 달은 순임금의 놀음이요
학창림의 푸른솔은 산신님의 놀음이요
단오야 춘천시에는 아녀자의 놀음이요
오뉴월이 당도하면 우리농부의 시절이요
오늘날의 종종덜구는 우리계원의 종종덜구일세

장례식 때 메김노래

어화—벗님네야 이내말삼 들어보소
〔후렴〕〈어화 어화〉
이인생이 천지간에 이아니 총총한가
평생을 다살아도 백년이 잠시로다
역려 건곤에 지나가는 손이로다
비루한 이내인생 꿈속의 몸이로다
남아의 일 다하여도 오허려 풀꽃에 이슬이로다
하물며 내일이야 광음을 헤어보니

반생이 다못되어 육룩에 둘이 없네
이왕을 생각하고 지금을 헤어보니
번복도 측량없고 성패도 그지없네
남네도 이러한가 나혼자 이러한가
내역시 내일이나 도리어 내몰래라
장우단탄 절로나니 도승상감 뿐이로다
부모생아 하오실제 사주팔자 점복하니
수복강녕 가졌고나 귀양살이 있었으랴
옥색채의 몸에 입고 노래자를 효칙하야
슬하에 어린채로 시름없이 자랐더니
십이세에 자모상사 나의명도 기박하다
혈기미성 어린기운 호곡대통 혼절하니
그때에 죽었더면 이때고생 없으련만
궁천지통 슬픈눈물 매봉가절 몇번인가
이런일도 많거니와 봉공무가 하리로디
어진자당 들어오사 임사지덕 가졌으니
맹모가 삼천지교 일마다 법하시고
선조에 읍도함은 지성이 감천이요
백리를 불문함은 효자의 할바로다
입신 양명은 문호에 광채되고
행세에 먼저할일 글박에 또 있는가
통사고문 사서삼경 당음장편 송편시를
권권히 숙독하고 자자이 외워대어
읽기도 하려니와 짓긴들 아니하랴
삼월춘풍 화류시와 구축황국 등고절에
소인묵객 벗이 되어 임풍영월 일삼을제
당시의 조격이요 송영시의 재치로다
문여필이 한가지라 산압기도 하오리라
왕무군의 친체련가 조맹부의 촉체련가
문일지심 총명으로 일시재능 일컫더니
동방화촉 늦어간다 약관전에 유실하니
유한정정 법을 받아 삼종지의 알았으니
대조의 어진처는 홍가할 징조로다

익재삼우 손재삼우 내익혀 알았건만
친구의 꾀임빠져 그른길로 드는구나
천금준마 환소첩은 소년놀이 더욱좋다
자금맥상 번화경을 나도 잠깐 하오리라
잊은 마음 전혀 없고 호심광흥 절로나니
백마황혼 미친마음 유협경박 다다른다
무릉장대 천진교도 명승지라 하였으니
만월대와 관덕정도 놀이처가 아니련가
화조월석 빈날없이 주사청류 노닐적에
말순향로 익취하고 절대가인 현혹하여
취대라곤 고혼태도 청가묘무 희롱할제
풍류호사 그런즐김 주중선부 부러하랴
만사무심 잊었으나 수신제가 생각하야
낙이망방 하였으니 부근심 깊었도다
맥상번화 자랑하니 규중홍안 늦어간다
용전여수 하였으니 천금산진 불부래야
극성이면 필페이니 홍진비래 되었구나
청천백일 밝은날에 뇌성벽력 급히친다
삼혼칠백 흩어지니 천지인사 안올소냐
나 지은 죄 헤아리니 예산약해 하리로다
아깝도다 내몸이여 애닯도다 내일이여
충효양전 못하고서 한번일을 그릇하여
등잔불 치는나비 저죽을줄 알았으며
어디서 식록지신 죄짓고져 하였으랴
대액이 당도하고 눈조차 어두워서
마른섶을 등에쥐고 열화중에 들었도다
불충불효 되었으니 뉘우친들 어이하리
국법이 지중하매 죽기만 바랐더니
일영을 꾸이압서 해도에 내치시니
이도성은 아니시랴 가지록 망극하다
강두에 배를 메고 친척고구 이별하고
슬픈울음 소리에 막막수운 머무른듯
손잡고 이른말이 조히가랴 당부하니

가슴에 막히거든 대답이 나올소냐
여취 여광하니 눈물이 하직할세
강상에 배를 띄니 이별시가 이때로다
무정할사 흐르는배 빠르기 살같이여
일대창강 장강에 어느사이 가로젔다
장우 탄탄으로 동작강을 건너오니
규천고지 아무런들 아니갈릴 되겠느냐
범같은 관차들은 수이가자 재촉한다
하릴없이 말에 올라 앞길을 바라보며
청산이 몇겹이며 녹수는 몇구빈고
넘도록 뫼이오고 건너도 녹음이로다
석양은 재를 넘고 공산은 적막한데
녹음은 우거지고 두견은 제혈한다
슬프도다 우짓나냐 불여귀는 무슨일로
네일로 우짓나냐 내일로 우짓나냐
닫는말 세거가니 압참이 어데메뇨
높은령 바삐 올라 고향을 바라보니
창망한 구름밖에 백구비거 뿐이로다
경기도를 얼른 지나 충청도로 달려드니
계룡산 높은뫼에 눈결에 지났에라
열읍에 관문맞고 곳곳이 점고하여
은진을 넘어가니 여산은 전라도라
직산을 얼른 지나 전주로 들어가서
성지산천 돌아보니 반갑다 남문거리
백각전이 버렸으며 종각로를 지나가니
한벽당이 소쇄하고 조일이 높았에라

향두가

(상여를 들고 일어날 때)
(선소리꾼) 〈나무 대세 나무 대세〉
(후창) 〈나무 대세 나무 대세〉

(선창) 〈구사당에 하직하고 신사당에 허배하고
나갈길이 어디메냐〉
(후창) 〈어름차 오호(오호오 오호오)〉
(선창) 〈저승길이 먼데 갈길이 멀다〉

저승길이 멀다더니 대문밖이 저승이요
북망산천 들어가니 까막까치 벗을삼고
어제날에 성턴몸이 오늘날에 병이들어
실낱같은 저몸에 태산같은 병이드니
부르나니 어머니요 느나니 냉수로다
무녀들이 굿을하니 굿덕인들 입을손가
판수들여 경읽으니 경덕인들 입을손가
약을 쓰니 약덕인들 입을손가
병은점점 깊어가고 염라대왕 호출만나
부르나니 아버지요 찾나니 어머니라
이세상에 떠나니 활등같은 굽은지대
쇠몽치로 둥올밀어 화살같이 달려가서
열두대문 중대문에 문을열고 들어가니
염라대왕이 분명하고 삶은팥에 싹이나면
오신다고 약속을 하더니 수십년이 내려가도
무소식이요 무모라는 말은
한적도 없소 꽃은 피어 만발하고
잎은피어 흐트러졌소 해는졌다 다시뜨고
꽃은졌다 다시피건만 인생한번 죽어지면
이세상에 하직이요 어느친구 많다하나
어느친구가 대신가나 부모처자 많다해도
누구가 대신가나 나의인생 썩어지면
그만이라

〔충청도〕

회심곡

천지천지 만물중에 유인체구려니
〔후렴〕 〈어터딸랑〉
천지만물 생긴후에 인생밖에 더중하랴
뉘덕으로 탄생했나 부모의 덕으로 탄생했나
석가여래 발원했나 부처님께 기도했나
칠성님께 발원했나 어머님께 살을베고
아버님전 뼈를갈고 칠성님께 명을빌고
일생 탄생한 연후에 부모하는 공로를보라
금이야 옥이야 길러낼제
젖은자리 마른자리 곱게곱게 길러낼제
부모은공 못갚으고 한두살에 철을몰라
이삼십이 장성하여 부모은공 갚으렸더니
부모의 은공 못갚고 세상사가 허사로다
영결조차 떠난다네

향두가

세상천지 만물중에 사람에서 또있는가
여보시오 동포님네 이내말씀 들어보오
이세상에 나온사람 뉘덕으로 생겼는가
하느님의 은덕으로 아버님전 뼈를타고

어머님전 살을타고 칠성님께 명을타고
제석님께 복을타고 석가여래 제도하야
인생일신 탄생하니 한두살에 철을몰라
부모은공 모르다가 이삼십을 당하여는
애옥한 고생살이 부모은공 갚을소냐
절통하고 애통할손 부모은공 못다갚아
무정세월 약류따라 원수백발 달려드니
인생칠십 고래희라 없던망령 절로난다
천하가 좁단말씀 공부자의 말씀이요
노국이 좁은줄은 우리는 몰랐더라
천간을 살펴보고 지현을 살펴보니
태황산이 현무되고 금산이 주작이라
천태산이 청룡이요 금강산이 백호로다
소상강 동정호는 지당이 되어있고
황하수 악양루는 경지를 새겼구나
남경은 황천부요 북경은 순천부라
오늘은 동남이요 연지서 북이라
제토는 산동이요 환위는 중국이라
동서쪽 두지경은 중국의 대연이요
명회양과 신드런 삼천리 구름뵈듯
영웅과 호걸들은 초산의 양피피듯
천하를 통일하고 해를 집을삼아
남경에 도읍하사 태평을 이뤘어라
곤륜산 일지역에 조선이 생겼구나
태산에 올라서서 팔도강산 둘러보니
함경도 백두산은 압록강 둘러있고
평안도 묘향산은 대동강 둘러있고
황해도 구월산은 세류강 둘러있고
경기도 삼각산은 임진강 둘러있고
충청도 속리산은 금강이 둘러있고
강원도 금강산은 소양강이 둘러있고
경상도 태백산은 낙동강이 둘러있고
전라도 지리산은 백마강이 둘러있고

우죽에 비껴서서 새고을 생각하고
삼조선 치국시대 임군이 누구일고
그아이 상을보니 얼굴은 관옥이요
풍채는 두목지요 필법은 왕휘지라
한살먹어 걸음걷고 두살먹어 말배우니
토진의 구변이요 사광의 총명이라
동몽선습 사서삼경 무불통지 읽어내니
처축의 역사일은 훌륭한 품이있고
공명자 악아증자를 좌승의표 서난듯

요지여러 팔선녀는 동정이 되어있고
서안의 칠현금은 봉우로 의논하니
오로봉으로 위필하고 삼산으로 작연하니
효제충신 배를타고 동류서로 의논하니
시동 천자일백배 백난산을 기약하니
춘당대 알성과에 장원급제 바라더라
왕세자 즉위하사 태평과 보시거늘
명지울필 펼쳐놓고 관내리 들어가니
글제를 걸었으되 간구외문등효라

고히심삭 채우실제 근고함이 측량없다
목욕시켜 누인후에 금옥같이 사랑하니
한번울면 염려하고 두번울면 만져보며
진자리에 부모눕고 마른자리 골라뉘고
추위할까 근심하고 배고플까 염려하며
별성홍진 쌓여질제 부모마음 오죽할까
일운대사 지낸후에 부모심역 오죽할까
부모은혜 생각하면 한입으로 빌할손가
여보소 우리언제 부모은공 갚아보소
원삼의 까마귀도 반포할줄 알았거든
하물며 사람이야 부모은공 잊을소냐
새벽에 일찍깨어 문안부터 먼저하고
즐기시는 음식으로 정결히 차려드려
부모가 확실히 잡으시면 자식마음 기꺼워라
오래되면 시장할까 날이차면 추우실까
일년삼백 육십오일 잠시부모 잊지말고
부모가 하시는일은 내가먼저 하고
부모곁에 앉아있어 평안하게 하자구나
음성은 나즉이하고 안색을 회윤하고
극진공경 하게되면 부모감동 하시니라
부왕모인 순임금도 부모님을 기쁘게
하였더니
자식된 제마음에는 그런부모 없느니라
무정세월 여류하야 한발쌍친 늙어간나
우리부모 백년후에 봉면할까
살아생전 못하오면 평생한이 되나니라
부모만약 병이들면 지성구호 극진하라
불행하여 기서하면 호천왕극 어이할고
두달석달 중에전에 마시나니 죽이로라
의금관막 갖효라서 선상에 평둥할제
실은중의 정신차려 예법을 행하다가
총방간리 글시하면 승천시 한되리로다
우세 지낸후에 거승지절 어떠할까

후일날이 돌아오면 삼천일을 재계하고
다른일 생각말고 부모생각 할까
부귀빈천 수요장단 모두다 팔자니라
나지도 막못하느니 마음 짝히 다가서라

장례식 노래

여ㅡ보소 단원님네 요내말을 들어보소
열시물이 학자라도 수백명이 하는듯이
일심받아 살아보세 천지현황 생긴후에
일월영책 되었어라 만물이ㅡ 번성하여
천지백관 마련될때 산지조종은 곤륜산이요
수지조종은 황하수라 곤륜산맥이 떨어져서
조선팔도 마련될제 함경도의 묘향산은
대동강이 둘러있고 강원도의 금강산은
외금강이 둘러있고 황해도 구월산은
흑룡강이 둘러있고 경상도의 태백산은
낙동강이 둘러있고 전라도의 지리산은
순천강이 둘러있고 충청도의 속리산은

세류금강이 둘러있고 경기도의 삼각산은
한강상류 둘러있고 오늘주인 상주님이
지관을 부를적에 어떤지관 불렀는가
구천통곡 불렀는가 비평통천 어데두고
고사개아가 웬일이냐 지리박사 도선이요
천하명사 박상유라 그두명사 불러다가
산수지리를 재련하려 어디어디 다녔는가
조선팔도 다다니고 천하강산 편답해도
이지리가 으뜸이라 이지리가 마련될때
수리산이 주산이요 중만산이 명산이라
중만산만 뚝떨어져서 이지리가 되었으니
천하대지 여기아니냐 이지리를 정한뒤에
좌향이나 놓아보세 어떤좌향 놓아볼까
자자오향 신술건해 좌청룡 우백호라
좌편을 바라보니 노적봉이 솟아났네
노적봉이 비추었으니 곧부자가 날자리요
우편을 바라보니 문필봉이 솟았구나
대대문장 날자리라 주룡을 쳐다보니
일상봉이 솟았구나 일상봉이 비추었으니
삼정승 육판서에 알상급제 날자릴세
고향을 생각하니 고향이 어드멘가
중원군이 신리면일세 알상급제를 해가지고
고향으로 돌아올적에 일산대를 받은후에
삼현육각 재피구서 남대문을 썩나서니
규규도 장이좋고 풍채는 두목지라
동대문을 뚝떠나서 왕십리를 썩나서니
광나루를 숙소하고 광나루를 뚝떠나서
광주군을 넌짓지내 경안읍에 숙소하고
경안읍을 뚝떠나서 넉고개를 넌짓넘어
이천읍에 숙소하고 이천읍을 뚝떠나서
선비장터를 넌짓지내 장원읍에 숙소하고
장원읍을 뚝떠나서 용원장터 숙소하니
고향은 여기로다 본댁이 어디멘가

소지명으론 경자라 부모찾아 상봉후에
산수에 조분하고 일산대를 꽂고보니
천하대지 에아닌가

장례식 메김노래

요내말을 들어보소 여보소 단원님네
(후렴) 〈에헤ㅡㅡ요 달공〉
열스물이 할지라도 수백명이 하는듯이
일심받아 잘라보세 천지현황 생긴후에
일월영책 되었어라 만물이 번성하여
천지백관 마련될때 산지조종은 곤륜산이라
수지조종은 황하수라 곤륜산맥이 뚝떨어져서
조선팔도 마련될때 함경도 백두산은
백마강이 둘러있고 평안도 묘향산은
대동강이 둘러있고 강원도 금강산은
외금강이 둘러있고 황해도 구월산은
흑룡강이 둘러있고 경상도 태백산은
낙동강이 둘러있고 전라도 지리산은
순천강이 둘러있고 충청도 속리산은
세류금강이 둘러있고 경기도 삼각산은
한강상류가 둘러있고 모든주인 상주님이
지관을 부를적에 어떤지관 불렀는고
남사과야 남사과야 구천통곡 남사과야
비령통천 어따두고 고사패가 웬일이냐
지리백사 도선이요 천하명사 박상이라
그두명사 불러다가 산수자리 마련할때
어디어디 다녔는고 조선팔도 다다니고
천하강산 편답해도 이자리가 으뜸이라
이리다가 마련될때 수리산은 주산이요
북망산이 명산이라 이자리가 다녔으니
천하대지 여기아니냐 이자리를 정한후에

좌향이냐 우향이냐　　어떤좌향 놓아볼까
좌우향 신술건해　　좌청룡 우백호
좌편을 바라보니　　노적봉에 비추었으니
그부자가 날자리요　　우편을 바라보니
문필봉이 솟았구나　　대대문장 날자리라
주룡을 쳐다보니　　일상봉이 솟았구나
일상봉이 비추었으니　　삼정승 육판서에
알성급제 날자리일세　　알성급제를 해가지고
고향을 생각하니　　고향이 어드멘가
충청북도 중원군 노은일세　　알성급제 해가지고
고향으로 내려올적에　　일산대를 받은후에
삼현육각 재피구서　　남대문을 썩나가니
규규도 장이좋고　　풍채는 두목지라
남대문을 뚝떠나서　　왕십리를 넌짓지나서
광나루에 숙소하고　　광나루를 뚝떠나서
광주군에 숙소하고　　광주군을 뚝떠나서
경안읍에 숙소하고　　경안읍을 뚝떠나서
넉고개를 넌짓넘어　　이천읍에 숙소하고
이천읍을 뚝떠나서　　선비장터를 넌짓지나서
장원읍에 숙소하고　　장원읍을 뚝떠나서
음성군을 넌짓지나서　　용원장터를 뚝떠나서
덕고개를 넌짓넘어　　노도입장에 숙소하고
고향은 여기이냐　　번택이 어느멘가
대동으로 기신동이요　　소지명으로는 신흥이라
번택에 당도하여　　부모찾아 상봉후에
산소에 소분하고　　일산대를 꽂고보니
천하대지 예아닌가

상여노래

정경엄씨 수리수리　　마수리
〔후렴〕〈에헤요 에헤―〉

사바라 극락세계로　　돌아가시옵소서
일이합지정 극락세계　　나무아미타불
천지천지 분안후에　　삼라만상 일어날때
우리인생 생겼으니　　뉘덕으로 생겨났나
석가여래 공덕으로　　아버님전 뼈를얻고
어머님전 살을빌어　　칠성님전 명을빌고
제석님께 복을빌어　　이세상에 탄생하니
한두살에 철을몰라　　부모은공 알을손가
이삼십 다되어도　　부모은공 못다갚아
어이없고 애닯도다　　무정세월 여류하여
원수백발 돌아오니　　없던망령이 절로 나며
망령이라 흉을보며　　구석구석 웃는모양
애달프고 섧운지고　　절통하고 통분하여
할수없네 할수없어　　홍안백발 늙어가니
인간의 이공로를　　누가능히 막을손가
훈촌은 연민덕이요　　왕손은 귀불귀라
우리인생 한번늙으면　　다시젊진 못하리라
인간백년 다산대야　　잠든날과 병든날과
걱정근심 다제하면　　단사십도 못살인생
어제오늘 성턴몸이　　저녁날로 병이들어
섭섭하고 약한몸에　　태산같은 병이드니
인삼녹용 약을쓴들　　약효인들 있을소냐
무당불러 굿을하니　　굿덕인들 입을소냐
재미쌀 쓸고쓸어　　명산대천 찾아가서
상탕에 마저짓고　　중탕에 수족씻고
하탕에 목욕하고　　촛대한쌍 벌려놓고
향로향합 불갖추고　　소지장삼 드린후에
비나이다 비나이다　　하느님전 비나이다
칠성님전 기도하고　　신장님전 발원한들
어느성현 알음있어　　갚음이나 할까보냐
나는가네 나는가네　　영결종천 나는가네
만장같은 집을두고　　북망산천 나는가네
이제가면 언제오나　　이제가면 언제오나
뒷동산에 군밤묻어　　싹이트면 오시려나
병풍에 그린황계　　두날개 툭툭치며
날새라고 꼬꼬울면　　오시려나
모란봉이 변하여　　황하수가 변하여
육지되어 밭갈면　　오시려나
명사십리 해당화야　　꽃이진다고
서러워마라 동삼석달　　꼭죽었다
명년삼월 봄이오면　　너는다시 오련마는
우리인생 오늘가면　　다시오진 못하리라

요령(搖鈴)잡기 소리

만당같은 내집두고　　천금같은 자식두고
문전옥답 다버리고　　십이군정 어깨버려
만첩청산 들어가니　　구척광산 깊이파고
칠성으로 요를삼고　　멧장으로 이불삼아
살은썩어 물이되고　　뼈는썩어 진토되어
산혼칠백 흩어지니　　어늬친구 날찾으랴
서산에 지는해는　　지고싶어 진다드냐
창해유수 흐른물은　　다시오기 어렵거늘

요순우왕 문무주공 공맹안증 정부자
또도덕이 관천하야 만고성현 일렀건만
미미한 우리인생 어찌하여 알아보리
강태공과 황석공과 사마상여 손빈오월
만고절색 일렀건만 한번죽엄 못면하고
명라수 깊은물은 굴산려의 충혼이요
산강수 성긴비는 오자서의 정령이라
채미하던 백이숙제 천추명절 일렀건만
수양산에 아사하고 말잘하던 소진장의
육국제왕 다달래고 염라대왕 못달래어

※ 여기까지는 상여가 출발하여 동네 앞을 지날 때까지 부르는 소리로서 더욱 처량하게 천천히 부르며 가는 것이라고 한다.

춘풍세우 두견새에 슬픈혼백 뿐이요
맹상군에 계명구도 신농군에 점우구중
만고호걸 일렀건만 한산세우 미토중에
일분토만 가련하고 통일천하 진시황은
아방궁에 높이짓고 만리장성 굳게쌓고
육국조공 받았건만 장생불사 하려고
동남동녀 오백인을 삼신산으로 불사약을
구하려고 보냈더니 소식조차 돈절하고
사구평대 저문날에 여산황초 뿐이로다

※ 위의 것은 갈 곳이 멀 때 자주 메기면서 발걸음을 재촉하는 데 부르는 소리라고 한다.

아침나절 성턴몸이 저녁나절 병이들어
부르나니 어머니요 찾나니 냉수로다
흐르나니 눈물이요 쉬나니 한숨이다
무녀불러 굿을한들 굿덕인들 입을소냐
판수불러 독경한들 경덕인들 입을소냐
약방에가 약을지어 조석으로 공경한들
약덕인들 입을소냐 죽기로써 들은병이
백약이 무효로다 알뜰살뜰 모은재산
지고갈거나 먹고갈거냐 오월청사자 쇠사슬들고
글천사자 쇠몽치들고 활대같이 굽은길로
살대같이 달려와서 실낱같은 이내목을
휘소칭소 동여매어 쇠몽치로 덜미치며
바삐가자 어서가자 대문밖에 내어치니
혼비백산 나죽겠네 여보시오 사자님네
시장한데 점심잡수시고 신발이나 들메고서
노자한냥 가지고서 천천히 완보하세
활대같이 굽은길로 살대같이 달려가니
높은데는 얕아지고 깊은데는 높아졌네
천방지축 달아나니 천금같은 자손들의 거동보소
수세걷어 칠성을 바쳐놓고 속적삼
벗어 손에들고 허공중천에 둥둥두르면서
성명삼자 부른후에 머리풀어 발상하고
없던곡성 절로난다 염라대왕 들어갈제
열두대문 들어가니 인정쓰라 손벌리네
인정쓸돈 전혀없어 옷벗어서 인정쓰고
염라대왕 거동보소 갖은문초 다받을제
무슨공덕 하였느냐 배고픈사람 밥을주어
기식공덕 하였느냐 옷없는사람 옷을주어
활인공덕 하였느냐 깊은물에 다리놓아
월천공덕 하였느냐 높은산에 불당지어
염불공덕 하였느냐 요전연에 가려느냐
극락세계 가려느냐 신선선녀 되려느냐

※ 이 글은 상가에서 하는 일을 거의 열거해 놓고 사람이 죽어서 저 세상에 가서 하는 일에 대하여 말한 것이다.

상 두 가 상 두 가

어허! 관(棺)아 읍(揖)하고 ○○○(성명)
사(死)(5번 되풀이)……
오작교다리가 무너졌으니 건너갈길 막연하구나
〈후렴〉〈언호 언호 언호라 어언호〉
우리인생도 이렇게 놀다가한번 아차 죽어가면
육진장포 일곱마로 장하로 질끈묶어
소방사 대뜰위에 덩그렇게 매고
(상두꾼들의 말이 반복되므로 생략)
북망산천 돌고돌아 사토로 집을삼고
송죽으로 울을삼아 두견접동 벗이되니
산은첩첩 깊었는데 처량한게 인생이라
시내강변 종달새는 천장만장 구만장떴다
상여위에는 방잘뜨고 밑에는 상여가노네
물가운데 저꽃송이는 심낭자 죽었던 혼이요
오동추야 달밝은데 임의생각 간절하구나
먹던밥을 뚜껑덮어 놓고
먹던수저는 심녹선이 난다
오늘저녁엔 집에서 자고
내일저녁 날은 북망산천이 웬일인가
객사청청 유색신은 날로두고 하는말이로다

날간다고 설워러말고 부디잘하고 잘살아라
저달은떠서 대장이되고 견우직녀는 후군이되어
은하수를 얼른건너 어서바삐 따라가세
원앙금침 잣베개를 도로베고 방춘호접이
잠깐되어 방춘화로를 찾아가니 이화도화
행화 영산홍 자산홍 철쭉 진달래가운데 풍류랑이
갖추워 놀건마는 북망산천이 웬말인가
북망산천을 가고싶어 가느냐
천명이 이뿐이라 하릴없이 가는구나

(전라·제주도)

상여노래

부귀영락 반던복락 오늘날로 가이
공산야월 두조는 날과같은 한일인가
넘어떴던 구름 종적조차 볼수없네
장류수는 한번가면 다시올까
저콩은 봄이오면 싹이트나이골저골 영이길
가고마네 이산저산 피는꽃도 좋아마소
만고제왕 후비들도 영계던가
나간다고 설워말고 살았다 가네
오던길이 어디메뇨 열반길로 나는가네
오던길로 나는 될지라도 일단고명 역력하다
극락인가 열산고해 지중이다
천지소멸 생명이냐 불생불멸 현전이다
천당인가 왕생이냐 무거무래 참말이다

무생이냐 한은 태평바다 눈물인가
영결이냐 죽는날도 아니죽네
생각대로 못한인생 먼저 일렀어라
진실사업 하던사람 들어보소
인간칠십 고래희는 고허망하다
몸중가던 이세상에 초로인없어
실상없이 사던몸이 이제다시 날아보서
현신하소 신식으로 구전보아서 회심하고
구식으로 구전사람 날보아서 자각하소
주색계에 불량자는 날보아서 발심하소
명리잠에 허된사람 날보아서 개량하소
두상심이 없는사람 날보아서 동정하소
야만심이 많은사람 날보아서 그만두소
생애심이 적은사람 날보아서
이기생활 하는사람 날보아서
악심도심 모진사람 날보아서
그만 연화대로 간다더니 공동묘지 웬말인가
미래련가 다못현재 일념이다
진상인지 생노병사 그뿐이라
과거련가 날보아서 향상하소
무상인지 날보아서 독립하소
자비심이 없는사람 날보아서 양성하소
노예심이 많은사람 단결하소
공덕심이 없는사람 날보아서
사회심이 없는사람 날보아서
장부심이 없는사람 날보아서
용단없는 사람 날보아서 발신하소
근면심이 없는사람 날보아서 쉬지마소
종교심이 열단노두 어데던가
이물동정 의심마소 가가문호 몰랐더니
다시보니 장안이다 번지풍랑 누가몰래
청산유수 어데없어 생사대사 깨던사람
고금천하 몇몇인가 깨치거던 일러주소

구전신신 할길없어 애고—대고

장례식 때 메김노래

금옥같이 귀한몸도 죽으니 흙이되네
(후렴) (너호세)
가네가네 찾아가네 북망산천 찾아가네
금옥같은 자식두고 어이그리 무심한고
북망산천 누굴보러 홀로이 가시는고
흙으로 집을짓고 몇천년을 살려는고

※ 이것은 일정한 형식이 없고 선창자가 자기의 마음대로(주제대로) 구슬픈 목소리로 창(노래) 비슷하게 청성을 내어 부르면 후창자가 (너호세)를 후렴으로 반복해 부르게 된다. 그리고 무덤을 덮을 때는 선창자가 이어 형식 없이 선창을 하면 후창자는 (에이여 달개) 혹은 (달개)를 반복한다. 그 후 묘(墓)를 다 쓰고 제사를 지낸 후에는 각자 집으로 돌아오게 된다.

향두가

(간살보살 간살보살 간살보살) (1)
(언오 언오 언오)
가세가세 먼안길에 몇날이나 걸어갈까
(후렴) (어어 어—야)
나살던집 버리고 북망산천에 어느누가
있어서 북망산천으로 가다란 말이요
잘가시오 잘가시오 인제 가시면
언제 오신단 말이오 오신단날짜나 좀알려주오
명년요때 꼭 오시겠소 잘있소 잘가시오
나는가네 잘있소 동네 노소간에

나는가네 잘계시오　산선고물도선 북망산천에
누구를믿고 갈거나　산천초목도 자랐느냐
어제날은 초면이지만　오늘부턴 벗을삼아
앞으로는 이웃되어　조석삭망 만나며는
가까웁고 친절하게하세　원통하네 절통하네
살아생전에 앞으로　나다니는데 한번 죽어진게
등으로 모네　세상살아도 살데없다
가네가네 나는가네　인제가면 언제 다시와서
동락을 같이 맞댈거나　세월아 세월아
오고가지 말아라　어제날은 나도 청춘인데
오늘날은 백발이라　허송세월 다보내고
북망산천에 영영가네　잘가시오 잘가시오
호호탕탕 넓은길로　극락세계로가십시오
〈오오 오해 대고〉〈쉬자는 소리〉

주 : (1) 간살보살…관세음 보살의 준말로서 사투리

상여 나갈 때의 소리

못가겠네 못가겠네　그리운 내고향을
버리고 못가겠네　나는 못가겠네
〔후렴〕〈원호 원호 원호라 원호〉
그리운 내집아　그리운 내고향아
그리운 내 자식아　천당에서 다시 만나세

회 심 곡

세상천지 만물중에　사람위에 또있는가
어머님전 살을빌고　아버님전 뼈를받아
칠성님께 명을받고　제석님께 복을받고
산신님께 석가지도받고　이세상에 태어나니
진자리는 어머님눕고　마른자리 아기눕고
불면날까 쥐면꺼질세라　금자동아 은자동아
금을주면 너를사랴　은을주면 너를사랴
부모에 효자동이　나라에 충신동이
형제간에 우애동이　일가친척 화목동이
근동에는 유신동이　두세살이 지나가니
한두살에 철을몰라　부모은공 몰랐으니
그럭저럭 지나가다　나이 17세 당도하니
부모은공 갚을생각　머리비켜 신삼을제
상치뽑아 신날꼬고　중치로는 총을대고
하치로는 바닥얽고　이삼십을 당도하니
애옥살인 자심하여　부모은공 못다 갚았으니
부모는 돌아가시니　사오십을 당도하며
그럭저럭 늙게되니　아침나절 성턴몸이
저녁나절 병이들어　몸살인지 대살인지
죽을병이 들었는지　의원들여 침을놓니
침덕이나 입을소냐　인삼녹용 약을쓰니
약덕이나 입을소냐　약을써도 소용없고
굿을 읽어도 소용없어　백미세되 세홉을
씻고 씻어서　명산대천을 찾아가서
중탕에는 목욕하고　하탕에는 수족씻고
상탕에는 공양미지어　초한쌍 불밝히고
소지삼장 올린후에　명산대천 비나이다
정성덕이 없을소냐　죽을병이 들었구나
저승에서 일직사자　월직사자가 와
쇠사슬로 목을 얽고　쇠몽치로 등을치니
아니가지 못하리라　사자님사자님 부르고
지은밥이나 퍼서먹고　신발이나 고쳐신고
구사당에 하직하고　신사당에 하직하고 허배
같이 가겠으니　사자가 하는말이
시늦고 때늦으니　어서가자 어서가자
활등같이 굽은길에　살대같이 몰아가니
동기간이 많다한들　어느누가 대신가랴
친한벗이 많다한들　어느누가 대신가뇨
저승에서 들어가니　열두대왕 좌우하고
이승에서 좋은일을 하였느냐 못한일을 하였느냐
배고픈자 밥을주어　기사공덕 하였느냐
헐벗은자 옷을주어　의복공덕 하였느냐
목마른자 물을주어　급수공덕 하였느냐
좋은밭에 원두놓아　행인공덕 하였느냐
좋은일을 하였으면　극락세계 보내주고
못한일을 하였으면　지옥으로 보내준다

상거가(喪擧歌)

인제가면 언제나 오시나요 오시난날을 일러주오
〔후렴〕〈어허 어허뇨 어이가리 어허뇨〉
조그마한 조약돌이　광석이 되면 오시라요
병풍에 그린 봉황이　울고날면 오시라요
조그마한 개울물이　바다가 되면 오시라요
황천산만 먼먼길을　다리가 아파서 어이가리요
열참장사 한태조도　장생불사 못하였고
이군불가 제황초도　장생불사 못하였고
삼국사명 조자룡도　장생불사 못하였고
사명축돌 초패왕도　장생불사 못하였고
오관참장 관운장도　장생불사 못하였고
육국운합 진시황도　장생불사 못하였고
칠년대한 응성탕도　장생불사 못하였고
팔세위상 진영감도　장생불사 못하였고
구세동거 장공예도　장생불사 못하였고
십년지졸 한소무도　장생불사 못하였고
백세안과 각자리도　장생불사 못하였고
천일비수 김도람도　장생불사 못하였고
만세전공 공부자도　장생불사 못하였고
억조원대 댕요시도　장생불사 못하였고
산지조종은 곤륜산이요　수지조종은 황하수라

곤륜산산맥이 떨어를져서 백두산산봉이 생기시고
백두산산봉이 떨어를져서 평안도자물산이 생기시고
평안도자물산이 떨어를져서 송도 송악산이 생기시고
송악산산맥이 떨어를져서 황해도 구월산이 생기시고
구월산산맥이 떨어를져서 강원도 금강산이 생기시고
금강산산맥이 떨어를져서 경기도 삼각산이 생기시고
삼각산산맥이 떨어를져서 충청도 계룡산이 생기시고
계룡산산맥이 떨어를져서 전라도 지리산이 생기시고
지리산산맥이 떨어를져서 경상도 태백산이 생겼고나
경상도라 태백산은 낙동강을 귀경허고
전라도라 지리산은 섬진강을 귀경허고
충청도라 계룡산은 백마강을 귀경허고
경기도라 삼각산은 한강을 귀경허고
강원도라 금강산은 세류강을 귀경허고
황해도라 구월산은 대동수를 귀경허고
송도 송악산은 임진강을 귀경허고
평안도 자물산은 대동강을 귀경허고

상 두 가

어덜떨거리고 염불이로다 가자가자 어서가자
〔후렴〕〈어어 —— 야어야 어덜떨거리고 염불이로다 어허야 어허로다〉
북망산천으로 어서가자 인제가면 언제나오나
오실날을 알려나주소 인생한번 죽어지면
판수장님이 허사로다 산에올라 옥올캐니
시름을잊어서 산옥이냐 꽃을꺾어 머리에꽂고
잎은따서 입에물고 산에올라 들구경가자
놀다가소 자다가소 휘영청밝은달에 놀다가소
한번간 부모님 품에 엎드려
통곡을 한들 죽어간 어머님
살아서 올까 천추만년 살을데를
너는어서 먼저가라 산천초목은 나날이 젊고
인생청춘은 나날이 늙는다
나노래 부르며 요동산 넘고
나손잡고서 어서가자
천추만년 살을데를
오늘하루에 데려다주마
천추만년 살을집을 봉분으로나 지어주마
오늘은 하루 이별하면 또다시 언제 만나려나
저승삶은 수천철이요 이승삶은 꿈이로세
어어야 어야 어덜떨거리고 염불이로다
어허야 어허로다
어덜떨 거리고 염불이로다

※ 사투리가 심하므로 대체로 표준말로 고쳐 받았다

〔경상도〕

황천 회고곡(黃泉回顧曲)

천지천지 부난후에 천지천지 만물중에
사람밖에 또있는가 여보시오 시주님네
이내말씀 들어보소 이세상에 나온사람
뉘덕으로 나왔는가 건곤님의 은덕으로
불보살의 공덕으로 아버님전 명을빌고
제석님전 복을빌어 이내일신 탄생하니
한두살에 철을몰라 부모은공 알을손가
이삼십을 당하여도 부모은공 못다갚아
무정세월 여류하여 원수백발 되었으니
없던망령 절로난다 한심하고 슬프도다
어찌하여 슬프던고 이세월이 견고할줄
태산같이 믿었더니 백년광음 못다가서
백발되니 슬프도다 창일이 글자낼제
늙을노자 왜냈던고 진시황제 분서시에
타지않고 남았는가다 우리인생 왜늙는가
늙지않고 망령없이 하나님전 빌어볼까
칠성님전 빌어볼까 부처님전 빌어볼까
제석님전 빌어볼까 이리저리 빌어봐도
늙어서 망령되니 만사도시 허사로다
이팔청춘 소년들아 백발보고 웃지마소
어제청춘 오늘백발 애닯고도 설운지고
인간에 이공도를 뉘능히 막을손가
춘초는 연년록이요 왕손은 귀불귀라
우리인생 늙어지면 다시젊지 못하도다
인간백년 다살아야 잠든날과 병든날과
걱정근심 다제하면 단사십도 못산인생
어제오늘 성턴몸이 저녁나절 병이드니
섬섬약질 가는몸에 태산같은 병이드니
부르느니 어머니요 찾느니 냉수로다
인삼녹용 약을쓴들 약효험이 있을손가
판수불러 경읽으니 경덕인들 입을손가
무녀불러 굿을하니 굿덕인들 입을손가
재미쌀 쓿고쓿어 명산대천 찾아가서
하탕에 수족씻고 중탕에 목욕하고
상탕에 마지지어 촛대한쌍 벌려놓고
향로향합 불갖추고 소지삼장 드린후에
비나이다 비나이다 하나님전 비나이다
칠성님전 비나이다 제석님전 발원하고
신령님전 공양한들 어느성현 이름있어
감홍할까 할수없다 할수없다 명사십리
해당화야 꽃진다고 설워마라 명년삼월
봄이오면 너는다시 피려니와 우리같은
초로인생 한번가면 다시오기 어려워라
영결종천 아주가네 극락세계 환생하니
이세상을 다시왔네 그아니 좋을소냐
선심하고 마음닦아 불의행사 하지마오

[illegible]

회심곡을 업신여겨 우마사신 못면하고
구렁배암 되나니라 조심하여 수신하라
수신제가 잘만하면 치국안민 하오리라
아무쪼록 심울쓰오 적덕을 아니하면
신후사가 참혹하다 바라나니 우리형제
자선사업 많이하여 내생길을 잘닦아서
극락으로 다시가서 이세상을 다시오세

상여메김

〈오호오호 오호능차 오오호〉
어젯날도 성턴몸이
(후렴) 〈오호능차 오호호〉
오늘날에 병이들어
우리인생에 다못살고
이런 망칙한 일은
누구든지 이런일은
앞으로는 다당할것
우리인생 여려분들
조심조심 살아가세
더욱조심 살아가세

장의식가

북망산천 머다마소
(후렴) 〈애ㅡ호 애ㅡ호 어이아 넘자 애호〉
북망산천 나는간다 건넛산이 북망산일세
울지마라 울지마라 아가아가 울지마라
네가울면 날이새나 달이울어야 날이새지

병풍에 그린닭이 홰치거든 오려는가
살강밑에 묻은밥이 움돋거든 오려는가
풋잎은 한번가면 춘삼월에 다시오건만
이내몸은 한번가면 어느때나 다시올고
만장같은 집을두고 산천초목 나는간다
비가오니 온줄알까 눈이오면 온줄알까
얼굴이 눈에삼삼 말소리 귀에쟁쟁
일어나소 일어나소 나를두고 간단말가
야삼경 깊은밤에 누웠은들 잠이올까
앉았은들 엄마올까 가련하고 원통하다
무정세월 가지마라 불러봐도 대답없고
울어봐도 대답없다 원통해 불러보고
피땀을 흘려가며 통곡합니다
엄마엄마 우리엄마 자식된 도리로
산소에 엎드려 통곡합니다

향두가

고향산천 잘있거라 나는간다
(후렴) 〈어ㅡ허 어ㅡ허 어ㅡ허 넘자 어ㅡ허〉
부모형제 이별하고 백년처권아 잘있거라
이웃사람도 잘있시소 만첩산중에 나는가오
황토흙질 밥을삼고 떠짠댐이 옷을삼고
흐르는 물을 낙을삼고 소나무를 정자삼고
기러기 벗을삼아 북망산천에 나는가네
앞산은 점점 가까와지고 뒷산은 점점 멀어지네
저기가는 저기럭아 우리고향 가거들랑
편지한장 전해주소 이내소식 전해주소
우리부모 잘있던가 백년처럼 잘있던가
어린자식 잘커던가 이웃사람도 잘있던가
무정세월아 빠르구나 잡을래도 안잡히네

춘삼월이 또돌아와도 우리고향 언제갈고
아가아가 울지마라 본사람이 너무울면
눈도붓고 목도쉰다 아가아가 울지마라
나간다고 설워마라 다시갈길 또있을까
언제한번 만나볼고 어서가자 재촉하네
사자님이 재촉하네 여보시오 사자님네
신발이나 고쳐가세 목마른데 술한잔하고가세
그것도 불귀하고 등을밀고 앞을당겨
시사실로 등을치네 어서가자 바삐가자
사자님의 영의무서 쉬어가도 못하겠네
앞도뒤도 보지말고 어서바삐 가자카네
백년처권이 울고있네 어린자식 울고있네
우리부모 우리형제 날간다고 설워하네
불쌍하다 나의신세 만첩산중에 돌아가니
수중고혼 다되가네 무정하다 내세월아
인제가면 언제오노 다시올줄 모르더라
춘삼월은 또돌아오고 나뭇잎은 다시피고
꽃도피고 잎도피고 춘추를 알고오고
나의청춘은 한번가니 춘추도 모르더라
연년이올줄 나는몰라 산천초목은 젊어오는데
인간청춘 한번가니 무정하게 안돌아오네
어화넘자 무정세월 사람청춘 허무하다
세월버리고 가는몸이 단팔십도 못다살고
떠나가는 이세월아 부디부디 부탁하자
우리형제 부탁하자 부모님께 할말못해
형제에게 할말못해 설운지고 돌아가니
부디부디 부탁하네

장례식 메김노래

일시암영 극락세계 나무아미 타ㅡ불ㅡ
(후렴) 〈애해 넘차 애라〉

천지는 분란후에 삼라만상 일어나니
세상천지 만물중에 사람밖에 또있는가
이세상에 나온사람 뉘덕으로 생겨났나
여보시오 시주님네 이내말씀 들어보소
보살님 은덕으로 아버님전 뼈를빌고
어머님전 살을빌고 칠성님전 명을타고
제석님전 복을타고 석가여래 제도하야
인생일신 탄생하니 한두살에 철을몰라
부모은공 모르다가 당한후에 고생살이
부모은공 갚을손가 절통하고 애통하다
머리뽑아 신을삼고 살을베어 창을박고
이를빼어 징을걸어 아버님도 신으시오
어머님도 신으시오 부모은공 못다갚고
무정세월 약류하여 원수백발 달려드니
인생칠십 고래희라 없던원망 절로난다
말없드려 변할소냐 이팔청춘 소년들아
노인망령 웃지마라 눈어둡고 귀먹으니
망령이라 웃는모양 절통하고 애닯도다
하릴없고 하릴없다 홍안백발 되었으니
다시젊지 못하리라 인생백년 다살려도
병든날 잠든날 근심걱정 다제하면
단사십을 못사느니 나무아미 타ㅡ불ㅡ
어제오늘 성턴몸이 저녁나절 병이들어
부르나니 어머니요 찾나니 냉수로다
인삼녹용 약을쓴들 약덕인들 입을손가
판수들여 송경한들 경덕이나 입을손가
무녀불러 굿을한들 굿덕이나 입을손가
백미서되 쏠고쏠어 명산대천 찾아가서
상탕에 마지하고 중탕에 목욕하고
하탕에 세수하고 황초한쌍 불켜놓고
향로향합 불갖추고 소지한장 올린후에
비나이다 비나이다 하나님전 비나이다
칠성님께 기도하고 부처님께 공양한들

어느곳 부처님이 응하여 살을손가
나무아미 타ㅡ불ㅡ
십왕전에 부리던사자 십왕전에 명을받아
일직사자 월직사자 한손에는 배자들고
또한손에 철퇴들고 오과사슬 비껴들고
활등같이 굽은길로 살대같이 달려들어
천둥같이 호령하여 성명삼자 불러내어
어서가자 바삐가자 뉘분부라 거사리며
뉘영이라 지체할까 실낱같은 이내목에
팔뚝같은 쇠사슬을 한번매어 끌어내니
혼비백산 나죽겠네 사자님네 이내말씀
들어보소 시장한데 점심이나 잡수시고
신발이나 고쳐신고 노자나 가지고가세
만단개유 애걸한들 저사자 들을손가
애고답답 설운지고 혼비백산 나죽겠네
불쌍하다 이내일신 인간화즉 망극하다
명사십리 해당화야 꽃진다고 설워마라
명년삼월 돌아오면 너는다시 피려니와
인생한번 돌아가면 다시오기 어려워라
이세상을 하직하고 북망산천 가로리라
어찌할까 깊은심산 정처없는 길이로다
불쌍하고 가련하다 언제다시 돌아오리
처자식의 손을잡고 만단설화 유언하고
정신차려 둘러보니 구십객 아버님이
약탕관을 벌여놓고 한모금 더받아라
두모금 더받아라 한심하고 한숨지어
혼비백산 나죽겠네 웃목을 바라보니
팔십객 어머님이 미음그릇 앞에놓고
한숟갈 더받아라 두숟갈 더받아라
눈물짓고 앉은모친 혼비백산 나죽겠네
지성구호 극진한들 죽은명을 살릴소냐
옛늙은이 말들이 저승길이 멀다더니
오늘내게 당하여서 대문밖이 저승일세

친구벗이 많다한들 어느누가 등장갈까
구사당에 허배하고 신사당에 하직하고
대문밖을 썩나서니 적삼내어 초혼하니
없던곡성 낭자하네 월직사자 등을밀고
일직사자 손을끌고 천방지축 돌아갈제
높은데는 얕아지고 얕은데는 높아지니
시장하고 숨이차다 애옥하고 고생살이
알뜰살뜰 모은전량 먹고가나 쓰고가나
세상이 허사로다 사자님네 쉬어가세
들은척도 아니하고 쇠뭉치를 두다리며
어서바삐 가자하니 그러저럭 열나흘에
저승원문 다다르니 우두나찰 마두나찰
소리치며 달려들어 인정달라 하는소리
인정쓸돈 많이없다 안배주려 모은돈을
인정한번 써나보세 저승으로 나려갈제
환천부쳐 가져올까 의복벗어 인정쓰고
열두대문 들어가니 무섭기도 그지없고
두렵기도 측량없다 대령하고 기다리니
왕사장이 분부하여 남녀죄인 잡아들여
다짐받고 문초할제 귀명천제 나졸들이
전후좌우 벌려서서 기치창검 삼열한데
한장기구 차려놓고 대상호령 기다릴제
엄숙하기 측량없다 남녀죄인 잡아들여
차례차례 점구하야 나립한후 형벌하고
묻는말이 이놈들아 보아라 선심하여
발원하고 진세간에 나가더니 무슨선심
하였느냐 바른대로 아뢰어라 용왕비간
본을받아 항상극진 충성하며 증자왕생
효직하야 혼정신성 효도하며 늙은이를
공경하고 형제간에 우애하고 제공화순부에
무슨화목 하였으며 붕우유신 하였느냐
선심공덕 하마더니 무슨선심 하였느냐
바른대로 아뢰어라

〈해 설〉

향 두 가(香頭歌)

향두가는 민요(民謠)의 한 분야요, 민요가 시가 문학(詩歌文學)의 한 장르인 이상 그것은 원시(原始) 자연인의 읊음적 호소라고 본다. 그것이 좀더 세련되고 예술화한 것이 소위 원시 민요인 향두가이다. 이것은 원시적 음악·무용·시가의 종합체를 의미하는 것이니 시가의 원천(源泉)이 여기에 있었고 따라서 향두가도 여기에 근원(根源)을 두고 파생, 형성된 것이라고 믿어진다.

곧, 아득히 먼 옛날, 우리의 역사가 비롯되고 우리의 조상들이 삶의 터전을 잡아 단순, 미개하나마 인간으로서 언어를 매개(媒介)로 하여 생활하고, 그 사용된 언어가 장구한 세월이 흐르는 동안 갈고 닦아서 훌륭한 민족 언어가 형성, 확립됨에 따라 그 언어로 가사(歌詞)를 만들어 노래로 읊고 춤을 추며, 작업을 하고 의식 행사를 치르며, 삶을 이룩하였다.

시가 문학이 여기에서 싹트고 종합 예술을 자연적으로 형성, 발전시켰다는 것은 『삼국지(三国志)』의 위지 동이전(魏志東夷傳)에 기록되어 있는 것으로 입증(立證)된다.

원래 미개 민족은 죽은 사람을 생존하고 있는 인간과 동등하게 애경 추모(愛敬追慕)하는 한편, 시체인 까닭에 공포 기피(恐怖忌避)하는 사례가 많다고 한다. 여기에서 사자(死者)에 대한 필연적인 종교적 의식(무속적 의식)이 거행되고, 장송시(葬送時)의 가무도 그 의식의 일부로서 떠나려는 또는 떠나는 영혼을 위안하고 그 명복을 비는 의식이 된 것이라고 본다.

이조대(李朝代)에 내려와 『성종실록(成宗實録)』20년 5월 병인조(丙寅條)에 있는 문헌도 상고 시대부터 내려온 가무오시(歌舞娛屍)의 장송 행사(葬送行事)가 계속되었음을 엿볼 수 있는 사례의 하나다.

○(심청전)에 곽씨 부인을 싣고 향도꾼이 향도가를 부르며 가는 장면,
○(배비장 타령)에 나오는 향두 타령조의 향두가,

등은 하나의 삽입 가요(插入歌謠)로 등장하는데, 이것도 모두 향두가에 속하는 것으로서 민족적 소원 관계(溯源關係)를 방증(傍證)하는 좋은 예이다. 동시에 장송 가무의 형성 및 발전 과정을 실증해 주는 것이 된다.

이상에서 언급한 바와 같이 향두가는 멀리 원시 상고 시대에 형성, 발생되어 토착(土著)·습속화(習俗化)된 것임을 알 수 있고, 차차 질서 있고 형식이 갖추어진 구비 시가 문학(口碑詩歌文學)으로서 유구한 역사 아래 면면히 전승 발전하여 현재에 이른 것이라 하겠다.

향두가는 고인의 영혼에 대하여 위로와 생전의 큰 업적을 찬양하고 그 덕망을 높이 평가함으로써 유족·후손에게 조상 숭배의 종교적·신앙적 사상을 깊게 하는 동시에 슬픔에만 젖을 것이 아니라, 고인의 유덕과 위업을 본받아 새로운 결의와 희망 아래 새로운 삶을 이룩하게 하는 차원 높은 기능을 가지고 있으며, 향도(香徒)와 상객(喪客)들에게 피로와 힘겨움을 잊게 하여 장례 의식을 더욱 능률적으로 거행할 수 있게 하는 힘을 준다. 한편 이러한 의식행사를 통해 상가는 물론, 부락민 전체에게 상호 부조·협동·단결·우애·효(孝)의 정신과 사상을 고취, 배양하는 사회학적 기능도 가지고 있다.

그러나 때로는 지나치게 애수에 젖은 향두가가 가락과 내용 및 사연으로 말미암아 상주와 그 유족 및 참가인에게 인생 무상(人生無常)의 비관론을 가지게 하여 만사를 운명에 맡기려는 소극적인 정신 자세를 갖게 하는 폐단도 많이 있다.

향두가는 삼강오륜(三綱五倫)의 도덕률(道德律) 확립을 위한 교훈적·계몽적 구실을 가지고 있다. 이는 유·불·도교적(儒佛道教的) 정신과 사상을 바탕으로 한 고사(古事)를 인용, 가창함에서 연유된다. 인·의·예·지·신(仁義禮知信)과 지·인·용(智仁勇)과 충·효(忠孝)를 중심으로 부르는 내용이 그 전부라고 하여도 과언이 아니다.

향두가는 원래 불도(佛徒·佛教徒·佛僧)를 향도(香徒)라 명칭한 연유에서 비롯된 향도가(香徒歌)인데, 그것이 후일에 향두가(香頭歌)로 불리게 되었다.

그것은 불가에서 법요(法要)를 행할 때 흔드는 요령(搖鈴·鐃鈴)사용에서 온 말이다. 곧 향두가의 지휘자인 선창자가 상여의 선두에 서서 이 요령(방울)을 흔들며 노래를 메겨 향도(향도꾼·향두꾼·상두꾼·상도꾼)들에게 후렴(後斂)을 따라 부르게 하였으므로 가라 명칭한 것이다.

지방에 따라 그 명칭이 다름은 머리말에서 언급하였거니와, 그 명칭은 一○○여 개나 된다.

향두가의 구조는 서두(序頭)·본사(本詞)·후렴(後斂)의 세단계에 의해 천편일률적으로 되어 있다. 서두와 본사는 선창자(요령잡이)가 부르고, 후렴은 상도꾼들이 제창한다. 선창자가 서두나 본사의 두 구절을 부르면 상도꾼들이 후렴을 제창한다(이것이 반복됨).

향두가의 형식은 서두와 후렴을 제외하고는 거의 4·4·4·4조의 단조로운 정형(定型) 형식이다. 가사의 장단은 지방에 따라 또는 가창자의 경험과 지식과 당일의 기분에 따라 다소 다르지만 대체로 긴 것이 그 특색이다.

향두가 창자(唱者)의 배경에 있어서 창자는 전부가 남자로 구성되어 있다. (경기도 고양군에 단1명의 여자 선창자가 있음). 그 연령은 50세가 평균이다. 직업별로 보면 농업이 79%를 차지하고 있으며, 교육 수준은 무식이 37% 한글 해독이 26%, 초졸이 28%, 중·고중퇴가 9%이다.

大統陰陽 萬歲曆

1950년 | 단기 4283년　　庚寅年　　九日得辛 十龍治水

子 大將軍　北 三殺　子 吊客　辰 喪門　　納音五行 松栢木

正月大　月建 戊寅　二黑

우수 음 1/3 양 2/19 오후 2시18분 ● 경칩 음 1/18 양 3/6 오후 12시35분

음력	1	2	3	4	5	6	7	8	9	10	11	12	13	14	15	16	17	18	19	20	21	22	23	24	25	26	27	28	29	30
양력	2/17	18	19	20	21	22	23	24	25	26	27	28	3/1	2	3	4	5	6	7	8	9	10	11	12	13	14	15	16	17	18
요일	금	토	일	월	화	수	목	금	토	일	월	화	수	목	금	토	일	월	화	수	목	금	토	일	월	화	수	목	금	토
일진	癸未	甲申	乙酉	丙戌	丁亥	戊子	己丑	庚寅	辛卯	壬辰	癸巳	甲午	乙未	丙申	丁酉	戊戌	己亥	庚子	辛丑	壬寅	癸卯	甲辰	乙巳	丙午	丁未	戊申	己酉	庚戌	辛亥	壬子
대운 남	6	5	雨水	5	4	4	4	3	3	3	2	2	2	1	1	1	1	驚蟄	10	9	9	9	8	8	8	7	7	7	6	6
대운 여	4	5		5	6	6	6	7	7	7	8	8	8	9	9	9	10		1	1	1	1	2	2	2	3	3	3	4	4

二月小　月建 己卯　一白

춘분 음 2/3 양 3/21 오후 1시35분 ● 청명 음 2/18 양 4/5 오후 5시44분

음력	1	2	3	4	5	6	7	8	9	10	11	12	13	14	15	16	17	18	19	20	21	22	23	24	25	26	27	28	29
양력	3/19	20	21	22	23	24	25	26	27	28	29	30	31	4/1	2	3	4	5	6	7	8	9	10	11	12	13	14	15	16
요일	일	월	화	수	목	금	토	일	월	화	수	목	금	토	일	월	화	수	목	금	토	일	월	화	수	목	금	토	일
일진	癸丑	甲寅	乙卯	丙辰	丁巳	戊午	己未	庚申	辛酉	壬戌	癸亥	甲子	乙丑	丙寅	丁卯	戊辰	己巳	庚午	辛未	壬申	癸酉	甲戌	乙亥	丙子	丁丑	戊寅	己卯	庚辰	辛巳
대운 남	6	5	春分	5	4	4	4	3	3	3	2	2	2	1	1	1	1	清明	10	10	9	9	9	8	8	8	7	7	7
대운 여	4	5		5	6	6	6	7	7	7	8	8	8	9	9	9	10		1	1	1	1	2	2	2	3	3	3	4

三月大　月建 庚辰　九紫

곡우 음 3/5 양 4/21 오전 0시59분 ● 입하 음 3/20 양 5/6 오전 11시25분

음력	1	2	3	4	5	6	7	8	9	10	11	12	13	14	15	16	17	18	19	20	21	22	23	24	25	26	27	28	29	30
양력	4/17	18	19	20	21	22	23	24	25	26	27	28	29	30	5/1	2	3	4	5	6	7	8	9	10	11	12	13	14	15	16
요일	월	화	수	목	금	토	일	월	화	수	목	금	토	일	월	화	수	목	금	토	일	월	화	수	목	금	토	일	월	화
일진	壬午	癸未	甲申	乙酉	丙戌	丁亥	戊子	己丑	庚寅	辛卯	壬辰	癸巳	甲午	乙未	丙申	丁酉	戊戌	己亥	庚子	辛丑	壬寅	癸卯	甲辰	乙巳	丙午	丁未	戊申	己酉	庚戌	辛亥
대운 남	6	6	6	5	穀雨	5	4	4	4	3	3	3	2	2	2	1	1	1	1	立夏	10	10	9	9	9	8	8	8	7	7
대운 여	4	4	5	5		6	6	6	7	7	7	8	8	8	9	9	9	10	10		1	1	1	1	2	2	2	3	3	3

四月大　月建 辛巳　八白

소만 음 4/6 양 5/22 오전 0시27분 ● 망종 음 4/21 양 6/6 오후 3시51분

음력	1	2	3	4	5	6	7	8	9	10	11	12	13	14	15	16	17	18	19	20	21	22	23	24	25	26	27	28	29	30
양력	5/17	18	19	20	21	22	23	24	25	26	27	28	29	30	31	6/1	2	3	4	5	6	7	8	9	10	11	12	13	14	15
요일	수	목	금	토	일	월	화	수	목	금	토	일	월	화	수	목	금	토	일	월	화	수	목	금	토	일	월	화	수	목
일진	壬子	癸丑	甲寅	乙卯	丙辰	丁巳	戊午	己未	庚申	辛酉	壬戌	癸亥	甲子	乙丑	丙寅	丁卯	戊辰	己巳	庚午	辛未	壬申	癸酉	甲戌	乙亥	丙子	丁丑	戊寅	己卯	庚辰	辛巳
대운 남	7	6	6	6	5	小滿	5	4	4	4	3	3	3	2	2	2	1	1	1	1	芒種	10	10	10	9	9	9	8	8	8
대운 여	4	4	4	5	5		6	6	6	7	7	7	8	8	8	9	9	9	10	10		1	1	1	1	2	2	2	3	3

五月小　月建 壬午　七赤

하지 음 5/7 양 6/22 오전 8시36분 ● 소서 음 5/23 양 7/8 오전 2시13분

음력	1	2	3	4	5	6	7	8	9	10	11	12	13	14	15	16	17	18	19	20	21	22	23	24	25	26	27	28	29
양력	6/16	17	18	19	20	21	22	23	24	25	26	27	28	29	30	7/1	2	3	4	5	6	7	8	9	10	11	12	13	14
요일	금	토	일	월	화	수	목	금	토	일	월	화	수	목	금	토	일	월	화	수	목	금	토	일	월	화	수	목	금
일진	壬午	癸未	甲申	乙酉	丙戌	丁亥	戊子	己丑	庚寅	辛卯	壬辰	癸巳	甲午	乙未	丙申	丁酉	戊戌	己亥	庚子	辛丑	壬寅	癸卯	甲辰	乙巳	丙午	丁未	戊申	己酉	庚戌
대운 남	7	7	7	6	6	6	夏至	5	5	4	4	4	3	3	3	2	2	2	1	1	1	1	小暑	10	10	9	9	9	8
대운 여	3	4	4	4	5	5		6	6	6	7	7	7	8	8	8	9	9	9	10	10	10		1	1	1	1	2	2

六月大　月建 癸未　六白

대서 음 6/9 양 7/23 오후 7시30분 ● 입추 음 6/25 양 8/8 오전 11시55분

음력	1	2	3	4	5	6	7	8	9	10	11	12	13	14	15	16	17	18	19	20	21	22	23	24	25	26	27	28	29	30
양력	7/15	16	17	18	19	20	21	22	23	24	25	26	27	28	29	30	31	8/1	2	3	4	5	6	7	8	9	10	11	12	13
요일	토	일	월	화	수	목	금	토	일	월	화	수	목	금	토	일	월	화	수	목	금	토	일	월	화	수	목	금	토	일
일진	辛亥	壬子	癸丑	甲寅	乙卯	丙辰	丁巳	戊午	己未	庚申	辛酉	壬戌	癸亥	甲子	乙丑	丙寅	丁卯	戊辰	己巳	庚午	辛未	壬申	癸酉	甲戌	乙亥	丙子	丁丑	戊寅	己卯	庚辰
대운 남	8	8	7	7	7	6	6	6	大暑	5	5	4	4	4	3	3	3	2	2	2	1	1	1	1	立秋	10	10	9	9	9
대운 여	2	3	3	3	4	4	4	5		5	6	6	6	7	7	7	8	8	8	9	9	9	10	10		1	1	1	1	2

七月小　月建 甲申　五黃

처서 음 7/11 양 8/24 오전 2시23분 ● 백로 음 7/26 양 9/8 오후 2시34분

음력	1	2	3	4	5	6	7	8	9	10	11	12	13	14	15	16	17	18	19	20	21	22	23	24	25	26	27	28	29
양력	8/14	15	16	17	18	19	20	21	22	23	24	25	26	27	28	29	30	31	9/1	2	3	4	5	6	7	8	9	10	11
요일	월	화	수	목	금	토	일	월	화	수	목	금	토	일	월	화	수	목	금	토	일	월	화	수	목	금	토	일	월
일진	辛巳	壬午	癸未	甲申	乙酉	丙戌	丁亥	戊子	己丑	庚寅	辛卯	壬辰	癸巳	甲午	乙未	丙申	丁酉	戊戌	己亥	庚子	辛丑	壬寅	癸卯	甲辰	乙巳	丙午	丁未	戊申	己酉
대운 남	8	8	8	7	7	7	6	6	6	5	處	5	4	4	4	3	3	3	2	2	2	1	1	1	1	白	10	10	9
대운 여	2	2	3	3	3	4	4	4	5	5	暑	6	6	6	7	7	7	8	8	8	9	9	9	10	10	露	1	1	1

八月小　月建 乙酉　四綠

추분 음 8/12 양 9/23 오후 11시44분 ● 한로 음 8/28 양 10/9 오전 5시52분

음력	1	2	3	4	5	6	7	8	9	10	11	12	13	14	15	16	17	18	19	20	21	22	23	24	25	26	27	28	29
양력	9/12	13	14	15	16	17	18	19	20	21	22	23	24	25	26	27	28	29	30	10/1	2	3	4	5	6	7	8	9	10
요일	화	수	목	금	토	일	월	화	수	목	금	토	일	월	화	수	목	금	토	일	월	화	수	목	금	토	일	월	화
일진	庚戌	辛亥	壬子	癸丑	甲寅	乙卯	丙辰	丁巳	戊午	己未	庚申	辛酉	壬戌	癸亥	甲子	乙丑	丙寅	丁卯	戊辰	己巳	庚午	辛未	壬申	癸酉	甲戌	乙亥	丙子	丁丑	戊寅
대운 남	9	9	8	8	8	7	7	7	6	6	6	秋	5	5	4	4	4	3	3	3	2	2	2	1	1	1	1	寒	10
대운 여	1	2	2	2	3	3	3	4	4	4	5	分	5	6	6	6	7	7	7	8	8	8	9	9	9	10	10	露	1

九月大　月建 丙戌　三碧

상강 음 9/14 양 10/24 오전 8시45분 ● 입동 음 9/29 양 11/8 오전 8시44분

음력	1	2	3	4	5	6	7	8	9	10	11	12	13	14	15	16	17	18	19	20	21	22	23	24	25	26	27	28	29	30
양력	10/11	12	13	14	15	16	17	18	19	20	21	22	23	24	25	26	27	28	29	30	31	11/1	2	3	4	5	6	7	8	9
요일	수	목	금	토	일	월	화	수	목	금	토	일	월	화	수	목	금	토	일	월	화	수	목	금	토	일	월	화	수	목
일진	己卯	庚辰	辛巳	壬午	癸未	甲申	乙酉	丙戌	丁亥	戊子	己丑	庚寅	辛卯	壬辰	癸巳	甲午	乙未	丙申	丁酉	戊戌	己亥	庚子	辛丑	壬寅	癸卯	甲辰	乙巳	丙午	丁未	戊申
대운 남	9	9	9	8	8	8	7	7	7	6	6	6	5	霜	5	4	4	4	3	3	3	2	2	2	1	1	1	1	立	10
대운 여	1	1	1	2	2	2	3	3	3	4	4	4	5	降	5	6	6	6	7	7	7	8	8	8	9	9	9	10	冬	1

十月小　月建 丁亥　二黑

소설 음 10/14 양 11/23 오전 6시3분 ● 대설 음 10/29 양 12/8 오전 1시22분

음력	1	2	3	4	5	6	7	8	9	10	11	12	13	14	15	16	17	18	19	20	21	22	23	24	25	26	27	28	29
양력	11/10	11	12	13	14	15	16	17	18	19	20	21	22	23	24	25	26	27	28	29	30	12/1	2	3	4	5	6	7	8
요일	금	토	일	월	화	수	목	금	토	일	월	화	수	목	금	토	일	월	화	수	목	금	토	일	월	화	수	목	금
일진	己酉	庚戌	辛亥	壬子	癸丑	甲寅	乙卯	丙辰	丁巳	戊午	己未	庚申	辛酉	壬戌	癸亥	甲子	乙丑	丙寅	丁卯	戊辰	己巳	庚午	辛未	壬申	癸酉	甲戌	乙亥	丙子	丁丑
대운 남	9	9	9	8	8	8	7	7	7	6	6	6	5	小	5	4	4	4	3	3	3	2	2	2	1	1	1	1	大
대운 여	1	1	1	2	2	2	3	3	3	4	4	4	5	雪	5	6	6	6	7	7	7	8	8	8	9	9	9	10	雪

十一月大　月建 戊子　一白

동지 음 11/14 양 12/22 오후 7시13분 ● 소한 음 11/29 양 1/6 오후 12시30분

음력	1	2	3	4	5	6	7	8	9	10	11	12	13	14	15	16	17	18	19	20	21	22	23	24	25	26	27	28	29	30
양력	12/9	10	11	12	13	14	15	16	17	18	19	20	21	22	23	24	25	26	27	28	29	30	31	1/1	2	3	4	5	6	7
요일	토	일	월	화	수	목	금	토	일	월	화	수	목	금	토	일	월	화	수	목	금	토	일	월	화	수	목	금	토	일
일진	戊寅	己卯	庚辰	辛巳	壬午	癸未	甲申	乙酉	丙戌	丁亥	戊子	己丑	庚寅	辛卯	壬辰	癸巳	甲午	乙未	丙申	丁酉	戊戌	己亥	庚子	辛丑	壬寅	癸卯	甲辰	乙巳	丙午	丁未
대운 남	9	9	9	8	8	8	7	7	7	6	6	6	5	冬	5	4	4	4	3	3	3	2	2	2	1	1	1	1	小	10
대운 여	1	1	1	1	2	2	2	3	3	3	4	4	4	至	5	5	6	6	6	7	7	7	8	8	8	9	9	9	寒	1

十二月小　月建 己丑　九紫

대한 음 12/14 양 1/21 오전 5시52분 ● 입춘 음 12/29 양 2/5 오전 0시13분

음력	1	2	3	4	5	6	7	8	9	10	11	12	13	14	15	16	17	18	19	20	21	22	23	24	25	26	27	28	29
양력	1/8	9	10	11	12	13	14	15	16	17	18	19	20	21	22	23	24	25	26	27	28	29	30	31	2/1	2	3	4	5
요일	월	화	수	목	금	토	일	월	화	수	목	금	토	일	월	화	수	목	금	토	일	월	화	수	목	금	토	일	월
일진	戊申	己酉	庚戌	辛亥	壬子	癸丑	甲寅	乙卯	丙辰	丁巳	戊午	己未	庚申	辛酉	壬戌	癸亥	甲子	乙丑	丙寅	丁卯	戊辰	己巳	庚午	辛未	壬申	癸酉	甲戌	乙亥	丙子
대운 남	9	9	9	8	8	8	7	7	7	6	6	6	5	大	5	4	4	4	3	3	3	2	2	2	1	1	1	1	立
대운 여	1	1	1	2	2	2	3	3	3	4	4	4	5	寒	5	6	6	6	7	7	7	8	8	8	9	9	9	10	春

1951년 | 단기 4284년　辛卯年　五日得辛 四龍治水

子 大將軍　酉 三殺　丑 吊客　巳 喪門　納音五行 松栢木

正月大　月建 庚寅　八白　우수 음 1/14 양 2/19 오후 8시10분 · 경칩 음 1/29 양 3/6 오후 6시27분

음력	1	2	3	4	5	6	7	8	9	10	11	12	13	14	15	16	17	18	19	20	21	22	23	24	25	26	27	28	29	30
양력	2/6	7	8	9	10	11	12	13	14	15	16	17	18	19	20	21	22	23	24	25	26	27	28	3/1	2	3	4	5	6	7
요일	화	수	목	금	토	일	월	화	수	목	금	토	일	월	화	수	목	금	토	일	월	화	수	목	금	토	일	월	화	수
일진	丁丑	戊寅	己卯	庚辰	辛巳	壬午	癸未	甲申	乙酉	丙戌	丁亥	戊子	己丑	庚寅	辛卯	壬辰	癸巳	甲午	乙未	丙申	丁酉	戊戌	己亥	庚子	辛丑	壬寅	癸卯	甲辰	乙巳	丙午
대운 남	1	1	1	1	2	2	2	3	3	3	4	4	4	雨水	5	5	6	6	6	7	7	7	8	8	8	9	9	9	驚蟄	1
대운 여	9	9	9	8	8	8	7	7	7	6	6	6	5		5	4	4	4	3	3	3	2	2	2	1	1	1	1		10

二月小　月建 辛卯　七赤　춘분 음 2/14 양 3/21 오후 7시26분 · 청명 음 2/29 양 4/5 오후 11시33분

음력	1	2	3	4	5	6	7	8	9	10	11	12	13	14	15	16	17	18	19	20	21	22	23	24	25	26	27	28	29	
양력	3/8	9	10	11	12	13	14	15	16	17	18	19	20	21	22	23	24	25	26	27	28	29	30	31	4/1	2	3	4	5	
요일	목	금	토	일	월	화	수	목	금	토	일	월	화	수	목	금	토	일	월	화	수	목	금	토	일	월	화	수	목	
일진	丁未	戊申	己酉	庚戌	辛亥	壬子	癸丑	甲寅	乙卯	丙辰	丁巳	戊午	己未	庚申	辛酉	壬戌	癸亥	甲子	乙丑	丙寅	丁卯	戊辰	己巳	庚午	辛未	壬申	癸酉	甲戌	乙亥	
대운 남	1	1	1	2	2	2	3	3	3	4	4	4	5	春分	5	6	6	6	7	7	7	8	8	8	9	9	9	10	清明	
대운 여	9	9	9	8	8	8	7	7	7	6	6	6	5		5	4	4	4	3	3	3	2	2	2	1	1	1	1		

三月大　月建 壬辰　六白　곡우 음 3/16 양 4/21 오전 6시48분

음력	1	2	3	4	5	6	7	8	9	10	11	12	13	14	15	16	17	18	19	20	21	22	23	24	25	26	27	28	29	30
양력	4/6	7	8	9	10	11	12	13	14	15	16	17	18	19	20	21	22	23	24	25	26	27	28	29	30	5/1	2	3	4	5
요일	금	토	일	월	화	수	목	금	토	일	월	화	수	목	금	토	일	월	화	수	목	금	토	일	월	화	수	목	금	토
일진	丙子	丁丑	戊寅	己卯	庚辰	辛巳	壬午	癸未	甲申	乙酉	丙戌	丁亥	戊子	己丑	庚寅	辛卯	壬辰	癸巳	甲午	乙未	丙申	丁酉	戊戌	己亥	庚子	辛丑	壬寅	癸卯	甲辰	乙巳
대운 남	1	1	1	1	2	2	2	3	3	3	4	4	4	5	5	穀雨	6	6	6	7	7	7	8	8	8	9	9	9	10	10
대운 여	10	10	9	9	9	8	8	8	7	7	7	6	6	6	5		5	4	4	4	3	3	3	2	2	2	1	1	1	1

四月大　月建 癸巳　五黃　입하 음 4/1 양 5/6 오후 5시9분 · 소만 음 4/17 양 5/22 오전 6시15분

음력	1	2	3	4	5	6	7	8	9	10	11	12	13	14	15	16	17	18	19	20	21	22	23	24	25	26	27	28	29	30
양력	5/6	7	8	9	10	11	12	13	14	15	16	17	18	19	20	21	22	23	24	25	26	27	28	29	30	31	6/1	2	3	4
요일	일	월	화	수	목	금	토	일	월	화	수	목	금	토	일	월	화	수	목	금	토	일	월	화	수	목	금	토	일	월
일진	丙午	丁未	戊申	己酉	庚戌	辛亥	壬子	癸丑	甲寅	乙卯	丙辰	丁巳	戊午	己未	庚申	辛酉	壬戌	癸亥	甲子	乙丑	丙寅	丁卯	戊辰	己巳	庚午	辛未	壬申	癸酉	甲戌	乙亥
대운 남	立夏	1	1	1	1	2	2	2	3	3	3	4	4	4	5	5	小滿	6	6	6	7	7	7	8	8	8	9	9	9	10
대운 여		10	10	9	9	9	8	8	8	7	7	7	6	6	6	5		5	4	4	4	3	3	3	2	2	2	1	1	1

五月小　月建 甲午　四綠　망종 음 5/2 양 6/6 오후 9시33분 · 하지 음 5/18 양 6/22 오후 2시25분

음력	1	2	3	4	5	6	7	8	9	10	11	12	13	14	15	16	17	18	19	20	21	22	23	24	25	26	27	28	29	
양력	6/5	6	7	8	9	10	11	12	13	14	15	16	17	18	19	20	21	22	23	24	25	26	27	28	29	30	7/1	2	3	
요일	화	수	목	금	토	일	월	화	수	목	금	토	일	월	화	수	목	금	토	일	월	화	수	목	금	토	일	월	화	
일진	丙子	丁丑	戊寅	己卯	庚辰	辛巳	壬午	癸未	甲申	乙酉	丙戌	丁亥	戊子	己丑	庚寅	辛卯	壬辰	癸巳	甲午	乙未	丙申	丁酉	戊戌	己亥	庚子	辛丑	壬寅	癸卯	甲辰	
대운 남	10	芒種	1	1	1	1	2	2	2	3	3	3	4	4	4	5	5	夏至	6	6	6	7	7	7	8	8	8	9	9	
대운 여	1		10	10	10	9	9	9	8	8	8	7	7	7	6	6	6		5	5	4	4	4	3	3	3	2	2	2	

六月大　月建 乙未　三碧　소서 음 6/5 양 7/8 오전 7시54분 · 대서 음 6/21 양 7/24 오전 1시21분

음력	1	2	3	4	5	6	7	8	9	10	11	12	13	14	15	16	17	18	19	20	21	22	23	24	25	26	27	28	29	30
양력	7/4	5	6	7	8	9	10	11	12	13	14	15	16	17	18	19	20	21	22	23	24	25	26	27	28	29	30	31	8/1	2
요일	수	목	금	토	일	월	화	수	목	금	토	일	월	화	수	목	금	토	일	월	화	수	목	금	토	일	월	화	수	목
일진	乙巳	丙午	丁未	戊申	己酉	庚戌	辛亥	壬子	癸丑	甲寅	乙卯	丙辰	丁巳	戊午	己未	庚申	辛酉	壬戌	癸亥	甲子	乙丑	丙寅	丁卯	戊辰	己巳	庚午	辛未	壬申	癸酉	甲戌
대운 남	9	10	10	10	小暑	1	1	1	1	2	2	2	3	3	3	4	4	4	5	5	大暑	6	6	6	7	7	7	8	8	8
대운 여	1	1	1	1		10	10	9	9	9	8	8	8	7	7	7	6	6	6	5		5	4	4	4	3	3	3	2	2

七月小　月建 丙申　二黑

입추 음 7/6 양 8/8 오후 5시37분 ● 처서 음 7/22 양 8/24 오전 8시16분

음력		1	2	3	4	5	6	7	8	9	10	11	12	13	14	15	16	17	18	19	20	21	22	23	24	25	26	27	28	29
양력		8/3	4	5	6	7	8	9	10	11	12	13	14	15	16	17	18	19	20	21	22	23	24	25	26	27	28	29	30	31
요일		금	토	일	월	화	수	목	금	토	일	월	화	수	목	금	토	일	월	화	수	목	금	토	일	월	화	수	목	금
일진		乙亥	丙子	丁丑	戊寅	己卯	庚辰	辛巳	壬午	癸未	甲申	乙酉	丙戌	丁亥	戊子	己丑	庚寅	辛卯	壬辰	癸巳	甲午	乙未	丙申	丁酉	戊戌	己亥	庚子	辛丑	壬寅	癸卯
대운	남	9	9	9	10	10	立	1	1	1	1	2	2	2	3	3	3	4	4	4	5	5	處	6	6	6	7	7	7	8
	여	2	1	1	1	1	秋	10	10	9	9	9	8	8	8	7	7	7	6	6	6	5	暑	5	4	4	4	3	3	3

八月大　月建 丁酉　一白

백로 음 8/8 양 9/8 오후 8시18분 ● 추분 음 8/24 양 9/24 오전 5시37분

음력		1	2	3	4	5	6	7	8	9	10	11	12	13	14	15	16	17	18	19	20	21	22	23	24	25	26	27	28	29	30
양력		9/1	2	3	4	5	6	7	8	9	10	11	12	13	14	15	16	17	18	19	20	21	22	23	24	25	26	27	28	29	30
요일		토	일	월	화	수	목	금	토	일	월	화	수	목	금	토	일	월	화	수	목	금	토	일	월	화	수	목	금	토	일
일진		甲辰	乙巳	丙午	丁未	戊申	己酉	庚戌	辛亥	壬子	癸丑	甲寅	乙卯	丙辰	丁巳	戊午	己未	庚申	辛酉	壬戌	癸亥	甲子	乙丑	丙寅	丁卯	戊辰	己巳	庚午	辛未	壬申	癸酉
대운	남	8	8	9	9	9	10	10	白	1	1	1	1	2	2	2	3	3	3	4	4	4	5	5	秋	6	6	6	7	7	7
	여	2	2	2	1	1	1	1	露	10	10	9	9	9	8	8	8	7	7	7	6	6	6	5	分	5	4	4	4	3	3

九月小　月建 戊戌　九紫

한로 음 9/9 양 10/9 오전 11시36분 ● 상강 음 9/24 양 10/24 오후 2시36분

음력		1	2	3	4	5	6	7	8	9	10	11	12	13	14	15	16	17	18	19	20	21	22	23	24	25	26	27	28	29
양력		10/1	2	3	4	5	6	7	8	9	10	11	12	13	14	15	16	17	18	19	20	21	22	23	24	25	26	27	28	29
요일		월	화	수	목	금	토	일	월	화	수	목	금	토	일	월	화	수	목	금	토	일	월	화	수	목	금	토	일	월
일진		甲戌	乙亥	丙子	丁丑	戊寅	己卯	庚辰	辛巳	壬午	癸未	甲申	乙酉	丙戌	丁亥	戊子	己丑	庚寅	辛卯	壬辰	癸巳	甲午	乙未	丙申	丁酉	戊戌	己亥	庚子	辛丑	壬寅
대운	남	8	8	8	9	9	9	10	10	寒	1	1	1	1	2	2	2	3	3	3	4	4	4	5	霜	5	6	6	6	7
	여	3	2	2	2	1	1	1	1	露	10	9	9	9	8	8	8	7	7	7	6	6	6	5	降	5	4	4	4	3

十月大　月建 己亥　八白

입동 음 10/10 양 11/8 오후 2시27분 ● 소설 음 10/25 양 11/23 오전 11시51분

음력		1	2	3	4	5	6	7	8	9	10	11	12	13	14	15	16	17	18	19	20	21	22	23	24	25	26	27	28	29	30
양력		10/30	31	11/1	2	3	4	5	6	7	8	9	10	11	12	13	14	15	16	17	18	19	20	21	22	23	24	25	26	27	28
요일		화	수	목	금	토	일	월	화	수	목	금	토	일	월	화	수	목	금	토	일	월	화	수	목	금	토	일	월	화	수
일진		癸卯	甲辰	乙巳	丙午	丁未	戊申	己酉	庚戌	辛亥	壬子	癸丑	甲寅	乙卯	丙辰	丁巳	戊午	己未	庚申	辛酉	壬戌	癸亥	甲子	乙丑	丙寅	丁卯	戊辰	己巳	庚午	辛未	壬申
대운	남	7	7	8	8	8	9	9	9	10	立	1	1	1	1	2	2	2	3	3	3	4	4	4	5	小	5	6	6	6	7
	여	3	3	2	2	2	1	1	1	1	冬	10	9	9	9	8	8	8	7	7	7	6	6	6	5	雪	5	4	4	4	3

十一月小　月建 庚子　七赤

대설 음 11/10 양 12/8 오전 7시2분 ● 동지 음 11/25 양 12/23 오전 1시0분

음력		1	2	3	4	5	6	7	8	9	10	11	12	13	14	15	16	17	18	19	20	21	22	23	24	25	26	27	28	29
양력		11/29	30	12/1	2	3	4	5	6	7	8	9	10	11	12	13	14	15	16	17	18	19	20	21	22	23	24	25	26	27
요일		목	금	토	일	월	화	수	목	금	토	일	월	화	수	목	금	토	일	월	화	수	목	금	토	일	월	화	수	목
일진		癸酉	甲戌	乙亥	丙子	丁丑	戊寅	己卯	庚辰	辛巳	壬午	癸未	甲申	乙酉	丙戌	丁亥	戊子	己丑	庚寅	辛卯	壬辰	癸巳	甲午	乙未	丙申	丁酉	戊戌	己亥	庚子	辛丑
대운	남	7	7	8	8	8	9	9	9	10	大	1	1	1	1	2	2	2	3	3	3	4	4	4	5	冬	5	6	6	6
	여	3	3	2	2	2	1	1	1	1	雪	9	9	9	8	8	8	7	7	7	6	6	6	5	5	至	4	4	4	3

十二月大　月建 辛丑　六白

소한 음 12/10 양 1/6 오후 6시10분 ● 대한 음 12/25 양 1/21 오전 11시38분

음력		1	2	3	4	5	6	7	8	9	10	11	12	13	14	15	16	17	18	19	20	21	22	23	24	25	26	27	28	29	30
양력		12/28	29	30	31	1/1	2	3	4	5	6	7	8	9	10	11	12	13	14	15	16	17	18	19	20	21	22	23	24	25	26
요일		금	토	일	월	화	수	목	금	토	일	월	화	수	목	금	토	일	월	화	수	목	금	토	일	월	화	수	목	금	토
일진		壬寅	癸卯	甲辰	乙巳	丙午	丁未	戊申	己酉	庚戌	辛亥	壬子	癸丑	甲寅	乙卯	丙辰	丁巳	戊午	己未	庚申	辛酉	壬戌	癸亥	甲子	乙丑	丙寅	丁卯	戊辰	己巳	庚午	辛未
대운	남	7	7	7	8	8	8	9	9	9	小	1	1	1	1	2	2	2	3	3	3	4	4	4	5	大	5	6	6	6	7
	여	3	3	2	2	2	1	1	1	1	寒	10	9	9	9	8	8	8	7	7	7	6	6	6	5	寒	5	4	4	4	3

1952년 | 단기 4285년　　壬辰年

十日得辛 九龍治水

子 大將軍　南 三殺　寅 吊客　午 喪門

納音五行 長流水

正月小　月建 壬寅　五黃

입춘 음 1/10 양 2/5 오전 5시53분 ● 우수 음 1/25 양 2/20 오전 1시57분

음력	1	2	3	4	5	6	7	8	9	10	11	12	13	14	15	16	17	18	19	20	21	22	23	24	25	26	27	28	29
양력	1/27	28	29	30	31	2/1	2	3	4	5	6	7	8	9	10	11	12	13	14	15	16	17	18	19	20	21	22	23	24
요일	일	월	화	수	목	금	토	일	월	화	수	목	금	토	일	월	화	수	목	금	토	일	월	화	수	목	금	토	일
일진	壬申	癸酉	甲戌	乙亥	丙子	丁丑	戊寅	己卯	庚辰	辛巳	壬午	癸未	甲申	乙酉	丙戌	丁亥	戊子	己丑	庚寅	辛卯	壬辰	癸巳	甲午	乙未	丙申	丁酉	戊戌	己亥	庚子
대운 남	7	7	8	8	8	9	9	9	10	立	10	9	9	9	8	8	8	7	7	7	6	6	6	5	雨	5	4	4	4
대운 여	3	3	2	2	2	1	1	1	1	春	1	1	1	1	2	2	2	3	3	3	4	4	4	5	水	5	6	6	6

二月大　月建 癸卯　四綠

경칩 음 2/11 양 3/6 오전 0시7분 ● 춘분 음 2/26 양 3/21 오전 1시14분

음력	1	2	3	4	5	6	7	8	9	10	11	12	13	14	15	16	17	18	19	20	21	22	23	24	25	26	27	28	29	30
양력	2/25	26	27	28	29	3/1	2	3	4	5	6	7	8	9	10	11	12	13	14	15	16	17	18	19	20	21	22	23	24	25
요일	월	화	수	목	금	토	일	월	화	수	목	금	토	일	월	화	수	목	금	토	일	월	화	수	목	금	토	일	월	화
일진	辛丑	壬寅	癸卯	甲辰	乙巳	丙午	丁未	戊申	己酉	庚戌	辛亥	壬子	癸丑	甲寅	乙卯	丙辰	丁巳	戊午	己未	庚申	辛酉	壬戌	癸亥	甲子	乙丑	丙寅	丁卯	戊辰	己巳	庚午
대운 남	3	3	3	2	2	2	1	1	1	1	驚	10	9	9	9	8	8	8	7	7	7	6	6	6	5	春	5	4	4	4
대운 여	7	7	7	8	8	8	9	9	9	10	蟄	1	1	1	1	2	2	2	3	3	3	4	4	4	5	分	5	6	6	6

三月小　月建 甲辰　三碧

청명 음 3/11 양 4/5 오전 5시15분 ● 곡우 음 3/26 양 4/20 오후 12시37분

음력	1	2	3	4	5	6	7	8	9	10	11	12	13	14	15	16	17	18	19	20	21	22	23	24	25	26	27	28	29
양력	3/26	27	28	29	30	31	4/1	2	3	4	5	6	7	8	9	10	11	12	13	14	15	16	17	18	19	20	21	22	23
요일	수	목	금	토	일	월	화	수	목	금	토	일	월	화	수	목	금	토	일	월	화	수	목	금	토	일	월	화	수
일진	辛未	壬申	癸酉	甲戌	乙亥	丙子	丁丑	戊寅	己卯	庚辰	辛巳	壬午	癸未	甲申	乙酉	丙戌	丁亥	戊子	己丑	庚寅	辛卯	壬辰	癸巳	甲午	乙未	丙申	丁酉	戊戌	己亥
대운 남	3	3	3	2	2	2	1	1	1	1	清	10	9	9	9	8	8	8	7	7	7	6	6	6	5	穀	5	4	4
대운 여	7	7	7	8	8	8	9	9	9	10	明	1	1	1	1	2	2	2	3	3	3	4	4	4	5	雨	5	6	6

四月大　月建 乙巳　二黑

입하 음 4/12 양 5/5 오후 10시54분 ● 소만 음 4/28 양 5/21 오후 12시4분

음력	1	2	3	4	5	6	7	8	9	10	11	12	13	14	15	16	17	18	19	20	21	22	23	24	25	26	27	28	29	30
양력	4/24	25	26	27	28	29	30	5/1	2	3	4	5	6	7	8	9	10	11	12	13	14	15	16	17	18	19	20	21	22	23
요일	목	금	토	일	월	화	수	목	금	토	일	월	화	수	목	금	토	일	월	화	수	목	금	토	일	월	화	수	목	금
일진	庚子	辛丑	壬寅	癸卯	甲辰	乙巳	丙午	丁未	戊申	己酉	庚戌	辛亥	壬子	癸丑	甲寅	乙卯	丙辰	丁巳	戊午	己未	庚申	辛酉	壬戌	癸亥	甲子	乙丑	丙寅	丁卯	戊辰	己巳
대운 남	4	3	3	3	2	2	2	1	1	1	1	立	10	10	10	9	9	9	8	8	8	7	7	7	6	6	6	小	5	5
대운 여	6	7	7	7	8	8	8	9	9	9	10	夏	1	1	1	1	2	2	2	3	3	3	4	4	4	5	5	滿	6	6

五月小　月建 丙午　一白

망종 음 5/14 양 6/6 오전 3시20분 ● 하지 음 5/29 양 6/21 오후 8시13분

음력	1	2	3	4	5	6	7	8	9	10	11	12	13	14	15	16	17	18	19	20	21	22	23	24	25	26	27	28	29
양력	5/24	25	26	27	28	29	30	31	6/1	2	3	4	5	6	7	8	9	10	11	12	13	14	15	16	17	18	19	20	21
요일	토	일	월	화	수	목	금	토	일	월	화	수	목	금	토	일	월	화	수	목	금	토	일	월	화	수	목	금	토
일진	庚午	辛未	壬申	癸酉	甲戌	乙亥	丙子	丁丑	戊寅	己卯	庚辰	辛巳	壬午	癸未	甲申	乙酉	丙戌	丁亥	戊子	己丑	庚寅	辛卯	壬辰	癸巳	甲午	乙未	丙申	丁酉	戊戌
대운 남	4	4	4	3	3	3	2	2	2	1	1	1	1	芒	10	10	9	9	9	8	8	8	7	7	7	6	6	6	夏
대운 여	6	7	7	7	8	8	8	9	9	9	10	10	10	種	1	1	1	1	2	2	2	3	3	3	4	4	4	5	至

閏五月大

소서 음 윤5/16 양 7/7 오후 1시45분

음력	1	2	3	4	5	6	7	8	9	10	11	12	13	14	15	16	17	18	19	20	21	22	23	24	25	26	27	28	29	30
양력	6/22	23	24	25	26	27	28	29	30	7/1	2	3	4	5	6	7	8	9	10	11	12	13	14	15	16	17	18	19	20	21
요일	일	월	화	수	목	금	토	일	월	화	수	목	금	토	일	월	화	수	목	금	토	일	월	화	수	목	금	토	일	월
일진	己亥	庚子	辛丑	壬寅	癸卯	甲辰	乙巳	丙午	丁未	戊申	己酉	庚戌	辛亥	壬子	癸丑	甲寅	乙卯	丙辰	丁巳	戊午	己未	庚申	辛酉	壬戌	癸亥	甲子	乙丑	丙寅	丁卯	戊辰
대운 남	5	5	4	4	4	3	3	3	2	2	2	1	1	1	1	小	10	10	9	9	9	8	8	8	7	7	7	6	6	6
대운 여	5	6	6	6	7	7	7	8	8	8	9	9	9	10	10	暑	1	1	1	1	2	2	2	3	3	3	4	4	4	5

六月大　月建 丁未　九紫

대서 음 6/2 양 7/23 오전 7시7분 ● 입추 음 6/17 양 8/7 오후 11시31분

음력	1	2	3	4	5	6	7	8	9	10	11	12	13	14	15	16	17	18	19	20	21	22	23	24	25	26	27	28	29	30
양력	7/22	23	24	25	26	27	28	29	30	31	8/1	2	3	4	5	6	7	8	9	10	11	12	13	14	15	16	17	18	19	20
요일	화	수	목	금	토	일	월	화	수	목	금	토	일	월	화	수	목	금	토	일	월	화	수	목	금	토	일	월	화	수
일진	己巳	庚午	辛未	壬申	癸酉	甲戌	乙亥	丙子	丁丑	戊寅	己卯	庚辰	辛巳	壬午	癸未	甲申	乙酉	丙戌	丁亥	戊子	己丑	庚寅	辛卯	壬辰	癸巳	甲午	乙未	丙申	丁酉	戊戌
대운 남	5	大	5	4	4	4	3	3	3	2	2	2	1	1	1	1	立	10	10	10	9	9	9	8	8	8	7	7	7	6
대운 여	5	暑	6	6	6	7	7	7	8	8	8	9	9	9	10	10	秋	1	1	1	1	2	2	2	3	3	3	4	4	4

七月小　月建 戊申　八白

처서 음 7/3 양 8/23 오후 2시3분 ● 백로 음 7/19 양 9/8 오전 2시14분

음력	1	2	3	4	5	6	7	8	9	10	11	12	13	14	15	16	17	18	19	20	21	22	23	24	25	26	27	28	29
양력	8/21	22	23	24	25	26	27	28	29	30	31	9/1	2	3	4	5	6	7	8	9	10	11	12	13	14	15	16	17	18
요일	목	금	토	일	월	화	수	목	금	토	일	월	화	수	목	금	토	일	월	화	수	목	금	토	일	월	화	수	목
일진	己亥	庚子	辛丑	壬寅	癸卯	甲辰	乙巳	丙午	丁未	戊申	己酉	庚戌	辛亥	壬子	癸丑	甲寅	乙卯	丙辰	丁巳	戊午	己未	庚申	辛酉	壬戌	癸亥	甲子	乙丑	丙寅	丁卯
대운 남	6	6	處	5	5	4	4	4	3	3	3	2	2	2	1	1	1	1	白	10	9	9	9	8	8	8	7	7	7
대운 여	5	5	暑	6	6	6	7	7	7	8	8	8	9	9	9	10	10	10	露	1	1	1	1	2	2	2	3	3	3

八月大　月建 己酉　七赤

추분 음 8/5 양 9/23 오전 11시24분 ● 한로 음 8/20 양 10/8 오후 5시32분

음력	1	2	3	4	5	6	7	8	9	10	11	12	13	14	15	16	17	18	19	20	21	22	23	24	25	26	27	28	29	30
양력	9/19	20	21	22	23	24	25	26	27	28	29	30	10/1	2	3	4	5	6	7	8	9	10	11	12	13	14	15	16	17	18
요일	금	토	일	월	화	수	목	금	토	일	월	화	수	목	금	토	일	월	화	수	목	금	토	일	월	화	수	목	금	토
일진	戊辰	己巳	庚午	辛未	壬申	癸酉	甲戌	乙亥	丙子	丁丑	戊寅	己卯	庚辰	辛巳	壬午	癸未	甲申	乙酉	丙戌	丁亥	戊子	己丑	庚寅	辛卯	壬辰	癸巳	甲午	乙未	丙申	丁酉
대운 남	6	6	6	5	秋	5	4	4	4	3	3	3	2	2	2	1	1	1	1	寒	10	9	9	9	8	8	8	7	7	7
대운 여	4	4	4	5	分	5	6	6	6	7	7	7	8	8	8	9	9	9	10	露	1	1	1	1	2	2	2	3	3	3

九月小　月建 庚戌　六白

상강 음 9/5 양 10/23 오후 8시22분 ● 입동 음 9/20 양 11/7 오후 8시22분

음력	1	2	3	4	5	6	7	8	9	10	11	12	13	14	15	16	17	18	19	20	21	22	23	24	25	26	27	28	29
양력	10/19	20	21	22	23	24	25	26	27	28	29	30	31	11/1	2	3	4	5	6	7	8	9	10	11	12	13	14	15	16
요일	일	월	화	수	목	금	토	일	월	화	수	목	금	토	일	월	화	수	목	금	토	일	월	화	수	목	금	토	일
일진	戊戌	己亥	庚子	辛丑	壬寅	癸卯	甲辰	乙巳	丙午	丁未	戊申	己酉	庚戌	辛亥	壬子	癸丑	甲寅	乙卯	丙辰	丁巳	戊午	己未	庚申	辛酉	壬戌	癸亥	甲子	乙丑	丙寅
대운 남	6	6	6	5	霜	5	4	4	4	3	3	3	2	2	2	1	1	1	1	立	10	9	9	9	8	8	8	7	7
대운 여	4	4	4	5	降	5	6	6	6	7	7	7	8	8	8	9	9	9	10	冬	1	1	1	1	2	2	2	3	3

十月大　月建 辛亥　五黃

소설 음 10/6 양 11/22 오후 5시36분 ● 대설 음 10/21 양 12/7 오후 0시56분

음력	1	2	3	4	5	6	7	8	9	10	11	12	13	14	15	16	17	18	19	20	21	22	23	24	25	26	27	28	29	30
양력	11/17	18	19	20	21	22	23	24	25	26	27	28	29	30	12/1	2	3	4	5	6	7	8	9	10	11	12	13	14	15	16
요일	월	화	수	목	금	토	일	월	화	수	목	금	토	일	월	화	수	목	금	토	일	월	화	수	목	금	토	일	월	화
일진	丁卯	戊辰	己巳	庚午	辛未	壬申	癸酉	甲戌	乙亥	丙子	丁丑	戊寅	己卯	庚辰	辛巳	壬午	癸未	甲申	乙酉	丙戌	丁亥	戊子	己丑	庚寅	辛卯	壬辰	癸巳	甲午	乙未	丙申
대운 남	7	6	6	6	5	小	5	4	4	4	3	3	3	2	2	2	1	1	1	1	大	10	9	9	9	8	8	8	7	7
대운 여	3	4	4	4	5	雪	5	6	6	6	7	7	7	8	8	8	9	9	9	10	雪	1	1	1	1	2	2	2	3	3

十一月小　月建 壬子　四綠

동지 음 11/6 양 12/22 오전 6시43분 ● 소한 음 11/21 양 1/6 오전 0시2분

음력	1	2	3	4	5	6	7	8	9	10	11	12	13	14	15	16	17	18	19	20	21	22	23	24	25	26	27	28	29
양력	12/17	18	19	20	21	22	23	24	25	26	27	28	29	30	31	1/1	2	3	4	5	6	7	8	9	10	11	12	13	14
요일	수	목	금	토	일	월	화	수	목	금	토	일	월	화	수	목	금	토	일	월	화	수	목	금	토	일	월	화	수
일진	丁酉	戊戌	己亥	庚子	辛丑	壬寅	癸卯	甲辰	乙巳	丙午	丁未	戊申	己酉	庚戌	辛亥	壬子	癸丑	甲寅	乙卯	丙辰	丁巳	戊午	己未	庚申	辛酉	壬戌	癸亥	甲子	乙丑
대운 남	7	6	6	6	5	冬	5	4	4	4	3	3	3	2	2	2	1	1	1	1	小	9	9	9	8	8	8	7	7
대운 여	3	4	4	4	5	至	5	6	6	6	7	7	7	8	8	8	9	9	9	10	寒	1	1	1	1	2	2	2	3

十二月大　月建 癸丑　三碧

대한 음 12/6 양 1/20 오후 5시21분 ● 입춘 음 12/21 양 2/4 오전 11시46분

음력	1	2	3	4	5	6	7	8	9	10	11	12	13	14	15	16	17	18	19	20	21	22	23	24	25	26	27	28	29	30
양력	1/15	16	17	18	19	20	21	22	23	24	25	26	27	28	29	30	31	2/1	2	3	4	5	6	7	8	9	10	11	12	13
요일	목	금	토	일	월	화	수	목	금	토	일	월	화	수	목	금	토	일	월	화	수	목	금	토	일	월	화	수	목	금
일진	丙寅	丁卯	戊辰	己巳	庚午	辛未	壬申	癸酉	甲戌	乙亥	丙子	丁丑	戊寅	己卯	庚辰	辛巳	壬午	癸未	甲申	乙酉	丙戌	丁亥	戊子	己丑	庚寅	辛卯	壬辰	癸巳	甲午	乙未
대운 남	7	6	6	6	5	大	5	4	4	4	3	3	3	2	2	2	1	1	1	1	立	1	1	1	1	2	2	2	3	3
대운 여	3	3	4	4	4	寒	5	5	6	6	6	7	7	7	8	8	8	9	9	9	春	10	9	9	9	8	8	8	7	7

1953년 | 단기 4286년 癸巳年

六日得辛 九龍治水

卯 大將軍　東 三殺　卯 吊客　未 喪門

納音五行 長流水

正月小　月建 甲寅　二黑

우수 음 1/6 양 2/19 오전 7시41분 ● 경칩 음 1/21 양 3/6 오전 6시2분

음력	1	2	3	4	5	6	7	8	9	10	11	12	13	14	15	16	17	18	19	20	21	22	23	24	25	26	27	28	29
양력	2/14	15	16	17	18	19	20	21	22	23	24	25	26	27	28	3/1	2	3	4	5	6	7	8	9	10	11	12	13	14
요일	토	일	월	화	수	목	금	토	일	월	화	수	목	금	토	일	월	화	수	목	금	토	일	월	화	수	목	금	토
일진	丙申	丁酉	戊戌	己亥	庚子	辛丑	壬寅	癸卯	甲辰	乙巳	丙午	丁未	戊申	己酉	庚戌	辛亥	壬子	癸丑	甲寅	乙卯	丙辰	丁巳	戊午	己未	庚申	辛酉	壬戌	癸亥	甲子
대운 남	3	4	4	4	5	雨	5	6	6	6	7	7	7	8	8	8	9	9	9	10	驚	1	1	1	1	2	2	2	3
대운 여	7	6	6	6	5	水	5	4	4	4	3	3	3	2	2	2	1	1	1	1	蟄	10	9	9	9	8	8	8	7

二月大　月建 乙卯　一白

춘분 음 2/7 양 3/21 오전 7시1분 ● 청명 음 2/22 양 4/5 오전 11시13분

음력	1	2	3	4	5	6	7	8	9	10	11	12	13	14	15	16	17	18	19	20	21	22	23	24	25	26	27	28	29	30
양력	3/15	16	17	18	19	20	21	22	23	24	25	26	27	28	29	30	31	4/1	2	3	4	5	6	7	8	9	10	11	12	13
요일	일	월	화	수	목	금	토	일	월	화	수	목	금	토	일	월	화	수	목	금	토	일	월	화	수	목	금	토	일	월
일진	乙丑	丙寅	丁卯	戊辰	己巳	庚午	辛未	壬申	癸酉	甲戌	乙亥	丙子	丁丑	戊寅	己卯	庚辰	辛巳	壬午	癸未	甲申	乙酉	丙戌	丁亥	戊子	己丑	庚寅	辛卯	壬辰	癸巳	甲午
대운 남	3	3	4	4	4	5	春	5	6	6	6	7	7	7	8	8	8	9	9	9	10	清	1	1	1	1	2	2	2	3
대운 여	7	7	6	6	6	5	分	5	4	4	4	3	3	3	2	2	2	1	1	1	1	明	10	10	9	9	9	8	8	8

三月小　月建 丙辰　九紫

곡우 음 3/7 양 4/20 오후 6시25분 ● 입하 음 3/23 양 5/6 오전 4시52분

음력	1	2	3	4	5	6	7	8	9	10	11	12	13	14	15	16	17	18	19	20	21	22	23	24	25	26	27	28	29
양력	4/14	15	16	17	18	19	20	21	22	23	24	25	26	27	28	29	30	5/1	2	3	4	5	6	7	8	9	10	11	12
요일	화	수	목	금	토	일	월	화	수	목	금	토	일	월	화	수	목	금	토	일	월	화	수	목	금	토	일	월	화
일진	乙未	丙申	丁酉	戊戌	己亥	庚子	辛丑	壬寅	癸卯	甲辰	乙巳	丙午	丁未	戊申	己酉	庚戌	辛亥	壬子	癸丑	甲寅	乙卯	丙辰	丁巳	戊午	己未	庚申	辛酉	壬戌	癸亥
대운 남	3	3	4	4	4	5	穀	5	6	6	6	7	7	7	8	8	8	9	9	9	10	10	立	1	1	1	1	2	2
대운 여	7	7	7	6	6	6	雨	5	5	4	4	4	3	3	3	2	2	2	1	1	1	1	夏	10	10	9	9	9	8

四月小　月建 丁巳　八白

소만 음 4/9 양 5/21 오후 5시53분 ● 망종 음 4/25 양 6/6 오전 9시16분

음력	1	2	3	4	5	6	7	8	9	10	11	12	13	14	15	16	17	18	19	20	21	22	23	24	25	26	27	28	29
양력	5/13	14	15	16	17	18	19	20	21	22	23	24	25	26	27	28	29	30	31	6/1	2	3	4	5	6	7	8	9	10
요일	수	목	금	토	일	월	화	수	목	금	토	일	월	화	수	목	금	토	일	월	화	수	목	금	토	일	월	화	수
일진	甲子	乙丑	丙寅	丁卯	戊辰	己巳	庚午	辛未	壬申	癸酉	甲戌	乙亥	丙子	丁丑	戊寅	己卯	庚辰	辛巳	壬午	癸未	甲申	乙酉	丙戌	丁亥	戊子	己丑	庚寅	辛卯	壬辰
대운 남	2	3	3	3	4	4	4	5	小	5	6	6	6	7	7	7	8	8	8	9	9	9	10	10	芒	1	1	1	1
대운 여	8	8	7	7	7	6	6	6	滿	5	5	4	4	4	3	3	3	2	2	2	1	1	1	1	種	10	10	9	9

五月大　月建 戊午　七赤

하지 음 5/12 양 6/22 오전 2시0분 ● 소서 음 5/27 양 7/7 오후 7시35분

음력	1	2	3	4	5	6	7	8	9	10	11	12	13	14	15	16	17	18	19	20	21	22	23	24	25	26	27	28	29	30
양력	6/11	12	13	14	15	16	17	18	19	20	21	22	23	24	25	26	27	28	29	30	7/1	2	3	4	5	6	7	8	9	10
요일	목	금	토	일	월	화	수	목	금	토	일	월	화	수	목	금	토	일	월	화	수	목	금	토	일	월	화	수	목	금
일진	癸巳	甲午	乙未	丙申	丁酉	戊戌	己亥	庚子	辛丑	壬寅	癸卯	甲辰	乙巳	丙午	丁未	戊申	己酉	庚戌	辛亥	壬子	癸丑	甲寅	乙卯	丙辰	丁巳	戊午	己未	庚申	辛酉	壬戌
대운 남	2	2	2	3	3	3	4	4	4	5	5	夏	6	6	6	7	7	7	8	8	8	9	9	9	10	10	小	1	1	1
대운 여	9	8	8	8	7	7	7	6	6	6	5	至	5	4	4	4	3	3	3	2	2	2	1	1	1	1	暑	10	10	10

六月大　月建 己未　六白

대서 음 6/13 양 7/23 오후 12시52분 ● 입추 음 6/29 양 8/8 오전 5시15분

음력	1	2	3	4	5	6	7	8	9	10	11	12	13	14	15	16	17	18	19	20	21	22	23	24	25	26	27	28	29	30
양력	7/11	12	13	14	15	16	17	18	19	20	21	22	23	24	25	26	27	28	29	30	31	8/1	2	3	4	5	6	7	8	9
요일	토	일	월	화	수	목	금	토	일	월	화	수	목	금	토	일	월	화	수	목	금	토	일	월	화	수	목	금	토	일
일진	癸亥	甲子	乙丑	丙寅	丁卯	戊辰	己巳	庚午	辛未	壬申	癸酉	甲戌	乙亥	丙子	丁丑	戊寅	己卯	庚辰	辛巳	壬午	癸未	甲申	乙酉	丙戌	丁亥	戊子	己丑	庚寅	辛卯	壬辰
대운 남	1	2	2	2	3	3	3	4	4	4	5	5	大	6	6	6	7	7	7	8	8	8	9	9	9	10	10	10	立	1
대운 여	9	9	9	8	8	8	7	7	7	6	6	6	暑	5	5	4	4	4	3	3	3	2	2	2	1	1	1	1	秋	10

七月小　月建 庚申　五黃

처서 음 7/14 양 8/23 오후 7시45분

음력	1	2	3	4	5	6	7	8	9	10	11	12	13	14	15	16	17	18	19	20	21	22	23	24	25	26	27	28	29
양력	8/10	11	12	13	14	15	16	17	18	19	20	21	22	23	24	25	26	27	28	29	30	31	9/1	2	3	4	5	6	7
요일	월	화	수	목	금	토	일	월	화	수	목	금	토	일	월	화	수	목	금	토	일	월	화	수	목	금	토	일	월
일진	癸巳	甲午	乙未	丙申	丁酉	戊戌	己亥	庚子	辛丑	壬寅	癸卯	甲辰	乙巳	丙午	丁未	戊申	己酉	庚戌	辛亥	壬子	癸丑	甲寅	乙卯	丙辰	丁巳	戊午	己未	庚申	辛酉
대운 남	1	1	1	2	2	2	3	3	3	4	4	4	5	處	5	6	6	6	7	7	7	8	8	8	9	9	9	10	10
대운 여	10	9	9	9	8	8	8	7	7	7	6	6	6	暑	5	5	4	4	4	3	3	3	2	2	2	1	1	1	1

八月大　月建 辛酉　四綠

백로 음 8/1 양 9/8 오전 7시53분 ● 추분 음 8/16 양 9/23 오후 5시6분

음력	1	2	3	4	5	6	7	8	9	10	11	12	13	14	15	16	17	18	19	20	21	22	23	24	25	26	27	28	29	30
양력	9/8	9	10	11	12	13	14	15	16	17	18	19	20	21	22	23	24	25	26	27	28	29	30	10/1	2	3	4	5	6	7
요일	화	수	목	금	토	일	월	화	수	목	금	토	일	월	화	수	목	금	토	일	월	화	수	목	금	토	일	월	화	수
일진	壬戌	癸亥	甲子	乙丑	丙寅	丁卯	戊辰	己巳	庚午	辛未	壬申	癸酉	甲戌	乙亥	丙子	丁丑	戊寅	己卯	庚辰	辛巳	壬午	癸未	甲申	乙酉	丙戌	丁亥	戊子	己丑	庚寅	辛卯
대운 남	白	1	1	1	1	2	2	2	3	3	3	4	4	4	5	秋	5	6	6	6	7	7	7	8	8	8	9	9	9	10
대운 여	露	10	9	9	9	8	8	8	7	7	7	6	6	6	5	分	5	4	4	4	3	3	3	2	2	2	1	1	1	1

九月大　月建 壬戌　三碧

한로 음 9/1 양 10/8 오후 11시10분 ● 상강 음 9/17 양 10/24 오전 2시6분

음력	1	2	3	4	5	6	7	8	9	10	11	12	13	14	15	16	17	18	19	20	21	22	23	24	25	26	27	28	29	30
양력	10/8	9	10	11	12	13	14	15	16	17	18	19	20	21	22	23	24	25	26	27	28	29	30	31	11/1	2	3	4	5	6
요일	목	금	토	일	월	화	수	목	금	토	일	월	화	수	목	금	토	일	월	화	수	목	금	토	일	월	화	수	목	금
일진	壬辰	癸巳	甲午	乙未	丙申	丁酉	戊戌	己亥	庚子	辛丑	壬寅	癸卯	甲辰	乙巳	丙午	丁未	戊申	己酉	庚戌	辛亥	壬子	癸丑	甲寅	乙卯	丙辰	丁巳	戊午	己未	庚申	辛酉
대운 남	寒	1	1	1	1	2	2	2	3	3	3	4	4	4	5	5	霜	6	6	6	7	7	7	8	8	8	9	9	9	10
대운 여	露	10	10	9	9	9	8	8	8	7	7	7	6	6	6	5	降	5	4	4	4	3	3	3	2	2	2	1	1	1

十月小　月建 癸亥　二黑

입동 음 10/2 양 11/8 오전 2시1분 ● 소설 음 10/16 양 11/22 오후 11시22분

음력	1	2	3	4	5	6	7	8	9	10	11	12	13	14	15	16	17	18	19	20	21	22	23	24	25	26	27	28	29
양력	11/7	8	9	10	11	12	13	14	15	16	17	18	19	20	21	22	23	24	25	26	27	28	29	30	12/1	2	3	4	5
요일	토	일	월	화	수	목	금	토	일	월	화	수	목	금	토	일	월	화	수	목	금	토	일	월	화	수	목	금	토
일진	壬戌	癸亥	甲子	乙丑	丙寅	丁卯	戊辰	己巳	庚午	辛未	壬申	癸酉	甲戌	乙亥	丙子	丁丑	戊寅	己卯	庚辰	辛巳	壬午	癸未	甲申	乙酉	丙戌	丁亥	戊子	己丑	庚寅
대운 남	10	立	1	1	1	1	2	2	2	3	3	3	4	4	4	小	5	5	6	6	6	7	7	7	8	8	8	9	9
대운 여	1	冬	9	9	9	8	8	8	7	7	7	6	6	6	5	雪	5	4	4	4	3	3	3	2	2	2	1	1	1

十一月大　月建 甲子　一白

대설 음 11/2 양 12/7 오후 6시37분 ● 동지 음 11/17 양 12/22 오후 12시31분

음력	1	2	3	4	5	6	7	8	9	10	11	12	13	14	15	16	17	18	19	20	21	22	23	24	25	26	27	28	29	30
양력	12/6	7	8	9	10	11	12	13	14	15	16	17	18	19	20	21	22	23	24	25	26	27	28	29	30	31	1/1	2	3	4
요일	일	월	화	수	목	금	토	일	월	화	수	목	금	토	일	월	화	수	목	금	토	일	월	화	수	목	금	토	일	월
일진	辛卯	壬辰	癸巳	甲午	乙未	丙申	丁酉	戊戌	己亥	庚子	辛丑	壬寅	癸卯	甲辰	乙巳	丙午	丁未	戊申	己酉	庚戌	辛亥	壬子	癸丑	甲寅	乙卯	丙辰	丁巳	戊午	己未	庚申
대운 남	9	大	1	1	1	1	2	2	2	3	3	3	4	4	4	5	冬	5	6	6	6	7	7	7	8	8	8	9	9	9
대운 여	1	雪	10	9	9	9	8	8	8	7	7	7	6	6	6	5	至	5	4	4	4	3	3	3	2	2	2	1	1	1

十二月大　月建 乙丑　九紫

소한 음 12/2 양 1/6 오전 5시45분 ● 대한 음 12/16 양 1/20 오후 11시11분

음력	1	2	3	4	5	6	7	8	9	10	11	12	13	14	15	16	17	18	19	20	21	22	23	24	25	26	27	28	29	30
양력	1/5	6	7	8	9	10	11	12	13	14	15	16	17	18	19	20	21	22	23	24	25	26	27	28	29	30	31	2/1	2	3
요일	화	수	목	금	토	일	월	화	수	목	금	토	일	월	화	수	목	금	토	일	월	화	수	목	금	토	일	월	화	수
일진	辛酉	壬戌	癸亥	甲子	乙丑	丙寅	丁卯	戊辰	己巳	庚午	辛未	壬申	癸酉	甲戌	乙亥	丙子	丁丑	戊寅	己卯	庚辰	辛巳	壬午	癸未	甲申	乙酉	丙戌	丁亥	戊子	己丑	庚寅
대운 남	10	小	1	1	1	1	2	2	2	3	3	3	4	4	4	大	5	5	6	6	6	7	7	7	8	8	8	9	9	9
대운 여	1	寒	9	9	9	8	8	8	7	7	7	6	6	6	5	寒	5	4	4	4	3	3	3	2	2	2	1	1	1	1

1954년 | 단기 4287년　甲午年

一日得辛 二龍治水

卯 大將軍　北 三殺　辰 吊客　申 喪門　納音五行 沙中金

正月小　月建 丙寅　八白

입춘 음 1/1 양 2/4 오후 5시31분 ● 우수 음 1/16 양 2/19 오후 1시32분

	1	2	3	4	5	6	7	8	9	10	11	12	13	14	15	16	17	18	19	20	21	22	23	24	25	26	27	28	29
양력	2/4	5	6	7	8	9	10	11	12	13	14	15	16	17	18	19	20	21	22	23	24	25	26	27	28	3/1	2	3	4
요일	목	금	토	일	월	화	수	목	금	토	일	월	화	수	목	금	토	일	월	화	수	목	금	토	일	월	화	수	목
일진	辛卯	壬辰	癸巳	甲午	乙未	丙申	丁酉	戊戌	己亥	庚子	辛丑	壬寅	癸卯	甲辰	乙巳	丙午	丁未	戊申	己酉	庚戌	辛亥	壬子	癸丑	甲寅	乙卯	丙辰	丁巳	戊午	己未
대운 남	立	10	9	9	9	8	8	8	7	7	7	6	6	6	5	雨	5	4	4	4	3	3	3	2	2	2	1	1	1
대운 여	春	1	1	1	1	2	2	2	3	3	3	4	4	4	5	水	5	6	6	6	7	7	7	8	8	8	9	9	9

二月小　月建 丁卯　七赤

경칩 음 2/2 양 3/6 오전 11시49분 ● 춘분 음 2/17 양 3/21 오후 12시53분

	1	2	3	4	5	6	7	8	9	10	11	12	13	14	15	16	17	18	19	20	21	22	23	24	25	26	27	28	29
양력	3/5	6	7	8	9	10	11	12	13	14	15	16	17	18	19	20	21	22	23	24	25	26	27	28	29	30	31	4/1	2
요일	금	토	일	월	화	수	목	금	토	일	월	화	수	목	금	토	일	월	화	수	목	금	토	일	월	화	수	목	금
일진	庚申	辛酉	壬戌	癸亥	甲子	乙丑	丙寅	丁卯	戊辰	己巳	庚午	辛未	壬申	癸酉	甲戌	乙亥	丙子	丁丑	戊寅	己卯	庚辰	辛巳	壬午	癸未	甲申	乙酉	丙戌	丁亥	戊子
대운 남	1	驚	10	9	9	9	8	8	8	7	7	7	6	6	6	5	春	5	4	4	4	3	3	3	2	2	2	1	1
대운 여	10	蟄	1	1	1	1	2	2	2	3	3	3	4	4	4	5	分	5	6	6	6	7	7	7	8	8	8	9	9

三月大　月建 戊辰　六白

청명 음 3/3 양 4/5 오후 4시59분 ● 곡우 음 3/19 양 4/21 오전 0시20분

	1	2	3	4	5	6	7	8	9	10	11	12	13	14	15	16	17	18	19	20	21	22	23	24	25	26	27	28	29	30
양력	4/3	4	5	6	7	8	9	10	11	12	13	14	15	16	17	18	19	20	21	22	23	24	25	26	27	28	29	30	5/1	2
요일	토	일	월	화	수	목	금	토	일	월	화	수	목	금	토	일	월	화	수	목	금	토	일	월	화	수	목	금	토	일
일진	己丑	庚寅	辛卯	壬辰	癸巳	甲午	乙未	丙申	丁酉	戊戌	己亥	庚子	辛丑	壬寅	癸卯	甲辰	乙巳	丙午	丁未	戊申	己酉	庚戌	辛亥	壬子	癸丑	甲寅	乙卯	丙辰	丁巳	戊午
대운 남	1	1	清	10	10	9	9	9	8	8	8	7	7	7	6	6	6	5	穀	5	4	4	4	3	3	3	2	2	2	1
대운 여	9	10	明	1	1	1	1	2	2	2	3	3	3	4	4	4	5	5	雨	6	6	6	7	7	7	8	8	8	9	9

四月小　月建 己巳　五黃

입하 음 4/4 양 5/6 오전 10시38분 ● 소만 음 4/19 양 5/21 오후 11시47분

	1	2	3	4	5	6	7	8	9	10	11	12	13	14	15	16	17	18	19	20	21	22	23	24	25	26	27	28	29
양력	5/3	4	5	6	7	8	9	10	11	12	13	14	15	16	17	18	19	20	21	22	23	24	25	26	27	28	29	30	31
요일	월	화	수	목	금	토	일	월	화	수	목	금	토	일	월	화	수	목	금	토	일	월	화	수	목	금	토	일	월
일진	己未	庚申	辛酉	壬戌	癸亥	甲子	乙丑	丙寅	丁卯	戊辰	己巳	庚午	辛未	壬申	癸酉	甲戌	乙亥	丙子	丁丑	戊寅	己卯	庚辰	辛巳	壬午	癸未	甲申	乙酉	丙戌	丁亥
대운 남	1	1	1	立	10	10	9	9	9	8	8	8	7	7	7	6	6	6	小	5	5	4	4	4	3	3	3	2	2
대운 여	9	10	10	夏	1	1	1	1	2	2	2	3	3	3	4	4	4	5	滿	5	6	6	6	7	7	7	8	8	8

五月小　月建 庚午　四綠

망종 음 5/6 양 6/6 오후 3시1분 ● 하지 음 5/22 양 6/22 오전 7시54분

	1	2	3	4	5	6	7	8	9	10	11	12	13	14	15	16	17	18	19	20	21	22	23	24	25	26	27	28	29
양력	6/1	2	3	4	5	6	7	8	9	10	11	12	13	14	15	16	17	18	19	20	21	22	23	24	25	26	27	28	29
요일	화	수	목	금	토	일	월	화	수	목	금	토	일	월	화	수	목	금	토	일	월	화	수	목	금	토	일	월	화
일진	戊子	己丑	庚寅	辛卯	壬辰	癸巳	甲午	乙未	丙申	丁酉	戊戌	己亥	庚子	辛丑	壬寅	癸卯	甲辰	乙巳	丙午	丁未	戊申	己酉	庚戌	辛亥	壬子	癸丑	甲寅	乙卯	丙辰
대운 남	2	1	1	1	1	芒	10	10	10	9	9	9	8	8	8	7	7	7	6	6	6	夏	5	5	4	4	4	3	3
대운 여	9	9	9	10	10	種	1	1	1	1	2	2	2	3	3	3	4	4	4	5	5	至	6	6	6	7	7	7	8

六月大　月建 辛未　三碧

소서 음 6/9 양 7/8 오전 1시19분 ● 대서 음 6/24 양 7/23 오후 6시45분

	1	2	3	4	5	6	7	8	9	10	11	12	13	14	15	16	17	18	19	20	21	22	23	24	25	26	27	28	29	30
양력	6/30	7/1	2	3	4	5	6	7	8	9	10	11	12	13	14	15	16	17	18	19	20	21	22	23	24	25	26	27	28	29
요일	수	목	금	토	일	월	화	수	목	금	토	일	월	화	수	목	금	토	일	월	화	수	목	금	토	일	월	화	수	목
일진	丁巳	戊午	己未	庚申	辛酉	壬戌	癸亥	甲子	乙丑	丙寅	丁卯	戊辰	己巳	庚午	辛未	壬申	癸酉	甲戌	乙亥	丙子	丁丑	戊寅	己卯	庚辰	辛巳	壬午	癸未	甲申	乙酉	丙戌
대운 남	3	2	2	2	1	1	1	1	小	10	10	9	9	9	8	8	8	7	7	7	6	6	6	大	5	5	4	4	4	3
대운 여	8	8	9	9	9	10	10	10	暑	1	1	1	1	2	2	2	3	3	3	4	4	4	5	暑	5	6	6	6	7	7

七月小　月建 壬申　二黑

입추 음 7/10 양 8/8 오전 10시59분 ● 처서 음 7/26 양 8/24 오전 1시36분

음력	1	2	3	4	5	6	7	8	9	10	11	12	13	14	15	16	17	18	19	20	21	22	23	24	25	26	27	28	29
양력	7/30	31	8/1	2	3	4	5	6	7	8	9	10	11	12	13	14	15	16	17	18	19	20	21	22	23	24	25	26	27
요일	금	토	일	월	화	수	목	금	토	일	월	화	수	목	금	토	일	월	화	수	목	금	토	일	월	화	수	목	금
일진	丁亥	戊子	己丑	庚寅	辛卯	壬辰	癸巳	甲午	乙未	丙申	丁酉	戊戌	己亥	庚子	辛丑	壬寅	癸卯	甲辰	乙巳	丙午	丁未	戊申	己酉	庚戌	辛亥	壬子	癸丑	甲寅	乙卯
대운 남	3	3	2	2	2	1	1	1	1	立	10	10	9	9	9	8	8	8	7	7	7	6	6	6	5	處	5	4	4
대운 여	7	8	8	8	9	9	9	10	10	秋	1	1	1	1	2	2	2	3	3	3	4	4	4	5	5	暑	6	6	6

八月大　月建 癸酉　一白

백로 음 8/12 양 9/8 오후 1시38분 ● 추분 음 8/27 양 9/23 오후 10시55분

음력	1	2	3	4	5	6	7	8	9	10	11	12	13	14	15	16	17	18	19	20	21	22	23	24	25	26	27	28	29	30
양력	8/28	29	30	31	9/1	2	3	4	5	6	7	8	9	10	11	12	13	14	15	16	17	18	19	20	21	22	23	24	25	26
요일	토	일	월	화	수	목	금	토	일	월	화	수	목	금	토	일	월	화	수	목	금	토	일	월	화	수	목	금	토	일
일진	丙辰	丁巳	戊午	己未	庚申	辛酉	壬戌	癸亥	甲子	乙丑	丙寅	丁卯	戊辰	己巳	庚午	辛未	壬申	癸酉	甲戌	乙亥	丙子	丁丑	戊寅	己卯	庚辰	辛巳	壬午	癸未	甲申	乙酉
대운 남	4	3	3	3	2	2	2	1	1	1	1	白	10	10	9	9	9	8	8	8	7	7	7	6	6	6	秋	5	5	4
대운 여	7	7	7	8	8	8	9	9	9	10	10	露	1	1	1	1	2	2	2	3	3	3	4	4	4	5	分	5	6	6

九月大　月建 甲戌　九紫

한로 음 9/13 양 10/9 오전 4시57분 ● 상강 음 9/28 양 10/24 오전 7시56분

음력	1	2	3	4	5	6	7	8	9	10	11	12	13	14	15	16	17	18	19	20	21	22	23	24	25	26	27	28	29	30
양력	9/27	28	29	30	10/1	2	3	4	5	6	7	8	9	10	11	12	13	14	15	16	17	18	19	20	21	22	23	24	25	26
요일	월	화	수	목	금	토	일	월	화	수	목	금	토	일	월	화	수	목	금	토	일	월	화	수	목	금	토	일	월	화
일진	丙戌	丁亥	戊子	己丑	庚寅	辛卯	壬辰	癸巳	甲午	乙未	丙申	丁酉	戊戌	己亥	庚子	辛丑	壬寅	癸卯	甲辰	乙巳	丙午	丁未	戊申	己酉	庚戌	辛亥	壬子	癸丑	甲寅	乙卯
대운 남	4	4	3	3	3	2	2	2	1	1	1	1	寒	10	9	9	9	8	8	8	7	7	7	6	6	6	5	霜	5	4
대운 여	6	7	7	7	8	8	8	9	9	9	10	10	露	1	1	1	1	2	2	2	3	3	3	4	4	4	5	降	5	6

十月小　月建 乙亥　八白

입동 음 10/13 양 11/8 오전 7시51분 ● 소설 음 10/28 양 11/23 오전 5시14분

음력	1	2	3	4	5	6	7	8	9	10	11	12	13	14	15	16	17	18	19	20	21	22	23	24	25	26	27	28	29
양력	10/27	28	29	30	31	11/1	2	3	4	5	6	7	8	9	10	11	12	13	14	15	16	17	18	19	20	21	22	23	24
요일	수	목	금	토	일	월	화	수	목	금	토	일	월	화	수	목	금	토	일	월	화	수	목	금	토	일	월	화	수
일진	丙辰	丁巳	戊午	己未	庚申	辛酉	壬戌	癸亥	甲子	乙丑	丙寅	丁卯	戊辰	己巳	庚午	辛未	壬申	癸酉	甲戌	乙亥	丙子	丁丑	戊寅	己卯	庚辰	辛巳	壬午	癸未	甲申
대운 남	4	4	3	3	3	2	2	2	1	1	1	1	立	10	9	9	9	8	8	8	7	7	7	6	6	6	5	小	5
대운 여	6	6	7	7	7	8	8	8	9	9	9	10	冬	1	1	1	1	2	2	2	3	3	3	4	4	4	5	雪	5

十一月大　月建 丙子　七赤

대설 음 11/14 양 12/8 오전 0시29분 ● 동지 음 11/28 양 12/22 오후 6시24분

음력	1	2	3	4	5	6	7	8	9	10	11	12	13	14	15	16	17	18	19	20	21	22	23	24	25	26	27	28	29	30
양력	11/25	26	27	28	29	30	12/1	2	3	4	5	6	7	8	9	10	11	12	13	14	15	16	17	18	19	20	21	22	23	24
요일	목	금	토	일	월	화	수	목	금	토	일	월	화	수	목	금	토	일	월	화	수	목	금	토	일	월	화	수	목	금
일진	乙酉	丙戌	丁亥	戊子	己丑	庚寅	辛卯	壬辰	癸巳	甲午	乙未	丙申	丁酉	戊戌	己亥	庚子	辛丑	壬寅	癸卯	甲辰	乙巳	丙午	丁未	戊申	己酉	庚戌	辛亥	壬子	癸丑	甲寅
대운 남	4	4	4	3	3	3	2	2	2	1	1	1	1	大	9	9	9	8	8	8	7	7	7	6	6	6	5	冬	5	4
대운 여	6	6	6	7	7	7	8	8	8	9	9	9	10	雪	1	1	1	1	2	2	2	3	3	3	4	4	4	至	5	5

十二月大　月建 丁丑　六白

소한 음 12/13 양 1/6 오전 11시36분 ● 대한 음 12/28 양 1/21 오전 5시2분

음력	1	2	3	4	5	6	7	8	9	10	11	12	13	14	15	16	17	18	19	20	21	22	23	24	25	26	27	28	29	30
양력	12/25	26	27	28	29	30	31	1/1	2	3	4	5	6	7	8	9	10	11	12	13	14	15	16	17	18	19	20	21	22	23
요일	토	일	월	화	수	목	금	토	일	월	화	수	목	금	토	일	월	화	수	목	금	토	일	월	화	수	목	금	토	일
일진	乙卯	丙辰	丁巳	戊午	己未	庚申	辛酉	壬戌	癸亥	甲子	乙丑	丙寅	丁卯	戊辰	己巳	庚午	辛未	壬申	癸酉	甲戌	乙亥	丙子	丁丑	戊寅	己卯	庚辰	辛巳	壬午	癸未	甲申
대운 남	4	4	3	3	3	2	2	2	1	1	1	1	小	9	9	9	8	8	8	7	7	7	6	6	6	5	5	大	4	4
대운 여	6	6	6	7	7	7	8	8	8	9	9	9	寒	1	1	1	1	2	2	2	3	3	3	4	4	4	5	寒	5	6

1955년 | 단기 4288년 乙未年

七日得辛 八龍治水

卯 大將軍　酉 三殺　巳 吊客　酉 喪門　納音五行 沙中金

正月大　月建 戊寅　五黃

입춘 음 1/12 양 2/4 오후 11시18분 · 우수 음 1/27 양 2/19 오후 7시19분

음력	1	2	3	4	5	6	7	8	9	10	11	12	13	14	15	16	17	18	19	20	21	22	23	24	25	26	27	28	29	30
양력	1/24	25	26	27	28	29	30	31	2/1	2	3	4	5	6	7	8	9	10	11	12	13	14	15	16	17	18	19	20	21	22
요일	월	화	수	목	금	토	일	월	화	수	목	금	토	일	월	화	수	목	금	토	일	월	화	수	목	금	토	일	월	화
일진	乙酉	丙戌	丁亥	戊子	己丑	庚寅	辛卯	壬辰	癸巳	甲午	乙未	丙申	丁酉	戊戌	己亥	庚子	辛丑	壬寅	癸卯	甲辰	乙巳	丙午	丁未	戊申	己酉	庚戌	辛亥	壬子	癸丑	甲寅
대운 남	4	3	3	3	2	2	2	1	1	1	1	立	1	1	1	1	2	2	2	3	3	3	4	4	4	5	雨	5	6	6
대운 여	6	6	7	7	7	8	8	8	9	9	9	春	10	9	9	9	8	8	8	7	7	7	6	6	6	5	水	5	4	4

二月小　月建 己卯　四綠

경칩 음 2/12 양 3/6 오후 5시31분 · 춘분 음 2/27 양 3/21 오후 6시35분

음력	1	2	3	4	5	6	7	8	9	10	11	12	13	14	15	16	17	18	19	20	21	22	23	24	25	26	27	28	29
양력	2/23	24	25	26	27	28	3/1	2	3	4	5	6	7	8	9	10	11	12	13	14	15	16	17	18	19	20	21	22	23
요일	수	목	금	토	일	월	화	수	목	금	토	일	월	화	수	목	금	토	일	월	화	수	목	금	토	일	월	화	수
일진	乙卯	丙辰	丁巳	戊午	己未	庚申	辛酉	壬戌	癸亥	甲子	乙丑	丙寅	丁卯	戊辰	己巳	庚午	辛未	壬申	癸酉	甲戌	乙亥	丙子	丁丑	戊寅	己卯	庚辰	辛巳	壬午	癸未
대운 남	6	7	7	7	8	8	8	9	9	9	10	驚	1	1	1	1	2	2	2	3	3	3	4	4	4	5	春	5	6
대운 여	4	3	3	3	2	2	2	1	1	1	1	蟄	10	9	9	9	8	8	8	7	7	7	6	6	6	5	分	5	4

三月小　月建 庚辰　三碧

청명 음 3/13 양 4/5 오후 10시39분 · 곡우 음 3/29 양 4/21 오전 5시58분

음력	1	2	3	4	5	6	7	8	9	10	11	12	13	14	15	16	17	18	19	20	21	22	23	24	25	26	27	28	29
양력	3/24	25	26	27	28	29	30	31	4/1	2	3	4	5	6	7	8	9	10	11	12	13	14	15	16	17	18	19	20	21
요일	목	금	토	일	월	화	수	목	금	토	일	월	화	수	목	금	토	일	월	화	수	목	금	토	일	월	화	수	목
일진	甲申	乙酉	丙戌	丁亥	戊子	己丑	庚寅	辛卯	壬辰	癸巳	甲午	乙未	丙申	丁酉	戊戌	己亥	庚子	辛丑	壬寅	癸卯	甲辰	乙巳	丙午	丁未	戊申	己酉	庚戌	辛亥	壬子
대운 남	6	6	7	7	7	8	8	8	9	9	9	10	清	1	1	1	1	2	2	2	3	3	3	4	4	4	5	5	穀
대운 여	4	4	3	3	3	2	2	2	1	1	1	1	明	10	10	9	9	9	8	8	8	7	7	7	6	6	6	5	雨

閏三月大

입하 음 윤3/15 양 5/6 오후 4시18분

음력	1	2	3	4	5	6	7	8	9	10	11	12	13	14	15	16	17	18	19	20	21	22	23	24	25	26	27	28	29	30
양력	4/22	23	24	25	26	27	28	29	30	5/1	2	3	4	5	6	7	8	9	10	11	12	13	14	15	16	17	18	19	20	21
요일	금	토	일	월	화	수	목	금	토	일	월	화	수	목	금	토	일	월	화	수	목	금	토	일	월	화	수	목	금	토
일진	癸丑	甲寅	乙卯	丙辰	丁巳	戊午	己未	庚申	辛酉	壬戌	癸亥	甲子	乙丑	丙寅	丁卯	戊辰	己巳	庚午	辛未	壬申	癸酉	甲戌	乙亥	丙子	丁丑	戊寅	己卯	庚辰	辛巳	壬午
대운 남	6	6	6	7	7	7	8	8	8	9	9	9	10	10	立	1	1	1	1	2	2	2	3	3	3	4	4	4	5	5
대운 여	5	4	4	4	3	3	3	2	2	2	1	1	1	1	夏	10	10	9	9	9	8	8	8	7	7	7	6	6	6	5

四月小　月建 辛巳　二黑

소만 음 4/1 양 5/22 오전 5시24분 · 망종 음 4/16 양 6/6 오후 8시43분

음력	1	2	3	4	5	6	7	8	9	10	11	12	13	14	15	16	17	18	19	20	21	22	23	24	25	26	27	28	29
양력	5/22	23	24	25	26	27	28	29	30	31	6/1	2	3	4	5	6	7	8	9	10	11	12	13	14	15	16	17	18	19
요일	일	월	화	수	목	금	토	일	월	화	수	목	금	토	일	월	화	수	목	금	토	일	월	화	수	목	금	토	일
일진	癸未	甲申	乙酉	丙戌	丁亥	戊子	己丑	庚寅	辛卯	壬辰	癸巳	甲午	乙未	丙申	丁酉	戊戌	己亥	庚子	辛丑	壬寅	癸卯	甲辰	乙巳	丙午	丁未	戊申	己酉	庚戌	辛亥
대운 남	小	6	6	6	7	7	7	8	8	8	9	9	9	10	10	芒	1	1	1	1	2	2	2	3	3	3	4	4	4
대운 여	滿	5	4	4	4	3	3	3	2	2	2	1	1	1	1	種	10	10	10	9	9	9	8	8	8	7	7	7	6

五月小　月建 壬午　一白

하지 음 5/3 양 6/22 오후 1시31분 · 소서 음 5/19 양 7/8 오전 7시6분

음력	1	2	3	4	5	6	7	8	9	10	11	12	13	14	15	16	17	18	19	20	21	22	23	24	25	26	27	28	29
양력	6/20	21	22	23	24	25	26	27	28	29	30	7/1	2	3	4	5	6	7	8	9	10	11	12	13	14	15	16	17	18
요일	월	화	수	목	금	토	일	월	화	수	목	금	토	일	월	화	수	목	금	토	일	월	화	수	목	금	토	일	월
일진	壬子	癸丑	甲寅	乙卯	丙辰	丁巳	戊午	己未	庚申	辛酉	壬戌	癸亥	甲子	乙丑	丙寅	丁卯	戊辰	己巳	庚午	辛未	壬申	癸酉	甲戌	乙亥	丙子	丁丑	戊寅	己卯	庚辰
대운 남	5	5	夏	6	6	6	7	7	7	8	8	8	9	9	9	10	10	10	小	1	1	1	1	2	2	2	3	3	3
대운 여	6	6	至	5	5	4	4	4	3	3	3	2	2	2	1	1	1	1	暑	10	10	9	9	9	8	8	8	7	7

六月大 月建 癸未 九紫

대서 음 6/6 양 7/24 오전 0시25분 ● 입추 음 6/21 양 8/8 오후 4시50분

음력	1	2	3	4	5	6	7	8	9	10	11	12	13	14	15	16	17	18	19	20	21	22	23	24	25	26	27	28	29	30
양력	7/19	20	21	22	23	24	25	26	27	28	29	30	31	8/1	2	3	4	5	6	7	8	9	10	11	12	13	14	15	16	17
요일	화	수	목	금	토	일	월	화	수	목	금	토	일	월	화	수	목	금	토	일	월	화	수	목	금	토	일	월	화	수
일진	辛巳	壬午	癸未	甲申	乙酉	丙戌	丁亥	戊子	己丑	庚寅	辛卯	壬辰	癸巳	甲午	乙未	丙申	丁酉	戊戌	己亥	庚子	辛丑	壬寅	癸卯	甲辰	乙巳	丙午	丁未	戊申	己酉	庚戌
대운 남	4	4	4	5	5	大	6	6	6	7	7	7	8	8	8	9	9	9	10	10	立	1	1	1	1	2	2	2	3	3
대운 여	7	6	6	6	5	暑	5	4	4	4	3	3	3	2	2	2	1	1	1	1	秋	10	10	9	9	9	8	8	8	7

七月小 月建 甲申 八白

처서 음 7/7 양 8/24 오전 7시19분 ● 백로 음 7/22 양 9/8 오후 7시32분

음력	1	2	3	4	5	6	7	8	9	10	11	12	13	14	15	16	17	18	19	20	21	22	23	24	25	26	27	28	29
양력	8/18	19	20	21	22	23	24	25	26	27	28	29	30	31	9/1	2	3	4	5	6	7	8	9	10	11	12	13	14	15
요일	목	금	토	일	월	화	수	목	금	토	일	월	화	수	목	금	토	일	월	화	수	목	금	토	일	월	화	수	목
일진	辛亥	壬子	癸丑	甲寅	乙卯	丙辰	丁巳	戊午	己未	庚申	辛酉	壬戌	癸亥	甲子	乙丑	丙寅	丁卯	戊辰	己巳	庚午	辛未	壬申	癸酉	甲戌	乙亥	丙子	丁丑	戊寅	己卯
대운 남	3	4	4	4	5	5	處	6	6	6	7	7	7	8	8	8	9	9	9	10	10	白	1	1	1	1	2	2	2
대운 여	7	7	6	6	6	5	暑	5	4	4	4	3	3	3	2	2	2	1	1	1	1	露	10	10	9	9	9	8	8

八月大 月建 乙酉 七赤

추분 음 8/9 양 9/24 오전 4시41분 ● 한로 음 8/24 양 10/9 오전 10시52분

음력	1	2	3	4	5	6	7	8	9	10	11	12	13	14	15	16	17	18	19	20	21	22	23	24	25	26	27	28	29	30
양력	9/16	17	18	19	20	21	22	23	24	25	26	27	28	29	30	10/1	2	3	4	5	6	7	8	9	10	11	12	13	14	15
요일	금	토	일	월	화	수	목	금	토	일	월	화	수	목	금	토	일	월	화	수	목	금	토	일	월	화	수	목	금	토
일진	庚辰	辛巳	壬午	癸未	甲申	乙酉	丙戌	丁亥	戊子	己丑	庚寅	辛卯	壬辰	癸巳	甲午	乙未	丙申	丁酉	戊戌	己亥	庚子	辛丑	壬寅	癸卯	甲辰	乙巳	丙午	丁未	戊申	己酉
대운 남	3	3	3	4	4	4	5	5	秋	6	6	6	7	7	7	8	8	8	9	9	9	10	10	寒	1	1	1	1	2	2
대운 여	8	7	7	7	6	6	6	5	分	5	4	4	4	3	3	3	2	2	2	1	1	1	1	露	10	9	9	9	8	8

九月小 月建 丙戌 六白

상강 음 9/9 양 10/24 오후 1시43분 ● 입동 음 9/24 양 11/8 오후 1시45분

음력	1	2	3	4	5	6	7	8	9	10	11	12	13	14	15	16	17	18	19	20	21	22	23	24	25	26	27	28	29
양력	10/16	17	18	19	20	21	22	23	24	25	26	27	28	29	30	31	11/1	2	3	4	5	6	7	8	9	10	11	12	13
요일	일	월	화	수	목	금	토	일	월	화	수	목	금	토	일	월	화	수	목	금	토	일	월	화	수	목	금	토	일
일진	庚戌	辛亥	壬子	癸丑	甲寅	乙卯	丙辰	丁巳	戊午	己未	庚申	辛酉	壬戌	癸亥	甲子	乙丑	丙寅	丁卯	戊辰	己巳	庚午	辛未	壬申	癸酉	甲戌	乙亥	丙子	丁丑	戊寅
대운 남	2	3	3	3	4	4	4	5	霜	5	6	6	6	7	7	7	8	8	8	9	9	9	10	立	1	1	1	1	2
대운 여	8	7	7	7	6	6	6	5	降	5	4	4	4	3	3	3	2	2	2	1	1	1	1	冬	10	9	9	9	8

十月大 月建 丁亥 五黃

소설 음 10/10 양 11/23 오전 11시1분 ● 대설 음 10/25 양 12/8 오전 6시23분

음력	1	2	3	4	5	6	7	8	9	10	11	12	13	14	15	16	17	18	19	20	21	22	23	24	25	26	27	28	29	30
양력	11/14	15	16	17	18	19	20	21	22	23	24	25	26	27	28	29	30	12/1	2	3	4	5	6	7	8	9	10	11	12	13
요일	월	화	수	목	금	토	일	월	화	수	목	금	토	일	월	화	수	목	금	토	일	월	화	수	목	금	토	일	월	화
일진	己卯	庚辰	辛巳	壬午	癸未	甲申	乙酉	丙戌	丁亥	戊子	己丑	庚寅	辛卯	壬辰	癸巳	甲午	乙未	丙申	丁酉	戊戌	己亥	庚子	辛丑	壬寅	癸卯	甲辰	乙巳	丙午	丁未	戊申
대운 남	2	2	3	3	3	4	4	4	5	小	5	6	6	6	7	7	7	8	8	8	9	9	9	10	大	1	1	1	1	2
대운 여	8	8	7	7	7	6	6	6	5	雪	5	4	4	4	3	3	3	2	2	2	1	1	1	1	雪	9	9	9	8	8

十一月大 月建 戊子 四綠

동지 음 11/10 양 12/23 오전 0시11분 ● 소한 음 11/24 양 1/6 오후 5시30분

음력	1	2	3	4	5	6	7	8	9	10	11	12	13	14	15	16	17	18	19	20	21	22	23	24	25	26	27	28	29	30
양력	12/14	15	16	17	18	19	20	21	22	23	24	25	26	27	28	29	30	31	1/1	2	3	4	5	6	7	8	9	10	11	12
요일	수	목	금	토	일	월	화	수	목	금	토	일	월	화	수	목	금	토	일	월	화	수	목	금	토	일	월	화	수	목
일진	己酉	庚戌	辛亥	壬子	癸丑	甲寅	乙卯	丙辰	丁巳	戊午	己未	庚申	辛酉	壬戌	癸亥	甲子	乙丑	丙寅	丁卯	戊辰	己巳	庚午	辛未	壬申	癸酉	甲戌	乙亥	丙子	丁丑	戊寅
대운 남	2	2	3	3	3	4	4	4	5	冬	5	6	6	6	7	7	7	8	8	8	9	9	9	小	1	1	1	1	2	2
대운 여	8	7	7	7	6	6	6	5	5	至	4	4	4	3	3	3	2	2	2	1	1	1	1	寒	10	9	9	9	8	8

十二月大 月建 己丑 三碧

대한 음 12/9 양 1/21 오전 10시48분 ● 입춘 음 12/24 양 2/5 오전 5시12분

음력	1	2	3	4	5	6	7	8	9	10	11	12	13	14	15	16	17	18	19	20	21	22	23	24	25	26	27	28	29	30
양력	1/13	14	15	16	17	18	19	20	21	22	23	24	25	26	27	28	29	30	31	2/1	2	3	4	5	6	7	8	9	10	11
요일	금	토	일	월	화	수	목	금	토	일	월	화	수	목	금	토	일	월	화	수	목	금	토	일	월	화	수	목	금	토
일진	己卯	庚辰	辛巳	壬午	癸未	甲申	乙酉	丙戌	丁亥	戊子	己丑	庚寅	辛卯	壬辰	癸巳	甲午	乙未	丙申	丁酉	戊戌	己亥	庚子	辛丑	壬寅	癸卯	甲辰	乙巳	丙午	丁未	戊申
대운 남	2	3	3	3	4	4	4	5	大	5	6	6	6	7	7	7	8	8	8	9	9	9	10	立	9	9	9	8	8	8
대운 여	8	7	7	7	6	6	6	5	寒	5	4	4	4	3	3	3	2	2	2	1	1	1	1	春	1	1	1	1	2	2

1956년 | 단기 4289년 丙申年

三日得辛 八龍治水

午 大將軍　南 三殺　午 吊客　戌 喪門

納音五行 山下火

正月小　月建 庚寅　二黑

우수 음 1/9 양 2/20 오전 1시5분 ● 경칩 음 1/23 양 3/5 오후 11시24분

음력	1	2	3	4	5	6	7	8	9	10	11	12	13	14	15	16	17	18	19	20	21	22	23	24	25	26	27	28	29
양력	2/12	13	14	15	16	17	18	19	20	21	22	23	24	25	26	27	28	29	3/1	2	3	4	5	6	7	8	9	10	11
요일	일	월	화	수	목	금	토	일	월	화	수	목	금	토	일	월	화	수	목	금	토	일	월	화	수	목	금	토	일
일진	己酉	庚戌	辛亥	壬子	癸丑	甲寅	乙卯	丙辰	丁巳	戊午	己未	庚申	辛酉	壬戌	癸亥	甲子	乙丑	丙寅	丁卯	戊辰	己巳	庚午	辛未	壬申	癸酉	甲戌	乙亥	丙子	丁丑
대운 남	7	7	7	6	6	6	5	5	雨水	4	4	4	3	3	3	2	2	2	1	1	1	1	驚蟄	10	10	9	9	9	8
대운 여	2	3	3	3	4	4	4	5		5	6	6	6	7	7	7	8	8	8	9	9	9		1	1	1	1	2	2

二月大　月建 辛卯　一白

춘분 음 2/10 양 3/21 오전 0시20분 ● 청명 음 2/25 양 4/5 오전 4시31분

음력	1	2	3	4	5	6	7	8	9	10	11	12	13	14	15	16	17	18	19	20	21	22	23	24	25	26	27	28	29	30
양력	3/12	13	14	15	16	17	18	19	20	21	22	23	24	25	26	27	28	29	30	31	4/1	2	3	4	5	6	7	8	9	10
요일	월	화	수	목	금	토	일	월	화	수	목	금	토	일	월	화	수	목	금	토	일	월	화	수	목	금	토	일	월	화
일진	戊寅	己卯	庚辰	辛巳	壬午	癸未	甲申	乙酉	丙戌	丁亥	戊子	己丑	庚寅	辛卯	壬辰	癸巳	甲午	乙未	丙申	丁酉	戊戌	己亥	庚子	辛丑	壬寅	癸卯	甲辰	乙巳	丙午	丁未
대운 남	8	8	7	7	7	6	6	6	5	春分	5	4	4	4	3	3	3	2	2	2	1	1	1	1	清明	10	9	9	9	8
대운 여	2	3	3	3	4	4	4	5	5		6	6	6	7	7	7	8	8	8	9	9	9	10	10		1	1	1	1	2

三月小　月建 壬辰　九紫

곡우 음 3/10 양 4/20 오전 11시43분 ● 입하 음 3/25 양 5/5 오후 10시10분

음력	1	2	3	4	5	6	7	8	9	10	11	12	13	14	15	16	17	18	19	20	21	22	23	24	25	26	27	28	29
양력	4/11	12	13	14	15	16	17	18	19	20	21	22	23	24	25	26	27	28	29	30	5/1	2	3	4	5	6	7	8	9
요일	수	목	금	토	일	월	화	수	목	금	토	일	월	화	수	목	금	토	일	월	화	수	목	금	토	일	월	화	수
일진	戊申	己酉	庚戌	辛亥	壬子	癸丑	甲寅	乙卯	丙辰	丁巳	戊午	己未	庚申	辛酉	壬戌	癸亥	甲子	乙丑	丙寅	丁卯	戊辰	己巳	庚午	辛未	壬申	癸酉	甲戌	乙亥	丙子
대운 남	8	8	7	7	7	6	6	6	5	穀雨	5	4	4	4	3	3	3	2	2	2	1	1	1	1	立夏	10	10	10	9
대운 여	2	2	3	3	3	4	4	4	5		5	6	6	6	7	7	7	8	8	8	9	9	9	10		1	1	1	1

四月大　月建 癸巳　八白

소만 음 4/12 양 5/21 오전 11시13분 ● 망종 음 4/28 양 6/6 오전 2시36분

음력	1	2	3	4	5	6	7	8	9	10	11	12	13	14	15	16	17	18	19	20	21	22	23	24	25	26	27	28	29	30
양력	5/10	11	12	13	14	15	16	17	18	19	20	21	22	23	24	25	26	27	28	29	30	31	6/1	2	3	4	5	6	7	8
요일	목	금	토	일	월	화	수	목	금	토	일	월	화	수	목	금	토	일	월	화	수	목	금	토	일	월	화	수	목	금
일진	丁丑	戊寅	己卯	庚辰	辛巳	壬午	癸未	甲申	乙酉	丙戌	丁亥	戊子	己丑	庚寅	辛卯	壬辰	癸巳	甲午	乙未	丙申	丁酉	戊戌	己亥	庚子	辛丑	壬寅	癸卯	甲辰	乙巳	丙午
대운 남	9	9	8	8	8	7	7	7	6	6	6	小滿	5	5	4	4	4	3	3	3	2	2	2	1	1	1	1	芒種	10	10
대운 여	2	2	2	3	3	3	4	4	4	5	5		6	6	6	7	7	7	8	8	8	9	9	9	10	10	10		1	1

五月小　月建 甲午　七赤

하지 음 5/13 양 6/21 오후 7시24분 ● 소서 음 5/29 양 7/7 오후 12시58분

음력	1	2	3	4	5	6	7	8	9	10	11	12	13	14	15	16	17	18	19	20	21	22	23	24	25	26	27	28	29
양력	6/9	10	11	12	13	14	15	16	17	18	19	20	21	22	23	24	25	26	27	28	29	30	7/1	2	3	4	5	6	7
요일	토	일	월	화	수	목	금	토	일	월	화	수	목	금	토	일	월	화	수	목	금	토	일	월	화	수	목	금	토
일진	丁未	戊申	己酉	庚戌	辛亥	壬子	癸丑	甲寅	乙卯	丙辰	丁巳	戊午	己未	庚申	辛酉	壬戌	癸亥	甲子	乙丑	丙寅	丁卯	戊辰	己巳	庚午	辛未	壬申	癸酉	甲戌	乙亥
대운 남	9	9	9	8	8	8	7	7	7	6	6	6	夏至	5	5	4	4	4	3	3	3	2	2	2	1	1	1	1	小暑
대운 여	1	1	2	2	2	3	3	3	4	4	4	5		5	6	6	6	7	7	7	8	8	8	9	9	9	10	10	

六月小　月建 乙未　六白

대서 음 6/16 양 7/23 오전 6시20분

음력	1	2	3	4	5	6	7	8	9	10	11	12	13	14	15	16	17	18	19	20	21	22	23	24	25	26	27	28	29
양력	7/8	9	10	11	12	13	14	15	16	17	18	19	20	21	22	23	24	25	26	27	28	29	30	31	8/1	2	3	4	5
요일	일	월	화	수	목	금	토	일	월	화	수	목	금	토	일	월	화	수	목	금	토	일	월	화	수	목	금	토	일
일진	丙子	丁丑	戊寅	己卯	庚辰	辛巳	壬午	癸未	甲申	乙酉	丙戌	丁亥	戊子	己丑	庚寅	辛卯	壬辰	癸巳	甲午	乙未	丙申	丁酉	戊戌	己亥	庚子	辛丑	壬寅	癸卯	甲辰
대운 남	10	10	9	9	9	8	8	8	7	7	7	6	6	6	5	大暑	5	4	4	4	3	3	3	2	2	2	1	1	1
대운 여	1	1	1	1	2	2	2	3	3	3	4	4	4	5	5		6	6	6	7	7	7	8	8	8	9	9	9	10

七月大　　月建 丙申　　五黃

입추 음 7/2 양 8/7 오후 10시40분 ● 처서 음 7/18 양 8/23 오후 1시15분

음력		1	2	3	4	5	6	7	8	9	10	11	12	13	14	15	16	17	18	19	20	21	22	23	24	25	26	27	28	29	30
양력		8/6	7	8	9	10	11	12	13	14	15	16	17	18	19	20	21	22	23	24	25	26	27	28	29	30	31	9/1	2	3	4
요일		월	화	수	목	금	토	일	월	화	수	목	금	토	일	월	화	수	목	금	토	일	월	화	수	목	금	토	일	월	화
일진		乙巳	丙午	丁未	戊申	己酉	庚戌	辛亥	壬子	癸丑	甲寅	乙卯	丙辰	丁巳	戊午	己未	庚申	辛酉	壬戌	癸亥	甲子	乙丑	丙寅	丁卯	戊辰	己巳	庚午	辛未	壬申	癸酉	甲戌
대운	남	1	立	10	10	10	9	9	9	8	8	8	7	7	7	6	6	6	處	5	5	4	4	4	3	3	3	2	2	2	1
	여	10	秋	1	1	1	1	2	2	2	3	3	3	4	4	4	5	5	暑	6	6	6	7	7	7	8	8	8	9	9	9

八月小　　月建 丁酉　　四綠

백로 음 8/4 양 9/8 오전 1시19분 ● 추분 음 8/19 양 9/23 오전 10시35분

음력		1	2	3	4	5	6	7	8	9	10	11	12	13	14	15	16	17	18	19	20	21	22	23	24	25	26	27	28	29
양력		9/5	6	7	8	9	10	11	12	13	14	15	16	17	18	19	20	21	22	23	24	25	26	27	28	29	30	10/1	2	3
요일		수	목	금	토	일	월	화	수	목	금	토	일	월	화	수	목	금	토	일	월	화	수	목	금	토	일	월	화	수
일진		乙亥	丙子	丁丑	戊寅	己卯	庚辰	辛巳	壬午	癸未	甲申	乙酉	丙戌	丁亥	戊子	己丑	庚寅	辛卯	壬辰	癸巳	甲午	乙未	丙申	丁酉	戊戌	己亥	庚子	辛丑	壬寅	癸卯
대운	남	1	1	1	白	10	9	9	9	8	8	8	7	7	7	6	6	6	5	秋	5	4	4	4	3	3	3	2	2	2
	여	10	10	10	露	1	1	1	1	2	2	2	3	3	3	4	4	4	5	分	5	6	6	6	7	7	7	8	8	8

九月大　　月建 戊戌　　三碧

한로 음 9/5 양 10/8 오후 4시36분 ● 상강 음 9/20 양 10/23 오후 7시34분

음력		1	2	3	4	5	6	7	8	9	10	11	12	13	14	15	16	17	18	19	20	21	22	23	24	25	26	27	28	29	30
양력		10/4	5	6	7	8	9	10	11	12	13	14	15	16	17	18	19	20	21	22	23	24	25	26	27	28	29	30	31	11/1	2
요일		목	금	토	일	월	화	수	목	금	토	일	월	화	수	목	금	토	일	월	화	수	목	금	토	일	월	화	수	목	금
일진		甲辰	乙巳	丙午	丁未	戊申	己酉	庚戌	辛亥	壬子	癸丑	甲寅	乙卯	丙辰	丁巳	戊午	己未	庚申	辛酉	壬戌	癸亥	甲子	乙丑	丙寅	丁卯	戊辰	己巳	庚午	辛未	壬申	癸酉
대운	남	1	1	1	1	寒	10	9	9	9	8	8	8	7	7	7	6	6	6	5	霜	5	4	4	4	3	3	3	2	2	2
	여	9	9	9	10	露	1	1	1	1	2	2	2	3	3	3	4	4	4	5	降	5	6	6	6	7	7	7	8	8	8

十月小　　月建 己亥　　二黑

입동 음 10/5 양 11/7 오후 7시26분 ● 소설 음 10/20 양 11/22 오후 4시50분

음력		1	2	3	4	5	6	7	8	9	10	11	12	13	14	15	16	17	18	19	20	21	22	23	24	25	26	27	28	29
양력		11/3	4	5	6	7	8	9	10	11	12	13	14	15	16	17	18	19	20	21	22	23	24	25	26	27	28	29	30	12/1
요일		토	일	월	화	수	목	금	토	일	월	화	수	목	금	토	일	월	화	수	목	금	토	일	월	화	수	목	금	토
일진		甲戌	乙亥	丙子	丁丑	戊寅	己卯	庚辰	辛巳	壬午	癸未	甲申	乙酉	丙戌	丁亥	戊子	己丑	庚寅	辛卯	壬辰	癸巳	甲午	乙未	丙申	丁酉	戊戌	己亥	庚子	辛丑	壬寅
대운	남	1	1	1	1	立	10	9	9	9	8	8	8	7	7	7	6	6	6	5	小	5	4	4	4	3	3	3	2	2
	여	9	9	9	10	冬	1	1	1	1	2	2	2	3	3	3	4	4	4	5	雪	5	6	6	6	7	7	7	8	8

十一月大　　月建 庚子　　一白

대설 음 11/6 양 12/7 오후 12시2분 ● 동지 음 11/21 양 12/22 오전 5시59분

음력		1	2	3	4	5	6	7	8	9	10	11	12	13	14	15	16	17	18	19	20	21	22	23	24	25	26	27	28	29	30
양력		12/2	3	4	5	6	7	8	9	10	11	12	13	14	15	16	17	18	19	20	21	22	23	24	25	26	27	28	29	30	31
요일		일	월	화	수	목	금	토	일	월	화	수	목	금	토	일	월	화	수	목	금	토	일	월	화	수	목	금	토	일	월
일진		癸卯	甲辰	乙巳	丙午	丁未	戊申	己酉	庚戌	辛亥	壬子	癸丑	甲寅	乙卯	丙辰	丁巳	戊午	己未	庚申	辛酉	壬戌	癸亥	甲子	乙丑	丙寅	丁卯	戊辰	己巳	庚午	辛未	壬申
대운	남	2	1	1	1	1	大	9	9	9	8	8	8	7	7	7	6	6	6	5	5	冬	4	4	4	3	3	3	2	2	2
	여	8	9	9	9	10	雪	1	1	1	1	2	2	2	3	3	3	4	4	4	5	至	5	6	6	6	7	7	7	8	8

十二月大　　月建 辛丑　　九紫

소한 음 12/5 양 1/5 오후 11시10분 ● 대한 음 12/20 양 1/20 오후 4시39분

음력		1	2	3	4	5	6	7	8	9	10	11	12	13	14	15	16	17	18	19	20	21	22	23	24	25	26	27	28	29	30
양력		1/1	2	3	4	5	6	7	8	9	10	11	12	13	14	15	16	17	18	19	20	21	22	23	24	25	26	27	28	29	30
요일		화	수	목	금	토	일	월	화	수	목	금	토	일	월	화	수	목	금	토	일	월	화	수	목	금	토	일	월	화	수
일진		癸酉	甲戌	乙亥	丙子	丁丑	戊寅	己卯	庚辰	辛巳	壬午	癸未	甲申	乙酉	丙戌	丁亥	戊子	己丑	庚寅	辛卯	壬辰	癸巳	甲午	乙未	丙申	丁酉	戊戌	己亥	庚子	辛丑	壬寅
대운	남	1	1	1	1	小	10	9	9	9	8	8	8	7	7	7	6	6	6	5	大	5	4	4	4	3	3	3	2	2	2
	여	8	9	9	9	寒	1	1	1	1	2	2	2	3	3	3	4	4	4	5	寒	5	6	6	6	7	7	7	8	8	8

1957년 | 단기 4290년

丁酉年

九日得辛 二龍治水

午 大將軍　東 三殺　未 吊客　亥 喪門

納音五行 山下火

正月大　月建 壬寅　八白

입춘 음 1/5 양 2/4 오전 10시55분 ● 우수 음 1/20 양 2/19 오전 6시58분

음력	1	2	3	4	5	6	7	8	9	10	11	12	13	14	15	16	17	18	19	20	21	22	23	24	25	26	27	28	29	30
양력	1/31	2/1	2	3	4	5	6	7	8	9	10	11	12	13	14	15	16	17	18	19	20	21	22	23	24	25	26	27	28	3/1
요일	목	금	토	일	월	화	수	목	금	토	일	월	화	수	목	금	토	일	월	화	수	목	금	토	일	월	화	수	목	금
일진	癸卯	甲辰	乙巳	丙午	丁未	戊申	己酉	庚戌	辛亥	壬子	癸丑	甲寅	乙卯	丙辰	丁巳	戊午	己未	庚申	辛酉	壬戌	癸亥	甲子	乙丑	丙寅	丁卯	戊辰	己巳	庚午	辛未	壬申
대운 남	1	1	1	1	立春	1	1	1	1	2	2	2	3	3	3	4	4	4	5	雨水	5	6	6	6	7	7	7	8	8	8
대운 여	9	9	9	10		10	9	9	9	8	8	8	7	7	7	6	6	6	5		5	4	4	4	3	3	3	2	2	2

二月小　月建 癸卯　七赤

경칩 음 2/5 양 3/6 오전 5시10분 ● 춘분 음 2/20 양 3/21 오전 6시16분

음력	1	2	3	4	5	6	7	8	9	10	11	12	13	14	15	16	17	18	19	20	21	22	23	24	25	26	27	28	29
양력	3/2	3	4	5	6	7	8	9	10	11	12	13	14	15	16	17	18	19	20	21	22	23	24	25	26	27	28	29	30
요일	토	일	월	화	수	목	금	토	일	월	화	수	목	금	토	일	월	화	수	목	금	토	일	월	화	수	목	금	토
일진	癸酉	甲戌	乙亥	丙子	丁丑	戊寅	己卯	庚辰	辛巳	壬午	癸未	甲申	乙酉	丙戌	丁亥	戊子	己丑	庚寅	辛卯	壬辰	癸巳	甲午	乙未	丙申	丁酉	戊戌	己亥	庚子	辛丑
대운 남	9	9	9	10	驚蟄	1	1	1	1	2	2	2	3	3	3	4	4	4	5	春分	5	6	6	6	7	7	7	8	8
대운 여	1	1	1	1		10	9	9	9	8	8	8	7	7	7	6	6	6	5		5	4	4	4	3	3	3	2	2

三月大　月建 甲辰　六白

청명 음 3/6 양 4/5 오전 10시19분 ● 곡우 음 3/21 양 4/20 오후 5시41분

음력	1	2	3	4	5	6	7	8	9	10	11	12	13	14	15	16	17	18	19	20	21	22	23	24	25	26	27	28	29	30
양력	3/31	4/1	2	3	4	5	6	7	8	9	10	11	12	13	14	15	16	17	18	19	20	21	22	23	24	25	26	27	28	29
요일	일	월	화	수	목	금	토	일	월	화	수	목	금	토	일	월	화	수	목	금	토	일	월	화	수	목	금	토	일	월
일진	壬寅	癸卯	甲辰	乙巳	丙午	丁未	戊申	己酉	庚戌	辛亥	壬子	癸丑	甲寅	乙卯	丙辰	丁巳	戊午	己未	庚申	辛酉	壬戌	癸亥	甲子	乙丑	丙寅	丁卯	戊辰	己巳	庚午	辛未
대운 남	8	9	9	9	10	清明	1	1	1	1	2	2	2	3	3	3	4	4	4	5	穀雨	5	6	6	6	7	7	7	8	8
대운 여	2	1	1	1	1		10	10	9	9	9	8	8	8	7	7	7	6	6	6		5	5	4	4	4	3	3	3	2

四月小　月建 乙巳　五黃

입하 음 4/7 양 5/6 오전 3시58분 ● 소만 음 4/22 양 5/21 오후 5시10분

음력	1	2	3	4	5	6	7	8	9	10	11	12	13	14	15	16	17	18	19	20	21	22	23	24	25	26	27	28	29
양력	4/30	5/1	2	3	4	5	6	7	8	9	10	11	12	13	14	15	16	17	18	19	20	21	22	23	24	25	26	27	28
요일	화	수	목	금	토	일	월	화	수	목	금	토	일	월	화	수	목	금	토	일	월	화	수	목	금	토	일	월	화
일진	壬申	癸酉	甲戌	乙亥	丙子	丁丑	戊寅	己卯	庚辰	辛巳	壬午	癸未	甲申	乙酉	丙戌	丁亥	戊子	己丑	庚寅	辛卯	壬辰	癸巳	甲午	乙未	丙申	丁酉	戊戌	己亥	庚子
대운 남	8	9	9	9	10	10	立夏	1	1	1	1	2	2	2	3	3	3	4	4	4	5	小滿	5	6	6	6	7	7	7
대운 여	2	2	1	1	1	1		10	10	9	9	9	8	8	8	7	7	7	6	6	6		5	5	4	4	4	3	3

五月大　月建 丙午　四綠

망종 음 5/9 양 6/6 오전 8시25분 ● 하지 음 5/25 양 6/22 오전 1시21분

음력	1	2	3	4	5	6	7	8	9	10	11	12	13	14	15	16	17	18	19	20	21	22	23	24	25	26	27	28	29	30
양력	5/29	30	31	6/1	2	3	4	5	6	7	8	9	10	11	12	13	14	15	16	17	18	19	20	21	22	23	24	25	26	27
요일	수	목	금	토	일	월	화	수	목	금	토	일	월	화	수	목	금	토	일	월	화	수	목	금	토	일	월	화	수	목
일진	辛丑	壬寅	癸卯	甲辰	乙巳	丙午	丁未	戊申	己酉	庚戌	辛亥	壬子	癸丑	甲寅	乙卯	丙辰	丁巳	戊午	己未	庚申	辛酉	壬戌	癸亥	甲子	乙丑	丙寅	丁卯	戊辰	己巳	庚午
대운 남	8	8	8	9	9	9	10	10	芒種	1	1	1	1	2	2	2	3	3	3	4	4	4	5	5	夏至	6	6	6	7	7
대운 여	3	2	2	2	1	1	1	1		10	10	9	9	9	8	8	8	7	7	7	6	6	6	5		5	4	4	4	3

六月小　月建 丁未　三碧

소서 음 6/10 양 7/7 오후 6시48분 ● 대서 음 6/26 양 7/23 오후 12시15분

음력	1	2	3	4	5	6	7	8	9	10	11	12	13	14	15	16	17	18	19	20	21	22	23	24	25	26	27	28	29
양력	6/28	29	30	7/1	2	3	4	5	6	7	8	9	10	11	12	13	14	15	16	17	18	19	20	21	22	23	24	25	26
요일	금	토	일	월	화	수	목	금	토	일	월	화	수	목	금	토	일	월	화	수	목	금	토	일	월	화	수	목	금
일진	辛未	壬申	癸酉	甲戌	乙亥	丙子	丁丑	戊寅	己卯	庚辰	辛巳	壬午	癸未	甲申	乙酉	丙戌	丁亥	戊子	己丑	庚寅	辛卯	壬辰	癸巳	甲午	乙未	丙申	丁酉	戊戌	己亥
대운 남	7	8	8	8	9	9	9	10	10	小暑	1	1	1	1	2	2	2	3	3	3	4	4	4	5	5	大暑	6	6	6
대운 여	3	3	2	2	2	1	1	1	1		10	10	10	9	9	9	8	8	8	7	7	7	6	6	6		5	5	4

七月小　　月建 戊申　　二黑

입추 음 7/13 양 8/8 오전 4시32분●처서 음 7/28 양 8/23 오후 7시8분

음력	1	2	3	4	5	6	7	8	9	10	11	12	13	14	15	16	17	18	19	20	21	22	23	24	25	26	27	28	29
양력	7/27	28	29	30	31	8/1	2	3	4	5	6	7	8	9	10	11	12	13	14	15	16	17	18	19	20	21	22	23	24
요일	토	일	월	화	수	목	금	토	일	월	화	수	목	금	토	일	월	화	수	목	금	토	일	월	화	수	목	금	토
일진	庚子	辛丑	壬寅	癸卯	甲辰	乙巳	丙午	丁未	戊申	己酉	庚戌	辛亥	壬子	癸丑	甲寅	乙卯	丙辰	丁巳	戊午	己未	庚申	辛酉	壬戌	癸亥	甲子	乙丑	丙寅	丁卯	戊辰
대운 남	7	7	7	8	8	8	9	9	9	10	10	10	立	1	1	1	1	2	2	2	3	3	3	4	4	4	5	處	5
대운 여	4	4	3	3	3	2	2	2	1	1	1	1	秋	10	10	9	9	9	8	8	8	7	7	7	6	6	6	暑	5

八月大　　月建 己酉　　一白

백로 음 8/15 양 9/8 오전 7시12분●추분 음 8/30 양 9/23 오후 4시26분

음력	1	2	3	4	5	6	7	8	9	10	11	12	13	14	15	16	17	18	19	20	21	22	23	24	25	26	27	28	29	30
양력	8/25	26	27	28	29	30	31	9/1	2	3	4	5	6	7	8	9	10	11	12	13	14	15	16	17	18	19	20	21	22	23
요일	일	월	화	수	목	금	토	일	월	화	수	목	금	토	일	월	화	수	목	금	토	일	월	화	수	목	금	토	일	월
일진	己巳	庚午	辛未	壬申	癸酉	甲戌	乙亥	丙子	丁丑	戊寅	己卯	庚辰	辛巳	壬午	癸未	甲申	乙酉	丙戌	丁亥	戊子	己丑	庚寅	辛卯	壬辰	癸巳	甲午	乙未	丙申	丁酉	戊戌
대운 남	6	6	6	7	7	7	8	8	8	9	9	9	10	10	白	1	1	1	1	2	2	2	3	3	3	4	4	4	5	秋
대운 여	5	4	4	4	3	3	3	2	2	2	1	1	1	1	露	10	9	9	9	8	8	8	7	7	7	6	6	6	5	分

閏八月小

한로 음 윤8/15 양 10/8 오후 10시30분

음력	1	2	3	4	5	6	7	8	9	10	11	12	13	14	15	16	17	18	19	20	21	22	23	24	25	26	27	28	29
양력	9/24	25	26	27	28	29	30	10/1	2	3	4	5	6	7	8	9	10	11	12	13	14	15	16	17	18	19	20	21	22
요일	화	수	목	금	토	일	월	화	수	목	금	토	일	월	화	수	목	금	토	일	월	화	수	목	금	토	일	월	화
일진	己亥	庚子	辛丑	壬寅	癸卯	甲辰	乙巳	丙午	丁未	戊申	己酉	庚戌	辛亥	壬子	癸丑	甲寅	乙卯	丙辰	丁巳	戊午	己未	庚申	辛酉	壬戌	癸亥	甲子	乙丑	丙寅	丁卯
대운 남	5	6	6	6	7	7	7	8	8	8	9	9	9	10	寒	1	1	1	1	2	2	2	3	3	3	4	4	4	5
대운 여	5	4	4	4	3	3	3	2	2	2	1	1	1	1	露	10	10	9	9	9	8	8	8	7	7	7	6	6	6

九月大　　月建 庚戌　　九紫

상강 음 9/2 양 10/24 오전 1시24분●입동 음 9/17 양 11/8 오전 1시20분

음력	1	2	3	4	5	6	7	8	9	10	11	12	13	14	15	16	17	18	19	20	21	22	23	24	25	26	27	28	29	30
양력	10/23	24	25	26	27	28	29	30	31	11/1	2	3	4	5	6	7	8	9	10	11	12	13	14	15	16	17	18	19	20	21
요일	수	목	금	토	일	월	화	수	목	금	토	일	월	화	수	목	금	토	일	월	화	수	목	금	토	일	월	화	수	목
일진	戊辰	己巳	庚午	辛未	壬申	癸酉	甲戌	乙亥	丙子	丁丑	戊寅	己卯	庚辰	辛巳	壬午	癸未	甲申	乙酉	丙戌	丁亥	戊子	己丑	庚寅	辛卯	壬辰	癸巳	甲午	乙未	丙申	丁酉
대운 남	5	霜	6	6	6	7	7	7	8	8	8	9	9	9	10	10	立	1	1	1	1	2	2	2	3	3	3	4	4	4
대운 여	5	降	5	4	4	4	3	3	3	2	2	2	1	1	1	1	冬	9	9	9	8	8	8	7	7	7	6	6	6	5

十月小　　月建 辛亥　　八白

소설 음 10/1 양 11/22 오후 10시39분●대설 음 10/16 양 12/7 오후 5시56분

음력	1	2	3	4	5	6	7	8	9	10	11	12	13	14	15	16	17	18	19	20	21	22	23	24	25	26	27	28	29
양력	11/22	23	24	25	26	27	28	29	30	12/1	2	3	4	5	6	7	8	9	10	11	12	13	14	15	16	17	18	19	20
요일	금	토	일	월	화	수	목	금	토	일	월	화	수	목	금	토	일	월	화	수	목	금	토	일	월	화	수	목	금
일진	戊戌	己亥	庚子	辛丑	壬寅	癸卯	甲辰	乙巳	丙午	丁未	戊申	己酉	庚戌	辛亥	壬子	癸丑	甲寅	乙卯	丙辰	丁巳	戊午	己未	庚申	辛酉	壬戌	癸亥	甲子	乙丑	丙寅
대운 남	小	5	5	6	6	6	7	7	7	8	8	8	9	9	9	大	1	1	1	1	2	2	2	3	3	3	4	4	4
대운 여	雪	5	4	4	4	3	3	3	2	2	2	1	1	1	1	雪	10	9	9	9	8	8	8	7	7	7	6	6	6

十一月大　　月建 壬子　　七赤

동지 음 11/2 양 12/22 오전 11시49분●소한 음 11/17 양 1/6 오전 5시4분

음력	1	2	3	4	5	6	7	8	9	10	11	12	13	14	15	16	17	18	19	20	21	22	23	24	25	26	27	28	29	30
양력	12/21	22	23	24	25	26	27	28	29	30	31	1/1	2	3	4	5	6	7	8	9	10	11	12	13	14	15	16	17	18	19
요일	토	일	월	화	수	목	금	토	일	월	화	수	목	금	토	일	월	화	수	목	금	토	일	월	화	수	목	금	토	일
일진	丁卯	戊辰	己巳	庚午	辛未	壬申	癸酉	甲戌	乙亥	丙子	丁丑	戊寅	己卯	庚辰	辛巳	壬午	癸未	甲申	乙酉	丙戌	丁亥	戊子	己丑	庚寅	辛卯	壬辰	癸巳	甲午	乙未	丙申
대운 남	5	冬	5	6	6	6	7	7	7	8	8	8	9	9	9	10	小	1	1	1	1	2	2	2	3	3	3	4	4	4
대운 여	5	至	5	4	4	4	3	3	3	2	2	2	1	1	1	1	寒	9	9	9	8	8	8	7	7	7	6	6	6	5

十二月大　　月建 癸丑　　六白

대한 음 12/1 양 1/20 오후 10시28분●입춘 음 12/16 양 2/4 오후 4시49분

음력	1	2	3	4	5	6	7	8	9	10	11	12	13	14	15	16	17	18	19	20	21	22	23	24	25	26	27	28	29	30
양력	1/20	21	22	23	24	25	26	27	28	29	30	31	2/1	2	3	4	5	6	7	8	9	10	11	12	13	14	15	16	17	18
요일	월	화	수	목	금	토	일	월	화	수	목	금	토	일	월	화	수	목	금	토	일	월	화	수	목	금	토	일	월	화
일진	丁酉	戊戌	己亥	庚子	辛丑	壬寅	癸卯	甲辰	乙巳	丙午	丁未	戊申	己酉	庚戌	辛亥	壬子	癸丑	甲寅	乙卯	丙辰	丁巳	戊午	己未	庚申	辛酉	壬戌	癸亥	甲子	乙丑	丙寅
대운 남	大	5	5	6	6	6	7	7	7	8	8	8	9	9	9	立	10	9	9	9	8	8	8	7	7	7	6	6	6	5
대운 여	寒	5	4	4	4	3	3	3	2	2	2	1	1	1	1	春	1	1	1	1	2	2	2	3	3	3	4	4	4	5

1958년 | 단기 4291년

戊戌年

五日得辛 二龍治水

午 大將軍　北 三殺　申 吊客　子 喪門

納音五行 平地木

正月小　月建 甲寅　五黃

우수 음 1/1 양 2/19 오후 12시48분 ● 경칩 음 1/16 양 3/6 오전 11시5분

음력	1	2	3	4	5	6	7	8	9	10	11	12	13	14	15	16	17	18	19	20	21	22	23	24	25	26	27	28	29
양력	2/19	20	21	22	23	24	25	26	27	28	3/1	2	3	4	5	6	7	8	9	10	11	12	13	14	15	16	17	18	19
요일	수	목	금	토	일	월	화	수	목	금	토	일	월	화	수	목	금	토	일	월	화	수	목	금	토	일	월	화	수
일진	丁卯	戊辰	己巳	庚午	辛未	壬申	癸酉	甲戌	乙亥	丙子	丁丑	戊寅	己卯	庚辰	辛巳	壬午	癸未	甲申	乙酉	丙戌	丁亥	戊子	己丑	庚寅	辛卯	壬辰	癸巳	甲午	乙未
대운 남	雨水	5	4	4	4	3	3	3	2	2	2	1	1	1	1	驚蟄	10	9	9	9	8	8	8	7	7	7	6	6	6
대운 여		5	6	6	6	7	7	7	8	8	8	9	9	9	10		1	1	1	1	2	2	2	3	3	3	4	4	4

二月大　月建 乙卯　四綠

춘분 음 2/2 양 3/21 오후 12시6분 ● 청명 음 2/17 양 4/5 오후 4시12분

음력	1	2	3	4	5	6	7	8	9	10	11	12	13	14	15	16	17	18	19	20	21	22	23	24	25	26	27	28	29	30
양력	3/20	21	22	23	24	25	26	27	28	29	30	31	4/1	2	3	4	5	6	7	8	9	10	11	12	13	14	15	16	17	18
요일	목	금	토	일	월	화	수	목	금	토	일	월	화	수	목	금	토	일	월	화	수	목	금	토	일	월	화	수	목	금
일진	丙申	丁酉	戊戌	己亥	庚子	辛丑	壬寅	癸卯	甲辰	乙巳	丙午	丁未	戊申	己酉	庚戌	辛亥	壬子	癸丑	甲寅	乙卯	丙辰	丁巳	戊午	己未	庚申	辛酉	壬戌	癸亥	甲子	乙丑
대운 남	5	春分	5	4	4	4	3	3	3	2	2	2	1	1	1	1	清明	10	10	9	9	9	8	8	8	7	7	7	6	6
대운 여	5		5	6	6	6	7	7	7	8	8	8	9	9	9	10		1	1	1	1	2	2	2	3	3	3	4	4	4

三月大　月建 丙辰　三碧

곡우 음 3/2 양 4/20 오후 11시27분 ● 입하 음 3/18 양 5/6 오전 9시49분

음력	1	2	3	4	5	6	7	8	9	10	11	12	13	14	15	16	17	18	19	20	21	22	23	24	25	26	27	28	29	30
양력	4/19	20	21	22	23	24	25	26	27	28	29	30	5/1	2	3	4	5	6	7	8	9	10	11	12	13	14	15	16	17	18
요일	토	일	월	화	수	목	금	토	일	월	화	수	목	금	토	일	월	화	수	목	금	토	일	월	화	수	목	금	토	일
일진	丙寅	丁卯	戊辰	己巳	庚午	辛未	壬申	癸酉	甲戌	乙亥	丙子	丁丑	戊寅	己卯	庚辰	辛巳	壬午	癸未	甲申	乙酉	丙戌	丁亥	戊子	己丑	庚寅	辛卯	壬辰	癸巳	甲午	乙未
대운 남	6	穀雨	5	5	4	4	4	3	3	3	2	2	2	1	1	1	1	立夏	10	10	9	9	9	8	8	8	7	7	7	6
대운 여	5		5	6	6	6	7	7	7	8	8	8	9	9	9	10	10		1	1	1	1	2	2	2	3	3	3	4	4

四月小　月建 丁巳　二黑

소만 음 4/3 양 5/21 오후 10시51분 ● 망종 음 4/19 양 6/6 오후 2시12분

음력	1	2	3	4	5	6	7	8	9	10	11	12	13	14	15	16	17	18	19	20	21	22	23	24	25	26	27	28	29
양력	5/19	20	21	22	23	24	25	26	27	28	29	30	31	6/1	2	3	4	5	6	7	8	9	10	11	12	13	14	15	16
요일	월	화	수	목	금	토	일	월	화	수	목	금	토	일	월	화	수	목	금	토	일	월	화	수	목	금	토	일	월
일진	丙申	丁酉	戊戌	己亥	庚子	辛丑	壬寅	癸卯	甲辰	乙巳	丙午	丁未	戊申	己酉	庚戌	辛亥	壬子	癸丑	甲寅	乙卯	丙辰	丁巳	戊午	己未	庚申	辛酉	壬戌	癸亥	甲子
대운 남	6	6	小滿	5	5	4	4	4	3	3	3	2	2	2	1	1	1	1	芒種	10	10	10	9	9	9	8	8	8	7
대운 여	4	5		5	6	6	6	7	7	7	8	8	8	9	9	9	10	10		1	1	1	1	2	2	2	3	3	3

五月大　月建 戊午　一白

하지 음 5/6 양 6/22 오전 6시57분 ● 소서 음 5/22 양 7/8 오전 0시33분

음력	1	2	3	4	5	6	7	8	9	10	11	12	13	14	15	16	17	18	19	20	21	22	23	24	25	26	27	28	29	30
양력	6/17	18	19	20	21	22	23	24	25	26	27	28	29	30	7/1	2	3	4	5	6	7	8	9	10	11	12	13	14	15	16
요일	화	수	목	금	토	일	월	화	수	목	금	토	일	월	화	수	목	금	토	일	월	화	수	목	금	토	일	월	화	수
일진	乙丑	丙寅	丁卯	戊辰	己巳	庚午	辛未	壬申	癸酉	甲戌	乙亥	丙子	丁丑	戊寅	己卯	庚辰	辛巳	壬午	癸未	甲申	乙酉	丙戌	丁亥	戊子	己丑	庚寅	辛卯	壬辰	癸巳	甲午
대운 남	7	7	6	6	6	夏至	5	5	4	4	4	3	3	3	2	2	2	1	1	1	1	小暑	10	10	9	9	9	8	8	8
대운 여	4	4	4	5	5		6	6	6	7	7	7	8	8	8	9	9	9	10	10	10		1	1	1	1	2	2	2	3

六月小　月建 己未　九紫

대서 음 6/7 양 7/23 오후 5시50분 ● 입추 음 6/23 양 8/8 오전 10시17분

음력	1	2	3	4	5	6	7	8	9	10	11	12	13	14	15	16	17	18	19	20	21	22	23	24	25	26	27	28	29
양력	7/17	18	19	20	21	22	23	24	25	26	27	28	29	30	31	8/1	2	3	4	5	6	7	8	9	10	11	12	13	14
요일	목	금	토	일	월	화	수	목	금	토	일	월	화	수	목	금	토	일	월	화	수	목	금	토	일	월	화	수	목
일진	乙未	丙申	丁酉	戊戌	己亥	庚子	辛丑	壬寅	癸卯	甲辰	乙巳	丙午	丁未	戊申	己酉	庚戌	辛亥	壬子	癸丑	甲寅	乙卯	丙辰	丁巳	戊午	己未	庚申	辛酉	壬戌	癸亥
대운 남	7	7	7	6	6	6	大暑	5	5	4	4	4	3	3	3	2	2	2	1	1	1	1	立秋	10	10	9	9	9	8
대운 여	3	3	4	4	4	5		5	6	6	6	7	7	7	8	8	8	9	9	9	10	10		1	1	1	1	2	2

七月小 月建 庚申 八白

처서 음 7/10 양 8/24 오전 0시46분 ● 백로 음 7/25 양 9/8 오후 12시59분

음력	1	2	3	4	5	6	7	8	9	10	11	12	13	14	15	16	17	18	19	20	21	22	23	24	25	26	27	28	29
양력	8/15	16	17	18	19	20	21	22	23	24	25	26	27	28	29	30	31	9/1	2	3	4	5	6	7	8	9	10	11	12
요일	금	토	일	월	화	수	목	금	토	일	월	화	수	목	금	토	일	월	화	수	목	금	토	일	월	화	수	목	금
일진	甲子	乙丑	丙寅	丁卯	戊辰	己巳	庚午	辛未	壬申	癸酉	甲戌	乙亥	丙子	丁丑	戊寅	己卯	庚辰	辛巳	壬午	癸未	甲申	乙酉	丙戌	丁亥	戊子	己丑	庚寅	辛卯	壬辰
대운 남	8	8	7	7	7	6	6	6	5	處	5	4	4	4	3	3	3	2	2	2	1	1	1	1	白	10	10	9	9
대운 여	2	3	3	3	4	4	4	5	5	暑	6	6	6	7	7	7	8	8	8	9	9	9	10	10	露	1	1	1	1

八月大 月建 辛酉 七赤

추분 음 8/11 양 9/23 오후 10시9분 ● 한로 음 8/27 양 10/9 오전 4시19분

음력	1	2	3	4	5	6	7	8	9	10	11	12	13	14	15	16	17	18	19	20	21	22	23	24	25	26	27	28	29	30
양력	9/13	14	15	16	17	18	19	20	21	22	23	24	25	26	27	28	29	30	10/1	2	3	4	5	6	7	8	9	10	11	12
요일	토	일	월	화	수	목	금	토	일	월	화	수	목	금	토	일	월	화	수	목	금	토	일	월	화	수	목	금	토	일
일진	癸巳	甲午	乙未	丙申	丁酉	戊戌	己亥	庚子	辛丑	壬寅	癸卯	甲辰	乙巳	丙午	丁未	戊申	己酉	庚戌	辛亥	壬子	癸丑	甲寅	乙卯	丙辰	丁巳	戊午	己未	庚申	辛酉	壬戌
대운 남	9	8	8	8	7	7	7	6	6	6	秋	5	5	4	4	4	3	3	3	2	2	2	1	1	1	1	寒	10	9	9
대운 여	2	2	2	3	3	3	4	4	4	5	分	5	6	6	6	7	7	7	8	8	8	9	9	9	10	10	露	1	1	1

九月小 月建 壬戌 六白

상강 음 9/12 양 10/24 오전 7시11분 ● 입동 음 9/27 양 11/8 오전 7시12분

음력	1	2	3	4	5	6	7	8	9	10	11	12	13	14	15	16	17	18	19	20	21	22	23	24	25	26	27	28	29
양력	10/13	14	15	16	17	18	19	20	21	22	23	24	25	26	27	28	29	30	31	11/1	2	3	4	5	6	7	8	9	10
요일	월	화	수	목	금	토	일	월	화	수	목	금	토	일	월	화	수	목	금	토	일	월	화	수	목	금	토	일	월
일진	癸亥	甲子	乙丑	丙寅	丁卯	戊辰	己巳	庚午	辛未	壬申	癸酉	甲戌	乙亥	丙子	丁丑	戊寅	己卯	庚辰	辛巳	壬午	癸未	甲申	乙酉	丙戌	丁亥	戊子	己丑	庚寅	辛卯
대운 남	9	8	8	8	7	7	7	6	6	6	5	霜	5	4	4	4	3	3	3	2	2	2	1	1	1	1	立	9	9
대운 여	1	2	2	2	3	3	3	4	4	4	5	降	5	6	6	6	7	7	7	8	8	8	9	9	9	10	冬	1	1

十月大 月建 癸亥 五黃

소설 음 10/13 양 11/23 오전 4시29분 ● 대설 음 10/27 양 12/7 오후 11시50분

음력	1	2	3	4	5	6	7	8	9	10	11	12	13	14	15	16	17	18	19	20	21	22	23	24	25	26	27	28	29	30
양력	11/11	12	13	14	15	16	17	18	19	20	21	22	23	24	25	26	27	28	29	30	12/1	2	3	4	5	6	7	8	9	10
요일	화	수	목	금	토	일	월	화	수	목	금	토	일	월	화	수	목	금	토	일	월	화	수	목	금	토	일	월	화	수
일진	壬辰	癸巳	甲午	乙未	丙申	丁酉	戊戌	己亥	庚子	辛丑	壬寅	癸卯	甲辰	乙巳	丙午	丁未	戊申	己酉	庚戌	辛亥	壬子	癸丑	甲寅	乙卯	丙辰	丁巳	戊午	己未	庚申	辛酉
대운 남	9	8	8	8	7	7	7	6	6	6	5	5	小	4	4	4	3	3	3	2	2	2	1	1	1	1	大	10	9	9
대운 여	1	1	2	2	2	3	3	3	4	4	4	5	雪	5	6	6	6	7	7	7	8	8	8	9	9	9	雪	1	1	1

十一月小 月建 甲子 四綠

동지 음 11/12 양 12/22 오후 5시40분 ● 소한 음 11/27 양 1/6 오전 10시58분

음력	1	2	3	4	5	6	7	8	9	10	11	12	13	14	15	16	17	18	19	20	21	22	23	24	25	26	27	28	29
양력	12/11	12	13	14	15	16	17	18	19	20	21	22	23	24	25	26	27	28	29	30	31	1/1	2	3	4	5	6	7	8
요일	목	금	토	일	월	화	수	목	금	토	일	월	화	수	목	금	토	일	월	화	수	목	금	토	일	월	화	수	목
일진	壬戌	癸亥	甲子	乙丑	丙寅	丁卯	戊辰	己巳	庚午	辛未	壬申	癸酉	甲戌	乙亥	丙子	丁丑	戊寅	己卯	庚辰	辛巳	壬午	癸未	甲申	乙酉	丙戌	丁亥	戊子	己丑	庚寅
대운 남	9	8	8	8	7	7	7	6	6	6	5	冬	5	4	4	4	3	3	3	2	2	2	1	1	1	1	小	9	9
대운 여	1	2	2	2	3	3	3	4	4	4	5	至	5	6	6	6	7	7	7	8	8	8	9	9	9	10	寒	1	1

十二月大 月建 乙丑 三碧

대한 음 12/13 양 1/21 오전 4시19분 ● 입춘 음 12/27 양 2/4 오후 10시42분

음력	1	2	3	4	5	6	7	8	9	10	11	12	13	14	15	16	17	18	19	20	21	22	23	24	25	26	27	28	29	30
양력	1/9	10	11	12	13	14	15	16	17	18	19	20	21	22	23	24	25	26	27	28	29	30	31	2/1	2	3	4	5	6	7
요일	금	토	일	월	화	수	목	금	토	일	월	화	수	목	금	토	일	월	화	수	목	금	토	일	월	화	수	목	금	토
일진	辛卯	壬辰	癸巳	甲午	乙未	丙申	丁酉	戊戌	己亥	庚子	辛丑	壬寅	癸卯	甲辰	乙巳	丙午	丁未	戊申	己酉	庚戌	辛亥	壬子	癸丑	甲寅	乙卯	丙辰	丁巳	戊午	己未	庚申
대운 남	9	8	8	8	7	7	7	6	6	6	5	5	大	4	4	4	3	3	3	2	2	2	1	1	1	1	立	1	1	1
대운 여	1	1	2	2	2	3	3	3	4	4	4	5	寒	5	6	6	6	7	7	7	8	8	8	9	9	9	春	10	9	9

1959년 | 단기 4292년　　己亥年　　一日得辛 八龍治水

酉 大將軍　西 三殺　酉 吊客　丑 喪門　　納音五行 平地木

正月小　月建 丙寅　二黑

우수 음 1/12 양 2/19 오후 6시38분 · 경칩 음 1/27 양 3/6 오후 4시57분

음력	1	2	3	4	5	6	7	8	9	10	11	12	13	14	15	16	17	18	19	20	21	22	23	24	25	26	27	28	29
양력	2/8	9	10	11	12	13	14	15	16	17	18	19	20	21	22	23	24	25	26	27	28	3/1	2	3	4	5	6	7	8
요일	일	월	화	수	목	금	토	일	월	화	수	목	금	토	일	월	화	수	목	금	토	일	월	화	수	목	금	토	일
일진	辛酉	壬戌	癸亥	甲子	乙丑	丙寅	丁卯	戊辰	己巳	庚午	辛未	壬申	癸酉	甲戌	乙亥	丙子	丁丑	戊寅	己卯	庚辰	辛巳	壬午	癸未	甲申	乙酉	丙戌	丁亥	戊子	己丑
대운 남	1	2	2	2	3	3	3	4	4	4	5	雨	5	6	6	6	7	7	7	8	8	8	9	9	9	10	驚	1	1
대운 여	9	8	8	8	7	7	7	6	6	6	5	水	5	4	4	4	3	3	3	2	2	2	1	1	1	1	蟄	10	9

二月大　月建 丁卯　一白

춘분 음 2/13 양 3/21 오후 5시55분 · 청명 음 2/28 양 4/5 오후 10시3분

음력	1	2	3	4	5	6	7	8	9	10	11	12	13	14	15	16	17	18	19	20	21	22	23	24	25	26	27	28	29	30
양력	3/9	10	11	12	13	14	15	16	17	18	19	20	21	22	23	24	25	26	27	28	29	30	31	4/1	2	3	4	5	6	7
요일	월	화	수	목	금	토	일	월	화	수	목	금	토	일	월	화	수	목	금	토	일	월	화	수	목	금	토	일	월	화
일진	庚寅	辛卯	壬辰	癸巳	甲午	乙未	丙申	丁酉	戊戌	己亥	庚子	辛丑	壬寅	癸卯	甲辰	乙巳	丙午	丁未	戊申	己酉	庚戌	辛亥	壬子	癸丑	甲寅	乙卯	丙辰	丁巳	戊午	己未
대운 남	1	1	2	2	2	3	3	3	4	4	4	5	春	5	6	6	6	7	7	7	8	8	8	9	9	9	10	淸	1	1
대운 여	9	9	8	8	8	7	7	7	6	6	6	5	分	5	4	4	4	3	3	3	2	2	2	1	1	1	1	明	10	10

三月大　月建 戊辰　九紫

곡우 음 3/14 양 4/21 오전 5시16분 · 입하 음 3/29 양 5/6 오후 3시39분

음력	1	2	3	4	5	6	7	8	9	10	11	12	13	14	15	16	17	18	19	20	21	22	23	24	25	26	27	28	29	30
양력	4/8	9	10	11	12	13	14	15	16	17	18	19	20	21	22	23	24	25	26	27	28	29	30	5/1	2	3	4	5	6	7
요일	수	목	금	토	일	월	화	수	목	금	토	일	월	화	수	목	금	토	일	월	화	수	목	금	토	일	월	화	수	목
일진	庚申	辛酉	壬戌	癸亥	甲子	乙丑	丙寅	丁卯	戊辰	己巳	庚午	辛未	壬申	癸酉	甲戌	乙亥	丙子	丁丑	戊寅	己卯	庚辰	辛巳	壬午	癸未	甲申	乙酉	丙戌	丁亥	戊子	己丑
대운 남	1	1	2	2	2	3	3	3	4	4	4	5	5	穀	6	6	6	7	7	7	8	8	8	9	9	9	10	10	立	1
대운 여	9	9	9	8	8	8	7	7	7	6	6	6	5	雨	5	4	4	4	3	3	3	2	2	2	1	1	1	1	夏	10

四月小　月建 己巳　八白

소만 음 4/15 양 5/22 오전 4시42분

음력	1	2	3	4	5	6	7	8	9	10	11	12	13	14	15	16	17	18	19	20	21	22	23	24	25	26	27	28	29
양력	5/8	9	10	11	12	13	14	15	16	17	18	19	20	21	22	23	24	25	26	27	28	29	30	31	6/1	2	3	4	5
요일	금	토	일	월	화	수	목	금	토	일	월	화	수	목	금	토	일	월	화	수	목	금	토	일	월	화	수	목	금
일진	庚寅	辛卯	壬辰	癸巳	甲午	乙未	丙申	丁酉	戊戌	己亥	庚子	辛丑	壬寅	癸卯	甲辰	乙巳	丙午	丁未	戊申	己酉	庚戌	辛亥	壬子	癸丑	甲寅	乙卯	丙辰	丁巳	戊午
대운 남	1	1	1	2	2	2	3	3	3	4	4	4	5	5	小	6	6	6	7	7	7	8	8	8	9	9	9	10	10
대운 여	10	9	9	9	8	8	8	7	7	7	6	6	6	5	滿	5	4	4	4	3	3	3	2	2	2	1	1	1	1

五月大　月建 庚午　七赤

망종 음 5/1 양 6/6 오후 8시0분 · 하지 음 5/17 양 6/22 오후 12시50분

음력	1	2	3	4	5	6	7	8	9	10	11	12	13	14	15	16	17	18	19	20	21	22	23	24	25	26	27	28	29	30
양력	6/6	7	8	9	10	11	12	13	14	15	16	17	18	19	20	21	22	23	24	25	26	27	28	29	30	7/1	2	3	4	5
요일	토	일	월	화	수	목	금	토	일	월	화	수	목	금	토	일	월	화	수	목	금	토	일	월	화	수	목	금	토	일
일진	己未	庚申	辛酉	壬戌	癸亥	甲子	乙丑	丙寅	丁卯	戊辰	己巳	庚午	辛未	壬申	癸酉	甲戌	乙亥	丙子	丁丑	戊寅	己卯	庚辰	辛巳	壬午	癸未	甲申	乙酉	丙戌	丁亥	戊子
대운 남	芒	1	1	1	1	2	2	2	3	3	3	4	4	4	5	5	夏	6	6	6	7	7	7	8	8	8	9	9	9	10
대운 여	種	10	10	10	9	9	9	8	8	8	7	7	7	6	6	6	至	5	5	4	4	4	3	3	3	2	2	2	1	1

六月小　月建 辛未　六白

소서 음 6/3 양 7/8 오전 6시20분 · 대서 음 6/18 양 7/23 오후 11시45분

음력	1	2	3	4	5	6	7	8	9	10	11	12	13	14	15	16	17	18	19	20	21	22	23	24	25	26	27	28	29
양력	7/6	7	8	9	10	11	12	13	14	15	16	17	18	19	20	21	22	23	24	25	26	27	28	29	30	31	8/1	2	3
요일	월	화	수	목	금	토	일	월	화	수	목	금	토	일	월	화	수	목	금	토	일	월	화	수	목	금	토	일	월
일진	己丑	庚寅	辛卯	壬辰	癸巳	甲午	乙未	丙申	丁酉	戊戌	己亥	庚子	辛丑	壬寅	癸卯	甲辰	乙巳	丙午	丁未	戊申	己酉	庚戌	辛亥	壬子	癸丑	甲寅	乙卯	丙辰	丁巳
대운 남	10	10	小	1	1	1	1	2	2	2	3	3	3	4	4	4	5	大	5	6	6	6	7	7	7	8	8	8	9
대운 여	1	1	暑	10	10	9	9	9	8	8	8	7	7	7	6	6	6	暑	5	5	4	4	4	3	3	3	2	2	2

七月大 月建 壬申 五黃 입추 음 7/5 양 8/8 오후 4시4분 ● 처서 음 7/21 양 8/24 오전 6시44분

음력	1	2	3	4	5	6	7	8	9	10	11	12	13	14	15	16	17	18	19	20	21	22	23	24	25	26	27	28	29	30
양력	8/4	5	6	7	8	9	10	11	12	13	14	15	16	17	18	19	20	21	22	23	24	25	26	27	28	29	30	31	9/1	2
요일	화	수	목	금	토	일	월	화	수	목	금	토	일	월	화	수	목	금	토	일	월	화	수	목	금	토	일	월	화	수
일진	戊午	己未	庚申	辛酉	壬戌	癸亥	甲子	乙丑	丙寅	丁卯	戊辰	己巳	庚午	辛未	壬申	癸酉	甲戌	乙亥	丙子	丁丑	戊寅	己卯	庚辰	辛巳	壬午	癸未	甲申	乙酉	丙戌	丁亥
대운 남	9	9	10	10	立	1	1	1	1	2	2	2	3	3	3	4	4	4	5	5	處	6	6	6	7	7	7	8	8	8
대운 여	1	1	1	1	秋	10	10	9	9	9	8	8	8	7	7	7	6	6	6	5	暑	5	4	4	4	3	3	3	2	2

八月小 月建 癸酉 四綠 백로 음 8/6 양 9/8 오후 6시48분 ● 추분 음 8/22 양 9/24 오전 4시8분

음력	1	2	3	4	5	6	7	8	9	10	11	12	13	14	15	16	17	18	19	20	21	22	23	24	25	26	27	28	29
양력	9/3	4	5	6	7	8	9	10	11	12	13	14	15	16	17	18	19	20	21	22	23	24	25	26	27	28	29	30	10/1
요일	목	금	토	일	월	화	수	목	금	토	일	월	화	수	목	금	토	일	월	화	수	목	금	토	일	월	화	수	목
일진	戊子	己丑	庚寅	辛卯	壬辰	癸巳	甲午	乙未	丙申	丁酉	戊戌	己亥	庚子	辛丑	壬寅	癸卯	甲辰	乙巳	丙午	丁未	戊申	己酉	庚戌	辛亥	壬子	癸丑	甲寅	乙卯	丙辰
대운 남	9	9	9	10	10	白	1	1	1	1	2	2	2	3	3	3	4	4	4	5	5	秋	6	6	6	7	7	7	8
대운 여	2	1	1	1	1	露	10	10	9	9	9	8	8	8	7	7	7	6	6	6	5	分	5	4	4	4	3	3	3

九月大 月建 甲戌 三碧 한로 음 9/8 양 10/9 오전 10시10분 ● 상강 음 9/23 양 10/24 오후 1시11분

음력	1	2	3	4	5	6	7	8	9	10	11	12	13	14	15	16	17	18	19	20	21	22	23	24	25	26	27	28	29	30
양력	10/2	3	4	5	6	7	8	9	10	11	12	13	14	15	16	17	18	19	20	21	22	23	24	25	26	27	28	29	30	31
요일	금	토	일	월	화	수	목	금	토	일	월	화	수	목	금	토	일	월	화	수	목	금	토	일	월	화	수	목	금	토
일진	丁巳	戊午	己未	庚申	辛酉	壬戌	癸亥	甲子	乙丑	丙寅	丁卯	戊辰	己巳	庚午	辛未	壬申	癸酉	甲戌	乙亥	丙子	丁丑	戊寅	己卯	庚辰	辛巳	壬午	癸未	甲申	乙酉	丙戌
대운 남	8	8	9	9	9	10	10	寒	1	1	1	1	2	2	2	3	3	3	4	4	4	5	霜	5	6	6	6	7	7	7
대운 여	2	2	2	1	1	1	1	露	10	9	9	9	8	8	8	7	7	7	6	6	6	5	降	5	4	4	4	3	3	3

十月小 月建 乙亥 二黑 입동 음 10/8 양 11/8 오후 1시2분 ● 소설 음 10/23 양 11/23 오전 10시27분

음력	1	2	3	4	5	6	7	8	9	10	11	12	13	14	15	16	17	18	19	20	21	22	23	24	25	26	27	28	29
양력	11/1	2	3	4	5	6	7	8	9	10	11	12	13	14	15	16	17	18	19	20	21	22	23	24	25	26	27	28	29
요일	일	월	화	수	목	금	토	일	월	화	수	목	금	토	일	월	화	수	목	금	토	일	월	화	수	목	금	토	일
일진	丁亥	戊子	己丑	庚寅	辛卯	壬辰	癸巳	甲午	乙未	丙申	丁酉	戊戌	己亥	庚子	辛丑	壬寅	癸卯	甲辰	乙巳	丙午	丁未	戊申	己酉	庚戌	辛亥	壬子	癸丑	甲寅	乙卯
대운 남	8	8	8	9	9	9	10	立	1	1	1	1	2	2	2	3	3	3	4	4	4	5	小	5	6	6	6	7	7
대운 여	2	2	2	1	1	1	1	冬	10	9	9	9	8	8	8	7	7	7	6	6	6	5	雪	5	4	4	4	3	3

十一月大 月建 丙子 一白 대설 음 11/9 양 12/8 오전 5시37분 ● 동지 음 11/23 양 12/22 오후 11시34분

음력	1	2	3	4	5	6	7	8	9	10	11	12	13	14	15	16	17	18	19	20	21	22	23	24	25	26	27	28	29	30
양력	11/30	12/1	2	3	4	5	6	7	8	9	10	11	12	13	14	15	16	17	18	19	20	21	22	23	24	25	26	27	28	29
요일	월	화	수	목	금	토	일	월	화	수	목	금	토	일	월	화	수	목	금	토	일	월	화	수	목	금	토	일	월	화
일진	丙辰	丁巳	戊午	己未	庚申	辛酉	壬戌	癸亥	甲子	乙丑	丙寅	丁卯	戊辰	己巳	庚午	辛未	壬申	癸酉	甲戌	乙亥	丙子	丁丑	戊寅	己卯	庚辰	辛巳	壬午	癸未	甲申	乙酉
대운 남	7	8	8	8	9	9	9	10	大	1	1	1	1	2	2	2	3	3	3	4	4	4	冬	5	5	6	6	6	7	7
대운 여	3	2	2	2	1	1	1	1	雪	9	9	9	8	8	8	7	7	7	6	6	6	5	至	5	4	4	4	3	3	3

十二月小 月建 丁丑 九紫 소한 음 12/8 양 1/6 오후 4시42분 ● 대한 음 12/23 양 1/21 오전 10시10분

음력	1	2	3	4	5	6	7	8	9	10	11	12	13	14	15	16	17	18	19	20	21	22	23	24	25	26	27	28	29
양력	12/30	31	1/1	2	3	4	5	6	7	8	9	10	11	12	13	14	15	16	17	18	19	20	21	22	23	24	25	26	27
요일	수	목	금	토	일	월	화	수	목	금	토	일	월	화	수	목	금	토	일	월	화	수	목	금	토	일	월	화	수
일진	丙戌	丁亥	戊子	己丑	庚寅	辛卯	壬辰	癸巳	甲午	乙未	丙申	丁酉	戊戌	己亥	庚子	辛丑	壬寅	癸卯	甲辰	乙巳	丙午	丁未	戊申	己酉	庚戌	辛亥	壬子	癸丑	甲寅
대운 남	7	8	8	8	9	9	9	小	1	1	1	1	2	2	2	3	3	3	4	4	4	5	大	5	6	6	6	7	7
대운 여	2	2	2	1	1	1	1	寒	10	9	9	9	8	8	8	7	7	7	6	6	6	5	寒	5	4	4	4	3	3

1960년 | 단기 4293년

庚子年

七日得辛 二龍治水

酉 大將軍　南 三殺　戌 吊客　寅 喪門

納音五行 壁上土

正月大　月建 戊寅　八白

입춘 음 1/9 양 2/5 오전 4시23분 ● 우수 음 1/24 양 2/20 오전 0시26분

음력	1	2	3	4	5	6	7	8	9	10	11	12	13	14	15	16	17	18	19	20	21	22	23	24	25	26	27	28	29	30
양력	1/28	29	30	31	2/1	2	3	4	5	6	7	8	9	10	11	12	13	14	15	16	17	18	19	20	21	22	23	24	25	26
요일	목	금	토	일	월	화	수	목	금	토	일	월	화	수	목	금	토	일	월	화	수	목	금	토	일	월	화	수	목	금
일진	乙卯	丙辰	丁巳	戊午	己未	庚申	辛酉	壬戌	癸亥	甲子	乙丑	丙寅	丁卯	戊辰	己巳	庚午	辛未	壬申	癸酉	甲戌	乙亥	丙子	丁丑	戊寅	己卯	庚辰	辛巳	壬午	癸未	甲申
대운 남	7	8	8	8	9	9	9	10	立	9	9	9	8	8	8	7	7	7	6	6	6	5	5	雨	4	4	4	3	3	3
대운 여	3	2	2	2	1	1	1	1	春	1	1	1	1	2	2	2	3	3	3	4	4	4	5	水	5	6	6	6	7	7

二月小　月建 己卯　七赤

경칩 음 2/8 양 3/5 오후 10시36분 ● 춘분 음 2/23 양 3/20 오후 11시43분

음력	1	2	3	4	5	6	7	8	9	10	11	12	13	14	15	16	17	18	19	20	21	22	23	24	25	26	27	28	29	
양력	2/27	28	29	3/1	2	3	4	5	6	7	8	9	10	11	12	13	14	15	16	17	18	19	20	21	22	23	24	25	26	
요일	토	일	월	화	수	목	금	토	일	월	화	수	목	금	토	일	월	화	수	목	금	토	일	월	화	수	목	금	토	
일진	乙酉	丙戌	丁亥	戊子	己丑	庚寅	辛卯	壬辰	癸巳	甲午	乙未	丙申	丁酉	戊戌	己亥	庚子	辛丑	壬寅	癸卯	甲辰	乙巳	丙午	丁未	戊申	己酉	庚戌	辛亥	壬子	癸丑	
대운 남	2	2	2	1	1	1	1	驚	10	10	9	9	9	8	8	8	7	7	7	6	6	6	春	5	5	4	4	4	3	
대운 여	7	8	8	8	9	9	9	蟄	1	1	1	1	2	2	2	3	3	3	4	4	4	5	分	5	6	6	6	7	7	

三月大　月建 庚辰　六白

청명 음 3/10 양 4/5 오전 3시44분 ● 곡우 음 3/25 양 4/20 오전 11시6분

음력	1	2	3	4	5	6	7	8	9	10	11	12	13	14	15	16	17	18	19	20	21	22	23	24	25	26	27	28	29	30
양력	3/27	28	29	30	31	4/1	2	3	4	5	6	7	8	9	10	11	12	13	14	15	16	17	18	19	20	21	22	23	24	25
요일	일	월	화	수	목	금	토	일	월	화	수	목	금	토	일	월	화	수	목	금	토	일	월	화	수	목	금	토	일	월
일진	甲寅	乙卯	丙辰	丁巳	戊午	己未	庚申	辛酉	壬戌	癸亥	甲子	乙丑	丙寅	丁卯	戊辰	己巳	庚午	辛未	壬申	癸酉	甲戌	乙亥	丙子	丁丑	戊寅	己卯	庚辰	辛巳	壬午	癸未
대운 남	3	3	2	2	2	1	1	1	1	清	10	9	9	9	8	8	8	7	7	7	6	6	6	5	穀	5	4	4	4	3
대운 여	7	8	8	8	9	9	9	10	10	明	1	1	1	1	2	2	2	3	3	3	4	4	4	5	雨	5	6	6	6	7

四月小　月建 辛巳　五黃

입하 음 4/10 양 5/5 오후 9시23분 ● 소만 음 4/26 양 5/21 오전 10시34분

음력	1	2	3	4	5	6	7	8	9	10	11	12	13	14	15	16	17	18	19	20	21	22	23	24	25	26	27	28	29	
양력	4/26	27	28	29	30	5/1	2	3	4	5	6	7	8	9	10	11	12	13	14	15	16	17	18	19	20	21	22	23	24	
요일	화	수	목	금	토	일	월	화	수	목	금	토	일	월	화	수	목	금	토	일	월	화	수	목	금	토	일	월	화	
일진	甲申	乙酉	丙戌	丁亥	戊子	己丑	庚寅	辛卯	壬辰	癸巳	甲午	乙未	丙申	丁酉	戊戌	己亥	庚子	辛丑	壬寅	癸卯	甲辰	乙巳	丙午	丁未	戊申	己酉	庚戌	辛亥	壬子	
대운 남	3	3	2	2	2	1	1	1	1	立	10	10	10	9	9	9	8	8	8	7	7	7	6	6	6	小	5	5	4	
대운 여	7	7	8	8	8	9	9	9	10	夏	1	1	1	1	2	2	2	3	3	3	4	4	4	5	5	滿	6	6	6	

五月大　月建 壬午　四綠

망종 음 5/13 양 6/6 오전 1시49분 ● 하지 음 5/28 양 6/21 오후 6시42분

음력	1	2	3	4	5	6	7	8	9	10	11	12	13	14	15	16	17	18	19	20	21	22	23	24	25	26	27	28	29	30
양력	5/25	26	27	28	29	30	31	6/1	2	3	4	5	6	7	8	9	10	11	12	13	14	15	16	17	18	19	20	21	22	23
요일	수	목	금	토	일	월	화	수	목	금	토	일	월	화	수	목	금	토	일	월	화	수	목	금	토	일	월	화	수	목
일진	癸丑	甲寅	乙卯	丙辰	丁巳	戊午	己未	庚申	辛酉	壬戌	癸亥	甲子	乙丑	丙寅	丁卯	戊辰	己巳	庚午	辛未	壬申	癸酉	甲戌	乙亥	丙子	丁丑	戊寅	己卯	庚辰	辛巳	壬午
대운 남	4	4	3	3	3	2	2	2	1	1	1	1	芒	10	10	9	9	9	8	8	8	7	7	7	6	6	6	夏	5	5
대운 여	7	7	7	8	8	8	9	9	9	10	10	10	種	1	1	1	1	2	2	2	3	3	3	4	4	4	5	至	5	6

六月大　月建 癸未　三碧

소서 음 6/14 양 7/7 오후 12시13분 ● 대서 음 6/30 양 7/23 오전 5시37분

음력	1	2	3	4	5	6	7	8	9	10	11	12	13	14	15	16	17	18	19	20	21	22	23	24	25	26	27	28	29	30
양력	6/24	25	26	27	28	29	30	7/1	2	3	4	5	6	7	8	9	10	11	12	13	14	15	16	17	18	19	20	21	22	23
요일	금	토	일	월	화	수	목	금	토	일	월	화	수	목	금	토	일	월	화	수	목	금	토	일	월	화	수	목	금	토
일진	癸未	甲申	乙酉	丙戌	丁亥	戊子	己丑	庚寅	辛卯	壬辰	癸巳	甲午	乙未	丙申	丁酉	戊戌	己亥	庚子	辛丑	壬寅	癸卯	甲辰	乙巳	丙午	丁未	戊申	己酉	庚戌	辛亥	壬子
대운 남	4	4	4	3	3	3	2	2	2	1	1	1	1	小	10	10	9	9	9	8	8	8	7	7	7	6	6	6	5	大
대운 여	6	6	7	7	7	8	8	8	9	9	9	10	10	暑	1	1	1	1	2	2	2	3	3	3	4	4	4	5	5	暑

입추 음 윤6/15 양 8/7 오후 10시0분

閏六月小

음력	1	2	3	4	5	6	7	8	9	10	11	12	13	14	15	16	17	18	19	20	21	22	23	24	25	26	27	28	29
양력	7/24	25	26	27	28	29	30	31	8/1	2	3	4	5	6	7	8	9	10	11	12	13	14	15	16	17	18	19	20	21
요일	일	월	화	수	목	금	토	일	월	화	수	목	금	토	일	월	화	수	목	금	토	일	월	화	수	목	금	토	일
일진	癸丑	甲寅	乙卯	丙辰	丁巳	戊午	己未	庚申	辛酉	壬戌	癸亥	甲子	乙丑	丙寅	丁卯	戊辰	己巳	庚午	辛未	壬申	癸酉	甲戌	乙亥	丙子	丁丑	戊寅	己卯	庚辰	辛巳
대운 남	5	4	4	4	3	3	3	2	2	2	1	1	1	1	立	10	10	10	9	9	9	8	8	8	7	7	7	6	6
대운 여	6	6	6	7	7	7	8	8	8	9	9	9	10	10	秋	1	1	1	1	2	2	2	3	3	3	4	4	4	5

七月大 月建 甲申 二黑

처서 음 7/2 양 8/23 오후 12시34분 ● 백로 음 7/18 양 9/8 오전 0시45분

음력	1	2	3	4	5	6	7	8	9	10	11	12	13	14	15	16	17	18	19	20	21	22	23	24	25	26	27	28	29	30
양력	8/22	23	24	25	26	27	28	29	30	31	9/1	2	3	4	5	6	7	8	9	10	11	12	13	14	15	16	17	18	19	20
요일	월	화	수	목	금	토	일	월	화	수	목	금	토	일	월	화	수	목	금	토	일	월	화	수	목	금	토	일	월	화
일진	壬午	癸未	甲申	乙酉	丙戌	丁亥	戊子	己丑	庚寅	辛卯	壬辰	癸巳	甲午	乙未	丙申	丁酉	戊戌	己亥	庚子	辛丑	壬寅	癸卯	甲辰	乙巳	丙午	丁未	戊申	己酉	庚戌	辛亥
대운 남	6	處	5	5	4	4	4	3	3	3	2	2	2	1	1	1	1	白	10	9	9	9	8	8	8	7	7	7	6	6
대운 여	5	暑	6	6	6	7	7	7	8	8	8	9	9	9	10	10	10	露	1	1	1	1	2	2	2	3	3	3	4	4

八月小 月建 乙酉 一白

추분 음 8/3 양 9/23 오전 9시59분 ● 한로 음 8/18 양 10/8 오후 4시9분

음력	1	2	3	4	5	6	7	8	9	10	11	12	13	14	15	16	17	18	19	20	21	22	23	24	25	26	27	28	29
양력	9/21	22	23	24	25	26	27	28	29	30	10/1	2	3	4	5	6	7	8	9	10	11	12	13	14	15	16	17	18	19
요일	수	목	금	토	일	월	화	수	목	금	토	일	월	화	수	목	금	토	일	월	화	수	목	금	토	일	월	화	수
일진	壬子	癸丑	甲寅	乙卯	丙辰	丁巳	戊午	己未	庚申	辛酉	壬戌	癸亥	甲子	乙丑	丙寅	丁卯	戊辰	己巳	庚午	辛未	壬申	癸酉	甲戌	乙亥	丙子	丁丑	戊寅	己卯	庚辰
대운 남	6	5	秋	5	4	4	4	3	3	3	2	2	2	1	1	1	1	寒	10	9	9	9	8	8	8	7	7	7	6
대운 여	4	5	分	5	6	6	6	7	7	7	8	8	8	9	9	9	10	露	1	1	1	1	2	2	2	3	3	3	4

九月大 月建 丙戌 九紫

상강 음 9/4 양 10/23 오후 7시2분 ● 입동 음 9/19 양 11/7 오후 7시2분

음력	1	2	3	4	5	6	7	8	9	10	11	12	13	14	15	16	17	18	19	20	21	22	23	24	25	26	27	28	29	30
양력	10/20	21	22	23	24	25	26	27	28	29	30	31	11/1	2	3	4	5	6	7	8	9	10	11	12	13	14	15	16	17	18
요일	목	금	토	일	월	화	수	목	금	토	일	월	화	수	목	금	토	일	월	화	수	목	금	토	일	월	화	수	목	금
일진	辛巳	壬午	癸未	甲申	乙酉	丙戌	丁亥	戊子	己丑	庚寅	辛卯	壬辰	癸巳	甲午	乙未	丙申	丁酉	戊戌	己亥	庚子	辛丑	壬寅	癸卯	甲辰	乙巳	丙午	丁未	戊申	己酉	庚戌
대운 남	6	6	5	霜	5	4	4	4	3	3	3	2	2	2	1	1	1	1	立	10	9	9	9	8	8	8	7	7	7	6
대운 여	4	4	5	降	5	6	6	6	7	7	7	8	8	8	9	9	9	10	冬	1	1	1	1	2	2	2	3	3	3	4

十月小 月建 丁亥 八白

소설 음 10/4 양 11/22 오후 4시18분 ● 대설 음 10/19 양 12/7 오전 11시38분

음력	1	2	3	4	5	6	7	8	9	10	11	12	13	14	15	16	17	18	19	20	21	22	23	24	25	26	27	28	29
양력	11/19	20	21	22	23	24	25	26	27	28	29	30	12/1	2	3	4	5	6	7	8	9	10	11	12	13	14	15	16	17
요일	토	일	월	화	수	목	금	토	일	월	화	수	목	금	토	일	월	화	수	목	금	토	일	월	화	수	목	금	토
일진	辛亥	壬子	癸丑	甲寅	乙卯	丙辰	丁巳	戊午	己未	庚申	辛酉	壬戌	癸亥	甲子	乙丑	丙寅	丁卯	戊辰	己巳	庚午	辛未	壬申	癸酉	甲戌	乙亥	丙子	丁丑	戊寅	己卯
대운 남	6	6	5	小	5	4	4	4	3	3	3	2	2	2	1	1	1	1	大	9	9	9	8	8	8	7	7	7	6
대운 여	4	4	5	雪	5	6	6	6	7	7	7	8	8	8	9	9	9	10	雪	1	1	1	1	2	2	2	3	3	3

十一月大 月建 戊子 七赤

동지 음 11/5 양 12/22 오전 5시26분 ● 소한 음 11/19 양 1/5 오후 10시43분

음력	1	2	3	4	5	6	7	8	9	10	11	12	13	14	15	16	17	18	19	20	21	22	23	24	25	26	27	28	29	30
양력	12/18	19	20	21	22	23	24	25	26	27	28	29	30	31	1/1	2	3	4	5	6	7	8	9	10	11	12	13	14	15	16
요일	일	월	화	수	목	금	토	일	월	화	수	목	금	토	일	월	화	수	목	금	토	일	월	화	수	목	금	토	일	월
일진	庚辰	辛巳	壬午	癸未	甲申	乙酉	丙戌	丁亥	戊子	己丑	庚寅	辛卯	壬辰	癸巳	甲午	乙未	丙申	丁酉	戊戌	己亥	庚子	辛丑	壬寅	癸卯	甲辰	乙巳	丙午	丁未	戊申	己酉
대운 남	6	6	5	5	冬	4	4	4	3	3	3	2	2	2	1	1	1	1	小	10	9	9	9	8	8	8	7	7	7	6
대운 여	4	4	4	5	至	5	6	6	6	7	7	7	8	8	8	9	9	9	寒	1	1	1	1	2	2	2	3	3	3	4

十二月小 月建 己丑 六白

대한 음 12/4 양 1/20 오후 4시1분 ● 입춘 음 12/19 양 2/4 오전 10시22분

음력	1	2	3	4	5	6	7	8	9	10	11	12	13	14	15	16	17	18	19	20	21	22	23	24	25	26	27	28	29
양력	1/17	18	19	20	21	22	23	24	25	26	27	28	29	30	31	2/1	2	3	4	5	6	7	8	9	10	11	12	13	14
요일	화	수	목	금	토	일	월	화	수	목	금	토	일	월	화	수	목	금	토	일	월	화	수	목	금	토	일	월	화
일진	庚戌	辛亥	壬子	癸丑	甲寅	乙卯	丙辰	丁巳	戊午	己未	庚申	辛酉	壬戌	癸亥	甲子	乙丑	丙寅	丁卯	戊辰	己巳	庚午	辛未	壬申	癸酉	甲戌	乙亥	丙子	丁丑	戊寅
대운 남	6	6	5	大	5	4	4	4	3	3	3	2	2	2	1	1	1	1	立	1	1	1	1	2	2	2	3	3	3
대운 여	4	4	5	寒	5	6	6	6	7	7	7	8	8	8	9	9	9	10	春	10	9	9	9	8	8	8	7	7	7

1961년 | 단기 4294년　辛丑年

三日得辛 二龍治水

子 大將軍　東 三殺　亥 吊客　卯 喪門　納音五行 壁上土

正月大　月建 庚寅　五黃

우수 음 1/5 양 2/19 오전 6시16분 ● 경칩 음 1/20 양 3/6 오전 4시35분

음력	1	2	3	4	5	6	7	8	9	10	11	12	13	14	15	16	17	18	19	20	21	22	23	24	25	26	27	28	29	30
양력	2/15	16	17	18	19	20	21	22	23	24	25	26	27	28	3/1	2	3	4	5	6	7	8	9	10	11	12	13	14	15	16
요일	수	목	금	토	일	월	화	수	목	금	토	일	월	화	수	목	금	토	일	월	화	수	목	금	토	일	월	화	수	목
일진	己卯	庚辰	辛巳	壬午	癸未	甲申	乙酉	丙戌	丁亥	戊子	己丑	庚寅	辛卯	壬辰	癸巳	甲午	乙未	丙申	丁酉	戊戌	己亥	庚子	辛丑	壬寅	癸卯	甲辰	乙巳	丙午	丁未	戊申
대운 남	4	4	4	5	雨	5	6	6	6	7	7	7	8	8	8	9	9	9	10	驚	1	1	1	1	2	2	2	3	3	3
대운 여	6	6	6	5	水	5	4	4	4	3	3	3	2	2	2	1	1	1	1	蟄	10	9	9	9	8	8	8	7	7	7

二月小　月建 辛卯　四綠

춘분 음 2/5 양 3/21 오전 5시32분 ● 청명 음 2/20 양 4/5 오전 9시42분

음력	1	2	3	4	5	6	7	8	9	10	11	12	13	14	15	16	17	18	19	20	21	22	23	24	25	26	27	28	29
양력	3/17	18	19	20	21	22	23	24	25	26	27	28	29	30	31	4/1	2	3	4	5	6	7	8	9	10	11	12	13	14
요일	금	토	일	월	화	수	목	금	토	일	월	화	수	목	금	토	일	월	화	수	목	금	토	일	월	화	수	목	금
일진	己酉	庚戌	辛亥	壬子	癸丑	甲寅	乙卯	丙辰	丁巳	戊午	己未	庚申	辛酉	壬戌	癸亥	甲子	乙丑	丙寅	丁卯	戊辰	己巳	庚午	辛未	壬申	癸酉	甲戌	乙亥	丙子	丁丑
대운 남	4	4	4	5	春	5	6	6	6	7	7	7	8	8	8	9	9	9	10	淸	1	1	1	1	2	2	2	3	3
대운 여	6	6	6	5	分	5	4	4	4	3	3	3	2	2	2	1	1	1	1	明	10	10	9	9	9	8	8	8	7

三月大　月建 壬辰　三碧

곡우 음 3/6 양 4/20 오후 4시55분 ● 입하 음 3/22 양 5/6 오전 3시21분

음력	1	2	3	4	5	6	7	8	9	10	11	12	13	14	15	16	17	18	19	20	21	22	23	24	25	26	27	28	29	30
양력	4/15	16	17	18	19	20	21	22	23	24	25	26	27	28	29	30	5/1	2	3	4	5	6	7	8	9	10	11	12	13	14
요일	토	일	월	화	수	목	금	토	일	월	화	수	목	금	토	일	월	화	수	목	금	토	일	월	화	수	목	금	토	일
일진	戊寅	己卯	庚辰	辛巳	壬午	癸未	甲申	乙酉	丙戌	丁亥	戊子	己丑	庚寅	辛卯	壬辰	癸巳	甲午	乙未	丙申	丁酉	戊戌	己亥	庚子	辛丑	壬寅	癸卯	甲辰	乙巳	丙午	丁未
대운 남	3	4	4	4	5	穀	5	6	6	6	7	7	7	8	8	8	9	9	9	10	10	立	1	1	1	1	2	2	2	3
대운 여	7	7	6	6	6	雨	5	5	4	4	4	3	3	3	2	2	2	1	1	1	1	夏	10	10	9	9	9	8	8	8

四月小　月建 癸巳　二黑

소만 음 4/7 양 5/21 오후 4시22분 ● 망종 음 4/23 양 6/6 오전 7시46분

음력	1	2	3	4	5	6	7	8	9	10	11	12	13	14	15	16	17	18	19	20	21	22	23	24	25	26	27	28	29
양력	5/15	16	17	18	19	20	21	22	23	24	25	26	27	28	29	30	31	6/1	2	3	4	5	6	7	8	9	10	11	12
요일	월	화	수	목	금	토	일	월	화	수	목	금	토	일	월	화	수	목	금	토	일	월	화	수	목	금	토	일	월
일진	戊申	己酉	庚戌	辛亥	壬子	癸丑	甲寅	乙卯	丙辰	丁巳	戊午	己未	庚申	辛酉	壬戌	癸亥	甲子	乙丑	丙寅	丁卯	戊辰	己巳	庚午	辛未	壬申	癸酉	甲戌	乙亥	丙子
대운 남	3	3	4	4	4	5	小	5	6	6	6	7	7	7	8	8	8	9	9	9	10	10	芒	1	1	1	1	2	2
대운 여	7	7	7	6	6	6	滿	5	5	4	4	4	3	3	3	2	2	2	1	1	1	1	種	10	10	9	9	9	8

五月大　月建 甲午　一白

하지 음 5/10 양 6/22 오전 0시30분 ● 소서 음 5/25 양 7/7 오후 6시7분

음력	1	2	3	4	5	6	7	8	9	10	11	12	13	14	15	16	17	18	19	20	21	22	23	24	25	26	27	28	29	30
양력	6/13	14	15	16	17	18	19	20	21	22	23	24	25	26	27	28	29	30	7/1	2	3	4	5	6	7	8	9	10	11	12
요일	화	수	목	금	토	일	월	화	수	목	금	토	일	월	화	수	목	금	토	일	월	화	수	목	금	토	일	월	화	수
일진	丁丑	戊寅	己卯	庚辰	辛巳	壬午	癸未	甲申	乙酉	丙戌	丁亥	戊子	己丑	庚寅	辛卯	壬辰	癸巳	甲午	乙未	丙申	丁酉	戊戌	己亥	庚子	辛丑	壬寅	癸卯	甲辰	乙巳	丙午
대운 남	2	3	3	3	4	4	4	5	5	夏	6	6	6	7	7	7	8	8	8	9	9	9	10	10	小	1	1	1	1	2
대운 여	8	8	7	7	7	6	6	6	5	至	5	4	4	4	3	3	3	2	2	2	1	1	1	1	暑	10	10	10	9	9

六月小　月建 乙未　九紫

대서 음 6/11 양 7/23 오전 11시24분 ● 입추 음 6/27 양 8/8 오전 3시48분

음력	1	2	3	4	5	6	7	8	9	10	11	12	13	14	15	16	17	18	19	20	21	22	23	24	25	26	27	28	29
양력	7/13	14	15	16	17	18	19	20	21	22	23	24	25	26	27	28	29	30	31	8/1	2	3	4	5	6	7	8	9	10
요일	목	금	토	일	월	화	수	목	금	토	일	월	화	수	목	금	토	일	월	화	수	목	금	토	일	월	화	수	목
일진	丁未	戊申	己酉	庚戌	辛亥	壬子	癸丑	甲寅	乙卯	丙辰	丁巳	戊午	己未	庚申	辛酉	壬戌	癸亥	甲子	乙丑	丙寅	丁卯	戊辰	己巳	庚午	辛未	壬申	癸酉	甲戌	乙亥
대운 남	2	2	3	3	3	4	4	4	5	5	大	6	6	6	7	7	7	8	8	8	9	9	9	10	10	10	立	1	1
대운 여	9	8	8	8	7	7	7	6	6	6	暑	5	5	4	4	4	3	3	3	2	2	2	1	1	1	1	秋	10	10

七月大 月建 丙申 八白

처서 음 7/13 양 8/23 오후 6시19분 ● 백로 음 7/29 양 9/8 오전 6시29분

음력		1	2	3	4	5	6	7	8	9	10	11	12	13	14	15	16	17	18	19	20	21	22	23	24	25	26	27	28	29	30
양력		8/11	12	13	14	15	16	17	18	19	20	21	22	23	24	25	26	27	28	29	30	31	9/1	2	3	4	5	6	7	8	9
요일		금	토	일	월	화	수	목	금	토	일	월	화	수	목	금	토	일	월	화	수	목	금	토	일	월	화	수	목	금	토
일진		丙子	丁丑	戊寅	己卯	庚辰	辛巳	壬午	癸未	甲申	乙酉	丙戌	丁亥	戊子	己丑	庚寅	辛卯	壬辰	癸巳	甲午	乙未	丙申	丁酉	戊戌	己亥	庚子	辛丑	壬寅	癸卯	甲辰	乙巳
대운	남	1	1	2	2	2	3	3	3	4	4	4	5	處	5	6	6	6	7	7	7	8	8	8	9	9	9	10	10	白	1
	여	9	9	9	8	8	8	7	7	7	6	6	6	暑	5	5	4	4	4	3	3	3	2	2	2	1	1	1	1	露	10

八月大 月建 丁酉 七赤

추분 음 8/14 양 9/23 오후 3시42분 ● 한로 음 8/29 양 10/8 오후 9시51분

음력		1	2	3	4	5	6	7	8	9	10	11	12	13	14	15	16	17	18	19	20	21	22	23	24	25	26	27	28	29	30
양력		9/10	11	12	13	14	15	16	17	18	19	20	21	22	23	24	25	26	27	28	29	30	10/1	2	3	4	5	6	7	8	9
요일		일	월	화	수	목	금	토	일	월	화	수	목	금	토	일	월	화	수	목	금	토	일	월	화	수	목	금	토	일	월
일진		丙午	丁未	戊申	己酉	庚戌	辛亥	壬子	癸丑	甲寅	乙卯	丙辰	丁巳	戊午	己未	庚申	辛酉	壬戌	癸亥	甲子	乙丑	丙寅	丁卯	戊辰	己巳	庚午	辛未	壬申	癸酉	甲戌	乙亥
대운	남	1	1	1	2	2	2	3	3	3	4	4	4	5	秋	5	6	6	6	7	7	7	8	8	8	9	9	9	10	寒	1
	여	9	9	9	8	8	8	7	7	7	6	6	6	5	分	5	4	4	4	3	3	3	2	2	2	1	1	1	1	露	10

九月小 月建 戊戌 六白

상강 음 9/15 양 10/24 오전 0시47분

음력		1	2	3	4	5	6	7	8	9	10	11	12	13	14	15	16	17	18	19	20	21	22	23	24	25	26	27	28	29
양력		10/10	11	12	13	14	15	16	17	18	19	20	21	22	23	24	25	26	27	28	29	30	31	11/1	2	3	4	5	6	7
요일		화	수	목	금	토	일	월	화	수	목	금	토	일	월	화	수	목	금	토	일	월	화	수	목	금	토	일	월	화
일진		丙子	丁丑	戊寅	己卯	庚辰	辛巳	壬午	癸未	甲申	乙酉	丙戌	丁亥	戊子	己丑	庚寅	辛卯	壬辰	癸巳	甲午	乙未	丙申	丁酉	戊戌	己亥	庚子	辛丑	壬寅	癸卯	甲辰
대운	남	1	1	1	2	2	2	3	3	3	4	4	4	5	5	霜	6	6	6	7	7	7	8	8	8	9	9	9	10	10
	여	10	9	9	9	8	8	8	7	7	7	6	6	6	5	降	5	4	4	4	3	3	3	2	2	2	1	1	1	1

十月大 月建 己亥 五黃

입동 음 10/1 양 11/8 오전 0시46분 ● 소설 음 10/15 양 11/22 오후 10시8분 ● 대설 음 10/30 양 12/7 오후 5시26분

음력		1	2	3	4	5	6	7	8	9	10	11	12	13	14	15	16	17	18	19	20	21	22	23	24	25	26	27	28	29	30
양력		11/8	9	10	11	12	13	14	15	16	17	18	19	20	21	22	23	24	25	26	27	28	29	30	12/1	2	3	4	5	6	7
요일		수	목	금	토	일	월	화	수	목	금	토	일	월	화	수	목	금	토	일	월	화	수	목	금	토	일	월	화	수	목
일진		乙巳	丙午	丁未	戊申	己酉	庚戌	辛亥	壬子	癸丑	甲寅	乙卯	丙辰	丁巳	戊午	己未	庚申	辛酉	壬戌	癸亥	甲子	乙丑	丙寅	丁卯	戊辰	己巳	庚午	辛未	壬申	癸酉	甲戌
대운	남	立	1	1	1	1	2	2	2	3	3	3	4	4	4	小	5	5	6	6	6	7	7	7	8	8	8	9	9	9	大
	여	冬	9	9	9	8	8	8	7	7	7	6	6	6	5	雪	5	4	4	4	3	3	3	2	2	2	1	1	1	1	雪

十一月小 月建 庚子 四綠

동지 음 11/15 양 12/22 오전 11시19분

음력		1	2	3	4	5	6	7	8	9	10	11	12	13	14	15	16	17	18	19	20	21	22	23	24	25	26	27	28	29
양력		12/8	9	10	11	12	13	14	15	16	17	18	19	20	21	22	23	24	25	26	27	28	29	30	31	1/1	2	3	4	5
요일		금	토	일	월	화	수	목	금	토	일	월	화	수	목	금	토	일	월	화	수	목	금	토	일	월	화	수	목	금
일진		乙亥	丙子	丁丑	戊寅	己卯	庚辰	辛巳	壬午	癸未	甲申	乙酉	丙戌	丁亥	戊子	己丑	庚寅	辛卯	壬辰	癸巳	甲午	乙未	丙申	丁酉	戊戌	己亥	庚子	辛丑	壬寅	癸卯
대운	남	1	1	1	1	2	2	2	3	3	3	4	4	4	5	冬	5	6	6	6	7	7	7	8	8	8	9	9	9	10
	여	10	9	9	9	8	8	8	7	7	7	6	6	6	5	至	5	4	4	4	3	3	3	2	2	2	1	1	1	1

十二月大 月建 辛丑 三碧

소한 음 12/1 양 1/6 오전 4시35분 ● 대한 음 12/15 양 1/20 오후 9시58분 ● 입춘 음 12/30 양 2/4 오후 4시17분

음력		1	2	3	4	5	6	7	8	9	10	11	12	13	14	15	16	17	18	19	20	21	22	23	24	25	26	27	28	29	30
양력		1/6	7	8	9	10	11	12	13	14	15	16	17	18	19	20	21	22	23	24	25	26	27	28	29	30	31	2/1	2	3	4
요일		토	일	월	화	수	목	금	토	일	월	화	수	목	금	토	일	월	화	수	목	금	토	일	월	화	수	목	금	토	일
일진		甲辰	乙巳	丙午	丁未	戊申	己酉	庚戌	辛亥	壬子	癸丑	甲寅	乙卯	丙辰	丁巳	戊午	己未	庚申	辛酉	壬戌	癸亥	甲子	乙丑	丙寅	丁卯	戊辰	己巳	庚午	辛未	壬申	癸酉
대운	남	小	1	1	1	1	2	2	2	3	3	3	4	4	4	大	5	5	6	6	6	7	7	7	8	8	8	9	9	9	立
	여	寒	9	9	9	8	8	8	7	7	7	6	6	6	5	寒	5	4	4	4	3	3	3	2	2	2	1	1	1	1	春

1962년 | 단기 4295년 壬寅年

八日得辛 七龍治水

子 大將軍　北 三殺　子 吊客　辰 喪門

納音五行 金箔金

正月小　月建 壬寅　二黑

우수 음 1/15 양 2/19 오후 12시15분

음력	1	2	3	4	5	6	7	8	9	10	11	12	13	14	15	16	17	18	19	20	21	22	23	24	25	26	27	28	29
양력	2/5	6	7	8	9	10	11	12	13	14	15	16	17	18	19	20	21	22	23	24	25	26	27	28	3/1	2	3	4	5
요일	월	화	수	목	금	토	일	월	화	수	목	금	토	일	월	화	수	목	금	토	일	월	화	수	목	금	토	일	월
일진	甲戌	乙亥	丙子	丁丑	戊寅	己卯	庚辰	辛巳	壬午	癸未	甲申	乙酉	丙戌	丁亥	戊子	己丑	庚寅	辛卯	壬辰	癸巳	甲午	乙未	丙申	丁酉	戊戌	己亥	庚子	辛丑	壬寅
대운 남	10	9	9	9	8	8	8	7	7	7	6	6	6	5	雨	5	4	4	4	3	3	3	2	2	2	1	1	1	1
대운 여	1	1	1	1	2	2	2	3	3	3	4	4	4	5	水	5	6	6	6	7	7	7	8	8	8	9	9	9	10

二月大　月建 癸卯　一白

경칩 음 2/1 양 3/6 오전 10시30분 ● 춘분 음 2/16 양 3/21 오전 11시30분

음력	1	2	3	4	5	6	7	8	9	10	11	12	13	14	15	16	17	18	19	20	21	22	23	24	25	26	27	28	29	30
양력	3/6	7	8	9	10	11	12	13	14	15	16	17	18	19	20	21	22	23	24	25	26	27	28	29	30	31	4/1	2	3	4
요일	화	수	목	금	토	일	월	화	수	목	금	토	일	월	화	수	목	금	토	일	월	화	수	목	금	토	일	월	화	수
일진	癸卯	甲辰	乙巳	丙午	丁未	戊申	己酉	庚戌	辛亥	壬子	癸丑	甲寅	乙卯	丙辰	丁巳	戊午	己未	庚申	辛酉	壬戌	癸亥	甲子	乙丑	丙寅	丁卯	戊辰	己巳	庚午	辛未	壬申
대운 남	驚	10	9	9	9	8	8	8	7	7	7	6	6	6	5	春	5	4	4	4	3	3	3	2	2	2	1	1	1	1
대운 여	蟄	1	1	1	1	2	2	2	3	3	3	4	4	4	5	分	5	6	6	6	7	7	7	8	8	8	9	9	9	10

三月小　月建 甲辰　九紫

청명 음 3/1 양 4/5 오후 3시34분 ● 곡우 음 3/16 양 4/20 오후 10시51분

음력	1	2	3	4	5	6	7	8	9	10	11	12	13	14	15	16	17	18	19	20	21	22	23	24	25	26	27	28	29
양력	4/5	6	7	8	9	10	11	12	13	14	15	16	17	18	19	20	21	22	23	24	25	26	27	28	29	30	5/1	2	3
요일	목	금	토	일	월	화	수	목	금	토	일	월	화	수	목	금	토	일	월	화	수	목	금	토	일	월	화	수	목
일진	癸酉	甲戌	乙亥	丙子	丁丑	戊寅	己卯	庚辰	辛巳	壬午	癸未	甲申	乙酉	丙戌	丁亥	戊子	己丑	庚寅	辛卯	壬辰	癸巳	甲午	乙未	丙申	丁酉	戊戌	己亥	庚子	辛丑
대운 남	清	10	10	9	9	9	8	8	8	7	7	7	6	6	6	穀	5	5	4	4	4	3	3	3	2	2	2	1	1
대운 여	明	1	1	1	1	2	2	2	3	3	3	4	4	4	5	雨	5	6	6	6	7	7	7	8	8	8	9	9	9

四月小　月建 乙巳　八白

입하 음 4/3 양 5/6 오전 9시10분 ● 소만 음 4/18 양 5/21 오후 10시17분

음력	1	2	3	4	5	6	7	8	9	10	11	12	13	14	15	16	17	18	19	20	21	22	23	24	25	26	27	28	29
양력	5/4	5	6	7	8	9	10	11	12	13	14	15	16	17	18	19	20	21	22	23	24	25	26	27	28	29	30	31	6/1
요일	금	토	일	월	화	수	목	금	토	일	월	화	수	목	금	토	일	월	화	수	목	금	토	일	월	화	수	목	금
일진	壬寅	癸卯	甲辰	乙巳	丙午	丁未	戊申	己酉	庚戌	辛亥	壬子	癸丑	甲寅	乙卯	丙辰	丁巳	戊午	己未	庚申	辛酉	壬戌	癸亥	甲子	乙丑	丙寅	丁卯	戊辰	己巳	庚午
대운 남	1	1	立	10	10	9	9	9	8	8	8	7	7	7	6	6	6	小	5	5	4	4	4	3	3	3	2	2	2
대운 여	10	10	夏	1	1	1	1	2	2	2	3	3	3	4	4	4	5	滿	5	6	6	6	7	7	7	8	8	8	9

五月大　月建 丙午　七赤

망종 음 5/5 양 6/6 오후 1시31분 ● 하지 음 5/21 양 6/22 오전 6시24분

음력	1	2	3	4	5	6	7	8	9	10	11	12	13	14	15	16	17	18	19	20	21	22	23	24	25	26	27	28	29	30
양력	6/2	3	4	5	6	7	8	9	10	11	12	13	14	15	16	17	18	19	20	21	22	23	24	25	26	27	28	29	30	7/1
요일	토	일	월	화	수	목	금	토	일	월	화	수	목	금	토	일	월	화	수	목	금	토	일	월	화	수	목	금	토	일
일진	辛未	壬申	癸酉	甲戌	乙亥	丙子	丁丑	戊寅	己卯	庚辰	辛巳	壬午	癸未	甲申	乙酉	丙戌	丁亥	戊子	己丑	庚寅	辛卯	壬辰	癸巳	甲午	乙未	丙申	丁酉	戊戌	己亥	庚子
대운 남	1	1	1	1	芒	10	10	9	9	9	8	8	8	7	7	7	6	6	6	5	夏	5	4	4	4	3	3	3	2	2
대운 여	9	9	10	10	種	1	1	1	1	2	2	2	3	3	3	4	4	4	5	5	至	6	6	6	7	7	7	8	8	8

六月小　月建 丁未　六白

소서 음 6/6 양 7/7 오후 11시51분 ● 대서 음 6/22 양 7/23 오후 5시18분

음력	1	2	3	4	5	6	7	8	9	10	11	12	13	14	15	16	17	18	19	20	21	22	23	24	25	26	27	28	29
양력	7/2	3	4	5	6	7	8	9	10	11	12	13	14	15	16	17	18	19	20	21	22	23	24	25	26	27	28	29	30
요일	월	화	수	목	금	토	일	월	화	수	목	금	토	일	월	화	수	목	금	토	일	월	화	수	목	금	토	일	월
일진	辛丑	壬寅	癸卯	甲辰	乙巳	丙午	丁未	戊申	己酉	庚戌	辛亥	壬子	癸丑	甲寅	乙卯	丙辰	丁巳	戊午	己未	庚申	辛酉	壬戌	癸亥	甲子	乙丑	丙寅	丁卯	戊辰	己巳
대운 남	2	1	1	1	1	小	10	10	10	9	9	9	8	8	8	7	7	7	6	6	6	大	5	5	4	4	4	3	3
대운 여	9	9	9	10	10	暑	1	1	1	1	2	2	2	3	3	3	4	4	4	5	5	暑	6	6	6	7	7	7	8

七月大 月建 戊申 五黃

입추 음 7/9 양 8/8 오전 9시34분 ● 처서 음 7/25 양 8/24 오전 0시12분

음력	1	2	3	4	5	6	7	8	9	10	11	12	13	14	15	16	17	18	19	20	21	22	23	24	25	26	27	28	29	30
양력	7/31	8/1	2	3	4	5	6	7	8	9	10	11	12	13	14	15	16	17	18	19	20	21	22	23	24	25	26	27	28	29
요일	화	수	목	금	토	일	월	화	수	목	금	토	일	월	화	수	목	금	토	일	월	화	수	목	금	토	일	월	화	수
일진	庚午	辛未	壬申	癸酉	甲戌	乙亥	丙子	丁丑	戊寅	己卯	庚辰	辛巳	壬午	癸未	甲申	乙酉	丙戌	丁亥	戊子	己丑	庚寅	辛卯	壬辰	癸巳	甲午	乙未	丙申	丁酉	戊戌	己亥
대운 남	3	2	2	2	1	1	1	1	立秋	10	10	9	9	9	8	8	8	7	7	7	6	6	6	5	處暑	5	4	4	4	3
대운 여	8	8	9	9	9	10	10	10		1	1	1	1	2	2	2	3	3	3	4	4	4	5	5		6	6	6	7	7

八月大 月建 己酉 四綠

백로 음 8/10 양 9/8 오후 12시15분 ● 추분 음 8/25 양 9/23 오후 9시35분

음력	1	2	3	4	5	6	7	8	9	10	11	12	13	14	15	16	17	18	19	20	21	22	23	24	25	26	27	28	29	30
양력	8/30	31	9/1	2	3	4	5	6	7	8	9	10	11	12	13	14	15	16	17	18	19	20	21	22	23	24	25	26	27	28
요일	목	금	토	일	월	화	수	목	금	토	일	월	화	수	목	금	토	일	월	화	수	목	금	토	일	월	화	수	목	금
일진	庚子	辛丑	壬寅	癸卯	甲辰	乙巳	丙午	丁未	戊申	己酉	庚戌	辛亥	壬子	癸丑	甲寅	乙卯	丙辰	丁巳	戊午	己未	庚申	辛酉	壬戌	癸亥	甲子	乙丑	丙寅	丁卯	戊辰	己巳
대운 남	3	3	2	2	2	1	1	1	1	白露	10	10	9	9	9	8	8	8	7	7	7	6	6	6	秋分	5	5	4	4	4
대운 여	7	8	8	8	9	9	9	10	10		1	1	1	1	2	2	2	3	3	3	4	4	4	5		5	6	6	6	7

九月小 月建 庚戌 三碧

한로 음 9/11 양 10/9 오전 3시38분 ● 상강 음 9/26 양 10/24 오전 6시40분

음력	1	2	3	4	5	6	7	8	9	10	11	12	13	14	15	16	17	18	19	20	21	22	23	24	25	26	27	28	29
양력	9/29	30	10/1	2	3	4	5	6	7	8	9	10	11	12	13	14	15	16	17	18	19	20	21	22	23	24	25	26	27
요일	토	일	월	화	수	목	금	토	일	월	화	수	목	금	토	일	월	화	수	목	금	토	일	월	화	수	목	금	토
일진	庚午	辛未	壬申	癸酉	甲戌	乙亥	丙子	丁丑	戊寅	己卯	庚辰	辛巳	壬午	癸未	甲申	乙酉	丙戌	丁亥	戊子	己丑	庚寅	辛卯	壬辰	癸巳	甲午	乙未	丙申	丁酉	戊戌
대운 남	3	3	3	2	2	2	1	1	1	1	寒露	10	9	9	9	8	8	8	7	7	7	6	6	6	5	霜降	5	4	4
대운 여	7	7	8	8	8	9	9	9	10	10		1	1	1	1	2	2	2	3	3	3	4	4	4	5		5	6	6

十月大 月建 辛亥 二黑

입동 음 10/12 양 11/8 오전 6시35분 ● 소설 음 10/27 양 11/23 오전 4시2분

음력	1	2	3	4	5	6	7	8	9	10	11	12	13	14	15	16	17	18	19	20	21	22	23	24	25	26	27	28	29	30
양력	10/28	29	30	31	11/1	2	3	4	5	6	7	8	9	10	11	12	13	14	15	16	17	18	19	20	21	22	23	24	25	26
요일	일	월	화	수	목	금	토	일	월	화	수	목	금	토	일	월	화	수	목	금	토	일	월	화	수	목	금	토	일	월
일진	己亥	庚子	辛丑	壬寅	癸卯	甲辰	乙巳	丙午	丁未	戊申	己酉	庚戌	辛亥	壬子	癸丑	甲寅	乙卯	丙辰	丁巳	戊午	己未	庚申	辛酉	壬戌	癸亥	甲子	乙丑	丙寅	丁卯	戊辰
대운 남	4	3	3	3	2	2	2	1	1	1	1	立冬	9	9	9	8	8	8	7	7	7	6	6	6	5	5	小雪	4	4	4
대운 여	6	7	7	7	8	8	8	9	9	9	10		1	1	1	1	2	2	2	3	3	3	4	4	4	5		5	6	6

十一月大 月建 壬子 一白

대설 음 11/11 양 12/7 오후 11시17분 ● 동지 음 11/26 양 12/22 오후 5시15분

음력	1	2	3	4	5	6	7	8	9	10	11	12	13	14	15	16	17	18	19	20	21	22	23	24	25	26	27	28	29	30
양력	11/27	28	29	30	12/1	2	3	4	5	6	7	8	9	10	11	12	13	14	15	16	17	18	19	20	21	22	23	24	25	26
요일	화	수	목	금	토	일	월	화	수	목	금	토	일	월	화	수	목	금	토	일	월	화	수	목	금	토	일	월	화	수
일진	己巳	庚午	辛未	壬申	癸酉	甲戌	乙亥	丙子	丁丑	戊寅	己卯	庚辰	辛巳	壬午	癸未	甲申	乙酉	丙戌	丁亥	戊子	己丑	庚寅	辛卯	壬辰	癸巳	甲午	乙未	丙申	丁酉	戊戌
대운 남	3	3	3	2	2	2	1	1	1	1	大雪	10	9	9	9	8	8	8	7	7	7	6	6	6	5	冬至	5	4	4	4
대운 여	6	7	7	7	8	8	8	9	9	9		1	1	1	1	2	2	2	3	3	3	4	4	4	5		5	6	6	6

十二月小 月建 癸丑 九紫

소한 음 12/11 양 1/6 오전 10시26분 ● 대한 음 12/26 양 1/21 오전 3시54분

음력	1	2	3	4	5	6	7	8	9	10	11	12	13	14	15	16	17	18	19	20	21	22	23	24	25	26	27	28	29
양력	12/27	28	29	30	31	1/1	2	3	4	5	6	7	8	9	10	11	12	13	14	15	16	17	18	19	20	21	22	23	24
요일	목	금	토	일	월	화	수	목	금	토	일	월	화	수	목	금	토	일	월	화	수	목	금	토	일	월	화	수	목
일진	己亥	庚子	辛丑	壬寅	癸卯	甲辰	乙巳	丙午	丁未	戊申	己酉	庚戌	辛亥	壬子	癸丑	甲寅	乙卯	丙辰	丁巳	戊午	己未	庚申	辛酉	壬戌	癸亥	甲子	乙丑	丙寅	丁卯
대운 남	3	3	3	2	2	2	1	1	1	1	小寒	9	9	9	8	8	8	7	7	7	6	6	6	5	5	大寒	4	4	4
대운 여	7	7	7	8	8	8	9	9	9	10		1	1	1	1	2	2	2	3	3	3	4	4	4	5		5	6	6

1963년 | 단기 4296년

癸卯年

四日得辛 一龍治水

子 大將軍　酉 三殺　丑 吊客　巳 喪門

納音五行 金箔金

正月大　月建 甲寅　八白

입춘 음 1/11 양 2/4 오후 10시8분 · 우수 음 1/26 양 2/19 오후 6시9분

음력	1	2	3	4	5	6	7	8	9	10	11	12	13	14	15	16	17	18	19	20	21	22	23	24	25	26	27	28	29	30
양력	1/25	26	27	28	29	30	31	2/1	2	3	4	5	6	7	8	9	10	11	12	13	14	15	16	17	18	19	20	21	22	23
요일	금	토	일	월	화	수	목	금	토	일	월	화	수	목	금	토	일	월	화	수	목	금	토	일	월	화	수	목	금	토
일진	戊辰	己巳	庚午	辛未	壬申	癸酉	甲戌	乙亥	丙子	丁丑	戊寅	己卯	庚辰	辛巳	壬午	癸未	甲申	乙酉	丙戌	丁亥	戊子	己丑	庚寅	辛卯	壬辰	癸巳	甲午	乙未	丙申	丁酉
대운 남	3	3	3	2	2	2	1	1	1	1	立春	1	1	1	1	2	2	2	3	3	3	4	4	4	5	雨水	5	6	6	6
대운 여	6	7	7	7	8	8	8	9	9	9		10	9	9	9	8	8	8	7	7	7	6	6	6	5		5	4	4	4

二月小　月建 乙卯　七赤

경칩 음 2/11 양 3/6 오후 4시17분 · 춘분 음 2/26 양 3/21 오후 5시20분

음력	1	2	3	4	5	6	7	8	9	10	11	12	13	14	15	16	17	18	19	20	21	22	23	24	25	26	27	28	29
양력	2/24	25	26	27	28	3/1	2	3	4	5	6	7	8	9	10	11	12	13	14	15	16	17	18	19	20	21	22	23	24
요일	일	월	화	수	목	금	토	일	월	화	수	목	금	토	일	월	화	수	목	금	토	일	월	화	수	목	금	토	일
일진	戊戌	己亥	庚子	辛丑	壬寅	癸卯	甲辰	乙巳	丙午	丁未	戊申	己酉	庚戌	辛亥	壬子	癸丑	甲寅	乙卯	丙辰	丁巳	戊午	己未	庚申	辛酉	壬戌	癸亥	甲子	乙丑	丙寅
대운 남	7	7	7	8	8	8	9	9	9	10	驚蟄	1	1	1	1	2	2	2	3	3	3	4	4	4	5	春分	5	6	6
대운 여	3	3	3	2	2	2	1	1	1	1		10	9	9	9	8	8	8	7	7	7	6	6	6	5		5	4	4

三月大　月建 丙辰　六白

청명 음 3/12 양 4/5 오후 9시19분 · 곡우 음 3/28 양 4/21 오전 4시36분

음력	1	2	3	4	5	6	7	8	9	10	11	12	13	14	15	16	17	18	19	20	21	22	23	24	25	26	27	28	29	30
양력	3/25	26	27	28	29	30	31	4/1	2	3	4	5	6	7	8	9	10	11	12	13	14	15	16	17	18	19	20	21	22	23
요일	월	화	수	목	금	토	일	월	화	수	목	금	토	일	월	화	수	목	금	토	일	월	화	수	목	금	토	일	월	화
일진	丁卯	戊辰	己巳	庚午	辛未	壬申	癸酉	甲戌	乙亥	丙子	丁丑	戊寅	己卯	庚辰	辛巳	壬午	癸未	甲申	乙酉	丙戌	丁亥	戊子	己丑	庚寅	辛卯	壬辰	癸巳	甲午	乙未	丙申
대운 남	6	7	7	7	8	8	8	9	9	9	10	淸明	1	1	1	1	2	2	2	3	3	3	4	4	4	5	5	穀雨	6	6
대운 여	4	3	3	3	2	2	2	1	1	1	1		10	10	9	9	9	8	8	8	7	7	7	6	6	6	5		5	4

四月小　月建 丁巳　五黃

입하 음 4/13 양 5/6 오후 2시52분 · 소만 음 4/29 양 5/22 오전 3시58분

음력	1	2	3	4	5	6	7	8	9	10	11	12	13	14	15	16	17	18	19	20	21	22	23	24	25	26	27	28	29
양력	4/24	25	26	27	28	29	30	5/1	2	3	4	5	6	7	8	9	10	11	12	13	14	15	16	17	18	19	20	21	22
요일	수	목	금	토	일	월	화	수	목	금	토	일	월	화	수	목	금	토	일	월	화	수	목	금	토	일	월	화	수
일진	丁酉	戊戌	己亥	庚子	辛丑	壬寅	癸卯	甲辰	乙巳	丙午	丁未	戊申	己酉	庚戌	辛亥	壬子	癸丑	甲寅	乙卯	丙辰	丁巳	戊午	己未	庚申	辛酉	壬戌	癸亥	甲子	乙丑
대운 남	6	7	7	7	8	8	8	9	9	9	10	10	立夏	1	1	1	1	2	2	2	3	3	3	4	4	4	5	5	小滿
대운 여	4	4	3	3	3	2	2	2	1	1	1	1		10	10	9	9	9	8	8	8	7	7	7	6	6	6	5	

閏四月小

망종 음 윤4/15 양 6/6 오후 7시14분

음력	1	2	3	4	5	6	7	8	9	10	11	12	13	14	15	16	17	18	19	20	21	22	23	24	25	26	27	28	29
양력	5/23	24	25	26	27	28	29	30	31	6/1	2	3	4	5	6	7	8	9	10	11	12	13	14	15	16	17	18	19	20
요일	목	금	토	일	월	화	수	목	금	토	일	월	화	수	목	금	토	일	월	화	수	목	금	토	일	월	화	수	목
일진	丙寅	丁卯	戊辰	己巳	庚午	辛未	壬申	癸酉	甲戌	乙亥	丙子	丁丑	戊寅	己卯	庚辰	辛巳	壬午	癸未	甲申	乙酉	丙戌	丁亥	戊子	己丑	庚寅	辛卯	壬辰	癸巳	甲午
대운 남	6	6	6	7	7	7	8	8	8	9	9	9	10	10	芒種	1	1	1	1	2	2	2	3	3	3	4	4	4	5
대운 여	5	4	4	4	3	3	3	2	2	2	1	1	1	1		10	10	10	9	9	9	8	8	8	7	7	7	6	6

五月大　月建 戊午　四綠

하지 음 5/2 양 6/22 오후 12시4분 · 소서 음 5/18 양 7/8 오전 5시38분

음력	1	2	3	4	5	6	7	8	9	10	11	12	13	14	15	16	17	18	19	20	21	22	23	24	25	26	27	28	29	30
양력	6/21	22	23	24	25	26	27	28	29	30	7/1	2	3	4	5	6	7	8	9	10	11	12	13	14	15	16	17	18	19	20
요일	금	토	일	월	화	수	목	금	토	일	월	화	수	목	금	토	일	월	화	수	목	금	토	일	월	화	수	목	금	토
일진	乙未	丙申	丁酉	戊戌	己亥	庚子	辛丑	壬寅	癸卯	甲辰	乙巳	丙午	丁未	戊申	己酉	庚戌	辛亥	壬子	癸丑	甲寅	乙卯	丙辰	丁巳	戊午	己未	庚申	辛酉	壬戌	癸亥	甲子
대운 남	5	夏至	6	6	6	7	7	7	8	8	8	9	9	9	10	10	10	小暑	1	1	1	1	2	2	2	3	3	3	4	4
대운 여	6		5	5	4	4	4	3	3	3	2	2	2	1	1	1	1		10	10	9	9	9	8	8	8	7	7	7	6

六月小　月建 己未　三碧

대서 음 6/3 양 7/23 오후 10시59분 ● 입추 음 6/19 양 8/8 오후 3시25분

음력	1	2	3	4	5	6	7	8	9	10	11	12	13	14	15	16	17	18	19	20	21	22	23	24	25	26	27	28	29
양력	7/21	22	23	24	25	26	27	28	29	30	31	8/1	2	3	4	5	6	7	8	9	10	11	12	13	14	15	16	17	18
요일	일	월	화	수	목	금	토	일	월	화	수	목	금	토	일	월	화	수	목	금	토	일	월	화	수	목	금	토	일
일진	乙丑	丙寅	丁卯	戊辰	己巳	庚午	辛未	壬申	癸酉	甲戌	乙亥	丙子	丁丑	戊寅	己卯	庚辰	辛巳	壬午	癸未	甲申	乙酉	丙戌	丁亥	戊子	己丑	庚寅	辛卯	壬辰	癸巳
대운 남	4	5	大	5	6	6	6	7	7	7	8	8	8	9	9	9	10	10	立	1	1	1	1	2	2	2	3	3	3
대운 여	6	6	暑	5	5	4	4	4	3	3	3	2	2	2	1	1	1	1	秋	10	10	9	9	9	8	8	8	7	7

七月大　月建 庚申　二黑

처서 음 7/6 양 8/24 오전 5시58분 ● 백로 음 7/21 양 9/8 오후 6시12분

음력	1	2	3	4	5	6	7	8	9	10	11	12	13	14	15	16	17	18	19	20	21	22	23	24	25	26	27	28	29	30
양력	8/19	20	21	22	23	24	25	26	27	28	29	30	31	9/1	2	3	4	5	6	7	8	9	10	11	12	13	14	15	16	17
요일	월	화	수	목	금	토	일	월	화	수	목	금	토	일	월	화	수	목	금	토	일	월	화	수	목	금	토	일	월	화
일진	甲午	乙未	丙申	丁酉	戊戌	己亥	庚子	辛丑	壬寅	癸卯	甲辰	乙巳	丙午	丁未	戊申	己酉	庚戌	辛亥	壬子	癸丑	甲寅	乙卯	丙辰	丁巳	戊午	己未	庚申	辛酉	壬戌	癸亥
대운 남	4	4	4	5	5	處	6	6	6	7	7	7	8	8	8	9	9	9	10	10	白	1	1	1	1	2	2	2	3	3
대운 여	7	6	6	6	5	暑	5	4	4	4	3	3	3	2	2	2	1	1	1	1	露	10	10	9	9	9	8	8	8	7

八月小　月建 辛酉　一白

추분 음 8/7 양 9/24 오전 3시24분 ● 한로 음 8/22 양 10/9 오전 9시36분

음력	1	2	3	4	5	6	7	8	9	10	11	12	13	14	15	16	17	18	19	20	21	22	23	24	25	26	27	28	29
양력	9/18	19	20	21	22	23	24	25	26	27	28	29	30	10/1	2	3	4	5	6	7	8	9	10	11	12	13	14	15	16
요일	수	목	금	토	일	월	화	수	목	금	토	일	월	화	수	목	금	토	일	월	화	수	목	금	토	일	월	화	수
일진	甲子	乙丑	丙寅	丁卯	戊辰	己巳	庚午	辛未	壬申	癸酉	甲戌	乙亥	丙子	丁丑	戊寅	己卯	庚辰	辛巳	壬午	癸未	甲申	乙酉	丙戌	丁亥	戊子	己丑	庚寅	辛卯	壬辰
대운 남	3	4	4	4	5	5	秋	6	6	6	7	7	7	8	8	8	9	9	9	10	10	寒	1	1	1	1	2	2	2
대운 여	7	7	6	6	6	5	分	5	4	4	4	3	3	3	2	2	2	1	1	1	1	露	10	9	9	9	8	8	8

九月大　月建 壬戌　九紫

상강 음 9/8 양 10/24 오후 12시29분 ● 입동 음 9/23 양 11/8 오후 12시32분

음력	1	2	3	4	5	6	7	8	9	10	11	12	13	14	15	16	17	18	19	20	21	22	23	24	25	26	27	28	29	30
양력	10/17	18	19	20	21	22	23	24	25	26	27	28	29	30	31	11/1	2	3	4	5	6	7	8	9	10	11	12	13	14	15
요일	목	금	토	일	월	화	수	목	금	토	일	월	화	수	목	금	토	일	월	화	수	목	금	토	일	월	화	수	목	금
일진	癸巳	甲午	乙未	丙申	丁酉	戊戌	己亥	庚子	辛丑	壬寅	癸卯	甲辰	乙巳	丙午	丁未	戊申	己酉	庚戌	辛亥	壬子	癸丑	甲寅	乙卯	丙辰	丁巳	戊午	己未	庚申	辛酉	壬戌
대운 남	3	3	3	4	4	4	5	霜	5	6	6	6	7	7	7	8	8	8	9	9	9	10	立	1	1	1	1	2	2	2
대운 여	7	7	7	6	6	6	5	降	5	4	4	4	3	3	3	2	2	2	1	1	1	1	冬	10	9	9	9	8	8	8

十月大　月建 癸亥　八白

소설 음 10/8 양 11/23 오전 9시49분 ● 대설 음 10/23 양 12/8 오전 5시13분

음력	1	2	3	4	5	6	7	8	9	10	11	12	13	14	15	16	17	18	19	20	21	22	23	24	25	26	27	28	29	30
양력	11/16	17	18	19	20	21	22	23	24	25	26	27	28	29	30	12/1	2	3	4	5	6	7	8	9	10	11	12	13	14	15
요일	토	일	월	화	수	목	금	토	일	월	화	수	목	금	토	일	월	화	수	목	금	토	일	월	화	수	목	금	토	일
일진	癸亥	甲子	乙丑	丙寅	丁卯	戊辰	己巳	庚午	辛未	壬申	癸酉	甲戌	乙亥	丙子	丁丑	戊寅	己卯	庚辰	辛巳	壬午	癸未	甲申	乙酉	丙戌	丁亥	戊子	己丑	庚寅	辛卯	壬辰
대운 남	3	3	3	4	4	4	5	小	5	6	6	6	7	7	7	8	8	8	9	9	9	10	大	1	1	1	1	2	2	2
대운 여	7	7	7	6	6	6	5	雪	5	4	4	4	3	3	3	2	2	2	1	1	1	1	雪	9	9	9	8	8	8	7

十一月大　月建 甲子　七赤

동지 음 11/7 양 12/22 오후 11시2분 ● 소한 음 11/22 양 1/6 오후 4시22분

음력	1	2	3	4	5	6	7	8	9	10	11	12	13	14	15	16	17	18	19	20	21	22	23	24	25	26	27	28	29	30
양력	12/16	17	18	19	20	21	22	23	24	25	26	27	28	29	30	31	1/1	2	3	4	5	6	7	8	9	10	11	12	13	14
요일	월	화	수	목	금	토	일	월	화	수	목	금	토	일	월	화	수	목	금	토	일	월	화	수	목	금	토	일	월	화
일진	癸巳	甲午	乙未	丙申	丁酉	戊戌	己亥	庚子	辛丑	壬寅	癸卯	甲辰	乙巳	丙午	丁未	戊申	己酉	庚戌	辛亥	壬子	癸丑	甲寅	乙卯	丙辰	丁巳	戊午	己未	庚申	辛酉	壬戌
대운 남	3	3	3	4	4	4	冬	5	5	6	6	6	7	7	7	8	8	8	9	9	9	小	1	1	1	1	2	2	2	3
대운 여	7	7	6	6	6	5	至	5	4	4	4	3	3	3	2	2	2	1	1	1	1	寒	10	9	9	9	8	8	8	7

十二月小　月建 乙丑　六白

대한 음 12/7 양 1/21 오전 9시41분 ● 입춘 음 12/22 양 2/5 오전 4시5분

음력	1	2	3	4	5	6	7	8	9	10	11	12	13	14	15	16	17	18	19	20	21	22	23	24	25	26	27	28	29
양력	1/15	16	17	18	19	20	21	22	23	24	25	26	27	28	29	30	31	2/1	2	3	4	5	6	7	8	9	10	11	12
요일	수	목	금	토	일	월	화	수	목	금	토	일	월	화	수	목	금	토	일	월	화	수	목	금	토	일	월	화	수
일진	癸亥	甲子	乙丑	丙寅	丁卯	戊辰	己巳	庚午	辛未	壬申	癸酉	甲戌	乙亥	丙子	丁丑	戊寅	己卯	庚辰	辛巳	壬午	癸未	甲申	乙酉	丙戌	丁亥	戊子	己丑	庚寅	辛卯
대운 남	3	3	4	4	4	5	大	5	6	6	6	7	7	7	8	8	8	9	9	9	10	立	9	9	9	8	8	8	7
대운 여	7	7	6	6	6	5	寒	5	4	4	4	3	3	3	2	2	2	1	1	1	1	春	1	1	1	1	2	2	2

1964년 | 단기 4297년　　甲辰年

十日得辛　一龍治水

子 大將軍　　南 三殺　　寅 吊客　　午 喪門　　納音五行　覆燈火

正月大　　月建 丙寅　　五黃　　우수 음 1/7 양 2/19 오후 11시57분 ● 경칩 음 1/22 양 3/5 오후 10시16분

음력	1	2	3	4	5	6	7	8	9	10	11	12	13	14	15	16	17	18	19	20	21	22	23	24	25	26	27	28	29	30
양력	2/13	14	15	16	17	18	19	20	21	22	23	24	25	26	27	28	29	3/1	2	3	4	5	6	7	8	9	10	11	12	13
요일	목	금	토	일	월	화	수	목	금	토	일	월	화	수	목	금	토	일	월	화	수	목	금	토	일	월	화	수	목	금
일진	壬辰	癸巳	甲午	乙未	丙申	丁酉	戊戌	己亥	庚子	辛丑	壬寅	癸卯	甲辰	乙巳	丙午	丁未	戊申	己酉	庚戌	辛亥	壬子	癸丑	甲寅	乙卯	丙辰	丁巳	戊午	己未	庚申	辛酉
대운 남	7	7	6	6	6	5	雨水	5	4	4	4	3	3	3	2	2	2	1	1	1	1	驚蟄	10	10	9	9	9	8	8	8
대운 여	3	3	3	4	4	4		5	5	6	6	6	7	7	7	8	8	8	9	9	9		1	1	1	1	2	2	2	3

二月小　　月建 丁卯　　四綠　　춘분 음 2/7 양 3/20 오후 11시10분 ● 청명 음 2/23 양 4/5 오전 3시18분

음력	1	2	3	4	5	6	7	8	9	10	11	12	13	14	15	16	17	18	19	20	21	22	23	24	25	26	27	28	29	
양력	3/14	15	16	17	18	19	20	21	22	23	24	25	26	27	28	29	30	31	4/1	2	3	4	5	6	7	8	9	10	11	
요일	토	일	월	화	수	목	금	토	일	월	화	수	목	금	토	일	월	화	수	목	금	토	일	월	화	수	목	금	토	
일진	壬戌	癸亥	甲子	乙丑	丙寅	丁卯	戊辰	己巳	庚午	辛未	壬申	癸酉	甲戌	乙亥	丙子	丁丑	戊寅	己卯	庚辰	辛巳	壬午	癸未	甲申	乙酉	丙戌	丁亥	戊子	己丑	庚寅	
대운 남	7	7	7	6	6	6	春分	5	5	4	4	4	3	3	3	2	2	2	1	1	1	1	清明	10	9	9	9	8	8	
대운 여	3	3	4	4	4	5		5	6	6	6	7	7	7	8	8	8	9	9	9	10	10		1	1	1	1	2	2	

三月大　　月建 戊辰　　三碧　　곡우 음 3/9 양 4/20 오전 10시27분 ● 입하 음 3/24 양 5/5 오후 8시51분

음력	1	2	3	4	5	6	7	8	9	10	11	12	13	14	15	16	17	18	19	20	21	22	23	24	25	26	27	28	29	30
양력	4/12	13	14	15	16	17	18	19	20	21	22	23	24	25	26	27	28	29	30	5/1	2	3	4	5	6	7	8	9	10	11
요일	일	월	화	수	목	금	토	일	월	화	수	목	금	토	일	월	화	수	목	금	토	일	월	화	수	목	금	토	일	월
일진	辛卯	壬辰	癸巳	甲午	乙未	丙申	丁酉	戊戌	己亥	庚子	辛丑	壬寅	癸卯	甲辰	乙巳	丙午	丁未	戊申	己酉	庚戌	辛亥	壬子	癸丑	甲寅	乙卯	丙辰	丁巳	戊午	己未	庚申
대운 남	8	7	7	7	6	6	6	5	穀雨	5	4	4	4	3	3	3	2	2	2	1	1	1	1	立夏	10	10	10	9	9	9
대운 여	2	3	3	3	4	4	4	5		5	6	6	6	7	7	7	8	8	8	9	9	9	10		1	1	1	1	2	2

四月小　　月建 己巳　　二黑　　소만 음 4/10 양 5/21 오전 9시50분 ● 망종 음 4/26 양 6/6 오전 1시12분

음력	1	2	3	4	5	6	7	8	9	10	11	12	13	14	15	16	17	18	19	20	21	22	23	24	25	26	27	28	29	
양력	5/12	13	14	15	16	17	18	19	20	21	22	23	24	25	26	27	28	29	30	31	6/1	2	3	4	5	6	7	8	9	
요일	화	수	목	금	토	일	월	화	수	목	금	토	일	월	화	수	목	금	토	일	월	화	수	목	금	토	일	월	화	
일진	辛酉	壬戌	癸亥	甲子	乙丑	丙寅	丁卯	戊辰	己巳	庚午	辛未	壬申	癸酉	甲戌	乙亥	丙子	丁丑	戊寅	己卯	庚辰	辛巳	壬午	癸未	甲申	乙酉	丙戌	丁亥	戊子	己丑	
대운 남	8	8	8	7	7	7	6	6	6	小滿	5	5	4	4	4	3	3	3	2	2	2	1	1	1	1	芒種	10	10	9	
대운 여	2	3	3	3	4	4	4	5	5		6	6	6	7	7	7	8	8	8	9	9	9	10	10	10		1	1	1	

五月小　　月建 庚午　　一白　　하지 음 5/12 양 6/21 오후 5시57분 ● 소서 음 5/28 양 7/7 오전 11시32분

음력	1	2	3	4	5	6	7	8	9	10	11	12	13	14	15	16	17	18	19	20	21	22	23	24	25	26	27	28	29	
양력	6/10	11	12	13	14	15	16	17	18	19	20	21	22	23	24	25	26	27	28	29	30	7/1	2	3	4	5	6	7	8	
요일	수	목	금	토	일	월	화	수	목	금	토	일	월	화	수	목	금	토	일	월	화	수	목	금	토	일	월	화	수	
일진	庚寅	辛卯	壬辰	癸巳	甲午	乙未	丙申	丁酉	戊戌	己亥	庚子	辛丑	壬寅	癸卯	甲辰	乙巳	丙午	丁未	戊申	己酉	庚戌	辛亥	壬子	癸丑	甲寅	乙卯	丙辰	丁巳	戊午	
대운 남	9	9	8	8	8	7	7	7	6	6	6	夏至	5	5	4	4	4	3	3	3	2	2	2	1	1	1	1	小暑	10	
대운 여	1	2	2	2	3	3	3	4	4	4	5		5	6	6	6	7	7	7	8	8	8	9	9	9	10	10		1	

六月大　　月建 辛未　　九紫　　대서 음 6/15 양 7/23 오전 4시53분 ● 입추 음 6/30 양 8/7 오후 9시16분

음력	1	2	3	4	5	6	7	8	9	10	11	12	13	14	15	16	17	18	19	20	21	22	23	24	25	26	27	28	29	30
양력	7/9	10	11	12	13	14	15	16	17	18	19	20	21	22	23	24	25	26	27	28	29	30	31	8/1	2	3	4	5	6	7
요일	목	금	토	일	월	화	수	목	금	토	일	월	화	수	목	금	토	일	월	화	수	목	금	토	일	월	화	수	목	금
일진	己未	庚申	辛酉	壬戌	癸亥	甲子	乙丑	丙寅	丁卯	戊辰	己巳	庚午	辛未	壬申	癸酉	甲戌	乙亥	丙子	丁丑	戊寅	己卯	庚辰	辛巳	壬午	癸未	甲申	乙酉	丙戌	丁亥	戊子
대운 남	10	9	9	9	8	8	8	7	7	7	6	6	6	5	大暑	5	4	4	4	3	3	3	2	2	2	1	1	1	1	立秋
대운 여	1	1	1	2	2	2	3	3	3	4	4	4	5	5		6	6	6	7	7	7	8	8	8	9	9	9	10	10	

七月小　月建 壬申　八白

처서 음 7/16 양 8/23 오전 11시51분

음력	1	2	3	4	5	6	7	8	9	10	11	12	13	14	15	16	17	18	19	20	21	22	23	24	25	26	27	28	29
양력	8/8	9	10	11	12	13	14	15	16	17	18	19	20	21	22	23	24	25	26	27	28	29	30	31	9/1	2	3	4	5
요일	토	일	월	화	수	목	금	토	일	월	화	수	목	금	토	일	월	화	수	목	금	토	일	월	화	수	목	금	토
일진	己丑	庚寅	辛卯	壬辰	癸巳	甲午	乙未	丙申	丁酉	戊戌	己亥	庚子	辛丑	壬寅	癸卯	甲辰	乙巳	丙午	丁未	戊申	己酉	庚戌	辛亥	壬子	癸丑	甲寅	乙卯	丙辰	丁巳
대운 남	10	10	9	9	9	8	8	8	7	7	7	6	6	6	5	處	5	4	4	4	3	3	3	2	2	2	1	1	1
대운 여	1	1	1	1	2	2	2	3	3	3	4	4	4	5	5	暑	6	6	6	7	7	7	8	8	8	9	9	9	10

八月大　月建 癸酉　七赤

백로 음 8/2 양 9/7 오후 11시59분●추분 음 8/18 양 9/23 오전 9시17분

음력	1	2	3	4	5	6	7	8	9	10	11	12	13	14	15	16	17	18	19	20	21	22	23	24	25	26	27	28	29	30
양력	9/6	7	8	9	10	11	12	13	14	15	16	17	18	19	20	21	22	23	24	25	26	27	28	29	30	10/1	2	3	4	5
요일	일	월	화	수	목	금	토	일	월	화	수	목	금	토	일	월	화	수	목	금	토	일	월	화	수	목	금	토	일	월
일진	戊午	己未	庚申	辛酉	壬戌	癸亥	甲子	乙丑	丙寅	丁卯	戊辰	己巳	庚午	辛未	壬申	癸酉	甲戌	乙亥	丙子	丁丑	戊寅	己卯	庚辰	辛巳	壬午	癸未	甲申	乙酉	丙戌	丁亥
대운 남	1	白	10	10	9	9	9	8	8	8	7	7	7	6	6	6	5	秋	5	4	4	4	3	3	3	2	2	2	1	1
대운 여	10	露	1	1	1	1	2	2	2	3	3	3	4	4	4	5	5	分	6	6	6	7	7	7	8	8	8	9	9	9

九月小　月建 甲戌　六白

한로 음 9/3 양 10/8 오후 3시22분●상강 음 9/18 양 10/23 오후 6시21분

음력	1	2	3	4	5	6	7	8	9	10	11	12	13	14	15	16	17	18	19	20	21	22	23	24	25	26	27	28	29
양력	10/6	7	8	9	10	11	12	13	14	15	16	17	18	19	20	21	22	23	24	25	26	27	28	29	30	31	11/1	2	3
요일	화	수	목	금	토	일	월	화	수	목	금	토	일	월	화	수	목	금	토	일	월	화	수	목	금	토	일	월	화
일진	戊子	己丑	庚寅	辛卯	壬辰	癸巳	甲午	乙未	丙申	丁酉	戊戌	己亥	庚子	辛丑	壬寅	癸卯	甲辰	乙巳	丙午	丁未	戊申	己酉	庚戌	辛亥	壬子	癸丑	甲寅	乙卯	丙辰
대운 남	1	1	寒	10	9	9	9	8	8	8	7	7	7	6	6	6	5	霜	5	4	4	4	3	3	3	2	2	2	1
대운 여	10	10	露	1	1	1	1	2	2	2	3	3	3	4	4	4	5	降	5	6	6	6	7	7	7	8	8	8	9

十月大　月建 乙亥　五黃

입동 음 10/4 양 11/7 오후 6시15분●소설 음 10/19 양 11/22 오후 3시39분

음력	1	2	3	4	5	6	7	8	9	10	11	12	13	14	15	16	17	18	19	20	21	22	23	24	25	26	27	28	29	30
양력	11/4	5	6	7	8	9	10	11	12	13	14	15	16	17	18	19	20	21	22	23	24	25	26	27	28	29	30	12/1	2	3
요일	수	목	금	토	일	월	화	수	목	금	토	일	월	화	수	목	금	토	일	월	화	수	목	금	토	일	월	화	수	목
일진	丁巳	戊午	己未	庚申	辛酉	壬戌	癸亥	甲子	乙丑	丙寅	丁卯	戊辰	己巳	庚午	辛未	壬申	癸酉	甲戌	乙亥	丙子	丁丑	戊寅	己卯	庚辰	辛巳	壬午	癸未	甲申	乙酉	丙戌
대운 남	1	1	1	立	10	9	9	9	8	8	8	7	7	7	6	6	6	5	小	5	4	4	4	3	3	3	2	2	2	1
대운 여	9	9	10	冬	1	1	1	1	2	2	2	3	3	3	4	4	4	5	雪	5	6	6	6	7	7	7	8	8	8	9

十一月大　月建 丙子　四綠

대설 음 11/4 양 12/7 오전 10시53분●동지 음 11/19 양 12/22 오전 4시50분

음력	1	2	3	4	5	6	7	8	9	10	11	12	13	14	15	16	17	18	19	20	21	22	23	24	25	26	27	28	29	30
양력	12/4	5	6	7	8	9	10	11	12	13	14	15	16	17	18	19	20	21	22	23	24	25	26	27	28	29	30	31	1/1	2
요일	금	토	일	월	화	수	목	금	토	일	월	화	수	목	금	토	일	월	화	수	목	금	토	일	월	화	수	목	금	토
일진	丁亥	戊子	己丑	庚寅	辛卯	壬辰	癸巳	甲午	乙未	丙申	丁酉	戊戌	己亥	庚子	辛丑	壬寅	癸卯	甲辰	乙巳	丙午	丁未	戊申	己酉	庚戌	辛亥	壬子	癸丑	甲寅	乙卯	丙辰
대운 남	1	1	1	大	9	9	9	8	8	8	7	7	7	6	6	6	5	5	冬	4	4	4	3	3	3	2	2	2	1	1
대운 여	9	9	10	雪	1	1	1	1	2	2	2	3	3	3	4	4	4	5	至	5	6	6	6	7	7	7	8	8	8	9

十二月大　月建 丁丑　三碧

소한 음 12/3 양 1/5 오후 10시2분●대한 음 12/18 양 1/20 오후 3시29분

음력	1	2	3	4	5	6	7	8	9	10	11	12	13	14	15	16	17	18	19	20	21	22	23	24	25	26	27	28	29	30
양력	1/3	4	5	6	7	8	9	10	11	12	13	14	15	16	17	18	19	20	21	22	23	24	25	26	27	28	29	30	31	2/1
요일	일	월	화	수	목	금	토	일	월	화	수	목	금	토	일	월	화	수	목	금	토	일	월	화	수	목	금	토	일	월
일진	丁巳	戊午	己未	庚申	辛酉	壬戌	癸亥	甲子	乙丑	丙寅	丁卯	戊辰	己巳	庚午	辛未	壬申	癸酉	甲戌	乙亥	丙子	丁丑	戊寅	己卯	庚辰	辛巳	壬午	癸未	甲申	乙酉	丙戌
대운 남	1	1	小	10	9	9	9	8	8	8	7	7	7	6	6	6	5	大	5	4	4	4	3	3	3	2	2	2	1	1
대운 여	9	9	寒	1	1	1	1	2	2	2	3	3	3	4	4	4	5	寒	5	6	6	6	7	7	7	8	8	8	9	9

1965년 | 단기 4298년　　乙巳年

五日得辛 六龍治水

卯 大將軍　　東 三殺　　卯 吊客　　未 喪門

納音五行 覆燈火

正月小　月建 戊寅　二黑

입춘 음 1/3 양 2/4 오전 9시46분 ● 우수 음 1/18 양 2/19 오전 5시48분

음력	1	2	3	4	5	6	7	8	9	10	11	12	13	14	15	16	17	18	19	20	21	22	23	24	25	26	27	28	29
양력	2/2	3	4	5	6	7	8	9	10	11	12	13	14	15	16	17	18	19	20	21	22	23	24	25	26	27	28	3/1	2
요일	화	수	목	금	토	일	월	화	수	목	금	토	일	월	화	수	목	금	토	일	월	화	수	목	금	토	일	월	화
일진	丁亥	戊子	己丑	庚寅	辛卯	壬辰	癸巳	甲午	乙未	丙申	丁酉	戊戌	己亥	庚子	辛丑	壬寅	癸卯	甲辰	乙巳	丙午	丁未	戊申	己酉	庚戌	辛亥	壬子	癸丑	甲寅	乙卯
대운 남	1	1	立	1	1	1	1	2	2	2	3	3	3	4	4	4	5	雨	5	6	6	6	7	7	7	8	8	8	9
대운 여	9	10	春	10	9	9	9	8	8	8	7	7	7	6	6	6	5	水	5	4	4	4	3	3	3	2	2	2	1

二月大　月建 己卯　一白

경칩 음 2/4 양 3/6 오전 4시1분 ● 춘분 음 2/19 양 3/21 오전 5시5분

음력	1	2	3	4	5	6	7	8	9	10	11	12	13	14	15	16	17	18	19	20	21	22	23	24	25	26	27	28	29	30
양력	3/3	4	5	6	7	8	9	10	11	12	13	14	15	16	17	18	19	20	21	22	23	24	25	26	27	28	29	30	31	4/1
요일	수	목	금	토	일	월	화	수	목	금	토	일	월	화	수	목	금	토	일	월	화	수	목	금	토	일	월	화	수	목
일진	丙辰	丁巳	戊午	己未	庚申	辛酉	壬戌	癸亥	甲子	乙丑	丙寅	丁卯	戊辰	己巳	庚午	辛未	壬申	癸酉	甲戌	乙亥	丙子	丁丑	戊寅	己卯	庚辰	辛巳	壬午	癸未	甲申	乙酉
대운 남	9	9	10	驚	1	1	1	1	2	2	2	3	3	3	4	4	4	5	春	5	6	6	6	7	7	7	8	8	8	9
대운 여	1	1	1	蟄	10	9	9	9	8	8	8	7	7	7	6	6	6	5	分	5	4	4	4	3	3	3	2	2	2	1

三月小　月建 庚辰　九紫

청명 음 3/4 양 4/5 오전 9시7분 ● 곡우 음 3/19 양 4/20 오후 4시26분

음력	1	2	3	4	5	6	7	8	9	10	11	12	13	14	15	16	17	18	19	20	21	22	23	24	25	26	27	28	29
양력	4/2	3	4	5	6	7	8	9	10	11	12	13	14	15	16	17	18	19	20	21	22	23	24	25	26	27	28	29	30
요일	금	토	일	월	화	수	목	금	토	일	월	화	수	목	금	토	일	월	화	수	목	금	토	일	월	화	수	목	금
일진	丙戌	丁亥	戊子	己丑	庚寅	辛卯	壬辰	癸巳	甲午	乙未	丙申	丁酉	戊戌	己亥	庚子	辛丑	壬寅	癸卯	甲辰	乙巳	丙午	丁未	戊申	己酉	庚戌	辛亥	壬子	癸丑	甲寅
대운 남	9	9	10	清	1	1	1	1	2	2	2	3	3	3	4	4	4	5	穀	5	6	6	6	7	7	7	8	8	8
대운 여	1	1	1	明	10	10	9	9	9	8	8	8	7	7	7	6	6	6	雨	5	5	4	4	4	3	3	3	2	2

四月大　月建 辛巳　八白

입하 음 4/6 양 5/6 오전 2시42분 ● 소만 음 4/21 양 5/21 오후 3시50분

음력	1	2	3	4	5	6	7	8	9	10	11	12	13	14	15	16	17	18	19	20	21	22	23	24	25	26	27	28	29	30
양력	5/1	2	3	4	5	6	7	8	9	10	11	12	13	14	15	16	17	18	19	20	21	22	23	24	25	26	27	28	29	30
요일	토	일	월	화	수	목	금	토	일	월	화	수	목	금	토	일	월	화	수	목	금	토	일	월	화	수	목	금	토	일
일진	乙卯	丙辰	丁巳	戊午	己未	庚申	辛酉	壬戌	癸亥	甲子	乙丑	丙寅	丁卯	戊辰	己巳	庚午	辛未	壬申	癸酉	甲戌	乙亥	丙子	丁丑	戊寅	己卯	庚辰	辛巳	壬午	癸未	甲申
대운 남	9	9	9	10	10	立	1	1	1	1	2	2	2	3	3	3	4	4	4	5	小	5	6	6	6	7	7	7	8	8
대운 여	2	1	1	1	1	夏	10	10	9	9	9	8	8	8	7	7	7	6	6	6	滿	5	5	4	4	4	3	3	3	2

五月小　月建 壬午　七赤

망종 음 5/7 양 6/6 오전 7시2분 ● 하지 음 5/22 양 6/21 오후 11시56분

음력	1	2	3	4	5	6	7	8	9	10	11	12	13	14	15	16	17	18	19	20	21	22	23	24	25	26	27	28	29
양력	5/31	6/1	2	3	4	5	6	7	8	9	10	11	12	13	14	15	16	17	18	19	20	21	22	23	24	25	26	27	28
요일	월	화	수	목	금	토	일	월	화	수	목	금	토	일	월	화	수	목	금	토	일	월	화	수	목	금	토	일	월
일진	乙酉	丙戌	丁亥	戊子	己丑	庚寅	辛卯	壬辰	癸巳	甲午	乙未	丙申	丁酉	戊戌	己亥	庚子	辛丑	壬寅	癸卯	甲辰	乙巳	丙午	丁未	戊申	己酉	庚戌	辛亥	壬子	癸丑
대운 남	8	9	9	9	10	10	芒	1	1	1	1	2	2	2	3	3	3	4	4	4	5	夏	5	6	6	6	7	7	7
대운 여	2	2	1	1	1	1	種	10	10	9	9	9	8	8	8	7	7	7	6	6	6	至	5	5	4	4	4	3	3

六月小　月建 癸未　六白

소서 음 6/9 양 7/7 오후 5시21분 ● 대서 음 6/25 양 7/23 오전 10시48분

음력	1	2	3	4	5	6	7	8	9	10	11	12	13	14	15	16	17	18	19	20	21	22	23	24	25	26	27	28	29
양력	6/29	30	7/1	2	3	4	5	6	7	8	9	10	11	12	13	14	15	16	17	18	19	20	21	22	23	24	25	26	27
요일	화	수	목	금	토	일	월	화	수	목	금	토	일	월	화	수	목	금	토	일	월	화	수	목	금	토	일	월	화
일진	甲寅	乙卯	丙辰	丁巳	戊午	己未	庚申	辛酉	壬戌	癸亥	甲子	乙丑	丙寅	丁卯	戊辰	己巳	庚午	辛未	壬申	癸酉	甲戌	乙亥	丙子	丁丑	戊寅	己卯	庚辰	辛巳	壬午
대운 남	8	8	8	9	9	9	10	10	小	1	1	1	1	2	2	2	3	3	3	4	4	4	5	5	大	6	6	6	7
대운 여	3	2	2	2	1	1	1	1	暑	10	10	10	9	9	9	8	8	8	7	7	7	6	6	6	暑	5	5	4	4

七月大　月建 甲申　五黃

입추 음 7/12 양 8/8 오전 3시5분 ● 처서 음 7/27 양 8/23 오후 5시43분

음력	1	2	3	4	5	6	7	8	9	10	11	12	13	14	15	16	17	18	19	20	21	22	23	24	25	26	27	28	29	30
양력	7/28	29	30	31	8/1	2	3	4	5	6	7	8	9	10	11	12	13	14	15	16	17	18	19	20	21	22	23	24	25	26
요일	수	목	금	토	일	월	화	수	목	금	토	일	월	화	수	목	금	토	일	월	화	수	목	금	토	일	월	화	수	목
일진	癸未	甲申	乙酉	丙戌	丁亥	戊子	己丑	庚寅	辛卯	壬辰	癸巳	甲午	乙未	丙申	丁酉	戊戌	己亥	庚子	辛丑	壬寅	癸卯	甲辰	乙巳	丙午	丁未	戊申	己酉	庚戌	辛亥	壬子
대운 남	7	7	8	8	8	9	9	9	10	10	10	立	1	1	1	1	2	2	2	3	3	3	4	4	4	5	處	5	6	6
대운 여	4	3	3	3	2	2	2	1	1	1	1	秋	10	10	9	9	9	8	8	8	7	7	7	6	6	6	暑	5	5	4

八月小　月建 乙酉　四綠

백로 음 8/13 양 9/8 오전 5시48분 ● 추분 음 8/28 양 9/23 오후 3시6분

음력	1	2	3	4	5	6	7	8	9	10	11	12	13	14	15	16	17	18	19	20	21	22	23	24	25	26	27	28	29
양력	8/27	28	29	30	31	9/1	2	3	4	5	6	7	8	9	10	11	12	13	14	15	16	17	18	19	20	21	22	23	24
요일	금	토	일	월	화	수	목	금	토	일	월	화	수	목	금	토	일	월	화	수	목	금	토	일	월	화	수	목	금
일진	癸丑	甲寅	乙卯	丙辰	丁巳	戊午	己未	庚申	辛酉	壬戌	癸亥	甲子	乙丑	丙寅	丁卯	戊辰	己巳	庚午	辛未	壬申	癸酉	甲戌	乙亥	丙子	丁丑	戊寅	己卯	庚辰	辛巳
대운 남	6	7	7	7	8	8	8	9	9	9	10	10	白	1	1	1	1	2	2	2	3	3	3	4	4	4	5	秋	5
대운 여	4	4	3	3	3	2	2	2	1	1	1	1	露	10	9	9	9	8	8	8	7	7	7	6	6	6	5	分	5

九月小　月建 丙戌　三碧

한로 음 9/14 양 10/8 오후 9시11분

음력	1	2	3	4	5	6	7	8	9	10	11	12	13	14	15	16	17	18	19	20	21	22	23	24	25	26	27	28	29
양력	9/25	26	27	28	29	30	10/1	2	3	4	5	6	7	8	9	10	11	12	13	14	15	16	17	18	19	20	21	22	23
요일	토	일	월	화	수	목	금	토	일	월	화	수	목	금	토	일	월	화	수	목	금	토	일	월	화	수	목	금	토
일진	壬午	癸未	甲申	乙酉	丙戌	丁亥	戊子	己丑	庚寅	辛卯	壬辰	癸巳	甲午	乙未	丙申	丁酉	戊戌	己亥	庚子	辛丑	壬寅	癸卯	甲辰	乙巳	丙午	丁未	戊申	己酉	庚戌
대운 남	6	6	6	7	7	7	8	8	8	9	9	9	10	寒	1	1	1	1	2	2	2	3	3	3	4	4	4	5	5
대운 여	4	4	4	3	3	3	2	2	2	1	1	1	1	露	10	10	9	9	9	8	8	8	7	7	7	6	6	6	5

十月大　月建 丁亥　二黑

상강 음 10/1 양 10/24 오전 0시10분 ● 입동 음 10/16 양 11/8 오전 0시7분 ● 소설 음 10/30 양 11/22 오후 9시29분

음력	1	2	3	4	5	6	7	8	9	10	11	12	13	14	15	16	17	18	19	20	21	22	23	24	25	26	27	28	29	30
양력	10/24	25	26	27	28	29	30	31	11/1	2	3	4	5	6	7	8	9	10	11	12	13	14	15	16	17	18	19	20	21	22
요일	일	월	화	수	목	금	토	일	월	화	수	목	금	토	일	월	화	수	목	금	토	일	월	화	수	목	금	토	일	월
일진	辛亥	壬子	癸丑	甲寅	乙卯	丙辰	丁巳	戊午	己未	庚申	辛酉	壬戌	癸亥	甲子	乙丑	丙寅	丁卯	戊辰	己巳	庚午	辛未	壬申	癸酉	甲戌	乙亥	丙子	丁丑	戊寅	己卯	庚辰
대운 남	霜	6	6	6	7	7	7	8	8	8	9	9	9	10	10	立	1	1	1	1	2	2	2	3	3	3	4	4	4	小
대운 여	降	5	4	4	4	3	3	3	2	2	2	1	1	1	1	冬	9	9	9	8	8	8	7	7	7	6	6	6	5	雪

十一月大　月建 戊子　一白

대설 음 11/15 양 12/7 오후 4시46분 ● 동지 음 11/30 양 12/22 오전 10시40분

음력	1	2	3	4	5	6	7	8	9	10	11	12	13	14	15	16	17	18	19	20	21	22	23	24	25	26	27	28	29	30
양력	11/23	24	25	26	27	28	29	30	12/1	2	3	4	5	6	7	8	9	10	11	12	13	14	15	16	17	18	19	20	21	22
요일	화	수	목	금	토	일	월	화	수	목	금	토	일	월	화	수	목	금	토	일	월	화	수	목	금	토	일	월	화	수
일진	辛巳	壬午	癸未	甲申	乙酉	丙戌	丁亥	戊子	己丑	庚寅	辛卯	壬辰	癸巳	甲午	乙未	丙申	丁酉	戊戌	己亥	庚子	辛丑	壬寅	癸卯	甲辰	乙巳	丙午	丁未	戊申	己酉	庚戌
대운 남	5	5	6	6	6	7	7	7	8	8	8	9	9	9	大	1	1	1	1	2	2	2	3	3	3	4	4	4	5	冬
대운 여	5	4	4	4	3	3	3	2	2	2	1	1	1	1	雪	10	9	9	9	8	8	8	7	7	7	6	6	6	5	至

十二月大　月建 己丑　九紫

소한 음 12/15 양 1/6 오전 3시54분 ● 대한 음 12/29 양 1/20 오후 9시20분

음력	1	2	3	4	5	6	7	8	9	10	11	12	13	14	15	16	17	18	19	20	21	22	23	24	25	26	27	28	29	30
양력	12/23	24	25	26	27	28	29	30	31	1/1	2	3	4	5	6	7	8	9	10	11	12	13	14	15	16	17	18	19	20	21
요일	목	금	토	일	월	화	수	목	금	토	일	월	화	수	목	금	토	일	월	화	수	목	금	토	일	월	화	수	목	금
일진	辛亥	壬子	癸丑	甲寅	乙卯	丙辰	丁巳	戊午	己未	庚申	辛酉	壬戌	癸亥	甲子	乙丑	丙寅	丁卯	戊辰	己巳	庚午	辛未	壬申	癸酉	甲戌	乙亥	丙子	丁丑	戊寅	己卯	庚辰
대운 남	5	6	6	6	7	7	7	8	8	8	9	9	9	10	小	1	1	1	1	2	2	2	3	3	3	4	4	4	大	5
대운 여	5	4	4	4	3	3	3	2	2	2	1	1	1	1	寒	9	9	9	8	8	8	7	7	7	6	6	6	5	寒	5

1966년 | **단기 4299년**

丙午年

一日得辛 十二龍治水

卯 大將軍　　北 三殺　　辰 吊客　　申 喪門

納音五行 天河水

正月小　　月建 庚寅　　八白

입춘 음 1/14 양 2/4 오후 3시38분 ●우수 음 1/29 양 2/19 오전 11시38분

음력		1	2	3	4	5	6	7	8	9	10	11	12	13	14	15	16	17	18	19	20	21	22	23	24	25	26	27	28	29	
양력		1/22	23	24	25	26	27	28	29	30	31	2/1	2	3	4	5	6	7	8	9	10	11	12	13	14	15	16	17	18	19	
요일		토	일	월	화	수	목	금	토	일	월	화	수	목	금	토	일	월	화	수	목	금	토	일	월	화	수	목	금	토	
일진		辛巳	壬午	癸未	甲申	乙酉	丙戌	丁亥	戊子	己丑	庚寅	辛卯	壬辰	癸巳	甲午	乙未	丙申	丁酉	戊戌	己亥	庚子	辛丑	壬寅	癸卯	甲辰	乙巳	丙午	丁未	戊申	己酉	
대운	남	5	6	6	6	7	7	7	8	8	8	9	9	9	立	10	9	9	9	8	8	8	7	7	7	6	6	6	5	雨	
	여	4	4	4	3	3	3	2	2	2	1	1	1	1	春	1	1	1	1	2	2	2	3	3	3	4	4	4	5	水	

二月大　　月建 辛卯　　七赤

경칩 음 2/15 양 3/6 오전 9시51분 ●춘분 음 2/30 양 3/21 오전 10시53분

음력		1	2	3	4	5	6	7	8	9	10	11	12	13	14	15	16	17	18	19	20	21	22	23	24	25	26	27	28	29	30
양력		2/20	21	22	23	24	25	26	27	28	3/1	2	3	4	5	6	7	8	9	10	11	12	13	14	15	16	17	18	19	20	21
요일		일	월	화	수	목	금	토	일	월	화	수	목	금	토	일	월	화	수	목	금	토	일	월	화	수	목	금	토	일	월
일진		庚戌	辛亥	壬子	癸丑	甲寅	乙卯	丙辰	丁巳	戊午	己未	庚申	辛酉	壬戌	癸亥	甲子	乙丑	丙寅	丁卯	戊辰	己巳	庚午	辛未	壬申	癸酉	甲戌	乙亥	丙子	丁丑	戊寅	己卯
대운	남	5	4	4	4	3	3	3	2	2	2	1	1	1	1	驚	10	9	9	9	8	8	8	7	7	7	6	6	6	5	春
	여	5	6	6	6	7	7	7	8	8	8	9	9	9	10	蟄	1	1	1	1	2	2	2	3	3	3	4	4	4	5	分

三月大　　月建 壬辰　　六白

청명 음 3/15 양 4/5 오후 2시57분 ●곡우 음 3/30 양 4/20 오후 10시12분

음력		1	2	3	4	5	6	7	8	9	10	11	12	13	14	15	16	17	18	19	20	21	22	23	24	25	26	27	28	29	30
양력		3/22	23	24	25	26	27	28	29	30	31	4/1	2	3	4	5	6	7	8	9	10	11	12	13	14	15	16	17	18	19	20
요일		화	수	목	금	토	일	월	화	수	목	금	토	일	월	화	수	목	금	토	일	월	화	수	목	금	토	일	월	화	수
일진		庚辰	辛巳	壬午	癸未	甲申	乙酉	丙戌	丁亥	戊子	己丑	庚寅	辛卯	壬辰	癸巳	甲午	乙未	丙申	丁酉	戊戌	己亥	庚子	辛丑	壬寅	癸卯	甲辰	乙巳	丙午	丁未	戊申	己酉
대운	남	5	4	4	4	3	3	3	2	2	2	1	1	1	1	清	10	10	9	9	9	8	8	8	7	7	7	6	6	6	穀
	여	5	6	6	6	7	7	7	8	8	8	9	9	9	10	明	1	1	1	1	2	2	2	3	3	3	4	4	4	5	雨

閏三月小

입하 음 윤3/16 양 5/6 오전 8시30분

음력		1	2	3	4	5	6	7	8	9	10	11	12	13	14	15	16	17	18	19	20	21	22	23	24	25	26	27	28	29	
양력		4/21	22	23	24	25	26	27	28	29	30	5/1	2	3	4	5	6	7	8	9	10	11	12	13	14	15	16	17	18	19	
요일		목	금	토	일	월	화	수	목	금	토	일	월	화	수	목	금	토	일	월	화	수	목	금	토	일	월	화	수	목	
일진		庚戌	辛亥	壬子	癸丑	甲寅	乙卯	丙辰	丁巳	戊午	己未	庚申	辛酉	壬戌	癸亥	甲子	乙丑	丙寅	丁卯	戊辰	己巳	庚午	辛未	壬申	癸酉	甲戌	乙亥	丙子	丁丑	戊寅	
대운	남	5	5	4	4	4	3	3	3	2	2	2	1	1	1	1	立	10	10	9	9	9	8	8	8	7	7	7	6	6	
	여	5	6	6	6	7	7	7	8	8	8	9	9	9	10	10	夏	1	1	1	1	2	2	2	3	3	3	4	4	4	

四月大　　月建 癸巳　　五黃

소만 음 4/2 양 5/21 오후 9시32분 ●망종 음 4/18 양 6/6 오후 12시50분

음력		1	2	3	4	5	6	7	8	9	10	11	12	13	14	15	16	17	18	19	20	21	22	23	24	25	26	27	28	29	30
양력		5/20	21	22	23	24	25	26	27	28	29	30	31	6/1	2	3	4	5	6	7	8	9	10	11	12	13	14	15	16	17	18
요일		금	토	일	월	화	수	목	금	토	일	월	화	수	목	금	토	일	월	화	수	목	금	토	일	월	화	수	목	금	토
일진		己卯	庚辰	辛巳	壬午	癸未	甲申	乙酉	丙戌	丁亥	戊子	己丑	庚寅	辛卯	壬辰	癸巳	甲午	乙未	丙申	丁酉	戊戌	己亥	庚子	辛丑	壬寅	癸卯	甲辰	乙巳	丙午	丁未	戊申
대운	남	6	小	5	5	4	4	4	3	3	3	2	2	2	1	1	1	1	芒	10	10	9	9	9	8	8	8	7	7	7	6
	여	5	滿	5	6	6	6	7	7	7	8	8	8	9	9	9	10	10	種	1	1	1	1	2	2	2	3	3	3	4	4

五月小　　月建 甲午　　四綠

하지 음 5/4 양 6/22 오전 5시33분 ●소서 음 5/19 양 7/7 오후 11시7분

음력		1	2	3	4	5	6	7	8	9	10	11	12	13	14	15	16	17	18	19	20	21	22	23	24	25	26	27	28	29	
양력		6/19	20	21	22	23	24	25	26	27	28	29	30	7/1	2	3	4	5	6	7	8	9	10	11	12	13	14	15	16	17	
요일		일	월	화	수	목	금	토	일	월	화	수	목	금	토	일	월	화	수	목	금	토	일	월	화	수	목	금	토	일	
일진		己酉	庚戌	辛亥	壬子	癸丑	甲寅	乙卯	丙辰	丁巳	戊午	己未	庚申	辛酉	壬戌	癸亥	甲子	乙丑	丙寅	丁卯	戊辰	己巳	庚午	辛未	壬申	癸酉	甲戌	乙亥	丙子	丁丑	
대운	남	6	6	5	夏	5	4	4	4	3	3	3	2	2	2	1	1	1	1	小	10	10	10	9	9	9	8	8	8	7	
	여	4	5	5	至	6	6	6	7	7	7	8	8	8	9	9	9	10	10	暑	1	1	1	1	2	2	2	3	3	3	

六月小　月建 乙未　三碧

대서 음 6/6 양 7/23 오후 4시23분 ● 입추 음 6/22 양 8/8 오전 8시49분

음력	1	2	3	4	5	6	7	8	9	10	11	12	13	14	15	16	17	18	19	20	21	22	23	24	25	26	27	28	29
양력	7/18	19	20	21	22	23	24	25	26	27	28	29	30	31	8/1	2	3	4	5	6	7	8	9	10	11	12	13	14	15
요일	월	화	수	목	금	토	일	월	화	수	목	금	토	일	월	화	수	목	금	토	일	월	화	수	목	금	토	일	월
일진	戊寅	己卯	庚辰	辛巳	壬午	癸未	甲申	乙酉	丙戌	丁亥	戊子	己丑	庚寅	辛卯	壬辰	癸巳	甲午	乙未	丙申	丁酉	戊戌	己亥	庚子	辛丑	壬寅	癸卯	甲辰	乙巳	丙午
대운 남	7	7	6	6	6	大	5	5	4	4	4	3	3	3	2	2	2	1	1	1	1	立	10	10	9	9	9	8	8
대운 여	4	4	4	5	5	暑	6	6	6	7	7	7	8	8	8	9	9	9	10	10	10	秋	1	1	1	1	2	2	2

七月大　月建 丙申　二黑

처서 음 7/8 양 8/23 오후 11시18분 ● 백로 음 7/24 양 9/8 오전 11시32분

음력	1	2	3	4	5	6	7	8	9	10	11	12	13	14	15	16	17	18	19	20	21	22	23	24	25	26	27	28	29	30
양력	8/16	17	18	19	20	21	22	23	24	25	26	27	28	29	30	31	9/1	2	3	4	5	6	7	8	9	10	11	12	13	14
요일	화	수	목	금	토	일	월	화	수	목	금	토	일	월	화	수	목	금	토	일	월	화	수	목	금	토	일	월	화	수
일진	丁未	戊申	己酉	庚戌	辛亥	壬子	癸丑	甲寅	乙卯	丙辰	丁巳	戊午	己未	庚申	辛酉	壬戌	癸亥	甲子	乙丑	丙寅	丁卯	戊辰	己巳	庚午	辛未	壬申	癸酉	甲戌	乙亥	丙子
대운 남	8	7	7	7	6	6	6	處	5	5	4	4	4	3	3	3	2	2	2	1	1	1	1	白	10	10	9	9	9	8
대운 여	3	3	3	4	4	4	5	暑	5	6	6	6	7	7	7	8	8	8	9	9	9	10	10	露	1	1	1	1	2	2

八月小　月建 丁酉　一白

추분 음 8/9 양 9/23 오후 8시43분 ● 한로 음 8/25 양 10/9 오전 2시57분

음력	1	2	3	4	5	6	7	8	9	10	11	12	13	14	15	16	17	18	19	20	21	22	23	24	25	26	27	28	29
양력	9/15	16	17	18	19	20	21	22	23	24	25	26	27	28	29	30	10/1	2	3	4	5	6	7	8	9	10	11	12	13
요일	목	금	토	일	월	화	수	목	금	토	일	월	화	수	목	금	토	일	월	화	수	목	금	토	일	월	화	수	목
일진	丁丑	戊寅	己卯	庚辰	辛巳	壬午	癸未	甲申	乙酉	丙戌	丁亥	戊子	己丑	庚寅	辛卯	壬辰	癸巳	甲午	乙未	丙申	丁酉	戊戌	己亥	庚子	辛丑	壬寅	癸卯	甲辰	乙巳
대운 남	8	8	7	7	7	6	6	6	秋	5	5	4	4	4	3	3	3	2	2	2	1	1	1	1	寒	10	9	9	9
대운 여	2	3	3	3	4	4	4	5	分	5	6	6	6	7	7	7	8	8	8	9	9	9	10	10	露	1	1	1	1

九月小　月建 戊戌　九紫

상강 음 9/11 양 10/24 오전 5시51분 ● 입동 음 9/26 양 11/8 오전 5시55분

음력	1	2	3	4	5	6	7	8	9	10	11	12	13	14	15	16	17	18	19	20	21	22	23	24	25	26	27	28	29
양력	10/14	15	16	17	18	19	20	21	22	23	24	25	26	27	28	29	30	31	11/1	2	3	4	5	6	7	8	9	10	11
요일	금	토	일	월	화	수	목	금	토	일	월	화	수	목	금	토	일	월	화	수	목	금	토	일	월	화	수	목	금
일진	丙午	丁未	戊申	己酉	庚戌	辛亥	壬子	癸丑	甲寅	乙卯	丙辰	丁巳	戊午	己未	庚申	辛酉	壬戌	癸亥	甲子	乙丑	丙寅	丁卯	戊辰	己巳	庚午	辛未	壬申	癸酉	甲戌
대운 남	8	8	8	7	7	7	6	6	6	5	霜	5	4	4	4	3	3	3	2	2	2	1	1	1	1	立	9	9	9
대운 여	2	2	2	3	3	3	4	4	4	5	降	5	6	6	6	7	7	7	8	8	8	9	9	9	10	冬	1	1	1

十月大　月建 己亥　八白

소설 음 10/12 양 11/23 오전 3시14분 ● 대설 음 10/26 양 12/7 오후 10시38분

음력	1	2	3	4	5	6	7	8	9	10	11	12	13	14	15	16	17	18	19	20	21	22	23	24	25	26	27	28	29	30
양력	11/12	13	14	15	16	17	18	19	20	21	22	23	24	25	26	27	28	29	30	12/1	2	3	4	5	6	7	8	9	10	11
요일	토	일	월	화	수	목	금	토	일	월	화	수	목	금	토	일	월	화	수	목	금	토	일	월	화	수	목	금	토	일
일진	乙亥	丙子	丁丑	戊寅	己卯	庚辰	辛巳	壬午	癸未	甲申	乙酉	丙戌	丁亥	戊子	己丑	庚寅	辛卯	壬辰	癸巳	甲午	乙未	丙申	丁酉	戊戌	己亥	庚子	辛丑	壬寅	癸卯	甲辰
대운 남	8	8	8	7	7	7	6	6	6	5	5	小	4	4	4	3	3	3	2	2	2	1	1	1	1	大	10	9	9	9
대운 여	1	2	2	2	3	3	3	4	4	4	5	雪	5	6	6	6	7	7	7	8	8	8	9	9	9	雪	1	1	1	1

十一月大　月建 庚子　七赤

동지 음 11/11 양 12/22 오후 4시28분 ● 소한 음 11/26 양 1/6 오전 9시48분

음력	1	2	3	4	5	6	7	8	9	10	11	12	13	14	15	16	17	18	19	20	21	22	23	24	25	26	27	28	29	30
양력	12/12	13	14	15	16	17	18	19	20	21	22	23	24	25	26	27	28	29	30	31	1/1	2	3	4	5	6	7	8	9	10
요일	월	화	수	목	금	토	일	월	화	수	목	금	토	일	월	화	수	목	금	토	일	월	화	수	목	금	토	일	월	화
일진	乙巳	丙午	丁未	戊申	己酉	庚戌	辛亥	壬子	癸丑	甲寅	乙卯	丙辰	丁巳	戊午	己未	庚申	辛酉	壬戌	癸亥	甲子	丑乙	丙寅	丁卯	戊辰	己巳	庚午	辛未	壬申	癸酉	甲戌
대운 남	8	8	8	7	7	7	6	6	6	5	冬	5	4	4	4	3	3	3	2	2	2	1	1	1	1	小	9	9	9	8
대운 여	2	2	2	3	3	3	4	4	4	5	至	5	6	6	6	7	7	7	8	8	8	9	9	9	10	寒	1	1	1	1

十二月小　月建 辛丑　六白

대한 음 12/11 양 1/21 오전 3시8분 ● 입춘 음 12/25 양 2/4 오후 9시31분

음력	1	2	3	4	5	6	7	8	9	10	11	12	13	14	15	16	17	18	19	20	21	22	23	24	25	26	27	28	29
양력	1/11	12	13	14	15	16	17	18	19	20	21	22	23	24	25	26	27	28	29	30	31	2/1	2	3	4	5	6	7	8
요일	수	목	금	토	일	월	화	수	목	금	토	일	월	화	수	목	금	토	일	월	화	수	목	금	토	일	월	화	수
일진	乙亥	丙子	丁丑	戊寅	己卯	庚辰	辛巳	壬午	癸未	甲申	乙酉	丙戌	丁亥	戊子	己丑	庚寅	辛卯	壬辰	癸巳	甲午	乙未	丙申	丁酉	戊戌	己亥	庚子	辛丑	壬寅	癸卯
대운 남	8	8	7	7	7	6	6	6	5	5	大	4	4	4	3	3	3	2	2	2	1	1	1	1	立	1	1	1	1
대운 여	2	2	2	3	3	3	4	4	4	5	寒	5	6	6	6	7	7	7	8	8	8	9	9	9	春	10	9	9	9

1967년 | 단기 4300년 丁未年

八日得辛 一龍治水

卯 大將軍　酉 三殺　巳 吊客　酉 喪門　納音五行 天河水

正月大　月建 壬寅　五黃

우수 음 1/11 양 2/19 오후 5시24분 ● 경칩 음 1/26 양 3/6 오후 3시42분

음력	1	2	3	4	5	6	7	8	9	10	11	12	13	14	15	16	17	18	19	20	21	22	23	24	25	26	27	28	29	30
양력	2/9	10	11	12	13	14	15	16	17	18	19	20	21	22	23	24	25	26	27	28	3/1	2	3	4	5	6	7	8	9	10
요일	목	금	토	일	월	화	수	목	금	토	일	월	화	수	목	금	토	일	월	화	수	목	금	토	일	월	화	수	목	금
일진	甲辰	乙巳	丙午	丁未	戊申	己酉	庚戌	辛亥	壬子	癸丑	甲寅	乙卯	丙辰	丁巳	戊午	己未	庚申	辛酉	壬戌	癸亥	甲子	乙丑	丙寅	丁卯	戊辰	己巳	庚午	辛未	壬申	癸酉
대운 남	2	2	2	3	3	3	4	4	4	5	雨	5	6	6	6	7	7	7	8	8	8	9	9	9	10	驚	1	1	1	1
대운 여	8	8	8	7	7	7	6	6	6	5	水	5	4	4	4	3	3	3	2	2	2	1	1	1	1	蟄	10	9	9	9

二月大　月建 癸卯　四綠

춘분 음 2/11 양 3/21 오후 4시37분 ● 청명 음 2/26 양 4/5 오후 8시45분

음력	1	2	3	4	5	6	7	8	9	10	11	12	13	14	15	16	17	18	19	20	21	22	23	24	25	26	27	28	29	30
양력	3/11	12	13	14	15	16	17	18	19	20	21	22	23	24	25	26	27	28	29	30	31	4/1	2	3	4	5	6	7	8	9
요일	토	일	월	화	수	목	금	토	일	월	화	수	목	금	토	일	월	화	수	목	금	토	일	월	화	수	목	금	토	일
일진	甲戌	乙亥	丙子	丁丑	戊寅	己卯	庚辰	辛巳	壬午	癸未	甲申	乙酉	丙戌	丁亥	戊子	己丑	庚寅	辛卯	壬辰	癸巳	甲午	乙未	丙申	丁酉	戊戌	己亥	庚子	辛丑	壬寅	癸卯
대운 남	2	2	2	3	3	3	4	4	4	5	春	5	6	6	6	7	7	7	8	8	8	9	9	9	10	清	1	1	1	1
대운 여	8	8	8	7	7	7	6	6	6	5	分	5	4	4	4	3	3	3	2	2	2	1	1	1	1	明	10	10	9	9

三月小　月建 甲辰　三碧

곡우 음 3/12 양 4/21 오전 3시55분 ● 입하 음 3/27 양 5/6 오후 2시17분

음력	1	2	3	4	5	6	7	8	9	10	11	12	13	14	15	16	17	18	19	20	21	22	23	24	25	26	27	28	29
양력	4/10	11	12	13	14	15	16	17	18	19	20	21	22	23	24	25	26	27	28	29	30	5/1	2	3	4	5	6	7	8
요일	월	화	수	목	금	토	일	월	화	수	목	금	토	일	월	화	수	목	금	토	일	월	화	수	목	금	토	일	월
일진	甲辰	乙巳	丙午	丁未	戊申	己酉	庚戌	辛亥	壬子	癸丑	甲寅	乙卯	丙辰	丁巳	戊午	己未	庚申	辛酉	壬戌	癸亥	甲子	乙丑	丙寅	丁卯	戊辰	己巳	庚午	辛未	壬申
대운 남	2	2	2	3	3	3	4	4	4	5	5	穀	6	6	6	7	7	7	8	8	8	9	9	9	10	10	立	1	1
대운 여	9	8	8	8	7	7	7	6	6	6	5	雨	5	4	4	4	3	3	3	2	2	2	1	1	1	1	夏	10	10

四月大　月建 乙巳　二黑

소만 음 4/14 양 5/22 오전 3시18분 ● 망종 음 4/29 양 6/6 오후 6시36분

음력	1	2	3	4	5	6	7	8	9	10	11	12	13	14	15	16	17	18	19	20	21	22	23	24	25	26	27	28	29	30
양력	5/9	10	11	12	13	14	15	16	17	18	19	20	21	22	23	24	25	26	27	28	29	30	31	6/1	2	3	4	5	6	7
요일	화	수	목	금	토	일	월	화	수	목	금	토	일	월	화	수	목	금	토	일	월	화	수	목	금	토	일	월	화	수
일진	癸酉	甲戌	乙亥	丙子	丁丑	戊寅	己卯	庚辰	辛巳	壬午	癸未	甲申	乙酉	丙戌	丁亥	戊子	己丑	庚寅	辛卯	壬辰	癸巳	甲午	乙未	丙申	丁酉	戊戌	己亥	庚子	辛丑	壬寅
대운 남	1	1	2	2	2	3	3	3	4	4	4	5	5	小	6	6	6	7	7	7	8	8	8	9	9	9	10	10	芒	1
대운 여	9	9	9	8	8	8	7	7	7	6	6	6	5	滿	5	4	4	4	3	3	3	2	2	2	1	1	1	1	種	10

五月大　月建 丙午　一白

하지 음 5/15 양 6/22 오전 11시23분

음력	1	2	3	4	5	6	7	8	9	10	11	12	13	14	15	16	17	18	19	20	21	22	23	24	25	26	27	28	29	30
양력	6/8	9	10	11	12	13	14	15	16	17	18	19	20	21	22	23	24	25	26	27	28	29	30	7/1	2	3	4	5	6	7
요일	목	금	토	일	월	화	수	목	금	토	일	월	화	수	목	금	토	일	월	화	수	목	금	토	일	월	화	수	목	금
일진	癸卯	甲辰	乙巳	丙午	丁未	戊申	己酉	庚戌	辛亥	壬子	癸丑	甲寅	乙卯	丙辰	丁巳	戊午	己未	庚申	辛酉	壬戌	癸亥	甲子	乙丑	丙寅	丁卯	戊辰	己巳	庚午	辛未	壬申
대운 남	1	1	1	2	2	2	3	3	3	4	4	4	5	5	夏	6	6	6	7	7	7	8	8	8	9	9	9	10	10	10
대운 여	10	10	9	9	9	8	8	8	7	7	7	6	6	6	至	5	5	4	4	4	3	3	3	2	2	2	1	1	1	1

六月小　月建 丁未　九紫

소서 음 6/1 양 7/8 오전 4시53분 ● 대서 음 6/16 양 7/23 오후 10시16분

음력	1	2	3	4	5	6	7	8	9	10	11	12	13	14	15	16	17	18	19	20	21	22	23	24	25	26	27	28	29
양력	7/8	9	10	11	12	13	14	15	16	17	18	19	20	21	22	23	24	25	26	27	28	29	30	31	8/1	2	3	4	5
요일	토	일	월	화	수	목	금	토	일	월	화	수	목	금	토	일	월	화	수	목	금	토	일	월	화	수	목	금	토
일진	癸酉	甲戌	乙亥	丙子	丁丑	戊寅	己卯	庚辰	辛巳	壬午	癸未	甲申	乙酉	丙戌	丁亥	戊子	己丑	庚寅	辛卯	壬辰	癸巳	甲午	乙未	丙申	丁酉	戊戌	己亥	庚子	辛丑
대운 남	小	1	1	1	1	2	2	2	3	3	3	4	4	4	5	大	5	6	6	6	7	7	7	8	8	8	9	9	9
대운 여	暑	10	10	9	9	9	8	8	8	7	7	7	6	6	6	暑	5	5	4	4	4	3	3	3	2	2	2	1	1

七月小　月建 戊申　八白

입추 음 7/3 양 8/8 오후 2시35분 ● 처서 음 7/19 양 8/24 오전 5시12분

음력	1	2	3	4	5	6	7	8	9	10	11	12	13	14	15	16	17	18	19	20	21	22	23	24	25	26	27	28	29
양력	8/6	7	8	9	10	11	12	13	14	15	16	17	18	19	20	21	22	23	24	25	26	27	28	29	30	31	9/1	2	3
요일	일	월	화	수	목	금	토	일	월	화	수	목	금	토	일	월	화	수	목	금	토	일	월	화	수	목	금	토	일
일진	壬寅	癸卯	甲辰	乙巳	丙午	丁未	戊申	己酉	庚戌	辛亥	壬子	癸丑	甲寅	乙卯	丙辰	丁巳	戊午	己未	庚申	辛酉	壬戌	癸亥	甲子	乙丑	丙寅	丁卯	戊辰	己巳	庚午
대운 남	10	10	立	1	1	1	1	2	2	2	3	3	3	4	4	4	5	5	處	6	6	6	7	7	7	8	8	8	9
대운 여	1	1	秋	10	10	9	9	9	8	8	8	7	7	7	6	6	6	5	暑	5	4	4	4	3	3	3	2	2	2

八月大　月建 己酉　七赤

백로 음 8/5 양 9/8 오후 5시18분 ● 추분 음 8/21 양 9/24 오전 2시38분

음력	1	2	3	4	5	6	7	8	9	10	11	12	13	14	15	16	17	18	19	20	21	22	23	24	25	26	27	28	29	30
양력	9/4	5	6	7	8	9	10	11	12	13	14	15	16	17	18	19	20	21	22	23	24	25	26	27	28	29	30	10/1	2	3
요일	월	화	수	목	금	토	일	월	화	수	목	금	토	일	월	화	수	목	금	토	일	월	화	수	목	금	토	일	월	화
일진	辛未	壬申	癸酉	甲戌	乙亥	丙子	丁丑	戊寅	己卯	庚辰	辛巳	壬午	癸未	甲申	乙酉	丙戌	丁亥	戊子	己丑	庚寅	辛卯	壬辰	癸巳	甲午	乙未	丙申	丁酉	戊戌	己亥	庚子
대운 남	9	9	10	10	白	1	1	1	1	2	2	2	3	3	3	4	4	4	5	5	秋	6	6	6	7	7	7	8	8	8
대운 여	1	1	1	1	露	10	10	9	9	9	8	8	8	7	7	7	6	6	6	5	分	5	4	4	4	3	3	3	2	2

九月小　月建 庚戌　六白

한로 음 9/6 양 10/9 오전 8시41분 ● 상강 음 9/21 양 10/24 오전 11시44분

음력	1	2	3	4	5	6	7	8	9	10	11	12	13	14	15	16	17	18	19	20	21	22	23	24	25	26	27	28	29
양력	10/4	5	6	7	8	9	10	11	12	13	14	15	16	17	18	19	20	21	22	23	24	25	26	27	28	29	30	31	11/1
요일	수	목	금	토	일	월	화	수	목	금	토	일	월	화	수	목	금	토	일	월	화	수	목	금	토	일	월	화	수
일진	辛丑	壬寅	癸卯	甲辰	乙巳	丙午	丁未	戊申	己酉	庚戌	辛亥	壬子	癸丑	甲寅	乙卯	丙辰	丁巳	戊午	己未	庚申	辛酉	壬戌	癸亥	甲子	乙丑	丙寅	丁卯	戊辰	己巳
대운 남	9	9	9	10	10	寒	1	1	1	1	2	2	2	3	3	3	4	4	4	5	霜	5	6	6	6	7	7	7	8
대운 여	2	1	1	1	1	露	10	9	9	9	8	8	8	7	7	7	6	6	6	5	降	5	4	4	4	3	3	3	2

十月大　月建 辛亥　五黃

입동 음 10/7 양 11/8 오전 11시37분 ● 소설 음 10/22 양 11/23 오전 9시4분

음력	1	2	3	4	5	6	7	8	9	10	11	12	13	14	15	16	17	18	19	20	21	22	23	24	25	26	27	28	29	30
양력	11/2	3	4	5	6	7	8	9	10	11	12	13	14	15	16	17	18	19	20	21	22	23	24	25	26	27	28	29	30	12/1
요일	목	금	토	일	월	화	수	목	금	토	일	월	화	수	목	금	토	일	월	화	수	목	금	토	일	월	화	수	목	금
일진	庚午	辛未	壬申	癸酉	甲戌	乙亥	丙子	丁丑	戊寅	己卯	庚辰	辛巳	壬午	癸未	甲申	乙酉	丙戌	丁亥	戊子	己丑	庚寅	辛卯	壬辰	癸巳	甲午	乙未	丙申	丁酉	戊戌	己亥
대운 남	8	8	9	9	9	10	立	1	1	1	1	2	2	2	3	3	3	4	4	4	5	小	5	6	6	6	7	7	7	8
대운 여	2	2	1	1	1	1	冬	10	9	9	9	8	8	8	7	7	7	6	6	6	5	雪	5	4	4	4	3	3	3	2

十一月小　月建 壬子　四綠

대설 음 11/7 양 12/8 오전 4시18분 ● 동지 음 11/21 양 12/22 오후 10시16분

음력	1	2	3	4	5	6	7	8	9	10	11	12	13	14	15	16	17	18	19	20	21	22	23	24	25	26	27	28	29
양력	12/2	3	4	5	6	7	8	9	10	11	12	13	14	15	16	17	18	19	20	21	22	23	24	25	26	27	28	29	30
요일	토	일	월	화	수	목	금	토	일	월	화	수	목	금	토	일	월	화	수	목	금	토	일	월	화	수	목	금	토
일진	庚子	辛丑	壬寅	癸卯	甲辰	乙巳	丙午	丁未	戊申	己酉	庚戌	辛亥	壬子	癸丑	甲寅	乙卯	丙辰	丁巳	戊午	己未	庚申	辛酉	壬戌	癸亥	甲子	乙丑	丙寅	丁卯	戊辰
대운 남	8	8	9	9	9	10	大	1	1	1	1	2	2	2	3	3	3	4	4	4	冬	5	5	6	6	6	7	7	7
대운 여	2	2	1	1	1	1	雪	9	9	9	8	8	8	7	7	7	6	6	6	5	至	5	4	4	4	3	3	3	2

十二月大　月建 癸丑　三碧

소한 음 12/7 양 1/6 오후 3시26분 ● 대한 음 12/22 양 1/21 오전 8시54분

음력	1	2	3	4	5	6	7	8	9	10	11	12	13	14	15	16	17	18	19	20	21	22	23	24	25	26	27	28	29	30
양력	12/31	1/1	2	3	4	5	6	7	8	9	10	11	12	13	14	15	16	17	18	19	20	21	22	23	24	25	26	27	28	29
요일	일	월	화	수	목	금	토	일	월	화	수	목	금	토	일	월	화	수	목	금	토	일	월	화	수	목	금	토	일	월
일진	己巳	庚午	辛未	壬申	癸酉	甲戌	乙亥	丙子	丁丑	戊寅	己卯	庚辰	辛巳	壬午	癸未	甲申	乙酉	丙戌	丁亥	戊子	己丑	庚寅	辛卯	壬辰	癸巳	甲午	乙未	丙申	丁酉	戊戌
대운 남	8	8	8	9	9	9	小	1	1	1	1	2	2	2	3	3	3	4	4	4	5	大	5	6	6	6	7	7	7	8
대운 여	2	2	1	1	1	1	寒	10	9	9	9	8	8	8	7	7	7	6	6	6	5	寒	5	4	4	4	3	3	3	2

1968년 | 단기 4301년 戊申年

三日得辛 六龍治水

午 大將軍　南 三殺　午 吊客　戌 喪門　納音五行 大驛土

正月小　月建 甲寅　二黑

입춘 음 1/7 양 2/5 오전 3시7분 ● 우수 음 1/21 양 2/19 오후 11시9분

음력	1	2	3	4	5	6	7	8	9	10	11	12	13	14	15	16	17	18	19	20	21	22	23	24	25	26	27	28	29	
양력	1/30	31	2/1	2	3	4	5	6	7	8	9	10	11	12	13	14	15	16	17	18	19	20	21	22	23	24	25	26	27	
요일	화	수	목	금	토	일	월	화	수	목	금	토	일	월	화	수	목	금	토	일	월	화	수	목	금	토	일	월	화	
일진	己亥	庚子	辛丑	壬寅	癸卯	甲辰	乙巳	丙午	丁未	戊申	己酉	庚戌	辛亥	壬子	癸丑	甲寅	乙卯	丙辰	丁巳	戊午	己未	庚申	辛酉	壬戌	癸亥	甲子	乙丑	丙寅	丁卯	
대운 남	8	8	9	9	9	10	立春	9	9	9	8	8	8	7	7	7	6	6	6	5	雨水	5	4	4	4	3	3	3	2	
대운 여	2	2	1	1	1	1		1	1	1	1	2	2	2	3	3	3	4	4	4		5	5	6	6	6	7	7	7	

二月大　月建 乙卯　一白

경칩 음 2/7 양 3/5 오후 9시18분 ● 춘분 음 2/22 양 3/20 오후 10시22분

음력	1	2	3	4	5	6	7	8	9	10	11	12	13	14	15	16	17	18	19	20	21	22	23	24	25	26	27	28	29	30
양력	2/28	29	3/1	2	3	4	5	6	7	8	9	10	11	12	13	14	15	16	17	18	19	20	21	22	23	24	25	26	27	28
요일	수	목	금	토	일	월	화	수	목	금	토	일	월	화	수	목	금	토	일	월	화	수	목	금	토	일	월	화	수	목
일진	戊辰	己巳	庚午	辛未	壬申	癸酉	甲戌	乙亥	丙子	丁丑	戊寅	己卯	庚辰	辛巳	壬午	癸未	甲申	乙酉	丙戌	丁亥	戊子	己丑	庚寅	辛卯	壬辰	癸巳	甲午	乙未	丙申	丁酉
대운 남	2	2	1	1	1	1	驚蟄	10	10	9	9	9	8	8	8	7	7	7	6	6	6	春分	5	5	4	4	4	3	3	3
대운 여	8	8	8	9	9	9		1	1	1	1	2	2	2	3	3	3	4	4	4	5		5	6	6	6	7	7	7	8

三月大　月建 丙辰　九紫

청명 음 3/8 양 4/5 오전 2시21분 ● 곡우 음 3/23 양 4/20 오전 9시41분

음력	1	2	3	4	5	6	7	8	9	10	11	12	13	14	15	16	17	18	19	20	21	22	23	24	25	26	27	28	29	30
양력	3/29	30	31	4/1	2	3	4	5	6	7	8	9	10	11	12	13	14	15	16	17	18	19	20	21	22	23	24	25	26	27
요일	금	토	일	월	화	수	목	금	토	일	월	화	수	목	금	토	일	월	화	수	목	금	토	일	월	화	수	목	금	토
일진	戊戌	己亥	庚子	辛丑	壬寅	癸卯	甲辰	乙巳	丙午	丁未	戊申	己酉	庚戌	辛亥	壬子	癸丑	甲寅	乙卯	丙辰	丁巳	戊午	己未	庚申	辛酉	壬戌	癸亥	甲子	乙丑	丙寅	丁卯
대운 남	2	2	2	1	1	1	1	清明	10	9	9	9	8	8	8	7	7	7	6	6	6	5	穀雨	5	4	4	4	3	3	3
대운 여	8	8	9	9	9	10	10		1	1	1	1	2	2	2	3	3	3	4	4	4	5		5	6	6	6	7	7	7

四月小　月建 丁巳　八白

입하 음 4/8 양 5/5 오후 7시56분 ● 소만 음 4/24 양 5/21 오전 9시6분

음력	1	2	3	4	5	6	7	8	9	10	11	12	13	14	15	16	17	18	19	20	21	22	23	24	25	26	27	28	29	
양력	4/28	29	30	5/1	2	3	4	5	6	7	8	9	10	11	12	13	14	15	16	17	18	19	20	21	22	23	24	25	26	
요일	일	월	화	수	목	금	토	일	월	화	수	목	금	토	일	월	화	수	목	금	토	일	월	화	수	목	금	토	일	
일진	戊辰	己巳	庚午	辛未	壬申	癸酉	甲戌	乙亥	丙子	丁丑	戊寅	己卯	庚辰	辛巳	壬午	癸未	甲申	乙酉	丙戌	丁亥	戊子	己丑	庚寅	辛卯	壬辰	癸巳	甲午	乙未	丙申	
대운 남	2	2	2	1	1	1	1	立夏	10	10	10	9	9	9	8	8	8	7	7	7	6	6	6	小滿	5	5	4	4	4	
대운 여	8	8	8	9	9	9	10		1	1	1	1	2	2	2	3	3	3	4	4	4	5	5		6	6	6	7	7	

五月大　月建 戊午　七赤

망종 음 5/11 양 6/6 오전 0시19분 ● 하지 음 5/26 양 6/21 오후 5시13분

음력	1	2	3	4	5	6	7	8	9	10	11	12	13	14	15	16	17	18	19	20	21	22	23	24	25	26	27	28	29	30
양력	5/27	28	29	30	31	6/1	2	3	4	5	6	7	8	9	10	11	12	13	14	15	16	17	18	19	20	21	22	23	24	25
요일	월	화	수	목	금	토	일	월	화	수	목	금	토	일	월	화	수	목	금	토	일	월	화	수	목	금	토	일	월	화
일진	丁酉	戊戌	己亥	庚子	辛丑	壬寅	癸卯	甲辰	乙巳	丙午	丁未	戊申	己酉	庚戌	辛亥	壬子	癸丑	甲寅	乙卯	丙辰	丁巳	戊午	己未	庚申	辛酉	壬戌	癸亥	甲子	乙丑	丙寅
대운 남	3	3	3	2	2	2	1	1	1	1	芒種	10	10	9	9	9	8	8	8	7	7	7	6	6	6	夏至	5	5	4	4
대운 여	7	8	8	8	9	9	9	10	10	10		1	1	1	1	2	2	2	3	3	3	4	4	4	5		5	6	6	6

六月小　月建 己未　六白

소서 음 6/12 양 7/7 오전 10시42분 ● 대서 음 6/28 양 7/23 오전 4시7분

음력	1	2	3	4	5	6	7	8	9	10	11	12	13	14	15	16	17	18	19	20	21	22	23	24	25	26	27	28	29	
양력	6/26	27	28	29	30	7/1	2	3	4	5	6	7	8	9	10	11	12	13	14	15	16	17	18	19	20	21	22	23	24	
요일	수	목	금	토	일	월	화	수	목	금	토	일	월	화	수	목	금	토	일	월	화	수	목	금	토	일	월	화	수	
일진	丁卯	戊辰	己巳	庚午	辛未	壬申	癸酉	甲戌	乙亥	丙子	丁丑	戊寅	己卯	庚辰	辛巳	壬午	癸未	甲申	乙酉	丙戌	丁亥	戊子	己丑	庚寅	辛卯	壬辰	癸巳	甲午	乙未	
대운 남	4	3	3	3	2	2	2	1	1	1	1	小暑	10	10	9	9	9	8	8	8	7	7	7	6	6	6	5	大暑	5	
대운 여	7	7	7	8	8	8	9	9	9	10	10		1	1	1	1	2	2	2	3	3	3	4	4	4	5	5		6	

七月大　月建 庚申　五黃

입추 음 7/14 양 8/7 오후 8시27분 ● 처서 음 7/30 양 8/23 오전 11시3분

음력	1	2	3	4	5	6	7	8	9	10	11	12	13	14	15	16	17	18	19	20	21	22	23	24	25	26	27	28	29	30
양력	7/25	26	27	28	29	30	31	8/1	2	3	4	5	6	7	8	9	10	11	12	13	14	15	16	17	18	19	20	21	22	23
요일	목	금	토	일	월	화	수	목	금	토	일	월	화	수	목	금	토	일	월	화	수	목	금	토	일	월	화	수	목	금
일진	丙申	丁酉	戊戌	己亥	庚子	辛丑	壬寅	癸卯	甲辰	乙巳	丙午	丁未	戊申	己酉	庚戌	辛亥	壬子	癸丑	甲寅	乙卯	丙辰	丁巳	戊午	己未	庚申	辛酉	壬戌	癸亥	甲子	乙丑
대운 남	4	4	4	3	3	3	2	2	2	1	1	1	1	立	10	10	9	9	9	8	8	8	7	7	7	6	6	6	5	處
대운 여	6	6	7	7	7	8	8	8	9	9	9	10	10	秋	1	1	1	1	2	2	2	3	3	3	4	4	4	5	5	暑

閏七月小

백로 음 윤7/15 양 9/7 오후 11시11분

음력	1	2	3	4	5	6	7	8	9	10	11	12	13	14	15	16	17	18	19	20	21	22	23	24	25	26	27	28	29
양력	8/24	25	26	27	28	29	30	31	9/1	2	3	4	5	6	7	8	9	10	11	12	13	14	15	16	17	18	19	20	21
요일	토	일	월	화	수	목	금	토	일	월	화	수	목	금	토	일	월	화	수	목	금	토	일	월	화	수	목	금	토
일진	丙寅	丁卯	戊辰	己巳	庚午	辛未	壬申	癸酉	甲戌	乙亥	丙子	丁丑	戊寅	己卯	庚辰	辛巳	壬午	癸未	甲申	乙酉	丙戌	丁亥	戊子	己丑	庚寅	辛卯	壬辰	癸巳	甲午
대운 남	5	4	4	4	3	3	3	2	2	2	1	1	1	1	白	10	10	9	9	9	8	8	8	7	7	7	6	6	6
대운 여	6	6	6	7	7	7	8	8	8	9	9	9	10	10	露	1	1	1	1	2	2	2	3	3	3	4	4	4	5

八月大　月建 辛酉　四綠

추분 음 8/2 양 9/23 오전 8시26분 ● 한로 음 8/17 양 10/8 오후 2시34분

음력	1	2	3	4	5	6	7	8	9	10	11	12	13	14	15	16	17	18	19	20	21	22	23	24	25	26	27	28	29	30
양력	9/22	23	24	25	26	27	28	29	30	10/1	2	3	4	5	6	7	8	9	10	11	12	13	14	15	16	17	18	19	20	21
요일	일	월	화	수	목	금	토	일	월	화	수	목	금	토	일	월	화	수	목	금	토	일	월	화	수	목	금	토	일	월
일진	乙未	丙申	丁酉	戊戌	己亥	庚子	辛丑	壬寅	癸卯	甲辰	乙巳	丙午	丁未	戊申	己酉	庚戌	辛亥	壬子	癸丑	甲寅	乙卯	丙辰	丁巳	戊午	己未	庚申	辛酉	壬戌	癸亥	甲子
대운 남	5	秋	5	4	4	4	3	3	3	2	2	2	1	1	1	1	寒	10	9	9	9	8	8	8	7	7	7	6	6	6
대운 여	5	分	6	6	6	7	7	7	8	8	8	9	9	9	10	10	露	1	1	1	1	2	2	2	3	3	3	4	4	4

九月小　月建 壬戌　三碧

상강 음 9/2 양 10/23 오후 5시30분 ● 입동 음 9/17 양 11/7 오후 5시29분

음력	1	2	3	4	5	6	7	8	9	10	11	12	13	14	15	16	17	18	19	20	21	22	23	24	25	26	27	28	29
양력	10/22	23	24	25	26	27	28	29	30	31	11/1	2	3	4	5	6	7	8	9	10	11	12	13	14	15	16	17	18	19
요일	화	수	목	금	토	일	월	화	수	목	금	토	일	월	화	수	목	금	토	일	월	화	수	목	금	토	일	월	화
일진	乙丑	丙寅	丁卯	戊辰	己巳	庚午	辛未	壬申	癸酉	甲戌	乙亥	丙子	丁丑	戊寅	己卯	庚辰	辛巳	壬午	癸未	甲申	乙酉	丙戌	丁亥	戊子	己丑	庚寅	辛卯	壬辰	癸巳
대운 남	5	霜	5	4	4	4	3	3	3	2	2	2	1	1	1	1	立	10	9	9	9	8	8	8	7	7	7	6	6
대운 여	5	降	5	6	6	6	7	7	7	8	8	8	9	9	9	10	冬	1	1	1	1	2	2	2	3	3	3	4	4

十月大　月建 癸亥　二黑

소설 음 10/3 양 11/22 오후 2시49분 ● 대설 음 10/18 양 12/7 오전 10시8분

음력	1	2	3	4	5	6	7	8	9	10	11	12	13	14	15	16	17	18	19	20	21	22	23	24	25	26	27	28	29	30
양력	11/20	21	22	23	24	25	26	27	28	29	30	12/1	2	3	4	5	6	7	8	9	10	11	12	13	14	15	16	17	18	19
요일	수	목	금	토	일	월	화	수	목	금	토	일	월	화	수	목	금	토	일	월	화	수	목	금	토	일	월	화	수	목
일진	甲午	乙未	丙申	丁酉	戊戌	己亥	庚子	辛丑	壬寅	癸卯	甲辰	乙巳	丙午	丁未	戊申	己酉	庚戌	辛亥	壬子	癸丑	甲寅	乙卯	丙辰	丁巳	戊午	己未	庚申	辛酉	壬戌	癸亥
대운 남	6	5	小	5	4	4	4	3	3	3	2	2	2	1	1	1	1	大	9	9	9	8	8	8	7	7	7	6	6	6
대운 여	4	5	雪	5	6	6	6	7	7	7	8	8	8	9	9	9	10	雪	1	1	1	1	2	2	2	3	3	3	4	4

十一月小　月建 甲子　一白

동지 음 11/3 양 12/22 오전 4시0분 ● 소한 음 11/17 양 1/5 오후 9시17분

음력	1	2	3	4	5	6	7	8	9	10	11	12	13	14	15	16	17	18	19	20	21	22	23	24	25	26	27	28	29
양력	12/20	21	22	23	24	25	26	27	28	29	30	31	1/1	2	3	4	5	6	7	8	9	10	11	12	13	14	15	16	17
요일	금	토	일	월	화	수	목	금	토	일	월	화	수	목	금	토	일	월	화	수	목	금	토	일	월	화	수	목	금
일진	甲子	乙丑	丙寅	丁卯	戊辰	己巳	庚午	辛未	壬申	癸酉	甲戌	乙亥	丙子	丁丑	戊寅	己卯	庚辰	辛巳	壬午	癸未	甲申	乙酉	丙戌	丁亥	戊子	己丑	庚寅	辛卯	壬辰
대운 남	5	5	冬	4	4	4	3	3	3	2	2	2	1	1	1	1	小	10	9	9	9	8	8	8	7	7	7	6	6
대운 여	4	5	至	5	6	6	6	7	7	7	8	8	8	9	9	9	寒	1	1	1	1	2	2	2	3	3	3	4	4

十二月大　月建 乙丑　九紫

대한 음 12/3 양 1/20 오후 2시38분 ● 입춘 음 12/18 양 2/4 오전 8시59분

음력	1	2	3	4	5	6	7	8	9	10	11	12	13	14	15	16	17	18	19	20	21	22	23	24	25	26	27	28	29	30
양력	1/18	19	20	21	22	23	24	25	26	27	28	29	30	31	2/1	2	3	4	5	6	7	8	9	10	11	12	13	14	15	16
요일	토	일	월	화	수	목	금	토	일	월	화	수	목	금	토	일	월	화	수	목	금	토	일	월	화	수	목	금	토	일
일진	癸巳	甲午	乙未	丙申	丁酉	戊戌	己亥	庚子	辛丑	壬寅	癸卯	甲辰	乙巳	丙午	丁未	戊申	己酉	庚戌	辛亥	壬子	癸丑	甲寅	乙卯	丙辰	丁巳	戊午	己未	庚申	辛酉	壬戌
대운 남	6	5	大	5	4	4	4	3	3	3	2	2	2	1	1	1	1	立	1	1	1	1	2	2	2	3	3	3	4	4
대운 여	4	5	寒	5	6	6	6	7	7	7	8	8	8	9	9	9	10	春	10	9	9	9	8	8	8	7	7	7	6	6

1969년 | 단기 4302년 己酉年

九日得辛 六龍治水

午 大將軍　東 三殺　未 吊客　亥 喪門　　納音五行 大驛土

正月小　月建 丙寅　八白

우수 음 1/3 양 2/19 오전 4시55분 ● 경칩 음 1/18 양 3/6 오전 3시11분

음력	1	2	3	4	5	6	7	8	9	10	11	12	13	14	15	16	17	18	19	20	21	22	23	24	25	26	27	28	29	
양력	2/17	18	19	20	21	22	23	24	25	26	27	28	3/1	2	3	4	5	6	7	8	9	10	11	12	13	14	15	16	17	
요일	월	화	수	목	금	토	일	월	화	수	목	금	토	일	월	화	수	목	금	토	일	월	화	수	목	금	토	일	월	
일진	癸亥	甲子	乙丑	丙寅	丁卯	戊辰	己巳	庚午	辛未	壬申	癸酉	甲戌	乙亥	丙子	丁丑	戊寅	己卯	庚辰	辛巳	壬午	癸未	甲申	乙酉	丙戌	丁亥	戊子	己丑	庚寅	辛卯	
대운 남	4	5	雨	5	6	6	6	7	7	7	8	8	8	9	9	9	10	驚	1	1	1	1	2	2	2	3	3	3	4	
대운 여	6	5	水	5	4	4	4	3	3	3	2	2	2	1	1	1	1	蟄	10	9	9	9	8	8	8	7	7	7	6	

二月大　月建 丁卯　七赤

춘분 음 2/4 양 3/21 오전 4시8분 ● 청명 음 2/19 양 4/5 오전 8시15분

음력	1	2	3	4	5	6	7	8	9	10	11	12	13	14	15	16	17	18	19	20	21	22	23	24	25	26	27	28	29	30
양력	3/18	19	20	21	22	23	24	25	26	27	28	29	30	31	4/1	2	3	4	5	6	7	8	9	10	11	12	13	14	15	16
요일	화	수	목	금	토	일	월	화	수	목	금	토	일	월	화	수	목	금	토	일	월	화	수	목	금	토	일	월	화	수
일진	壬辰	癸巳	甲午	乙未	丙申	丁酉	戊戌	己亥	庚子	辛丑	壬寅	癸卯	甲辰	乙巳	丙午	丁未	戊申	己酉	庚戌	辛亥	壬子	癸丑	甲寅	乙卯	丙辰	丁巳	戊午	己未	庚申	辛酉
대운 남	4	4	5	春	5	6	6	6	7	7	7	8	8	8	9	9	9	10	清	1	1	1	1	2	2	2	3	3	3	4
대운 여	6	6	5	分	5	4	4	4	3	3	3	2	2	2	1	1	1	1	明	10	10	9	9	9	8	8	8	7	7	7

三月小　月建 戊辰　六白

곡우 음 3/4 양 4/20 오후 3시27분 ● 입하 음 3/20 양 5/6 오전 1시50분

음력	1	2	3	4	5	6	7	8	9	10	11	12	13	14	15	16	17	18	19	20	21	22	23	24	25	26	27	28	29	
양력	4/17	18	19	20	21	22	23	24	25	26	27	28	29	30	5/1	2	3	4	5	6	7	8	9	10	11	12	13	14	15	
요일	목	금	토	일	월	화	수	목	금	토	일	월	화	수	목	금	토	일	월	화	수	목	금	토	일	월	화	수	목	
일진	壬戌	癸亥	甲子	乙丑	丙寅	丁卯	戊辰	己巳	庚午	辛未	壬申	癸酉	甲戌	乙亥	丙子	丁丑	戊寅	己卯	庚辰	辛巳	壬午	癸未	甲申	乙酉	丙戌	丁亥	戊子	己丑	庚寅	
대운 남	4	4	5	穀	5	6	6	6	7	7	7	8	8	8	9	9	9	10	10	立	1	1	1	1	2	2	2	3	3	
대운 여	6	6	6	雨	5	5	4	4	4	3	3	3	2	2	2	1	1	1	1	夏	10	10	9	9	9	8	8	8	7	

四月大　月建 己巳　五黃

소만 음 4/6 양 5/21 오후 2시50분 ● 망종 음 4/22 양 6/6 오전 6시12분

음력	1	2	3	4	5	6	7	8	9	10	11	12	13	14	15	16	17	18	19	20	21	22	23	24	25	26	27	28	29	30
양력	5/16	17	18	19	20	21	22	23	24	25	26	27	28	29	30	31	6/1	2	3	4	5	6	7	8	9	10	11	12	13	14
요일	금	토	일	월	화	수	목	금	토	일	월	화	수	목	금	토	일	월	화	수	목	금	토	일	월	화	수	목	금	토
일진	辛卯	壬辰	癸巳	甲午	乙未	丙申	丁酉	戊戌	己亥	庚子	辛丑	壬寅	癸卯	甲辰	乙巳	丙午	丁未	戊申	己酉	庚戌	辛亥	壬子	癸丑	甲寅	乙卯	丙辰	丁巳	戊午	己未	庚申
대운 남	3	4	4	4	5	小	5	6	6	6	7	7	7	8	8	8	9	9	9	10	10	芒	1	1	1	1	2	2	2	3
대운 여	7	7	6	6	6	滿	5	5	4	4	4	3	3	3	2	2	2	1	1	1	1	種	10	10	9	9	9	8	8	8

五月小　月建 庚午　四綠

하지 음 5/7 양 6/21 오후 10시55분 ● 소서 음 5/23 양 7/7 오후 4시32분

음력	1	2	3	4	5	6	7	8	9	10	11	12	13	14	15	16	17	18	19	20	21	22	23	24	25	26	27	28	29	
양력	6/15	16	17	18	19	20	21	22	23	24	25	26	27	28	29	30	7/1	2	3	4	5	6	7	8	9	10	11	12	13	
요일	일	월	화	수	목	금	토	일	월	화	수	목	금	토	일	월	화	수	목	금	토	일	월	화	수	목	금	토	일	
일진	辛酉	壬戌	癸亥	甲子	乙丑	丙寅	丁卯	戊辰	己巳	庚午	辛未	壬申	癸酉	甲戌	乙亥	丙子	丁丑	戊寅	己卯	庚辰	辛巳	壬午	癸未	甲申	乙酉	丙戌	丁亥	戊子	己丑	
대운 남	3	3	4	4	4	5	夏	5	6	6	6	7	7	7	8	8	8	9	9	9	10	10	小	1	1	1	1	2	2	
대운 여	7	7	7	6	6	6	至	5	5	4	4	4	3	3	3	2	2	2	1	1	1	1	暑	10	10	10	9	9	9	

六月大　月建 辛未　三碧

대서 음 6/10 양 7/23 오전 9시48분 ● 입추 음 6/26 양 8/8 오전 2시14분

음력	1	2	3	4	5	6	7	8	9	10	11	12	13	14	15	16	17	18	19	20	21	22	23	24	25	26	27	28	29	30
양력	7/14	15	16	17	18	19	20	21	22	23	24	25	26	27	28	29	30	31	8/1	2	3	4	5	6	7	8	9	10	11	12
요일	월	화	수	목	금	토	일	월	화	수	목	금	토	일	월	화	수	목	금	토	일	월	화	수	목	금	토	일	월	화
일진	庚寅	辛卯	壬辰	癸巳	甲午	乙未	丙申	丁酉	戊戌	己亥	庚子	辛丑	壬寅	癸卯	甲辰	乙巳	丙午	丁未	戊申	己酉	庚戌	辛亥	壬子	癸丑	甲寅	乙卯	丙辰	丁巳	戊午	己未
대운 남	2	3	3	3	4	4	4	5	5	大	6	6	6	7	7	7	8	8	8	9	9	9	10	10	10	立	1	1	1	1
대운 여	8	8	8	7	7	7	6	6	6	暑	5	5	4	4	4	3	3	3	2	2	2	1	1	1	1	秋	10	10	9	9

七月大 月建 壬申 二黑

처서 음 7/11 양 8/23 오후 4시43분 ● 백로 음 7/27 양 9/8 오전 4시55분

음력	1	2	3	4	5	6	7	8	9	10	11	12	13	14	15	16	17	18	19	20	21	22	23	24	25	26	27	28	29	30
양력	8/13	14	15	16	17	18	19	20	21	22	23	24	25	26	27	28	29	30	31	9/1	2	3	4	5	6	7	8	9	10	11
요일	수	목	금	토	일	월	화	수	목	금	토	일	월	화	수	목	금	토	일	월	화	수	목	금	토	일	월	화	수	목
일진	庚申	辛酉	壬戌	癸亥	甲子	乙丑	丙寅	丁卯	戊辰	己巳	庚午	辛未	壬申	癸酉	甲戌	乙亥	丙子	丁丑	戊寅	己卯	庚辰	辛巳	壬午	癸未	甲申	乙酉	丙戌	丁亥	戊子	己丑
대운 남	2	2	2	3	3	3	4	4	4	5	處暑	5	6	6	6	7	7	7	8	8	8	9	9	9	10	10	白露	1	1	1
대운 여	9	8	8	8	7	7	7	6	6	6		5	5	4	4	4	3	3	3	2	2	2	1	1	1	1		10	9	9

八月小 月建 癸酉 一白

추분 음 8/12 양 9/23 오후 2시7분 ● 한로 음 8/27 양 10/8 오후 8시17분

음력	1	2	3	4	5	6	7	8	9	10	11	12	13	14	15	16	17	18	19	20	21	22	23	24	25	26	27	28	29
양력	9/12	13	14	15	16	17	18	19	20	21	22	23	24	25	26	27	28	29	30	10/1	2	3	4	5	6	7	8	9	10
요일	금	토	일	월	화	수	목	금	토	일	월	화	수	목	금	토	일	월	화	수	목	금	토	일	월	화	수	목	금
일진	庚寅	辛卯	壬辰	癸巳	甲午	乙未	丙申	丁酉	戊戌	己亥	庚子	辛丑	壬寅	癸卯	甲辰	乙巳	丙午	丁未	戊申	己酉	庚戌	辛亥	壬子	癸丑	甲寅	乙卯	丙辰	丁巳	戊午
대운 남	1	2	2	2	3	3	3	4	4	4	5	秋分	5	6	6	6	7	7	7	8	8	8	9	9	9	10	寒露	1	1
대운 여	9	8	8	8	7	7	7	6	6	6	5		5	4	4	4	3	3	3	2	2	2	1	1	1	1		10	9

九月大 月建 甲戌 九紫

상강 음 9/13 양 10/23 오후 11시11분 ● 입동 음 9/28 양 11/7 오후 11시11분

음력	1	2	3	4	5	6	7	8	9	10	11	12	13	14	15	16	17	18	19	20	21	22	23	24	25	26	27	28	29	30
양력	10/11	12	13	14	15	16	17	18	19	20	21	22	23	24	25	26	27	28	29	30	31	11/1	2	3	4	5	6	7	8	9
요일	토	일	월	화	수	목	금	토	일	월	화	수	목	금	토	일	월	화	수	목	금	토	일	월	화	수	목	금	토	일
일진	己未	庚申	辛酉	壬戌	癸亥	甲子	乙丑	丙寅	丁卯	戊辰	己巳	庚午	辛未	壬申	癸酉	甲戌	乙亥	丙子	丁丑	戊寅	己卯	庚辰	辛巳	壬午	癸未	甲申	乙酉	丙戌	丁亥	戊子
대운 남	1	1	2	2	2	3	3	3	4	4	4	5	霜降	5	6	6	6	7	7	7	8	8	8	9	9	9	10	立冬	1	1
대운 여	9	9	8	8	8	7	7	7	6	6	6	5		5	4	4	4	3	3	3	2	2	2	1	1	1	1		10	9

十月小 月建 乙亥 八白

소설 음 10/13 양 11/22 오후 8시31분 ● 대설 음 10/28 양 12/7 오후 3시51분

음력	1	2	3	4	5	6	7	8	9	10	11	12	13	14	15	16	17	18	19	20	21	22	23	24	25	26	27	28	29
양력	11/10	11	12	13	14	15	16	17	18	19	20	21	22	23	24	25	26	27	28	29	30	12/1	2	3	4	5	6	7	8
요일	월	화	수	목	금	토	일	월	화	수	목	금	토	일	월	화	수	목	금	토	일	월	화	수	목	금	토	일	월
일진	己丑	庚寅	辛卯	壬辰	癸巳	甲午	乙未	丙申	丁酉	戊戌	己亥	庚子	辛丑	壬寅	癸卯	甲辰	乙巳	丙午	丁未	戊申	己酉	庚戌	辛亥	壬子	癸丑	甲寅	乙卯	丙辰	丁巳
대운 남	1	1	2	2	2	3	3	3	4	4	4	5	小雪	5	6	6	6	7	7	7	8	8	8	9	9	9	10	大雪	1
대운 여	9	9	8	8	8	7	7	7	6	6	6	5		5	4	4	4	3	3	3	2	2	2	1	1	1	1		10

十一月大 月建 丙子 七赤

동지 음 11/14 양 12/22 오전 9시44분 ● 소한 음 11/29 양 1/6 오전 3시2분

음력	1	2	3	4	5	6	7	8	9	10	11	12	13	14	15	16	17	18	19	20	21	22	23	24	25	26	27	28	29	30
양력	12/9	10	11	12	13	14	15	16	17	18	19	20	21	22	23	24	25	26	27	28	29	30	31	1/1	2	3	4	5	6	7
요일	화	수	목	금	토	일	월	화	수	목	금	토	일	월	화	수	목	금	토	일	월	화	수	목	금	토	일	월	화	수
일진	戊午	己未	庚申	辛酉	壬戌	癸亥	甲子	乙丑	丙寅	丁卯	戊辰	己巳	庚午	辛未	壬申	癸酉	甲戌	乙亥	丙子	丁丑	戊寅	己卯	庚辰	辛巳	壬午	癸未	甲申	乙酉	丙戌	丁亥
대운 남	1	1	1	2	2	2	3	3	3	4	4	4	5	冬至	5	6	6	6	7	7	7	8	8	8	9	9	9	10	小寒	1
대운 여	9	9	9	8	8	8	7	7	7	6	6	6	5		5	4	4	4	3	3	3	2	2	2	1	1	1	1		9

十二月小 月建 丁丑 六白

● 대한 음 12/13 양 1/20 오후 8시24분 ● 입춘 음 12/28 양 2/4 오후 2시46분

음력	1	2	3	4	5	6	7	8	9	10	11	12	13	14	15	16	17	18	19	20	21	22	23	24	25	26	27	28	29
양력	1/8	9	10	11	12	13	14	15	16	17	18	19	20	21	22	23	24	25	26	27	28	29	30	31	2/1	2	3	4	5
요일	목	금	토	일	월	화	수	목	금	토	일	월	화	수	목	금	토	일	월	화	수	목	금	토	일	월	화	수	목
일진	戊子	己丑	庚寅	辛卯	壬辰	癸巳	甲午	乙未	丙申	丁酉	戊戌	己亥	庚子	辛丑	壬寅	癸卯	甲辰	乙巳	丙午	丁未	戊申	己酉	庚戌	辛亥	壬子	癸丑	甲寅	乙卯	丙辰
대운 남	1	1	1	2	2	2	3	3	3	4	4	4	大寒	5	5	6	6	6	7	7	7	8	8	8	9	9	9	立春	10
대운 여	9	9	8	8	8	7	7	7	6	6	6	5		5	4	4	4	3	3	3	2	2	2	1	1	1	1		1

1970년 | 단기 4303년 # 庚戌年 **五日得辛 十二龍治水**

午 大將軍　北 三殺　申 吊客　子 喪門　納音五行 釵釧金

正月大　月建 戊寅　五黃

우수 음 1/14 양 2/19 오전 10시42분 ● 경칩 음 1/29 양 3/6 오전 8시58분

음력	1	2	3	4	5	6	7	8	9	10	11	12	13	14	15	16	17	18	19	20	21	22	23	24	25	26	27	28	29	30
양력	2/6	7	8	9	10	11	12	13	14	15	16	17	18	19	20	21	22	23	24	25	26	27	28	3/1	2	3	4	5	6	7
요일	금	토	일	월	화	수	목	금	토	일	월	화	수	목	금	토	일	월	화	수	목	금	토	일	월	화	수	목	금	토
일진	丁巳	戊午	己未	庚申	辛酉	壬戌	癸亥	甲子	乙丑	丙寅	丁卯	戊辰	己巳	庚午	辛未	壬申	癸酉	甲戌	乙亥	丙子	丁丑	戊寅	己卯	庚辰	辛巳	壬午	癸未	甲申	乙酉	丙戌
대운 남	9	9	9	8	8	8	7	7	7	6	6	6	5	雨	5	4	4	4	3	3	3	2	2	2	1	1	1	1	驚	10
대운 여	1	1	1	2	2	2	3	3	3	4	4	4	5	水	5	6	6	6	7	7	7	8	8	8	9	9	9	10	蟄	1

二月小　月建 己卯　四綠

춘분 음 2/14 양 3/21 오전 9시56분 ● 청명 음 2/29 양 4/5 오후 2시2분

음력	1	2	3	4	5	6	7	8	9	10	11	12	13	14	15	16	17	18	19	20	21	22	23	24	25	26	27	28	29
양력	3/8	9	10	11	12	13	14	15	16	17	18	19	20	21	22	23	24	25	26	27	28	29	30	31	4/1	2	3	4	5
요일	일	월	화	수	목	금	토	일	월	화	수	목	금	토	일	월	화	수	목	금	토	일	월	화	수	목	금	토	일
일진	丁亥	戊子	己丑	庚寅	辛卯	壬辰	癸巳	甲午	乙未	丙申	丁酉	戊戌	己亥	庚子	辛丑	壬寅	癸卯	甲辰	乙巳	丙午	丁未	戊申	己酉	庚戌	辛亥	壬子	癸丑	甲寅	乙卯
대운 남	9	9	9	8	8	8	7	7	7	6	6	6	5	春	5	4	4	4	3	3	3	2	2	2	1	1	1	1	淸
대운 여	1	1	1	2	2	2	3	3	3	4	4	4	5	分	5	6	6	6	7	7	7	8	8	8	9	9	9	10	明

三月小　月建 庚辰　三碧

곡우 음 3/15 양 4/20 오후 9시15분

음력	1	2	3	4	5	6	7	8	9	10	11	12	13	14	15	16	17	18	19	20	21	22	23	24	25	26	27	28	29
양력	4/6	7	8	9	10	11	12	13	14	15	16	17	18	19	20	21	22	23	24	25	26	27	28	29	30	5/1	2	3	4
요일	월	화	수	목	금	토	일	월	화	수	목	금	토	일	월	화	수	목	금	토	일	월	화	수	목	금	토	일	월
일진	丙辰	丁巳	戊午	己未	庚申	辛酉	壬戌	癸亥	甲子	乙丑	丙寅	丁卯	戊辰	己巳	庚午	辛未	壬申	癸酉	甲戌	乙亥	丙子	丁丑	戊寅	己卯	庚辰	辛巳	壬午	癸未	甲申
대운 남	10	10	9	9	9	8	8	8	7	7	7	6	6	6	穀	5	5	4	4	4	3	3	3	2	2	2	1	1	1
대운 여	1	1	1	1	2	2	2	3	3	3	4	4	4	5	雨	5	6	6	6	7	7	7	8	8	8	9	9	9	10

四月大　月建 辛巳　二黑

입하 음 4/2 양 5/6 오전 7시34분 ● 소만 음 4/17 양 5/21 오후 8시37분

음력	1	2	3	4	5	6	7	8	9	10	11	12	13	14	15	16	17	18	19	20	21	22	23	24	25	26	27	28	29	30
양력	5/5	6	7	8	9	10	11	12	13	14	15	16	17	18	19	20	21	22	23	24	25	26	27	28	29	30	31	6/1	2	3
요일	화	수	목	금	토	일	월	화	수	목	금	토	일	월	화	수	목	금	토	일	월	화	수	목	금	토	일	월	화	수
일진	乙酉	丙戌	丁亥	戊子	己丑	庚寅	辛卯	壬辰	癸巳	甲午	乙未	丙申	丁酉	戊戌	己亥	庚子	辛丑	壬寅	癸卯	甲辰	乙巳	丙午	丁未	戊申	己酉	庚戌	辛亥	壬子	癸丑	甲寅
대운 남	1	立	10	10	9	9	9	8	8	8	7	7	7	6	6	6	小	5	5	4	4	4	3	3	3	2	2	2	1	1
대운 여	10	夏	1	1	1	1	2	2	2	3	3	3	4	4	4	5	滿	5	6	6	6	7	7	7	8	8	8	9	9	9

五月大　月建 壬午　一白

망종 음 5/3 양 6/6 오전 11시52분 ● 하지 음 5/19 양 6/22 오전 4시43분

음력	1	2	3	4	5	6	7	8	9	10	11	12	13	14	15	16	17	18	19	20	21	22	23	24	25	26	27	28	29	30
양력	6/4	5	6	7	8	9	10	11	12	13	14	15	16	17	18	19	20	21	22	23	24	25	26	27	28	29	30	7/1	2	3
요일	목	금	토	일	월	화	수	목	금	토	일	월	화	수	목	금	토	일	월	화	수	목	금	토	일	월	화	수	목	금
일진	乙卯	丙辰	丁巳	戊午	己未	庚申	辛酉	壬戌	癸亥	甲子	乙丑	丙寅	丁卯	戊辰	己巳	庚午	辛未	壬申	癸酉	甲戌	乙亥	丙子	丁丑	戊寅	己卯	庚辰	辛巳	壬午	癸未	甲申
대운 남	1	1	芒	10	10	9	9	9	8	8	8	7	7	7	6	6	6	5	夏	5	4	4	4	3	3	3	2	2	2	1
대운 여	10	10	種	1	1	1	1	2	2	2	3	3	3	4	4	4	5	5	至	6	6	6	7	7	7	8	8	8	9	9

六月小　月建 癸未　九紫

소서 음 6/4 양 7/7 오후 10시11분 ● 대서 음 6/20 양 7/23 오후 3시37분

음력	1	2	3	4	5	6	7	8	9	10	11	12	13	14	15	16	17	18	19	20	21	22	23	24	25	26	27	28	29
양력	7/4	5	6	7	8	9	10	11	12	13	14	15	16	17	18	19	20	21	22	23	24	25	26	27	28	29	30	31	8/1
요일	토	일	월	화	수	목	금	토	일	월	화	수	목	금	토	일	월	화	수	목	금	토	일	월	화	수	목	금	토
일진	乙酉	丙戌	丁亥	戊子	己丑	庚寅	辛卯	壬辰	癸巳	甲午	乙未	丙申	丁酉	戊戌	己亥	庚子	辛丑	壬寅	癸卯	甲辰	乙巳	丙午	丁未	戊申	己酉	庚戌	辛亥	壬子	癸丑
대운 남	1	1	1	小	10	10	10	9	9	9	8	8	8	7	7	7	6	6	6	大	5	5	4	4	4	3	3	3	2
대운 여	9	10	10	暑	1	1	1	1	2	2	2	3	3	3	4	4	4	5	5	暑	6	6	6	7	7	7	8	8	8

七月大　　月建 甲申　　八白

입추 음 7/7 양 8/8 오전 7시54분 ● 처서 음 7/22 양 8/23 오후 10시34분

음력	1	2	3	4	5	6	7	8	9	10	11	12	13	14	15	16	17	18	19	20	21	22	23	24	25	26	27	28	29	30
양력	8/2	3	4	5	6	7	8	9	10	11	12	13	14	15	16	17	18	19	20	21	22	23	24	25	26	27	28	29	30	31
요일	일	월	화	수	목	금	토	일	월	화	수	목	금	토	일	월	화	수	목	금	토	일	월	화	수	목	금	토	일	월
일진	甲寅	乙卯	丙辰	丁巳	戊午	己未	庚申	辛酉	壬戌	癸亥	甲子	乙丑	丙寅	丁卯	戊辰	己巳	庚午	辛未	壬申	癸酉	甲戌	乙亥	丙子	丁丑	戊寅	己卯	庚辰	辛巳	壬午	癸未
대운 남	2	2	1	1	1	1	立	10	10	9	9	9	8	8	8	7	7	7	6	6	6	處	5	5	4	4	4	3	3	3
대운 여	9	9	9	10	10	10	秋	1	1	1	1	2	2	2	3	3	3	4	4	4	5	暑	5	6	6	6	7	7	7	8

八月小　　月建 乙酉　　七赤

백로 음 8/8 양 9/8 오전 10시38분 ● 추분 음 8/23 양 9/23 오후 7시59분

음력	1	2	3	4	5	6	7	8	9	10	11	12	13	14	15	16	17	18	19	20	21	22	23	24	25	26	27	28	29
양력	9/1	2	3	4	5	6	7	8	9	10	11	12	13	14	15	16	17	18	19	20	21	22	23	24	25	26	27	28	29
요일	화	수	목	금	토	일	월	화	수	목	금	토	일	월	화	수	목	금	토	일	월	화	수	목	금	토	일	월	화
일진	甲申	乙酉	丙戌	丁亥	戊子	己丑	庚寅	辛卯	壬辰	癸巳	甲午	乙未	丙申	丁酉	戊戌	己亥	庚子	辛丑	壬寅	癸卯	甲辰	乙巳	丙午	丁未	戊申	己酉	庚戌	辛亥	壬子
대운 남	2	2	2	1	1	1	1	白	10	10	9	9	9	8	8	8	7	7	7	6	6	6	秋	5	5	4	4	4	3
대운 여	8	8	9	9	9	10	10	露	1	1	1	1	2	2	2	3	3	3	4	4	4	5	分	5	6	6	6	7	7

九月大　　月建 丙戌　　六白

한로 음 9/10 양 10/9 오전 2시2분 ● 상강 음 9/25 양 10/24 오전 5시4분

음력	1	2	3	4	5	6	7	8	9	10	11	12	13	14	15	16	17	18	19	20	21	22	23	24	25	26	27	28	29	30
양력	9/30	10/1	2	3	4	5	6	7	8	9	10	11	12	13	14	15	16	17	18	19	20	21	22	23	24	25	26	27	28	29
요일	수	목	금	토	일	월	화	수	목	금	토	일	월	화	수	목	금	토	일	월	화	수	목	금	토	일	월	화	수	목
일진	癸丑	甲寅	乙卯	丙辰	丁巳	戊午	己未	庚申	辛酉	壬戌	癸亥	甲子	乙丑	丙寅	丁卯	戊辰	己巳	庚午	辛未	壬申	癸酉	甲戌	乙亥	丙子	丁丑	戊寅	己卯	庚辰	辛巳	壬午
대운 남	3	3	2	2	2	1	1	1	1	寒	10	9	9	9	8	8	8	7	7	7	6	6	6	5	霜	5	4	4	4	3
대운 여	7	8	8	8	9	9	9	10	10	露	1	1	1	1	2	2	2	3	3	3	4	4	4	5	降	5	6	6	6	7

十月大　　月建 丁亥　　五黃

입동 음 10/10 양 11/8 오전 4시58분 ● 소설 음 10/25 양 11/23 오전 2시25분

음력	1	2	3	4	5	6	7	8	9	10	11	12	13	14	15	16	17	18	19	20	21	22	23	24	25	26	27	28	29	30
양력	10/30	31	11/1	2	3	4	5	6	7	8	9	10	11	12	13	14	15	16	17	18	19	20	21	22	23	24	25	26	27	28
요일	금	토	일	월	화	수	목	금	토	일	월	화	수	목	금	토	일	월	화	수	목	금	토	일	월	화	수	목	금	토
일진	癸未	甲申	乙酉	丙戌	丁亥	戊子	己丑	庚寅	辛卯	壬辰	癸巳	甲午	乙未	丙申	丁酉	戊戌	己亥	庚子	辛丑	壬寅	癸卯	甲辰	乙巳	丙午	丁未	戊申	己酉	庚戌	辛亥	壬子
대운 남	3	3	2	2	2	1	1	1	1	立	9	9	9	8	8	8	7	7	7	6	6	6	5	5	小	4	4	4	3	3
대운 여	7	7	8	8	8	9	9	9	10	冬	1	1	1	1	2	2	2	3	3	3	4	4	4	5	雪	5	6	6	6	7

十一月小　　月建 戊子　　四綠

대설 음 11/9 양 12/7 오후 9시37분 ● 동지 음 11/24 양 12/22 오후 3시36분

음력	1	2	3	4	5	6	7	8	9	10	11	12	13	14	15	16	17	18	19	20	21	22	23	24	25	26	27	28	29
양력	11/29	30	12/1	2	3	4	5	6	7	8	9	10	11	12	13	14	15	16	17	18	19	20	21	22	23	24	25	26	27
요일	일	월	화	수	목	금	토	일	월	화	수	목	금	토	일	월	화	수	목	금	토	일	월	화	수	목	금	토	일
일진	癸丑	甲寅	乙卯	丙辰	丁巳	戊午	己未	庚申	辛酉	壬戌	癸亥	甲子	乙丑	丙寅	丁卯	戊辰	己巳	庚午	辛未	壬申	癸酉	甲戌	乙亥	丙子	丁丑	戊寅	己卯	庚辰	辛巳
대운 남	3	2	2	2	1	1	1	1	大	10	9	9	9	8	8	8	7	7	7	6	6	6	5	冬	5	4	4	4	3
대운 여	7	7	8	8	8	9	9	9	雪	1	1	1	1	2	2	2	3	3	3	4	4	4	5	至	5	6	6	6	7

十二月大　　月建 己丑　　三碧

소한 음 12/10 양 1/6 오전 8시45분 ● 대한 음 12/25 양 1/21 오전 2시13분

음력	1	2	3	4	5	6	7	8	9	10	11	12	13	14	15	16	17	18	19	20	21	22	23	24	25	26	27	28	29	30
양력	12/28	29	30	31	1/1	2	3	4	5	6	7	8	9	10	11	12	13	14	15	16	17	18	19	20	21	22	23	24	25	26
요일	월	화	수	목	금	토	일	월	화	수	목	금	토	일	월	화	수	목	금	토	일	월	화	수	목	금	토	일	월	화
일진	壬午	癸未	甲申	乙酉	丙戌	丁亥	戊子	己丑	庚寅	辛卯	壬辰	癸巳	甲午	乙未	丙申	丁酉	戊戌	己亥	庚子	辛丑	壬寅	癸卯	甲辰	乙巳	丙午	丁未	戊申	己酉	庚戌	辛亥
대운 남	3	3	2	2	2	1	1	1	1	小	9	9	9	8	8	8	7	7	7	6	6	6	5	5	大	4	4	4	3	3
대운 여	7	7	8	8	8	9	9	9	10	寒	1	1	1	1	2	2	2	3	3	3	4	4	4	5	寒	5	6	6	6	7

1971년 | 단기 4304년　辛亥年

十日得辛 五龍治水

酉 大將軍　酉 三殺　酉 吊客　丑 喪門

納音五行 釵釧金

正月小　月建 庚寅　二黑

입춘 음 1/9 양 2/4 오후 8시25분 ● 우수 음 1/24 양 2/19 오후 4시27분

음력		1	2	3	4	5	6	7	8	9	10	11	12	13	14	15	16	17	18	19	20	21	22	23	24	25	26	27	28	29
양력		1/27	28	29	30	31	2/1	2	3	4	5	6	7	8	9	10	11	12	13	14	15	16	17	18	19	20	21	22	23	24
요일		수	목	금	토	일	월	화	수	목	금	토	일	월	화	수	목	금	토	일	월	화	수	목	금	토	일	월	화	수
일진		壬子	癸丑	甲寅	乙卯	丙辰	丁巳	戊午	己未	庚申	辛酉	壬戌	癸亥	甲子	乙丑	丙寅	丁卯	戊辰	己巳	庚午	辛未	壬申	癸酉	甲戌	乙亥	丙子	丁丑	戊寅	己卯	庚辰
대운	남	3	2	2	2	1	1	1	1	立春	1	1	1	1	2	2	2	3	3	3	4	4	4	5	雨水	5	6	6	6	7
	여	7	7	8	8	8	9	9	9		10	9	9	9	8	8	8	7	7	7	6	6	6	5		5	4	4	4	3

二月大　月建 辛卯　一白

경칩 음 2/10 양 3/6 오후 2시35분 ● 춘분 음 2/25 양 3/21 오후 3시38분

음력		1	2	3	4	5	6	7	8	9	10	11	12	13	14	15	16	17	18	19	20	21	22	23	24	25	26	27	28	29	30
양력		2/25	26	27	28	3/1	2	3	4	5	6	7	8	9	10	11	12	13	14	15	16	17	18	19	20	21	22	23	24	25	26
요일		목	금	토	일	월	화	수	목	금	토	일	월	화	수	목	금	토	일	월	화	수	목	금	토	일	월	화	수	목	금
일진		辛巳	壬午	癸未	甲申	乙酉	丙戌	丁亥	戊子	己丑	庚寅	辛卯	壬辰	癸巳	甲午	乙未	丙申	丁酉	戊戌	己亥	庚子	辛丑	壬寅	癸卯	甲辰	乙巳	丙午	丁未	戊申	己酉	庚戌
대운	남	7	7	8	8	8	9	9	9	10	驚蟄	1	1	1	1	2	2	2	3	3	3	4	4	4	5	春分	5	6	6	6	7
	여	3	3	2	2	2	1	1	1	1		10	9	9	9	8	8	8	7	7	7	6	6	6	5		5	4	4	4	3

三月小　月建 壬辰　九紫

청명 음 3/10 양 4/5 오후 7시36분 ● 곡우 음 3/26 양 4/21 오전 2시54분

음력		1	2	3	4	5	6	7	8	9	10	11	12	13	14	15	16	17	18	19	20	21	22	23	24	25	26	27	28	29
양력		3/27	28	29	30	31	4/1	2	3	4	5	6	7	8	9	10	11	12	13	14	15	16	17	18	19	20	21	22	23	24
요일		토	일	월	화	수	목	금	토	일	월	화	수	목	금	토	일	월	화	수	목	금	토	일	월	화	수	목	금	토
일진		辛亥	壬子	癸丑	甲寅	乙卯	丙辰	丁巳	戊午	己未	庚申	辛酉	壬戌	癸亥	甲子	乙丑	丙寅	丁卯	戊辰	己巳	庚午	辛未	壬申	癸酉	甲戌	乙亥	丙子	丁丑	戊寅	己卯
대운	남	7	7	8	8	8	9	9	9	10	清明	1	1	1	1	2	2	2	3	3	3	4	4	4	5	5	穀雨	6	6	6
	여	3	3	2	2	2	1	1	1	1		10	10	9	9	9	8	8	8	7	7	7	6	6	6	5		5	4	4

四月小　月建 癸巳　八白

입하 음 4/12 양 5/6 오후 1시8분 ● 소만 음 4/28 양 5/22 오전 2시15분

음력		1	2	3	4	5	6	7	8	9	10	11	12	13	14	15	16	17	18	19	20	21	22	23	24	25	26	27	28	29
양력		4/25	26	27	28	29	30	5/1	2	3	4	5	6	7	8	9	10	11	12	13	14	15	16	17	18	19	20	21	22	23
요일		일	월	화	수	목	금	토	일	월	화	수	목	금	토	일	월	화	수	목	금	토	일	월	화	수	목	금	토	일
일진		庚辰	辛巳	壬午	癸未	甲申	乙酉	丙戌	丁亥	戊子	己丑	庚寅	辛卯	壬辰	癸巳	甲午	乙未	丙申	丁酉	戊戌	己亥	庚子	辛丑	壬寅	癸卯	甲辰	乙巳	丙午	丁未	戊申
대운	남	7	7	7	8	8	8	9	9	9	10	10	立夏	1	1	1	1	2	2	2	3	3	3	4	4	4	5	5	小滿	6
	여	4	3	3	3	2	2	2	1	1	1	1		10	10	9	9	9	8	8	8	7	7	7	6	6	6	5		5

五月大　月建 甲午　七赤

망종 음 5/14 양 6/6 오후 5시29분 ● 하지 음 5/30 양 6/22 오전 10시20분

음력		1	2	3	4	5	6	7	8	9	10	11	12	13	14	15	16	17	18	19	20	21	22	23	24	25	26	27	28	29	30
양력		5/24	25	26	27	28	29	30	31	6/1	2	3	4	5	6	7	8	9	10	11	12	13	14	15	16	17	18	19	20	21	22
요일		월	화	수	목	금	토	일	월	화	수	목	금	토	일	월	화	수	목	금	토	일	월	화	수	목	금	토	일	월	화
일진		己酉	庚戌	辛亥	壬子	癸丑	甲寅	乙卯	丙辰	丁巳	戊午	己未	庚申	辛酉	壬戌	癸亥	甲子	乙丑	丙寅	丁卯	戊辰	己巳	庚午	辛未	壬申	癸酉	甲戌	乙亥	丙子	丁丑	戊寅
대운	남	6	6	7	7	7	8	8	8	9	9	9	10	10	芒種	1	1	1	1	2	2	2	3	3	3	4	4	4	5	5	夏至
	여	4	4	4	3	3	3	2	2	2	1	1	1	1		10	10	10	9	9	9	8	8	8	7	7	7	6	6	6	

閏五月小

소서 음 윤5/16 양 7/8 오전 3시51분

음력		1	2	3	4	5	6	7	8	9	10	11	12	13	14	15	16	17	18	19	20	21	22	23	24	25	26	27	28	29
양력		6/23	24	25	26	27	28	29	30	7/1	2	3	4	5	6	7	8	9	10	11	12	13	14	15	16	17	18	19	20	21
요일		수	목	금	토	일	월	화	수	목	금	토	일	월	화	수	목	금	토	일	월	화	수	목	금	토	일	월	화	수
일진		己卯	庚辰	辛巳	壬午	癸未	甲申	乙酉	丙戌	丁亥	戊子	己丑	庚寅	辛卯	壬辰	癸巳	甲午	乙未	丙申	丁酉	戊戌	己亥	庚子	辛丑	壬寅	癸卯	甲辰	乙巳	丙午	丁未
대운	남	6	6	6	7	7	7	8	8	8	9	9	9	10	10	10	小暑	1	1	1	1	2	2	2	3	3	3	4	4	4
	여	5	5	4	4	4	3	3	3	2	2	2	1	1	1	1		10	10	9	9	9	8	8	8	7	7	7	6	6

六月大　　月建 乙未　　六白

대서 음 6/2 양 7/23 오후 9시15분 ● 입추 음 6/18 양 8/8 오후 1시40분

음력	1	2	3	4	5	6	7	8	9	10	11	12	13	14	15	16	17	18	19	20	21	22	23	24	25	26	27	28	29	30
양력	7/22	23	24	25	26	27	28	29	30	31	8/1	2	3	4	5	6	7	8	9	10	11	12	13	14	15	16	17	18	19	20
요일	목	금	토	일	월	화	수	목	금	토	일	월	화	수	목	금	토	일	월	화	수	목	금	토	일	월	화	수	목	금
일진	戊申	己酉	庚戌	辛亥	壬子	癸丑	甲寅	乙卯	丙辰	丁巳	戊午	己未	庚申	辛酉	壬戌	癸亥	甲子	乙丑	丙寅	丁卯	戊辰	己巳	庚午	辛未	壬申	癸酉	甲戌	乙亥	丙子	丁丑
대운 남	5	大	5	6	6	6	7	7	7	8	8	8	9	9	9	10	10	立	1	1	1	1	2	2	2	3	3	3	4	4
대운 여	6	暑	5	5	4	4	4	3	3	3	2	2	2	1	1	1	1	秋	10	10	9	9	9	8	8	8	7	7	7	6

七月小　　月建 丙申　　五黃

처서 음 7/4 양 8/24 오전 4시15분 ● 백로 음 7/19 양 9/8 오후 4시30분

음력	1	2	3	4	5	6	7	8	9	10	11	12	13	14	15	16	17	18	19	20	21	22	23	24	25	26	27	28	29
양력	8/21	22	23	24	25	26	27	28	29	30	31	9/1	2	3	4	5	6	7	8	9	10	11	12	13	14	15	16	17	18
요일	토	일	월	화	수	목	금	토	일	월	화	수	목	금	토	일	월	화	수	목	금	토	일	월	화	수	목	금	토
일진	戊寅	己卯	庚辰	辛巳	壬午	癸未	甲申	乙酉	丙戌	丁亥	戊子	己丑	庚寅	辛卯	壬辰	癸巳	甲午	乙未	丙申	丁酉	戊戌	己亥	庚子	辛丑	壬寅	癸卯	甲辰	乙巳	丙午
대운 남	4	5	5	處	6	6	6	7	7	7	8	8	8	9	9	9	10	10	白	1	1	1	1	2	2	2	3	3	3
대운 여	6	6	5	暑	5	4	4	4	3	3	3	2	2	2	1	1	1	1	露	10	10	9	9	9	8	8	8	7	7

八月大　　月建 丁酉　　四綠

추분 음 8/6 양 9/24 오전 1시45분 ● 한로 음 8/21 양 10/9 오전 7시59분

음력	1	2	3	4	5	6	7	8	9	10	11	12	13	14	15	16	17	18	19	20	21	22	23	24	25	26	27	28	29	30
양력	9/19	20	21	22	23	24	25	26	27	28	29	30	10/1	2	3	4	5	6	7	8	9	10	11	12	13	14	15	16	17	18
요일	일	월	화	수	목	금	토	일	월	화	수	목	금	토	일	월	화	수	목	금	토	일	월	화	수	목	금	토	일	월
일진	丁未	戊申	己酉	庚戌	辛亥	壬子	癸丑	甲寅	乙卯	丙辰	丁巳	戊午	己未	庚申	辛酉	壬戌	癸亥	甲子	乙丑	丙寅	丁卯	戊辰	己巳	庚午	辛未	壬申	癸酉	甲戌	乙亥	丙子
대운 남	4	4	4	5	5	秋	6	6	6	7	7	7	8	8	8	9	9	9	10	10	寒	1	1	1	1	2	2	2	3	3
대운 여	7	6	6	6	5	分	5	4	4	4	3	3	3	2	2	2	1	1	1	1	露	10	9	9	9	8	8	8	7	7

九月大　　月建 戊戌　　三碧

상강 음 9/6 양 10/24 오전 10시53분 ● 입동 음 9/21 양 11/8 오전 10시57분

음력	1	2	3	4	5	6	7	8	9	10	11	12	13	14	15	16	17	18	19	20	21	22	23	24	25	26	27	28	29	30
양력	10/19	20	21	22	23	24	25	26	27	28	29	30	31	11/1	2	3	4	5	6	7	8	9	10	11	12	13	14	15	16	17
요일	화	수	목	금	토	일	월	화	수	목	금	토	일	월	화	수	목	금	토	일	월	화	수	목	금	토	일	월	화	수
일진	丁丑	戊寅	己卯	庚辰	辛巳	壬午	癸未	甲申	乙酉	丙戌	丁亥	戊子	己丑	庚寅	辛卯	壬辰	癸巳	甲午	乙未	丙申	丁酉	戊戌	己亥	庚子	辛丑	壬寅	癸卯	甲辰	乙巳	丙午
대운 남	3	4	4	4	5	霜	5	6	6	6	7	7	7	8	8	8	9	9	9	10	立	1	1	1	1	2	2	2	3	3
대운 여	7	6	6	6	5	降	5	4	4	4	3	3	3	2	2	2	1	1	1	1	冬	10	9	9	9	8	8	8	7	7

十月大　　月建 己亥　　二黑

소설 음 10/6 양 11/23 오전 8시14분 ● 대설 음 10/21 양 12/8 오전 3시36분

음력	1	2	3	4	5	6	7	8	9	10	11	12	13	14	15	16	17	18	19	20	21	22	23	24	25	26	27	28	29	30
양력	11/18	19	20	21	22	23	24	25	26	27	28	29	30	12/1	2	3	4	5	6	7	8	9	10	11	12	13	14	15	16	17
요일	목	금	토	일	월	화	수	목	금	토	일	월	화	수	목	금	토	일	월	화	수	목	금	토	일	월	화	수	목	금
일진	丁未	戊申	己酉	庚戌	辛亥	壬子	癸丑	甲寅	乙卯	丙辰	丁巳	戊午	己未	庚申	辛酉	壬戌	癸亥	甲子	乙丑	丙寅	丁卯	戊辰	己巳	庚午	辛未	壬申	癸酉	甲戌	乙亥	丙子
대운 남	3	4	4	4	5	小	5	6	6	6	7	7	7	8	8	8	9	9	9	10	大	1	1	1	1	2	2	2	3	3
대운 여	7	6	6	6	5	雪	5	4	4	4	3	3	3	2	2	2	1	1	1	1	雪	9	9	9	8	8	8	7	7	7

十一月小　　月建 庚子　　一白

동지 음 11/5 양 12/22 오후 9시24분 ● 소한 음 11/20 양 1/6 오후 2시42분

음력	1	2	3	4	5	6	7	8	9	10	11	12	13	14	15	16	17	18	19	20	21	22	23	24	25	26	27	28	29
양력	12/18	19	20	21	22	23	24	25	26	27	28	29	30	31	1/1	2	3	4	5	6	7	8	9	10	11	12	13	14	15
요일	토	일	월	화	수	목	금	토	일	월	화	수	목	금	토	일	월	화	수	목	금	토	일	월	화	수	목	금	토
일진	丁丑	戊寅	己卯	庚辰	辛巳	壬午	癸未	甲申	乙酉	丙戌	丁亥	戊子	己丑	庚寅	辛卯	壬辰	癸巳	甲午	乙未	丙申	丁酉	戊戌	己亥	庚子	辛丑	壬寅	癸卯	甲辰	乙巳
대운 남	3	4	4	4	冬	5	5	6	6	6	7	7	7	8	8	8	9	9	9	小	1	1	1	1	2	2	2	3	3
대운 여	6	6	6	5	至	5	4	4	4	3	3	3	2	2	2	1	1	1	1	寒	10	9	9	9	8	8	8	7	7

十二月大　　月建 辛丑　　九紫

대한 음 12/6 양 1/21 오전 7시59분 ● 입춘 음 12/21 양 2/5 오전 2시20분

음력	1	2	3	4	5	6	7	8	9	10	11	12	13	14	15	16	17	18	19	20	21	22	23	24	25	26	27	28	29	30
양력	1/16	17	18	19	20	21	22	23	24	25	26	27	28	29	30	31	2/1	2	3	4	5	6	7	8	9	10	11	12	13	14
요일	일	월	화	수	목	금	토	일	월	화	수	목	금	토	일	월	화	수	목	금	토	일	월	화	수	목	금	토	일	월
일진	丙午	丁未	戊申	己酉	庚戌	辛亥	壬子	癸丑	甲寅	乙卯	丙辰	丁巳	戊午	己未	庚申	辛酉	壬戌	癸亥	甲子	乙丑	丙寅	丁卯	戊辰	己巳	庚午	辛未	壬申	癸酉	甲戌	乙亥
대운 남	3	4	4	4	5	大	5	6	6	6	7	7	7	8	8	8	9	9	9	10	立	9	9	9	8	8	8	7	7	7
대운 여	7	6	6	6	5	寒	5	4	4	4	3	3	3	2	2	2	1	1	1	1	春	1	1	1	1	2	2	2	3	3

1972년 | 단기 4305년　壬子年

六日得辛　五龍治水

酉 大將軍　南 三殺　戌 吊客　寅 喪門　納音五行 桑柘木

正月小　月建 壬寅　八白

우수 음 1/5 양 2/19 오후 10시11분 ● 경칩 음 1/20 양 3/5 오후 8시28분

음력	1	2	3	4	5	6	7	8	9	10	11	12	13	14	15	16	17	18	19	20	21	22	23	24	25	26	27	28	29	
양력	2/15	16	17	18	19	20	21	22	23	24	25	26	27	28	29	3/1	2	3	4	5	6	7	8	9	10	11	12	13	14	
요일	화	수	목	금	토	일	월	화	수	목	금	토	일	월	화	수	목	금	토	일	월	화	수	목	금	토	일	월	화	
일진	丙子	丁丑	戊寅	己卯	庚辰	辛巳	壬午	癸未	甲申	乙酉	丙戌	丁亥	戊子	己丑	庚寅	辛卯	壬辰	癸巳	甲午	乙未	丙申	丁酉	戊戌	己亥	庚子	辛丑	壬寅	癸卯	甲辰	
대운 남	6	6	6	5	雨	5	4	4	4	3	3	3	2	2	2	1	1	1	1	驚	10	10	9	9	9	8	8	8	7	
대운 여	3	4	4	4	水	5	5	6	6	6	7	7	7	8	8	8	9	9	9	蟄	1	1	1	1	2	2	2	3	3	

二月大　月建 癸卯　七赤

춘분 음 2/6 양 3/20 오후 9시21분 ● 청명 음 2/22 양 4/5 오전 1시29분

음력	1	2	3	4	5	6	7	8	9	10	11	12	13	14	15	16	17	18	19	20	21	22	23	24	25	26	27	28	29	30
양력	3/15	16	17	18	19	20	21	22	23	24	25	26	27	28	29	30	31	4/1	2	3	4	5	6	7	8	9	10	11	12	13
요일	수	목	금	토	일	월	화	수	목	금	토	일	월	화	수	목	금	토	일	월	화	수	목	금	토	일	월	화	수	목
일진	乙巳	丙午	丁未	戊申	己酉	庚戌	辛亥	壬子	癸丑	甲寅	乙卯	丙辰	丁巳	戊午	己未	庚申	辛酉	壬戌	癸亥	甲子	乙丑	丙寅	丁卯	戊辰	己巳	庚午	辛未	壬申	癸酉	甲戌
대운 남	7	7	6	6	6	春	5	5	4	4	4	3	3	3	2	2	2	1	1	1	1	清	10	9	9	9	8	8	8	7
대운 여	3	4	4	4	5	分	5	6	6	6	7	7	7	8	8	8	9	9	9	10	10	明	1	1	1	1	2	2	2	3

三月小　月建 甲辰　六白

곡우 음 3/7 양 4/20 오전 8시37분 ● 입하 음 3/22 양 5/5 오후 7시1분

음력	1	2	3	4	5	6	7	8	9	10	11	12	13	14	15	16	17	18	19	20	21	22	23	24	25	26	27	28	29	
양력	4/14	15	16	17	18	19	20	21	22	23	24	25	26	27	28	29	30	5/1	2	3	4	5	6	7	8	9	10	11	12	
요일	금	토	일	월	화	수	목	금	토	일	월	화	수	목	금	토	일	월	화	수	목	금	토	일	월	화	수	목	금	
일진	乙亥	丙子	丁丑	戊寅	己卯	庚辰	辛巳	壬午	癸未	甲申	乙酉	丙戌	丁亥	戊子	己丑	庚寅	辛卯	壬辰	癸巳	甲午	乙未	丙申	丁酉	戊戌	己亥	庚子	辛丑	壬寅	癸卯	
대운 남	7	7	6	6	6	5	穀	5	4	4	4	3	3	3	2	2	2	1	1	1	1	立	10	10	9	9	9	8	8	
대운 여	3	3	4	4	4	5	雨	5	6	6	6	7	7	7	8	8	8	9	9	9	10	夏	1	1	1	1	2	2	2	

四月小　月建 乙巳　五黃

소만 음 4/9 양 5/21 오전 8시0분 ● 망종 음 4/24 양 6/5 오후 11시22분

음력	1	2	3	4	5	6	7	8	9	10	11	12	13	14	15	16	17	18	19	20	21	22	23	24	25	26	27	28	29	
양력	5/13	14	15	16	17	18	19	20	21	22	23	24	25	26	27	28	29	30	31	6/1	2	3	4	5	6	7	8	9	10	
요일	토	일	월	화	수	목	금	토	일	월	화	수	목	금	토	일	월	화	수	목	금	토	일	월	화	수	목	금	토	
일진	甲辰	乙巳	丙午	丁未	戊申	己酉	庚戌	辛亥	壬子	癸丑	甲寅	乙卯	丙辰	丁巳	戊午	己未	庚申	辛酉	壬戌	癸亥	甲子	乙丑	丙寅	丁卯	戊辰	己巳	庚午	辛未	壬申	
대운 남	8	7	7	7	6	6	6	5	小	5	4	4	4	3	3	3	2	2	2	1	1	1	1	芒	10	10	10	9	9	
대운 여	3	3	3	4	4	4	5	5	滿	6	6	6	7	7	7	8	8	8	9	9	9	10	10	種	1	1	1	1	2	

五月大　月建 丙午　四綠

하지 음 5/11 양 6/21 오후 4시6분 ● 소서 음 5/27 양 7/7 오전 9시43분

음력	1	2	3	4	5	6	7	8	9	10	11	12	13	14	15	16	17	18	19	20	21	22	23	24	25	26	27	28	29	30
양력	6/11	12	13	14	15	16	17	18	19	20	21	22	23	24	25	26	27	28	29	30	7/1	2	3	4	5	6	7	8	9	10
요일	일	월	화	수	목	금	토	일	월	화	수	목	금	토	일	월	화	수	목	금	토	일	월	화	수	목	금	토	일	월
일진	癸酉	甲戌	乙亥	丙子	丁丑	戊寅	己卯	庚辰	辛巳	壬午	癸未	甲申	乙酉	丙戌	丁亥	戊子	己丑	庚寅	辛卯	壬辰	癸巳	甲午	乙未	丙申	丁酉	戊戌	己亥	庚子	辛丑	壬寅
대운 남	9	8	8	8	7	7	7	6	6	6	夏	5	5	4	4	4	3	3	3	2	2	2	1	1	1	1	小	10	10	9
대운 여	2	2	3	3	3	4	4	4	5	5	至	6	6	6	7	7	7	8	8	8	9	9	9	10	10	10	暑	1	1	1

六月小　月建 丁未　三碧

대서 음 6/13 양 7/23 오전 3시3분 ● 입추 음 6/28 양 8/7 오후 7시29분

음력	1	2	3	4	5	6	7	8	9	10	11	12	13	14	15	16	17	18	19	20	21	22	23	24	25	26	27	28	29	
양력	7/11	12	13	14	15	16	17	18	19	20	21	22	23	24	25	26	27	28	29	30	31	8/1	2	3	4	5	6	7	8	
요일	화	수	목	금	토	일	월	화	수	목	금	토	일	월	화	수	목	금	토	일	월	화	수	목	금	토	일	월	화	
일진	癸卯	甲辰	乙巳	丙午	丁未	戊申	己酉	庚戌	辛亥	壬子	癸丑	甲寅	乙卯	丙辰	丁巳	戊午	己未	庚申	辛酉	壬戌	癸亥	甲子	乙丑	丙寅	丁卯	戊辰	己巳	庚午	辛未	
대운 남	9	9	8	8	8	7	7	7	6	6	6	5	大	5	4	4	4	3	3	3	2	2	2	1	1	1	1	立	10	
대운 여	1	2	2	2	3	3	3	4	4	4	5	5	暑	6	6	6	7	7	7	8	8	8	9	9	9	10	10	秋	1	

七月大　　月建 戊申　　二黑　　처서 음 7/15 양 8/23 오전 10시3분 ● 백로 음 7/30 양 9/7 오후 10시15분

음력		1	2	3	4	5	6	7	8	9	10	11	12	13	14	15	16	17	18	19	20	21	22	23	24	25	26	27	28	29	30
양력		8/9	10	11	12	13	14	15	16	17	18	19	20	21	22	23	24	25	26	27	28	29	30	31	9/1	2	3	4	5	6	7
요일		수	목	금	토	일	월	화	수	목	금	토	일	월	화	수	목	금	토	일	월	화	수	목	금	토	일	월	화	수	목
일진		壬申	癸酉	甲戌	乙亥	丙子	丁丑	戊寅	己卯	庚辰	辛巳	壬午	癸未	甲申	乙酉	丙戌	丁亥	戊子	己丑	庚寅	辛卯	壬辰	癸巳	甲午	乙未	丙申	丁酉	戊戌	己亥	庚子	辛丑
대운	남	10	9	9	9	8	8	8	7	7	7	6	6	6	5	處暑	5	4	4	4	3	3	3	2	2	2	1	1	1	1	白露
	여	1	1	1	2	2	2	3	3	3	4	4	4	5	5		6	6	6	7	7	7	8	8	8	9	9	9	10	10	

八月小　　月建 己酉　　一白　　추분 음 8/16 양 9/23 오전 7시33분

음력		1	2	3	4	5	6	7	8	9	10	11	12	13	14	15	16	17	18	19	20	21	22	23	24	25	26	27	28	29	
양력		9/8	9	10	11	12	13	14	15	16	17	18	19	20	21	22	23	24	25	26	27	28	29	30	10/1	2	3	4	5	6	
요일		금	토	일	월	화	수	목	금	토	일	월	화	수	목	금	토	일	월	화	수	목	금	토	일	월	화	수	목	금	
일진		壬寅	癸卯	甲辰	乙巳	丙午	丁未	戊申	己酉	庚戌	辛亥	壬子	癸丑	甲寅	乙卯	丙辰	丁巳	戊午	己未	庚申	辛酉	壬戌	癸亥	甲子	乙丑	丙寅	丁卯	戊辰	己巳	庚午	
대운	남	10	10	9	9	9	8	8	8	7	7	7	6	6	6	5	秋分	5	4	4	4	3	3	3	2	2	2	1	1	1	
	여	1	1	1	1	2	2	2	3	3	3	4	4	4	5	5		6	6	6	7	7	7	8	8	8	9	9	9	10	

九月大　　月建 庚戌　　九紫　　한로 음 9/2 양 10/8 오후 1시42분 ● 상강 음 9/17 양 10/23 오후 4시41분

음력		1	2	3	4	5	6	7	8	9	10	11	12	13	14	15	16	17	18	19	20	21	22	23	24	25	26	27	28	29	30
양력		10/7	8	9	10	11	12	13	14	15	16	17	18	19	20	21	22	23	24	25	26	27	28	29	30	31	11/1	2	3	4	5
요일		토	일	월	화	수	목	금	토	일	월	화	수	목	금	토	일	월	화	수	목	금	토	일	월	화	수	목	금	토	일
일진		辛未	壬申	癸酉	甲戌	乙亥	丙子	丁丑	戊寅	己卯	庚辰	辛巳	壬午	癸未	甲申	乙酉	丙戌	丁亥	戊子	己丑	庚寅	辛卯	壬辰	癸巳	甲午	乙未	丙申	丁酉	戊戌	己亥	庚子
대운	남	1	寒露	10	9	9	9	8	8	8	7	7	7	6	6	6	5	霜降	5	4	4	4	3	3	3	2	2	2	1	1	1
	여	10		1	1	1	1	2	2	2	3	3	3	4	4	4	5		5	6	6	6	7	7	7	8	8	8	9	9	9

十月大　　月建 辛亥　　八白　　입동 음 10/2 양 11/7 오후 4시39분 ● 소설 음 10/17 양 11/22 오후 2시3분

음력		1	2	3	4	5	6	7	8	9	10	11	12	13	14	15	16	17	18	19	20	21	22	23	24	25	26	27	28	29	30
양력		11/6	7	8	9	10	11	12	13	14	15	16	17	18	19	20	21	22	23	24	25	26	27	28	29	30	12/1	2	3	4	5
요일		월	화	수	목	금	토	일	월	화	수	목	금	토	일	월	화	수	목	금	토	일	월	화	수	목	금	토	일	월	화
일진		辛丑	壬寅	癸卯	甲辰	乙巳	丙午	丁未	戊申	己酉	庚戌	辛亥	壬子	癸丑	甲寅	乙卯	丙辰	丁巳	戊午	己未	庚申	辛酉	壬戌	癸亥	甲子	乙丑	丙寅	丁卯	戊辰	己巳	庚午
대운	남	1	立冬	10	9	9	9	8	8	8	7	7	7	6	6	6	5	小雪	5	4	4	4	3	3	3	2	2	2	1	1	1
	여	10		1	1	1	1	2	2	2	3	3	3	4	4	4	5		5	6	6	6	7	7	7	8	8	8	9	9	9

十一月大　　月建 壬子　　七赤　　대설 음 11/2 양 12/7 오전 9시19분 ● 동지 음 11/17 양 12/22 오전 3시13분

음력		1	2	3	4	5	6	7	8	9	10	11	12	13	14	15	16	17	18	19	20	21	22	23	24	25	26	27	28	29	30
양력		12/6	7	8	9	10	11	12	13	14	15	16	17	18	19	20	21	22	23	24	25	26	27	28	29	30	31	1/1	2	3	4
요일		수	목	금	토	일	월	화	수	목	금	토	일	월	화	수	목	금	토	일	월	화	수	목	금	토	일	월	화	수	목
일진		辛未	壬申	癸酉	甲戌	乙亥	丙子	丁丑	戊寅	己卯	庚辰	辛巳	壬午	癸未	甲申	乙酉	丙戌	丁亥	戊子	己丑	庚寅	辛卯	壬辰	癸巳	甲午	乙未	丙申	丁酉	戊戌	己亥	庚子
대운	남	1	大雪	9	9	9	8	8	8	7	7	7	6	6	6	5	5	冬至	4	4	4	3	3	3	2	2	2	1	1	1	1
	여	10		1	1	1	1	2	2	2	3	3	3	4	4	4	5		5	6	6	6	7	7	7	8	8	8	9	9	9

十二月小　　月建 癸丑　　六白　　소한 음 12/1 양 1/5 오후 8시25분 ● 대한 음 12/16 양 1/20 오후 1시48분

음력		1	2	3	4	5	6	7	8	9	10	11	12	13	14	15	16	17	18	19	20	21	22	23	24	25	26	27	28	29	
양력		1/5	6	7	8	9	10	11	12	13	14	15	16	17	18	19	20	21	22	23	24	25	26	27	28	29	30	31	2/1	2	
요일		금	토	일	월	화	수	목	금	토	일	월	화	수	목	금	토	일	월	화	수	목	금	토	일	월	화	수	목	금	
일진		辛丑	壬寅	癸卯	甲辰	乙巳	丙午	丁未	戊申	己酉	庚戌	辛亥	壬子	癸丑	甲寅	乙卯	丙辰	丁巳	戊午	己未	庚申	辛酉	壬戌	癸亥	甲子	乙丑	丙寅	丁卯	戊辰	己巳	
대운	남	小寒	10	9	9	9	8	8	8	7	7	7	6	6	6	5	大寒	5	4	4	4	3	3	3	2	2	2	1	1	1	
	여		1	1	1	1	2	2	2	3	3	3	4	4	4	5		5	6	6	6	7	7	7	8	8	8	9	9	9	

1973년 | 단기 4306년

癸丑年

二日得辛 十一龍治水

酉 大將軍　東 三殺　亥 吊客　卯 喪門　納音五行 桑柘木

正月大　月建 甲寅　五黃

입춘 음 1/2 양 2/4 오전 8시4분 ● 우수 음 1/17 양 2/19 오전 4시1분

음력	1	2	3	4	5	6	7	8	9	10	11	12	13	14	15	16	17	18	19	20	21	22	23	24	25	26	27	28	29	30
양력	2/3	4	5	6	7	8	9	10	11	12	13	14	15	16	17	18	19	20	21	22	23	24	25	26	27	28	3/1	2	3	4
요일	토	일	월	화	수	목	금	토	일	월	화	수	목	금	토	일	월	화	수	목	금	토	일	월	화	수	목	금	토	일
일진	庚午	辛未	壬申	癸酉	甲戌	乙亥	丙子	丁丑	戊寅	己卯	庚辰	辛巳	壬午	癸未	甲申	乙酉	丙戌	丁亥	戊子	己丑	庚寅	辛卯	壬辰	癸巳	甲午	乙未	丙申	丁酉	戊戌	己亥
대운 남	1	立	1	1	1	1	2	2	2	3	3	3	4	4	4	5	雨	5	6	6	6	7	7	7	8	8	8	9	9	9
대운 여	10	春	10	9	9	9	8	8	8	7	7	7	6	6	6	5	水	5	4	4	4	3	3	3	2	2	2	1	1	1

二月小　月建 乙卯　四綠

경칩 음 2/2 양 3/6 오전 2시13분 ● 춘분 음 2/17 양 3/21 오전 3시12분

음력	1	2	3	4	5	6	7	8	9	10	11	12	13	14	15	16	17	18	19	20	21	22	23	24	25	26	27	28	29
양력	3/5	6	7	8	9	10	11	12	13	14	15	16	17	18	19	20	21	22	23	24	25	26	27	28	29	30	31	4/1	2
요일	월	화	수	목	금	토	일	월	화	수	목	금	토	일	월	화	수	목	금	토	일	월	화	수	목	금	토	일	월
일진	庚子	辛丑	壬寅	癸卯	甲辰	乙巳	丙午	丁未	戊申	己酉	庚戌	辛亥	壬子	癸丑	甲寅	乙卯	丙辰	丁巳	戊午	己未	庚申	辛酉	壬戌	癸亥	甲子	乙丑	丙寅	丁卯	戊辰
대운 남	10	驚	1	1	1	1	2	2	2	3	3	3	4	4	4	5	春	5	6	6	6	7	7	7	8	8	8	9	9
대운 여	1	蟄	10	9	9	9	8	8	8	7	7	7	6	6	6	5	分	5	4	4	4	3	3	3	2	2	2	1	1

三月大　月建 丙辰　三碧

청명 음 3/3 양 4/5 오전 7시14분 ● 곡우 음 3/18 양 4/20 오후 2시30분

음력	1	2	3	4	5	6	7	8	9	10	11	12	13	14	15	16	17	18	19	20	21	22	23	24	25	26	27	28	29	30
양력	4/3	4	5	6	7	8	9	10	11	12	13	14	15	16	17	18	19	20	21	22	23	24	25	26	27	28	29	30	5/1	2
요일	화	수	목	금	토	일	월	화	수	목	금	토	일	월	화	수	목	금	토	일	월	화	수	목	금	토	일	월	화	수
일진	己巳	庚午	辛未	壬申	癸酉	甲戌	乙亥	丙子	丁丑	戊寅	己卯	庚辰	辛巳	壬午	癸未	甲申	乙酉	丙戌	丁亥	戊子	己丑	庚寅	辛卯	壬辰	癸巳	甲午	乙未	丙申	丁酉	戊戌
대운 남	9	10	清	1	1	1	1	2	2	2	3	3	3	4	4	4	5	穀	5	6	6	6	7	7	7	8	8	8	9	9
대운 여	1	1	明	10	10	9	9	9	8	8	8	7	7	7	6	6	6	雨	5	5	4	4	4	3	3	3	2	2	2	1

四月小　月建 丁巳　二黑

입하 음 4/4 양 5/6 오전 0시46분 ● 소만 음 4/19 양 5/21 오후 1시54분

음력	1	2	3	4	5	6	7	8	9	10	11	12	13	14	15	16	17	18	19	20	21	22	23	24	25	26	27	28	29
양력	5/3	4	5	6	7	8	9	10	11	12	13	14	15	16	17	18	19	20	21	22	23	24	25	26	27	28	29	30	31
요일	목	금	토	일	월	화	수	목	금	토	일	월	화	수	목	금	토	일	월	화	수	목	금	토	일	월	화	수	목
일진	己亥	庚子	辛丑	壬寅	癸卯	甲辰	乙巳	丙午	丁未	戊申	己酉	庚戌	辛亥	壬子	癸丑	甲寅	乙卯	丙辰	丁巳	戊午	己未	庚申	辛酉	壬戌	癸亥	甲子	乙丑	丙寅	丁卯
대운 남	9	10	10	立	1	1	1	1	2	2	2	3	3	3	4	4	4	5	小	5	6	6	6	7	7	7	8	8	8
대운 여	1	1	1	夏	10	10	9	9	9	8	8	8	7	7	7	6	6	6	滿	5	5	4	4	4	3	3	3	2	2

五月小　月建 戊午　一白

망종 음 5/6 양 6/6 오전 5시7분 ● 하지 음 5/21 양 6/21 오후 10시1분

음력	1	2	3	4	5	6	7	8	9	10	11	12	13	14	15	16	17	18	19	20	21	22	23	24	25	26	27	28	29
양력	6/1	2	3	4	5	6	7	8	9	10	11	12	13	14	15	16	17	18	19	20	21	22	23	24	25	26	27	28	29
요일	금	토	일	월	화	수	목	금	토	일	월	화	수	목	금	토	일	월	화	수	목	금	토	일	월	화	수	목	금
일진	戊辰	己巳	庚午	辛未	壬申	癸酉	甲戌	乙亥	丙子	丁丑	戊寅	己卯	庚辰	辛巳	壬午	癸未	甲申	乙酉	丙戌	丁亥	戊子	己丑	庚寅	辛卯	壬辰	癸巳	甲午	乙未	丙申
대운 남	9	9	9	10	10	芒	1	1	1	1	2	2	2	3	3	3	4	4	4	5	夏	5	6	6	6	7	7	7	8
대운 여	2	1	1	1	1	種	10	10	9	9	9	8	8	8	7	7	7	6	6	6	至	5	5	4	4	4	3	3	3

六月大　月建 己未　九紫

소서 음 6/8 양 7/7 오후 3시27분 ● 대서 음 6/24 양 7/23 오전 8시56분

음력	1	2	3	4	5	6	7	8	9	10	11	12	13	14	15	16	17	18	19	20	21	22	23	24	25	26	27	28	29	30
양력	6/30	7/1	2	3	4	5	6	7	8	9	10	11	12	13	14	15	16	17	18	19	20	21	22	23	24	25	26	27	28	29
요일	토	일	월	화	수	목	금	토	일	월	화	수	목	금	토	일	월	화	수	목	금	토	일	월	화	수	목	금	토	일
일진	丁酉	戊戌	己亥	庚子	辛丑	壬寅	癸卯	甲辰	乙巳	丙午	丁未	戊申	己酉	庚戌	辛亥	壬子	癸丑	甲寅	乙卯	丙辰	丁巳	戊午	己未	庚申	辛酉	壬戌	癸亥	甲子	乙丑	丙寅
대운 남	8	8	9	9	9	10	10	小	1	1	1	1	2	2	2	3	3	3	4	4	4	5	5	大	6	6	6	7	7	7
대운 여	2	2	2	1	1	1	1	暑	10	10	10	9	9	9	8	8	8	7	7	7	6	6	6	暑	5	5	4	4	4	3

七月小　月建 庚申　八白

입추 음 7/10 양 8/8 오전 1시13분 ● 처서 음 7/25 양 8/23 오후 3시53분

음력	1	2	3	4	5	6	7	8	9	10	11	12	13	14	15	16	17	18	19	20	21	22	23	24	25	26	27	28	29
양력	7/30	31	8/1	2	3	4	5	6	7	8	9	10	11	12	13	14	15	16	17	18	19	20	21	22	23	24	25	26	27
요일	월	화	수	목	금	토	일	월	화	수	목	금	토	일	월	화	수	목	금	토	일	월	화	수	목	금	토	일	월
일진	丁卯	戊辰	己巳	庚午	辛未	壬申	癸酉	甲戌	乙亥	丙子	丁丑	戊寅	己卯	庚辰	辛巳	壬午	癸未	甲申	乙酉	丙戌	丁亥	戊子	己丑	庚寅	辛卯	壬辰	癸巳	甲午	乙未
대운 남	8	8	8	9	9	9	10	10	10	立	1	1	1	1	2	2	2	3	3	3	4	4	4	5	處	5	6	6	6
대운 여	3	3	2	2	2	1	1	1	1	秋	10	10	9	9	9	8	8	8	7	7	7	6	6	6	暑	5	5	4	4

八月小　月建 辛酉　七赤

백로 음 8/12 양 9/8 오전 3시59분 ● 추분 음 8/27 양 9/23 오후 1시21분

음력	1	2	3	4	5	6	7	8	9	10	11	12	13	14	15	16	17	18	19	20	21	22	23	24	25	26	27	28	29
양력	8/28	29	30	31	9/1	2	3	4	5	6	7	8	9	10	11	12	13	14	15	16	17	18	19	20	21	22	23	24	25
요일	화	수	목	금	토	일	월	화	수	목	금	토	일	월	화	수	목	금	토	일	월	화	수	목	금	토	일	월	화
일진	丙申	丁酉	戊戌	己亥	庚子	辛丑	壬寅	癸卯	甲辰	乙巳	丙午	丁未	戊申	己酉	庚戌	辛亥	壬子	癸丑	甲寅	乙卯	丙辰	丁巳	戊午	己未	庚申	辛酉	壬戌	癸亥	甲子
대운 남	7	7	7	8	8	8	9	9	9	10	10	白	1	1	1	1	2	2	2	3	3	3	4	4	4	5	秋	5	6
대운 여	4	3	3	3	2	2	2	1	1	1	1	露	10	9	9	9	8	8	8	7	7	7	6	6	6	5	分	5	4

九月大　月建 壬戌　六白

한로 음 9/13 양 10/8 오후 7시27분 ● 상강 음 9/28 양 10/23 오후 10시30분

음력	1	2	3	4	5	6	7	8	9	10	11	12	13	14	15	16	17	18	19	20	21	22	23	24	25	26	27	28	29	30
양력	9/26	27	28	29	30	10/1	2	3	4	5	6	7	8	9	10	11	12	13	14	15	16	17	18	19	20	21	22	23	24	25
요일	수	목	금	토	일	월	화	수	목	금	토	일	월	화	수	목	금	토	일	월	화	수	목	금	토	일	월	화	수	목
일진	乙丑	丙寅	丁卯	戊辰	己巳	庚午	辛未	壬申	癸酉	甲戌	乙亥	丙子	丁丑	戊寅	己卯	庚辰	辛巳	壬午	癸未	甲申	乙酉	丙戌	丁亥	戊子	己丑	庚寅	辛卯	壬辰	癸巳	甲午
대운 남	6	6	7	7	7	8	8	8	9	9	9	10	寒	1	1	1	1	2	2	2	3	3	3	4	4	4	5	霜	5	6
대운 여	4	4	3	3	3	2	2	2	1	1	1	1	露	10	9	9	9	8	8	8	7	7	7	6	6	6	5	降	5	4

十月大　月建 癸亥　五黃

입동 음 10/13 양 11/7 오후 10시28분 ● 소설 음 10/28 양 11/22 오후 7시54분

음력	1	2	3	4	5	6	7	8	9	10	11	12	13	14	15	16	17	18	19	20	21	22	23	24	25	26	27	28	29	30
양력	10/26	27	28	29	30	31	11/1	2	3	4	5	6	7	8	9	10	11	12	13	14	15	16	17	18	19	20	21	22	23	24
요일	금	토	일	월	화	수	목	금	토	일	월	화	수	목	금	토	일	월	화	수	목	금	토	일	월	화	수	목	금	토
일진	乙未	丙申	丁酉	戊戌	己亥	庚子	辛丑	壬寅	癸卯	甲辰	乙巳	丙午	丁未	戊申	己酉	庚戌	辛亥	壬子	癸丑	甲寅	乙卯	丙辰	丁巳	戊午	己未	庚申	辛酉	壬戌	癸亥	甲子
대운 남	6	6	7	7	7	8	8	8	9	9	9	10	立	1	1	1	1	2	2	2	3	3	3	4	4	4	5	小	5	6
대운 여	4	4	3	3	3	2	2	2	1	1	1	1	冬	10	9	9	9	8	8	8	7	7	7	6	6	6	5	雪	5	4

十一月大　月建 甲子　四綠

대설 음 11/13 양 12/7 오후 3시10분 ● 동지 음 11/28 양 12/22 오전 9시8분

음력	1	2	3	4	5	6	7	8	9	10	11	12	13	14	15	16	17	18	19	20	21	22	23	24	25	26	27	28	29	30
양력	11/25	26	27	28	29	30	12/1	2	3	4	5	6	7	8	9	10	11	12	13	14	15	16	17	18	19	20	21	22	23	24
요일	일	월	화	수	목	금	토	일	월	화	수	목	금	토	일	월	화	수	목	금	토	일	월	화	수	목	금	토	일	월
일진	乙丑	丙寅	丁卯	戊辰	己巳	庚午	辛未	壬申	癸酉	甲戌	乙亥	丙子	丁丑	戊寅	己卯	庚辰	辛巳	壬午	癸未	甲申	乙酉	丙戌	丁亥	戊子	己丑	庚寅	辛卯	壬辰	癸巳	甲午
대운 남	6	6	7	7	7	8	8	8	9	9	9	10	大	1	1	1	1	2	2	2	3	3	3	4	4	4	5	冬	5	6
대운 여	4	4	3	3	3	2	2	2	1	1	1	1	雪	10	9	9	9	8	8	8	7	7	7	6	6	6	5	至	5	4

十二月小　月建 乙丑　三碧

소한 음 12/13 양 1/6 오전 2시20분 ● 대한 음 12/27 양 1/20 오후 7시46분

음력	1	2	3	4	5	6	7	8	9	10	11	12	13	14	15	16	17	18	19	20	21	22	23	24	25	26	27	28	29
양력	12/25	26	27	28	29	30	31	1/1	2	3	4	5	6	7	8	9	10	11	12	13	14	15	16	17	18	19	20	21	22
요일	화	수	목	금	토	일	월	화	수	목	금	토	일	월	화	수	목	금	토	일	월	화	수	목	금	토	일	월	화
일진	乙未	丙申	丁酉	戊戌	己亥	庚子	辛丑	壬寅	癸卯	甲辰	乙巳	丙午	丁未	戊申	己酉	庚戌	辛亥	壬子	癸丑	甲寅	乙卯	丙辰	丁巳	戊午	己未	庚申	辛酉	壬戌	癸亥
대운 남	6	6	7	7	7	8	8	8	9	9	9	10	小	1	1	1	1	2	2	2	3	3	3	4	4	4	大	5	5
대운 여	4	4	3	3	3	2	2	2	1	1	1	1	寒	9	9	9	8	8	8	7	7	7	6	6	6	5	寒	5	4

1974년 | 단기 4307년 甲寅年

八日得辛 五龍治水

子 大將軍　北 三殺　子 吊客　辰 喪門　納音五行 大溪水

正月大　月建 丙寅　二黑

입춘 음 1/13 양 2/4 오후 2시0분 ● 우수 음 1/28 양 2/19 오전 9시59분

음력	1	2	3	4	5	6	7	8	9	10	11	12	13	14	15	16	17	18	19	20	21	22	23	24	25	26	27	28	29	30
양력	1/23	24	25	26	27	28	29	30	31	2/1	2	3	4	5	6	7	8	9	10	11	12	13	14	15	16	17	18	19	20	21
요일	수	목	금	토	일	월	화	수	목	금	토	일	월	화	수	목	금	토	일	월	화	수	목	금	토	일	월	화	수	목
일진	甲子	乙丑	丙寅	丁卯	戊辰	己巳	庚午	辛未	壬申	癸酉	甲戌	乙亥	丙子	丁丑	戊寅	己卯	庚辰	辛巳	壬午	癸未	甲申	乙酉	丙戌	丁亥	戊子	己丑	庚寅	辛卯	壬辰	癸巳
대운 남	6	6	6	7	7	7	8	8	8	9	9	9	立春	10	9	9	9	8	8	8	7	7	7	6	6	6	5	雨水	5	4
대운 여	4	4	3	3	3	2	2	2	1	1	1	1		1	1	1	1	2	2	2	3	3	3	4	4	4	5		5	6

二月大　月建 丁卯　一白

경칩 음 2/13 양 3/6 오전 8시7분 ● 춘분 음 2/28 양 3/21 오전 9시7분

음력	1	2	3	4	5	6	7	8	9	10	11	12	13	14	15	16	17	18	19	20	21	22	23	24	25	26	27	28	29	30
양력	2/22	23	24	25	26	27	28	3/1	2	3	4	5	6	7	8	9	10	11	12	13	14	15	16	17	18	19	20	21	22	23
요일	금	토	일	월	화	수	목	금	토	일	월	화	수	목	금	토	일	월	화	수	목	금	토	일	월	화	수	목	금	토
일진	甲午	乙未	丙申	丁酉	戊戌	己亥	庚子	辛丑	壬寅	癸卯	甲辰	乙巳	丙午	丁未	戊申	己酉	庚戌	辛亥	壬子	癸丑	甲寅	乙卯	丙辰	丁巳	戊午	己未	庚申	辛酉	壬戌	癸亥
대운 남	4	4	3	3	3	2	2	2	1	1	1	1	驚蟄	10	9	9	9	8	8	8	7	7	7	6	6	6	5	春分	5	4
대운 여	6	6	7	7	7	8	8	8	9	9	9	10		1	1	1	1	2	2	2	3	3	3	4	4	4	5		5	6

三月小　月建 戊辰　九紫

청명 음 3/13 양 4/5 오후 1시5분 ● 곡우 음 3/28 양 4/20 오후 8시19분

음력	1	2	3	4	5	6	7	8	9	10	11	12	13	14	15	16	17	18	19	20	21	22	23	24	25	26	27	28	29
양력	3/24	25	26	27	28	29	30	31	4/1	2	3	4	5	6	7	8	9	10	11	12	13	14	15	16	17	18	19	20	21
요일	일	월	화	수	목	금	토	일	월	화	수	목	금	토	일	월	화	수	목	금	토	일	월	화	수	목	금	토	일
일진	甲子	乙丑	丙寅	丁卯	戊辰	己巳	庚午	辛未	壬申	癸酉	甲戌	乙亥	丙子	丁丑	戊寅	己卯	庚辰	辛巳	壬午	癸未	甲申	乙酉	丙戌	丁亥	戊子	己丑	庚寅	辛卯	壬辰
대운 남	4	4	3	3	3	2	2	2	1	1	1	1	淸明	10	10	9	9	9	8	8	8	7	7	7	6	6	6	穀雨	5
대운 여	6	6	7	7	7	8	8	8	9	9	9	10		1	1	1	1	2	2	2	3	3	3	4	4	4	5		5

四月大　月建 己巳　八白

입하 음 4/15 양 5/6 오전 6시34분 ● 소만 음 4/30 양 5/21 오후 7시36분

음력	1	2	3	4	5	6	7	8	9	10	11	12	13	14	15	16	17	18	19	20	21	22	23	24	25	26	27	28	29	30
양력	4/22	23	24	25	26	27	28	29	30	5/1	2	3	4	5	6	7	8	9	10	11	12	13	14	15	16	17	18	19	20	21
요일	월	화	수	목	금	토	일	월	화	수	목	금	토	일	월	화	수	목	금	토	일	월	화	수	목	금	토	일	월	화
일진	癸巳	甲午	乙未	丙申	丁酉	戊戌	己亥	庚子	辛丑	壬寅	癸卯	甲辰	乙巳	丙午	丁未	戊申	己酉	庚戌	辛亥	壬子	癸丑	甲寅	乙卯	丙辰	丁巳	戊午	己未	庚申	辛酉	壬戌
대운 남	5	4	4	4	3	3	3	2	2	2	1	1	1	1	立夏	10	10	9	9	9	8	8	8	7	7	7	6	6	6	小滿
대운 여	6	6	6	7	7	7	8	8	8	9	9	9	10	10		1	1	1	1	2	2	2	3	3	3	4	4	4	5	

閏四月小

망종 음 윤4/16 양 6/6 오전 10시52분

음력	1	2	3	4	5	6	7	8	9	10	11	12	13	14	15	16	17	18	19	20	21	22	23	24	25	26	27	28	29
양력	5/22	23	24	25	26	27	28	29	30	31	6/1	2	3	4	5	6	7	8	9	10	11	12	13	14	15	16	17	18	19
요일	수	목	금	토	일	월	화	수	목	금	토	일	월	화	수	목	금	토	일	월	화	수	목	금	토	일	월	화	수
일진	癸亥	甲子	乙丑	丙寅	丁卯	戊辰	己巳	庚午	辛未	壬申	癸酉	甲戌	乙亥	丙子	丁丑	戊寅	己卯	庚辰	辛巳	壬午	癸未	甲申	乙酉	丙戌	丁亥	戊子	己丑	庚寅	辛卯
대운 남	5	5	4	4	4	3	3	3	2	2	2	1	1	1	1	芒種	10	10	9	9	9	8	8	8	7	7	7	6	6
대운 여	5	6	6	6	7	7	7	8	8	8	9	9	9	10	10		1	1	1	1	2	2	2	3	3	3	4	4	4

五月小　月建 庚午　七赤

하지 음 5/3 양 6/22 오전 3시38분 ● 소서 음 5/18 양 7/7 오후 9시11분

음력	1	2	3	4	5	6	7	8	9	10	11	12	13	14	15	16	17	18	19	20	21	22	23	24	25	26	27	28	29
양력	6/20	21	22	23	24	25	26	27	28	29	30	7/1	2	3	4	5	6	7	8	9	10	11	12	13	14	15	16	17	18
요일	목	금	토	일	월	화	수	목	금	토	일	월	화	수	목	금	토	일	월	화	수	목	금	토	일	월	화	수	목
일진	壬辰	癸巳	甲午	乙未	丙申	丁酉	戊戌	己亥	庚子	辛丑	壬寅	癸卯	甲辰	乙巳	丙午	丁未	戊申	己酉	庚戌	辛亥	壬子	癸丑	甲寅	乙卯	丙辰	丁巳	戊午	己未	庚申
대운 남	6	5	夏至	5	4	4	4	3	3	3	2	2	2	1	1	1	1	小暑	10	10	10	9	9	9	8	8	8	7	7
대운 여	5	5		6	6	6	7	7	7	8	8	8	9	9	9	10	10		1	1	1	1	2	2	2	3	3	3	4

六月大　月建 辛未　六白

대서 음 6/5 양 7/23 오후 2시30분 ● 입추 음 6/21 양 8/8 오전 6시57분

음력		1	2	3	4	5	6	7	8	9	10	11	12	13	14	15	16	17	18	19	20	21	22	23	24	25	26	27	28	29	30
양력		7/19	20	21	22	23	24	25	26	27	28	29	30	31	8/1	2	3	4	5	6	7	8	9	10	11	12	13	14	15	16	17
요일		금	토	일	월	화	수	목	금	토	일	월	화	수	목	금	토	일	월	화	수	목	금	토	일	월	화	수	목	금	토
일진		辛酉	壬戌	癸亥	甲子	乙丑	丙寅	丁卯	戊辰	己巳	庚午	辛未	壬申	癸酉	甲戌	乙亥	丙子	丁丑	戊寅	己卯	庚辰	辛巳	壬午	癸未	甲申	乙酉	丙戌	丁亥	戊子	己丑	庚寅
대운	남	7	6	6	6	大	5	5	4	4	4	3	3	3	2	2	2	1	1	1	1	立	10	10	9	9	9	8	8	8	7
	여	4	4	5	5	暑	6	6	6	7	7	7	8	8	8	9	9	9	10	10	10	秋	1	1	1	1	2	2	2	3	3

七月小　月建 壬申　五黃

처서 음 7/6 양 8/23 오후 9시29분 ● 백로 음 7/22 양 9/8 오전 9시45분

음력		1	2	3	4	5	6	7	8	9	10	11	12	13	14	15	16	17	18	19	20	21	22	23	24	25	26	27	28	29
양력		8/18	19	20	21	22	23	24	25	26	27	28	29	30	31	9/1	2	3	4	5	6	7	8	9	10	11	12	13	14	15
요일		일	월	화	수	목	금	토	일	월	화	수	목	금	토	일	월	화	수	목	금	토	일	월	화	수	목	금	토	일
일진		辛卯	壬辰	癸巳	甲午	乙未	丙申	丁酉	戊戌	己亥	庚子	辛丑	壬寅	癸卯	甲辰	乙巳	丙午	丁未	戊申	己酉	庚戌	辛亥	壬子	癸丑	甲寅	乙卯	丙辰	丁巳	戊午	己未
대운	남	7	7	6	6	6	處	5	5	4	4	4	3	3	3	2	2	2	1	1	1	1	白	10	10	9	9	9	8	8
	여	3	4	4	4	5	暑	5	6	6	6	7	7	7	8	8	8	9	9	9	10	10	露	1	1	1	1	2	2	2

八月小　月建 癸酉　四綠

추분 음 8/8 양 9/23 오후 6시58분 ● 한로 음 8/24 양 10/9 오전 1시15분

음력		1	2	3	4	5	6	7	8	9	10	11	12	13	14	15	16	17	18	19	20	21	22	23	24	25	26	27	28	29
양력		9/16	17	18	19	20	21	22	23	24	25	26	27	28	29	30	10/1	2	3	4	5	6	7	8	9	10	11	12	13	14
요일		월	화	수	목	금	토	일	월	화	수	목	금	토	일	월	화	수	목	금	토	일	월	화	수	목	금	토	일	월
일진		庚申	辛酉	壬戌	癸亥	甲子	乙丑	丙寅	丁卯	戊辰	己巳	庚午	辛未	壬申	癸酉	甲戌	乙亥	丙子	丁丑	戊寅	己卯	庚辰	辛巳	壬午	癸未	甲申	乙酉	丙戌	丁亥	戊子
대운	남	8	7	7	7	6	6	6	秋	5	5	4	4	4	3	3	3	2	2	2	1	1	1	1	寒	10	9	9	9	8
	여	3	3	3	4	4	4	5	分	5	6	6	6	7	7	7	8	8	8	9	9	9	10	10	露	1	1	1	1	2

九月大　月建 甲戌　三碧

상강 음 9/10 양 10/24 오전 4시11분 ● 입동 음 9/25 양 11/8 오전 4시18분

음력		1	2	3	4	5	6	7	8	9	10	11	12	13	14	15	16	17	18	19	20	21	22	23	24	25	26	27	28	29	30
양력		10/15	16	17	18	19	20	21	22	23	24	25	26	27	28	29	30	31	11/1	2	3	4	5	6	7	8	9	10	11	12	13
요일		화	수	목	금	토	일	월	화	수	목	금	토	일	월	화	수	목	금	토	일	월	화	수	목	금	토	일	월	화	수
일진		己丑	庚寅	辛卯	壬辰	癸巳	甲午	乙未	丙申	丁酉	戊戌	己亥	庚子	辛丑	壬寅	癸卯	甲辰	乙巳	丙午	丁未	戊申	己酉	庚戌	辛亥	壬子	癸丑	甲寅	乙卯	丙辰	丁巳	戊午
대운	남	8	8	7	7	7	6	6	6	5	霜	5	4	4	4	3	3	3	2	2	2	1	1	1	1	立	9	9	9	8	8
	여	2	2	3	3	3	4	4	4	5	降	5	6	6	6	7	7	7	8	8	8	9	9	9	10	冬	1	1	1	1	2

十月大　月建 乙亥　二黑

소설 음 10/10 양 11/23 오전 1시38분 ● 대설 음 10/24 양 12/7 오후 9시5분

음력		1	2	3	4	5	6	7	8	9	10	11	12	13	14	15	16	17	18	19	20	21	22	23	24	25	26	27	28	29	30
양력		11/14	15	16	17	18	19	20	21	22	23	24	25	26	27	28	29	30	12/1	2	3	4	5	6	7	8	9	10	11	12	13
요일		목	금	토	일	월	화	수	목	금	토	일	월	화	수	목	금	토	일	월	화	수	목	금	토	일	월	화	수	목	금
일진		己未	庚申	辛酉	壬戌	癸亥	甲子	乙丑	丙寅	丁卯	戊辰	己巳	庚午	辛未	壬申	癸酉	甲戌	乙亥	丙子	丁丑	戊寅	己卯	庚辰	辛巳	壬午	癸未	甲申	乙酉	丙戌	丁亥	戊子
대운	남	8	7	7	7	6	6	6	5	5	小	4	4	4	3	3	3	2	2	2	1	1	1	1	大	10	9	9	9	8	8
	여	2	2	3	3	3	4	4	4	5	雪	5	6	6	6	7	7	7	8	8	8	9	9	9	雪	1	1	1	1	2	2

十一月小　月建 丙子　一白

동지 음 11/9 양 12/22 오후 2시56분 ● 소한 음 11/24 양 1/6 오전 8시18분

음력		1	2	3	4	5	6	7	8	9	10	11	12	13	14	15	16	17	18	19	20	21	22	23	24	25	26	27	28	29
양력		12/14	15	16	17	18	19	20	21	22	23	24	25	26	27	28	29	30	31	1/1	2	3	4	5	6	7	8	9	10	11
요일		토	일	월	화	수	목	금	토	일	월	화	수	목	금	토	일	월	화	수	목	금	토	일	월	화	수	목	금	토
일진		己丑	庚寅	辛卯	壬辰	癸巳	甲午	乙未	丙申	丁酉	戊戌	己亥	庚子	辛丑	壬寅	癸卯	甲辰	乙巳	丙午	丁未	戊申	己酉	庚戌	辛亥	壬子	癸丑	甲寅	乙卯	丙辰	丁巳
대운	남	8	7	7	7	6	6	6	5	冬	5	4	4	4	3	3	3	2	2	2	1	1	1	1	小	9	9	9	8	8
	여	2	3	3	3	4	4	4	5	至	5	6	6	6	7	7	7	8	8	8	9	9	9	10	寒	1	1	1	1	2

十二月大　月建 丁丑　九紫

대한 음 12/10 양 1/21 오전 1시36분 ● 입춘 음 12/24 양 2/4 오후 7시59분

음력		1	2	3	4	5	6	7	8	9	10	11	12	13	14	15	16	17	18	19	20	21	22	23	24	25	26	27	28	29	30
양력		1/12	13	14	15	16	17	18	19	20	21	22	23	24	25	26	27	28	29	30	31	2/1	2	3	4	5	6	7	8	9	10
요일		일	월	화	수	목	금	토	일	월	화	수	목	금	토	일	월	화	수	목	금	토	일	월	화	수	목	금	토	일	월
일진		戊午	己未	庚申	辛酉	壬戌	癸亥	甲子	乙丑	丙寅	丁卯	戊辰	己巳	庚午	辛未	壬申	癸酉	甲戌	乙亥	丙子	丁丑	戊寅	己卯	庚辰	辛巳	壬午	癸未	甲申	乙酉	丙戌	丁亥
대운	남	8	7	7	7	6	6	6	5	5	大	4	4	4	3	3	3	2	2	2	1	1	1	1	立	1	1	1	1	2	2
	여	2	2	3	3	3	4	4	4	5	寒	5	6	6	6	7	7	7	8	8	8	9	9	9	春	10	9	9	9	8	8

1975년 | 단기 4308년　乙卯年

四日得辛　五龍治水

子 大將軍　酉 三殺　丑 吊客　巳 喪門　納音五行 大溪水

正月大　月建 戊寅　八白

우수 음 1/9 양 2/19 오후 3시50분　경칩 음 1/24 양 3/6 오후 2시6분

음력	1	2	3	4	5	6	7	8	9	10	11	12	13	14	15	16	17	18	19	20	21	22	23	24	25	26	27	28	29	30
양력	2/11	12	13	14	15	16	17	18	19	20	21	22	23	24	25	26	27	28	3/1	2	3	4	5	6	7	8	9	10	11	12
요일	화	수	목	금	토	일	월	화	수	목	금	토	일	월	화	수	목	금	토	일	월	화	수	목	금	토	일	월	화	수
일진	戊子	己丑	庚寅	辛卯	壬辰	癸巳	甲午	乙未	丙申	丁酉	戊戌	己亥	庚子	辛丑	壬寅	癸卯	甲辰	乙巳	丙午	丁未	戊申	己酉	庚戌	辛亥	壬子	癸丑	甲寅	乙卯	丙辰	丁巳
대운 남	2	3	3	3	4	4	4	5	雨水	5	6	6	6	7	7	7	8	8	8	9	9	9	10	驚蟄	1	1	1	1	2	2
대운 여	8	7	7	7	6	6	6	5		5	4	4	4	3	3	3	2	2	2	1	1	1	1		10	9	9	9	8	8

二月大　月建 己卯　七赤

춘분 음 2/9 양 3/21 오후 2시57분　청명 음 2/24 양 4/5 오후 7시2분

음력	1	2	3	4	5	6	7	8	9	10	11	12	13	14	15	16	17	18	19	20	21	22	23	24	25	26	27	28	29	30
양력	3/13	14	15	16	17	18	19	20	21	22	23	24	25	26	27	28	29	30	31	4/1	2	3	4	5	6	7	8	9	10	11
요일	목	금	토	일	월	화	수	목	금	토	일	월	화	수	목	금	토	일	월	화	수	목	금	토	일	월	화	수	목	금
일진	戊午	己未	庚申	辛酉	壬戌	癸亥	甲子	乙丑	丙寅	丁卯	戊辰	己巳	庚午	辛未	壬申	癸酉	甲戌	乙亥	丙子	丁丑	戊寅	己卯	庚辰	辛巳	壬午	癸未	甲申	乙酉	丙戌	丁亥
대운 남	2	3	3	3	4	4	4	5	春分	5	6	6	6	7	7	7	8	8	8	9	9	9	10	清明	1	1	1	1	2	2
대운 여	8	7	7	7	6	6	6	5		5	4	4	4	3	3	3	2	2	2	1	1	1	1		10	10	9	9	9	8

三月小　月建 庚辰　六白

곡우 음 3/10 양 4/21 오전 2시7분　입하 음 3/25 양 5/6 오후 12시27분

음력	1	2	3	4	5	6	7	8	9	10	11	12	13	14	15	16	17	18	19	20	21	22	23	24	25	26	27	28	29
양력	4/12	13	14	15	16	17	18	19	20	21	22	23	24	25	26	27	28	29	30	5/1	2	3	4	5	6	7	8	9	10
요일	토	일	월	화	수	목	금	토	일	월	화	수	목	금	토	일	월	화	수	목	금	토	일	월	화	수	목	금	토
일진	戊子	己丑	庚寅	辛卯	壬辰	癸巳	甲午	乙未	丙申	丁酉	戊戌	己亥	庚子	辛丑	壬寅	癸卯	甲辰	乙巳	丙午	丁未	戊申	己酉	庚戌	辛亥	壬子	癸丑	甲寅	乙卯	丙辰
대운 남	2	3	3	3	4	4	4	5	5	穀雨	6	6	6	7	7	7	8	8	8	9	9	9	10	10	立夏	1	1	1	1
대운 여	8	8	7	7	7	6	6	6	5		5	4	4	4	3	3	3	2	2	2	1	1	1	1		10	10	9	9

四月大　月建 辛巳　五黃

소만 음 4/12 양 5/22 오전 1시24분　망종 음 4/27 양 6/6 오후 4시42분

음력	1	2	3	4	5	6	7	8	9	10	11	12	13	14	15	16	17	18	19	20	21	22	23	24	25	26	27	28	29	30
양력	5/11	12	13	14	15	16	17	18	19	20	21	22	23	24	25	26	27	28	29	30	31	6/1	2	3	4	5	6	7	8	9
요일	일	월	화	수	목	금	토	일	월	화	수	목	금	토	일	월	화	수	목	금	토	일	월	화	수	목	금	토	일	월
일진	丁巳	戊午	己未	庚申	辛酉	壬戌	癸亥	甲子	乙丑	丙寅	丁卯	戊辰	己巳	庚午	辛未	壬申	癸酉	甲戌	乙亥	丙子	丁丑	戊寅	己卯	庚辰	辛巳	壬午	癸未	甲申	乙酉	丙戌
대운 남	2	2	2	3	3	3	4	4	4	5	5	小滿	6	6	6	7	7	7	8	8	8	9	9	9	10	10	芒種	1	1	1
대운 여	9	8	8	8	7	7	7	6	6	6	5		5	4	4	4	3	3	3	2	2	2	1	1	1	1		10	10	10

五月小　月建 壬午　四綠

하지 음 5/13 양 6/22 오전 9시26분　소서 음 5/29 양 7/8 오전 2시59분

음력	1	2	3	4	5	6	7	8	9	10	11	12	13	14	15	16	17	18	19	20	21	22	23	24	25	26	27	28	29
양력	6/10	11	12	13	14	15	16	17	18	19	20	21	22	23	24	25	26	27	28	29	30	7/1	2	3	4	5	6	7	8
요일	화	수	목	금	토	일	월	화	수	목	금	토	일	월	화	수	목	금	토	일	월	화	수	목	금	토	일	월	화
일진	丁亥	戊子	己丑	庚寅	辛卯	壬辰	癸巳	甲午	乙未	丙申	丁酉	戊戌	己亥	庚子	辛丑	壬寅	癸卯	甲辰	乙巳	丙午	丁未	戊申	己酉	庚戌	辛亥	壬子	癸丑	甲寅	乙卯
대운 남	1	2	2	2	3	3	3	4	4	4	5	5	夏至	6	6	6	7	7	7	8	8	8	9	9	9	10	10	10	小暑
대운 여	9	9	9	8	8	8	7	7	7	6	6	6		5	5	4	4	4	3	3	3	2	2	2	1	1	1	1	

六月小　月建 癸未　三碧

대서 음 6/15 양 7/23 오후 8시22분

음력	1	2	3	4	5	6	7	8	9	10	11	12	13	14	15	16	17	18	19	20	21	22	23	24	25	26	27	28	29
양력	7/9	10	11	12	13	14	15	16	17	18	19	20	21	22	23	24	25	26	27	28	29	30	31	8/1	2	3	4	5	6
요일	수	목	금	토	일	월	화	수	목	금	토	일	월	화	수	목	금	토	일	월	화	수	목	금	토	일	월	화	수
일진	丙辰	丁巳	戊午	己未	庚申	辛酉	壬戌	癸亥	甲子	乙丑	丙寅	丁卯	戊辰	己巳	庚午	辛未	壬申	癸酉	甲戌	乙亥	丙子	丁丑	戊寅	己卯	庚辰	辛巳	壬午	癸未	甲申
대운 남	1	1	1	1	2	2	2	3	3	3	4	4	4	5	大暑	5	6	6	6	7	7	7	8	8	8	9	9	9	10
대운 여	10	10	9	9	9	8	8	8	7	7	7	6	6	6		5	5	4	4	4	3	3	3	2	2	2	1	1	1

七月大 月建 甲申 二黑

입추 음 7/2 양 8/8 오후 12시45분 ● 처서 음 7/18 양 8/24 오전 3시24분

음력		1	2	3	4	5	6	7	8	9	10	11	12	13	14	15	16	17	18	19	20	21	22	23	24	25	26	27	28	29	30
양력		8/7	8	9	10	11	12	13	14	15	16	17	18	19	20	21	22	23	24	25	26	27	28	29	30	31	9/1	2	3	4	5
요일		목	금	토	일	월	화	수	목	금	토	일	월	화	수	목	금	토	일	월	화	수	목	금	토	일	월	화	수	목	금
일진		乙酉	丙戌	丁亥	戊子	己丑	庚寅	辛卯	壬辰	癸巳	甲午	乙未	丙申	丁酉	戊戌	己亥	庚子	辛丑	壬寅	癸卯	甲辰	乙巳	丙午	丁未	戊申	己酉	庚戌	辛亥	壬子	癸丑	甲寅
대운	남	10	立	1	1	1	1	2	2	2	3	3	3	4	4	4	5	5	處	6	6	6	7	7	7	8	8	8	9	9	9
	여	1	秋	10	10	9	9	9	8	8	8	7	7	7	6	6	6	5	暑	5	4	4	4	3	3	3	2	2	2	1	1

八月小 月建 乙酉 一白

백로 음 8/3 양 9/8 오후 3시33분 ● 추분 음 8/19 양 9/24 오전 0시55분

음력		1	2	3	4	5	6	7	8	9	10	11	12	13	14	15	16	17	18	19	20	21	22	23	24	25	26	27	28	29
양력		9/6	7	8	9	10	11	12	13	14	15	16	17	18	19	20	21	22	23	24	25	26	27	28	29	30	10/1	2	3	4
요일		토	일	월	화	수	목	금	토	일	월	화	수	목	금	토	일	월	화	수	목	금	토	일	월	화	수	목	금	토
일진		乙卯	丙辰	丁巳	戊午	己未	庚申	辛酉	壬戌	癸亥	甲子	乙丑	丙寅	丁卯	戊辰	己巳	庚午	辛未	壬申	癸酉	甲戌	乙亥	丙子	丁丑	戊寅	己卯	庚辰	辛巳	壬午	癸未
대운	남	10	10	白	1	1	1	1	2	2	2	3	3	3	4	4	4	5	5	秋	6	6	6	7	7	7	8	8	8	9
	여	1	1	露	10	10	9	9	9	8	8	8	7	7	7	6	6	6	5	分	5	4	4	4	3	3	3	2	2	2

九月小 月建 丙戌 九紫

한로 음 9/5 양 10/9 오전 7시2분 ● 상강 음 9/20 양 10/24 오전 10시6분

음력		1	2	3	4	5	6	7	8	9	10	11	12	13	14	15	16	17	18	19	20	21	22	23	24	25	26	27	28	29
양력		10/5	6	7	8	9	10	11	12	13	14	15	16	17	18	19	20	21	22	23	24	25	26	27	28	29	30	31	11/1	2
요일		일	월	화	수	목	금	토	일	월	화	수	목	금	토	일	월	화	수	목	금	토	일	월	화	수	목	금	토	일
일진		甲申	乙酉	丙戌	丁亥	戊子	己丑	庚寅	辛卯	壬辰	癸巳	甲午	乙未	丙申	丁酉	戊戌	己亥	庚子	辛丑	壬寅	癸卯	甲辰	乙巳	丙午	丁未	戊申	己酉	庚戌	辛亥	壬子
대운	남	9	9	10	10	寒	1	1	1	1	2	2	2	3	3	3	4	4	4	5	霜	5	6	6	6	7	7	7	8	8
	여	1	1	1	1	露	10	9	9	9	8	8	8	7	7	7	6	6	6	5	降	5	4	4	4	3	3	3	2	2

十月大 月建 丁亥 八白

입동 음 10/6 양 11/8 오전 10시3분 ● 소설 음 10/21 양 11/23 오전 7시31분

음력		1	2	3	4	5	6	7	8	9	10	11	12	13	14	15	16	17	18	19	20	21	22	23	24	25	26	27	28	29	30
양력		11/3	4	5	6	7	8	9	10	11	12	13	14	15	16	17	18	19	20	21	22	23	24	25	26	27	28	29	30	12/1	2
요일		월	화	수	목	금	토	일	월	화	수	목	금	토	일	월	화	수	목	금	토	일	월	화	수	목	금	토	일	월	화
일진		癸丑	甲寅	乙卯	丙辰	丁巳	戊午	己未	庚申	辛酉	壬戌	癸亥	甲子	乙丑	丙寅	丁卯	戊辰	己巳	庚午	辛未	壬申	癸酉	甲戌	乙亥	丙子	丁丑	戊寅	己卯	庚辰	辛巳	壬午
대운	남	8	9	9	9	10	立	1	1	1	1	2	2	2	3	3	3	4	4	4	5	小	5	6	6	6	7	7	7	8	8
	여	2	1	1	1	1	冬	10	9	9	9	8	8	8	7	7	7	6	6	6	5	雪	5	4	4	4	3	3	3	2	2

十一月小 月建 戊子 七赤

대설 음 11/6 양 12/8 오전 2시46분 ● 동지 음 11/20 양 12/22 오후 8시46분

음력		1	2	3	4	5	6	7	8	9	10	11	12	13	14	15	16	17	18	19	20	21	22	23	24	25	26	27	28	29
양력		12/3	4	5	6	7	8	9	10	11	12	13	14	15	16	17	18	19	20	21	22	23	24	25	26	27	28	29	30	31
요일		수	목	금	토	일	월	화	수	목	금	토	일	월	화	수	목	금	토	일	월	화	수	목	금	토	일	월	화	수
일진		癸未	甲申	乙酉	丙戌	丁亥	戊子	己丑	庚寅	辛卯	壬辰	癸巳	甲午	乙未	丙申	丁酉	戊戌	己亥	庚子	辛丑	壬寅	癸卯	甲辰	乙巳	丙午	丁未	戊申	己酉	庚戌	辛亥
대운	남	8	9	9	9	10	大	1	1	1	1	2	2	2	3	3	3	4	4	4	冬	5	5	6	6	6	7	7	7	8
	여	2	1	1	1	1	雪	9	9	9	8	8	8	7	7	7	6	6	6	5	至	5	4	4	4	3	3	3	2	2

十二月大 月建 己丑 六白

소한 음 12/6 양 1/6 오후 1시57분 ● 대한 음 12/21 양 1/21 오전 7시25분

음력		1	2	3	4	5	6	7	8	9	10	11	12	13	14	15	16	17	18	19	20	21	22	23	24	25	26	27	28	29	30
양력		1/1	2	3	4	5	6	7	8	9	10	11	12	13	14	15	16	17	18	19	20	21	22	23	24	25	26	27	28	29	30
요일		목	금	토	일	월	화	수	목	금	토	일	월	화	수	목	금	토	일	월	화	수	목	금	토	일	월	화	수	목	금
일진		壬子	癸丑	甲寅	乙卯	丙辰	丁巳	戊午	己未	庚申	辛酉	壬戌	癸亥	甲子	乙丑	丙寅	丁卯	戊辰	己巳	庚午	辛未	壬申	癸酉	甲戌	乙亥	丙子	丁丑	戊寅	己卯	庚辰	辛巳
대운	남	8	8	9	9	9	小	1	1	1	1	2	2	2	3	3	3	4	4	4	5	大	5	6	6	6	7	7	7	8	8
	여	2	1	1	1	1	寒	10	9	9	9	8	8	8	7	7	7	6	6	6	5	寒	5	4	4	4	3	3	3	2	2

1976년 | 단기 4309년　丙辰年　十日得辛 十一龍治水

子 大將軍　南 三殺　寅 吊客　午 喪門　納音五行 沙中土

正月大　月建 庚寅　五黃

입춘 음 1/6 양 2/5 오전 1시39분 ● 우수 음 1/20 양 2/19 오후 9시40분

음력	1	2	3	4	5	6	7	8	9	10	11	12	13	14	15	16	17	18	19	20	21	22	23	24	25	26	27	28	29	30
양력	1/31	2/1	2	3	4	5	6	7	8	9	10	11	12	13	14	15	16	17	18	19	20	21	22	23	24	25	26	27	28	29
요일	토	일	월	화	수	목	금	토	일	월	화	수	목	금	토	일	월	화	수	목	금	토	일	월	화	수	목	금	토	일
일진	壬午	癸未	甲申	乙酉	丙戌	丁亥	戊子	己丑	庚寅	辛卯	壬辰	癸巳	甲午	乙未	丙申	丁酉	戊戌	己亥	庚子	辛丑	壬寅	癸卯	甲辰	乙巳	丙午	丁未	戊申	己酉	庚戌	辛亥
대운 남	8	9	9	9	10	立春	9	9	9	8	8	8	7	7	7	6	6	6	5	雨水	5	4	4	4	3	3	3	2	2	2
대운 여	2	1	1	1	1		1	1	1	1	2	2	2	3	3	3	4	4	4		5	5	6	6	6	7	7	7	8	8

二月大　月建 辛卯　四綠

경칩 음 2/5 양 3/5 오후 7시48분 ● 춘분 음 2/20 양 3/20 오후 8시50분

음력	1	2	3	4	5	6	7	8	9	10	11	12	13	14	15	16	17	18	19	20	21	22	23	24	25	26	27	28	29	30
양력	3/1	2	3	4	5	6	7	8	9	10	11	12	13	14	15	16	17	18	19	20	21	22	23	24	25	26	27	28	29	30
요일	월	화	수	목	금	토	일	월	화	수	목	금	토	일	월	화	수	목	금	토	일	월	화	수	목	금	토	일	월	화
일진	壬子	癸丑	甲寅	乙卯	丙辰	丁巳	戊午	己未	庚申	辛酉	壬戌	癸亥	甲子	乙丑	丙寅	丁卯	戊辰	己巳	庚午	辛未	壬申	癸酉	甲戌	乙亥	丙子	丁丑	戊寅	己卯	庚辰	辛巳
대운 남	1	1	1	1	驚蟄	10	10	9	9	9	8	8	8	7	7	7	6	6	6	春分	5	5	4	4	4	3	3	3	2	2
대운 여	8	9	9	9		1	1	1	1	2	2	2	3	3	3	4	4	4	5		5	6	6	6	7	7	7	8	8	8

三月小　月建 壬辰　三碧

청명 음 3/6 양 4/5 오전 0시46분 ● 곡우 음 3/21 양 4/20 오전 8시3분

음력	1	2	3	4	5	6	7	8	9	10	11	12	13	14	15	16	17	18	19	20	21	22	23	24	25	26	27	28	29
양력	3/31	4/1	2	3	4	5	6	7	8	9	10	11	12	13	14	15	16	17	18	19	20	21	22	23	24	25	26	27	28
요일	수	목	금	토	일	월	화	수	목	금	토	일	월	화	수	목	금	토	일	월	화	수	목	금	토	일	월	화	수
일진	壬午	癸未	甲申	乙酉	丙戌	丁亥	戊子	己丑	庚寅	辛卯	壬辰	癸巳	甲午	乙未	丙申	丁酉	戊戌	己亥	庚子	辛丑	壬寅	癸卯	甲辰	乙巳	丙午	丁未	戊申	己酉	庚戌
대운 남	2	1	1	1	1	淸明	10	9	9	9	8	8	8	7	7	7	6	6	6	5	穀雨	5	4	4	4	3	3	3	2
대운 여	9	9	9	10	10		1	1	1	1	2	2	2	3	3	3	4	4	4	5		5	6	6	6	7	7	7	8

四月大　月建 癸巳　二黑

입하 음 4/7 양 5/5 오후 6시14분 ● 소만 음 4/23 양 5/21 오전 7시21분

음력	1	2	3	4	5	6	7	8	9	10	11	12	13	14	15	16	17	18	19	20	21	22	23	24	25	26	27	28	29	30
양력	4/29	30	5/1	2	3	4	5	6	7	8	9	10	11	12	13	14	15	16	17	18	19	20	21	22	23	24	25	26	27	28
요일	목	금	토	일	월	화	수	목	금	토	일	월	화	수	목	금	토	일	월	화	수	목	금	토	일	월	화	수	목	금
일진	辛亥	壬子	癸丑	甲寅	乙卯	丙辰	丁巳	戊午	己未	庚申	辛酉	壬戌	癸亥	甲子	乙丑	丙寅	丁卯	戊辰	己巳	庚午	辛未	壬申	癸酉	甲戌	乙亥	丙子	丁丑	戊寅	己卯	庚辰
대운 남	2	2	1	1	1	1	立夏	10	10	9	9	9	8	8	8	7	7	7	6	6	6	5	小滿	5	4	4	4	3	3	3
대운 여	8	8	9	9	9	10		1	1	1	1	2	2	2	3	3	3	4	4	4	5	5		6	6	6	7	7	7	8

五月小　月建 甲午　一白

망종 음 5/8 양 6/5 오후 10시31분 ● 하지 음 5/24 양 6/21 오후 3시24분

음력	1	2	3	4	5	6	7	8	9	10	11	12	13	14	15	16	17	18	19	20	21	22	23	24	25	26	27	28	29
양력	5/29	30	31	6/1	2	3	4	5	6	7	8	9	10	11	12	13	14	15	16	17	18	19	20	21	22	23	24	25	26
요일	토	일	월	화	수	목	금	토	일	월	화	수	목	금	토	일	월	화	수	목	금	토	일	월	화	수	목	금	토
일진	辛巳	壬午	癸未	甲申	乙酉	丙戌	丁亥	戊子	己丑	庚寅	辛卯	壬辰	癸巳	甲午	乙未	丙申	丁酉	戊戌	己亥	庚子	辛丑	壬寅	癸卯	甲辰	乙巳	丙午	丁未	戊申	己酉
대운 남	2	2	2	1	1	1	1	芒種	10	10	10	9	9	9	8	8	8	7	7	7	6	6	6	夏至	5	5	4	4	4
대운 여	8	8	9	9	9	10	10		1	1	1	1	2	2	2	3	3	3	4	4	4	5	5		6	6	6	7	7

六月大　月建 乙未　九紫

소서 음 6/11 양 7/7 오전 8시51분 ● 대서 음 6/27 양 7/23 오전 2시18분

음력	1	2	3	4	5	6	7	8	9	10	11	12	13	14	15	16	17	18	19	20	21	22	23	24	25	26	27	28	29	30
양력	6/27	28	29	30	7/1	2	3	4	5	6	7	8	9	10	11	12	13	14	15	16	17	18	19	20	21	22	23	24	25	26
요일	일	월	화	수	목	금	토	일	월	화	수	목	금	토	일	월	화	수	목	금	토	일	월	화	수	목	금	토	일	월
일진	庚戌	辛亥	壬子	癸丑	甲寅	乙卯	丙辰	丁巳	戊午	己未	庚申	辛酉	壬戌	癸亥	甲子	乙丑	丙寅	丁卯	戊辰	己巳	庚午	辛未	壬申	癸酉	甲戌	乙亥	丙子	丁丑	戊寅	己卯
대운 남	3	3	3	2	2	2	1	1	1	1	小暑	10	10	9	9	9	8	8	8	7	7	7	6	6	6	5	大暑	5	4	4
대운 여	7	8	8	8	9	9	9	10	10	10		1	1	1	1	2	2	2	3	3	3	4	4	4	5	5		6	6	6

七月小　月建 丙申　八白

입추 음 7/12 양 8/7 오후 6시38분 ● 처서 음 7/28 양 8/23 오전 9시18분

음력	1	2	3	4	5	6	7	8	9	10	11	12	13	14	15	16	17	18	19	20	21	22	23	24	25	26	27	28	29
양력	7/27	28	29	30	31	8/1	2	3	4	5	6	7	8	9	10	11	12	13	14	15	16	17	18	19	20	21	22	23	24
요일	화	수	목	금	토	일	월	화	수	목	금	토	일	월	화	수	목	금	토	일	월	화	수	목	금	토	일	월	화
일진	庚辰	辛巳	壬午	癸未	甲申	乙酉	丙戌	丁亥	戊子	己丑	庚寅	辛卯	壬辰	癸巳	甲午	乙未	丙申	丁酉	戊戌	己亥	庚子	辛丑	壬寅	癸卯	甲辰	乙巳	丙午	丁未	戊申
대운 남	4	3	3	3	2	2	2	1	1	1	1	立	10	10	9	9	9	8	8	8	7	7	7	6	6	6	5	處	5
대운 여	7	7	7	8	8	8	9	9	9	10	10	秋	1	1	1	1	2	2	2	3	3	3	4	4	4	5	5	暑	6

八月大　月建 丁酉　七赤

백로 음 8/14 양 9/7 오후 9시28분 ● 추분 음 8/30 양 9/23 오전 6시48분

음력	1	2	3	4	5	6	7	8	9	10	11	12	13	14	15	16	17	18	19	20	21	22	23	24	25	26	27	28	29	30
양력	8/25	26	27	28	29	30	31	9/1	2	3	4	5	6	7	8	9	10	11	12	13	14	15	16	17	18	19	20	21	22	23
요일	수	목	금	토	일	월	화	수	목	금	토	일	월	화	수	목	금	토	일	월	화	수	목	금	토	일	월	화	수	목
일진	己酉	庚戌	辛亥	壬子	癸丑	甲寅	乙卯	丙辰	丁巳	戊午	己未	庚申	辛酉	壬戌	癸亥	甲子	乙丑	丙寅	丁卯	戊辰	己巳	庚午	辛未	壬申	癸酉	甲戌	乙亥	丙子	丁丑	戊寅
대운 남	4	4	4	3	3	3	2	2	2	1	1	1	1	白	10	10	9	9	9	8	8	8	7	7	7	6	6	6	5	秋
대운 여	6	6	7	7	7	8	8	8	9	9	9	10	10	露	1	1	1	1	2	2	2	3	3	3	4	4	4	5	5	分

閏八月小

한로 음 윤8/15 양 10/8 오후 12시58분

음력	1	2	3	4	5	6	7	8	9	10	11	12	13	14	15	16	17	18	19	20	21	22	23	24	25	26	27	28	29
양력	9/24	25	26	27	28	29	30	10/1	2	3	4	5	6	7	8	9	10	11	12	13	14	15	16	17	18	19	20	21	22
요일	금	토	일	월	화	수	목	금	토	일	월	화	수	목	금	토	일	월	화	수	목	금	토	일	월	화	수	목	금
일진	己卯	庚辰	辛巳	壬午	癸未	甲申	乙酉	丙戌	丁亥	戊子	己丑	庚寅	辛卯	壬辰	癸巳	甲午	乙未	丙申	丁酉	戊戌	己亥	庚子	辛丑	壬寅	癸卯	甲辰	乙巳	丙午	丁未
대운 남	5	4	4	4	3	3	3	2	2	2	1	1	1	1	寒	10	9	9	9	8	8	8	7	7	7	6	6	6	5
대운 여	6	6	6	7	7	7	8	8	8	9	9	9	10	10	露	1	1	1	1	2	2	2	3	3	3	4	4	4	5

九月大　月建 戊戌　六白

상강 음 9/1 양 10/23 오후 3시58분 ● 입동 음 9/16 양 11/7 오후 3시59분

음력	1	2	3	4	5	6	7	8	9	10	11	12	13	14	15	16	17	18	19	20	21	22	23	24	25	26	27	28	29	30
양력	10/23	24	25	26	27	28	29	30	31	11/1	2	3	4	5	6	7	8	9	10	11	12	13	14	15	16	17	18	19	20	21
요일	토	일	월	화	수	목	금	토	일	월	화	수	목	금	토	일	월	화	수	목	금	토	일	월	화	수	목	금	토	일
일진	戊申	己酉	庚戌	辛亥	壬子	癸丑	甲寅	乙卯	丙辰	丁巳	戊午	己未	庚申	辛酉	壬戌	癸亥	甲子	乙丑	丙寅	丁卯	戊辰	己巳	庚午	辛未	壬申	癸酉	甲戌	乙亥	丙子	丁丑
대운 남	霜	5	4	4	4	3	3	3	2	2	2	1	1	1	1	立	10	9	9	9	8	8	8	7	7	7	6	6	6	5
대운 여	降	5	6	6	6	7	7	7	8	8	8	9	9	9	10	冬	1	1	1	1	2	2	2	3	3	3	4	4	4	5

十月小　月建 己亥　五黃

소설 음 10/1 양 11/22 오후 1시22분 ● 대설 음 10/16 양 12/7 오전 8시41분

음력	1	2	3	4	5	6	7	8	9	10	11	12	13	14	15	16	17	18	19	20	21	22	23	24	25	26	27	28	29
양력	11/22	23	24	25	26	27	28	29	30	12/1	2	3	4	5	6	7	8	9	10	11	12	13	14	15	16	17	18	19	20
요일	월	화	수	목	금	토	일	월	화	수	목	금	토	일	월	화	수	목	금	토	일	월	화	수	목	금	토	일	월
일진	戊寅	己卯	庚辰	辛巳	壬午	癸未	甲申	乙酉	丙戌	丁亥	戊子	己丑	庚寅	辛卯	壬辰	癸巳	甲午	乙未	丙申	丁酉	戊戌	己亥	庚子	辛丑	壬寅	癸卯	甲辰	乙巳	丙午
대운 남	小	5	4	4	4	3	3	3	2	2	2	1	1	1	1	大	9	9	9	8	8	8	7	7	7	6	6	6	5
대운 여	雪	5	6	6	6	7	7	7	8	8	8	9	9	9	10	雪	1	1	1	1	2	2	2	3	3	3	4	4	4

十一月小　月建 庚子　四綠

동지 음 11/2 양 12/22 오전 2시35분 ● 소한 음 11/16 양 1/5 오후 7시51분

음력	1	2	3	4	5	6	7	8	9	10	11	12	13	14	15	16	17	18	19	20	21	22	23	24	25	26	27	28	29
양력	12/21	22	23	24	25	26	27	28	29	30	31	1/1	2	3	4	5	6	7	8	9	10	11	12	13	14	15	16	17	18
요일	화	수	목	금	토	일	월	화	수	목	금	토	일	월	화	수	목	금	토	일	월	화	수	목	금	토	일	월	화
일진	丁未	戊申	己酉	庚戌	辛亥	壬子	癸丑	甲寅	乙卯	丙辰	丁巳	戊午	己未	庚申	辛酉	壬戌	癸亥	甲子	乙丑	丙寅	丁卯	戊辰	己巳	庚午	辛未	壬申	癸酉	甲戌	乙亥
대운 남	5	冬	4	4	4	3	3	3	2	2	2	1	1	1	1	小	10	9	9	9	8	8	8	7	7	7	6	6	6
대운 여	5	至	5	6	6	6	7	7	7	8	8	8	9	9	9	寒	1	1	1	1	2	2	2	3	3	3	4	4	4

十二月大　月建 辛丑　三碧

대한 음 12/2 양 1/20 오후 1시14분 ● 입춘 음 12/17 양 2/4 오전 7시33분

음력	1	2	3	4	5	6	7	8	9	10	11	12	13	14	15	16	17	18	19	20	21	22	23	24	25	26	27	28	29	30
양력	1/19	20	21	22	23	24	25	26	27	28	29	30	31	2/1	2	3	4	5	6	7	8	9	10	11	12	13	14	15	16	17
요일	수	목	금	토	일	월	화	수	목	금	토	일	월	화	수	목	금	토	일	월	화	수	목	금	토	일	월	화	수	목
일진	丙子	丁丑	戊寅	己卯	庚辰	辛巳	壬午	癸未	甲申	乙酉	丙戌	丁亥	戊子	己丑	庚寅	辛卯	壬辰	癸巳	甲午	乙未	丙申	丁酉	戊戌	己亥	庚子	辛丑	壬寅	癸卯	甲辰	乙巳
대운 남	5	大	5	4	4	4	3	3	3	2	2	2	1	1	1	1	立	1	1	1	1	2	2	2	3	3	3	4	4	4
대운 여	5	寒	5	6	6	6	7	7	7	8	8	8	9	9	9	10	春	10	9	9	9	8	8	8	7	7	7	6	6	6

1977년 | 단기 4310년　丁巳年

六日得辛　十一龍治水

卯 大將軍　東 三殺　卯 吊客　未 喪門　納音五行 沙中土

正月大　月建 壬寅　二黑

우수 음 1/2 양 2/19 오전 3시30분 ● 경칩 음 1/17 양 3/6 오전 1시44분

음력	1	2	3	4	5	6	7	8	9	10	11	12	13	14	15	16	17	18	19	20	21	22	23	24	25	26	27	28	29	30
양력	2/18	19	20	21	22	23	24	25	26	27	28	3/1	2	3	4	5	6	7	8	9	10	11	12	13	14	15	16	17	18	19
요일	금	토	일	월	화	수	목	금	토	일	월	화	수	목	금	토	일	월	화	수	목	금	토	일	월	화	수	목	금	토
일진	丙午	丁未	戊申	己酉	庚戌	辛亥	壬子	癸丑	甲寅	乙卯	丙辰	丁巳	戊午	己未	庚申	辛酉	壬戌	癸亥	甲子	乙丑	丙寅	丁卯	戊辰	己巳	庚午	辛未	壬申	癸酉	甲戌	乙亥
대운 남	5	雨水	5	6	6	6	7	7	7	8	8	8	9	9	9	10	驚蟄	1	1	1	1	2	2	2	3	3	3	4	4	4
대운 여	5		5	4	4	4	3	3	3	2	2	2	1	1	1	1		10	9	9	9	8	8	8	7	7	7	6	6	6

二月小　月建 癸卯　一白

춘분 음 2/2 양 3/21 오전 2시42분 ● 청명 음 2/17 양 4/5 오전 6시46분

음력	1	2	3	4	5	6	7	8	9	10	11	12	13	14	15	16	17	18	19	20	21	22	23	24	25	26	27	28	29
양력	3/20	21	22	23	24	25	26	27	28	29	30	31	4/1	2	3	4	5	6	7	8	9	10	11	12	13	14	15	16	17
요일	일	월	화	수	목	금	토	일	월	화	수	목	금	토	일	월	화	수	목	금	토	일	월	화	수	목	금	토	일
일진	丙子	丁丑	戊寅	己卯	庚辰	辛巳	壬午	癸未	甲申	乙酉	丙戌	丁亥	戊子	己丑	庚寅	辛卯	壬辰	癸巳	甲午	乙未	丙申	丁酉	戊戌	己亥	庚子	辛丑	壬寅	癸卯	甲辰
대운 남	5	春分	5	6	6	6	7	7	7	8	8	8	9	9	9	10	清明	1	1	1	1	2	2	2	3	3	3	4	4
대운 여	5		5	4	4	4	3	3	3	2	2	2	1	1	1	1		10	10	9	9	9	8	8	8	7	7	7	6

三月大　月建 甲辰　九紫

곡우 음 3/3 양 4/20 오후 1시57분 ● 입하 음 3/19 양 5/6 오전 0시16분

음력	1	2	3	4	5	6	7	8	9	10	11	12	13	14	15	16	17	18	19	20	21	22	23	24	25	26	27	28	29	30
양력	4/18	19	20	21	22	23	24	25	26	27	28	29	30	5/1	2	3	4	5	6	7	8	9	10	11	12	13	14	15	16	17
요일	월	화	수	목	금	토	일	월	화	수	목	금	토	일	월	화	수	목	금	토	일	월	화	수	목	금	토	일	월	화
일진	乙巳	丙午	丁未	戊申	己酉	庚戌	辛亥	壬子	癸丑	甲寅	乙卯	丙辰	丁巳	戊午	己未	庚申	辛酉	壬戌	癸亥	甲子	乙丑	丙寅	丁卯	戊辰	己巳	庚午	辛未	壬申	癸酉	甲戌
대운 남	4	5	穀雨	5	6	6	6	7	7	7	8	8	8	9	9	9	10	10	立夏	1	1	1	1	2	2	2	3	3	3	4
대운 여	6	6		5	5	4	4	4	3	3	3	2	2	2	1	1	1	1		10	10	9	9	9	8	8	8	7	7	7

四月大　月建 乙巳　八白

소만 음 4/4 양 5/21 오후 1시14분 ● 망종 음 4/20 양 6/6 오전 4시32분

음력	1	2	3	4	5	6	7	8	9	10	11	12	13	14	15	16	17	18	19	20	21	22	23	24	25	26	27	28	29	30
양력	5/18	19	20	21	22	23	24	25	26	27	28	29	30	31	6/1	2	3	4	5	6	7	8	9	10	11	12	13	14	15	16
요일	수	목	금	토	일	월	화	수	목	금	토	일	월	화	수	목	금	토	일	월	화	수	목	금	토	일	월	화	수	목
일진	乙亥	丙子	丁丑	戊寅	己卯	庚辰	辛巳	壬午	癸未	甲申	乙酉	丙戌	丁亥	戊子	己丑	庚寅	辛卯	壬辰	癸巳	甲午	乙未	丙申	丁酉	戊戌	己亥	庚子	辛丑	壬寅	癸卯	甲辰
대운 남	4	4	5	小滿	5	6	6	6	7	7	7	8	8	8	9	9	9	10	10	芒種	1	1	1	1	2	2	2	3	3	3
대운 여	6	6	6		5	5	4	4	4	3	3	3	2	2	2	1	1	1	1		10	10	9	9	9	8	8	8	7	7

五月小　月建 丙午　七赤

하지 음 5/5 양 6/21 오후 9시14분 ● 소서 음 5/21 양 7/7 오후 2시48분

음력	1	2	3	4	5	6	7	8	9	10	11	12	13	14	15	16	17	18	19	20	21	22	23	24	25	26	27	28	29
양력	6/17	18	19	20	21	22	23	24	25	26	27	28	29	30	7/1	2	3	4	5	6	7	8	9	10	11	12	13	14	15
요일	금	토	일	월	화	수	목	금	토	일	월	화	수	목	금	토	일	월	화	수	목	금	토	일	월	화	수	목	금
일진	乙巳	丙午	丁未	戊申	己酉	庚戌	辛亥	壬子	癸丑	甲寅	乙卯	丙辰	丁巳	戊午	己未	庚申	辛酉	壬戌	癸亥	甲子	乙丑	丙寅	丁卯	戊辰	己巳	庚午	辛未	壬申	癸酉
대운 남	4	4	4	5	夏至	5	6	6	6	7	7	7	8	8	8	9	9	9	10	10	小暑	1	1	1	1	2	2	2	3
대운 여	7	6	6	6		5	5	4	4	4	3	3	3	2	2	2	1	1	1	1		10	10	10	9	9	9	8	8

六月大　月建 丁未　六白

대서 음 6/8 양 7/23 오전 8시4분 ● 입추 음 6/24 양 8/8 오전 0시30분

음력	1	2	3	4	5	6	7	8	9	10	11	12	13	14	15	16	17	18	19	20	21	22	23	24	25	26	27	28	29	30
양력	7/16	17	18	19	20	21	22	23	24	25	26	27	28	29	30	31	8/1	2	3	4	5	6	7	8	9	10	11	12	13	14
요일	토	일	월	화	수	목	금	토	일	월	화	수	목	금	토	일	월	화	수	목	금	토	일	월	화	수	목	금	토	일
일진	甲戌	乙亥	丙子	丁丑	戊寅	己卯	庚辰	辛巳	壬午	癸未	甲申	乙酉	丙戌	丁亥	戊子	己丑	庚寅	辛卯	壬辰	癸巳	甲午	乙未	丙申	丁酉	戊戌	己亥	庚子	辛丑	壬寅	癸卯
대운 남	3	3	4	4	4	5	5	大暑	6	6	6	7	7	7	8	8	8	9	9	9	10	10	10	立秋	1	1	1	1	2	2
대운 여	8	7	7	7	6	6	6		5	5	4	4	4	3	3	3	2	2	2	1	1	1	1		10	10	9	9	9	8

七月小　月建 戊申　五黃

처서 음 7/9 양 8/23 오후 3시0분 ● 백로 음 7/25 양 9/8 오전 3시16분

음력		1	2	3	4	5	6	7	8	9	10	11	12	13	14	15	16	17	18	19	20	21	22	23	24	25	26	27	28	29
양력		8/15	16	17	18	19	20	21	22	23	24	25	26	27	28	29	30	31	9/1	2	3	4	5	6	7	8	9	10	11	12
요일		월	화	수	목	금	토	일	월	화	수	목	금	토	일	월	화	수	목	금	토	일	월	화	수	목	금	토	일	월
일진		甲辰	乙巳	丙午	丁未	戊申	己酉	庚戌	辛亥	壬子	癸丑	甲寅	乙卯	丙辰	丁巳	戊午	己未	庚申	辛酉	壬戌	癸亥	甲子	乙丑	丙寅	丁卯	戊辰	己巳	庚午	辛未	壬申
대운	남	2	3	3	3	4	4	4	5	處暑	5	6	6	6	7	7	7	8	8	8	9	9	9	10	10	白露	1	1	1	1
	여	8	8	7	7	7	6	6	6		5	5	4	4	4	3	3	3	2	2	2	1	1	1	1		10	9	9	9

八月大　月建 己酉　四綠

추분 음 8/11 양 9/23 오후 12시29분 ● 한로 음 8/26 양 10/8 오후 6시44분

음력		1	2	3	4	5	6	7	8	9	10	11	12	13	14	15	16	17	18	19	20	21	22	23	24	25	26	27	28	29	30
양력		9/13	14	15	16	17	18	19	20	21	22	23	24	25	26	27	28	29	30	10/1	2	3	4	5	6	7	8	9	10	11	12
요일		화	수	목	금	토	일	월	화	수	목	금	토	일	월	화	수	목	금	토	일	월	화	수	목	금	토	일	월	화	수
일진		癸酉	甲戌	乙亥	丙子	丁丑	戊寅	己卯	庚辰	辛巳	壬午	癸未	甲申	乙酉	丙戌	丁亥	戊子	己丑	庚寅	辛卯	壬辰	癸巳	甲午	乙未	丙申	丁酉	戊戌	己亥	庚子	辛丑	壬寅
대운	남	2	2	2	3	3	3	4	4	4	5	秋分	5	6	6	6	7	7	7	8	8	8	9	9	9	10	寒露	1	1	1	1
	여	8	8	8	7	7	7	6	6	6	5		5	4	4	4	3	3	3	2	2	2	1	1	1	1		10	9	9	9

九月小　月建 庚戌　三碧

상강 음 9/11 양 10/23 오후 9시41분 ● 입동 음 9/26 양 11/7 오후 9시46분

음력		1	2	3	4	5	6	7	8	9	10	11	12	13	14	15	16	17	18	19	20	21	22	23	24	25	26	27	28	29
양력		10/13	14	15	16	17	18	19	20	21	22	23	24	25	26	27	28	29	30	31	11/1	2	3	4	5	6	7	8	9	10
요일		목	금	토	일	월	화	수	목	금	토	일	월	화	수	목	금	토	일	월	화	수	목	금	토	일	월	화	수	목
일진		癸卯	甲辰	乙巳	丙午	丁未	戊申	己酉	庚戌	辛亥	壬子	癸丑	甲寅	乙卯	丙辰	丁巳	戊午	己未	庚申	辛酉	壬戌	癸亥	甲子	乙丑	丙寅	丁卯	戊辰	己巳	庚午	辛未
대운	남	2	2	2	3	3	3	4	4	4	5	霜降	5	6	6	6	7	7	7	8	8	8	9	9	9	10	立冬	1	1	1
	여	8	8	8	7	7	7	6	6	6	5		5	4	4	4	3	3	3	2	2	2	1	1	1	1		10	9	9

十月大　月建 辛亥　二黑

소설 음 10/12 양 11/22 오후 7시7분 ● 대설 음 10/27 양 12/7 오후 2시31분

음력		1	2	3	4	5	6	7	8	9	10	11	12	13	14	15	16	17	18	19	20	21	22	23	24	25	26	27	28	29	30
양력		11/11	12	13	14	15	16	17	18	19	20	21	22	23	24	25	26	27	28	29	30	12/1	2	3	4	5	6	7	8	9	10
요일		금	토	일	월	화	수	목	금	토	일	월	화	수	목	금	토	일	월	화	수	목	금	토	일	월	화	수	목	금	토
일진		壬申	癸酉	甲戌	乙亥	丙子	丁丑	戊寅	己卯	庚辰	辛巳	壬午	癸未	甲申	乙酉	丙戌	丁亥	戊子	己丑	庚寅	辛卯	壬辰	癸巳	甲午	乙未	丙申	丁酉	戊戌	己亥	庚子	辛丑
대운	남	1	2	2	2	3	3	3	4	4	4	5	小雪	5	6	6	6	7	7	7	8	8	8	9	9	9	10	大雪	1	1	1
	여	9	8	8	8	7	7	7	6	6	6	5		5	4	4	4	3	3	3	2	2	2	1	1	1	1		10	9	9

十一月小　月建 壬子　一白

동지 음 11/12 양 12/22 오전 8시23분 ● 소한 음 11/27 양 1/6 오전 1시43분

음력		1	2	3	4	5	6	7	8	9	10	11	12	13	14	15	16	17	18	19	20	21	22	23	24	25	26	27	28	29
양력		12/11	12	13	14	15	16	17	18	19	20	21	22	23	24	25	26	27	28	29	30	31	1/1	2	3	4	5	6	7	8
요일		일	월	화	수	목	금	토	일	월	화	수	목	금	토	일	월	화	수	목	금	토	일	월	화	수	목	금	토	일
일진		壬寅	癸卯	甲辰	乙巳	丙午	丁未	戊申	己酉	庚戌	辛亥	壬子	癸丑	甲寅	乙卯	丙辰	丁巳	戊午	己未	庚申	辛酉	壬戌	癸亥	甲子	乙丑	丙寅	丁卯	戊辰	己巳	庚午
대운	남	1	2	2	2	3	3	3	4	4	4	5	冬至	5	6	6	6	7	7	7	8	8	8	9	9	9	10	小寒	1	1
	여	9	8	8	8	7	7	7	6	6	6	5		5	4	4	4	3	3	3	2	2	2	1	1	1	1		9	9

十二月小　月建 癸丑　九紫

대한 음 12/12 양 1/20 오후 7시4분 ● 입춘 음 12/27 양 2/4 오후 1시27분

음력		1	2	3	4	5	6	7	8	9	10	11	12	13	14	15	16	17	18	19	20	21	22	23	24	25	26	27	28	29
양력		1/9	10	11	12	13	14	15	16	17	18	19	20	21	22	23	24	25	26	27	28	29	30	31	2/1	2	3	4	5	6
요일		월	화	수	목	금	토	일	월	화	수	목	금	토	일	월	화	수	목	금	토	일	월	화	수	목	금	토	일	월
일진		辛未	壬申	癸酉	甲戌	乙亥	丙子	丁丑	戊寅	己卯	庚辰	辛巳	壬午	癸未	甲申	乙酉	丙戌	丁亥	戊子	己丑	庚寅	辛卯	壬辰	癸巳	甲午	乙未	丙申	丁酉	戊戌	己亥
대운	남	1	1	2	2	2	3	3	3	4	4	4	大寒	5	5	6	6	6	7	7	7	8	8	8	9	9	9	立春	10	9
	여	9	8	8	8	7	7	7	6	6	6	5		5	4	4	4	3	3	3	2	2	2	1	1	1	1		1	1

1978년 | 단기 4311년　　戊午年　　二日得辛 五龍治水

卯 大將軍　北 三殺　子 吊客　申 喪門　　納音五行 天上火

正月大　月建 甲寅　八白　　우수 음 1/13 양 2/19 오전 9시21분 ● 경칩 음 1/28 양 3/6 오전 7시38분

음력	1	2	3	4	5	6	7	8	9	10	11	12	13	14	15	16	17	18	19	20	21	22	23	24	25	26	27	28	29	30
양력	2/7	8	9	10	11	12	13	14	15	16	17	18	19	20	21	22	23	24	25	26	27	28	3/1	2	3	4	5	6	7	8
요일	화	수	목	금	토	일	월	화	수	목	금	토	일	월	화	수	목	금	토	일	월	화	수	목	금	토	일	월	화	수
일진	庚子	辛丑	壬寅	癸卯	甲辰	乙巳	丙午	丁未	戊申	己酉	庚戌	辛亥	壬子	癸丑	甲寅	乙卯	丙辰	丁巳	戊午	己未	庚申	辛酉	壬戌	癸亥	甲子	乙丑	丙寅	丁卯	戊辰	己巳
대운 남	9	9	8	8	8	7	7	7	6	6	6	5	雨	5	4	4	4	3	3	3	2	2	2	1	1	1	1	驚	10	9
대운 여	1	1	2	2	2	3	3	3	4	4	4	5	水	5	6	6	6	7	7	7	8	8	8	9	9	9	10	蟄	1	1

二月大　月建 乙卯　七赤　　춘분 음 2/13 양 3/21 오전 8시34분 ● 청명 음 2/28 양 4/5 오후 12시39분

음력	1	2	3	4	5	6	7	8	9	10	11	12	13	14	15	16	17	18	19	20	21	22	23	24	25	26	27	28	29	30
양력	3/9	10	11	12	13	14	15	16	17	18	19	20	21	22	23	24	25	26	27	28	29	30	31	4/1	2	3	4	5	6	7
요일	목	금	토	일	월	화	수	목	금	토	일	월	화	수	목	금	토	일	월	화	수	목	금	토	일	월	화	수	목	금
일진	庚午	辛未	壬申	癸酉	甲戌	乙亥	丙子	丁丑	戊寅	己卯	庚辰	辛巳	壬午	癸未	甲申	乙酉	丙戌	丁亥	戊子	己丑	庚寅	辛卯	壬辰	癸巳	甲午	乙未	丙申	丁酉	戊戌	己亥
대운 남	9	9	8	8	8	7	7	7	6	6	6	5	春	5	4	4	4	3	3	3	2	2	2	1	1	1	1	清	10	10
대운 여	1	1	2	2	2	3	3	3	4	4	4	5	分	5	6	6	6	7	7	7	8	8	8	9	9	9	10	明	1	1

三月小　月建 丙辰　六白　　곡우 음 3/13 양 4/20 오후 7시50분 ● 입하 음 3/29 양 5/6 오전 6시9분

음력	1	2	3	4	5	6	7	8	9	10	11	12	13	14	15	16	17	18	19	20	21	22	23	24	25	26	27	28	29
양력	4/8	9	10	11	12	13	14	15	16	17	18	19	20	21	22	23	24	25	26	27	28	29	30	5/1	2	3	4	5	6
요일	토	일	월	화	수	목	금	토	일	월	화	수	목	금	토	일	월	화	수	목	금	토	일	월	화	수	목	금	토
일진	庚子	辛丑	壬寅	癸卯	甲辰	乙巳	丙午	丁未	戊申	己酉	庚戌	辛亥	壬子	癸丑	甲寅	乙卯	丙辰	丁巳	戊午	己未	庚申	辛酉	壬戌	癸亥	甲子	乙丑	丙寅	丁卯	戊辰
대운 남	9	9	9	8	8	8	7	7	7	6	6	6	穀	5	5	4	4	4	3	3	3	2	2	2	1	1	1	1	立
대운 여	1	1	2	2	2	3	3	3	4	4	4	5	雨	5	6	6	6	7	7	7	8	8	8	9	9	9	10	10	夏

四月大　月建 丁巳　五黃　　소만 음 4/15 양 5/21 오후 7시8분

음력	1	2	3	4	5	6	7	8	9	10	11	12	13	14	15	16	17	18	19	20	21	22	23	24	25	26	27	28	29	30
양력	5/7	8	9	10	11	12	13	14	15	16	17	18	19	20	21	22	23	24	25	26	27	28	29	30	31	6/1	2	3	4	5
요일	일	월	화	수	목	금	토	일	월	화	수	목	금	토	일	월	화	수	목	금	토	일	월	화	수	목	금	토	일	월
일진	己巳	庚午	辛未	壬申	癸酉	甲戌	乙亥	丙子	丁丑	戊寅	己卯	庚辰	辛巳	壬午	癸未	甲申	乙酉	丙戌	丁亥	戊子	己丑	庚寅	辛卯	壬辰	癸巳	甲午	乙未	丙申	丁酉	戊戌
대운 남	10	10	9	9	9	8	8	8	7	7	7	6	6	6	小	5	5	4	4	4	3	3	3	2	2	2	1	1	1	1
대운 여	1	1	1	1	2	2	2	3	3	3	4	4	4	5	滿	5	6	6	6	7	7	7	8	8	8	9	9	9	10	10

五月小　月建 戊午　四綠　　망종 음 5/1 양 6/6 오전 10시23분 ● 하지 음 5/17 양 6/22 오전 3시10분

음력	1	2	3	4	5	6	7	8	9	10	11	12	13	14	15	16	17	18	19	20	21	22	23	24	25	26	27	28	29
양력	6/6	7	8	9	10	11	12	13	14	15	16	17	18	19	20	21	22	23	24	25	26	27	28	29	30	7/1	2	3	4
요일	화	수	목	금	토	일	월	화	수	목	금	토	일	월	화	수	목	금	토	일	월	화	수	목	금	토	일	월	화
일진	己亥	庚子	辛丑	壬寅	癸卯	甲辰	乙巳	丙午	丁未	戊申	己酉	庚戌	辛亥	壬子	癸丑	甲寅	乙卯	丙辰	丁巳	戊午	己未	庚申	辛酉	壬戌	癸亥	甲子	乙丑	丙寅	丁卯
대운 남	芒	10	10	9	9	9	8	8	8	7	7	7	6	6	6	5	夏	5	4	4	4	3	3	3	2	2	2	1	1
대운 여	種	1	1	1	1	2	2	2	3	3	3	4	4	4	5	5	至	6	6	6	7	7	7	8	8	8	9	9	9

六月大　月建 己未　三碧　　소서 음 6/3 양 7/7 오후 8시37분 ● 대서 음 6/19 양 7/23 오후 2시0분

음력	1	2	3	4	5	6	7	8	9	10	11	12	13	14	15	16	17	18	19	20	21	22	23	24	25	26	27	28	29	30
양력	7/5	6	7	8	9	10	11	12	13	14	15	16	17	18	19	20	21	22	23	24	25	26	27	28	29	30	31	8/1	2	3
요일	수	목	금	토	일	월	화	수	목	금	토	일	월	화	수	목	금	토	일	월	화	수	목	금	토	일	월	화	수	목
일진	戊辰	己巳	庚午	辛未	壬申	癸酉	甲戌	乙亥	丙子	丁丑	戊寅	己卯	庚辰	辛巳	壬午	癸未	甲申	乙酉	丙戌	丁亥	戊子	己丑	庚寅	辛卯	壬辰	癸巳	甲午	乙未	丙申	丁酉
대운 남	1	1	小	10	10	10	9	9	9	8	8	8	7	7	7	6	6	6	大	5	5	4	4	4	3	3	3	2	2	2
대운 여	10	10	暑	1	1	1	1	2	2	2	3	3	3	4	4	4	5	5	暑	6	6	6	7	7	7	8	8	8	9	9

七月大　月建 庚申　二黑

입추 음 7/5 양 8/8 오전 6시18분 ● 처서 음 7/20 양 8/23 오후 8시57분

음력	1	2	3	4	5	6	7	8	9	10	11	12	13	14	15	16	17	18	19	20	21	22	23	24	25	26	27	28	29	30
양력	8/4	5	6	7	8	9	10	11	12	13	14	15	16	17	18	19	20	21	22	23	24	25	26	27	28	29	30	31	9/1	2
요일	금	토	일	월	화	수	목	금	토	일	월	화	수	목	금	토	일	월	화	수	목	금	토	일	월	화	수	목	금	토
일진	戊戌	己亥	庚子	辛丑	壬寅	癸卯	甲辰	乙巳	丙午	丁未	戊申	己酉	庚戌	辛亥	壬子	癸丑	甲寅	乙卯	丙辰	丁巳	戊午	己未	庚申	辛酉	壬戌	癸亥	甲子	乙丑	丙寅	丁卯
대운 남	1	1	1	1	立	10	10	9	9	9	8	8	8	7	7	7	6	6	6	處	5	5	4	4	4	3	3	3	2	2
대운 여	9	10	10	10	秋	1	1	1	1	2	2	2	3	3	3	4	4	4	5	暑	5	6	6	6	7	7	7	8	8	8

八月小　月建 辛酉　一白

백로 음 8/6 양 9/8 오전 9시2분 ● 추분 음 8/21 양 9/23 오후 6시25분

음력	1	2	3	4	5	6	7	8	9	10	11	12	13	14	15	16	17	18	19	20	21	22	23	24	25	26	27	28	29	
양력	9/3	4	5	6	7	8	9	10	11	12	13	14	15	16	17	18	19	20	21	22	23	24	25	26	27	28	29	30	10/1	
요일	일	월	화	수	목	금	토	일	월	화	수	목	금	토	일	월	화	수	목	금	토	일	월	화	수	목	금	토	일	
일진	戊辰	己巳	庚午	辛未	壬申	癸酉	甲戌	乙亥	丙子	丁丑	戊寅	己卯	庚辰	辛巳	壬午	癸未	甲申	乙酉	丙戌	丁亥	戊子	己丑	庚寅	辛卯	壬辰	癸巳	甲午	乙未	丙申	
대운 남	2	1	1	1	1	白	10	10	9	9	9	8	8	8	7	7	7	6	6	6	秋	5	5	4	4	4	3	3	3	
대운 여	9	9	9	10	10	露	1	1	1	1	2	2	2	3	3	3	4	4	4	5	分	5	6	6	6	7	7	7	8	

九月大　月建 壬戌　九紫

한로 음 9/8 양 10/9 오전 0시31분 ● 상강 음 9/23 양 10/24 오전 3시37분

음력	1	2	3	4	5	6	7	8	9	10	11	12	13	14	15	16	17	18	19	20	21	22	23	24	25	26	27	28	29	30
양력	10/2	3	4	5	6	7	8	9	10	11	12	13	14	15	16	17	18	19	20	21	22	23	24	25	26	27	28	29	30	31
요일	월	화	수	목	금	토	일	월	화	수	목	금	토	일	월	화	수	목	금	토	일	월	화	수	목	금	토	일	월	화
일진	丁酉	戊戌	己亥	庚子	辛丑	壬寅	癸卯	甲辰	乙巳	丙午	丁未	戊申	己酉	庚戌	辛亥	壬子	癸丑	甲寅	乙卯	丙辰	丁巳	戊午	己未	庚申	辛酉	壬戌	癸亥	甲子	乙丑	丙寅
대운 남	2	2	2	1	1	1	1	寒	10	9	9	9	8	8	8	7	7	7	6	6	6	5	霜	5	4	4	4	3	3	3
대운 여	8	8	9	9	9	10	10	露	1	1	1	1	2	2	2	3	3	3	4	4	4	5	降	5	6	6	6	7	7	7

十月小　月建 癸亥　八白

입동 음 10/8 양 11/8 오전 3시34분 ● 소설 음 10/23 양 11/23 오전 1시5분

음력	1	2	3	4	5	6	7	8	9	10	11	12	13	14	15	16	17	18	19	20	21	22	23	24	25	26	27	28	29	
양력	11/1	2	3	4	5	6	7	8	9	10	11	12	13	14	15	16	17	18	19	20	21	22	23	24	25	26	27	28	29	
요일	수	목	금	토	일	월	화	수	목	금	토	일	월	화	수	목	금	토	일	월	화	수	목	금	토	일	월	화	수	
일진	丁卯	戊辰	己巳	庚午	辛未	壬申	癸酉	甲戌	乙亥	丙子	丁丑	戊寅	己卯	庚辰	辛巳	壬午	癸未	甲申	乙酉	丙戌	丁亥	戊子	己丑	庚寅	辛卯	壬辰	癸巳	甲午	乙未	
대운 남	2	2	2	1	1	1	1	立	9	9	9	8	8	8	7	7	7	6	6	6	5	5	小	4	4	4	3	3	3	
대운 여	8	8	8	9	9	9	10	冬	1	1	1	1	2	2	2	3	3	3	4	4	4	5	雪	5	6	6	6	7	7	

十一月大　月建 甲子　七赤

대설 음 11/8 양 12/7 오후 8시20분 ● 동지 음 11/23 양 12/22 오후 2시21분

음력	1	2	3	4	5	6	7	8	9	10	11	12	13	14	15	16	17	18	19	20	21	22	23	24	25	26	27	28	29	30
양력	11/30	12/1	2	3	4	5	6	7	8	9	10	11	12	13	14	15	16	17	18	19	20	21	22	23	24	25	26	27	28	29
요일	목	금	토	일	월	화	수	목	금	토	일	월	화	수	목	금	토	일	월	화	수	목	금	토	일	월	화	수	목	금
일진	丙申	丁酉	戊戌	己亥	庚子	辛丑	壬寅	癸卯	甲辰	乙巳	丙午	丁未	戊申	己酉	庚戌	辛亥	壬子	癸丑	甲寅	乙卯	丙辰	丁巳	戊午	己未	庚申	辛酉	壬戌	癸亥	甲子	乙丑
대운 남	2	2	2	1	1	1	1	大	10	9	9	9	8	8	8	7	7	7	6	6	6	5	冬	5	4	4	4	3	3	3
대운 여	7	8	8	8	9	9	9	雪	1	1	1	1	2	2	2	3	3	3	4	4	4	5	至	5	6	6	6	7	7	7

十二月小　月建 乙丑　六白

소한 음 12/8 양 1/6 오전 7시32분 ● 대한 음 12/23 양 1/21 오전 1시0분

음력	1	2	3	4	5	6	7	8	9	10	11	12	13	14	15	16	17	18	19	20	21	22	23	24	25	26	27	28	29	
양력	12/30	31	1/1	2	3	4	5	6	7	8	9	10	11	12	13	14	15	16	17	18	19	20	21	22	23	24	25	26	27	
요일	토	일	월	화	수	목	금	토	일	월	화	수	목	금	토	일	월	화	수	목	금	토	일	월	화	수	목	금	토	
일진	丙寅	丁卯	戊辰	己巳	庚午	辛未	壬申	癸酉	甲戌	乙亥	丙子	丁丑	戊寅	己卯	庚辰	辛巳	壬午	癸未	甲申	乙酉	丙戌	丁亥	戊子	己丑	庚寅	辛卯	壬辰	癸巳	甲午	
대운 남	2	2	2	1	1	1	1	小	9	9	9	8	8	8	7	7	7	6	6	6	5	5	大	4	4	4	3	3	3	
대운 여	8	8	8	9	9	9	10	寒	1	1	1	1	2	2	2	3	3	3	4	4	4	5	寒	5	6	6	6	7	7	

1979년 | 단기 4312년　己未年　七日得辛 十龍治水

卯 大將軍　酉 三殺　巳 吊客　酉 喪門　納音五行 天上火

正月大　月建 丙寅　五黃

입춘 음 1/8 양 2/4 오후 7시12분 ● 우수 음 1/23 양 2/19 오후 3시13분

음력	1	2	3	4	5	6	7	8	9	10	11	12	13	14	15	16	17	18	19	20	21	22	23	24	25	26	27	28	29	30
양력	1/28	29	30	31	2/1	2	3	4	5	6	7	8	9	10	11	12	13	14	15	16	17	18	19	20	21	22	23	24	25	26
요일	일	월	화	수	목	금	토	일	월	화	수	목	금	토	일	월	화	수	목	금	토	일	월	화	수	목	금	토	일	월
일진	乙未	丙申	丁酉	戊戌	己亥	庚子	辛丑	壬寅	癸卯	甲辰	乙巳	丙午	丁未	戊申	己酉	庚戌	辛亥	壬子	癸丑	甲寅	乙卯	丙辰	丁巳	戊午	己未	庚申	辛酉	壬戌	癸亥	甲子
대운 남	2	2	2	1	1	1	1	立	1	1	1	1	2	2	2	3	3	3	4	4	4	5	雨	5	6	6	6	7	7	7
대운 여	7	8	8	8	9	9	9	春	10	9	9	9	8	8	8	7	7	7	6	6	6	5	水	5	4	4	4	3	3	3

二月小　月建 丁卯　四綠

경칩 음 2/8 양 3/6 오후 1시20분 ● 춘분 음 2/23 양 3/21 오후 2시22분

음력	1	2	3	4	5	6	7	8	9	10	11	12	13	14	15	16	17	18	19	20	21	22	23	24	25	26	27	28	29
양력	2/27	28	3/1	2	3	4	5	6	7	8	9	10	11	12	13	14	15	16	17	18	19	20	21	22	23	24	25	26	27
요일	화	수	목	금	토	일	월	화	수	목	금	토	일	월	화	수	목	금	토	일	월	화	수	목	금	토	일	월	화
일진	乙丑	丙寅	丁卯	戊辰	己巳	庚午	辛未	壬申	癸酉	甲戌	乙亥	丙子	丁丑	戊寅	己卯	庚辰	辛巳	壬午	癸未	甲申	乙酉	丙戌	丁亥	戊子	己丑	庚寅	辛卯	壬辰	癸巳
대운 남	8	8	8	9	9	9	10	驚	1	1	1	1	2	2	2	3	3	3	4	4	4	5	春	5	6	6	6	7	7
대운 여	2	2	2	1	1	1	1	蟄	10	9	9	9	8	8	8	7	7	7	6	6	6	5	分	5	4	4	4	3	3

三月小　月建 戊辰　三碧

청명 음 3/9 양 4/5 오후 6시18분 ● 곡우 음 3/25 양 4/21 오전 1시35분

음력	1	2	3	4	5	6	7	8	9	10	11	12	13	14	15	16	17	18	19	20	21	22	23	24	25	26	27	28	29
양력	3/28	29	30	31	4/1	2	3	4	5	6	7	8	9	10	11	12	13	14	15	16	17	18	19	20	21	22	23	24	25
요일	수	목	금	토	일	월	화	수	목	금	토	일	월	화	수	목	금	토	일	월	화	수	목	금	토	일	월	화	수
일진	甲午	乙未	丙申	丁酉	戊戌	己亥	庚子	辛丑	壬寅	癸卯	甲辰	乙巳	丙午	丁未	戊申	己酉	庚戌	辛亥	壬子	癸丑	甲寅	乙卯	丙辰	丁巳	戊午	己未	庚申	辛酉	壬戌
대운 남	7	8	8	8	9	9	9	10	清	1	1	1	1	2	2	2	3	3	3	4	4	4	5	5	穀	6	6	6	7
대운 여	3	2	2	2	1	1	1	1	明	10	10	9	9	9	8	8	8	7	7	7	6	6	6	5	雨	5	4	4	4

四月大　月建 己巳　二黑

입하 음 4/11 양 5/6 오전 11시47분 ● 소만 음 4/27 양 5/22 오전 0시54분

음력	1	2	3	4	5	6	7	8	9	10	11	12	13	14	15	16	17	18	19	20	21	22	23	24	25	26	27	28	29	30
양력	4/26	27	28	29	30	5/1	2	3	4	5	6	7	8	9	10	11	12	13	14	15	16	17	18	19	20	21	22	23	24	25
요일	목	금	토	일	월	화	수	목	금	토	일	월	화	수	목	금	토	일	월	화	수	목	금	토	일	월	화	수	목	금
일진	癸亥	甲子	乙丑	丙寅	丁卯	戊辰	己巳	庚午	辛未	壬申	癸酉	甲戌	乙亥	丙子	丁丑	戊寅	己卯	庚辰	辛巳	壬午	癸未	甲申	乙酉	丙戌	丁亥	戊子	己丑	庚寅	辛卯	壬辰
대운 남	7	7	8	8	8	9	9	9	10	10	立	1	1	1	1	2	2	2	3	3	3	4	4	4	5	5	小	6	6	6
대운 여	3	3	3	2	2	2	1	1	1	1	夏	10	10	9	9	9	8	8	8	7	7	7	6	6	6	5	滿	5	4	4

五月小　月建 庚午　一白

망종 음 5/12 양 6/6 오후 4시5분 ● 하지 음 5/28 양 6/22 오전 8시56분

음력	1	2	3	4	5	6	7	8	9	10	11	12	13	14	15	16	17	18	19	20	21	22	23	24	25	26	27	28	29
양력	5/26	27	28	29	30	31	6/1	2	3	4	5	6	7	8	9	10	11	12	13	14	15	16	17	18	19	20	21	22	23
요일	토	일	월	화	수	목	금	토	일	월	화	수	목	금	토	일	월	화	수	목	금	토	일	월	화	수	목	금	토
일진	癸巳	甲午	乙未	丙申	丁酉	戊戌	己亥	庚子	辛丑	壬寅	癸卯	甲辰	乙巳	丙午	丁未	戊申	己酉	庚戌	辛亥	壬子	癸丑	甲寅	乙卯	丙辰	丁巳	戊午	己未	庚申	辛酉
대운 남	7	7	7	8	8	8	9	9	9	10	10	芒	1	1	1	1	2	2	2	3	3	3	4	4	4	5	5	夏	6
대운 여	4	3	3	3	2	2	2	1	1	1	1	種	10	10	10	9	9	9	8	8	8	7	7	7	6	6	6	至	5

六月大　月建 辛未　九紫

소서 음 6/15 양 7/8 오전 2시25분 ● 대서 음 6/30 양 7/23 오후 7시49분

음력	1	2	3	4	5	6	7	8	9	10	11	12	13	14	15	16	17	18	19	20	21	22	23	24	25	26	27	28	29	30
양력	6/24	25	26	27	28	29	30	7/1	2	3	4	5	6	7	8	9	10	11	12	13	14	15	16	17	18	19	20	21	22	23
요일	일	월	화	수	목	금	토	일	월	화	수	목	금	토	일	월	화	수	목	금	토	일	월	화	수	목	금	토	일	월
일진	壬戌	癸亥	甲子	乙丑	丙寅	丁卯	戊辰	己巳	庚午	辛未	壬申	癸酉	甲戌	乙亥	丙子	丁丑	戊寅	己卯	庚辰	辛巳	壬午	癸未	甲申	乙酉	丙戌	丁亥	戊子	己丑	庚寅	辛卯
대운 남	6	6	7	7	7	8	8	8	9	9	9	10	10	10	小	1	1	1	1	2	2	2	3	3	3	4	4	4	5	大
대운 여	5	4	4	4	3	3	3	2	2	2	1	1	1	1	暑	10	10	9	9	9	8	8	8	7	7	7	6	6	6	暑

閏六月大

입추 음 윤6/16 양 8/8 오후 12시11분

음력	1	2	3	4	5	6	7	8	9	10	11	12	13	14	15	16	17	18	19	20	21	22	23	24	25	26	27	28	29	30
양력	7/24	25	26	27	28	29	30	31	8/1	2	3	4	5	6	7	8	9	10	11	12	13	14	15	16	17	18	19	20	21	22
요일	화	수	목	금	토	일	월	화	수	목	금	토	일	월	화	수	목	금	토	일	월	화	수	목	금	토	일	월	화	수
일진	壬辰	癸巳	甲午	乙未	丙申	丁酉	戊戌	己亥	庚子	辛丑	壬寅	癸卯	甲辰	乙巳	丙午	丁未	戊申	己酉	庚戌	辛亥	壬子	癸丑	甲寅	乙卯	丙辰	丁巳	戊午	己未	庚申	辛酉
대운 남	5	6	6	6	7	7	7	8	8	8	9	9	9	10	10	立	1	1	1	1	2	2	2	3	3	3	4	4	4	5
대운 여	5	5	4	4	4	3	3	3	2	2	2	1	1	1	1	秋	10	10	9	9	9	8	8	8	7	7	7	6	6	6

七月小 月建 壬申 八白

처서 음 7/2 양 8/24 오전 2시47분 ● 백로 음 7/17 양 9/8 오후 3시0분

음력	1	2	3	4	5	6	7	8	9	10	11	12	13	14	15	16	17	18	19	20	21	22	23	24	25	26	27	28	29
양력	8/23	24	25	26	27	28	29	30	31	9/1	2	3	4	5	6	7	8	9	10	11	12	13	14	15	16	17	18	19	20
요일	목	금	토	일	월	화	수	목	금	토	일	월	화	수	목	금	토	일	월	화	수	목	금	토	일	월	화	수	목
일진	壬戌	癸亥	甲子	乙丑	丙寅	丁卯	戊辰	己巳	庚午	辛未	壬申	癸酉	甲戌	乙亥	丙子	丁丑	戊寅	己卯	庚辰	辛巳	壬午	癸未	甲申	乙酉	丙戌	丁亥	戊子	己丑	庚寅
대운 남	5	處	6	6	6	7	7	7	8	8	8	9	9	9	10	10	白	1	1	1	1	2	2	2	3	3	3	4	4
대운 여	5	暑	5	4	4	4	3	3	3	2	2	2	1	1	1	1	露	10	10	9	9	9	8	8	8	7	7	7	6

八月大 月建 癸酉 七赤

추분 음 8/4 양 9/24 오전 0시16분 ● 한로 음 8/19 양 10/9 오전 6시30분

음력	1	2	3	4	5	6	7	8	9	10	11	12	13	14	15	16	17	18	19	20	21	22	23	24	25	26	27	28	29	30
양력	9/21	22	23	24	25	26	27	28	29	30	10/1	2	3	4	5	6	7	8	9	10	11	12	13	14	15	16	17	18	19	20
요일	금	토	일	월	화	수	목	금	토	일	월	화	수	목	금	토	일	월	화	수	목	금	토	일	월	화	수	목	금	토
일진	辛卯	壬辰	癸巳	甲午	乙未	丙申	丁酉	戊戌	己亥	庚子	辛丑	壬寅	癸卯	甲辰	乙巳	丙午	丁未	戊申	己酉	庚戌	辛亥	壬子	癸丑	甲寅	乙卯	丙辰	丁巳	戊午	己未	庚申
대운 남	4	5	5	秋	6	6	6	7	7	7	8	8	8	9	9	9	10	10	寒	1	1	1	1	2	2	2	3	3	3	4
대운 여	6	6	5	分	5	4	4	4	3	3	3	2	2	2	1	1	1	1	露	10	9	9	9	8	8	8	7	7	7	6

九月大 月建 甲戌 六白

상강 음 9/4 양 10/24 오전 9시28분 ● 입동 음 9/19 양 11/8 오전 9시33분

음력	1	2	3	4	5	6	7	8	9	10	11	12	13	14	15	16	17	18	19	20	21	22	23	24	25	26	27	28	29	30
양력	10/21	22	23	24	25	26	27	28	29	30	31	11/1	2	3	4	5	6	7	8	9	10	11	12	13	14	15	16	17	18	19
요일	일	월	화	수	목	금	토	일	월	화	수	목	금	토	일	월	화	수	목	금	토	일	월	화	수	목	금	토	일	월
일진	辛酉	壬戌	癸亥	甲子	乙丑	丙寅	丁卯	戊辰	己巳	庚午	辛未	壬申	癸酉	甲戌	乙亥	丙子	丁丑	戊寅	己卯	庚辰	辛巳	壬午	癸未	甲申	乙酉	丙戌	丁亥	戊子	己丑	庚寅
대운 남	4	4	5	霜	5	6	6	6	7	7	7	8	8	8	9	9	9	10	立	1	1	1	1	2	2	2	3	3	3	4
대운 여	6	6	5	降	5	4	4	4	3	3	3	2	2	2	1	1	1	1	冬	10	9	9	9	8	8	8	7	7	7	6

十月小 月建 乙亥 五黃

소설 음 10/4 양 11/23 오전 6시54분 ● 대설 음 10/19 양 12/8 오전 2시18분

음력	1	2	3	4	5	6	7	8	9	10	11	12	13	14	15	16	17	18	19	20	21	22	23	24	25	26	27	28	29
양력	11/20	21	22	23	24	25	26	27	28	29	30	12/1	2	3	4	5	6	7	8	9	10	11	12	13	14	15	16	17	18
요일	화	수	목	금	토	일	월	화	수	목	금	토	일	월	화	수	목	금	토	일	월	화	수	목	금	토	일	월	화
일진	辛卯	壬辰	癸巳	甲午	乙未	丙申	丁酉	戊戌	己亥	庚子	辛丑	壬寅	癸卯	甲辰	乙巳	丙午	丁未	戊申	己酉	庚戌	辛亥	壬子	癸丑	甲寅	乙卯	丙辰	丁巳	戊午	己未
대운 남	4	4	5	小	5	6	6	6	7	7	7	8	8	8	9	9	9	10	大	1	1	1	1	2	2	2	3	3	3
대운 여	6	6	5	雪	5	4	4	4	3	3	3	2	2	2	1	1	1	1	雪	9	9	9	8	8	8	7	7	7	6

十一月大 月建 丙子 四綠

동지 음 11/4 양 12/22 오후 8시10분 ● 소한 음 11/19 양 1/6 오후 1시29분

음력	1	2	3	4	5	6	7	8	9	10	11	12	13	14	15	16	17	18	19	20	21	22	23	24	25	26	27	28	29	30
양력	12/19	20	21	22	23	24	25	26	27	28	29	30	31	1/1	2	3	4	5	6	7	8	9	10	11	12	13	14	15	16	17
요일	수	목	금	토	일	월	화	수	목	금	토	일	월	화	수	목	금	토	일	월	화	수	목	금	토	일	월	화	수	목
일진	庚申	辛酉	壬戌	癸亥	甲子	乙丑	丙寅	丁卯	戊辰	己巳	庚午	辛未	壬申	癸酉	甲戌	乙亥	丙子	丁丑	戊寅	己卯	庚辰	辛巳	壬午	癸未	甲申	乙酉	丙戌	丁亥	戊子	己丑
대운 남	4	4	4	冬	5	5	6	6	6	7	7	7	8	8	8	9	9	9	小	1	1	1	1	2	2	2	3	3	3	4
대운 여	6	6	5	至	5	4	4	4	3	3	3	2	2	2	1	1	1	1	寒	10	9	9	9	8	8	8	7	7	7	6

十二月小 月建 丁丑 三碧

대한 음 12/4 양 1/21 오전 6시49분 ● 입춘 음 12/19 양 2/5 오전 1시9분

음력	1	2	3	4	5	6	7	8	9	10	11	12	13	14	15	16	17	18	19	20	21	22	23	24	25	26	27	28	29
양력	1/18	19	20	21	22	23	24	25	26	27	28	29	30	31	2/1	2	3	4	5	6	7	8	9	10	11	12	13	14	15
요일	금	토	일	월	화	수	목	금	토	일	월	화	수	목	금	토	일	월	화	수	목	금	토	일	월	화	수	목	금
일진	庚寅	辛卯	壬辰	癸巳	甲午	乙未	丙申	丁酉	戊戌	己亥	庚子	辛丑	壬寅	癸卯	甲辰	乙巳	丙午	丁未	戊申	己酉	庚戌	辛亥	壬子	癸丑	甲寅	乙卯	丙辰	丁巳	戊午
대운 남	4	4	5	大	5	6	6	6	7	7	7	8	8	8	9	9	9	10	立	9	9	9	8	8	8	7	7	7	6
대운 여	6	6	5	寒	5	4	4	4	3	3	3	2	2	2	1	1	1	1	春	1	1	1	1	2	2	2	3	3	3

1980년 | 단기 4313년 庚申年

三日得辛 十龍治水

午 大將軍　南 三殺　午 吊客　戌 喪門

納音五行 石榴木

正月大　月建 戊寅　二黑

우수 음 1/4 양 2/19 오후 9시2분 ● 경칩 음 1/19 양 3/5 오후 7시17분

음력	1	2	3	4	5	6	7	8	9	10	11	12	13	14	15	16	17	18	19	20	21	22	23	24	25	26	27	28	29	30
양력	2/16	17	18	19	20	21	22	23	24	25	26	27	28	29	3/1	2	3	4	5	6	7	8	9	10	11	12	13	14	15	16
요일	토	일	월	화	수	목	금	토	일	월	화	수	목	금	토	일	월	화	수	목	금	토	일	월	화	수	목	금	토	일
일진	己未	庚申	辛酉	壬戌	癸亥	甲子	乙丑	丙寅	丁卯	戊辰	己巳	庚午	辛未	壬申	癸酉	甲戌	乙亥	丙子	丁丑	戊寅	己卯	庚辰	辛巳	壬午	癸未	甲申	乙酉	丙戌	丁亥	戊子
대운 남	6	6	5	雨水	5	4	4	4	3	3	3	2	2	2	1	1	1	1	驚蟄	10	10	9	9	9	8	8	8	7	7	7
대운 여	4	4	4		5	5	6	6	6	7	7	7	8	8	8	9	9	9		1	1	1	1	2	2	2	3	3	3	4

二月小　月建 己卯　一白

춘분 음 2/4 양 3/20 오후 8시10분 ● 청명 음 2/20 양 4/5 오전 0시15분

음력	1	2	3	4	5	6	7	8	9	10	11	12	13	14	15	16	17	18	19	20	21	22	23	24	25	26	27	28	29
양력	3/17	18	19	20	21	22	23	24	25	26	27	28	29	30	31	4/1	2	3	4	5	6	7	8	9	10	11	12	13	14
요일	월	화	수	목	금	토	일	월	화	수	목	금	토	일	월	화	수	목	금	토	일	월	화	수	목	금	토	일	월
일진	己丑	庚寅	辛卯	壬辰	癸巳	甲午	乙未	丙申	丁酉	戊戌	己亥	庚子	辛丑	壬寅	癸卯	甲辰	乙巳	丙午	丁未	戊申	己酉	庚戌	辛亥	壬子	癸丑	甲寅	乙卯	丙辰	丁巳
대운 남	6	6	6	春分	5	5	4	4	4	3	3	3	2	2	2	1	1	1	1	淸明	10	9	9	9	8	8	8	7	7
대운 여	4	4	5		5	6	6	6	7	7	7	8	8	8	9	9	9	10	10		1	1	1	1	2	2	2	3	3

三月小　月建 庚辰　九紫

곡우 음 3/6 양 4/20 오전 7시23분 ● 입하 음 3/21 양 5/5 오후 5시45분

음력	1	2	3	4	5	6	7	8	9	10	11	12	13	14	15	16	17	18	19	20	21	22	23	24	25	26	27	28	29
양력	4/15	16	17	18	19	20	21	22	23	24	25	26	27	28	29	30	5/1	2	3	4	5	6	7	8	9	10	11	12	13
요일	화	수	목	금	토	일	월	화	수	목	금	토	일	월	화	수	목	금	토	일	월	화	수	목	금	토	일	월	화
일진	戊午	己未	庚申	辛酉	壬戌	癸亥	甲子	乙丑	丙寅	丁卯	戊辰	己巳	庚午	辛未	壬申	癸酉	甲戌	乙亥	丙子	丁丑	戊寅	己卯	庚辰	辛巳	壬午	癸未	甲申	乙酉	丙戌
대운 남	7	6	6	6	5	穀雨	5	4	4	4	3	3	3	2	2	2	1	1	1	1	立夏	10	10	9	9	9	8	8	8
대운 여	3	4	4	4	5		5	6	6	6	7	7	7	8	8	8	9	9	9	10		1	1	1	1	2	2	2	3

四月大　月建 辛巳　八白

소만 음 4/8 양 5/21 오전 6시42분 ● 망종 음 4/23 양 6/5 오후 10시4분

음력	1	2	3	4	5	6	7	8	9	10	11	12	13	14	15	16	17	18	19	20	21	22	23	24	25	26	27	28	29	30
양력	5/14	15	16	17	18	19	20	21	22	23	24	25	26	27	28	29	30	31	6/1	2	3	4	5	6	7	8	9	10	11	12
요일	수	목	금	토	일	월	화	수	목	금	토	일	월	화	수	목	금	토	일	월	화	수	목	금	토	일	월	화	수	목
일진	丁亥	戊子	己丑	庚寅	辛卯	壬辰	癸巳	甲午	乙未	丙申	丁酉	戊戌	己亥	庚子	辛丑	壬寅	癸卯	甲辰	乙巳	丙午	丁未	戊申	己酉	庚戌	辛亥	壬子	癸丑	甲寅	乙卯	丙辰
대운 남	7	7	7	6	6	6	5	小滿	5	4	4	4	3	3	3	2	2	2	1	1	1	1	芒種	10	10	10	9	9	9	8
대운 여	3	3	4	4	4	5	5		6	6	6	7	7	7	8	8	8	9	9	9	10	10		1	1	1	1	2	2	2

五月小　月建 壬午　七赤

하지 음 5/9 양 6/21 오후 2시47분 ● 소서 음 5/25 양 7/7 오전 8시24분

음력	1	2	3	4	5	6	7	8	9	10	11	12	13	14	15	16	17	18	19	20	21	22	23	24	25	26	27	28	29
양력	6/13	14	15	16	17	18	19	20	21	22	23	24	25	26	27	28	29	30	7/1	2	3	4	5	6	7	8	9	10	11
요일	금	토	일	월	화	수	목	금	토	일	월	화	수	목	금	토	일	월	화	수	목	금	토	일	월	화	수	목	금
일진	丁巳	戊午	己未	庚申	辛酉	壬戌	癸亥	甲子	乙丑	丙寅	丁卯	戊辰	己巳	庚午	辛未	壬申	癸酉	甲戌	乙亥	丙子	丁丑	戊寅	己卯	庚辰	辛巳	壬午	癸未	甲申	乙酉
대운 남	8	8	7	7	7	6	6	6	夏至	5	5	4	4	4	3	3	3	2	2	2	1	1	1	1	小暑	10	10	9	9
대운 여	3	3	3	4	4	4	5	5		6	6	6	7	7	7	8	8	8	9	9	9	10	10	10		1	1	1	1

六月大　月建 癸未　六白

대서 음 6/12 양 7/23 오전 1시42분 ● 입추 음 6/27 양 8/7 오후 6시9분

음력	1	2	3	4	5	6	7	8	9	10	11	12	13	14	15	16	17	18	19	20	21	22	23	24	25	26	27	28	29	30
양력	7/12	13	14	15	16	17	18	19	20	21	22	23	24	25	26	27	28	29	30	31	8/1	2	3	4	5	6	7	8	9	10
요일	토	일	월	화	수	목	금	토	일	월	화	수	목	금	토	일	월	화	수	목	금	토	일	월	화	수	목	금	토	일
일진	丙戌	丁亥	戊子	己丑	庚寅	辛卯	壬辰	癸巳	甲午	乙未	丙申	丁酉	戊戌	己亥	庚子	辛丑	壬寅	癸卯	甲辰	乙巳	丙午	丁未	戊申	己酉	庚戌	辛亥	壬子	癸丑	甲寅	乙卯
대운 남	9	8	8	8	7	7	7	6	6	6	5	大暑	5	4	4	4	3	3	3	2	2	2	1	1	1	1	立秋	10	10	9
대운 여	2	2	2	3	3	3	4	4	4	5	5		6	6	6	7	7	7	8	8	8	9	9	9	10	10		1	1	1

七月小 月建 甲申 五黃

처서 음 7/13 양 8/23 오전 8시41분●백로 음 7/28 양 9/7 오후 8시53분

음력	1	2	3	4	5	6	7	8	9	10	11	12	13	14	15	16	17	18	19	20	21	22	23	24	25	26	27	28	29	
양력	8/11	12	13	14	15	16	17	18	19	20	21	22	23	24	25	26	27	28	29	30	31	9/1	2	3	4	5	6	7	8	
요일	월	화	수	목	금	토	일	월	화	수	목	금	토	일	월	화	수	목	금	토	일	월	화	수	목	금	토	일	월	
일진	丙辰	丁巳	戊午	己未	庚申	辛酉	壬戌	癸亥	甲子	乙丑	丙寅	丁卯	戊辰	己巳	庚午	辛未	壬申	癸酉	甲戌	乙亥	丙子	丁丑	戊寅	己卯	庚辰	辛巳	壬午	癸未	甲申	
대운 남	9	9	8	8	8	7	7	7	6	6	6	5	處暑	5	4	4	4	3	3	3	2	2	2	1	1	1	1	白露	10	
대운 여	1	2	2	2	3	3	3	4	4	4	5	5		6	6	6	7	7	7	8	8	8	9	9	9	10	10		1	

八月大 月建 乙酉 四綠

추분 음 8/15 양 9/23 오전 6시9분●한로 음 8/30 양 10/8 오후 12시19분

음력	1	2	3	4	5	6	7	8	9	10	11	12	13	14	15	16	17	18	19	20	21	22	23	24	25	26	27	28	29	30
양력	9/9	10	11	12	13	14	15	16	17	18	19	20	21	22	23	24	25	26	27	28	29	30	10/1	2	3	4	5	6	7	8
요일	화	수	목	금	토	일	월	화	수	목	금	토	일	월	화	수	목	금	토	일	월	화	수	목	금	토	일	월	화	수
일진	乙酉	丙戌	丁亥	戊子	己丑	庚寅	辛卯	壬辰	癸巳	甲午	乙未	丙申	丁酉	戊戌	己亥	庚子	辛丑	壬寅	癸卯	甲辰	乙巳	丙午	丁未	戊申	己酉	庚戌	辛亥	壬子	癸丑	甲寅
대운 남	10	9	9	9	8	8	8	7	7	7	6	6	6	5	秋分	5	4	4	4	3	3	3	2	2	2	1	1	1	1	寒露
대운 여	1	1	1	2	2	2	3	3	3	4	4	4	5	5		6	6	6	7	7	7	8	8	8	9	9	9	10	10	

九月大 月建 丙戌 三碧

상강 음 9/15 양 10/23 오후 3시18분●입동 음 9/30 양 11/7 오후 3시18분

음력	1	2	3	4	5	6	7	8	9	10	11	12	13	14	15	16	17	18	19	20	21	22	23	24	25	26	27	28	29	30
양력	10/9	10	11	12	13	14	15	16	17	18	19	20	21	22	23	24	25	26	27	28	29	30	31	11/1	2	3	4	5	6	7
요일	목	금	토	일	월	화	수	목	금	토	일	월	화	수	목	금	토	일	월	화	수	목	금	토	일	월	화	수	목	금
일진	乙卯	丙辰	丁巳	戊午	己未	庚申	辛酉	壬戌	癸亥	甲子	乙丑	丙寅	丁卯	戊辰	己巳	庚午	辛未	壬申	癸酉	甲戌	乙亥	丙子	丁丑	戊寅	己卯	庚辰	辛巳	壬午	癸未	甲申
대운 남	10	9	9	9	8	8	8	7	7	7	6	6	6	5	霜降	5	4	4	4	3	3	3	2	2	2	1	1	1	1	立冬
대운 여	1	1	1	1	2	2	2	3	3	3	4	4	4	5		5	6	6	6	7	7	7	8	8	8	9	9	9	10	

十月小 月建 丁亥 二黑

소설 음 10/15 양 11/22 오후 12시41분

음력	1	2	3	4	5	6	7	8	9	10	11	12	13	14	15	16	17	18	19	20	21	22	23	24	25	26	27	28	29	
양력	11/8	9	10	11	12	13	14	15	16	17	18	19	20	21	22	23	24	25	26	27	28	29	30	12/1	2	3	4	5	6	
요일	토	일	월	화	수	목	금	토	일	월	화	수	목	금	토	일	월	화	수	목	금	토	일	월	화	수	목	금	토	
일진	乙酉	丙戌	丁亥	戊子	己丑	庚寅	辛卯	壬辰	癸巳	甲午	乙未	丙申	丁酉	戊戌	己亥	庚子	辛丑	壬寅	癸卯	甲辰	乙巳	丙午	丁未	戊申	己酉	庚戌	辛亥	壬子	癸丑	
대운 남	10	9	9	9	8	8	8	7	7	7	6	6	6	5	小雪	5	4	4	4	3	3	3	2	2	2	1	1	1	1	
대운 여	1	1	1	1	2	2	2	3	3	3	4	4	4	5		5	6	6	6	7	7	7	8	8	8	9	9	9	10	

十一月大 月建 戊子 一白

대설 음 11/1 양 12/7 오전 8시1분●동지 음 11/16 양 12/22 오전 1시56분●소한 음 11/30 양 1/5 오후 7시13분

음력	1	2	3	4	5	6	7	8	9	10	11	12	13	14	15	16	17	18	19	20	21	22	23	24	25	26	27	28	29	30
양력	12/7	8	9	10	11	12	13	14	15	16	17	18	19	20	21	22	23	24	25	26	27	28	29	30	31	1/1	2	3	4	5
요일	일	월	화	수	목	금	토	일	월	화	수	목	금	토	일	월	화	수	목	금	토	일	월	화	수	목	금	토	일	월
일진	甲寅	乙卯	丙辰	丁巳	戊午	己未	庚申	辛酉	壬戌	癸亥	甲子	乙丑	丙寅	丁卯	戊辰	己巳	庚午	辛未	壬申	癸酉	甲戌	乙亥	丙子	丁丑	戊寅	己卯	庚辰	辛巳	壬午	癸未
대운 남	大雪	9	9	9	8	8	8	7	7	7	6	6	6	5	5	冬至	4	4	4	3	3	3	2	2	2	1	1	1	1	小寒
대운 여		1	1	1	1	2	2	2	3	3	3	4	4	4	5		5	6	6	6	7	7	7	8	8	8	9	9	9	

十二月大 月建 己丑 九紫

대한 음 12/15 양 1/20 오후 12시36분●입춘 음 12/30 양 2/4 오전 6시55분

음력	1	2	3	4	5	6	7	8	9	10	11	12	13	14	15	16	17	18	19	20	21	22	23	24	25	26	27	28	29	30
양력	1/6	7	8	9	10	11	12	13	14	15	16	17	18	19	20	21	22	23	24	25	26	27	28	29	30	31	2/1	2	3	4
요일	화	수	목	금	토	일	월	화	수	목	금	토	일	월	화	수	목	금	토	일	월	화	수	목	금	토	일	월	화	수
일진	甲申	乙酉	丙戌	丁亥	戊子	己丑	庚寅	辛卯	壬辰	癸巳	甲午	乙未	丙申	丁酉	戊戌	己亥	庚子	辛丑	壬寅	癸卯	甲辰	乙巳	丙午	丁未	戊申	己酉	庚戌	辛亥	壬子	癸丑
대운 남	10	9	9	9	8	8	8	7	7	7	6	6	6	5	大寒	5	4	4	4	3	3	3	2	2	2	1	1	1	1	立春
대운 여	1	1	1	1	2	2	2	3	3	3	4	4	4	5		5	6	6	6	7	7	7	8	8	8	9	9	9	10	

1981년 | 단기 4314년　辛酉年

八日得辛 三龍治水

午 大將軍　東 三殺　未 吊客　亥 喪門

納音五行 石榴木

正月小　月建 庚寅　八白　우수 음 1/15 양 2/19 오전 2시52분

음력		1	2	3	4	5	6	7	8	9	10	11	12	13	14	15	16	17	18	19	20	21	22	23	24	25	26	27	28	29
양력		2/5	6	7	8	9	10	11	12	13	14	15	16	17	18	19	20	21	22	23	24	25	26	27	28	3/1	2	3	4	5
요일		목	금	토	일	월	화	수	목	금	토	일	월	화	수	목	금	토	일	월	화	수	목	금	토	일	월	화	수	목
일진		甲寅	乙卯	丙辰	丁巳	戊午	己未	庚申	辛酉	壬戌	癸亥	甲子	乙丑	丙寅	丁卯	戊辰	己巳	庚午	辛未	壬申	癸酉	甲戌	乙亥	丙子	丁丑	戊寅	己卯	庚辰	辛巳	壬午
대운	남	1	1	1	1	2	2	2	3	3	3	4	4	4	5	雨	5	6	6	6	7	7	7	8	8	8	9	9	9	10
	여	10	9	9	9	8	8	8	7	7	7	6	6	6	5	水	5	4	4	4	3	3	3	2	2	2	1	1	1	1

二月大　月建 辛卯　七赤　경칩 음 2/1 양 3/6 오전 1시5분 ● 춘분 음 2/16 양 3/21 오전 2시3분

음력		1	2	3	4	5	6	7	8	9	10	11	12	13	14	15	16	17	18	19	20	21	22	23	24	25	26	27	28	29	30
양력		3/6	7	8	9	10	11	12	13	14	15	16	17	18	19	20	21	22	23	24	25	26	27	28	29	30	31	4/1	2	3	4
요일		금	토	일	월	화	수	목	금	토	일	월	화	수	목	금	토	일	월	화	수	목	금	토	일	월	화	수	목	금	토
일진		癸未	甲申	乙酉	丙戌	丁亥	戊子	己丑	庚寅	辛卯	壬辰	癸巳	甲午	乙未	丙申	丁酉	戊戌	己亥	庚子	辛丑	壬寅	癸卯	甲辰	乙巳	丙午	丁未	戊申	己酉	庚戌	辛亥	壬子
대운	남	驚	1	1	1	1	2	2	2	3	3	3	4	4	4	5	春	5	6	6	6	7	7	7	8	8	8	9	9	9	10
	여	蟄	10	9	9	9	8	8	8	7	7	7	6	6	6	5	分	5	4	4	4	3	3	3	2	2	2	1	1	1	1

三月小　月建 壬辰　六白　청명 음 3/1 양 4/5 오전 6시5분 ● 곡우 음 3/16 양 4/20 오후 1시19분

음력		1	2	3	4	5	6	7	8	9	10	11	12	13	14	15	16	17	18	19	20	21	22	23	24	25	26	27	28	29
양력		4/5	6	7	8	9	10	11	12	13	14	15	16	17	18	19	20	21	22	23	24	25	26	27	28	29	30	5/1	2	3
요일		일	월	화	수	목	금	토	일	월	화	수	목	금	토	일	월	화	수	목	금	토	일	월	화	수	목	금	토	일
일진		癸丑	甲寅	乙卯	丙辰	丁巳	戊午	己未	庚申	辛酉	壬戌	癸亥	甲子	乙丑	丙寅	丁卯	戊辰	己巳	庚午	辛未	壬申	癸酉	甲戌	乙亥	丙子	丁丑	戊寅	己卯	庚辰	辛巳
대운	남	淸	1	1	1	1	2	2	2	3	3	3	4	4	4	5	穀	5	6	6	6	7	7	7	8	8	8	9	9	9
	여	明	10	9	9	9	8	8	8	7	7	7	6	6	6	5	雨	5	4	4	4	3	3	3	2	2	2	1	1	1

四月小　月建 癸巳　五黃　입하 음 4/2 양 5/5 오후 11시35분 ● 소만 음 4/18 양 5/21 오후 12시39분

음력		1	2	3	4	5	6	7	8	9	10	11	12	13	14	15	16	17	18	19	20	21	22	23	24	25	26	27	28	29
양력		5/4	5	6	7	8	9	10	11	12	13	14	15	16	17	18	19	20	21	22	23	24	25	26	27	28	29	30	31	6/1
요일		월	화	수	목	금	토	일	월	화	수	목	금	토	일	월	화	수	목	금	토	일	월	화	수	목	금	토	일	월
일진		壬午	癸未	甲申	乙酉	丙戌	丁亥	戊子	己丑	庚寅	辛卯	壬辰	癸巳	甲午	乙未	丙申	丁酉	戊戌	己亥	庚子	辛丑	壬寅	癸卯	甲辰	乙巳	丙午	丁未	戊申	己酉	庚戌
대운	남	10	立	1	1	1	1	2	2	2	3	3	3	4	4	4	5	5	小	6	6	6	7	7	7	8	8	8	9	9
	여	1	夏	10	10	10	9	9	9	8	8	8	7	7	7	6	6	6	滿	5	5	4	4	4	3	3	3	2	2	2

五月大　月建 甲午　四綠　망종 음 5/5 양 6/6 오전 3시53분 ● 하지 음 5/20 양 6/21 오후 8시45분

음력		1	2	3	4	5	6	7	8	9	10	11	12	13	14	15	16	17	18	19	20	21	22	23	24	25	26	27	28	29	30
양력		6/2	3	4	5	6	7	8	9	10	11	12	13	14	15	16	17	18	19	20	21	22	23	24	25	26	27	28	29	30	7/1
요일		화	수	목	금	토	일	월	화	수	목	금	토	일	월	화	수	목	금	토	일	월	화	수	목	금	토	일	월	화	수
일진		辛亥	壬子	癸丑	甲寅	乙卯	丙辰	丁巳	戊午	己未	庚申	辛酉	壬戌	癸亥	甲子	乙丑	丙寅	丁卯	戊辰	己巳	庚午	辛未	壬申	癸酉	甲戌	乙亥	丙子	丁丑	戊寅	己卯	庚辰
대운	남	9	10	10	10	芒	1	1	1	1	2	2	2	3	3	3	4	4	4	5	夏	5	6	6	6	7	7	7	8	8	8
	여	1	1	1	1	種	10	10	9	9	9	8	8	8	7	7	7	6	6	6	至	5	5	4	4	4	3	3	3	2	2

六月小　月建 乙未　三碧　소서 음 6/6 양 7/7 오후 2시12분 ● 대서 음 6/22 양 7/23 오전 7시40분

음력		1	2	3	4	5	6	7	8	9	10	11	12	13	14	15	16	17	18	19	20	21	22	23	24	25	26	27	28	29
양력		7/2	3	4	5	6	7	8	9	10	11	12	13	14	15	16	17	18	19	20	21	22	23	24	25	26	27	28	29	30
요일		목	금	토	일	월	화	수	목	금	토	일	월	화	수	목	금	토	일	월	화	수	목	금	토	일	월	화	수	목
일진		辛巳	壬午	癸未	甲申	乙酉	丙戌	丁亥	戊子	己丑	庚寅	辛卯	壬辰	癸巳	甲午	乙未	丙申	丁酉	戊戌	己亥	庚子	辛丑	壬寅	癸卯	甲辰	乙巳	丙午	丁未	戊申	己酉
대운	남	9	9	9	10	10	小	1	1	1	1	2	2	2	3	3	3	4	4	4	5	5	大	6	6	6	7	7	7	8
	여	2	1	1	1	1	暑	10	10	9	9	9	8	8	8	7	7	7	6	6	6	5	暑	5	4	4	4	3	3	3

七月小　　月建 丙申　　二黑

입추 음 7/8 양 8/7 오후 11시57분●처서 음 7/24 양 8/23 오후 2시38분

음력	1	2	3	4	5	6	7	8	9	10	11	12	13	14	15	16	17	18	19	20	21	22	23	24	25	26	27	28	29
양력	7/31	8/1	2	3	4	5	6	7	8	9	10	11	12	13	14	15	16	17	18	19	20	21	22	23	24	25	26	27	28
요일	금	토	일	월	화	수	목	금	토	일	월	화	수	목	금	토	일	월	화	수	목	금	토	일	월	화	수	목	금
일진	庚戌	辛亥	壬子	癸丑	甲寅	乙卯	丙辰	丁巳	戊午	己未	庚申	辛酉	壬戌	癸亥	甲子	乙丑	丙寅	丁卯	戊辰	己巳	庚午	辛未	壬申	癸酉	甲戌	乙亥	丙子	丁丑	戊寅
대운 남	8	8	9	9	9	10	10	立	1	1	1	1	2	2	2	3	3	3	4	4	4	5	5	處	6	6	6	7	7
대운 여	2	2	2	1	1	1	1	秋	10	10	10	9	9	9	8	8	8	7	7	7	6	6	6	暑	5	5	4	4	4

八月大　　月建 丁酉　　一白

백로 음 8/11 양 9/8 오전 2시43분●추분 음 8/26 양 9/23 오후 12시5분

음력	1	2	3	4	5	6	7	8	9	10	11	12	13	14	15	16	17	18	19	20	21	22	23	24	25	26	27	28	29	30
양력	8/29	30	31	9/1	2	3	4	5	6	7	8	9	10	11	12	13	14	15	16	17	18	19	20	21	22	23	24	25	26	27
요일	토	일	월	화	수	목	금	토	일	월	화	수	목	금	토	일	월	화	수	목	금	토	일	월	화	수	목	금	토	일
일진	己卯	庚辰	辛巳	壬午	癸未	甲申	乙酉	丙戌	丁亥	戊子	己丑	庚寅	辛卯	壬辰	癸巳	甲午	乙未	丙申	丁酉	戊戌	己亥	庚子	辛丑	壬寅	癸卯	甲辰	乙巳	丙午	丁未	戊申
대운 남	7	8	8	8	9	9	9	10	10	10	白	1	1	1	1	2	2	2	3	3	3	4	4	4	5	秋	5	6	6	6
대운 여	3	3	3	2	2	2	1	1	1	1	露	10	9	9	9	8	8	8	7	7	7	6	6	6	5	分	5	4	4	4

九月大　　月建 戊戌　　九紫

한로 음 9/11 양 10/8 오후 6시10분●상강 음 9/26 양 10/23 오후 9시13분

음력	1	2	3	4	5	6	7	8	9	10	11	12	13	14	15	16	17	18	19	20	21	22	23	24	25	26	27	28	29	30
양력	9/28	29	30	10/1	2	3	4	5	6	7	8	9	10	11	12	13	14	15	16	17	18	19	20	21	22	23	24	25	26	27
요일	월	화	수	목	금	토	일	월	화	수	목	금	토	일	월	화	수	목	금	토	일	월	화	수	목	금	토	일	월	화
일진	己酉	庚戌	辛亥	壬子	癸丑	甲寅	乙卯	丙辰	丁巳	戊午	己未	庚申	辛酉	壬戌	癸亥	甲子	乙丑	丙寅	丁卯	戊辰	己巳	庚午	辛未	壬申	癸酉	甲戌	乙亥	丙子	丁丑	戊寅
대운 남	7	7	7	8	8	8	9	9	9	10	寒	1	1	1	1	2	2	2	3	3	3	4	4	4	5	霜	5	6	6	6
대운 여	3	3	3	2	2	2	1	1	1	1	露	10	9	9	9	8	8	8	7	7	7	6	6	6	5	降	5	4	4	4

十月小　　月建 己亥　　八白

입동 음 10/11 양 11/7 오후 9시9분●소설 음 10/26 양 11/22 오후 6시36분

음력	1	2	3	4	5	6	7	8	9	10	11	12	13	14	15	16	17	18	19	20	21	22	23	24	25	26	27	28	29
양력	10/28	29	30	31	11/1	2	3	4	5	6	7	8	9	10	11	12	13	14	15	16	17	18	19	20	21	22	23	24	25
요일	수	목	금	토	일	월	화	수	목	금	토	일	월	화	수	목	금	토	일	월	화	수	목	금	토	일	월	화	수
일진	己卯	庚辰	辛巳	壬午	癸未	甲申	乙酉	丙戌	丁亥	戊子	己丑	庚寅	辛卯	壬辰	癸巳	甲午	乙未	丙申	丁酉	戊戌	己亥	庚子	辛丑	壬寅	癸卯	甲辰	乙巳	丙午	丁未
대운 남	7	7	7	8	8	8	9	9	9	10	立	1	1	1	1	2	2	2	3	3	3	4	4	4	5	小	5	6	6
대운 여	3	3	3	2	2	2	1	1	1	1	冬	10	9	9	9	8	8	8	7	7	7	6	6	6	5	雪	5	4	4

十一月大　　月建 庚子　　七赤

대설 음 11/12 양 12/7 오후 1시51분●동지 음 11/27 양 12/22 오전 7시51분

음력	1	2	3	4	5	6	7	8	9	10	11	12	13	14	15	16	17	18	19	20	21	22	23	24	25	26	27	28	29	30
양력	11/26	27	28	29	30	12/1	2	3	4	5	6	7	8	9	10	11	12	13	14	15	16	17	18	19	20	21	22	23	24	25
요일	목	금	토	일	월	화	수	목	금	토	일	월	화	수	목	금	토	일	월	화	수	목	금	토	일	월	화	수	목	금
일진	戊申	己酉	庚戌	辛亥	壬子	癸丑	甲寅	乙卯	丙辰	丁巳	戊午	己未	庚申	辛酉	壬戌	癸亥	甲子	乙丑	丙寅	丁卯	戊辰	己巳	庚午	辛未	壬申	癸酉	甲戌	乙亥	丙子	丁丑
대운 남	6	7	7	7	8	8	8	9	9	9	10	大	1	1	1	1	2	2	2	3	3	3	4	4	4	5	冬	5	6	6
대운 여	4	3	3	3	2	2	2	1	1	1	1	雪	10	9	9	9	8	8	8	7	7	7	6	6	6	5	至	5	4	4

十二月大　　月建 辛丑　　六白

소한 음 12/12 양 1/6 오전 1시3분●대한 음 12/26 양 1/20 오후 6시31분

음력	1	2	3	4	5	6	7	8	9	10	11	12	13	14	15	16	17	18	19	20	21	22	23	24	25	26	27	28	29	30
양력	12/26	27	28	29	30	31	1/1	2	3	4	5	6	7	8	9	10	11	12	13	14	15	16	17	18	19	20	21	22	23	24
요일	토	일	월	화	수	목	금	토	일	월	화	수	목	금	토	일	월	화	수	목	금	토	일	월	화	수	목	금	토	일
일진	戊寅	己卯	庚辰	辛巳	壬午	癸未	甲申	乙酉	丙戌	丁亥	戊子	己丑	庚寅	辛卯	壬辰	癸巳	甲午	乙未	丙申	丁酉	戊戌	己亥	庚子	辛丑	壬寅	癸卯	甲辰	乙巳	丙午	丁未
대운 남	6	7	7	7	8	8	8	9	9	9	10	小	1	1	1	1	2	2	2	3	3	3	4	4	4	大	5	5	6	6
대운 여	4	3	3	3	2	2	2	1	1	1	1	寒	9	9	9	8	8	8	7	7	7	6	6	6	5	寒	5	4	4	4

1982년 | 단기 4315년　　壬戌年

午 大將軍　北 三殺　申 吊客　子 喪門

四日得辛 九龍治水
納音五行 大海水

正月大　月建 壬寅　五黃

입춘 음 1/11 양 2/4 오후 12시45분 ● 우수 음 1/26 양 2/19 오전 8시47분

음력	1	2	3	4	5	6	7	8	9	10	11	12	13	14	15	16	17	18	19	20	21	22	23	24	25	26	27	28	29	30
양력	1/25	26	27	28	29	30	31	2/1	2	3	4	5	6	7	8	9	10	11	12	13	14	15	16	17	18	19	20	21	22	23
요일	월	화	수	목	금	토	일	월	화	수	목	금	토	일	월	화	수	목	금	토	일	월	화	수	목	금	토	일	월	화
일진	戊申	己酉	庚戌	辛亥	壬子	癸丑	甲寅	乙卯	丙辰	丁巳	戊午	己未	庚申	辛酉	壬戌	癸亥	甲子	乙丑	丙寅	丁卯	戊辰	己巳	庚午	辛未	壬申	癸酉	甲戌	乙亥	丙子	丁丑
대운 남	6	7	7	7	8	8	8	9	9	9	立	10	9	9	9	8	8	8	7	7	7	6	6	6	5	雨	5	4	4	4
대운 여	3	3	3	2	2	2	1	1	1	1	春	1	1	1	1	2	2	2	3	3	3	4	4	4	5	水	5	6	6	6

二月小　月建 癸卯　四綠

경칩 음 2/11 양 3/6 오전 6시55분 ● 춘분 음 2/26 양 3/21 오전 7시56분

음력	1	2	3	4	5	6	7	8	9	10	11	12	13	14	15	16	17	18	19	20	21	22	23	24	25	26	27	28	29
양력	2/24	25	26	27	28	3/1	2	3	4	5	6	7	8	9	10	11	12	13	14	15	16	17	18	19	20	21	22	23	24
요일	수	목	금	토	일	월	화	수	목	금	토	일	월	화	수	목	금	토	일	월	화	수	목	금	토	일	월	화	수
일진	戊寅	己卯	庚辰	辛巳	壬午	癸未	甲申	乙酉	丙戌	丁亥	戊子	己丑	庚寅	辛卯	壬辰	癸巳	甲午	乙未	丙申	丁酉	戊戌	己亥	庚子	辛丑	壬寅	癸卯	甲辰	乙巳	丙午
대운 남	3	3	3	2	2	2	1	1	1	1	驚	10	9	9	9	8	8	8	7	7	7	6	6	6	5	春	5	4	4
대운 여	7	7	7	8	8	8	9	9	9	10	蟄	1	1	1	1	2	2	2	3	3	3	4	4	4	5	分	5	6	6

三月大　月建 甲辰　三碧

청명 음 3/12 양 4/5 오전 11시53분 ● 곡우 음 3/27 양 4/20 오후 7시7분

음력	1	2	3	4	5	6	7	8	9	10	11	12	13	14	15	16	17	18	19	20	21	22	23	24	25	26	27	28	29	30
양력	3/25	26	27	28	29	30	31	4/1	2	3	4	5	6	7	8	9	10	11	12	13	14	15	16	17	18	19	20	21	22	23
요일	목	금	토	일	월	화	수	목	금	토	일	월	화	수	목	금	토	일	월	화	수	목	금	토	일	월	화	수	목	금
일진	丁未	戊申	己酉	庚戌	辛亥	壬子	癸丑	甲寅	乙卯	丙辰	丁巳	戊午	己未	庚申	辛酉	壬戌	癸亥	甲子	乙丑	丙寅	丁卯	戊辰	己巳	庚午	辛未	壬申	癸酉	甲戌	乙亥	丙子
대운 남	4	3	3	3	2	2	2	1	1	1	1	清	10	10	9	9	9	8	8	8	7	7	7	6	6	6	穀	5	5	4
대운 여	6	7	7	7	8	8	8	9	9	9	10	明	1	1	1	1	2	2	2	3	3	3	4	4	4	5	雨	5	6	6

四月小　月建 乙巳　二黑

입하 음 4/13 양 5/6 오전 5시20분 ● 소만 음 4/28 양 5/21 오후 6시23분

음력	1	2	3	4	5	6	7	8	9	10	11	12	13	14	15	16	17	18	19	20	21	22	23	24	25	26	27	28	29
양력	4/24	25	26	27	28	29	30	5/1	2	3	4	5	6	7	8	9	10	11	12	13	14	15	16	17	18	19	20	21	22
요일	토	일	월	화	수	목	금	토	일	월	화	수	목	금	토	일	월	화	수	목	금	토	일	월	화	수	목	금	토
일진	丁丑	戊寅	己卯	庚辰	辛巳	壬午	癸未	甲申	乙酉	丙戌	丁亥	戊子	己丑	庚寅	辛卯	壬辰	癸巳	甲午	乙未	丙申	丁酉	戊戌	己亥	庚子	辛丑	壬寅	癸卯	甲辰	乙巳
대운 남	4	4	3	3	3	2	2	2	1	1	1	1	立	10	10	9	9	9	8	8	8	7	7	7	6	6	6	小	5
대운 여	6	7	7	7	8	8	8	9	9	9	10	10	夏	1	1	1	1	2	2	2	3	3	3	4	4	4	5	滿	5

閏四月小

망종 음 윤4/15 양 6/6 오전 9시36분

음력	1	2	3	4	5	6	7	8	9	10	11	12	13	14	15	16	17	18	19	20	21	22	23	24	25	26	27	28	29
양력	5/23	24	25	26	27	28	29	30	31	6/1	2	3	4	5	6	7	8	9	10	11	12	13	14	15	16	17	18	19	20
요일	일	월	화	수	목	금	토	일	월	화	수	목	금	토	일	월	화	수	목	금	토	일	월	화	수	목	금	토	일
일진	丙午	丁未	戊申	己酉	庚戌	辛亥	壬子	癸丑	甲寅	乙卯	丙辰	丁巳	戊午	己未	庚申	辛酉	壬戌	癸亥	甲子	乙丑	丙寅	丁卯	戊辰	己巳	庚午	辛未	壬申	癸酉	甲戌
대운 남	5	4	4	4	3	3	3	2	2	2	1	1	1	1	芒	10	10	9	9	9	8	8	8	7	7	7	6	6	6
대운 여	6	6	6	7	7	7	8	8	8	9	9	9	10	10	種	1	1	1	1	2	2	2	3	3	3	4	4	4	5

五月大　月建 丙午　一白

하지 음 5/2 양 6/22 오전 2시23분 ● 소서 음 5/17 양 7/7 오후 7시55분

음력	1	2	3	4	5	6	7	8	9	10	11	12	13	14	15	16	17	18	19	20	21	22	23	24	25	26	27	28	29	30
양력	6/21	22	23	24	25	26	27	28	29	30	7/1	2	3	4	5	6	7	8	9	10	11	12	13	14	15	16	17	18	19	20
요일	월	화	수	목	금	토	일	월	화	수	목	금	토	일	월	화	수	목	금	토	일	월	화	수	목	금	토	일	월	화
일진	乙亥	丙子	丁丑	戊寅	己卯	庚辰	辛巳	壬午	癸未	甲申	乙酉	丙戌	丁亥	戊子	己丑	庚寅	辛卯	壬辰	癸巳	甲午	乙未	丙申	丁酉	戊戌	己亥	庚子	辛丑	壬寅	癸卯	甲辰
대운 남	5	夏	5	4	4	4	3	3	3	2	2	2	1	1	1	1	小	10	10	10	9	9	9	8	8	8	7	7	7	6
대운 여	5	至	6	6	6	7	7	7	8	8	8	9	9	9	10	10	暑	1	1	1	1	2	2	2	3	3	3	4	4	4

六月小 月建 丁未 九紫 대서 음 6/3 양 7/23 오후 1시15분 ● 입추 음 6/19 양 8/8 오전 5시42분

음력		1	2	3	4	5	6	7	8	9	10	11	12	13	14	15	16	17	18	19	20	21	22	23	24	25	26	27	28	29
양력		7/21	22	23	24	25	26	27	28	29	30	31	8/1	2	3	4	5	6	7	8	9	10	11	12	13	14	15	16	17	18
요일		수	목	금	토	일	월	화	수	목	금	토	일	월	화	수	목	금	토	일	월	화	수	목	금	토	일	월	화	수
일진		乙巳	丙午	丁未	戊申	己酉	庚戌	辛亥	壬子	癸丑	甲寅	乙卯	丙辰	丁巳	戊午	己未	庚申	辛酉	壬戌	癸亥	甲子	乙丑	丙寅	丁卯	戊辰	己巳	庚午	辛未	壬申	癸酉
대운	남	6	6	大	5	5	4	4	4	3	3	3	2	2	2	1	1	1	1	立	10	10	9	9	9	8	8	8	7	7
	여	5	5	暑	6	6	6	7	7	7	8	8	8	9	9	9	10	10	10	秋	1	1	1	1	2	2	2	3	3	3

七月小 月建 戊申 八白 처서 음 7/5 양 8/23 오후 8시15분 ● 백로 음 7/21 양 9/8 오전 8시32분

음력		1	2	3	4	5	6	7	8	9	10	11	12	13	14	15	16	17	18	19	20	21	22	23	24	25	26	27	28	29
양력		8/19	20	21	22	23	24	25	26	27	28	29	30	31	9/1	2	3	4	5	6	7	8	9	10	11	12	13	14	15	16
요일		목	금	토	일	월	화	수	목	금	토	일	월	화	수	목	금	토	일	월	화	수	목	금	토	일	월	화	수	목
일진		甲戌	乙亥	丙子	丁丑	戊寅	己卯	庚辰	辛巳	壬午	癸未	甲申	乙酉	丙戌	丁亥	戊子	己丑	庚寅	辛卯	壬辰	癸巳	甲午	乙未	丙申	丁酉	戊戌	己亥	庚子	辛丑	壬寅
대운	남	7	6	6	6	處	5	5	4	4	4	3	3	3	2	2	2	1	1	1	1	白	10	10	9	9	9	8	8	8
	여	4	4	4	5	暑	5	6	6	6	7	7	7	8	8	8	9	9	9	10	10	露	1	1	1	1	2	2	2	3

八月大 月建 己酉 七赤 추분 음 8/7 양 9/23 오후 5시46분 ● 한로 음 8/23 양 10/9 오전 0시2분

음력		1	2	3	4	5	6	7	8	9	10	11	12	13	14	15	16	17	18	19	20	21	22	23	24	25	26	27	28	29	30
양력		9/17	18	19	20	21	22	23	24	25	26	27	28	29	30	10/1	2	3	4	5	6	7	8	9	10	11	12	13	14	15	16
요일		금	토	일	월	화	수	목	금	토	일	월	화	수	목	금	토	일	월	화	수	목	금	토	일	월	화	수	목	금	토
일진		癸卯	甲辰	乙巳	丙午	丁未	戊申	己酉	庚戌	辛亥	壬子	癸丑	甲寅	乙卯	丙辰	丁巳	戊午	己未	庚申	辛酉	壬戌	癸亥	甲子	乙丑	丙寅	丁卯	戊辰	己巳	庚午	辛未	壬申
대운	남	7	7	7	6	6	6	秋	5	5	4	4	4	3	3	3	2	2	2	1	1	1	1	寒	10	9	9	9	8	8	8
	여	3	3	4	4	4	5	分	5	6	6	6	7	7	7	8	8	8	9	9	9	10	10	露	1	1	1	1	2	2	2

九月大 月建 庚戌 六白 상강 음 9/8 양 10/24 오전 2시58분 ● 입동 음 9/23 양 11/8 오전 3시4분

음력		1	2	3	4	5	6	7	8	9	10	11	12	13	14	15	16	17	18	19	20	21	22	23	24	25	26	27	28	29	30
양력		10/17	18	19	20	21	22	23	24	25	26	27	28	29	30	31	11/1	2	3	4	5	6	7	8	9	10	11	12	13	14	15
요일		일	월	화	수	목	금	토	일	월	화	수	목	금	토	일	월	화	수	목	금	토	일	월	화	수	목	금	토	일	월
일진		癸酉	甲戌	乙亥	丙子	丁丑	戊寅	己卯	庚辰	辛巳	壬午	癸未	甲申	乙酉	丙戌	丁亥	戊子	己丑	庚寅	辛卯	壬辰	癸巳	甲午	乙未	丙申	丁酉	戊戌	己亥	庚子	辛丑	壬寅
대운	남	7	7	7	6	6	6	5	霜	5	4	4	4	3	3	3	2	2	2	1	1	1	1	立	9	9	9	8	8	8	7
	여	3	3	3	4	4	4	5	降	5	6	6	6	7	7	7	8	8	8	9	9	9	10	冬	1	1	1	1	2	2	2

十月小 月建 辛亥 五黃 소설 음 10/8 양 11/23 오전 0시23분 ● 대설 음 10/22 양 12/7 오후 7시48분

음력		1	2	3	4	5	6	7	8	9	10	11	12	13	14	15	16	17	18	19	20	21	22	23	24	25	26	27	28	29
양력		11/16	17	18	19	20	21	22	23	24	25	26	27	28	29	30	12/1	2	3	4	5	6	7	8	9	10	11	12	13	14
요일		화	수	목	금	토	일	월	화	수	목	금	토	일	월	화	수	목	금	토	일	월	화	수	목	금	토	일	월	화
일진		癸卯	甲辰	乙巳	丙午	丁未	戊申	己酉	庚戌	辛亥	壬子	癸丑	甲寅	乙卯	丙辰	丁巳	戊午	己未	庚申	辛酉	壬戌	癸亥	甲子	乙丑	丙寅	丁卯	戊辰	己巳	庚午	辛未
대운	남	7	7	6	6	6	5	5	小	4	4	4	3	3	3	2	2	2	1	1	1	1	大	10	9	9	9	8	8	8
	여	3	3	3	4	4	4	5	雪	5	6	6	6	7	7	7	8	8	8	9	9	9	雪	1	1	1	1	2	2	2

十一月大 月建 壬子 四綠 동지 음 11/8 양 12/22 오후 1시38분 ● 소한 음 11/23 양 1/6 오전 6시59분

음력		1	2	3	4	5	6	7	8	9	10	11	12	13	14	15	16	17	18	19	20	21	22	23	24	25	26	27	28	29	30
양력		12/15	16	17	18	19	20	21	22	23	24	25	26	27	28	29	30	31	1/1	2	3	4	5	6	7	8	9	10	11	12	13
요일		수	목	금	토	일	월	화	수	목	금	토	일	월	화	수	목	금	토	일	월	화	수	목	금	토	일	월	화	수	목
일진		壬申	癸酉	甲戌	乙亥	丙子	丁丑	戊寅	己卯	庚辰	辛巳	壬午	癸未	甲申	乙酉	丙戌	丁亥	戊子	己丑	庚寅	辛卯	壬辰	癸巳	甲午	乙未	丙申	丁酉	戊戌	己亥	庚子	辛丑
대운	남	7	7	7	6	6	6	5	冬	5	4	4	4	3	3	3	2	2	2	1	1	1	1	小	9	9	9	8	8	8	7
	여	3	3	3	4	4	4	5	至	5	6	6	6	7	7	7	8	8	8	9	9	9	10	寒	1	1	1	1	2	2	2

十二月大 月建 癸丑 三碧 대한 음 12/8 양 1/21 오전 0시17분 ● 입춘 음 12/22 양 2/4 오후 6시40분

음력		1	2	3	4	5	6	7	8	9	10	11	12	13	14	15	16	17	18	19	20	21	22	23	24	25	26	27	28	29	30
양력		1/14	15	16	17	18	19	20	21	22	23	24	25	26	27	28	29	30	31	2/1	2	3	4	5	6	7	8	9	10	11	12
요일		금	토	일	월	화	수	목	금	토	일	월	화	수	목	금	토	일	월	화	수	목	금	토	일	월	화	수	목	금	토
일진		壬寅	癸卯	甲辰	乙巳	丙午	丁未	戊申	己酉	庚戌	辛亥	壬子	癸丑	甲寅	乙卯	丙辰	丁巳	戊午	己未	庚申	辛酉	壬戌	癸亥	甲子	乙丑	丙寅	丁卯	戊辰	己巳	庚午	辛未
대운	남	7	7	6	6	6	5	5	大	4	4	4	3	3	3	2	2	2	1	1	1	1	立	1	1	1	1	2	2	2	3
	여	3	3	3	4	4	4	5	寒	5	6	6	6	7	7	7	8	8	8	9	9	9	春	10	9	9	9	8	8	8	7

1983년 | 단기 4316년

癸亥年

七日得辛 九龍治水

酉 大將軍　　酉 三殺　　酉 吊客　　丑 喪門　　　納音五行 大海水

正月大　　月建 甲寅　　二黑

우수 음 1/7 양 2/19 오후 2시31분 ● 경칩 음 1/22 양 3/6 오후 12시47분

음력	1	2	3	4	5	6	7	8	9	10	11	12	13	14	15	16	17	18	19	20	21	22	23	24	25	26	27	28	29	30
양력	2/13	14	15	16	17	18	19	20	21	22	23	24	25	26	27	28	3/1	2	3	4	5	6	7	8	9	10	11	12	13	14
요일	일	월	화	수	목	금	토	일	월	화	수	목	금	토	일	월	화	수	목	금	토	일	월	화	수	목	금	토	일	월
일진	壬申	癸酉	甲戌	乙亥	丙子	丁丑	戊寅	己卯	庚辰	辛巳	壬午	癸未	甲申	乙酉	丙戌	丁亥	戊子	己丑	庚寅	辛卯	壬辰	癸巳	甲午	乙未	丙申	丁酉	戊戌	己亥	庚子	辛丑
대운 남	3	3	4	4	4	5	雨水	5	6	6	6	7	7	7	8	8	8	9	9	9	10	驚蟄	1	1	1	1	2	2	2	3
대운 여	7	7	6	6	6	5		5	4	4	4	3	3	3	2	2	2	1	1	1	1		10	9	9	9	8	8	8	7

二月小　　月建 乙卯　　一白

춘분 음 2/7 양 3/21 오후 1시39분 ● 청명 음 2/22 양 4/5 오후 5시44분

음력	1	2	3	4	5	6	7	8	9	10	11	12	13	14	15	16	17	18	19	20	21	22	23	24	25	26	27	28	29
양력	3/15	16	17	18	19	20	21	22	23	24	25	26	27	28	29	30	31	4/1	2	3	4	5	6	7	8	9	10	11	12
요일	화	수	목	금	토	일	월	화	수	목	금	토	일	월	화	수	목	금	토	일	월	화	수	목	금	토	일	월	화
일진	壬寅	癸卯	甲辰	乙巳	丙午	丁未	戊申	己酉	庚戌	辛亥	壬子	癸丑	甲寅	乙卯	丙辰	丁巳	戊午	己未	庚申	辛酉	壬戌	癸亥	甲子	乙丑	丙寅	丁卯	戊辰	己巳	庚午
대운 남	3	3	4	4	4	5	春分	5	6	6	6	7	7	7	8	8	8	9	9	9	10	清明	1	1	1	1	2	2	2
대운 여	7	7	6	6	6	5		5	4	4	4	3	3	3	2	2	2	1	1	1	1		10	10	9	9	9	8	8

三月大　　月建 丙辰　　九紫

곡우 음 3/9 양 4/21 오전 0시50분 ● 입하 음 3/24 양 5/6 오전 11시11분

음력	1	2	3	4	5	6	7	8	9	10	11	12	13	14	15	16	17	18	19	20	21	22	23	24	25	26	27	28	29	30
양력	4/13	14	15	16	17	18	19	20	21	22	23	24	25	26	27	28	29	30	5/1	2	3	4	5	6	7	8	9	10	11	12
요일	수	목	금	토	일	월	화	수	목	금	토	일	월	화	수	목	금	토	일	월	화	수	목	금	토	일	월	화	수	목
일진	辛未	壬申	癸酉	甲戌	乙亥	丙子	丁丑	戊寅	己卯	庚辰	辛巳	壬午	癸未	甲申	乙酉	丙戌	丁亥	戊子	己丑	庚寅	辛卯	壬辰	癸巳	甲午	乙未	丙申	丁酉	戊戌	己亥	庚子
대운 남	3	3	3	4	4	4	5	5	穀雨	6	6	6	7	7	7	8	8	8	9	9	9	10	10	立夏	1	1	1	1	2	2
대운 여	8	7	7	7	6	6	6	5		5	4	4	4	3	3	3	2	2	2	1	1	1	1		10	10	9	9	9	8

四月小　　月建 丁巳　　八白

소만 음 4/10 양 5/22 오전 0시6분 ● 망종 음 4/25 양 6/6 오후 3시26분

음력	1	2	3	4	5	6	7	8	9	10	11	12	13	14	15	16	17	18	19	20	21	22	23	24	25	26	27	28	29
양력	5/13	14	15	16	17	18	19	20	21	22	23	24	25	26	27	28	29	30	31	6/1	2	3	4	5	6	7	8	9	10
요일	금	토	일	월	화	수	목	금	토	일	월	화	수	목	금	토	일	월	화	수	목	금	토	일	월	화	수	목	금
일진	辛丑	壬寅	癸卯	甲辰	乙巳	丙午	丁未	戊申	己酉	庚戌	辛亥	壬子	癸丑	甲寅	乙卯	丙辰	丁巳	戊午	己未	庚申	辛酉	壬戌	癸亥	甲子	乙丑	丙寅	丁卯	戊辰	己巳
대운 남	2	3	3	3	4	4	4	5	5	小滿	6	6	6	7	7	7	8	8	8	9	9	9	10	10	芒種	1	1	1	1
대운 여	8	8	7	7	7	6	6	6	5		5	4	4	4	3	3	3	2	2	2	1	1	1	1		10	10	10	9

五月小　　月建 戊午　　七赤

하지 음 5/12 양 6/22 오전 8시9분 ● 소서 음 5/28 양 7/8 오전 1시43분

음력	1	2	3	4	5	6	7	8	9	10	11	12	13	14	15	16	17	18	19	20	21	22	23	24	25	26	27	28	29
양력	6/11	12	13	14	15	16	17	18	19	20	21	22	23	24	25	26	27	28	29	30	7/1	2	3	4	5	6	7	8	9
요일	토	일	월	화	수	목	금	토	일	월	화	수	목	금	토	일	월	화	수	목	금	토	일	월	화	수	목	금	토
일진	庚午	辛未	壬申	癸酉	甲戌	乙亥	丙子	丁丑	戊寅	己卯	庚辰	辛巳	壬午	癸未	甲申	乙酉	丙戌	丁亥	戊子	己丑	庚寅	辛卯	壬辰	癸巳	甲午	乙未	丙申	丁酉	戊戌
대운 남	2	2	2	3	3	3	4	4	4	5	5	夏至	6	6	6	7	7	7	8	8	8	9	9	9	10	10	10	小暑	1
대운 여	9	9	8	8	8	7	7	7	6	6	6		5	5	4	4	4	3	3	3	2	2	2	1	1	1	1		10

六月大　　月建 己未　　六白

대서 음 6/14 양 7/23 오후 7시4분 ● 입추 음 6/30 양 8/8 오전 11시30분

음력	1	2	3	4	5	6	7	8	9	10	11	12	13	14	15	16	17	18	19	20	21	22	23	24	25	26	27	28	29	30
양력	7/10	11	12	13	14	15	16	17	18	19	20	21	22	23	24	25	26	27	28	29	30	31	8/1	2	3	4	5	6	7	8
요일	일	월	화	수	목	금	토	일	월	화	수	목	금	토	일	월	화	수	목	금	토	일	월	화	수	목	금	토	일	월
일진	己亥	庚子	辛丑	壬寅	癸卯	甲辰	乙巳	丙午	丁未	戊申	己酉	庚戌	辛亥	壬子	癸丑	甲寅	乙卯	丙辰	丁巳	戊午	己未	庚申	辛酉	壬戌	癸亥	甲子	乙丑	丙寅	丁卯	戊辰
대운 남	1	1	1	2	2	2	3	3	3	4	4	4	5	大暑	5	6	6	6	7	7	7	8	8	8	9	9	9	10	10	立秋
대운 여	10	9	9	9	8	8	8	7	7	7	6	6	6		5	5	4	4	4	3	3	3	2	2	2	1	1	1	1	

七月小　月建 庚申　五黃

처서 음 7/16 양 8/24 오전 2시7분

음력	1	2	3	4	5	6	7	8	9	10	11	12	13	14	15	16	17	18	19	20	21	22	23	24	25	26	27	28	29
양력	8/9	10	11	12	13	14	15	16	17	18	19	20	21	22	23	24	25	26	27	28	29	30	31	9/1	2	3	4	5	6
요일	화	수	목	금	토	일	월	화	수	목	금	토	일	월	화	수	목	금	토	일	월	화	수	목	금	토	일	월	화
일진	己巳	庚午	辛未	壬申	癸酉	甲戌	乙亥	丙子	丁丑	戊寅	己卯	庚辰	辛巳	壬午	癸未	甲申	乙酉	丙戌	丁亥	戊子	己丑	庚寅	辛卯	壬辰	癸巳	甲午	乙未	丙申	丁酉
대운 남	1	1	1	1	2	2	2	3	3	3	4	4	4	5	5	處暑	6	6	6	7	7	7	8	8	8	9	9	9	10
대운 여	10	10	9	9	9	8	8	8	7	7	7	6	6	6	5		5	4	4	4	3	3	3	2	2	2	1	1	1

八月小　月建 辛酉　四綠

백로 음 8/2 양 9/8 오후 2시20분 ● 추분 음 8/17 양 9/23 오후 11시42분

음력	1	2	3	4	5	6	7	8	9	10	11	12	13	14	15	16	17	18	19	20	21	22	23	24	25	26	27	28	29
양력	9/7	8	9	10	11	12	13	14	15	16	17	18	19	20	21	22	23	24	25	26	27	28	29	30	10/1	2	3	4	5
요일	수	목	금	토	일	월	화	수	목	금	토	일	월	화	수	목	금	토	일	월	화	수	목	금	토	일	월	화	수
일진	戊戌	己亥	庚子	辛丑	壬寅	癸卯	甲辰	乙巳	丙午	丁未	戊申	己酉	庚戌	辛亥	壬子	癸丑	甲寅	乙卯	丙辰	丁巳	戊午	己未	庚申	辛酉	壬戌	癸亥	甲子	乙丑	丙寅
대운 남	10	白露	1	1	1	1	2	2	2	3	3	3	4	4	4	5	秋分	5	6	6	6	7	7	7	8	8	8	9	9
대운 여	1		10	10	9	9	9	8	8	8	7	7	7	6	6	6		5	5	4	4	4	3	3	3	2	2	2	1

九月大　月建 壬戌　三碧

한로 음 9/4 양 10/9 오전 5시51분 ● 상강 음 9/19 양 10/24 오전 8시54분

음력	1	2	3	4	5	6	7	8	9	10	11	12	13	14	15	16	17	18	19	20	21	22	23	24	25	26	27	28	29	30
양력	10/6	7	8	9	10	11	12	13	14	15	16	17	18	19	20	21	22	23	24	25	26	27	28	29	30	31	11/1	2	3	4
요일	목	금	토	일	월	화	수	목	금	토	일	월	화	수	목	금	토	일	월	화	수	목	금	토	일	월	화	수	목	금
일진	丁卯	戊辰	己巳	庚午	辛未	壬申	癸酉	甲戌	乙亥	丙子	丁丑	戊寅	己卯	庚辰	辛巳	壬午	癸未	甲申	乙酉	丙戌	丁亥	戊子	己丑	庚寅	辛卯	壬辰	癸巳	甲午	乙未	丙申
대운 남	9	10	10	寒露	1	1	1	1	2	2	2	3	3	3	4	4	4	5	霜降	5	6	6	6	7	7	7	8	8	8	9
대운 여	1	1	1		10	9	9	9	8	8	8	7	7	7	6	6	6	5		5	4	4	4	3	3	3	2	2	2	1

十月小　月建 癸亥　二黑

입동 음 10/4 양 11/8 오전 8시52분 ● 소설 음 10/19 양 11/23 오전 6시18분

음력	1	2	3	4	5	6	7	8	9	10	11	12	13	14	15	16	17	18	19	20	21	22	23	24	25	26	27	28	29
양력	11/5	6	7	8	9	10	11	12	13	14	15	16	17	18	19	20	21	22	23	24	25	26	27	28	29	30	12/1	2	3
요일	토	일	월	화	수	목	금	토	일	월	화	수	목	금	토	일	월	화	수	목	금	토	일	월	화	수	목	금	토
일진	丁酉	戊戌	己亥	庚子	辛丑	壬寅	癸卯	甲辰	乙巳	丙午	丁未	戊申	己酉	庚戌	辛亥	壬子	癸丑	甲寅	乙卯	丙辰	丁巳	戊午	己未	庚申	辛酉	壬戌	癸亥	甲子	乙丑
대운 남	9	9	10	立冬	1	1	1	1	2	2	2	3	3	3	4	4	4	5	小雪	5	6	6	6	7	7	7	8	8	8
대운 여	1	1	1		10	9	9	9	8	8	8	7	7	7	6	6	6	5		5	4	4	4	3	3	3	2	2	2

十一月大　月建 甲子　一白

대설 음 11/5 양 12/8 오전 1시34분 ● 동지 음 11/19 양 12/22 오후 7시30분

음력	1	2	3	4	5	6	7	8	9	10	11	12	13	14	15	16	17	18	19	20	21	22	23	24	25	26	27	28	29	30
양력	12/4	5	6	7	8	9	10	11	12	13	14	15	16	17	18	19	20	21	22	23	24	25	26	27	28	29	30	31	1/1	2
요일	일	월	화	수	목	금	토	일	월	화	수	목	금	토	일	월	화	수	목	금	토	일	월	화	수	목	금	토	일	월
일진	丙寅	丁卯	戊辰	己巳	庚午	辛未	壬申	癸酉	甲戌	乙亥	丙子	丁丑	戊寅	己卯	庚辰	辛巳	壬午	癸未	甲申	乙酉	丙戌	丁亥	戊子	己丑	庚寅	辛卯	壬辰	癸巳	甲午	乙未
대운 남	9	9	9	10	大雪	1	1	1	1	2	2	2	3	3	3	4	4	4	冬至	5	5	6	6	6	7	7	7	8	8	8
대운 여	1	1	1	1		9	9	9	8	8	8	7	7	7	6	6	6	5		5	4	4	4	3	3	3	2	2	2	1

十二月大　月建 乙丑　九紫

소한 음 12/4 양 1/6 오후 12시41분 ● 대한 음 12/19 양 1/21 오전 6시5분

음력	1	2	3	4	5	6	7	8	9	10	11	12	13	14	15	16	17	18	19	20	21	22	23	24	25	26	27	28	29	30
양력	1/3	4	5	6	7	8	9	10	11	12	13	14	15	16	17	18	19	20	21	22	23	24	25	26	27	28	29	30	31	2/1
요일	화	수	목	금	토	일	월	화	수	목	금	토	일	월	화	수	목	금	토	일	월	화	수	목	금	토	일	월	화	수
일진	丙申	丁酉	戊戌	己亥	庚子	辛丑	壬寅	癸卯	甲辰	乙巳	丙午	丁未	戊申	己酉	庚戌	辛亥	壬子	癸丑	甲寅	乙卯	丙辰	丁巳	戊午	己未	庚申	辛酉	壬戌	癸亥	甲子	乙丑
대운 남	9	9	9	小寒	1	1	1	1	2	2	2	3	3	3	4	4	4	5	大寒	5	6	6	6	7	7	7	8	8	8	9
대운 여	1	1	1		10	9	9	9	8	8	8	7	7	7	6	6	6	5		5	4	4	4	3	3	3	2	2	2	1

1984년 | 단기 4317년 甲子年

六日得辛 三龍治水

酉 大將軍　北 三殺　戌 吊客　寅 喪門

納音五行 海中金

正月大　月建 丙寅　八白

입춘 음 1/4 양 2/5 오전 0시19분 ● 우수 음 1/18 양 2/19 오후 8시16분

음력	1	2	3	4	5	6	7	8	9	10	11	12	13	14	15	16	17	18	19	20	21	22	23	24	25	26	27	28	29	30
양력	2/2	3	4	5	6	7	8	9	10	11	12	13	14	15	16	17	18	19	20	21	22	23	24	25	26	27	28	29	3/1	2
요일	목	금	토	일	월	화	수	목	금	토	일	월	화	수	목	금	토	일	월	화	수	목	금	토	일	월	화	수	목	금
일진	丙寅	丁卯	戊辰	己巳	庚午	辛未	壬申	癸酉	甲戌	乙亥	丙子	丁丑	戊寅	己卯	庚辰	辛巳	壬午	癸未	甲申	乙酉	丙戌	丁亥	戊子	己丑	庚寅	辛卯	壬辰	癸巳	甲午	乙未
대운 남	9	9	10	立	9	9	9	8	8	8	7	7	7	6	6	6	5	雨	5	4	4	4	3	3	3	2	2	2	1	1
대운 여	1	1	1	春	1	1	1	1	2	2	2	3	3	3	4	4	4	水	5	5	6	6	6	7	7	7	8	8	8	9

二月小　月建 丁卯　七赤

경칩 음 2/3 양 3/5 오후 6시25분 ● 춘분 음 2/18 양 3/20 오후 7시24분

음력	1	2	3	4	5	6	7	8	9	10	11	12	13	14	15	16	17	18	19	20	21	22	23	24	25	26	27	28	29
양력	3/3	4	5	6	7	8	9	10	11	12	13	14	15	16	17	18	19	20	21	22	23	24	25	26	27	28	29	30	31
요일	토	일	월	화	수	목	금	토	일	월	화	수	목	금	토	일	월	화	수	목	금	토	일	월	화	수	목	금	토
일진	丙申	丁酉	戊戌	己亥	庚子	辛丑	壬寅	癸卯	甲辰	乙巳	丙午	丁未	戊申	己酉	庚戌	辛亥	壬子	癸丑	甲寅	乙卯	丙辰	丁巳	戊午	己未	庚申	辛酉	壬戌	癸亥	甲子
대운 남	1	1	驚	10	9	9	9	8	8	8	7	7	7	6	6	6	5	春	5	4	4	4	3	3	3	2	2	2	1
대운 여	9	9	蟄	1	1	1	1	2	2	2	3	3	3	4	4	4	5	分	5	6	6	6	7	7	7	8	8	8	9

三月大　月建 戊辰　六白

청명 음 3/4 양 4/4 오후 11시22분 ● 곡우 음 3/20 양 4/20 오전 6시38분

음력	1	2	3	4	5	6	7	8	9	10	11	12	13	14	15	16	17	18	19	20	21	22	23	24	25	26	27	28	29	30
양력	4/1	2	3	4	5	6	7	8	9	10	11	12	13	14	15	16	17	18	19	20	21	22	23	24	25	26	27	28	29	30
요일	일	월	화	수	목	금	토	일	월	화	수	목	금	토	일	월	화	수	목	금	토	일	월	화	수	목	금	토	일	월
일진	乙丑	丙寅	丁卯	戊辰	己巳	庚午	辛未	壬申	癸酉	甲戌	乙亥	丙子	丁丑	戊寅	己卯	庚辰	辛巳	壬午	癸未	甲申	乙酉	丙戌	丁亥	戊子	己丑	庚寅	辛卯	壬辰	癸巳	甲午
대운 남	1	1	1	淸	10	10	9	9	9	8	8	8	7	7	7	6	6	6	5	穀	5	4	4	4	3	3	3	2	2	2
대운 여	9	9	10	明	1	1	1	1	2	2	2	3	3	3	4	4	4	5	5	雨	6	6	6	7	7	7	8	8	8	9

四月大　月建 己巳　五黃

입하 음 4/5 양 5/5 오후 4시51분 ● 소만 음 4/21 양 5/21 오전 5시58분

음력	1	2	3	4	5	6	7	8	9	10	11	12	13	14	15	16	17	18	19	20	21	22	23	24	25	26	27	28	29	30
양력	5/1	2	3	4	5	6	7	8	9	10	11	12	13	14	15	16	17	18	19	20	21	22	23	24	25	26	27	28	29	30
요일	화	수	목	금	토	일	월	화	수	목	금	토	일	월	화	수	목	금	토	일	월	화	수	목	금	토	일	월	화	수
일진	乙未	丙申	丁酉	戊戌	己亥	庚子	辛丑	壬寅	癸卯	甲辰	乙巳	丙午	丁未	戊申	己酉	庚戌	辛亥	壬子	癸丑	甲寅	乙卯	丙辰	丁巳	戊午	己未	庚申	辛酉	壬戌	癸亥	甲子
대운 남	1	1	1	1	立	10	10	9	9	9	8	8	8	7	7	7	6	6	6	5	小	5	4	4	4	3	3	3	2	2
대운 여	9	9	10	10	夏	1	1	1	1	2	2	2	3	3	3	4	4	4	5	5	滿	6	6	6	7	7	7	8	8	8

五月小　月建 庚午　四綠

망종 음 5/6 양 6/5 오후 9시9분 ● 하지 음 5/22 양 6/21 오후 2시2분

음력	1	2	3	4	5	6	7	8	9	10	11	12	13	14	15	16	17	18	19	20	21	22	23	24	25	26	27	28	29
양력	5/31	6/1	2	3	4	5	6	7	8	9	10	11	12	13	14	15	16	17	18	19	20	21	22	23	24	25	26	27	28
요일	목	금	토	일	월	화	수	목	금	토	일	월	화	수	목	금	토	일	월	화	수	목	금	토	일	월	화	수	목
일진	乙丑	丙寅	丁卯	戊辰	己巳	庚午	辛未	壬申	癸酉	甲戌	乙亥	丙子	丁丑	戊寅	己卯	庚辰	辛巳	壬午	癸未	甲申	乙酉	丙戌	丁亥	戊子	己丑	庚寅	辛卯	壬辰	癸巳
대운 남	2	1	1	1	1	芒	10	10	10	9	9	9	8	8	8	7	7	7	6	6	6	夏	5	5	4	4	4	3	3
대운 여	9	9	9	10	10	種	1	1	1	1	2	2	2	3	3	3	4	4	4	5	5	至	6	6	6	7	7	7	8

六月小　月建 辛未　三碧

소서 음 6/9 양 7/7 오전 7시29분 ● 대서 음 6/25 양 7/23 오전 0시58분

음력	1	2	3	4	5	6	7	8	9	10	11	12	13	14	15	16	17	18	19	20	21	22	23	24	25	26	27	28	29
양력	6/29	30	7/1	2	3	4	5	6	7	8	9	10	11	12	13	14	15	16	17	18	19	20	21	22	23	24	25	26	27
요일	금	토	일	월	화	수	목	금	토	일	월	화	수	목	금	토	일	월	화	수	목	금	토	일	월	화	수	목	금
일진	甲午	乙未	丙申	丁酉	戊戌	己亥	庚子	辛丑	壬寅	癸卯	甲辰	乙巳	丙午	丁未	戊申	己酉	庚戌	辛亥	壬子	癸丑	甲寅	乙卯	丙辰	丁巳	戊午	己未	庚申	辛酉	壬戌
대운 남	3	2	2	2	1	1	1	1	小	10	10	9	9	9	8	8	8	7	7	7	6	6	6	5	大	5	4	4	4
대운 여	8	8	9	9	9	10	10	10	暑	1	1	1	1	2	2	2	3	3	3	4	4	4	5	5	暑	6	6	6	7

七月大 月建 壬申 二黑

입추 음 7/11 양 8/7 오후 5시18분 ● 처서 음 7/27 양 8/23 오전 8시0분

음력		1	2	3	4	5	6	7	8	9	10	11	12	13	14	15	16	17	18	19	20	21	22	23	24	25	26	27	28	29	30
양력		7/28	29	30	31	8/1	2	3	4	5	6	7	8	9	10	11	12	13	14	15	16	17	18	19	20	21	22	23	24	25	26
요일		토	일	월	화	수	목	금	토	일	월	화	수	목	금	토	일	월	화	수	목	금	토	일	월	화	수	목	금	토	일
일진		癸亥	甲子	乙丑	丙寅	丁卯	戊辰	己巳	庚午	辛未	壬申	癸酉	甲戌	乙亥	丙子	丁丑	戊寅	己卯	庚辰	辛巳	壬午	癸未	甲申	乙酉	丙戌	丁亥	戊子	己丑	庚寅	辛卯	壬辰
대운	남	3	3	3	2	2	2	1	1	1	1	立	10	10	9	9	9	8	8	8	7	7	7	6	6	6	5	處	5	4	4
	여	7	7	8	8	8	9	9	9	10	10	秋	1	1	1	1	2	2	2	3	3	3	4	4	4	5	5	暑	6	6	6

八月小 月建 癸酉 一白

백로 음 8/12 양 9/7 오후 8시10분 ● 추분 음 8/28 양 9/23 오전 5시33분

음력		1	2	3	4	5	6	7	8	9	10	11	12	13	14	15	16	17	18	19	20	21	22	23	24	25	26	27	28	29
양력		8/27	28	29	30	31	9/1	2	3	4	5	6	7	8	9	10	11	12	13	14	15	16	17	18	19	20	21	22	23	24
요일		월	화	수	목	금	토	일	월	화	수	목	금	토	일	월	화	수	목	금	토	일	월	화	수	목	금	토	일	월
일진		癸巳	甲午	乙未	丙申	丁酉	戊戌	己亥	庚子	辛丑	壬寅	癸卯	甲辰	乙巳	丙午	丁未	戊申	己酉	庚戌	辛亥	壬子	癸丑	甲寅	乙卯	丙辰	丁巳	戊午	己未	庚申	辛酉
대운	남	4	3	3	3	2	2	2	1	1	1	1	白	10	10	9	9	9	8	8	8	7	7	7	6	6	6	5	秋	5
	여	7	7	7	8	8	8	9	9	9	10	10	露	1	1	1	1	2	2	2	3	3	3	4	4	4	5	5	分	6

九月小 月建 甲戌 九紫

한로 음 9/14 양 10/8 오전 11시43분 ● 상강 음 9/29 양 10/23 오후 2시46분

음력		1	2	3	4	5	6	7	8	9	10	11	12	13	14	15	16	17	18	19	20	21	22	23	24	25	26	27	28	29
양력		9/25	26	27	28	29	30	10/1	2	3	4	5	6	7	8	9	10	11	12	13	14	15	16	17	18	19	20	21	22	23
요일		화	수	목	금	토	일	월	화	수	목	금	토	일	월	화	수	목	금	토	일	월	화	수	목	금	토	일	월	화
일진		壬戌	癸亥	甲子	乙丑	丙寅	丁卯	戊辰	己巳	庚午	辛未	壬申	癸酉	甲戌	乙亥	丙子	丁丑	戊寅	己卯	庚辰	辛巳	壬午	癸未	甲申	乙酉	丙戌	丁亥	戊子	己丑	庚寅
대운	남	4	4	4	3	3	3	2	2	2	1	1	1	1	寒	10	9	9	9	8	8	8	7	7	7	6	6	6	5	霜
	여	6	6	7	7	7	8	8	8	9	9	9	10	10	露	1	1	1	1	2	2	2	3	3	3	4	4	4	5	降

十月大 月建 乙亥 八白

입동 음 10/15 양 11/7 오후 2시46분 ● 소설 음 10/30 양 11/22 오후 12시11분

음력		1	2	3	4	5	6	7	8	9	10	11	12	13	14	15	16	17	18	19	20	21	22	23	24	25	26	27	28	29	30
양력		10/24	25	26	27	28	29	30	31	11/1	2	3	4	5	6	7	8	9	10	11	12	13	14	15	16	17	18	19	20	21	22
요일		수	목	금	토	일	월	화	수	목	금	토	일	월	화	수	목	금	토	일	월	화	수	목	금	토	일	월	화	수	목
일진		辛卯	壬辰	癸巳	甲午	乙未	丙申	丁酉	戊戌	己亥	庚子	辛丑	壬寅	癸卯	甲辰	乙巳	丙午	丁未	戊申	己酉	庚戌	辛亥	壬子	癸丑	甲寅	乙卯	丙辰	丁巳	戊午	己未	庚申
대운	남	5	4	4	4	3	3	3	2	2	2	1	1	1	1	立	10	9	9	9	8	8	8	7	7	7	6	6	6	5	小
	여	5	6	6	6	7	7	7	8	8	8	9	9	9	10	冬	1	1	1	1	2	2	2	3	3	3	4	4	4	5	雪

閏十月小

대설 음 윤10/15 양 12/7 오전 7시28분

음력		1	2	3	4	5	6	7	8	9	10	11	12	13	14	15	16	17	18	19	20	21	22	23	24	25	26	27	28	29
양력		11/23	24	25	26	27	28	29	30	12/1	2	3	4	5	6	7	8	9	10	11	12	13	14	15	16	17	18	19	20	21
요일		금	토	일	월	화	수	목	금	토	일	월	화	수	목	금	토	일	월	화	수	목	금	토	일	월	화	수	목	금
일진		辛酉	壬戌	癸亥	甲子	乙丑	丙寅	丁卯	戊辰	己巳	庚午	辛未	壬申	癸酉	甲戌	乙亥	丙子	丁丑	戊寅	己卯	庚辰	辛巳	壬午	癸未	甲申	乙酉	丙戌	丁亥	戊子	己丑
대운	남	5	4	4	4	3	3	3	2	2	2	1	1	1	1	大	9	9	9	8	8	8	7	7	7	6	6	6	5	5
	여	5	6	6	6	7	7	7	8	8	8	9	9	9	10	雪	1	1	1	1	2	2	2	3	3	3	4	4	4	5

十一月大 月建 丙子 七赤

동지 음 11/1 양 12/22 오전 1시23분 ● 소한 음 11/15 양 1/5 오후 6시35분 ● 대한 음 11/30 양 1/20 오전 11시58분

음력		1	2	3	4	5	6	7	8	9	10	11	12	13	14	15	16	17	18	19	20	21	22	23	24	25	26	27	28	29	30
양력		12/22	23	24	25	26	27	28	29	30	31	1/1	2	3	4	5	6	7	8	9	10	11	12	13	14	15	16	17	18	19	20
요일		토	일	월	화	수	목	금	토	일	월	화	수	목	금	토	일	월	화	수	목	금	토	일	월	화	수	목	금	토	일
일진		庚寅	辛卯	壬辰	癸巳	甲午	乙未	丙申	丁酉	戊戌	己亥	庚子	辛丑	壬寅	癸卯	甲辰	乙巳	丙午	丁未	戊申	己酉	庚戌	辛亥	壬子	癸丑	甲寅	乙卯	丙辰	丁巳	戊午	己未
대운	남	冬	4	4	4	3	3	3	2	2	2	1	1	1	1	小	10	9	9	9	8	8	8	7	7	7	6	6	6	5	大
	여	至	5	6	6	6	7	7	7	8	8	8	9	9	9	寒	1	1	1	1	2	2	2	3	3	3	4	4	4	5	寒

十二月大 月建 丁丑 六白

입춘 음 12/15 양 2/4 오전 6시12분 ● 우수 음 12/30 양 2/19 오전 2시7분

음력		1	2	3	4	5	6	7	8	9	10	11	12	13	14	15	16	17	18	19	20	21	22	23	24	25	26	27	28	29	30
양력		1/21	22	23	24	25	26	27	28	29	30	31	2/1	2	3	4	5	6	7	8	9	10	11	12	13	14	15	16	17	18	19
요일		월	화	수	목	금	토	일	월	화	수	목	금	토	일	월	화	수	목	금	토	일	월	화	수	목	금	토	일	월	화
일진		庚申	辛酉	壬戌	癸亥	甲子	乙丑	丙寅	丁卯	戊辰	己巳	庚午	辛未	壬申	癸酉	甲戌	乙亥	丙子	丁丑	戊寅	己卯	庚辰	辛巳	壬午	癸未	甲申	乙酉	丙戌	丁亥	戊子	己丑
대운	남	5	4	4	4	3	3	3	2	2	2	1	1	1	1	立	1	1	1	1	2	2	2	3	3	3	4	4	4	5	雨
	여	5	6	6	6	7	7	7	8	8	8	9	9	9	10	春	10	9	9	9	8	8	8	7	7	7	6	6	6	5	水

1985년 | 단기 4318년 # 乙丑年 **二日得辛 三龍治水**

西 大將軍　東 三殺　亥 吊客　卯 喪門　　納音五行 海中金

正月小　月建 戊寅　五黃　　경칩 음 1/15 양 3/6 오전 0시16분

음력	1	2	3	4	5	6	7	8	9	10	11	12	13	14	15	16	17	18	19	20	21	22	23	24	25	26	27	28	29
양력	2/20	21	22	23	24	25	26	27	28	3/1	2	3	4	5	6	7	8	9	10	11	12	13	14	15	16	17	18	19	20
요일	수	목	금	토	일	월	화	수	목	금	토	일	월	화	수	목	금	토	일	월	화	수	목	금	토	일	월	화	수
일진	庚寅	辛卯	壬辰	癸巳	甲午	乙未	丙申	丁酉	戊戌	己亥	庚子	辛丑	壬寅	癸卯	甲辰	乙巳	丙午	丁未	戊申	己酉	庚戌	辛亥	壬子	癸丑	甲寅	乙卯	丙辰	丁巳	戊午
대운 남	5	6	6	6	7	7	7	8	8	8	9	9	9	10	驚	1	1	1	1	2	2	2	3	3	3	4	4	4	5
대운 여	5	4	4	4	3	3	3	2	2	2	1	1	1	1	蟄	10	9	9	9	8	8	8	7	7	7	6	6	6	5

二月大　月建 己卯　四綠　　춘분 음 2/1 양 3/21 오전 1시14분 ● 청명 음 2/16 양 4/5 오전 5시14분

음력	1	2	3	4	5	6	7	8	9	10	11	12	13	14	15	16	17	18	19	20	21	22	23	24	25	26	27	28	29	30
양력	3/21	22	23	24	25	26	27	28	29	30	31	4/1	2	3	4	5	6	7	8	9	10	11	12	13	14	15	16	17	18	19
요일	목	금	토	일	월	화	수	목	금	토	일	월	화	수	목	금	토	일	월	화	수	목	금	토	일	월	화	수	목	금
일진	己未	庚申	辛酉	壬戌	癸亥	甲子	乙丑	丙寅	丁卯	戊辰	己巳	庚午	辛未	壬申	癸酉	甲戌	乙亥	丙子	丁丑	戊寅	己卯	庚辰	辛巳	壬午	癸未	甲申	乙酉	丙戌	丁亥	戊子
대운 남	春	5	6	6	6	7	7	7	8	8	8	9	9	9	10	清	1	1	1	1	2	2	2	3	3	3	4	4	4	5
대운 여	分	5	4	4	4	3	3	3	2	2	2	1	1	1	1	明	10	9	9	9	8	8	8	7	7	7	6	6	6	5

三月大　月建 庚辰　三碧　　곡우 음 3/1 양 4/20 오후 12시26분 ● 입하 음 3/16 양 5/5 오후 10시43분

음력	1	2	3	4	5	6	7	8	9	10	11	12	13	14	15	16	17	18	19	20	21	22	23	24	25	26	27	28	29	30
양력	4/20	21	22	23	24	25	26	27	28	29	30	5/1	2	3	4	5	6	7	8	9	10	11	12	13	14	15	16	17	18	19
요일	토	일	월	화	수	목	금	토	일	월	화	수	목	금	토	일	월	화	수	목	금	토	일	월	화	수	목	금	토	일
일진	己丑	庚寅	辛卯	壬辰	癸巳	甲午	乙未	丙申	丁酉	戊戌	己亥	庚子	辛丑	壬寅	癸卯	甲辰	乙巳	丙午	丁未	戊申	己酉	庚戌	辛亥	壬子	癸丑	甲寅	乙卯	丙辰	丁巳	戊午
대운 남	穀	5	6	6	6	7	7	7	8	8	8	9	9	9	10	立	1	1	1	1	2	2	2	3	3	3	4	4	4	5
대운 여	雨	5	4	4	4	3	3	3	2	2	2	1	1	1	1	夏	10	10	10	9	9	9	8	8	8	7	7	7	6	6

四月小　月建 辛巳　二黑　　소만 음 4/2 양 5/21 오전 11시43분 ● 망종 음 4/18 양 6/6 오전 3시0분

음력	1	2	3	4	5	6	7	8	9	10	11	12	13	14	15	16	17	18	19	20	21	22	23	24	25	26	27	28	29
양력	5/20	21	22	23	24	25	26	27	28	29	30	31	6/1	2	3	4	5	6	7	8	9	10	11	12	13	14	15	16	17
요일	월	화	수	목	금	토	일	월	화	수	목	금	토	일	월	화	수	목	금	토	일	월	화	수	목	금	토	일	월
일진	己未	庚申	辛酉	壬戌	癸亥	甲子	乙丑	丙寅	丁卯	戊辰	己巳	庚午	辛未	壬申	癸酉	甲戌	乙亥	丙子	丁丑	戊寅	己卯	庚辰	辛巳	壬午	癸未	甲申	乙酉	丙戌	丁亥
대운 남	5	小	6	6	6	7	7	7	8	8	8	9	9	9	10	10	10	芒	1	1	1	1	2	2	2	3	3	3	4
대운 여	6	滿	5	5	4	4	4	3	3	3	2	2	2	1	1	1	1	種	10	10	9	9	9	8	8	8	7	7	7

五月大　月建 壬午　一白　　하지 음 5/4 양 6/21 오후 7시44분 ● 소서 음 5/20 양 7/7 오후 1시19분

음력	1	2	3	4	5	6	7	8	9	10	11	12	13	14	15	16	17	18	19	20	21	22	23	24	25	26	27	28	29	30
양력	6/18	19	20	21	22	23	24	25	26	27	28	29	30	7/1	2	3	4	5	6	7	8	9	10	11	12	13	14	15	16	17
요일	화	수	목	금	토	일	월	화	수	목	금	토	일	월	화	수	목	금	토	일	월	화	수	목	금	토	일	월	화	수
일진	戊子	己丑	庚寅	辛卯	壬辰	癸巳	甲午	乙未	丙申	丁酉	戊戌	己亥	庚子	辛丑	壬寅	癸卯	甲辰	乙巳	丙午	丁未	戊申	己酉	庚戌	辛亥	壬子	癸丑	甲寅	乙卯	丙辰	丁巳
대운 남	4	4	5	夏	5	6	6	6	7	7	7	8	8	8	9	9	9	10	10	小	1	1	1	1	2	2	2	3	3	3
대운 여	6	6	6	至	5	5	4	4	4	3	3	3	2	2	2	1	1	1	1	暑	10	10	9	9	9	8	8	8	7	7

六月小　月建 癸未　九紫　　대서 음 6/6 양 7/23 오전 6시36분 ● 입추 음 6/21 양 8/7 오후 11시4분

음력	1	2	3	4	5	6	7	8	9	10	11	12	13	14	15	16	17	18	19	20	21	22	23	24	25	26	27	28	29
양력	7/18	19	20	21	22	23	24	25	26	27	28	29	30	31	8/1	2	3	4	5	6	7	8	9	10	11	12	13	14	15
요일	목	금	토	일	월	화	수	목	금	토	일	월	화	수	목	금	토	일	월	화	수	목	금	토	일	월	화	수	목
일진	戊午	己未	庚申	辛酉	壬戌	癸亥	甲子	乙丑	丙寅	丁卯	戊辰	己巳	庚午	辛未	壬申	癸酉	甲戌	乙亥	丙子	丁丑	戊寅	己卯	庚辰	辛巳	壬午	癸未	甲申	乙酉	丙戌
대운 남	4	4	4	5	5	大	6	6	6	7	7	7	8	8	8	9	9	9	10	10	立	1	1	1	1	2	2	2	3
대운 여	7	6	6	6	5	暑	5	4	4	4	3	3	3	2	2	2	1	1	1	1	秋	10	10	10	9	9	9	8	8

七月大　月建 甲申　八白

처서 음 7/8 양 8/23 오후 1시36분 ● 백로 음 7/24 양 9/8 오전 1시53분

음력		1	2	3	4	5	6	7	8	9	10	11	12	13	14	15	16	17	18	19	20	21	22	23	24	25	26	27	28	29	30
양력		8/16	17	18	19	20	21	22	23	24	25	26	27	28	29	30	31	9/1	2	3	4	5	6	7	8	9	10	11	12	13	14
요일		금	토	일	월	화	수	목	금	토	일	월	화	수	목	금	토	일	월	화	수	목	금	토	일	월	화	수	목	금	토
일진		丁亥	戊子	己丑	庚寅	辛卯	壬辰	癸巳	甲午	乙未	丙申	丁酉	戊戌	己亥	庚子	辛丑	壬寅	癸卯	甲辰	乙巳	丙午	丁未	戊申	己酉	庚戌	辛亥	壬子	癸丑	甲寅	乙卯	丙辰
대운	남	3	3	4	4	4	5	5	處暑	6	6	6	7	7	7	8	8	8	9	9	9	10	10	10	白露	1	1	1	1	2	2
	여	8	7	7	7	6	6	6		5	5	4	4	4	3	3	3	2	2	2	1	1	1	1		10	9	9	9	8	8

八月小　月建 乙酉　七赤

추분 음 8/9 양 9/23 오전 11시7분 ● 한로 음 8/24 양 10/8 오후 5시25분

음력		1	2	3	4	5	6	7	8	9	10	11	12	13	14	15	16	17	18	19	20	21	22	23	24	25	26	27	28	29
양력		9/15	16	17	18	19	20	21	22	23	24	25	26	27	28	29	30	10/1	2	3	4	5	6	7	8	9	10	11	12	13
요일		일	월	화	수	목	금	토	일	월	화	수	목	금	토	일	월	화	수	목	금	토	일	월	화	수	목	금	토	일
일진		丁巳	戊午	己未	庚申	辛酉	壬戌	癸亥	甲子	乙丑	丙寅	丁卯	戊辰	己巳	庚午	辛未	壬申	癸酉	甲戌	乙亥	丙子	丁丑	戊寅	己卯	庚辰	辛巳	壬午	癸未	甲申	乙酉
대운	남	2	3	3	3	4	4	4	5	秋分	5	6	6	6	7	7	7	8	8	8	9	9	9	10	寒露	1	1	1	1	2
	여	8	7	7	7	6	6	6	5		5	4	4	4	3	3	3	2	2	2	1	1	1	1		10	9	9	9	8

九月小　月建 丙戌　六白

상강 음 9/10 양 10/23 오후 8시22분 ● 입동 음 9/25 양 11/7 오후 8시29분

음력		1	2	3	4	5	6	7	8	9	10	11	12	13	14	15	16	17	18	19	20	21	22	23	24	25	26	27	28	29
양력		10/14	15	16	17	18	19	20	21	22	23	24	25	26	27	28	29	30	31	11/1	2	3	4	5	6	7	8	9	10	11
요일		월	화	수	목	금	토	일	월	화	수	목	금	토	일	월	화	수	목	금	토	일	월	화	수	목	금	토	일	월
일진		丙戌	丁亥	戊子	己丑	庚寅	辛卯	壬辰	癸巳	甲午	乙未	丙申	丁酉	戊戌	己亥	庚子	辛丑	壬寅	癸卯	甲辰	乙巳	丙午	丁未	戊申	己酉	庚戌	辛亥	壬子	癸丑	甲寅
대운	남	2	2	3	3	3	4	4	4	5	霜降	5	6	6	6	7	7	7	8	8	8	9	9	9	10	立冬	1	1	1	1
	여	8	8	7	7	7	6	6	6	5		5	4	4	4	3	3	3	2	2	2	1	1	1	1		10	9	9	9

十月大　月建 丁亥　五黃

소설 음 10/11 양 11/22 오후 5시51분 ● 대설 음 10/26 양 12/7 오후 1시16분

음력		1	2	3	4	5	6	7	8	9	10	11	12	13	14	15	16	17	18	19	20	21	22	23	24	25	26	27	28	29	30
양력		11/12	13	14	15	16	17	18	19	20	21	22	23	24	25	26	27	28	29	30	12/1	2	3	4	5	6	7	8	9	10	11
요일		화	수	목	금	토	일	월	화	수	목	금	토	일	월	화	수	목	금	토	일	월	화	수	목	금	토	일	월	화	수
일진		乙卯	丙辰	丁巳	戊午	己未	庚申	辛酉	壬戌	癸亥	甲子	乙丑	丙寅	丁卯	戊辰	己巳	庚午	辛未	壬申	癸酉	甲戌	乙亥	丙子	丁丑	戊寅	己卯	庚辰	辛巳	壬午	癸未	甲申
대운	남	2	2	2	3	3	3	4	4	4	5	小雪	5	6	6	6	7	7	7	8	8	8	9	9	9	10	大雪	1	1	1	1
	여	8	8	8	7	7	7	6	6	6	5		5	4	4	4	3	3	3	2	2	2	1	1	1	1		10	9	9	9

十一月小　月建 戊子　四綠

동지 음 11/11 양 12/22 오전 7시8분 ● 소한 음 11/26 양 1/6 오전 0시28분

음력		1	2	3	4	5	6	7	8	9	10	11	12	13	14	15	16	17	18	19	20	21	22	23	24	25	26	27	28	29
양력		12/12	13	14	15	16	17	18	19	20	21	22	23	24	25	26	27	28	29	30	31	1/1	2	3	4	5	6	7	8	9
요일		목	금	토	일	월	화	수	목	금	토	일	월	화	수	목	금	토	일	월	화	수	목	금	토	일	월	화	수	목
일진		乙酉	丙戌	丁亥	戊子	己丑	庚寅	辛卯	壬辰	癸巳	甲午	乙未	丙申	丁酉	戊戌	己亥	庚子	辛丑	壬寅	癸卯	甲辰	乙巳	丙午	丁未	戊申	己酉	庚戌	辛亥	壬子	癸丑
대운	남	2	2	2	3	3	3	4	4	4	5	冬至	5	6	6	6	7	7	7	8	8	8	9	9	9	10	小寒	1	1	1
	여	8	8	8	7	7	7	6	6	6	5		5	4	4	4	3	3	3	2	2	2	1	1	1	1		9	9	9

十二月大　月建 己丑　三碧

대한 음 12/11 양 1/20 오후 5시46분 ● 입춘 음 12/26 양 2/4 오후 12시8분

음력		1	2	3	4	5	6	7	8	9	10	11	12	13	14	15	16	17	18	19	20	21	22	23	24	25	26	27	28	29	30
양력		1/10	11	12	13	14	15	16	17	18	19	20	21	22	23	24	25	26	27	28	29	30	31	2/1	2	3	4	5	6	7	8
요일		금	토	일	월	화	수	목	금	토	일	월	화	수	목	금	토	일	월	화	수	목	금	토	일	월	화	수	목	금	토
일진		甲寅	乙卯	丙辰	丁巳	戊午	己未	庚申	辛酉	壬戌	癸亥	甲子	乙丑	丙寅	丁卯	戊辰	己巳	庚午	辛未	壬申	癸酉	甲戌	乙亥	丙子	丁丑	戊寅	己卯	庚辰	辛巳	壬午	癸未
대운	남	1	2	2	2	3	3	3	4	4	4	大寒	5	5	6	6	6	7	7	7	8	8	8	9	9	9	立春	10	9	9	9
	여	8	8	8	7	7	7	6	6	6	5		5	4	4	4	3	3	3	2	2	2	1	1	1	1		1	1	1	1

1986년 | 단기 4319년　丙寅年

八日得辛 九龍治水

子 大將軍　北 三殺　子 吊客　辰 喪門

納音五行 爐中火

正月小　月建 庚寅　二黑

우수 음 1/11 양 2/19 오전 7시58분 ● 경칩 음 1/26 양 3/6 오전 6시12분

음력	1	2	3	4	5	6	7	8	9	10	11	12	13	14	15	16	17	18	19	20	21	22	23	24	25	26	27	28	29
양력	2/9	10	11	12	13	14	15	16	17	18	19	20	21	22	23	24	25	26	27	28	3/1	2	3	4	5	6	7	8	9
요일	일	월	화	수	목	금	토	일	월	화	수	목	금	토	일	월	화	수	목	금	토	일	월	화	수	목	금	토	일
일진	甲申	乙酉	丙戌	丁亥	戊子	己丑	庚寅	辛卯	壬辰	癸巳	甲午	乙未	丙申	丁酉	戊戌	己亥	庚子	辛丑	壬寅	癸卯	甲辰	乙巳	丙午	丁未	戊申	己酉	庚戌	辛亥	壬子
대운 남	8	8	8	7	7	7	6	6	6	5	雨	5	4	4	4	3	3	3	2	2	2	1	1	1	1	驚	10	9	9
대운 여	2	2	2	3	3	3	4	4	4	5	水	5	6	6	6	7	7	7	8	8	8	9	9	9	10	蟄	1	1	1

二月大　月建 辛卯　一白

춘분 음 2/12 양 3/21 오전 7시3분 ● 청명 음 2/27 양 4/5 오전 11시6분

음력	1	2	3	4	5	6	7	8	9	10	11	12	13	14	15	16	17	18	19	20	21	22	23	24	25	26	27	28	29	30
양력	3/10	11	12	13	14	15	16	17	18	19	20	21	22	23	24	25	26	27	28	29	30	31	4/1	2	3	4	5	6	7	8
요일	월	화	수	목	금	토	일	월	화	수	목	금	토	일	월	화	수	목	금	토	일	월	화	수	목	금	토	일	월	화
일진	癸丑	甲寅	乙卯	丙辰	丁巳	戊午	己未	庚申	辛酉	壬戌	癸亥	甲子	乙丑	丙寅	丁卯	戊辰	己巳	庚午	辛未	壬申	癸酉	甲戌	乙亥	丙子	丁丑	戊寅	己卯	庚辰	辛巳	壬午
대운 남	9	8	8	8	7	7	7	6	6	6	5	春	5	4	4	4	3	3	3	2	2	2	1	1	1	1	清	10	10	9
대운 여	1	2	2	2	3	3	3	4	4	4	5	分	5	6	6	6	7	7	7	8	8	8	9	9	9	10	明	1	1	1

三月大　月建 壬辰　九紫

곡우 음 3/12 양 4/20 오후 6시12분 ● 입하 음 3/28 양 5/6 오전 4시31분

음력	1	2	3	4	5	6	7	8	9	10	11	12	13	14	15	16	17	18	19	20	21	22	23	24	25	26	27	28	29	30
양력	4/9	10	11	12	13	14	15	16	17	18	19	20	21	22	23	24	25	26	27	28	29	30	5/1	2	3	4	5	6	7	8
요일	수	목	금	토	일	월	화	수	목	금	토	일	월	화	수	목	금	토	일	월	화	수	목	금	토	일	월	화	수	목
일진	癸未	甲申	乙酉	丙戌	丁亥	戊子	己丑	庚寅	辛卯	壬辰	癸巳	甲午	乙未	丙申	丁酉	戊戌	己亥	庚子	辛丑	壬寅	癸卯	甲辰	乙巳	丙午	丁未	戊申	己酉	庚戌	辛亥	壬子
대운 남	9	9	8	8	8	7	7	7	6	6	6	穀	5	5	4	4	4	3	3	3	2	2	2	1	1	1	1	立	10	10
대운 여	1	2	2	2	3	3	3	4	4	4	5	雨	5	6	6	6	7	7	7	8	8	8	9	9	9	10	10	夏	1	1

四月小　月建 癸巳　八白

소만 음 4/13 양 5/21 오후 5시28분 ● 망종 음 4/29 양 6/6 오전 8시44분

음력	1	2	3	4	5	6	7	8	9	10	11	12	13	14	15	16	17	18	19	20	21	22	23	24	25	26	27	28	29
양력	5/9	10	11	12	13	14	15	16	17	18	19	20	21	22	23	24	25	26	27	28	29	30	31	6/1	2	3	4	5	6
요일	금	토	일	월	화	수	목	금	토	일	월	화	수	목	금	토	일	월	화	수	목	금	토	일	월	화	수	목	금
일진	癸丑	甲寅	乙卯	丙辰	丁巳	戊午	己未	庚申	辛酉	壬戌	癸亥	甲子	乙丑	丙寅	丁卯	戊辰	己巳	庚午	辛未	壬申	癸酉	甲戌	乙亥	丙子	丁丑	戊寅	己卯	庚辰	辛巳
대운 남	9	9	9	8	8	8	7	7	7	6	6	6	小	5	5	4	4	4	3	3	3	2	2	2	1	1	1	1	芒
대운 여	1	1	2	2	2	3	3	3	4	4	4	5	滿	5	6	6	6	7	7	7	8	8	8	9	9	9	10	10	種

五月大　月建 甲午　七赤

하지 음 5/16 양 6/22 오전 1시30분

음력	1	2	3	4	5	6	7	8	9	10	11	12	13	14	15	16	17	18	19	20	21	22	23	24	25	26	27	28	29	30
양력	6/7	8	9	10	11	12	13	14	15	16	17	18	19	20	21	22	23	24	25	26	27	28	29	30	7/1	2	3	4	5	6
요일	토	일	월	화	수	목	금	토	일	월	화	수	목	금	토	일	월	화	수	목	금	토	일	월	화	수	목	금	토	일
일진	壬午	癸未	甲申	乙酉	丙戌	丁亥	戊子	己丑	庚寅	辛卯	壬辰	癸巳	甲午	乙未	丙申	丁酉	戊戌	己亥	庚子	辛丑	壬寅	癸卯	甲辰	乙巳	丙午	丁未	戊申	己酉	庚戌	辛亥
대운 남	10	10	9	9	9	8	8	8	7	7	7	6	6	6	5	夏	5	4	4	4	3	3	3	2	2	2	1	1	1	1
대운 여	1	1	1	1	2	2	2	3	3	3	4	4	4	5	5	至	6	6	6	7	7	7	8	8	8	9	9	9	10	10

六月大　月建 乙未　六白

소서 음 6/1 양 7/7 오후 7시1분 ● 대서 음 6/17 양 7/23 오후 12시24분

음력	1	2	3	4	5	6	7	8	9	10	11	12	13	14	15	16	17	18	19	20	21	22	23	24	25	26	27	28	29	30
양력	7/7	8	9	10	11	12	13	14	15	16	17	18	19	20	21	22	23	24	25	26	27	28	29	30	31	8/1	2	3	4	5
요일	월	화	수	목	금	토	일	월	화	수	목	금	토	일	월	화	수	목	금	토	일	월	화	수	목	금	토	일	월	화
일진	壬子	癸丑	甲寅	乙卯	丙辰	丁巳	戊午	己未	庚申	辛酉	壬戌	癸亥	甲子	乙丑	丙寅	丁卯	戊辰	己巳	庚午	辛未	壬申	癸酉	甲戌	乙亥	丙子	丁丑	戊寅	己卯	庚辰	辛巳
대운 남	小	10	10	10	9	9	9	8	8	8	7	7	7	6	6	6	大	5	5	4	4	4	3	3	3	2	2	2	1	1
대운 여	暑	1	1	1	1	2	2	2	3	3	3	4	4	4	5	5	暑	6	6	6	7	7	7	8	8	8	9	9	9	10

七月小　月建 丙申　五黃

입추 음 7/3 양 8/8 오전 4시46분 ● 처서 음 7/18 양 8/23 오후 7시26분

음력	1	2	3	4	5	6	7	8	9	10	11	12	13	14	15	16	17	18	19	20	21	22	23	24	25	26	27	28	29
양력	8/6	7	8	9	10	11	12	13	14	15	16	17	18	19	20	21	22	23	24	25	26	27	28	29	30	31	9/1	2	3
요일	수	목	금	토	일	월	화	수	목	금	토	일	월	화	수	목	금	토	일	월	화	수	목	금	토	일	월	화	수
일진	壬午	癸未	甲申	乙酉	丙戌	丁亥	戊子	己丑	庚寅	辛卯	壬辰	癸巳	甲午	乙未	丙申	丁酉	戊戌	己亥	庚子	辛丑	壬寅	癸卯	甲辰	乙巳	丙午	丁未	戊申	己酉	庚戌
대운 남	1	1	立	10	10	9	9	9	8	8	8	7	7	7	6	6	6	處	5	5	4	4	4	3	3	3	2	2	2
대운 여	10	10	秋	1	1	1	1	2	2	2	3	3	3	4	4	4	5	暑	5	6	6	6	7	7	7	8	8	8	9

八月大　月建 丁酉　四綠

백로 음 8/5 양 9/8 오전 7시35분 ● 추분 음 8/20 양 9/23 오후 4시59분

음력	1	2	3	4	5	6	7	8	9	10	11	12	13	14	15	16	17	18	19	20	21	22	23	24	25	26	27	28	29	30
양력	9/4	5	6	7	8	9	10	11	12	13	14	15	16	17	18	19	20	21	22	23	24	25	26	27	28	29	30	10/1	2	3
요일	목	금	토	일	월	화	수	목	금	토	일	월	화	수	목	금	토	일	월	화	수	목	금	토	일	월	화	수	목	금
일진	辛亥	壬子	癸丑	甲寅	乙卯	丙辰	丁巳	戊午	己未	庚申	辛酉	壬戌	癸亥	甲子	乙丑	丙寅	丁卯	戊辰	己巳	庚午	辛未	壬申	癸酉	甲戌	乙亥	丙子	丁丑	戊寅	己卯	庚辰
대운 남	1	1	1	1	白	10	9	9	9	8	8	8	7	7	7	6	6	6	5	秋	5	4	4	4	3	3	3	2	2	2
대운 여	9	9	10	10	露	1	1	1	1	2	2	2	3	3	3	4	4	4	5	分	5	6	6	6	7	7	7	8	8	8

九月小　月建 戊戌　三碧

한로 음 9/5 양 10/8 오후 11시7분 ● 상강 음 9/21 양 10/24 오전 2시14분

음력	1	2	3	4	5	6	7	8	9	10	11	12	13	14	15	16	17	18	19	20	21	22	23	24	25	26	27	28	29
양력	10/4	5	6	7	8	9	10	11	12	13	14	15	16	17	18	19	20	21	22	23	24	25	26	27	28	29	30	31	11/1
요일	토	일	월	화	수	목	금	토	일	월	화	수	목	금	토	일	월	화	수	목	금	토	일	월	화	수	목	금	토
일진	辛巳	壬午	癸未	甲申	乙酉	丙戌	丁亥	戊子	己丑	庚寅	辛卯	壬辰	癸巳	甲午	乙未	丙申	丁酉	戊戌	己亥	庚子	辛丑	壬寅	癸卯	甲辰	乙巳	丙午	丁未	戊申	己酉
대운 남	1	1	1	1	寒	10	10	9	9	9	8	8	8	7	7	7	6	6	6	5	霜	5	4	4	4	3	3	3	2
대운 여	9	9	9	10	露	1	1	1	1	2	2	2	3	3	3	4	4	4	5	5	降	6	6	6	7	7	7	8	8

十月大　月建 己亥　二黑

입동 음 10/7 양 11/8 오전 2시13분 ● 소설 음 10/21 양 11/22 오후 11시44분

음력	1	2	3	4	5	6	7	8	9	10	11	12	13	14	15	16	17	18	19	20	21	22	23	24	25	26	27	28	29	30
양력	11/2	3	4	5	6	7	8	9	10	11	12	13	14	15	16	17	18	19	20	21	22	23	24	25	26	27	28	29	30	12/1
요일	일	월	화	수	목	금	토	일	월	화	수	목	금	토	일	월	화	수	목	금	토	일	월	화	수	목	금	토	일	월
일진	庚戌	辛亥	壬子	癸丑	甲寅	乙卯	丙辰	丁巳	戊午	己未	庚申	辛酉	壬戌	癸亥	甲子	乙丑	丙寅	丁卯	戊辰	己巳	庚午	辛未	壬申	癸酉	甲戌	乙亥	丙子	丁丑	戊寅	己卯
대운 남	2	2	1	1	1	1	立	9	9	9	8	8	8	7	7	7	6	6	6	5	小	5	4	4	4	3	3	3	2	2
대운 여	8	9	9	9	10	10	冬	1	1	1	1	2	2	2	3	3	3	4	4	4	雪	5	5	6	6	6	7	7	7	8

十一月小　月建 庚子　一白

대설 음 11/6 양 12/7 오후 7시1분 ● 동지 음 11/21 양 12/22 오후 1시2분

음력	1	2	3	4	5	6	7	8	9	10	11	12	13	14	15	16	17	18	19	20	21	22	23	24	25	26	27	28	29
양력	12/2	3	4	5	6	7	8	9	10	11	12	13	14	15	16	17	18	19	20	21	22	23	24	25	26	27	28	29	30
요일	화	수	목	금	토	일	월	화	수	목	금	토	일	월	화	수	목	금	토	일	월	화	수	목	금	토	일	월	화
일진	庚辰	辛巳	壬午	癸未	甲申	乙酉	丙戌	丁亥	戊子	己丑	庚寅	辛卯	壬辰	癸巳	甲午	乙未	丙申	丁酉	戊戌	己亥	庚子	辛丑	壬寅	癸卯	甲辰	乙巳	丙午	丁未	戊申
대운 남	2	1	1	1	1	大	10	9	9	9	8	8	8	7	7	7	6	6	6	5	冬	5	4	4	4	3	3	3	2
대운 여	8	8	9	9	9	雪	1	1	1	1	2	2	2	3	3	3	4	4	4	5	至	5	6	6	6	7	7	7	8

十二月小　月建 辛丑　九紫

소한 음 12/7 양 1/6 오전 6시13분 ● 대한 음 12/21 양 1/20 오후 11시40분

음력	1	2	3	4	5	6	7	8	9	10	11	12	13	14	15	16	17	18	19	20	21	22	23	24	25	26	27	28	29
양력	12/31	1/1	2	3	4	5	6	7	8	9	10	11	12	13	14	15	16	17	18	19	20	21	22	23	24	25	26	27	28
요일	수	목	금	토	일	월	화	수	목	금	토	일	월	화	수	목	금	토	일	월	화	수	목	금	토	일	월	화	수
일진	己酉	庚戌	辛亥	壬子	癸丑	甲寅	乙卯	丙辰	丁巳	戊午	己未	庚申	辛酉	壬戌	癸亥	甲子	乙丑	丙寅	丁卯	戊辰	己巳	庚午	辛未	壬申	癸酉	甲戌	乙亥	丙子	丁丑
대운 남	2	2	1	1	1	1	小	9	9	9	8	8	8	7	7	7	6	6	6	5	大	5	4	4	4	3	3	3	2
대운 여	8	8	9	9	9	10	寒	1	1	1	1	2	2	2	3	3	3	4	4	4	寒	5	5	6	6	6	7	7	7

1987년 | 단기 4320년 丁卯年

四日得辛 三龍治水

子 大將軍　酉 三殺　丑 吊客　巳 喪門　納音五行 爐中火

正月大　月建 壬寅　八白

입춘 음 1/7 양 2/4 오후 5시52분 ● 우수 음 1/22 양 2/19 오후 1시50분

음력	1	2	3	4	5	6	7	8	9	10	11	12	13	14	15	16	17	18	19	20	21	22	23	24	25	26	27	28	29	30
양력	1/29	30	31	2/1	2	3	4	5	6	7	8	9	10	11	12	13	14	15	16	17	18	19	20	21	22	23	24	25	26	27
요일	목	금	토	일	월	화	수	목	금	토	일	월	화	수	목	금	토	일	월	화	수	목	금	토	일	월	화	수	목	금
일진	戊寅	己卯	庚辰	辛巳	壬午	癸未	甲申	乙酉	丙戌	丁亥	戊子	己丑	庚寅	辛卯	壬辰	癸巳	甲午	乙未	丙申	丁酉	戊戌	己亥	庚子	辛丑	壬寅	癸卯	甲辰	乙巳	丙午	丁未
대운 남	2	2	1	1	1	1	立	1	1	1	1	2	2	2	3	3	3	4	4	4	5	雨	5	6	6	6	7	7	7	8
대운 여	8	8	8	9	9	9	春	10	9	9	9	8	8	8	7	7	7	6	6	6	5	水	5	4	4	4	3	3	3	2

二月小　月建 癸卯　七赤

경칩 음 2/7 양 3/6 오전 11시54분 ● 춘분 음 2/22 양 3/21 오후 12시52분

음력	1	2	3	4	5	6	7	8	9	10	11	12	13	14	15	16	17	18	19	20	21	22	23	24	25	26	27	28	29	
양력	2/28	3/1	2	3	4	5	6	7	8	9	10	11	12	13	14	15	16	17	18	19	20	21	22	23	24	25	26	27	28	
요일	토	일	월	화	수	목	금	토	일	월	화	수	목	금	토	일	월	화	수	목	금	토	일	월	화	수	목	금	토	
일진	戊申	己酉	庚戌	辛亥	壬子	癸丑	甲寅	乙卯	丙辰	丁巳	戊午	己未	庚申	辛酉	壬戌	癸亥	甲子	乙丑	丙寅	丁卯	戊辰	己巳	庚午	辛未	壬申	癸酉	甲戌	乙亥	丙子	
대운 남	8	8	9	9	9	10	驚	1	1	1	1	2	2	2	3	3	3	4	4	4	5	春	5	6	6	6	7	7	7	
대운 여	2	2	1	1	1	1	蟄	10	9	9	9	8	8	8	7	7	7	6	6	6	5	分	5	4	4	4	3	3	3	

三月大　月建 甲辰　六白

청명 음 3/8 양 4/5 오후 4시44분 ● 곡우 음 3/23 양 4/20 오후 11시58분

음력	1	2	3	4	5	6	7	8	9	10	11	12	13	14	15	16	17	18	19	20	21	22	23	24	25	26	27	28	29	30
양력	3/29	30	31	4/1	2	3	4	5	6	7	8	9	10	11	12	13	14	15	16	17	18	19	20	21	22	23	24	25	26	27
요일	일	월	화	수	목	금	토	일	월	화	수	목	금	토	일	월	화	수	목	금	토	일	월	화	수	목	금	토	일	월
일진	丁丑	戊寅	己卯	庚辰	辛巳	壬午	癸未	甲申	乙酉	丙戌	丁亥	戊子	己丑	庚寅	辛卯	壬辰	癸巳	甲午	乙未	丙申	丁酉	戊戌	己亥	庚子	辛丑	壬寅	癸卯	甲辰	乙巳	丙午
대운 남	8	8	8	9	9	9	10	清	1	1	1	1	2	2	2	3	3	3	4	4	4	5	穀	5	6	6	6	7	7	7
대운 여	2	2	2	1	1	1	1	明	10	10	9	9	9	8	8	8	7	7	7	6	6	6	雨	5	5	4	4	4	3	3

四月大　月建 乙巳　五黃

입하 음 4/9 양 5/6 오전 10시6분 ● 소만 음 4/24 양 5/21 오후 11시10분

음력	1	2	3	4	5	6	7	8	9	10	11	12	13	14	15	16	17	18	19	20	21	22	23	24	25	26	27	28	29	30
양력	4/28	29	30	5/1	2	3	4	5	6	7	8	9	10	11	12	13	14	15	16	17	18	19	20	21	22	23	24	25	26	27
요일	화	수	목	금	토	일	월	화	수	목	금	토	일	월	화	수	목	금	토	일	월	화	수	목	금	토	일	월	화	수
일진	丁未	戊申	己酉	庚戌	辛亥	壬子	癸丑	甲寅	乙卯	丙辰	丁巳	戊午	己未	庚申	辛酉	壬戌	癸亥	甲子	乙丑	丙寅	丁卯	戊辰	己巳	庚午	辛未	壬申	癸酉	甲戌	乙亥	丙子
대운 남	8	8	8	9	9	9	10	10	立	1	1	1	1	2	2	2	3	3	3	4	4	4	5	小	5	6	6	6	7	7
대운 여	3	2	2	2	1	1	1	1	夏	10	10	9	9	9	8	8	8	7	7	7	6	6	6	滿	5	5	4	4	4	3

五月小　月建 丙午　四綠

망종 음 5/10 양 6/6 오후 2시19분 ● 하지 음 5/26 양 6/22 오전 7시11분

음력	1	2	3	4	5	6	7	8	9	10	11	12	13	14	15	16	17	18	19	20	21	22	23	24	25	26	27	28	29	
양력	5/28	29	30	31	6/1	2	3	4	5	6	7	8	9	10	11	12	13	14	15	16	17	18	19	20	21	22	23	24	25	
요일	목	금	토	일	월	화	수	목	금	토	일	월	화	수	목	금	토	일	월	화	수	목	금	토	일	월	화	수	목	
일진	丁丑	戊寅	己卯	庚辰	辛巳	壬午	癸未	甲申	乙酉	丙戌	丁亥	戊子	己丑	庚寅	辛卯	壬辰	癸巳	甲午	乙未	丙申	丁酉	戊戌	己亥	庚子	辛丑	壬寅	癸卯	甲辰	乙巳	
대운 남	7	8	8	8	9	9	9	10	10	芒	1	1	1	1	2	2	2	3	3	3	4	4	4	5	5	夏	6	6	6	
대운 여	3	3	2	2	2	1	1	1	1	種	10	10	10	9	9	9	8	8	8	7	7	7	6	6	6	至	5	5	4	

六月大　月建 丁未　三碧

소서 음 6/13 양 7/8 오전 0시39분 ● 대서 음 6/28 양 7/23 오후 6시6분

음력	1	2	3	4	5	6	7	8	9	10	11	12	13	14	15	16	17	18	19	20	21	22	23	24	25	26	27	28	29	30
양력	6/26	27	28	29	30	7/1	2	3	4	5	6	7	8	9	10	11	12	13	14	15	16	17	18	19	20	21	22	23	24	25
요일	금	토	일	월	화	수	목	금	토	일	월	화	수	목	금	토	일	월	화	수	목	금	토	일	월	화	수	목	금	토
일진	丙午	丁未	戊申	己酉	庚戌	辛亥	壬子	癸丑	甲寅	乙卯	丙辰	丁巳	戊午	己未	庚申	辛酉	壬戌	癸亥	甲子	乙丑	丙寅	丁卯	戊辰	己巳	庚午	辛未	壬申	癸酉	甲戌	乙亥
대운 남	7	7	7	8	8	8	9	9	9	10	10	10	小	1	1	1	1	2	2	2	3	3	3	4	4	4	5	大	5	6
대운 여	4	4	3	3	3	2	2	2	1	1	1	1	暑	10	10	9	9	9	8	8	8	7	7	7	6	6	6	暑	5	5

閏六月小

입추 음 윤6/14 양 8/8 오전 10시29분

음력	1	2	3	4	5	6	7	8	9	10	11	12	13	14	15	16	17	18	19	20	21	22	23	24	25	26	27	28	29
양력	7/26	27	28	29	30	31	8/1	2	3	4	5	6	7	8	9	10	11	12	13	14	15	16	17	18	19	20	21	22	23
요일	일	월	화	수	목	금	토	일	월	화	수	목	금	토	일	월	화	수	목	금	토	일	월	화	수	목	금	토	일
일진	丙子	丁丑	戊寅	己卯	庚辰	辛巳	壬午	癸未	甲申	乙酉	丙戌	丁亥	戊子	己丑	庚寅	辛卯	壬辰	癸巳	甲午	乙未	丙申	丁酉	戊戌	己亥	庚子	辛丑	壬寅	癸卯	甲辰
대운 남	6	6	7	7	7	8	8	8	9	9	9	10	10	立	1	1	1	1	2	2	2	3	3	3	4	4	4	5	5
대운 여	4	4	4	3	3	3	2	2	2	1	1	1	1	秋	10	10	9	9	9	8	8	8	7	7	7	6	6	6	5

七月大 月建 戊申 二黑

처서 음 7/1 양 8/24 오전 1시10분 ● 백로 음 7/16 양 9/8 오후 1시24분

음력	1	2	3	4	5	6	7	8	9	10	11	12	13	14	15	16	17	18	19	20	21	22	23	24	25	26	27	28	29	30
양력	8/24	25	26	27	28	29	30	31	9/1	2	3	4	5	6	7	8	9	10	11	12	13	14	15	16	17	18	19	20	21	22
요일	월	화	수	목	금	토	일	월	화	수	목	금	토	일	월	화	수	목	금	토	일	월	화	수	목	금	토	일	월	화
일진	乙巳	丙午	丁未	戊申	己酉	庚戌	辛亥	壬子	癸丑	甲寅	乙卯	丙辰	丁巳	戊午	己未	庚申	辛酉	壬戌	癸亥	甲子	乙丑	丙寅	丁卯	戊辰	己巳	庚午	辛未	壬申	癸酉	甲戌
대운 남	處	6	6	6	7	7	7	8	8	8	9	9	9	10	10	白	1	1	1	1	2	2	2	3	3	3	4	4	4	5
대운 여	暑	5	4	4	4	3	3	3	2	2	2	1	1	1	1	露	10	10	9	9	9	8	8	8	7	7	7	6	6	6

八月大 月建 己酉 一白

추분 음 8/1 양 9/23 오후 10시45분 ● 한로 음 8/17 양 10/9 오전 5시0분

음력	1	2	3	4	5	6	7	8	9	10	11	12	13	14	15	16	17	18	19	20	21	22	23	24	25	26	27	28	29	30
양력	9/23	24	25	26	27	28	29	30	10/1	2	3	4	5	6	7	8	9	10	11	12	13	14	15	16	17	18	19	20	21	22
요일	수	목	금	토	일	월	화	수	목	금	토	일	월	화	수	목	금	토	일	월	화	수	목	금	토	일	월	화	수	목
일진	乙亥	丙子	丁丑	戊寅	己卯	庚辰	辛巳	壬午	癸未	甲申	乙酉	丙戌	丁亥	戊子	己丑	庚寅	辛卯	壬辰	癸巳	甲午	乙未	丙申	丁酉	戊戌	己亥	庚子	辛丑	壬寅	癸卯	甲辰
대운 남	秋	5	6	6	6	7	7	7	8	8	8	9	9	9	10	10	寒	1	1	1	1	2	2	2	3	3	3	4	4	4
대운 여	分	5	5	4	4	4	3	3	3	2	2	2	1	1	1	1	露	10	9	9	9	8	8	8	7	7	7	6	6	6

九月小 月建 庚戌 九紫

상강 음 9/2 양 10/24 오전 8시1분 ● 입동 음 9/17 양 11/8 오전 8시6분

음력	1	2	3	4	5	6	7	8	9	10	11	12	13	14	15	16	17	18	19	20	21	22	23	24	25	26	27	28	29
양력	10/23	24	25	26	27	28	29	30	31	11/1	2	3	4	5	6	7	8	9	10	11	12	13	14	15	16	17	18	19	20
요일	금	토	일	월	화	수	목	금	토	일	월	화	수	목	금	토	일	월	화	수	목	금	토	일	월	화	수	목	금
일진	乙巳	丙午	丁未	戊申	己酉	庚戌	辛亥	壬子	癸丑	甲寅	乙卯	丙辰	丁巳	戊午	己未	庚申	辛酉	壬戌	癸亥	甲子	乙丑	丙寅	丁卯	戊辰	己巳	庚午	辛未	壬申	癸酉
대운 남	5	霜	5	6	6	6	7	7	7	8	8	8	9	9	9	10	立	1	1	1	1	2	2	2	3	3	3	4	4
대운 여	5	降	5	4	4	4	3	3	3	2	2	2	1	1	1	1	冬	10	9	9	9	8	8	8	7	7	7	6	6

十月大 月建 辛亥 八白

소설 음 10/3 양 11/23 오전 5시29분 ● 대설 음 10/18 양 12/8 오전 0시52분

음력	1	2	3	4	5	6	7	8	9	10	11	12	13	14	15	16	17	18	19	20	21	22	23	24	25	26	27	28	29	30
양력	11/21	22	23	24	25	26	27	28	29	30	12/1	2	3	4	5	6	7	8	9	10	11	12	13	14	15	16	17	18	19	20
요일	토	일	월	화	수	목	금	토	일	월	화	수	목	금	토	일	월	화	수	목	금	토	일	월	화	수	목	금	토	일
일진	甲戌	乙亥	丙子	丁丑	戊寅	己卯	庚辰	辛巳	壬午	癸未	甲申	乙酉	丙戌	丁亥	戊子	己丑	庚寅	辛卯	壬辰	癸巳	甲午	乙未	丙申	丁酉	戊戌	己亥	庚子	辛丑	壬寅	癸卯
대운 남	4	5	小	5	6	6	6	7	7	7	8	8	8	9	9	9	10	大	1	1	1	1	2	2	2	3	3	3	4	4
대운 여	6	5	雪	5	4	4	4	3	3	3	2	2	2	1	1	1	1	雪	9	9	9	8	8	8	7	7	7	6	6	6

十一月小 月建 壬子 七赤

동지 음 11/2 양 12/22 오후 6시46분 ● 소한 음 11/17 양 1/6 오후 12시4분

음력	1	2	3	4	5	6	7	8	9	10	11	12	13	14	15	16	17	18	19	20	21	22	23	24	25	26	27	28	29
양력	12/21	22	23	24	25	26	27	28	29	30	31	1/1	2	3	4	5	6	7	8	9	10	11	12	13	14	15	16	17	18
요일	월	화	수	목	금	토	일	월	화	수	목	금	토	일	월	화	수	목	금	토	일	월	화	수	목	금	토	일	월
일진	甲辰	乙巳	丙午	丁未	戊申	己酉	庚戌	辛亥	壬子	癸丑	甲寅	乙卯	丙辰	丁巳	戊午	己未	庚申	辛酉	壬戌	癸亥	甲子	乙丑	丙寅	丁卯	戊辰	己巳	庚午	辛未	壬申
대운 남	4	冬	5	5	6	6	6	7	7	7	8	8	8	9	9	9	小	1	1	1	1	2	2	2	3	3	3	4	4
대운 여	5	至	5	4	4	4	3	3	3	2	2	2	1	1	1	1	寒	9	9	9	8	8	8	7	7	7	6	6	6

十二月大 月建 癸丑 六白

대한 음 12/3 양 1/21 오전 5시24분 ● 입춘 음 12/17 양 2/4 오후 11시43분

음력	1	2	3	4	5	6	7	8	9	10	11	12	13	14	15	16	17	18	19	20	21	22	23	24	25	26	27	28	29	30
양력	1/19	20	21	22	23	24	25	26	27	28	29	30	31	2/1	2	3	4	5	6	7	8	9	10	11	12	13	14	15	16	17
요일	화	수	목	금	토	일	월	화	수	목	금	토	일	월	화	수	목	금	토	일	월	화	수	목	금	토	일	월	화	수
일진	癸酉	甲戌	乙亥	丙子	丁丑	戊寅	己卯	庚辰	辛巳	壬午	癸未	甲申	乙酉	丙戌	丁亥	戊子	己丑	庚寅	辛卯	壬辰	癸巳	甲午	乙未	丙申	丁酉	戊戌	己亥	庚子	辛丑	壬寅
대운 남	4	5	大	5	6	6	6	7	7	7	8	8	8	9	9	9	立	10	9	9	9	8	8	8	7	7	7	6	6	6
대운 여	5	5	寒	4	4	4	3	3	3	2	2	2	1	1	1	1	春	1	1	1	1	2	2	2	3	3	3	4	4	4

1988년 | 단기 4321년　戊辰年

九日得辛 二龍治水

子 大將軍　北 三殺　寅 吊客　午 喪門

納音五行 大林木

正月小　月建 甲寅　五黃

우수 음 1/2 양 2/19 오후 7시35분 ● 경칩 음 1/17 양 3/5 오후 5시47분

음력	1	2	3	4	5	6	7	8	9	10	11	12	13	14	15	16	17	18	19	20	21	22	23	24	25	26	27	28	29
양력	2/18	19	20	21	22	23	24	25	26	27	28	29	3/1	2	3	4	5	6	7	8	9	10	11	12	13	14	15	16	17
요일	목	금	토	일	월	화	수	목	금	토	일	월	화	수	목	금	토	일	월	화	수	목	금	토	일	월	화	수	목
일진	癸卯	甲辰	乙巳	丙午	丁未	戊申	己酉	庚戌	辛亥	壬子	癸丑	甲寅	乙卯	丙辰	丁巳	戊午	己未	庚申	辛酉	壬戌	癸亥	甲子	乙丑	丙寅	丁卯	戊辰	己巳	庚午	辛未
대운 남	5	雨水	5	4	4	4	3	3	3	2	2	2	1	1	1	1	驚蟄	10	9	9	9	8	8	8	7	7	7	6	6
대운 여	5		5	6	6	6	7	7	7	8	8	8	9	9	9	10		1	1	1	1	2	2	2	3	3	3	4	4

二月小　月建 乙卯　四綠

춘분 음 2/3 양 3/20 오후 6시39분 ● 청명 음 2/18 양 4/4 오후 10시39분

음력	1	2	3	4	5	6	7	8	9	10	11	12	13	14	15	16	17	18	19	20	21	22	23	24	25	26	27	28	29
양력	3/18	19	20	21	22	23	24	25	26	27	28	29	30	31	4/1	2	3	4	5	6	7	8	9	10	11	12	13	14	15
요일	금	토	일	월	화	수	목	금	토	일	월	화	수	목	금	토	일	월	화	수	목	금	토	일	월	화	수	목	금
일진	壬申	癸酉	甲戌	乙亥	丙子	丁丑	戊寅	己卯	庚辰	辛巳	壬午	癸未	甲申	乙酉	丙戌	丁亥	戊子	己丑	庚寅	辛卯	壬辰	癸巳	甲午	乙未	丙申	丁酉	戊戌	己亥	庚子
대운 남	6	5	春分	5	4	4	4	3	3	3	2	2	2	1	1	1	1	淸明	10	10	9	9	9	8	8	8	7	7	7
대운 여	4	5		5	6	6	6	7	7	7	8	8	8	9	9	9	10		1	1	1	1	2	2	2	3	3	3	4

三月大　月建 丙辰　三碧

곡우 음 3/5 양 4/20 오전 5시45분 ● 입하 음 3/20 양 5/5 오후 4시2분

음력	1	2	3	4	5	6	7	8	9	10	11	12	13	14	15	16	17	18	19	20	21	22	23	24	25	26	27	28	29	30
양력	4/16	17	18	19	20	21	22	23	24	25	26	27	28	29	30	5/1	2	3	4	5	6	7	8	9	10	11	12	13	14	15
요일	토	일	월	화	수	목	금	토	일	월	화	수	목	금	토	일	월	화	수	목	금	토	일	월	화	수	목	금	토	일
일진	辛丑	壬寅	癸卯	甲辰	乙巳	丙午	丁未	戊申	己酉	庚戌	辛亥	壬子	癸丑	甲寅	乙卯	丙辰	丁巳	戊午	己未	庚申	辛酉	壬戌	癸亥	甲子	乙丑	丙寅	丁卯	戊辰	己巳	庚午
대운 남	6	6	6	5	穀雨	5	4	4	4	3	3	3	2	2	2	1	1	1	1	立夏	10	10	9	9	9	8	8	8	7	7
대운 여	4	4	5	5		6	6	6	7	7	7	8	8	8	9	9	9	10	10		1	1	1	1	2	2	2	3	3	3

四月小　月建 丁巳　二黑

소만 음 4/6 양 5/21 오전 4시57분 ● 망종 음 4/21 양 6/5 오후 8시15분

음력	1	2	3	4	5	6	7	8	9	10	11	12	13	14	15	16	17	18	19	20	21	22	23	24	25	26	27	28	29
양력	5/16	17	18	19	20	21	22	23	24	25	26	27	28	29	30	31	6/1	2	3	4	5	6	7	8	9	10	11	12	13
요일	월	화	수	목	금	토	일	월	화	수	목	금	토	일	월	화	수	목	금	토	일	월	화	수	목	금	토	일	월
일진	辛未	壬申	癸酉	甲戌	乙亥	丙子	丁丑	戊寅	己卯	庚辰	辛巳	壬午	癸未	甲申	乙酉	丙戌	丁亥	戊子	己丑	庚寅	辛卯	壬辰	癸巳	甲午	乙未	丙申	丁酉	戊戌	己亥
대운 남	7	6	6	6	5	小滿	5	4	4	4	3	3	3	2	2	2	1	1	1	1	芒種	10	10	10	9	9	9	8	8
대운 여	4	4	4	5	5		6	6	6	7	7	7	8	8	8	9	9	9	10	10		1	1	1	1	2	2	2	3

五月大　月建 戊午　一白

하지 음 5/8 양 6/21 오후 12시57분 ● 소서 음 5/24 양 7/7 오전 6시33분

음력	1	2	3	4	5	6	7	8	9	10	11	12	13	14	15	16	17	18	19	20	21	22	23	24	25	26	27	28	29	30
양력	6/14	15	16	17	18	19	20	21	22	23	24	25	26	27	28	29	30	7/1	2	3	4	5	6	7	8	9	10	11	12	13
요일	화	수	목	금	토	일	월	화	수	목	금	토	일	월	화	수	목	금	토	일	월	화	수	목	금	토	일	월	화	수
일진	庚子	辛丑	壬寅	癸卯	甲辰	乙巳	丙午	丁未	戊申	己酉	庚戌	辛亥	壬子	癸丑	甲寅	乙卯	丙辰	丁巳	戊午	己未	庚申	辛酉	壬戌	癸亥	甲子	乙丑	丙寅	丁卯	戊辰	己巳
대운 남	8	7	7	7	6	6	6	夏至	5	5	4	4	4	3	3	3	2	2	2	1	1	1	1	小暑	10	10	9	9	9	8
대운 여	3	3	4	4	4	5	5		6	6	6	7	7	7	8	8	8	9	9	9	10	10	10		1	1	1	1	2	2

六月小　月建 己未　九紫

대서 음 6/9 양 7/22 오후 11시51분 ● 입추 음 6/25 양 8/7 오후 4시20분

음력	1	2	3	4	5	6	7	8	9	10	11	12	13	14	15	16	17	18	19	20	21	22	23	24	25	26	27	28	29
양력	7/14	15	16	17	18	19	20	21	22	23	24	25	26	27	28	29	30	31	8/1	2	3	4	5	6	7	8	9	10	11
요일	목	금	토	일	월	화	수	목	금	토	일	월	화	수	목	금	토	일	월	화	수	목	금	토	일	월	화	수	목
일진	庚午	辛未	壬申	癸酉	甲戌	乙亥	丙子	丁丑	戊寅	己卯	庚辰	辛巳	壬午	癸未	甲申	乙酉	丙戌	丁亥	戊子	己丑	庚寅	辛卯	壬辰	癸巳	甲午	乙未	丙申	丁酉	戊戌
대운 남	8	8	7	7	7	6	6	6	大暑	5	5	4	4	4	3	3	3	2	2	2	1	1	1	1	立秋	10	10	9	9
대운 여	2	3	3	3	4	4	4	5		5	6	6	6	7	7	7	8	8	8	9	9	9	10	10		1	1	1	1

七月大 月建 庚申 八白 처서 음 7/12 양 8/23 오전 6시54분●백로 음 7/27 양 9/7 오후 7시12분

음력		1	2	3	4	5	6	7	8	9	10	11	12	13	14	15	16	17	18	19	20	21	22	23	24	25	26	27	28	29	30
양력		8/12	13	14	15	16	17	18	19	20	21	22	23	24	25	26	27	28	29	30	31	9/1	2	3	4	5	6	7	8	9	10
요일		금	토	일	월	화	수	목	금	토	일	월	화	수	목	금	토	일	월	화	수	목	금	토	일	월	화	수	목	금	토
일진		己亥	庚子	辛丑	壬寅	癸卯	甲辰	乙巳	丙午	丁未	戊申	己酉	庚戌	辛亥	壬子	癸丑	甲寅	乙卯	丙辰	丁巳	戊午	己未	庚申	辛酉	壬戌	癸亥	甲子	乙丑	丙寅	丁卯	戊辰
대운	남	9	8	8	8	7	7	7	6	6	6	5	處暑	5	4	4	4	3	3	3	2	2	2	1	1	1	1	白露	10	10	9
	여	2	2	2	3	3	3	4	4	4	5	5		6	6	6	7	7	7	8	8	8	9	9	9	10	10		1	1	1

八月大 月建 辛酉 七赤 추분 음 8/13 양 9/23 오전 4시29분●한로 음 8/28 양 10/8 오전 10시45분

음력		1	2	3	4	5	6	7	8	9	10	11	12	13	14	15	16	17	18	19	20	21	22	23	24	25	26	27	28	29	30
양력		9/11	12	13	14	15	16	17	18	19	20	21	22	23	24	25	26	27	28	29	30	10/1	2	3	4	5	6	7	8	9	10
요일		일	월	화	수	목	금	토	일	월	화	수	목	금	토	일	월	화	수	목	금	토	일	월	화	수	목	금	토	일	월
일진		己巳	庚午	辛未	壬申	癸酉	甲戌	乙亥	丙子	丁丑	戊寅	己卯	庚辰	辛巳	壬午	癸未	甲申	乙酉	丙戌	丁亥	戊子	己丑	庚寅	辛卯	壬辰	癸巳	甲午	乙未	丙申	丁酉	戊戌
대운	남	9	9	8	8	8	7	7	7	6	6	6	5	秋分	5	4	4	4	3	3	3	2	2	2	1	1	1	1	寒露	10	9
	여	1	2	2	2	3	3	3	4	4	4	5	5		6	6	6	7	7	7	8	8	8	9	9	9	10	10		1	1

九月小 月建 壬戌 六白 상강 음 9/13 양 10/23 오후 1시44분●입동 음 9/28 양 11/7 오후 1시49분

음력		1	2	3	4	5	6	7	8	9	10	11	12	13	14	15	16	17	18	19	20	21	22	23	24	25	26	27	28	29
양력		10/11	12	13	14	15	16	17	18	19	20	21	22	23	24	25	26	27	28	29	30	31	11/1	2	3	4	5	6	7	8
요일		화	수	목	금	토	일	월	화	수	목	금	토	일	월	화	수	목	금	토	일	월	화	수	목	금	토	일	월	화
일진		己亥	庚子	辛丑	壬寅	癸卯	甲辰	乙巳	丙午	丁未	戊申	己酉	庚戌	辛亥	壬子	癸丑	甲寅	乙卯	丙辰	丁巳	戊午	己未	庚申	辛酉	壬戌	癸亥	甲子	乙丑	丙寅	丁卯
대운	남	9	9	8	8	8	7	7	7	6	6	6	5	霜降	5	4	4	4	3	3	3	2	2	2	1	1	1	1	立冬	10
	여	1	1	2	2	2	3	3	3	4	4	4	5		5	6	6	6	7	7	7	8	8	8	9	9	9	10		1

十月大 月建 癸亥 五黃 소설 음 10/14 양 11/22 오전 11시12분●대설 음 10/29 양 12/7 오전 6시34분

음력		1	2	3	4	5	6	7	8	9	10	11	12	13	14	15	16	17	18	19	20	21	22	23	24	25	26	27	28	29	30
양력		11/9	10	11	12	13	14	15	16	17	18	19	20	21	22	23	24	25	26	27	28	29	30	12/1	2	3	4	5	6	7	8
요일		수	목	금	토	일	월	화	수	목	금	토	일	월	화	수	목	금	토	일	월	화	수	목	금	토	일	월	화	수	목
일진		戊辰	己巳	庚午	辛未	壬申	癸酉	甲戌	乙亥	丙子	丁丑	戊寅	己卯	庚辰	辛巳	壬午	癸未	甲申	乙酉	丙戌	丁亥	戊子	己丑	庚寅	辛卯	壬辰	癸巳	甲午	乙未	丙申	丁酉
대운	남	9	9	9	8	8	8	7	7	7	6	6	6	5	小雪	5	4	4	4	3	3	3	2	2	2	1	1	1	1	大雪	9
	여	1	1	1	2	2	2	3	3	3	4	4	4	5		5	6	6	6	7	7	7	8	8	8	9	9	9	10		1

十一月大 月建 甲子 四綠 동지 음 11/14 양 12/22 오전 0시28분●소한 음 11/28 양 1/5 오후 5시46분

음력		1	2	3	4	5	6	7	8	9	10	11	12	13	14	15	16	17	18	19	20	21	22	23	24	25	26	27	28	29	30
양력		12/9	10	11	12	13	14	15	16	17	18	19	20	21	22	23	24	25	26	27	28	29	30	31	1/1	2	3	4	5	6	7
요일		금	토	일	월	화	수	목	금	토	일	월	화	수	목	금	토	일	월	화	수	목	금	토	일	월	화	수	목	금	토
일진		戊戌	己亥	庚子	辛丑	壬寅	癸卯	甲辰	乙巳	丙午	丁未	戊申	己酉	庚戌	辛亥	壬子	癸丑	甲寅	乙卯	丙辰	丁巳	戊午	己未	庚申	辛酉	壬戌	癸亥	甲子	乙丑	丙寅	丁卯
대운	남	9	9	8	8	8	7	7	7	6	6	6	5	5	冬至	4	4	4	3	3	3	2	2	2	1	1	1	1	小寒	10	9
	여	1	1	1	2	2	2	3	3	3	4	4	4	5		5	6	6	6	7	7	7	8	8	8	9	9	9		1	1

十二月小 月建 乙丑 三碧 대한 음 12/13 양 1/20 오전 11시7분●입춘 음 12/28 양 2/4 오전 5시27분

음력		1	2	3	4	5	6	7	8	9	10	11	12	13	14	15	16	17	18	19	20	21	22	23	24	25	26	27	28	29
양력		1/8	9	10	11	12	13	14	15	16	17	18	19	20	21	22	23	24	25	26	27	28	29	30	31	2/1	2	3	4	5
요일		일	월	화	수	목	금	토	일	월	화	수	목	금	토	일	월	화	수	목	금	토	일	월	화	수	목	금	토	일
일진		戊辰	己巳	庚午	辛未	壬申	癸酉	甲戌	乙亥	丙子	丁丑	戊寅	己卯	庚辰	辛巳	壬午	癸未	甲申	乙酉	丙戌	丁亥	戊子	己丑	庚寅	辛卯	壬辰	癸巳	甲午	乙未	丙申
대운	남	9	9	8	8	8	7	7	7	6	6	6	5	大寒	5	4	4	4	3	3	3	2	2	2	1	1	1	1	立春	1
	여	1	1	2	2	2	3	3	3	4	4	4	5		5	6	6	6	7	7	7	8	8	8	9	9	9	10		9

1989년 | 단기 4322년

己巳年

五日得辛 八龍治水

卯 大將軍　　東 三殺　　卯 吊客　　未 喪門　　　納音五行 大林木

正月大　　月建 丙寅　　二黑　　우수 음 1/14 양 2/19 오전 1시21분 ● 경칩 음 1/28 양 3/5 오후 11시34분

음력	1	2	3	4	5	6	7	8	9	10	11	12	13	14	15	16	17	18	19	20	21	22	23	24	25	26	27	28	29	30
양력	2/6	7	8	9	10	11	12	13	14	15	16	17	18	19	20	21	22	23	24	25	26	27	28	3/1	2	3	4	5	6	7
요일	월	화	수	목	금	토	일	월	화	수	목	금	토	일	월	화	수	목	금	토	일	월	화	수	목	금	토	일	월	화
일진	丁酉	戊戌	己亥	庚子	辛丑	壬寅	癸卯	甲辰	乙巳	丙午	丁未	戊申	己酉	庚戌	辛亥	壬子	癸丑	甲寅	乙卯	丙辰	丁巳	戊午	己未	庚申	辛酉	壬戌	癸亥	甲子	乙丑	丙寅
대운 남	1	1	1	2	2	2	3	3	3	4	4	4	5	雨	5	6	6	6	7	7	7	8	8	8	9	9	9	驚	1	1
대운 여	9	9	8	8	8	7	7	7	6	6	6	5	5	水	4	4	4	3	3	3	2	2	2	1	1	1	1	蟄	10	10

二月小　　月建 丁卯　　一白　　춘분 음 2/14 양 3/21 오전 0시28분 ● 청명 음 2/29 양 4/5 오전 4시30분

음력	1	2	3	4	5	6	7	8	9	10	11	12	13	14	15	16	17	18	19	20	21	22	23	24	25	26	27	28	29
양력	3/8	9	10	11	12	13	14	15	16	17	18	19	20	21	22	23	24	25	26	27	28	29	30	31	4/1	2	3	4	5
요일	수	목	금	토	일	월	화	수	목	금	토	일	월	화	수	목	금	토	일	월	화	수	목	금	토	일	월	화	수
일진	丁卯	戊辰	己巳	庚午	辛未	壬申	癸酉	甲戌	乙亥	丙子	丁丑	戊寅	己卯	庚辰	辛巳	壬午	癸未	甲申	乙酉	丙戌	丁亥	戊子	己丑	庚寅	辛卯	壬辰	癸巳	甲午	乙未
대운 남	1	1	2	2	2	3	3	3	4	4	4	5	5	春	6	6	6	7	7	7	8	8	8	9	9	9	10	10	淸
대운 여	9	9	9	8	8	8	7	7	7	6	6	6	5	分	5	4	4	4	3	3	3	2	2	2	1	1	1	1	明

三月小　　月建 戊辰　　九紫　　곡우 음 3/15 양 4/20 오전 11시39분

음력	1	2	3	4	5	6	7	8	9	10	11	12	13	14	15	16	17	18	19	20	21	22	23	24	25	26	27	28	29
양력	4/6	7	8	9	10	11	12	13	14	15	16	17	18	19	20	21	22	23	24	25	26	27	28	29	30	5/1	2	3	4
요일	목	금	토	일	월	화	수	목	금	토	일	월	화	수	목	금	토	일	월	화	수	목	금	토	일	월	화	수	목
일진	丙申	丁酉	戊戌	己亥	庚子	辛丑	壬寅	癸卯	甲辰	乙巳	丙午	丁未	戊申	己酉	庚戌	辛亥	壬子	癸丑	甲寅	乙卯	丙辰	丁巳	戊午	己未	庚申	辛酉	壬戌	癸亥	甲子
대운 남	1	1	1	1	2	2	2	3	3	3	4	4	4	5	穀	5	6	6	6	7	7	7	8	8	8	9	9	9	10
대운 여	10	9	9	9	8	8	8	7	7	7	6	6	6	5	雨	5	4	4	4	3	3	3	2	2	2	1	1	1	1

四月大　　月建 己巳　　八白　　입하 음 4/1 양 5/5 오후 9시54분 ● 소만 음 4/17 양 5/21 오전 10시54분

음력	1	2	3	4	5	6	7	8	9	10	11	12	13	14	15	16	17	18	19	20	21	22	23	24	25	26	27	28	29	30
양력	5/5	6	7	8	9	10	11	12	13	14	15	16	17	18	19	20	21	22	23	24	25	26	27	28	29	30	31	6/1	2	3
요일	금	토	일	월	화	수	목	금	토	일	월	화	수	목	금	토	일	월	화	수	목	금	토	일	월	화	수	목	금	토
일진	乙丑	丙寅	丁卯	戊辰	己巳	庚午	辛未	壬申	癸酉	甲戌	乙亥	丙子	丁丑	戊寅	己卯	庚辰	辛巳	壬午	癸未	甲申	乙酉	丙戌	丁亥	戊子	己丑	庚寅	辛卯	壬辰	癸巳	甲午
대운 남	立	1	1	1	1	2	2	2	3	3	3	4	4	4	5	5	小	6	6	6	7	7	7	8	8	8	9	9	9	10
대운 여	夏	10	10	10	9	9	9	8	8	8	7	7	7	6	6	6	滿	5	5	4	4	4	3	3	3	2	2	2	1	1

五月小　　月建 庚午　　七赤　　망종 음 5/3 양 6/6 오전 2시5분 ● 하지 음 5/18 양 6/21 오후 6시53분

음력	1	2	3	4	5	6	7	8	9	10	11	12	13	14	15	16	17	18	19	20	21	22	23	24	25	26	27	28	29
양력	6/4	5	6	7	8	9	10	11	12	13	14	15	16	17	18	19	20	21	22	23	24	25	26	27	28	29	30	7/1	2
요일	일	월	화	수	목	금	토	일	월	화	수	목	금	토	일	월	화	수	목	금	토	일	월	화	수	목	금	토	일
일진	乙未	丙申	丁酉	戊戌	己亥	庚子	辛丑	壬寅	癸卯	甲辰	乙巳	丙午	丁未	戊申	己酉	庚戌	辛亥	壬子	癸丑	甲寅	乙卯	丙辰	丁巳	戊午	己未	庚申	辛酉	壬戌	癸亥
대운 남	10	10	芒	1	1	1	1	2	2	2	3	3	3	4	4	4	5	夏	5	6	6	6	7	7	7	8	8	8	9
대운 여	1	1	種	10	10	9	9	9	8	8	8	7	7	7	6	6	6	至	5	5	4	4	4	3	3	3	2	2	2

六月大　　月建 辛未　　六白　　소서 음 6/5 양 7/7 오후 12시19분 ● 대서 음 6/21 양 7/23 오전 5시45분

음력	1	2	3	4	5	6	7	8	9	10	11	12	13	14	15	16	17	18	19	20	21	22	23	24	25	26	27	28	29	30
양력	7/3	4	5	6	7	8	9	10	11	12	13	14	15	16	17	18	19	20	21	22	23	24	25	26	27	28	29	30	31	8/1
요일	월	화	수	목	금	토	일	월	화	수	목	금	토	일	월	화	수	목	금	토	일	월	화	수	목	금	토	일	월	화
일진	甲子	乙丑	丙寅	丁卯	戊辰	己巳	庚午	辛未	壬申	癸酉	甲戌	乙亥	丙子	丁丑	戊寅	己卯	庚辰	辛巳	壬午	癸未	甲申	乙酉	丙戌	丁亥	戊子	己丑	庚寅	辛卯	壬辰	癸巳
대운 남	9	9	10	10	小	1	1	1	1	2	2	2	3	3	3	4	4	4	5	5	大	6	6	6	7	7	7	8	8	8
대운 여	1	1	1	1	暑	10	10	9	9	9	8	8	8	7	7	7	6	6	6	5	暑	5	4	4	4	3	3	3	2	2

七月小 月建 壬申 五黃 입추 음 7/6 양 8/7 오후 10시4분 ● 처서 음 7/22 양 8/23 오후 12시46분

음력	1	2	3	4	5	6	7	8	9	10	11	12	13	14	15	16	17	18	19	20	21	22	23	24	25	26	27	28	29
양력	8/2	3	4	5	6	7	8	9	10	11	12	13	14	15	16	17	18	19	20	21	22	23	24	25	26	27	28	29	30
요일	수	목	금	토	일	월	화	수	목	금	토	일	월	화	수	목	금	토	일	월	화	수	목	금	토	일	월	화	수
일진	甲午	乙未	丙申	丁酉	戊戌	己亥	庚子	辛丑	壬寅	癸卯	甲辰	乙巳	丙午	丁未	戊申	己酉	庚戌	辛亥	壬子	癸丑	甲寅	乙卯	丙辰	丁巳	戊午	己未	庚申	辛酉	壬戌
대운 남	9	9	9	10	10	立	1	1	1	1	2	2	2	3	3	3	4	4	4	5	5	處	6	6	6	7	7	7	8
대운 여	2	1	1	1	1	秋	10	10	10	9	9	9	8	8	8	7	7	7	6	6	6	暑	5	5	4	4	4	3	3

八月大 月建 癸酉 四綠 백로 음 8/9 양 9/8 오전 0시54분 ● 추분 음 8/24 양 9/23 오전 10시20분

음력	1	2	3	4	5	6	7	8	9	10	11	12	13	14	15	16	17	18	19	20	21	22	23	24	25	26	27	28	29	30
양력	8/31	9/1	2	3	4	5	6	7	8	9	10	11	12	13	14	15	16	17	18	19	20	21	22	23	24	25	26	27	28	29
요일	목	금	토	일	월	화	수	목	금	토	일	월	화	수	목	금	토	일	월	화	수	목	금	토	일	월	화	수	목	금
일진	癸亥	甲子	乙丑	丙寅	丁卯	戊辰	己巳	庚午	辛未	壬申	癸酉	甲戌	乙亥	丙子	丁丑	戊寅	己卯	庚辰	辛巳	壬午	癸未	甲申	乙酉	丙戌	丁亥	戊子	己丑	庚寅	辛卯	壬辰
대운 남	8	8	9	9	9	10	10	10	白	1	1	1	1	2	2	2	3	3	3	4	4	4	5	秋	5	6	6	6	7	7
대운 여	3	2	2	2	1	1	1	1	露	10	9	9	9	8	8	8	7	7	7	6	6	6	5	分	5	4	4	4	3	3

九月大 月建 甲戌 三碧 한로 음 9/9 양 10/8 오후 4시27분 ● 상강 음 9/24 양 10/23 오후 7시35분

음력	1	2	3	4	5	6	7	8	9	10	11	12	13	14	15	16	17	18	19	20	21	22	23	24	25	26	27	28	29	30
양력	9/30	10/1	2	3	4	5	6	7	8	9	10	11	12	13	14	15	16	17	18	19	20	21	22	23	24	25	26	27	28	29
요일	토	일	월	화	수	목	금	토	일	월	화	수	목	금	토	일	월	화	수	목	금	토	일	월	화	수	목	금	토	일
일진	癸巳	甲午	乙未	丙申	丁酉	戊戌	己亥	庚子	辛丑	壬寅	癸卯	甲辰	乙巳	丙午	丁未	戊申	己酉	庚戌	辛亥	壬子	癸丑	甲寅	乙卯	丙辰	丁巳	戊午	己未	庚申	辛酉	壬戌
대운 남	7	8	8	8	9	9	9	10	寒	1	1	1	1	2	2	2	3	3	3	4	4	4	5	霜	5	6	6	6	7	7
대운 여	3	2	2	2	1	1	1	1	露	10	9	9	9	8	8	8	7	7	7	6	6	6	5	降	5	4	4	4	3	3

十月小 月建 乙亥 二黑 입동 음 10/9 양 11/7 오후 7시34분 ● 소설 음 10/24 양 11/22 오후 5시5분

음력	1	2	3	4	5	6	7	8	9	10	11	12	13	14	15	16	17	18	19	20	21	22	23	24	25	26	27	28	29
양력	10/30	31	11/1	2	3	4	5	6	7	8	9	10	11	12	13	14	15	16	17	18	19	20	21	22	23	24	25	26	27
요일	월	화	수	목	금	토	일	월	화	수	목	금	토	일	월	화	수	목	금	토	일	월	화	수	목	금	토	일	월
일진	癸亥	甲子	乙丑	丙寅	丁卯	戊辰	己巳	庚午	辛未	壬申	癸酉	甲戌	乙亥	丙子	丁丑	戊寅	己卯	庚辰	辛巳	壬午	癸未	甲申	乙酉	丙戌	丁亥	戊子	己丑	庚寅	辛卯
대운 남	7	8	8	8	9	9	9	10	立	1	1	1	1	2	2	2	3	3	3	4	4	4	5	小	5	6	6	6	7
대운 여	3	2	2	2	1	1	1	1	冬	10	9	9	9	8	8	8	7	7	7	6	6	6	5	雪	5	4	4	4	3

十一月大 月建 丙子 一白 대설 음 11/10 양 12/7 오후 12시21분 ● 동지 음 11/25 양 12/22 오전 6시22분

음력	1	2	3	4	5	6	7	8	9	10	11	12	13	14	15	16	17	18	19	20	21	22	23	24	25	26	27	28	29	30
양력	11/28	29	30	12/1	2	3	4	5	6	7	8	9	10	11	12	13	14	15	16	17	18	19	20	21	22	23	24	25	26	27
요일	화	수	목	금	토	일	월	화	수	목	금	토	일	월	화	수	목	금	토	일	월	화	수	목	금	토	일	월	화	수
일진	壬辰	癸巳	甲午	乙未	丙申	丁酉	戊戌	己亥	庚子	辛丑	壬寅	癸卯	甲辰	乙巳	丙午	丁未	戊申	己酉	庚戌	辛亥	壬子	癸丑	甲寅	乙卯	丙辰	丁巳	戊午	己未	庚申	辛酉
대운 남	7	7	8	8	8	9	9	9	10	大	1	1	1	1	2	2	2	3	3	3	4	4	4	5	冬	5	6	6	6	7
대운 여	3	3	2	2	2	1	1	1	1	雪	9	9	9	8	8	8	7	7	7	6	6	6	5	5	至	4	4	4	3	3

十二月大 月建 丁丑 九紫 소한 음 12/9 양 1/5 오후 11시33분 ● 대한 음 12/24 양 1/20 오후 5시2분

음력	1	2	3	4	5	6	7	8	9	10	11	12	13	14	15	16	17	18	19	20	21	22	23	24	25	26	27	28	29	30
양력	12/28	29	30	31	1/1	2	3	4	5	6	7	8	9	10	11	12	13	14	15	16	17	18	19	20	21	22	23	24	25	26
요일	목	금	토	일	월	화	수	목	금	토	일	월	화	수	목	금	토	일	월	화	수	목	금	토	일	월	화	수	목	금
일진	壬戌	癸亥	甲子	乙丑	丙寅	丁卯	戊辰	己巳	庚午	辛未	壬申	癸酉	甲戌	乙亥	丙子	丁丑	戊寅	己卯	庚辰	辛巳	壬午	癸未	甲申	乙酉	丙戌	丁亥	戊子	己丑	庚寅	辛卯
대운 남	7	7	8	8	8	9	9	9	小	1	1	1	1	2	2	2	3	3	3	4	4	4	5	大	5	6	6	6	7	7
대운 여	3	2	2	2	1	1	1	1	寒	10	9	9	9	8	8	8	7	7	7	6	6	6	5	寒	5	4	4	4	3	3

1990년 | 단기 4323년 庚午年

十日得辛 一龍治水

卯 大將軍 北 三殺 辰 吊客 申 喪門

納音五行 路傍土

正月小 月建 戊寅 八白

입춘 음 1/9 양 2/4 오전 11시14분 ● 우수 음 1/24 양 2/19 오전 7시14분

음력	1	2	3	4	5	6	7	8	9	10	11	12	13	14	15	16	17	18	19	20	21	22	23	24	25	26	27	28	29
양력	1/27	28	29	30	31	2/1	2	3	4	5	6	7	8	9	10	11	12	13	14	15	16	17	18	19	20	21	22	23	24
요일	토	일	월	화	수	목	금	토	일	월	화	수	목	금	토	일	월	화	수	목	금	토	일	월	화	수	목	금	토
일진	壬辰	癸巳	甲午	乙未	丙申	丁酉	戊戌	己亥	庚子	辛丑	壬寅	癸卯	甲辰	乙巳	丙午	丁未	戊申	己酉	庚戌	辛亥	壬子	癸丑	甲寅	乙卯	丙辰	丁巳	戊午	己未	庚申
대운 남	7	8	8	8	9	9	9	10	立	10	9	9	9	8	8	8	7	7	7	6	6	6	5	雨	5	4	4	4	3
대운 여	3	2	2	2	1	1	1	1	春	1	1	1	1	2	2	2	3	3	3	4	4	4	5	水	5	6	6	6	7

二月大 月建 己卯 七赤

경칩 음 2/10 양 3/6 오전 5시19분 ● 춘분 음 2/25 양 3/21 오전 6시19분

음력	1	2	3	4	5	6	7	8	9	10	11	12	13	14	15	16	17	18	19	20	21	22	23	24	25	26	27	28	29	30
양력	2/25	26	27	28	3/1	2	3	4	5	6	7	8	9	10	11	12	13	14	15	16	17	18	19	20	21	22	23	24	25	26
요일	일	월	화	수	목	금	토	일	월	화	수	목	금	토	일	월	화	수	목	금	토	일	월	화	수	목	금	토	일	월
일진	辛酉	壬戌	癸亥	甲子	乙丑	丙寅	丁卯	戊辰	己巳	庚午	辛未	壬申	癸酉	甲戌	乙亥	丙子	丁丑	戊寅	己卯	庚辰	辛巳	壬午	癸未	甲申	乙酉	丙戌	丁亥	戊子	己丑	庚寅
대운 남	3	3	2	2	2	1	1	1	1	驚	10	9	9	9	8	8	8	7	7	7	6	6	6	5	春	5	4	4	4	3
대운 여	7	7	8	8	8	9	9	9	10	蟄	1	1	1	1	2	2	2	3	3	3	4	4	4	5	分	5	6	6	6	7

三月小 月建 庚辰 六白

청명 음 3/10 양 4/5 오전 10시13분 ● 곡우 음 3/25 양 4/20 오후 5시27분

음력	1	2	3	4	5	6	7	8	9	10	11	12	13	14	15	16	17	18	19	20	21	22	23	24	25	26	27	28	29
양력	3/27	28	29	30	31	4/1	2	3	4	5	6	7	8	9	10	11	12	13	14	15	16	17	18	19	20	21	22	23	24
요일	화	수	목	금	토	일	월	화	수	목	금	토	일	월	화	수	목	금	토	일	월	화	수	목	금	토	일	월	화
일진	辛卯	壬辰	癸巳	甲午	乙未	丙申	丁酉	戊戌	己亥	庚子	辛丑	壬寅	癸卯	甲辰	乙巳	丙午	丁未	戊申	己酉	庚戌	辛亥	壬子	癸丑	甲寅	乙卯	丙辰	丁巳	戊午	己未
대운 남	3	3	2	2	2	1	1	1	1	清	10	10	9	9	9	8	8	8	7	7	7	6	6	6	穀	5	5	4	4
대운 여	7	7	8	8	8	9	9	9	10	明	1	1	1	1	2	2	2	3	3	3	4	4	4	5	雨	5	6	6	6

四月小 月建 辛巳 五黃

입하 음 4/12 양 5/6 오전 3시35분 ● 소만 음 4/27 양 5/21 오후 4시37분

음력	1	2	3	4	5	6	7	8	9	10	11	12	13	14	15	16	17	18	19	20	21	22	23	24	25	26	27	28	29
양력	4/25	26	27	28	29	30	5/1	2	3	4	5	6	7	8	9	10	11	12	13	14	15	16	17	18	19	20	21	22	23
요일	수	목	금	토	일	월	화	수	목	금	토	일	월	화	수	목	금	토	일	월	화	수	목	금	토	일	월	화	수
일진	庚申	辛酉	壬戌	癸亥	甲子	乙丑	丙寅	丁卯	戊辰	己巳	庚午	辛未	壬申	癸酉	甲戌	乙亥	丙子	丁丑	戊寅	己卯	庚辰	辛巳	壬午	癸未	甲申	乙酉	丙戌	丁亥	戊子
대운 남	4	3	3	3	2	2	2	1	1	1	1	立	10	10	9	9	9	8	8	8	7	7	7	6	6	6	小	5	5
대운 여	7	7	7	8	8	8	9	9	9	10	10	夏	1	1	1	1	2	2	2	3	3	3	4	4	4	5	滿	5	6

五月大 月建 壬午 四綠

망종 음 5/14 양 6/6 오전 7시46분 ● 하지 음 5/30 양 6/22 오전 0시33분

음력	1	2	3	4	5	6	7	8	9	10	11	12	13	14	15	16	17	18	19	20	21	22	23	24	25	26	27	28	29	30
양력	5/24	25	26	27	28	29	30	31	6/1	2	3	4	5	6	7	8	9	10	11	12	13	14	15	16	17	18	19	20	21	22
요일	목	금	토	일	월	화	수	목	금	토	일	월	화	수	목	금	토	일	월	화	수	목	금	토	일	월	화	수	목	금
일진	己丑	庚寅	辛卯	壬辰	癸巳	甲午	乙未	丙申	丁酉	戊戌	己亥	庚子	辛丑	壬寅	癸卯	甲辰	乙巳	丙午	丁未	戊申	己酉	庚戌	辛亥	壬子	癸丑	甲寅	乙卯	丙辰	丁巳	戊午
대운 남	4	4	4	3	3	3	2	2	2	1	1	1	1	芒	10	10	9	9	9	8	8	8	7	7	7	6	6	6	5	夏
대운 여	6	6	7	7	7	8	8	8	9	9	9	10	10	種	1	1	1	1	2	2	2	3	3	3	4	4	4	5	5	至

閏五月小

소서 음 윤5/15 양 7/7 오후 6시0분

음력	1	2	3	4	5	6	7	8	9	10	11	12	13	14	15	16	17	18	19	20	21	22	23	24	25	26	27	28	29
양력	6/23	24	25	26	27	28	29	30	7/1	2	3	4	5	6	7	8	9	10	11	12	13	14	15	16	17	18	19	20	21
요일	토	일	월	화	수	목	금	토	일	월	화	수	목	금	토	일	월	화	수	목	금	토	일	월	화	수	목	금	토
일진	己未	庚申	辛酉	壬戌	癸亥	甲子	乙丑	丙寅	丁卯	戊辰	己巳	庚午	辛未	壬申	癸酉	甲戌	乙亥	丙子	丁丑	戊寅	己卯	庚辰	辛巳	壬午	癸未	甲申	乙酉	丙戌	丁亥
대운 남	5	4	4	4	3	3	3	2	2	2	1	1	1	1	小	10	10	10	9	9	9	8	8	8	7	7	7	6	6
대운 여	6	6	6	7	7	7	8	8	8	9	9	9	10	10	暑	1	1	1	1	2	2	2	3	3	3	4	4	4	5

六月小　月建 癸未　三碧

대서 음 6/2 양 7/23 오전 11시22분 ● 입추 음 6/18 양 8/8 오전 3시46분

음력	1	2	3	4	5	6	7	8	9	10	11	12	13	14	15	16	17	18	19	20	21	22	23	24	25	26	27	28	29
양력	7/22	23	24	25	26	27	28	29	30	31	8/1	2	3	4	5	6	7	8	9	10	11	12	13	14	15	16	17	18	19
요일	일	월	화	수	목	금	토	일	월	화	수	목	금	토	일	월	화	수	목	금	토	일	월	화	수	목	금	토	일
일진	戊子	己丑	庚寅	辛卯	壬辰	癸巳	甲午	乙未	丙申	丁酉	戊戌	己亥	庚子	辛丑	壬寅	癸卯	甲辰	乙巳	丙午	丁未	戊申	己酉	庚戌	辛亥	壬子	癸丑	甲寅	乙卯	丙辰
대운 남	6	大	5	5	4	4	4	3	3	3	2	2	2	1	1	1	1	立	10	10	9	9	9	8	8	8	7	7	7
대운 여	5	暑	6	6	6	7	7	7	8	8	8	9	9	9	10	10	10	秋	1	1	1	1	2	2	2	3	3	3	4

七月大　月建 甲申　二黑

처서 음 7/4 양 8/23 오후 6시21분 ● 백로 음 7/20 양 9/8 오전 6시37분

음력	1	2	3	4	5	6	7	8	9	10	11	12	13	14	15	16	17	18	19	20	21	22	23	24	25	26	27	28	29	30
양력	8/20	21	22	23	24	25	26	27	28	29	30	31	9/1	2	3	4	5	6	7	8	9	10	11	12	13	14	15	16	17	18
요일	월	화	수	목	금	토	일	월	화	수	목	금	토	일	월	화	수	목	금	토	일	월	화	수	목	금	토	일	월	화
일진	丁巳	戊午	己未	庚申	辛酉	壬戌	癸亥	甲子	乙丑	丙寅	丁卯	戊辰	己巳	庚午	辛未	壬申	癸酉	甲戌	乙亥	丙子	丁丑	戊寅	己卯	庚辰	辛巳	壬午	癸未	甲申	乙酉	丙戌
대운 남	6	6	6	處	5	5	4	4	4	3	3	3	2	2	2	1	1	1	1	白	10	9	9	9	8	8	8	7	7	7
대운 여	4	4	5	暑	5	6	6	6	7	7	7	8	8	8	9	9	9	10	10	露	1	1	1	1	2	2	2	3	3	3

八月大　月建 乙酉　一白

추분 음 8/5 양 9/23 오후 3시56분 ● 한로 음 8/20 양 10/8 오후 10시14분

음력	1	2	3	4	5	6	7	8	9	10	11	12	13	14	15	16	17	18	19	20	21	22	23	24	25	26	27	28	29	30
양력	9/19	20	21	22	23	24	25	26	27	28	29	30	10/1	2	3	4	5	6	7	8	9	10	11	12	13	14	15	16	17	18
요일	수	목	금	토	일	월	화	수	목	금	토	일	월	화	수	목	금	토	일	월	화	수	목	금	토	일	월	화	수	목
일진	丁亥	戊子	己丑	庚寅	辛卯	壬辰	癸巳	甲午	乙未	丙申	丁酉	戊戌	己亥	庚子	辛丑	壬寅	癸卯	甲辰	乙巳	丙午	丁未	戊申	己酉	庚戌	辛亥	壬子	癸丑	甲寅	乙卯	丙辰
대운 남	6	6	6	5	秋	5	4	4	4	3	3	3	2	2	2	1	1	1	1	寒	10	10	9	9	9	8	8	8	7	7
대운 여	4	4	4	5	分	5	6	6	6	7	7	7	8	8	8	9	9	9	10	露	1	1	1	1	2	2	2	3	3	3

九月小　月建 丙戌　九紫

상강 음 9/6 양 10/24 오전 1시14분 ● 입동 음 9/21 양 11/8 오전 1시23분

음력	1	2	3	4	5	6	7	8	9	10	11	12	13	14	15	16	17	18	19	20	21	22	23	24	25	26	27	28	29
양력	10/19	20	21	22	23	24	25	26	27	28	29	30	31	11/1	2	3	4	5	6	7	8	9	10	11	12	13	14	15	16
요일	금	토	일	월	화	수	목	금	토	일	월	화	수	목	금	토	일	월	화	수	목	금	토	일	월	화	수	목	금
일진	丁巳	戊午	己未	庚申	辛酉	壬戌	癸亥	甲子	乙丑	丙寅	丁卯	戊辰	己巳	庚午	辛未	壬申	癸酉	甲戌	乙亥	丙子	丁丑	戊寅	己卯	庚辰	辛巳	壬午	癸未	甲申	乙酉
대운 남	7	6	6	6	5	霜	5	4	4	4	3	3	3	2	2	2	1	1	1	1	立	9	9	9	8	8	8	7	7
대운 여	4	4	4	5	5	降	6	6	6	7	7	7	8	8	8	9	9	9	10	10	冬	1	1	1	1	2	2	2	3

十月大　月建 丁亥　八白

소설 음 10/6 양 11/22 오후 10시47분 ● 대설 음 10/21 양 12/7 오후 6시14분

음력	1	2	3	4	5	6	7	8	9	10	11	12	13	14	15	16	17	18	19	20	21	22	23	24	25	26	27	28	29	30
양력	11/17	18	19	20	21	22	23	24	25	26	27	28	29	30	12/1	2	3	4	5	6	7	8	9	10	11	12	13	14	15	16
요일	토	일	월	화	수	목	금	토	일	월	화	수	목	금	토	일	월	화	수	목	금	토	일	월	화	수	목	금	토	일
일진	丙戌	丁亥	戊子	己丑	庚寅	辛卯	壬辰	癸巳	甲午	乙未	丙申	丁酉	戊戌	己亥	庚子	辛丑	壬寅	癸卯	甲辰	乙巳	丙午	丁未	戊申	己酉	庚戌	辛亥	壬子	癸丑	甲寅	乙卯
대운 남	7	6	6	6	5	小	5	4	4	4	3	3	3	2	2	2	1	1	1	1	大	10	9	9	9	8	8	8	7	7
대운 여	3	3	4	4	4	雪	5	5	6	6	6	7	7	7	8	8	8	9	9	9	雪	1	1	1	1	2	2	2	3	3

十一月大　月建 戊子　七赤

동지 음 11/6 양 12/22 오후 12시7분 ● 소한 음 11/21 양 1/6 오전 5시28분

음력	1	2	3	4	5	6	7	8	9	10	11	12	13	14	15	16	17	18	19	20	21	22	23	24	25	26	27	28	29	30
양력	12/17	18	19	20	21	22	23	24	25	26	27	28	29	30	31	1/1	2	3	4	5	6	7	8	9	10	11	12	13	14	15
요일	월	화	수	목	금	토	일	월	화	수	목	금	토	일	월	화	수	목	금	토	일	월	화	수	목	금	토	일	월	화
일진	丙辰	丁巳	戊午	己未	庚申	辛酉	壬戌	癸亥	甲子	乙丑	丙寅	丁卯	戊辰	己巳	庚午	辛未	壬申	癸酉	甲戌	乙亥	丙子	丁丑	戊寅	己卯	庚辰	辛巳	壬午	癸未	甲申	乙酉
대운 남	7	6	6	6	5	冬	5	4	4	4	3	3	3	2	2	2	1	1	1	1	小	9	9	9	8	8	8	7	7	7
대운 여	3	4	4	4	5	至	5	6	6	6	7	7	7	8	8	8	9	9	9	10	寒	1	1	1	1	2	2	2	3	3

十二月大　月建 己丑　六白

대한 음 12/5 양 1/20 오후 10시47분 ● 입춘 음 12/20 양 2/4 오후 5시8분

음력	1	2	3	4	5	6	7	8	9	10	11	12	13	14	15	16	17	18	19	20	21	22	23	24	25	26	27	28	29	30
양력	1/16	17	18	19	20	21	22	23	24	25	26	27	28	29	30	31	2/1	2	3	4	5	6	7	8	9	10	11	12	13	14
요일	수	목	금	토	일	월	화	수	목	금	토	일	월	화	수	목	금	토	일	월	화	수	목	금	토	일	월	화	수	목
일진	丙戌	丁亥	戊子	己丑	庚寅	辛卯	壬辰	癸巳	甲午	乙未	丙申	丁酉	戊戌	己亥	庚子	辛丑	壬寅	癸卯	甲辰	乙巳	丙午	丁未	戊申	己酉	庚戌	辛亥	壬子	癸丑	甲寅	乙卯
대운 남	6	6	6	5	大	5	4	4	4	3	3	3	2	2	2	1	1	1	1	立	1	1	1	1	2	2	2	3	3	3
대운 여	3	4	4	4	寒	5	5	6	6	6	7	7	7	8	8	8	9	9	9	春	10	9	9	9	8	8	8	7	7	7

1991년 | 단기 4324년 辛未年

六日得辛 一龍治水

卯 大將軍　酉 三殺　巳 吊客　酉 喪門

納音五行 路傍土

正月小　月建 庚寅　五黃

우수 음 1/5 양 2/19 오후 12시58분 ● 경칩 음 1/20 양 3/6 오전 11시12분

음력	1	2	3	4	5	6	7	8	9	10	11	12	13	14	15	16	17	18	19	20	21	22	23	24	25	26	27	28	29
양력	2/15	16	17	18	19	20	21	22	23	24	25	26	27	28	3/1	2	3	4	5	6	7	8	9	10	11	12	13	14	15
요일	금	토	일	월	화	수	목	금	토	일	월	화	수	목	금	토	일	월	화	수	목	금	토	일	월	화	수	목	금
일진	丙辰	丁巳	戊午	己未	庚申	辛酉	壬戌	癸亥	甲子	乙丑	丙寅	丁卯	戊辰	己巳	庚午	辛未	壬申	癸酉	甲戌	乙亥	丙子	丁丑	戊寅	己卯	庚辰	辛巳	壬午	癸未	甲申
대운 남	4	4	4	5	雨	5	6	6	6	7	7	7	8	8	8	9	9	9	10	驚	1	1	1	1	2	2	2	3	3
대운 여	6	6	6	5	水	5	4	4	4	3	3	3	2	2	2	1	1	1	1	蟄	10	9	9	9	8	8	8	7	7

二月大　月建 辛卯　四綠

춘분 음 2/6 양 3/21 오후 12시2분 ● 청명 음 2/21 양 4/5 오후 4시5분

음력	1	2	3	4	5	6	7	8	9	10	11	12	13	14	15	16	17	18	19	20	21	22	23	24	25	26	27	28	29	30
양력	3/16	17	18	19	20	21	22	23	24	25	26	27	28	29	30	31	4/1	2	3	4	5	6	7	8	9	10	11	12	13	14
요일	토	일	월	화	수	목	금	토	일	월	화	수	목	금	토	일	월	화	수	목	금	토	일	월	화	수	목	금	토	일
일진	乙酉	丙戌	丁亥	戊子	己丑	庚寅	辛卯	壬辰	癸巳	甲午	乙未	丙申	丁酉	戊戌	己亥	庚子	辛丑	壬寅	癸卯	甲辰	乙巳	丙午	丁未	戊申	己酉	庚戌	辛亥	壬子	癸丑	甲寅
대운 남	3	4	4	4	5	春	5	6	6	6	7	7	7	8	8	8	9	9	9	10	清	1	1	1	1	2	2	2	3	3
대운 여	7	6	6	6	5	分	5	4	4	4	3	3	3	2	2	2	1	1	1	1	明	10	10	9	9	9	8	8	8	7

三月小　月建 壬辰　三碧

곡우 음 3/6 양 4/20 오후 11시8분 ● 입하 음 3/22 양 5/6 오전 9시27분

음력	1	2	3	4	5	6	7	8	9	10	11	12	13	14	15	16	17	18	19	20	21	22	23	24	25	26	27	28	29
양력	4/15	16	17	18	19	20	21	22	23	24	25	26	27	28	29	30	5/1	2	3	4	5	6	7	8	9	10	11	12	13
요일	월	화	수	목	금	토	일	월	화	수	목	금	토	일	월	화	수	목	금	토	일	월	화	수	목	금	토	일	월
일진	乙卯	丙辰	丁巳	戊午	己未	庚申	辛酉	壬戌	癸亥	甲子	乙丑	丙寅	丁卯	戊辰	己巳	庚午	辛未	壬申	癸酉	甲戌	乙亥	丙子	丁丑	戊寅	己卯	庚辰	辛巳	壬午	癸未
대운 남	3	4	4	4	5	穀	5	6	6	6	7	7	7	8	8	8	9	9	9	10	10	立	1	1	1	1	2	2	2
대운 여	7	7	6	6	6	雨	5	5	4	4	4	3	3	3	2	2	2	1	1	1	1	夏	10	10	9	9	9	8	8

四月小　月建 癸巳　二黑

소만 음 4/8 양 5/21 오후 10시20분 ● 망종 음 4/24 양 6/6 오후 1시38분

음력	1	2	3	4	5	6	7	8	9	10	11	12	13	14	15	16	17	18	19	20	21	22	23	24	25	26	27	28	29
양력	5/14	15	16	17	18	19	20	21	22	23	24	25	26	27	28	29	30	31	6/1	2	3	4	5	6	7	8	9	10	11
요일	화	수	목	금	토	일	월	화	수	목	금	토	일	월	화	수	목	금	토	일	월	화	수	목	금	토	일	월	화
일진	甲申	乙酉	丙戌	丁亥	戊子	己丑	庚寅	辛卯	壬辰	癸巳	甲午	乙未	丙申	丁酉	戊戌	己亥	庚子	辛丑	壬寅	癸卯	甲辰	乙巳	丙午	丁未	戊申	己酉	庚戌	辛亥	壬子
대운 남	3	3	3	4	4	4	5	小	5	6	6	6	7	7	7	8	8	8	9	9	9	10	10	芒	1	1	1	1	2
대운 여	8	7	7	7	6	6	6	滿	5	5	4	4	4	3	3	3	2	2	2	1	1	1	1	種	10	10	9	9	9

五月大　月建 甲午　一白

하지 음 5/11 양 6/22 오전 6시19분 ● 소서 음 5/26 양 7/7 오후 11시53분

음력	1	2	3	4	5	6	7	8	9	10	11	12	13	14	15	16	17	18	19	20	21	22	23	24	25	26	27	28	29	30
양력	6/12	13	14	15	16	17	18	19	20	21	22	23	24	25	26	27	28	29	30	7/1	2	3	4	5	6	7	8	9	10	11
요일	수	목	금	토	일	월	화	수	목	금	토	일	월	화	수	목	금	토	일	월	화	수	목	금	토	일	월	화	수	목
일진	癸丑	甲寅	乙卯	丙辰	丁巳	戊午	己未	庚申	辛酉	壬戌	癸亥	甲子	乙丑	丙寅	丁卯	戊辰	己巳	庚午	辛未	壬申	癸酉	甲戌	乙亥	丙子	丁丑	戊寅	己卯	庚辰	辛巳	壬午
대운 남	2	2	3	3	3	4	4	4	5	5	夏	6	6	6	7	7	7	8	8	8	9	9	9	10	10	小	1	1	1	1
대운 여	8	8	8	7	7	7	6	6	6	5	至	5	4	4	4	3	3	3	2	2	2	1	1	1	1	暑	10	10	10	9

六月小　月建 乙未　九紫

대서 음 6/12 양 7/23 오후 5시11분 ● 입추 음 6/28 양 8/8 오전 9시37분

음력	1	2	3	4	5	6	7	8	9	10	11	12	13	14	15	16	17	18	19	20	21	22	23	24	25	26	27	28	29
양력	7/12	13	14	15	16	17	18	19	20	21	22	23	24	25	26	27	28	29	30	31	8/1	2	3	4	5	6	7	8	9
요일	금	토	일	월	화	수	목	금	토	일	월	화	수	목	금	토	일	월	화	수	목	금	토	일	월	화	수	목	금
일진	癸未	甲申	乙酉	丙戌	丁亥	戊子	己丑	庚寅	辛卯	壬辰	癸巳	甲午	乙未	丙申	丁酉	戊戌	己亥	庚子	辛丑	壬寅	癸卯	甲辰	乙巳	丙午	丁未	戊申	己酉	庚戌	辛亥
대운 남	2	2	2	3	3	3	4	4	4	5	5	大	6	6	6	7	7	7	8	8	8	9	9	9	10	10	10	立	1
대운 여	9	9	8	8	8	7	7	7	6	6	6	暑	5	5	4	4	4	3	3	3	2	2	2	1	1	1	1	秋	10

七月小　月建 丙申　八白

처서 음 7/15 양 8/24 오전 0시13분

음력	1	2	3	4	5	6	7	8	9	10	11	12	13	14	15	16	17	18	19	20	21	22	23	24	25	26	27	28	29
양력	8/10	11	12	13	14	15	16	17	18	19	20	21	22	23	24	25	26	27	28	29	30	31	9/1	2	3	4	5	6	7
요일	토	일	월	화	수	목	금	토	일	월	화	수	목	금	토	일	월	화	수	목	금	토	일	월	화	수	목	금	토
일진	壬子	癸丑	甲寅	乙卯	丙辰	丁巳	戊午	己未	庚申	辛酉	壬戌	癸亥	甲子	乙丑	丙寅	丁卯	戊辰	己巳	庚午	辛未	壬申	癸酉	甲戌	乙亥	丙子	丁丑	戊寅	己卯	庚辰
대운 남	1	1	1	2	2	2	3	3	3	4	4	4	5	5	處暑	6	6	6	7	7	7	8	8	8	9	9	9	10	10
대운 여	10	9	9	9	8	8	8	7	7	7	6	6	6	5		5	4	4	4	3	3	3	2	2	2	1	1	1	1

八月大　月建 丁酉　七赤

백로 음 8/1 양 9/8 오후 12시27분 ● 추분 음 8/16 양 9/23 오후 9시48분

음력	1	2	3	4	5	6	7	8	9	10	11	12	13	14	15	16	17	18	19	20	21	22	23	24	25	26	27	28	29	30
양력	9/8	9	10	11	12	13	14	15	16	17	18	19	20	21	22	23	24	25	26	27	28	29	30	10/1	2	3	4	5	6	7
요일	일	월	화	수	목	금	토	일	월	화	수	목	금	토	일	월	화	수	목	금	토	일	월	화	수	목	금	토	일	월
일진	辛巳	壬午	癸未	甲申	乙酉	丙戌	丁亥	戊子	己丑	庚寅	辛卯	壬辰	癸巳	甲午	乙未	丙申	丁酉	戊戌	己亥	庚子	辛丑	壬寅	癸卯	甲辰	乙巳	丙午	丁未	戊申	己酉	庚戌
대운 남	白露	1	1	1	1	2	2	2	3	3	3	4	4	4	5	秋分	5	6	6	6	7	7	7	8	8	8	9	9	9	10
대운 여		10	10	9	9	9	8	8	8	7	7	7	6	6	6		5	5	4	4	4	3	3	3	2	2	2	1	1	1

九月小　月建 戊戌　六白

한로 음 9/2 양 10/9 오전 4시1분 ● 상강 음 9/17 양 10/24 오전 7시5분

음력	1	2	3	4	5	6	7	8	9	10	11	12	13	14	15	16	17	18	19	20	21	22	23	24	25	26	27	28	29
양력	10/8	9	10	11	12	13	14	15	16	17	18	19	20	21	22	23	24	25	26	27	28	29	30	31	11/1	2	3	4	5
요일	화	수	목	금	토	일	월	화	수	목	금	토	일	월	화	수	목	금	토	일	월	화	수	목	금	토	일	월	화
일진	辛亥	壬子	癸丑	甲寅	乙卯	丙辰	丁巳	戊午	己未	庚申	辛酉	壬戌	癸亥	甲子	乙丑	丙寅	丁卯	戊辰	己巳	庚午	辛未	壬申	癸酉	甲戌	乙亥	丙子	丁丑	戊寅	己卯
대운 남	10	寒露	1	1	1	1	2	2	2	3	3	3	4	4	4	5	霜降	5	6	6	6	7	7	7	8	8	8	9	9
대운 여	1		10	9	9	9	8	8	8	7	7	7	6	6	6	5		5	4	4	4	3	3	3	2	2	2	1	1

十月大　月建 己亥　五黃

입동 음 10/3 양 11/8 오전 7시8분 ● 소설 음 10/18 양 11/23 오전 4시36분

음력	1	2	3	4	5	6	7	8	9	10	11	12	13	14	15	16	17	18	19	20	21	22	23	24	25	26	27	28	29	30
양력	11/6	7	8	9	10	11	12	13	14	15	16	17	18	19	20	21	22	23	24	25	26	27	28	29	30	12/1	2	3	4	5
요일	수	목	금	토	일	월	화	수	목	금	토	일	월	화	수	목	금	토	일	월	화	수	목	금	토	일	월	화	수	목
일진	庚辰	辛巳	壬午	癸未	甲申	乙酉	丙戌	丁亥	戊子	己丑	庚寅	辛卯	壬辰	癸巳	甲午	乙未	丙申	丁酉	戊戌	己亥	庚子	辛丑	壬寅	癸卯	甲辰	乙巳	丙午	丁未	戊申	己酉
대운 남	9	10	立冬	1	1	1	1	2	2	2	3	3	3	4	4	4	5	小雪	5	6	6	6	7	7	7	8	8	8	9	9
대운 여	1	1		9	9	9	8	8	8	7	7	7	6	6	6	5	5		4	4	4	3	3	3	2	2	2	1	1	1

十一月大　月建 庚子　四綠

대설 음 11/2 양 12/7 오후 11시56분 ● 동지 음 11/17 양 12/22 오후 5시54분

음력	1	2	3	4	5	6	7	8	9	10	11	12	13	14	15	16	17	18	19	20	21	22	23	24	25	26	27	28	29	30
양력	12/6	7	8	9	10	11	12	13	14	15	16	17	18	19	20	21	22	23	24	25	26	27	28	29	30	31	1/1	2	3	4
요일	금	토	일	월	화	수	목	금	토	일	월	화	수	목	금	토	일	월	화	수	목	금	토	일	월	화	수	목	금	토
일진	庚戌	辛亥	壬子	癸丑	甲寅	乙卯	丙辰	丁巳	戊午	己未	庚申	辛酉	壬戌	癸亥	甲子	乙丑	丙寅	丁卯	戊辰	己巳	庚午	辛未	壬申	癸酉	甲戌	乙亥	丙子	丁丑	戊寅	己卯
대운 남	9	大雪	1	1	1	1	2	2	2	3	3	3	4	4	4	5	冬至	5	6	6	6	7	7	7	8	8	8	9	9	9
대운 여	1		10	9	9	9	8	8	8	7	7	7	6	6	6	5		5	4	4	4	3	3	3	2	2	2	1	1	1

十二月大　月建 辛丑　三碧

소한 음 12/2 양 1/6 오전 11시9분 ● 대한 음 12/17 양 1/21 오전 4시32분

음력	1	2	3	4	5	6	7	8	9	10	11	12	13	14	15	16	17	18	19	20	21	22	23	24	25	26	27	28	29	30
양력	1/5	6	7	8	9	10	11	12	13	14	15	16	17	18	19	20	21	22	23	24	25	26	27	28	29	30	31	2/1	2	3
요일	일	월	화	수	목	금	토	일	월	화	수	목	금	토	일	월	화	수	목	금	토	일	월	화	수	목	금	토	일	월
일진	庚辰	辛巳	壬午	癸未	甲申	乙酉	丙戌	丁亥	戊子	己丑	庚寅	辛卯	壬辰	癸巳	甲午	乙未	丙申	丁酉	戊戌	己亥	庚子	辛丑	壬寅	癸卯	甲辰	乙巳	丙午	丁未	戊申	己酉
대운 남	10	小寒	1	1	1	1	2	2	2	3	3	3	4	4	4	5	大寒	5	6	6	6	7	7	7	8	8	8	9	9	9
대운 여	1		9	9	9	8	8	8	7	7	7	6	6	6	5	5		4	4	4	3	3	3	2	2	2	1	1	1	1

1992년 | 단기 4325년 壬申年

二日得辛 七龍治水

午 大將軍　南 三殺　午 吊客　戌 喪門

納音五行 劍鋒金

正月小　月建 壬寅　二黑

입춘 음 1/1 양 2/4 오후 10시48분 ● 우수 음 1/16 양 2/19 오후 6시44분

음력	1	2	3	4	5	6	7	8	9	10	11	12	13	14	15	16	17	18	19	20	21	22	23	24	25	26	27	28	29
양력	2/4	5	6	7	8	9	10	11	12	13	14	15	16	17	18	19	20	21	22	23	24	25	26	27	28	29	3/1	2	3
요일	화	수	목	금	토	일	월	화	수	목	금	토	일	월	화	수	목	금	토	일	월	화	수	목	금	토	일	월	화
일진	庚戌	辛亥	壬子	癸丑	甲寅	乙卯	丙辰	丁巳	戊午	己未	庚申	辛酉	壬戌	癸亥	甲子	乙丑	丙寅	丁卯	戊辰	己巳	庚午	辛未	壬申	癸酉	甲戌	乙亥	丙子	丁丑	戊寅
대운 남	立春	10	9	9	9	8	8	8	7	7	7	6	6	6	5	雨水	5	4	4	4	3	3	3	2	2	2	1	1	1
대운 여		1	1	1	1	2	2	2	3	3	3	4	4	4	5		5	6	6	6	7	7	7	8	8	8	9	9	9

二月大　月建 癸卯　一白

경칩 음 2/2 양 3/5 오후 4시52분 ● 춘분 음 2/17 양 3/20 오후 5시48분

음력	1	2	3	4	5	6	7	8	9	10	11	12	13	14	15	16	17	18	19	20	21	22	23	24	25	26	27	28	29	30
양력	3/4	5	6	7	8	9	10	11	12	13	14	15	16	17	18	19	20	21	22	23	24	25	26	27	28	29	30	31	4/1	2
요일	수	목	금	토	일	월	화	수	목	금	토	일	월	화	수	목	금	토	일	월	화	수	목	금	토	일	월	화	수	목
일진	己卯	庚辰	辛巳	壬午	癸未	甲申	乙酉	丙戌	丁亥	戊子	己丑	庚寅	辛卯	壬辰	癸巳	甲午	乙未	丙申	丁酉	戊戌	己亥	庚子	辛丑	壬寅	癸卯	甲辰	乙巳	丙午	丁未	戊申
대운 남	1	驚蟄	10	9	9	9	8	8	8	7	7	7	6	6	6	5	春分	5	4	4	4	3	3	3	2	2	2	1	1	1
대운 여	10		1	1	1	1	2	2	2	3	3	3	4	4	4	5		5	6	6	6	7	7	7	8	8	8	9	9	9

三月大　月建 甲辰　九紫

청명 음 3/2 양 4/4 오후 9시45분 ● 곡우 음 3/18 양 4/20 오전 4시57분

음력	1	2	3	4	5	6	7	8	9	10	11	12	13	14	15	16	17	18	19	20	21	22	23	24	25	26	27	28	29	30
양력	4/3	4	5	6	7	8	9	10	11	12	13	14	15	16	17	18	19	20	21	22	23	24	25	26	27	28	29	30	5/1	2
요일	금	토	일	월	화	수	목	금	토	일	월	화	수	목	금	토	일	월	화	수	목	금	토	일	월	화	수	목	금	토
일진	己酉	庚戌	辛亥	壬子	癸丑	甲寅	乙卯	丙辰	丁巳	戊午	己未	庚申	辛酉	壬戌	癸亥	甲子	乙丑	丙寅	丁卯	戊辰	己巳	庚午	辛未	壬申	癸酉	甲戌	乙亥	丙子	丁丑	戊寅
대운 남	1	淸明	10	10	9	9	9	8	8	8	7	7	7	6	6	6	5	穀雨	5	4	4	4	3	3	3	2	2	2	1	1
대운 여	10		1	1	1	1	2	2	2	3	3	3	4	4	4	5	5		6	6	6	7	7	7	8	8	8	9	9	9

四月小　月建 乙巳　八白

입하 음 4/3 양 5/5 오후 3시9분 ● 소만 음 4/19 양 5/21 오전 4시12분

음력	1	2	3	4	5	6	7	8	9	10	11	12	13	14	15	16	17	18	19	20	21	22	23	24	25	26	27	28	29
양력	5/3	4	5	6	7	8	9	10	11	12	13	14	15	16	17	18	19	20	21	22	23	24	25	26	27	28	29	30	31
요일	일	월	화	수	목	금	토	일	월	화	수	목	금	토	일	월	화	수	목	금	토	일	월	화	수	목	금	토	일
일진	己卯	庚辰	辛巳	壬午	癸未	甲申	乙酉	丙戌	丁亥	戊子	己丑	庚寅	辛卯	壬辰	癸巳	甲午	乙未	丙申	丁酉	戊戌	己亥	庚子	辛丑	壬寅	癸卯	甲辰	乙巳	丙午	丁未
대운 남	1	1	立夏	10	10	9	9	9	8	8	8	7	7	7	6	6	6	5	小滿	5	4	4	4	3	3	3	2	2	2
대운 여	10	10		1	1	1	1	2	2	2	3	3	3	4	4	4	5	5		6	6	6	7	7	7	8	8	8	9

五月小　月建 丙午　七赤

망종 음 5/5 양 6/5 오후 7시22분 ● 하지 음 5/21 양 6/21 오후 12시14분

음력	1	2	3	4	5	6	7	8	9	10	11	12	13	14	15	16	17	18	19	20	21	22	23	24	25	26	27	28	29
양력	6/1	2	3	4	5	6	7	8	9	10	11	12	13	14	15	16	17	18	19	20	21	22	23	24	25	26	27	28	29
요일	월	화	수	목	금	토	일	월	화	수	목	금	토	일	월	화	수	목	금	토	일	월	화	수	목	금	토	일	월
일진	戊申	己酉	庚戌	辛亥	壬子	癸丑	甲寅	乙卯	丙辰	丁巳	戊午	己未	庚申	辛酉	壬戌	癸亥	甲子	乙丑	丙寅	丁卯	戊辰	己巳	庚午	辛未	壬申	癸酉	甲戌	乙亥	丙子
대운 남	1	1	1	1	芒種	10	10	10	9	9	9	8	8	8	7	7	7	6	6	6	夏至	5	5	4	4	4	3	3	3
대운 여	9	9	10	10		1	1	1	1	2	2	2	3	3	3	4	4	4	5	5		6	6	6	7	7	7	8	8

六月大　月建 丁未　六白

소서 음 6/8 양 7/7 오전 5시40분 ● 대서 음 6/23 양 7/22 오후 11시9분

음력	1	2	3	4	5	6	7	8	9	10	11	12	13	14	15	16	17	18	19	20	21	22	23	24	25	26	27	28	29	30
양력	6/30	7/1	2	3	4	5	6	7	8	9	10	11	12	13	14	15	16	17	18	19	20	21	22	23	24	25	26	27	28	29
요일	화	수	목	금	토	일	월	화	수	목	금	토	일	월	화	수	목	금	토	일	월	화	수	목	금	토	일	월	화	수
일진	丁丑	戊寅	己卯	庚辰	辛巳	壬午	癸未	甲申	乙酉	丙戌	丁亥	戊子	己丑	庚寅	辛卯	壬辰	癸巳	甲午	乙未	丙申	丁酉	戊戌	己亥	庚子	辛丑	壬寅	癸卯	甲辰	乙巳	丙午
대운 남	2	2	2	1	1	1	1	小暑	10	10	9	9	9	8	8	8	7	7	7	6	6	6	大暑	5	5	4	4	4	3	3
대운 여	8	9	9	9	10	10	10		1	1	1	1	2	2	2	3	3	3	4	4	4	5		5	6	6	6	7	7	7

七月小　月建 戊申　五黃

입추 음 7/9 양 8/7 오후 3시27분 ● 처서 음 7/25 양 8/23 오전 6시10분

음력	1	2	3	4	5	6	7	8	9	10	11	12	13	14	15	16	17	18	19	20	21	22	23	24	25	26	27	28	29
양력	7/30	31	8/1	2	3	4	5	6	7	8	9	10	11	12	13	14	15	16	17	18	19	20	21	22	23	24	25	26	27
요일	목	금	토	일	월	화	수	목	금	토	일	월	화	수	목	금	토	일	월	화	수	목	금	토	일	월	화	수	목
일진	丁未	戊申	己酉	庚戌	辛亥	壬子	癸丑	甲寅	乙卯	丙辰	丁巳	戊午	己未	庚申	辛酉	壬戌	癸亥	甲子	乙丑	丙寅	丁卯	戊辰	己巳	庚午	辛未	壬申	癸酉	甲戌	乙亥
대운 남	3	2	2	2	1	1	1	1	立秋	10	10	9	9	9	8	8	8	7	7	7	6	6	6	5	處暑	5	4	4	4
대운 여	8	8	8	9	9	9	10	10		1	1	1	1	2	2	2	3	3	3	4	4	4	5	5		6	6	6	7

八月小　月建 己酉　四綠

백로 음 8/11 양 9/7 오후 6시18분 ● 추분 음 8/27 양 9/23 오전 3시43분

음력	1	2	3	4	5	6	7	8	9	10	11	12	13	14	15	16	17	18	19	20	21	22	23	24	25	26	27	28	29
양력	8/28	29	30	31	9/1	2	3	4	5	6	7	8	9	10	11	12	13	14	15	16	17	18	19	20	21	22	23	24	25
요일	금	토	일	월	화	수	목	금	토	일	월	화	수	목	금	토	일	월	화	수	목	금	토	일	월	화	수	목	금
일진	丙子	丁丑	戊寅	己卯	庚辰	辛巳	壬午	癸未	甲申	乙酉	丙戌	丁亥	戊子	己丑	庚寅	辛卯	壬辰	癸巳	甲午	乙未	丙申	丁酉	戊戌	己亥	庚子	辛丑	壬寅	癸卯	甲辰
대운 남	3	3	3	2	2	2	1	1	1	1	白露	10	10	9	9	9	8	8	8	7	7	7	6	6	6	5	秋分	5	4
대운 여	7	7	8	8	8	9	9	9	10	10		1	1	1	1	2	2	2	3	3	3	4	4	4	5	5		6	6

九月大　月建 庚戌　三碧

한로 음 9/13 양 10/8 오전 9시51분 ● 상강 음 9/28 양 10/23 오후 12시57분

음력	1	2	3	4	5	6	7	8	9	10	11	12	13	14	15	16	17	18	19	20	21	22	23	24	25	26	27	28	29	30
양력	9/26	27	28	29	30	10/1	2	3	4	5	6	7	8	9	10	11	12	13	14	15	16	17	18	19	20	21	22	23	24	25
요일	토	일	월	화	수	목	금	토	일	월	화	수	목	금	토	일	월	화	수	목	금	토	일	월	화	수	목	금	토	일
일진	乙巳	丙午	丁未	戊申	己酉	庚戌	辛亥	壬子	癸丑	甲寅	乙卯	丙辰	丁巳	戊午	己未	庚申	辛酉	壬戌	癸亥	甲子	乙丑	丙寅	丁卯	戊辰	己巳	庚午	辛未	壬申	癸酉	甲戌
대운 남	4	4	3	3	3	2	2	2	1	1	1	1	寒露	10	9	9	9	8	8	8	7	7	7	6	6	6	5	霜降	5	4
대운 여	6	7	7	7	8	8	8	9	9	9	10	10		1	1	1	1	2	2	2	3	3	3	4	4	4	5		5	6

十月小　月建 辛亥　二黑

입동 음 10/13 양 11/7 오후 12시57분 ● 소설 음 10/28 양 11/22 오전 10시26분

음력	1	2	3	4	5	6	7	8	9	10	11	12	13	14	15	16	17	18	19	20	21	22	23	24	25	26	27	28	29
양력	10/26	27	28	29	30	31	11/1	2	3	4	5	6	7	8	9	10	11	12	13	14	15	16	17	18	19	20	21	22	23
요일	월	화	수	목	금	토	일	월	화	수	목	금	토	일	월	화	수	목	금	토	일	월	화	수	목	금	토	일	월
일진	乙亥	丙子	丁丑	戊寅	己卯	庚辰	辛巳	壬午	癸未	甲申	乙酉	丙戌	丁亥	戊子	己丑	庚寅	辛卯	壬辰	癸巳	甲午	乙未	丙申	丁酉	戊戌	己亥	庚子	辛丑	壬寅	癸卯
대운 남	4	4	3	3	3	2	2	2	1	1	1	1	立冬	10	9	9	9	8	8	8	7	7	7	6	6	6	5	小雪	5
대운 여	6	6	7	7	7	8	8	8	9	9	9	10		1	1	1	1	2	2	2	3	3	3	4	4	4	5		5

十一月大　月建 壬子　一白

대설 음 11/14 양 12/7 오전 5시44분 ● 동지 음 11/28 양 12/21 오후 11시43분

음력	1	2	3	4	5	6	7	8	9	10	11	12	13	14	15	16	17	18	19	20	21	22	23	24	25	26	27	28	29	30
양력	11/24	25	26	27	28	29	30	12/1	2	3	4	5	6	7	8	9	10	11	12	13	14	15	16	17	18	19	20	21	22	23
요일	화	수	목	금	토	일	월	화	수	목	금	토	일	월	화	수	목	금	토	일	월	화	수	목	금	토	일	월	화	수
일진	甲辰	乙巳	丙午	丁未	戊申	己酉	庚戌	辛亥	壬子	癸丑	甲寅	乙卯	丙辰	丁巳	戊午	己未	庚申	辛酉	壬戌	癸亥	甲子	乙丑	丙寅	丁卯	戊辰	己巳	庚午	辛未	壬申	癸酉
대운 남	4	4	4	3	3	3	2	2	2	1	1	1	1	大雪	9	9	9	8	8	8	7	7	7	6	6	6	5	冬至	5	4
대운 여	6	6	6	7	7	7	8	8	8	9	9	9	10		1	1	1	1	2	2	2	3	3	3	4	4	4		5	5

十二月大　月建 癸丑　九紫

소한 음 12/13 양 1/5 오후 4시57분 ● 대한 음 12/28 양 1/20 오전 10시23분

음력	1	2	3	4	5	6	7	8	9	10	11	12	13	14	15	16	17	18	19	20	21	22	23	24	25	26	27	28	29	30
양력	12/24	25	26	27	28	29	30	31	1/1	2	3	4	5	6	7	8	9	10	11	12	13	14	15	16	17	18	19	20	21	22
요일	목	금	토	일	월	화	수	목	금	토	일	월	화	수	목	금	토	일	월	화	수	목	금	토	일	월	화	수	목	금
일진	甲戌	乙亥	丙子	丁丑	戊寅	己卯	庚辰	辛巳	壬午	癸未	甲申	乙酉	丙戌	丁亥	戊子	己丑	庚寅	辛卯	壬辰	癸巳	甲午	乙未	丙申	丁酉	戊戌	己亥	庚子	辛丑	壬寅	癸卯
대운 남	4	4	3	3	3	2	2	2	1	1	1	1	小寒	10	9	9	9	8	8	8	7	7	7	6	6	6	5	大寒	5	4
대운 여	6	6	6	7	7	7	8	8	8	9	9	9		1	1	1	1	2	2	2	3	3	3	4	4	4	5		5	6

1993년 | 단기 4326년 癸酉年

八日得辛 一龍治水

午 大將軍　東 三殺　未 吊客　亥 喪門

納音五行 劍鋒金

正月小　月建 甲寅　八白

입춘 음 1/13 양 2/4 오전 4시37분 ● 우수 음 1/28 양 2/19 오전 0시35분

음력	1	2	3	4	5	6	7	8	9	10	11	12	13	14	15	16	17	18	19	20	21	22	23	24	25	26	27	28	29	
양력	1/23	24	25	26	27	28	29	30	31	2/1	2	3	4	5	6	7	8	9	10	11	12	13	14	15	16	17	18	19	20	
요일	토	일	월	화	수	목	금	토	일	월	화	수	목	금	토	일	월	화	수	목	금	토	일	월	화	수	목	금	토	
일진	甲辰	乙巳	丙午	丁未	戊申	己酉	庚戌	辛亥	壬子	癸丑	甲寅	乙卯	丙辰	丁巳	戊午	己未	庚申	辛酉	壬戌	癸亥	甲子	乙丑	丙寅	丁卯	戊辰	己巳	庚午	辛未	壬申	
대운 남	4	4	3	3	3	2	2	2	1	1	1	1	立	1	1	1	1	2	2	2	3	3	3	4	4	4	5	雨	5	
대운 여	6	6	7	7	7	8	8	8	9	9	9	10	春	9	9	9	8	8	8	7	7	7	6	6	6	5	5	水	4	

二月大　月建 乙卯　七赤

경칩 음 2/13 양 3/5 오후 10시43분 ● 춘분 음 2/28 양 3/20 오후 11시41분

음력	1	2	3	4	5	6	7	8	9	10	11	12	13	14	15	16	17	18	19	20	21	22	23	24	25	26	27	28	29	30
양력	2/21	22	23	24	25	26	27	28	3/1	2	3	4	5	6	7	8	9	10	11	12	13	14	15	16	17	18	19	20	21	22
요일	일	월	화	수	목	금	토	일	월	화	수	목	금	토	일	월	화	수	목	금	토	일	월	화	수	목	금	토	일	월
일진	癸酉	甲戌	乙亥	丙子	丁丑	戊寅	己卯	庚辰	辛巳	壬午	癸未	甲申	乙酉	丙戌	丁亥	戊子	己丑	庚寅	辛卯	壬辰	癸巳	甲午	乙未	丙申	丁酉	戊戌	己亥	庚子	辛丑	壬寅
대운 남	6	6	6	7	7	7	8	8	8	9	9	9	驚	1	1	1	1	2	2	2	3	3	3	4	4	4	5	春	5	6
대운 여	4	4	3	3	3	2	2	2	1	1	1	1	蟄	10	10	9	9	9	8	8	8	7	7	7	6	6	6	分	5	5

三月大　月建 丙辰　六白

청명 음 3/14 양 4/5 오전 3시37분 ● 곡우 음 3/29 양 4/20 오전 10시49분

음력	1	2	3	4	5	6	7	8	9	10	11	12	13	14	15	16	17	18	19	20	21	22	23	24	25	26	27	28	29	30
양력	3/23	24	25	26	27	28	29	30	31	4/1	2	3	4	5	6	7	8	9	10	11	12	13	14	15	16	17	18	19	20	21
요일	화	수	목	금	토	일	월	화	수	목	금	토	일	월	화	수	목	금	토	일	월	화	수	목	금	토	일	월	화	수
일진	癸卯	甲辰	乙巳	丙午	丁未	戊申	己酉	庚戌	辛亥	壬子	癸丑	甲寅	乙卯	丙辰	丁巳	戊午	己未	庚申	辛酉	壬戌	癸亥	甲子	乙丑	丙寅	丁卯	戊辰	己巳	庚午	辛未	壬申
대운 남	6	6	7	7	7	8	8	8	9	9	9	10	10	淸	1	1	1	1	2	2	2	3	3	3	4	4	4	5	穀	5
대운 여	4	4	4	3	3	3	2	2	2	1	1	1	1	明	10	9	9	9	8	8	8	7	7	7	6	6	6	5	雨	5

閏三月小

입하 음 윤 3/14 양 5/5 오후 9시2분

음력	1	2	3	4	5	6	7	8	9	10	11	12	13	14	15	16	17	18	19	20	21	22	23	24	25	26	27	28	29	
양력	4/22	23	24	25	26	27	28	29	30	5/1	2	3	4	5	6	7	8	9	10	11	12	13	14	15	16	17	18	19	20	
요일	목	금	토	일	월	화	수	목	금	토	일	월	화	수	목	금	토	일	월	화	수	목	금	토	일	월	화	수	목	
일진	癸酉	甲戌	乙亥	丙子	丁丑	戊寅	己卯	庚辰	辛巳	壬午	癸未	甲申	乙酉	丙戌	丁亥	戊子	己丑	庚寅	辛卯	壬辰	癸巳	甲午	乙未	丙申	丁酉	戊戌	己亥	庚子	辛丑	
대운 남	6	6	6	7	7	7	8	8	8	9	9	9	10	立	1	1	1	1	2	2	2	3	3	3	4	4	4	5	5	
대운 여	4	4	4	3	3	3	2	2	2	1	1	1	1	夏	10	10	10	9	9	9	8	8	8	7	7	7	6	6	6	

四月大　月建 丁巳　五黃

소만 음 4/1 양 5/21 오전 10시2분 ● 망종 음 4/17 양 6/6 오전 1시15분

음력	1	2	3	4	5	6	7	8	9	10	11	12	13	14	15	16	17	18	19	20	21	22	23	24	25	26	27	28	29	30
양력	5/21	22	23	24	25	26	27	28	29	30	31	6/1	2	3	4	5	6	7	8	9	10	11	12	13	14	15	16	17	18	19
요일	금	토	일	월	화	수	목	금	토	일	월	화	수	목	금	토	일	월	화	수	목	금	토	일	월	화	수	목	금	토
일진	壬寅	癸卯	甲辰	乙巳	丙午	丁未	戊申	己酉	庚戌	辛亥	壬子	癸丑	甲寅	乙卯	丙辰	丁巳	戊午	己未	庚申	辛酉	壬戌	癸亥	甲子	乙丑	丙寅	丁卯	戊辰	己巳	庚午	辛未
대운 남	小	6	6	6	7	7	7	8	8	8	9	9	9	10	10	10	芒	1	1	1	1	2	2	2	3	3	3	4	4	4
대운 여	滿	5	5	4	4	4	3	3	3	2	2	2	1	1	1	1	種	10	10	9	9	9	8	8	8	7	7	7	6	6

五月小　月建 戊午　四綠

하지 음 5/2 양 6/21 오후 6시0분 ● 소서 음 5/18 양 7/7 오전 11시32분

음력	1	2	3	4	5	6	7	8	9	10	11	12	13	14	15	16	17	18	19	20	21	22	23	24	25	26	27	28	29	
양력	6/20	21	22	23	24	25	26	27	28	29	30	7/1	2	3	4	5	6	7	8	9	10	11	12	13	14	15	16	17	18	
요일	일	월	화	수	목	금	토	일	월	화	수	목	금	토	일	월	화	수	목	금	토	일	월	화	수	목	금	토	일	
일진	壬申	癸酉	甲戌	乙亥	丙子	丁丑	戊寅	己卯	庚辰	辛巳	壬午	癸未	甲申	乙酉	丙戌	丁亥	戊子	己丑	庚寅	辛卯	壬辰	癸巳	甲午	乙未	丙申	丁酉	戊戌	己亥	庚子	
대운 남	5	夏	5	6	6	6	7	7	7	8	8	8	9	9	9	10	10	小	1	1	1	1	2	2	2	3	3	3	4	
대운 여	6	至	5	5	4	4	4	3	3	3	2	2	2	1	1	1	1	暑	10	10	9	9	9	8	8	8	7	7	7	

六月大 月建 己未 三碧

대서 음 6/5 양 7/23 오전 4시51분 ● 입추 음 6/20 양 8/7 오후 9시18분

음력	1	2	3	4	5	6	7	8	9	10	11	12	13	14	15	16	17	18	19	20	21	22	23	24	25	26	27	28	29	30
양력	7/19	20	21	22	23	24	25	26	27	28	29	30	31	8/1	2	3	4	5	6	7	8	9	10	11	12	13	14	15	16	17
요일	월	화	수	목	금	토	일	월	화	수	목	금	토	일	월	화	수	목	금	토	일	월	화	수	목	금	토	일	월	화
일진	辛丑	壬寅	癸卯	甲辰	乙巳	丙午	丁未	戊申	己酉	庚戌	辛亥	壬子	癸丑	甲寅	乙卯	丙辰	丁巳	戊午	己未	庚申	辛酉	壬戌	癸亥	甲子	乙丑	丙寅	丁卯	戊辰	己巳	庚午
대운 남	4	4	5	5	大	6	6	6	7	7	7	8	8	8	9	9	9	10	10	立	1	1	1	1	2	2	2	3	3	3
대운 여	6	6	6	5	暑	5	4	4	4	3	3	3	2	2	2	1	1	1	1	秋	10	10	10	9	9	9	8	8	8	7

七月小 月建 庚申 二黑

처서 음 7/6 양 8/23 오전 11시50분 ● 백로 음 7/22 양 9/8 오전 0시8분

음력	1	2	3	4	5	6	7	8	9	10	11	12	13	14	15	16	17	18	19	20	21	22	23	24	25	26	27	28	29
양력	8/18	19	20	21	22	23	24	25	26	27	28	29	30	31	9/1	2	3	4	5	6	7	8	9	10	11	12	13	14	15
요일	수	목	금	토	일	월	화	수	목	금	토	일	월	화	수	목	금	토	일	월	화	수	목	금	토	일	월	화	수
일진	辛未	壬申	癸酉	甲戌	乙亥	丙子	丁丑	戊寅	己卯	庚辰	辛巳	壬午	癸未	甲申	乙酉	丙戌	丁亥	戊子	己丑	庚寅	辛卯	壬辰	癸巳	甲午	乙未	丙申	丁酉	戊戌	己亥
대운 남	4	4	4	5	5	處	6	6	6	7	7	7	8	8	8	9	9	9	10	10	10	白	1	1	1	1	2	2	2
대운 여	7	7	6	6	6	暑	5	5	4	4	4	3	3	3	2	2	2	1	1	1	1	露	10	9	9	9	8	8	8

八月小 月建 辛酉 一白

추분 음 8/8 양 9/23 오전 9시22분 ● 한로 음 8/23 양 10/8 오후 3시40분

음력	1	2	3	4	5	6	7	8	9	10	11	12	13	14	15	16	17	18	19	20	21	22	23	24	25	26	27	28	29
양력	9/16	17	18	19	20	21	22	23	24	25	26	27	28	29	30	10/1	2	3	4	5	6	7	8	9	10	11	12	13	14
요일	목	금	토	일	월	화	수	목	금	토	일	월	화	수	목	금	토	일	월	화	수	목	금	토	일	월	화	수	목
일진	庚子	辛丑	壬寅	癸卯	甲辰	乙巳	丙午	丁未	戊申	己酉	庚戌	辛亥	壬子	癸丑	甲寅	乙卯	丙辰	丁巳	戊午	己未	庚申	辛酉	壬戌	癸亥	甲子	乙丑	丙寅	丁卯	戊辰
대운 남	3	3	3	4	4	4	5	秋	5	6	6	6	7	7	7	8	8	8	9	9	9	10	寒	1	1	1	1	2	2
대운 여	7	7	7	6	6	6	5	分	5	4	4	4	3	3	3	2	2	2	1	1	1	1	露	10	9	9	9	8	8

九月大 月建 壬戌 九紫

상강 음 9/9 양 10/23 오후 6시37분 ● 입동 음 9/24 양 11/7 오후 6시46분

음력	1	2	3	4	5	6	7	8	9	10	11	12	13	14	15	16	17	18	19	20	21	22	23	24	25	26	27	28	29	30
양력	10/15	16	17	18	19	20	21	22	23	24	25	26	27	28	29	30	31	11/1	2	3	4	5	6	7	8	9	10	11	12	13
요일	금	토	일	월	화	수	목	금	토	일	월	화	수	목	금	토	일	월	화	수	목	금	토	일	월	화	수	목	금	토
일진	己巳	庚午	辛未	壬申	癸酉	甲戌	乙亥	丙子	丁丑	戊寅	己卯	庚辰	辛巳	壬午	癸未	甲申	乙酉	丙戌	丁亥	戊子	己丑	庚寅	辛卯	壬辰	癸巳	甲午	乙未	丙申	丁酉	戊戌
대운 남	2	3	3	3	4	4	4	5	霜	5	6	6	6	7	7	7	8	8	8	9	9	9	10	立	1	1	1	1	2	2
대운 여	8	7	7	7	6	6	6	5	降	5	4	4	4	3	3	3	2	2	2	1	1	1	1	冬	10	9	9	9	8	8

十月小 月建 癸亥 八白

소설 음 10/9 양 11/22 오후 4시7분 ● 대설 음 10/24 양 12/7 오전 11시34분

음력	1	2	3	4	5	6	7	8	9	10	11	12	13	14	15	16	17	18	19	20	21	22	23	24	25	26	27	28	29
양력	11/14	15	16	17	18	19	20	21	22	23	24	25	26	27	28	29	30	12/1	2	3	4	5	6	7	8	9	10	11	12
요일	일	월	화	수	목	금	토	일	월	화	수	목	금	토	일	월	화	수	목	금	토	일	월	화	수	목	금	토	일
일진	己亥	庚子	辛丑	壬寅	癸卯	甲辰	乙巳	丙午	丁未	戊申	己酉	庚戌	辛亥	壬子	癸丑	甲寅	乙卯	丙辰	丁巳	戊午	己未	庚申	辛酉	壬戌	癸亥	甲子	乙丑	丙寅	丁卯
대운 남	2	3	3	3	4	4	4	5	小	5	6	6	6	7	7	7	8	8	8	9	9	9	10	大	1	1	1	1	2
대운 여	8	7	7	7	6	6	6	5	雪	5	4	4	4	3	3	3	2	2	2	1	1	1	1	雪	9	9	9	8	8

十一月大 月建 甲子 七赤

동지 음 11/10 양 12/22 오전 5시26분 ● 소한 음 11/24 양 1/5 오후 10시48분

음력	1	2	3	4	5	6	7	8	9	10	11	12	13	14	15	16	17	18	19	20	21	22	23	24	25	26	27	28	29	30
양력	12/13	14	15	16	17	18	19	20	21	22	23	24	25	26	27	28	29	30	31	1/1	2	3	4	5	6	7	8	9	10	11
요일	월	화	수	목	금	토	일	월	화	수	목	금	토	일	월	화	수	목	금	토	일	월	화	수	목	금	토	일	월	화
일진	戊辰	己巳	庚午	辛未	壬申	癸酉	甲戌	乙亥	丙子	丁丑	戊寅	己卯	庚辰	辛巳	壬午	癸未	甲申	乙酉	丙戌	丁亥	戊子	己丑	庚寅	辛卯	壬辰	癸巳	甲午	乙未	丙申	丁酉
대운 남	2	2	3	3	3	4	4	4	5	冬	5	6	6	6	7	7	7	8	8	8	9	9	9	小	1	1	1	1	2	2
대운 여	8	7	7	7	6	6	6	5	5	至	4	4	4	3	3	3	2	2	2	1	1	1	1	寒	10	9	9	9	8	8

十二月小 月建 乙丑 六白

대한 음 12/9 양 1/20 오후 4시7분 ● 입춘 음 12/24 양 2/4 오전 10시31분

음력	1	2	3	4	5	6	7	8	9	10	11	12	13	14	15	16	17	18	19	20	21	22	23	24	25	26	27	28	29
양력	1/12	13	14	15	16	17	18	19	20	21	22	23	24	25	26	27	28	29	30	31	2/1	2	3	4	5	6	7	8	9
요일	수	목	금	토	일	월	화	수	목	금	토	일	월	화	수	목	금	토	일	월	화	수	목	금	토	일	월	화	수
일진	戊戌	己亥	庚子	辛丑	壬寅	癸卯	甲辰	乙巳	丙午	丁未	戊申	己酉	庚戌	辛亥	壬子	癸丑	甲寅	乙卯	丙辰	丁巳	戊午	己未	庚申	辛酉	壬戌	癸亥	甲子	乙丑	丙寅
대운 남	2	3	3	3	4	4	4	5	大	5	6	6	6	7	7	7	8	8	8	9	9	9	10	立	10	9	9	9	8
대운 여	8	7	7	7	6	6	6	5	寒	5	4	4	4	3	3	3	2	2	2	1	1	1	1	春	1	1	1	1	2

1994년 | 단기 4327년　甲戌年

五日得辛 二龍治水

午 大將軍　北 三殺　申 吊客　子 喪門

納音五行 山頭火

正月大　月建 丙寅　五黃

우수 음 1/10 양 2/19 오전 6시22분 ● 경칩 음 1/25 양 3/6 오전 4시38분

음력	1	2	3	4	5	6	7	8	9	10	11	12	13	14	15	16	17	18	19	20	21	22	23	24	25	26	27	28	29	30
양력	2/10	11	12	13	14	15	16	17	18	19	20	21	22	23	24	25	26	27	28	3/1	2	3	4	5	6	7	8	9	10	11
요일	목	금	토	일	월	화	수	목	금	토	일	월	화	수	목	금	토	일	월	화	수	목	금	토	일	월	화	수	목	금
일진	丁卯	戊辰	己巳	庚午	辛未	壬申	癸酉	甲戌	乙亥	丙子	丁丑	戊寅	己卯	庚辰	辛巳	壬午	癸未	甲申	乙酉	丙戌	丁亥	戊子	己丑	庚寅	辛卯	壬辰	癸巳	甲午	乙未	丙申
대운 남	8	8	7	7	7	6	6	6	5	雨	5	4	4	4	3	3	3	2	2	2	1	1	1	1	驚	10	9	9	9	8
대운 여	2	2	3	3	3	4	4	4	5	水	5	6	6	6	7	7	7	8	8	8	9	9	9	10	蟄	1	1	1	1	2

二月大　月建 丁卯　四綠

춘분 음 2/10 양 3/21 오전 5시28분 ● 청명 음 2/25 양 4/5 오전 9시32분

음력	1	2	3	4	5	6	7	8	9	10	11	12	13	14	15	16	17	18	19	20	21	22	23	24	25	26	27	28	29	30
양력	3/12	13	14	15	16	17	18	19	20	21	22	23	24	25	26	27	28	29	30	31	4/1	2	3	4	5	6	7	8	9	10
요일	토	일	월	화	수	목	금	토	일	월	화	수	목	금	토	일	월	화	수	목	금	토	일	월	화	수	목	금	토	일
일진	丁酉	戊戌	己亥	庚子	辛丑	壬寅	癸卯	甲辰	乙巳	丙午	丁未	戊申	己酉	庚戌	辛亥	壬子	癸丑	甲寅	乙卯	丙辰	丁巳	戊午	己未	庚申	辛酉	壬戌	癸亥	甲子	乙丑	丙寅
대운 남	8	8	7	7	7	6	6	6	5	春	5	4	4	4	3	3	3	2	2	2	1	1	1	1	清	10	10	9	9	9
대운 여	2	2	3	3	3	4	4	4	5	分	5	6	6	6	7	7	7	8	8	8	9	9	9	10	明	1	1	1	1	2

三月大　月建 戊辰　三碧

곡우 음 3/10 양 4/20 오후 4시36분 ● 입하 음 3/26 양 5/6 오전 2시54분

음력	1	2	3	4	5	6	7	8	9	10	11	12	13	14	15	16	17	18	19	20	21	22	23	24	25	26	27	28	29	30
양력	4/11	12	13	14	15	16	17	18	19	20	21	22	23	24	25	26	27	28	29	30	5/1	2	3	4	5	6	7	8	9	10
요일	월	화	수	목	금	토	일	월	화	수	목	금	토	일	월	화	수	목	금	토	일	월	화	수	목	금	토	일	월	화
일진	丁卯	戊辰	己巳	庚午	辛未	壬申	癸酉	甲戌	乙亥	丙子	丁丑	戊寅	己卯	庚辰	辛巳	壬午	癸未	甲申	乙酉	丙戌	丁亥	戊子	己丑	庚寅	辛卯	壬辰	癸巳	甲午	乙未	丙申
대운 남	8	8	8	7	7	7	6	6	6	穀	5	5	4	4	4	3	3	3	2	2	2	1	1	1	1	立	10	10	9	9
대운 여	2	2	3	3	3	4	4	4	5	雨	5	6	6	6	7	7	7	8	8	8	9	9	9	10	10	夏	1	1	1	1

四月小　月建 己巳　二黑

소만 음 4/11 양 5/21 오후 3시48분 ● 망종 음 4/27 양 6/6 오전 7시5분

음력	1	2	3	4	5	6	7	8	9	10	11	12	13	14	15	16	17	18	19	20	21	22	23	24	25	26	27	28	29
양력	5/11	12	13	14	15	16	17	18	19	20	21	22	23	24	25	26	27	28	29	30	31	6/1	2	3	4	5	6	7	8
요일	수	목	금	토	일	월	화	수	목	금	토	일	월	화	수	목	금	토	일	월	화	수	목	금	토	일	월	화	수
일진	丁酉	戊戌	己亥	庚子	辛丑	壬寅	癸卯	甲辰	乙巳	丙午	丁未	戊申	己酉	庚戌	辛亥	壬子	癸丑	甲寅	乙卯	丙辰	丁巳	戊午	己未	庚申	辛酉	壬戌	癸亥	甲子	乙丑
대운 남	9	8	8	8	7	7	7	6	6	6	小	5	5	4	4	4	3	3	3	2	2	2	1	1	1	1	芒	10	10
대운 여	2	2	2	3	3	3	4	4	4	5	滿	5	6	6	6	7	7	7	8	8	8	9	9	9	10	10	種	1	1

五月大　月建 庚午　一白

하지 음 5/13 양 6/21 오후 11시48분 ● 소서 음 5/29 양 7/7 오후 5시19분

음력	1	2	3	4	5	6	7	8	9	10	11	12	13	14	15	16	17	18	19	20	21	22	23	24	25	26	27	28	29	30
양력	6/9	10	11	12	13	14	15	16	17	18	19	20	21	22	23	24	25	26	27	28	29	30	7/1	2	3	4	5	6	7	8
요일	목	금	토	일	월	화	수	목	금	토	일	월	화	수	목	금	토	일	월	화	수	목	금	토	일	월	화	수	목	금
일진	丙寅	丁卯	戊辰	己巳	庚午	辛未	壬申	癸酉	甲戌	乙亥	丙子	丁丑	戊寅	己卯	庚辰	辛巳	壬午	癸未	甲申	乙酉	丙戌	丁亥	戊子	己丑	庚寅	辛卯	壬辰	癸巳	甲午	乙未
대운 남	9	9	9	8	8	8	7	7	7	6	6	6	夏	5	5	4	4	4	3	3	3	2	2	2	1	1	1	1	小	10
대운 여	1	1	2	2	2	3	3	3	4	4	4	5	至	5	6	6	6	7	7	7	8	8	8	9	9	9	10	10	暑	1

六月小　月建 辛未　九紫

대서 음 6/15 양 7/23 오전 10시41분

음력	1	2	3	4	5	6	7	8	9	10	11	12	13	14	15	16	17	18	19	20	21	22	23	24	25	26	27	28	29
양력	7/9	10	11	12	13	14	15	16	17	18	19	20	21	22	23	24	25	26	27	28	29	30	31	8/1	2	3	4	5	6
요일	토	일	월	화	수	목	금	토	일	월	화	수	목	금	토	일	월	화	수	목	금	토	일	월	화	수	목	금	토
일진	丙申	丁酉	戊戌	己亥	庚子	辛丑	壬寅	癸卯	甲辰	乙巳	丙午	丁未	戊申	己酉	庚戌	辛亥	壬子	癸丑	甲寅	乙卯	丙辰	丁巳	戊午	己未	庚申	辛酉	壬戌	癸亥	甲子
대운 남	10	10	9	9	9	8	8	8	7	7	7	6	6	6	大	5	5	4	4	4	3	3	3	2	2	2	1	1	1
대운 여	1	1	1	2	2	2	3	3	3	4	4	4	5	5	暑	6	6	6	7	7	7	8	8	8	9	9	9	10	10

七月大　　月建 壬申　　八白

입추 음 7/2 양 8/8 오전 3시4분 ● 처서 음 7/17 양 8/23 오후 5시44분

음력	1	2	3	4	5	6	7	8	9	10	11	12	13	14	15	16	17	18	19	20	21	22	23	24	25	26	27	28	29	30
양력	8/7	8	9	10	11	12	13	14	15	16	17	18	19	20	21	22	23	24	25	26	27	28	29	30	31	9/1	2	3	4	5
요일	일	월	화	수	목	금	토	일	월	화	수	목	금	토	일	월	화	수	목	금	토	일	월	화	수	목	금	토	일	월
일진	乙丑	丙寅	丁卯	戊辰	己巳	庚午	辛未	壬申	癸酉	甲戌	乙亥	丙子	丁丑	戊寅	己卯	庚辰	辛巳	壬午	癸未	甲申	乙酉	丙戌	丁亥	戊子	己丑	庚寅	辛卯	壬辰	癸巳	甲午
대운 남	1	立秋	10	10	9	9	9	8	8	8	7	7	7	6	6	6	處暑	5	5	4	4	4	3	3	3	2	2	2	1	1
대운 여	10		1	1	1	1	2	2	2	3	3	3	4	4	4	5		5	6	6	6	7	7	7	8	8	8	9	9	9

八月小　　月建 癸酉　　七赤

백로 음 8/3 양 9/8 오전 5시55분 ● 추분 음 8/18 양 9/23 오후 3시19분

음력	1	2	3	4	5	6	7	8	9	10	11	12	13	14	15	16	17	18	19	20	21	22	23	24	25	26	27	28	29
양력	9/6	7	8	9	10	11	12	13	14	15	16	17	18	19	20	21	22	23	24	25	26	27	28	29	30	10/1	2	3	4
요일	화	수	목	금	토	일	월	화	수	목	금	토	일	월	화	수	목	금	토	일	월	화	수	목	금	토	일	월	화
일진	乙未	丙申	丁酉	戊戌	己亥	庚子	辛丑	壬寅	癸卯	甲辰	乙巳	丙午	丁未	戊申	己酉	庚戌	辛亥	壬子	癸丑	甲寅	乙卯	丙辰	丁巳	戊午	己未	庚申	辛酉	壬戌	癸亥
대운 남	1	1	白露	10	9	9	9	8	8	8	7	7	7	6	6	6	5	秋分	5	4	4	4	3	3	3	2	2	2	1
대운 여	10	10		1	1	1	1	2	2	2	3	3	3	4	4	4	5		5	6	6	6	7	7	7	8	8	8	9

九月小　　月建 甲戌　　六白

한로 음 9/4 양 10/8 오후 9시29분 ● 상강 음 9/20 양 10/24 오전 0시36분

음력	1	2	3	4	5	6	7	8	9	10	11	12	13	14	15	16	17	18	19	20	21	22	23	24	25	26	27	28	29
양력	10/5	6	7	8	9	10	11	12	13	14	15	16	17	18	19	20	21	22	23	24	25	26	27	28	29	30	31	11/1	2
요일	수	목	금	토	일	월	화	수	목	금	토	일	월	화	수	목	금	토	일	월	화	수	목	금	토	일	월	화	수
일진	甲子	乙丑	丙寅	丁卯	戊辰	己巳	庚午	辛未	壬申	癸酉	甲戌	乙亥	丙子	丁丑	戊寅	己卯	庚辰	辛巳	壬午	癸未	甲申	乙酉	丙戌	丁亥	戊子	己丑	庚寅	辛卯	壬辰
대운 남	1	1	1	寒露	10	10	9	9	9	8	8	8	7	7	7	6	6	6	5	霜降	5	4	4	4	3	3	3	2	2
대운 여	9	9	10		1	1	1	1	2	2	2	3	3	3	4	4	4	5	5		6	6	6	7	7	7	8	8	8

十月大　　月建 乙亥　　五黃

입동 음 10/6 양 11/8 오전 0시36분 ● 소설 음 10/20 양 11/22 오후 10시6분

음력	1	2	3	4	5	6	7	8	9	10	11	12	13	14	15	16	17	18	19	20	21	22	23	24	25	26	27	28	29	30
양력	11/3	4	5	6	7	8	9	10	11	12	13	14	15	16	17	18	19	20	21	22	23	24	25	26	27	28	29	30	12/1	2
요일	목	금	토	일	월	화	수	목	금	토	일	월	화	수	목	금	토	일	월	화	수	목	금	토	일	월	화	수	목	금
일진	癸巳	甲午	乙未	丙申	丁酉	戊戌	己亥	庚子	辛丑	壬寅	癸卯	甲辰	乙巳	丙午	丁未	戊申	己酉	庚戌	辛亥	壬子	癸丑	甲寅	乙卯	丙辰	丁巳	戊午	己未	庚申	辛酉	壬戌
대운 남	2	1	1	1	1	立冬	9	9	9	8	8	8	7	7	7	6	6	6	5	小雪	5	4	4	4	3	3	3	2	2	2
대운 여	9	9	9	10	10		1	1	1	1	2	2	2	3	3	3	4	4	4		5	5	6	6	6	7	7	7	8	8

十一月小　　月建 丙子　　四綠

대설 음 11/5 양 12/7 오후 5시23분 ● 동지 음 11/20 양 12/22 오전 11시23분

음력	1	2	3	4	5	6	7	8	9	10	11	12	13	14	15	16	17	18	19	20	21	22	23	24	25	26	27	28	29
양력	12/3	4	5	6	7	8	9	10	11	12	13	14	15	16	17	18	19	20	21	22	23	24	25	26	27	28	29	30	31
요일	토	일	월	화	수	목	금	토	일	월	화	수	목	금	토	일	월	화	수	목	금	토	일	월	화	수	목	금	토
일진	癸亥	甲子	乙丑	丙寅	丁卯	戊辰	己巳	庚午	辛未	壬申	癸酉	甲戌	乙亥	丙子	丁丑	戊寅	己卯	庚辰	辛巳	壬午	癸未	甲申	乙酉	丙戌	丁亥	戊子	己丑	庚寅	辛卯
대운 남	1	1	1	1	大雪	10	9	9	9	8	8	8	7	7	7	6	6	6	5	冬至	5	4	4	4	3	3	3	2	2
대운 여	8	9	9	9		1	1	1	1	2	2	2	3	3	3	4	4	4	5		5	6	6	6	7	7	7	8	8

十二月大　　月建 丁丑　　三碧

소한 음 12/6 양 1/6 오전 4시34분 ● 대한 음 12/20 양 1/20 오후 10시0분

음력	1	2	3	4	5	6	7	8	9	10	11	12	13	14	15	16	17	18	19	20	21	22	23	24	25	26	27	28	29	30
양력	1/1	2	3	4	5	6	7	8	9	10	11	12	13	14	15	16	17	18	19	20	21	22	23	24	25	26	27	28	29	30
요일	일	월	화	수	목	금	토	일	월	화	수	목	금	토	일	월	화	수	목	금	토	일	월	화	수	목	금	토	일	월
일진	壬辰	癸巳	甲午	乙未	丙申	丁酉	戊戌	己亥	庚子	辛丑	壬寅	癸卯	甲辰	乙巳	丙午	丁未	戊申	己酉	庚戌	辛亥	壬子	癸丑	甲寅	乙卯	丙辰	丁巳	戊午	己未	庚申	辛酉
대운 남	2	1	1	1	1	小寒	9	9	9	8	8	8	7	7	7	6	6	6	5	大寒	5	4	4	4	3	3	3	2	2	2
대운 여	8	9	9	9	10		1	1	1	1	2	2	2	3	3	3	4	4	4		5	5	6	6	6	7	7	7	8	8

1995년 | 단기 4328년

乙亥年

十日得辛 七龍治水

酉 大將軍　酉 三殺　酉 吊客　丑 喪門　納音五行 山頭火

正月小　月建 戊寅　二黑

입춘 음 1/5 양 2/4 오후 4시13분 ● 우수 음 1/20 양 2/19 오후 12시11분

음력	1	2	3	4	5	6	7	8	9	10	11	12	13	14	15	16	17	18	19	20	21	22	23	24	25	26	27	28	29	
양력	1/31	2/1	2	3	4	5	6	7	8	9	10	11	12	13	14	15	16	17	18	19	20	21	22	23	24	25	26	27	28	
요일	화	수	목	금	토	일	월	화	수	목	금	토	일	월	화	수	목	금	토	일	월	화	수	목	금	토	일	월	화	
일진	壬戌	癸亥	甲子	乙丑	丙寅	丁卯	戊辰	己巳	庚午	辛未	壬申	癸酉	甲戌	乙亥	丙子	丁丑	戊寅	己卯	庚辰	辛巳	壬午	癸未	甲申	乙酉	丙戌	丁亥	戊子	己丑	庚寅	
대운 남	1	1	1	1	立春	1	1	1	1	2	2	2	3	3	3	4	4	4	5	雨水	5	6	6	6	7	7	7	8	8	
대운 여	8	9	9	9		10	9	9	9	8	8	8	7	7	7	6	6	6	5		5	4	4	4	3	3	3	2	2	

二月大　月建 己卯　一白

경칩 음 2/6 양 3/6 오전 10시16분 ● 춘분 음 2/21 양 3/21 오전 11시14분

음력	1	2	3	4	5	6	7	8	9	10	11	12	13	14	15	16	17	18	19	20	21	22	23	24	25	26	27	28	29	30
양력	3/1	2	3	4	5	6	7	8	9	10	11	12	13	14	15	16	17	18	19	20	21	22	23	24	25	26	27	28	29	30
요일	수	목	금	토	일	월	화	수	목	금	토	일	월	화	수	목	금	토	일	월	화	수	목	금	토	일	월	화	수	목
일진	辛卯	壬辰	癸巳	甲午	乙未	丙申	丁酉	戊戌	己亥	庚子	辛丑	壬寅	癸卯	甲辰	乙巳	丙午	丁未	戊申	己酉	庚戌	辛亥	壬子	癸丑	甲寅	乙卯	丙辰	丁巳	戊午	己未	庚申
대운 남	8	9	9	9	10	驚蟄	1	1	1	1	2	2	2	3	3	3	4	4	4	5	春分	5	6	6	6	7	7	7	8	8
대운 여	2	1	1	1	1		10	9	9	9	8	8	8	7	7	7	6	6	6	5		5	4	4	4	3	3	3	2	2

三月大　月建 庚辰　九紫

청명 음 3/6 양 4/5 오후 3시8분 ● 곡우 음 3/21 양 4/20 오후 10시21분

음력	1	2	3	4	5	6	7	8	9	10	11	12	13	14	15	16	17	18	19	20	21	22	23	24	25	26	27	28	29	30
양력	3/31	4/1	2	3	4	5	6	7	8	9	10	11	12	13	14	15	16	17	18	19	20	21	22	23	24	25	26	27	28	29
요일	금	토	일	월	화	수	목	금	토	일	월	화	수	목	금	토	일	월	화	수	목	금	토	일	월	화	수	목	금	토
일진	辛酉	壬戌	癸亥	甲子	乙丑	丙寅	丁卯	戊辰	己巳	庚午	辛未	壬申	癸酉	甲戌	乙亥	丙子	丁丑	戊寅	己卯	庚辰	辛巳	壬午	癸未	甲申	乙酉	丙戌	丁亥	戊子	己丑	庚寅
대운 남	8	9	9	9	10	清明	1	1	1	1	2	2	2	3	3	3	4	4	4	5	穀雨	5	6	6	6	7	7	7	8	8
대운 여	2	1	1	1	1		10	10	9	9	9	8	8	8	7	7	7	6	6	6		5	5	4	4	4	3	3	3	2

四月小　月建 辛巳　八白

입하 음 4/7 양 5/6 오전 8시30분 ● 소만 음 4/22 양 5/21 오후 9시34분

음력	1	2	3	4	5	6	7	8	9	10	11	12	13	14	15	16	17	18	19	20	21	22	23	24	25	26	27	28	29	
양력	4/30	5/1	2	3	4	5	6	7	8	9	10	11	12	13	14	15	16	17	18	19	20	21	22	23	24	25	26	27	28	
요일	일	월	화	수	목	금	토	일	월	화	수	목	금	토	일	월	화	수	목	금	토	일	월	화	수	목	금	토	일	
일진	辛卯	壬辰	癸巳	甲午	乙未	丙申	丁酉	戊戌	己亥	庚子	辛丑	壬寅	癸卯	甲辰	乙巳	丙午	丁未	戊申	己酉	庚戌	辛亥	壬子	癸丑	甲寅	乙卯	丙辰	丁巳	戊午	己未	
대운 남	8	9	9	9	10	10	立夏	1	1	1	1	2	2	2	3	3	3	4	4	4	5	小滿	5	6	6	6	7	7	7	
대운 여	2	2	1	1	1	1		10	10	9	9	9	8	8	8	7	7	7	6	6	6		5	5	4	4	4	3	3	

五月大　月建 壬午　七赤

망종 음 5/9 양 6/6 오후 12시43분 ● 하지 음 5/25 양 6/22 오전 5시34분

음력	1	2	3	4	5	6	7	8	9	10	11	12	13	14	15	16	17	18	19	20	21	22	23	24	25	26	27	28	29	30
양력	5/29	30	31	6/1	2	3	4	5	6	7	8	9	10	11	12	13	14	15	16	17	18	19	20	21	22	23	24	25	26	27
요일	월	화	수	목	금	토	일	월	화	수	목	금	토	일	월	화	수	목	금	토	일	월	화	수	목	금	토	일	월	화
일진	庚申	辛酉	壬戌	癸亥	甲子	乙丑	丙寅	丁卯	戊辰	己巳	庚午	辛未	壬申	癸酉	甲戌	乙亥	丙子	丁丑	戊寅	己卯	庚辰	辛巳	壬午	癸未	甲申	乙酉	丙戌	丁亥	戊子	己丑
대운 남	8	8	8	9	9	9	10	10	芒種	1	1	1	1	2	2	2	3	3	3	4	4	4	5	5	夏至	6	6	6	7	7
대운 여	3	2	2	2	1	1	1	1		10	10	9	9	9	8	8	8	7	7	7	6	6	6	5		5	4	4	4	3

六月大　月建 癸未　六白

소서 음 6/10 양 7/7 오후 11시1분 ● 대서 음 6/26 양 7/23 오후 4시30분

음력	1	2	3	4	5	6	7	8	9	10	11	12	13	14	15	16	17	18	19	20	21	22	23	24	25	26	27	28	29	30
양력	6/28	29	30	7/1	2	3	4	5	6	7	8	9	10	11	12	13	14	15	16	17	18	19	20	21	22	23	24	25	26	27
요일	수	목	금	토	일	월	화	수	목	금	토	일	월	화	수	목	금	토	일	월	화	수	목	금	토	일	월	화	수	목
일진	庚寅	辛卯	壬辰	癸巳	甲午	乙未	丙申	丁酉	戊戌	己亥	庚子	辛丑	壬寅	癸卯	甲辰	乙巳	丙午	丁未	戊申	己酉	庚戌	辛亥	壬子	癸丑	甲寅	乙卯	丙辰	丁巳	戊午	己未
대운 남	7	8	8	8	9	9	9	10	10	小暑	1	1	1	1	2	2	2	3	3	3	4	4	4	5	5	大暑	6	6	6	7
대운 여	3	3	2	2	2	1	1	1	1		10	10	10	9	9	9	8	8	8	7	7	7	6	6	6		5	5	4	4

七月小　　月建 甲申　　五黃

입추 음 7/12 양 8/8 오전 8시52분 ● 처서 음 7/27 양 8/23 오후 11시35분

음력	1	2	3	4	5	6	7	8	9	10	11	12	13	14	15	16	17	18	19	20	21	22	23	24	25	26	27	28	29
양력	7/28	29	30	31	8/1	2	3	4	5	6	7	8	9	10	11	12	13	14	15	16	17	18	19	20	21	22	23	24	25
요일	금	토	일	월	화	수	목	금	토	일	월	화	수	목	금	토	일	월	화	수	목	금	토	일	월	화	수	목	금
일진	庚申	辛酉	壬戌	癸亥	甲子	乙丑	丙寅	丁卯	戊辰	己巳	庚午	辛未	壬申	癸酉	甲戌	乙亥	丙子	丁丑	戊寅	己卯	庚辰	辛巳	壬午	癸未	甲申	乙酉	丙戌	丁亥	戊子
대운 남	7	7	8	8	8	9	9	9	10	10	10	立	1	1	1	1	2	2	2	3	3	3	4	4	4	5	處	5	6
대운 여	4	3	3	3	2	2	2	1	1	1	1	秋	10	10	9	9	9	8	8	8	7	7	7	6	6	6	暑	5	5

八月大　　月建 乙酉　　四綠

백로 음 8/14 양 9/8 오전 11시49분 ● 추분 음 8/29 양 9/23 오후 9시13분

음력	1	2	3	4	5	6	7	8	9	10	11	12	13	14	15	16	17	18	19	20	21	22	23	24	25	26	27	28	29	30
양력	8/26	27	28	29	30	31	9/1	2	3	4	5	6	7	8	9	10	11	12	13	14	15	16	17	18	19	20	21	22	23	24
요일	토	일	월	화	수	목	금	토	일	월	화	수	목	금	토	일	월	화	수	목	금	토	일	월	화	수	목	금	토	일
일진	己丑	庚寅	辛卯	壬辰	癸巳	甲午	乙未	丙申	丁酉	戊戌	己亥	庚子	辛丑	壬寅	癸卯	甲辰	乙巳	丙午	丁未	戊申	己酉	庚戌	辛亥	壬子	癸丑	甲寅	乙卯	丙辰	丁巳	戊午
대운 남	6	6	7	7	7	8	8	8	9	9	9	10	10	白	1	1	1	1	2	2	2	3	3	3	4	4	4	5	秋	5
대운 여	4	4	4	3	3	3	2	2	2	1	1	1	1	露	10	10	9	9	9	8	8	8	7	7	7	6	6	6	分	5

閏八月小

한로 음 윤8/15 양 10/9 오전 3시27분

음력	1	2	3	4	5	6	7	8	9	10	11	12	13	14	15	16	17	18	19	20	21	22	23	24	25	26	27	28	29
양력	9/25	26	27	28	29	30	10/1	2	3	4	5	6	7	8	9	10	11	12	13	14	15	16	17	18	19	20	21	22	23
요일	월	화	수	목	금	토	일	월	화	수	목	금	토	일	월	화	수	목	금	토	일	월	화	수	목	금	토	일	월
일진	己未	庚申	辛酉	壬戌	癸亥	甲子	乙丑	丙寅	丁卯	戊辰	己巳	庚午	辛未	壬申	癸酉	甲戌	乙亥	丙子	丁丑	戊寅	己卯	庚辰	辛巳	壬午	癸未	甲申	乙酉	丙戌	丁亥
대운 남	6	6	6	7	7	7	8	8	8	9	9	9	10	10	寒	1	1	1	1	2	2	2	3	3	3	4	4	4	5
대운 여	5	4	4	4	3	3	3	2	2	2	1	1	1	1	露	10	9	9	9	8	8	8	7	7	7	6	6	6	5

九月大　　月建 丙戌　　三碧

상강 음 9/1 양 10/24 오전 6시32분 ● 입동 음 9/16 양 11/8 오전 6시36분

음력	1	2	3	4	5	6	7	8	9	10	11	12	13	14	15	16	17	18	19	20	21	22	23	24	25	26	27	28	29	30
양력	10/24	25	26	27	28	29	30	31	11/1	2	3	4	5	6	7	8	9	10	11	12	13	14	15	16	17	18	19	20	21	22
요일	화	수	목	금	토	일	월	화	수	목	금	토	일	월	화	수	목	금	토	일	월	화	수	목	금	토	일	월	화	수
일진	戊子	己丑	庚寅	辛卯	壬辰	癸巳	甲午	乙未	丙申	丁酉	戊戌	己亥	庚子	辛丑	壬寅	癸卯	甲辰	乙巳	丙午	丁未	戊申	己酉	庚戌	辛亥	壬子	癸丑	甲寅	乙卯	丙辰	丁巳
대운 남	霜	5	6	6	6	7	7	7	8	8	8	9	9	9	10	立	1	1	1	1	2	2	2	3	3	3	4	4	4	5
대운 여	降	5	4	4	4	3	3	3	2	2	2	1	1	1	1	冬	9	9	9	8	8	8	7	7	7	6	6	6	5	5

十月小　　月建 丁亥　　二黑

소설 음 10/1 양 11/23 오전 4시1분 ● 대설 음 10/15 양 12/7 오후 11시22분

음력	1	2	3	4	5	6	7	8	9	10	11	12	13	14	15	16	17	18	19	20	21	22	23	24	25	26	27	28	29
양력	11/23	24	25	26	27	28	29	30	12/1	2	3	4	5	6	7	8	9	10	11	12	13	14	15	16	17	18	19	20	21
요일	목	금	토	일	월	화	수	목	금	토	일	월	화	수	목	금	토	일	월	화	수	목	금	토	일	월	화	수	목
일진	戊午	己未	庚申	辛酉	壬戌	癸亥	甲子	乙丑	丙寅	丁卯	戊辰	己巳	庚午	辛未	壬申	癸酉	甲戌	乙亥	丙子	丁丑	戊寅	己卯	庚辰	辛巳	壬午	癸未	甲申	乙酉	丙戌
대운 남	小	5	6	6	6	7	7	7	8	8	8	9	9	9	大	1	1	1	1	2	2	2	3	3	3	4	4	4	5
대운 여	雪	4	4	4	3	3	3	2	2	2	1	1	1	1	雪	10	9	9	9	8	8	8	7	7	7	6	6	6	5

十一月小　　月建 戊子　　一白

동지 음 11/1 양 12/22 오후 5시17분 ● 소한 음 11/16 양 1/6 오전 10시31분

음력	1	2	3	4	5	6	7	8	9	10	11	12	13	14	15	16	17	18	19	20	21	22	23	24	25	26	27	28	29
양력	12/22	23	24	25	26	27	28	29	30	31	1/1	2	3	4	5	6	7	8	9	10	11	12	13	14	15	16	17	18	19
요일	금	토	일	월	화	수	목	금	토	일	월	화	수	목	금	토	일	월	화	수	목	금	토	일	월	화	수	목	금
일진	丁亥	戊子	己丑	庚寅	辛卯	壬辰	癸巳	甲午	乙未	丙申	丁酉	戊戌	己亥	庚子	辛丑	壬寅	癸卯	甲辰	乙巳	丙午	丁未	戊申	己酉	庚戌	辛亥	壬子	癸丑	甲寅	乙卯
대운 남	冬	5	6	6	6	7	7	7	8	8	8	9	9	9	10	小	1	1	1	1	2	2	2	3	3	3	4	4	4
대운 여	至	5	4	4	4	3	3	3	2	2	2	1	1	1	1	寒	9	9	9	8	8	8	7	7	7	6	6	6	5

十二月大　　月建 己丑　　九紫

대한 음 12/2 양 1/21 오전 3시53분 ● 입춘 음 12/16 양 2/4 오후 10시8분

음력	1	2	3	4	5	6	7	8	9	10	11	12	13	14	15	16	17	18	19	20	21	22	23	24	25	26	27	28	29	30
양력	1/20	21	22	23	24	25	26	27	28	29	30	31	2/1	2	3	4	5	6	7	8	9	10	11	12	13	14	15	16	17	18
요일	토	일	월	화	수	목	금	토	일	월	화	수	목	금	토	일	월	화	수	목	금	토	일	월	화	수	목	금	토	일
일진	丙辰	丁巳	戊午	己未	庚申	辛酉	壬戌	癸亥	甲子	乙丑	丙寅	丁卯	戊辰	己巳	庚午	辛未	壬申	癸酉	甲戌	乙亥	丙子	丁丑	戊寅	己卯	庚辰	辛巳	壬午	癸未	甲申	乙酉
대운 남	5	大	5	6	6	6	7	7	7	8	8	8	9	9	9	立	10	9	9	9	8	8	8	7	7	7	6	6	6	5
대운 여	5	寒	4	4	4	3	3	3	2	2	2	1	1	1	1	春	1	1	1	1	2	2	2	3	3	3	4	4	4	5

1996년 | 단기 4329년 丙子年

六日得辛 七龍治水

酉 大將軍　南 三殺　戌 吊客　寅 喪門

納音五行 澗下水

正月小　月建 庚寅　八白

우수 음 1/1 양 2/19 오후 6시1분 · 경칩 음 1/16 양 3/5 오후 4시10분

음력	1	2	3	4	5	6	7	8	9	10	11	12	13	14	15	16	17	18	19	20	21	22	23	24	25	26	27	28	29	
양력	2/19	20	21	22	23	24	25	26	27	28	29	3/1	2	3	4	5	6	7	8	9	10	11	12	13	14	15	16	17	18	
요일	월	화	수	목	금	토	일	월	화	수	목	금	토	일	월	화	수	목	금	토	일	월	화	수	목	금	토	일	월	
일진	丙戌	丁亥	戊子	己丑	庚寅	辛卯	壬辰	癸巳	甲午	乙未	丙申	丁酉	戊戌	己亥	庚子	辛丑	壬寅	癸卯	甲辰	乙巳	丙午	丁未	戊申	己酉	庚戌	辛亥	壬子	癸丑	甲寅	
대운 남	雨	5	4	4	4	3	3	3	2	2	2	1	1	1	1	驚	10	9	9	9	8	8	8	7	7	7	6	6	6	
대운 여	水	5	6	6	6	7	7	7	8	8	8	9	9	9	10	蟄	1	1	1	1	2	2	2	3	3	3	4	4	4	

二月大　月建 辛卯　七赤

춘분 음 2/2 양 3/20 오후 5시3분 · 청명 음 2/17 양 4/4 오후 9시2분

음력	1	2	3	4	5	6	7	8	9	10	11	12	13	14	15	16	17	18	19	20	21	22	23	24	25	26	27	28	29	30
양력	3/19	20	21	22	23	24	25	26	27	28	29	30	31	4/1	2	3	4	5	6	7	8	9	10	11	12	13	14	15	16	17
요일	화	수	목	금	토	일	월	화	수	목	금	토	일	월	화	수	목	금	토	일	월	화	수	목	금	토	일	월	화	수
일진	乙卯	丙辰	丁巳	戊午	己未	庚申	辛酉	壬戌	癸亥	甲子	乙丑	丙寅	丁卯	戊辰	己巳	庚午	辛未	壬申	癸酉	甲戌	乙亥	丙子	丁丑	戊寅	己卯	庚辰	辛巳	壬午	癸未	甲申
대운 남	5	春	5	4	4	4	3	3	3	2	2	2	1	1	1	1	清	10	10	9	9	9	8	8	8	7	7	7	6	6
대운 여	5	分	5	6	6	6	7	7	7	8	8	8	9	9	9	10	明	1	1	1	1	2	2	2	3	3	3	4	4	4

三月小　月建 壬辰　六白

곡우 음 3/3 양 4/20 오전 4시10분 · 입하 음 3/18 양 5/5 오후 2시26분

음력	1	2	3	4	5	6	7	8	9	10	11	12	13	14	15	16	17	18	19	20	21	22	23	24	25	26	27	28	29	
양력	4/18	19	20	21	22	23	24	25	26	27	28	29	30	5/1	2	3	4	5	6	7	8	9	10	11	12	13	14	15	16	
요일	목	금	토	일	월	화	수	목	금	토	일	월	화	수	목	금	토	일	월	화	수	목	금	토	일	월	화	수	목	
일진	乙酉	丙戌	丁亥	戊子	己丑	庚寅	辛卯	壬辰	癸巳	甲午	乙未	丙申	丁酉	戊戌	己亥	庚子	辛丑	壬寅	癸卯	甲辰	乙巳	丙午	丁未	戊申	己酉	庚戌	辛亥	壬子	癸丑	
대운 남	6	5	穀	5	4	4	4	3	3	3	2	2	2	1	1	1	1	立	10	10	9	9	9	8	8	8	7	7	7	
대운 여	5	5	雨	6	6	6	7	7	7	8	8	8	9	9	9	10	10	夏	1	1	1	1	2	2	2	3	3	3	4	

四月大　月建 癸巳　五黃

소만 음 4/5 양 5/21 오전 3시23분 · 망종 음 4/20 양 6/5 오후 6시41분

음력	1	2	3	4	5	6	7	8	9	10	11	12	13	14	15	16	17	18	19	20	21	22	23	24	25	26	27	28	29	30
양력	5/17	18	19	20	21	22	23	24	25	26	27	28	29	30	31	6/1	2	3	4	5	6	7	8	9	10	11	12	13	14	15
요일	금	토	일	월	화	수	목	금	토	일	월	화	수	목	금	토	일	월	화	수	목	금	토	일	월	화	수	목	금	토
일진	甲寅	乙卯	丙辰	丁巳	戊午	己未	庚申	辛酉	壬戌	癸亥	甲子	乙丑	丙寅	丁卯	戊辰	己巳	庚午	辛未	壬申	癸酉	甲戌	乙亥	丙子	丁丑	戊寅	己卯	庚辰	辛巳	壬午	癸未
대운 남	6	6	6	5	小	5	4	4	4	3	3	3	2	2	2	1	1	1	1	芒	10	10	10	9	9	9	8	8	8	7
대운 여	4	4	5	5	滿	6	6	6	7	7	7	8	8	8	9	9	9	10	10	種	1	1	1	1	2	2	2	3	3	3

五月大　月建 甲午　四綠

하지 음 5/6 양 6/21 오전 11시24분 · 소서 음 5/22 양 7/7 오전 5시0분

음력	1	2	3	4	5	6	7	8	9	10	11	12	13	14	15	16	17	18	19	20	21	22	23	24	25	26	27	28	29	30
양력	6/16	17	18	19	20	21	22	23	24	25	26	27	28	29	30	7/1	2	3	4	5	6	7	8	9	10	11	12	13	14	15
요일	일	월	화	수	목	금	토	일	월	화	수	목	금	토	일	월	화	수	목	금	토	일	월	화	수	목	금	토	일	월
일진	甲申	乙酉	丙戌	丁亥	戊子	己丑	庚寅	辛卯	壬辰	癸巳	甲午	乙未	丙申	丁酉	戊戌	己亥	庚子	辛丑	壬寅	癸卯	甲辰	乙巳	丙午	丁未	戊申	己酉	庚戌	辛亥	壬子	癸丑
대운 남	7	7	6	6	6	夏	5	5	4	4	4	3	3	3	2	2	2	1	1	1	1	小	10	10	9	9	9	8	8	8
대운 여	4	4	4	5	5	至	6	6	6	7	7	7	8	8	8	9	9	9	10	10	10	暑	1	1	1	1	2	2	2	3

六月小　月建 乙未　三碧

대서 음 6/7 양 7/22 오후 10시19분 · 입추 음 6/23 양 8/7 오후 2시49분

음력	1	2	3	4	5	6	7	8	9	10	11	12	13	14	15	16	17	18	19	20	21	22	23	24	25	26	27	28	29	
양력	7/16	17	18	19	20	21	22	23	24	25	26	27	28	29	30	31	8/1	2	3	4	5	6	7	8	9	10	11	12	13	
요일	화	수	목	금	토	일	월	화	수	목	금	토	일	월	화	수	목	금	토	일	월	화	수	목	금	토	일	월	화	
일진	甲寅	乙卯	丙辰	丁巳	戊午	己未	庚申	辛酉	壬戌	癸亥	甲子	乙丑	丙寅	丁卯	戊辰	己巳	庚午	辛未	壬申	癸酉	甲戌	乙亥	丙子	丁丑	戊寅	己卯	庚辰	辛巳	壬午	
대운 남	7	7	7	6	6	6	大	5	5	4	4	4	3	3	3	2	2	2	1	1	1	1	立	10	10	9	9	9	8	
대운 여	3	3	4	4	4	5	暑	5	6	6	6	7	7	7	8	8	8	9	9	9	10	10	秋	1	1	1	1	2	2	

七月大　月建 丙申　二黑

처서 음 7/10 양 8/23 오전 5시23분 ● 백로 음 7/25 양 9/7 오후 5시42분

음력	1	2	3	4	5	6	7	8	9	10	11	12	13	14	15	16	17	18	19	20	21	22	23	24	25	26	27	28	29	30
양력	8/14	15	16	17	18	19	20	21	22	23	24	25	26	27	28	29	30	31	9/1	2	3	4	5	6	7	8	9	10	11	12
요일	수	목	금	토	일	월	화	수	목	금	토	일	월	화	수	목	금	토	일	월	화	수	목	금	토	일	월	화	수	목
일진	癸未	甲申	乙酉	丙戌	丁亥	戊子	己丑	庚寅	辛卯	壬辰	癸巳	甲午	乙未	丙申	丁酉	戊戌	己亥	庚子	辛丑	壬寅	癸卯	甲辰	乙巳	丙午	丁未	戊申	己酉	庚戌	辛亥	壬子
대운 남	8	8	7	7	7	6	6	6	5	處暑	5	4	4	4	3	3	3	2	2	2	1	1	1	1	白露	10	10	9	9	9
대운 여	2	3	3	3	4	4	4	5	5		6	6	6	7	7	7	8	8	8	9	9	9	10	10		1	1	1	1	2

八月小　月建 丁酉　一白

추분 음 8/11 양 9/23 오전 3시0분 ● 한로 음 8/26 양 10/8 오전 9시19분

음력	1	2	3	4	5	6	7	8	9	10	11	12	13	14	15	16	17	18	19	20	21	22	23	24	25	26	27	28	29
양력	9/13	14	15	16	17	18	19	20	21	22	23	24	25	26	27	28	29	30	10/1	2	3	4	5	6	7	8	9	10	11
요일	금	토	일	월	화	수	목	금	토	일	월	화	수	목	금	토	일	월	화	수	목	금	토	일	월	화	수	목	금
일진	癸丑	甲寅	乙卯	丙辰	丁巳	戊午	己未	庚申	辛酉	壬戌	癸亥	甲子	乙丑	丙寅	丁卯	戊辰	己巳	庚午	辛未	壬申	癸酉	甲戌	乙亥	丙子	丁丑	戊寅	己卯	庚辰	辛巳
대운 남	8	8	8	7	7	7	6	6	6	5	秋分	5	4	4	4	3	3	3	2	2	2	1	1	1	1	寒露	10	9	9
대운 여	2	2	3	3	3	4	4	4	5	5		6	6	6	7	7	7	8	8	8	9	9	9	10	10		1	1	1

九月大　月建 戊戌　九紫

상강 음 9/12 양 10/23 오후 12시19분 ● 입동 음 9/27 양 11/7 오후 12시27분

음력	1	2	3	4	5	6	7	8	9	10	11	12	13	14	15	16	17	18	19	20	21	22	23	24	25	26	27	28	29	30
양력	10/12	13	14	15	16	17	18	19	20	21	22	23	24	25	26	27	28	29	30	31	11/1	2	3	4	5	6	7	8	9	10
요일	토	일	월	화	수	목	금	토	일	월	화	수	목	금	토	일	월	화	수	목	금	토	일	월	화	수	목	금	토	일
일진	壬午	癸未	甲申	乙酉	丙戌	丁亥	戊子	己丑	庚寅	辛卯	壬辰	癸巳	甲午	乙未	丙申	丁酉	戊戌	己亥	庚子	辛丑	壬寅	癸卯	甲辰	乙巳	丙午	丁未	戊申	己酉	庚戌	辛亥
대운 남	9	8	8	8	7	7	7	6	6	6	5	霜降	5	4	4	4	3	3	3	2	2	2	1	1	1	1	立冬	10	9	9
대운 여	1	2	2	2	3	3	3	4	4	4	5		5	6	6	6	7	7	7	8	8	8	9	9	9	10		1	1	1

十月大　月建 己亥　八白

소설 음 10/12 양 11/22 오전 9시49분 ● 대설 음 10/27 양 12/7 오전 5시14분

음력	1	2	3	4	5	6	7	8	9	10	11	12	13	14	15	16	17	18	19	20	21	22	23	24	25	26	27	28	29	30
양력	11/11	12	13	14	15	16	17	18	19	20	21	22	23	24	25	26	27	28	29	30	12/1	2	3	4	5	6	7	8	9	10
요일	월	화	수	목	금	토	일	월	화	수	목	금	토	일	월	화	수	목	금	토	일	월	화	수	목	금	토	일	월	화
일진	壬子	癸丑	甲寅	乙卯	丙辰	丁巳	戊午	己未	庚申	辛酉	壬戌	癸亥	甲子	乙丑	丙寅	丁卯	戊辰	己巳	庚午	辛未	壬申	癸酉	甲戌	乙亥	丙子	丁丑	戊寅	己卯	庚辰	辛巳
대운 남	9	8	8	8	7	7	7	6	6	6	5	小雪	5	4	4	4	3	3	3	2	2	2	1	1	1	1	大雪	9	9	9
대운 여	1	2	2	2	3	3	3	4	4	4	5		5	6	6	6	7	7	7	8	8	8	9	9	9	10		1	1	1

十一月小　月建 庚子　七赤

동지 음 11/11 양 12/21 오후 11시6분 ● 소한 음 11/26 양 1/5 오후 4시24분

음력	1	2	3	4	5	6	7	8	9	10	11	12	13	14	15	16	17	18	19	20	21	22	23	24	25	26	27	28	29
양력	12/11	12	13	14	15	16	17	18	19	20	21	22	23	24	25	26	27	28	29	30	31	1/1	2	3	4	5	6	7	8
요일	수	목	금	토	일	월	화	수	목	금	토	일	월	화	수	목	금	토	일	월	화	수	목	금	토	일	월	화	수
일진	壬午	癸未	甲申	乙酉	丙戌	丁亥	戊子	己丑	庚寅	辛卯	壬辰	癸巳	甲午	乙未	丙申	丁酉	戊戌	己亥	庚子	辛丑	壬寅	癸卯	甲辰	乙巳	丙午	丁未	戊申	己酉	庚戌
대운 남	8	8	8	7	7	7	6	6	6	5	冬至	5	4	4	4	3	3	3	2	2	2	1	1	1	1	小寒	10	9	9
대운 여	1	2	2	2	3	3	3	4	4	4		5	5	6	6	6	7	7	7	8	8	8	9	9	9		1	1	1

十二月大　月建 辛丑　六白

대한 음 12/12 양 1/20 오전 9시43분 ● 입춘 음 12/27 양 2/4 오전 4시2분

음력	1	2	3	4	5	6	7	8	9	10	11	12	13	14	15	16	17	18	19	20	21	22	23	24	25	26	27	28	29	30
양력	1/9	10	11	12	13	14	15	16	17	18	19	20	21	22	23	24	25	26	27	28	29	30	31	2/1	2	3	4	5	6	7
요일	목	금	토	일	월	화	수	목	금	토	일	월	화	수	목	금	토	일	월	화	수	목	금	토	일	월	화	수	목	금
일진	辛亥	壬子	癸丑	甲寅	乙卯	丙辰	丁巳	戊午	己未	庚申	辛酉	壬戌	癸亥	甲子	乙丑	丙寅	丁卯	戊辰	己巳	庚午	辛未	壬申	癸酉	甲戌	乙亥	丙子	丁丑	戊寅	己卯	庚辰
대운 남	9	8	8	8	7	7	7	6	6	6	5	大寒	5	4	4	4	3	3	3	2	2	2	1	1	1	1	立春	1	1	1
대운 여	1	2	2	2	3	3	3	4	4	4	5		5	6	6	6	7	7	7	8	8	8	9	9	9	10		9	9	9

1997년 | 단기 4330년   丁丑年

一日得辛 十二龍治水

西 大將軍   東 三殺   亥 弔客   卯 喪門   納音五行 澗下水

正月小   月建 壬寅   五黃

우수 음 1/11 양 2/18 오후 11시51분 ● 경칩 음 1/26 양 3/5 오후 10시4분

음력		1	2	3	4	5	6	7	8	9	10	11	12	13	14	15	16	17	18	19	20	21	22	23	24	25	26	27	28	29
양력		2/8	9	10	11	12	13	14	15	16	17	18	19	20	21	22	23	24	25	26	27	28	3/1	2	3	4	5	6	7	8
요일		토	일	월	화	수	목	금	토	일	월	화	수	목	금	토	일	월	화	수	목	금	토	일	월	화	수	목	금	토
일진		辛巳	壬午	癸未	甲申	乙酉	丙戌	丁亥	戊子	己丑	庚寅	辛卯	壬辰	癸巳	甲午	乙未	丙申	丁酉	戊戌	己亥	庚子	辛丑	壬寅	癸卯	甲辰	乙巳	丙午	丁未	戊申	己酉
대운	남	1	2	2	2	3	3	3	4	4	4	雨	5	5	6	6	6	7	7	7	8	8	8	9	9	9	驚	1	1	1
	여	8	8	8	7	7	7	6	6	6	5	水	5	4	4	4	3	3	3	2	2	2	1	1	1	1	蟄	10	10	9

二月小   月建 癸卯   四綠

춘분 음 2/12 양 3/20 오후 10시55분 ● 청명 음 2/28 양 4/5 오전 2시56분

음력		1	2	3	4	5	6	7	8	9	10	11	12	13	14	15	16	17	18	19	20	21	22	23	24	25	26	27	28	29
양력		3/9	10	11	12	13	14	15	16	17	18	19	20	21	22	23	24	25	26	27	28	29	30	31	4/1	2	3	4	5	6
요일		일	월	화	수	목	금	토	일	월	화	수	목	금	토	일	월	화	수	목	금	토	일	월	화	수	목	금	토	일
일진		庚戌	辛亥	壬子	癸丑	甲寅	乙卯	丙辰	丁巳	戊午	己未	庚申	辛酉	壬戌	癸亥	甲子	乙丑	丙寅	丁卯	戊辰	己巳	庚午	辛未	壬申	癸酉	甲戌	乙亥	丙子	丁丑	戊寅
대운	남	1	2	2	2	3	3	3	4	4	4	5	春	5	6	6	6	7	7	7	8	8	8	9	9	9	10	10	清	1
	여	9	9	8	8	8	7	7	7	6	6	6	分	5	5	4	4	4	3	3	3	2	2	2	1	1	1	1	明	10

三月大   月建 甲辰   三碧

곡우 음 3/14 양 4/20 오전 10시3분 ● 입하 음 3/29 양 5/5 오후 8시19분

음력		1	2	3	4	5	6	7	8	9	10	11	12	13	14	15	16	17	18	19	20	21	22	23	24	25	26	27	28	29	30
양력		4/7	8	9	10	11	12	13	14	15	16	17	18	19	20	21	22	23	24	25	26	27	28	29	30	5/1	2	3	4	5	6
요일		월	화	수	목	금	토	일	월	화	수	목	금	토	일	월	화	수	목	금	토	일	월	화	수	목	금	토	일	월	화
일진		己卯	庚辰	辛巳	壬午	癸未	甲申	乙酉	丙戌	丁亥	戊子	己丑	庚寅	辛卯	壬辰	癸巳	甲午	乙未	丙申	丁酉	戊戌	己亥	庚子	辛丑	壬寅	癸卯	甲辰	乙巳	丙午	丁未	戊申
대운	남	1	1	1	2	2	2	3	3	3	4	4	4	5	穀	5	6	6	6	7	7	7	8	8	8	9	9	9	10	立	1
	여	9	9	9	8	8	8	7	7	7	6	6	6	5	雨	5	4	4	4	3	3	3	2	2	2	1	1	1	1	夏	10

四月小   月建 乙巳   二黑

소만 음 4/15 양 5/21 오전 9시18분

음력		1	2	3	4	5	6	7	8	9	10	11	12	13	14	15	16	17	18	19	20	21	22	23	24	25	26	27	28	29
양력		5/7	8	9	10	11	12	13	14	15	16	17	18	19	20	21	22	23	24	25	26	27	28	29	30	31	6/1	2	3	4
요일		수	목	금	토	일	월	화	수	목	금	토	일	월	화	수	목	금	토	일	월	화	수	목	금	토	일	월	화	수
일진		己酉	庚戌	辛亥	壬子	癸丑	甲寅	乙卯	丙辰	丁巳	戊午	己未	庚申	辛酉	壬戌	癸亥	甲子	乙丑	丙寅	丁卯	戊辰	己巳	庚午	辛未	壬申	癸酉	甲戌	乙亥	丙子	丁丑
대운	남	1	1	1	2	2	2	3	3	3	4	4	4	5	5	小	6	6	6	7	7	7	8	8	8	9	9	9	10	10
	여	10	10	9	9	9	8	8	8	7	7	7	6	6	6	滿	5	5	4	4	4	3	3	3	2	2	2	1	1	1

五月大   月建 丙午   一白

망종 음 5/2 양 6/6 오전 0시33분 ● 하지 음 5/17 양 6/21 오후 5시20분

음력		1	2	3	4	5	6	7	8	9	10	11	12	13	14	15	16	17	18	19	20	21	22	23	24	25	26	27	28	29	30
양력		6/5	6	7	8	9	10	11	12	13	14	15	16	17	18	19	20	21	22	23	24	25	26	27	28	29	30	7/1	2	3	4
요일		목	금	토	일	월	화	수	목	금	토	일	월	화	수	목	금	토	일	월	화	수	목	금	토	일	월	화	수	목	금
일진		戊寅	己卯	庚辰	辛巳	壬午	癸未	甲申	乙酉	丙戌	丁亥	戊子	己丑	庚寅	辛卯	壬辰	癸巳	甲午	乙未	丙申	丁酉	戊戌	己亥	庚子	辛丑	壬寅	癸卯	甲辰	乙巳	丙午	丁未
대운	남	10	芒	1	1	1	1	2	2	2	3	3	3	4	4	4	5	夏	5	6	6	6	7	7	7	8	8	8	9	9	9
	여	1	種	10	10	9	9	9	8	8	8	7	7	7	6	6	6	至	5	5	4	4	4	3	3	3	2	2	2	1	1

六月小   月建 丁未   九紫

소서 음 6/3 양 7/7 오전 10시49분 ● 대서 음 6/19 양 7/23 오전 4시15분

음력		1	2	3	4	5	6	7	8	9	10	11	12	13	14	15	16	17	18	19	20	21	22	23	24	25	26	27	28	29
양력		7/5	6	7	8	9	10	11	12	13	14	15	16	17	18	19	20	21	22	23	24	25	26	27	28	29	30	31	8/1	2
요일		토	일	월	화	수	목	금	토	일	월	화	수	목	금	토	일	월	화	수	목	금	토	일	월	화	수	목	금	토
일진		戊申	己酉	庚戌	辛亥	壬子	癸丑	甲寅	乙卯	丙辰	丁巳	戊午	己未	庚申	辛酉	壬戌	癸亥	甲子	乙丑	丙寅	丁卯	戊辰	己巳	庚午	辛未	壬申	癸酉	甲戌	乙亥	丙子
대운	남	10	10	小	1	1	1	1	2	2	2	3	3	3	4	4	4	5	5	大	6	6	6	7	7	7	8	8	8	9
	여	1	1	暑	10	10	9	9	9	8	8	8	7	7	7	6	6	6	5	暑	5	4	4	4	3	3	3	2	2	2

七月大　　月建 戊申　　八白

입추 음 7/5 양 8/7 오후 8시36분 ● 처서 음 7/21 양 8/23 오전 11시19분

음력	1	2	3	4	5	6	7	8	9	10	11	12	13	14	15	16	17	18	19	20	21	22	23	24	25	26	27	28	29	30
양력	8/3	4	5	6	7	8	9	10	11	12	13	14	15	16	17	18	19	20	21	22	23	24	25	26	27	28	29	30	31	9/1
요일	일	월	화	수	목	금	토	일	월	화	수	목	금	토	일	월	화	수	목	금	토	일	월	화	수	목	금	토	일	월
일진	丁丑	戊寅	己卯	庚辰	辛巳	壬午	癸未	甲申	乙酉	丙戌	丁亥	戊子	己丑	庚寅	辛卯	壬辰	癸巳	甲午	乙未	丙申	丁酉	戊戌	己亥	庚子	辛丑	壬寅	癸卯	甲辰	乙巳	丙午
대운 남	9	9	10	10	立	1	1	1	1	2	2	2	3	3	3	4	4	4	5	5	處	6	6	6	7	7	7	8	8	8
대운 여	1	1	1	1	秋	10	10	9	9	9	8	8	8	7	7	7	6	6	6	5	暑	5	4	4	4	3	3	3	2	2

八月大　　月建 己酉　　七赤

백로 음 8/6 양 9/7 오전 11시29분 ● 추분 음 8/22 양 9/23 오전 8시56분

음력	1	2	3	4	5	6	7	8	9	10	11	12	13	14	15	16	17	18	19	20	21	22	23	24	25	26	27	28	29	30
양력	9/2	3	4	5	6	7	8	9	10	11	12	13	14	15	16	17	18	19	20	21	22	23	24	25	26	27	28	29	30	10/1
요일	화	수	목	금	토	일	월	화	수	목	금	토	일	월	화	수	목	금	토	일	월	화	수	목	금	토	일	월	화	수
일진	丁未	戊申	己酉	庚戌	辛亥	壬子	癸丑	甲寅	乙卯	丙辰	丁巳	戊午	己未	庚申	辛酉	壬戌	癸亥	甲子	乙丑	丙寅	丁卯	戊辰	己巳	庚午	辛未	壬申	癸酉	甲戌	乙亥	丙子
대운 남	9	9	9	10	10	白	1	1	1	1	2	2	2	3	3	3	4	4	4	5	5	秋	6	6	6	7	7	7	8	8
대운 여	2	1	1	1	1	露	10	10	9	9	9	8	8	8	7	7	7	6	6	6	5	分	5	4	4	4	3	3	3	2

九月小　　月建 庚戌　　六白

한로 음 9/7 양 10/8 오후 3시5분 ● 상강 음 9/22 양 10/23 오후 6시15분

음력	1	2	3	4	5	6	7	8	9	10	11	12	13	14	15	16	17	18	19	20	21	22	23	24	25	26	27	28	29
양력	10/2	3	4	5	6	7	8	9	10	11	12	13	14	15	16	17	18	19	20	21	22	23	24	25	26	27	28	29	30
요일	목	금	토	일	월	화	수	목	금	토	일	월	화	수	목	금	토	일	월	화	수	목	금	토	일	월	화	수	목
일진	丁丑	戊寅	己卯	庚辰	辛巳	壬午	癸未	甲申	乙酉	丙戌	丁亥	戊子	己丑	庚寅	辛卯	壬辰	癸巳	甲午	乙未	丙申	丁酉	戊戌	己亥	庚子	辛丑	壬寅	癸卯	甲辰	乙巳
대운 남	8	9	9	9	10	10	寒	1	1	1	1	2	2	2	3	3	3	4	4	4	5	霜	5	6	6	6	7	7	7
대운 여	2	2	1	1	1	1	露	10	9	9	9	8	8	8	7	7	7	6	6	6	5	降	5	4	4	4	3	3	3

十月大　　月建 辛亥　　五黃

입동 음 10/8 양 11/7 오후 6시15분 ● 소설 음 10/23 양 11/22 오후 3시48분

음력	1	2	3	4	5	6	7	8	9	10	11	12	13	14	15	16	17	18	19	20	21	22	23	24	25	26	27	28	29	30
양력	10/31	11/1	2	3	4	5	6	7	8	9	10	11	12	13	14	15	16	17	18	19	20	21	22	23	24	25	26	27	28	29
요일	금	토	일	월	화	수	목	금	토	일	월	화	수	목	금	토	일	월	화	수	목	금	토	일	월	화	수	목	금	토
일진	丙午	丁未	戊申	己酉	庚戌	辛亥	壬子	癸丑	甲寅	乙卯	丙辰	丁巳	戊午	己未	庚申	辛酉	壬戌	癸亥	甲子	乙丑	丙寅	丁卯	戊辰	己巳	庚午	辛未	壬申	癸酉	甲戌	乙亥
대운 남	8	8	8	9	9	9	10	立	1	1	1	1	2	2	2	3	3	3	4	4	4	5	小	5	6	6	6	7	7	7
대운 여	2	2	2	1	1	1	1	冬	10	9	9	9	8	8	8	7	7	7	6	6	6	5	雪	5	4	4	4	3	3	3

十一月大　　月建 壬子　　四綠

대설 음 11/8 양 12/7 오전 11시5분 ● 동지 음 11/23 양 12/22 오전 5시7분

음력	1	2	3	4	5	6	7	8	9	10	11	12	13	14	15	16	17	18	19	20	21	22	23	24	25	26	27	28	29	30
양력	11/30	12/1	2	3	4	5	6	7	8	9	10	11	12	13	14	15	16	17	18	19	20	21	22	23	24	25	26	27	28	29
요일	일	월	화	수	목	금	토	일	월	화	수	목	금	토	일	월	화	수	목	금	토	일	월	화	수	목	금	토	일	월
일진	丙子	丁丑	戊寅	己卯	庚辰	辛巳	壬午	癸未	甲申	乙酉	丙戌	丁亥	戊子	己丑	庚寅	辛卯	壬辰	癸巳	甲午	乙未	丙申	丁酉	戊戌	己亥	庚子	辛丑	壬寅	癸卯	甲辰	乙巳
대운 남	8	8	8	9	9	9	10	大	1	1	1	1	2	2	2	3	3	3	4	4	4	5	冬	5	6	6	6	7	7	7
대운 여	2	2	2	1	1	1	1	雪	9	9	9	8	8	8	7	7	7	6	6	6	5	5	至	4	4	4	3	3	3	2

十二月小　　月建 癸丑　　三碧

소한 음 12/7 양 1/5 오후 10시18분 ● 대한 음 12/22 양 1/20 오후 3시46분

음력	1	2	3	4	5	6	7	8	9	10	11	12	13	14	15	16	17	18	19	20	21	22	23	24	25	26	27	28	29
양력	12/30	31	1/1	2	3	4	5	6	7	8	9	10	11	12	13	14	15	16	17	18	19	20	21	22	23	24	25	26	27
요일	화	수	목	금	토	일	월	화	수	목	금	토	일	월	화	수	목	금	토	일	월	화	수	목	금	토	일	월	화
일진	丙午	丁未	戊申	己酉	庚戌	辛亥	壬子	癸丑	甲寅	乙卯	丙辰	丁巳	戊午	己未	庚申	辛酉	壬戌	癸亥	甲子	乙丑	丙寅	丁卯	戊辰	己巳	庚午	辛未	壬申	癸酉	甲戌
대운 남	8	8	8	9	9	9	小	1	1	1	1	2	2	2	3	3	3	4	4	4	5	大	5	6	6	6	7	7	7
대운 여	2	2	1	1	1	1	寒	10	9	9	9	8	8	8	7	7	7	6	6	6	5	寒	5	4	4	4	3	3	3

1998년 | 단기 4331년

戊寅年

七日得辛 六龍治水

子 大將軍　北 三殺　子 吊客　辰 喪門　納音五行 城頭土

正月大　月建 甲寅　二黑

입춘 음 1/8 양 2/4 오전 9시57분 ● 우수 음 1/23 양 2/19 오전 5시55분

음력	1	2	3	4	5	6	7	8	9	10	11	12	13	14	15	16	17	18	19	20	21	22	23	24	25	26	27	28	29	30
양력	1/28	29	30	31	2/1	2	3	4	5	6	7	8	9	10	11	12	13	14	15	16	17	18	19	20	21	22	23	24	25	26
요일	수	목	금	토	일	월	화	수	목	금	토	일	월	화	수	목	금	토	일	월	화	수	목	금	토	일	월	화	수	목
일진	乙亥	丙子	丁丑	戊寅	己卯	庚辰	辛巳	壬午	癸未	甲申	乙酉	丙戌	丁亥	戊子	己丑	庚寅	辛卯	壬辰	癸巳	甲午	乙未	丙申	丁酉	戊戌	己亥	庚子	辛丑	壬寅	癸卯	甲辰
대운 남	8	8	8	9	9	9	10	立春	10	9	9	9	8	8	8	7	7	7	6	6	6	5	雨水	5	4	4	4	3	3	3
대운 여	2	2	2	1	1	1	1		1	1	1	1	2	2	2	3	3	3	4	4	4	5		5	6	6	6	7	7	7

二月小　月建 乙卯　一白

경칩 음 2/8 양 3/6 오전 3시57분 ● 춘분 음 2/23 양 3/21 오전 4시55분

음력	1	2	3	4	5	6	7	8	9	10	11	12	13	14	15	16	17	18	19	20	21	22	23	24	25	26	27	28	29
양력	2/27	28	3/1	2	3	4	5	6	7	8	9	10	11	12	13	14	15	16	17	18	19	20	21	22	23	24	25	26	27
요일	금	토	일	월	화	수	목	금	토	일	월	화	수	목	금	토	일	월	화	수	목	금	토	일	월	화	수	목	금
일진	乙巳	丙午	丁未	戊申	己酉	庚戌	辛亥	壬子	癸丑	甲寅	乙卯	丙辰	丁巳	戊午	己未	庚申	辛酉	壬戌	癸亥	甲子	乙丑	丙寅	丁卯	戊辰	己巳	庚午	辛未	壬申	癸酉
대운 남	2	2	2	1	1	1	1	驚蟄	10	9	9	9	8	8	8	7	7	7	6	6	6	5	春分	5	4	4	4	3	3
대운 여	8	8	8	9	9	9	10		1	1	1	1	2	2	2	3	3	3	4	4	4	5		5	6	6	6	7	7

三月小　月建 丙辰　九紫

청명 음 3/9 양 4/5 오전 8시45분 ● 곡우 음 3/24 양 4/20 오후 3시57분

음력	1	2	3	4	5	6	7	8	9	10	11	12	13	14	15	16	17	18	19	20	21	22	23	24	25	26	27	28	29
양력	3/28	29	30	31	4/1	2	3	4	5	6	7	8	9	10	11	12	13	14	15	16	17	18	19	20	21	22	23	24	25
요일	토	일	월	화	수	목	금	토	일	월	화	수	목	금	토	일	월	화	수	목	금	토	일	월	화	수	목	금	토
일진	甲戌	乙亥	丙子	丁丑	戊寅	己卯	庚辰	辛巳	壬午	癸未	甲申	乙酉	丙戌	丁亥	戊子	己丑	庚寅	辛卯	壬辰	癸巳	甲午	乙未	丙申	丁酉	戊戌	己亥	庚子	辛丑	壬寅
대운 남	3	2	2	2	1	1	1	1	淸明	10	10	9	9	9	8	8	8	7	7	7	6	6	6	穀雨	5	5	4	4	4
대운 여	7	8	8	8	9	9	9	10		1	1	1	1	2	2	2	3	3	3	4	4	4	5		5	6	6	6	7

四月大　月建 丁巳　八白

입하 음 4/11 양 5/6 오전 2시3분 ● 소만 음 4/26 양 5/21 오후 3시5분

음력	1	2	3	4	5	6	7	8	9	10	11	12	13	14	15	16	17	18	19	20	21	22	23	24	25	26	27	28	29	30
양력	4/26	27	28	29	30	5/1	2	3	4	5	6	7	8	9	10	11	12	13	14	15	16	17	18	19	20	21	22	23	24	25
요일	일	월	화	수	목	금	토	일	월	화	수	목	금	토	일	월	화	수	목	금	토	일	월	화	수	목	금	토	일	월
일진	癸卯	甲辰	乙巳	丙午	丁未	戊申	己酉	庚戌	辛亥	壬子	癸丑	甲寅	乙卯	丙辰	丁巳	戊午	己未	庚申	辛酉	壬戌	癸亥	甲子	乙丑	丙寅	丁卯	戊辰	己巳	庚午	辛未	壬申
대운 남	3	3	3	2	2	2	1	1	1	1	立夏	10	10	9	9	9	8	8	8	7	7	7	6	6	6	小滿	5	5	4	4
대운 여	7	7	8	8	8	9	9	9	10	10		1	1	1	1	2	2	2	3	3	3	4	4	4	5		5	6	6	6

五月小　月建 戊午　七赤

망종 음 5/12 양 6/6 오전 6시13분 ● 하지 음 5/27 양 6/21 오후 11시3분

음력	1	2	3	4	5	6	7	8	9	10	11	12	13	14	15	16	17	18	19	20	21	22	23	24	25	26	27	28	29
양력	5/26	27	28	29	30	31	6/1	2	3	4	5	6	7	8	9	10	11	12	13	14	15	16	17	18	19	20	21	22	23
요일	화	수	목	금	토	일	월	화	수	목	금	토	일	월	화	수	목	금	토	일	월	화	수	목	금	토	일	월	화
일진	癸酉	甲戌	乙亥	丙子	丁丑	戊寅	己卯	庚辰	辛巳	壬午	癸未	甲申	乙酉	丙戌	丁亥	戊子	己丑	庚寅	辛卯	壬辰	癸巳	甲午	乙未	丙申	丁酉	戊戌	己亥	庚子	辛丑
대운 남	4	3	3	3	2	2	2	1	1	1	1	芒種	10	10	9	9	9	8	8	8	7	7	7	6	6	6	夏至	5	5
대운 여	7	7	7	8	8	8	9	9	9	10	10		1	1	1	1	2	2	2	3	3	3	4	4	4	5		5	6

閏五月小

소서 음 윤 5/14 양 7/7 오후 4시30분

음력	1	2	3	4	5	6	7	8	9	10	11	12	13	14	15	16	17	18	19	20	21	22	23	24	25	26	27	28	29
양력	6/24	25	26	27	28	29	30	7/1	2	3	4	5	6	7	8	9	10	11	12	13	14	15	16	17	18	19	20	21	22
요일	수	목	금	토	일	월	화	수	목	금	토	일	월	화	수	목	금	토	일	월	화	수	목	금	토	일	월	화	수
일진	壬寅	癸卯	甲辰	乙巳	丙午	丁未	戊申	己酉	庚戌	辛亥	壬子	癸丑	甲寅	乙卯	丙辰	丁巳	戊午	己未	庚申	辛酉	壬戌	癸亥	甲子	乙丑	丙寅	丁卯	戊辰	己巳	庚午
대운 남	4	4	4	3	3	3	2	2	2	1	1	1	1	小暑	10	10	10	9	9	9	8	8	8	7	7	7	6	6	6
대운 여	6	6	7	7	7	8	8	8	9	9	9	10	10		1	1	1	1	2	2	2	3	3	3	4	4	4	5	5

六月大　月建 己未　六白

대서 음 6/1 양 7/23 오전 9시55분 · 입추 음 6/17 양 8/8 오전 2시20분

음력	1	2	3	4	5	6	7	8	9	10	11	12	13	14	15	16	17	18	19	20	21	22	23	24	25	26	27	28	29	30
양력	7/23	24	25	26	27	28	29	30	31	8/1	2	3	4	5	6	7	8	9	10	11	12	13	14	15	16	17	18	19	20	21
요일	목	금	토	일	월	화	수	목	금	토	일	월	화	수	목	금	토	일	월	화	수	목	금	토	일	월	화	수	목	금
일진	辛未	壬申	癸酉	甲戌	乙亥	丙子	丁丑	戊寅	己卯	庚辰	辛巳	壬午	癸未	甲申	乙酉	丙戌	丁亥	戊子	己丑	庚寅	辛卯	壬辰	癸巳	甲午	乙未	丙申	丁酉	戊戌	己亥	庚子
대운 남	大	5	5	4	4	4	3	3	3	2	2	2	1	1	1	1	立	10	10	9	9	9	8	8	8	7	7	7	6	6
대운 여	暑	6	6	6	7	7	7	8	8	8	9	9	9	10	10	10	秋	1	1	1	1	2	2	2	3	3	3	4	4	4

七月大　月建 庚申　五黃

처서 음 7/2 양 8/23 오후 4시59분 · 백로 음 7/18 양 9/8 오전 5시16분

음력	1	2	3	4	5	6	7	8	9	10	11	12	13	14	15	16	17	18	19	20	21	22	23	24	25	26	27	28	29	30
양력	8/22	23	24	25	26	27	28	29	30	31	9/1	2	3	4	5	6	7	8	9	10	11	12	13	14	15	16	17	18	19	20
요일	토	일	월	화	수	목	금	토	일	월	화	수	목	금	토	일	월	화	수	목	금	토	일	월	화	수	목	금	토	일
일진	辛丑	壬寅	癸卯	甲辰	乙巳	丙午	丁未	戊申	己酉	庚戌	辛亥	壬子	癸丑	甲寅	乙卯	丙辰	丁巳	戊午	己未	庚申	辛酉	壬戌	癸亥	甲子	乙丑	丙寅	丁卯	戊辰	己巳	庚午
대운 남	6	處	5	5	4	4	4	3	3	3	2	2	2	1	1	1	1	白	10	9	9	9	8	8	8	7	7	7	6	6
대운 여	5	暑	5	6	6	6	7	7	7	8	8	8	9	9	9	10	10	露	1	1	1	1	2	2	2	3	3	3	4	4

八月小　月建 辛酉　四綠

추분 음 8/3 양 9/23 오후 2시37분 · 한로 음 8/18 양 10/8 오후 8시56분

음력	1	2	3	4	5	6	7	8	9	10	11	12	13	14	15	16	17	18	19	20	21	22	23	24	25	26	27	28	29
양력	9/21	22	23	24	25	26	27	28	29	30	10/1	2	3	4	5	6	7	8	9	10	11	12	13	14	15	16	17	18	19
요일	월	화	수	목	금	토	일	월	화	수	목	금	토	일	월	화	수	목	금	토	일	월	화	수	목	금	토	일	월
일진	辛未	壬申	癸酉	甲戌	乙亥	丙子	丁丑	戊寅	己卯	庚辰	辛巳	壬午	癸未	甲申	乙酉	丙戌	丁亥	戊子	己丑	庚寅	辛卯	壬辰	癸巳	甲午	乙未	丙申	丁酉	戊戌	己亥
대운 남	6	5	秋	5	4	4	4	3	3	3	2	2	2	1	1	1	1	寒	10	10	9	9	9	8	8	8	7	7	7
대운 여	4	5	分	5	6	6	6	7	7	7	8	8	8	9	9	9	10	露	1	1	1	1	2	2	2	3	3	3	4

九月大　月建 壬戌　三碧

상강 음 9/4 양 10/23 오후 11시59분 · 입동 음 9/20 양 11/8 오전 0시8분

음력	1	2	3	4	5	6	7	8	9	10	11	12	13	14	15	16	17	18	19	20	21	22	23	24	25	26	27	28	29	30
양력	10/20	21	22	23	24	25	26	27	28	29	30	31	11/1	2	3	4	5	6	7	8	9	10	11	12	13	14	15	16	17	18
요일	화	수	목	금	토	일	월	화	수	목	금	토	일	월	화	수	목	금	토	일	월	화	수	목	금	토	일	월	화	수
일진	庚子	辛丑	壬寅	癸卯	甲辰	乙巳	丙午	丁未	戊申	己酉	庚戌	辛亥	壬子	癸丑	甲寅	乙卯	丙辰	丁巳	戊午	己未	庚申	辛酉	壬戌	癸亥	甲子	乙丑	丙寅	丁卯	戊辰	己巳
대운 남	6	6	6	霜	5	5	4	4	4	3	3	3	2	2	2	1	1	1	1	立	9	9	9	8	8	8	7	7	7	6
대운 여	4	4	5	降	5	6	6	6	7	7	7	8	8	8	9	9	9	10	10	冬	1	1	1	1	2	2	2	3	3	3

十月大　月建 癸亥　二黑

소설 음 10/4 양 11/22 오후 9시34분 · 대설 음 10/19 양 12/7 오후 5시2분

음력	1	2	3	4	5	6	7	8	9	10	11	12	13	14	15	16	17	18	19	20	21	22	23	24	25	26	27	28	29	30
양력	11/19	20	21	22	23	24	25	26	27	28	29	30	12/1	2	3	4	5	6	7	8	9	10	11	12	13	14	15	16	17	18
요일	목	금	토	일	월	화	수	목	금	토	일	월	화	수	목	금	토	일	월	화	수	목	금	토	일	월	화	수	목	금
일진	庚午	辛未	壬申	癸酉	甲戌	乙亥	丙子	丁丑	戊寅	己卯	庚辰	辛巳	壬午	癸未	甲申	乙酉	丙戌	丁亥	戊子	己丑	庚寅	辛卯	壬辰	癸巳	甲午	乙未	丙申	丁酉	戊戌	己亥
대운 남	6	6	5	小	5	4	4	4	3	3	3	2	2	2	1	1	1	1	大	10	9	9	9	8	8	8	7	7	7	6
대운 여	4	4	4	雪	5	5	6	6	6	7	7	7	8	8	8	9	9	9	雪	1	1	1	1	2	2	2	3	3	3	4

十一月大　月建 甲子　一白

동지 음 11/4 양 12/22 오전 10시56분 · 소한 음 11/19 양 1/6 오전 4시17분

음력	1	2	3	4	5	6	7	8	9	10	11	12	13	14	15	16	17	18	19	20	21	22	23	24	25	26	27	28	29	30
양력	12/19	20	21	22	23	24	25	26	27	28	29	30	31	1/1	2	3	4	5	6	7	8	9	10	11	12	13	14	15	16	17
요일	토	일	월	화	수	목	금	토	일	월	화	수	목	금	토	일	월	화	수	목	금	토	일	월	화	수	목	금	토	일
일진	庚子	辛丑	壬寅	癸卯	甲辰	乙巳	丙午	丁未	戊申	己酉	庚戌	辛亥	壬子	癸丑	甲寅	乙卯	丙辰	丁巳	戊午	己未	庚申	辛酉	壬戌	癸亥	甲子	乙丑	丙寅	丁卯	戊辰	己巳
대운 남	6	6	5	冬	5	4	4	4	3	3	3	2	2	2	1	1	1	1	小	9	9	9	8	8	8	7	7	7	6	6
대운 여	4	4	5	至	5	6	6	6	7	7	7	8	8	8	9	9	9	10	寒	1	1	1	1	2	2	2	3	3	3	4

十二月小　月建 乙丑　九紫

대한 음 12/3 양 1/20 오후 9시37분 · 입춘 음 12/18 양 2/4 오후 3시57분

음력	1	2	3	4	5	6	7	8	9	10	11	12	13	14	15	16	17	18	19	20	21	22	23	24	25	26	27	28	29
양력	1/18	19	20	21	22	23	24	25	26	27	28	29	30	31	2/1	2	3	4	5	6	7	8	9	10	11	12	13	14	15
요일	월	화	수	목	금	토	일	월	화	수	목	금	토	일	월	화	수	목	금	토	일	월	화	수	목	금	토	일	월
일진	庚午	辛未	壬申	癸酉	甲戌	乙亥	丙子	丁丑	戊寅	己卯	庚辰	辛巳	壬午	癸未	甲申	乙酉	丙戌	丁亥	戊子	己丑	庚寅	辛卯	壬辰	癸巳	甲午	乙未	丙申	丁酉	戊戌
대운 남	6	5	大	5	4	4	4	3	3	3	2	2	2	1	1	1	1	立	1	1	1	1	2	2	2	3	3	3	4
대운 여	4	4	寒	5	5	6	6	6	7	7	7	8	8	8	9	9	9	春	10	9	9	9	8	8	8	7	7	7	6

1999년 | 단기 4332년

己卯年

三日得辛 六龍治水

子 大將軍　　酉 三殺　　丑 吊客　　巳 喪門　　納音五行 城頭土

正月大　月建 丙寅　八白

우수 음 1/4 양 2/19 오전 11시47분 · 경칩 음 1/19 양 3/6 오전 9시58분

음력	1	2	3	4	5	6	7	8	9	10	11	12	13	14	15	16	17	18	19	20	21	22	23	24	25	26	27	28	29	30
양력	2/16	17	18	19	20	21	22	23	24	25	26	27	28	3/1	2	3	4	5	6	7	8	9	10	11	12	13	14	15	16	17
요일	화	수	목	금	토	일	월	화	수	목	금	토	일	월	화	수	목	금	토	일	월	화	수	목	금	토	일	월	화	수
일진	己亥	庚子	辛丑	壬寅	癸卯	甲辰	乙巳	丙午	丁未	戊申	己酉	庚戌	辛亥	壬子	癸丑	甲寅	乙卯	丙辰	丁巳	戊午	己未	庚申	辛酉	壬戌	癸亥	甲子	乙丑	丙寅	丁卯	戊辰
대운 남	4	4	5	雨	5	6	6	6	7	7	7	8	8	8	9	9	9	10	驚	1	1	1	1	2	2	2	3	3	3	4
대운 여	6	6	5	水	5	4	4	4	3	3	3	2	2	2	1	1	1	1	蟄	10	9	9	9	8	8	8	7	7	7	6

二月小　月建 丁卯　七赤

춘분 음 2/4 양 3/21 오전 10시46분 · 청명 음 2/19 양 4/5 오후 2시45분

음력	1	2	3	4	5	6	7	8	9	10	11	12	13	14	15	16	17	18	19	20	21	22	23	24	25	26	27	28	29
양력	3/18	19	20	21	22	23	24	25	26	27	28	29	30	31	4/1	2	3	4	5	6	7	8	9	10	11	12	13	14	15
요일	목	금	토	일	월	화	수	목	금	토	일	월	화	수	목	금	토	일	월	화	수	목	금	토	일	월	화	수	목
일진	己巳	庚午	辛未	壬申	癸酉	甲戌	乙亥	丙子	丁丑	戊寅	己卯	庚辰	辛巳	壬午	癸未	甲申	乙酉	丙戌	丁亥	戊子	己丑	庚寅	辛卯	壬辰	癸巳	甲午	乙未	丙申	丁酉
대운 남	4	4	5	春	5	6	6	6	7	7	7	8	8	8	9	9	9	10	清	1	1	1	1	2	2	2	3	3	3
대운 여	6	6	5	分	5	4	4	4	3	3	3	2	2	2	1	1	1	1	明	10	10	9	9	9	8	8	8	7	7

三月小　月建 戊辰　六白

곡우 음 3/5 양 4/20 오후 9시46분 · 입하 음 3/21 양 5/6 오전 8시1분

음력	1	2	3	4	5	6	7	8	9	10	11	12	13	14	15	16	17	18	19	20	21	22	23	24	25	26	27	28	29
양력	4/16	17	18	19	20	21	22	23	24	25	26	27	28	29	30	5/1	2	3	4	5	6	7	8	9	10	11	12	13	14
요일	금	토	일	월	화	수	목	금	토	일	월	화	수	목	금	토	일	월	화	수	목	금	토	일	월	화	수	목	금
일진	戊戌	己亥	庚子	辛丑	壬寅	癸卯	甲辰	乙巳	丙午	丁未	戊申	己酉	庚戌	辛亥	壬子	癸丑	甲寅	乙卯	丙辰	丁巳	戊午	己未	庚申	辛酉	壬戌	癸亥	甲子	乙丑	丙寅
대운 남	4	4	4	5	穀	5	6	6	6	7	7	7	8	8	8	9	9	9	10	10	立	1	1	1	1	2	2	2	3
대운 여	7	6	6	6	雨	5	5	4	4	4	3	3	3	2	2	2	1	1	1	1	夏	10	10	9	9	9	8	8	8

四月大　月建 己巳　五黃

소만 음 4/7 양 5/21 오후 8시52분 · 망종 음 4/23 양 6/6 오후 12시9분

음력	1	2	3	4	5	6	7	8	9	10	11	12	13	14	15	16	17	18	19	20	21	22	23	24	25	26	27	28	29	30
양력	5/15	16	17	18	19	20	21	22	23	24	25	26	27	28	29	30	31	6/1	2	3	4	5	6	7	8	9	10	11	12	13
요일	토	일	월	화	수	목	금	토	일	월	화	수	목	금	토	일	월	화	수	목	금	토	일	월	화	수	목	금	토	일
일진	丁卯	戊辰	己巳	庚午	辛未	壬申	癸酉	甲戌	乙亥	丙子	丁丑	戊寅	己卯	庚辰	辛巳	壬午	癸未	甲申	乙酉	丙戌	丁亥	戊子	己丑	庚寅	辛卯	壬辰	癸巳	甲午	乙未	丙申
대운 남	3	3	4	4	4	5	小	5	6	6	6	7	7	7	8	8	8	9	9	9	10	10	芒	1	1	1	1	2	2	2
대운 여	7	7	7	6	6	6	滿	5	5	4	4	4	3	3	3	2	2	2	1	1	1	1	種	10	10	9	9	9	8	8

五月小　月建 庚午　四綠

하지 음 5/9 양 6/22 오전 4시49분 · 소서 음 5/24 양 7/7 오후 10시25분

음력	1	2	3	4	5	6	7	8	9	10	11	12	13	14	15	16	17	18	19	20	21	22	23	24	25	26	27	28	29
양력	6/14	15	16	17	18	19	20	21	22	23	24	25	26	27	28	29	30	7/1	2	3	4	5	6	7	8	9	10	11	12
요일	월	화	수	목	금	토	일	월	화	수	목	금	토	일	월	화	수	목	금	토	일	월	화	수	목	금	토	일	월
일진	丁酉	戊戌	己亥	庚子	辛丑	壬寅	癸卯	甲辰	乙巳	丙午	丁未	戊申	己酉	庚戌	辛亥	壬子	癸丑	甲寅	乙卯	丙辰	丁巳	戊午	己未	庚申	辛酉	壬戌	癸亥	甲子	乙丑
대운 남	3	3	3	4	4	4	5	5	夏	6	6	6	7	7	7	8	8	8	9	9	9	10	10	小	1	1	1	1	2
대운 여	8	7	7	7	6	6	6	5	至	5	4	4	4	3	3	3	2	2	2	1	1	1	1	暑	10	10	10	9	9

六月小　月建 辛未　三碧

대서 음 6/11 양 7/23 오후 3시44분 · 입추 음 6/27 양 8/8 오전 8시14분

음력	1	2	3	4	5	6	7	8	9	10	11	12	13	14	15	16	17	18	19	20	21	22	23	24	25	26	27	28	29
양력	7/13	14	15	16	17	18	19	20	21	22	23	24	25	26	27	28	29	30	31	8/1	2	3	4	5	6	7	8	9	10
요일	화	수	목	금	토	일	월	화	수	목	금	토	일	월	화	수	목	금	토	일	월	화	수	목	금	토	일	월	화
일진	丙寅	丁卯	戊辰	己巳	庚午	辛未	壬申	癸酉	甲戌	乙亥	丙子	丁丑	戊寅	己卯	庚辰	辛巳	壬午	癸未	甲申	乙酉	丙戌	丁亥	戊子	己丑	庚寅	辛卯	壬辰	癸巳	甲午
대운 남	2	2	3	3	3	4	4	4	5	5	大	6	6	6	7	7	7	8	8	8	9	9	9	10	10	10	立	1	1
대운 여	9	8	8	8	7	7	7	6	6	6	暑	5	5	4	4	4	3	3	3	2	2	2	1	1	1	1	秋	10	10

七月大　月建 壬申　二黑

처서 음 7/13 양 8/23 오후 10시51분 ● 백로 음 7/29 양 9/8 오전 11시10분

음력	1	2	3	4	5	6	7	8	9	10	11	12	13	14	15	16	17	18	19	20	21	22	23	24	25	26	27	28	29	30
양력	8/11	12	13	14	15	16	17	18	19	20	21	22	23	24	25	26	27	28	29	30	31	9/1	2	3	4	5	6	7	8	9
요일	수	목	금	토	일	월	화	수	목	금	토	일	월	화	수	목	금	토	일	월	화	수	목	금	토	일	월	화	수	목
일진	乙未	丙申	丁酉	戊戌	己亥	庚子	辛丑	壬寅	癸卯	甲辰	乙巳	丙午	丁未	戊申	己酉	庚戌	辛亥	壬子	癸丑	甲寅	乙卯	丙辰	丁巳	戊午	己未	庚申	辛酉	壬戌	癸亥	甲子
대운 남	1	1	2	2	2	3	3	3	4	4	4	5	處	5	6	6	6	7	7	7	8	8	8	9	9	9	10	10	白	1
대운 여	9	9	9	8	8	8	7	7	7	6	6	6	暑	5	5	4	4	4	3	3	3	2	2	2	1	1	1	1	露	10

八月小　月建 癸酉　一白

추분 음 8/14 양 9/23 오후 8시32분

음력	1	2	3	4	5	6	7	8	9	10	11	12	13	14	15	16	17	18	19	20	21	22	23	24	25	26	27	28	29	
양력	9/10	11	12	13	14	15	16	17	18	19	20	21	22	23	24	25	26	27	28	29	30	10/1	2	3	4	5	6	7	8	
요일	금	토	일	월	화	수	목	금	토	일	월	화	수	목	금	토	일	월	화	수	목	금	토	일	월	화	수	목	금	
일진	乙丑	丙寅	丁卯	戊辰	己巳	庚午	辛未	壬申	癸酉	甲戌	乙亥	丙子	丁丑	戊寅	己卯	庚辰	辛巳	壬午	癸未	甲申	乙酉	丙戌	丁亥	戊子	己丑	庚寅	辛卯	壬辰	癸巳	
대운 남	1	1	1	2	2	2	3	3	3	4	4	4	5	秋	5	6	6	6	7	7	7	8	8	8	9	9	9	10	10	
대운 여	10	9	9	9	8	8	8	7	7	7	6	6	6	分	5	5	4	4	4	3	3	3	2	2	2	1	1	1	1	

九月大　月建 甲戌　九紫

한로 음 9/1 양 10/9 오전 2시48분 ● 상강 음 9/16 양 10/24 오전 5시52분

음력	1	2	3	4	5	6	7	8	9	10	11	12	13	14	15	16	17	18	19	20	21	22	23	24	25	26	27	28	29	30
양력	10/9	10	11	12	13	14	15	16	17	18	19	20	21	22	23	24	25	26	27	28	29	30	31	11/1	2	3	4	5	6	7
요일	토	일	월	화	수	목	금	토	일	월	화	수	목	금	토	일	월	화	수	목	금	토	일	월	화	수	목	금	토	일
일진	甲午	乙未	丙申	丁酉	戊戌	己亥	庚子	辛丑	壬寅	癸卯	甲辰	乙巳	丙午	丁未	戊申	己酉	庚戌	辛亥	壬子	癸丑	甲寅	乙卯	丙辰	丁巳	戊午	己未	庚申	辛酉	壬戌	癸亥
대운 남	寒	1	1	1	1	2	2	2	3	3	3	4	4	4	5	霜	5	6	6	6	7	7	7	8	8	8	9	9	9	10
대운 여	露	10	9	9	9	8	8	8	7	7	7	6	6	6	5	降	5	4	4	4	3	3	3	2	2	2	1	1	1	1

十月大　月建 乙亥　八白

입동 음 10/1 양 11/8 오전 5시58분 ● 소설 음 10/16 양 11/23 오전 3시25분 ● 대설 음 10/30 양 12/7 오후 10시47분

음력	1	2	3	4	5	6	7	8	9	10	11	12	13	14	15	16	17	18	19	20	21	22	23	24	25	26	27	28	29	30
양력	11/8	9	10	11	12	13	14	15	16	17	18	19	20	21	22	23	24	25	26	27	28	29	30	12/1	2	3	4	5	6	7
요일	월	화	수	목	금	토	일	월	화	수	목	금	토	일	월	화	수	목	금	토	일	월	화	수	목	금	토	일	월	화
일진	甲子	乙丑	丙寅	丁卯	戊辰	己巳	庚午	辛未	壬申	癸酉	甲戌	乙亥	丙子	丁丑	戊寅	己卯	庚辰	辛巳	壬午	癸未	甲申	乙酉	丙戌	丁亥	戊子	己丑	庚寅	辛卯	壬辰	癸巳
대운 남	立	1	1	1	1	2	2	2	3	3	3	4	4	4	5	小	5	6	6	6	7	7	7	8	8	8	9	9	9	大
대운 여	冬	9	9	9	8	8	8	7	7	7	6	6	6	5	5	雪	4	4	4	3	3	3	2	2	2	1	1	1	1	雪

十一月大　月建 丙子　七赤

동지 음 11/15 양 12/22 오후 4시44분 ● 소한 음 11/30 양 1/6 오전 10시1분

음력	1	2	3	4	5	6	7	8	9	10	11	12	13	14	15	16	17	18	19	20	21	22	23	24	25	26	27	28	29	30
양력	12/8	9	10	11	12	13	14	15	16	17	18	19	20	21	22	23	24	25	26	27	28	29	30	31	1/1	2	3	4	5	6
요일	수	목	금	토	일	월	화	수	목	금	토	일	월	화	수	목	금	토	일	월	화	수	목	금	토	일	월	화	수	목
일진	甲午	乙未	丙申	丁酉	戊戌	己亥	庚子	辛丑	壬寅	癸卯	甲辰	乙巳	丙午	丁未	戊申	己酉	庚戌	辛亥	壬子	癸丑	甲寅	乙卯	丙辰	丁巳	戊午	己未	庚申	辛酉	壬戌	癸亥
대운 남	1	1	1	1	2	2	2	3	3	3	4	4	4	5	冬	5	6	6	6	7	7	7	8	8	8	9	9	9	10	小
대운 여	10	9	9	9	8	8	8	7	7	7	6	6	6	5	至	5	4	4	4	3	3	3	2	2	2	1	1	1	1	寒

十二月小　月建 丁丑　六白

대한 음 12/15 양 1/21 오전 3시23분 ● 입춘 음 12/29 양 2/4 오후 9시40분

음력	1	2	3	4	5	6	7	8	9	10	11	12	13	14	15	16	17	18	19	20	21	22	23	24	25	26	27	28	29	
양력	1/7	8	9	10	11	12	13	14	15	16	17	18	19	20	21	22	23	24	25	26	27	28	29	30	31	2/1	2	3	4	
요일	금	토	일	월	화	수	목	금	토	일	월	화	수	목	금	토	일	월	화	수	목	금	토	일	월	화	수	목	금	
일진	甲子	乙丑	丙寅	丁卯	戊辰	己巳	庚午	辛未	壬申	癸酉	甲戌	乙亥	丙子	丁丑	戊寅	己卯	庚辰	辛巳	壬午	癸未	甲申	乙酉	丙戌	丁亥	戊子	己丑	庚寅	辛卯	壬辰	
대운 남	1	1	1	1	2	2	2	3	3	3	4	4	4	5	大	5	6	6	6	7	7	7	8	8	8	9	9	9	立	
대운 여	9	9	9	8	8	8	7	7	7	6	6	6	5	5	寒	4	4	4	3	3	3	2	2	2	1	1	1	1	春	

2000년 | 단기 4333년 庚辰年

九日得辛 十二龍治水

子 大將軍　南 三殺　寅 吊客　午 喪門　納音五行 白鑞金

正月大　月建 戊寅　五黃

우수 음 1/15 양 2/19 오후 5시33분 · 경칩 음 1/30 양 3/5 오후 3시43분

음력	1	2	3	4	5	6	7	8	9	10	11	12	13	14	15	16	17	18	19	20	21	22	23	24	25	26	27	28	29	30
양력	2/5	6	7	8	9	10	11	12	13	14	15	16	17	18	19	20	21	22	23	24	25	26	27	28	29	3/1	2	3	4	5
요일	토	일	월	화	수	목	금	토	일	월	화	수	목	금	토	일	월	화	수	목	금	토	일	월	화	수	목	금	토	일
일진	癸巳	甲午	乙未	丙申	丁酉	戊戌	己亥	庚子	辛丑	壬寅	癸卯	甲辰	乙巳	丙午	丁未	戊申	己酉	庚戌	辛亥	壬子	癸丑	甲寅	乙卯	丙辰	丁巳	戊午	己未	庚申	辛酉	壬戌
대운 남	10	9	9	9	8	8	8	7	7	7	6	6	6	5	雨	5	4	4	4	3	3	3	2	2	2	1	1	1	1	驚
대운 여	1	1	1	1	2	2	2	3	3	3	4	4	4	5	水	5	6	6	6	7	7	7	8	8	8	9	9	9	10	蟄

二月大　月建 己卯　四綠

춘분 음 2/15 양 3/20 오후 4시35분 · 청명 음 2/30 양 4/4 오후 8시32분

음력	1	2	3	4	5	6	7	8	9	10	11	12	13	14	15	16	17	18	19	20	21	22	23	24	25	26	27	28	29	30
양력	3/6	7	8	9	10	11	12	13	14	15	16	17	18	19	20	21	22	23	24	25	26	27	28	29	30	31	4/1	2	3	4
요일	월	화	수	목	금	토	일	월	화	수	목	금	토	일	월	화	수	목	금	토	일	월	화	수	목	금	토	일	월	화
일진	癸亥	甲子	乙丑	丙寅	丁卯	戊辰	己巳	庚午	辛未	壬申	癸酉	甲戌	乙亥	丙子	丁丑	戊寅	己卯	庚辰	辛巳	壬午	癸未	甲申	乙酉	丙戌	丁亥	戊子	己丑	庚寅	辛卯	壬辰
대운 남	10	9	9	9	8	8	8	7	7	7	6	6	6	5	春	5	4	4	4	3	3	3	2	2	2	1	1	1	1	清
대운 여	1	1	1	1	2	2	2	3	3	3	4	4	4	5	分	5	6	6	6	7	7	7	8	8	8	9	9	9	10	明

三月小　月建 庚辰　三碧

곡우 음 3/16 양 4/20 오전 3시39분

음력	1	2	3	4	5	6	7	8	9	10	11	12	13	14	15	16	17	18	19	20	21	22	23	24	25	26	27	28	29
양력	4/5	6	7	8	9	10	11	12	13	14	15	16	17	18	19	20	21	22	23	24	25	26	27	28	29	30	5/1	2	3
요일	수	목	금	토	일	월	화	수	목	금	토	일	월	화	수	목	금	토	일	월	화	수	목	금	토	일	월	화	수
일진	癸巳	甲午	乙未	丙申	丁酉	戊戌	己亥	庚子	辛丑	壬寅	癸卯	甲辰	乙巳	丙午	丁未	戊申	己酉	庚戌	辛亥	壬子	癸丑	甲寅	乙卯	丙辰	丁巳	戊午	己未	庚申	辛酉
대운 남	10	10	9	9	9	8	8	8	7	7	7	6	6	6	5	穀	5	4	4	4	3	3	3	2	2	2	1	1	1
대운 여	1	1	1	1	2	2	2	3	3	3	4	4	4	5	5	雨	6	6	6	7	7	7	8	8	8	9	9	9	10

四月小　月建 辛巳　二黑

입하 음 4/2 양 5/5 오후 1시50분 · 소만 음 4/18 양 5/21 오전 2시49분

음력	1	2	3	4	5	6	7	8	9	10	11	12	13	14	15	16	17	18	19	20	21	22	23	24	25	26	27	28	29
양력	5/4	5	6	7	8	9	10	11	12	13	14	15	16	17	18	19	20	21	22	23	24	25	26	27	28	29	30	31	6/1
요일	목	금	토	일	월	화	수	목	금	토	일	월	화	수	목	금	토	일	월	화	수	목	금	토	일	월	화	수	목
일진	壬戌	癸亥	甲子	乙丑	丙寅	丁卯	戊辰	己巳	庚午	辛未	壬申	癸酉	甲戌	乙亥	丙子	丁丑	戊寅	己卯	庚辰	辛巳	壬午	癸未	甲申	乙酉	丙戌	丁亥	戊子	己丑	庚寅
대운 남	1	立	10	10	9	9	9	8	8	8	7	7	7	6	6	6	5	小	5	4	4	4	3	3	3	2	2	2	1
대운 여	10	夏	1	1	1	1	2	2	2	3	3	3	4	4	4	5	5	滿	6	6	6	7	7	7	8	8	8	9	9

五月大　月建 壬午　一白

망종 음 5/4 양 6/5 오후 5시59분 · 하지 음 5/20 양 6/21 오전 10시48분

음력	1	2	3	4	5	6	7	8	9	10	11	12	13	14	15	16	17	18	19	20	21	22	23	24	25	26	27	28	29	30
양력	6/2	3	4	5	6	7	8	9	10	11	12	13	14	15	16	17	18	19	20	21	22	23	24	25	26	27	28	29	30	7/1
요일	금	토	일	월	화	수	목	금	토	일	월	화	수	목	금	토	일	월	화	수	목	금	토	일	월	화	수	목	금	토
일진	辛卯	壬辰	癸巳	甲午	乙未	丙申	丁酉	戊戌	己亥	庚子	辛丑	壬寅	癸卯	甲辰	乙巳	丙午	丁未	戊申	己酉	庚戌	辛亥	壬子	癸丑	甲寅	乙卯	丙辰	丁巳	戊午	己未	庚申
대운 남	1	1	1	芒	10	10	10	9	9	9	8	8	8	7	7	7	6	6	6	夏	5	5	4	4	4	3	3	3	2	2
대운 여	9	10	10	種	1	1	1	1	2	2	2	3	3	3	4	4	4	5	5	至	6	6	6	7	7	7	8	8	8	9

六月小　月建 癸未　九紫

소서 음 6/6 양 7/7 오전 4시14분 · 대서 음 6/21 양 7/22 오후 9시43분

음력	1	2	3	4	5	6	7	8	9	10	11	12	13	14	15	16	17	18	19	20	21	22	23	24	25	26	27	28	29
양력	7/2	3	4	5	6	7	8	9	10	11	12	13	14	15	16	17	18	19	20	21	22	23	24	25	26	27	28	29	30
요일	일	월	화	수	목	금	토	일	월	화	수	목	금	토	일	월	화	수	목	금	토	일	월	화	수	목	금	토	일
일진	辛酉	壬戌	癸亥	甲子	乙丑	丙寅	丁卯	戊辰	己巳	庚午	辛未	壬申	癸酉	甲戌	乙亥	丙子	丁丑	戊寅	己卯	庚辰	辛巳	壬午	癸未	甲申	乙酉	丙戌	丁亥	戊子	己丑
대운 남	2	1	1	1	1	小	10	10	9	9	9	8	8	8	7	7	7	6	6	6	大	5	5	4	4	4	3	3	3
대운 여	9	9	10	10	10	暑	1	1	1	1	2	2	2	3	3	3	4	4	4	5	暑	5	6	6	6	7	7	7	8

七月小　月建 甲申　八白

입추 음 7/8 양 8/7 오후 2시3분●처서 음 7/24 양 8/23 오전 4시49분

음력	1	2	3	4	5	6	7	8	9	10	11	12	13	14	15	16	17	18	19	20	21	22	23	24	25	26	27	28	29
양력	7/31	8/1	2	3	4	5	6	7	8	9	10	11	12	13	14	15	16	17	18	19	20	21	22	23	24	25	26	27	28
요일	월	화	수	목	금	토	일	월	화	수	목	금	토	일	월	화	수	목	금	토	일	월	화	수	목	금	토	일	월
일진	庚寅	辛卯	壬辰	癸巳	甲午	乙未	丙申	丁酉	戊戌	己亥	庚子	辛丑	壬寅	癸卯	甲辰	乙巳	丙午	丁未	戊申	己酉	庚戌	辛亥	壬子	癸丑	甲寅	乙卯	丙辰	丁巳	戊午
대운 남	2	2	2	1	1	1	1	立秋	10	10	9	9	9	8	8	8	7	7	7	6	6	6	5	處暑	5	4	4	4	3
대운 여	8	8	9	9	9	10	10		1	1	1	1	2	2	2	3	3	3	4	4	4	5	5		6	6	6	7	7

八月大　月建 乙酉　七赤

백로 음 8/10 양 9/7 오후 4시59분●추분 음 8/26 양 9/23 오전 2시28분

음력	1	2	3	4	5	6	7	8	9	10	11	12	13	14	15	16	17	18	19	20	21	22	23	24	25	26	27	28	29	30
양력	8/29	30	31	9/1	2	3	4	5	6	7	8	9	10	11	12	13	14	15	16	17	18	19	20	21	22	23	24	25	26	27
요일	화	수	목	금	토	일	월	화	수	목	금	토	일	월	화	수	목	금	토	일	월	화	수	목	금	토	일	월	화	수
일진	己未	庚申	辛酉	壬戌	癸亥	甲子	乙丑	丙寅	丁卯	戊辰	己巳	庚午	辛未	壬申	癸酉	甲戌	乙亥	丙子	丁丑	戊寅	己卯	庚辰	辛巳	壬午	癸未	甲申	乙酉	丙戌	丁亥	戊子
대운 남	3	3	2	2	2	1	1	1	1	白露	10	10	9	9	9	8	8	8	7	7	7	6	6	6	5	秋分	5	4	4	4
대운 여	7	8	8	8	9	9	9	10	10		1	1	1	1	2	2	2	3	3	3	4	4	4	5	5		6	6	6	7

九月小　月建 丙戌　六白

한로 음 9/11 양 10/8 오전 8시38분●상강 음 9/26 양 10/23 오전 11시47분

음력	1	2	3	4	5	6	7	8	9	10	11	12	13	14	15	16	17	18	19	20	21	22	23	24	25	26	27	28	29
양력	9/28	29	30	10/1	2	3	4	5	6	7	8	9	10	11	12	13	14	15	16	17	18	19	20	21	22	23	24	25	26
요일	목	금	토	일	월	화	수	목	금	토	일	월	화	수	목	금	토	일	월	화	수	목	금	토	일	월	화	수	목
일진	己丑	庚寅	辛卯	壬辰	癸巳	甲午	乙未	丙申	丁酉	戊戌	己亥	庚子	辛丑	壬寅	癸卯	甲辰	乙巳	丙午	丁未	戊申	己酉	庚戌	辛亥	壬子	癸丑	甲寅	乙卯	丙辰	丁巳
대운 남	3	3	3	2	2	2	1	1	1	1	寒露	10	9	9	9	8	8	8	7	7	7	6	6	6	5	霜降	5	4	4
대운 여	7	7	8	8	8	9	9	9	10	10		1	1	1	1	2	2	2	3	3	3	4	4	4	5		5	6	6

十月大　月建 丁亥　五黃

입동 음 10/12 양 11/7 오전 11시48분●소설 음 10/27 양 11/22 오전 9시19분

음력	1	2	3	4	5	6	7	8	9	10	11	12	13	14	15	16	17	18	19	20	21	22	23	24	25	26	27	28	29	30
양력	10/27	28	29	30	31	11/1	2	3	4	5	6	7	8	9	10	11	12	13	14	15	16	17	18	19	20	21	22	23	24	25
요일	금	토	일	월	화	수	목	금	토	일	월	화	수	목	금	토	일	월	화	수	목	금	토	일	월	화	수	목	금	토
일진	戊午	己未	庚申	辛酉	壬戌	癸亥	甲子	乙丑	丙寅	丁卯	戊辰	己巳	庚午	辛未	壬申	癸酉	甲戌	乙亥	丙子	丁丑	戊寅	己卯	庚辰	辛巳	壬午	癸未	甲申	乙酉	丙戌	丁亥
대운 남	4	3	3	3	2	2	2	1	1	1	1	立冬	10	9	9	9	8	8	8	7	7	7	6	6	6	5	小雪	5	4	4
대운 여	6	7	7	7	8	8	8	9	9	9	10		1	1	1	1	2	2	2	3	3	3	4	4	4	5		5	6	6

十一月大　月建 戊子　四綠

대설 음 11/12 양 12/7 오전 4시37분●동지 음 11/26 양 12/21 오후 10시37분

음력	1	2	3	4	5	6	7	8	9	10	11	12	13	14	15	16	17	18	19	20	21	22	23	24	25	26	27	28	29	30
양력	11/26	27	28	29	30	12/1	2	3	4	5	6	7	8	9	10	11	12	13	14	15	16	17	18	19	20	21	22	23	24	25
요일	일	월	화	수	목	금	토	일	월	화	수	목	금	토	일	월	화	수	목	금	토	일	월	화	수	목	금	토	일	월
일진	戊子	己丑	庚寅	辛卯	壬辰	癸巳	甲午	乙未	丙申	丁酉	戊戌	己亥	庚子	辛丑	壬寅	癸卯	甲辰	乙巳	丙午	丁未	戊申	己酉	庚戌	辛亥	壬子	癸丑	甲寅	乙卯	丙辰	丁巳
대운 남	4	3	3	3	2	2	2	1	1	1	1	大雪	9	9	9	8	8	8	7	7	7	6	6	6	5	冬至	5	4	4	4
대운 여	6	7	7	7	8	8	8	9	9	9	10		1	1	1	1	2	2	2	3	3	3	4	4	4		5	5	6	6

十二月小　月建 己丑　三碧

소한 음 12/11 양 1/5 오후 3시49분●대한 음 12/26 양 1/20 오전 9시16분

음력	1	2	3	4	5	6	7	8	9	10	11	12	13	14	15	16	17	18	19	20	21	22	23	24	25	26	27	28	29
양력	12/26	27	28	29	30	31	1/1	2	3	4	5	6	7	8	9	10	11	12	13	14	15	16	17	18	19	20	21	22	23
요일	화	수	목	금	토	일	월	화	수	목	금	토	일	월	화	수	목	금	토	일	월	화	수	목	금	토	일	월	화
일진	戊午	己未	庚申	辛酉	壬戌	癸亥	甲子	乙丑	丙寅	丁卯	戊辰	己巳	庚午	辛未	壬申	癸酉	甲戌	乙亥	丙子	丁丑	戊寅	己卯	庚辰	辛巳	壬午	癸未	甲申	乙酉	丙戌
대운 남	3	3	3	2	2	2	1	1	1	1	小寒	10	9	9	9	8	8	8	7	7	7	6	6	6	5	大寒	5	4	4
대운 여	6	7	7	7	8	8	8	9	9	9		1	1	1	1	2	2	2	3	3	3	4	4	4	5		5	6	6

2001년 | 단기 4334년 辛巳年

五日得辛 六龍治水

卯 大將軍　北 三殺　卯 吊客　未 喪門　納音五行 白鑞金

正月大　月建 庚寅　二黑

입춘 음 1/12 양 2/4 오전 3시29분 ● 우수 음 1/26 양 2/18 오후 11시27분

음력	1	2	3	4	5	6	7	8	9	10	11	12	13	14	15	16	17	18	19	20	21	22	23	24	25	26	27	28	29	30
양력	1/24	25	26	27	28	29	30	31	2/1	2	3	4	5	6	7	8	9	10	11	12	13	14	15	16	17	18	19	20	21	22
요일	수	목	금	토	일	월	화	수	목	금	토	일	월	화	수	목	금	토	일	월	화	수	목	금	토	일	월	화	수	목
일진	丁亥	戊子	己丑	庚寅	辛卯	壬辰	癸巳	甲午	乙未	丙申	丁酉	戊戌	己亥	庚子	辛丑	壬寅	癸卯	甲辰	乙巳	丙午	丁未	戊申	己酉	庚戌	辛亥	壬子	癸丑	甲寅	乙卯	丙辰
대운 남	4	3	3	3	2	2	2	1	1	1	1	立	1	1	1	1	2	2	2	3	3	3	4	4	4	雨	5	5	6	6
대운 여	6	7	7	7	8	8	8	9	9	9	10	春	9	9	9	8	8	8	7	7	7	6	6	6	5	水	5	4	4	4

二月大　月建 辛卯　一白

경칩 음 2/11 양 3/5 오후 9시32분 ● 춘분 음 2/26 양 3/20 오후 10시31분

음력	1	2	3	4	5	6	7	8	9	10	11	12	13	14	15	16	17	18	19	20	21	22	23	24	25	26	27	28	29	30
양력	2/23	24	25	26	27	28	3/1	2	3	4	5	6	7	8	9	10	11	12	13	14	15	16	17	18	19	20	21	22	23	24
요일	금	토	일	월	화	수	목	금	토	일	월	화	수	목	금	토	일	월	화	수	목	금	토	일	월	화	수	목	금	토
일진	丁巳	戊午	己未	庚申	辛酉	壬戌	癸亥	甲子	乙丑	丙寅	丁卯	戊辰	己巳	庚午	辛未	壬申	癸酉	甲戌	乙亥	丙子	丁丑	戊寅	己卯	庚辰	辛巳	壬午	癸未	甲申	乙酉	丙戌
대운 남	6	7	7	7	8	8	8	9	9	9	驚	1	1	1	1	2	2	2	3	3	3	4	4	4	5	春	5	6	6	6
대운 여	3	3	3	2	2	2	1	1	1	1	蟄	10	10	9	9	9	8	8	8	7	7	7	6	6	6	分	5	5	4	4

三月大　月建 壬辰　九紫

청명 음 3/12 양 4/5 오전 2시24분 ● 곡우 음 3/27 양 4/20 오전 9시36분

음력	1	2	3	4	5	6	7	8	9	10	11	12	13	14	15	16	17	18	19	20	21	22	23	24	25	26	27	28	29	30
양력	3/25	26	27	28	29	30	31	4/1	2	3	4	5	6	7	8	9	10	11	12	13	14	15	16	17	18	19	20	21	22	23
요일	일	월	화	수	목	금	토	일	월	화	수	목	금	토	일	월	화	수	목	금	토	일	월	화	수	목	금	토	일	월
일진	丁亥	戊子	己丑	庚寅	辛卯	壬辰	癸巳	甲午	乙未	丙申	丁酉	戊戌	己亥	庚子	辛丑	壬寅	癸卯	甲辰	乙巳	丙午	丁未	戊申	己酉	庚戌	辛亥	壬子	癸丑	甲寅	乙卯	丙辰
대운 남	7	7	7	8	8	8	9	9	9	10	10	清	1	1	1	1	2	2	2	3	3	3	4	4	4	5	穀	5	6	6
대운 여	4	3	3	3	2	2	2	1	1	1	1	明	10	9	9	9	8	8	8	7	7	7	6	6	6	5	雨	5	4	4

四月小　月建 癸巳　八白

입하 음 4/12 양 5/5 오후 7시45분 ● 소만 음 4/28 양 5/21 오전 8시44분

음력	1	2	3	4	5	6	7	8	9	10	11	12	13	14	15	16	17	18	19	20	21	22	23	24	25	26	27	28	29
양력	4/24	25	26	27	28	29	30	5/1	2	3	4	5	6	7	8	9	10	11	12	13	14	15	16	17	18	19	20	21	22
요일	화	수	목	금	토	일	월	화	수	목	금	토	일	월	화	수	목	금	토	일	월	화	수	목	금	토	일	월	화
일진	丁巳	戊午	己未	庚申	辛酉	壬戌	癸亥	甲子	乙丑	丙寅	丁卯	戊辰	己巳	庚午	辛未	壬申	癸酉	甲戌	乙亥	丙子	丁丑	戊寅	己卯	庚辰	辛巳	壬午	癸未	甲申	乙酉
대운 남	6	7	7	7	8	8	8	9	9	9	10	立	1	1	1	1	2	2	2	3	3	3	4	4	4	5	5	小	6
대운 여	4	3	3	3	2	2	2	1	1	1	1	夏	10	10	9	9	9	8	8	8	7	7	7	6	6	6	5	滿	5

閏四月小

망종 음 윤4/14 양 6/5 오후 11시54분

음력	1	2	3	4	5	6	7	8	9	10	11	12	13	14	15	16	17	18	19	20	21	22	23	24	25	26	27	28	29
양력	5/23	24	25	26	27	28	29	30	31	6/1	2	3	4	5	6	7	8	9	10	11	12	13	14	15	16	17	18	19	20
요일	수	목	금	토	일	월	화	수	목	금	토	일	월	화	수	목	금	토	일	월	화	수	목	금	토	일	월	화	수
일진	丙戌	丁亥	戊子	己丑	庚寅	辛卯	壬辰	癸巳	甲午	乙未	丙申	丁酉	戊戌	己亥	庚子	辛丑	壬寅	癸卯	甲辰	乙巳	丙午	丁未	戊申	己酉	庚戌	辛亥	壬子	癸丑	甲寅
대운 남	6	6	7	7	7	8	8	8	9	9	9	10	10	芒	1	1	1	1	2	2	2	3	3	3	4	4	4	5	5
대운 여	4	4	4	3	3	3	2	2	2	1	1	1	1	種	10	10	10	9	9	9	8	8	8	7	7	7	6	6	6

五月大　月建 甲午　七赤

하지 음 5/1 양 6/21 오후 4시38분 ● 소서 음 5/17 양 7/7 오전 10시7분

음력	1	2	3	4	5	6	7	8	9	10	11	12	13	14	15	16	17	18	19	20	21	22	23	24	25	26	27	28	29	30
양력	6/21	22	23	24	25	26	27	28	29	30	7/1	2	3	4	5	6	7	8	9	10	11	12	13	14	15	16	17	18	19	20
요일	목	금	토	일	월	화	수	목	금	토	일	월	화	수	목	금	토	일	월	화	수	목	금	토	일	월	화	수	목	금
일진	乙卯	丙辰	丁巳	戊午	己未	庚申	辛酉	壬戌	癸亥	甲子	乙丑	丙寅	丁卯	戊辰	己巳	庚午	辛未	壬申	癸酉	甲戌	乙亥	丙子	丁丑	戊寅	己卯	庚辰	辛巳	壬午	癸未	甲申
대운 남	夏	6	6	6	7	7	7	8	8	8	9	9	9	10	10	10	小	1	1	1	1	2	2	2	3	3	3	4	4	4
대운 여	至	5	5	4	4	4	3	3	3	2	2	2	1	1	1	1	暑	10	10	9	9	9	8	8	8	7	7	7	6	6

六月小　月建 乙未　六白

대서 음 6/3 양 7/23 오전 3시26분 ● 입추 음 6/18 양 8/7 오후 7시52분

음력	1	2	3	4	5	6	7	8	9	10	11	12	13	14	15	16	17	18	19	20	21	22	23	24	25	26	27	28	29
양력	7/21	22	23	24	25	26	27	28	29	30	31	8/1	2	3	4	5	6	7	8	9	10	11	12	13	14	15	16	17	18
요일	토	일	월	화	수	목	금	토	일	월	화	수	목	금	토	일	월	화	수	목	금	토	일	월	화	수	목	금	토
일진	乙酉	丙戌	丁亥	戊子	己丑	庚寅	辛卯	壬辰	癸巳	甲午	乙未	丙申	丁酉	戊戌	己亥	庚子	辛丑	壬寅	癸卯	甲辰	乙巳	丙午	丁未	戊申	己酉	庚戌	辛亥	壬子	癸丑
대운 남	5	5	大	6	6	6	7	7	7	8	8	8	9	9	9	10	10	立	1	1	1	1	2	2	2	3	3	3	4
대운 여	6	5	暑	5	4	4	4	3	3	3	2	2	2	1	1	1	1	秋	10	10	9	9	9	8	8	8	7	7	7

七月小　月建 丙申　五黃

처서 음 7/5 양 8/23 오전 10시27분 ● 백로 음 7/20 양 9/7 오후 10시46분

음력	1	2	3	4	5	6	7	8	9	10	11	12	13	14	15	16	17	18	19	20	21	22	23	24	25	26	27	28	29
양력	8/19	20	21	22	23	24	25	26	27	28	29	30	31	9/1	2	3	4	5	6	7	8	9	10	11	12	13	14	15	16
요일	일	월	화	수	목	금	토	일	월	화	수	목	금	토	일	월	화	수	목	금	토	일	월	화	수	목	금	토	일
일진	甲寅	乙卯	丙辰	丁巳	戊午	己未	庚申	辛酉	壬戌	癸亥	甲子	乙丑	丙寅	丁卯	戊辰	己巳	庚午	辛未	壬申	癸酉	甲戌	乙亥	丙子	丁丑	戊寅	己卯	庚辰	辛巳	壬午
대운 남	4	4	5	5	處	6	6	6	7	7	7	8	8	8	9	9	9	10	10	白	1	1	1	1	2	2	2	3	3
대운 여	6	6	6	5	暑	5	4	4	4	3	3	3	2	2	2	1	1	1	1	露	10	10	9	9	9	8	8	8	7

八月大　月建 丁酉　四綠

추분 음 8/7 양 9/23 오전 8시4분 ● 한로 음 8/22 양 10/8 오후 2시25분

음력	1	2	3	4	5	6	7	8	9	10	11	12	13	14	15	16	17	18	19	20	21	22	23	24	25	26	27	28	29	30
양력	9/17	18	19	20	21	22	23	24	25	26	27	28	29	30	10/1	2	3	4	5	6	7	8	9	10	11	12	13	14	15	16
요일	월	화	수	목	금	토	일	월	화	수	목	금	토	일	월	화	수	목	금	토	일	월	화	수	목	금	토	일	월	화
일진	癸未	甲申	乙酉	丙戌	丁亥	戊子	己丑	庚寅	辛卯	壬辰	癸巳	甲午	乙未	丙申	丁酉	戊戌	己亥	庚子	辛丑	壬寅	癸卯	甲辰	乙巳	丙午	丁未	戊申	己酉	庚戌	辛亥	壬子
대운 남	3	4	4	4	5	5	秋	6	6	6	7	7	7	8	8	8	9	9	9	10	10	寒	1	1	1	1	2	2	2	3
대운 여	7	7	6	6	6	5	分	5	4	4	4	3	3	3	2	2	2	1	1	1	1	露	10	9	9	9	8	8	8	7

九月小　月建 戊戌　三碧

상강 음 9/7 양 10/23 오후 5시26분 ● 입동 음 9/22 양 11/7 오후 5시37분

음력	1	2	3	4	5	6	7	8	9	10	11	12	13	14	15	16	17	18	19	20	21	22	23	24	25	26	27	28	29
양력	10/17	18	19	20	21	22	23	24	25	26	27	28	29	30	31	11/1	2	3	4	5	6	7	8	9	10	11	12	13	14
요일	수	목	금	토	일	월	화	수	목	금	토	일	월	화	수	목	금	토	일	월	화	수	목	금	토	일	월	화	수
일진	癸丑	甲寅	乙卯	丙辰	丁巳	戊午	己未	庚申	辛酉	壬戌	癸亥	甲子	乙丑	丙寅	丁卯	戊辰	己巳	庚午	辛未	壬申	癸酉	甲戌	乙亥	丙子	丁丑	戊寅	己卯	庚辰	辛巳
대운 남	3	3	4	4	4	5	霜	5	6	6	6	7	7	7	8	8	8	9	9	9	10	立	1	1	1	1	2	2	2
대운 여	7	7	6	6	6	5	降	5	4	4	4	3	3	3	2	2	2	1	1	1	1	冬	10	9	9	9	8	8	8

十月大　月建 己亥　二黑

소설 음 10/8 양 11/22 오후 3시0분 ● 대설 음 10/23 양 12/7 오전 10시29분

음력	1	2	3	4	5	6	7	8	9	10	11	12	13	14	15	16	17	18	19	20	21	22	23	24	25	26	27	28	29	30
양력	11/15	16	17	18	19	20	21	22	23	24	25	26	27	28	29	30	12/1	2	3	4	5	6	7	8	9	10	11	12	13	14
요일	목	금	토	일	월	화	수	목	금	토	일	월	화	수	목	금	토	일	월	화	수	목	금	토	일	월	화	수	목	금
일진	壬午	癸未	甲申	乙酉	丙戌	丁亥	戊子	己丑	庚寅	辛卯	壬辰	癸巳	甲午	乙未	丙申	丁酉	戊戌	己亥	庚子	辛丑	壬寅	癸卯	甲辰	乙巳	丙午	丁未	戊申	己酉	庚戌	辛亥
대운 남	3	3	3	4	4	4	5	小	5	6	6	6	7	7	7	8	8	8	9	9	9	10	大	1	1	1	1	2	2	2
대운 여	7	7	7	6	6	6	5	雪	5	4	4	4	3	3	3	2	2	2	1	1	1	1	雪	9	9	9	8	8	8	7

十一月小　月建 庚子　一白

동지 음 11/8 양 12/22 오전 4시21분 ● 소한 음 11/22 양 1/5 오후 9시43분

음력	1	2	3	4	5	6	7	8	9	10	11	12	13	14	15	16	17	18	19	20	21	22	23	24	25	26	27	28	29
양력	12/15	16	17	18	19	20	21	22	23	24	25	26	27	28	29	30	31	1/1	2	3	4	5	6	7	8	9	10	11	12
요일	토	일	월	화	수	목	금	토	일	월	화	수	목	금	토	일	월	화	수	목	금	토	일	월	화	수	목	금	토
일진	壬子	癸丑	甲寅	乙卯	丙辰	丁巳	戊午	己未	庚申	辛酉	壬戌	癸亥	甲子	乙丑	丙寅	丁卯	戊辰	己巳	庚午	辛未	壬申	癸酉	甲戌	乙亥	丙子	丁丑	戊寅	己卯	庚辰
대운 남	3	3	3	4	4	4	5	冬	5	6	6	6	7	7	7	8	8	8	9	9	9	小	1	1	1	1	2	2	2
대운 여	7	7	6	6	6	5	5	至	4	4	4	3	3	3	2	2	2	1	1	1	1	寒	10	9	9	9	8	8	8

十二月大　月建 辛丑　九紫

대한 음 12/8 양 1/20 오후 3시2분 ● 입춘 음 12/23 양 2/4 오전 9시24분

음력	1	2	3	4	5	6	7	8	9	10	11	12	13	14	15	16	17	18	19	20	21	22	23	24	25	26	27	28	29	30
양력	1/13	14	15	16	17	18	19	20	21	22	23	24	25	26	27	28	29	30	31	2/1	2	3	4	5	6	7	8	9	10	11
요일	일	월	화	수	목	금	토	일	월	화	수	목	금	토	일	월	화	수	목	금	토	일	월	화	수	목	금	토	일	월
일진	辛巳	壬午	癸未	甲申	乙酉	丙戌	丁亥	戊子	己丑	庚寅	辛卯	壬辰	癸巳	甲午	乙未	丙申	丁酉	戊戌	己亥	庚子	辛丑	壬寅	癸卯	甲辰	乙巳	丙午	丁未	戊申	己酉	庚戌
대운 남	3	3	3	4	4	4	5	大	5	6	6	6	7	7	7	8	8	8	9	9	9	10	立	10	9	9	9	8	8	8
대운 여	7	7	7	6	6	6	5	寒	5	4	4	4	3	3	3	2	2	2	1	1	1	1	春	1	1	1	1	2	2	2

2002년 | 단기 4335년　壬午年

一日得辛 六龍治水

卯 大將軍　北 三殺　辰 吊客　申 喪門　納音五行 楊柳木

正月大　月建 壬寅　八白

우수 음 1/8 양 2/19 오전 5시13분 ● 경칩 음 1/23 양 3/6 오전 3시28분

음력	1	2	3	4	5	6	7	8	9	10	11	12	13	14	15	16	17	18	19	20	21	22	23	24	25	26	27	28	29	30
양력	2/12	13	14	15	16	17	18	19	20	21	22	23	24	25	26	27	28	3/1	2	3	4	5	6	7	8	9	10	11	12	13
요일	화	수	목	금	토	일	월	화	수	목	금	토	일	월	화	수	목	금	토	일	월	화	수	목	금	토	일	월	화	수
일진	辛亥	壬子	癸丑	甲寅	乙卯	丙辰	丁巳	戊午	己未	庚申	辛酉	壬戌	癸亥	甲子	乙丑	丙寅	丁卯	戊辰	己巳	庚午	辛未	壬申	癸酉	甲戌	乙亥	丙子	丁丑	戊寅	己卯	庚辰
대운 남	7	7	7	6	6	6	5	雨	5	4	4	4	3	3	3	2	2	2	1	1	1	1	驚	10	9	9	9	8	8	8
대운 여	3	3	3	4	4	4	5	水	5	6	6	6	7	7	7	8	8	8	9	9	9	10	蟄	1	1	1	1	2	2	2

二月大　月建 癸卯　七赤

춘분 음 2/8 양 3/21 오전 4시16분 ● 청명 음 2/23 양 4/5 오전 8시18분

음력	1	2	3	4	5	6	7	8	9	10	11	12	13	14	15	16	17	18	19	20	21	22	23	24	25	26	27	28	29	30
양력	3/14	15	16	17	18	19	20	21	22	23	24	25	26	27	28	29	30	31	4/1	2	3	4	5	6	7	8	9	10	11	12
요일	목	금	토	일	월	화	수	목	금	토	일	월	화	수	목	금	토	일	월	화	수	목	금	토	일	월	화	수	목	금
일진	辛巳	壬午	癸未	甲申	乙酉	丙戌	丁亥	戊子	己丑	庚寅	辛卯	壬辰	癸巳	甲午	乙未	丙申	丁酉	戊戌	己亥	庚子	辛丑	壬寅	癸卯	甲辰	乙巳	丙午	丁未	戊申	己酉	庚戌
대운 남	7	7	7	6	6	6	5	春	5	4	4	4	3	3	3	2	2	2	1	1	1	1	清	10	10	9	9	9	8	8
대운 여	3	3	3	4	4	4	5	分	5	6	6	6	7	7	7	8	8	8	9	9	9	10	明	1	1	1	1	2	2	2

三月小　月建 甲辰　六白

곡우 음 3/8 양 4/20 오후 3시20분 ● 입하 음 3/24 양 5/6 오전 1시37분

음력	1	2	3	4	5	6	7	8	9	10	11	12	13	14	15	16	17	18	19	20	21	22	23	24	25	26	27	28	29
양력	4/13	14	15	16	17	18	19	20	21	22	23	24	25	26	27	28	29	30	5/1	2	3	4	5	6	7	8	9	10	11
요일	토	일	월	화	수	목	금	토	일	월	화	수	목	금	토	일	월	화	수	목	금	토	일	월	화	수	목	금	토
일진	辛亥	壬子	癸丑	甲寅	乙卯	丙辰	丁巳	戊午	己未	庚申	辛酉	壬戌	癸亥	甲子	乙丑	丙寅	丁卯	戊辰	己巳	庚午	辛未	壬申	癸酉	甲戌	乙亥	丙子	丁丑	戊寅	己卯
대운 남	8	7	7	7	6	6	6	穀	5	5	4	4	4	3	3	3	2	2	2	1	1	1	1	立	10	10	9	9	9
대운 여	3	3	3	4	4	4	5	雨	5	6	6	6	7	7	7	8	8	8	9	9	9	10	10	夏	1	1	1	1	2

四月大　月建 乙巳　五黃

소만 음 4/10 양 5/21 오후 2시29분 ● 망종 음 4/26 양 6/6 오전 5시45분

음력	1	2	3	4	5	6	7	8	9	10	11	12	13	14	15	16	17	18	19	20	21	22	23	24	25	26	27	28	29	30
양력	5/12	13	14	15	16	17	18	19	20	21	22	23	24	25	26	27	28	29	30	31	6/1	2	3	4	5	6	7	8	9	10
요일	일	월	화	수	목	금	토	일	월	화	수	목	금	토	일	월	화	수	목	금	토	일	월	화	수	목	금	토	일	월
일진	庚辰	辛巳	壬午	癸未	甲申	乙酉	丙戌	丁亥	戊子	己丑	庚寅	辛卯	壬辰	癸巳	甲午	乙未	丙申	丁酉	戊戌	己亥	庚子	辛丑	壬寅	癸卯	甲辰	乙巳	丙午	丁未	戊申	己酉
대운 남	8	8	8	7	7	7	6	6	6	小	5	5	4	4	4	3	3	3	2	2	2	1	1	1	1	芒	10	10	9	9
대운 여	2	2	3	3	3	4	4	4	5	滿	5	6	6	6	7	7	7	8	8	8	9	9	9	10	10	種	1	1	1	1

五月小　月建 丙午　四綠

하지 음 5/11 양 6/21 오후 10시24분 ● 소서 음 5/27 양 7/7 오후 3시56분

음력	1	2	3	4	5	6	7	8	9	10	11	12	13	14	15	16	17	18	19	20	21	22	23	24	25	26	27	28	29
양력	6/11	12	13	14	15	16	17	18	19	20	21	22	23	24	25	26	27	28	29	30	7/1	2	3	4	5	6	7	8	9
요일	화	수	목	금	토	일	월	화	수	목	금	토	일	월	화	수	목	금	토	일	월	화	수	목	금	토	일	월	화
일진	庚戌	辛亥	壬子	癸丑	甲寅	乙卯	丙辰	丁巳	戊午	己未	庚申	辛酉	壬戌	癸亥	甲子	乙丑	丙寅	丁卯	戊辰	己巳	庚午	辛未	壬申	癸酉	甲戌	乙亥	丙子	丁丑	戊寅
대운 남	9	8	8	8	7	7	7	6	6	6	夏	5	5	4	4	4	3	3	3	2	2	2	1	1	1	1	小	10	10
대운 여	2	2	2	3	3	3	4	4	4	5	至	5	6	6	6	7	7	7	8	8	8	9	9	9	10	10	暑	1	1

六月大　月建 丁未　三碧

대서 음 6/14 양 7/23 오전 9시15분 ● 입추 음 6/30 양 8/8 오전 1시39분

음력	1	2	3	4	5	6	7	8	9	10	11	12	13	14	15	16	17	18	19	20	21	22	23	24	25	26	27	28	29	30
양력	7/10	11	12	13	14	15	16	17	18	19	20	21	22	23	24	25	26	27	28	29	30	31	8/1	2	3	4	5	6	7	8
요일	수	목	금	토	일	월	화	수	목	금	토	일	월	화	수	목	금	토	일	월	화	수	목	금	토	일	월	화	수	목
일진	己卯	庚辰	辛巳	壬午	癸未	甲申	乙酉	丙戌	丁亥	戊子	己丑	庚寅	辛卯	壬辰	癸巳	甲午	乙未	丙申	丁酉	戊戌	己亥	庚子	辛丑	壬寅	癸卯	甲辰	乙巳	丙午	丁未	戊申
대운 남	10	9	9	9	8	8	8	7	7	7	6	6	6	大	5	5	4	4	4	3	3	3	2	2	2	1	1	1	1	立
대운 여	1	1	2	2	2	3	3	3	4	4	4	5	5	暑	6	6	6	7	7	7	8	8	8	9	9	9	10	10	10	秋

七月小　月建 戊申　二黑

처서 음 7/15 양 8/23 오후 4시17분

음력	1	2	3	4	5	6	7	8	9	10	11	12	13	14	15	16	17	18	19	20	21	22	23	24	25	26	27	28	29
양력	8/9	10	11	12	13	14	15	16	17	18	19	20	21	22	23	24	25	26	27	28	29	30	31	9/1	2	3	4	5	6
요일	금	토	일	월	화	수	목	금	토	일	월	화	수	목	금	토	일	월	화	수	목	금	토	일	월	화	수	목	금
일진	己酉	庚戌	辛亥	壬子	癸丑	甲寅	乙卯	丙辰	丁巳	戊午	己未	庚申	辛酉	壬戌	癸亥	甲子	乙丑	丙寅	丁卯	戊辰	己巳	庚午	辛未	壬申	癸酉	甲戌	乙亥	丙子	丁丑
대운 남	10	10	9	9	9	8	8	8	7	7	7	6	6	6	處暑	5	5	4	4	4	3	3	3	2	2	2	1	1	1
대운 여	1	1	1	1	2	2	2	3	3	3	4	4	4	5		5	6	6	6	7	7	7	8	8	8	9	9	9	10

八月小　月建 己酉　一白

백로 음 8/2 양 9/8 오전 4시31분 ● 추분 음 8/17 양 9/23 오후 1시55분

음력	1	2	3	4	5	6	7	8	9	10	11	12	13	14	15	16	17	18	19	20	21	22	23	24	25	26	27	28	29
양력	9/7	8	9	10	11	12	13	14	15	16	17	18	19	20	21	22	23	24	25	26	27	28	29	30	10/1	2	3	4	5
요일	토	일	월	화	수	목	금	토	일	월	화	수	목	금	토	일	월	화	수	목	금	토	일	월	화	수	목	금	토
일진	戊寅	己卯	庚辰	辛巳	壬午	癸未	甲申	乙酉	丙戌	丁亥	戊子	己丑	庚寅	辛卯	壬辰	癸巳	甲午	乙未	丙申	丁酉	戊戌	己亥	庚子	辛丑	壬寅	癸卯	甲辰	乙巳	丙午
대운 남	1	白露	10	9	9	9	8	8	8	7	7	7	6	6	6	5	秋分	5	4	4	4	3	3	3	2	2	2	1	1
대운 여	10		1	1	1	1	2	2	2	3	3	3	4	4	4	5		5	6	6	6	7	7	7	8	8	8	9	9

九月大　月建 庚戌　九紫

한로 음 9/3 양 10/8 오후 8시9분 ● 상강 음 9/18 양 10/23 오후 11시18분

음력	1	2	3	4	5	6	7	8	9	10	11	12	13	14	15	16	17	18	19	20	21	22	23	24	25	26	27	28	29	30
양력	10/6	7	8	9	10	11	12	13	14	15	16	17	18	19	20	21	22	23	24	25	26	27	28	29	30	31	11/1	2	3	4
요일	일	월	화	수	목	금	토	일	월	화	수	목	금	토	일	월	화	수	목	금	토	일	월	화	수	목	금	토	일	월
일진	丁未	戊申	己酉	庚戌	辛亥	壬子	癸丑	甲寅	乙卯	丙辰	丁巳	戊午	己未	庚申	辛酉	壬戌	癸亥	甲子	乙丑	丙寅	丁卯	戊辰	己巳	庚午	辛未	壬申	癸酉	甲戌	乙亥	丙子
대운 남	1	1	寒露	10	9	9	9	8	8	8	7	7	7	6	6	6	5	霜降	5	4	4	4	3	3	3	2	2	2	1	1
대운 여	9	10		1	1	1	1	2	2	2	3	3	3	4	4	4	5		5	6	6	6	7	7	7	8	8	8	9	9

十月小　月建 辛亥　八白

입동 음 10/3 양 11/7 오후 11시22분 ● 소설 음 10/18 양 11/22 오후 8시54분

음력	1	2	3	4	5	6	7	8	9	10	11	12	13	14	15	16	17	18	19	20	21	22	23	24	25	26	27	28	29
양력	11/5	6	7	8	9	10	11	12	13	14	15	16	17	18	19	20	21	22	23	24	25	26	27	28	29	30	12/1	2	3
요일	화	수	목	금	토	일	월	화	수	목	금	토	일	월	화	수	목	금	토	일	월	화	수	목	금	토	일	월	화
일진	丁丑	戊寅	己卯	庚辰	辛巳	壬午	癸未	甲申	乙酉	丙戌	丁亥	戊子	己丑	庚寅	辛卯	壬辰	癸巳	甲午	乙未	丙申	丁酉	戊戌	己亥	庚子	辛丑	壬寅	癸卯	甲辰	乙巳
대운 남	1	1	立冬	10	9	9	9	8	8	8	7	7	7	6	6	6	5	小雪	5	4	4	4	3	3	3	2	2	2	1
대운 여	9	10		1	1	1	1	2	2	2	3	3	3	4	4	4	5		5	6	6	6	7	7	7	8	8	8	9

十一月大　月建 壬子　七赤

대설 음 11/4 양 12/7 오후 4시14분 ● 동지 음 11/19 양 12/22 오전 10시14분

음력	1	2	3	4	5	6	7	8	9	10	11	12	13	14	15	16	17	18	19	20	21	22	23	24	25	26	27	28	29	30
양력	12/4	5	6	7	8	9	10	11	12	13	14	15	16	17	18	19	20	21	22	23	24	25	26	27	28	29	30	31	1/1	2
요일	수	목	금	토	일	월	화	수	목	금	토	일	월	화	수	목	금	토	일	월	화	수	목	금	토	일	월	화	수	목
일진	丙午	丁未	戊申	己酉	庚戌	辛亥	壬子	癸丑	甲寅	乙卯	丙辰	丁巳	戊午	己未	庚申	辛酉	壬戌	癸亥	甲子	乙丑	丙寅	丁卯	戊辰	己巳	庚午	辛未	壬申	癸酉	甲戌	乙亥
대운 남	1	1	1	大雪	10	9	9	9	8	8	8	7	7	7	6	6	6	5	冬至	5	4	4	4	3	3	3	2	2	2	1
대운 여	9	9	10		1	1	1	1	2	2	2	3	3	3	4	4	4	5		5	6	6	6	7	7	7	8	8	8	9

十二月小　月建 癸丑　六白

소한 음 12/4 양 1/6 오전 3시28분 ● 대한 음 12/18 양 1/20 오후 8시53분

음력	1	2	3	4	5	6	7	8	9	10	11	12	13	14	15	16	17	18	19	20	21	22	23	24	25	26	27	28	29
양력	1/3	4	5	6	7	8	9	10	11	12	13	14	15	16	17	18	19	20	21	22	23	24	25	26	27	28	29	30	31
요일	금	토	일	월	화	수	목	금	토	일	월	화	수	목	금	토	일	월	화	수	목	금	토	일	월	화	수	목	금
일진	丙子	丁丑	戊寅	己卯	庚辰	辛巳	壬午	癸未	甲申	乙酉	丙戌	丁亥	戊子	己丑	庚寅	辛卯	壬辰	癸巳	甲午	乙未	丙申	丁酉	戊戌	己亥	庚子	辛丑	壬寅	癸卯	甲辰
대운 남	1	1	1	小寒	9	9	9	8	8	8	7	7	7	6	6	6	5	大寒	5	4	4	4	3	3	3	2	2	2	1
대운 여	9	9	10		1	1	1	1	2	2	2	3	3	3	4	4	4		5	5	6	6	6	7	7	7	8	8	8

2003년 | 단기 4336년

癸未年

七日得辛 十二龍治水

卯 大將軍　酉 三殺　巳 吊客　酉 喪門　納音五行 楊柳木

正月大　月建 甲寅　五黃

입춘 음 1/4 양 2/4 오후 3시5분 ● 우수 음 1/19 양 2/19 오전 11시0분

음력	1	2	3	4	5	6	7	8	9	10	11	12	13	14	15	16	17	18	19	20	21	22	23	24	25	26	27	28	29	30
양력	2/1	2	3	4	5	6	7	8	9	10	11	12	13	14	15	16	17	18	19	20	21	22	23	24	25	26	27	28	3/1	2
요일	토	일	월	화	수	목	금	토	일	월	화	수	목	금	토	일	월	화	수	목	금	토	일	월	화	수	목	금	토	일
일진	乙巳	丙午	丁未	戊申	己酉	庚戌	辛亥	壬子	癸丑	甲寅	乙卯	丙辰	丁巳	戊午	己未	庚申	辛酉	壬戌	癸亥	甲子	乙丑	丙寅	丁卯	戊辰	己巳	庚午	辛未	壬申	癸酉	甲戌
대운 남	1	1	1	立	1	1	1	1	2	2	2	3	3	3	4	4	4	5	雨	5	6	6	6	7	7	7	8	8	8	9
대운 여	9	9	9	春	10	9	9	9	8	8	8	7	7	7	6	6	6	5	水	5	4	4	4	3	3	3	2	2	2	1

二月大　月建 乙卯　四綠

경칩 음 2/4 양 3/6 오전 9시5분 ● 춘분 음 2/19 양 3/21 오전 10시0분

음력	1	2	3	4	5	6	7	8	9	10	11	12	13	14	15	16	17	18	19	20	21	22	23	24	25	26	27	28	29	30
양력	3/3	4	5	6	7	8	9	10	11	12	13	14	15	16	17	18	19	20	21	22	23	24	25	26	27	28	29	30	31	4/1
요일	월	화	수	목	금	토	일	월	화	수	목	금	토	일	월	화	수	목	금	토	일	월	화	수	목	금	토	일	월	화
일진	乙亥	丙子	丁丑	戊寅	己卯	庚辰	辛巳	壬午	癸未	甲申	乙酉	丙戌	丁亥	戊子	己丑	庚寅	辛卯	壬辰	癸巳	甲午	乙未	丙申	丁酉	戊戌	己亥	庚子	辛丑	壬寅	癸卯	甲辰
대운 남	9	9	10	驚	1	1	1	1	2	2	2	3	3	3	4	4	4	5	春	5	6	6	6	7	7	7	8	8	8	9
대운 여	1	1	1	蟄	10	9	9	9	8	8	8	7	7	7	6	6	6	5	分	5	4	4	4	3	3	3	2	2	2	1

三月小　月建 丙辰　三碧

청명 음 3/4 양 4/5 오후 1시52분 ● 곡우 음 3/19 양 4/20 오후 9시3분

음력	1	2	3	4	5	6	7	8	9	10	11	12	13	14	15	16	17	18	19	20	21	22	23	24	25	26	27	28	29	
양력	4/2	3	4	5	6	7	8	9	10	11	12	13	14	15	16	17	18	19	20	21	22	23	24	25	26	27	28	29	30	
요일	수	목	금	토	일	월	화	수	목	금	토	일	월	화	수	목	금	토	일	월	화	수	목	금	토	일	월	화	수	
일진	乙巳	丙午	丁未	戊申	己酉	庚戌	辛亥	壬子	癸丑	甲寅	乙卯	丙辰	丁巳	戊午	己未	庚申	辛酉	壬戌	癸亥	甲子	乙丑	丙寅	丁卯	戊辰	己巳	庚午	辛未	壬申	癸酉	
대운 남	9	9	10	清	1	1	1	1	2	2	2	3	3	3	4	4	4	5	穀	5	6	6	6	7	7	7	8	8	8	
대운 여	1	1	1	明	10	10	9	9	9	8	8	8	7	7	7	6	6	6	雨	5	5	4	4	4	3	3	3	2	2	

四月大　月建 丁巳　二黑

입하 음 4/6 양 5/6 오전 7시10분 ● 소만 음 4/21 양 5/21 오후 8시12분

음력	1	2	3	4	5	6	7	8	9	10	11	12	13	14	15	16	17	18	19	20	21	22	23	24	25	26	27	28	29	30
양력	5/1	2	3	4	5	6	7	8	9	10	11	12	13	14	15	16	17	18	19	20	21	22	23	24	25	26	27	28	29	30
요일	목	금	토	일	월	화	수	목	금	토	일	월	화	수	목	금	토	일	월	화	수	목	금	토	일	월	화	수	목	금
일진	甲戌	乙亥	丙子	丁丑	戊寅	己卯	庚辰	辛巳	壬午	癸未	甲申	乙酉	丙戌	丁亥	戊子	己丑	庚寅	辛卯	壬辰	癸巳	甲午	乙未	丙申	丁酉	戊戌	己亥	庚子	辛丑	壬寅	癸卯
대운 남	9	9	9	10	10	立	1	1	1	1	2	2	2	3	3	3	4	4	4	5	小	5	6	6	6	7	7	7	8	8
대운 여	2	1	1	1	1	夏	10	10	9	9	9	8	8	8	7	7	7	6	6	6	滿	5	5	4	4	4	3	3	3	2

五月大　月建 戊午　一白

망종 음 5/7 양 6/6 오전 11시20분 ● 하지 음 5/23 양 6/22 오전 4시10분

음력	1	2	3	4	5	6	7	8	9	10	11	12	13	14	15	16	17	18	19	20	21	22	23	24	25	26	27	28	29	30
양력	5/31	6/1	2	3	4	5	6	7	8	9	10	11	12	13	14	15	16	17	18	19	20	21	22	23	24	25	26	27	28	29
요일	토	일	월	화	수	목	금	토	일	월	화	수	목	금	토	일	월	화	수	목	금	토	일	월	화	수	목	금	토	일
일진	甲辰	乙巳	丙午	丁未	戊申	己酉	庚戌	辛亥	壬子	癸丑	甲寅	乙卯	丙辰	丁巳	戊午	己未	庚申	辛酉	壬戌	癸亥	甲子	乙丑	丙寅	丁卯	戊辰	己巳	庚午	辛未	壬申	癸酉
대운 남	8	9	9	9	10	10	芒	1	1	1	1	2	2	2	3	3	3	4	4	4	5	5	夏	6	6	6	7	7	7	8
대운 여	2	2	1	1	1	1	種	10	10	9	9	9	8	8	8	7	7	7	6	6	6	5	至	5	4	4	4	3	3	3

六月小　月建 己未　九紫

소서 음 6/8 양 7/7 오후 9시36분 ● 대서 음 6/24 양 7/23 오후 3시4분

음력	1	2	3	4	5	6	7	8	9	10	11	12	13	14	15	16	17	18	19	20	21	22	23	24	25	26	27	28	29	
양력	6/30	7/1	2	3	4	5	6	7	8	9	10	11	12	13	14	15	16	17	18	19	20	21	22	23	24	25	26	27	28	
요일	월	화	수	목	금	토	일	월	화	수	목	금	토	일	월	화	수	목	금	토	일	월	화	수	목	금	토	일	월	
일진	甲戌	乙亥	丙子	丁丑	戊寅	己卯	庚辰	辛巳	壬午	癸未	甲申	乙酉	丙戌	丁亥	戊子	己丑	庚寅	辛卯	壬辰	癸巳	甲午	乙未	丙申	丁酉	戊戌	己亥	庚子	辛丑	壬寅	
대운 남	8	8	9	9	9	10	10	小	1	1	1	1	2	2	2	3	3	3	4	4	4	5	5	大	6	6	6	7	7	
대운 여	2	2	2	1	1	1	1	暑	10	10	10	9	9	9	8	8	8	7	7	7	6	6	6	暑	5	5	4	4	4	

七月大 月建 庚申 八白

입추 음 7/11 양 8/8 오전 7시24분 ● 처서 음 7/26 양 8/23 오후 10시8분

음력	1	2	3	4	5	6	7	8	9	10	11	12	13	14	15	16	17	18	19	20	21	22	23	24	25	26	27	28	29	30
양력	7/29	30	31	8/1	2	3	4	5	6	7	8	9	10	11	12	13	14	15	16	17	18	19	20	21	22	23	24	25	26	27
요일	화	수	목	금	토	일	월	화	수	목	금	토	일	월	화	수	목	금	토	일	월	화	수	목	금	토	일	월	화	수
일진	癸卯	甲辰	乙巳	丙午	丁未	戊申	己酉	庚戌	辛亥	壬子	癸丑	甲寅	乙卯	丙辰	丁巳	戊午	己未	庚申	辛酉	壬戌	癸亥	甲子	乙丑	丙寅	丁卯	戊辰	己巳	庚午	辛未	壬申
대운 남	7	8	8	8	9	9	9	10	10	10	立秋	1	1	1	1	2	2	2	3	3	3	4	4	4	5	處暑	5	6	6	6
대운 여	3	3	3	2	2	2	1	1	1	1		10	10	9	9	9	8	8	8	7	7	7	6	6	6		5	5	4	4

八月小 月建 辛酉 七赤

백로 음 8/12 양 9/8 오전 10시20분 ● 추분 음 8/27 양 9/23 오후 7시47분

음력	1	2	3	4	5	6	7	8	9	10	11	12	13	14	15	16	17	18	19	20	21	22	23	24	25	26	27	28	29
양력	8/28	29	30	31	9/1	2	3	4	5	6	7	8	9	10	11	12	13	14	15	16	17	18	19	20	21	22	23	24	25
요일	목	금	토	일	월	화	수	목	금	토	일	월	화	수	목	금	토	일	월	화	수	목	금	토	일	월	화	수	목
일진	癸酉	甲戌	乙亥	丙子	丁丑	戊寅	己卯	庚辰	辛巳	壬午	癸未	甲申	乙酉	丙戌	丁亥	戊子	己丑	庚寅	辛卯	壬辰	癸巳	甲午	乙未	丙申	丁酉	戊戌	己亥	庚子	辛丑
대운 남	7	7	7	8	8	8	9	9	9	10	10	白露	1	1	1	1	2	2	2	3	3	3	4	4	4	5	秋分	5	6
대운 여	4	3	3	3	2	2	2	1	1	1	1		10	10	9	9	9	8	8	8	7	7	7	6	6	6		5	5

九月小 月建 壬戌 六白

한로 음 9/14 양 10/9 오전 2시0분 ● 상강 음 9/29 양 10/24 오전 5시8분

음력	1	2	3	4	5	6	7	8	9	10	11	12	13	14	15	16	17	18	19	20	21	22	23	24	25	26	27	28	29
양력	9/26	27	28	29	30	10/1	2	3	4	5	6	7	8	9	10	11	12	13	14	15	16	17	18	19	20	21	22	23	24
요일	금	토	일	월	화	수	목	금	토	일	월	화	수	목	금	토	일	월	화	수	목	금	토	일	월	화	수	목	금
일진	壬寅	癸卯	甲辰	乙巳	丙午	丁未	戊申	己酉	庚戌	辛亥	壬子	癸丑	甲寅	乙卯	丙辰	丁巳	戊午	己未	庚申	辛酉	壬戌	癸亥	甲子	乙丑	丙寅	丁卯	戊辰	己巳	庚午
대운 남	6	6	7	7	7	8	8	8	9	9	9	10	10	寒露	1	1	1	1	2	2	2	3	3	3	4	4	4	5	霜降
대운 여	4	4	4	3	3	3	2	2	2	1	1	1	1		10	9	9	9	8	8	8	7	7	7	6	6	6	5	

十月大 月建 癸亥 五黃

입동 음 10/15 양 11/8 오전 5시13분 ● 소설 음 10/30 양 11/23 오전 2시43분

음력	1	2	3	4	5	6	7	8	9	10	11	12	13	14	15	16	17	18	19	20	21	22	23	24	25	26	27	28	29	30
양력	10/25	26	27	28	29	30	31	11/1	2	3	4	5	6	7	8	9	10	11	12	13	14	15	16	17	18	19	20	21	22	23
요일	토	일	월	화	수	목	금	토	일	월	화	수	목	금	토	일	월	화	수	목	금	토	일	월	화	수	목	금	토	일
일진	辛未	壬申	癸酉	甲戌	乙亥	丙子	丁丑	戊寅	己卯	庚辰	辛巳	壬午	癸未	甲申	乙酉	丙戌	丁亥	戊子	己丑	庚寅	辛卯	壬辰	癸巳	甲午	乙未	丙申	丁酉	戊戌	己亥	庚子
대운 남	5	6	6	6	7	7	7	8	8	8	9	9	9	10	立冬	1	1	1	1	2	2	2	3	3	3	4	4	4	5	小雪
대운 여	5	4	4	4	3	3	3	2	2	2	1	1	1	1		9	9	9	8	8	8	7	7	7	6	6	6	5	5	

十一月小 月建 甲子 四綠

대설 음 11/14 양 12/7 오후 10시5분 ● 동지 음 11/29 양 12/22 오후 4시4분

음력	1	2	3	4	5	6	7	8	9	10	11	12	13	14	15	16	17	18	19	20	21	22	23	24	25	26	27	28	29
양력	11/24	25	26	27	28	29	30	12/1	2	3	4	5	6	7	8	9	10	11	12	13	14	15	16	17	18	19	20	21	22
요일	월	화	수	목	금	토	일	월	화	수	목	금	토	일	월	화	수	목	금	토	일	월	화	수	목	금	토	일	월
일진	辛丑	壬寅	癸卯	甲辰	乙巳	丙午	丁未	戊申	己酉	庚戌	辛亥	壬子	癸丑	甲寅	乙卯	丙辰	丁巳	戊午	己未	庚申	辛酉	壬戌	癸亥	甲子	乙丑	丙寅	丁卯	戊辰	己巳
대운 남	5	6	6	6	7	7	7	8	8	8	9	9	9	大雪	1	1	1	1	2	2	2	3	3	3	4	4	4	5	冬至
대운 여	4	4	4	3	3	3	2	2	2	1	1	1	1		10	9	9	9	8	8	8	7	7	7	6	6	6	5	

十二月大 月建 乙丑 三碧

소한 음 12/15 양 1/6 오전 9시19분 ● 대한 음 12/30 양 1/21 오전 2시42분

음력	1	2	3	4	5	6	7	8	9	10	11	12	13	14	15	16	17	18	19	20	21	22	23	24	25	26	27	28	29	30
양력	12/23	24	25	26	27	28	29	30	31	1/1	2	3	4	5	6	7	8	9	10	11	12	13	14	15	16	17	18	19	20	21
요일	화	수	목	금	토	일	월	화	수	목	금	토	일	월	화	수	목	금	토	일	월	화	수	목	금	토	일	월	화	수
일진	庚午	辛未	壬申	癸酉	甲戌	乙亥	丙子	丁丑	戊寅	己卯	庚辰	辛巳	壬午	癸未	甲申	乙酉	丙戌	丁亥	戊子	己丑	庚寅	辛卯	壬辰	癸巳	甲午	乙未	丙申	丁酉	戊戌	己亥
대운 남	5	6	6	6	7	7	7	8	8	8	9	9	9	10	小寒	1	1	1	1	2	2	2	3	3	3	4	4	4	5	大寒
대운 여	5	4	4	4	3	3	3	2	2	2	1	1	1	1		9	9	9	8	8	8	7	7	7	6	6	6	5	5	

2004년 | 단기 4337년 **甲 申 年** **二日得辛 五龍治水**

午 大將軍 南 三殺 午 吊客 戌 喪門 納音五行 泉中水

正月小 月建 丙寅 二黑

입춘 음 1/14 양 2/4 오후 8시56분 ● 우수 음 1/29 양 2/19 오후 4시50분

음력	1	2	3	4	5	6	7	8	9	10	11	12	13	14	15	16	17	18	19	20	21	22	23	24	25	26	27	28	29	
양력	1/22	23	24	25	26	27	28	29	30	31	2/1	2	3	4	5	6	7	8	9	10	11	12	13	14	15	16	17	18	19	
요일	목	금	토	일	월	화	수	목	금	토	일	월	화	수	목	금	토	일	월	화	수	목	금	토	일	월	화	수	목	
일진	庚子	辛丑	壬寅	癸卯	甲辰	乙巳	丙午	丁未	戊申	己酉	庚戌	辛亥	壬子	癸丑	甲寅	乙卯	丙辰	丁巳	戊午	己未	庚申	辛酉	壬戌	癸亥	甲子	乙丑	丙寅	丁卯	戊辰	
대운 남	5	6	6	6	7	7	7	8	8	8	9	9	9	立	10	9	9	9	8	8	8	7	7	7	6	6	6	5	雨	
대운 여	4	4	4	3	3	3	2	2	2	1	1	1	1	春	1	1	1	1	2	2	2	3	3	3	4	4	4	5	水	

二月大 月建 丁卯 一白

경칩 음 2/15 양 3/5 오후 2시56분 ● 춘분 음 2/30 양 3/20 오후 3시49분

음력	1	2	3	4	5	6	7	8	9	10	11	12	13	14	15	16	17	18	19	20	21	22	23	24	25	26	27	28	29	30
양력	2/20	21	22	23	24	25	26	27	28	29	3/1	2	3	4	5	6	7	8	9	10	11	12	13	14	15	16	17	18	19	20
요일	금	토	일	월	화	수	목	금	토	일	월	화	수	목	금	토	일	월	화	수	목	금	토	일	월	화	수	목	금	토
일진	己巳	庚午	辛未	壬申	癸酉	甲戌	乙亥	丙子	丁丑	戊寅	己卯	庚辰	辛巳	壬午	癸未	甲申	乙酉	丙戌	丁亥	戊子	己丑	庚寅	辛卯	壬辰	癸巳	甲午	乙未	丙申	丁酉	戊戌
대운 남	5	4	4	4	3	3	3	2	2	2	1	1	1	1	驚	10	9	9	9	8	8	8	7	7	7	6	6	6	5	春
대운 여	5	6	6	6	7	7	7	8	8	8	9	9	9	10	蟄	1	1	1	1	2	2	2	3	3	3	4	4	4	5	分

閏二月小

청명 음 윤2/15 양 4/4 오후 7시43분

음력	1	2	3	4	5	6	7	8	9	10	11	12	13	14	15	16	17	18	19	20	21	22	23	24	25	26	27	28	29	
양력	3/21	22	23	24	25	26	27	28	29	30	31	4/1	2	3	4	5	6	7	8	9	10	11	12	13	14	15	16	17	18	
요일	일	월	화	수	목	금	토	일	월	화	수	목	금	토	일	월	화	수	목	금	토	일	월	화	수	목	금	토	일	
일진	己亥	庚子	辛丑	壬寅	癸卯	甲辰	乙巳	丙午	丁未	戊申	己酉	庚戌	辛亥	壬子	癸丑	甲寅	乙卯	丙辰	丁巳	戊午	己未	庚申	辛酉	壬戌	癸亥	甲子	乙丑	丙寅	丁卯	
대운 남	5	4	4	4	3	3	3	2	2	2	1	1	1	1	清	10	10	9	9	9	8	8	8	7	7	7	6	6	6	
대운 여	5	6	6	6	7	7	7	8	8	8	9	9	9	10	明	1	1	1	1	2	2	2	3	3	3	4	4	4	5	

三月大 月建 戊辰 九紫

곡우 음 3/2 양 4/20 오전 2시50분 ● 입하 음 3/17 양 5/5 오후 1시2분

음력	1	2	3	4	5	6	7	8	9	10	11	12	13	14	15	16	17	18	19	20	21	22	23	24	25	26	27	28	29	30
양력	4/19	20	21	22	23	24	25	26	27	28	29	30	5/1	2	3	4	5	6	7	8	9	10	11	12	13	14	15	16	17	18
요일	월	화	수	목	금	토	일	월	화	수	목	금	토	일	월	화	수	목	금	토	일	월	화	수	목	금	토	일	월	화
일진	戊辰	己巳	庚午	辛未	壬申	癸酉	甲戌	乙亥	丙子	丁丑	戊寅	己卯	庚辰	辛巳	壬午	癸未	甲申	乙酉	丙戌	丁亥	戊子	己丑	庚寅	辛卯	壬辰	癸巳	甲午	乙未	丙申	丁酉
대운 남	5	穀	5	4	4	4	3	3	3	2	2	2	1	1	1	1	立	10	10	9	9	9	8	8	8	7	7	7	6	6
대운 여	5	雨	6	6	6	7	7	7	8	8	8	9	9	9	10	10	夏	1	1	1	1	2	2	2	3	3	3	4	4	4

四月大 月建 己巳 八白

소만 음 4/3 양 5/21 오전 1시59분 ● 망종 음 4/18 양 6/5 오후 5시14분

음력	1	2	3	4	5	6	7	8	9	10	11	12	13	14	15	16	17	18	19	20	21	22	23	24	25	26	27	28	29	30
양력	5/19	20	21	22	23	24	25	26	27	28	29	30	31	6/1	2	3	4	5	6	7	8	9	10	11	12	13	14	15	16	17
요일	수	목	금	토	일	월	화	수	목	금	토	일	월	화	수	목	금	토	일	월	화	수	목	금	토	일	월	화	수	목
일진	戊戌	己亥	庚子	辛丑	壬寅	癸卯	甲辰	乙巳	丙午	丁未	戊申	己酉	庚戌	辛亥	壬子	癸丑	甲寅	乙卯	丙辰	丁巳	戊午	己未	庚申	辛酉	壬戌	癸亥	甲子	乙丑	丙寅	丁卯
대운 남	6	5	小	5	4	4	4	3	3	3	2	2	2	1	1	1	1	芒	10	10	10	9	9	9	8	8	8	7	7	7
대운 여	5	5	滿	6	6	6	7	7	7	8	8	8	9	9	9	10	10	種	1	1	1	1	2	2	2	3	3	3	4	4

五月小 月建 庚午 七赤

하지 음 5/4 양 6/21 오전 9시57분 ● 소서 음 5/20 양 7/7 오전 3시31분

음력	1	2	3	4	5	6	7	8	9	10	11	12	13	14	15	16	17	18	19	20	21	22	23	24	25	26	27	28	29	
양력	6/18	19	20	21	22	23	24	25	26	27	28	29	30	7/1	2	3	4	5	6	7	8	9	10	11	12	13	14	15	16	
요일	금	토	일	월	화	수	목	금	토	일	월	화	수	목	금	토	일	월	화	수	목	금	토	일	월	화	수	목	금	
일진	戊辰	己巳	庚午	辛未	壬申	癸酉	甲戌	乙亥	丙子	丁丑	戊寅	己卯	庚辰	辛巳	壬午	癸未	甲申	乙酉	丙戌	丁亥	戊子	己丑	庚寅	辛卯	壬辰	癸巳	甲午	乙未	丙申	
대운 남	6	6	6	夏	5	5	4	4	4	3	3	3	2	2	2	1	1	1	1	小	10	10	9	9	9	8	8	8	7	
대운 여	4	5	5	至	6	6	6	7	7	7	8	8	8	9	9	9	10	10	10	暑	1	1	1	1	2	2	2	3	3	

六月大　　月建 辛未　　六白

대서 음 6/6 양 7/22 오후 8시50분 ● 입추 음 6/22 양 8/7 오후 1시20분

음력		1	2	3	4	5	6	7	8	9	10	11	12	13	14	15	16	17	18	19	20	21	22	23	24	25	26	27	28	29	30
양력		7/17	18	19	20	21	22	23	24	25	26	27	28	29	30	31	8/1	2	3	4	5	6	7	8	9	10	11	12	13	14	15
요일		토	일	월	화	수	목	금	토	일	월	화	수	목	금	토	일	월	화	수	목	금	토	일	월	화	수	목	금	토	일
일진		丁酉	戊戌	己亥	庚子	辛丑	壬寅	癸卯	甲辰	乙巳	丙午	丁未	戊申	己酉	庚戌	辛亥	壬子	癸丑	甲寅	乙卯	丙辰	丁巳	戊午	己未	庚申	辛酉	壬戌	癸亥	甲子	乙丑	丙寅
대운	남	7	7	6	6	6	大	5	5	4	4	4	3	3	3	2	2	2	1	1	1	1	立	10	10	9	9	9	8	8	8
	여	3	4	4	4	5	暑	5	6	6	6	7	7	7	8	8	8	9	9	9	10	10	秋	1	1	1	1	2	2	2	3

七月小　　月建 壬申　　五黃

처서 음 7/8 양 8/23 오전 3시53분 ● 백로 음 7/23 양 9/7 오후 4시13분

음력		1	2	3	4	5	6	7	8	9	10	11	12	13	14	15	16	17	18	19	20	21	22	23	24	25	26	27	28	29
양력		8/16	17	18	19	20	21	22	23	24	25	26	27	28	29	30	31	9/1	2	3	4	5	6	7	8	9	10	11	12	13
요일		월	화	수	목	금	토	일	월	화	수	목	금	토	일	월	화	수	목	금	토	일	월	화	수	목	금	토	일	월
일진		丁卯	戊辰	己巳	庚午	辛未	壬申	癸酉	甲戌	乙亥	丙子	丁丑	戊寅	己卯	庚辰	辛巳	壬午	癸未	甲申	乙酉	丙戌	丁亥	戊子	己丑	庚寅	辛卯	壬辰	癸巳	甲午	乙未
대운	남	7	7	7	6	6	6	5	處	5	4	4	4	3	3	3	2	2	2	1	1	1	1	白	10	10	9	9	9	8
	여	3	3	4	4	4	5	5	暑	6	6	6	7	7	7	8	8	8	9	9	9	10	10	露	1	1	1	1	2	2

八月大　　月建 癸酉　　四綠

추분 음 8/10 양 9/23 오전 1시30분 ● 한로 음 8/25 양 10/8 오전 7시49분

음력		1	2	3	4	5	6	7	8	9	10	11	12	13	14	15	16	17	18	19	20	21	22	23	24	25	26	27	28	29	30
양력		9/14	15	16	17	18	19	20	21	22	23	24	25	26	27	28	29	30	10/1	2	3	4	5	6	7	8	9	10	11	12	13
요일		화	수	목	금	토	일	월	화	수	목	금	토	일	월	화	수	목	금	토	일	월	화	수	목	금	토	일	월	화	수
일진		丙申	丁酉	戊戌	己亥	庚子	辛丑	壬寅	癸卯	甲辰	乙巳	丙午	丁未	戊申	己酉	庚戌	辛亥	壬子	癸丑	甲寅	乙卯	丙辰	丁巳	戊午	己未	庚申	辛酉	壬戌	癸亥	甲子	乙丑
대운	남	8	8	7	7	7	6	6	6	5	秋	5	4	4	4	3	3	3	2	2	2	1	1	1	1	寒	10	9	9	9	8
	여	2	3	3	3	4	4	4	5	5	分	6	6	6	7	7	7	8	8	8	9	9	9	10	10	露	1	1	1	1	2

九月小　　月建 甲戌　　三碧

상강 음 9/10 양 10/23 오전 10시49분 ● 입동 음 9/25 양 11/7 오전 10시59분

음력		1	2	3	4	5	6	7	8	9	10	11	12	13	14	15	16	17	18	19	20	21	22	23	24	25	26	27	28	29
양력		10/14	15	16	17	18	19	20	21	22	23	24	25	26	27	28	29	30	31	11/1	2	3	4	5	6	7	8	9	10	11
요일		목	금	토	일	월	화	수	목	금	토	일	월	화	수	목	금	토	일	월	화	수	목	금	토	일	월	화	수	목
일진		丙寅	丁卯	戊辰	己巳	庚午	辛未	壬申	癸酉	甲戌	乙亥	丙子	丁丑	戊寅	己卯	庚辰	辛巳	壬午	癸未	甲申	乙酉	丙戌	丁亥	戊子	己丑	庚寅	辛卯	壬辰	癸巳	甲午
대운	남	8	8	7	7	7	6	6	6	5	霜	5	4	4	4	3	3	3	2	2	2	1	1	1	1	立	10	9	9	9
	여	2	2	3	3	3	4	4	4	5	降	5	6	6	6	7	7	7	8	8	8	9	9	9	10	冬	1	1	1	1

十月大　　月建 乙亥　　二黑

소설 음 10/11 양 11/22 오전 8시22분 ● 대설 음 10/26 양 12/7 오전 3시49분

음력		1	2	3	4	5	6	7	8	9	10	11	12	13	14	15	16	17	18	19	20	21	22	23	24	25	26	27	28	29	30
양력		11/12	13	14	15	16	17	18	19	20	21	22	23	24	25	26	27	28	29	30	12/1	2	3	4	5	6	7	8	9	10	11
요일		금	토	일	월	화	수	목	금	토	일	월	화	수	목	금	토	일	월	화	수	목	금	토	일	월	화	수	목	금	토
일진		乙未	丙申	丁酉	戊戌	己亥	庚子	辛丑	壬寅	癸卯	甲辰	乙巳	丙午	丁未	戊申	己酉	庚戌	辛亥	壬子	癸丑	甲寅	乙卯	丙辰	丁巳	戊午	己未	庚申	辛酉	壬戌	癸亥	甲子
대운	남	8	8	8	7	7	7	6	6	6	5	小	5	4	4	4	3	3	3	2	2	2	1	1	1	1	大	9	9	9	8
	여	2	2	2	3	3	3	4	4	4	5	雪	5	6	6	6	7	7	7	8	8	8	9	9	9	10	雪	1	1	1	1

十一月小　　月建 丙子　　一白

동지 음 11/10 양 12/21 오후 9시42분 ● 소한 음 11/25 양 1/5 오후 3시3분

음력		1	2	3	4	5	6	7	8	9	10	11	12	13	14	15	16	17	18	19	20	21	22	23	24	25	26	27	28	29
양력		12/12	13	14	15	16	17	18	19	20	21	22	23	24	25	26	27	28	29	30	31	1/1	2	3	4	5	6	7	8	9
요일		일	월	화	수	목	금	토	일	월	화	수	목	금	토	일	월	화	수	목	금	토	일	월	화	수	목	금	토	일
일진		乙丑	丙寅	丁卯	戊辰	己巳	庚午	辛未	壬申	癸酉	甲戌	乙亥	丙子	丁丑	戊寅	己卯	庚辰	辛巳	壬午	癸未	甲申	乙酉	丙戌	丁亥	戊子	己丑	庚寅	辛卯	壬辰	癸巳
대운	남	8	8	7	7	7	6	6	6	5	冬	5	4	4	4	3	3	3	2	2	2	1	1	1	1	小	10	9	9	9
	여	2	2	2	3	3	3	4	4	4	至	5	5	6	6	6	7	7	7	8	8	8	9	9	9	寒	1	1	1	1

十二月大　　月建 丁丑　　九紫

대한 음 12/11 양 1/20 오전 8시22분 ● 입춘 음 12/26 양 2/4 오전 2시43분

음력		1	2	3	4	5	6	7	8	9	10	11	12	13	14	15	16	17	18	19	20	21	22	23	24	25	26	27	28	29	30
양력		1/10	11	12	13	14	15	16	17	18	19	20	21	22	23	24	25	26	27	28	29	30	31	2/1	2	3	4	5	6	7	8
요일		월	화	수	목	금	토	일	월	화	수	목	금	토	일	월	화	수	목	금	토	일	월	화	수	목	금	토	일	월	화
일진		甲午	乙未	丙申	丁酉	戊戌	己亥	庚子	辛丑	壬寅	癸卯	甲辰	乙巳	丙午	丁未	戊申	己酉	庚戌	辛亥	壬子	癸丑	甲寅	乙卯	丙辰	丁巳	戊午	己未	庚申	辛酉	壬戌	癸亥
대운	남	8	8	8	7	7	7	6	6	6	5	大	5	4	4	4	3	3	3	2	2	2	1	1	1	1	立	1	1	1	1
	여	2	2	2	3	3	3	4	4	4	5	寒	5	6	6	6	7	7	7	8	8	8	9	9	9	10	春	9	9	9	8

2005년 | 단기 4338년

乙酉年

八日得辛 五龍治水

午 大將軍　東 三殺　未 吊客　亥 喪門

納音五行 泉中水

正月小　月建 戊寅　八白

우수 음 1/10 양 2/18 오후 10시32분 ● 경칩 음 1/25 양 3/5 오후 8시45분

음력	1	2	3	4	5	6	7	8	9	10	11	12	13	14	15	16	17	18	19	20	21	22	23	24	25	26	27	28	29
양력	2/9	10	11	12	13	14	15	16	17	18	19	20	21	22	23	24	25	26	27	28	3/1	2	3	4	5	6	7	8	9
요일	수	목	금	토	일	월	화	수	목	금	토	일	월	화	수	목	금	토	일	월	화	수	목	금	토	일	월	화	수
일진	甲子	乙丑	丙寅	丁卯	戊辰	己巳	庚午	辛未	壬申	癸酉	甲戌	乙亥	丙子	丁丑	戊寅	己卯	庚辰	辛巳	壬午	癸未	甲申	乙酉	丙戌	丁亥	戊子	己丑	庚寅	辛卯	壬辰
대운 남	2	2	2	3	3	3	4	4	4	雨	5	5	6	6	6	7	7	7	8	8	8	9	9	9	驚	1	1	1	1
대운 여	8	8	7	7	7	6	6	6	5	水	5	4	4	4	3	3	3	2	2	2	1	1	1	1	蟄	10	10	9	9

二月大　月建 己卯　七赤

춘분 음 2/11 양 3/20 오후 9시33분 ● 청명 음 2/27 양 4/5 오전 1시34분

음력	1	2	3	4	5	6	7	8	9	10	11	12	13	14	15	16	17	18	19	20	21	22	23	24	25	26	27	28	29	30
양력	3/10	11	12	13	14	15	16	17	18	19	20	21	22	23	24	25	26	27	28	29	30	31	4/1	2	3	4	5	6	7	8
요일	목	금	토	일	월	화	수	목	금	토	일	월	화	수	목	금	토	일	월	화	수	목	금	토	일	월	화	수	목	금
일진	癸巳	甲午	乙未	丙申	丁酉	戊戌	己亥	庚子	辛丑	壬寅	癸卯	甲辰	乙巳	丙午	丁未	戊申	己酉	庚戌	辛亥	壬子	癸丑	甲寅	乙卯	丙辰	丁巳	戊午	己未	庚申	辛酉	壬戌
대운 남	2	2	2	3	3	3	4	4	4	5	春	5	6	6	6	7	7	7	8	8	8	9	9	9	10	10	清	1	1	1
대운 여	9	8	8	8	7	7	7	6	6	6	分	5	5	4	4	4	3	3	3	2	2	2	1	1	1	1	明	10	9	9

三月小　月建 庚辰　六白

곡우 음 3/12 양 4/20 오전 8시37분 ● 입하 음 3/27 양 5/5 오후 6시53분

음력	1	2	3	4	5	6	7	8	9	10	11	12	13	14	15	16	17	18	19	20	21	22	23	24	25	26	27	28	29
양력	4/9	10	11	12	13	14	15	16	17	18	19	20	21	22	23	24	25	26	27	28	29	30	5/1	2	3	4	5	6	7
요일	토	일	월	화	수	목	금	토	일	월	화	수	목	금	토	일	월	화	수	목	금	토	일	월	화	수	목	금	토
일진	癸亥	甲子	乙丑	丙寅	丁卯	戊辰	己巳	庚午	辛未	壬申	癸酉	甲戌	乙亥	丙子	丁丑	戊寅	己卯	庚辰	辛巳	壬午	癸未	甲申	乙酉	丙戌	丁亥	戊子	己丑	庚寅	辛卯
대운 남	1	2	2	2	3	3	3	4	4	4	5	穀	5	6	6	6	7	7	7	8	8	8	9	9	9	10	立	1	1
대운 여	9	8	8	8	7	7	7	6	6	6	5	雨	5	4	4	4	3	3	3	2	2	2	1	1	1	1	夏	10	10

四月大　月建 辛巳　五黃

소만 음 4/14 양 5/21 오전 7시47분 ● 망종 음 4/29 양 6/5 오후 11시2분

음력	1	2	3	4	5	6	7	8	9	10	11	12	13	14	15	16	17	18	19	20	21	22	23	24	25	26	27	28	29	30
양력	5/8	9	10	11	12	13	14	15	16	17	18	19	20	21	22	23	24	25	26	27	28	29	30	31	6/1	2	3	4	5	6
요일	일	월	화	수	목	금	토	일	월	화	수	목	금	토	일	월	화	수	목	금	토	일	월	화	수	목	금	토	일	월
일진	壬辰	癸巳	甲午	乙未	丙申	丁酉	戊戌	己亥	庚子	辛丑	壬寅	癸卯	甲辰	乙巳	丙午	丁未	戊申	己酉	庚戌	辛亥	壬子	癸丑	甲寅	乙卯	丙辰	丁巳	戊午	己未	庚申	辛酉
대운 남	1	1	2	2	2	3	3	3	4	4	4	5	5	小	6	6	6	7	7	7	8	8	8	9	9	9	10	10	芒	1
대운 여	9	9	9	8	8	8	7	7	7	6	6	6	5	滿	5	4	4	4	3	3	3	2	2	2	1	1	1	1	種	10

五月小　月建 壬午　四綠

하지 음 5/15 양 6/21 오후 3시46분

음력	1	2	3	4	5	6	7	8	9	10	11	12	13	14	15	16	17	18	19	20	21	22	23	24	25	26	27	28	29
양력	6/7	8	9	10	11	12	13	14	15	16	17	18	19	20	21	22	23	24	25	26	27	28	29	30	7/1	2	3	4	5
요일	화	수	목	금	토	일	월	화	수	목	금	토	일	월	화	수	목	금	토	일	월	화	수	목	금	토	일	월	화
일진	壬戌	癸亥	甲子	乙丑	丙寅	丁卯	戊辰	己巳	庚午	辛未	壬申	癸酉	甲戌	乙亥	丙子	丁丑	戊寅	己卯	庚辰	辛巳	壬午	癸未	甲申	乙酉	丙戌	丁亥	戊子	己丑	庚寅
대운 남	1	1	1	2	2	2	3	3	3	4	4	4	5	5	夏	6	6	6	7	7	7	8	8	8	9	9	9	10	10
대운 여	10	10	9	9	9	8	8	8	7	7	7	6	6	6	至	5	5	4	4	4	3	3	3	2	2	2	1	1	1

六月大　月建 癸未　三碧

소서 음 6/2 양 7/7 오전 9시17분 ● 대서 음 6/18 양 7/23 오전 2시41분

음력	1	2	3	4	5	6	7	8	9	10	11	12	13	14	15	16	17	18	19	20	21	22	23	24	25	26	27	28	29	30
양력	7/6	7	8	9	10	11	12	13	14	15	16	17	18	19	20	21	22	23	24	25	26	27	28	29	30	31	8/1	2	3	4
요일	수	목	금	토	일	월	화	수	목	금	토	일	월	화	수	목	금	토	일	월	화	수	목	금	토	일	월	화	수	목
일진	辛卯	壬辰	癸巳	甲午	乙未	丙申	丁酉	戊戌	己亥	庚子	辛丑	壬寅	癸卯	甲辰	乙巳	丙午	丁未	戊申	己酉	庚戌	辛亥	壬子	癸丑	甲寅	乙卯	丙辰	丁巳	戊午	己未	庚申
대운 남	10	小	1	1	1	1	2	2	2	3	3	3	4	4	4	5	5	大	6	6	6	7	7	7	8	8	8	9	9	9
대운 여	1	暑	10	10	9	9	9	8	8	8	7	7	7	6	6	6	5	暑	5	4	4	4	3	3	3	2	2	2	1	1

七月大　月建 甲申　二黑

입추 음 7/3 양 8/7 오후 7시3분 ● 처서 음 7/19 양 8/23 오전 9시45분

음력	1	2	3	4	5	6	7	8	9	10	11	12	13	14	15	16	17	18	19	20	21	22	23	24	25	26	27	28	29	30
양력	8/5	6	7	8	9	10	11	12	13	14	15	16	17	18	19	20	21	22	23	24	25	26	27	28	29	30	31	9/1	2	3
요일	금	토	일	월	화	수	목	금	토	일	월	화	수	목	금	토	일	월	화	수	목	금	토	일	월	화	수	목	금	토
일진	辛酉	壬戌	癸亥	甲子	乙丑	丙寅	丁卯	戊辰	己巳	庚午	辛未	壬申	癸酉	甲戌	乙亥	丙子	丁丑	戊寅	己卯	庚辰	辛巳	壬午	癸未	甲申	乙酉	丙戌	丁亥	戊子	己丑	庚寅
대운 남	10	10	立秋	1	1	1	1	2	2	2	3	3	3	4	4	4	5	5	處暑	6	6	6	7	7	7	8	8	8	9	9
대운 여	1	1		10	10	9	9	9	8	8	8	7	7	7	6	6	6	5		5	4	4	4	3	3	3	2	2	2	1

八月小　月建 乙酉　一白

백로 음 8/4 양 9/7 오후 9시57분 ● 추분 음 8/20 양 9/23 오전 7시23분

음력	1	2	3	4	5	6	7	8	9	10	11	12	13	14	15	16	17	18	19	20	21	22	23	24	25	26	27	28	29
양력	9/4	5	6	7	8	9	10	11	12	13	14	15	16	17	18	19	20	21	22	23	24	25	26	27	28	29	30	10/1	2
요일	일	월	화	수	목	금	토	일	월	화	수	목	금	토	일	월	화	수	목	금	토	일	월	화	수	목	금	토	일
일진	辛卯	壬辰	癸巳	甲午	乙未	丙申	丁酉	戊戌	己亥	庚子	辛丑	壬寅	癸卯	甲辰	乙巳	丙午	丁未	戊申	己酉	庚戌	辛亥	壬子	癸丑	甲寅	乙卯	丙辰	丁巳	戊午	己未
대운 남	9	10	10	白露	1	1	1	1	2	2	2	3	3	3	4	4	4	5	5	秋分	6	6	6	7	7	7	8	8	8
대운 여	1	1	1		10	10	9	9	9	8	8	8	7	7	7	6	6	6	5		5	4	4	4	3	3	3	2	2

九月大　月建 丙戌　九紫

한로 음 9/6 양 10/8 오후 1시33분 ● 상강 음 9/21 양 10/23 오후 4시42분

음력	1	2	3	4	5	6	7	8	9	10	11	12	13	14	15	16	17	18	19	20	21	22	23	24	25	26	27	28	29	30
양력	10/3	4	5	6	7	8	9	10	11	12	13	14	15	16	17	18	19	20	21	22	23	24	25	26	27	28	29	30	31	11/1
요일	월	화	수	목	금	토	일	월	화	수	목	금	토	일	월	화	수	목	금	토	일	월	화	수	목	금	토	일	월	화
일진	庚申	辛酉	壬戌	癸亥	甲子	乙丑	丙寅	丁卯	戊辰	己巳	庚午	辛未	壬申	癸酉	甲戌	乙亥	丙子	丁丑	戊寅	己卯	庚辰	辛巳	壬午	癸未	甲申	乙酉	丙戌	丁亥	戊子	己丑
대운 남	9	9	9	10	10	寒露	1	1	1	1	2	2	2	3	3	3	4	4	4	5	霜降	5	6	6	6	7	7	7	8	8
대운 여	2	1	1	1	1		10	9	9	9	8	8	8	7	7	7	6	6	6	5		5	4	4	4	3	3	3	2	2

十月大　月建 丁亥　八白

입동 음 10/6 양 11/7 오후 4시42분 ● 소설 음 10/21 양 11/22 오후 2시15분

음력	1	2	3	4	5	6	7	8	9	10	11	12	13	14	15	16	17	18	19	20	21	22	23	24	25	26	27	28	29	30
양력	11/2	3	4	5	6	7	8	9	10	11	12	13	14	15	16	17	18	19	20	21	22	23	24	25	26	27	28	29	30	12/1
요일	수	목	금	토	일	월	화	수	목	금	토	일	월	화	수	목	금	토	일	월	화	수	목	금	토	일	월	화	수	목
일진	庚寅	辛卯	壬辰	癸巳	甲午	乙未	丙申	丁酉	戊戌	己亥	庚子	辛丑	壬寅	癸卯	甲辰	乙巳	丙午	丁未	戊申	己酉	庚戌	辛亥	壬子	癸丑	甲寅	乙卯	丙辰	丁巳	戊午	己未
대운 남	8	9	9	9	10	立冬	1	1	1	1	2	2	2	3	3	3	4	4	4	5	小雪	5	6	6	6	7	7	7	8	8
대운 여	2	1	1	1	1		10	9	9	9	8	8	8	7	7	7	6	6	6	5		5	4	4	4	3	3	3	2	2

十一月小　月建 戊子　七赤

대설 음 11/6 양 12/7 오전 9시33분 ● 동지 음 11/21 양 12/22 오전 3시35분

음력	1	2	3	4	5	6	7	8	9	10	11	12	13	14	15	16	17	18	19	20	21	22	23	24	25	26	27	28	29
양력	12/2	3	4	5	6	7	8	9	10	11	12	13	14	15	16	17	18	19	20	21	22	23	24	25	26	27	28	29	30
요일	금	토	일	월	화	수	목	금	토	일	월	화	수	목	금	토	일	월	화	수	목	금	토	일	월	화	수	목	금
일진	庚申	辛酉	壬戌	癸亥	甲子	乙丑	丙寅	丁卯	戊辰	己巳	庚午	辛未	壬申	癸酉	甲戌	乙亥	丙子	丁丑	戊寅	己卯	庚辰	辛巳	壬午	癸未	甲申	乙酉	丙戌	丁亥	戊子
대운 남	8	9	9	9	10	大雪	1	1	1	1	2	2	2	3	3	3	4	4	4	5	冬至	5	6	6	6	7	7	7	8
대운 여	2	1	1	1	1		9	9	9	8	8	8	7	7	7	6	6	6	5	5		4	4	4	3	3	3	2	2

十二月小　月建 己丑　六白

소한 음 12/6 양 1/5 오후 8시47분 ● 대한 음 12/21 양 1/20 오후 2시15분

음력	1	2	3	4	5	6	7	8	9	10	11	12	13	14	15	16	17	18	19	20	21	22	23	24	25	26	27	28	29
양력	12/31	1/1	2	3	4	5	6	7	8	9	10	11	12	13	14	15	16	17	18	19	20	21	22	23	24	25	26	27	28
요일	토	일	월	화	수	목	금	토	일	월	화	수	목	금	토	일	월	화	수	목	금	토	일	월	화	수	목	금	토
일진	己丑	庚寅	辛卯	壬辰	癸巳	甲午	乙未	丙申	丁酉	戊戌	己亥	庚子	辛丑	壬寅	癸卯	甲辰	乙巳	丙午	丁未	戊申	己酉	庚戌	辛亥	壬子	癸丑	甲寅	乙卯	丙辰	丁巳
대운 남	8	8	9	9	9	小寒	1	1	1	1	2	2	2	3	3	3	4	4	4	5	大寒	5	6	6	6	7	7	7	8
대운 여	2	1	1	1	1		10	9	9	9	8	8	8	7	7	7	6	6	6	5		5	4	4	4	3	3	3	2

2006년 | 단기 4339년　丙戌年

三日得辛　十龍治水

午 大將軍　北 三殺　申 吊客　子 喪門　納音五行 屋上土

正月大　月建 庚寅　五黃

입춘 음 1/7 양 2/4 오전 8시27분 ● 우수 음 1/22 양 2/19 오전 4시26분

음력	1	2	3	4	5	6	7	8	9	10	11	12	13	14	15	16	17	18	19	20	21	22	23	24	25	26	27	28	29	30
양력	1/29	30	31	2/1	2	3	4	5	6	7	8	9	10	11	12	13	14	15	16	17	18	19	20	21	22	23	24	25	26	27
요일	일	월	화	수	목	금	토	일	월	화	수	목	금	토	일	월	화	수	목	금	토	일	월	화	수	목	금	토	일	월
일진	戊午	己未	庚申	辛酉	壬戌	癸亥	甲子	乙丑	丙寅	丁卯	戊辰	己巳	庚午	辛未	壬申	癸酉	甲戌	乙亥	丙子	丁丑	戊寅	己卯	庚辰	辛巳	壬午	癸未	甲申	乙酉	丙戌	丁亥
대운 남	8	8	9	9	9	10	立	10	9	9	9	8	8	8	7	7	7	6	6	6	5	雨	5	4	4	4	3	3	3	2
대운 여	2	2	1	1	1	1	春	1	1	1	1	2	2	2	3	3	3	4	4	4	5	水	5	6	6	6	7	7	7	8

二月小　月建 辛卯　四綠

경칩 음 2/7 양 3/6 오전 2시29분 ● 춘분 음 2/22 양 3/21 오전 3시26분

음력	1	2	3	4	5	6	7	8	9	10	11	12	13	14	15	16	17	18	19	20	21	22	23	24	25	26	27	28	29	
양력	2/28	3/1	2	3	4	5	6	7	8	9	10	11	12	13	14	15	16	17	18	19	20	21	22	23	24	25	26	27	28	
요일	화	수	목	금	토	일	월	화	수	목	금	토	일	월	화	수	목	금	토	일	월	화	수	목	금	토	일	월	화	
일진	戊子	己丑	庚寅	辛卯	壬辰	癸巳	甲午	乙未	丙申	丁酉	戊戌	己亥	庚子	辛丑	壬寅	癸卯	甲辰	乙巳	丙午	丁未	戊申	己酉	庚戌	辛亥	壬子	癸丑	甲寅	乙卯	丙辰	
대운 남	2	2	1	1	1	1	驚	10	9	9	9	8	8	8	7	7	7	6	6	6	5	春	5	4	4	4	3	3	3	
대운 여	8	8	9	9	9	10	蟄	1	1	1	1	2	2	2	3	3	3	4	4	4	5	分	5	6	6	6	7	7	7	

三月大　月建 壬辰　三碧

청명 음 3/8 양 4/5 오전 7시15분 ● 곡우 음 3/23 양 4/20 오후 2시26분

음력	1	2	3	4	5	6	7	8	9	10	11	12	13	14	15	16	17	18	19	20	21	22	23	24	25	26	27	28	29	30
양력	3/29	30	31	4/1	2	3	4	5	6	7	8	9	10	11	12	13	14	15	16	17	18	19	20	21	22	23	24	25	26	27
요일	수	목	금	토	일	월	화	수	목	금	토	일	월	화	수	목	금	토	일	월	화	수	목	금	토	일	월	화	수	목
일진	丁巳	戊午	己未	庚申	辛酉	壬戌	癸亥	甲子	乙丑	丙寅	丁卯	戊辰	己巳	庚午	辛未	壬申	癸酉	甲戌	乙亥	丙子	丁丑	戊寅	己卯	庚辰	辛巳	壬午	癸未	甲申	乙酉	丙戌
대운 남	2	2	2	1	1	1	1	清	10	10	9	9	9	8	8	8	7	7	7	6	6	6	穀	5	5	4	4	4	3	3
대운 여	8	8	8	9	9	9	10	明	1	1	1	1	2	2	2	3	3	3	4	4	4	5	雨	5	6	6	6	7	7	7

四月小　月建 癸巳　二黑

입하 음 4/9 양 5/6 오전 0시31분 ● 소만 음 4/24 양 5/21 오후 1시32분

음력	1	2	3	4	5	6	7	8	9	10	11	12	13	14	15	16	17	18	19	20	21	22	23	24	25	26	27	28	29	
양력	4/28	29	30	5/1	2	3	4	5	6	7	8	9	10	11	12	13	14	15	16	17	18	19	20	21	22	23	24	25	26	
요일	금	토	일	월	화	수	목	금	토	일	월	화	수	목	금	토	일	월	화	수	목	금	토	일	월	화	수	목	금	
일진	丁亥	戊子	己丑	庚寅	辛卯	壬辰	癸巳	甲午	乙未	丙申	丁酉	戊戌	己亥	庚子	辛丑	壬寅	癸卯	甲辰	乙巳	丙午	丁未	戊申	己酉	庚戌	辛亥	壬子	癸丑	甲寅	乙卯	
대운 남	3	2	2	2	1	1	1	1	立	10	10	9	9	9	8	8	8	7	7	7	6	6	6	小	5	5	4	4	4	
대운 여	8	8	8	9	9	9	10	10	夏	1	1	1	1	2	2	2	3	3	3	4	4	4	5	滿	5	6	6	6	7	

五月大　月建 甲午　一白

망종 음 5/11 양 6/6 오전 4시37분 ● 하지 음 5/26 양 6/21 오후 9시26분

음력	1	2	3	4	5	6	7	8	9	10	11	12	13	14	15	16	17	18	19	20	21	22	23	24	25	26	27	28	29	30
양력	5/27	28	29	30	31	6/1	2	3	4	5	6	7	8	9	10	11	12	13	14	15	16	17	18	19	20	21	22	23	24	25
요일	토	일	월	화	수	목	금	토	일	월	화	수	목	금	토	일	월	화	수	목	금	토	일	월	화	수	목	금	토	일
일진	丙辰	丁巳	戊午	己未	庚申	辛酉	壬戌	癸亥	甲子	乙丑	丙寅	丁卯	戊辰	己巳	庚午	辛未	壬申	癸酉	甲戌	乙亥	丙子	丁丑	戊寅	己卯	庚辰	辛巳	壬午	癸未	甲申	乙酉
대운 남	3	3	3	2	2	2	1	1	1	1	芒	10	10	9	9	9	8	8	8	7	7	7	6	6	6	夏	5	5	4	4
대운 여	7	7	8	8	8	9	9	9	10	10	種	1	1	1	1	2	2	2	3	3	3	4	4	4	5	至	5	6	6	6

六月小　月建 乙未　九紫

소서 음 6/12 양 7/7 오후 2시51분 ● 대서 음 6/28 양 7/23 오전 8시18분

음력	1	2	3	4	5	6	7	8	9	10	11	12	13	14	15	16	17	18	19	20	21	22	23	24	25	26	27	28	29	
양력	6/26	27	28	29	30	7/1	2	3	4	5	6	7	8	9	10	11	12	13	14	15	16	17	18	19	20	21	22	23	24	
요일	월	화	수	목	금	토	일	월	화	수	목	금	토	일	월	화	수	목	금	토	일	월	화	수	목	금	토	일	월	
일진	丙戌	丁亥	戊子	己丑	庚寅	辛卯	壬辰	癸巳	甲午	乙未	丙申	丁酉	戊戌	己亥	庚子	辛丑	壬寅	癸卯	甲辰	乙巳	丙午	丁未	戊申	己酉	庚戌	辛亥	壬子	癸丑	甲寅	
대운 남	4	3	3	3	2	2	2	1	1	1	1	小	10	10	10	9	9	9	8	8	8	7	7	7	6	6	6	大	5	
대운 여	7	7	7	8	8	8	9	9	9	10	10	暑	1	1	1	1	2	2	2	3	3	3	4	4	4	5	5	暑	6	

七月大　　月建 丙申　　八白

입추 음 7/15 양 8/8 오전 0시41분 ● 처서 음 7/30 양 8/23 오후 3시23분

음력		1	2	3	4	5	6	7	8	9	10	11	12	13	14	15	16	17	18	19	20	21	22	23	24	25	26	27	28	29	30
양력		7/25	26	27	28	29	30	31	8/1	2	3	4	5	6	7	8	9	10	11	12	13	14	15	16	17	18	19	20	21	22	23
요일		화	수	목	금	토	일	월	화	수	목	금	토	일	월	화	수	목	금	토	일	월	화	수	목	금	토	일	월	화	수
일진		乙卯	丙辰	丁巳	戊午	己未	庚申	辛酉	壬戌	癸亥	甲子	乙丑	丙寅	丁卯	戊辰	己巳	庚午	辛未	壬申	癸酉	甲戌	乙亥	丙子	丁丑	戊寅	己卯	庚辰	辛巳	壬午	癸未	甲申
대운	남	5	4	4	4	3	3	3	2	2	2	1	1	1	1	立	10	10	9	9	9	8	8	8	7	7	7	6	6	6	處
	여	6	6	7	7	7	8	8	8	9	9	9	10	10	10	秋	1	1	1	1	2	2	2	3	3	3	4	4	4	5	暑

閏七月小

백로 음 윤7/16 양 9/8 오전 3시39분

음력		1	2	3	4	5	6	7	8	9	10	11	12	13	14	15	16	17	18	19	20	21	22	23	24	25	26	27	28	29
양력		8/24	25	26	27	28	29	30	31	9/1	2	3	4	5	6	7	8	9	10	11	12	13	14	15	16	17	18	19	20	21
요일		목	금	토	일	월	화	수	목	금	토	일	월	화	수	목	금	토	일	월	화	수	목	금	토	일	월	화	수	목
일진		乙酉	丙戌	丁亥	戊子	己丑	庚寅	辛卯	壬辰	癸巳	甲午	乙未	丙申	丁酉	戊戌	己亥	庚子	辛丑	壬寅	癸卯	甲辰	乙巳	丙午	丁未	戊申	己酉	庚戌	辛亥	壬子	癸丑
대운	남	5	5	4	4	4	3	3	3	2	2	2	1	1	1	1	白	10	9	9	9	8	8	8	7	7	7	6	6	6
	여	5	6	6	6	7	7	7	8	8	8	9	9	9	10	10	露	1	1	1	1	2	2	2	3	3	3	4	4	4

八月大　　月建 丁酉　　七赤

추분 음 8/2 양 9/23 오후 1시3분 ● 한로 음 8/17 양 10/8 오후 7시21분

음력		1	2	3	4	5	6	7	8	9	10	11	12	13	14	15	16	17	18	19	20	21	22	23	24	25	26	27	28	29	30
양력		9/22	23	24	25	26	27	28	29	30	10/1	2	3	4	5	6	7	8	9	10	11	12	13	14	15	16	17	18	19	20	21
요일		금	토	일	월	화	수	목	금	토	일	월	화	수	목	금	토	일	월	화	수	목	금	토	일	월	화	수	목	금	토
일진		甲寅	乙卯	丙辰	丁巳	戊午	己未	庚申	辛酉	壬戌	癸亥	甲子	乙丑	丙寅	丁卯	戊辰	己巳	庚午	辛未	壬申	癸酉	甲戌	乙亥	丙子	丁丑	戊寅	己卯	庚辰	辛巳	壬午	癸未
대운	남	5	秋	5	4	4	4	3	3	3	2	2	2	1	1	1	1	寒	10	9	9	9	8	8	8	7	7	7	6	6	6
	여	5	分	5	6	6	6	7	7	7	8	8	8	9	9	9	10	露	1	1	1	1	2	2	2	3	3	3	4	4	4

九月大　　月建 戊戌　　六白

상강 음 9/2 양 10/23 오후 10시26분 ● 입동 음 9/17 양 11/7 오후 10시35분

음력		1	2	3	4	5	6	7	8	9	10	11	12	13	14	15	16	17	18	19	20	21	22	23	24	25	26	27	28	29	30
양력		10/22	23	24	25	26	27	28	29	30	31	11/1	2	3	4	5	6	7	8	9	10	11	12	13	14	15	16	17	18	19	20
요일		일	월	화	수	목	금	토	일	월	화	수	목	금	토	일	월	화	수	목	금	토	일	월	화	수	목	금	토	일	월
일진		甲申	乙酉	丙戌	丁亥	戊子	己丑	庚寅	辛卯	壬辰	癸巳	甲午	乙未	丙申	丁酉	戊戌	己亥	庚子	辛丑	壬寅	癸卯	甲辰	乙巳	丙午	丁未	戊申	己酉	庚戌	辛亥	壬子	癸丑
대운	남	5	霜	5	4	4	4	3	3	3	2	2	2	1	1	1	1	立	10	9	9	9	8	8	8	7	7	7	6	6	6
	여	5	降	5	6	6	6	7	7	7	8	8	8	9	9	9	10	冬	1	1	1	1	2	2	2	3	3	3	4	4	4

十月小　　月建 己亥　　五黃

소설 음 10/2 양 11/22 오후 8시2분 ● 대설 음 10/17 양 12/7 오후 3시27분

음력		1	2	3	4	5	6	7	8	9	10	11	12	13	14	15	16	17	18	19	20	21	22	23	24	25	26	27	28	29
양력		11/21	22	23	24	25	26	27	28	29	30	12/1	2	3	4	5	6	7	8	9	10	11	12	13	14	15	16	17	18	19
요일		화	수	목	금	토	일	월	화	수	목	금	토	일	월	화	수	목	금	토	일	월	화	수	목	금	토	일	월	화
일진		甲寅	乙卯	丙辰	丁巳	戊午	己未	庚申	辛酉	壬戌	癸亥	甲子	乙丑	丙寅	丁卯	戊辰	己巳	庚午	辛未	壬申	癸酉	甲戌	乙亥	丙子	丁丑	戊寅	己卯	庚辰	辛巳	壬午
대운	남	5	小	5	4	4	4	3	3	3	2	2	2	1	1	1	1	大	10	9	9	9	8	8	8	7	7	7	6	6
	여	5	雪	5	6	6	6	7	7	7	8	8	8	9	9	9	10	雪	1	1	1	1	2	2	2	3	3	3	4	4

十一月大　　月建 庚子　　四綠

동지 음 11/3 양 12/22 오전 9시22분 ● 소한 음 11/18 양 1/6 오전 2시40분

음력		1	2	3	4	5	6	7	8	9	10	11	12	13	14	15	16	17	18	19	20	21	22	23	24	25	26	27	28	29	30
양력		12/20	21	22	23	24	25	26	27	28	29	30	31	1/1	2	3	4	5	6	7	8	9	10	11	12	13	14	15	16	17	18
요일		수	목	금	토	일	월	화	수	목	금	토	일	월	화	수	목	금	토	일	월	화	수	목	금	토	일	월	화	수	목
일진		癸未	甲申	乙酉	丙戌	丁亥	戊子	己丑	庚寅	辛卯	壬辰	癸巳	甲午	乙未	丙申	丁酉	戊戌	己亥	庚子	辛丑	壬寅	癸卯	甲辰	乙巳	丙午	丁未	戊申	己酉	庚戌	辛亥	壬子
대운	남	6	5	冬	5	4	4	4	3	3	3	2	2	2	1	1	1	1	小	9	9	9	8	8	8	7	7	7	6	6	6
	여	4	5	至	5	6	6	6	7	7	7	8	8	8	9	9	9	10	寒	1	1	1	1	2	2	2	3	3	3	4	4

十二月大　　月建 辛丑　　三碧

대한 음 12/2 양 1/20 오후 8시1분 ● 입춘 음 12/17 양 2/4 오후 2시18분

음력		1	2	3	4	5	6	7	8	9	10	11	12	13	14	15	16	17	18	19	20	21	22	23	24	25	26	27	28	29	30
양력		1/19	20	21	22	23	24	25	26	27	28	29	30	31	2/1	2	3	4	5	6	7	8	9	10	11	12	13	14	15	16	17
요일		금	토	일	월	화	수	목	금	토	일	월	화	수	목	금	토	일	월	화	수	목	금	토	일	월	화	수	목	금	토
일진		癸丑	甲寅	乙卯	丙辰	丁巳	戊午	己未	庚申	辛酉	壬戌	癸亥	甲子	乙丑	丙寅	丁卯	戊辰	己巳	庚午	辛未	壬申	癸酉	甲戌	乙亥	丙子	丁丑	戊寅	己卯	庚辰	辛巳	壬午
대운	남	5	大	5	4	4	4	3	3	3	2	2	2	1	1	1	1	立	1	1	1	1	2	2	2	3	3	3	4	4	4
	여	4	寒	5	5	6	6	6	7	7	7	8	8	8	9	9	9	春	10	9	9	9	8	8	8	7	7	7	6	6	6

2007년 | 단기 4340년

丁亥年

九日得辛 十龍治水

酉 大將軍　　酉 三殺　　酉 吊客　　丑 喪門　　　納音五行 屋上土

正月小　　月建 壬寅　　二黑

우수 음 1/2 양 2/19 오전 10시9분 ● 경칩 음 1/17 양 3/6 오전 8시18분

음력	1	2	3	4	5	6	7	8	9	10	11	12	13	14	15	16	17	18	19	20	21	22	23	24	25	26	27	28	29
양력	2/18	19	20	21	22	23	24	25	26	27	28	3/1	2	3	4	5	6	7	8	9	10	11	12	13	14	15	16	17	18
요일	일	월	화	수	목	금	토	일	월	화	수	목	금	토	일	월	화	수	목	금	토	일	월	화	수	목	금	토	일
일진	癸未	甲申	乙酉	丙戌	丁亥	戊子	己丑	庚寅	辛卯	壬辰	癸巳	甲午	乙未	丙申	丁酉	戊戌	己亥	庚子	辛丑	壬寅	癸卯	甲辰	乙巳	丙午	丁未	戊申	己酉	庚戌	辛亥
대운 남	5	雨	5	6	6	6	7	7	7	8	8	8	9	9	9	10	驚	1	1	1	1	2	2	2	3	3	3	4	4
대운 여	5	水	5	4	4	4	3	3	3	2	2	2	1	1	1	1	蟄	10	9	9	9	8	8	8	7	7	7	6	6

二月小　　月建 癸卯　　一白

춘분 음 2/3 양 3/21 오전 9시7분 ● 청명 음 2/18 양 4/5 오후 1시5분

음력	1	2	3	4	5	6	7	8	9	10	11	12	13	14	15	16	17	18	19	20	21	22	23	24	25	26	27	28	29
양력	3/19	20	21	22	23	24	25	26	27	28	29	30	31	4/1	2	3	4	5	6	7	8	9	10	11	12	13	14	15	16
요일	월	화	수	목	금	토	일	월	화	수	목	금	토	일	월	화	수	목	금	토	일	월	화	수	목	금	토	일	월
일진	壬子	癸丑	甲寅	乙卯	丙辰	丁巳	戊午	己未	庚申	辛酉	壬戌	癸亥	甲子	乙丑	丙寅	丁卯	戊辰	己巳	庚午	辛未	壬申	癸酉	甲戌	乙亥	丙子	丁丑	戊寅	己卯	庚辰
대운 남	4	5	春	5	6	6	6	7	7	7	8	8	8	9	9	9	10	清	1	1	1	1	2	2	2	3	3	3	4
대운 여	6	5	分	5	4	4	4	3	3	3	2	2	2	1	1	1	1	明	10	10	9	9	9	8	8	8	7	7	7

三月大　　月建 甲辰　　九紫

곡우 음 3/4 양 4/20 오후 8시7분 ● 입하 음 3/20 양 5/6 오전 6시20분

음력	1	2	3	4	5	6	7	8	9	10	11	12	13	14	15	16	17	18	19	20	21	22	23	24	25	26	27	28	29	30
양력	4/17	18	19	20	21	22	23	24	25	26	27	28	29	30	5/1	2	3	4	5	6	7	8	9	10	11	12	13	14	15	16
요일	화	수	목	금	토	일	월	화	수	목	금	토	일	월	화	수	목	금	토	일	월	화	수	목	금	토	일	월	화	수
일진	辛巳	壬午	癸未	甲申	乙酉	丙戌	丁亥	戊子	己丑	庚寅	辛卯	壬辰	癸巳	甲午	乙未	丙申	丁酉	戊戌	己亥	庚子	辛丑	壬寅	癸卯	甲辰	乙巳	丙午	丁未	戊申	己酉	庚戌
대운 남	4	4	5	穀	5	6	6	6	7	7	7	8	8	8	9	9	9	10	10	立	1	1	1	1	2	2	2	3	3	3
대운 여	6	6	6	雨	5	5	4	4	4	3	3	3	2	2	2	1	1	1	1	夏	10	10	9	9	9	8	8	8	7	7

四月小　　月建 乙巳　　八白

소만 음 4/5 양 5/21 오후 7시12분 ● 망종 음 4/21 양 6/6 오전 10시27분

음력	1	2	3	4	5	6	7	8	9	10	11	12	13	14	15	16	17	18	19	20	21	22	23	24	25	26	27	28	29
양력	5/17	18	19	20	21	22	23	24	25	26	27	28	29	30	31	6/1	2	3	4	5	6	7	8	9	10	11	12	13	14
요일	목	금	토	일	월	화	수	목	금	토	일	월	화	수	목	금	토	일	월	화	수	목	금	토	일	월	화	수	목
일진	辛亥	壬子	癸丑	甲寅	乙卯	丙辰	丁巳	戊午	己未	庚申	辛酉	壬戌	癸亥	甲子	乙丑	丙寅	丁卯	戊辰	己巳	庚午	辛未	壬申	癸酉	甲戌	乙亥	丙子	丁丑	戊寅	己卯
대운 남	4	4	4	5	小	5	6	6	6	7	7	7	8	8	8	9	9	9	10	10	芒	1	1	1	1	2	2	2	3
대운 여	7	6	6	6	滿	5	5	4	4	4	3	3	3	2	2	2	1	1	1	1	種	10	10	9	9	9	8	8	8

五月小　　月建 丙午　　七赤

하지 음 5/8 양 6/22 오전 3시6분 ● 소서 음 5/23 양 7/7 오후 8시42분

음력	1	2	3	4	5	6	7	8	9	10	11	12	13	14	15	16	17	18	19	20	21	22	23	24	25	26	27	28	29
양력	6/15	16	17	18	19	20	21	22	23	24	25	26	27	28	29	30	7/1	2	3	4	5	6	7	8	9	10	11	12	13
요일	금	토	일	월	화	수	목	금	토	일	월	화	수	목	금	토	일	월	화	수	목	금	토	일	월	화	수	목	금
일진	庚辰	辛巳	壬午	癸未	甲申	乙酉	丙戌	丁亥	戊子	己丑	庚寅	辛卯	壬辰	癸巳	甲午	乙未	丙申	丁酉	戊戌	己亥	庚子	辛丑	壬寅	癸卯	甲辰	乙巳	丙午	丁未	戊申
대운 남	3	3	4	4	4	5	5	夏	6	6	6	7	7	7	8	8	8	9	9	9	10	10	小	1	1	1	1	2	2
대운 여	7	7	7	6	6	6	5	至	5	4	4	4	3	3	3	2	2	2	1	1	1	1	暑	10	10	10	9	9	9

六月大　　月建 丁未　　六白

대서 음 6/10 양 7/23 오후 2시0분 ● 입추 음 6/26 양 8/8 오전 6시31분

음력	1	2	3	4	5	6	7	8	9	10	11	12	13	14	15	16	17	18	19	20	21	22	23	24	25	26	27	28	29	30
양력	7/14	15	16	17	18	19	20	21	22	23	24	25	26	27	28	29	30	31	8/1	2	3	4	5	6	7	8	9	10	11	12
요일	토	일	월	화	수	목	금	토	일	월	화	수	목	금	토	일	월	화	수	목	금	토	일	월	화	수	목	금	토	일
일진	己酉	庚戌	辛亥	壬子	癸丑	甲寅	乙卯	丙辰	丁巳	戊午	己未	庚申	辛酉	壬戌	癸亥	甲子	乙丑	丙寅	丁卯	戊辰	己巳	庚午	辛未	壬申	癸酉	甲戌	乙亥	丙子	丁丑	戊寅
대운 남	2	3	3	3	4	4	4	5	5	大	6	6	6	7	7	7	8	8	8	9	9	9	10	10	10	立	1	1	1	1
대운 여	8	8	8	7	7	7	6	6	6	暑	5	5	4	4	4	3	3	3	2	2	2	1	1	1	1	秋	10	10	9	9

七月小　月建 戊申　五黃

처서 음 7/11 양 8/23 오후 9시8분 ● 백로 음 7/27 양 9/8 오전 9시29분

음력		1	2	3	4	5	6	7	8	9	10	11	12	13	14	15	16	17	18	19	20	21	22	23	24	25	26	27	28	29
양력		8/13	14	15	16	17	18	19	20	21	22	23	24	25	26	27	28	29	30	31	9/1	2	3	4	5	6	7	8	9	10
요일		월	화	수	목	금	토	일	월	화	수	목	금	토	일	월	화	수	목	금	토	일	월	화	수	목	금	토	일	월
일진		己卯	庚辰	辛巳	壬午	癸未	甲申	乙酉	丙戌	丁亥	戊子	己丑	庚寅	辛卯	壬辰	癸巳	甲午	乙未	丙申	丁酉	戊戌	己亥	庚子	辛丑	壬寅	癸卯	甲辰	乙巳	丙午	丁未
대운	남	2	2	2	3	3	3	4	4	4	5	處暑	5	6	6	6	7	7	7	8	8	8	9	9	9	10	10	白露	1	1
	여	9	8	8	8	7	7	7	6	6	6		5	5	4	4	4	3	3	3	2	2	2	1	1	1	1		10	10

八月大　月建 己酉　四綠

추분 음 8/13 양 9/23 오후 6시51분 ● 한로 음 8/29 양 10/9 오전 1시11분

음력		1	2	3	4	5	6	7	8	9	10	11	12	13	14	15	16	17	18	19	20	21	22	23	24	25	26	27	28	29	30
양력		9/11	12	13	14	15	16	17	18	19	20	21	22	23	24	25	26	27	28	29	30	10/1	2	3	4	5	6	7	8	9	10
요일		화	수	목	금	토	일	월	화	수	목	금	토	일	월	화	수	목	금	토	일	월	화	수	목	금	토	일	월	화	수
일진		戊申	己酉	庚戌	辛亥	壬子	癸丑	甲寅	乙卯	丙辰	丁巳	戊午	己未	庚申	辛酉	壬戌	癸亥	甲子	乙丑	丙寅	丁卯	戊辰	己巳	庚午	辛未	壬申	癸酉	甲戌	乙亥	丙子	丁丑
대운	남	1	1	2	2	2	3	3	3	4	4	4	5	秋分	5	6	6	6	7	7	7	8	8	8	9	9	9	10	10	寒露	1
	여	9	9	9	8	8	8	7	7	7	6	6	6		5	5	4	4	4	3	3	3	2	2	2	1	1	1	1		10

九月大　月建 庚戌　三碧

상강 음 9/14 양 10/24 오전 4시15분 ● 입동 음 9/29 양 11/8 오전 4시24분

음력		1	2	3	4	5	6	7	8	9	10	11	12	13	14	15	16	17	18	19	20	21	22	23	24	25	26	27	28	29	30
양력		10/11	12	13	14	15	16	17	18	19	20	21	22	23	24	25	26	27	28	29	30	31	11/1	2	3	4	5	6	7	8	9
요일		목	금	토	일	월	화	수	목	금	토	일	월	화	수	목	금	토	일	월	화	수	목	금	토	일	월	화	수	목	금
일진		戊寅	己卯	庚辰	辛巳	壬午	癸未	甲申	乙酉	丙戌	丁亥	戊子	己丑	庚寅	辛卯	壬辰	癸巳	甲午	乙未	丙申	丁酉	戊戌	己亥	庚子	辛丑	壬寅	癸卯	甲辰	乙巳	丙午	丁未
대운	남	1	1	1	2	2	2	3	3	3	4	4	4	5	霜降	5	6	6	6	7	7	7	8	8	8	9	9	9	10	立冬	1
	여	9	9	9	8	8	8	7	7	7	6	6	6	5		5	4	4	4	3	3	3	2	2	2	1	1	1	1		9

十月大　月建 辛亥　二黑

소설 음 10/14 양 11/23 오전 1시50분 ● 대설 음 10/28 양 12/7 오후 9시14분

음력		1	2	3	4	5	6	7	8	9	10	11	12	13	14	15	16	17	18	19	20	21	22	23	24	25	26	27	28	29	30
양력		11/10	11	12	13	14	15	16	17	18	19	20	21	22	23	24	25	26	27	28	29	30	12/1	2	3	4	5	6	7	8	9
요일		토	일	월	화	수	목	금	토	일	월	화	수	목	금	토	일	월	화	수	목	금	토	일	월	화	수	목	금	토	일
일진		戊申	己酉	庚戌	辛亥	壬子	癸丑	甲寅	乙卯	丙辰	丁巳	戊午	己未	庚申	辛酉	壬戌	癸亥	甲子	乙丑	丙寅	丁卯	戊辰	己巳	庚午	辛未	壬申	癸酉	甲戌	乙亥	丙子	丁丑
대운	남	1	1	1	2	2	2	3	3	3	4	4	4	5	小雪	5	6	6	6	7	7	7	8	8	8	9	9	9	大雪	1	1
	여	9	9	8	8	8	7	7	7	6	6	6	5	5		4	4	4	3	3	3	2	2	2	1	1	1	1		10	9

十一月小　月建 壬子　一白

동지 음 11/13 양 12/22 오후 3시8분 ● 소한 음 11/28 양 1/6 오전 8시25분

음력		1	2	3	4	5	6	7	8	9	10	11	12	13	14	15	16	17	18	19	20	21	22	23	24	25	26	27	28	29
양력		12/10	11	12	13	14	15	16	17	18	19	20	21	22	23	24	25	26	27	28	29	30	31	1/1	2	3	4	5	6	7
요일		월	화	수	목	금	토	일	월	화	수	목	금	토	일	월	화	수	목	금	토	일	월	화	수	목	금	토	일	월
일진		戊寅	己卯	庚辰	辛巳	壬午	癸未	甲申	乙酉	丙戌	丁亥	戊子	己丑	庚寅	辛卯	壬辰	癸巳	甲午	乙未	丙申	丁酉	戊戌	己亥	庚子	辛丑	壬寅	癸卯	甲辰	乙巳	丙午
대운	남	1	1	2	2	2	3	3	3	4	4	4	5	冬至	5	6	6	6	7	7	7	8	8	8	9	9	9	10	小寒	1
	여	9	9	8	8	8	7	7	7	6	6	6	5		5	4	4	4	3	3	3	2	2	2	1	1	1	1		9

十二月大　月建 癸丑　九紫

대한 음 12/14 양 1/21 오전 1시43분 ● 입춘 음 12/28 양 2/4 오후 8시0분

음력		1	2	3	4	5	6	7	8	9	10	11	12	13	14	15	16	17	18	19	20	21	22	23	24	25	26	27	28	29	30
양력		1/8	9	10	11	12	13	14	15	16	17	18	19	20	21	22	23	24	25	26	27	28	29	30	31	2/1	2	3	4	5	6
요일		화	수	목	금	토	일	월	화	수	목	금	토	일	월	화	수	목	금	토	일	월	화	수	목	금	토	일	월	화	수
일진		丁未	戊申	己酉	庚戌	辛亥	壬子	癸丑	甲寅	乙卯	丙辰	丁巳	戊午	己未	庚申	辛酉	壬戌	癸亥	甲子	乙丑	丙寅	丁卯	戊辰	己巳	庚午	辛未	壬申	癸酉	甲戌	乙亥	丙子
대운	남	1	1	1	2	2	2	3	3	3	4	4	4	5	大寒	5	6	6	6	7	7	7	8	8	8	9	9	9	立春	10	9
	여	9	9	8	8	8	7	7	7	6	6	6	5	5		4	4	4	3	3	3	2	2	2	1	1	1	1		1	1

2008년 | 단기 4341년 戊子年

五日得辛 四龍治水

西 大將軍　南 三殺　戌 吊客　寅 喪門　納音五行 霹靂火

正月大　月建 甲寅　八白

우수 음 1/13 양 2/19 오후 3시49분 · 경칩 음 1/28 양 3/5 오후 1시59분

음력	1	2	3	4	5	6	7	8	9	10	11	12	13	14	15	16	17	18	19	20	21	22	23	24	25	26	27	28	29	30
양력	2/7	8	9	10	11	12	13	14	15	16	17	18	19	20	21	22	23	24	25	26	27	28	29	3/1	2	3	4	5	6	7
요일	목	금	토	일	월	화	수	목	금	토	일	월	화	수	목	금	토	일	월	화	수	목	금	토	일	월	화	수	목	금
일진	丁丑	戊寅	己卯	庚辰	辛巳	壬午	癸未	甲申	乙酉	丙戌	丁亥	戊子	己丑	庚寅	辛卯	壬辰	癸巳	甲午	乙未	丙申	丁酉	戊戌	己亥	庚子	辛丑	壬寅	癸卯	甲辰	乙巳	丙午
대운 남	9	9	8	8	8	7	7	7	6	6	6	5	雨	5	4	4	4	3	3	3	2	2	2	1	1	1	1	驚	10	9
대운 여	1	1	2	2	2	3	3	3	4	4	4	5	水	5	6	6	6	7	7	7	8	8	8	9	9	9	10	蟄	1	1

二月小　月建 乙卯　七赤

춘분 음 2/13 양 3/20 오후 2시48분 · 청명 음 2/28 양 4/4 오후 6시46분

음력	1	2	3	4	5	6	7	8	9	10	11	12	13	14	15	16	17	18	19	20	21	22	23	24	25	26	27	28	29
양력	3/8	9	10	11	12	13	14	15	16	17	18	19	20	21	22	23	24	25	26	27	28	29	30	31	4/1	2	3	4	5
요일	토	일	월	화	수	목	금	토	일	월	화	수	목	금	토	일	월	화	수	목	금	토	일	월	화	수	목	금	토
일진	丁未	戊申	己酉	庚戌	辛亥	壬子	癸丑	甲寅	乙卯	丙辰	丁巳	戊午	己未	庚申	辛酉	壬戌	癸亥	甲子	乙丑	丙寅	丁卯	戊辰	己巳	庚午	辛未	壬申	癸酉	甲戌	乙亥
대운 남	9	9	8	8	8	7	7	7	6	6	6	5	春	5	4	4	4	3	3	3	2	2	2	1	1	1	1	清	10
대운 여	1	1	2	2	2	3	3	3	4	4	4	5	分	5	6	6	6	7	7	7	8	8	8	9	9	9	10	明	1

三月小　月建 丙辰　六白

곡우 음 3/15 양 4/20 오전 1시51분

음력	1	2	3	4	5	6	7	8	9	10	11	12	13	14	15	16	17	18	19	20	21	22	23	24	25	26	27	28	29
양력	4/6	7	8	9	10	11	12	13	14	15	16	17	18	19	20	21	22	23	24	25	26	27	28	29	30	5/1	2	3	4
요일	일	월	화	수	목	금	토	일	월	화	수	목	금	토	일	월	화	수	목	금	토	일	월	화	수	목	금	토	일
일진	丙子	丁丑	戊寅	己卯	庚辰	辛巳	壬午	癸未	甲申	乙酉	丙戌	丁亥	戊子	己丑	庚寅	辛卯	壬辰	癸巳	甲午	乙未	丙申	丁酉	戊戌	己亥	庚子	辛丑	壬寅	癸卯	甲辰
대운 남	10	9	9	9	8	8	8	7	7	7	6	6	6	5	穀	5	4	4	4	3	3	3	2	2	2	1	1	1	1
대운 여	1	1	1	2	2	2	3	3	3	4	4	4	5	5	雨	6	6	6	7	7	7	8	8	8	9	9	9	10	10

四月大　月建 丁巳　五黃

입하 음 4/1 양 5/5 오후 12시3분 · 소만 음 4/17 양 5/21 오전 1시1분

음력	1	2	3	4	5	6	7	8	9	10	11	12	13	14	15	16	17	18	19	20	21	22	23	24	25	26	27	28	29	30
양력	5/5	6	7	8	9	10	11	12	13	14	15	16	17	18	19	20	21	22	23	24	25	26	27	28	29	30	31	6/1	2	3
요일	월	화	수	목	금	토	일	월	화	수	목	금	토	일	월	화	수	목	금	토	일	월	화	수	목	금	토	일	월	화
일진	乙巳	丙午	丁未	戊申	己酉	庚戌	辛亥	壬子	癸丑	甲寅	乙卯	丙辰	丁巳	戊午	己未	庚申	辛酉	壬戌	癸亥	甲子	乙丑	丙寅	丁卯	戊辰	己巳	庚午	辛未	壬申	癸酉	甲戌
대운 남	立	10	10	9	9	9	8	8	8	7	7	7	6	6	6	5	小	5	4	4	4	3	3	3	2	2	2	1	1	1
대운 여	夏	1	1	1	1	2	2	2	3	3	3	4	4	4	5	5	滿	6	6	6	7	7	7	8	8	8	9	9	9	10

五月小　月建 戊午　四綠

망종 음 5/2 양 6/5 오후 4시12분 · 하지 음 5/18 양 6/21 오전 8시59분

음력	1	2	3	4	5	6	7	8	9	10	11	12	13	14	15	16	17	18	19	20	21	22	23	24	25	26	27	28	29
양력	6/4	5	6	7	8	9	10	11	12	13	14	15	16	17	18	19	20	21	22	23	24	25	26	27	28	29	30	7/1	2
요일	수	목	금	토	일	월	화	수	목	금	토	일	월	화	수	목	금	토	일	월	화	수	목	금	토	일	월	화	수
일진	乙亥	丙子	丁丑	戊寅	己卯	庚辰	辛巳	壬午	癸未	甲申	乙酉	丙戌	丁亥	戊子	己丑	庚寅	辛卯	壬辰	癸巳	甲午	乙未	丙申	丁酉	戊戌	己亥	庚子	辛丑	壬寅	癸卯
대운 남	1	芒	10	10	10	9	9	9	8	8	8	7	7	7	6	6	6	夏	5	5	4	4	4	3	3	3	2	2	2
대운 여	10	種	1	1	1	1	2	2	2	3	3	3	4	4	4	5	5	至	6	6	6	7	7	7	8	8	8	9	9

六月小　月建 己未　三碧

소서 음 6/5 양 7/7 오전 2시27분 · 대서 음 6/20 양 7/22 오후 7시55분

음력	1	2	3	4	5	6	7	8	9	10	11	12	13	14	15	16	17	18	19	20	21	22	23	24	25	26	27	28	29
양력	7/3	4	5	6	7	8	9	10	11	12	13	14	15	16	17	18	19	20	21	22	23	24	25	26	27	28	29	30	31
요일	목	금	토	일	월	화	수	목	금	토	일	월	화	수	목	금	토	일	월	화	수	목	금	토	일	월	화	수	목
일진	甲辰	乙巳	丙午	丁未	戊申	己酉	庚戌	辛亥	壬子	癸丑	甲寅	乙卯	丙辰	丁巳	戊午	己未	庚申	辛酉	壬戌	癸亥	甲子	乙丑	丙寅	丁卯	戊辰	己巳	庚午	辛未	壬申
대운 남	1	1	1	1	小	10	10	9	9	9	8	8	8	7	7	7	6	6	6	大	5	5	4	4	4	3	3	3	2
대운 여	9	10	10	10	暑	1	1	1	1	2	2	2	3	3	3	4	4	4	5	暑	5	6	6	6	7	7	7	8	8

七月大　　月建 庚申　　二黑　　입추 음 7/7 양 8/7 오후 12시16분● 처서 음 7/23 양 8/23 오전 3시2분

음력		1	2	3	4	5	6	7	8	9	10	11	12	13	14	15	16	17	18	19	20	21	22	23	24	25	26	27	28	29	30
양력		8/1	2	3	4	5	6	7	8	9	10	11	12	13	14	15	16	17	18	19	20	21	22	23	24	25	26	27	28	29	30
요일		금	토	일	월	화	수	목	금	토	일	월	화	수	목	금	토	일	월	화	수	목	금	토	일	월	화	수	목	금	토
일진		癸酉	甲戌	乙亥	丙子	丁丑	戊寅	己卯	庚辰	辛巳	壬午	癸未	甲申	乙酉	丙戌	丁亥	戊子	己丑	庚寅	辛卯	壬辰	癸巳	甲午	乙未	丙申	丁酉	戊戌	己亥	庚子	辛丑	壬寅
대운	남	2	2	1	1	1	1	立	10	10	9	9	9	8	8	8	7	7	7	6	6	6	5	處	5	4	4	4	3	3	3
	여	8	9	9	9	10	10	秋	1	1	1	1	2	2	2	3	3	3	4	4	4	5	5	暑	6	6	6	7	7	7	8

八月小　　月建 辛酉　　一白　　백로 음 8/8 양 9/7 오후 3시14분● 추분 음 8/24 양 9/23 오전 0시44분

음력		1	2	3	4	5	6	7	8	9	10	11	12	13	14	15	16	17	18	19	20	21	22	23	24	25	26	27	28	29	
양력		8/31	9/1	2	3	4	5	6	7	8	9	10	11	12	13	14	15	16	17	18	19	20	21	22	23	24	25	26	27	28	
요일		일	월	화	수	목	금	토	일	월	화	수	목	금	토	일	월	화	수	목	금	토	일	월	화	수	목	금	토	일	
일진		癸卯	甲辰	乙巳	丙午	丁未	戊申	己酉	庚戌	辛亥	壬子	癸丑	甲寅	乙卯	丙辰	丁巳	戊午	己未	庚申	辛酉	壬戌	癸亥	甲子	乙丑	丙寅	丁卯	戊辰	己巳	庚午	辛未	
대운	남	2	2	2	1	1	1	1	白	10	10	9	9	9	8	8	8	7	7	7	6	6	6	5	秋	5	4	4	4	3	
	여	8	8	9	9	9	10	10	露	1	1	1	1	2	2	2	3	3	3	4	4	4	5	5	分	6	6	6	7	7	

九月大　　月建 壬戌　　九紫　　한로 음 9/10 양 10/8 오전 6시57분● 상강 음 9/25 양 10/23 오전 10시9분

음력		1	2	3	4	5	6	7	8	9	10	11	12	13	14	15	16	17	18	19	20	21	22	23	24	25	26	27	28	29	30
양력		9/29	30	10/1	2	3	4	5	6	7	8	9	10	11	12	13	14	15	16	17	18	19	20	21	22	23	24	25	26	27	28
요일		월	화	수	목	금	토	일	월	화	수	목	금	토	일	월	화	수	목	금	토	일	월	화	수	목	금	토	일	월	화
일진		壬申	癸酉	甲戌	乙亥	丙子	丁丑	戊寅	己卯	庚辰	辛巳	壬午	癸未	甲申	乙酉	丙戌	丁亥	戊子	己丑	庚寅	辛卯	壬辰	癸巳	甲午	乙未	丙申	丁酉	戊戌	己亥	庚子	辛丑
대운	남	3	3	2	2	2	1	1	1	1	寒	10	9	9	9	8	8	8	7	7	7	6	6	6	5	霜	5	4	4	4	3
	여	7	8	8	8	9	9	9	10	10	露	1	1	1	1	2	2	2	3	3	3	4	4	4	5	降	5	6	6	6	7

十月大　　月建 癸亥　　八白　　입동 음 10/10 양 11/7 오전 10시10분● 소설 음 10/25 양 11/22 오전 7시44분

음력		1	2	3	4	5	6	7	8	9	10	11	12	13	14	15	16	17	18	19	20	21	22	23	24	25	26	27	28	29	30
양력		10/29	30	31	11/1	2	3	4	5	6	7	8	9	10	11	12	13	14	15	16	17	18	19	20	21	22	23	24	25	26	27
요일		수	목	금	토	일	월	화	수	목	금	토	일	월	화	수	목	금	토	일	월	화	수	목	금	토	일	월	화	수	목
일진		壬寅	癸卯	甲辰	乙巳	丙午	丁未	戊申	己酉	庚戌	辛亥	壬子	癸丑	甲寅	乙卯	丙辰	丁巳	戊午	己未	庚申	辛酉	壬戌	癸亥	甲子	乙丑	丙寅	丁卯	戊辰	己巳	庚午	辛未
대운	남	3	3	2	2	2	1	1	1	1	立	10	9	9	9	8	8	8	7	7	7	6	6	6	5	小	5	4	4	4	3
	여	7	7	8	8	8	9	9	9	10	冬	1	1	1	1	2	2	2	3	3	3	4	4	4	5	雪	5	6	6	6	7

十一月小　　月建 甲子　　七赤　　대설 음 11/10 양 12/7 오전 3시2분● 동지 음 11/24 양 12/21 오후 9시4분

음력		1	2	3	4	5	6	7	8	9	10	11	12	13	14	15	16	17	18	19	20	21	22	23	24	25	26	27	28	29	
양력		11/28	29	30	12/1	2	3	4	5	6	7	8	9	10	11	12	13	14	15	16	17	18	19	20	21	22	23	24	25	26	
요일		금	토	일	월	화	수	목	금	토	일	월	화	수	목	금	토	일	월	화	수	목	금	토	일	월	화	수	목	금	
일진		壬申	癸酉	甲戌	乙亥	丙子	丁丑	戊寅	己卯	庚辰	辛巳	壬午	癸未	甲申	乙酉	丙戌	丁亥	戊子	己丑	庚寅	辛卯	壬辰	癸巳	甲午	乙未	丙申	丁酉	戊戌	己亥	庚子	
대운	남	3	3	2	2	2	1	1	1	1	大	9	9	9	8	8	8	7	7	7	6	6	6	5	冬	5	4	4	4	3	
	여	7	7	8	8	8	9	9	9	10	雪	1	1	1	1	2	2	2	3	3	3	4	4	4	至	5	5	6	6	6	

十二月大　　月建 乙丑　　六白　　소한 음 12/10 양 1/5 오후 2시14분● 대한 음 12/25 양 1/20 오전 7시40분

음력		1	2	3	4	5	6	7	8	9	10	11	12	13	14	15	16	17	18	19	20	21	22	23	24	25	26	27	28	29	30
양력		12/27	28	29	30	31	1/1	2	3	4	5	6	7	8	9	10	11	12	13	14	15	16	17	18	19	20	21	22	23	24	25
요일		토	일	월	화	수	목	금	토	일	월	화	수	목	금	토	일	월	화	수	목	금	토	일	월	화	수	목	금	토	일
일진		辛丑	壬寅	癸卯	甲辰	乙巳	丙午	丁未	戊申	己酉	庚戌	辛亥	壬子	癸丑	甲寅	乙卯	丙辰	丁巳	戊午	己未	庚申	辛酉	壬戌	癸亥	甲子	乙丑	丙寅	丁卯	戊辰	己巳	庚午
대운	남	3	3	2	2	2	1	1	1	1	小	10	9	9	9	8	8	8	7	7	7	6	6	6	5	大	5	4	4	4	3
	여	7	7	7	8	8	8	9	9	9	寒	1	1	1	1	2	2	2	3	3	3	4	4	4	5	寒	5	6	6	6	7

2009년 | 단기 4342년

己丑年

一日得辛 十龍治水

西 大將軍　　東 三殺　　亥 吊客　　卯 喪門　　納音五行 霹靂火

正月大　　月建 丙寅　　五黃

입춘 음 1/10 양 2/4 오전 1시50분 ● 우수 음 1/24 양 2/18 오후 9시46분

음력	1	2	3	4	5	6	7	8	9	10	11	12	13	14	15	16	17	18	19	20	21	22	23	24	25	26	27	28	29	30
양력	1/26	27	28	29	30	31	2/1	2	3	4	5	6	7	8	9	10	11	12	13	14	15	16	17	18	19	20	21	22	23	24
요일	월	화	수	목	금	토	일	월	화	수	목	금	토	일	월	화	수	목	금	토	일	월	화	수	목	금	토	일	월	화
일진	辛未	壬申	癸酉	甲戌	乙亥	丙子	丁丑	戊寅	己卯	庚辰	辛巳	壬午	癸未	甲申	乙酉	丙戌	丁亥	戊子	己丑	庚寅	辛卯	壬辰	癸巳	甲午	乙未	丙申	丁酉	戊戌	己亥	庚子
대운 남	3	3	2	2	2	1	1	1	1	立	1	1	1	1	2	2	2	3	3	3	4	4	4	雨	5	5	6	6	6	7
대운 여	7	7	8	8	8	9	9	9	10	春	9	9	9	8	8	8	7	7	7	6	6	6	5	水	5	4	4	4	3	3

二月大　　月建 丁卯　　四綠

경칩 음 2/9 양 3/5 오후 7시47분 ● 춘분 음 2/24 양 3/20 오후 8시44분

음력	1	2	3	4	5	6	7	8	9	10	11	12	13	14	15	16	17	18	19	20	21	22	23	24	25	26	27	28	29	30
양력	2/25	26	27	28	3/1	2	3	4	5	6	7	8	9	10	11	12	13	14	15	16	17	18	19	20	21	22	23	24	25	26
요일	수	목	금	토	일	월	화	수	목	금	토	일	월	화	수	목	금	토	일	월	화	수	목	금	토	일	월	화	수	목
일진	辛丑	壬寅	癸卯	甲辰	乙巳	丙午	丁未	戊申	己酉	庚戌	辛亥	壬子	癸丑	甲寅	乙卯	丙辰	丁巳	戊午	己未	庚申	辛酉	壬戌	癸亥	甲子	乙丑	丙寅	丁卯	戊辰	己巳	庚午
대운 남	7	7	8	8	8	9	9	9	驚	1	1	1	1	2	2	2	3	3	3	4	4	4	5	春	5	6	6	6	7	7
대운 여	3	2	2	2	1	1	1	1	蟄	10	10	9	9	9	8	8	8	7	7	7	6	6	6	分	5	5	4	4	4	3

三月小　　月建 戊辰　　三碧

청명 음 3/10 양 4/5 오전 0시34분 ● 곡우 음 3/25 양 4/20 오전 7시44분

음력	1	2	3	4	5	6	7	8	9	10	11	12	13	14	15	16	17	18	19	20	21	22	23	24	25	26	27	28	29
양력	3/27	28	29	30	31	4/1	2	3	4	5	6	7	8	9	10	11	12	13	14	15	16	17	18	19	20	21	22	23	24
요일	금	토	일	월	화	수	목	금	토	일	월	화	수	목	금	토	일	월	화	수	목	금	토	일	월	화	수	목	금
일진	辛未	壬申	癸酉	甲戌	乙亥	丙子	丁丑	戊寅	己卯	庚辰	辛巳	壬午	癸未	甲申	乙酉	丙戌	丁亥	戊子	己丑	庚寅	辛卯	壬辰	癸巳	甲午	乙未	丙申	丁酉	戊戌	己亥
대운 남	7	8	8	8	9	9	9	10	10	清	1	1	1	1	2	2	2	3	3	3	4	4	4	5	穀	5	6	6	6
대운 여	3	3	2	2	2	1	1	1	1	明	10	9	9	9	8	8	8	7	7	7	6	6	6	5	雨	5	4	4	4

四月小　　月建 己巳　　二黑

입하 음 4/11 양 5/5 오후 5시51분 ● 소만 음 4/27 양 5/21 오전 6시51분

음력	1	2	3	4	5	6	7	8	9	10	11	12	13	14	15	16	17	18	19	20	21	22	23	24	25	26	27	28	29
양력	4/25	26	27	28	29	30	5/1	2	3	4	5	6	7	8	9	10	11	12	13	14	15	16	17	18	19	20	21	22	23
요일	토	일	월	화	수	목	금	토	일	월	화	수	목	금	토	일	월	화	수	목	금	토	일	월	화	수	목	금	토
일진	庚子	辛丑	壬寅	癸卯	甲辰	乙巳	丙午	丁未	戊申	己酉	庚戌	辛亥	壬子	癸丑	甲寅	乙卯	丙辰	丁巳	戊午	己未	庚申	辛酉	壬戌	癸亥	甲子	乙丑	丙寅	丁卯	戊辰
대운 남	7	7	7	8	8	8	9	9	9	10	立	1	1	1	1	2	2	2	3	3	3	4	4	4	5	5	小	6	6
대운 여	3	3	3	2	2	2	1	1	1	1	夏	10	10	9	9	9	8	8	8	7	7	7	6	6	6	5	滿	5	4

五月大　　月建 庚午　　一白

망종 음 5/13 양 6/5 오후 9시59분 ● 하지 음 5/29 양 6/21 오후 2시45분

음력	1	2	3	4	5	6	7	8	9	10	11	12	13	14	15	16	17	18	19	20	21	22	23	24	25	26	27	28	29	30
양력	5/24	25	26	27	28	29	30	31	6/1	2	3	4	5	6	7	8	9	10	11	12	13	14	15	16	17	18	19	20	21	22
요일	일	월	화	수	목	금	토	일	월	화	수	목	금	토	일	월	화	수	목	금	토	일	월	화	수	목	금	토	일	월
일진	己巳	庚午	辛未	壬申	癸酉	甲戌	乙亥	丙子	丁丑	戊寅	己卯	庚辰	辛巳	壬午	癸未	甲申	乙酉	丙戌	丁亥	戊子	己丑	庚寅	辛卯	壬辰	癸巳	甲午	乙未	丙申	丁酉	戊戌
대운 남	6	7	7	7	8	8	8	9	9	9	10	10	芒	1	1	1	1	2	2	2	3	3	3	4	4	4	5	5	夏	6
대운 여	4	4	3	3	3	2	2	2	1	1	1	1	種	10	10	10	9	9	9	8	8	8	7	7	7	6	6	6	至	5

閏五月小

소서 음 윤5/15 양 7/7 오전 8시13분

음력	1	2	3	4	5	6	7	8	9	10	11	12	13	14	15	16	17	18	19	20	21	22	23	24	25	26	27	28	29
양력	6/23	24	25	26	27	28	29	30	7/1	2	3	4	5	6	7	8	9	10	11	12	13	14	15	16	17	18	19	20	21
요일	화	수	목	금	토	일	월	화	수	목	금	토	일	월	화	수	목	금	토	일	월	화	수	목	금	토	일	월	화
일진	己亥	庚子	辛丑	壬寅	癸卯	甲辰	乙巳	丙午	丁未	戊申	己酉	庚戌	辛亥	壬子	癸丑	甲寅	乙卯	丙辰	丁巳	戊午	己未	庚申	辛酉	壬戌	癸亥	甲子	乙丑	丙寅	丁卯
대운 남	6	6	7	7	7	8	8	8	9	9	9	10	10	10	小	1	1	1	1	2	2	2	3	3	3	4	4	4	5
대운 여	5	4	4	4	3	3	3	2	2	2	1	1	1	1	暑	10	10	9	9	9	8	8	8	7	7	7	6	6	6

六月小　　月建 辛未　　九紫

대서 음 6/2 양 7/23 오전 1시36분 ● 입추 음 6/17 양 8/7 오후 6시1분

음력	1	2	3	4	5	6	7	8	9	10	11	12	13	14	15	16	17	18	19	20	21	22	23	24	25	26	27	28	29
양력	7/22	23	24	25	26	27	28	29	30	31	8/1	2	3	4	5	6	7	8	9	10	11	12	13	14	15	16	17	18	19
요일	수	목	금	토	일	월	화	수	목	금	토	일	월	화	수	목	금	토	일	월	화	수	목	금	토	일	월	화	수
일진	戊辰	己巳	庚午	辛未	壬申	癸酉	甲戌	乙亥	丙子	丁丑	戊寅	己卯	庚辰	辛巳	壬午	癸未	甲申	乙酉	丙戌	丁亥	戊子	己丑	庚寅	辛卯	壬辰	癸巳	甲午	乙未	丙申
대운 남	5	大	6	6	6	7	7	7	8	8	8	9	9	9	10	10	立	1	1	1	1	2	2	2	3	3	3	4	4
대운 여	5	暑	5	4	4	4	3	3	3	2	2	2	1	1	1	1	秋	10	10	9	9	9	8	8	8	7	7	7	6

七月大　　月建 壬申　　八白

처서 음 7/4 양 8/23 오전 8시38분 ● 백로 음 7/19 양 9/7 오후 8시58분

음력	1	2	3	4	5	6	7	8	9	10	11	12	13	14	15	16	17	18	19	20	21	22	23	24	25	26	27	28	29	30
양력	8/20	21	22	23	24	25	26	27	28	29	30	31	9/1	2	3	4	5	6	7	8	9	10	11	12	13	14	15	16	17	18
요일	목	금	토	일	월	화	수	목	금	토	일	월	화	수	목	금	토	일	월	화	수	목	금	토	일	월	화	수	목	금
일진	丁酉	戊戌	己亥	庚子	辛丑	壬寅	癸卯	甲辰	乙巳	丙午	丁未	戊申	己酉	庚戌	辛亥	壬子	癸丑	甲寅	乙卯	丙辰	丁巳	戊午	己未	庚申	辛酉	壬戌	癸亥	甲子	乙丑	丙寅
대운 남	4	5	5	處	6	6	6	7	7	7	8	8	8	9	9	9	10	10	白	1	1	1	1	2	2	2	3	3	3	4
대운 여	6	6	5	暑	5	4	4	4	3	3	3	2	2	2	1	1	1	1	露	10	10	9	9	9	8	8	8	7	7	7

八月小　　月建 癸酉　　七赤

추분 음 8/5 양 9/23 오전 6시19분 ● 한로 음 8/20 양 10/8 오후 12시40분

음력	1	2	3	4	5	6	7	8	9	10	11	12	13	14	15	16	17	18	19	20	21	22	23	24	25	26	27	28	29
양력	9/19	20	21	22	23	24	25	26	27	28	29	30	10/1	2	3	4	5	6	7	8	9	10	11	12	13	14	15	16	17
요일	토	일	월	화	수	목	금	토	일	월	화	수	목	금	토	일	월	화	수	목	금	토	일	월	화	수	목	금	토
일진	丁卯	戊辰	己巳	庚午	辛未	壬申	癸酉	甲戌	乙亥	丙子	丁丑	戊寅	己卯	庚辰	辛巳	壬午	癸未	甲申	乙酉	丙戌	丁亥	戊子	己丑	庚寅	辛卯	壬辰	癸巳	甲午	乙未
대운 남	4	4	5	5	秋	6	6	6	7	7	7	8	8	8	9	9	9	10	10	寒	1	1	1	1	2	2	2	3	3
대운 여	6	6	6	5	分	5	4	4	4	3	3	3	2	2	2	1	1	1	1	露	10	9	9	9	8	8	8	7	7

九月大　　月建 甲戌　　六白

상강 음 9/6 양 10/23 오후 3시43분 ● 입동 음 9/21 양 11/7 오후 3시56분

음력	1	2	3	4	5	6	7	8	9	10	11	12	13	14	15	16	17	18	19	20	21	22	23	24	25	26	27	28	29	30
양력	10/18	19	20	21	22	23	24	25	26	27	28	29	30	31	11/1	2	3	4	5	6	7	8	9	10	11	12	13	14	15	16
요일	일	월	화	수	목	금	토	일	월	화	수	목	금	토	일	월	화	수	목	금	토	일	월	화	수	목	금	토	일	월
일진	丙申	丁酉	戊戌	己亥	庚子	辛丑	壬寅	癸卯	甲辰	乙巳	丙午	丁未	戊申	己酉	庚戌	辛亥	壬子	癸丑	甲寅	乙卯	丙辰	丁巳	戊午	己未	庚申	辛酉	壬戌	癸亥	甲子	乙丑
대운 남	3	4	4	4	5	霜	5	6	6	6	7	7	7	8	8	8	9	9	9	10	立	1	1	1	1	2	2	2	3	3
대운 여	7	6	6	6	5	降	5	4	4	4	3	3	3	2	2	2	1	1	1	1	冬	10	9	9	9	8	8	8	7	7

十月小　　月建 乙亥　　五黃

소설 음 10/6 양 11/22 오후 1시22분 ● 대설 음 10/21 양 12/7 오전 8시52분

음력	1	2	3	4	5	6	7	8	9	10	11	12	13	14	15	16	17	18	19	20	21	22	23	24	25	26	27	28	29
양력	11/17	18	19	20	21	22	23	24	25	26	27	28	29	30	12/1	2	3	4	5	6	7	8	9	10	11	12	13	14	15
요일	화	수	목	금	토	일	월	화	수	목	금	토	일	월	화	수	목	금	토	일	월	화	수	목	금	토	일	월	화
일진	丙寅	丁卯	戊辰	己巳	庚午	辛未	壬申	癸酉	甲戌	乙亥	丙子	丁丑	戊寅	己卯	庚辰	辛巳	壬午	癸未	甲申	乙酉	丙戌	丁亥	戊子	己丑	庚寅	辛卯	壬辰	癸巳	甲午
대운 남	3	4	4	4	5	小	5	6	6	6	7	7	7	8	8	8	9	9	9	10	大	1	1	1	1	2	2	2	3
대운 여	7	6	6	6	5	雪	5	4	4	4	3	3	3	2	2	2	1	1	1	1	雪	9	9	9	8	8	8	7	7

十一月大　　月建 丙子　　四綠

동지 음 11/7 양 12/22 오전 2시47분 ● 소한 음 11/21 양 1/5 오후 8시9분

음력	1	2	3	4	5	6	7	8	9	10	11	12	13	14	15	16	17	18	19	20	21	22	23	24	25	26	27	28	29	30
양력	12/16	17	18	19	20	21	22	23	24	25	26	27	28	29	30	31	1/1	2	3	4	5	6	7	8	9	10	11	12	13	14
요일	수	목	금	토	일	월	화	수	목	금	토	일	월	화	수	목	금	토	일	월	화	수	목	금	토	일	월	화	수	목
일진	乙未	丙申	丁酉	戊戌	己亥	庚子	辛丑	壬寅	癸卯	甲辰	乙巳	丙午	丁未	戊申	己酉	庚戌	辛亥	壬子	癸丑	甲寅	乙卯	丙辰	丁巳	戊午	己未	庚申	辛酉	壬戌	癸亥	甲子
대운 남	3	3	4	4	4	5	冬	5	6	6	6	7	7	7	8	8	8	9	9	9	小	1	1	1	1	2	2	2	3	3
대운 여	7	6	6	6	5	5	至	4	4	4	3	3	3	2	2	2	1	1	1	1	寒	10	9	9	9	8	8	8	7	7

十二月大　　月建 丁丑　　三碧

대한 음 12/6 양 1/20 오후 1시28분 ● 입춘 음 12/21 양 2/4 오전 7시48분

음력	1	2	3	4	5	6	7	8	9	10	11	12	13	14	15	16	17	18	19	20	21	22	23	24	25	26	27	28	29	30
양력	1/15	16	17	18	19	20	21	22	23	24	25	26	27	28	29	30	31	2/1	2	3	4	5	6	7	8	9	10	11	12	13
요일	금	토	일	월	화	수	목	금	토	일	월	화	수	목	금	토	일	월	화	수	목	금	토	일	월	화	수	목	금	토
일진	乙丑	丙寅	丁卯	戊辰	己巳	庚午	辛未	壬申	癸酉	甲戌	乙亥	丙子	丁丑	戊寅	己卯	庚辰	辛巳	壬午	癸未	甲申	乙酉	丙戌	丁亥	戊子	己丑	庚寅	辛卯	壬辰	癸巳	甲午
대운 남	3	4	4	4	5	大	5	6	6	6	7	7	7	8	8	8	9	9	9	10	立	10	9	9	9	8	8	8	7	7
대운 여	7	6	6	6	5	寒	5	4	4	4	3	3	3	2	2	2	1	1	1	1	春	1	1	1	1	2	2	2	3	3

2010년 | **단기 4343년**

庚寅年

七日得辛 十龍治水

子 大將軍　　北 三殺　　子 吊客　　辰 喪門

納音五行 松栢木

正月大　　月建 戊寅　　二黑

우수 음 1/6 양 2/19 오전 3시36분 ● 경칩 음 1/21 양 3/6 오전 1시46분

음력	1	2	3	4	5	6	7	8	9	10	11	12	13	14	15	16	17	18	19	20	21	22	23	24	25	26	27	28	29	30
양력	2/14	15	16	17	18	19	20	21	22	23	24	25	26	27	28	3/1	2	3	4	5	6	7	8	9	10	11	12	13	14	15
요일	일	월	화	수	목	금	토	일	월	화	수	목	금	토	일	월	화	수	목	금	토	일	월	화	수	목	금	토	일	월
일진	乙未	丙申	丁酉	戊戌	己亥	庚子	辛丑	壬寅	癸卯	甲辰	乙巳	丙午	丁未	戊申	己酉	庚戌	辛亥	壬子	癸丑	甲寅	乙卯	丙辰	丁巳	戊午	己未	庚申	辛酉	壬戌	癸亥	甲子
대운 남	7	6	6	6	5	雨	5	4	4	4	3	3	3	2	2	2	1	1	1	1	驚	10	9	9	9	8	8	8	7	7
대운 여	3	4	4	4	5	水	5	6	6	6	7	7	7	8	8	8	9	9	9	10	蟄	1	1	1	1	2	2	2	3	3

二月小　　月建 己卯　　一白

춘분 음 2/6 양 3/21 오전 2시32분 ● 청명 음 2/21 양 4/5 오전 6시30분

음력	1	2	3	4	5	6	7	8	9	10	11	12	13	14	15	16	17	18	19	20	21	22	23	24	25	26	27	28	29
양력	3/16	17	18	19	20	21	22	23	24	25	26	27	28	29	30	31	4/1	2	3	4	5	6	7	8	9	10	11	12	13
요일	화	수	목	금	토	일	월	화	수	목	금	토	일	월	화	수	목	금	토	일	월	화	수	목	금	토	일	월	화
일진	乙丑	丙寅	丁卯	戊辰	己巳	庚午	辛未	壬申	癸酉	甲戌	乙亥	丙子	丁丑	戊寅	己卯	庚辰	辛巳	壬午	癸未	甲申	乙酉	丙戌	丁亥	戊子	己丑	庚寅	辛卯	壬辰	癸巳
대운 남	7	6	6	6	5	春	5	4	4	4	3	3	3	2	2	2	1	1	1	1	淸	10	9	9	9	8	8	8	7
대운 여	3	4	4	4	5	分	5	6	6	6	7	7	7	8	8	8	9	9	9	10	明	1	1	1	1	2	2	2	3

三月大　　月建 庚辰　　九紫

곡우 음 3/7 양 4/20 오후 1시30분 ● 입하 음 3/22 양 5/5 오후 11시44분

음력	1	2	3	4	5	6	7	8	9	10	11	12	13	14	15	16	17	18	19	20	21	22	23	24	25	26	27	28	29	30
양력	4/14	15	16	17	18	19	20	21	22	23	24	25	26	27	28	29	30	5/1	2	3	4	5	6	7	8	9	10	11	12	13
요일	수	목	금	토	일	월	화	수	목	금	토	일	월	화	수	목	금	토	일	월	화	수	목	금	토	일	월	화	수	목
일진	甲午	乙未	丙申	丁酉	戊戌	己亥	庚子	辛丑	壬寅	癸卯	甲辰	乙巳	丙午	丁未	戊申	己酉	庚戌	辛亥	壬子	癸丑	甲寅	乙卯	丙辰	丁巳	戊午	己未	庚申	辛酉	壬戌	癸亥
대운 남	7	7	6	6	6	5	穀	5	4	4	4	3	3	3	2	2	2	1	1	1	1	立	10	10	10	9	9	9	8	8
대운 여	3	3	4	4	4	5	雨	5	6	6	6	7	7	7	8	8	8	9	9	9	10	夏	1	1	1	1	2	2	2	3

四月小　　月建 辛巳　　八白

소만 음 4/8 양 5/21 오후 12시34분 ● 망종 음 4/24 양 6/6 오전 3시49분

음력	1	2	3	4	5	6	7	8	9	10	11	12	13	14	15	16	17	18	19	20	21	22	23	24	25	26	27	28	29
양력	5/14	15	16	17	18	19	20	21	22	23	24	25	26	27	28	29	30	31	6/1	2	3	4	5	6	7	8	9	10	11
요일	금	토	일	월	화	수	목	금	토	일	월	화	수	목	금	토	일	월	화	수	목	금	토	일	월	화	수	목	금
일진	甲子	乙丑	丙寅	丁卯	戊辰	己巳	庚午	辛未	壬申	癸酉	甲戌	乙亥	丙子	丁丑	戊寅	己卯	庚辰	辛巳	壬午	癸未	甲申	乙酉	丙戌	丁亥	戊子	己丑	庚寅	辛卯	壬辰
대운 남	8	7	7	7	6	6	6	小	5	5	4	4	4	3	3	3	2	2	2	1	1	1	1	芒	10	10	9	9	9
대운 여	3	3	4	4	4	5	5	滿	6	6	6	7	7	7	8	8	8	9	9	9	10	10	10	種	1	1	1	1	2

五月大　　月建 壬午　　七赤

하지 음 5/10 양 6/21 오후 8시28분 ● 소서 음 5/26 양 7/7 오후 2시2분

음력	1	2	3	4	5	6	7	8	9	10	11	12	13	14	15	16	17	18	19	20	21	22	23	24	25	26	27	28	29	30
양력	6/12	13	14	15	16	17	18	19	20	21	22	23	24	25	26	27	28	29	30	7/1	2	3	4	5	6	7	8	9	10	11
요일	토	일	월	화	수	목	금	토	일	월	화	수	목	금	토	일	월	화	수	목	금	토	일	월	화	수	목	금	토	일
일진	癸巳	甲午	乙未	丙申	丁酉	戊戌	己亥	庚子	辛丑	壬寅	癸卯	甲辰	乙巳	丙午	丁未	戊申	己酉	庚戌	辛亥	壬子	癸丑	甲寅	乙卯	丙辰	丁巳	戊午	己未	庚申	辛酉	壬戌
대운 남	8	8	8	7	7	7	6	6	6	夏	5	5	4	4	4	3	3	3	2	2	2	1	1	1	1	小	10	10	9	9
대운 여	2	2	3	3	3	4	4	4	5	至	5	6	6	6	7	7	7	8	8	8	9	9	9	10	10	暑	1	1	1	1

六月小　　月建 癸未　　六白

대서 음 6/12 양 7/23 오전 7시21분 ● 입추 음 6/27 양 8/7 오후 11시49분

음력	1	2	3	4	5	6	7	8	9	10	11	12	13	14	15	16	17	18	19	20	21	22	23	24	25	26	27	28	29
양력	7/12	13	14	15	16	17	18	19	20	21	22	23	24	25	26	27	28	29	30	31	8/1	2	3	4	5	6	7	8	9
요일	월	화	수	목	금	토	일	월	화	수	목	금	토	일	월	화	수	목	금	토	일	월	화	수	목	금	토	일	월
일진	癸亥	甲子	乙丑	丙寅	丁卯	戊辰	己巳	庚午	辛未	壬申	癸酉	甲戌	乙亥	丙子	丁丑	戊寅	己卯	庚辰	辛巳	壬午	癸未	甲申	乙酉	丙戌	丁亥	戊子	己丑	庚寅	辛卯
대운 남	9	8	8	8	7	7	7	6	6	6	5	大	5	4	4	4	3	3	3	2	2	2	1	1	1	1	立	10	10
대운 여	2	2	2	3	3	3	4	4	4	5	5	暑	6	6	6	7	7	7	8	8	8	9	9	9	10	10	秋	1	1

七月小　　月建 甲申　　五黃

처서 음 7/14 양 8/23 오후 2시27분

음력	1	2	3	4	5	6	7	8	9	10	11	12	13	14	15	16	17	18	19	20	21	22	23	24	25	26	27	28	29
양력	8/10	11	12	13	14	15	16	17	18	19	20	21	22	23	24	25	26	27	28	29	30	31	9/1	2	3	4	5	6	7
요일	화	수	목	금	토	일	월	화	수	목	금	토	일	월	화	수	목	금	토	일	월	화	수	목	금	토	일	월	화
일진	壬辰	癸巳	甲午	乙未	丙申	丁酉	戊戌	己亥	庚子	辛丑	壬寅	癸卯	甲辰	乙巳	丙午	丁未	戊申	己酉	庚戌	辛亥	壬子	癸丑	甲寅	乙卯	丙辰	丁巳	戊午	己未	庚申
대운 남	10	9	9	9	8	8	8	7	7	7	6	6	6	處暑	5	5	4	4	4	3	3	3	2	2	2	1	1	1	1
대운 여	1	1	2	2	2	3	3	3	4	4	4	5	5		6	6	6	7	7	7	8	8	8	9	9	9	10	10	10

八月大　　月建 乙酉　　四綠

백로 음 8/1 양 9/8 오전 2시45분●추분 음 8/16 양 9/23 오후 12시9분

음력	1	2	3	4	5	6	7	8	9	10	11	12	13	14	15	16	17	18	19	20	21	22	23	24	25	26	27	28	29	30
양력	9/8	9	10	11	12	13	14	15	16	17	18	19	20	21	22	23	24	25	26	27	28	29	30	10/1	2	3	4	5	6	7
요일	수	목	금	토	일	월	화	수	목	금	토	일	월	화	수	목	금	토	일	월	화	수	목	금	토	일	월	화	수	목
일진	辛酉	壬戌	癸亥	甲子	乙丑	丙寅	丁卯	戊辰	己巳	庚午	辛未	壬申	癸酉	甲戌	乙亥	丙子	丁丑	戊寅	己卯	庚辰	辛巳	壬午	癸未	甲申	乙酉	丙戌	丁亥	戊子	己丑	庚寅
대운 남	白露	10	9	9	9	8	8	8	7	7	7	6	6	6	5	秋分	5	4	4	4	3	3	3	2	2	2	1	1	1	1
대운 여		1	1	1	1	2	2	2	3	3	3	4	4	4	5		5	6	6	6	7	7	7	8	8	8	9	9	9	10

九月小　　月建 丙戌　　三碧

한로 음 9/1 양 10/8 오후 6시26분●상강 음 9/16 양 10/23 오후 9시35분

음력	1	2	3	4	5	6	7	8	9	10	11	12	13	14	15	16	17	18	19	20	21	22	23	24	25	26	27	28	29
양력	10/8	9	10	11	12	13	14	15	16	17	18	19	20	21	22	23	24	25	26	27	28	29	30	31	11/1	2	3	4	5
요일	금	토	일	월	화	수	목	금	토	일	월	화	수	목	금	토	일	월	화	수	목	금	토	일	월	화	수	목	금
일진	辛卯	壬辰	癸巳	甲午	乙未	丙申	丁酉	戊戌	己亥	庚子	辛丑	壬寅	癸卯	甲辰	乙巳	丙午	丁未	戊申	己酉	庚戌	辛亥	壬子	癸丑	甲寅	乙卯	丙辰	丁巳	戊午	己未
대운 남	寒露	10	9	9	9	8	8	8	7	7	7	6	6	6	5	霜降	5	4	4	4	3	3	3	2	2	2	1	1	1
대운 여		1	1	1	1	2	2	2	3	3	3	4	4	4	5		5	6	6	6	7	7	7	8	8	8	9	9	9

十月大　　月建 丁亥　　二黑

입동 음 10/2 양 11/7 오후 9시42분●소설 음 10/17 양 11/22 오후 7시14분

음력	1	2	3	4	5	6	7	8	9	10	11	12	13	14	15	16	17	18	19	20	21	22	23	24	25	26	27	28	29	30
양력	11/6	7	8	9	10	11	12	13	14	15	16	17	18	19	20	21	22	23	24	25	26	27	28	29	30	12/1	2	3	4	5
요일	토	일	월	화	수	목	금	토	일	월	화	수	목	금	토	일	월	화	수	목	금	토	일	월	화	수	목	금	토	일
일진	庚申	辛酉	壬戌	癸亥	甲子	乙丑	丙寅	丁卯	戊辰	己巳	庚午	辛未	壬申	癸酉	甲戌	乙亥	丙子	丁丑	戊寅	己卯	庚辰	辛巳	壬午	癸未	甲申	乙酉	丙戌	丁亥	戊子	己丑
대운 남	1	立冬	10	9	9	9	8	8	8	7	7	7	6	6	6	5	小雪	5	4	4	4	3	3	3	2	2	2	1	1	1
대운 여	10		1	1	1	1	2	2	2	3	3	3	4	4	4	5		5	6	6	6	7	7	7	8	8	8	9	9	9

十一月小　　月建 戊子　　一白

대설 음 11/2 양 12/7 오후 2시38분●동지 음 11/17 양 12/22 오전 8시38분

음력	1	2	3	4	5	6	7	8	9	10	11	12	13	14	15	16	17	18	19	20	21	22	23	24	25	26	27	28	29
양력	12/6	7	8	9	10	11	12	13	14	15	16	17	18	19	20	21	22	23	24	25	26	27	28	29	30	31	1/1	2	3
요일	월	화	수	목	금	토	일	월	화	수	목	금	토	일	월	화	수	목	금	토	일	월	화	수	목	금	토	일	월
일진	庚寅	辛卯	壬辰	癸巳	甲午	乙未	丙申	丁酉	戊戌	己亥	庚子	辛丑	壬寅	癸卯	甲辰	乙巳	丙午	丁未	戊申	己酉	庚戌	辛亥	壬子	癸丑	甲寅	乙卯	丙辰	丁巳	戊午
대운 남	1	大雪	10	9	9	9	8	8	8	7	7	7	6	6	6	5	冬至	5	4	4	4	3	3	3	2	2	2	1	1
대운 여	10		1	1	1	1	2	2	2	3	3	3	4	4	4	5		5	6	6	6	7	7	7	8	8	8	9	9

十二月大　　月建 己丑　　九紫

소한 음 12/3 양 1/6 오전 1시55분●대한 음 12/17 양 1/20 오후 7시18분

음력	1	2	3	4	5	6	7	8	9	10	11	12	13	14	15	16	17	18	19	20	21	22	23	24	25	26	27	28	29	30
양력	1/4	5	6	7	8	9	10	11	12	13	14	15	16	17	18	19	20	21	22	23	24	25	26	27	28	29	30	31	2/1	2
요일	화	수	목	금	토	일	월	화	수	목	금	토	일	월	화	수	목	금	토	일	월	화	수	목	금	토	일	월	화	수
일진	己未	庚申	辛酉	壬戌	癸亥	甲子	乙丑	丙寅	丁卯	戊辰	己巳	庚午	辛未	壬申	癸酉	甲戌	乙亥	丙子	丁丑	戊寅	己卯	庚辰	辛巳	壬午	癸未	甲申	乙酉	丙戌	丁亥	戊子
대운 남	1	1	小寒	9	9	9	8	8	8	7	7	7	6	6	6	5	大寒	5	4	4	4	3	3	3	2	2	2	1	1	1
대운 여	9	10		1	1	1	1	2	2	2	3	3	3	4	4	4		5	5	6	6	6	7	7	7	8	8	8	9	9

2011년 | 단기 4344년 辛卯年

三日得辛 四龍治水

子 大將軍 酉 三殺 丑 吊客 巳 喪門

納音五行 松栢木

正月大 月建 庚寅 八白 입춘 음 1/2 양 2/4 오후 1시33분 ● 우수 음 1/17 양 2/19 오전 9시25분

음력	1	2	3	4	5	6	7	8	9	10	11	12	13	14	15	16	17	18	19	20	21	22	23	24	25	26	27	28	29	30
양력	2/3	4	5	6	7	8	9	10	11	12	13	14	15	16	17	18	19	20	21	22	23	24	25	26	27	28	3/1	2	3	4
요일	목	금	토	일	월	화	수	목	금	토	일	월	화	수	목	금	토	일	월	화	수	목	금	토	일	월	화	수	목	금
일진	己丑	庚寅	辛卯	壬辰	癸巳	甲午	乙未	丙申	丁酉	戊戌	己亥	庚子	辛丑	壬寅	癸卯	甲辰	乙巳	丙午	丁未	戊申	己酉	庚戌	辛亥	壬子	癸丑	甲寅	乙卯	丙辰	丁巳	戊午
대운 남	1	立	1	1	1	1	2	2	2	3	3	3	4	4	4	5	雨	5	6	6	6	7	7	7	8	8	8	9	9	9
대운 여	9	春	10	9	9	9	8	8	8	7	7	7	6	6	6	5	水	5	4	4	4	3	3	3	2	2	2	1	1	1

二月小 月建 辛卯 七赤 경칩 음 2/2 양 3/6 오전 7시30분 ● 춘분 음 2/17 양 3/21 오전 8시21분

음력	1	2	3	4	5	6	7	8	9	10	11	12	13	14	15	16	17	18	19	20	21	22	23	24	25	26	27	28	29
양력	3/5	6	7	8	9	10	11	12	13	14	15	16	17	18	19	20	21	22	23	24	25	26	27	28	29	30	31	4/1	2
요일	토	일	월	화	수	목	금	토	일	월	화	수	목	금	토	일	월	화	수	목	금	토	일	월	화	수	목	금	토
일진	己未	庚申	辛酉	壬戌	癸亥	甲子	乙丑	丙寅	丁卯	戊辰	己巳	庚午	辛未	壬申	癸酉	甲戌	乙亥	丙子	丁丑	戊寅	己卯	庚辰	辛巳	壬午	癸未	甲申	乙酉	丙戌	丁亥
대운 남	10	驚	1	1	1	1	2	2	2	3	3	3	4	4	4	5	春	5	6	6	6	7	7	7	8	8	8	9	9
대운 여	1	蟄	10	9	9	9	8	8	8	7	7	7	6	6	6	5	分	5	4	4	4	3	3	3	2	2	2	1	1

三月大 月建 壬辰 六白 청명 음 3/3 양 4/5 오후 12시12분 ● 곡우 음 3/18 양 4/20 오후 7시17분

음력	1	2	3	4	5	6	7	8	9	10	11	12	13	14	15	16	17	18	19	20	21	22	23	24	25	26	27	28	29	30
양력	4/3	4	5	6	7	8	9	10	11	12	13	14	15	16	17	18	19	20	21	22	23	24	25	26	27	28	29	30	5/1	2
요일	일	월	화	수	목	금	토	일	월	화	수	목	금	토	일	월	화	수	목	금	토	일	월	화	수	목	금	토	일	월
일진	戊子	己丑	庚寅	辛卯	壬辰	癸巳	甲午	乙未	丙申	丁酉	戊戌	己亥	庚子	辛丑	壬寅	癸卯	甲辰	乙巳	丙午	丁未	戊申	己酉	庚戌	辛亥	壬子	癸丑	甲寅	乙卯	丙辰	丁巳
대운 남	9	10	清	1	1	1	1	2	2	2	3	3	3	4	4	4	5	穀	5	6	6	6	7	7	7	8	8	8	9	9
대운 여	1	1	明	10	10	9	9	9	8	8	8	7	7	7	6	6	6	雨	5	5	4	4	4	3	3	3	2	2	2	1

四月大 月建 癸巳 五黃 입하 음 4/4 양 5/6 오전 5시23분 ● 소만 음 4/19 양 5/21 오후 6시21분

음력	1	2	3	4	5	6	7	8	9	10	11	12	13	14	15	16	17	18	19	20	21	22	23	24	25	26	27	28	29	30
양력	5/3	4	5	6	7	8	9	10	11	12	13	14	15	16	17	18	19	20	21	22	23	24	25	26	27	28	29	30	31	6/1
요일	화	수	목	금	토	일	월	화	수	목	금	토	일	월	화	수	목	금	토	일	월	화	수	목	금	토	일	월	화	수
일진	戊午	己未	庚申	辛酉	壬戌	癸亥	甲子	乙丑	丙寅	丁卯	戊辰	己巳	庚午	辛未	壬申	癸酉	甲戌	乙亥	丙子	丁丑	戊寅	己卯	庚辰	辛巳	壬午	癸未	甲申	乙酉	丙戌	丁亥
대운 남	9	10	10	立	1	1	1	1	2	2	2	3	3	3	4	4	4	5	小	5	6	6	6	7	7	7	8	8	8	9
대운 여	1	1	1	夏	10	10	9	9	9	8	8	8	7	7	7	6	6	6	滿	5	5	4	4	4	3	3	3	2	2	2

五月小 月建 甲午 四綠 망종 음 5/5 양 6/6 오전 9시27분 ● 하지 음 5/21 양 6/22 오전 2시16분

음력	1	2	3	4	5	6	7	8	9	10	11	12	13	14	15	16	17	18	19	20	21	22	23	24	25	26	27	28	29
양력	6/2	3	4	5	6	7	8	9	10	11	12	13	14	15	16	17	18	19	20	21	22	23	24	25	26	27	28	29	30
요일	목	금	토	일	월	화	수	목	금	토	일	월	화	수	목	금	토	일	월	화	수	목	금	토	일	월	화	수	목
일진	戊子	己丑	庚寅	辛卯	壬辰	癸巳	甲午	乙未	丙申	丁酉	戊戌	己亥	庚子	辛丑	壬寅	癸卯	甲辰	乙巳	丙午	丁未	戊申	己酉	庚戌	辛亥	壬子	癸丑	甲寅	乙卯	丙辰
대운 남	9	9	10	10	芒	1	1	1	1	2	2	2	3	3	3	4	4	4	5	5	夏	6	6	6	7	7	7	8	8
대운 여	1	1	1	1	種	10	10	9	9	9	8	8	8	7	7	7	6	6	6	5	至	5	4	4	4	3	3	3	2

六月大 月建 乙未 三碧 소서 음 6/7 양 7/7 오후 7시42분 ● 대서 음 6/23 양 7/23 오후 1시12분

음력	1	2	3	4	5	6	7	8	9	10	11	12	13	14	15	16	17	18	19	20	21	22	23	24	25	26	27	28	29	30
양력	7/1	2	3	4	5	6	7	8	9	10	11	12	13	14	15	16	17	18	19	20	21	22	23	24	25	26	27	28	29	30
요일	금	토	일	월	화	수	목	금	토	일	월	화	수	목	금	토	일	월	화	수	목	금	토	일	월	화	수	목	금	토
일진	丁巳	戊午	己未	庚申	辛酉	壬戌	癸亥	甲子	乙丑	丙寅	丁卯	戊辰	己巳	庚午	辛未	壬申	癸酉	甲戌	乙亥	丙子	丁丑	戊寅	己卯	庚辰	辛巳	壬午	癸未	甲申	乙酉	丙戌
대운 남	8	9	9	9	10	10	小	1	1	1	1	2	2	2	3	3	3	4	4	4	5	5	大	6	6	6	7	7	7	8
대운 여	2	2	1	1	1	1	暑	10	10	10	9	9	9	8	8	8	7	7	7	6	6	6	暑	5	5	4	4	4	3	3

七月小　　月建 丙申　　二黑

입추 음 7/9 양 8/8 오전 5시33분 ● 처서 음 7/24 양 8/23 오후 8시21분

음력	1	2	3	4	5	6	7	8	9	10	11	12	13	14	15	16	17	18	19	20	21	22	23	24	25	26	27	28	29
양력	7/31	8/1	2	3	4	5	6	7	8	9	10	11	12	13	14	15	16	17	18	19	20	21	22	23	24	25	26	27	28
요일	일	월	화	수	목	금	토	일	월	화	수	목	금	토	일	월	화	수	목	금	토	일	월	화	수	목	금	토	일
일진	丁亥	戊子	己丑	庚寅	辛卯	壬辰	癸巳	甲午	乙未	丙申	丁酉	戊戌	己亥	庚子	辛丑	壬寅	癸卯	甲辰	乙巳	丙午	丁未	戊申	己酉	庚戌	辛亥	壬子	癸丑	甲寅	乙卯
대운 남	8	8	9	9	9	10	10	10	立	1	1	1	1	2	2	2	3	3	3	4	4	4	5	處	5	6	6	6	7
대운 여	3	2	2	2	1	1	1	1	秋	10	10	9	9	9	8	8	8	7	7	7	6	6	6	暑	5	5	4	4	4

八月小　　月建 丁酉　　一白

백로 음 8/11 양 9/8 오전 8시34분 ● 추분 음 8/26 양 9/23 오후 6시5분

음력	1	2	3	4	5	6	7	8	9	10	11	12	13	14	15	16	17	18	19	20	21	22	23	24	25	26	27	28	29
양력	8/29	30	31	9/1	2	3	4	5	6	7	8	9	10	11	12	13	14	15	16	17	18	19	20	21	22	23	24	25	26
요일	월	화	수	목	금	토	일	월	화	수	목	금	토	일	월	화	수	목	금	토	일	월	화	수	목	금	토	일	월
일진	丙辰	丁巳	戊午	己未	庚申	辛酉	壬戌	癸亥	甲子	乙丑	丙寅	丁卯	戊辰	己巳	庚午	辛未	壬申	癸酉	甲戌	乙亥	丙子	丁丑	戊寅	己卯	庚辰	辛巳	壬午	癸未	甲申
대운 남	7	7	8	8	8	9	9	9	10	10	白	1	1	1	1	2	2	2	3	3	3	4	4	4	5	秋	5	6	6
대운 여	3	3	3	2	2	2	1	1	1	1	露	10	10	9	9	9	8	8	8	7	7	7	6	6	6	分	5	5	4

九月大　　月建 戊戌　　九紫

한로 음 9/13 양 10/9 오전 0시19분 ● 상강 음 9/28 양 10/24 오전 3시30분

음력	1	2	3	4	5	6	7	8	9	10	11	12	13	14	15	16	17	18	19	20	21	22	23	24	25	26	27	28	29	30
양력	9/27	28	29	30	10/1	2	3	4	5	6	7	8	9	10	11	12	13	14	15	16	17	18	19	20	21	22	23	24	25	26
요일	화	수	목	금	토	일	월	화	수	목	금	토	일	월	화	수	목	금	토	일	월	화	수	목	금	토	일	월	화	수
일진	乙酉	丙戌	丁亥	戊子	己丑	庚寅	辛卯	壬辰	癸巳	甲午	乙未	丙申	丁酉	戊戌	己亥	庚子	辛丑	壬寅	癸卯	甲辰	乙巳	丙午	丁未	戊申	己酉	庚戌	辛亥	壬子	癸丑	甲寅
대운 남	6	7	7	7	8	8	8	9	9	9	10	10	寒	1	1	1	1	2	2	2	3	3	3	4	4	4	5	霜	5	6
대운 여	4	4	3	3	3	2	2	2	1	1	1	1	露	10	9	9	9	8	8	8	7	7	7	6	6	6	5	降	5	4

十月小　　月建 己亥　　八白

입동 음 10/13 양 11/8 오전 3시35분 ● 소설 음 10/28 양 11/23 오전 1시8분

음력	1	2	3	4	5	6	7	8	9	10	11	12	13	14	15	16	17	18	19	20	21	22	23	24	25	26	27	28	29
양력	10/27	28	29	30	31	11/1	2	3	4	5	6	7	8	9	10	11	12	13	14	15	16	17	18	19	20	21	22	23	24
요일	목	금	토	일	월	화	수	목	금	토	일	월	화	수	목	금	토	일	월	화	수	목	금	토	일	월	화	수	목
일진	乙卯	丙辰	丁巳	戊午	己未	庚申	辛酉	壬戌	癸亥	甲子	乙丑	丙寅	丁卯	戊辰	己巳	庚午	辛未	壬申	癸酉	甲戌	乙亥	丙子	丁丑	戊寅	己卯	庚辰	辛巳	壬午	癸未
대운 남	6	6	7	7	7	8	8	8	9	9	9	10	立	1	1	1	1	2	2	2	3	3	3	4	4	4	5	小	5
대운 여	4	4	3	3	3	2	2	2	1	1	1	1	冬	9	9	9	8	8	8	7	7	7	6	6	6	5	5	雪	4

十一月大　　月建 庚子　　七赤

대설 음 11/13 양 12/7 오후 8시29분 ● 동지 음 11/28 양 12/22 오후 2시30분

음력	1	2	3	4	5	6	7	8	9	10	11	12	13	14	15	16	17	18	19	20	21	22	23	24	25	26	27	28	29	30
양력	11/25	26	27	28	29	30	12/1	2	3	4	5	6	7	8	9	10	11	12	13	14	15	16	17	18	19	20	21	22	23	24
요일	금	토	일	월	화	수	목	금	토	일	월	화	수	목	금	토	일	월	화	수	목	금	토	일	월	화	수	목	금	토
일진	甲申	乙酉	丙戌	丁亥	戊子	己丑	庚寅	辛卯	壬辰	癸巳	甲午	乙未	丙申	丁酉	戊戌	己亥	庚子	辛丑	壬寅	癸卯	甲辰	乙巳	丙午	丁未	戊申	己酉	庚戌	辛亥	壬子	癸丑
대운 남	6	6	6	7	7	7	8	8	8	9	9	9	大	1	1	1	1	2	2	2	3	3	3	4	4	4	5	冬	5	6
대운 여	4	4	3	3	3	2	2	2	1	1	1	1	雪	10	9	9	9	8	8	8	7	7	7	6	6	6	5	至	5	4

十二月小　　月建 辛丑　　六白

소한 음 12/13 양 1/6 오전 7시44분 ● 대한 음 12/28 양 1/21 오전 1시10분

음력	1	2	3	4	5	6	7	8	9	10	11	12	13	14	15	16	17	18	19	20	21	22	23	24	25	26	27	28	29
양력	12/25	26	27	28	29	30	31	1/1	2	3	4	5	6	7	8	9	10	11	12	13	14	15	16	17	18	19	20	21	22
요일	일	월	화	수	목	금	토	일	월	화	수	목	금	토	일	월	화	수	목	금	토	일	월	화	수	목	금	토	일
일진	甲寅	乙卯	丙辰	丁巳	戊午	己未	庚申	辛酉	壬戌	癸亥	甲子	乙丑	丙寅	丁卯	戊辰	己巳	庚午	辛未	壬申	癸酉	甲戌	乙亥	丙子	丁丑	戊寅	己卯	庚辰	辛巳	壬午
대운 남	6	6	7	7	7	8	8	8	9	9	9	10	小	1	1	1	1	2	2	2	3	3	3	4	4	4	5	大	5
대운 여	4	4	3	3	3	2	2	2	1	1	1	1	寒	9	9	9	8	8	8	7	7	7	6	6	6	5	5	寒	4

2012년 | 단기 4345년　　壬辰年　　九日得辛 十龍治水

子 大將軍　南 三殺　寅 吊客　午 喪門　　納音五行 長流水

正月大　月建 壬寅　五黃

입춘 음 1/13 양 2/4 오후 7시22분 ● 우수 음 1/28 양 2/19 오후 3시17분

음력	1	2	3	4	5	6	7	8	9	10	11	12	13	14	15	16	17	18	19	20	21	22	23	24	25	26	27	28	29	30
양력	1/23	24	25	26	27	28	29	30	31	2/1	2	3	4	5	6	7	8	9	10	11	12	13	14	15	16	17	18	19	20	21
요일	월	화	수	목	금	토	일	월	화	수	목	금	토	일	월	화	수	목	금	토	일	월	화	수	목	금	토	일	월	화
일진	癸未	甲申	乙酉	丙戌	丁亥	戊子	己丑	庚寅	辛卯	壬辰	癸巳	甲午	乙未	丙申	丁酉	戊戌	己亥	庚子	辛丑	壬寅	癸卯	甲辰	乙巳	丙午	丁未	戊申	己酉	庚戌	辛亥	壬子
대운 남	6	6	6	7	7	7	8	8	8	9	9	9	立	10	9	9	9	8	8	8	7	7	7	6	6	6	5	雨	5	4
대운 여	4	4	3	3	3	2	2	2	1	1	1	1	春	1	1	1	1	2	2	2	3	3	3	4	4	4	5	水	5	6

二月小　月建 癸卯　四綠

경칩 음 2/13 양 3/5 오후 1시21분 ● 춘분 음 2/28 양 3/20 오후 2시14분

음력	1	2	3	4	5	6	7	8	9	10	11	12	13	14	15	16	17	18	19	20	21	22	23	24	25	26	27	28	29	
양력	2/22	23	24	25	26	27	28	29	3/1	2	3	4	5	6	7	8	9	10	11	12	13	14	15	16	17	18	19	20	21	
요일	수	목	금	토	일	월	화	수	목	금	토	일	월	화	수	목	금	토	일	월	화	수	목	금	토	일	월	화	수	
일진	癸丑	甲寅	乙卯	丙辰	丁巳	戊午	己未	庚申	辛酉	壬戌	癸亥	甲子	乙丑	丙寅	丁卯	戊辰	己巳	庚午	辛未	壬申	癸酉	甲戌	乙亥	丙子	丁丑	戊寅	己卯	庚辰	辛巳	
대운 남	4	4	3	3	3	2	2	2	1	1	1	1	驚	10	9	9	9	8	8	8	7	7	7	6	6	6	5	春	5	
대운 여	6	6	7	7	7	8	8	8	9	9	9	10	蟄	1	1	1	1	2	2	2	3	3	3	4	4	4	5	分	5	

三月大　月建 甲辰　三碧

청명 음 3/14 양 4/4 오후 6시5분 ● 곡우 음 3/30 양 4/20 오전 1시12분

음력	1	2	3	4	5	6	7	8	9	10	11	12	13	14	15	16	17	18	19	20	21	22	23	24	25	26	27	28	29	30
양력	3/22	23	24	25	26	27	28	29	30	31	4/1	2	3	4	5	6	7	8	9	10	11	12	13	14	15	16	17	18	19	20
요일	목	금	토	일	월	화	수	목	금	토	일	월	화	수	목	금	토	일	월	화	수	목	금	토	일	월	화	수	목	금
일진	壬午	癸未	甲申	乙酉	丙戌	丁亥	戊子	己丑	庚寅	辛卯	壬辰	癸巳	甲午	乙未	丙申	丁酉	戊戌	己亥	庚子	辛丑	壬寅	癸卯	甲辰	乙巳	丙午	丁未	戊申	己酉	庚戌	辛亥
대운 남	4	4	4	3	3	3	2	2	2	1	1	1	1	清	10	10	9	9	9	8	8	8	7	7	7	6	6	6	5	穀
대운 여	6	6	6	7	7	7	8	8	8	9	9	9	10	明	1	1	1	1	2	2	2	3	3	3	4	4	4	5	5	雨

閏三月大

입하 음 윤3/15 양 5/5 오전 11시20분

음력	1	2	3	4	5	6	7	8	9	10	11	12	13	14	15	16	17	18	19	20	21	22	23	24	25	26	27	28	29	30
양력	4/21	22	23	24	25	26	27	28	29	30	5/1	2	3	4	5	6	7	8	9	10	11	12	13	14	15	16	17	18	19	20
요일	토	일	월	화	수	목	금	토	일	월	화	수	목	금	토	일	월	화	수	목	금	토	일	월	화	수	목	금	토	일
일진	壬子	癸丑	甲寅	乙卯	丙辰	丁巳	戊午	己未	庚申	辛酉	壬戌	癸亥	甲子	乙丑	丙寅	丁卯	戊辰	己巳	庚午	辛未	壬申	癸酉	甲戌	乙亥	丙子	丁丑	戊寅	己卯	庚辰	辛巳
대운 남	5	4	4	4	3	3	3	2	2	2	1	1	1	1	立	10	10	9	9	9	8	8	8	7	7	7	6	6	6	5
대운 여	6	6	6	7	7	7	8	8	8	9	9	9	10	10	夏	1	1	1	1	2	2	2	3	3	3	4	4	4	5	5

四月大　月建 乙巳　二黑

소만 음 4/1 양 5/21 오전 0시15분 ● 망종 음 4/16 양 6/5 오후 3시26분

음력	1	2	3	4	5	6	7	8	9	10	11	12	13	14	15	16	17	18	19	20	21	22	23	24	25	26	27	28	29	30
양력	5/21	22	23	24	25	26	27	28	29	30	31	6/1	2	3	4	5	6	7	8	9	10	11	12	13	14	15	16	17	18	19
요일	월	화	수	목	금	토	일	월	화	수	목	금	토	일	월	화	수	목	금	토	일	월	화	수	목	금	토	일	월	화
일진	壬午	癸未	甲申	乙酉	丙戌	丁亥	戊子	己丑	庚寅	辛卯	壬辰	癸巳	甲午	乙未	丙申	丁酉	戊戌	己亥	庚子	辛丑	壬寅	癸卯	甲辰	乙巳	丙午	丁未	戊申	己酉	庚戌	辛亥
대운 남	小	5	4	4	4	3	3	3	2	2	2	1	1	1	1	芒	10	10	10	9	9	9	8	8	8	7	7	7	6	6
대운 여	滿	6	6	6	7	7	7	8	8	8	9	9	9	10	10	種	1	1	1	1	2	2	2	3	3	3	4	4	4	5

五月小　月建 丙午　一白

하지 음 5/2 양 6/21 오전 8시9분 ● 소서 음 5/18 양 7/7 오전 1시41분

음력	1	2	3	4	5	6	7	8	9	10	11	12	13	14	15	16	17	18	19	20	21	22	23	24	25	26	27	28	29	
양력	6/20	21	22	23	24	25	26	27	28	29	30	7/1	2	3	4	5	6	7	8	9	10	11	12	13	14	15	16	17	18	
요일	수	목	금	토	일	월	화	수	목	금	토	일	월	화	수	목	금	토	일	월	화	수	목	금	토	일	월	화	수	
일진	壬子	癸丑	甲寅	乙卯	丙辰	丁巳	戊午	己未	庚申	辛酉	壬戌	癸亥	甲子	乙丑	丙寅	丁卯	戊辰	己巳	庚午	辛未	壬申	癸酉	甲戌	乙亥	丙子	丁丑	戊寅	己卯	庚辰	
대운 남	6	夏	5	5	4	4	4	3	3	3	2	2	2	1	1	1	1	小	10	10	9	9	9	8	8	8	7	7	7	
대운 여	5	至	6	6	6	7	7	7	8	8	8	9	9	9	10	10	10	暑	1	1	1	1	2	2	2	3	3	3	4	

六月大 月建 丁未 九紫 대서 음 6/4 양 7/22 오후 7시1분●입추 음 6/20 양 8/7 오전 11시30분

음력	1	2	3	4	5	6	7	8	9	10	11	12	13	14	15	16	17	18	19	20	21	22	23	24	25	26	27	28	29	30
양력	7/19	20	21	22	23	24	25	26	27	28	29	30	31	8/1	2	3	4	5	6	7	8	9	10	11	12	13	14	15	16	17
요일	목	금	토	일	월	화	수	목	금	토	일	월	화	수	목	금	토	일	월	화	수	목	금	토	일	월	화	수	목	금
일진	辛巳	壬午	癸未	甲申	乙酉	丙戌	丁亥	戊子	己丑	庚寅	辛卯	壬辰	癸巳	甲午	乙未	丙申	丁酉	戊戌	己亥	庚子	辛丑	壬寅	癸卯	甲辰	乙巳	丙午	丁未	戊申	己酉	庚戌
대운 남	6	6	6	大	5	5	4	4	4	3	3	3	2	2	2	1	1	1	1	立	10	10	9	9	9	8	8	8	7	7
대운 여	4	4	5	暑	5	6	6	6	7	7	7	8	8	8	9	9	9	10	10	秋	1	1	1	1	2	2	2	3	3	3

七月小 月建 戊申 八白 처서 음 7/6 양 8/23 오전 2시7분●백로 음 7/21 양 9/7 오후 2시29분

음력	1	2	3	4	5	6	7	8	9	10	11	12	13	14	15	16	17	18	19	20	21	22	23	24	25	26	27	28	29
양력	8/18	19	20	21	22	23	24	25	26	27	28	29	30	31	9/1	2	3	4	5	6	7	8	9	10	11	12	13	14	15
요일	토	일	월	화	수	목	금	토	일	월	화	수	목	금	토	일	월	화	수	목	금	토	일	월	화	수	목	금	토
일진	辛亥	壬子	癸丑	甲寅	乙卯	丙辰	丁巳	戊午	己未	庚申	辛酉	壬戌	癸亥	甲子	乙丑	丙寅	丁卯	戊辰	己巳	庚午	辛未	壬申	癸酉	甲戌	乙亥	丙子	丁丑	戊寅	己卯
대운 남	7	6	6	6	5	處	5	4	4	4	3	3	3	2	2	2	1	1	1	1	白	10	10	9	9	9	8	8	8
대운 여	4	4	4	5	5	暑	6	6	6	7	7	7	8	8	8	9	9	9	10	10	露	1	1	1	1	2	2	2	3

八月小 月建 己酉 七赤 추분 음 8/7 양 9/22 오후 11시49분●한로 음 8/23 양 10/8 오전 6시12분

음력	1	2	3	4	5	6	7	8	9	10	11	12	13	14	15	16	17	18	19	20	21	22	23	24	25	26	27	28	29
양력	9/16	17	18	19	20	21	22	23	24	25	26	27	28	29	30	10/1	2	3	4	5	6	7	8	9	10	11	12	13	14
요일	일	월	화	수	목	금	토	일	월	화	수	목	금	토	일	월	화	수	목	금	토	일	월	화	수	목	금	토	일
일진	庚辰	辛巳	壬午	癸未	甲申	乙酉	丙戌	丁亥	戊子	己丑	庚寅	辛卯	壬辰	癸巳	甲午	乙未	丙申	丁酉	戊戌	己亥	庚子	辛丑	壬寅	癸卯	甲辰	乙巳	丙午	丁未	戊申
대운 남	7	7	7	6	6	6	秋	5	5	4	4	4	3	3	3	2	2	2	1	1	1	1	寒	10	9	9	9	8	8
대운 여	3	3	4	4	4	5	分	5	6	6	6	7	7	7	8	8	8	9	9	9	10	10	露	1	1	1	1	2	2

九月大 月建 庚戌 六白 상강 음 9/9 양 10/23 오전 9시13분●입동 음 9/24 양 11/7 오전 9시26분

음력	1	2	3	4	5	6	7	8	9	10	11	12	13	14	15	16	17	18	19	20	21	22	23	24	25	26	27	28	29	30
양력	10/15	16	17	18	19	20	21	22	23	24	25	26	27	28	29	30	31	11/1	2	3	4	5	6	7	8	9	10	11	12	13
요일	월	화	수	목	금	토	일	월	화	수	목	금	토	일	월	화	수	목	금	토	일	월	화	수	목	금	토	일	월	화
일진	己酉	庚戌	辛亥	壬子	癸丑	甲寅	乙卯	丙辰	丁巳	戊午	己未	庚申	辛酉	壬戌	癸亥	甲子	乙丑	丙寅	丁卯	戊辰	己巳	庚午	辛未	壬申	癸酉	甲戌	乙亥	丙子	丁丑	戊寅
대운 남	8	7	7	7	6	6	6	5	霜	5	4	4	4	3	3	3	2	2	2	1	1	1	1	立	10	9	9	9	8	8
대운 여	2	3	3	3	4	4	4	5	降	5	6	6	6	7	7	7	8	8	8	9	9	9	10	冬	1	1	1	1	2	2

十月小 月建 辛亥 五黃 소설 음 10/9 양 11/22 오전 6시50분●대설 음 10/24 양 12/7 오전 2시19분

음력	1	2	3	4	5	6	7	8	9	10	11	12	13	14	15	16	17	18	19	20	21	22	23	24	25	26	27	28	29
양력	11/14	15	16	17	18	19	20	21	22	23	24	25	26	27	28	29	30	12/1	2	3	4	5	6	7	8	9	10	11	12
요일	수	목	금	토	일	월	화	수	목	금	토	일	월	화	수	목	금	토	일	월	화	수	목	금	토	일	월	화	수
일진	己卯	庚辰	辛巳	壬午	癸未	甲申	乙酉	丙戌	丁亥	戊子	己丑	庚寅	辛卯	壬辰	癸巳	甲午	乙未	丙申	丁酉	戊戌	己亥	庚子	辛丑	壬寅	癸卯	甲辰	乙巳	丙午	丁未
대운 남	8	7	7	7	6	6	6	5	小	5	4	4	4	3	3	3	2	2	2	1	1	1	1	大	9	9	9	8	8
대운 여	2	3	3	3	4	4	4	5	雪	5	6	6	6	7	7	7	8	8	8	9	9	9	10	雪	1	1	1	1	2

十一月大 月建 壬子 四綠 동지 음 11/9 양 12/21 오후 8시11분●소한 음 11/24 양 1/5 오후 1시34분

음력	1	2	3	4	5	6	7	8	9	10	11	12	13	14	15	16	17	18	19	20	21	22	23	24	25	26	27	28	29	30
양력	12/13	14	15	16	17	18	19	20	21	22	23	24	25	26	27	28	29	30	31	1/1	2	3	4	5	6	7	8	9	10	11
요일	목	금	토	일	월	화	수	목	금	토	일	월	화	수	목	금	토	일	월	화	수	목	금	토	일	월	화	수	목	금
일진	戊申	己酉	庚戌	辛亥	壬子	癸丑	甲寅	乙卯	丙辰	丁巳	戊午	己未	庚申	辛酉	壬戌	癸亥	甲子	乙丑	丙寅	丁卯	戊辰	己巳	庚午	辛未	壬申	癸酉	甲戌	乙亥	丙子	丁丑
대운 남	8	7	7	7	6	6	6	5	冬	5	4	4	4	3	3	3	2	2	2	1	1	1	1	小	10	9	9	9	8	8
대운 여	2	2	3	3	3	4	4	4	至	5	5	6	6	6	7	7	7	8	8	8	9	9	9	寒	1	1	1	1	2	2

十二月小 月建 癸丑 三碧 대한 음 12/9 양 1/20 오전 6시52분●입춘 음 12/24 양 2/4 오전 1시13분

음력	1	2	3	4	5	6	7	8	9	10	11	12	13	14	15	16	17	18	19	20	21	22	23	24	25	26	27	28	29
양력	1/12	13	14	15	16	17	18	19	20	21	22	23	24	25	26	27	28	29	30	31	2/1	2	3	4	5	6	7	8	9
요일	토	일	월	화	수	목	금	토	일	월	화	수	목	금	토	일	월	화	수	목	금	토	일	월	화	수	목	금	토
일진	戊寅	己卯	庚辰	辛巳	壬午	癸未	甲申	乙酉	丙戌	丁亥	戊子	己丑	庚寅	辛卯	壬辰	癸巳	甲午	乙未	丙申	丁酉	戊戌	己亥	庚子	辛丑	壬寅	癸卯	甲辰	乙巳	丙午
대운 남	8	7	7	7	6	6	6	5	大	5	4	4	4	3	3	3	2	2	2	1	1	1	1	立	1	1	1	1	2
대운 여	2	3	3	3	4	4	4	5	寒	5	6	6	6	7	7	7	8	8	8	9	9	9	10	春	9	9	9	8	8

2013년 | 단기 4346년 癸巳年

五日得辛 十龍治水

卯 大將軍 東 三殺 卯 吊客 未 喪門 納音五行 長流水

正月大 月建 甲寅 二黑

우수 음 1/9 양 2/18 오후 9시1분 ● 경칩 음 1/24 양 3/5 오후 7시15분

음력	1	2	3	4	5	6	7	8	9	10	11	12	13	14	15	16	17	18	19	20	21	22	23	24	25	26	27	28	29	30
양력	2/10	11	12	13	14	15	16	17	18	19	20	21	22	23	24	25	26	27	28	3/1	2	3	4	5	6	7	8	9	10	11
요일	일	월	화	수	목	금	토	일	월	화	수	목	금	토	일	월	화	수	목	금	토	일	월	화	수	목	금	토	일	월
일진	丁未	戊申	己酉	庚戌	辛亥	壬子	癸丑	甲寅	乙卯	丙辰	丁巳	戊午	己未	庚申	辛酉	壬戌	癸亥	甲子	乙丑	丙寅	丁卯	戊辰	己巳	庚午	辛未	壬申	癸酉	甲戌	乙亥	丙子
대운 남	2	2	3	3	3	4	4	4	雨	5	5	6	6	6	7	7	7	8	8	8	9	9	9	驚	1	1	1	1	2	2
대운 여	8	7	7	7	6	6	6	5	水	5	4	4	4	3	3	3	2	2	2	1	1	1	1	蟄	10	10	9	9	9	8

二月小 月建 乙卯 一白

춘분 음 2/9 양 3/20 오후 8시2분 ● 청명 음 2/25 양 4/5 오전 0시2분

음력	1	2	3	4	5	6	7	8	9	10	11	12	13	14	15	16	17	18	19	20	21	22	23	24	25	26	27	28	29
양력	3/12	13	14	15	16	17	18	19	20	21	22	23	24	25	26	27	28	29	30	31	4/1	2	3	4	5	6	7	8	9
요일	화	수	목	금	토	일	월	화	수	목	금	토	일	월	화	수	목	금	토	일	월	화	수	목	금	토	일	월	화
일진	丁丑	戊寅	己卯	庚辰	辛巳	壬午	癸未	甲申	乙酉	丙戌	丁亥	戊子	己丑	庚寅	辛卯	壬辰	癸巳	甲午	乙未	丙申	丁酉	戊戌	己亥	庚子	辛丑	壬寅	癸卯	甲辰	乙巳
대운 남	2	3	3	3	4	4	4	5	春	5	6	6	6	7	7	7	8	8	8	9	9	9	10	10	清	1	1	1	1
대운 여	8	8	7	7	7	6	6	6	分	5	5	4	4	4	3	3	3	2	2	2	1	1	1	1	明	10	9	9	9

三月大 月建 丙辰 九紫

곡우 음 3/11 양 4/20 오전 7시3분 ● 입하 음 3/26 양 5/5 오후 5시18분

음력	1	2	3	4	5	6	7	8	9	10	11	12	13	14	15	16	17	18	19	20	21	22	23	24	25	26	27	28	29	30
양력	4/10	11	12	13	14	15	16	17	18	19	20	21	22	23	24	25	26	27	28	29	30	5/1	2	3	4	5	6	7	8	9
요일	수	목	금	토	일	월	화	수	목	금	토	일	월	화	수	목	금	토	일	월	화	수	목	금	토	일	월	화	수	목
일진	丙午	丁未	戊申	己酉	庚戌	辛亥	壬子	癸丑	甲寅	乙卯	丙辰	丁巳	戊午	己未	庚申	辛酉	壬戌	癸亥	甲子	乙丑	丙寅	丁卯	戊辰	己巳	庚午	辛未	壬申	癸酉	甲戌	乙亥
대운 남	2	2	2	3	3	3	4	4	4	5	穀	5	6	6	6	7	7	7	8	8	8	9	9	9	10	立	1	1	1	1
대운 여	8	8	8	7	7	7	6	6	6	5	雨	5	4	4	4	3	3	3	2	2	2	1	1	1	1	夏	10	10	9	9

四月大 月建 丁巳 八白

소만 음 4/12 양 5/21 오전 6시9분 ● 망종 음 4/27 양 6/5 오후 9시23분

음력	1	2	3	4	5	6	7	8	9	10	11	12	13	14	15	16	17	18	19	20	21	22	23	24	25	26	27	28	29	30
양력	5/10	11	12	13	14	15	16	17	18	19	20	21	22	23	24	25	26	27	28	29	30	31	6/1	2	3	4	5	6	7	8
요일	금	토	일	월	화	수	목	금	토	일	월	화	수	목	금	토	일	월	화	수	목	금	토	일	월	화	수	목	금	토
일진	丙子	丁丑	戊寅	己卯	庚辰	辛巳	壬午	癸未	甲申	乙酉	丙戌	丁亥	戊子	己丑	庚寅	辛卯	壬辰	癸巳	甲午	乙未	丙申	丁酉	戊戌	己亥	庚子	辛丑	壬寅	癸卯	甲辰	乙巳
대운 남	2	2	2	3	3	3	4	4	4	5	5	小	6	6	6	7	7	7	8	8	8	9	9	9	10	10	芒	1	1	1
대운 여	9	8	8	8	7	7	7	6	6	6	5	滿	5	4	4	4	3	3	3	2	2	2	1	1	1	1	種	10	10	10

五月小 月建 戊午 七赤

하지 음 5/13 양 6/21 오후 2시4분 ● 소서 음 5/29 양 7/7 오전 7시34분

음력	1	2	3	4	5	6	7	8	9	10	11	12	13	14	15	16	17	18	19	20	21	22	23	24	25	26	27	28	29
양력	6/9	10	11	12	13	14	15	16	17	18	19	20	21	22	23	24	25	26	27	28	29	30	7/1	2	3	4	5	6	7
요일	일	월	화	수	목	금	토	일	월	화	수	목	금	토	일	월	화	수	목	금	토	일	월	화	수	목	금	토	일
일진	丙午	丁未	戊申	己酉	庚戌	辛亥	壬子	癸丑	甲寅	乙卯	丙辰	丁巳	戊午	己未	庚申	辛酉	壬戌	癸亥	甲子	乙丑	丙寅	丁卯	戊辰	己巳	庚午	辛未	壬申	癸酉	甲戌
대운 남	1	2	2	2	3	3	3	4	4	4	5	5	夏	6	6	6	7	7	7	8	8	8	9	9	9	10	10	10	小
대운 여	9	9	9	8	8	8	7	7	7	6	6	6	至	5	5	4	4	4	3	3	3	2	2	2	1	1	1	1	暑

六月大 月建 己未 六白

대서 음 6/16 양 7/23 오전 0시56분

음력	1	2	3	4	5	6	7	8	9	10	11	12	13	14	15	16	17	18	19	20	21	22	23	24	25	26	27	28	29	30
양력	7/8	9	10	11	12	13	14	15	16	17	18	19	20	21	22	23	24	25	26	27	28	29	30	31	8/1	2	3	4	5	6
요일	월	화	수	목	금	토	일	월	화	수	목	금	토	일	월	화	수	목	금	토	일	월	화	수	목	금	토	일	월	화
일진	乙亥	丙子	丁丑	戊寅	己卯	庚辰	辛巳	壬午	癸未	甲申	乙酉	丙戌	丁亥	戊子	己丑	庚寅	辛卯	壬辰	癸巳	甲午	乙未	丙申	丁酉	戊戌	己亥	庚子	辛丑	壬寅	癸卯	甲辰
대운 남	1	1	1	1	2	2	2	3	3	3	4	4	4	5	5	大	6	6	6	7	7	7	8	8	8	9	9	9	10	10
대운 여	10	10	9	9	9	8	8	8	7	7	7	6	6	6	5	暑	5	4	4	4	3	3	3	2	2	2	1	1	1	1

七月小　月建 庚申　五黃

입추 음 7/1 양 8/7 오후 5시20분●처서 음 7/17 양 8/23 오전 8시2분

음력	1	2	3	4	5	6	7	8	9	10	11	12	13	14	15	16	17	18	19	20	21	22	23	24	25	26	27	28	29
양력	8/7	8	9	10	11	12	13	14	15	16	17	18	19	20	21	22	23	24	25	26	27	28	29	30	31	9/1	2	3	4
요일	수	목	금	토	일	월	화	수	목	금	토	일	월	화	수	목	금	토	일	월	화	수	목	금	토	일	월	화	수
일진	乙巳	丙午	丁未	戊申	己酉	庚戌	辛亥	壬子	癸丑	甲寅	乙卯	丙辰	丁巳	戊午	己未	庚申	辛酉	壬戌	癸亥	甲子	乙丑	丙寅	丁卯	戊辰	己巳	庚午	辛未	壬申	癸酉
대운 남	立	1	1	1	1	2	2	2	3	3	3	4	4	4	5	5	處	6	6	6	7	7	7	8	8	8	9	9	9
대운 여	秋	10	10	9	9	9	8	8	8	7	7	7	6	6	6	5	暑	5	4	4	4	3	3	3	2	2	2	1	1

八月大　月建 辛酉　四綠

백로 음 8/3 양 9/7 오후 8시16분●추분 음 8/19 양 9/23 오전 5시44분

음력	1	2	3	4	5	6	7	8	9	10	11	12	13	14	15	16	17	18	19	20	21	22	23	24	25	26	27	28	29	30
양력	9/5	6	7	8	9	10	11	12	13	14	15	16	17	18	19	20	21	22	23	24	25	26	27	28	29	30	10/1	2	3	4
요일	목	금	토	일	월	화	수	목	금	토	일	월	화	수	목	금	토	일	월	화	수	목	금	토	일	월	화	수	목	금
일진	甲戌	乙亥	丙子	丁丑	戊寅	己卯	庚辰	辛巳	壬午	癸未	甲申	乙酉	丙戌	丁亥	戊子	己丑	庚寅	辛卯	壬辰	癸巳	甲午	乙未	丙申	丁酉	戊戌	己亥	庚子	辛丑	壬寅	癸卯
대운 남	10	10	白	1	1	1	1	2	2	2	3	3	3	4	4	4	5	5	秋	6	6	6	7	7	7	8	8	8	9	9
대운 여	1	1	露	10	10	9	9	9	8	8	8	7	7	7	6	6	6	5	分	5	4	4	4	3	3	3	2	2	2	1

九月小　月建 壬戌　三碧

한로 음 9/4 양 10/8 오전 11시58분●상강 음 9/19 양 10/23 오후 3시10분

음력	1	2	3	4	5	6	7	8	9	10	11	12	13	14	15	16	17	18	19	20	21	22	23	24	25	26	27	28	29
양력	10/5	6	7	8	9	10	11	12	13	14	15	16	17	18	19	20	21	22	23	24	25	26	27	28	29	30	31	11/1	2
요일	토	일	월	화	수	목	금	토	일	월	화	수	목	금	토	일	월	화	수	목	금	토	일	월	화	수	목	금	토
일진	甲辰	乙巳	丙午	丁未	戊申	己酉	庚戌	辛亥	壬子	癸丑	甲寅	乙卯	丙辰	丁巳	戊午	己未	庚申	辛酉	壬戌	癸亥	甲子	乙丑	丙寅	丁卯	戊辰	己巳	庚午	辛未	壬申
대운 남	9	10	10	寒	1	1	1	1	2	2	2	3	3	3	4	4	4	5	霜	5	6	6	6	7	7	7	8	8	8
대운 여	1	1	1	露	10	9	9	9	8	8	8	7	7	7	6	6	6	5	降	5	4	4	4	3	3	3	2	2	2

十月大　月建 癸亥　二黑

입동 음 10/5 양 11/7 오후 3시14분●소설 음 10/20 양 11/22 오후 12시48분

음력	1	2	3	4	5	6	7	8	9	10	11	12	13	14	15	16	17	18	19	20	21	22	23	24	25	26	27	28	29	30
양력	11/3	4	5	6	7	8	9	10	11	12	13	14	15	16	17	18	19	20	21	22	23	24	25	26	27	28	29	30	12/1	2
요일	일	월	화	수	목	금	토	일	월	화	수	목	금	토	일	월	화	수	목	금	토	일	월	화	수	목	금	토	일	월
일진	癸酉	甲戌	乙亥	丙子	丁丑	戊寅	己卯	庚辰	辛巳	壬午	癸未	甲申	乙酉	丙戌	丁亥	戊子	己丑	庚寅	辛卯	壬辰	癸巳	甲午	乙未	丙申	丁酉	戊戌	己亥	庚子	辛丑	壬寅
대운 남	9	9	9	10	立	1	1	1	1	2	2	2	3	3	3	4	4	4	5	小	5	6	6	6	7	7	7	8	8	8
대운 여	1	1	1	1	冬	10	9	9	9	8	8	8	7	7	7	6	6	6	5	雪	5	4	4	4	3	3	3	2	2	2

十一月小　月建 甲子　一白

대설 음 11/5 양 12/7 오전 8시8분●동지 음 11/20 양 12/22 오전 2시11분

음력	1	2	3	4	5	6	7	8	9	10	11	12	13	14	15	16	17	18	19	20	21	22	23	24	25	26	27	28	29
양력	12/3	4	5	6	7	8	9	10	11	12	13	14	15	16	17	18	19	20	21	22	23	24	25	26	27	28	29	30	31
요일	화	수	목	금	토	일	월	화	수	목	금	토	일	월	화	수	목	금	토	일	월	화	수	목	금	토	일	월	화
일진	癸卯	甲辰	乙巳	丙午	丁未	戊申	己酉	庚戌	辛亥	壬子	癸丑	甲寅	乙卯	丙辰	丁巳	戊午	己未	庚申	辛酉	壬戌	癸亥	甲子	乙丑	丙寅	丁卯	戊辰	己巳	庚午	辛未
대운 남	9	9	9	10	大	1	1	1	1	2	2	2	3	3	3	4	4	4	5	冬	5	6	6	6	7	7	7	8	8
대운 여	1	1	1	1	雪	9	9	9	8	8	8	7	7	7	6	6	6	5	5	至	4	4	4	3	3	3	2	2	2

十二月大　月建 乙丑　九紫

소한 음 12/5 양 1/5 오후 7시24분●대한 음 12/20 양 1/20 오후 12시51분

음력	1	2	3	4	5	6	7	8	9	10	11	12	13	14	15	16	17	18	19	20	21	22	23	24	25	26	27	28	29	30
양력	1/1	2	3	4	5	6	7	8	9	10	11	12	13	14	15	16	17	18	19	20	21	22	23	24	25	26	27	28	29	30
요일	수	목	금	토	일	월	화	수	목	금	토	일	월	화	수	목	금	토	일	월	화	수	목	금	토	일	월	화	수	목
일진	壬申	癸酉	甲戌	乙亥	丙子	丁丑	戊寅	己卯	庚辰	辛巳	壬午	癸未	甲申	乙酉	丙戌	丁亥	戊子	己丑	庚寅	辛卯	壬辰	癸巳	甲午	乙未	丙申	丁酉	戊戌	己亥	庚子	辛丑
대운 남	8	9	9	9	小	1	1	1	1	2	2	2	3	3	3	4	4	4	5	大	5	6	6	6	7	7	7	8	8	8
대운 여	1	1	1	1	寒	10	9	9	9	8	8	8	7	7	7	6	6	6	5	寒	5	4	4	4	3	3	3	2	2	2

2014년 | 단기 4347년　　甲午年　　十日得辛 三龍治水

東 大將軍　北 三殺　辰 吊客　申 喪門　　納音五行 沙中金

正月小　月建 丙寅　八白　　입춘 음 1/5 양 2/4 오전 7시3분 ● 우수 음 1/20 양 2/19 오전 2시59분

음력	1	2	3	4	5	6	7	8	9	10	11	12	13	14	15	16	17	18	19	20	21	22	23	24	25	26	27	28	29
양력	1/31	2/1	2	3	4	5	6	7	8	9	10	11	12	13	14	15	16	17	18	19	20	21	22	23	24	25	26	27	28
요일	금	토	일	월	화	수	목	금	토	일	월	화	수	목	금	토	일	월	화	수	목	금	토	일	월	화	수	목	금
일진	壬寅	癸卯	甲辰	乙巳	丙午	丁未	戊申	己酉	庚戌	辛亥	壬子	癸丑	甲寅	乙卯	丙辰	丁巳	戊午	己未	庚申	辛酉	壬戌	癸亥	甲子	乙丑	丙寅	丁卯	戊辰	己巳	庚午
대운 남	9	9	9	10	立	10	9	9	9	8	8	8	7	7	7	6	6	6	5	雨	5	4	4	4	3	3	3	2	2
대운 여	1	1	1	1	春	1	1	1	1	2	2	2	3	3	3	4	4	4	5	水	5	6	6	6	7	7	7	8	8

二月大　月建 丁卯　七赤　　경칩 음 2/6 양 3/6 오전 1시2분 ● 춘분 음 2/21 양 3/21 오전 1시57분

음력	1	2	3	4	5	6	7	8	9	10	11	12	13	14	15	16	17	18	19	20	21	22	23	24	25	26	27	28	29	30
양력	3/1	2	3	4	5	6	7	8	9	10	11	12	13	14	15	16	17	18	19	20	21	22	23	24	25	26	27	28	29	30
요일	토	일	월	화	수	목	금	토	일	월	화	수	목	금	토	일	월	화	수	목	금	토	일	월	화	수	목	금	토	일
일진	辛未	壬申	癸酉	甲戌	乙亥	丙子	丁丑	戊寅	己卯	庚辰	辛巳	壬午	癸未	甲申	乙酉	丙戌	丁亥	戊子	己丑	庚寅	辛卯	壬辰	癸巳	甲午	乙未	丙申	丁酉	戊戌	己亥	庚子
대운 남	2	1	1	1	1	驚	10	9	9	9	8	8	8	7	7	7	6	6	6	5	春	5	4	4	4	3	3	3	2	2
대운 여	8	9	9	9	10	蟄	1	1	1	1	2	2	2	3	3	3	4	4	4	5	分	5	6	6	6	7	7	7	8	8

三月小　月建 戊辰　六白　　청명 음 3/6 양 4/5 오전 5시47분 ● 곡우 음 3/21 양 4/20 오후 12시55분

음력	1	2	3	4	5	6	7	8	9	10	11	12	13	14	15	16	17	18	19	20	21	22	23	24	25	26	27	28	29
양력	3/31	4/1	2	3	4	5	6	7	8	9	10	11	12	13	14	15	16	17	18	19	20	21	22	23	24	25	26	27	28
요일	월	화	수	목	금	토	일	월	화	수	목	금	토	일	월	화	수	목	금	토	일	월	화	수	목	금	토	일	월
일진	辛丑	壬寅	癸卯	甲辰	乙巳	丙午	丁未	戊申	己酉	庚戌	辛亥	壬子	癸丑	甲寅	乙卯	丙辰	丁巳	戊午	己未	庚申	辛酉	壬戌	癸亥	甲子	乙丑	丙寅	丁卯	戊辰	己巳
대운 남	2	1	1	1	1	淸	10	9	9	9	8	8	8	7	7	7	6	6	6	5	穀	5	4	4	4	3	3	3	2
대운 여	8	9	9	9	10	明	1	1	1	1	2	2	2	3	3	3	4	4	4	5	雨	5	6	6	6	7	7	7	8

四月大　月建 己巳　五黃　　입하 음 4/7 양 5/5 오후 10시59분 ● 소만 음 4/23 양 5/21 오전 11시59분

음력	1	2	3	4	5	6	7	8	9	10	11	12	13	14	15	16	17	18	19	20	21	22	23	24	25	26	27	28	29	30
양력	4/29	30	5/1	2	3	4	5	6	7	8	9	10	11	12	13	14	15	16	17	18	19	20	21	22	23	24	25	26	27	28
요일	화	수	목	금	토	일	월	화	수	목	금	토	일	월	화	수	목	금	토	일	월	화	수	목	금	토	일	월	화	수
일진	庚午	辛未	壬申	癸酉	甲戌	乙亥	丙子	丁丑	戊寅	己卯	庚辰	辛巳	壬午	癸未	甲申	乙酉	丙戌	丁亥	戊子	己丑	庚寅	辛卯	壬辰	癸巳	甲午	乙未	丙申	丁酉	戊戌	己亥
대운 남	2	2	1	1	1	1	立	10	10	10	9	9	9	8	8	8	7	7	7	6	6	6	小	5	5	4	4	4	3	3
대운 여	8	8	9	9	9	10	夏	1	1	1	1	2	2	2	3	3	3	4	4	4	5	5	滿	6	6	6	7	7	7	8

五月小　月建 庚午　四綠　　망종 음 5/9 양 6/6 오전 3시3분 ● 하지 음 5/24 양 6/21 오후 7시51분

음력	1	2	3	4	5	6	7	8	9	10	11	12	13	14	15	16	17	18	19	20	21	22	23	24	25	26	27	28	29
양력	5/29	30	31	6/1	2	3	4	5	6	7	8	9	10	11	12	13	14	15	16	17	18	19	20	21	22	23	24	25	26
요일	목	금	토	일	월	화	수	목	금	토	일	월	화	수	목	금	토	일	월	화	수	목	금	토	일	월	화	수	목
일진	庚子	辛丑	壬寅	癸卯	甲辰	乙巳	丙午	丁未	戊申	己酉	庚戌	辛亥	壬子	癸丑	甲寅	乙卯	丙辰	丁巳	戊午	己未	庚申	辛酉	壬戌	癸亥	甲子	乙丑	丙寅	丁卯	戊辰
대운 남	3	2	2	2	1	1	1	1	芒	10	10	9	9	9	8	8	8	7	7	7	6	6	6	夏	5	5	4	4	4
대운 여	8	8	9	9	9	10	10	10	種	1	1	1	1	2	2	2	3	3	3	4	4	4	5	至	5	6	6	6	7

六月大　月建 辛未　三碧　　소서 음 6/11 양 7/7 오후 1시15분 ● 대서 음 6/27 양 7/23 오전 6시41분

음력	1	2	3	4	5	6	7	8	9	10	11	12	13	14	15	16	17	18	19	20	21	22	23	24	25	26	27	28	29	30
양력	6/27	28	29	30	7/1	2	3	4	5	6	7	8	9	10	11	12	13	14	15	16	17	18	19	20	21	22	23	24	25	26
요일	금	토	일	월	화	수	목	금	토	일	월	화	수	목	금	토	일	월	화	수	목	금	토	일	월	화	수	목	금	토
일진	己巳	庚午	辛未	壬申	癸酉	甲戌	乙亥	丙子	丁丑	戊寅	己卯	庚辰	辛巳	壬午	癸未	甲申	乙酉	丙戌	丁亥	戊子	己丑	庚寅	辛卯	壬辰	癸巳	甲午	乙未	丙申	丁酉	戊戌
대운 남	3	3	3	2	2	2	1	1	1	1	小	10	10	9	9	9	8	8	8	7	7	7	6	6	6	5	大	5	4	4
대운 여	7	7	8	8	8	9	9	9	10	10	暑	1	1	1	1	2	2	2	3	3	3	4	4	4	5	5	暑	6	6	6

七月小　月建 壬申　二黑

입추 음 7/12 양 8/7 오후 11시2분 ● 처서 음 7/28 양 8/23 오후 1시46분

음력	1	2	3	4	5	6	7	8	9	10	11	12	13	14	15	16	17	18	19	20	21	22	23	24	25	26	27	28	29
양력	7/27	28	29	30	31	8/1	2	3	4	5	6	7	8	9	10	11	12	13	14	15	16	17	18	19	20	21	22	23	24
요일	일	월	화	수	목	금	토	일	월	화	수	목	금	토	일	월	화	수	목	금	토	일	월	화	수	목	금	토	일
일진	己亥	庚子	辛丑	壬寅	癸卯	甲辰	乙巳	丙午	丁未	戊申	己酉	庚戌	辛亥	壬子	癸丑	甲寅	乙卯	丙辰	丁巳	戊午	己未	庚申	辛酉	壬戌	癸亥	甲子	乙丑	丙寅	丁卯
대운 남	4	3	3	3	2	2	2	1	1	1	1	立	10	10	10	9	9	9	8	8	8	7	7	7	6	6	6	處	5
대운 여	7	7	7	8	8	8	9	9	9	10	10	秋	1	1	1	1	2	2	2	3	3	3	4	4	4	5	5	暑	6

八月大　月建 癸酉　一白

백로 음 8/15 양 9/8 오전 2시1분 ● 추분 음 8/30 양 9/23 오전 11시29분

음력	1	2	3	4	5	6	7	8	9	10	11	12	13	14	15	16	17	18	19	20	21	22	23	24	25	26	27	28	29	30
양력	8/25	26	27	28	29	30	31	9/1	2	3	4	5	6	7	8	9	10	11	12	13	14	15	16	17	18	19	20	21	22	23
요일	월	화	수	목	금	토	일	월	화	수	목	금	토	일	월	화	수	목	금	토	일	월	화	수	목	금	토	일	월	화
일진	戊辰	己巳	庚午	辛未	壬申	癸酉	甲戌	乙亥	丙子	丁丑	戊寅	己卯	庚辰	辛巳	壬午	癸未	甲申	乙酉	丙戌	丁亥	戊子	己丑	庚寅	辛卯	壬辰	癸巳	甲午	乙未	丙申	丁酉
대운 남	5	4	4	4	3	3	3	2	2	2	1	1	1	1	白	10	9	9	9	8	8	8	7	7	7	6	6	6	5	秋
대운 여	6	6	7	7	7	8	8	8	9	9	9	10	10	10	露	1	1	1	1	2	2	2	3	3	3	4	4	4	5	分

九月大　月建 甲戌　九紫

한로 음 9/15 양 10/8 오후 5시47분 ● 상강 음 9/30 양 10/23 오후 8시57분

음력	1	2	3	4	5	6	7	8	9	10	11	12	13	14	15	16	17	18	19	20	21	22	23	24	25	26	27	28	29	30
양력	9/24	25	26	27	28	29	30	10/1	2	3	4	5	6	7	8	9	10	11	12	13	14	15	16	17	18	19	20	21	22	23
요일	수	목	금	토	일	월	화	수	목	금	토	일	월	화	수	목	금	토	일	월	화	수	목	금	토	일	월	화	수	목
일진	戊戌	己亥	庚子	辛丑	壬寅	癸卯	甲辰	乙巳	丙午	丁未	戊申	己酉	庚戌	辛亥	壬子	癸丑	甲寅	乙卯	丙辰	丁巳	戊午	己未	庚申	辛酉	壬戌	癸亥	甲子	乙丑	丙寅	丁卯
대운 남	5	4	4	4	3	3	3	2	2	2	1	1	1	1	寒	10	9	9	9	8	8	8	7	7	7	6	6	6	5	霜
대운 여	5	6	6	6	7	7	7	8	8	8	9	9	9	10	露	1	1	1	1	2	2	2	3	3	3	4	4	4	5	降

閏九月小

입동 음 윤9/15 양 11/7 오후 9시7분

음력	1	2	3	4	5	6	7	8	9	10	11	12	13	14	15	16	17	18	19	20	21	22	23	24	25	26	27	28	29
양력	10/24	25	26	27	28	29	30	31	11/1	2	3	4	5	6	7	8	9	10	11	12	13	14	15	16	17	18	19	20	21
요일	금	토	일	월	화	수	목	금	토	일	월	화	수	목	금	토	일	월	화	수	목	금	토	일	월	화	수	목	금
일진	戊辰	己巳	庚午	辛未	壬申	癸酉	甲戌	乙亥	丙子	丁丑	戊寅	己卯	庚辰	辛巳	壬午	癸未	甲申	乙酉	丙戌	丁亥	戊子	己丑	庚寅	辛卯	壬辰	癸巳	甲午	乙未	丙申
대운 남	5	4	4	4	3	3	3	2	2	2	1	1	1	1	立	10	9	9	9	8	8	8	7	7	7	6	6	6	5
대운 여	5	6	6	6	7	7	7	8	8	8	9	9	9	10	冬	1	1	1	1	2	2	2	3	3	3	4	4	4	5

十月大　月建 乙亥　八白

소설 음 10/1 양 11/22 오후 6시38분 ● 대설 음 10/16 양 12/7 오후 2시4분

음력	1	2	3	4	5	6	7	8	9	10	11	12	13	14	15	16	17	18	19	20	21	22	23	24	25	26	27	28	29	30
양력	11/22	23	24	25	26	27	28	29	30	12/1	2	3	4	5	6	7	8	9	10	11	12	13	14	15	16	17	18	19	20	21
요일	토	일	월	화	수	목	금	토	일	월	화	수	목	금	토	일	월	화	수	목	금	토	일	월	화	수	목	금	토	일
일진	丁酉	戊戌	己亥	庚子	辛丑	壬寅	癸卯	甲辰	乙巳	丙午	丁未	戊申	己酉	庚戌	辛亥	壬子	癸丑	甲寅	乙卯	丙辰	丁巳	戊午	己未	庚申	辛酉	壬戌	癸亥	甲子	乙丑	丙寅
대운 남	小	5	4	4	4	3	3	3	2	2	2	1	1	1	1	大	10	9	9	9	8	8	8	7	7	7	6	6	6	5
대운 여	雪	5	6	6	6	7	7	7	8	8	8	9	9	9	10	雪	1	1	1	1	2	2	2	3	3	3	4	4	4	5

十一月小　月建 丙子　七赤

동지 음 11/1 양 12/22 오전 8시3분 ● 소한 음 11/16 양 1/6 오전 1시20분

음력	1	2	3	4	5	6	7	8	9	10	11	12	13	14	15	16	17	18	19	20	21	22	23	24	25	26	27	28	29
양력	12/22	23	24	25	26	27	28	29	30	31	1/1	2	3	4	5	6	7	8	9	10	11	12	13	14	15	16	17	18	19
요일	월	화	수	목	금	토	일	월	화	수	목	금	토	일	월	화	수	목	금	토	일	월	화	수	목	금	토	일	월
일진	丁卯	戊辰	己巳	庚午	辛未	壬申	癸酉	甲戌	乙亥	丙子	丁丑	戊寅	己卯	庚辰	辛巳	壬午	癸未	甲申	乙酉	丙戌	丁亥	戊子	己丑	庚寅	辛卯	壬辰	癸巳	甲午	乙未
대운 남	冬	5	4	4	4	3	3	3	2	2	2	1	1	1	1	小	9	9	9	8	8	8	7	7	7	6	6	6	5
대운 여	至	5	6	6	6	7	7	7	8	8	8	9	9	9	10	寒	1	1	1	1	2	2	2	3	3	3	4	4	4

十二月大　月建 丁丑　六白

대한 음 12/1 양 1/20 오후 6시43분 ● 입춘 음 12/16 양 2/4 오후 12시58분

음력	1	2	3	4	5	6	7	8	9	10	11	12	13	14	15	16	17	18	19	20	21	22	23	24	25	26	27	28	29	30
양력	1/20	21	22	23	24	25	26	27	28	29	30	31	2/1	2	3	4	5	6	7	8	9	10	11	12	13	14	15	16	17	18
요일	화	수	목	금	토	일	월	화	수	목	금	토	일	월	화	수	목	금	토	일	월	화	수	목	금	토	일	월	화	수
일진	丙申	丁酉	戊戌	己亥	庚子	辛丑	壬寅	癸卯	甲辰	乙巳	丙午	丁未	戊申	己酉	庚戌	辛亥	壬子	癸丑	甲寅	乙卯	丙辰	丁巳	戊午	己未	庚申	辛酉	壬戌	癸亥	甲子	乙丑
대운 남	大	5	4	4	4	3	3	3	2	2	2	1	1	1	1	立	1	1	1	1	2	2	2	3	3	3	4	4	4	5
대운 여	寒	5	5	6	6	6	7	7	7	8	8	8	9	9	9	春	10	9	9	9	8	8	8	7	7	7	6	6	6	5

2015년 | 단기 4348년 乙未年

六日得辛 三龍治水

東 大將軍　西 三殺　巳 吊客　酉 喪門　納音五行 沙中金

正月小　月建 戊寅　五黃

우수 음 1/1 양 2/19 오전 8시50분 ● 경칩 음 1/16 양 3/6 오전 6시56분

음력	1	2	3	4	5	6	7	8	9	10	11	12	13	14	15	16	17	18	19	20	21	22	23	24	25	26	27	28	29
양력	2/19	20	21	22	23	24	25	26	27	28	3/1	2	3	4	5	6	7	8	9	10	11	12	13	14	15	16	17	18	19
요일	목	금	토	일	월	화	수	목	금	토	일	월	화	수	목	금	토	일	월	화	수	목	금	토	일	월	화	수	목
일진	丙寅	丁卯	戊辰	己巳	庚午	辛未	壬申	癸酉	甲戌	乙亥	丙子	丁丑	戊寅	己卯	庚辰	辛巳	壬午	癸未	甲申	乙酉	丙戌	丁亥	戊子	己丑	庚寅	辛卯	壬辰	癸巳	甲午
대운 남	雨	5	6	6	6	7	7	7	8	8	8	9	9	9	10	驚	1	1	1	1	2	2	2	3	3	3	4	4	4
대운 여	水	5	4	4	4	3	3	3	2	2	2	1	1	1	1	蟄	10	9	9	9	8	8	8	7	7	7	6	6	6

二月大　月建 己卯　四綠

춘분 음 2/2 양 3/21 오전 7시45분 ● 청명 음 2/17 양 4/5 오전 11시39분

음력	1	2	3	4	5	6	7	8	9	10	11	12	13	14	15	16	17	18	19	20	21	22	23	24	25	26	27	28	29	30
양력	3/20	21	22	23	24	25	26	27	28	29	30	31	4/1	2	3	4	5	6	7	8	9	10	11	12	13	14	15	16	17	18
요일	금	토	일	월	화	수	목	금	토	일	월	화	수	목	금	토	일	월	화	수	목	금	토	일	월	화	수	목	금	토
일진	乙未	丙申	丁酉	戊戌	己亥	庚子	辛丑	壬寅	癸卯	甲辰	乙巳	丙午	丁未	戊申	己酉	庚戌	辛亥	壬子	癸丑	甲寅	乙卯	丙辰	丁巳	戊午	己未	庚申	辛酉	壬戌	癸亥	甲子
대운 남	5	春	5	6	6	6	7	7	7	8	8	8	9	9	9	10	清	1	1	1	1	2	2	2	3	3	3	4	4	4
대운 여	5	分	5	4	4	4	3	3	3	2	2	2	1	1	1	1	明	10	10	9	9	9	8	8	8	7	7	7	6	6

三月小　月建 庚辰　三碧

곡우 음 3/2 양 4/20 오후 6시42분 ● 입하 음 3/18 양 5/6 오전 4시52분

음력	1	2	3	4	5	6	7	8	9	10	11	12	13	14	15	16	17	18	19	20	21	22	23	24	25	26	27	28	29
양력	4/19	20	21	22	23	24	25	26	27	28	29	30	5/1	2	3	4	5	6	7	8	9	10	11	12	13	14	15	16	17
요일	일	월	화	수	목	금	토	일	월	화	수	목	금	토	일	월	화	수	목	금	토	일	월	화	수	목	금	토	일
일진	乙丑	丙寅	丁卯	戊辰	己巳	庚午	辛未	壬申	癸酉	甲戌	乙亥	丙子	丁丑	戊寅	己卯	庚辰	辛巳	壬午	癸未	甲申	乙酉	丙戌	丁亥	戊子	己丑	庚寅	辛卯	壬辰	癸巳
대운 남	5	穀	5	6	6	6	7	7	7	8	8	8	9	9	9	10	10	立	1	1	1	1	2	2	2	3	3	3	4
대운 여	6	雨	5	5	4	4	4	3	3	3	2	2	2	1	1	1	1	夏	10	10	9	9	9	8	8	8	7	7	7

四月小　月建 辛巳　二黑

소만 음 4/4 양 5/21 오후 5시45분 ● 망종 음 4/20 양 6/6 오전 8시58분

음력	1	2	3	4	5	6	7	8	9	10	11	12	13	14	15	16	17	18	19	20	21	22	23	24	25	26	27	28	29
양력	5/18	19	20	21	22	23	24	25	26	27	28	29	30	31	6/1	2	3	4	5	6	7	8	9	10	11	12	13	14	15
요일	월	화	수	목	금	토	일	월	화	수	목	금	토	일	월	화	수	목	금	토	일	월	화	수	목	금	토	일	월
일진	甲午	乙未	丙申	丁酉	戊戌	己亥	庚子	辛丑	壬寅	癸卯	甲辰	乙巳	丙午	丁未	戊申	己酉	庚戌	辛亥	壬子	癸丑	甲寅	乙卯	丙辰	丁巳	戊午	己未	庚申	辛酉	壬戌
대운 남	4	4	5	小	5	6	6	6	7	7	7	8	8	8	9	9	9	10	10	芒	1	1	1	1	2	2	2	3	3
대운 여	6	6	6	滿	5	5	4	4	4	3	3	3	2	2	2	1	1	1	1	種	10	10	9	9	9	8	8	8	7

五月大　月建 壬午　一白

하지 음 5/7 양 6/22 오전 1시38분 ● 소서 음 5/22 양 7/7 오후 7시12분

음력	1	2	3	4	5	6	7	8	9	10	11	12	13	14	15	16	17	18	19	20	21	22	23	24	25	26	27	28	29	30
양력	6/16	17	18	19	20	21	22	23	24	25	26	27	28	29	30	7/1	2	3	4	5	6	7	8	9	10	11	12	13	14	15
요일	화	수	목	금	토	일	월	화	수	목	금	토	일	월	화	수	목	금	토	일	월	화	수	목	금	토	일	월	화	수
일진	癸亥	甲子	乙丑	丙寅	丁卯	戊辰	己巳	庚午	辛未	壬申	癸酉	甲戌	乙亥	丙子	丁丑	戊寅	己卯	庚辰	辛巳	壬午	癸未	甲申	乙酉	丙戌	丁亥	戊子	己丑	庚寅	辛卯	壬辰
대운 남	3	4	4	4	5	5	夏	6	6	6	7	7	7	8	8	8	9	9	9	10	10	小	1	1	1	1	2	2	2	3
대운 여	7	7	6	6	6	5	至	5	4	4	4	3	3	3	2	2	2	1	1	1	1	暑	10	10	10	9	9	9	8	8

六月小　月建 癸未　九紫

대서 음 6/8 양 7/23 오후 12시30분 ● 입추 음 6/24 양 8/8 오전 5시1분

음력	1	2	3	4	5	6	7	8	9	10	11	12	13	14	15	16	17	18	19	20	21	22	23	24	25	26	27	28	29
양력	7/16	17	18	19	20	21	22	23	24	25	26	27	28	29	30	31	8/1	2	3	4	5	6	7	8	9	10	11	12	13
요일	목	금	토	일	월	화	수	목	금	토	일	월	화	수	목	금	토	일	월	화	수	목	금	토	일	월	화	수	목
일진	癸巳	甲午	乙未	丙申	丁酉	戊戌	己亥	庚子	辛丑	壬寅	癸卯	甲辰	乙巳	丙午	丁未	戊申	己酉	庚戌	辛亥	壬子	癸丑	甲寅	乙卯	丙辰	丁巳	戊午	己未	庚申	辛酉
대운 남	3	3	4	4	4	5	5	大	6	6	6	7	7	7	8	8	8	9	9	9	10	10	10	立	1	1	1	1	2
대운 여	8	7	7	7	6	6	6	暑	5	5	4	4	4	3	3	3	2	2	2	1	1	1	1	秋	10	10	9	9	9

七月大　　月建 甲申　　八白

처서 음 7/10 양 8/23 오후 7시37분 ● 백로 음 7/26 양 9/8 오전 7시59분

음력	1	2	3	4	5	6	7	8	9	10	11	12	13	14	15	16	17	18	19	20	21	22	23	24	25	26	27	28	29	30
양력	8/14	15	16	17	18	19	20	21	22	23	24	25	26	27	28	29	30	31	9/1	2	3	4	5	6	7	8	9	10	11	12
요일	금	토	일	월	화	수	목	금	토	일	월	화	수	목	금	토	일	월	화	수	목	금	토	일	월	화	수	목	금	토
일진	壬戌	癸亥	甲子	乙丑	丙寅	丁卯	戊辰	己巳	庚午	辛未	壬申	癸酉	甲戌	乙亥	丙子	丁丑	戊寅	己卯	庚辰	辛巳	壬午	癸未	甲申	乙酉	丙戌	丁亥	戊子	己丑	庚寅	辛卯
대운 남	2	2	3	3	3	4	4	4	5	處	5	6	6	6	7	7	7	8	8	8	9	9	9	10	10	白	1	1	1	1
대운 여	8	8	8	7	7	7	6	6	6	暑	5	5	4	4	4	3	3	3	2	2	2	1	1	1	1	露	10	9	9	9

八月大　　月建 乙酉　　七赤

추분 음 8/11 양 9/23 오후 5시20분 ● 한로 음 8/26 양 10/8 오후 11시43분

음력	1	2	3	4	5	6	7	8	9	10	11	12	13	14	15	16	17	18	19	20	21	22	23	24	25	26	27	28	29	30
양력	9/13	14	15	16	17	18	19	20	21	22	23	24	25	26	27	28	29	30	10/1	2	3	4	5	6	7	8	9	10	11	12
요일	일	월	화	수	목	금	토	일	월	화	수	목	금	토	일	월	화	수	목	금	토	일	월	화	수	목	금	토	일	월
일진	壬辰	癸巳	甲午	乙未	丙申	丁酉	戊戌	己亥	庚子	辛丑	壬寅	癸卯	甲辰	乙巳	丙午	丁未	戊申	己酉	庚戌	辛亥	壬子	癸丑	甲寅	乙卯	丙辰	丁巳	戊午	己未	庚申	辛酉
대운 남	2	2	2	3	3	3	4	4	4	5	秋	5	6	6	6	7	7	7	8	8	8	9	9	9	10	寒	1	1	1	1
대운 여	8	8	8	7	7	7	6	6	6	5	分	5	4	4	4	3	3	3	2	2	2	1	1	1	1	露	10	10	9	9

九月大　　月建 丙戌　　六白

상강 음 9/12 양 10/24 오전 2시47분 ● 입동 음 9/27 양 11/8 오전 2시58분

음력	1	2	3	4	5	6	7	8	9	10	11	12	13	14	15	16	17	18	19	20	21	22	23	24	25	26	27	28	29	30
양력	10/13	14	15	16	17	18	19	20	21	22	23	24	25	26	27	28	29	30	31	11/1	2	3	4	5	6	7	8	9	10	11
요일	화	수	목	금	토	일	월	화	수	목	금	토	일	월	화	수	목	금	토	일	월	화	수	목	금	토	일	월	화	수
일진	壬戌	癸亥	甲子	乙丑	丙寅	丁卯	戊辰	己巳	庚午	辛未	壬申	癸酉	甲戌	乙亥	丙子	丁丑	戊寅	己卯	庚辰	辛巳	壬午	癸未	甲申	乙酉	丙戌	丁亥	戊子	己丑	庚寅	辛卯
대운 남	2	2	2	3	3	3	4	4	4	5	5	霜	6	6	6	7	7	7	8	8	8	9	9	9	10	10	立	1	1	1
대운 여	9	8	8	8	7	7	7	6	6	6	5	降	5	4	4	4	3	3	3	2	2	2	1	1	1	1	冬	9	9	9

十月小　　月建 丁亥　　五黃

소설 음 10/12 양 11/23 오전 0시25분 ● 대설 음 10/26 양 12/7 오후 7시53분

음력	1	2	3	4	5	6	7	8	9	10	11	12	13	14	15	16	17	18	19	20	21	22	23	24	25	26	27	28	29
양력	11/12	13	14	15	16	17	18	19	20	21	22	23	24	25	26	27	28	29	30	12/1	2	3	4	5	6	7	8	9	10
요일	목	금	토	일	월	화	수	목	금	토	일	월	화	수	목	금	토	일	월	화	수	목	금	토	일	월	화	수	목
일진	壬辰	癸巳	甲午	乙未	丙申	丁酉	戊戌	己亥	庚子	辛丑	壬寅	癸卯	甲辰	乙巳	丙午	丁未	戊申	己酉	庚戌	辛亥	壬子	癸丑	甲寅	乙卯	丙辰	丁巳	戊午	己未	庚申
대운 남	1	2	2	2	3	3	3	4	4	4	5	小	5	6	6	6	7	7	7	8	8	8	9	9	9	大	1	1	1
대운 여	8	8	8	7	7	7	6	6	6	5	5	雪	4	4	4	3	3	3	2	2	2	1	1	1	1	雪	10	9	9

十一月大　　月建 戊子　　四綠

동지 음 11/12 양 12/22 오후 1시48분 ● 소한 음 11/27 양 1/6 오전 7시8분

음력	1	2	3	4	5	6	7	8	9	10	11	12	13	14	15	16	17	18	19	20	21	22	23	24	25	26	27	28	29	30
양력	12/11	12	13	14	15	16	17	18	19	20	21	22	23	24	25	26	27	28	29	30	31	1/1	2	3	4	5	6	7	8	9
요일	금	토	일	월	화	수	목	금	토	일	월	화	수	목	금	토	일	월	화	수	목	금	토	일	월	화	수	목	금	토
일진	辛酉	壬戌	癸亥	甲子	乙丑	丙寅	丁卯	戊辰	己巳	庚午	辛未	壬申	癸酉	甲戌	乙亥	丙子	丁丑	戊寅	己卯	庚辰	辛巳	壬午	癸未	甲申	乙酉	丙戌	丁亥	戊子	己丑	庚寅
대운 남	1	2	2	2	3	3	3	4	4	4	5	冬	5	6	6	6	7	7	7	8	8	8	9	9	9	10	小	1	1	1
대운 여	9	8	8	8	7	7	7	6	6	6	5	至	5	4	4	4	3	3	3	2	2	2	1	1	1	1	寒	9	9	9

十二月小　　月建 己丑　　三碧

대한 음 12/12 양 1/21 오전 0시27분 ● 입춘 음 12/26 양 2/4 오후 6시46분

음력	1	2	3	4	5	6	7	8	9	10	11	12	13	14	15	16	17	18	19	20	21	22	23	24	25	26	27	28	29
양력	1/10	11	12	13	14	15	16	17	18	19	20	21	22	23	24	25	26	27	28	29	30	31	2/1	2	3	4	5	6	7
요일	일	월	화	수	목	금	토	일	월	화	수	목	금	토	일	월	화	수	목	금	토	일	월	화	수	목	금	토	일
일진	辛卯	壬辰	癸巳	甲午	乙未	丙申	丁酉	戊戌	己亥	庚子	辛丑	壬寅	癸卯	甲辰	乙巳	丙午	丁未	戊申	己酉	庚戌	辛亥	壬子	癸丑	甲寅	乙卯	丙辰	丁巳	戊午	己未
대운 남	1	2	2	2	3	3	3	4	4	4	5	大	5	6	6	6	7	7	7	8	8	8	9	9	9	立	10	9	9
대운 여	8	8	8	7	7	7	6	6	6	5	5	寒	4	4	4	3	3	3	2	2	2	1	1	1	1	春	1	1	1

2016년 | 단기 4349년

丙申年

三日得辛　九龍治水

南 大將軍　　南 三殺　　午 弔客　　戌 喪門

納音五行 山下火

正月大　　月建 庚寅　　二黑

우수 음 1/12 양 2/19 오후 2시34분 · 경칩 음 1/27 양 3/5 오후 12시43분

음력	1	2	3	4	5	6	7	8	9	10	11	12	13	14	15	16	17	18	19	20	21	22	23	24	25	26	27	28	29	30
양력	2/8	9	10	11	12	13	14	15	16	17	18	19	20	21	22	23	24	25	26	27	28	29	3/1	2	3	4	5	6	7	8
요일	월	화	수	목	금	토	일	월	화	수	목	금	토	일	월	화	수	목	금	토	일	월	화	수	목	금	토	일	월	화
일진	庚申	辛酉	壬戌	癸亥	甲子	乙丑	丙寅	丁卯	戊辰	己巳	庚午	辛未	壬申	癸酉	甲戌	乙亥	丙子	丁丑	戊寅	己卯	庚辰	辛巳	壬午	癸未	甲申	乙酉	丙戌	丁亥	戊子	己丑
대운 남	9	8	8	8	7	7	7	6	6	6	5	雨	5	4	4	4	3	3	3	2	2	2	1	1	1	1	驚	10	9	9
대운 여	1	2	2	2	3	3	3	4	4	4	5	水	5	6	6	6	7	7	7	8	8	8	9	9	9	10	蟄	1	1	1

二月小　　月建 辛卯　　一白

춘분 음 2/12 양 3/20 오후 1시30분 · 청명 음 2/27 양 4/4 오후 5시27분

음력	1	2	3	4	5	6	7	8	9	10	11	12	13	14	15	16	17	18	19	20	21	22	23	24	25	26	27	28	29
양력	3/9	10	11	12	13	14	15	16	17	18	19	20	21	22	23	24	25	26	27	28	29	30	31	4/1	2	3	4	5	6
요일	수	목	금	토	일	월	화	수	목	금	토	일	월	화	수	목	금	토	일	월	화	수	목	금	토	일	월	화	수
일진	庚寅	辛卯	壬辰	癸巳	甲午	乙未	丙申	丁酉	戊戌	己亥	庚子	辛丑	壬寅	癸卯	甲辰	乙巳	丙午	丁未	戊申	己酉	庚戌	辛亥	壬子	癸丑	甲寅	乙卯	丙辰	丁巳	戊午
대운 남	9	8	8	8	7	7	7	6	6	6	5	春	5	4	4	4	3	3	3	2	2	2	1	1	1	1	淸	10	10
대운 여	1	2	2	2	3	3	3	4	4	4	5	分	5	6	6	6	7	7	7	8	8	8	9	9	9	10	明	1	1

三月大　　月建 壬辰　　九紫

곡우 음 3/14 양 4/20 오전 0시29분 · 입하 음 3/29 양 5/5 오전 10시42분

음력	1	2	3	4	5	6	7	8	9	10	11	12	13	14	15	16	17	18	19	20	21	22	23	24	25	26	27	28	29	30
양력	4/7	8	9	10	11	12	13	14	15	16	17	18	19	20	21	22	23	24	25	26	27	28	29	30	5/1	2	3	4	5	6
요일	목	금	토	일	월	화	수	목	금	토	일	월	화	수	목	금	토	일	월	화	수	목	금	토	일	월	화	수	목	금
일진	己未	庚申	辛酉	壬戌	癸亥	甲子	乙丑	丙寅	丁卯	戊辰	己巳	庚午	辛未	壬申	癸酉	甲戌	乙亥	丙子	丁丑	戊寅	己卯	庚辰	辛巳	壬午	癸未	甲申	乙酉	丙戌	丁亥	戊子
대운 남	9	9	9	8	8	8	7	7	7	6	6	6	5	穀	5	4	4	4	3	3	3	2	2	2	1	1	1	1	立	10
대운 여	1	1	2	2	2	3	3	3	4	4	4	5	5	雨	6	6	6	7	7	7	8	8	8	9	9	9	10	10	夏	1

四月小　　月建 癸巳　　八白

소만 음 4/14 양 5/20 오후 11시36분

음력	1	2	3	4	5	6	7	8	9	10	11	12	13	14	15	16	17	18	19	20	21	22	23	24	25	26	27	28	29
양력	5/7	8	9	10	11	12	13	14	15	16	17	18	19	20	21	22	23	24	25	26	27	28	29	30	31	6/1	2	3	4
요일	토	일	월	화	수	목	금	토	일	월	화	수	목	금	토	일	월	화	수	목	금	토	일	월	화	수	목	금	토
일진	己丑	庚寅	辛卯	壬辰	癸巳	甲午	乙未	丙申	丁酉	戊戌	己亥	庚子	辛丑	壬寅	癸卯	甲辰	乙巳	丙午	丁未	戊申	己酉	庚戌	辛亥	壬子	癸丑	甲寅	乙卯	丙辰	丁巳
대운 남	10	9	9	9	8	8	8	7	7	7	6	6	6	小	5	5	4	4	4	3	3	3	2	2	2	1	1	1	1
대운 여	1	1	1	2	2	2	3	3	3	4	4	4	5	滿	5	6	6	6	7	7	7	8	8	8	9	9	9	10	10

五月小　　月建 甲午　　七赤

망종 음 5/1 양 6/5 오후 2시48분 · 하지 음 5/17 양 6/21 오전 7시34분

음력	1	2	3	4	5	6	7	8	9	10	11	12	13	14	15	16	17	18	19	20	21	22	23	24	25	26	27	28	29
양력	6/5	6	7	8	9	10	11	12	13	14	15	16	17	18	19	20	21	22	23	24	25	26	27	28	29	30	7/1	2	3
요일	일	월	화	수	목	금	토	일	월	화	수	목	금	토	일	월	화	수	목	금	토	일	월	화	수	목	금	토	일
일진	戊午	己未	庚申	辛酉	壬戌	癸亥	甲子	乙丑	丙寅	丁卯	戊辰	己巳	庚午	辛未	壬申	癸酉	甲戌	乙亥	丙子	丁丑	戊寅	己卯	庚辰	辛巳	壬午	癸未	甲申	乙酉	丙戌
대운 남	芒	10	10	10	9	9	9	8	8	8	7	7	7	6	6	6	夏	5	5	4	4	4	3	3	3	2	2	2	1
대운 여	種	1	1	1	1	2	2	2	3	3	3	4	4	4	5	5	至	6	6	6	7	7	7	8	8	8	9	9	9

六月大　　月建 乙未　　六白

소서 음 6/4 양 7/7 오전 1시3분 · 대서 음 6/19 양 7/22 오후 6시30분

음력	1	2	3	4	5	6	7	8	9	10	11	12	13	14	15	16	17	18	19	20	21	22	23	24	25	26	27	28	29	30
양력	7/4	5	6	7	8	9	10	11	12	13	14	15	16	17	18	19	20	21	22	23	24	25	26	27	28	29	30	31	8/1	2
요일	월	화	수	목	금	토	일	월	화	수	목	금	토	일	월	화	수	목	금	토	일	월	화	수	목	금	토	일	월	화
일진	丁亥	戊子	己丑	庚寅	辛卯	壬辰	癸巳	甲午	乙未	丙申	丁酉	戊戌	己亥	庚子	辛丑	壬寅	癸卯	甲辰	乙巳	丙午	丁未	戊申	己酉	庚戌	辛亥	壬子	癸丑	甲寅	乙卯	丙辰
대운 남	1	1	1	小	10	10	9	9	9	8	8	8	7	7	7	6	6	6	大	5	5	4	4	4	3	3	3	2	2	2
대운 여	10	10	10	暑	1	1	1	1	2	2	2	3	3	3	4	4	4	5	暑	5	6	6	6	7	7	7	8	8	8	9

七月小　　月建 丙申　　五黃

입추 음 7/5 양 8/7 오전 10시53분 ● 처서 음 7/21 양 8/23 오전 1시38분

음력	1	2	3	4	5	6	7	8	9	10	11	12	13	14	15	16	17	18	19	20	21	22	23	24	25	26	27	28	29
양력	8/3	4	5	6	7	8	9	10	11	12	13	14	15	16	17	18	19	20	21	22	23	24	25	26	27	28	29	30	31
요일	수	목	금	토	일	월	화	수	목	금	토	일	월	화	수	목	금	토	일	월	화	수	목	금	토	일	월	화	수
일진	丁巳	戊午	己未	庚申	辛酉	壬戌	癸亥	甲子	乙丑	丙寅	丁卯	戊辰	己巳	庚午	辛未	壬申	癸酉	甲戌	乙亥	丙子	丁丑	戊寅	己卯	庚辰	辛巳	壬午	癸未	甲申	乙酉
대운 남	1	1	1	1	立	10	10	9	9	9	8	8	8	7	7	7	6	6	6	5	處	5	4	4	4	3	3	3	2
대운 여	9	9	10	10	秋	1	1	1	1	2	2	2	3	3	3	4	4	4	5	5	暑	6	6	6	7	7	7	8	8

八月大　　月建 丁酉　　四綠

백로 음 8/7 양 9/7 오후 1시51분 ● 추분 음 8/22 양 9/22 오후 11시21분

음력	1	2	3	4	5	6	7	8	9	10	11	12	13	14	15	16	17	18	19	20	21	22	23	24	25	26	27	28	29	30
양력	9/1	2	3	4	5	6	7	8	9	10	11	12	13	14	15	16	17	18	19	20	21	22	23	24	25	26	27	28	29	30
요일	목	금	토	일	월	화	수	목	금	토	일	월	화	수	목	금	토	일	월	화	수	목	금	토	일	월	화	수	목	금
일진	丙戌	丁亥	戊子	己丑	庚寅	辛卯	壬辰	癸巳	甲午	乙未	丙申	丁酉	戊戌	己亥	庚子	辛丑	壬寅	癸卯	甲辰	乙巳	丙午	丁未	戊申	己酉	庚戌	辛亥	壬子	癸丑	甲寅	乙卯
대운 남	2	2	1	1	1	1	白	10	10	9	9	9	8	8	8	7	7	7	6	6	6	秋	5	5	4	4	4	3	3	3
대운 여	8	9	9	9	10	10	露	1	1	1	1	2	2	2	3	3	3	4	4	4	5	分	5	6	6	6	7	7	7	8

九月大　　月建 戊戌　　三碧

한로 음 9/8 양 10/8 오전 5시33분 ● 상강 음 9/23 양 10/23 오전 8시45분

음력	1	2	3	4	5	6	7	8	9	10	11	12	13	14	15	16	17	18	19	20	21	22	23	24	25	26	27	28	29	30
양력	10/1	2	3	4	5	6	7	8	9	10	11	12	13	14	15	16	17	18	19	20	21	22	23	24	25	26	27	28	29	30
요일	토	일	월	화	수	목	금	토	일	월	화	수	목	금	토	일	월	화	수	목	금	토	일	월	화	수	목	금	토	일
일진	丙辰	丁巳	戊午	己未	庚申	辛酉	壬戌	癸亥	甲子	乙丑	丙寅	丁卯	戊辰	己巳	庚午	辛未	壬申	癸酉	甲戌	乙亥	丙子	丁丑	戊寅	己卯	庚辰	辛巳	壬午	癸未	甲申	乙酉
대운 남	2	2	2	1	1	1	1	寒	10	9	9	9	8	8	8	7	7	7	6	6	6	5	霜	5	4	4	4	3	3	3
대운 여	8	8	9	9	9	10	10	露	1	1	1	1	2	2	2	3	3	3	4	4	4	5	降	5	6	6	6	7	7	7

十月小　　月建 己亥　　二黑

입동 음 10/8 양 11/7 오전 8시48분 ● 소설 음 10/23 양 11/22 오전 6시22분

음력	1	2	3	4	5	6	7	8	9	10	11	12	13	14	15	16	17	18	19	20	21	22	23	24	25	26	27	28	29
양력	10/31	11/1	2	3	4	5	6	7	8	9	10	11	12	13	14	15	16	17	18	19	20	21	22	23	24	25	26	27	28
요일	월	화	수	목	금	토	일	월	화	수	목	금	토	일	월	화	수	목	금	토	일	월	화	수	목	금	토	일	월
일진	丙戌	丁亥	戊子	己丑	庚寅	辛卯	壬辰	癸巳	甲午	乙未	丙申	丁酉	戊戌	己亥	庚子	辛丑	壬寅	癸卯	甲辰	乙巳	丙午	丁未	戊申	己酉	庚戌	辛亥	壬子	癸丑	甲寅
대운 남	2	2	2	1	1	1	1	立	10	9	9	9	8	8	8	7	7	7	6	6	6	5	小	5	4	4	4	3	3
대운 여	8	8	8	9	9	9	10	冬	1	1	1	1	2	2	2	3	3	3	4	4	4	5	雪	5	6	6	6	7	7

十一月大　　月建 庚子　　一白

대설 음 11/9 양 12/7 오전 1시41분 ● 동지 음 11/23 양 12/21 오후 7시44분

음력	1	2	3	4	5	6	7	8	9	10	11	12	13	14	15	16	17	18	19	20	21	22	23	24	25	26	27	28	29	30
양력	11/29	30	12/1	2	3	4	5	6	7	8	9	10	11	12	13	14	15	16	17	18	19	20	21	22	23	24	25	26	27	28
요일	화	수	목	금	토	일	월	화	수	목	금	토	일	월	화	수	목	금	토	일	월	화	수	목	금	토	일	월	화	수
일진	乙卯	丙辰	丁巳	戊午	己未	庚申	辛酉	壬戌	癸亥	甲子	乙丑	丙寅	丁卯	戊辰	己巳	庚午	辛未	壬申	癸酉	甲戌	乙亥	丙子	丁丑	戊寅	己卯	庚辰	辛巳	壬午	癸未	甲申
대운 남	3	2	2	2	1	1	1	1	大	9	9	9	8	8	8	7	7	7	6	6	6	5	冬	5	4	4	4	3	3	3
대운 여	7	8	8	8	9	9	9	10	雪	1	1	1	1	2	2	2	3	3	3	4	4	4	至	5	5	6	6	6	7	7

十二月大　　月建 辛丑　　九紫

소한 음 12/8 양 1/5 오후 12시56분 ● 대한 음 12/23 양 1/20 오전 6시23분

음력	1	2	3	4	5	6	7	8	9	10	11	12	13	14	15	16	17	18	19	20	21	22	23	24	25	26	27	28	29	30
양력	12/29	30	31	1/1	2	3	4	5	6	7	8	9	10	11	12	13	14	15	16	17	18	19	20	21	22	23	24	25	26	27
요일	목	금	토	일	월	화	수	목	금	토	일	월	화	수	목	금	토	일	월	화	수	목	금	토	일	월	화	수	목	금
일진	乙酉	丙戌	丁亥	戊子	己丑	庚寅	辛卯	壬辰	癸巳	甲午	乙未	丙申	丁酉	戊戌	己亥	庚子	辛丑	壬寅	癸卯	甲辰	乙巳	丙午	丁未	戊申	己酉	庚戌	辛亥	壬子	癸丑	甲寅
대운 남	2	2	2	1	1	1	1	小	10	9	9	9	8	8	8	7	7	7	6	6	6	5	大	5	4	4	4	3	3	3
대운 여	7	8	8	8	9	9	9	寒	1	1	1	1	2	2	2	3	3	3	4	4	4	5	寒	5	6	6	6	7	7	7

2017년 | 단기 4350년 丁酉年

七日得辛 二龍治水

南 大將軍 東 三殺 未 吊客 亥 喪門

納音五行 山下火

正月小 月建 壬寅 八白

입춘 음 1/8 양 2/4 오전 0시34분 ● 우수 음 1/22 양 2/18 오후 8시31분

음력	1	2	3	4	5	6	7	8	9	10	11	12	13	14	15	16	17	18	19	20	21	22	23	24	25	26	27	28	29
양력	1/28	29	30	31	2/1	2	3	4	5	6	7	8	9	10	11	12	13	14	15	16	17	18	19	20	21	22	23	24	25
요일	토	일	월	화	수	목	금	토	일	월	화	수	목	금	토	일	월	화	수	목	금	토	일	월	화	수	목	금	토
일진	乙卯	丙辰	丁巳	戊午	己未	庚申	辛酉	壬戌	癸亥	甲子	乙丑	丙寅	丁卯	戊辰	己巳	庚午	辛未	壬申	癸酉	甲戌	乙亥	丙子	丁丑	戊寅	己卯	庚辰	辛巳	壬午	癸未
대운 남	2	2	2	1	1	1	1	立	1	1	1	1	2	2	2	3	3	3	4	4	4	雨	5	5	6	6	6	7	7
대운 여	8	8	8	9	9	9	10	春	9	9	9	8	8	8	7	7	7	6	6	6	5	水	5	4	4	4	3	3	3

二月大 月建 癸卯 七赤

경칩 음 2/8 양 3/5 오후 6시33분 ● 춘분 음 2/23 양 3/20 오전 7시28분

음력	1	2	3	4	5	6	7	8	9	10	11	12	13	14	15	16	17	18	19	20	21	22	23	24	25	26	27	28	29	30
양력	2/26	27	28	3/1	2	3	4	5	6	7	8	9	10	11	12	13	14	15	16	17	18	19	20	21	22	23	24	25	26	27
요일	일	월	화	수	목	금	토	일	월	화	수	목	금	토	일	월	화	수	목	금	토	일	월	화	수	목	금	토	일	월
일진	甲申	乙酉	丙戌	丁亥	戊子	己丑	庚寅	辛卯	壬辰	癸巳	甲午	乙未	丙申	丁酉	戊戌	己亥	庚子	辛丑	壬寅	癸卯	甲辰	乙巳	丙午	丁未	戊申	己酉	庚戌	辛亥	壬子	癸丑
대운 남	7	8	8	8	9	9	9	驚	1	1	1	1	2	2	2	3	3	3	4	4	4	5	春	5	6	6	6	7	7	7
대운 여	2	2	2	1	1	1	1	蟄	10	9	9	9	8	8	8	7	7	7	6	6	6	5	分	5	4	4	4	3	3	3

三月小 月建 甲辰 六白

청명 음 3/8 양 4/4 오후 11시17분 ● 곡우 음 3/24 양 4/20 오전 6시27분

음력	1	2	3	4	5	6	7	8	9	10	11	12	13	14	15	16	17	18	19	20	21	22	23	24	25	26	27	28	29
양력	3/28	29	30	31	4/1	2	3	4	5	6	7	8	9	10	11	12	13	14	15	16	17	18	19	20	21	22	23	24	25
요일	화	수	목	금	토	일	월	화	수	목	금	토	일	월	화	수	목	금	토	일	월	화	수	목	금	토	일	월	화
일진	甲寅	乙卯	丙辰	丁巳	戊午	己未	庚申	辛酉	壬戌	癸亥	甲子	乙丑	丙寅	丁卯	戊辰	己巳	庚午	辛未	壬申	癸酉	甲戌	乙亥	丙子	丁丑	戊寅	己卯	庚辰	辛巳	壬午
대운 남	8	8	8	9	9	9	10	清	1	1	1	1	2	2	2	3	3	3	4	4	4	5	5	穀	6	6	6	7	7
대운 여	2	2	2	1	1	1	1	明	10	10	9	9	9	8	8	8	7	7	7	6	6	6	5	雨	5	4	4	4	3

四月大 月建 乙巳 五黃

입하 음 4/10 양 5/5 오후 4시31분 ● 소만 음 4/26 양 5/21 오전 5시31분

음력	1	2	3	4	5	6	7	8	9	10	11	12	13	14	15	16	17	18	19	20	21	22	23	24	25	26	27	28	29	30
양력	4/26	27	28	29	30	5/1	2	3	4	5	6	7	8	9	10	11	12	13	14	15	16	17	18	19	20	21	22	23	24	25
요일	수	목	금	토	일	월	화	수	목	금	토	일	월	화	수	목	금	토	일	월	화	수	목	금	토	일	월	화	수	목
일진	癸未	甲申	乙酉	丙戌	丁亥	戊子	己丑	庚寅	辛卯	壬辰	癸巳	甲午	乙未	丙申	丁酉	戊戌	己亥	庚子	辛丑	壬寅	癸卯	甲辰	乙巳	丙午	丁未	戊申	己酉	庚戌	辛亥	壬子
대운 남	7	8	8	8	9	9	9	10	10	立	1	1	1	1	2	2	2	3	3	3	4	4	4	5	5	小	6	6	6	7
대운 여	3	3	2	2	2	1	1	1	1	夏	10	10	9	9	9	8	8	8	7	7	7	6	6	6	5	滿	5	4	4	4

五月小 月建 丙午 四綠

망종 음 5/11 양 6/5 오후 8시36분 ● 하지 음 5/27 양 6/21 오후 1시24분

음력	1	2	3	4	5	6	7	8	9	10	11	12	13	14	15	16	17	18	19	20	21	22	23	24	25	26	27	28	29
양력	5/26	27	28	29	30	31	6/1	2	3	4	5	6	7	8	9	10	11	12	13	14	15	16	17	18	19	20	21	22	23
요일	금	토	일	월	화	수	목	금	토	일	월	화	수	목	금	토	일	월	화	수	목	금	토	일	월	화	수	목	금
일진	癸丑	甲寅	乙卯	丙辰	丁巳	戊午	己未	庚申	辛酉	壬戌	癸亥	甲子	乙丑	丙寅	丁卯	戊辰	己巳	庚午	辛未	壬申	癸酉	甲戌	乙亥	丙子	丁丑	戊寅	己卯	庚辰	辛巳
대운 남	7	7	8	8	8	9	9	9	10	10	芒	1	1	1	1	2	2	2	3	3	3	4	4	4	5	5	夏	6	6
대운 여	3	3	3	2	2	2	1	1	1	1	種	10	10	10	9	9	9	8	8	8	7	7	7	6	6	6	至	5	5

閏五月小

소서 음 윤5/14 양 7/7 오전 6시51분

음력	1	2	3	4	5	6	7	8	9	10	11	12	13	14	15	16	17	18	19	20	21	22	23	24	25	26	27	28	29
양력	6/24	25	26	27	28	29	30	7/1	2	3	4	5	6	7	8	9	10	11	12	13	14	15	16	17	18	19	20	21	22
요일	토	일	월	화	수	목	금	토	일	월	화	수	목	금	토	일	월	화	수	목	금	토	일	월	화	수	목	금	토
일진	壬午	癸未	甲申	乙酉	丙戌	丁亥	戊子	己丑	庚寅	辛卯	壬辰	癸巳	甲午	乙未	丙申	丁酉	戊戌	己亥	庚子	辛丑	壬寅	癸卯	甲辰	乙巳	丙午	丁未	戊申	己酉	庚戌
대운 남	6	7	7	7	8	8	8	9	9	9	10	10	10	小	1	1	1	1	2	2	2	3	3	3	4	4	4	5	5
대운 여	4	4	4	3	3	3	2	2	2	1	1	1	1	暑	10	10	9	9	9	8	8	8	7	7	7	6	6	6	5

六月大 月建 丁未 三碧 대서 음 6/1 양 7/23 오전 0시15분 ●입추 음 6/16 양 8/7 오후 4시40분

음력	1	2	3	4	5	6	7	8	9	10	11	12	13	14	15	16	17	18	19	20	21	22	23	24	25	26	27	28	29	30
양력	7/23	24	25	26	27	28	29	30	31	8/1	2	3	4	5	6	7	8	9	10	11	12	13	14	15	16	17	18	19	20	21
요일	일	월	화	수	목	금	토	일	월	화	수	목	금	토	일	월	화	수	목	금	토	일	월	화	수	목	금	토	일	월
일진	辛亥	壬子	癸丑	甲寅	乙卯	丙辰	丁巳	戊午	己未	庚申	辛酉	壬戌	癸亥	甲子	乙丑	丙寅	丁卯	戊辰	己巳	庚午	辛未	壬申	癸酉	甲戌	乙亥	丙子	丁丑	戊寅	己卯	庚辰
대운 남	大	6	6	6	7	7	7	8	8	8	9	9	9	10	10	立	1	1	1	1	2	2	2	3	3	3	4	4	4	5
대운 여	暑	5	4	4	4	3	3	3	2	2	2	1	1	1	1	秋	10	10	9	9	9	8	8	8	7	7	7	6	6	6

七月小 月建 戊申 二黑 처서 음 7/2 양 8/23 오전 7시20분 ●백로 음 7/17 양 9/7 오후 7시38분

음력	1	2	3	4	5	6	7	8	9	10	11	12	13	14	15	16	17	18	19	20	21	22	23	24	25	26	27	28	29
양력	8/22	23	24	25	26	27	28	29	30	31	9/1	2	3	4	5	6	7	8	9	10	11	12	13	14	15	16	17	18	19
요일	화	수	목	금	토	일	월	화	수	목	금	토	일	월	화	수	목	금	토	일	월	화	수	목	금	토	일	월	화
일진	辛巳	壬午	癸未	甲申	乙酉	丙戌	丁亥	戊子	己丑	庚寅	辛卯	壬辰	癸巳	甲午	乙未	丙申	丁酉	戊戌	己亥	庚子	辛丑	壬寅	癸卯	甲辰	乙巳	丙午	丁未	戊申	己酉
대운 남	5	處	6	6	6	7	7	7	8	8	8	9	9	9	10	10	白	1	1	1	1	2	2	2	3	3	3	4	4
대운 여	5	暑	5	4	4	4	3	3	3	2	2	2	1	1	1	1	露	10	10	9	9	9	8	8	8	7	7	7	6

八月大 月建 己酉 一白 추분 음 8/4 양 9/23 오전 5시2분 ●한로 음 8/19 양 10/8 오전 11시22분

음력	1	2	3	4	5	6	7	8	9	10	11	12	13	14	15	16	17	18	19	20	21	22	23	24	25	26	27	28	29	30
양력	9/20	21	22	23	24	25	26	27	28	29	30	10/1	2	3	4	5	6	7	8	9	10	11	12	13	14	15	16	17	18	19
요일	수	목	금	토	일	월	화	수	목	금	토	일	월	화	수	목	금	토	일	월	화	수	목	금	토	일	월	화	수	목
일진	庚戌	辛亥	壬子	癸丑	甲寅	乙卯	丙辰	丁巳	戊午	己未	庚申	辛酉	壬戌	癸亥	甲子	乙丑	丙寅	丁卯	戊辰	己巳	庚午	辛未	壬申	癸酉	甲戌	乙亥	丙子	丁丑	戊寅	己卯
대운 남	4	5	5	秋	6	6	6	7	7	7	8	8	8	9	9	9	10	10	寒	1	1	1	1	2	2	2	3	3	3	4
대운 여	6	6	5	分	5	4	4	4	3	3	3	2	2	2	1	1	1	1	露	10	9	9	9	8	8	8	7	7	7	6

九月小 月建 庚戌 九紫 상강 음 9/4 양 10/23 오후 2시27분 ●입동 음 9/19 양 11/7 오후 2시38분

음력	1	2	3	4	5	6	7	8	9	10	11	12	13	14	15	16	17	18	19	20	21	22	23	24	25	26	27	28	29
양력	10/20	21	22	23	24	25	26	27	28	29	30	31	11/1	2	3	4	5	6	7	8	9	10	11	12	13	14	15	16	17
요일	금	토	일	월	화	수	목	금	토	일	월	화	수	목	금	토	일	월	화	수	목	금	토	일	월	화	수	목	금
일진	庚辰	辛巳	壬午	癸未	甲申	乙酉	丙戌	丁亥	戊子	己丑	庚寅	辛卯	壬辰	癸巳	甲午	乙未	丙申	丁酉	戊戌	己亥	庚子	辛丑	壬寅	癸卯	甲辰	乙巳	丙午	丁未	戊申
대운 남	4	4	5	霜	5	6	6	6	7	7	7	8	8	8	9	9	9	10	立	1	1	1	1	2	2	2	3	3	3
대운 여	6	6	5	降	5	4	4	4	3	3	3	2	2	2	1	1	1	1	冬	10	9	9	9	8	8	8	7	7	7

十月大 月建 辛亥 八白 소설 음 10/5 양 11/22 오후 12시4분 ●대설 음 10/20 양 12/7 오전 7시32분

음력	1	2	3	4	5	6	7	8	9	10	11	12	13	14	15	16	17	18	19	20	21	22	23	24	25	26	27	28	29	30
양력	11/18	19	20	21	22	23	24	25	26	27	28	29	30	12/1	2	3	4	5	6	7	8	9	10	11	12	13	14	15	16	17
요일	토	일	월	화	수	목	금	토	일	월	화	수	목	금	토	일	월	화	수	목	금	토	일	월	화	수	목	금	토	일
일진	己酉	庚戌	辛亥	壬子	癸丑	甲寅	乙卯	丙辰	丁巳	戊午	己未	庚申	辛酉	壬戌	癸亥	甲子	乙丑	丙寅	丁卯	戊辰	己巳	庚午	辛未	壬申	癸酉	甲戌	乙亥	丙子	丁丑	戊寅
대운 남	4	4	4	5	小	5	6	6	6	7	7	7	8	8	8	9	9	9	10	大	1	1	1	1	2	2	2	3	3	3
대운 여	6	6	6	5	雪	5	4	4	4	3	3	3	2	2	2	1	1	1	1	雪	9	9	9	8	8	8	7	7	7	6

十一月大 月建 壬子 七赤 동지 음 11/5 양 12/22 오전 1시28분 ●소한 음 11/19 양 1/5 오후 6시49분

음력	1	2	3	4	5	6	7	8	9	10	11	12	13	14	15	16	17	18	19	20	21	22	23	24	25	26	27	28	29	30
양력	12/18	19	20	21	22	23	24	25	26	27	28	29	30	31	1/1	2	3	4	5	6	7	8	9	10	11	12	13	14	15	16
요일	월	화	수	목	금	토	일	월	화	수	목	금	토	일	월	화	수	목	금	토	일	월	화	수	목	금	토	일	월	화
일진	己卯	庚辰	辛巳	壬午	癸未	甲申	乙酉	丙戌	丁亥	戊子	己丑	庚寅	辛卯	壬辰	癸巳	甲午	乙未	丙申	丁酉	戊戌	己亥	庚子	辛丑	壬寅	癸卯	甲辰	乙巳	丙午	丁未	戊申
대운 남	4	4	4	5	冬	5	6	6	6	7	7	7	8	8	8	9	9	9	小	1	1	1	1	2	2	2	3	3	3	4
대운 여	6	6	5	5	至	4	4	4	3	3	3	2	2	2	1	1	1	1	寒	10	9	9	9	8	8	8	7	7	7	6

十二月大 月建 癸丑 六白 대한 음 12/4 양 1/20 오후 12시9분 ●입춘 음 12/19 양 2/4 오전 6시28분

음력	1	2	3	4	5	6	7	8	9	10	11	12	13	14	15	16	17	18	19	20	21	22	23	24	25	26	27	28	29	30
양력	1/17	18	19	20	21	22	23	24	25	26	27	28	29	30	31	2/1	2	3	4	5	6	7	8	9	10	11	12	13	14	15
요일	수	목	금	토	일	월	화	수	목	금	토	일	월	화	수	목	금	토	일	월	화	수	목	금	토	일	월	화	수	목
일진	己酉	庚戌	辛亥	壬子	癸丑	甲寅	乙卯	丙辰	丁巳	戊午	己未	庚申	辛酉	壬戌	癸亥	甲子	乙丑	丙寅	丁卯	戊辰	己巳	庚午	辛未	壬申	癸酉	甲戌	乙亥	丙子	丁丑	戊寅
대운 남	4	4	5	大	5	6	6	6	7	7	7	8	8	8	9	9	9	10	立	10	9	9	9	8	8	8	7	7	7	6
대운 여	6	6	5	寒	5	4	4	4	3	3	3	2	2	2	1	1	1	1	春	1	1	1	1	2	2	2	3	3	3	4

2018년 | 단기 4351년 戊戌年

三日得辛 二龍治水

南 大將軍 北 三殺 申 吊客 子 喪門

納音五行 平地木

正月小 月建 甲寅 五黃

우수 음 1/4 양 2/19 오전 2시18분 ● 경칩 음 1/19 양 3/6 오전 0시28분

음력	1	2	3	4	5	6	7	8	9	10	11	12	13	14	15	16	17	18	19	20	21	22	23	24	25	26	27	28	29
양력	2/16	17	18	19	20	21	22	23	24	25	26	27	28	3/1	2	3	4	5	6	7	8	9	10	11	12	13	14	15	16
요일	금	토	일	월	화	수	목	금	토	일	월	화	수	목	금	토	일	월	화	수	목	금	토	일	월	화	수	목	금
일진	己卯	丙辰	辛巳	壬午	癸未	甲申	乙酉	丙戌	丁亥	戊子	己丑	庚寅	辛卯	壬辰	癸巳	甲午	乙未	丙申	丁酉	戊戌	己亥	庚子	辛丑	壬寅	癸卯	甲辰	乙巳	丙午	丁未
대운 남	6	6	5	雨	5	4	4	4	3	3	3	2	2	2	1	1	1	1	驚	10	9	9	9	8	8	8	7	7	7
대운 여	4	4	5	水	5	6	6	6	7	7	7	8	8	8	9	9	9	10	蟄	1	1	1	1	2	2	2	3	3	3

二月大 月建 乙卯 四綠

춘분 음 2/5 양 3/21 오전 1시15분 ● 청명 음 2/20 양 4/5 오전 5시13분

음력	1	2	3	4	5	6	7	8	9	10	11	12	13	14	15	16	17	18	19	20	21	22	23	24	25	26	27	28	29	30
양력	3/17	18	19	20	21	22	23	24	25	26	27	28	29	30	31	4/1	2	3	4	5	6	7	8	9	10	11	12	13	14	15
요일	토	일	월	화	수	목	금	토	일	월	화	수	목	금	토	일	월	화	수	목	금	토	일	월	화	수	목	금	토	일
일진	戊申	己酉	庚戌	辛亥	壬子	癸丑	甲寅	乙卯	丙辰	丁巳	戊午	己未	庚申	辛酉	壬戌	癸亥	甲子	乙丑	丙寅	丁卯	戊辰	己巳	庚午	辛未	壬申	癸酉	甲戌	乙亥	丙子	丁丑
대운 남	6	6	6	5	春	5	4	4	4	3	3	3	2	2	2	1	1	1	1	清	10	9	9	9	8	8	8	7	7	7
대운 여	4	4	4	5	分	5	6	6	6	7	7	7	8	8	8	9	9	9	10	明	1	1	1	1	2	2	2	3	3	3

三月小 月建 丙辰 三碧

곡우 음 3/5 양 4/20 오후 12시12분 ● 입하 음 3/20 양 5/5 오후 10시25분

음력	1	2	3	4	5	6	7	8	9	10	11	12	13	14	15	16	17	18	19	20	21	22	23	24	25	26	27	28	29
양력	4/16	17	18	19	20	21	22	23	24	25	26	27	28	29	30	5/1	2	3	4	5	6	7	8	9	10	11	12	13	14
요일	월	화	수	목	금	토	일	월	화	수	목	금	토	일	월	화	수	목	금	토	일	월	화	수	목	금	토	일	월
일진	戊寅	己卯	丙辰	辛巳	壬午	癸未	甲申	乙酉	丙戌	丁亥	戊子	己丑	庚寅	辛卯	壬辰	癸巳	甲午	乙未	丙申	丁酉	戊戌	己亥	庚子	辛丑	壬寅	癸卯	甲辰	乙巳	丙午
대운 남	6	6	6	5	穀	5	4	4	4	3	3	3	2	2	2	1	1	1	1	立	10	10	10	9	9	9	8	8	8
대운 여	4	4	4	5	雨	5	6	6	6	7	7	7	8	8	8	9	9	9	10	夏	1	1	1	1	2	2	2	3	3

四月大 月建 丁巳 二黑

소만 음 4/7 양 5/21 오전 11시14분 ● 망종 음 4/23 양 6/6 오전 2시29분

음력	1	2	3	4	5	6	7	8	9	10	11	12	13	14	15	16	17	18	19	20	21	22	23	24	25	26	27	28	29	30
양력	5/15	16	17	18	19	20	21	22	23	24	25	26	27	28	29	30	31	6/1	2	3	4	5	6	7	8	9	10	11	12	13
요일	화	수	목	금	토	일	월	화	수	목	금	토	일	월	화	수	목	금	토	일	월	화	수	목	금	토	일	월	화	수
일진	丁未	戊申	己酉	庚戌	辛亥	壬子	癸丑	甲寅	乙卯	丙辰	丁巳	戊午	己未	庚申	辛酉	壬戌	癸亥	甲子	乙丑	丙寅	丁卯	戊辰	己巳	庚午	辛未	壬申	癸酉	甲戌	乙亥	丙子
대운 남	7	7	7	6	6	6	小	5	5	4	4	4	3	3	3	2	2	2	1	1	1	1	芒	10	10	9	9	9	8	8
대운 여	3	4	4	4	5	5	滿	6	6	6	7	7	7	8	8	8	9	9	9	10	10	10	種	1	1	1	1	2	2	2

五月小 月建 戊午 一白

하지 음 5/8 양 6/21 오후 7시7분 ● 소서 음 5/24 양 7/7 오후 12시42분

음력	1	2	3	4	5	6	7	8	9	10	11	12	13	14	15	16	17	18	19	20	21	22	23	24	25	26	27	28	29
양력	6/14	15	16	17	18	19	20	21	22	23	24	25	26	27	28	29	30	7/1	2	3	4	5	6	7	8	9	10	11	12
요일	목	금	토	일	월	화	수	목	금	토	일	월	화	수	목	금	토	일	월	화	수	목	금	토	일	월	화	수	목
일진	丁丑	戊寅	己卯	丙辰	辛巳	壬午	癸未	甲申	乙酉	丙戌	丁亥	戊子	己丑	庚寅	辛卯	壬辰	癸巳	甲午	乙未	丙申	丁酉	戊戌	己亥	庚子	辛丑	壬寅	癸卯	甲辰	乙巳
대운 남	8	7	7	7	6	6	6	夏	5	5	4	4	4	3	3	3	2	2	2	1	1	1	1	小	10	10	9	9	9
대운 여	3	3	3	4	4	4	5	至	5	6	6	6	7	7	7	8	8	8	9	9	9	10	10	暑	1	1	1	1	2

六月小 月建 己未 九紫

대서 음 6/11 양 7/23 오전 6시0분 ● 입추 음 6/26 양 8/7 오후 10시30분

음력	1	2	3	4	5	6	7	8	9	10	11	12	13	14	15	16	17	18	19	20	21	22	23	24	25	26	27	28	29
양력	7/13	14	15	16	17	18	19	20	21	22	23	24	25	26	27	28	29	30	31	8/1	2	3	4	5	6	7	8	9	10
요일	금	토	일	월	화	수	목	금	토	일	월	화	수	목	금	토	일	월	화	수	목	금	토	일	월	화	수	목	금
일진	丙午	丁未	戊申	己酉	庚戌	辛亥	壬子	癸丑	甲寅	乙卯	丙辰	丁巳	戊午	己未	庚申	辛酉	壬戌	癸亥	甲子	乙丑	丙寅	丁卯	戊辰	己巳	庚午	辛未	壬申	癸酉	甲戌
대운 남	8	8	8	7	7	7	6	6	6	5	大	5	4	4	4	3	3	3	2	2	2	1	1	1	1	立	10	10	10
대운 여	2	2	3	3	3	4	4	4	5	5	暑	6	6	6	7	7	7	8	8	8	9	9	9	10	10	秋	1	1	1

七月大　月建 庚申　八白

처서 음 7/13 양 8/23 오후 1시8분 ● 백로 음 7/29 양 9/8 오전 1시30분

음력		1	2	3	4	5	6	7	8	9	10	11	12	13	14	15	16	17	18	19	20	21	22	23	24	25	26	27	28	29	30
양력		8/11	12	13	14	15	16	17	18	19	20	21	22	23	24	25	26	27	28	29	30	31	9/1	2	3	4	5	6	7	8	9
요일		토	일	월	화	수	목	금	토	일	월	화	수	목	금	토	일	월	화	수	목	금	토	일	월	화	수	목	금	토	일
일진		乙亥	丙子	丁丑	戊寅	己卯	庚辰	辛巳	壬午	癸未	甲申	乙酉	丙戌	丁亥	戊子	己丑	庚寅	辛卯	壬辰	癸巳	甲午	乙未	丙申	丁酉	戊戌	己亥	庚子	辛丑	壬寅	癸卯	甲辰
대운	남	9	9	9	8	8	8	7	7	7	6	6	6	處	5	5	4	4	4	3	3	3	2	2	2	1	1	1	1	白	10
	여	1	2	2	2	3	3	3	4	4	4	5	5	暑	6	6	6	7	7	7	8	8	8	9	9	9	10	10	10	露	1

八月小　月建 辛酉　七赤

추분 음 8/14 양 9/23 오전 10시54분 ● 한로 음 8/29 양 10/8 오후 5시15분

음력		1	2	3	4	5	6	7	8	9	10	11	12	13	14	15	16	17	18	19	20	21	22	23	24	25	26	27	28	29	
양력		9/10	11	12	13	14	15	16	17	18	19	20	21	22	23	24	25	26	27	28	29	30	10/1	2	3	4	5	6	7	8	
요일		월	화	수	목	금	토	일	월	화	수	목	금	토	일	월	화	수	목	금	토	일	월	화	수	목	금	토	일	월	
일진		乙巳	丙午	丁未	戊申	己酉	庚戌	辛亥	壬子	癸丑	甲寅	乙卯	丙辰	丁巳	戊午	己未	庚申	辛酉	壬戌	癸亥	甲子	乙丑	丙寅	丁卯	戊辰	己巳	庚午	辛未	壬申	癸酉	
대운	남	9	9	9	8	8	8	7	7	7	6	6	6	5	秋	5	4	4	4	3	3	3	2	2	2	1	1	1	1	寒	
	여	1	1	1	2	2	2	3	3	3	4	4	4	5	分	5	6	6	6	7	7	7	8	8	8	9	9	9	10	露	

九月大　月建 壬戌　六白

상강 음 9/15 양 10/23 오후 8시22분 ● 입동 음 9/30 양 11/7 오후 8시32분

음력		1	2	3	4	5	6	7	8	9	10	11	12	13	14	15	16	17	18	19	20	21	22	23	24	25	26	27	28	29	30
양력		10/9	10	11	12	13	14	15	16	17	18	19	20	21	22	23	24	25	26	27	28	29	30	31	11/1	2	3	4	5	6	7
요일		화	수	목	금	토	일	월	화	수	목	금	토	일	월	화	수	목	금	토	일	월	화	수	목	금	토	일	월	화	수
일진		甲戌	乙亥	丙子	丁丑	戊寅	己卯	庚辰	辛巳	壬午	癸未	甲申	乙酉	丙戌	丁亥	戊子	己丑	庚寅	辛卯	壬辰	癸巳	甲午	乙未	丙申	丁酉	戊戌	己亥	庚子	辛丑	壬寅	癸卯
대운	남	10	9	9	9	8	8	8	7	7	7	6	6	6	5	霜	5	4	4	4	3	3	3	2	2	2	1	1	1	1	立
	여	1	1	1	1	2	2	2	3	3	3	4	4	4	5	降	5	6	6	6	7	7	7	8	8	8	9	9	9	10	冬

十月小　月建 癸亥　五黃

소설 음 10/15 양 11/22 오후 6시1분

음력		1	2	3	4	5	6	7	8	9	10	11	12	13	14	15	16	17	18	19	20	21	22	23	24	25	26	27	28	29	
양력		11/8	9	10	11	12	13	14	15	16	17	18	19	20	21	22	23	24	25	26	27	28	29	30	12/1	2	3	4	5	6	
요일		목	금	토	일	월	화	수	목	금	토	일	월	화	수	목	금	토	일	월	화	수	목	금	토	일	월	화	수	목	
일진		甲辰	乙巳	丙午	丁未	戊申	己酉	庚戌	辛亥	壬子	癸丑	甲寅	乙卯	丙辰	丁巳	戊午	己未	庚申	辛酉	壬戌	癸亥	甲子	乙丑	丙寅	丁卯	戊辰	己巳	庚午	辛未	壬申	
대운	남	10	9	9	9	8	8	8	7	7	7	6	6	6	5	小	5	4	4	4	3	3	3	2	2	2	1	1	1	1	
	여	1	1	1	1	2	2	2	3	3	3	4	4	4	5	雪	5	6	6	6	7	7	7	8	8	8	9	9	9	10	

十一月大　月建 甲子　四綠

대설 음 11/1 양 12/7 오후 1시26분 ● 동지 음 11/16 양 12/22 오전 7시23분

음력		1	2	3	4	5	6	7	8	9	10	11	12	13	14	15	16	17	18	19	20	21	22	23	24	25	26	27	28	29	30
양력		12/7	8	9	10	11	12	13	14	15	16	17	18	19	20	21	22	23	24	25	26	27	28	29	30	31	1/1	2	3	4	5
요일		금	토	일	월	화	수	목	금	토	일	월	화	수	목	금	토	일	월	화	수	목	금	토	일	월	화	수	목	금	토
일진		癸酉	甲戌	乙亥	丙子	丁丑	戊寅	己卯	庚辰	辛巳	壬午	癸未	甲申	乙酉	丙戌	丁亥	戊子	己丑	庚寅	辛卯	壬辰	癸巳	甲午	乙未	丙申	丁酉	戊戌	己亥	庚子	辛丑	壬寅
대운	남	大	10	9	9	9	8	8	8	7	7	7	6	6	6	5	冬	5	4	4	4	3	3	3	2	2	2	1	1	1	1
	여	雪	1	1	1	1	2	2	2	3	3	3	4	4	4	5	至	5	6	6	6	7	7	7	8	8	8	9	9	9	10

十二月大　月建 乙丑　三碧

소한 음 12/1 양 1/6 오전 0시39분 ● 대한 음 12/15 양 1/20 오후 5시59분 ● 입춘 음 12/30 양 2/4 오후 12시14분

음력		1	2	3	4	5	6	7	8	9	10	11	12	13	14	15	16	17	18	19	20	21	22	23	24	25	26	27	28	29	30
양력		1/6	7	8	9	10	11	12	13	14	15	16	17	18	19	20	21	22	23	24	25	26	27	28	29	30	31	2/1	2	3	4
요일		일	월	화	수	목	금	토	일	월	화	수	목	금	토	일	월	화	수	목	금	토	일	월	화	수	목	금	토	일	월
일진		癸卯	甲辰	乙巳	丙午	丁未	戊申	己酉	庚戌	辛亥	壬子	癸丑	甲寅	乙卯	丙辰	丁巳	戊午	己未	庚申	辛酉	壬戌	癸亥	甲子	乙丑	丙寅	丁卯	戊辰	己巳	庚午	辛未	壬申
대운	남	小	9	9	9	8	8	8	7	7	7	6	6	6	5	大	5	4	4	4	3	3	3	2	2	2	1	1	1	1	立
	여	寒	1	1	1	1	2	2	2	3	3	3	4	4	4	寒	5	5	6	6	6	7	7	7	8	8	8	9	9	9	春

2019년 | 단기 4352년

己亥年

九日得辛 八龍治水

西 大將軍　西 三殺　酉 吊客　丑 喪門　納音五行 平地木

正月大　月建 丙寅　二黑

우수 음 1/15 양 2/19 오전 8시4분 경칩 음 1/30 양 3/6 오전 6시10분

음력	1	2	3	4	5	6	7	8	9	10	11	12	13	14	15	16	17	18	19	20	21	22	23	24	25	26	27	28	29	30
양력	2/5	6	7	8	9	10	11	12	13	14	15	16	17	18	19	20	21	22	23	24	25	26	27	28	3/1	2	3	4	5	6
요일	화	수	목	금	토	일	월	화	수	목	금	토	일	월	화	수	목	금	토	일	월	화	수	목	금	토	일	월	화	수
일진	癸酉	甲戌	乙亥	丙子	丁丑	戊寅	己卯	庚辰	辛巳	壬午	癸未	甲申	乙酉	丙戌	丁亥	戊子	己丑	庚寅	辛卯	壬辰	癸巳	甲午	乙未	丙申	丁酉	戊戌	己亥	庚子	辛丑	壬寅
대운 남	1	1	1	1	2	2	2	3	3	3	4	4	4	5	雨	5	6	6	6	7	7	7	8	8	8	9	9	9	10	驚
대운 여	10	9	9	9	8	8	8	7	7	7	6	6	6	5	水	5	4	4	4	3	3	3	2	2	2	1	1	1	1	蟄

二月小　月建 丁卯　一白

춘분 음 2/15 양 3/21 오전 6시58분

음력	1	2	3	4	5	6	7	8	9	10	11	12	13	14	15	16	17	18	19	20	21	22	23	24	25	26	27	28	29	
양력	3/7	8	9	10	11	12	13	14	15	16	17	18	19	20	21	22	23	24	25	26	27	28	29	30	31	4/1	2	3	4	
요일	목	금	토	일	월	화	수	목	금	토	일	월	화	수	목	금	토	일	월	화	수	목	금	토	일	월	화	수	목	
일진	癸卯	甲辰	乙巳	丙午	丁未	戊申	己酉	庚戌	辛亥	壬子	癸丑	甲寅	乙卯	丙辰	丁巳	戊午	己未	庚申	辛酉	壬戌	癸亥	甲子	乙丑	丙寅	丁卯	戊辰	己巳	庚午	辛未	
대운 남	1	1	1	1	2	2	2	3	3	3	4	4	4	5	春	5	6	6	6	7	7	7	8	8	8	9	9	9	10	
대운 여	10	9	9	9	8	8	8	7	7	7	6	6	6	5	分	5	4	4	4	3	3	3	2	2	2	1	1	1	1	

三月大　月建 戊辰　九紫

청명 음 3/1 양 4/5 오전 10시51분 곡우 음 3/16 양 4/20 오후 5시55분

음력	1	2	3	4	5	6	7	8	9	10	11	12	13	14	15	16	17	18	19	20	21	22	23	24	25	26	27	28	29	30
양력	4/5	6	7	8	9	10	11	12	13	14	15	16	17	18	19	20	21	22	23	24	25	26	27	28	29	30	5/1	2	3	4
요일	금	토	일	월	화	수	목	금	토	일	월	화	수	목	금	토	일	월	화	수	목	금	토	일	월	화	수	목	금	토
일진	壬申	癸酉	甲戌	乙亥	丙子	丁丑	戊寅	己卯	庚辰	辛巳	壬午	癸未	甲申	乙酉	丙戌	丁亥	戊子	己丑	庚寅	辛卯	壬辰	癸巳	甲午	乙未	丙申	丁酉	戊戌	己亥	庚子	辛丑
대운 남	清	1	1	1	1	2	2	2	3	3	3	4	4	4	5	穀	5	6	6	6	7	7	7	8	8	8	9	9	9	10
대운 여	明	10	10	9	9	9	8	8	8	7	7	7	6	6	6	雨	5	5	4	4	4	3	3	3	2	2	2	1	1	1

四月小　月建 己巳　八白

입하 음 4/2 양 5/6 오전 4시3분 소만 음 4/17 양 5/21 오후 4시59분

음력	1	2	3	4	5	6	7	8	9	10	11	12	13	14	15	16	17	18	19	20	21	22	23	24	25	26	27	28	29	
양력	5/5	6	7	8	9	10	11	12	13	14	15	16	17	18	19	20	21	22	23	24	25	26	27	28	29	30	31	6/1	2	
요일	일	월	화	수	목	금	토	일	월	화	수	목	금	토	일	월	화	수	목	금	토	일	월	화	수	목	금	토	일	
일진	壬寅	癸卯	甲辰	乙巳	丙午	丁未	戊申	己酉	庚戌	辛亥	壬子	癸丑	甲寅	乙卯	丙辰	丁巳	戊午	己未	庚申	辛酉	壬戌	癸亥	甲子	乙丑	丙寅	丁卯	戊辰	己巳	庚午	
대운 남	10	立	1	1	1	1	2	2	2	3	3	3	4	4	4	5	小	5	6	6	6	7	7	7	8	8	8	9	9	
대운 여	1	夏	10	10	9	9	9	8	8	8	7	7	7	6	6	6	滿	5	5	4	4	4	3	3	3	2	2	2	1	

五月大　月建 庚午　七赤

망종 음 5/4 양 6/6 오전 8시6분 하지 음 5/20 양 6/22 오전 0시54분

음력	1	2	3	4	5	6	7	8	9	10	11	12	13	14	15	16	17	18	19	20	21	22	23	24	25	26	27	28	29	30
양력	6/3	4	5	6	7	8	9	10	11	12	13	14	15	16	17	18	19	20	21	22	23	24	25	26	27	28	29	30	7/1	2
요일	월	화	수	목	금	토	일	월	화	수	목	금	토	일	월	화	수	목	금	토	일	월	화	수	목	금	토	일	월	화
일진	辛未	壬申	癸酉	甲戌	乙亥	丙子	丁丑	戊寅	己卯	庚辰	辛巳	壬午	癸未	甲申	乙酉	丙戌	丁亥	戊子	己丑	庚寅	辛卯	壬辰	癸巳	甲午	乙未	丙申	丁酉	戊戌	己亥	庚子
대운 남	9	10	10	芒	1	1	1	1	2	2	2	3	3	3	4	4	4	5	5	夏	6	6	6	7	7	7	8	8	8	9
대운 여	1	1	1	種	10	10	9	9	9	8	8	8	7	7	7	6	6	6	5	至	5	4	4	4	3	3	3	2	2	2

六月小　月建 辛未　六白

소서 음 6/5 양 7/7 오전 10시20분 대서 음 6/21 양 7/23 오전 11시50분

음력	1	2	3	4	5	6	7	8	9	10	11	12	13	14	15	16	17	18	19	20	21	22	23	24	25	26	27	28	29	
양력	7/3	4	5	6	7	8	9	10	11	12	13	14	15	16	17	18	19	20	21	22	23	24	25	26	27	28	29	30	31	
요일	수	목	금	토	일	월	화	수	목	금	토	일	월	화	수	목	금	토	일	월	화	수	목	금	토	일	월	화	수	
일진	辛丑	壬寅	癸卯	甲辰	乙巳	丙午	丁未	戊申	己酉	庚戌	辛亥	壬子	癸丑	甲寅	乙卯	丙辰	丁巳	戊午	己未	庚申	辛酉	壬戌	癸亥	甲子	乙丑	丙寅	丁卯	戊辰	己巳	
대운 남	9	9	10	10	小	1	1	1	1	2	2	2	3	3	3	4	4	4	5	5	大	6	6	6	7	7	7	8	8	
대운 여	1	1	1	1	暑	10	10	10	9	9	9	8	8	8	7	7	7	6	6	6	暑	5	5	4	4	4	3	3	3	

七月小　月建 壬申　五黃

입추 음 7/8 양 8/8 오전 4시13분 ● 처서 음 7/23 양 8/23 오후 7시2분

음력	1	2	3	4	5	6	7	8	9	10	11	12	13	14	15	16	17	18	19	20	21	22	23	24	25	26	27	28	29
양력	8/1	2	3	4	5	6	7	8	9	10	11	12	13	14	15	16	17	18	19	20	21	22	23	24	25	26	27	28	29
요일	목	금	토	일	월	화	수	목	금	토	일	월	화	수	목	금	토	일	월	화	수	목	금	토	일	월	화	수	목
일진	庚午	辛未	壬申	癸酉	甲戌	乙亥	丙子	丁丑	戊寅	己卯	庚辰	辛巳	壬午	癸未	甲申	乙酉	丙戌	丁亥	戊子	己丑	庚寅	辛卯	壬辰	癸巳	甲午	乙未	丙申	丁酉	戊戌
대운 남	8	9	9	9	10	10	10	立	1	1	1	1	2	2	2	3	3	3	4	4	4	5	處	5	6	6	6	7	7
대운 여	2	2	2	1	1	1	1	秋	10	10	9	9	9	8	8	8	7	7	7	6	6	6	暑	5	5	4	4	4	3

八月大　月建 癸酉　四綠

백로 음 8/10 양 9/8 오전 7시17분 ● 추분 음 8/25 양 9/23 오후 4시50분

음력	1	2	3	4	5	6	7	8	9	10	11	12	13	14	15	16	17	18	19	20	21	22	23	24	25	26	27	28	29	30
양력	8/30	31	9/1	2	3	4	5	6	7	8	9	10	11	12	13	14	15	16	17	18	19	20	21	22	23	24	25	26	27	28
요일	금	토	일	월	화	수	목	금	토	일	월	화	수	목	금	토	일	월	화	수	목	금	토	일	월	화	수	목	금	토
일진	己亥	庚子	辛丑	壬寅	癸卯	甲辰	乙巳	丙午	丁未	戊申	己酉	庚戌	辛亥	壬子	癸丑	甲寅	乙卯	丙辰	丁巳	戊午	己未	庚申	辛酉	壬戌	癸亥	甲子	乙丑	丙寅	丁卯	戊辰
대운 남	7	8	8	8	9	9	9	10	10	白	1	1	1	1	2	2	2	3	3	3	4	4	4	5	秋	5	6	6	6	7
대운 여	3	3	2	2	2	1	1	1	1	露	10	9	9	9	8	8	8	7	7	7	6	6	6	5	分	5	4	4	4	3

九月小　月建 甲戌　三碧

한로 음 9/10 양 10/8 오후 11시5분 ● 상강 음 9/26 양 10/24 오전 2시20분

음력	1	2	3	4	5	6	7	8	9	10	11	12	13	14	15	16	17	18	19	20	21	22	23	24	25	26	27	28	29
양력	9/29	30	10/1	2	3	4	5	6	7	8	9	10	11	12	13	14	15	16	17	18	19	20	21	22	23	24	25	26	27
요일	일	월	화	수	목	금	토	일	월	화	수	목	금	토	일	월	화	수	목	금	토	일	월	화	수	목	금	토	일
일진	己巳	庚午	辛未	壬申	癸酉	甲戌	乙亥	丙子	丁丑	戊寅	己卯	庚辰	辛巳	壬午	癸未	甲申	乙酉	丙戌	丁亥	戊子	己丑	庚寅	辛卯	壬辰	癸巳	甲午	乙未	丙申	丁酉
대운 남	7	7	8	8	8	9	9	9	10	寒	1	1	1	1	2	2	2	3	3	3	4	4	4	5	5	霜	6	6	6
대운 여	3	3	2	2	2	1	1	1	1	露	10	10	9	9	9	8	8	8	7	7	7	6	6	6	5	降	5	4	4

十月大　月建 乙亥　二黑

입동 음 10/12 양 11/8 오전 2시24분 ● 소설 음 10/26 양 11/22 오후 11시59분

음력	1	2	3	4	5	6	7	8	9	10	11	12	13	14	15	16	17	18	19	20	21	22	23	24	25	26	27	28	29	30
양력	10/28	29	30	31	11/1	2	3	4	5	6	7	8	9	10	11	12	13	14	15	16	17	18	19	20	21	22	23	24	25	26
요일	월	화	수	목	금	토	일	월	화	수	목	금	토	일	월	화	수	목	금	토	일	월	화	수	목	금	토	일	월	화
일진	戊戌	己亥	庚子	辛丑	壬寅	癸卯	甲辰	乙巳	丙午	丁未	戊申	己酉	庚戌	辛亥	壬子	癸丑	甲寅	乙卯	丙辰	丁巳	戊午	己未	庚申	辛酉	壬戌	癸亥	甲子	乙丑	丙寅	丁卯
대운 남	7	7	7	8	8	8	9	9	9	10	10	立	1	1	1	1	2	2	2	3	3	3	4	4	4	小	5	5	6	6
대운 여	4	3	3	3	2	2	2	1	1	1	1	冬	9	9	9	8	8	8	7	7	7	6	6	6	5	雪	5	4	4	4

十一月小　月建 丙子　一白

대설 음 11/11 양 12/7 오후 7시18분 ● 동지 음 11/26 양 12/22 오후 1시19분

음력	1	2	3	4	5	6	7	8	9	10	11	12	13	14	15	16	17	18	19	20	21	22	23	24	25	26	27	28	29
양력	11/27	28	29	30	12/1	2	3	4	5	6	7	8	9	10	11	12	13	14	15	16	17	18	19	20	21	22	23	24	25
요일	수	목	금	토	일	월	화	수	목	금	토	일	월	화	수	목	금	토	일	월	화	수	목	금	토	일	월	화	수
일진	戊辰	己巳	庚午	辛未	壬申	癸酉	甲戌	乙亥	丙子	丁丑	戊寅	己卯	庚辰	辛巳	壬午	癸未	甲申	乙酉	丙戌	丁亥	戊子	己丑	庚寅	辛卯	壬辰	癸巳	甲午	乙未	丙申
대운 남	6	7	7	7	8	8	8	9	9	9	大	1	1	1	1	2	2	2	3	3	3	4	4	4	5	冬	5	6	6
대운 여	3	3	3	2	2	2	1	1	1	1	雪	10	9	9	9	8	8	8	7	7	7	6	6	6	5	至	5	4	4

十二月大　月建 丁丑　九紫

소한 음 12/12 양 1/6 오전 6시30분 ● 대한 음 12/26 양 1/20 오후 11시54분

음력	1	2	3	4	5	6	7	8	9	10	11	12	13	14	15	16	17	18	19	20	21	22	23	24	25	26	27	28	29	30
양력	12/26	27	28	29	30	31	1/1	2	3	4	5	6	7	8	9	10	11	12	13	14	15	16	17	18	19	20	21	22	23	24
요일	목	금	토	일	월	화	수	목	금	토	일	월	화	수	목	금	토	일	월	화	수	목	금	토	일	월	화	수	목	금
일진	丁酉	戊戌	己亥	庚子	辛丑	壬寅	癸卯	甲辰	乙巳	丙午	丁未	戊申	己酉	庚戌	辛亥	壬子	癸丑	甲寅	乙卯	丙辰	丁巳	戊午	己未	庚申	辛酉	壬戌	癸亥	甲子	乙丑	丙寅
대운 남	6	7	7	7	8	8	8	9	9	9	10	小	1	1	1	1	2	2	2	3	3	3	4	4	4	大	5	5	6	6
대운 여	4	3	3	3	2	2	2	1	1	1	1	寒	9	9	9	8	8	8	7	7	7	6	6	6	5	寒	5	4	4	4

2020년 | 단기 4353년 庚子年

五日得辛 二龍治水

西 大將軍　南 三殺　戌 吊客　寅 喪門

納音五行 壁上土

正月大　月建 戊寅　八白

입춘 음 1/11 양 2/4 오후 6시3분 ● 우수 음 1/26 양 2/19 오후 1시57분

음력	1	2	3	4	5	6	7	8	9	10	11	12	13	14	15	16	17	18	19	20	21	22	23	24	25	26	27	28	29	30
양력	1/25	26	27	28	29	30	31	2/1	2	3	4	5	6	7	8	9	10	11	12	13	14	15	16	17	18	19	20	21	22	23
요일	토	일	월	화	수	목	금	토	일	월	화	수	목	금	토	일	월	화	수	목	금	토	일	월	화	수	목	금	토	일
일진	丁卯	戊辰	己巳	庚午	辛未	壬申	癸酉	甲戌	乙亥	丙子	丁丑	戊寅	己卯	庚辰	辛巳	壬午	癸未	甲申	乙酉	丙戌	丁亥	戊子	己丑	庚寅	辛卯	壬辰	癸巳	甲午	乙未	丙申
대운 남	6	7	7	7	8	8	8	9	9	9	立	10	9	9	9	8	8	8	7	7	7	6	6	6	5	雨	5	4	4	4
대운 여	3	3	3	2	2	2	1	1	1	1	春	1	1	1	1	2	2	2	3	3	3	4	4	4	5	水	5	6	6	6

二月小　月建 己卯　七赤

경칩 음 2/11 양 3/5 오전 11시57분 ● 춘분 음 2/26 양 3/20 오후 12시49분

음력	1	2	3	4	5	6	7	8	9	10	11	12	13	14	15	16	17	18	19	20	21	22	23	24	25	26	27	28	29
양력	2/24	25	26	27	28	29	3/1	2	3	4	5	6	7	8	9	10	11	12	13	14	15	16	17	18	19	20	21	22	23
요일	월	화	수	목	금	토	일	월	화	수	목	금	토	일	월	화	수	목	금	토	일	월	화	수	목	금	토	일	월
일진	丁酉	戊戌	己亥	庚子	辛丑	壬寅	癸卯	甲辰	乙巳	丙午	丁未	戊申	己酉	庚戌	辛亥	壬子	癸丑	甲寅	乙卯	丙辰	丁巳	戊午	己未	庚申	辛酉	壬戌	癸亥	甲子	乙丑
대운 남	3	3	3	2	2	2	1	1	1	1	驚	10	9	9	9	8	8	8	7	7	7	6	6	6	5	春	5	4	4
대운 여	7	7	7	8	8	8	9	9	9	10	蟄	1	1	1	1	2	2	2	3	3	3	4	4	4	5	分	5	6	6

三月大　月建 庚辰　六白

청명 음 3/12 양 4/4 오후 4시38분 ● 곡우 음 3/27 양 4/19 오후 11시45분

음력	1	2	3	4	5	6	7	8	9	10	11	12	13	14	15	16	17	18	19	20	21	22	23	24	25	26	27	28	29	30
양력	3/24	25	26	27	28	29	30	31	4/1	2	3	4	5	6	7	8	9	10	11	12	13	14	15	16	17	18	19	20	21	22
요일	화	수	목	금	토	일	월	화	수	목	금	토	일	월	화	수	목	금	토	일	월	화	수	목	금	토	일	월	화	수
일진	丙寅	丁卯	戊辰	己巳	庚午	辛未	壬申	癸酉	甲戌	乙亥	丙子	丁丑	戊寅	己卯	庚辰	辛巳	壬午	癸未	甲申	乙酉	丙戌	丁亥	戊子	己丑	庚寅	辛卯	壬辰	癸巳	甲午	乙未
대운 남	4	3	3	3	2	2	2	1	1	1	1	清	10	10	9	9	9	8	8	8	7	7	7	6	6	6	穀	5	5	4
대운 여	6	7	7	7	8	8	8	9	9	9	10	明	1	1	1	1	2	2	2	3	3	3	4	4	4	5	雨	5	6	6

四月大　月建 辛巳　五黃

입하 음 4/13 양 5/5 오전 9시51분 ● 소만 음 4/28 양 5/20 오후 10시49분

음력	1	2	3	4	5	6	7	8	9	10	11	12	13	14	15	16	17	18	19	20	21	22	23	24	25	26	27	28	29	30
양력	4/23	24	25	26	27	28	29	30	5/1	2	3	4	5	6	7	8	9	10	11	12	13	14	15	16	17	18	19	20	21	22
요일	목	금	토	일	월	화	수	목	금	토	일	월	화	수	목	금	토	일	월	화	수	목	금	토	일	월	화	수	목	금
일진	丙申	丁酉	戊戌	己亥	庚子	辛丑	壬寅	癸卯	甲辰	乙巳	丙午	丁未	戊申	己酉	庚戌	辛亥	壬子	癸丑	甲寅	乙卯	丙辰	丁巳	戊午	己未	庚申	辛酉	壬戌	癸亥	甲子	乙丑
대운 남	4	4	3	3	3	2	2	2	1	1	1	1	立	10	10	9	9	9	8	8	8	7	7	7	6	6	6	小	5	5
대운 여	6	7	7	7	8	8	8	9	9	9	10	10	夏	1	1	1	1	2	2	2	3	3	3	4	4	4	5	滿	5	6

閏四月小

망종 음 윤4/14 양 6/5 오후 1시58분

음력	1	2	3	4	5	6	7	8	9	10	11	12	13	14	15	16	17	18	19	20	21	22	23	24	25	26	27	28	29
양력	5/23	24	25	26	27	28	29	30	31	6/1	2	3	4	5	6	7	8	9	10	11	12	13	14	15	16	17	18	19	20
요일	토	일	월	화	수	목	금	토	일	월	화	수	목	금	토	일	월	화	수	목	금	토	일	월	화	수	목	금	토
일진	丙寅	丁卯	戊辰	己巳	庚午	辛未	壬申	癸酉	甲戌	乙亥	丙子	丁丑	戊寅	己卯	庚辰	辛巳	壬午	癸未	甲申	乙酉	丙戌	丁亥	戊子	己丑	庚寅	辛卯	壬辰	癸巳	甲午
대운 남	4	4	4	3	3	3	2	2	2	1	1	1	1	芒	10	10	10	9	9	9	8	8	8	7	7	7	6	6	6
대운 여	6	6	7	7	7	8	8	8	9	9	9	10	10	種	1	1	1	1	2	2	2	3	3	3	4	4	4	5	5

五月大　月建 壬午　四綠

하지 음 5/1 양 6/21· 오전 6시43분 ● 소서 음 5/17 양 7/7 오전 0시14분

음력	1	2	3	4	5	6	7	8	9	10	11	12	13	14	15	16	17	18	19	20	21	22	23	24	25	26	27	28	29	30
양력	6/21	22	23	24	25	26	27	28	29	30	7/1	2	3	4	5	6	7	8	9	10	11	12	13	14	15	16	17	18	19	20
요일	일	월	화	수	목	금	토	일	월	화	수	목	금	토	일	월	화	수	목	금	토	일	월	화	수	목	금	토	일	월
일진	乙未	丙申	丁酉	戊戌	己亥	庚子	辛丑	壬寅	癸卯	甲辰	乙巳	丙午	丁未	戊申	己酉	庚戌	辛亥	壬子	癸丑	甲寅	乙卯	丙辰	丁巳	戊午	己未	庚申	辛酉	壬戌	癸亥	甲子
대운 남	夏	5	5	4	4	4	3	3	3	2	2	2	1	1	1	1	小	10	10	9	9	9	8	8	8	7	7	7	6	6
대운 여	至	6	6	6	7	7	7	8	8	8	9	9	9	10	10	10	暑	1	1	1	1	2	2	2	3	3	3	4	4	4

六月小　月建 癸未　三碧　대서 음 6/2 양 7/22 오후 5시37분 ● 입추 음 6/18 양 8/7 오전 10시6분

음력	1	2	3	4	5	6	7	8	9	10	11	12	13	14	15	16	17	18	19	20	21	22	23	24	25	26	27	28	29
양력	7/21	22	23	24	25	26	27	28	29	30	31	8/1	2	3	4	5	6	7	8	9	10	11	12	13	14	15	16	17	18
요일	화	수	목	금	토	일	월	화	수	목	금	토	일	월	화	수	목	금	토	일	월	화	수	목	금	토	일	월	화
일진	乙丑	丙寅	丁卯	戊辰	己巳	庚午	辛未	壬申	癸酉	甲戌	乙亥	丙子	丁丑	戊寅	己卯	庚辰	辛巳	壬午	癸未	甲申	乙酉	丙戌	丁亥	戊子	己丑	庚寅	辛卯	壬辰	癸巳
대운 남	6	大	5	5	4	4	4	3	3	3	2	2	2	1	1	1	1	立	10	10	9	9	9	8	8	8	7	7	7
대운 여	5	暑	5	6	6	6	7	7	7	8	8	8	9	9	9	10	10	秋	1	1	1	1	2	2	2	3	3	3	4

七月小　月建 甲申　二黑　처서 음 7/5 양 8/23 오전 0시45분 ● 백로 음 7/20 양 9/7 오후 1시8분

음력	1	2	3	4	5	6	7	8	9	10	11	12	13	14	15	16	17	18	19	20	21	22	23	24	25	26	27	28	29
양력	8/19	20	21	22	23	24	25	26	27	28	29	30	31	9/1	2	3	4	5	6	7	8	9	10	11	12	13	14	15	16
요일	수	목	금	토	일	월	화	수	목	금	토	일	월	화	수	목	금	토	일	월	화	수	목	금	토	일	월	화	수
일진	甲午	乙未	丙申	丁酉	戊戌	己亥	庚子	辛丑	壬寅	癸卯	甲辰	乙巳	丙午	丁未	戊申	己酉	庚戌	辛亥	壬子	癸丑	甲寅	乙卯	丙辰	丁巳	戊午	己未	庚申	辛酉	壬戌
대운 남	6	6	6	5	處	5	4	4	4	3	3	3	2	2	2	1	1	1	1	白	10	10	9	9	9	8	8	8	7
대운 여	4	4	5	5	暑	6	6	6	7	7	7	8	8	8	9	9	9	10	10	露	1	1	1	1	2	2	2	3	3

八月大　月建 乙酉　一白　추분 음 8/6 양 9/22 오후 10시30분 ● 한로 음 8/22 양 10/8 오전 4시55분

음력	1	2	3	4	5	6	7	8	9	10	11	12	13	14	15	16	17	18	19	20	21	22	23	24	25	26	27	28	29	30
양력	9/17	18	19	20	21	22	23	24	25	26	27	28	29	30	10/1	2	3	4	5	6	7	8	9	10	11	12	13	14	15	16
요일	목	금	토	일	월	화	수	목	금	토	일	월	화	수	목	금	토	일	월	화	수	목	금	토	일	월	화	수	목	금
일진	癸亥	甲子	乙丑	丙寅	丁卯	戊辰	己巳	庚午	辛未	壬申	癸酉	甲戌	乙亥	丙子	丁丑	戊寅	己卯	庚辰	辛巳	壬午	癸未	甲申	乙酉	丙戌	丁亥	戊子	己丑	庚寅	辛卯	壬辰
대운 남	7	7	6	6	6	秋	5	5	4	4	4	3	3	3	2	2	2	1	1	1	1	寒	10	9	9	9	8	8	8	7
대운 여	3	4	4	4	5	分	5	6	6	6	7	7	7	8	8	8	9	9	9	10	10	露	1	1	1	1	2	2	2	3

九月小　月建 丙戌　九紫　상강 음 9/7 양 10/23 오전 7시59분 ● 입동 음 9/22 양 11/7 오전 8시14분

음력	1	2	3	4	5	6	7	8	9	10	11	12	13	14	15	16	17	18	19	20	21	22	23	24	25	26	27	28	29
양력	10/17	18	19	20	21	22	23	24	25	26	27	28	29	30	31	11/1	2	3	4	5	6	7	8	9	10	11	12	13	14
요일	토	일	월	화	수	목	금	토	일	월	화	수	목	금	토	일	월	화	수	목	금	토	일	월	화	수	목	금	토
일진	癸巳	甲午	乙未	丙申	丁酉	戊戌	己亥	庚子	辛丑	壬寅	癸卯	甲辰	乙巳	丙午	丁未	戊申	己酉	庚戌	辛亥	壬子	癸丑	甲寅	乙卯	丙辰	丁巳	戊午	己未	庚申	辛酉
대운 남	7	7	6	6	6	5	霜	5	4	4	4	3	3	3	2	2	2	1	1	1	1	立	10	9	9	9	8	8	8
대운 여	3	3	4	4	4	5	降	5	6	6	6	7	7	7	8	8	8	9	9	9	10	冬	1	1	1	1	2	2	2

十月大　月建 丁亥　八白　소설 음 10/8 양 11/22 오전 5시40분 ● 대설 음 10/23 양 12/7 오전 1시9분

음력	1	2	3	4	5	6	7	8	9	10	11	12	13	14	15	16	17	18	19	20	21	22	23	24	25	26	27	28	29	30
양력	11/15	16	17	18	19	20	21	22	23	24	25	26	27	28	29	30	12/1	2	3	4	5	6	7	8	9	10	11	12	13	14
요일	일	월	화	수	목	금	토	일	월	화	수	목	금	토	일	월	화	수	목	금	토	일	월	화	수	목	금	토	일	월
일진	壬戌	癸亥	甲子	乙丑	丙寅	丁卯	戊辰	己巳	庚午	辛未	壬申	癸酉	甲戌	乙亥	丙子	丁丑	戊寅	己卯	庚辰	辛巳	壬午	癸未	甲申	乙酉	丙戌	丁亥	戊子	己丑	庚寅	辛卯
대운 남	7	7	7	6	6	6	5	小	5	4	4	4	3	3	3	2	2	2	1	1	1	1	大	9	9	9	8	8	8	7
대운 여	3	3	3	4	4	4	5	雪	5	6	6	6	7	7	7	8	8	8	9	9	9	10	雪	1	1	1	1	2	2	2

十一月小　月建 戊子　七赤　동지 음 11/7 양 12/21 오후 7시2분 ● 소한 음 11/22 양 1/5 오후 12시23분

음력	1	2	3	4	5	6	7	8	9	10	11	12	13	14	15	16	17	18	19	20	21	22	23	24	25	26	27	28	29
양력	12/15	16	17	18	19	20	21	22	23	24	25	26	27	28	29	30	31	1/1	2	3	4	5	6	7	8	9	10	11	12
요일	화	수	목	금	토	일	월	화	수	목	금	토	일	월	화	수	목	금	토	일	월	화	수	목	금	토	일	월	화
일진	壬辰	癸巳	甲午	乙未	丙申	丁酉	戊戌	己亥	庚子	辛丑	壬寅	癸卯	甲辰	乙巳	丙午	丁未	戊申	己酉	庚戌	辛亥	壬子	癸丑	甲寅	乙卯	丙辰	丁巳	戊午	己未	庚申
대운 남	7	7	6	6	6	5	冬	5	4	4	4	3	3	3	2	2	2	1	1	1	1	小	9	9	9	8	8	8	7
대운 여	3	3	3	4	4	4	至	5	5	6	6	6	7	7	7	8	8	8	9	9	9	寒	1	1	1	1	2	2	2

十二月大　月建 己丑　六白　대한 음 12/8 양 1/20 오전 5시40분 ● 입춘 음 12/22 양 2/3 오후 11시59분

음력	1	2	3	4	5	6	7	8	9	10	11	12	13	14	15	16	17	18	19	20	21	22	23	24	25	26	27	28	29	30
양력	1/13	14	15	16	17	18	19	20	21	22	23	24	25	26	27	28	29	30	31	2/1	2	3	4	5	6	7	8	9	10	11
요일	수	목	금	토	일	월	화	수	목	금	토	일	월	화	수	목	금	토	일	월	화	수	목	금	토	일	월	화	수	목
일진	辛酉	壬戌	癸亥	甲子	乙丑	丙寅	丁卯	戊辰	己巳	庚午	辛未	壬申	癸酉	甲戌	乙亥	丙子	丁丑	戊寅	己卯	庚辰	辛巳	壬午	癸未	甲申	乙酉	丙戌	丁亥	戊子	己丑	庚寅
대운 남	7	7	6	6	6	5	5	大	4	4	4	3	3	3	2	2	2	1	1	1	1	立	1	1	1	1	2	2	2	3
대운 여	3	3	3	4	4	4	5	寒	5	6	6	6	7	7	7	8	8	8	9	9	9	春	10	9	9	9	8	8	8	7

2021년 | 단기 4354년　辛丑年

一日得辛 二龍治水

西 大將軍　東 三殺　亥 吊客　卯 喪門　納音五行 壁上土

正月小　月建 庚寅　五黃

우수 음 1/7 양 2/18 오후 7시44분 · 경칩 음 1/22 양 3/5 오후 5시53분

음력	1	2	3	4	5	6	7	8	9	10	11	12	13	14	15	16	17	18	19	20	21	22	23	24	25	26	27	28	29
양력	2/12	13	14	15	16	17	18	19	20	21	22	23	24	25	26	27	28	3/1	2	3	4	5	6	7	8	9	10	11	12
요일	금	토	일	월	화	수	목	금	토	일	월	화	수	목	금	토	일	월	화	수	목	금	토	일	월	화	수	목	금
일진	辛卯	壬辰	癸巳	甲午	乙未	丙申	丁酉	戊戌	己亥	庚子	辛丑	壬寅	癸卯	甲辰	乙巳	丙午	丁未	戊申	己酉	庚戌	辛亥	壬子	癸丑	甲寅	乙卯	丙辰	丁巳	戊午	己未
대운 남	3	3	4	4	4	5	雨水	5	6	6	6	7	7	7	8	8	8	9	9	9	10	驚蟄	1	1	1	1	2	2	2
대운 여	7	7	6	6	6	5		5	4	4	4	3	3	3	2	2	2	1	1	1	1		10	9	9	9	8	8	8

二月大　月建 辛卯　四綠

춘분 음 2/8 양 3/20 오후 6시37분 · 청명 음 2/23 양 4/4 오후 10시35분

음력	1	2	3	4	5	6	7	8	9	10	11	12	13	14	15	16	17	18	19	20	21	22	23	24	25	26	27	28	29	30
양력	3/13	14	15	16	17	18	19	20	21	22	23	24	25	26	27	28	29	30	31	4/1	2	3	4	5	6	7	8	9	10	11
요일	토	일	월	화	수	목	금	토	일	월	화	수	목	금	토	일	월	화	수	목	금	토	일	월	화	수	목	금	토	일
일진	庚申	辛酉	壬戌	癸亥	甲子	乙丑	丙寅	丁卯	戊辰	己巳	庚午	辛未	壬申	癸酉	甲戌	乙亥	丙子	丁丑	戊寅	己卯	庚辰	辛巳	壬午	癸未	甲申	乙酉	丙戌	丁亥	戊子	己丑
대운 남	3	3	3	4	4	4	5	春分	5	6	6	6	7	7	7	8	8	8	9	9	9	10	清明	1	1	1	1	2	2	2
대운 여	7	7	7	6	6	6	5		5	4	4	4	3	3	3	2	2	2	1	1	1	1		10	10	9	9	9	8	8

三月大　月建 壬辰　三碧

곡우 음 3/9 양 4/20 오전 5시33분 · 입하 음 3/24 양 5/5 오후 3시47분

음력	1	2	3	4	5	6	7	8	9	10	11	12	13	14	15	16	17	18	19	20	21	22	23	24	25	26	27	28	29	30
양력	4/12	13	14	15	16	17	18	19	20	21	22	23	24	25	26	27	28	29	30	5/1	2	3	4	5	6	7	8	9	10	11
요일	월	화	수	목	금	토	일	월	화	수	목	금	토	일	월	화	수	목	금	토	일	월	화	수	목	금	토	일	월	화
일진	庚寅	辛卯	壬辰	癸巳	甲午	乙未	丙申	丁酉	戊戌	己亥	庚子	辛丑	壬寅	癸卯	甲辰	乙巳	丙午	丁未	戊申	己酉	庚戌	辛亥	壬子	癸丑	甲寅	乙卯	丙辰	丁巳	戊午	己未
대운 남	3	3	3	4	4	4	5	5	穀雨	6	6	6	7	7	7	8	8	8	9	9	9	10	10	立夏	1	1	1	1	2	2
대운 여	8	7	7	7	6	6	6	5		5	4	4	4	3	3	3	2	2	2	1	1	1	1		10	10	9	9	9	8

四月小　月建 癸巳　二黑

소만 음 4/10 양 5/21 오전 4시37분 · 망종 음 4/25 양 6/5 오후 7시52분

음력	1	2	3	4	5	6	7	8	9	10	11	12	13	14	15	16	17	18	19	20	21	22	23	24	25	26	27	28	29
양력	5/12	13	14	15	16	17	18	19	20	21	22	23	24	25	26	27	28	29	30	31	6/1	2	3	4	5	6	7	8	9
요일	수	목	금	토	일	월	화	수	목	금	토	일	월	화	수	목	금	토	일	월	화	수	목	금	토	일	월	화	수
일진	庚申	辛酉	壬戌	癸亥	甲子	乙丑	丙寅	丁卯	戊辰	己巳	庚午	辛未	壬申	癸酉	甲戌	乙亥	丙子	丁丑	戊寅	己卯	庚辰	辛巳	壬午	癸未	甲申	乙酉	丙戌	丁亥	戊子
대운 남	2	3	3	3	4	4	4	5	5	小滿	6	6	6	7	7	7	8	8	8	9	9	9	10	10	芒種	1	1	1	1
대운 여	8	8	7	7	7	6	6	6	5		5	4	4	4	3	3	3	2	2	2	1	1	1	1		10	10	10	9

五月大　月建 甲午　一白

하지 음 5/12 양 6/21 오후 12시32분 · 소서 음 5/28 양 7/7 오전 6시5분

음력	1	2	3	4	5	6	7	8	9	10	11	12	13	14	15	16	17	18	19	20	21	22	23	24	25	26	27	28	29	30
양력	6/10	11	12	13	14	15	16	17	18	19	20	21	22	23	24	25	26	27	28	29	30	7/1	2	3	4	5	6	7	8	9
요일	목	금	토	일	월	화	수	목	금	토	일	월	화	수	목	금	토	일	월	화	수	목	금	토	일	월	화	수	목	금
일진	己丑	庚寅	辛卯	壬辰	癸巳	甲午	乙未	丙申	丁酉	戊戌	己亥	庚子	辛丑	壬寅	癸卯	甲辰	乙巳	丙午	丁未	戊申	己酉	庚戌	辛亥	壬子	癸丑	甲寅	乙卯	丙辰	丁巳	戊午
대운 남	2	2	2	3	3	3	4	4	4	5	5	夏至	6	6	6	7	7	7	8	8	8	9	9	9	10	10	10	小暑	1	1
대운 여	9	9	8	8	8	7	7	7	6	6	6		5	5	4	4	4	3	3	3	2	2	2	1	1	1	1		10	10

六月小　月建 乙未　九紫

대서 음 6/13 양 7/22 오후 11시36분 · 입추 음 6/29 양 8/7 오후 3시54분

음력	1	2	3	4	5	6	7	8	9	10	11	12	13	14	15	16	17	18	19	20	21	22	23	24	25	26	27	28	29
양력	7/10	11	12	13	14	15	16	17	18	19	20	21	22	23	24	25	26	27	28	29	30	31	8/1	2	3	4	5	6	7
요일	토	일	월	화	수	목	금	토	일	월	화	수	목	금	토	일	월	화	수	목	금	토	일	월	화	수	목	금	토
일진	己未	庚申	辛酉	壬戌	癸亥	甲子	乙丑	丙寅	丁卯	戊辰	己巳	庚午	辛未	壬申	癸酉	甲戌	乙亥	丙子	丁丑	戊寅	己卯	庚辰	辛巳	壬午	癸未	甲申	乙酉	丙戌	丁亥
대운 남	1	1	2	2	2	3	3	3	4	4	4	5	大暑	5	6	6	6	7	7	7	8	8	8	9	9	9	10	10	立秋
대운 여	9	9	9	8	8	8	7	7	7	6	6	6		5	5	4	4	4	3	3	3	2	2	2	1	1	1	1	

七月大 月建 丙申 八白 처서 음 7/16 양 8/23 오전 6시35분

음력		1	2	3	4	5	6	7	8	9	10	11	12	13	14	15	16	17	18	19	20	21	22	23	24	25	26	27	28	29	30
양력		8/8	9	10	11	12	13	14	15	16	17	18	19	20	21	22	23	24	25	26	27	28	29	30	31	9/1	2	3	4	5	6
요일		일	월	화	수	목	금	토	일	월	화	수	목	금	토	일	월	화	수	목	금	토	일	월	화	수	목	금	토	일	월
일진		戊子	己丑	庚寅	辛卯	壬辰	癸巳	甲午	乙未	丙申	丁酉	戊戌	己亥	庚子	辛丑	壬寅	癸卯	甲辰	乙巳	丙午	丁未	戊申	己酉	庚戌	辛亥	壬子	癸丑	甲寅	乙卯	丙辰	丁巳
대운	남	1	1	1	1	2	2	2	3	3	3	4	4	4	5	5	處暑	6	6	6	7	7	7	8	8	8	9	9	9	10	10
	여	10	10	9	9	9	8	8	8	7	7	7	6	6	6	5		5	4	4	4	3	3	3	2	2	2	1	1	1	1

八月小 月建 丁酉 七赤 백로 음 8/1 양 9/7 오후 6시53분 ● 추분 음 8/17 양 9/23 오전 4시21분

음력		1	2	3	4	5	6	7	8	9	10	11	12	13	14	15	16	17	18	19	20	21	22	23	24	25	26	27	28	29	
양력		9/7	8	9	10	11	12	13	14	15	16	17	18	19	20	21	22	23	24	25	26	27	28	29	30	10/1	2	3	4	5	
요일		화	수	목	금	토	일	월	화	수	목	금	토	일	월	화	수	목	금	토	일	월	화	수	목	금	토	일	월	화	
일진		戊午	己未	庚申	辛酉	壬戌	癸亥	甲子	乙丑	丙寅	丁卯	戊辰	己巳	庚午	辛未	壬申	癸酉	甲戌	乙亥	丙子	丁丑	戊寅	己卯	庚辰	辛巳	壬午	癸未	甲申	乙酉	丙戌	
대운	남	白露	1	1	1	1	2	2	2	3	3	3	4	4	4	5	5	秋分	6	6	6	7	7	7	8	8	8	9	9	9	
	여		10	10	9	9	9	8	8	8	7	7	7	6	6	6	5		5	4	4	4	3	3	3	2	2	2	1	1	

九月大 月建 戊戌 六白 한로 음 9/3 양 10/8 오전 10시39분 ● 상강 음 9/18 양 10/23 오후 1시51분

음력		1	2	3	4	5	6	7	8	9	10	11	12	13	14	15	16	17	18	19	20	21	22	23	24	25	26	27	28	29	30
양력		10/6	7	8	9	10	11	12	13	14	15	16	17	18	19	20	21	22	23	24	25	26	27	28	29	30	31	11/1	2	3	4
요일		수	목	금	토	일	월	화	수	목	금	토	일	월	화	수	목	금	토	일	월	화	수	목	금	토	일	월	화	수	목
일진		丁亥	戊子	己丑	庚寅	辛卯	壬辰	癸巳	甲午	乙未	丙申	丁酉	戊戌	己亥	庚子	辛丑	壬寅	癸卯	甲辰	乙巳	丙午	丁未	戊申	己酉	庚戌	辛亥	壬子	癸丑	甲寅	乙卯	丙辰
대운	남	10	10	寒露	1	1	1	1	2	2	2	3	3	3	4	4	4	5	霜降	5	6	6	6	7	7	7	8	8	8	9	9
	여	1	1		10	9	9	9	8	8	8	7	7	7	6	6	6	5		5	4	4	4	3	3	3	2	2	2	1	1

十月小 月建 己亥 五黃 입동 음 10/3 양 11/7 오후 1시59분 ● 소설 음 10/18 양 11/22 오전 11시33분

음력		1	2	3	4	5	6	7	8	9	10	11	12	13	14	15	16	17	18	19	20	21	22	23	24	25	26	27	28	29	
양력		11/5	6	7	8	9	10	11	12	13	14	15	16	17	18	19	20	21	22	23	24	25	26	27	28	29	30	12/1	2	3	
요일		금	토	일	월	화	수	목	금	토	일	월	화	수	목	금	토	일	월	화	수	목	금	토	일	월	화	수	목	금	
일진		丁巳	戊午	己未	庚申	辛酉	壬戌	癸亥	甲子	乙丑	丙寅	丁卯	戊辰	己巳	庚午	辛未	壬申	癸酉	甲戌	乙亥	丙子	丁丑	戊寅	己卯	庚辰	辛巳	壬午	癸未	甲申	乙酉	
대운	남	9	10	立冬	1	1	1	1	2	2	2	3	3	3	4	4	4	5	小雪	5	6	6	6	7	7	7	8	8	8	9	
	여	1	1		10	9	9	9	8	8	8	7	7	7	6	6	6	5		5	4	4	4	3	3	3	2	2	2	1	

十一月大 月建 庚子 四綠 대설 음 11/4 양 12/7 오전 6시57분 ● 동지 음 11/19 양 12/22 오전 0시59분

음력		1	2	3	4	5	6	7	8	9	10	11	12	13	14	15	16	17	18	19	20	21	22	23	24	25	26	27	28	29	30
양력		12/4	5	6	7	8	9	10	11	12	13	14	15	16	17	18	19	20	21	22	23	24	25	26	27	28	29	30	31	1/1	2
요일		토	일	월	화	수	목	금	토	일	월	화	수	목	금	토	일	월	화	수	목	금	토	일	월	화	수	목	금	토	일
일진		丙戌	丁亥	戊子	己丑	庚寅	辛卯	壬辰	癸巳	甲午	乙未	丙申	丁酉	戊戌	己亥	庚子	辛丑	壬寅	癸卯	甲辰	乙巳	丙午	丁未	戊申	己酉	庚戌	辛亥	壬子	癸丑	甲寅	乙卯
대운	남	9	9	10	大雪	1	1	1	1	2	2	2	3	3	3	4	4	4	5	冬至	5	6	6	6	7	7	7	8	8	8	9
	여	1	1	1		9	9	9	8	8	8	7	7	7	6	6	6	5	5		4	4	4	3	3	3	2	2	2	1	1

十二月小 月建 辛丑 三碧 소한 음 12/3 양 1/5 오후 6시14분 ● 대한 음 12/18 양 1/20 오전 11시39분

음력		1	2	3	4	5	6	7	8	9	10	11	12	13	14	15	16	17	18	19	20	21	22	23	24	25	26	27	28	29	
양력		1/3	4	5	6	7	8	9	10	11	12	13	14	15	16	17	18	19	20	21	22	23	24	25	26	27	28	29	30	31	
요일		월	화	수	목	금	토	일	월	화	수	목	금	토	일	월	화	수	목	금	토	일	월	화	수	목	금	토	일	월	
일진		丙辰	丁巳	戊午	己未	庚申	辛酉	壬戌	癸亥	甲子	乙丑	丙寅	丁卯	戊辰	己巳	庚午	辛未	壬申	癸酉	甲戌	乙亥	丙子	丁丑	戊寅	己卯	庚辰	辛巳	壬午	癸未	甲申	
대운	남	9	9	小寒	1	1	1	1	2	2	2	3	3	3	4	4	4	5	大寒	5	6	6	6	7	7	7	8	8	8	9	
	여	1	1		10	9	9	9	8	8	8	7	7	7	6	6	6	5		5	4	4	4	3	3	3	2	2	2	1	

2022년 | 단기 4355년　壬寅年　七日得辛 八龍治水

北 大將軍　北 三殺　子 吊客　辰 喪門　納音五行 金箔金

正月大　月建 壬寅　二黑

입춘 음 1/4 양 2/4 오전 5시51분 ● 우수 음 1/19 양 2/19 오전 1시43분

음력	1	2	3	4	5	6	7	8	9	10	11	12	13	14	15	16	17	18	19	20	21	22	23	24	25	26	27	28	29	30
양력	2/1	2	3	4	5	6	7	8	9	10	11	12	13	14	15	16	17	18	19	20	21	22	23	24	25	26	27	28	3/1	2
요일	화	수	목	금	토	일	월	화	수	목	금	토	일	월	화	수	목	금	토	일	월	화	수	목	금	토	일	월	화	수
일진	乙酉	丙戌	丁亥	戊子	己丑	庚寅	辛卯	壬辰	癸巳	甲午	乙未	丙申	丁酉	戊戌	己亥	庚子	辛丑	壬寅	癸卯	甲辰	乙巳	丙午	丁未	戊申	己酉	庚戌	辛亥	壬子	癸丑	甲寅
대운 남	9	9	10	立	9	9	9	8	8	8	7	7	7	6	6	6	5	5	雨	4	4	4	3	3	3	2	2	2	1	1
대운 여	1	1	1	春	1	1	1	1	2	2	2	3	3	3	4	4	4	5	水	5	6	6	6	7	7	7	8	8	8	9

二月小　月建 癸卯　一白

경칩 음 2/3 양 3/5 오후 11시43분 ● 춘분 음 2/19 양 3/21 오전 0시33분

음력	1	2	3	4	5	6	7	8	9	10	11	12	13	14	15	16	17	18	19	20	21	22	23	24	25	26	27	28	29
양력	3/3	4	5	6	7	8	9	10	11	12	13	14	15	16	17	18	19	20	21	22	23	24	25	26	27	28	29	30	31
요일	목	금	토	일	월	화	수	목	금	토	일	월	화	수	목	금	토	일	월	화	수	목	금	토	일	월	화	수	목
일진	乙卯	丙辰	丁巳	戊午	己未	庚申	辛酉	壬戌	癸亥	甲子	乙丑	丙寅	丁卯	戊辰	己巳	庚午	辛未	壬申	癸酉	甲戌	乙亥	丙子	丁丑	戊寅	己卯	庚辰	辛巳	壬午	癸未
대운 남	1	1	驚	10	10	9	9	9	8	8	8	7	7	7	6	6	6	5	春	5	4	4	4	3	3	3	2	2	2
대운 여	9	9	蟄	1	1	1	1	2	2	2	3	3	3	4	4	4	5	5	分	6	6	6	7	7	7	8	8	8	9

三月大　月建 甲辰　九紫

청명 음 3/5 양 4/5 오전 4시20분 ● 곡우 음 3/20 양 4/20 오전 11시24분

음력	1	2	3	4	5	6	7	8	9	10	11	12	13	14	15	16	17	18	19	20	21	22	23	24	25	26	27	28	29	30
양력	4/1	2	3	4	5	6	7	8	9	10	11	12	13	14	15	16	17	18	19	20	21	22	23	24	25	26	27	28	29	30
요일	금	토	일	월	화	수	목	금	토	일	월	화	수	목	금	토	일	월	화	수	목	금	토	일	월	화	수	목	금	토
일진	甲申	乙酉	丙戌	丁亥	戊子	己丑	庚寅	辛卯	壬辰	癸巳	甲午	乙未	丙申	丁酉	戊戌	己亥	庚子	辛丑	壬寅	癸卯	甲辰	乙巳	丙午	丁未	戊申	己酉	庚戌	辛亥	壬子	癸丑
대운 남	1	1	1	1	清	10	9	9	9	8	8	8	7	7	7	6	6	6	5	穀	5	4	4	4	3	3	3	2	2	2
대운 여	9	9	10	10	明	1	1	1	1	2	2	2	3	3	3	4	4	4	5	雨	5	6	6	6	7	7	7	8	8	8

四月小　月建 乙巳　八白

입하 음 4/5 양 5/5 오후 9시26분 ● 소만 음 4/21 양 5/21 오전 10시22분

음력	1	2	3	4	5	6	7	8	9	10	11	12	13	14	15	16	17	18	19	20	21	22	23	24	25	26	27	28	29
양력	5/1	2	3	4	5	6	7	8	9	10	11	12	13	14	15	16	17	18	19	20	21	22	23	24	25	26	27	28	29
요일	일	월	화	수	목	금	토	일	월	화	수	목	금	토	일	월	화	수	목	금	토	일	월	화	수	목	금	토	일
일진	甲寅	乙卯	丙辰	丁巳	戊午	己未	庚申	辛酉	壬戌	癸亥	甲子	乙丑	丙寅	丁卯	戊辰	己巳	庚午	辛未	壬申	癸酉	甲戌	乙亥	丙子	丁丑	戊寅	己卯	庚辰	辛巳	壬午
대운 남	1	1	1	1	立	10	10	10	9	9	9	8	8	8	7	7	7	6	6	6	小	5	5	4	4	4	3	3	3
대운 여	9	9	9	10	夏	1	1	1	1	2	2	2	3	3	3	4	4	4	5	5	滿	6	6	6	7	7	7	8	8

五月大　月建 丙午　七赤

망종 음 5/8 양 6/6 오전 1시26분 ● 하지 음 5/23 양 6/21 오후 6시14분

음력	1	2	3	4	5	6	7	8	9	10	11	12	13	14	15	16	17	18	19	20	21	22	23	24	25	26	27	28	29	30
양력	5/30	31	6/1	2	3	4	5	6	7	8	9	10	11	12	13	14	15	16	17	18	19	20	21	22	23	24	25	26	27	28
요일	월	화	수	목	금	토	일	월	화	수	목	금	토	일	월	화	수	목	금	토	일	월	화	수	목	금	토	일	월	화
일진	癸未	甲申	乙酉	丙戌	丁亥	戊子	己丑	庚寅	辛卯	壬辰	癸巳	甲午	乙未	丙申	丁酉	戊戌	己亥	庚子	辛丑	壬寅	癸卯	甲辰	乙巳	丙午	丁未	戊申	己酉	庚戌	辛亥	壬子
대운 남	2	2	2	1	1	1	1	芒	10	10	9	9	9	8	8	8	7	7	7	6	6	6	夏	5	5	4	4	4	3	3
대운 여	8	9	9	9	10	10	10	種	1	1	1	1	2	2	2	3	3	3	4	4	4	5	至	5	6	6	6	7	7	7

六月大　月建 丁未　六白

소서 음 6/9 양 7/7 오전 11시38분 ● 대서 음 6/25 양 7/23 오전 5시7분

음력	1	2	3	4	5	6	7	8	9	10	11	12	13	14	15	16	17	18	19	20	21	22	23	24	25	26	27	28	29	30
양력	6/29	30	7/1	2	3	4	5	6	7	8	9	10	11	12	13	14	15	16	17	18	19	20	21	22	23	24	25	26	27	28
요일	수	목	금	토	일	월	화	수	목	금	토	일	월	화	수	목	금	토	일	월	화	수	목	금	토	일	월	화	수	목
일진	癸丑	甲寅	乙卯	丙辰	丁巳	戊午	己未	庚申	辛酉	壬戌	癸亥	甲子	乙丑	丙寅	丁卯	戊辰	己巳	庚午	辛未	壬申	癸酉	甲戌	乙亥	丙子	丁丑	戊寅	己卯	庚辰	辛巳	壬午
대운 남	3	2	2	2	1	1	1	1	小	10	10	9	9	9	8	8	8	7	7	7	6	6	6	5	大	5	4	4	4	3
대운 여	8	8	8	9	9	9	10	10	暑	1	1	1	1	2	2	2	3	3	3	4	4	4	5	5	暑	6	6	6	7	7

七月小 月建 戊申 五黃

입추 음 7/10 양 8/7 오후 9시29분 ● 처서 음 7/26 양 8/23 오후 12시16분

음력	1	2	3	4	5	6	7	8	9	10	11	12	13	14	15	16	17	18	19	20	21	22	23	24	25	26	27	28	29
양력	7/29	30	31	8/1	2	3	4	5	6	7	8	9	10	11	12	13	14	15	16	17	18	19	20	21	22	23	24	25	26
요일	금	토	일	월	화	수	목	금	토	일	월	화	수	목	금	토	일	월	화	수	목	금	토	일	월	화	수	목	금
일진	癸未	甲申	乙酉	丙戌	丁亥	戊子	己丑	庚寅	辛卯	壬辰	癸巳	甲午	乙未	丙申	丁酉	戊戌	己亥	庚子	辛丑	壬寅	癸卯	甲辰	乙巳	丙午	丁未	戊申	己酉	庚戌	辛亥
대운 남	3	3	2	2	2	1	1	1	1	立	10	10	10	9	9	9	8	8	8	7	7	7	6	6	6	處	5	5	4
대운 여	7	8	8	8	9	9	9	10	10	秋	1	1	1	1	2	2	2	3	3	3	4	4	4	5	5	暑	6	6	6

八月大 月建 己酉 四綠

백로 음 8/13 양 9/8 오전 0시32분 ● 추분 음 8/28 양 9/23 오전 10시3분

음력	1	2	3	4	5	6	7	8	9	10	11	12	13	14	15	16	17	18	19	20	21	22	23	24	25	26	27	28	29	30
양력	8/27	28	29	30	31	9/1	2	3	4	5	6	7	8	9	10	11	12	13	14	15	16	17	18	19	20	21	22	23	24	25
요일	토	일	월	화	수	목	금	토	일	월	화	수	목	금	토	일	월	화	수	목	금	토	일	월	화	수	목	금	토	일
일진	壬子	癸丑	甲寅	乙卯	丙辰	丁巳	戊午	己未	庚申	辛酉	壬戌	癸亥	甲子	乙丑	丙寅	丁卯	戊辰	己巳	庚午	辛未	壬申	癸酉	甲戌	乙亥	丙子	丁丑	戊寅	己卯	庚辰	辛巳
대운 남	4	4	3	3	3	2	2	2	1	1	1	1	白	10	9	9	9	8	8	8	7	7	7	6	6	6	5	秋	5	4
대운 여	7	7	7	8	8	8	9	9	9	10	10	10	露	1	1	1	1	2	2	2	3	3	3	4	4	4	5	分	5	6

九月小 月建 庚戌 三碧

한로 음 9/13 양 10/8 오후 4시22분 ● 상강 음 9/28 양 10/23 오후 7시35분

음력	1	2	3	4	5	6	7	8	9	10	11	12	13	14	15	16	17	18	19	20	21	22	23	24	25	26	27	28	29
양력	9/26	27	28	29	30	10/1	2	3	4	5	6	7	8	9	10	11	12	13	14	15	16	17	18	19	20	21	22	23	24
요일	월	화	수	목	금	토	일	월	화	수	목	금	토	일	월	화	수	목	금	토	일	월	화	수	목	금	토	일	월
일진	壬午	癸未	甲申	乙酉	丙戌	丁亥	戊子	己丑	庚寅	辛卯	壬辰	癸巳	甲午	乙未	丙申	丁酉	戊戌	己亥	庚子	辛丑	壬寅	癸卯	甲辰	乙巳	丙午	丁未	戊申	己酉	庚戌
대운 남	4	4	3	3	3	2	2	2	1	1	1	1	寒	10	9	9	9	8	8	8	7	7	7	6	6	6	5	霜	5
대운 여	6	6	7	7	7	8	8	8	9	9	9	10	露	1	1	1	1	2	2	2	3	3	3	4	4	4	5	降	5

十月大 月建 辛亥 二黑

입동 음 10/14 양 11/7 오후 7시45분 ● 소설 음 10/29 양 11/22 오후 5시20분

음력	1	2	3	4	5	6	7	8	9	10	11	12	13	14	15	16	17	18	19	20	21	22	23	24	25	26	27	28	29	30
양력	10/25	26	27	28	29	30	31	11/1	2	3	4	5	6	7	8	9	10	11	12	13	14	15	16	17	18	19	20	21	22	23
요일	화	수	목	금	토	일	월	화	수	목	금	토	일	월	화	수	목	금	토	일	월	화	수	목	금	토	일	월	화	수
일진	辛亥	壬子	癸丑	甲寅	乙卯	丙辰	丁巳	戊午	己未	庚申	辛酉	壬戌	癸亥	甲子	乙丑	丙寅	丁卯	戊辰	己巳	庚午	辛未	壬申	癸酉	甲戌	乙亥	丙子	丁丑	戊寅	己卯	庚辰
대운 남	4	4	4	3	3	3	2	2	2	1	1	1	1	立	10	9	9	9	8	8	8	7	7	7	6	6	6	5	小	5
대운 여	6	6	6	7	7	7	8	8	8	9	9	9	10	冬	1	1	1	1	2	2	2	3	3	3	4	4	4	5	雪	5

十一月小 月建 壬子 一白

대설 음 11/14 양 12/7 오후 12시46분 ● 동지 음 11/29 양 12/22 오전 6시48분

음력	1	2	3	4	5	6	7	8	9	10	11	12	13	14	15	16	17	18	19	20	21	22	23	24	25	26	27	28	29
양력	11/24	25	26	27	28	29	30	12/1	2	3	4	5	6	7	8	9	10	11	12	13	14	15	16	17	18	19	20	21	22
요일	목	금	토	일	월	화	수	목	금	토	일	월	화	수	목	금	토	일	월	화	수	목	금	토	일	월	화	수	목
일진	辛巳	壬午	癸未	甲申	乙酉	丙戌	丁亥	戊子	己丑	庚寅	辛卯	壬辰	癸巳	甲午	乙未	丙申	丁酉	戊戌	己亥	庚子	辛丑	壬寅	癸卯	甲辰	乙巳	丙午	丁未	戊申	己酉
대운 남	4	4	4	3	3	3	2	2	2	1	1	1	1	大	10	9	9	9	8	8	8	7	7	7	6	6	6	5	冬
대운 여	6	6	6	7	7	7	8	8	8	9	9	9	10	雪	1	1	1	1	2	2	2	3	3	3	4	4	4	5	至

十二月大 月建 癸丑 九紫

소한 음 12/15 양 1/6 오전 0시5분 ● 대한 음 12/29 양 1/20 오후 5시29분

음력	1	2	3	4	5	6	7	8	9	10	11	12	13	14	15	16	17	18	19	20	21	22	23	24	25	26	27	28	29	30
양력	12/23	24	25	26	27	28	29	30	31	1/1	2	3	4	5	6	7	8	9	10	11	12	13	14	15	16	17	18	19	20	21
요일	금	토	일	월	화	수	목	금	토	일	월	화	수	목	금	토	일	월	화	수	목	금	토	일	월	화	수	목	금	토
일진	庚戌	辛亥	壬子	癸丑	甲寅	乙卯	丙辰	丁巳	戊午	己未	庚申	辛酉	壬戌	癸亥	甲子	乙丑	丙寅	丁卯	戊辰	己巳	庚午	辛未	壬申	癸酉	甲戌	乙亥	丙子	丁丑	戊寅	己卯
대운 남	5	4	4	4	3	3	3	2	2	2	1	1	1	1	小	9	9	9	8	8	8	7	7	7	6	6	6	5	大	5
대운 여	5	6	6	6	7	7	7	8	8	8	9	9	9	10	寒	1	1	1	1	2	2	2	3	3	3	4	4	4	寒	5

2023년 | 단기 4356년 # 癸卯年 **二日得辛 一龍治水**

北 大將軍　西 三殺　丑 吊客　巳 喪門　納音五行 金箔金

正月小　月建 甲寅　八白

입춘 음 1/14 양 2/4 오전 11시42분 ● 우수 음 1/29 양 2/19 오전 7시34분

음력		1	2	3	4	5	6	7	8	9	10	11	12	13	14	15	16	17	18	19	20	21	22	23	24	25	26	27	28	29	
양력		1/22	23	24	25	26	27	28	29	30	31	2/1	2	3	4	5	6	7	8	9	10	11	12	13	14	15	16	17	18	19	
요일		일	월	화	수	목	금	토	일	월	화	수	목	금	토	일	월	화	수	목	금	토	일	월	화	수	목	금	토	일	
일진		庚辰	辛巳	壬午	癸未	甲申	乙酉	丙戌	丁亥	戊子	己丑	庚寅	辛卯	壬辰	癸巳	甲午	乙未	丙申	丁酉	戊戌	己亥	庚子	辛丑	壬寅	癸卯	甲辰	乙巳	丙午	丁未	戊申	
대운	남	4	4	4	3	3	3	2	2	2	1	1	1	1	立	1	1	1	1	2	2	2	3	3	3	4	4	4	5	雨	
	여	5	6	6	6	7	7	7	8	8	8	9	9	9	春	10	9	9	9	8	8	8	7	7	7	6	6	6	5	水	

二月大　月建 乙卯　七赤

경칩 음 2/15 양 3/6 오전 5시36분 ● 춘분 음 2/30 양 3/21 오전 6시24분

음력		1	2	3	4	5	6	7	8	9	10	11	12	13	14	15	16	17	18	19	20	21	22	23	24	25	26	27	28	29	30
양력		2/20	21	22	23	24	25	26	27	28	3/1	2	3	4	5	6	7	8	9	10	11	12	13	14	15	16	17	18	19	20	21
요일		월	화	수	목	금	토	일	월	화	수	목	금	토	일	월	화	수	목	금	토	일	월	화	수	목	금	토	일	월	화
일진		己酉	庚戌	辛亥	壬子	癸丑	甲寅	乙卯	丙辰	丁巳	戊午	己未	庚申	辛酉	壬戌	癸亥	甲子	乙丑	丙寅	丁卯	戊辰	己巳	庚午	辛未	壬申	癸酉	甲戌	乙亥	丙子	丁丑	戊寅
대운	남	5	6	6	6	7	7	7	8	8	8	9	9	9	10	驚	1	1	1	1	2	2	2	3	3	3	4	4	4	5	春
	여	5	4	4	4	3	3	3	2	2	2	1	1	1	1	蟄	10	9	9	9	8	8	8	7	7	7	6	6	6	5	分

閏二月小

청명 음 윤2/15 양 4/5 오전 10시13분

음력		1	2	3	4	5	6	7	8	9	10	11	12	13	14	15	16	17	18	19	20	21	22	23	24	25	26	27	28	29	
양력		3/22	23	24	25	26	27	28	29	30	31	4/1	2	3	4	5	6	7	8	9	10	11	12	13	14	15	16	17	18	19	
요일		수	목	금	토	일	월	화	수	목	금	토	일	월	화	수	목	금	토	일	월	화	수	목	금	토	일	월	화	수	
일진		己卯	庚辰	辛巳	壬午	癸未	甲申	乙酉	丙戌	丁亥	戊子	己丑	庚寅	辛卯	壬辰	癸巳	甲午	乙未	丙申	丁酉	戊戌	己亥	庚子	辛丑	壬寅	癸卯	甲辰	乙巳	丙午	丁未	
대운	남	5	6	6	6	7	7	7	8	8	8	9	9	9	10	淸	1	1	1	1	2	2	2	3	3	3	4	4	4	5	
	여	5	4	4	4	3	3	3	2	2	2	1	1	1	1	明	10	10	9	9	9	8	8	8	7	7	7	6	6	6	

三月大　月建 丙辰　六白

곡우 음 3/1 양 4/20 오후 5시13분 ● 입하 음 3/17 양 5/6 오전 3시18분

음력		1	2	3	4	5	6	7	8	9	10	11	12	13	14	15	16	17	18	19	20	21	22	23	24	25	26	27	28	29	30
양력		4/20	21	22	23	24	25	26	27	28	29	30	5/1	2	3	4	5	6	7	8	9	10	11	12	13	14	15	16	17	18	19
요일		목	금	토	일	월	화	수	목	금	토	일	월	화	수	목	금	토	일	월	화	수	목	금	토	일	월	화	수	목	금
일진		戊申	己酉	庚戌	辛亥	壬子	癸丑	甲寅	乙卯	丙辰	丁巳	戊午	己未	庚申	辛酉	壬戌	癸亥	甲子	乙丑	丙寅	丁卯	戊辰	己巳	庚午	辛未	壬申	癸酉	甲戌	乙亥	丙子	丁丑
대운	남	穀	5	6	6	6	7	7	7	8	8	8	9	9	9	10	10	立	1	1	1	1	2	2	2	3	3	3	4	4	4
	여	雨	5	5	4	4	4	3	3	3	2	2	2	1	1	1	1	夏	10	10	9	9	9	8	8	8	7	7	7	6	6

四月小　月建 丁巳　五黃

소만 음 4/2 양 5/21 오후 4시9분 ● 망종 음 4/18 양 6/6 오전 7시18분

음력		1	2	3	4	5	6	7	8	9	10	11	12	13	14	15	16	17	18	19	20	21	22	23	24	25	26	27	28	29	
양력		5/20	21	22	23	24	25	26	27	28	29	30	31	6/1	2	3	4	5	6	7	8	9	10	11	12	13	14	15	16	17	
요일		토	일	월	화	수	목	금	토	일	월	화	수	목	금	토	일	월	화	수	목	금	토	일	월	화	수	목	금	토	
일진		戊寅	己卯	庚辰	辛巳	壬午	癸未	甲申	乙酉	丙戌	丁亥	戊子	己丑	庚寅	辛卯	壬辰	癸巳	甲午	乙未	丙申	丁酉	戊戌	己亥	庚子	辛丑	壬寅	癸卯	甲辰	乙巳	丙午	
대운	남	5	小	5	6	6	6	7	7	7	8	8	8	9	9	9	10	10	芒	1	1	1	1	2	2	2	3	3	3	4	
	여	6	滿	5	5	4	4	4	3	3	3	2	2	2	1	1	1	1	種	10	10	9	9	9	8	8	8	7	7	7	

五月大　月建 戊午　四綠

하지 음 5/4 양 6/21 오후 11시58분 ● 소서 음 5/20 양 7/7 오후 5시30분

음력		1	2	3	4	5	6	7	8	9	10	11	12	13	14	15	16	17	18	19	20	21	22	23	24	25	26	27	28	29	30
양력		6/18	19	20	21	22	23	24	25	26	27	28	29	30	7/1	2	3	4	5	6	7	8	9	10	11	12	13	14	15	16	17
요일		일	월	화	수	목	금	토	일	월	화	수	목	금	토	일	월	화	수	목	금	토	일	월	화	수	목	금	토	일	월
일진		丁未	戊申	己酉	庚戌	辛亥	壬子	癸丑	甲寅	乙卯	丙辰	丁巳	戊午	己未	庚申	辛酉	壬戌	癸亥	甲子	乙丑	丙寅	丁卯	戊辰	己巳	庚午	辛未	壬申	癸酉	甲戌	乙亥	丙子
대운	남	4	4	5	夏	5	6	6	6	7	7	7	8	8	8	9	9	9	10	10	小	1	1	1	1	2	2	2	3	3	3
	여	6	6	6	至	5	5	4	4	4	3	3	3	2	2	2	1	1	1	1	暑	10	10	10	9	9	9	8	8	8	7

六月小 月建 己未 三碧

대서 음 6/6 양 7/23 오전 10시50분 ● 입추 음 6/22 양 8/8 오전 3시23분

음력	1	2	3	4	5	6	7	8	9	10	11	12	13	14	15	16	17	18	19	20	21	22	23	24	25	26	27	28	29
양력	7/18	19	20	21	22	23	24	25	26	27	28	29	30	31	8/1	2	3	4	5	6	7	8	9	10	11	12	13	14	15
요일	화	수	목	금	토	일	월	화	수	목	금	토	일	월	화	수	목	금	토	일	월	화	수	목	금	토	일	월	화
일진	丁丑	戊寅	己卯	庚辰	辛巳	壬午	癸未	甲申	乙酉	丙戌	丁亥	戊子	己丑	庚寅	辛卯	壬辰	癸巳	甲午	乙未	丙申	丁酉	戊戌	己亥	庚子	辛丑	壬寅	癸卯	甲辰	乙巳
대운 남	4	4	4	5	5	大	6	6	6	7	7	7	8	8	8	9	9	9	10	10	10	立	1	1	1	1	2	2	2
대운 여	7	7	6	6	6	暑	5	5	4	4	4	3	3	3	2	2	2	1	1	1	1	秋	10	10	9	9	9	8	8

七月大 月建 庚申 二黑

처서 음 7/8 양 8/23 오후 6시1분 ● 백로 음 7/24 양 9/8 오전 6시26분

음력	1	2	3	4	5	6	7	8	9	10	11	12	13	14	15	16	17	18	19	20	21	22	23	24	25	26	27	28	29	30
양력	8/16	17	18	19	20	21	22	23	24	25	26	27	28	29	30	31	9/1	2	3	4	5	6	7	8	9	10	11	12	13	14
요일	수	목	금	토	일	월	화	수	목	금	토	일	월	화	수	목	금	토	일	월	화	수	목	금	토	일	월	화	수	목
일진	丙午	丁未	戊申	己酉	庚戌	辛亥	壬子	癸丑	甲寅	乙卯	丙辰	丁巳	戊午	己未	庚申	辛酉	壬戌	癸亥	甲子	乙丑	丙寅	丁卯	戊辰	己巳	庚午	辛未	壬申	癸酉	甲戌	乙亥
대운 남	3	3	3	4	4	4	5	處	5	6	6	6	7	7	7	8	8	8	9	9	9	10	10	白	1	1	1	1	2	2
대운 여	8	7	7	7	6	6	6	暑	5	5	4	4	4	3	3	3	2	2	2	1	1	1	1	露	10	9	9	9	8	8

八月大 月建 辛酉 一白

추분 음 8/9 양 9/23 오후 3시50분 ● 한로 음 8/24 양 10/8 오후 10시15분

음력	1	2	3	4	5	6	7	8	9	10	11	12	13	14	15	16	17	18	19	20	21	22	23	24	25	26	27	28	29	30
양력	9/15	16	17	18	19	20	21	22	23	24	25	26	27	28	29	30	10/1	2	3	4	5	6	7	8	9	10	11	12	13	14
요일	금	토	일	월	화	수	목	금	토	일	월	화	수	목	금	토	일	월	화	수	목	금	토	일	월	화	수	목	금	토
일진	丙子	丁丑	戊寅	己卯	庚辰	辛巳	壬午	癸未	甲申	乙酉	丙戌	丁亥	戊子	己丑	庚寅	辛卯	壬辰	癸巳	甲午	乙未	丙申	丁酉	戊戌	己亥	庚子	辛丑	壬寅	癸卯	甲辰	乙巳
대운 남	2	3	3	3	4	4	4	5	秋	5	6	6	6	7	7	7	8	8	8	9	9	9	10	寒	1	1	1	1	2	2
대운 여	8	7	7	7	6	6	6	5	分	5	4	4	4	3	3	3	2	2	2	1	1	1	1	露	10	10	9	9	9	8

九月小 月建 壬戌 九紫

상강 음 9/10 양 10/24 오전 1시21분 ● 입동 음 9/25 양 11/8 오전 1시35분

음력	1	2	3	4	5	6	7	8	9	10	11	12	13	14	15	16	17	18	19	20	21	22	23	24	25	26	27	28	29
양력	10/15	16	17	18	19	20	21	22	23	24	25	26	27	28	29	30	31	11/1	2	3	4	5	6	7	8	9	10	11	12
요일	일	월	화	수	목	금	토	일	월	화	수	목	금	토	일	월	화	수	목	금	토	일	월	화	수	목	금	토	일
일진	丙午	丁未	戊申	己酉	庚戌	辛亥	壬子	癸丑	甲寅	乙卯	丙辰	丁巳	戊午	己未	庚申	辛酉	壬戌	癸亥	甲子	乙丑	丙寅	丁卯	戊辰	己巳	庚午	辛未	壬申	癸酉	甲戌
대운 남	2	3	3	3	4	4	4	5	5	霜	6	6	6	7	7	7	8	8	8	9	9	9	10	10	立	1	1	1	1
대운 여	8	8	7	7	7	6	6	6	5	降	5	4	4	4	3	3	3	2	2	2	1	1	1	1	冬	9	9	9	8

十月大 月建 癸亥 八白

소설 음 10/10 양 11/22 오후 11시2분 ● 대설 음 10/25 양 12/7 오후 6시33분

음력	1	2	3	4	5	6	7	8	9	10	11	12	13	14	15	16	17	18	19	20	21	22	23	24	25	26	27	28	29	30
양력	11/13	14	15	16	17	18	19	20	21	22	23	24	25	26	27	28	29	30	12/1	2	3	4	5	6	7	8	9	10	11	12
요일	월	화	수	목	금	토	일	월	화	수	목	금	토	일	월	화	수	목	금	토	일	월	화	수	목	금	토	일	월	화
일진	乙亥	丙子	丁丑	戊寅	己卯	庚辰	辛巳	壬午	癸未	甲申	乙酉	丙戌	丁亥	戊子	己丑	庚寅	辛卯	壬辰	癸巳	甲午	乙未	丙申	丁酉	戊戌	己亥	庚子	辛丑	壬寅	癸卯	甲辰
대운 남	2	2	2	3	3	3	4	4	4	小	5	5	6	6	6	7	7	7	8	8	8	9	9	9	大	1	1	1	1	2
대운 여	8	8	7	7	7	6	6	6	5	雪	5	4	4	4	3	3	3	2	2	2	1	1	1	1	雪	10	9	9	9	8

十一月小 月建 甲子 七赤

동지 음 11/10 양 12/22 오후 12시27분 ● 소한 음 11/25 양 1/6 오전 5시49분

음력	1	2	3	4	5	6	7	8	9	10	11	12	13	14	15	16	17	18	19	20	21	22	23	24	25	26	27	28	29
양력	12/13	14	15	16	17	18	19	20	21	22	23	24	25	26	27	28	29	30	31	1/1	2	3	4	5	6	7	8	9	10
요일	수	목	금	토	일	월	화	수	목	금	토	일	월	화	수	목	금	토	일	월	화	수	목	금	토	일	월	화	수
일진	乙巳	丙午	丁未	戊申	己酉	庚戌	辛亥	壬子	癸丑	甲寅	乙卯	丙辰	丁巳	戊午	己未	庚申	辛酉	壬戌	癸亥	甲子	乙丑	丙寅	丁卯	戊辰	己巳	庚午	辛未	壬申	癸酉
대운 남	2	2	3	3	3	4	4	4	5	冬	5	6	6	6	7	7	7	8	8	8	9	9	9	10	小	1	1	1	1
대운 여	8	8	7	7	7	6	6	6	5	至	5	4	4	4	3	3	3	2	2	2	1	1	1	1	寒	9	9	9	8

十二月大 月建 乙丑 六白

대한 음 12/10 양 1/20 오후 11시7분 ● 입춘 음 12/25 양 2/4 오후 5시27분

음력	1	2	3	4	5	6	7	8	9	10	11	12	13	14	15	16	17	18	19	20	21	22	23	24	25	26	27	28	29	30
양력	1/11	12	13	14	15	16	17	18	19	20	21	22	23	24	25	26	27	28	29	30	31	2/1	2	3	4	5	6	7	8	9
요일	목	금	토	일	월	화	수	목	금	토	일	월	화	수	목	금	토	일	월	화	수	목	금	토	일	월	화	수	목	금
일진	甲戌	乙亥	丙子	丁丑	戊寅	己卯	庚辰	辛巳	壬午	癸未	甲申	乙酉	丙戌	丁亥	戊子	己丑	庚寅	辛卯	壬辰	癸巳	甲午	乙未	丙申	丁酉	戊戌	己亥	庚子	辛丑	壬寅	癸卯
대운 남	2	2	2	3	3	3	4	4	4	大	5	5	6	6	6	7	7	7	8	8	8	9	9	9	立	10	9	9	9	8
대운 여	8	8	7	7	7	6	6	6	5	寒	5	4	4	4	3	3	3	2	2	2	1	1	1	1	春	1	1	1	1	2

2024년 | 단기 4357년 甲辰年

八日得辛 一龍治水

北 大將軍　南 三殺　寅 吊客　午 喪門　納音五行 覆燈火

正月小　月建 丙寅　五黃

우수 음 1/10 양 2/19 오후 1시13분 ● 경칩 음 1/25 양 3/5 오전 11시22분

음력	1	2	3	4	5	6	7	8	9	10	11	12	13	14	15	16	17	18	19	20	21	22	23	24	25	26	27	28	29
양력	2/10	11	12	13	14	15	16	17	18	19	20	21	22	23	24	25	26	27	28	29	3/1	2	3	4	5	6	7	8	9
요일	토	일	월	화	수	목	금	토	일	월	화	수	목	금	토	일	월	화	수	목	금	토	일	월	화	수	목	금	토
일진	甲辰	乙巳	丙午	丁未	戊申	己酉	庚戌	辛亥	壬子	癸丑	甲寅	乙卯	丙辰	丁巳	戊午	己未	庚申	辛酉	壬戌	癸亥	甲子	乙丑	丙寅	丁卯	戊辰	己巳	庚午	辛未	壬申
대운 남	8	8	7	7	7	6	6	6	5	雨	5	4	4	4	3	3	3	2	2	2	1	1	1	1	驚	10	9	9	9
대운 여	2	2	3	3	3	4	4	4	5	水	5	6	6	6	7	7	7	8	8	8	9	9	9	10	蟄	1	1	1	1

二月大　月建 丁卯　四綠

춘분 음 2/11 양 3/20 오후 12시6분 ● 청명 음 2/26 양 4/4 오후 4시2분

음력	1	2	3	4	5	6	7	8	9	10	11	12	13	14	15	16	17	18	19	20	21	22	23	24	25	26	27	28	29	30
양력	3/10	11	12	13	14	15	16	17	18	19	20	21	22	23	24	25	26	27	28	29	30	31	4/1	2	3	4	5	6	7	8
요일	일	월	화	수	목	금	토	일	월	화	수	목	금	토	일	월	화	수	목	금	토	일	월	화	수	목	금	토	일	월
일진	癸酉	甲戌	乙亥	丙子	丁丑	戊寅	己卯	庚辰	辛巳	壬午	癸未	甲申	乙酉	丙戌	丁亥	戊子	己丑	庚寅	辛卯	壬辰	癸巳	甲午	乙未	丙申	丁酉	戊戌	己亥	庚子	辛丑	壬寅
대운 남	8	8	8	7	7	7	6	6	6	5	春	5	4	4	4	3	3	3	2	2	2	1	1	1	1	清	10	10	9	9
대운 여	2	2	2	3	3	3	4	4	4	5	分	5	6	6	6	7	7	7	8	8	8	9	9	9	10	明	1	1	1	1

三月小　月建 戊辰　三碧

곡우 음 3/11 양 4/19 오후 10시59분 ● 입하 음 3/27 양 5/5 오전 9시10분

음력	1	2	3	4	5	6	7	8	9	10	11	12	13	14	15	16	17	18	19	20	21	22	23	24	25	26	27	28	29
양력	4/9	10	11	12	13	14	15	16	17	18	19	20	21	22	23	24	25	26	27	28	29	30	5/1	2	3	4	5	6	7
요일	화	수	목	금	토	일	월	화	수	목	금	토	일	월	화	수	목	금	토	일	월	화	수	목	금	토	일	월	화
일진	癸卯	甲辰	乙巳	丙午	丁未	戊申	己酉	庚戌	辛亥	壬子	癸丑	甲寅	乙卯	丙辰	丁巳	戊午	己未	庚申	辛酉	壬戌	癸亥	甲子	乙丑	丙寅	丁卯	戊辰	己巳	庚午	辛未
대운 남	9	8	8	8	7	7	7	6	6	6	穀	5	5	4	4	4	3	3	3	2	2	2	1	1	1	1	立	10	10
대운 여	2	2	2	3	3	3	4	4	4	5	雨	5	6	6	6	7	7	7	8	8	8	9	9	9	10	10	夏	1	1

四月小　月建 己巳　二黑

소만 음 4/13 양 5/20 오후 9시59분 ● 망종 음 4/29 양 6/5 오후 1시10분

음력	1	2	3	4	5	6	7	8	9	10	11	12	13	14	15	16	17	18	19	20	21	22	23	24	25	26	27	28	29
양력	5/8	9	10	11	12	13	14	15	16	17	18	19	20	21	22	23	24	25	26	27	28	29	30	31	6/1	2	3	4	5
요일	수	목	금	토	일	월	화	수	목	금	토	일	월	화	수	목	금	토	일	월	화	수	목	금	토	일	월	화	수
일진	壬申	癸酉	甲戌	乙亥	丙子	丁丑	戊寅	己卯	庚辰	辛巳	壬午	癸未	甲申	乙酉	丙戌	丁亥	戊子	己丑	庚寅	辛卯	壬辰	癸巳	甲午	乙未	丙申	丁酉	戊戌	己亥	庚子
대운 남	9	9	9	8	8	8	7	7	7	6	6	6	小	5	5	4	4	4	3	3	3	2	2	2	1	1	1	1	芒
대운 여	1	1	2	2	2	3	3	3	4	4	4	5	滿	5	6	6	6	7	7	7	8	8	8	9	9	9	10	10	種

五月大　月建 庚午　一白

하지 음 5/16 양 6/21 오전 5시51분

음력	1	2	3	4	5	6	7	8	9	10	11	12	13	14	15	16	17	18	19	20	21	22	23	24	25	26	27	28	29	30
양력	6/6	7	8	9	10	11	12	13	14	15	16	17	18	19	20	21	22	23	24	25	26	27	28	29	30	7/1	2	3	4	5
요일	목	금	토	일	월	화	수	목	금	토	일	월	화	수	목	금	토	일	월	화	수	목	금	토	일	월	화	수	목	금
일진	辛丑	壬寅	癸卯	甲辰	乙巳	丙午	丁未	戊申	己酉	庚戌	辛亥	壬子	癸丑	甲寅	乙卯	丙辰	丁巳	戊午	己未	庚申	辛酉	壬戌	癸亥	甲子	乙丑	丙寅	丁卯	戊辰	己巳	庚午
대운 남	10	10	9	9	9	8	8	8	7	7	7	6	6	6	5	夏	5	4	4	4	3	3	3	2	2	2	1	1	1	1
대운 여	1	1	1	1	2	2	2	3	3	3	4	4	4	5	5	至	6	6	6	7	7	7	8	8	8	9	9	9	10	10

六月小　月建 辛未　九紫

소서 음 6/1 양 7/6 오후 11시20분 ● 대서 음 6/17 양 7/22 오후 4시44분

음력	1	2	3	4	5	6	7	8	9	10	11	12	13	14	15	16	17	18	19	20	21	22	23	24	25	26	27	28	29
양력	7/6	7	8	9	10	11	12	13	14	15	16	17	18	19	20	21	22	23	24	25	26	27	28	29	30	31	8/1	2	3
요일	토	일	월	화	수	목	금	토	일	월	화	수	목	금	토	일	월	화	수	목	금	토	일	월	화	수	목	금	토
일진	辛未	壬申	癸酉	甲戌	乙亥	丙子	丁丑	戊寅	己卯	庚辰	辛巳	壬午	癸未	甲申	乙酉	丙戌	丁亥	戊子	己丑	庚寅	辛卯	壬辰	癸巳	甲午	乙未	丙申	丁酉	戊戌	己亥
대운 남	小	10	10	10	9	9	9	8	8	8	7	7	7	6	6	6	大	5	5	4	4	4	3	3	3	2	2	2	1
대운 여	暑	1	1	1	1	2	2	2	3	3	3	4	4	4	5	5	暑	6	6	6	7	7	7	8	8	8	9	9	9

七月大 月建 壬申 八白

입추 음 7/4 양 8/7 오전 9시9분 ● 처서 음 7/19 양 8/22 오후 11시55분

음력		1	2	3	4	5	6	7	8	9	10	11	12	13	14	15	16	17	18	19	20	21	22	23	24	25	26	27	28	29	30
양력		8/4	5	6	7	8	9	10	11	12	13	14	15	16	17	18	19	20	21	22	23	24	25	26	27	28	29	30	31	9/1	2
요일		일	월	화	수	목	금	토	일	월	화	수	목	금	토	일	월	화	수	목	금	토	일	월	화	수	목	금	토	일	월
일진		庚子	辛丑	壬寅	癸卯	甲辰	乙巳	丙午	丁未	戊申	己酉	庚戌	辛亥	壬子	癸丑	甲寅	乙卯	丙辰	丁巳	戊午	己未	庚申	辛酉	壬戌	癸亥	甲子	乙丑	丙寅	丁卯	戊辰	己巳
대운	남	1	1	1	立秋	10	10	9	9	9	8	8	8	7	7	7	6	6	6	處暑	5	5	4	4	4	3	3	3	2	2	2
	여	10	10	10		1	1	1	1	2	2	2	3	3	3	4	4	4	5		5	6	6	6	7	7	7	8	8	8	9

八月大 月建 癸酉 七赤

백로 음 8/5 양 9/7 오후 12시11분 ● 추분 음 8/20 양 9/22 오후 9시43분

음력		1	2	3	4	5	6	7	8	9	10	11	12	13	14	15	16	17	18	19	20	21	22	23	24	25	26	27	28	29	30
양력		9/3	4	5	6	7	8	9	10	11	12	13	14	15	16	17	18	19	20	21	22	23	24	25	26	27	28	29	30	10/1	2
요일		화	수	목	금	토	일	월	화	수	목	금	토	일	월	화	수	목	금	토	일	월	화	수	목	금	토	일	월	화	수
일진		庚午	辛未	壬申	癸酉	甲戌	乙亥	丙子	丁丑	戊寅	己卯	庚辰	辛巳	壬午	癸未	甲申	乙酉	丙戌	丁亥	戊子	己丑	庚寅	辛卯	壬辰	癸巳	甲午	乙未	丙申	丁酉	戊戌	己亥
대운	남	1	1	1	1	白露	10	10	9	9	9	8	8	8	7	7	7	6	6	6	秋分	5	5	4	4	4	3	3	3	2	2
	여	9	9	10	10		1	1	1	1	2	2	2	3	3	3	4	4	4	5		5	6	6	6	7	7	7	8	8	8

九月小 月建 甲戌 六白

한로 음 9/6 양 10/8 오전 4시0분 ● 상강 음 9/21 양 10/23 오전 7시14분

음력		1	2	3	4	5	6	7	8	9	10	11	12	13	14	15	16	17	18	19	20	21	22	23	24	25	26	27	28	29
양력		10/3	4	5	6	7	8	9	10	11	12	13	14	15	16	17	18	19	20	21	22	23	24	25	26	27	28	29	30	31
요일		목	금	토	일	월	화	수	목	금	토	일	월	화	수	목	금	토	일	월	화	수	목	금	토	일	월	화	수	목
일진		庚子	辛丑	壬寅	癸卯	甲辰	乙巳	丙午	丁未	戊申	己酉	庚戌	辛亥	壬子	癸丑	甲寅	乙卯	丙辰	丁巳	戊午	己未	庚申	辛酉	壬戌	癸亥	甲子	乙丑	丙寅	丁卯	戊辰
대운	남	2	1	1	1	1	寒露	10	9	9	9	8	8	8	7	7	7	6	6	6	5	霜降	5	4	4	4	3	3	3	2
	여	9	9	9	10	10		1	1	1	1	2	2	2	3	3	3	4	4	4	5		5	6	6	6	7	7	7	8

十月大 月建 乙亥 五黃

입동 음 10/7 양 11/7 오전 7시20분 ● 소설 음 10/22 양 11/22 오전 4시56분

음력		1	2	3	4	5	6	7	8	9	10	11	12	13	14	15	16	17	18	19	20	21	22	23	24	25	26	27	28	29	30
양력		11/1	2	3	4	5	6	7	8	9	10	11	12	13	14	15	16	17	18	19	20	21	22	23	24	25	26	27	28	29	30
요일		금	토	일	월	화	수	목	금	토	일	월	화	수	목	금	토	일	월	화	수	목	금	토	일	월	화	수	목	금	토
일진		己巳	庚午	辛未	壬申	癸酉	甲戌	乙亥	丙子	丁丑	戊寅	己卯	庚辰	辛巳	壬午	癸未	甲申	乙酉	丙戌	丁亥	戊子	己丑	庚寅	辛卯	壬辰	癸巳	甲午	乙未	丙申	丁酉	戊戌
대운	남	2	2	1	1	1	1	立冬	10	9	9	9	8	8	8	7	7	7	6	6	6	5	小雪	5	4	4	4	3	3	3	2
	여	8	8	9	9	9	10		1	1	1	1	2	2	2	3	3	3	4	4	4	5		5	6	6	6	7	7	7	8

十一月大 月建 丙子 四綠

대설 음 11/7 양 12/7 오전 0시17분 ● 동지 음 11/21 양 12/21 오후 6시20분

음력		1	2	3	4	5	6	7	8	9	10	11	12	13	14	15	16	17	18	19	20	21	22	23	24	25	26	27	28	29	30
양력		12/1	2	3	4	5	6	7	8	9	10	11	12	13	14	15	16	17	18	19	20	21	22	23	24	25	26	27	28	29	30
요일		일	월	화	수	목	금	토	일	월	화	수	목	금	토	일	월	화	수	목	금	토	일	월	화	수	목	금	토	일	월
일진		己亥	庚子	辛丑	壬寅	癸卯	甲辰	乙巳	丙午	丁未	戊申	己酉	庚戌	辛亥	壬子	癸丑	甲寅	乙卯	丙辰	丁巳	戊午	己未	庚申	辛酉	壬戌	癸亥	甲子	乙丑	丙寅	丁卯	戊辰
대운	남	2	2	1	1	1	1	大雪	9	9	9	8	8	8	7	7	7	6	6	6	5	冬至	5	4	4	4	3	3	3	2	2
	여	8	8	9	9	9	10		1	1	1	1	2	2	2	3	3	3	4	4	4		5	5	6	6	6	7	7	7	8

十二月小 月建 丁丑 三碧

소한 음 12/6 양 1/5 오전 11시32분 ● 대한 음 12/21 양 1/20 오전 5시0분

음력		1	2	3	4	5	6	7	8	9	10	11	12	13	14	15	16	17	18	19	20	21	22	23	24	25	26	27	28	29
양력		12/31	1/1	2	3	4	5	6	7	8	9	10	11	12	13	14	15	16	17	18	19	20	21	22	23	24	25	26	27	28
요일		화	수	목	금	토	일	월	화	수	목	금	토	일	월	화	수	목	금	토	일	월	화	수	목	금	토	일	월	화
일진		己巳	庚午	辛未	壬申	癸酉	甲戌	乙亥	丙子	丁丑	戊寅	己卯	庚辰	辛巳	壬午	癸未	甲申	乙酉	丙戌	丁亥	戊子	己丑	庚寅	辛卯	壬辰	癸巳	甲午	乙未	丙申	丁酉
대운	남	2	1	1	1	1	小寒	9	9	9	8	8	8	7	7	7	6	6	6	5	5	大寒	4	4	4	3	3	3	2	2
	여	8	8	9	9	9		1	1	1	1	2	2	2	3	3	3	4	4	4	5		5	6	6	6	7	7	7	8

2025년 | 단기 4358년

乙巳年

四日得辛 七龍治水

東 大將軍　　東 三殺　　卯 吊客　　未 喪門　　　納音五行 覆燈火

正月大　　月建 戊寅　　二黑

입춘 음 1/6 양 2/3 오후 11시10분 ● 우수 음 1/21 양 2/18 오후 7시6분

음력	1	2	3	4	5	6	7	8	9	10	11	12	13	14	15	16	17	18	19	20	21	22	23	24	25	26	27	28	29	30
양력	1/29	30	31	2/1	2	3	4	5	6	7	8	9	10	11	12	13	14	15	16	17	18	19	20	21	22	23	24	25	26	27
요일	수	목	금	토	일	월	화	수	목	금	토	일	월	화	수	목	금	토	일	월	화	수	목	금	토	일	월	화	수	목
일진	戊戌	己亥	庚子	辛丑	壬寅	癸卯	甲辰	乙巳	丙午	丁未	戊申	己酉	庚戌	辛亥	壬子	癸丑	甲寅	乙卯	丙辰	丁巳	戊午	己未	庚申	辛酉	壬戌	癸亥	甲子	乙丑	丙寅	丁卯
대운 남	2	1	1	1	1	立春	1	1	1	1	2	2	2	3	3	3	4	4	4	5	雨水	5	6	6	6	7	7	7	8	8
대운 여	8	8	9	9	9		10	9	9	9	8	8	8	7	7	7	6	6	6	5		5	4	4	4	3	3	3	2	2

二月小　　月建 己卯　　一白

경칩 음 2/6 양 3/5 오후 5시7분 ● 춘분 음 2/21 양 3/20 오후 6시1분

음력	1	2	3	4	5	6	7	8	9	10	11	12	13	14	15	16	17	18	19	20	21	22	23	24	25	26	27	28	29
양력	2/28	3/1	2	3	4	5	6	7	8	9	10	11	12	13	14	15	16	17	18	19	20	21	22	23	24	25	26	27	28
요일	금	토	일	월	화	수	목	금	토	일	월	화	수	목	금	토	일	월	화	수	목	금	토	일	월	화	수	목	금
일진	戊辰	己巳	庚午	辛未	壬申	癸酉	甲戌	乙亥	丙子	丁丑	戊寅	己卯	庚辰	辛巳	壬午	癸未	甲申	乙酉	丙戌	丁亥	戊子	己丑	庚寅	辛卯	壬辰	癸巳	甲午	乙未	丙申
대운 남	8	9	9	9	10	驚蟄	1	1	1	1	2	2	2	3	3	3	4	4	4	5	春分	5	6	6	6	7	7	7	8
대운 여	2	1	1	1	1		10	9	9	9	8	8	8	7	7	7	6	6	6	5		5	4	4	4	3	3	3	2

三月大　　月建 庚辰　　九紫

청명 음 3/7 양 4/4 오후 9시48분 ● 곡우 음 3/23 양 4/20 오전 4시56분

음력	1	2	3	4	5	6	7	8	9	10	11	12	13	14	15	16	17	18	19	20	21	22	23	24	25	26	27	28	29	30
양력	3/29	30	31	4/1	2	3	4	5	6	7	8	9	10	11	12	13	14	15	16	17	18	19	20	21	22	23	24	25	26	27
요일	토	일	월	화	수	목	금	토	일	월	화	수	목	금	토	일	월	화	수	목	금	토	일	월	화	수	목	금	토	일
일진	丁酉	戊戌	己亥	庚子	辛丑	壬寅	癸卯	甲辰	乙巳	丙午	丁未	戊申	己酉	庚戌	辛亥	壬子	癸丑	甲寅	乙卯	丙辰	丁巳	戊午	己未	庚申	辛酉	壬戌	癸亥	甲子	乙丑	丙寅
대운 남	8	8	9	9	9	10	淸明	1	1	1	1	2	2	2	3	3	3	4	4	4	5	5	穀雨	6	6	6	7	7	7	8
대운 여	2	2	1	1	1	1		10	10	9	9	9	8	8	8	7	7	7	6	6	6	5		5	4	4	4	3	3	3

四月小　　月建 辛巳　　八白

입하 음 4/8 양 5/5 오후 2시57분 ● 소만 음 4/24 양 5/21 오전 3시54분

음력	1	2	3	4	5	6	7	8	9	10	11	12	13	14	15	16	17	18	19	20	21	22	23	24	25	26	27	28	29
양력	4/28	29	30	5/1	2	3	4	5	6	7	8	9	10	11	12	13	14	15	16	17	18	19	20	21	22	23	24	25	26
요일	월	화	수	목	금	토	일	월	화	수	목	금	토	일	월	화	수	목	금	토	일	월	화	수	목	금	토	일	월
일진	丁卯	戊辰	己巳	庚午	辛未	壬申	癸酉	甲戌	乙亥	丙子	丁丑	戊寅	己卯	庚辰	辛巳	壬午	癸未	甲申	乙酉	丙戌	丁亥	戊子	己丑	庚寅	辛卯	壬辰	癸巳	甲午	乙未
대운 남	8	8	9	9	9	10	10	立夏	1	1	1	1	2	2	2	3	3	3	4	4	4	5	5	小滿	6	6	6	7	7
대운 여	2	2	2	1	1	1	1		10	10	9	9	9	8	8	8	7	7	7	6	6	6	5		5	4	4	4	3

五月小　　月建 壬午　　七赤

망종 음 5/10 양 6/5 오후 6시56분 ● 하지 음 5/26 양 6/21 오전 11시42분

음력	1	2	3	4	5	6	7	8	9	10	11	12	13	14	15	16	17	18	19	20	21	22	23	24	25	26	27	28	29
양력	5/27	28	29	30	31	6/1	2	3	4	5	6	7	8	9	10	11	12	13	14	15	16	17	18	19	20	21	22	23	24
요일	화	수	목	금	토	일	월	화	수	목	금	토	일	월	화	수	목	금	토	일	월	화	수	목	금	토	일	월	화
일진	丙申	丁酉	戊戌	己亥	庚子	辛丑	壬寅	癸卯	甲辰	乙巳	丙午	丁未	戊申	己酉	庚戌	辛亥	壬子	癸丑	甲寅	乙卯	丙辰	丁巳	戊午	己未	庚申	辛酉	壬戌	癸亥	甲子
대운 남	7	8	8	8	9	9	9	10	10	芒種	1	1	1	1	2	2	2	3	3	3	4	4	4	5	5	夏至	6	6	6
대운 여	3	3	2	2	2	1	1	1	1		10	10	10	9	9	9	8	8	8	7	7	7	6	6	6		5	5	4

六月大　　月建 癸未　　六白

소서 음 6/13 양 7/7 오전 5시5분 ● 대서 음 6/28 양 7/22 오후 10시29분

음력	1	2	3	4	5	6	7	8	9	10	11	12	13	14	15	16	17	18	19	20	21	22	23	24	25	26	27	28	29	30
양력	6/25	26	27	28	29	30	7/1	2	3	4	5	6	7	8	9	10	11	12	13	14	15	16	17	18	19	20	21	22	23	24
요일	수	목	금	토	일	월	화	수	목	금	토	일	월	화	수	목	금	토	일	월	화	수	목	금	토	일	월	화	수	목
일진	乙丑	丙寅	丁卯	戊辰	己巳	庚午	辛未	壬申	癸酉	甲戌	乙亥	丙子	丁丑	戊寅	己卯	庚辰	辛巳	壬午	癸未	甲申	乙酉	丙戌	丁亥	戊子	己丑	庚寅	辛卯	壬辰	癸巳	甲午
대운 남	7	7	7	8	8	8	9	9	9	10	10	10	小暑	1	1	1	1	2	2	2	3	3	3	4	4	4	5	大暑	5	6
대운 여	4	4	3	3	3	2	2	2	1	1	1	1		10	10	9	9	9	8	8	8	7	7	7	6	6	6		5	5

閏六月小

입추 음 윤6/14 양 8/7 오후 2시51분

음력	1	2	3	4	5	6	7	8	9	10	11	12	13	14	15	16	17	18	19	20	21	22	23	24	25	26	27	28	29
양력	7/25	26	27	28	29	30	31	8/1	2	3	4	5	6	7	8	9	10	11	12	13	14	15	16	17	18	19	20	21	22
요일	금	토	일	월	화	수	목	금	토	일	월	화	수	목	금	토	일	월	화	수	목	금	토	일	월	화	수	목	금
일진	乙未	丙申	丁酉	戊戌	己亥	庚子	辛丑	壬寅	癸卯	甲辰	乙巳	丙午	丁未	戊申	己酉	庚戌	辛亥	壬子	癸丑	甲寅	乙卯	丙辰	丁巳	戊午	己未	庚申	辛酉	壬戌	癸亥
대운 남	6	6	7	7	7	8	8	8	9	9	9	10	10	立	1	1	1	1	2	2	2	3	3	3	4	4	4	5	5
대운 여	4	4	4	3	3	3	2	2	2	1	1	1	1	秋	10	10	9	9	9	8	8	8	7	7	7	6	6	6	5

七月大　月建 甲申　五黃

처서 음 7/1 양 8/23 오전 5시34분 ● 백로 음 7/16 양 9/7 오후 5시52분

음력	1	2	3	4	5	6	7	8	9	10	11	12	13	14	15	16	17	18	19	20	21	22	23	24	25	26	27	28	29	30
양력	8/23	24	25	26	27	28	29	30	31	9/1	2	3	4	5	6	7	8	9	10	11	12	13	14	15	16	17	18	19	20	21
요일	토	일	월	화	수	목	금	토	일	월	화	수	목	금	토	일	월	화	수	목	금	토	일	월	화	수	목	금	토	일
일진	甲子	乙丑	丙寅	丁卯	戊辰	己巳	庚午	辛未	壬申	癸酉	甲戌	乙亥	丙子	丁丑	戊寅	己卯	庚辰	辛巳	壬午	癸未	甲申	乙酉	丙戌	丁亥	戊子	己丑	庚寅	辛卯	壬辰	癸巳
대운 남	處	6	6	6	7	7	7	8	8	8	9	9	9	10	10	白	1	1	1	1	2	2	2	3	3	3	4	4	4	5
대운 여	暑	5	4	4	4	3	3	3	2	2	2	1	1	1	1	露	10	10	9	9	9	8	8	8	7	7	7	6	6	6

八月小　月建 乙酉　四綠

추분 음 8/2 양 9/23 오전 3시19분 ● 한로 음 8/17 양 10/8 오전 9시41분

음력	1	2	3	4	5	6	7	8	9	10	11	12	13	14	15	16	17	18	19	20	21	22	23	24	25	26	27	28	29
양력	9/22	23	24	25	26	27	28	29	30	10/1	2	3	4	5	6	7	8	9	10	11	12	13	14	15	16	17	18	19	20
요일	월	화	수	목	금	토	일	월	화	수	목	금	토	일	월	화	수	목	금	토	일	월	화	수	목	금	토	일	월
일진	甲午	乙未	丙申	丁酉	戊戌	己亥	庚子	辛丑	壬寅	癸卯	甲辰	乙巳	丙午	丁未	戊申	己酉	庚戌	辛亥	壬子	癸丑	甲寅	乙卯	丙辰	丁巳	戊午	己未	庚申	辛酉	壬戌
대운 남	5	秋	6	6	6	7	7	7	8	8	8	9	9	9	10	10	寒	1	1	1	1	2	2	2	3	3	3	4	4
대운 여	5	分	5	4	4	4	3	3	3	2	2	2	1	1	1	1	露	10	9	9	9	8	8	8	7	7	7	6	6

九月大　月建 丙戌　三碧

상강 음 9/3 양 10/23 오후 12시51분 ● 입동 음 9/18 양 11/7 오후 1시4분

음력	1	2	3	4	5	6	7	8	9	10	11	12	13	14	15	16	17	18	19	20	21	22	23	24	25	26	27	28	29	30
양력	10/21	22	23	24	25	26	27	28	29	30	31	11/1	2	3	4	5	6	7	8	9	10	11	12	13	14	15	16	17	18	19
요일	화	수	목	금	토	일	월	화	수	목	금	토	일	월	화	수	목	금	토	일	월	화	수	목	금	토	일	월	화	수
일진	癸亥	甲子	乙丑	丙寅	丁卯	戊辰	己巳	庚午	辛未	壬申	癸酉	甲戌	乙亥	丙子	丁丑	戊寅	己卯	庚辰	辛巳	壬午	癸未	甲申	乙酉	丙戌	丁亥	戊子	己丑	庚寅	辛卯	壬辰
대운 남	4	5	霜	5	6	6	6	7	7	7	8	8	8	9	9	9	10	立	1	1	1	1	2	2	2	3	3	3	4	4
대운 여	6	5	降	5	4	4	4	3	3	3	2	2	2	1	1	1	1	冬	10	9	9	9	8	8	8	7	7	7	6	6

十月大　月建 丁亥　二黑

소설 음 10/3 양 11/22 오전 10시35분 ● 대설 음 10/18 양 12/7 오전 6시4분

음력	1	2	3	4	5	6	7	8	9	10	11	12	13	14	15	16	17	18	19	20	21	22	23	24	25	26	27	28	29	30
양력	11/20	21	22	23	24	25	26	27	28	29	30	12/1	2	3	4	5	6	7	8	9	10	11	12	13	14	15	16	17	18	19
요일	목	금	토	일	월	화	수	목	금	토	일	월	화	수	목	금	토	일	월	화	수	목	금	토	일	월	화	수	목	금
일진	癸巳	甲午	乙未	丙申	丁酉	戊戌	己亥	庚子	辛丑	壬寅	癸卯	甲辰	乙巳	丙午	丁未	戊申	己酉	庚戌	辛亥	壬子	癸丑	甲寅	乙卯	丙辰	丁巳	戊午	己未	庚申	辛酉	壬戌
대운 남	4	5	小	5	6	6	6	7	7	7	8	8	8	9	9	9	10	大	1	1	1	1	2	2	2	3	3	3	4	4
대운 여	6	5	雪	5	4	4	4	3	3	3	2	2	2	1	1	1	1	雪	9	9	9	8	8	8	7	7	7	6	6	6

十一月大　月建 戊子　一白

동지 음 11/3 양 12/22 오전 0시3분 ● 소한 음 11/17 양 1/5 오후 5시23분

음력	1	2	3	4	5	6	7	8	9	10	11	12	13	14	15	16	17	18	19	20	21	22	23	24	25	26	27	28	29	30
양력	12/20	21	22	23	24	25	26	27	28	29	30	31	1/1	2	3	4	5	6	7	8	9	10	11	12	13	14	15	16	17	18
요일	토	일	월	화	수	목	금	토	일	월	화	수	목	금	토	일	월	화	수	목	금	토	일	월	화	수	목	금	토	일
일진	癸亥	甲子	乙丑	丙寅	丁卯	戊辰	己巳	庚午	辛未	壬申	癸酉	甲戌	乙亥	丙子	丁丑	戊寅	己卯	庚辰	辛巳	壬午	癸未	甲申	乙酉	丙戌	丁亥	戊子	己丑	庚寅	辛卯	壬辰
대운 남	4	5	冬	5	6	6	6	7	7	7	8	8	8	9	9	9	小	1	1	1	1	2	2	2	3	3	3	4	4	4
대운 여	5	5	至	4	4	4	3	3	3	2	2	2	1	1	1	1	寒	10	9	9	9	8	8	8	7	7	7	6	6	6

十二月小　月建 己丑　九紫

대한 음 12/2 양 1/20 오전 10시45분 ● 입춘 음 12/17 양 2/4 오전 5시2분

음력	1	2	3	4	5	6	7	8	9	10	11	12	13	14	15	16	17	18	19	20	21	22	23	24	25	26	27	28	29
양력	1/19	20	21	22	23	24	25	26	27	28	29	30	31	2/1	2	3	4	5	6	7	8	9	10	11	12	13	14	15	16
요일	월	화	수	목	금	토	일	월	화	수	목	금	토	일	월	화	수	목	금	토	일	월	화	수	목	금	토	일	월
일진	癸巳	甲午	乙未	丙申	丁酉	戊戌	己亥	庚子	辛丑	壬寅	癸卯	甲辰	乙巳	丙午	丁未	戊申	己酉	庚戌	辛亥	壬子	癸丑	甲寅	乙卯	丙辰	丁巳	戊午	己未	庚申	辛酉
대운 남	5	大	5	6	6	6	7	7	7	8	8	8	9	9	9	10	立	9	9	9	8	8	8	7	7	7	6	6	6
대운 여	5	寒	5	4	4	4	3	3	3	2	2	2	1	1	1	1	春	1	1	1	1	2	2	2	3	3	3	4	4

2026년 | 단기 4359년 丙午年 十日得辛 七龍治水

東 大將軍　北 三殺　辰 吊客　申 喪門　納音五行 天河水

正月大　月建 庚寅　八白

우수 음 1/3 양 2/19 오전 0시52분 ● 경칩 음 1/17 양 3/5 오후 10시59분

음력	1	2	3	4	5	6	7	8	9	10	11	12	13	14	15	16	17	18	19	20	21	22	23	24	25	26	27	28	29	30
양력	2/17	18	19	20	21	22	23	24	25	26	27	28	3/1	2	3	4	5	6	7	8	9	10	11	12	13	14	15	16	17	18
요일	화	수	목	금	토	일	월	화	수	목	금	토	일	월	화	수	목	금	토	일	월	화	수	목	금	토	일	월	화	수
일진	壬戌	癸亥	甲子	乙丑	丙寅	丁卯	戊辰	己巳	庚午	辛未	壬申	癸酉	甲戌	乙亥	丙子	丁丑	戊寅	己卯	庚辰	辛巳	壬午	癸未	甲申	乙酉	丙戌	丁亥	戊子	己丑	庚寅	辛卯
대운 남	5	5	雨	4	4	4	3	3	3	2	2	2	1	1	1	1	驚	10	10	9	9	9	8	8	8	7	7	7	6	6
대운 여	4	5	水	5	6	6	6	7	7	7	8	8	8	9	9	9	蟄	1	1	1	1	2	2	2	3	3	3	4	4	4

二月小　月建 辛卯　七赤

춘분 음 2/2 양 3/20 오후 11시46분 ● 청명 음 2/18 양 4/5 오전 3시40분

음력	1	2	3	4	5	6	7	8	9	10	11	12	13	14	15	16	17	18	19	20	21	22	23	24	25	26	27	28	29
양력	3/19	20	21	22	23	24	25	26	27	28	29	30	31	4/1	2	3	4	5	6	7	8	9	10	11	12	13	14	15	16
요일	목	금	토	일	월	화	수	목	금	토	일	월	화	수	목	금	토	일	월	화	수	목	금	토	일	월	화	수	목
일진	壬辰	癸巳	甲午	乙未	丙申	丁酉	戊戌	己亥	庚子	辛丑	壬寅	癸卯	甲辰	乙巳	丙午	丁未	戊申	己酉	庚戌	辛亥	壬子	癸丑	甲寅	乙卯	丙辰	丁巳	戊午	己未	庚申
대운 남	6	春	5	5	4	4	4	3	3	3	2	2	2	1	1	1	1	清	10	9	9	9	8	8	8	7	7	7	6
대운 여	5	分	5	6	6	6	7	7	7	8	8	8	9	9	9	10	10	明	1	1	1	1	2	2	2	3	3	3	4

三月大　月建 壬辰　六白

곡우 음 3/4 양 4/20 오전 10시39분 ● 입하 음 3/19 양 5/5 오후 8시48분

음력	1	2	3	4	5	6	7	8	9	10	11	12	13	14	15	16	17	18	19	20	21	22	23	24	25	26	27	28	29	30
양력	4/17	18	19	20	21	22	23	24	25	26	27	28	29	30	5/1	2	3	4	5	6	7	8	9	10	11	12	13	14	15	16
요일	금	토	일	월	화	수	목	금	토	일	월	화	수	목	금	토	일	월	화	수	목	금	토	일	월	화	수	목	금	토
일진	辛酉	壬戌	癸亥	甲子	乙丑	丙寅	丁卯	戊辰	己巳	庚午	辛未	壬申	癸酉	甲戌	乙亥	丙子	丁丑	戊寅	己卯	庚辰	辛巳	壬午	癸未	甲申	乙酉	丙戌	丁亥	戊子	己丑	庚寅
대운 남	6	6	5	穀	5	4	4	4	3	3	3	2	2	2	1	1	1	1	立	10	10	10	9	9	9	8	8	8	7	7
대운 여	4	4	5	雨	5	6	6	6	7	7	7	8	8	8	9	9	9	10	夏	1	1	1	1	2	2	2	3	3	3	4

四月小　月建 癸巳　五黃

소만 음 4/5 양 5/21 오전 9시36분 ● 망종 음 4/21 양 6/6 오전 0시48분

음력	1	2	3	4	5	6	7	8	9	10	11	12	13	14	15	16	17	18	19	20	21	22	23	24	25	26	27	28	29
양력	5/17	18	19	20	21	22	23	24	25	26	27	28	29	30	31	6/1	2	3	4	5	6	7	8	9	10	11	12	13	14
요일	일	월	화	수	목	금	토	일	월	화	수	목	금	토	일	월	화	수	목	금	토	일	월	화	수	목	금	토	일
일진	辛卯	壬辰	癸巳	甲午	乙未	丙申	丁酉	戊戌	己亥	庚子	辛丑	壬寅	癸卯	甲辰	乙巳	丙午	丁未	戊申	己酉	庚戌	辛亥	壬子	癸丑	甲寅	乙卯	丙辰	丁巳	戊午	己未
대운 남	7	6	6	6	小	5	5	4	4	4	3	3	3	2	2	2	1	1	1	1	芒	10	10	9	9	9	8	8	8
대운 여	4	4	5	5	滿	6	6	6	7	7	7	8	8	8	9	9	9	10	10	10	種	1	1	1	1	2	2	2	3

五月小　月建 甲午　四綠

하지 음 5/7 양 6/21 오후 5시24분 ● 소서 음 5/23 양 7/7 오전 10시57분

음력	1	2	3	4	5	6	7	8	9	10	11	12	13	14	15	16	17	18	19	20	21	22	23	24	25	26	27	28	29
양력	6/15	16	17	18	19	20	21	22	23	24	25	26	27	28	29	30	7/1	2	3	4	5	6	7	8	9	10	11	12	13
요일	월	화	수	목	금	토	일	월	화	수	목	금	토	일	월	화	수	목	금	토	일	월	화	수	목	금	토	일	월
일진	庚申	辛酉	壬戌	癸亥	甲子	乙丑	丙寅	丁卯	戊辰	己巳	庚午	辛未	壬申	癸酉	甲戌	乙亥	丙子	丁丑	戊寅	己卯	庚辰	辛巳	壬午	癸未	甲申	乙酉	丙戌	丁亥	戊子
대운 남	7	7	7	6	6	6	夏	5	5	4	4	4	3	3	3	2	2	2	1	1	1	1	小	10	10	9	9	9	8
대운 여	3	3	4	4	4	5	至	5	6	6	6	7	7	7	8	8	8	9	9	9	10	10	暑	1	1	1	1	2	2

六月大　月建 乙未　三碧

대서 음 6/10 양 7/23 오전 4시13분 ● 입추 음 6/25 양 8/7 오후 8시42분

음력	1	2	3	4	5	6	7	8	9	10	11	12	13	14	15	16	17	18	19	20	21	22	23	24	25	26	27	28	29	30
양력	7/14	15	16	17	18	19	20	21	22	23	24	25	26	27	28	29	30	31	8/1	2	3	4	5	6	7	8	9	10	11	12
요일	화	수	목	금	토	일	월	화	수	목	금	토	일	월	화	수	목	금	토	일	월	화	수	목	금	토	일	월	화	수
일진	己丑	庚寅	辛卯	壬辰	癸巳	甲午	乙未	丙申	丁酉	戊戌	己亥	庚子	辛丑	壬寅	癸卯	甲辰	乙巳	丙午	丁未	戊申	己酉	庚戌	辛亥	壬子	癸丑	甲寅	乙卯	丙辰	丁巳	戊午
대운 남	8	8	7	7	7	6	6	6	5	大	5	4	4	4	3	3	3	2	2	2	1	1	1	1	立	10	10	9	9	9
대운 여	2	3	3	3	4	4	4	5	5	暑	6	6	6	7	7	7	8	8	8	9	9	9	10	10	秋	1	1	1	1	2

七月小　月建 丙申　二黑　　처서 음 7/11 양 8/23 오전 11시18분 ● 백로 음 7/26 양 9/7 오후 11시41분

음력	1	2	3	4	5	6	7	8	9	10	11	12	13	14	15	16	17	18	19	20	21	22	23	24	25	26	27	28	29
양력	8/13	14	15	16	17	18	19	20	21	22	23	24	25	26	27	28	29	30	31	9/1	2	3	4	5	6	7	8	9	10
요일	목	금	토	일	월	화	수	목	금	토	일	월	화	수	목	금	토	일	월	화	수	목	금	토	일	월	화	수	목
일진	己未	庚申	辛酉	壬戌	癸亥	甲子	乙丑	丙寅	丁卯	戊辰	己巳	庚午	辛未	壬申	癸酉	甲戌	乙亥	丙子	丁丑	戊寅	己卯	庚辰	辛巳	壬午	癸未	甲申	乙酉	丙戌	丁亥
대운 남	8	8	8	7	7	7	6	6	6	5	處	5	4	4	4	3	3	3	2	2	2	1	1	1	1	白	10	10	9
대운 여	2	2	3	3	3	4	4	4	5	5	暑	6	6	6	7	7	7	8	8	8	9	9	9	10	10	露	1	1	1

八月大　月建 丁酉　一白　　추분 음 8/13 양 9/23 오전 9시5분 ● 한로 음 8/28 양 10/8 오후 3시29분

음력	1	2	3	4	5	6	7	8	9	10	11	12	13	14	15	16	17	18	19	20	21	22	23	24	25	26	27	28	29	30
양력	9/11	12	13	14	15	16	17	18	19	20	21	22	23	24	25	26	27	28	29	30	10/1	2	3	4	5	6	7	8	9	10
요일	금	토	일	월	화	수	목	금	토	일	월	화	수	목	금	토	일	월	화	수	목	금	토	일	월	화	수	목	금	토
일진	戊子	己丑	庚寅	辛卯	壬辰	癸巳	甲午	乙未	丙申	丁酉	戊戌	己亥	庚子	辛丑	壬寅	癸卯	甲辰	乙巳	丙午	丁未	戊申	己酉	庚戌	辛亥	壬子	癸丑	甲寅	乙卯	丙辰	丁巳
대운 남	9	9	8	8	8	7	7	7	6	6	6	5	秋	5	4	4	4	3	3	3	2	2	2	1	1	1	1	寒	10	9
대운 여	1	2	2	2	3	3	3	4	4	4	5	5	分	6	6	6	7	7	7	8	8	8	9	9	9	10	10	露	1	1

九月小　月建 戊戌　九紫　　상강 음 9/13 양 10/23 오후 6시38분 ● 입동 음 9/28 양 11/7 오후 6시52분

음력	1	2	3	4	5	6	7	8	9	10	11	12	13	14	15	16	17	18	19	20	21	22	23	24	25	26	27	28	29
양력	10/11	12	13	14	15	16	17	18	19	20	21	22	23	24	25	26	27	28	29	30	31	11/1	2	3	4	5	6	7	8
요일	일	월	화	수	목	금	토	일	월	화	수	목	금	토	일	월	화	수	목	금	토	일	월	화	수	목	금	토	일
일진	戊午	己未	庚申	辛酉	壬戌	癸亥	甲子	乙丑	丙寅	丁卯	戊辰	己巳	庚午	辛未	壬申	癸酉	甲戌	乙亥	丙子	丁丑	戊寅	己卯	庚辰	辛巳	壬午	癸未	甲申	乙酉	丙戌
대운 남	9	9	8	8	8	7	7	7	6	6	6	5	霜	5	4	4	4	3	3	3	2	2	2	1	1	1	1	立	10
대운 여	1	1	2	2	2	3	3	3	4	4	4	5	降	5	6	6	6	7	7	7	8	8	8	9	9	9	10	冬	1

十月大　月建 己亥　八白　　소설 음 10/14 양 11/22 오후 4시23분 ● 대설 음 10/29 양 12/7 오전 11시52분

음력	1	2	3	4	5	6	7	8	9	10	11	12	13	14	15	16	17	18	19	20	21	22	23	24	25	26	27	28	29	30
양력	11/9	10	11	12	13	14	15	16	17	18	19	20	21	22	23	24	25	26	27	28	29	30	12/1	2	3	4	5	6	7	8
요일	월	화	수	목	금	토	일	월	화	수	목	금	토	일	월	화	수	목	금	토	일	월	화	수	목	금	토	일	월	화
일진	丁亥	戊子	己丑	庚寅	辛卯	壬辰	癸巳	甲午	乙未	丙申	丁酉	戊戌	己亥	庚子	辛丑	壬寅	癸卯	甲辰	乙巳	丙午	丁未	戊申	己酉	庚戌	辛亥	壬子	癸丑	甲寅	乙卯	丙辰
대운 남	9	9	9	8	8	8	7	7	7	6	6	6	5	小	5	4	4	4	3	3	3	2	2	2	1	1	1	1	大	9
대운 여	1	1	1	2	2	2	3	3	3	4	4	4	5	雪	5	6	6	6	7	7	7	8	8	8	9	9	9	10	雪	1

十一月大　月建 庚子　七赤　　동지 음 11/14 양 12/22 오전 5시50분 ● 소한 음 11/28 양 1/5 오후 11시10분

음력	1	2	3	4	5	6	7	8	9	10	11	12	13	14	15	16	17	18	19	20	21	22	23	24	25	26	27	28	29	30
양력	12/9	10	11	12	13	14	15	16	17	18	19	20	21	22	23	24	25	26	27	28	29	30	31	1/1	2	3	4	5	6	7
요일	수	목	금	토	일	월	화	수	목	금	토	일	월	화	수	목	금	토	일	월	화	수	목	금	토	일	월	화	수	목
일진	丁巳	戊午	己未	庚申	辛酉	壬戌	癸亥	甲子	乙丑	丙寅	丁卯	戊辰	己巳	庚午	辛未	壬申	癸酉	甲戌	乙亥	丙子	丁丑	戊寅	己卯	庚辰	辛巳	壬午	癸未	甲申	乙酉	丙戌
대운 남	9	9	8	8	8	7	7	7	6	6	6	5	5	冬	4	4	4	3	3	3	2	2	2	1	1	1	1	小	10	9
대운 여	1	1	1	2	2	2	3	3	3	4	4	4	5	至	5	6	6	6	7	7	7	8	8	8	9	9	9	寒	1	1

十二月大　月建 辛丑　六白　　대한 음 12/13 양 1/20 오후 4시29분 ● 입춘 음 12/28 양 2/4 오전 10시46분

음력	1	2	3	4	5	6	7	8	9	10	11	12	13	14	15	16	17	18	19	20	21	22	23	24	25	26	27	28	29	30
양력	1/8	9	10	11	12	13	14	15	16	17	18	19	20	21	22	23	24	25	26	27	28	29	30	31	2/1	2	3	4	5	6
요일	금	토	일	월	화	수	목	금	토	일	월	화	수	목	금	토	일	월	화	수	목	금	토	일	월	화	수	목	금	토
일진	丁亥	戊子	己丑	庚寅	辛卯	壬辰	癸巳	甲午	乙未	丙申	丁酉	戊戌	己亥	庚子	辛丑	壬寅	癸卯	甲辰	乙巳	丙午	丁未	戊申	己酉	庚戌	辛亥	壬子	癸丑	甲寅	乙卯	丙辰
대운 남	9	9	8	8	8	7	7	7	6	6	6	5	大	5	4	4	4	3	3	3	2	2	2	1	1	1	1	立	1	1
대운 여	1	1	2	2	2	3	3	3	4	4	4	5	寒	5	6	6	6	7	7	7	8	8	8	9	9	9	10	春	10	9

2027년 | 단기 4360년 丁未年

五日得辛 二龍治水

東 大將軍　西 三殺　巳 吊客　酉 喪門

納音五行 天河水

正月小　月建 壬寅　五黃

우수 음 1/13 양 2/19 오전 6시33분 ● 경칩 음 1/28 양 3/6 오전 4시39분

음력	1	2	3	4	5	6	7	8	9	10	11	12	13	14	15	16	17	18	19	20	21	22	23	24	25	26	27	28	29
양력	2/7	8	9	10	11	12	13	14	15	16	17	18	19	20	21	22	23	24	25	26	27	28	3/1	2	3	4	5	6	7
요일	일	월	화	수	목	금	토	일	월	화	수	목	금	토	일	월	화	수	목	금	토	일	월	화	수	목	금	토	일
일진	丁巳	戊午	己未	庚申	辛酉	壬戌	癸亥	甲子	乙丑	丙寅	丁卯	戊辰	己巳	庚午	辛未	壬申	癸酉	甲戌	乙亥	丙子	丁丑	戊寅	己卯	庚辰	辛巳	壬午	癸未	甲申	乙酉
대운 남	1	1	2	2	2	3	3	3	4	4	4	5	雨水	5	6	6	6	7	7	7	8	8	8	9	9	9	10	驚蟄	1
대운 여	9	9	8	8	8	7	7	7	6	6	6	5		5	4	4	4	3	3	3	2	2	2	1	1	1	1		10

二月大　月建 癸卯　四綠

춘분 음 2/14 양 3/21 오전 5시24분 ● 청명 음 2/29 양 4/5 오전 9시17분

음력	1	2	3	4	5	6	7	8	9	10	11	12	13	14	15	16	17	18	19	20	21	22	23	24	25	26	27	28	29	30
양력	3/8	9	10	11	12	13	14	15	16	17	18	19	20	21	22	23	24	25	26	27	28	29	30	31	4/1	2	3	4	5	6
요일	월	화	수	목	금	토	일	월	화	수	목	금	토	일	월	화	수	목	금	토	일	월	화	수	목	금	토	일	월	화
일진	丙戌	丁亥	戊子	己丑	庚寅	辛卯	壬辰	癸巳	甲午	乙未	丙申	丁酉	戊戌	己亥	庚子	辛丑	壬寅	癸卯	甲辰	乙巳	丙午	丁未	戊申	己酉	庚戌	辛亥	壬子	癸丑	甲寅	乙卯
대운 남	1	1	1	2	2	2	3	3	3	4	4	4	5	春分	5	6	6	6	7	7	7	8	8	8	9	9	9	10	清明	1
대운 여	9	9	9	8	8	8	7	7	7	6	6	6	5		5	4	4	4	3	3	3	2	2	2	1	1	1	1		10

三月小　月建 甲辰　三碧

곡우 음 3/14 양 4/20 오후 4시17분

음력	1	2	3	4	5	6	7	8	9	10	11	12	13	14	15	16	17	18	19	20	21	22	23	24	25	26	27	28	29
양력	4/7	8	9	10	11	12	13	14	15	16	17	18	19	20	21	22	23	24	25	26	27	28	29	30	5/1	2	3	4	5
요일	수	목	금	토	일	월	화	수	목	금	토	일	월	화	수	목	금	토	일	월	화	수	목	금	토	일	월	화	수
일진	丙辰	丁巳	戊午	己未	庚申	辛酉	壬戌	癸亥	甲子	乙丑	丙寅	丁卯	戊辰	己巳	庚午	辛未	壬申	癸酉	甲戌	乙亥	丙子	丁丑	戊寅	己卯	庚辰	辛巳	壬午	癸未	甲申
대운 남	1	1	1	2	2	2	3	3	3	4	4	4	5	穀雨	5	6	6	6	7	7	7	8	8	8	9	9	9	10	10
대운 여	10	9	9	9	8	8	8	7	7	7	6	6	6		5	5	4	4	4	3	3	3	2	2	2	1	1	1	1

四月大　月建 乙巳　二黑

입하 음 4/1 양 5/6 오전 2시25분 ● 소만 음 4/16 양 5/21 오후 3시8분

음력	1	2	3	4	5	6	7	8	9	10	11	12	13	14	15	16	17	18	19	20	21	22	23	24	25	26	27	28	29	30
양력	5/6	7	8	9	10	11	12	13	14	15	16	17	18	19	20	21	22	23	24	25	26	27	28	29	30	31	6/1	2	3	4
요일	목	금	토	일	월	화	수	목	금	토	일	월	화	수	목	금	토	일	월	화	수	목	금	토	일	월	화	수	목	금
일진	乙酉	丙戌	丁亥	戊子	己丑	庚寅	辛卯	壬辰	癸巳	甲午	乙未	丙申	丁酉	戊戌	己亥	庚子	辛丑	壬寅	癸卯	甲辰	乙巳	丙午	丁未	戊申	己酉	庚戌	辛亥	壬子	癸丑	甲寅
대운 남	立夏	1	1	1	1	2	2	2	3	3	3	4	4	4	5	小滿	5	6	6	6	7	7	7	8	8	8	9	9	9	10
대운 여		10	10	9	9	9	8	8	8	7	7	7	6	6	6		5	5	4	4	4	3	3	3	2	2	2	1	1	1

五月小　月建 丙午　一白

망종 음 5/2 양 6/6 오전 6시25분 ● 하지 음 5/17 양 6/21 오후 11시10분

음력	1	2	3	4	5	6	7	8	9	10	11	12	13	14	15	16	17	18	19	20	21	22	23	24	25	26	27	28	29
양력	6/5	6	7	8	9	10	11	12	13	14	15	16	17	18	19	20	21	22	23	24	25	26	27	28	29	30	7/1	2	3
요일	토	일	월	화	수	목	금	토	일	월	화	수	목	금	토	일	월	화	수	목	금	토	일	월	화	수	목	금	토
일진	乙卯	丙辰	丁巳	戊午	己未	庚申	辛酉	壬戌	癸亥	甲子	乙丑	丙寅	丁卯	戊辰	己巳	庚午	辛未	壬申	癸酉	甲戌	乙亥	丙子	丁丑	戊寅	己卯	庚辰	辛巳	壬午	癸未
대운 남	10	芒種	1	1	1	1	2	2	2	3	3	3	4	4	4	5	夏至	5	6	6	6	7	7	7	8	8	8	9	9
대운 여	1		10	10	9	9	9	8	8	8	7	7	7	6	6	6		5	5	4	4	4	3	3	3	2	2	2	1

六月小　月建 丁未　九紫

소서 음 6/4 양 7/7 오후 4시37분 ● 대서 음 6/20 양 7/23 오전 10시4분

음력	1	2	3	4	5	6	7	8	9	10	11	12	13	14	15	16	17	18	19	20	21	22	23	24	25	26	27	28	29
양력	7/4	5	6	7	8	9	10	11	12	13	14	15	16	17	18	19	20	21	22	23	24	25	26	27	28	29	30	31	8/1
요일	일	월	화	수	목	금	토	일	월	화	수	목	금	토	일	월	화	수	목	금	토	일	월	화	수	목	금	토	일
일진	甲申	乙酉	丙戌	丁亥	戊子	己丑	庚寅	辛卯	壬辰	癸巳	甲午	乙未	丙申	丁酉	戊戌	己亥	庚子	辛丑	壬寅	癸卯	甲辰	乙巳	丙午	丁未	戊申	己酉	庚戌	辛亥	壬子
대운 남	9	10	10	小暑	1	1	1	1	2	2	2	3	3	3	4	4	4	5	5	大暑	6	6	6	7	7	7	8	8	8
대운 여	1	1	1		10	10	10	9	9	9	8	8	8	7	7	7	6	6	6		5	5	4	4	4	3	3	3	2

七月大 月建 戊申 八白 입추 음 7/7 양 8/8 오전 2시26분 ●처서 음 7/22 양 8/23 오후 5시14분

음력	1	2	3	4	5	6	7	8	9	10	11	12	13	14	15	16	17	18	19	20	21	22	23	24	25	26	27	28	29	30
양력	8/2	3	4	5	6	7	8	9	10	11	12	13	14	15	16	17	18	19	20	21	22	23	24	25	26	27	28	29	30	31
요일	월	화	수	목	금	토	일	월	화	수	목	금	토	일	월	화	수	목	금	토	일	월	화	수	목	금	토	일	월	화
일진	癸丑	甲寅	乙卯	丙辰	丁巳	戊午	己未	庚申	辛酉	壬戌	癸亥	甲子	乙丑	丙寅	丁卯	戊辰	己巳	庚午	辛未	壬申	癸酉	甲戌	乙亥	丙子	丁丑	戊寅	己卯	庚辰	辛巳	壬午
대운 남	9	9	9	10	10	10	立秋	1	1	1	1	2	2	2	3	3	3	4	4	4	5	處暑	5	6	6	6	7	7	7	8
대운 여	2	2	1	1	1	1		10	10	9	9	9	8	8	8	7	7	7	6	6	6		5	5	4	4	4	3	3	3

八月小 月建 己酉 七赤 백로 음 8/8 양 9/8 오전 5시28분 ●추분 음 8/23 양 9/23 오후 3시1분

음력	1	2	3	4	5	6	7	8	9	10	11	12	13	14	15	16	17	18	19	20	21	22	23	24	25	26	27	28	29	
양력	9/1	2	3	4	5	6	7	8	9	10	11	12	13	14	15	16	17	18	19	20	21	22	23	24	25	26	27	28	29	
요일	수	목	금	토	일	월	화	수	목	금	토	일	월	화	수	목	금	토	일	월	화	수	목	금	토	일	월	화	수	
일진	癸未	甲申	乙酉	丙戌	丁亥	戊子	己丑	庚寅	辛卯	壬辰	癸巳	甲午	乙未	丙申	丁酉	戊戌	己亥	庚子	辛丑	壬寅	癸卯	甲辰	乙巳	丙午	丁未	戊申	己酉	庚戌	辛亥	
대운 남	8	8	9	9	9	10	10	白露	1	1	1	1	2	2	2	3	3	3	4	4	4	5	秋分	5	6	6	6	7	7	
대운 여	2	2	2	1	1	1	1		10	9	9	9	8	8	8	7	7	7	6	6	6	5		5	4	4	4	3	3	

九月小 月建 庚戌 六白 한로 음 9/9 양 10/8 오후 9시17분 ●상강 음 9/25 양 10/24 오전 0시33분

음력	1	2	3	4	5	6	7	8	9	10	11	12	13	14	15	16	17	18	19	20	21	22	23	24	25	26	27	28	29	
양력	9/30	10/1	2	3	4	5	6	7	8	9	10	11	12	13	14	15	16	17	18	19	20	21	22	23	24	25	26	27	28	
요일	목	금	토	일	월	화	수	목	금	토	일	월	화	수	목	금	토	일	월	화	수	목	금	토	일	월	화	수	목	
일진	壬子	癸丑	甲寅	乙卯	丙辰	丁巳	戊午	己未	庚申	辛酉	壬戌	癸亥	甲子	乙丑	丙寅	丁卯	戊辰	己巳	庚午	辛未	壬申	癸酉	甲戌	乙亥	丙子	丁丑	戊寅	己卯	庚辰	
대운 남	7	8	8	8	9	9	9	10	寒露	1	1	1	1	2	2	2	3	3	3	4	4	4	5	5	霜降	6	6	6	7	
대운 여	3	2	2	2	1	1	1	1		10	10	9	9	9	8	8	8	7	7	7	6	6	6	5		5	4	4	4	

十月大 月建 辛亥 五黃 입동 음 10/11 양 11/8 오전 0시38분 ●소설 음 10/25 양 11/22 오후 10시16분

음력	1	2	3	4	5	6	7	8	9	10	11	12	13	14	15	16	17	18	19	20	21	22	23	24	25	26	27	28	29	30
양력	10/29	30	31	11/1	2	3	4	5	6	7	8	9	10	11	12	13	14	15	16	17	18	19	20	21	22	23	24	25	26	27
요일	금	토	일	월	화	수	목	금	토	일	월	화	수	목	금	토	일	월	화	수	목	금	토	일	월	화	수	목	금	토
일진	辛巳	壬午	癸未	甲申	乙酉	丙戌	丁亥	戊子	己丑	庚寅	辛卯	壬辰	癸巳	甲午	乙未	丙申	丁酉	戊戌	己亥	庚子	辛丑	壬寅	癸卯	甲辰	乙巳	丙午	丁未	戊申	己酉	庚戌
대운 남	7	7	8	8	8	9	9	9	10	10	立冬	1	1	1	1	2	2	2	3	3	3	4	4	4	小雪	5	5	6	6	6
대운 여	3	3	3	2	2	2	1	1	1	1		9	9	9	8	8	8	7	7	7	6	6	6	5		5	4	4	4	3

十一月大 月建 壬子 四綠 대설 음 11/10 양 12/7 오후 5시37분 ●동지 음 11/25 양 12/22 오전 11시42분

음력	1	2	3	4	5	6	7	8	9	10	11	12	13	14	15	16	17	18	19	20	21	22	23	24	25	26	27	28	29	30
양력	11/28	29	30	12/1	2	3	4	5	6	7	8	9	10	11	12	13	14	15	16	17	18	19	20	21	22	23	24	25	26	27
요일	일	월	화	수	목	금	토	일	월	화	수	목	금	토	일	월	화	수	목	금	토	일	월	화	수	목	금	토	일	월
일진	辛亥	壬子	癸丑	甲寅	乙卯	丙辰	丁巳	戊午	己未	庚申	辛酉	壬戌	癸亥	甲子	乙丑	丙寅	丁卯	戊辰	己巳	庚午	辛未	壬申	癸酉	甲戌	乙亥	丙子	丁丑	戊寅	己卯	庚辰
대운 남	7	7	7	8	8	8	9	9	9	大雪	1	1	1	1	2	2	2	3	3	3	4	4	4	5	冬至	5	6	6	6	7
대운 여	3	3	2	2	2	1	1	1	1		10	9	9	9	8	8	8	7	7	7	6	6	6	5		5	4	4	4	3

十二月大 月建 癸丑 三碧 소한 음 12/10 양 1/6 오전 4시54분 ●대한 음 12/24 양 1/20 오후 10시22분

음력	1	2	3	4	5	6	7	8	9	10	11	12	13	14	15	16	17	18	19	20	21	22	23	24	25	26	27	28	29	30
양력	12/28	29	30	31	1/1	2	3	4	5	6	7	8	9	10	11	12	13	14	15	16	17	18	19	20	21	22	23	24	25	26
요일	화	수	목	금	토	일	월	화	수	목	금	토	일	월	화	수	목	금	토	일	월	화	수	목	금	토	일	월	화	수
일진	辛巳	壬午	癸未	甲申	乙酉	丙戌	丁亥	戊子	己丑	庚寅	辛卯	壬辰	癸巳	甲午	乙未	丙申	丁酉	戊戌	己亥	庚子	辛丑	壬寅	癸卯	甲辰	乙巳	丙午	丁未	戊申	己酉	庚戌
대운 남	7	7	8	8	8	9	9	9	10	小寒	1	1	1	1	2	2	2	3	3	3	4	4	4	大寒	5	5	6	6	6	7
대운 여	3	3	2	2	2	1	1	1	1		9	9	9	8	8	8	7	7	7	6	6	6	5		5	4	4	4	3	3

2028년 | 단기 4361년　戊申年

一日得辛 六龍治水

南 大將軍　南 三殺　午 吊客　戊 喪門

納音五行 大驛土

正月小　月建 甲寅　二黑

입춘 음 1/9 양 2/4 오후 4시31분 ● 우수 음 1/24 양 2/19 오후 12시26분

음력	1	2	3	4	5	6	7	8	9	10	11	12	13	14	15	16	17	18	19	20	21	22	23	24	25	26	27	28	29
양력	1/27	28	29	30	31	2/1	2	3	4	5	6	7	8	9	10	11	12	13	14	15	16	17	18	19	20	21	22	23	24
요일	목	금	토	일	월	화	수	목	금	토	일	월	화	수	목	금	토	일	월	화	수	목	금	토	일	월	화	수	목
일진	辛亥	壬子	癸丑	甲寅	乙卯	丙辰	丁巳	戊午	己未	庚申	辛酉	壬戌	癸亥	甲子	乙丑	丙寅	丁卯	戊辰	己巳	庚午	辛未	壬申	癸酉	甲戌	乙亥	丙子	丁丑	戊寅	己卯
대운 남	7	7	8	8	8	9	9	9	立	10	9	9	9	8	8	8	7	7	7	6	6	6	5	雨	5	4	4	4	3
대운 여	3	2	2	2	1	1	1	1	春	1	1	1	1	2	2	2	3	3	3	4	4	4	5	水	5	6	6	6	7

二月大　月建 乙卯　一白

경칩 음 2/10 양 3/5 오전 10시24분 ● 춘분 음 2/25 양 3/20 오전 11시17분

음력	1	2	3	4	5	6	7	8	9	10	11	12	13	14	15	16	17	18	19	20	21	22	23	24	25	26	27	28	29	30
양력	2/25	26	27	28	29	3/1	2	3	4	5	6	7	8	9	10	11	12	13	14	15	16	17	18	19	20	21	22	23	24	25
요일	금	토	일	월	화	수	목	금	토	일	월	화	수	목	금	토	일	월	화	수	목	금	토	일	월	화	수	목	금	토
일진	庚辰	辛巳	壬午	癸未	甲申	乙酉	丙戌	丁亥	戊子	己丑	庚寅	辛卯	壬辰	癸巳	甲午	乙未	丙申	丁酉	戊戌	己亥	庚子	辛丑	壬寅	癸卯	甲辰	乙巳	丙午	丁未	戊申	己酉
대운 남	3	3	2	2	2	1	1	1	1	驚	10	9	9	9	8	8	8	7	7	7	6	6	6	5	春	5	4	4	4	3
대운 여	7	7	8	8	8	9	9	9	10	蟄	1	1	1	1	2	2	2	3	3	3	4	4	4	5	分	5	6	6	6	7

三月大　月建 丙辰　九紫

청명 음 3/10 양 4/4 오후 3시3분 ● 곡우 음 3/25 양 4/19 오후 10시9분

음력	1	2	3	4	5	6	7	8	9	10	11	12	13	14	15	16	17	18	19	20	21	22	23	24	25	26	27	28	29	30
양력	3/26	27	28	29	30	31	4/1	2	3	4	5	6	7	8	9	10	11	12	13	14	15	16	17	18	19	20	21	22	23	24
요일	일	월	화	수	목	금	토	일	월	화	수	목	금	토	일	월	화	수	목	금	토	일	월	화	수	목	금	토	일	월
일진	庚戌	辛亥	壬子	癸丑	甲寅	乙卯	丙辰	丁巳	戊午	己未	庚申	辛酉	壬戌	癸亥	甲子	乙丑	丙寅	丁卯	戊辰	己巳	庚午	辛未	壬申	癸酉	甲戌	乙亥	丙子	丁丑	戊寅	己卯
대운 남	3	3	2	2	2	1	1	1	1	清	10	10	9	9	9	8	8	8	7	7	7	6	6	6	穀	5	5	4	4	4
대운 여	7	7	8	8	8	9	9	9	10	明	1	1	1	1	2	2	2	3	3	3	4	4	4	5	雨	5	6	6	6	7

四月小　月建 丁巳　八白

입하 음 4/11 양 5/5 오전 8시12분 ● 소만 음 4/26 양 5/20 오후 9시9분

음력	1	2	3	4	5	6	7	8	9	10	11	12	13	14	15	16	17	18	19	20	21	22	23	24	25	26	27	28	29
양력	4/25	26	27	28	29	30	5/1	2	3	4	5	6	7	8	9	10	11	12	13	14	15	16	17	18	19	20	21	22	23
요일	화	수	목	금	토	일	월	화	수	목	금	토	일	월	화	수	목	금	토	일	월	화	수	목	금	토	일	월	화
일진	庚辰	辛巳	壬午	癸未	甲申	乙酉	丙戌	丁亥	戊子	己丑	庚寅	辛卯	壬辰	癸巳	甲午	乙未	丙申	丁酉	戊戌	己亥	庚子	辛丑	壬寅	癸卯	甲辰	乙巳	丙午	丁未	戊申
대운 남	3	3	3	2	2	2	1	1	1	1	立	10	10	9	9	9	8	8	8	7	7	7	6	6	6	小	5	5	4
대운 여	7	7	8	8	8	9	9	9	10	10	夏	1	1	1	1	2	2	2	3	3	3	4	4	4	5	滿	5	6	6

五月大　月建 戊午　七赤

망종 음 5/13 양 6/5 오후 12시16분 ● 하지 음 5/29 양 6/21 오전 5시2분

음력	1	2	3	4	5	6	7	8	9	10	11	12	13	14	15	16	17	18	19	20	21	22	23	24	25	26	27	28	29	30
양력	5/24	25	26	27	28	29	30	31	6/1	2	3	4	5	6	7	8	9	10	11	12	13	14	15	16	17	18	19	20	21	22
요일	수	목	금	토	일	월	화	수	목	금	토	일	월	화	수	목	금	토	일	월	화	수	목	금	토	일	월	화	수	목
일진	己酉	庚戌	辛亥	壬子	癸丑	甲寅	乙卯	丙辰	丁巳	戊午	己未	庚申	辛酉	壬戌	癸亥	甲子	乙丑	丙寅	丁卯	戊辰	己巳	庚午	辛未	壬申	癸酉	甲戌	乙亥	丙子	丁丑	戊寅
대운 남	4	4	3	3	3	2	2	2	1	1	1	1	芒	10	10	9	9	9	8	8	8	7	7	7	6	6	6	5	夏	5
대운 여	6	7	7	7	8	8	8	9	9	9	10	10	種	1	1	1	1	2	2	2	3	3	3	4	4	4	5	5	至	6

閏五月小

소서 음 윤5/14 양 7/6 오후 10시30분

음력	1	2	3	4	5	6	7	8	9	10	11	12	13	14	15	16	17	18	19	20	21	22	23	24	25	26	27	28	29
양력	6/23	24	25	26	27	28	29	30	7/1	2	3	4	5	6	7	8	9	10	11	12	13	14	15	16	17	18	19	20	21
요일	금	토	일	월	화	수	목	금	토	일	월	화	수	목	금	토	일	월	화	수	목	금	토	일	월	화	수	목	금
일진	己卯	庚辰	辛巳	壬午	癸未	甲申	乙酉	丙戌	丁亥	戊子	己丑	庚寅	辛卯	壬辰	癸巳	甲午	乙未	丙申	丁酉	戊戌	己亥	庚子	辛丑	壬寅	癸卯	甲辰	乙巳	丙午	丁未
대운 남	4	4	4	3	3	3	2	2	2	1	1	1	1	小	10	10	10	9	9	9	8	8	8	7	7	7	6	6	6
대운 여	6	6	7	7	7	8	8	8	9	9	9	10	10	暑	1	1	1	1	2	2	2	3	3	3	4	4	4	5	5

六月小　月建 己未　六白

대서 음 6/1 양 7/22 오후 3시54분 ● 입추 음 6/17 양 8/7 오전 8시21분

음력	1	2	3	4	5	6	7	8	9	10	11	12	13	14	15	16	17	18	19	20	21	22	23	24	25	26	27	28	29
양력	7/22	23	24	25	26	27	28	29	30	31	8/1	2	3	4	5	6	7	8	9	10	11	12	13	14	15	16	17	18	19
요일	토	일	월	화	수	목	금	토	일	월	화	수	목	금	토	일	월	화	수	목	금	토	일	월	화	수	목	금	토
일진	戊申	己酉	庚戌	辛亥	壬子	癸丑	甲寅	乙卯	丙辰	丁巳	戊午	己未	庚申	辛酉	壬戌	癸亥	甲子	乙丑	丙寅	丁卯	戊辰	己巳	庚午	辛未	壬申	癸酉	甲戌	乙亥	丙子
대운 남	大	5	5	4	4	4	3	3	3	2	2	2	1	1	1	1	立	10	10	9	9	9	8	8	8	7	7	7	6
대운 여	暑	6	6	6	7	7	7	8	8	8	9	9	9	10	10	10	秋	1	1	1	1	2	2	2	3	3	3	4	4

七月大　月建 庚申　五黄

처서 음 7/3 양 8/22 오후 11시1분 ● 백로 음 7/19 양 9/7 오전 11시22분

음력	1	2	3	4	5	6	7	8	9	10	11	12	13	14	15	16	17	18	19	20	21	22	23	24	25	26	27	28	29	30
양력	8/20	21	22	23	24	25	26	27	28	29	30	31	9/1	2	3	4	5	6	7	8	9	10	11	12	13	14	15	16	17	18
요일	일	월	화	수	목	금	토	일	월	화	수	목	금	토	일	월	화	수	목	금	토	일	월	화	수	목	금	토	일	월
일진	丁丑	戊寅	己卯	庚辰	辛巳	壬午	癸未	甲申	乙酉	丙戌	丁亥	戊子	己丑	庚寅	辛卯	壬辰	癸巳	甲午	乙未	丙申	丁酉	戊戌	己亥	庚子	辛丑	壬寅	癸卯	甲辰	乙巳	丙午
대운 남	6	6	處	5	5	4	4	4	3	3	3	2	2	2	1	1	1	1	白	10	10	9	9	9	8	8	8	7	7	7
대운 여	4	5	暑	5	6	6	6	7	7	7	8	8	8	9	9	9	10	10	露	1	1	1	1	2	2	2	3	3	3	4

八月小　月建 辛酉　四綠

추분 음 8/4 양 9/22 오후 8시45분 ● 한로 음 8/20 양 10/8 오전 3시8분

음력	1	2	3	4	5	6	7	8	9	10	11	12	13	14	15	16	17	18	19	20	21	22	23	24	25	26	27	28	29
양력	9/19	20	21	22	23	24	25	26	27	28	29	30	10/1	2	3	4	5	6	7	8	9	10	11	12	13	14	15	16	17
요일	화	수	목	금	토	일	월	화	수	목	금	토	일	월	화	수	목	금	토	일	월	화	수	목	금	토	일	월	화
일진	丁未	戊申	己酉	庚戌	辛亥	壬子	癸丑	甲寅	乙卯	丙辰	丁巳	戊午	己未	庚申	辛酉	壬戌	癸亥	甲子	乙丑	丙寅	丁卯	戊辰	己巳	庚午	辛未	壬申	癸酉	甲戌	乙亥
대운 남	6	6	6	秋	5	5	4	4	4	3	3	3	2	2	2	1	1	1	1	寒	10	9	9	9	8	8	8	7	7
대운 여	4	4	5	分	5	6	6	6	7	7	7	8	8	8	9	9	9	10	10	露	1	1	1	1	2	2	2	3	3

九月小　月建 壬戌　三碧

상강 음 9/6 양 10/23 오전 6시13분 ● 입동 음 9/21 양 11/7 오전 6시27분

음력	1	2	3	4	5	6	7	8	9	10	11	12	13	14	15	16	17	18	19	20	21	22	23	24	25	26	27	28	29
양력	10/18	19	20	21	22	23	24	25	26	27	28	29	30	31	11/1	2	3	4	5	6	7	8	9	10	11	12	13	14	15
요일	수	목	금	토	일	월	화	수	목	금	토	일	월	화	수	목	금	토	일	월	화	수	목	금	토	일	월	화	수
일진	丙子	丁丑	戊寅	己卯	庚辰	辛巳	壬午	癸未	甲申	乙酉	丙戌	丁亥	戊子	己丑	庚寅	辛卯	壬辰	癸巳	甲午	乙未	丙申	丁酉	戊戌	己亥	庚子	辛丑	壬寅	癸卯	甲辰
대운 남	7	6	6	6	5	霜	5	4	4	4	3	3	3	2	2	2	1	1	1	1	立	9	9	9	8	8	8	7	7
대운 여	3	4	4	4	5	降	5	6	6	6	7	7	7	8	8	8	9	9	9	10	冬	1	1	1	1	2	2	2	3

十月大　月建 癸亥　二黑

소설 음 10/7 양 11/22 오전 3시54분 ● 대설 음 10/21 양 12/6 오후 11시24분

음력	1	2	3	4	5	6	7	8	9	10	11	12	13	14	15	16	17	18	19	20	21	22	23	24	25	26	27	28	29	30
양력	11/16	17	18	19	20	21	22	23	24	25	26	27	28	29	30	12/1	2	3	4	5	6	7	8	9	10	11	12	13	14	15
요일	목	금	토	일	월	화	수	목	금	토	일	월	화	수	목	금	토	일	월	화	수	목	금	토	일	월	화	수	목	금
일진	乙巳	丙午	丁未	戊申	己酉	庚戌	辛亥	壬子	癸丑	甲寅	乙卯	丙辰	丁巳	戊午	己未	庚申	辛酉	壬戌	癸亥	甲子	乙丑	丙寅	丁卯	戊辰	己巳	庚午	辛未	壬申	癸酉	甲戌
대운 남	7	6	6	6	5	5	小	4	4	4	3	3	3	2	2	2	1	1	1	1	大	10	9	9	9	8	8	8	7	7
대운 여	3	3	4	4	4	5	雪	5	6	6	6	7	7	7	8	8	8	9	9	9	雪	1	1	1	1	2	2	2	3	3

十一月大　月建 甲子　一白

동지 음 11/6 양 12/21 오후 5시19분 ● 소한 음 11/21 양 1/5 오전 10시42분

음력	1	2	3	4	5	6	7	8	9	10	11	12	13	14	15	16	17	18	19	20	21	22	23	24	25	26	27	28	29	30
양력	12/16	17	18	19	20	21	22	23	24	25	26	27	28	29	30	31	1/1	2	3	4	5	6	7	8	9	10	11	12	13	14
요일	토	일	월	화	수	목	금	토	일	월	화	수	목	금	토	일	월	화	수	목	금	토	일	월	화	수	목	금	토	일
일진	乙亥	丙子	丁丑	戊寅	己卯	庚辰	辛巳	壬午	癸未	甲申	乙酉	丙戌	丁亥	戊子	己丑	庚寅	辛卯	壬辰	癸巳	甲午	乙未	丙申	丁酉	戊戌	己亥	庚子	辛丑	壬寅	癸卯	甲辰
대운 남	7	6	6	6	5	冬	5	4	4	4	3	3	3	2	2	2	1	1	1	1	小	9	9	9	8	8	8	7	7	7
대운 여	3	4	4	4	5	至	5	6	6	6	7	7	7	8	8	8	9	9	9	10	寒	1	1	1	1	2	2	2	3	3

十二月小　月建 乙丑　九紫

대한 음 12/6 양 1/20 오전 4시0분 ● 입춘 음 12/20 양 2/3 오후 10시20분

음력	1	2	3	4	5	6	7	8	9	10	11	12	13	14	15	16	17	18	19	20	21	22	23	24	25	26	27	28	29
양력	1/15	16	17	18	19	20	21	22	23	24	25	26	27	28	29	30	31	2/1	2	3	4	5	6	7	8	9	10	11	12
요일	월	화	수	목	금	토	일	월	화	수	목	금	토	일	월	화	수	목	금	토	일	월	화	수	목	금	토	일	월
일진	乙巳	丙午	丁未	戊申	己酉	庚戌	辛亥	壬子	癸丑	甲寅	乙卯	丙辰	丁巳	戊午	己未	庚申	辛酉	壬戌	癸亥	甲子	乙丑	丙寅	丁卯	戊辰	己巳	庚午	辛未	壬申	癸酉
대운 남	6	6	6	5	5	大	4	4	4	3	3	3	2	2	2	1	1	1	1	立	1	1	1	1	2	2	2	3	3
대운 여	3	4	4	4	5	寒	5	6	6	6	7	7	7	8	8	8	9	9	9	春	10	9	9	9	8	8	8	7	7

己酉年

2029년 | 단기 4362년

南 大將軍　東 三殺　未 吊客　亥 喪門

八日得辛 七龍治水

納音五行 大驛土

正月大　月建 丙寅　八白

우수 음 1/6 양 2/18 오후 6시8분 ● 경칩 음 1/21 양 3/5 오후 4시17분

음력	1	2	3	4	5	6	7	8	9	10	11	12	13	14	15	16	17	18	19	20	21	22	23	24	25	26	27	28	29	30
양력	2/13	14	15	16	17	18	19	20	21	22	23	24	25	26	27	28	3/1	2	3	4	5	6	7	8	9	10	11	12	13	14
요일	화	수	목	금	토	일	월	화	수	목	금	토	일	월	화	수	목	금	토	일	월	화	수	목	금	토	일	월	화	수
일진	甲戌	乙亥	丙子	丁丑	戊寅	己卯	庚辰	辛巳	壬午	癸未	甲申	乙酉	丙戌	丁亥	戊子	己丑	庚寅	辛卯	壬辰	癸巳	甲午	乙未	丙申	丁酉	戊戌	己亥	庚子	辛丑	壬寅	癸卯
대운 남	3	4	4	4	5	雨水	5	6	6	6	7	7	7	8	8	8	9	9	9	10	驚蟄	1	1	1	1	2	2	2	3	3
대운 여	7	6	6	6	5		5	4	4	4	3	3	3	2	2	2	1	1	1	1		10	9	9	9	8	8	8	7	7

二月大　月建 丁卯　七赤

춘분 음 2/6 양 3/20 오후 5시2분 ● 청명 음 2/21 양 4/4 오후 8시58분

음력	1	2	3	4	5	6	7	8	9	10	11	12	13	14	15	16	17	18	19	20	21	22	23	24	25	26	27	28	29	30
양력	3/15	16	17	18	19	20	21	22	23	24	25	26	27	28	29	30	31	4/1	2	3	4	5	6	7	8	9	10	11	12	13
요일	목	금	토	일	월	화	수	목	금	토	일	월	화	수	목	금	토	일	월	화	수	목	금	토	일	월	화	수	목	금
일진	甲辰	乙巳	丙午	丁未	戊申	己酉	庚戌	辛亥	壬子	癸丑	甲寅	乙卯	丙辰	丁巳	戊午	己未	庚申	辛酉	壬戌	癸亥	甲子	乙丑	丙寅	丁卯	戊辰	己巳	庚午	辛未	壬申	癸酉
대운 남	3	4	4	4	5	春分	5	6	6	6	7	7	7	8	8	8	9	9	9	10	清明	1	1	1	1	2	2	2	3	3
대운 여	7	6	6	6	5		5	4	4	4	3	3	3	2	2	2	1	1	1	1		10	10	9	9	9	8	8	8	7

三月小　月建 戊辰　六白

곡우 음 3/7 양 4/20 오전 3시55분 ● 입하 음 3/22 양 5/5 오후 2시7분

음력	1	2	3	4	5	6	7	8	9	10	11	12	13	14	15	16	17	18	19	20	21	22	23	24	25	26	27	28	29
양력	4/14	15	16	17	18	19	20	21	22	23	24	25	26	27	28	29	30	5/1	2	3	4	5	6	7	8	9	10	11	12
요일	토	일	월	화	수	목	금	토	일	월	화	수	목	금	토	일	월	화	수	목	금	토	일	월	화	수	목	금	토
일진	甲戌	乙亥	丙子	丁丑	戊寅	己卯	庚辰	辛巳	壬午	癸未	甲申	乙酉	丙戌	丁亥	戊子	己丑	庚寅	辛卯	壬辰	癸巳	甲午	乙未	丙申	丁酉	戊戌	己亥	庚子	辛丑	壬寅
대운 남	3	4	4	4	5	5	穀雨	6	6	6	7	7	7	8	8	8	9	9	9	10	10	立夏	1	1	1	1	2	2	2
대운 여	7	7	6	6	6	5		5	4	4	4	3	3	3	2	2	2	1	1	1	1		10	10	9	9	9	8	8

四月大　月建 己巳　五黃

소만 음 4/9 양 5/21 오전 2시55분 ● 망종 음 4/24 양 6/5 오후 6시10분

음력	1	2	3	4	5	6	7	8	9	10	11	12	13	14	15	16	17	18	19	20	21	22	23	24	25	26	27	28	29	30
양력	5/13	14	15	16	17	18	19	20	21	22	23	24	25	26	27	28	29	30	31	6/1	2	3	4	5	6	7	8	9	10	11
요일	일	월	화	수	목	금	토	일	월	화	수	목	금	토	일	월	화	수	목	금	토	일	월	화	수	목	금	토	일	월
일진	癸卯	甲辰	乙巳	丙午	丁未	戊申	己酉	庚戌	辛亥	壬子	癸丑	甲寅	乙卯	丙辰	丁巳	戊午	己未	庚申	辛酉	壬戌	癸亥	甲子	乙丑	丙寅	丁卯	戊辰	己巳	庚午	辛未	壬申
대운 남	3	3	3	4	4	4	5	5	小滿	6	6	6	7	7	7	8	8	8	9	9	9	10	10	芒種	1	1	1	1	2	2
대운 여	8	7	7	7	6	6	6	5		5	4	4	4	3	3	3	2	2	2	1	1	1	1		10	10	10	9	9	9

五月大　月建 庚午　四綠

하지 음 5/10 양 6/21 오전 10시48분 ● 소서 음 5/26 양 7/7 오전 4시22분

음력	1	2	3	4	5	6	7	8	9	10	11	12	13	14	15	16	17	18	19	20	21	22	23	24	25	26	27	28	29	30
양력	6/12	13	14	15	16	17	18	19	20	21	22	23	24	25	26	27	28	29	30	7/1	2	3	4	5	6	7	8	9	10	11
요일	화	수	목	금	토	일	월	화	수	목	금	토	일	월	화	수	목	금	토	일	월	화	수	목	금	토	일	월	화	수
일진	癸酉	甲戌	乙亥	丙子	丁丑	戊寅	己卯	庚辰	辛巳	壬午	癸未	甲申	乙酉	丙戌	丁亥	戊子	己丑	庚寅	辛卯	壬辰	癸巳	甲午	乙未	丙申	丁酉	戊戌	己亥	庚子	辛丑	壬寅
대운 남	2	3	3	3	4	4	4	5	5	夏至	6	6	6	7	7	7	8	8	8	9	9	9	10	10	10	小暑	1	1	1	1
대운 여	8	8	8	7	7	7	6	6	6		5	5	4	4	4	3	3	3	2	2	2	1	1	1	1		10	10	9	9

六月小　月建 辛未　三碧

대서 음 6/11 양 7/22 오후 9시42분 ● 입추 음 6/27 양 8/7 오후 2시11분

음력	1	2	3	4	5	6	7	8	9	10	11	12	13	14	15	16	17	18	19	20	21	22	23	24	25	26	27	28	29
양력	7/12	13	14	15	16	17	18	19	20	21	22	23	24	25	26	27	28	29	30	31	8/1	2	3	4	5	6	7	8	9
요일	목	금	토	일	월	화	수	목	금	토	일	월	화	수	목	금	토	일	월	화	수	목	금	토	일	월	화	수	목
일진	癸卯	甲辰	乙巳	丙午	丁未	戊申	己酉	庚戌	辛亥	壬子	癸丑	甲寅	乙卯	丙辰	丁巳	戊午	己未	庚申	辛酉	壬戌	癸亥	甲子	乙丑	丙寅	丁卯	戊辰	己巳	庚午	辛未
대운 남	2	2	2	3	3	3	4	4	4	5	大暑	5	6	6	6	7	7	7	8	8	8	9	9	9	10	10	立秋	1	1
대운 여	9	8	8	8	7	7	7	6	6	6		5	5	4	4	4	3	3	3	2	2	2	1	1	1	1		10	10

七月小　月建 壬申　二黑

처서 음 7/14 양 8/23 오전 4시51분 ● 백로 음 7/29 양 9/7 오후 5시11분

음력	1	2	3	4	5	6	7	8	9	10	11	12	13	14	15	16	17	18	19	20	21	22	23	24	25	26	27	28	29
양력	8/10	11	12	13	14	15	16	17	18	19	20	21	22	23	24	25	26	27	28	29	30	31	9/1	2	3	4	5	6	7
요일	금	토	일	월	화	수	목	금	토	일	월	화	수	목	금	토	일	월	화	수	목	금	토	일	월	화	수	목	금
일진	壬申	癸酉	甲戌	乙亥	丙子	丁丑	戊寅	己卯	庚辰	辛巳	壬午	癸未	甲申	乙酉	丙戌	丁亥	戊子	己丑	庚寅	辛卯	壬辰	癸巳	甲午	乙未	丙申	丁酉	戊戌	己亥	庚子
대운 남	1	1	2	2	2	3	3	3	4	4	4	5	5	處	6	6	6	7	7	7	8	8	8	9	9	9	10	10	白
대운 여	9	9	9	8	8	8	7	7	7	6	6	6	5	暑	5	4	4	4	3	3	3	2	2	2	1	1	1	1	露

八月大　月建 癸酉　一白

추분 음 8/16 양 9/23 오전 2시38분

음력	1	2	3	4	5	6	7	8	9	10	11	12	13	14	15	16	17	18	19	20	21	22	23	24	25	26	27	28	29	30
양력	9/8	9	10	11	12	13	14	15	16	17	18	19	20	21	22	23	24	25	26	27	28	29	30	10/1	2	3	4	5	6	7
요일	토	일	월	화	수	목	금	토	일	월	화	수	목	금	토	일	월	화	수	목	금	토	일	월	화	수	목	금	토	일
일진	辛丑	壬寅	癸卯	甲辰	乙巳	丙午	丁未	戊申	己酉	庚戌	辛亥	壬子	癸丑	甲寅	乙卯	丙辰	丁巳	戊午	己未	庚申	辛酉	壬戌	癸亥	甲子	乙丑	丙寅	丁卯	戊辰	己巳	庚午
대운 남	1	1	1	1	2	2	2	3	3	3	4	4	4	5	5	秋	6	6	6	7	7	7	8	8	8	9	9	9	10	10
대운 여	10	10	9	9	9	8	8	8	7	7	7	6	6	6	5	分	5	4	4	4	3	3	3	2	2	2	1	1	1	1

九月小　月建 甲戌　九紫

한로 음 9/1 양 10/8 오전 8시58분 ● 상강 음 9/16 양 10/23 오후 12시8분

음력	1	2	3	4	5	6	7	8	9	10	11	12	13	14	15	16	17	18	19	20	21	22	23	24	25	26	27	28	29
양력	10/8	9	10	11	12	13	14	15	16	17	18	19	20	21	22	23	24	25	26	27	28	29	30	31	11/1	2	3	4	5
요일	월	화	수	목	금	토	일	월	화	수	목	금	토	일	월	화	수	목	금	토	일	월	화	수	목	금	토	일	월
일진	辛未	壬申	癸酉	甲戌	乙亥	丙子	丁丑	戊寅	己卯	庚辰	辛巳	壬午	癸未	甲申	乙酉	丙戌	丁亥	戊子	己丑	庚寅	辛卯	壬辰	癸巳	甲午	乙未	丙申	丁酉	戊戌	己亥
대운 남	寒	1	1	1	1	2	2	2	3	3	3	4	4	4	5	霜	5	6	6	6	7	7	7	8	8	8	9	9	9
대운 여	露	10	9	9	9	8	8	8	7	7	7	6	6	6	5	降	5	4	4	4	3	3	3	2	2	2	1	1	1

十月小　月建 乙亥　八白

입동 음 10/2 양 11/7 오후 0시16분 ● 소설 음 10/17 양 11/22 오전 9시49분

음력	1	2	3	4	5	6	7	8	9	10	11	12	13	14	15	16	17	18	19	20	21	22	23	24	25	26	27	28	29
양력	11/6	7	8	9	10	11	12	13	14	15	16	17	18	19	20	21	22	23	24	25	26	27	28	29	30	12/1	2	3	4
요일	화	수	목	금	토	일	월	화	수	목	금	토	일	월	화	수	목	금	토	일	월	화	수	목	금	토	일	월	화
일진	庚子	辛丑	壬寅	癸卯	甲辰	乙巳	丙午	丁未	戊申	己酉	庚戌	辛亥	壬子	癸丑	甲寅	乙卯	丙辰	丁巳	戊午	己未	庚申	辛酉	壬戌	癸亥	甲子	乙丑	丙寅	丁卯	戊辰
대운 남	10	立	1	1	1	1	2	2	2	3	3	3	4	4	4	5	小	5	6	6	6	7	7	7	8	8	8	9	9
대운 여	1	冬	10	9	9	9	8	8	8	7	7	7	6	6	6	5	雪	5	4	4	4	3	3	3	2	2	2	1	1

十一月大　月建 丙子　七赤

대설 음 11/3 양 12/7 오전 5시13분 ● 동지 음 11/17 양 12/21 오후 11시14분

음력	1	2	3	4	5	6	7	8	9	10	11	12	13	14	15	16	17	18	19	20	21	22	23	24	25	26	27	28	29	30
양력	12/5	6	7	8	9	10	11	12	13	14	15	16	17	18	19	20	21	22	23	24	25	26	27	28	29	30	31	1/1	2	3
요일	수	목	금	토	일	월	화	수	목	금	토	일	월	화	수	목	금	토	일	월	화	수	목	금	토	일	월	화	수	목
일진	己巳	庚午	辛未	壬申	癸酉	甲戌	乙亥	丙子	丁丑	戊寅	己卯	庚辰	辛巳	壬午	癸未	甲申	乙酉	丙戌	丁亥	戊子	己丑	庚寅	辛卯	壬辰	癸巳	甲午	乙未	丙申	丁酉	戊戌
대운 남	9	10	大	1	1	1	1	2	2	2	3	3	3	4	4	4	冬	5	5	6	6	6	7	7	7	8	8	8	9	9
대운 여	1	1	雪	9	9	9	8	8	8	7	7	7	6	6	6	5	至	5	4	4	4	3	3	3	2	2	2	1	1	1

十二月大　月建 丁丑　六白

소한 음 12/2 양 1/5 오후 4시29분 ● 대한 음 12/17 양 1/20 오전 9시53분

음력	1	2	3	4	5	6	7	8	9	10	11	12	13	14	15	16	17	18	19	20	21	22	23	24	25	26	27	28	29	30
양력	1/4	5	6	7	8	9	10	11	12	13	14	15	16	17	18	19	20	21	22	23	24	25	26	27	28	29	30	31	2/1	2
요일	금	토	일	월	화	수	목	금	토	일	월	화	수	목	금	토	일	월	화	수	목	금	토	일	월	화	수	목	금	토
일진	己亥	庚子	辛丑	壬寅	癸卯	甲辰	乙巳	丙午	丁未	戊申	己酉	庚戌	辛亥	壬子	癸丑	甲寅	乙卯	丙辰	丁巳	戊午	己未	庚申	辛酉	壬戌	癸亥	甲子	乙丑	丙寅	丁卯	戊辰
대운 남	9	小	1	1	1	1	2	2	2	3	3	3	4	4	4	5	大	5	6	6	6	7	7	7	8	8	8	9	9	9
대운 여	1	寒	10	9	9	9	8	8	8	7	7	7	6	6	6	5	寒	5	4	4	4	3	3	3	2	2	2	1	1	1

2030년 | 단기 4363년

庚戌年

三日得辛 十二龍治水

南 大將軍　北 三殺　申 吊客　子 喪門

納音五行 釵釧金

正月小　月建 戊寅　五黃

입춘 음 1/2 양 2/4 오전 4시7분 · 우수 음 1/16 양 2/18 오후 11시59분

음력	1	2	3	4	5	6	7	8	9	10	11	12	13	14	15	16	17	18	19	20	21	22	23	24	25	26	27	28	29
양력	2/3	4	5	6	7	8	9	10	11	12	13	14	15	16	17	18	19	20	21	22	23	24	25	26	27	28	3/1	2	3
요일	일	월	화	수	목	금	토	일	월	화	수	목	금	토	일	월	화	수	목	금	토	일	월	화	수	목	금	토	일
일진	己巳	庚午	辛未	壬申	癸酉	甲戌	乙亥	丙子	丁丑	戊寅	己卯	庚辰	辛巳	壬午	癸未	甲申	乙酉	丙戌	丁亥	戊子	己丑	庚寅	辛卯	壬辰	癸巳	甲午	乙未	丙申	丁酉
대운 남	10	立	9	9	9	8	8	8	7	7	7	6	6	6	5	雨	5	4	4	4	3	3	3	2	2	2	1	1	1
대운 여	1	春	1	1	1	1	2	2	2	3	3	3	4	4	4	水	5	5	6	6	6	7	7	7	8	8	8	9	9

二月大　月建 己卯　四綠

경칩 음 2/2 양 3/5 오후 10시2분 · 춘분 음 2/17 양 3/20 오후 10시51분

음력	1	2	3	4	5	6	7	8	9	10	11	12	13	14	15	16	17	18	19	20	21	22	23	24	25	26	27	28	29	30
양력	3/4	5	6	7	8	9	10	11	12	13	14	15	16	17	18	19	20	21	22	23	24	25	26	27	28	29	30	31	4/1	2
요일	월	화	수	목	금	토	일	월	화	수	목	금	토	일	월	화	수	목	금	토	일	월	화	수	목	금	토	일	월	화
일진	戊戌	己亥	庚子	辛丑	壬寅	癸卯	甲辰	乙巳	丙午	丁未	戊申	己酉	庚戌	辛亥	壬子	癸丑	甲寅	乙卯	丙辰	丁巳	戊午	己未	庚申	辛酉	壬戌	癸亥	甲子	乙丑	丙寅	丁卯
대운 남	1	驚	10	10	9	9	9	8	8	8	7	7	7	6	6	6	春	5	5	4	4	4	3	3	3	2	2	2	1	1
대운 여	9	蟄	1	1	1	1	2	2	2	3	3	3	4	4	4	5	分	5	6	6	6	7	7	7	8	8	8	9	9	9

三月小　月建 庚辰　三碧

청명 음 3/3 양 4/5 오전 2시40분 · 곡우 음 3/18 양 4/20 오전 9시42분

음력	1	2	3	4	5	6	7	8	9	10	11	12	13	14	15	16	17	18	19	20	21	22	23	24	25	26	27	28	29
양력	4/3	4	5	6	7	8	9	10	11	12	13	14	15	16	17	18	19	20	21	22	23	24	25	26	27	28	29	30	5/1
요일	수	목	금	토	일	월	화	수	목	금	토	일	월	화	수	목	금	토	일	월	화	수	목	금	토	일	월	화	수
일진	戊辰	己巳	庚午	辛未	壬申	癸酉	甲戌	乙亥	丙子	丁丑	戊寅	己卯	庚辰	辛巳	壬午	癸未	甲申	乙酉	丙戌	丁亥	戊子	己丑	庚寅	辛卯	壬辰	癸巳	甲午	乙未	丙申
대운 남	1	1	清	10	9	9	9	8	8	8	7	7	7	6	6	6	5	穀	5	4	4	4	3	3	3	2	2	2	1
대운 여	10	10	明	1	1	1	1	2	2	2	3	3	3	4	4	4	5	雨	5	6	6	6	7	7	7	8	8	8	9

四月大　月建 辛巳　二黑

입하 음 4/4 양 5/5 오후 7시45분 · 소만 음 4/20 양 5/21 오전 8시40분

음력	1	2	3	4	5	6	7	8	9	10	11	12	13	14	15	16	17	18	19	20	21	22	23	24	25	26	27	28	29	30
양력	5/2	3	4	5	6	7	8	9	10	11	12	13	14	15	16	17	18	19	20	21	22	23	24	25	26	27	28	29	30	31
요일	목	금	토	일	월	화	수	목	금	토	일	월	화	수	목	금	토	일	월	화	수	목	금	토	일	월	화	수	목	금
일진	丁酉	戊戌	己亥	庚子	辛丑	壬寅	癸卯	甲辰	乙巳	丙午	丁未	戊申	己酉	庚戌	辛亥	壬子	癸丑	甲寅	乙卯	丙辰	丁巳	戊午	己未	庚申	辛酉	壬戌	癸亥	甲子	乙丑	丙寅
대운 남	1	1	1	立	10	10	9	9	9	8	8	8	7	7	7	6	6	6	5	小	5	4	4	4	3	3	3	2	2	2
대운 여	9	9	10	夏	1	1	1	1	2	2	2	3	3	3	4	4	4	5	5	滿	6	6	6	7	7	7	8	8	8	9

五月大　月建 壬午　一白

망종 음 5/5 양 6/5 오후 11시43분 · 하지 음 5/21 양 6/21 오후 4시30분

음력	1	2	3	4	5	6	7	8	9	10	11	12	13	14	15	16	17	18	19	20	21	22	23	24	25	26	27	28	29	30
양력	6/1	2	3	4	5	6	7	8	9	10	11	12	13	14	15	16	17	18	19	20	21	22	23	24	25	26	27	28	29	30
요일	토	일	월	화	수	목	금	토	일	월	화	수	목	금	토	일	월	화	수	목	금	토	일	월	화	수	목	금	토	일
일진	丁卯	戊辰	己巳	庚午	辛未	壬申	癸酉	甲戌	乙亥	丙子	丁丑	戊寅	己卯	庚辰	辛巳	壬午	癸未	甲申	乙酉	丙戌	丁亥	戊子	己丑	庚寅	辛卯	壬辰	癸巳	甲午	乙未	丙申
대운 남	1	1	1	1	芒	10	10	10	9	9	9	8	8	8	7	7	7	6	6	6	夏	5	5	4	4	4	3	3	3	2
대운 여	9	9	10	10	種	1	1	1	1	2	2	2	3	3	3	4	4	4	5	5	至	6	6	6	7	7	7	8	8	8

六月小　月建 癸未　九紫

소서 음 6/7 양 7/7 오전 9시54분 · 대서 음 6/23 양 7/23 오전 3시24분

음력	1	2	3	4	5	6	7	8	9	10	11	12	13	14	15	16	17	18	19	20	21	22	23	24	25	26	27	28	29
양력	7/1	2	3	4	5	6	7	8	9	10	11	12	13	14	15	16	17	18	19	20	21	22	23	24	25	26	27	28	29
요일	월	화	수	목	금	토	일	월	화	수	목	금	토	일	월	화	수	목	금	토	일	월	화	수	목	금	토	일	월
일진	丁酉	戊戌	己亥	庚子	辛丑	壬寅	癸卯	甲辰	乙巳	丙午	丁未	戊申	己酉	庚戌	辛亥	壬子	癸丑	甲寅	乙卯	丙辰	丁巳	戊午	己未	庚申	辛酉	壬戌	癸亥	甲子	乙丑
대운 남	2	2	1	1	1	1	小	10	10	9	9	9	8	8	8	7	7	7	6	6	6	5	大	5	4	4	4	3	3
대운 여	9	9	9	10	10	10	暑	1	1	1	1	2	2	2	3	3	3	4	4	4	5	5	暑	6	6	6	7	7	7

七月大 月建 甲申 八白 입추 음 7/9 양 8/7 오후 7시46분 ● 처서 음 7/25 양 8/23 오전 10시35분

음력	1	2	3	4	5	6	7	8	9	10	11	12	13	14	15	16	17	18	19	20	21	22	23	24	25	26	27	28	29	30
양력	7/30	31	8/1	2	3	4	5	6	7	8	9	10	11	12	13	14	15	16	17	18	19	20	21	22	23	24	25	26	27	28
요일	화	수	목	금	토	일	월	화	수	목	금	토	일	월	화	수	목	금	토	일	월	화	수	목	금	토	일	월	화	수
일진	丙寅	丁卯	戊辰	己巳	庚午	辛未	壬申	癸酉	甲戌	乙亥	丙子	丁丑	戊寅	己卯	庚辰	辛巳	壬午	癸未	甲申	乙酉	丙戌	丁亥	戊子	己丑	庚寅	辛卯	壬辰	癸巳	甲午	乙未
대운 남	3	2	2	2	1	1	1	1	立	10	10	9	9	9	8	8	8	7	7	7	6	6	6	5	處	5	4	4	4	3
대운 여	8	8	8	9	9	9	10	10	秋	1	1	1	1	2	2	2	3	3	3	4	4	4	5	5	暑	6	6	6	7	7

八月小 月建 乙酉 七赤 백로 음 8/10 양 9/7 오후 10시52분 ● 추분 음 8/26 양 9/23 오전 8시26분

음력	1	2	3	4	5	6	7	8	9	10	11	12	13	14	15	16	17	18	19	20	21	22	23	24	25	26	27	28	29
양력	8/29	30	31	9/1	2	3	4	5	6	7	8	9	10	11	12	13	14	15	16	17	18	19	20	21	22	23	24	25	26
요일	목	금	토	일	월	화	수	목	금	토	일	월	화	수	목	금	토	일	월	화	수	목	금	토	일	월	화	수	목
일진	丙申	丁酉	戊戌	己亥	庚子	辛丑	壬寅	癸卯	甲辰	乙巳	丙午	丁未	戊申	己酉	庚戌	辛亥	壬子	癸丑	甲寅	乙卯	丙辰	丁巳	戊午	己未	庚申	辛酉	壬戌	癸亥	甲子
대운 남	3	3	2	2	2	1	1	1	1	白	10	10	9	9	9	8	8	8	7	7	7	6	6	6	5	秋	5	4	4
대운 여	7	8	8	8	9	9	9	10	10	露	1	1	1	1	2	2	2	3	3	3	4	4	4	5	5	分	6	6	6

九月大 月建 丙戌 六白 한로 음 9/12 양 10/8 오후 2시44분 ● 상강 음 9/27 양 10/23 오후 5시59분

음력	1	2	3	4	5	6	7	8	9	10	11	12	13	14	15	16	17	18	19	20	21	22	23	24	25	26	27	28	29	30
양력	9/27	28	29	30	10/1	2	3	4	5	6	7	8	9	10	11	12	13	14	15	16	17	18	19	20	21	22	23	24	25	26
요일	금	토	일	월	화	수	목	금	토	일	월	화	수	목	금	토	일	월	화	수	목	금	토	일	월	화	수	목	금	토
일진	乙丑	丙寅	丁卯	戊辰	己巳	庚午	辛未	壬申	癸酉	甲戌	乙亥	丙子	丁丑	戊寅	己卯	庚辰	辛巳	壬午	癸未	甲申	乙酉	丙戌	丁亥	戊子	己丑	庚寅	辛卯	壬辰	癸巳	甲午
대운 남	4	3	3	3	2	2	2	1	1	1	1	寒	10	9	9	9	8	8	8	7	7	7	6	6	6	5	霜	5	4	4
대운 여	7	7	7	8	8	8	9	9	9	10	10	露	1	1	1	1	2	2	2	3	3	3	4	4	4	5	降	5	6	6

十月小 月建 丁亥 五黃 입동 음 10/12 양 11/7 오후 6시7분 ● 소설 음 10/27 양 11/22 오후 3시43분

음력	1	2	3	4	5	6	7	8	9	10	11	12	13	14	15	16	17	18	19	20	21	22	23	24	25	26	27	28	29
양력	10/27	28	29	30	31	11/1	2	3	4	5	6	7	8	9	10	11	12	13	14	15	16	17	18	19	20	21	22	23	24
요일	일	월	화	수	목	금	토	일	월	화	수	목	금	토	일	월	화	수	목	금	토	일	월	화	수	목	금	토	일
일진	乙未	丙申	丁酉	戊戌	己亥	庚子	辛丑	壬寅	癸卯	甲辰	乙巳	丙午	丁未	戊申	己酉	庚戌	辛亥	壬子	癸丑	甲寅	乙卯	丙辰	丁巳	戊午	己未	庚申	辛酉	壬戌	癸亥
대운 남	4	3	3	3	2	2	2	1	1	1	1	立	10	9	9	9	8	8	8	7	7	7	6	6	6	5	小	5	4
대운 여	6	7	7	7	8	8	8	9	9	9	10	冬	1	1	1	1	2	2	2	3	3	3	4	4	4	5	雪	5	6

十一月大 月建 戊子 四綠 대설 음 11/13 양 12/7 오전 11시6분 ● 동지 음 11/28 양 12/22 오전 5시8분

음력	1	2	3	4	5	6	7	8	9	10	11	12	13	14	15	16	17	18	19	20	21	22	23	24	25	26	27	28	29	30
양력	11/25	26	27	28	29	30	12/1	2	3	4	5	6	7	8	9	10	11	12	13	14	15	16	17	18	19	20	21	22	23	24
요일	월	화	수	목	금	토	일	월	화	수	목	금	토	일	월	화	수	목	금	토	일	월	화	수	목	금	토	일	월	화
일진	甲子	乙丑	丙寅	丁卯	戊辰	己巳	庚午	辛未	壬申	癸酉	甲戌	乙亥	丙子	丁丑	戊寅	己卯	庚辰	辛巳	壬午	癸未	甲申	乙酉	丙戌	丁亥	戊子	己丑	庚寅	辛卯	壬辰	癸巳
대운 남	4	4	3	3	3	2	2	2	1	1	1	1	大	9	9	9	8	8	8	7	7	7	6	6	6	5	5	冬	4	4
대운 여	6	6	7	7	7	8	8	8	9	9	9	10	雪	1	1	1	1	2	2	2	3	3	3	4	4	4	5	至	5	6

十二月小 月建 己丑 三碧 소한 음 12/12 양 1/5 오후 10시22분 ● 대한 음 12/27 양 1/20 오후 3시47분

음력	1	2	3	4	5	6	7	8	9	10	11	12	13	14	15	16	17	18	19	20	21	22	23	24	25	26	27	28	29
양력	12/25	26	27	28	29	30	31	1/1	2	3	4	5	6	7	8	9	10	11	12	13	14	15	16	17	18	19	20	21	22
요일	수	목	금	토	일	월	화	수	목	금	토	일	월	화	수	목	금	토	일	월	화	수	목	금	토	일	월	화	수
일진	甲午	乙未	丙申	丁酉	戊戌	己亥	庚子	辛丑	壬寅	癸卯	甲辰	乙巳	丙午	丁未	戊申	己酉	庚戌	辛亥	壬子	癸丑	甲寅	乙卯	丙辰	丁巳	戊午	己未	庚申	辛酉	壬戌
대운 남	4	3	3	3	2	2	2	1	1	1	1	小	10	9	9	9	8	8	8	7	7	7	6	6	6	5	大	5	4
대운 여	6	6	7	7	7	8	8	8	9	9	9	寒	1	1	1	1	2	2	2	3	3	3	4	4	4	5	寒	5	6

2031년 | 단기 4364년　　辛亥年　　九日得辛 六龍治水

西 大將軍　西 三殺　酉 吊客　丑 喪門　　納音五行 釵釧金

正月大　月建 庚寅　二黑

입춘 음 1/13 양 2/4 오전 9시57분 ● 우수 음 1/28 양 2/19 오전 5시50분

음력		1	2	3	4	5	6	7	8	9	10	11	12	13	14	15	16	17	18	19	20	21	22	23	24	25	26	27	28	29	30
양력		1/23	24	25	26	27	28	29	30	31	2/1	2	3	4	5	6	7	8	9	10	11	12	13	14	15	16	17	18	19	20	21
요일		목	금	토	일	월	화	수	목	금	토	일	월	화	수	목	금	토	일	월	화	수	목	금	토	일	월	화	수	목	금
일진		癸亥	甲子	乙丑	丙寅	丁卯	戊辰	己巳	庚午	辛未	壬申	癸酉	甲戌	乙亥	丙子	丁丑	戊寅	己卯	庚辰	辛巳	壬午	癸未	甲申	乙酉	丙戌	丁亥	戊子	己丑	庚寅	辛卯	壬辰
대운	남	4	4	3	3	3	2	2	2	1	1	1	1	立	1	1	1	1	2	2	2	3	3	3	4	4	4	5	雨	5	6
	여	6	6	7	7	7	8	8	8	9	9	9	10	春	10	9	9	9	8	8	8	7	7	7	6	6	6	5	水	5	4

二月小　月建 辛卯　一白

경칩 음 2/13 양 3/6 오전 3시50분 ● 춘분 음 2/28 양 3/21 오전 4시40분

음력		1	2	3	4	5	6	7	8	9	10	11	12	13	14	15	16	17	18	19	20	21	22	23	24	25	26	27	28	29
양력		2/22	23	24	25	26	27	28	3/1	2	3	4	5	6	7	8	9	10	11	12	13	14	15	16	17	18	19	20	21	22
요일		토	일	월	화	수	목	금	토	일	월	화	수	목	금	토	일	월	화	수	목	금	토	일	월	화	수	목	금	토
일진		癸巳	甲午	乙未	丙申	丁酉	戊戌	己亥	庚子	辛丑	壬寅	癸卯	甲辰	乙巳	丙午	丁未	戊申	己酉	庚戌	辛亥	壬子	癸丑	甲寅	乙卯	丙辰	丁巳	戊午	己未	庚申	辛酉
대운	남	6	6	7	7	7	8	8	8	9	9	9	10	驚	1	1	1	1	2	2	2	3	3	3	4	4	4	5	春	5
	여	4	4	3	3	3	2	2	2	1	1	1	1	蟄	10	9	9	9	8	8	8	7	7	7	6	6	6	5	分	5

三月大　月建 壬辰　九紫

청명 음 3/14 양 4/5 오전 8시27분 ● 곡우 음 3/29 양 4/20 오후 3시30분

음력		1	2	3	4	5	6	7	8	9	10	11	12	13	14	15	16	17	18	19	20	21	22	23	24	25	26	27	28	29	30
양력		3/23	24	25	26	27	28	29	30	31	4/1	2	3	4	5	6	7	8	9	10	11	12	13	14	15	16	17	18	19	20	21
요일		일	월	화	수	목	금	토	일	월	화	수	목	금	토	일	월	화	수	목	금	토	일	월	화	수	목	금	토	일	월
일진		壬戌	癸亥	甲子	乙丑	丙寅	丁卯	戊辰	己巳	庚午	辛未	壬申	癸酉	甲戌	乙亥	丙子	丁丑	戊寅	己卯	庚辰	辛巳	壬午	癸未	甲申	乙酉	丙戌	丁亥	戊子	己丑	庚寅	辛卯
대운	남	6	6	6	7	7	7	8	8	8	9	9	9	10	清	1	1	1	1	2	2	2	3	3	3	4	4	4	5	穀	5
	여	4	4	4	3	3	3	2	2	2	1	1	1	1	明	10	10	9	9	9	8	8	8	7	7	7	6	6	6	雨	5

閏三月小

입하 음 윤3/15 양 5/6 오전 1시34분

음력		1	2	3	4	5	6	7	8	9	10	11	12	13	14	15	16	17	18	19	20	21	22	23	24	25	26	27	28	29
양력		4/22	23	24	25	26	27	28	29	30	5/1	2	3	4	5	6	7	8	9	10	11	12	13	14	15	16	17	18	19	20
요일		화	수	목	금	토	일	월	화	수	목	금	토	일	월	화	수	목	금	토	일	월	화	수	목	금	토	일	월	화
일진		壬辰	癸巳	甲午	乙未	丙申	丁酉	戊戌	己亥	庚子	辛丑	壬寅	癸卯	甲辰	乙巳	丙午	丁未	戊申	己酉	庚戌	辛亥	壬子	癸丑	甲寅	乙卯	丙辰	丁巳	戊午	己未	庚申
대운	남	6	6	6	7	7	7	8	8	8	9	9	9	10	10	立	1	1	1	1	2	2	2	3	3	3	4	4	4	5
	여	5	4	4	4	3	3	3	2	2	2	1	1	1	1	夏	10	10	9	9	9	8	8	8	7	7	7	6	6	6

四月大　月建 癸巳　八白

소만 음 4/1 양 5/21 오후 2시27분 ● 망종 음 4/17 양 6/6 오전 5시34분

음력		1	2	3	4	5	6	7	8	9	10	11	12	13	14	15	16	17	18	19	20	21	22	23	24	25	26	27	28	29	30
양력		5/21	22	23	24	25	26	27	28	29	30	31	6/1	2	3	4	5	6	7	8	9	10	11	12	13	14	15	16	17	18	19
요일		수	목	금	토	일	월	화	수	목	금	토	일	월	화	수	목	금	토	일	월	화	수	목	금	토	일	월	화	수	목
일진		辛酉	壬戌	癸亥	甲子	乙丑	丙寅	丁卯	戊辰	己巳	庚午	辛未	壬申	癸酉	甲戌	乙亥	丙子	丁丑	戊寅	己卯	庚辰	辛巳	壬午	癸未	甲申	乙酉	丙戌	丁亥	戊子	己丑	庚寅
대운	남	小	5	6	6	6	7	7	7	8	8	8	9	9	9	10	10	芒	1	1	1	1	2	2	2	3	3	3	4	4	4
	여	滿	5	5	4	4	4	3	3	3	2	2	2	1	1	1	1	種	10	10	9	9	9	8	8	8	7	7	7	6	6

五月小　月建 甲午　七赤

하지 음 5/2 양 6/21 오후 10시16분 ● 소서 음 5/18 양 7/7 오후 3시48분

음력		1	2	3	4	5	6	7	8	9	10	11	12	13	14	15	16	17	18	19	20	21	22	23	24	25	26	27	28	29
양력		6/20	21	22	23	24	25	26	27	28	29	30	7/1	2	3	4	5	6	7	8	9	10	11	12	13	14	15	16	17	18
요일		금	토	일	월	화	수	목	금	토	일	월	화	수	목	금	토	일	월	화	수	목	금	토	일	월	화	수	목	금
일진		辛卯	壬辰	癸巳	甲午	乙未	丙申	丁酉	戊戌	己亥	庚子	辛丑	壬寅	癸卯	甲辰	乙巳	丙午	丁未	戊申	己酉	庚戌	辛亥	壬子	癸丑	甲寅	乙卯	丙辰	丁巳	戊午	己未
대운	남	5	夏	5	6	6	6	7	7	7	8	8	8	9	9	9	10	10	小	1	1	1	1	2	2	2	3	3	3	4
	여	6	至	5	5	4	4	4	3	3	3	2	2	2	1	1	1	1	暑	10	10	10	9	9	9	8	8	8	7	7

六月大 月建 乙未 六白

대서 음 6/5 양 7/23 오전 9시9분 ● 입추 음 6/21 양 8/8 오전 1시42분

음력	1	2	3	4	5	6	7	8	9	10	11	12	13	14	15	16	17	18	19	20	21	22	23	24	25	26	27	28	29	30
양력	7/19	20	21	22	23	24	25	26	27	28	29	30	31	8/1	2	3	4	5	6	7	8	9	10	11	12	13	14	15	16	17
요일	토	일	월	화	수	목	금	토	일	월	화	수	목	금	토	일	월	화	수	목	금	토	일	월	화	수	목	금	토	일
일진	庚申	辛酉	壬戌	癸亥	甲子	乙丑	丙寅	丁卯	戊辰	己巳	庚午	辛未	壬申	癸酉	甲戌	乙亥	丙子	丁丑	戊寅	己卯	庚辰	辛巳	壬午	癸未	甲申	乙酉	丙戌	丁亥	戊子	己丑
대운 남	4	4	5	5	大	6	6	6	7	7	7	8	8	8	9	9	9	10	10	10	立	1	1	1	1	2	2	2	3	3
대운 여	7	6	6	6	暑	5	5	4	4	4	3	3	3	2	2	2	1	1	1	1	秋	10	10	9	9	9	8	8	8	7

七月大 月建 丙申 五黃

처서 음 7/6 양 8/23 오후 4시22분 ● 백로 음 7/22 양 9/8 오전 4시49분

음력	1	2	3	4	5	6	7	8	9	10	11	12	13	14	15	16	17	18	19	20	21	22	23	24	25	26	27	28	29	30
양력	8/18	19	20	21	22	23	24	25	26	27	28	29	30	31	9/1	2	3	4	5	6	7	8	9	10	11	12	13	14	15	16
요일	월	화	수	목	금	토	일	월	화	수	목	금	토	일	월	화	수	목	금	토	일	월	화	수	목	금	토	일	월	화
일진	庚寅	辛卯	壬辰	癸巳	甲午	乙未	丙申	丁酉	戊戌	己亥	庚子	辛丑	壬寅	癸卯	甲辰	乙巳	丙午	丁未	戊申	己酉	庚戌	辛亥	壬子	癸丑	甲寅	乙卯	丙辰	丁巳	戊午	己未
대운 남	3	4	4	4	5	處	5	6	6	6	7	7	7	8	8	8	9	9	9	10	10	白	1	1	1	1	2	2	2	3
대운 여	7	7	6	6	6	暑	5	5	4	4	4	3	3	3	2	2	2	1	1	1	1	露	10	9	9	9	8	8	8	7

八月小 月建 丁酉 四綠

추분 음 8/7 양 9/23 오후 2시14분 ● 한로 음 8/22 양 10/8 오후 8시42분

음력	1	2	3	4	5	6	7	8	9	10	11	12	13	14	15	16	17	18	19	20	21	22	23	24	25	26	27	28	29	
양력	9/17	18	19	20	21	22	23	24	25	26	27	28	29	30	10/1	2	3	4	5	6	7	8	9	10	11	12	13	14	15	
요일	수	목	금	토	일	월	화	수	목	금	토	일	월	화	수	목	금	토	일	월	화	수	목	금	토	일	월	화	수	
일진	庚申	辛酉	壬戌	癸亥	甲子	乙丑	丙寅	丁卯	戊辰	己巳	庚午	辛未	壬申	癸酉	甲戌	乙亥	丙子	丁丑	戊寅	己卯	庚辰	辛巳	壬午	癸未	甲申	乙酉	丙戌	丁亥	戊子	
대운 남	3	3	4	4	4	5	秋	5	6	6	6	7	7	7	8	8	8	9	9	9	10	寒	1	1	1	1	2	2	2	
대운 여	7	7	6	6	6	5	分	5	4	4	4	3	3	3	2	2	2	1	1	1	1	露	10	10	9	9	9	8	8	

九月大 月建 戊戌 三碧

상강 음 9/8 양 10/23 오후 11시48분 ● 입동 음 9/24 양 11/8 오전 0시4분

음력	1	2	3	4	5	6	7	8	9	10	11	12	13	14	15	16	17	18	19	20	21	22	23	24	25	26	27	28	29	30
양력	10/16	17	18	19	20	21	22	23	24	25	26	27	28	29	30	31	11/1	2	3	4	5	6	7	8	9	10	11	12	13	14
요일	목	금	토	일	월	화	수	목	금	토	일	월	화	수	목	금	토	일	월	화	수	목	금	토	일	월	화	수	목	금
일진	己丑	庚寅	辛卯	壬辰	癸巳	甲午	乙未	丙申	丁酉	戊戌	己亥	庚子	辛丑	壬寅	癸卯	甲辰	乙巳	丙午	丁未	戊申	己酉	庚戌	辛亥	壬子	癸丑	甲寅	乙卯	丙辰	丁巳	戊午
대운 남	3	3	3	4	4	4	5	霜	5	6	6	6	7	7	7	8	8	8	9	9	9	10	10	立	1	1	1	1	2	2
대운 여	8	7	7	7	6	6	6	降	5	5	4	4	4	3	3	3	2	2	2	1	1	1	1	冬	9	9	9	8	8	8

十月小 月建 己亥 二黑

소설 음 10/8 양 11/22 오후 9시31분 ● 대설 음 10/23 양 12/7 오후 5시2분

음력	1	2	3	4	5	6	7	8	9	10	11	12	13	14	15	16	17	18	19	20	21	22	23	24	25	26	27	28	29	
양력	11/15	16	17	18	19	20	21	22	23	24	25	26	27	28	29	30	12/1	2	3	4	5	6	7	8	9	10	11	12	13	
요일	토	일	월	화	수	목	금	토	일	월	화	수	목	금	토	일	월	화	수	목	금	토	일	월	화	수	목	금	토	
일진	己未	庚申	辛酉	壬戌	癸亥	甲子	乙丑	丙寅	丁卯	戊辰	己巳	庚午	辛未	壬申	癸酉	甲戌	乙亥	丙子	丁丑	戊寅	己卯	庚辰	辛巳	壬午	癸未	甲申	乙酉	丙戌	丁亥	
대운 남	2	3	3	3	4	4	4	小	5	5	6	6	6	7	7	7	8	8	8	9	9	9	大	1	1	1	1	2	2	
대운 여	7	7	7	6	6	6	5	雪	5	4	4	4	3	3	3	2	2	2	1	1	1	1	雪	10	9	9	9	8	8	

十一月大 月建 庚子 一白

동지 음 11/9 양 12/22 오전 10시54분 ● 소한 음 11/24 양 1/6 오전 4시15분

음력	1	2	3	4	5	6	7	8	9	10	11	12	13	14	15	16	17	18	19	20	21	22	23	24	25	26	27	28	29	30
양력	12/14	15	16	17	18	19	20	21	22	23	24	25	26	27	28	29	30	31	1/1	2	3	4	5	6	7	8	9	10	11	12
요일	일	월	화	수	목	금	토	일	월	화	수	목	금	토	일	월	화	수	목	금	토	일	월	화	수	목	금	토	일	월
일진	戊子	己丑	庚寅	辛卯	壬辰	癸巳	甲午	乙未	丙申	丁酉	戊戌	己亥	庚子	辛丑	壬寅	癸卯	甲辰	乙巳	丙午	丁未	戊申	己酉	庚戌	辛亥	壬子	癸丑	甲寅	乙卯	丙辰	丁巳
대운 남	2	3	3	3	4	4	4	5	冬	5	6	6	6	7	7	7	8	8	8	9	9	9	10	小	1	1	1	1	2	2
대운 여	8	7	7	7	6	6	6	5	至	5	4	4	4	3	3	3	2	2	2	1	1	1	1	寒	9	9	9	8	8	8

十二月小 月建 辛丑 九紫

대한 음 12/8 양 1/20 오후 9시30분 ● 입춘 음 12/23 양 2/4 오후 3시48분

음력	1	2	3	4	5	6	7	8	9	10	11	12	13	14	15	16	17	18	19	20	21	22	23	24	25	26	27	28	29	
양력	1/13	14	15	16	17	18	19	20	21	22	23	24	25	26	27	28	29	30	31	2/1	2	3	4	5	6	7	8	9	10	
요일	화	수	목	금	토	일	월	화	수	목	금	토	일	월	화	수	목	금	토	일	월	화	수	목	금	토	일	월	화	
일진	戊午	己未	庚申	辛酉	壬戌	癸亥	甲子	乙丑	丙寅	丁卯	戊辰	己巳	庚午	辛未	壬申	癸酉	甲戌	乙亥	丙子	丁丑	戊寅	己卯	庚辰	辛巳	壬午	癸未	甲申	乙酉	丙戌	
대운 남	2	3	3	3	4	4	4	大	5	5	6	6	6	7	7	7	8	8	8	9	9	9	立	10	9	9	9	8	8	
대운 여	7	7	7	6	6	6	5	寒	5	4	4	4	3	3	3	2	2	2	1	1	1	1	春	1	1	1	1	2	2	

2032년 | 단기 4365년 　 壬子年 　 五日得辛 六龍治水

西 大將軍 　 南 三殺 　 戌 吊客 　 寅 喪門 　 納音五行 桑柘木

正月大 　 月建 壬寅 　 八白 　 우수 음 1/9 양 2/19 오전 11시31분 ● 경칩 음 1/24 양 3/5 오전 9시39분

음력	1	2	3	4	5	6	7	8	9	10	11	12	13	14	15	16	17	18	19	20	21	22	23	24	25	26	27	28	29	30
양력	2/11	12	13	14	15	16	17	18	19	20	21	22	23	24	25	26	27	28	29	3/1	2	3	4	5	6	7	8	9	10	11
요일	수	목	금	토	일	월	화	수	목	금	토	일	월	화	수	목	금	토	일	월	화	수	목	금	토	일	월	화	수	목
일진	丁亥	戊子	己丑	庚寅	辛卯	壬辰	癸巳	甲午	乙未	丙申	丁酉	戊戌	己亥	庚子	辛丑	壬寅	癸卯	甲辰	乙巳	丙午	丁未	戊申	己酉	庚戌	辛亥	壬子	癸丑	甲寅	乙卯	丙辰
대운 남	8	7	7	7	6	6	6	5	雨	5	4	4	4	3	3	3	2	2	2	1	1	1	1	驚	10	9	9	9	8	8
대운 여	2	3	3	3	4	4	4	5	水	5	6	6	6	7	7	7	8	8	8	9	9	9	10	蟄	1	1	1	1	2	2

二月小 　 月建 癸卯 　 七赤 　 춘분 음 2/9 양 3/20 오전 10시21분 ● 청명 음 2/24 양 4/4 오후 2시16분

음력	1	2	3	4	5	6	7	8	9	10	11	12	13	14	15	16	17	18	19	20	21	22	23	24	25	26	27	28	29
양력	3/12	13	14	15	16	17	18	19	20	21	22	23	24	25	26	27	28	29	30	31	4/1	2	3	4	5	6	7	8	9
요일	금	토	일	월	화	수	목	금	토	일	월	화	수	목	금	토	일	월	화	수	목	금	토	일	월	화	수	목	금
일진	丁巳	戊午	己未	庚申	辛酉	壬戌	癸亥	甲子	乙丑	丙寅	丁卯	戊辰	己巳	庚午	辛未	壬申	癸酉	甲戌	乙亥	丙子	丁丑	戊寅	己卯	庚辰	辛巳	壬午	癸未	甲申	乙酉
대운 남	8	7	7	7	6	6	6	5	春	5	4	4	4	3	3	3	2	2	2	1	1	1	1	清	10	10	9	9	9
대운 여	2	3	3	3	4	4	4	5	分	5	6	6	6	7	7	7	8	8	8	9	9	9	10	明	1	1	1	1	2

三月小 　 月建 甲辰 　 六白 　 곡우 음 3/10 양 4/19 오후 9시13분 ● 입하 음 3/26 양 5/5 오전 7시25분

음력	1	2	3	4	5	6	7	8	9	10	11	12	13	14	15	16	17	18	19	20	21	22	23	24	25	26	27	28	29
양력	4/10	11	12	13	14	15	16	17	18	19	20	21	22	23	24	25	26	27	28	29	30	5/1	2	3	4	5	6	7	8
요일	토	일	월	화	수	목	금	토	일	월	화	수	목	금	토	일	월	화	수	목	금	토	일	월	화	수	목	금	토
일진	丙戌	丁亥	戊子	己丑	庚寅	辛卯	壬辰	癸巳	甲午	乙未	丙申	丁酉	戊戌	己亥	庚子	辛丑	壬寅	癸卯	甲辰	乙巳	丙午	丁未	戊申	己酉	庚戌	辛亥	壬子	癸丑	甲寅
대운 남	8	8	8	7	7	7	6	6	6	穀	5	5	4	4	4	3	3	3	2	2	2	1	1	1	1	立	10	10	9
대운 여	2	2	3	3	3	4	4	4	5	雨	5	6	6	6	7	7	7	8	8	8	9	9	9	10	10	夏	1	1	1

四月大 　 月建 乙巳 　 五黃 　 소만 음 4/12 양 5/20 오후 8시14분 ● 망종 음 4/28 양 6/5 오전 11시27분

음력	1	2	3	4	5	6	7	8	9	10	11	12	13	14	15	16	17	18	19	20	21	22	23	24	25	26	27	28	29	30
양력	5/9	10	11	12	13	14	15	16	17	18	19	20	21	22	23	24	25	26	27	28	29	30	31	6/1	2	3	4	5	6	7
요일	일	월	화	수	목	금	토	일	월	화	수	목	금	토	일	월	화	수	목	금	토	일	월	화	수	목	금	토	일	월
일진	乙卯	丙辰	丁巳	戊午	己未	庚申	辛酉	壬戌	癸亥	甲子	乙丑	丙寅	丁卯	戊辰	己巳	庚午	辛未	壬申	癸酉	甲戌	乙亥	丙子	丁丑	戊寅	己卯	庚辰	辛巳	壬午	癸未	甲申
대운 남	9	9	8	8	8	7	7	7	6	6	6	小	5	5	4	4	4	3	3	3	2	2	2	1	1	1	1	芒	10	10
대운 여	1	2	2	2	3	3	3	4	4	4	5	滿	5	6	6	6	7	7	7	8	8	8	9	9	9	10	10	種	1	1

五月小 　 月建 丙午 　 四綠 　 하지 음 5/14 양 6/21 오전 4시7분 ● 소서 음 5/29 양 7/6 오후 9시40분

음력	1	2	3	4	5	6	7	8	9	10	11	12	13	14	15	16	17	18	19	20	21	22	23	24	25	26	27	28	29
양력	6/8	9	10	11	12	13	14	15	16	17	18	19	20	21	22	23	24	25	26	27	28	29	30	7/1	2	3	4	5	6
요일	화	수	목	금	토	일	월	화	수	목	금	토	일	월	화	수	목	금	토	일	월	화	수	목	금	토	일	월	화
일진	乙酉	丙戌	丁亥	戊子	己丑	庚寅	辛卯	壬辰	癸巳	甲午	乙未	丙申	丁酉	戊戌	己亥	庚子	辛丑	壬寅	癸卯	甲辰	乙巳	丙午	丁未	戊申	己酉	庚戌	辛亥	壬子	癸丑
대운 남	9	9	9	8	8	8	7	7	7	6	6	6	5	夏	5	4	4	4	3	3	3	2	2	2	1	1	1	1	小
대운 여	1	1	2	2	2	3	3	3	4	4	4	5	5	至	6	6	6	7	7	7	8	8	8	9	9	9	10	10	暑

六月大 　 月建 丁未 　 三碧 　 대서 음 6/16 양 7/22 오후 3시3분

음력	1	2	3	4	5	6	7	8	9	10	11	12	13	14	15	16	17	18	19	20	21	22	23	24	25	26	27	28	29	30
양력	7/7	8	9	10	11	12	13	14	15	16	17	18	19	20	21	22	23	24	25	26	27	28	29	30	31	8/1	2	3	4	5
요일	수	목	금	토	일	월	화	수	목	금	토	일	월	화	수	목	금	토	일	월	화	수	목	금	토	일	월	화	수	목
일진	甲寅	乙卯	丙辰	丁巳	戊午	己未	庚申	辛酉	壬戌	癸亥	甲子	乙丑	丙寅	丁卯	戊辰	己巳	庚午	辛未	壬申	癸酉	甲戌	乙亥	丙子	丁丑	戊寅	己卯	庚辰	辛巳	壬午	癸未
대운 남	10	10	10	9	9	9	8	8	8	7	7	7	6	6	6	大	5	5	4	4	4	3	3	3	2	2	2	1	1	1
대운 여	1	1	1	1	2	2	2	3	3	3	4	4	4	5	5	暑	6	6	6	7	7	7	8	8	8	9	9	9	10	10

七月大　月建 戊申　二黑

입추 음 7/2 양 8/7 오전 7시31분 ● 처서 음 7/17 양 8/22 오후 10시17분

음력	1	2	3	4	5	6	7	8	9	10	11	12	13	14	15	16	17	18	19	20	21	22	23	24	25	26	27	28	29	30
양력	8/6	7	8	9	10	11	12	13	14	15	16	17	18	19	20	21	22	23	24	25	26	27	28	29	30	31	9/1	2	3	4
요일	금	토	일	월	화	수	목	금	토	일	월	화	수	목	금	토	일	월	화	수	목	금	토	일	월	화	수	목	금	토
일진	甲申	乙酉	丙戌	丁亥	戊子	己丑	庚寅	辛卯	壬辰	癸巳	甲午	乙未	丙申	丁酉	戊戌	己亥	庚子	辛丑	壬寅	癸卯	甲辰	乙巳	丙午	丁未	戊申	己酉	庚戌	辛亥	壬子	癸丑
대운 남	1	立	10	10	9	9	9	8	8	8	7	7	7	6	6	6	處	5	5	4	4	4	3	3	3	2	2	2	1	1
대운 여	10	秋	1	1	1	1	2	2	2	3	3	3	4	4	4	5	暑	5	6	6	6	7	7	7	8	8	8	9	9	9

八月小　月建 己酉　一白

백로 음 8/3 양 9/7 오전 10시37분 ● 추분 음 8/18 양 9/22 오후 8시10분

음력	1	2	3	4	5	6	7	8	9	10	11	12	13	14	15	16	17	18	19	20	21	22	23	24	25	26	27	28	29
양력	9/5	6	7	8	9	10	11	12	13	14	15	16	17	18	19	20	21	22	23	24	25	26	27	28	29	30	10/1	2	3
요일	일	월	화	수	목	금	토	일	월	화	수	목	금	토	일	월	화	수	목	금	토	일	월	화	수	목	금	토	일
일진	甲寅	乙卯	丙辰	丁巳	戊午	己未	庚申	辛酉	壬戌	癸亥	甲子	乙丑	丙寅	丁卯	戊辰	己巳	庚午	辛未	壬申	癸酉	甲戌	乙亥	丙子	丁丑	戊寅	己卯	庚辰	辛巳	壬午
대운 남	1	1	白	10	10	9	9	9	8	8	8	7	7	7	6	6	6	秋	5	5	4	4	4	3	3	3	2	2	2
대운 여	10	10	露	1	1	1	1	2	2	2	3	3	3	4	4	4	5	分	5	6	6	6	7	7	7	8	8	8	9

九月大　月建 庚戌　九紫

한로 음 9/5 양 10/8 오전 2시29분 ● 상강 음 9/20 양 10/23 오전 5시45분

음력	1	2	3	4	5	6	7	8	9	10	11	12	13	14	15	16	17	18	19	20	21	22	23	24	25	26	27	28	29	30
양력	10/4	5	6	7	8	9	10	11	12	13	14	15	16	17	18	19	20	21	22	23	24	25	26	27	28	29	30	31	11/1	2
요일	월	화	수	목	금	토	일	월	화	수	목	금	토	일	월	화	수	목	금	토	일	월	화	수	목	금	토	일	월	화
일진	癸未	甲申	乙酉	丙戌	丁亥	戊子	己丑	庚寅	辛卯	壬辰	癸巳	甲午	乙未	丙申	丁酉	戊戌	己亥	庚子	辛丑	壬寅	癸卯	甲辰	乙巳	丙午	丁未	戊申	己酉	庚戌	辛亥	壬子
대운 남	1	1	1	1	寒	10	9	9	9	8	8	8	7	7	7	6	6	6	5	霜	5	4	4	4	3	3	3	2	2	2
대운 여	9	9	10	10	露	1	1	1	1	2	2	2	3	3	3	4	4	4	5	降	5	6	6	6	7	7	7	8	8	8

十月大　月建 辛亥　八白

입동 음 10/5 양 11/7 오전 5시53분 ● 소설 음 10/20 양 11/22 오전 3시30분

음력	1	2	3	4	5	6	7	8	9	10	11	12	13	14	15	16	17	18	19	20	21	22	23	24	25	26	27	28	29	30
양력	11/3	4	5	6	7	8	9	10	11	12	13	14	15	16	17	18	19	20	21	22	23	24	25	26	27	28	29	30	12/1	2
요일	수	목	금	토	일	월	화	수	목	금	토	일	월	화	수	목	금	토	일	월	화	수	목	금	토	일	월	화	수	목
일진	癸丑	甲寅	乙卯	丙辰	丁巳	戊午	己未	庚申	辛酉	壬戌	癸亥	甲子	乙丑	丙寅	丁卯	戊辰	己巳	庚午	辛未	壬申	癸酉	甲戌	乙亥	丙子	丁丑	戊寅	己卯	庚辰	辛巳	壬午
대운 남	1	1	1	1	立	9	9	9	8	8	8	7	7	7	6	6	6	5	5	小	4	4	4	3	3	3	2	2	2	1
대운 여	9	9	9	10	冬	1	1	1	1	2	2	2	3	3	3	4	4	4	5	雪	5	6	6	6	7	7	7	8	8	8

十一月小　月建 壬子　七赤

대설 음 11/4 양 12/6 오후 10시52분 ● 동지 음 11/19 양 12/21 오후 4시55분

음력	1	2	3	4	5	6	7	8	9	10	11	12	13	14	15	16	17	18	19	20	21	22	23	24	25	26	27	28	29
양력	12/3	4	5	6	7	8	9	10	11	12	13	14	15	16	17	18	19	20	21	22	23	24	25	26	27	28	29	30	31
요일	금	토	일	월	화	수	목	금	토	일	월	화	수	목	금	토	일	월	화	수	목	금	토	일	월	화	수	목	금
일진	癸未	甲申	乙酉	丙戌	丁亥	戊子	己丑	庚寅	辛卯	壬辰	癸巳	甲午	乙未	丙申	丁酉	戊戌	己亥	庚子	辛丑	壬寅	癸卯	甲辰	乙巳	丙午	丁未	戊申	己酉	庚戌	辛亥
대운 남	1	1	1	大	10	9	9	9	8	8	8	7	7	7	6	6	6	5	冬	5	4	4	4	3	3	3	2	2	2
대운 여	9	9	9	雪	1	1	1	1	2	2	2	3	3	3	4	4	4	5	至	5	6	6	6	7	7	7	8	8	8

十二月大　月建 癸丑　六白

소한 음 12/5 양 1/5 오전 10시7분 ● 대한 음 12/20 양 1/20 오전 3시31분

음력	1	2	3	4	5	6	7	8	9	10	11	12	13	14	15	16	17	18	19	20	21	22	23	24	25	26	27	28	29	30
양력	1/1	2	3	4	5	6	7	8	9	10	11	12	13	14	15	16	17	18	19	20	21	22	23	24	25	26	27	28	29	30
요일	토	일	월	화	수	목	금	토	일	월	화	수	목	금	토	일	월	화	수	목	금	토	일	월	화	수	목	금	토	일
일진	壬子	癸丑	甲寅	乙卯	丙辰	丁巳	戊午	己未	庚申	辛酉	壬戌	癸亥	甲子	乙丑	丙寅	丁卯	戊辰	己巳	庚午	辛未	壬申	癸酉	甲戌	乙亥	丙子	丁丑	戊寅	己卯	庚辰	辛巳
대운 남	1	1	1	1	小	9	9	9	8	8	8	7	7	7	6	6	6	5	5	大	4	4	4	3	3	3	2	2	2	1
대운 여	9	9	9	10	寒	1	1	1	1	2	2	2	3	3	3	4	4	4	5	寒	5	6	6	6	7	7	7	8	8	8

2033년 | 단기 4366년 # 癸丑年 十日得辛 十一龍治水

西 大將軍 東 三殺 亥 吊客 卯 喪門 納音五行 桑柘木

正月小 月建 甲寅 五黃

입춘 음 1/4 양 2/3 오후 9시40분 ● 우수 음 1/19 양 2/18 오후 5시32분

음력	1	2	3	4	5	6	7	8	9	10	11	12	13	14	15	16	17	18	19	20	21	22	23	24	25	26	27	28	29
양력	1/31	2/1	2	3	4	5	6	7	8	9	10	11	12	13	14	15	16	17	18	19	20	21	22	23	24	25	26	27	28
요일	월	화	수	목	금	토	일	월	화	수	목	금	토	일	월	화	수	목	금	토	일	월	화	수	목	금	토	일	월
일진	壬午	癸未	甲申	乙酉	丙戌	丁亥	戊子	己丑	庚寅	辛卯	壬辰	癸巳	甲午	乙未	丙申	丁酉	戊戌	己亥	庚子	辛丑	壬寅	癸卯	甲辰	乙巳	丙午	丁未	戊申	己酉	庚戌
대운 남	1	1	1	立	1	1	1	1	2	2	2	3	3	3	4	4	4	5	雨	5	6	6	6	7	7	7	8	8	8
대운 여	9	9	9	春	10	9	9	9	8	8	8	7	7	7	6	6	6	5	水	5	4	4	4	3	3	3	2	2	2

二月大 月建 乙卯 四綠

경칩 음 2/5 양 3/5 오후 3시31분 ● 춘분 음 2/20 양 3/20 오후 4시21분

음력	1	2	3	4	5	6	7	8	9	10	11	12	13	14	15	16	17	18	19	20	21	22	23	24	25	26	27	28	29	30
양력	3/1	2	3	4	5	6	7	8	9	10	11	12	13	14	15	16	17	18	19	20	21	22	23	24	25	26	27	28	29	30
요일	화	수	목	금	토	일	월	화	수	목	금	토	일	월	화	수	목	금	토	일	월	화	수	목	금	토	일	월	화	수
일진	辛亥	壬子	癸丑	甲寅	乙卯	丙辰	丁巳	戊午	己未	庚申	辛酉	壬戌	癸亥	甲子	乙丑	丙寅	丁卯	戊辰	己巳	庚午	辛未	壬申	癸酉	甲戌	乙亥	丙子	丁丑	戊寅	己卯	庚辰
대운 남	9	9	9	10	驚	1	1	1	1	2	2	2	3	3	3	4	4	4	5	春	5	6	6	6	7	7	7	8	8	8
대운 여	1	1	1	1	蟄	10	9	9	9	8	8	8	7	7	7	6	6	6	5	分	5	4	4	4	3	3	3	2	2	2

三月小 月建 丙辰 三碧

청명 음 3/5 양 4/4 오후 8시7분 ● 곡우 음 3/21 양 4/20 오전 3시12분

음력	1	2	3	4	5	6	7	8	9	10	11	12	13	14	15	16	17	18	19	20	21	22	23	24	25	26	27	28	29
양력	3/31	4/1	2	3	4	5	6	7	8	9	10	11	12	13	14	15	16	17	18	19	20	21	22	23	24	25	26	27	28
요일	목	금	토	일	월	화	수	목	금	토	일	월	화	수	목	금	토	일	월	화	수	목	금	토	일	월	화	수	목
일진	辛巳	壬午	癸未	甲申	乙酉	丙戌	丁亥	戊子	己丑	庚寅	辛卯	壬辰	癸巳	甲午	乙未	丙申	丁酉	戊戌	己亥	庚子	辛丑	壬寅	癸卯	甲辰	乙巳	丙午	丁未	戊申	己酉
대운 남	9	9	9	10	淸	1	1	1	1	2	2	2	3	3	3	4	4	4	5	5	穀	6	6	6	7	7	7	8	8
대운 여	1	1	1	1	明	10	10	9	9	9	8	8	8	7	7	7	6	6	6	5	雨	5	4	4	4	3	3	3	2

四月小 月建 丁巳 二黑

입하 음 4/7 양 5/5 오후 1시12분 ● 소만 음 4/23 양 5/21 오전 2시10분

음력	1	2	3	4	5	6	7	8	9	10	11	12	13	14	15	16	17	18	19	20	21	22	23	24	25	26	27	28	29
양력	4/29	30	5/1	2	3	4	5	6	7	8	9	10	11	12	13	14	15	16	17	18	19	20	21	22	23	24	25	26	27
요일	금	토	일	월	화	수	목	금	토	일	월	화	수	목	금	토	일	월	화	수	목	금	토	일	월	화	수	목	금
일진	庚戌	辛亥	壬子	癸丑	甲寅	乙卯	丙辰	丁巳	戊午	己未	庚申	辛酉	壬戌	癸亥	甲子	乙丑	丙寅	丁卯	戊辰	己巳	庚午	辛未	壬申	癸酉	甲戌	乙亥	丙子	丁丑	戊寅
대운 남	8	9	9	9	10	10	立	1	1	1	1	2	2	2	3	3	3	4	4	4	5	5	小	6	6	6	7	7	7
대운 여	2	2	1	1	1	1	夏	10	10	9	9	9	8	8	8	7	7	7	6	6	6	5	滿	5	4	4	4	3	3

五月大 月建 戊午 一白

망종 음 5/9 양 6/5 오후 5시12분 ● 하지 음 5/25 양 6/21 오전 10시0분

음력	1	2	3	4	5	6	7	8	9	10	11	12	13	14	15	16	17	18	19	20	21	22	23	24	25	26	27	28	29	30
양력	5/28	29	30	31	6/1	2	3	4	5	6	7	8	9	10	11	12	13	14	15	16	17	18	19	20	21	22	23	24	25	26
요일	토	일	월	화	수	목	금	토	일	월	화	수	목	금	토	일	월	화	수	목	금	토	일	월	화	수	목	금	토	일
일진	己卯	庚辰	辛巳	壬午	癸未	甲申	乙酉	丙戌	丁亥	戊子	己丑	庚寅	辛卯	壬辰	癸巳	甲午	乙未	丙申	丁酉	戊戌	己亥	庚子	辛丑	壬寅	癸卯	甲辰	乙巳	丙午	丁未	戊申
대운 남	8	8	8	9	9	9	10	10	芒	1	1	1	1	2	2	2	3	3	3	4	4	4	5	5	夏	6	6	6	7	7
대운 여	3	2	2	2	1	1	1	1	種	10	10	10	9	9	9	8	8	8	7	7	7	6	6	6	至	5	5	4	4	4

六月小 月建 己未 九紫

소서 음 6/11 양 7/7 오전 3시24분 ● 대서 음 6/26 양 7/22 오후 8시51분

음력	1	2	3	4	5	6	7	8	9	10	11	12	13	14	15	16	17	18	19	20	21	22	23	24	25	26	27	28	29
양력	6/27	28	29	30	7/1	2	3	4	5	6	7	8	9	10	11	12	13	14	15	16	17	18	19	20	21	22	23	24	25
요일	월	화	수	목	금	토	일	월	화	수	목	금	토	일	월	화	수	목	금	토	일	월	화	수	목	금	토	일	월
일진	己酉	庚戌	辛亥	壬子	癸丑	甲寅	乙卯	丙辰	丁巳	戊午	己未	庚申	辛酉	壬戌	癸亥	甲子	乙丑	丙寅	丁卯	戊辰	己巳	庚午	辛未	壬申	癸酉	甲戌	乙亥	丙子	丁丑
대운 남	7	8	8	8	9	9	9	10	10	10	小	1	1	1	1	2	2	2	3	3	3	4	4	4	5	大	5	6	6
대운 여	3	3	3	2	2	2	1	1	1	1	暑	10	10	9	9	9	8	8	8	7	7	7	6	6	6	暑	5	5	4

七月大　月建 庚申　八白
입추 음 7/13 양 8/7 오후 1시14분 ● 처서 음 7/29 양 8/23 오전 4시1분

음력	1	2	3	4	5	6	7	8	9	10	11	12	13	14	15	16	17	18	19	20	21	22	23	24	25	26	27	28	29	30
양력	7/26	27	28	29	30	31	8/1	2	3	4	5	6	7	8	9	10	11	12	13	14	15	16	17	18	19	20	21	22	23	24
요일	화	수	목	금	토	일	월	화	수	목	금	토	일	월	화	수	목	금	토	일	월	화	수	목	금	토	일	월	화	수
일진	戊寅	己卯	庚辰	辛巳	壬午	癸未	甲申	乙酉	丙戌	丁亥	戊子	己丑	庚寅	辛卯	壬辰	癸巳	甲午	乙未	丙申	丁酉	戊戌	己亥	庚子	辛丑	壬寅	癸卯	甲辰	乙巳	丙午	丁未
대운 남	6	7	7	7	8	8	8	9	9	9	10	10	立	1	1	1	1	2	2	2	3	3	3	4	4	4	5	5	處	6
대운 여	4	4	3	3	3	2	2	2	1	1	1	1	秋	10	10	9	9	9	8	8	8	7	7	7	6	6	6	5	暑	5

八月小　月建 辛酉　七赤
백로 음 8/14 양 9/7 오후 4시19분

음력	1	2	3	4	5	6	7	8	9	10	11	12	13	14	15	16	17	18	19	20	21	22	23	24	25	26	27	28	29
양력	8/25	26	27	28	29	30	31	9/1	2	3	4	5	6	7	8	9	10	11	12	13	14	15	16	17	18	19	20	21	22
요일	목	금	토	일	월	화	수	목	금	토	일	월	화	수	목	금	토	일	월	화	수	목	금	토	일	월	화	수	목
일진	戊申	己酉	庚戌	辛亥	壬子	癸丑	甲寅	乙卯	丙辰	丁巳	戊午	己未	庚申	辛酉	壬戌	癸亥	甲子	乙丑	丙寅	丁卯	戊辰	己巳	庚午	辛未	壬申	癸酉	甲戌	乙亥	丙子
대운 남	6	6	7	7	7	8	8	8	9	9	9	10	10	白	1	1	1	1	2	2	2	3	3	3	4	4	4	5	5
대운 여	4	4	4	3	3	3	2	2	2	1	1	1	1	露	10	10	9	9	9	8	8	8	7	7	7	6	6	6	5

九月大　月建 壬戌　六白
추분 음 9/1 양 9/23 오전 1시50분 ● 한로 음 9/16 양 10/8 오전 8시13분

음력	1	2	3	4	5	6	7	8	9	10	11	12	13	14	15	16	17	18	19	20	21	22	23	24	25	26	27	28	29	30
양력	9/23	24	25	26	27	28	29	30	10/1	2	3	4	5	6	7	8	9	10	11	12	13	14	15	16	17	18	19	20	21	22
요일	금	토	일	월	화	수	목	금	토	일	월	화	수	목	금	토	일	월	화	수	목	금	토	일	월	화	수	목	금	토
일진	丁丑	戊寅	己卯	庚辰	辛巳	壬午	癸未	甲申	乙酉	丙戌	丁亥	戊子	己丑	庚寅	辛卯	壬辰	癸巳	甲午	乙未	丙申	丁酉	戊戌	己亥	庚子	辛丑	壬寅	癸卯	甲辰	乙巳	丙午
대운 남	秋	6	6	6	7	7	7	8	8	8	9	9	9	10	10	寒	1	1	1	1	2	2	2	3	3	3	4	4	4	5
대운 여	分	5	4	4	4	3	3	3	2	2	2	1	1	1	1	露	10	9	9	9	8	8	8	7	7	7	6	6	6	5

十月大　月建 癸亥　五黃
상강 음 10/1 양 10/23 오전 11시26분 ● 입동 음 10/16 양 11/7 오전 11시40분

음력	1	2	3	4	5	6	7	8	9	10	11	12	13	14	15	16	17	18	19	20	21	22	23	24	25	26	27	28	29	30
양력	10/23	24	25	26	27	28	29	30	31	11/1	2	3	4	5	6	7	8	9	10	11	12	13	14	15	16	17	18	19	20	21
요일	일	월	화	수	목	금	토	일	월	화	수	목	금	토	일	월	화	수	목	금	토	일	월	화	수	목	금	토	일	월
일진	丁未	戊申	己酉	庚戌	辛亥	壬子	癸丑	甲寅	乙卯	丙辰	丁巳	戊午	己未	庚申	辛酉	壬戌	癸亥	甲子	乙丑	丙寅	丁卯	戊辰	己巳	庚午	辛未	壬申	癸酉	甲戌	乙亥	丙子
대운 남	霜	5	6	6	6	7	7	7	8	8	8	9	9	9	10	立	1	1	1	1	2	2	2	3	3	3	4	4	4	5
대운 여	降	5	4	4	4	3	3	3	2	2	2	1	1	1	1	冬	10	9	9	9	8	8	8	7	7	7	6	6	6	5

十一月大　月建 甲子　四綠
소설 음 11/1 양 11/22 오전 9시15분 ● 대설 음 11/16 양 12/7 오전 4시44분 ● 동지 음 11/30 양 12/21 오후 10시45분

음력	1	2	3	4	5	6	7	8	9	10	11	12	13	14	15	16	17	18	19	20	21	22	23	24	25	26	27	28	29	30
양력	11/22	23	24	25	26	27	28	29	30	12/1	2	3	4	5	6	7	8	9	10	11	12	13	14	15	16	17	18	19	20	21
요일	화	수	목	금	토	일	월	화	수	목	금	토	일	월	화	수	목	금	토	일	월	화	수	목	금	토	일	월	화	수
일진	丁丑	戊寅	己卯	庚辰	辛巳	壬午	癸未	甲申	乙酉	丙戌	丁亥	戊子	己丑	庚寅	辛卯	壬辰	癸巳	甲午	乙未	丙申	丁酉	戊戌	己亥	庚子	辛丑	壬寅	癸卯	甲辰	乙巳	丙午
대운 남	小	5	6	6	6	7	7	7	8	8	8	9	9	9	10	大	1	1	1	1	2	2	2	3	3	3	4	4	4	冬
대운 여	雪	5	4	4	4	3	3	3	2	2	2	1	1	1	1	雪	9	9	9	8	8	8	7	7	7	6	6	6	5	至

閏十一月小
소한 음 윤11/15 양 1/5 오후 4시3분

음력	1	2	3	4	5	6	7	8	9	10	11	12	13	14	15	16	17	18	19	20	21	22	23	24	25	26	27	28	29
양력	12/22	23	24	25	26	27	28	29	30	31	1/1	2	3	4	5	6	7	8	9	10	11	12	13	14	15	16	17	18	19
요일	목	금	토	일	월	화	수	목	금	토	일	월	화	수	목	금	토	일	월	화	수	목	금	토	일	월	화	수	목
일진	丁未	戊申	己酉	庚戌	辛亥	壬子	癸丑	甲寅	乙卯	丙辰	丁巳	戊午	己未	庚申	辛酉	壬戌	癸亥	甲子	乙丑	丙寅	丁卯	戊辰	己巳	庚午	辛未	壬申	癸酉	甲戌	乙亥
대운 남	5	5	6	6	6	7	7	7	8	8	8	9	9	9	小	1	1	1	1	2	2	2	3	3	3	4	4	4	5
대운 여	5	4	4	4	3	3	3	2	2	2	1	1	1	1	寒	10	9	9	9	8	8	8	7	7	7	6	6	6	5

十二月大　月建 乙丑　三碧
대한 음 12/1 양 1/20 오전 9시26분 ● 입춘 음 12/16 양 2/4 오전 3시40분 ● 우수 음 12/30 양 2/18 오후 11시29분

음력	1	2	3	4	5	6	7	8	9	10	11	12	13	14	15	16	17	18	19	20	21	22	23	24	25	26	27	28	29	30
양력	1/20	21	22	23	24	25	26	27	28	29	30	31	2/1	2	3	4	5	6	7	8	9	10	11	12	13	14	15	16	17	18
요일	금	토	일	월	화	수	목	금	토	일	월	화	수	목	금	토	일	월	화	수	목	금	토	일	월	화	수	목	금	토
일진	丙子	丁丑	戊寅	己卯	庚辰	辛巳	壬午	癸未	甲申	乙酉	丙戌	丁亥	戊子	己丑	庚寅	辛卯	壬辰	癸巳	甲午	乙未	丙申	丁酉	戊戌	己亥	庚子	辛丑	壬寅	癸卯	甲辰	乙巳
대운 남	大	5	6	6	6	7	7	7	8	8	8	9	9	9	10	立	9	9	9	8	8	8	7	7	7	6	6	6	5	雨
대운 여	寒	5	4	4	4	3	3	3	2	2	2	1	1	1	1	春	1	1	1	1	2	2	2	3	3	3	4	4	4	水

2034년 | 단기 4367년

甲寅年

六日得辛 十一龍治水

北 大將軍　北 三殺　子 吊客　辰 喪門

納音五行 大溪水

正月小　月建 丙寅　二黑

경칩 음 1/15 양 3/5 오후 9시31분

음력	1	2	3	4	5	6	7	8	9	10	11	12	13	14	15	16	17	18	19	20	21	22	23	24	25	26	27	28	29
양력	2/19	20	21	22	23	24	25	26	27	28	3/1	2	3	4	5	6	7	8	9	10	11	12	13	14	15	16	17	18	19
요일	일	월	화	수	목	금	토	일	월	화	수	목	금	토	일	월	화	수	목	금	토	일	월	화	수	목	금	토	일
일진	丙午	丁未	戊申	己酉	庚戌	辛亥	壬子	癸丑	甲寅	乙卯	丙辰	丁巳	戊午	己未	庚申	辛酉	壬戌	癸亥	甲子	乙丑	丙寅	丁卯	戊辰	己巳	庚午	辛未	壬申	癸酉	甲戌
대운 남	5	4	4	4	3	3	3	2	2	2	1	1	1	1	驚	10	10	9	9	9	8	8	8	7	7	7	6	6	6
대운 여	5	5	6	6	6	7	7	7	8	8	8	9	9	9	蟄	1	1	1	1	2	2	2	3	3	3	4	4	4	5

二月大　月建 丁卯　一白

춘분 음 2/1 양 3/20 오후 10시16분 ● 청명 음 2/17 양 4/5 오전 2시5분

음력	1	2	3	4	5	6	7	8	9	10	11	12	13	14	15	16	17	18	19	20	21	22	23	24	25	26	27	28	29	30
양력	3/20	21	22	23	24	25	26	27	28	29	30	31	4/1	2	3	4	5	6	7	8	9	10	11	12	13	14	15	16	17	18
요일	월	화	수	목	금	토	일	월	화	수	목	금	토	일	월	화	수	목	금	토	일	월	화	수	목	금	토	일	월	화
일진	乙亥	丙子	丁丑	戊寅	己卯	庚辰	辛巳	壬午	癸未	甲申	乙酉	丙戌	丁亥	戊子	己丑	庚寅	辛卯	壬辰	癸巳	甲午	乙未	丙申	丁酉	戊戌	己亥	庚子	辛丑	壬寅	癸卯	甲辰
대운 남	春	5	5	4	4	4	3	3	3	2	2	2	1	1	1	1	清	10	9	9	9	8	8	8	7	7	7	6	6	6
대운 여	分	5	6	6	6	7	7	7	8	8	8	9	9	9	10	10	明	1	1	1	1	2	2	2	3	3	3	4	4	4

三月小　月建 戊辰　九紫

곡우 음 3/2 양 4/20 오전 9시2분 ● 입하 음 3/17 양 5/5 오후 7시8분

음력	1	2	3	4	5	6	7	8	9	10	11	12	13	14	15	16	17	18	19	20	21	22	23	24	25	26	27	28	29
양력	4/19	20	21	22	23	24	25	26	27	28	29	30	5/1	2	3	4	5	6	7	8	9	10	11	12	13	14	15	16	17
요일	수	목	금	토	일	월	화	수	목	금	토	일	월	화	수	목	금	토	일	월	화	수	목	금	토	일	월	화	수
일진	乙巳	丙午	丁未	戊申	己酉	庚戌	辛亥	壬子	癸丑	甲寅	乙卯	丙辰	丁巳	戊午	己未	庚申	辛酉	壬戌	癸亥	甲子	乙丑	丙寅	丁卯	戊辰	己巳	庚午	辛未	壬申	癸酉
대운 남	5	穀	5	4	4	4	3	3	3	2	2	2	1	1	1	1	立	10	10	9	9	9	8	8	8	7	7	7	6
대운 여	5	雨	5	6	6	6	7	7	7	8	8	8	9	9	9	10	夏	1	1	1	1	2	2	2	3	3	3	4	4

四月小　月建 己巳　八白

소만 음 4/4 양 5/21 오전 7시56분 ● 망종 음 4/19 양 6/5 오후 11시5분

음력	1	2	3	4	5	6	7	8	9	10	11	12	13	14	15	16	17	18	19	20	21	22	23	24	25	26	27	28	29
양력	5/18	19	20	21	22	23	24	25	26	27	28	29	30	31	6/1	2	3	4	5	6	7	8	9	10	11	12	13	14	15
요일	목	금	토	일	월	화	수	목	금	토	일	월	화	수	목	금	토	일	월	화	수	목	금	토	일	월	화	수	목
일진	甲戌	乙亥	丙子	丁丑	戊寅	己卯	庚辰	辛巳	壬午	癸未	甲申	乙酉	丙戌	丁亥	戊子	己丑	庚寅	辛卯	壬辰	癸巳	甲午	乙未	丙申	丁酉	戊戌	己亥	庚子	辛丑	壬寅
대운 남	6	6	5	小	5	4	4	4	3	3	3	2	2	2	1	1	1	1	芒	10	10	10	9	9	9	8	8	8	7
대운 여	4	5	5	滿	6	6	6	7	7	7	8	8	8	9	9	9	10	10	種	1	1	1	1	2	2	2	3	3	3

五月大　月建 庚午　七赤

하지 음 5/6 양 6/21 오후 3시43분 ● 소서 음 5/22 양 7/7 오전 9시16분

음력	1	2	3	4	5	6	7	8	9	10	11	12	13	14	15	16	17	18	19	20	21	22	23	24	25	26	27	28	29	30
양력	6/16	17	18	19	20	21	22	23	24	25	26	27	28	29	30	7/1	2	3	4	5	6	7	8	9	10	11	12	13	14	15
요일	금	토	일	월	화	수	목	금	토	일	월	화	수	목	금	토	일	월	화	수	목	금	토	일	월	화	수	목	금	토
일진	癸卯	甲辰	乙巳	丙午	丁未	戊申	己酉	庚戌	辛亥	壬子	癸丑	甲寅	乙卯	丙辰	丁巳	戊午	己未	庚申	辛酉	壬戌	癸亥	甲子	乙丑	丙寅	丁卯	戊辰	己巳	庚午	辛未	壬申
대운 남	7	7	6	6	6	夏	5	5	4	4	4	3	3	3	2	2	2	1	1	1	1	小	10	10	9	9	9	8	8	8
대운 여	4	4	4	5	5	至	6	6	6	7	7	7	8	8	8	9	9	9	10	10	10	暑	1	1	1	1	2	2	2	3

六月小　月建 辛未　六白

대서 음 6/8 양 7/23 오전 2시35분 ● 입추 음 6/23 양 8/7 오후 7시8분

음력	1	2	3	4	5	6	7	8	9	10	11	12	13	14	15	16	17	18	19	20	21	22	23	24	25	26	27	28	29
양력	7/16	17	18	19	20	21	22	23	24	25	26	27	28	29	30	31	8/1	2	3	4	5	6	7	8	9	10	11	12	13
요일	일	월	화	수	목	금	토	일	월	화	수	목	금	토	일	월	화	수	목	금	토	일	월	화	수	목	금	토	일
일진	癸酉	甲戌	乙亥	丙子	丁丑	戊寅	己卯	庚辰	辛巳	壬午	癸未	甲申	乙酉	丙戌	丁亥	戊子	己丑	庚寅	辛卯	壬辰	癸巳	甲午	乙未	丙申	丁酉	戊戌	己亥	庚子	辛丑
대운 남	7	7	7	6	6	6	5	大	5	4	4	4	3	3	3	2	2	2	1	1	1	1	立	10	10	9	9	9	8
대운 여	3	3	4	4	4	5	5	暑	6	6	6	7	7	7	8	8	8	9	9	9	10	10	秋	1	1	1	1	2	2

七月大 月建 壬申 五黃 처서 음 7/10 양 8/23 오전 9시46분●백로 음 7/25 양 9/7 오후 10시13분

음력	1	2	3	4	5	6	7	8	9	10	11	12	13	14	15	16	17	18	19	20	21	22	23	24	25	26	27	28	29	30
양력	8/14	15	16	17	18	19	20	21	22	23	24	25	26	27	28	29	30	31	9/1	2	3	4	5	6	7	8	9	10	11	12
요일	월	화	수	목	금	토	일	월	화	수	목	금	토	일	월	화	수	목	금	토	일	월	화	수	목	금	토	일	월	화
일진	壬寅	癸卯	甲辰	乙巳	丙午	丁未	戊申	己酉	庚戌	辛亥	壬子	癸丑	甲寅	乙卯	丙辰	丁巳	戊午	己未	庚申	辛酉	壬戌	癸亥	甲子	乙丑	丙寅	丁卯	戊辰	己巳	庚午	辛未
대운 남	8	8	7	7	7	6	6	6	5	處	5	4	4	4	3	3	3	2	2	2	1	1	1	1	白	10	10	9	9	9
대운 여	2	3	3	3	4	4	4	5	5	暑	6	6	6	7	7	7	8	8	8	9	9	9	10	10	露	1	1	1	1	2

八月小 月建 癸酉 四綠 추분 음 8/11 양 9/23 오전 7시38분●한로 음 8/26 양 10/8 오후 2시6분

음력	1	2	3	4	5	6	7	8	9	10	11	12	13	14	15	16	17	18	19	20	21	22	23	24	25	26	27	28	29
양력	9/13	14	15	16	17	18	19	20	21	22	23	24	25	26	27	28	29	30	10/1	2	3	4	5	6	7	8	9	10	11
요일	수	목	금	토	일	월	화	수	목	금	토	일	월	화	수	목	금	토	일	월	화	수	목	금	토	일	월	화	수
일진	壬申	癸酉	甲戌	乙亥	丙子	丁丑	戊寅	己卯	庚辰	辛巳	壬午	癸未	甲申	乙酉	丙戌	丁亥	戊子	己丑	庚寅	辛卯	壬辰	癸巳	甲午	乙未	丙申	丁酉	戊戌	己亥	庚子
대운 남	8	8	8	7	7	7	6	6	6	5	秋	5	4	4	4	3	3	3	2	2	2	1	1	1	1	寒	10	9	9
대운 여	2	2	3	3	3	4	4	4	5	5	分	6	6	6	7	7	7	8	8	8	9	9	9	10	10	露	1	1	1

九月大 月建 甲戌 三碧 상강 음 9/12 양 10/23 오후 5시15분●입동 음 9/27 양 11/7 오후 5시32분

음력	1	2	3	4	5	6	7	8	9	10	11	12	13	14	15	16	17	18	19	20	21	22	23	24	25	26	27	28	29	30
양력	10/12	13	14	15	16	17	18	19	20	21	22	23	24	25	26	27	28	29	30	31	11/1	2	3	4	5	6	7	8	9	10
요일	목	금	토	일	월	화	수	목	금	토	일	월	화	수	목	금	토	일	월	화	수	목	금	토	일	월	화	수	목	금
일진	辛丑	壬寅	癸卯	甲辰	乙巳	丙午	丁未	戊申	己酉	庚戌	辛亥	壬子	癸丑	甲寅	乙卯	丙辰	丁巳	戊午	己未	庚申	辛酉	壬戌	癸亥	甲子	乙丑	丙寅	丁卯	戊辰	己巳	庚午
대운 남	9	8	8	8	7	7	7	6	6	6	5	霜	5	4	4	4	3	3	3	2	2	2	1	1	1	1	立	10	9	9
대운 여	1	2	2	2	3	3	3	4	4	4	5	降	5	6	6	6	7	7	7	8	8	8	9	9	9	10	冬	1	1	1

十月大 月建 乙亥 二黑 소설 음 10/12 양 11/22 오후 3시4분●대설 음 10/27 양 12/7 오전 10시35분

음력	1	2	3	4	5	6	7	8	9	10	11	12	13	14	15	16	17	18	19	20	21	22	23	24	25	26	27	28	29	30
양력	11/11	12	13	14	15	16	17	18	19	20	21	22	23	24	25	26	27	28	29	30	12/1	2	3	4	5	6	7	8	9	10
요일	토	일	월	화	수	목	금	토	일	월	화	수	목	금	토	일	월	화	수	목	금	토	일	월	화	수	목	금	토	일
일진	辛未	壬申	癸酉	甲戌	乙亥	丙子	丁丑	戊寅	己卯	庚辰	辛巳	壬午	癸未	甲申	乙酉	丙戌	丁亥	戊子	己丑	庚寅	辛卯	壬辰	癸巳	甲午	乙未	丙申	丁酉	戊戌	己亥	庚子
대운 남	9	8	8	8	7	7	7	6	6	6	5	小	5	4	4	4	3	3	3	2	2	2	1	1	1	1	大	9	9	9
대운 여	1	2	2	2	3	3	3	4	4	4	5	雪	5	6	6	6	7	7	7	8	8	8	9	9	9	10	雪	1	1	1

十一月大 月建 丙子 一白 동지 음 11/12 양 12/22 오전 4시33분●소한 음 11/26 양 1/5 오후 9시54분

음력	1	2	3	4	5	6	7	8	9	10	11	12	13	14	15	16	17	18	19	20	21	22	23	24	25	26	27	28	29	30
양력	12/11	12	13	14	15	16	17	18	19	20	21	22	23	24	25	26	27	28	29	30	31	1/1	2	3	4	5	6	7	8	9
요일	월	화	수	목	금	토	일	월	화	수	목	금	토	일	월	화	수	목	금	토	일	월	화	수	목	금	토	일	월	화
일진	辛丑	壬寅	癸卯	甲辰	乙巳	丙午	丁未	戊申	己酉	庚戌	辛亥	壬子	癸丑	甲寅	乙卯	丙辰	丁巳	戊午	己未	庚申	辛酉	壬戌	癸亥	甲子	乙丑	丙寅	丁卯	戊辰	己巳	庚午
대운 남	8	8	8	7	7	7	6	6	6	5	5	冬	4	4	4	3	3	3	2	2	2	1	1	1	1	小	10	9	9	9
대운 여	1	2	2	2	3	3	3	4	4	4	5	至	5	6	6	6	7	7	7	8	8	8	9	9	9	寒	1	1	1	1

十二月小 月建 丁丑 九紫 대한 음 12/11 양 1/20 오후 3시13분●입춘 음 12/26 양 2/4 오전 9시30분

음력	1	2	3	4	5	6	7	8	9	10	11	12	13	14	15	16	17	18	19	20	21	22	23	24	25	26	27	28	29
양력	1/10	11	12	13	14	15	16	17	18	19	20	21	22	23	24	25	26	27	28	29	30	31	2/1	2	3	4	5	6	7
요일	수	목	금	토	일	월	화	수	목	금	토	일	월	화	수	목	금	토	일	월	화	수	목	금	토	일	월	화	수
일진	辛未	壬申	癸酉	甲戌	乙亥	丙子	丁丑	戊寅	己卯	庚辰	辛巳	壬午	癸未	甲申	乙酉	丙戌	丁亥	戊子	己丑	庚寅	辛卯	壬辰	癸巳	甲午	乙未	丙申	丁酉	戊戌	己亥
대운 남	8	8	8	7	7	7	6	6	6	5	大	5	4	4	4	3	3	3	2	2	2	1	1	1	1	立	1	1	1
대운 여	2	2	2	3	3	3	4	4	4	5	寒	5	6	6	6	7	7	7	8	8	8	9	9	9	10	春	10	9	9

2035년 | **단기 4368년**

乙卯年

二日得辛 五龍治水

北 大將軍　西 三殺　丑 吊客　巳 喪門

納音五行 大溪水

正月大　月建 戊寅　八白

우수 음 1/12 양 2/19 오전 5시15분 ● 경칩 음 1/27 양 3/6 오전 3시20분

음력	1	2	3	4	5	6	7	8	9	10	11	12	13	14	15	16	17	18	19	20	21	22	23	24	25	26	27	28	29	30
양력	2/8	9	10	11	12	13	14	15	16	17	18	19	20	21	22	23	24	25	26	27	28	3/1	2	3	4	5	6	7	8	9
요일	목	금	토	일	월	화	수	목	금	토	일	월	화	수	목	금	토	일	월	화	수	목	금	토	일	월	화	수	목	금
일진	庚子	辛丑	壬寅	癸卯	甲辰	乙巳	丙午	丁未	戊申	己酉	庚戌	辛亥	壬子	癸丑	甲寅	乙卯	丙辰	丁巳	戊午	己未	庚申	辛酉	壬戌	癸亥	甲子	乙丑	丙寅	丁卯	戊辰	己巳
대운 남	1	2	2	2	3	3	3	4	4	4	5	雨	5	6	6	6	7	7	7	8	8	8	9	9	9	10	驚	1	1	1
대운 여	9	8	8	8	7	7	7	6	6	6	5	水	5	4	4	4	3	3	3	2	2	2	1	1	1	1	蟄	10	9	9

二月小　月建 己卯　七赤

춘분 음 2/12 양 3/21 오전 4시1분 ● 청명 음 2/27 양 4/5 오전 7시52분

음력	1	2	3	4	5	6	7	8	9	10	11	12	13	14	15	16	17	18	19	20	21	22	23	24	25	26	27	28	29
양력	3/10	11	12	13	14	15	16	17	18	19	20	21	22	23	24	25	26	27	28	29	30	31	4/1	2	3	4	5	6	7
요일	토	일	월	화	수	목	금	토	일	월	화	수	목	금	토	일	월	화	수	목	금	토	일	월	화	수	목	금	토
일진	庚午	辛未	壬申	癸酉	甲戌	乙亥	丙子	丁丑	戊寅	己卯	庚辰	辛巳	壬午	癸未	甲申	乙酉	丙戌	丁亥	戊子	己丑	庚寅	辛卯	壬辰	癸巳	甲午	乙未	丙申	丁酉	戊戌
대운 남	1	2	2	2	3	3	3	4	4	4	5	春	5	6	6	6	7	7	7	8	8	8	9	9	9	10	清	1	1
대운 여	9	8	8	8	7	7	7	6	6	6	5	分	5	4	4	4	3	3	3	2	2	2	1	1	1	1	明	10	10

三月大　月建 庚辰　六白

곡우 음 3/13 양 4/20 오후 2시48분 ● 입하 음 3/29 양 5/6 오전 0시54분

음력	1	2	3	4	5	6	7	8	9	10	11	12	13	14	15	16	17	18	19	20	21	22	23	24	25	26	27	28	29	30
양력	4/8	9	10	11	12	13	14	15	16	17	18	19	20	21	22	23	24	25	26	27	28	29	30	5/1	2	3	4	5	6	7
요일	일	월	화	수	목	금	토	일	월	화	수	목	금	토	일	월	화	수	목	금	토	일	월	화	수	목	금	토	일	월
일진	己亥	庚子	辛丑	壬寅	癸卯	甲辰	乙巳	丙午	丁未	戊申	己酉	庚戌	辛亥	壬子	癸丑	甲寅	乙卯	丙辰	丁巳	戊午	己未	庚申	辛酉	壬戌	癸亥	甲子	乙丑	丙寅	丁卯	戊辰
대운 남	1	1	2	2	2	3	3	3	4	4	4	5	穀	5	6	6	6	7	7	7	8	8	8	9	9	9	10	10	立	1
대운 여	9	9	9	8	8	8	7	7	7	6	6	6	雨	5	5	4	4	4	3	3	3	2	2	2	1	1	1	1	夏	10

四月小　月建 辛巳　五黃

소만 음 4/14 양 5/21 오후 1시42분

음력	1	2	3	4	5	6	7	8	9	10	11	12	13	14	15	16	17	18	19	20	21	22	23	24	25	26	27	28	29
양력	5/8	9	10	11	12	13	14	15	16	17	18	19	20	21	22	23	24	25	26	27	28	29	30	31	6/1	2	3	4	5
요일	화	수	목	금	토	일	월	화	수	목	금	토	일	월	화	수	목	금	토	일	월	화	수	목	금	토	일	월	화
일진	己巳	庚午	辛未	壬申	癸酉	甲戌	乙亥	丙子	丁丑	戊寅	己卯	庚辰	辛巳	壬午	癸未	甲申	乙酉	丙戌	丁亥	戊子	己丑	庚寅	辛卯	壬辰	癸巳	甲午	乙未	丙申	丁酉
대운 남	1	1	1	2	2	2	3	3	3	4	4	4	5	小	5	6	6	6	7	7	7	8	8	8	9	9	9	10	10
대운 여	10	9	9	9	8	8	8	7	7	7	6	6	6	滿	5	5	4	4	4	3	3	3	2	2	2	1	1	1	1

五月小　月建 壬午　四綠

망종 음 5/1 양 6/6 오전 4시49분 ● 하지 음 5/16 양 6/21 오후 9시32분

음력	1	2	3	4	5	6	7	8	9	10	11	12	13	14	15	16	17	18	19	20	21	22	23	24	25	26	27	28	29
양력	6/6	7	8	9	10	11	12	13	14	15	16	17	18	19	20	21	22	23	24	25	26	27	28	29	30	7/1	2	3	4
요일	수	목	금	토	일	월	화	수	목	금	토	일	월	화	수	목	금	토	일	월	화	수	목	금	토	일	월	화	수
일진	戊戌	己亥	庚子	辛丑	壬寅	癸卯	甲辰	乙巳	丙午	丁未	戊申	己酉	庚戌	辛亥	壬子	癸丑	甲寅	乙卯	丙辰	丁巳	戊午	己未	庚申	辛酉	壬戌	癸亥	甲子	乙丑	丙寅
대운 남	芒	1	1	1	1	2	2	2	3	3	3	4	4	4	5	夏	5	6	6	6	7	7	7	8	8	8	9	9	9
대운 여	種	10	10	9	9	9	8	8	8	7	7	7	6	6	6	至	5	5	4	4	4	3	3	3	2	2	2	1	1

六月大　月建 癸未　三碧

소서 음 6/3 양 7/7 오후 3시0분 ● 대서 음 6/19 양 7/23 오전 8시27분

음력	1	2	3	4	5	6	7	8	9	10	11	12	13	14	15	16	17	18	19	20	21	22	23	24	25	26	27	28	29	30
양력	7/5	6	7	8	9	10	11	12	13	14	15	16	17	18	19	20	21	22	23	24	25	26	27	28	29	30	31	8/1	2	3
요일	목	금	토	일	월	화	수	목	금	토	일	월	화	수	목	금	토	일	월	화	수	목	금	토	일	월	화	수	목	금
일진	丁卯	戊辰	己巳	庚午	辛未	壬申	癸酉	甲戌	乙亥	丙子	丁丑	戊寅	己卯	庚辰	辛巳	壬午	癸未	甲申	乙酉	丙戌	丁亥	戊子	己丑	庚寅	辛卯	壬辰	癸巳	甲午	乙未	丙申
대운 남	10	10	小	1	1	1	1	2	2	2	3	3	3	4	4	4	5	5	大	6	6	6	7	7	7	8	8	8	9	9
대운 여	1	1	暑	10	10	10	9	9	9	8	8	8	7	7	7	6	6	6	暑	5	5	4	4	4	3	3	3	2	2	2

七月小　月建 甲申　二黑

입추 음 7/5 양 8/8 오전 0시53분 ● 처서 음 7/20 양 8/23 오후 3시43분

음력	1	2	3	4	5	6	7	8	9	10	11	12	13	14	15	16	17	18	19	20	21	22	23	24	25	26	27	28	29
양력	8/4	5	6	7	8	9	10	11	12	13	14	15	16	17	18	19	20	21	22	23	24	25	26	27	28	29	30	31	9/1
요일	토	일	월	화	수	목	금	토	일	월	화	수	목	금	토	일	월	화	수	목	금	토	일	월	화	수	목	금	토
일진	丁酉	戊戌	己亥	庚子	辛丑	壬寅	癸卯	甲辰	乙巳	丙午	丁未	戊申	己酉	庚戌	辛亥	壬子	癸丑	甲寅	乙卯	丙辰	丁巳	戊午	己未	庚申	辛酉	壬戌	癸亥	甲子	乙丑
대운 남	9	10	10	10	立	1	1	1	1	2	2	2	3	3	3	4	4	4	5	處	5	6	6	6	7	7	7	8	8
대운 여	1	1	1	1	秋	10	10	9	9	9	8	8	8	7	7	7	6	6	6	暑	5	5	4	4	4	3	3	3	2

八月小　月建 乙酉　一白

백로 음 8/7 양 9/8 오전 4시1분 ● 추분 음 8/22 양 9/23 오후 1시38분

음력	1	2	3	4	5	6	7	8	9	10	11	12	13	14	15	16	17	18	19	20	21	22	23	24	25	26	27	28	29
양력	9/2	3	4	5	6	7	8	9	10	11	12	13	14	15	16	17	18	19	20	21	22	23	24	25	26	27	28	29	30
요일	일	월	화	수	목	금	토	일	월	화	수	목	금	토	일	월	화	수	목	금	토	일	월	화	수	목	금	토	일
일진	丙寅	丁卯	戊辰	己巳	庚午	辛未	壬申	癸酉	甲戌	乙亥	丙子	丁丑	戊寅	己卯	庚辰	辛巳	壬午	癸未	甲申	乙酉	丙戌	丁亥	戊子	己丑	庚寅	辛卯	壬辰	癸巳	甲午
대운 남	8	9	9	9	10	10	白	1	1	1	1	2	2	2	3	3	3	4	4	4	5	秋	5	6	6	6	7	7	7
대운 여	2	2	1	1	1	1	露	10	9	9	9	8	8	8	7	7	7	6	6	6	5	分	5	4	4	4	3	3	3

九月大　月建 丙戌　九紫

한로 음 9/8 양 10/8 오후 7시56분 ● 상강 음 9/23 양 10/23 오후 11시15분

음력	1	2	3	4	5	6	7	8	9	10	11	12	13	14	15	16	17	18	19	20	21	22	23	24	25	26	27	28	29	30
양력	10/1	2	3	4	5	6	7	8	9	10	11	12	13	14	15	16	17	18	19	20	21	22	23	24	25	26	27	28	29	30
요일	월	화	수	목	금	토	일	월	화	수	목	금	토	일	월	화	수	목	금	토	일	월	화	수	목	금	토	일	월	화
일진	乙未	丙申	丁酉	戊戌	己亥	庚子	辛丑	壬寅	癸卯	甲辰	乙巳	丙午	丁未	戊申	己酉	庚戌	辛亥	壬子	癸丑	甲寅	乙卯	丙辰	丁巳	戊午	己未	庚申	辛酉	壬戌	癸亥	甲子
대운 남	8	8	8	9	9	9	10	寒	1	1	1	1	2	2	2	3	3	3	4	4	4	5	霜	5	6	6	6	7	7	7
대운 여	2	2	2	1	1	1	1	露	10	9	9	9	8	8	8	7	7	7	6	6	6	5	降	5	4	4	4	3	3	3

十月大　月建 丁亥　八白

입동 음 10/8 양 11/7 오후 11시22분 ● 소설 음 10/23 양 11/22 오후 9시2분

음력	1	2	3	4	5	6	7	8	9	10	11	12	13	14	15	16	17	18	19	20	21	22	23	24	25	26	27	28	29	30
양력	10/31	11/1	2	3	4	5	6	7	8	9	10	11	12	13	14	15	16	17	18	19	20	21	22	23	24	25	26	27	28	29
요일	수	목	금	토	일	월	화	수	목	금	토	일	월	화	수	목	금	토	일	월	화	수	목	금	토	일	월	화	수	목
일진	乙丑	丙寅	丁卯	戊辰	己巳	庚午	辛未	壬申	癸酉	甲戌	乙亥	丙子	丁丑	戊寅	己卯	庚辰	辛巳	壬午	癸未	甲申	乙酉	丙戌	丁亥	戊子	己丑	庚寅	辛卯	壬辰	癸巳	甲午
대운 남	8	8	8	9	9	9	10	立	1	1	1	1	2	2	2	3	3	3	4	4	4	5	小	5	6	6	6	7	7	7
대운 여	2	2	2	1	1	1	1	冬	10	9	9	9	8	8	8	7	7	7	6	6	6	5	雪	5	4	4	4	3	3	3

十一月小　月建 戊子　七赤

대설 음 11/8 양 12/7 오후 4시24분 ● 동지 음 11/23 양 12/22 오전 10시29분

음력	1	2	3	4	5	6	7	8	9	10	11	12	13	14	15	16	17	18	19	20	21	22	23	24	25	26	27	28	29
양력	11/30	12/1	2	3	4	5	6	7	8	9	10	11	12	13	14	15	16	17	18	19	20	21	22	23	24	25	26	27	28
요일	금	토	일	월	화	수	목	금	토	일	월	화	수	목	금	토	일	월	화	수	목	금	토	일	월	화	수	목	금
일진	乙未	丙申	丁酉	戊戌	己亥	庚子	辛丑	壬寅	癸卯	甲辰	乙巳	丙午	丁未	戊申	己酉	庚戌	辛亥	壬子	癸丑	甲寅	乙卯	丙辰	丁巳	戊午	己未	庚申	辛酉	壬戌	癸亥
대운 남	8	8	8	9	9	9	10	大	1	1	1	1	2	2	2	3	3	3	4	4	4	5	冬	5	6	6	6	7	7
대운 여	2	2	2	1	1	1	1	雪	10	9	9	9	8	8	8	7	7	7	6	6	6	5	至	5	4	4	4	3	3

十二月大　月建 己丑　六白

소한 음 12/9 양 1/6 오전 3시42분 ● 대한 음 12/23 양 1/20 오후 9시10분

음력	1	2	3	4	5	6	7	8	9	10	11	12	13	14	15	16	17	18	19	20	21	22	23	24	25	26	27	28	29	30
양력	12/29	30	31	1/1	2	3	4	5	6	7	8	9	10	11	12	13	14	15	16	17	18	19	20	21	22	23	24	25	26	27
요일	토	일	월	화	수	목	금	토	일	월	화	수	목	금	토	일	월	화	수	목	금	토	일	월	화	수	목	금	토	일
일진	甲子	乙丑	丙寅	丁卯	戊辰	己巳	庚午	辛未	壬申	癸酉	甲戌	乙亥	丙子	丁丑	戊寅	己卯	庚辰	辛巳	壬午	癸未	甲申	乙酉	丙戌	丁亥	戊子	己丑	庚寅	辛卯	壬辰	癸巳
대운 남	7	8	8	8	9	9	9	10	小	1	1	1	1	2	2	2	3	3	3	4	4	4	大	5	5	6	6	6	7	7
대운 여	3	2	2	2	1	1	1	1	寒	9	9	9	8	8	8	7	7	7	6	6	6	5	寒	5	4	4	4	3	3	3

2036년 | 단기 4369년　丙辰年　八日得辛 十一龍治水

北 大將軍　南 三殺　寅 吊客　午 喪門　納音五行 沙中土

正月大　月建 庚寅　五黃

입춘 음 1/8 양 2/4 오후 3시19분 ● 우수 음 1/23 양 2/19 오전 11시13분

음력	1	2	3	4	5	6	7	8	9	10	11	12	13	14	15	16	17	18	19	20	21	22	23	24	25	26	27	28	29	30
양력	1/28	29	30	31	2/1	2	3	4	5	6	7	8	9	10	11	12	13	14	15	16	17	18	19	20	21	22	23	24	25	26
요일	월	화	수	목	금	토	일	월	화	수	목	금	토	일	월	화	수	목	금	토	일	월	화	수	목	금	토	일	월	화
일진	甲午	乙未	丙申	丁酉	戊戌	己亥	庚子	辛丑	壬寅	癸卯	甲辰	乙巳	丙午	丁未	戊申	己酉	庚戌	辛亥	壬子	癸丑	甲寅	乙卯	丙辰	丁巳	戊午	己未	庚申	辛酉	壬戌	癸亥
대운 남	7	8	8	8	9	9	9	立	10	9	9	9	8	8	8	7	7	7	6	6	6	5	雨	5	4	4	4	3	3	3
대운 여	2	2	2	1	1	1	1	春	1	1	1	1	2	2	2	3	3	3	4	4	4	5	水	5	6	6	6	7	7	7

二月大　月建 辛卯　四綠

경칩 음 2/8 양 3/5 오전 9시10분 ● 춘분 음 2/23 양 3/20 오전 10시1분

음력	1	2	3	4	5	6	7	8	9	10	11	12	13	14	15	16	17	18	19	20	21	22	23	24	25	26	27	28	29	30
양력	2/27	28	29	3/1	2	3	4	5	6	7	8	9	10	11	12	13	14	15	16	17	18	19	20	21	22	23	24	25	26	27
요일	수	목	금	토	일	월	화	수	목	금	토	일	월	화	수	목	금	토	일	월	화	수	목	금	토	일	월	화	수	목
일진	甲子	乙丑	丙寅	丁卯	戊辰	己巳	庚午	辛未	壬申	癸酉	甲戌	乙亥	丙子	丁丑	戊寅	己卯	庚辰	辛巳	壬午	癸未	甲申	乙酉	丙戌	丁亥	戊子	己丑	庚寅	辛卯	壬辰	癸巳
대운 남	2	2	2	1	1	1	1	驚	10	9	9	9	8	8	8	7	7	7	6	6	6	5	春	5	4	4	4	3	3	3
대운 여	8	8	8	9	9	9	10	蟄	1	1	1	1	2	2	2	3	3	3	4	4	4	5	分	5	6	6	6	7	7	7

三月小　月建 壬辰　三碧

청명 음 3/8 양 4/4 오후 1시45분 ● 곡우 음 3/23 양 4/19 오후 8시49분

음력	1	2	3	4	5	6	7	8	9	10	11	12	13	14	15	16	17	18	19	20	21	22	23	24	25	26	27	28	29	
양력	3/28	29	30	31	4/1	2	3	4	5	6	7	8	9	10	11	12	13	14	15	16	17	18	19	20	21	22	23	24	25	
요일	금	토	일	월	화	수	목	금	토	일	월	화	수	목	금	토	일	월	화	수	목	금	토	일	월	화	수	목	금	
일진	甲午	乙未	丙申	丁酉	戊戌	己亥	庚子	辛丑	壬寅	癸卯	甲辰	乙巳	丙午	丁未	戊申	己酉	庚戌	辛亥	壬子	癸丑	甲寅	乙卯	丙辰	丁巳	戊午	己未	庚申	辛酉	壬戌	
대운 남	2	2	2	1	1	1	1	清	10	10	9	9	9	8	8	8	7	7	7	6	6	6	穀	5	5	4	4	4	3	
대운 여	8	8	8	9	9	9	10	明	1	1	1	1	2	2	2	3	3	3	4	4	4	5	雨	5	6	6	6	7	7	

四月大　月建 癸巳　二黑

입하 음 4/10 양 5/5 오전 6시48분 ● 소만 음 4/25 양 5/20 오후 7시43분

음력	1	2	3	4	5	6	7	8	9	10	11	12	13	14	15	16	17	18	19	20	21	22	23	24	25	26	27	28	29	30
양력	4/26	27	28	29	30	5/1	2	3	4	5	6	7	8	9	10	11	12	13	14	15	16	17	18	19	20	21	22	23	24	25
요일	토	일	월	화	수	목	금	토	일	월	화	수	목	금	토	일	월	화	수	목	금	토	일	월	화	수	목	금	토	일
일진	癸亥	甲子	乙丑	丙寅	丁卯	戊辰	己巳	庚午	辛未	壬申	癸酉	甲戌	乙亥	丙子	丁丑	戊寅	己卯	庚辰	辛巳	壬午	癸未	甲申	乙酉	丙戌	丁亥	戊子	己丑	庚寅	辛卯	壬辰
대운 남	3	3	2	2	2	1	1	1	1	立	10	10	9	9	9	8	8	8	7	7	7	6	6	6	小	5	5	4	4	4
대운 여	7	8	8	8	9	9	9	10	10	夏	1	1	1	1	2	2	2	3	3	3	4	4	4	5	滿	5	6	6	6	7

五月小　月建 甲午　一白

망종 음 5/11 양 6/5 오전 10시46분 ● 하지 음 5/27 양 6/21 오전 3시31분

음력	1	2	3	4	5	6	7	8	9	10	11	12	13	14	15	16	17	18	19	20	21	22	23	24	25	26	27	28	29	
양력	5/26	27	28	29	30	31	6/1	2	3	4	5	6	7	8	9	10	11	12	13	14	15	16	17	18	19	20	21	22	23	
요일	월	화	수	목	금	토	일	월	화	수	목	금	토	일	월	화	수	목	금	토	일	월	화	수	목	금	토	일	월	
일진	癸巳	甲午	乙未	丙申	丁酉	戊戌	己亥	庚子	辛丑	壬寅	癸卯	甲辰	乙巳	丙午	丁未	戊申	己酉	庚戌	辛亥	壬子	癸丑	甲寅	乙卯	丙辰	丁巳	戊午	己未	庚申	辛酉	
대운 남	3	3	3	2	2	2	1	1	1	1	芒	10	10	9	9	9	8	8	8	7	7	7	6	6	6	5	夏	5	4	
대운 여	7	7	8	8	8	9	9	9	10	10	種	1	1	1	1	2	2	2	3	3	3	4	4	4	5	5	至	6	6	

六月小　月建 乙未　九紫

소서 음 6/13 양 7/6 오후 8시56분 ● 대서 음 6/29 양 7/22 오후 2시21분

음력	1	2	3	4	5	6	7	8	9	10	11	12	13	14	15	16	17	18	19	20	21	22	23	24	25	26	27	28	29	
양력	6/24	25	26	27	28	29	30	7/1	2	3	4	5	6	7	8	9	10	11	12	13	14	15	16	17	18	19	20	21	22	
요일	화	수	목	금	토	일	월	화	수	목	금	토	일	월	화	수	목	금	토	일	월	화	수	목	금	토	일	월	화	
일진	壬戌	癸亥	甲子	乙丑	丙寅	丁卯	戊辰	己巳	庚午	辛未	壬申	癸酉	甲戌	乙亥	丙子	丁丑	戊寅	己卯	庚辰	辛巳	壬午	癸未	甲申	乙酉	丙戌	丁亥	戊子	己丑	庚寅	
대운 남	4	4	3	3	3	2	2	2	1	1	1	1	小	10	10	10	9	9	9	8	8	8	7	7	7	6	6	6	大	
대운 여	6	7	7	7	8	8	8	9	9	9	10	10	暑	1	1	1	1	2	2	2	3	3	3	4	4	4	5	5	暑	

閏六月大

입추 음 윤6/16 양 8/7 오전 6시48분

음력	1	2	3	4	5	6	7	8	9	10	11	12	13	14	15	16	17	18	19	20	21	22	23	24	25	26	27	28	29	30
양력	7/23	24	25	26	27	28	29	30	31	8/1	2	3	4	5	6	7	8	9	10	11	12	13	14	15	16	17	18	19	20	21
요일	수	목	금	토	일	월	화	수	목	금	토	일	월	화	수	목	금	토	일	월	화	수	목	금	토	일	월	화	수	목
일진	辛卯	壬辰	癸巳	甲午	乙未	丙申	丁酉	戊戌	己亥	庚子	辛丑	壬寅	癸卯	甲辰	乙巳	丙午	丁未	戊申	己酉	庚戌	辛亥	壬子	癸丑	甲寅	乙卯	丙辰	丁巳	戊午	己未	庚申
대운 남	5	5	4	4	4	3	3	3	2	2	2	1	1	1	1	立	10	10	9	9	9	8	8	8	7	7	7	6	6	6
대운 여	6	6	6	7	7	7	8	8	8	9	9	9	10	10	10	秋	1	1	1	1	2	2	2	3	3	3	4	4	4	5

七月小 月建 丙申 八白

처서 음 7/1 양 8/22 오후 9시31분 ● 백로 음 7/17 양 9/7 오전 9시54분

음력	1	2	3	4	5	6	7	8	9	10	11	12	13	14	15	16	17	18	19	20	21	22	23	24	25	26	27	28	29
양력	8/22	23	24	25	26	27	28	29	30	31	9/1	2	3	4	5	6	7	8	9	10	11	12	13	14	15	16	17	18	19
요일	금	토	일	월	화	수	목	금	토	일	월	화	수	목	금	토	일	월	화	수	목	금	토	일	월	화	수	목	금
일진	辛酉	壬戌	癸亥	甲子	乙丑	丙寅	丁卯	戊辰	己巳	庚午	辛未	壬申	癸酉	甲戌	乙亥	丙子	丁丑	戊寅	己卯	庚辰	辛巳	壬午	癸未	甲申	乙酉	丙戌	丁亥	戊子	己丑
대운 남	處	5	5	4	4	4	3	3	3	2	2	2	1	1	1	1	白	10	10	9	9	9	8	8	8	7	7	7	6
대운 여	暑	5	6	6	6	7	7	7	8	8	8	9	9	9	10	10	露	1	1	1	1	2	2	2	3	3	3	4	4

八月小 月建 丁酉 七赤

추분 음 8/3 양 9/22 오후 7시22분 ● 한로 음 8/19 양 10/8 오전 1시48분

음력	1	2	3	4	5	6	7	8	9	10	11	12	13	14	15	16	17	18	19	20	21	22	23	24	25	26	27	28	29
양력	9/20	21	22	23	24	25	26	27	28	29	30	10/1	2	3	4	5	6	7	8	9	10	11	12	13	14	15	16	17	18
요일	토	일	월	화	수	목	금	토	일	월	화	수	목	금	토	일	월	화	수	목	금	토	일	월	화	수	목	금	토
일진	庚寅	辛卯	壬辰	癸巳	甲午	乙未	丙申	丁酉	戊戌	己亥	庚子	辛丑	壬寅	癸卯	甲辰	乙巳	丙午	丁未	戊申	己酉	庚戌	辛亥	壬子	癸丑	甲寅	乙卯	丙辰	丁巳	戊午
대운 남	6	6	秋	5	5	4	4	4	3	3	3	2	2	2	1	1	1	1	寒	10	9	9	9	8	8	8	7	7	7
대운 여	4	5	分	5	6	6	6	7	7	7	8	8	8	9	9	9	10	10	露	1	1	1	1	2	2	2	3	3	3

九月大 月建 戊戌 六白

상강 음 9/5 양 10/23 오전 4시57분 ● 입동 음 9/20 양 11/7 오전 5시13분

음력	1	2	3	4	5	6	7	8	9	10	11	12	13	14	15	16	17	18	19	20	21	22	23	24	25	26	27	28	29	30
양력	10/19	20	21	22	23	24	25	26	27	28	29	30	31	11/1	2	3	4	5	6	7	8	9	10	11	12	13	14	15	16	17
요일	일	월	화	수	목	금	토	일	월	화	수	목	금	토	일	월	화	수	목	금	토	일	월	화	수	목	금	토	일	월
일진	己未	庚申	辛酉	壬戌	癸亥	甲子	乙丑	丙寅	丁卯	戊辰	己巳	庚午	辛未	壬申	癸酉	甲戌	乙亥	丙子	丁丑	戊寅	己卯	庚辰	辛巳	壬午	癸未	甲申	乙酉	丙戌	丁亥	戊子
대운 남	6	6	6	5	霜	5	4	4	4	3	3	3	2	2	2	1	1	1	1	立	9	9	9	8	8	8	7	7	7	6
대운 여	4	4	4	5	降	5	6	6	6	7	7	7	8	8	8	9	9	9	10	冬	1	1	1	1	2	2	2	3	3	3

十月大 月建 己亥 五黃

소설 음 10/5 양 11/22 오전 2시44분 ● 대설 음 10/19 양 12/6 오후 10시15분

음력	1	2	3	4	5	6	7	8	9	10	11	12	13	14	15	16	17	18	19	20	21	22	23	24	25	26	27	28	29	30
양력	11/18	19	20	21	22	23	24	25	26	27	28	29	30	12/1	2	3	4	5	6	7	8	9	10	11	12	13	14	15	16	17
요일	화	수	목	금	토	일	월	화	수	목	금	토	일	월	화	수	목	금	토	일	월	화	수	목	금	토	일	월	화	수
일진	己丑	庚寅	辛卯	壬辰	癸巳	甲午	乙未	丙申	丁酉	戊戌	己亥	庚子	辛丑	壬寅	癸卯	甲辰	乙巳	丙午	丁未	戊申	己酉	庚戌	辛亥	壬子	癸丑	甲寅	乙卯	丙辰	丁巳	戊午
대운 남	6	6	5	5	小	4	4	4	3	3	3	2	2	2	1	1	1	1	大	10	9	9	9	8	8	8	7	7	7	6
대운 여	4	4	4	5	雪	5	6	6	6	7	7	7	8	8	8	9	9	9	雪	1	1	1	1	2	2	2	3	3	3	4

十一月小 月建 庚子 四綠

동지 음 11/4 양 12/21 오후 4시11분 ● 소한 음 11/19 양 1/5 오전 9시33분

음력	1	2	3	4	5	6	7	8	9	10	11	12	13	14	15	16	17	18	19	20	21	22	23	24	25	26	27	28	29
양력	12/18	19	20	21	22	23	24	25	26	27	28	29	30	31	1/1	2	3	4	5	6	7	8	9	10	11	12	13	14	15
요일	목	금	토	일	월	화	수	목	금	토	일	월	화	수	목	금	토	일	월	화	수	목	금	토	일	월	화	수	목
일진	己未	庚申	辛酉	壬戌	癸亥	甲子	乙丑	丙寅	丁卯	戊辰	己巳	庚午	辛未	壬申	癸酉	甲戌	乙亥	丙子	丁丑	戊寅	己卯	庚辰	辛巳	壬午	癸未	甲申	乙酉	丙戌	丁亥
대운 남	6	6	5	冬	5	4	4	4	3	3	3	2	2	2	1	1	1	1	小	9	9	9	8	8	8	7	7	7	6
대운 여	4	4	5	至	5	6	6	6	7	7	7	8	8	8	9	9	9	10	寒	1	1	1	1	2	2	2	3	3	3

十二月大 月建 辛丑 三碧

대한 음 12/5 양 1/20 오전 2시52분 ● 입춘 음 12/19 양 2/3 오후 9시10분

음력	1	2	3	4	5	6	7	8	9	10	11	12	13	14	15	16	17	18	19	20	21	22	23	24	25	26	27	28	29	30
양력	1/16	17	18	19	20	21	22	23	24	25	26	27	28	29	30	31	2/1	2	3	4	5	6	7	8	9	10	11	12	13	14
요일	금	토	일	월	화	수	목	금	토	일	월	화	수	목	금	토	일	월	화	수	목	금	토	일	월	화	수	목	금	토
일진	戊子	己丑	庚寅	辛卯	壬辰	癸巳	甲午	乙未	丙申	丁酉	戊戌	己亥	庚子	辛丑	壬寅	癸卯	甲辰	乙巳	丙午	丁未	戊申	己酉	庚戌	辛亥	壬子	癸丑	甲寅	乙卯	丙辰	丁巳
대운 남	6	6	5	5	大	4	4	4	3	3	3	2	2	2	1	1	1	1	立	1	1	1	1	2	2	2	3	3	3	4
대운 여	4	4	4	5	寒	5	6	6	6	7	7	7	8	8	8	9	9	9	春	10	9	9	9	8	8	8	7	7	7	6

2037년 | 단기 4370년

丁巳年

四日得辛 十一龍治水

東 大將軍　東 三殺　卯 吊客　未 喪門

納音五行 沙中土

正月大　月建 壬寅　二黑

우수 음 1/4 양 2/18 오후 4시57분 ● 경칩 음 1/19 양 3/5 오후 3시5분

음력	1	2	3	4	5	6	7	8	9	10	11	12	13	14	15	16	17	18	19	20	21	22	23	24	25	26	27	28	29	30
양력	2/15	16	17	18	19	20	21	22	23	24	25	26	27	28	3/1	2	3	4	5	6	7	8	9	10	11	12	13	14	15	16
요일	일	월	화	수	목	금	토	일	월	화	수	목	금	토	일	월	화	수	목	금	토	일	월	화	수	목	금	토	일	월
일진	戊午	己未	庚申	辛酉	壬戌	癸亥	甲子	乙丑	丙寅	丁卯	戊辰	己巳	庚午	辛未	壬申	癸酉	甲戌	乙亥	丙子	丁丑	戊寅	己卯	庚辰	辛巳	壬午	癸未	甲申	乙酉	丙戌	丁亥
대운 남	4	4	5	雨	5	6	6	6	7	7	7	8	8	8	9	9	9	10	驚	1	1	1	1	2	2	2	3	3	3	4
대운 여	6	6	5	水	5	4	4	4	3	3	3	2	2	2	1	1	1	1	蟄	10	9	9	9	8	8	8	7	7	7	6

二月大　月建 癸卯　一白

춘분 음 2/4 양 3/20 오후 3시49분 ● 청명 음 2/19 양 4/4 오후 7시43분

음력	1	2	3	4	5	6	7	8	9	10	11	12	13	14	15	16	17	18	19	20	21	22	23	24	25	26	27	28	29	30
양력	3/17	18	19	20	21	22	23	24	25	26	27	28	29	30	31	4/1	2	3	4	5	6	7	8	9	10	11	12	13	14	15
요일	화	수	목	금	토	일	월	화	수	목	금	토	일	월	화	수	목	금	토	일	월	화	수	목	금	토	일	월	화	수
일진	戊子	己丑	庚寅	辛卯	壬辰	癸巳	甲午	乙未	丙申	丁酉	戊戌	己亥	庚子	辛丑	壬寅	癸卯	甲辰	乙巳	丙午	丁未	戊申	己酉	庚戌	辛亥	壬子	癸丑	甲寅	乙卯	丙辰	丁巳
대운 남	4	4	5	春	5	6	6	6	7	7	7	8	8	8	9	9	9	10	清	1	1	1	1	2	2	2	3	3	3	4
대운 여	6	6	5	分	5	4	4	4	3	3	3	2	2	2	1	1	1	1	明	10	10	9	9	9	8	8	8	7	7	7

三月小　月建 甲辰　九紫

곡우 음 3/5 양 4/20 오전 2시39분 ● 입하 음 3/20 양 5/5 오후 12시48분

음력	1	2	3	4	5	6	7	8	9	10	11	12	13	14	15	16	17	18	19	20	21	22	23	24	25	26	27	28	29
양력	4/16	17	18	19	20	21	22	23	24	25	26	27	28	29	30	5/1	2	3	4	5	6	7	8	9	10	11	12	13	14
요일	목	금	토	일	월	화	수	목	금	토	일	월	화	수	목	금	토	일	월	화	수	목	금	토	일	월	화	수	목
일진	戊午	己未	庚申	辛酉	壬戌	癸亥	甲子	乙丑	丙寅	丁卯	戊辰	己巳	庚午	辛未	壬申	癸酉	甲戌	乙亥	丙子	丁丑	戊寅	己卯	庚辰	辛巳	壬午	癸未	甲申	乙酉	丙戌
대운 남	4	4	5	5	穀	6	6	6	7	7	7	8	8	8	9	9	9	10	10	立	1	1	1	1	2	2	2	3	3
대운 여	6	6	6	5	雨	5	4	4	4	3	3	3	2	2	2	1	1	1	1	夏	10	10	9	9	9	8	8	8	7

四月大　月建 乙巳　八白

소만 음 4/7 양 5/21 오전 1시34분 ● 망종 음 4/22 양 6/5 오후 4시45분

음력	1	2	3	4	5	6	7	8	9	10	11	12	13	14	15	16	17	18	19	20	21	22	23	24	25	26	27	28	29	30
양력	5/15	16	17	18	19	20	21	22	23	24	25	26	27	28	29	30	31	6/1	2	3	4	5	6	7	8	9	10	11	12	13
요일	금	토	일	월	화	수	목	금	토	일	월	화	수	목	금	토	일	월	화	수	목	금	토	일	월	화	수	목	금	토
일진	丁亥	戊子	己丑	庚寅	辛卯	壬辰	癸巳	甲午	乙未	丙申	丁酉	戊戌	己亥	庚子	辛丑	壬寅	癸卯	甲辰	乙巳	丙午	丁未	戊申	己酉	庚戌	辛亥	壬子	癸丑	甲寅	乙卯	丙辰
대운 남	3	4	4	4	5	5	小	6	6	6	7	7	7	8	8	8	9	9	9	10	10	芒	1	1	1	1	2	2	2	3
대운 여	7	7	6	6	6	5	滿	5	4	4	4	3	3	3	2	2	2	1	1	1	1	種	10	10	10	9	9	9	8	8

五月小　月建 丙午　七赤

하지 음 5/8 양 6/21 오전 9시21분 ● 소서 음 5/24 양 7/7 오전 2시54분

음력	1	2	3	4	5	6	7	8	9	10	11	12	13	14	15	16	17	18	19	20	21	22	23	24	25	26	27	28	29
양력	6/14	15	16	17	18	19	20	21	22	23	24	25	26	27	28	29	30	7/1	2	3	4	5	6	7	8	9	10	11	12
요일	일	월	화	수	목	금	토	일	월	화	수	목	금	토	일	월	화	수	목	금	토	일	월	화	수	목	금	토	일
일진	丁巳	戊午	己未	庚申	辛酉	壬戌	癸亥	甲子	乙丑	丙寅	丁卯	戊辰	己巳	庚午	辛未	壬申	癸酉	甲戌	乙亥	丙子	丁丑	戊寅	己卯	庚辰	辛巳	壬午	癸未	甲申	乙酉
대운 남	3	3	4	4	4	5	5	夏	6	6	6	7	7	7	8	8	8	9	9	9	10	10	10	小	1	1	1	1	2
대운 여	8	7	7	7	6	6	6	至	5	5	4	4	4	3	3	3	2	2	2	1	1	1	1	暑	10	10	9	9	9

六月小　月建 丁未　六白

대서 음 6/10 양 7/22 오후 8시11분 ● 입추 음 6/26 양 8/7 오후 12시42분

음력	1	2	3	4	5	6	7	8	9	10	11	12	13	14	15	16	17	18	19	20	21	22	23	24	25	26	27	28	29
양력	7/13	14	15	16	17	18	19	20	21	22	23	24	25	26	27	28	29	30	31	8/1	2	3	4	5	6	7	8	9	10
요일	월	화	수	목	금	토	일	월	화	수	목	금	토	일	월	화	수	목	금	토	일	월	화	수	목	금	토	일	월
일진	丙戌	丁亥	戊子	己丑	庚寅	辛卯	壬辰	癸巳	甲午	乙未	丙申	丁酉	戊戌	己亥	庚子	辛丑	壬寅	癸卯	甲辰	乙巳	丙午	丁未	戊申	己酉	庚戌	辛亥	壬子	癸丑	甲寅
대운 남	2	2	3	3	3	4	4	4	5	大	5	6	6	6	7	7	7	8	8	8	9	9	9	10	10	立	1	1	1
대운 여	8	8	8	7	7	7	6	6	6	暑	5	5	4	4	4	3	3	3	2	2	2	1	1	1	1	秋	10	10	9

七月大　　月建 戊申　　五黃

처서 음 7/13 양 8/23 오전 3시21분 ● 백로 음 7/28 양 9/7 오후 3시44분

음력	1	2	3	4	5	6	7	8	9	10	11	12	13	14	15	16	17	18	19	20	21	22	23	24	25	26	27	28	29	30
양력	8/11	12	13	14	15	16	17	18	19	20	21	22	23	24	25	26	27	28	29	30	31	9/1	2	3	4	5	6	7	8	9
요일	화	수	목	금	토	일	월	화	수	목	금	토	일	월	화	수	목	금	토	일	월	화	수	목	금	토	일	월	화	수
일진	乙卯	丙辰	丁巳	戊午	己未	庚申	辛酉	壬戌	癸亥	甲子	乙丑	丙寅	丁卯	戊辰	己巳	庚午	辛未	壬申	癸酉	甲戌	乙亥	丙子	丁丑	戊寅	己卯	庚辰	辛巳	壬午	癸未	甲申
대운 남	1	2	2	2	3	3	3	4	4	4	5	5	處暑	6	6	6	7	7	7	8	8	8	9	9	9	10	10	白露	1	1
대운 여	9	9	8	8	8	7	7	7	6	6	6	5	處暑	5	4	4	4	3	3	3	2	2	2	1	1	1	1	白露	10	10

八月小　　月建 己酉　　四綠

추분 음 8/14 양 9/23 오전 1시12분 ● 한로 음 8/29 양 10/8 오전 7시36분

음력	1	2	3	4	5	6	7	8	9	10	11	12	13	14	15	16	17	18	19	20	21	22	23	24	25	26	27	28	29
양력	9/10	11	12	13	14	15	16	17	18	19	20	21	22	23	24	25	26	27	28	29	30	10/1	2	3	4	5	6	7	8
요일	목	금	토	일	월	화	수	목	금	토	일	월	화	수	목	금	토	일	월	화	수	목	금	토	일	월	화	수	목
일진	乙酉	丙戌	丁亥	戊子	己丑	庚寅	辛卯	壬辰	癸巳	甲午	乙未	丙申	丁酉	戊戌	己亥	庚子	辛丑	壬寅	癸卯	甲辰	乙巳	丙午	丁未	戊申	己酉	庚戌	辛亥	壬子	癸丑
대운 남	1	1	2	2	2	3	3	3	4	4	4	5	5	秋分	6	6	6	7	7	7	8	8	8	9	9	9	10	10	寒露
대운 여	9	9	9	8	8	8	7	7	7	6	6	6	5	秋分	5	4	4	4	3	3	3	2	2	2	1	1	1	1	寒露

九月小　　月建 庚戌　　三碧

상강 음 9/15 양 10/23 오전 10시48분

음력	1	2	3	4	5	6	7	8	9	10	11	12	13	14	15	16	17	18	19	20	21	22	23	24	25	26	27	28	29
양력	10/9	10	11	12	13	14	15	16	17	18	19	20	21	22	23	24	25	26	27	28	29	30	31	11/1	2	3	4	5	6
요일	금	토	일	월	화	수	목	금	토	일	월	화	수	목	금	토	일	월	화	수	목	금	토	일	월	화	수	목	금
일진	甲寅	乙卯	丙辰	丁巳	戊午	己未	庚申	辛酉	壬戌	癸亥	甲子	乙丑	丙寅	丁卯	戊辰	己巳	庚午	辛未	壬申	癸酉	甲戌	乙亥	丙子	丁丑	戊寅	己卯	庚辰	辛巳	壬午
대운 남	1	1	1	1	2	2	2	3	3	3	4	4	4	5	霜降	5	6	6	6	7	7	7	8	8	8	9	9	9	10
대운 여	10	9	9	9	8	8	8	7	7	7	6	6	6	5	霜降	5	4	4	4	3	3	3	2	2	2	1	1	1	1

十月大　　月建 辛亥　　二黑

입동 음 10/1 양 11/7 오전 11시3분 ● 소설 음 10/16 양 11/22 오전 8시37분

음력	1	2	3	4	5	6	7	8	9	10	11	12	13	14	15	16	17	18	19	20	21	22	23	24	25	26	27	28	29	30
양력	11/7	8	9	10	11	12	13	14	15	16	17	18	19	20	21	22	23	24	25	26	27	28	29	30	12/1	2	3	4	5	6
요일	토	일	월	화	수	목	금	토	일	월	화	수	목	금	토	일	월	화	수	목	금	토	일	월	화	수	목	금	토	일
일진	癸未	甲申	乙酉	丙戌	丁亥	戊子	己丑	庚寅	辛卯	壬辰	癸巳	甲午	乙未	丙申	丁酉	戊戌	己亥	庚子	辛丑	壬寅	癸卯	甲辰	乙巳	丙午	丁未	戊申	己酉	庚戌	辛亥	壬子
대운 남	立冬	1	1	1	1	2	2	2	3	3	3	4	4	4	5	小雪	5	6	6	6	7	7	7	8	8	8	9	9	9	10
대운 여	立冬	10	9	9	9	8	8	8	7	7	7	6	6	6	5	小雪	5	4	4	4	3	3	3	2	2	2	1	1	1	1

十一月小　　月建 壬子　　一白

대설 음 11/1 양 12/7 오전 4시6분 ● 동지 음 11/15 양 12/21 오후 10시6분

음력	1	2	3	4	5	6	7	8	9	10	11	12	13	14	15	16	17	18	19	20	21	22	23	24	25	26	27	28	29
양력	12/7	8	9	10	11	12	13	14	15	16	17	18	19	20	21	22	23	24	25	26	27	28	29	30	31	1/1	2	3	4
요일	월	화	수	목	금	토	일	월	화	수	목	금	토	일	월	화	수	목	금	토	일	월	화	수	목	금	토	일	월
일진	癸丑	甲寅	乙卯	丙辰	丁巳	戊午	己未	庚申	辛酉	壬戌	癸亥	甲子	乙丑	丙寅	丁卯	戊辰	己巳	庚午	辛未	壬申	癸酉	甲戌	乙亥	丙子	丁丑	戊寅	己卯	庚辰	辛巳
대운 남	大雪	1	1	1	1	2	2	2	3	3	3	4	4	4	冬至	5	5	6	6	6	7	7	7	8	8	8	9	9	9
대운 여	大雪	9	9	9	8	8	8	7	7	7	6	6	6	5	冬至	5	4	4	4	3	3	3	2	2	2	1	1	1	1

十二月大　　月建 癸丑　　九紫

소한 음 12/1 양 1/5 오후 3시25분 ● 대한 음 12/16 양 1/20 오전 8시47분

음력	1	2	3	4	5	6	7	8	9	10	11	12	13	14	15	16	17	18	19	20	21	22	23	24	25	26	27	28	29	30
양력	1/5	6	7	8	9	10	11	12	13	14	15	16	17	18	19	20	21	22	23	24	25	26	27	28	29	30	31	2/1	2	3
요일	화	수	목	금	토	일	월	화	수	목	금	토	일	월	화	수	목	금	토	일	월	화	수	목	금	토	일	월	화	수
일진	壬午	癸未	甲申	乙酉	丙戌	丁亥	戊子	己丑	庚寅	辛卯	壬辰	癸巳	甲午	乙未	丙申	丁酉	戊戌	己亥	庚子	辛丑	壬寅	癸卯	甲辰	乙巳	丙午	丁未	戊申	己酉	庚戌	辛亥
대운 남	小寒	1	1	1	1	2	2	2	3	3	3	4	4	4	5	大寒	5	6	6	6	7	7	7	8	8	8	9	9	9	10
대운 여	小寒	10	9	9	9	8	8	8	7	7	7	6	6	6	5	大寒	5	4	4	4	3	3	3	2	2	2	1	1	1	1

2038년 | 단기 4371년 戊午年 十日得辛 五龍治水

東 大將軍　北 三殺　辰 吊客　申 喪門　納音五行 天上火

正月大　月建 甲寅　八白

입춘 음 1/1 양 2/4 오전 3시2분 우수 음 1/15 양 2/18 오후 10시51분 경칩 음 1/30 양 3/5 오후 8시54분

음력	1	2	3	4	5	6	7	8	9	10	11	12	13	14	15	16	17	18	19	20	21	22	23	24	25	26	27	28	29	30
양력	2/4	5	6	7	8	9	10	11	12	13	14	15	16	17	18	19	20	21	22	23	24	25	26	27	28	3/1	2	3	4	5
요일	목	금	토	일	월	화	수	목	금	토	일	월	화	수	목	금	토	일	월	화	수	목	금	토	일	월	화	수	목	금
일진	壬子	癸丑	甲寅	乙卯	丙辰	丁巳	戊午	己未	庚申	辛酉	壬戌	癸亥	甲子	乙丑	丙寅	丁卯	戊辰	己巳	庚午	辛未	壬申	癸酉	甲戌	乙亥	丙子	丁丑	戊寅	己卯	庚辰	辛巳
대운 남	立	9	9	9	8	8	8	7	7	7	6	6	6	5	雨	5	4	4	4	3	3	3	2	2	2	1	1	1	1	驚
대운 여	春	1	1	1	1	2	2	2	3	3	3	4	4	4	水	5	5	6	6	6	7	7	7	8	8	8	9	9	9	蟄

二月大　月建 乙卯　七赤

춘분 음 2/15 양 3/20 오후 9시39분

음력	1	2	3	4	5	6	7	8	9	10	11	12	13	14	15	16	17	18	19	20	21	22	23	24	25	26	27	28	29	30
양력	3/6	7	8	9	10	11	12	13	14	15	16	17	18	19	20	21	22	23	24	25	26	27	28	29	30	31	4/1	2	3	4
요일	토	일	월	화	수	목	금	토	일	월	화	수	목	금	토	일	월	화	수	목	금	토	일	월	화	수	목	금	토	일
일진	壬午	癸未	甲申	乙酉	丙戌	丁亥	戊子	己丑	庚寅	辛卯	壬辰	癸巳	甲午	乙未	丙申	丁酉	戊戌	己亥	庚子	辛丑	壬寅	癸卯	甲辰	乙巳	丙午	丁未	戊申	己酉	庚戌	辛亥
대운 남	10	10	9	9	9	8	8	8	7	7	7	6	6	6	春	5	5	4	4	4	3	3	3	2	2	2	1	1	1	1
대운 여	1	1	1	1	2	2	2	3	3	3	4	4	4	5	分	5	6	6	6	7	7	7	8	8	8	9	9	9	10	10

三月小　月建 丙辰　六白

청명 음 3/1 양 4/5 오전 1시28분 곡우 음 3/16 양 4/20 오전 8시27분

음력	1	2	3	4	5	6	7	8	9	10	11	12	13	14	15	16	17	18	19	20	21	22	23	24	25	26	27	28	29	
양력	4/5	6	7	8	9	10	11	12	13	14	15	16	17	18	19	20	21	22	23	24	25	26	27	28	29	30	5/1	2	3	
요일	월	화	수	목	금	토	일	월	화	수	목	금	토	일	월	화	수	목	금	토	일	월	화	수	목	금	토	일	월	
일진	壬子	癸丑	甲寅	乙卯	丙辰	丁巳	戊午	己未	庚申	辛酉	壬戌	癸亥	甲子	乙丑	丙寅	丁卯	戊辰	己巳	庚午	辛未	壬申	癸酉	甲戌	乙亥	丙子	丁丑	戊寅	己卯	庚辰	
대운 남	淸	10	9	9	9	8	8	8	7	7	7	6	6	6	5	穀	5	4	4	4	3	3	3	2	2	2	1	1	1	
대운 여	明	1	1	1	1	2	2	2	3	3	3	4	4	4	5	雨	5	6	6	6	7	7	7	8	8	8	9	9	9	

四月大　月建 丁巳　五黃

입하 음 4/2 양 5/5 오후 6시30분 소만 음 4/18 양 5/21 오전 7시21분

음력	1	2	3	4	5	6	7	8	9	10	11	12	13	14	15	16	17	18	19	20	21	22	23	24	25	26	27	28	29	30
양력	5/4	5	6	7	8	9	10	11	12	13	14	15	16	17	18	19	20	21	22	23	24	25	26	27	28	29	30	31	6/1	2
요일	화	수	목	금	토	일	월	화	수	목	금	토	일	월	화	수	목	금	토	일	월	화	수	목	금	토	일	월	화	수
일진	辛巳	壬午	癸未	甲申	乙酉	丙戌	丁亥	戊子	己丑	庚寅	辛卯	壬辰	癸巳	甲午	乙未	丙申	丁酉	戊戌	己亥	庚子	辛丑	壬寅	癸卯	甲辰	乙巳	丙午	丁未	戊申	己酉	庚戌
대운 남	1	立	10	10	9	9	9	8	8	8	7	7	7	6	6	6	5	小	5	4	4	4	3	3	3	2	2	2	1	1
대운 여	10	夏	1	1	1	1	2	2	2	3	3	3	4	4	4	5	5	滿	6	6	6	7	7	7	8	8	8	9	9	9

五月小　月建 戊午　四綠

망종 음 5/3 양 6/5 오후 10시24분 하지 음 5/19 양 6/21 오후 3시8분

음력	1	2	3	4	5	6	7	8	9	10	11	12	13	14	15	16	17	18	19	20	21	22	23	24	25	26	27	28	29	
양력	6/3	4	5	6	7	8	9	10	11	12	13	14	15	16	17	18	19	20	21	22	23	24	25	26	27	28	29	30	7/1	
요일	목	금	토	일	월	화	수	목	금	토	일	월	화	수	목	금	토	일	월	화	수	목	금	토	일	월	화	수	목	
일진	辛亥	壬子	癸丑	甲寅	乙卯	丙辰	丁巳	戊午	己未	庚申	辛酉	壬戌	癸亥	甲子	乙丑	丙寅	丁卯	戊辰	己巳	庚午	辛未	壬申	癸酉	甲戌	乙亥	丙子	丁丑	戊寅	己卯	
대운 남	1	1	芒	10	10	10	9	9	9	8	8	8	7	7	7	6	6	6	夏	5	5	4	4	4	3	3	3	2	2	
대운 여	10	10	種	1	1	1	1	2	2	2	3	3	3	4	4	4	5	5	至	6	6	6	7	7	7	8	8	8	9	

六月大　月建 己未　三碧

소서 음 6/6 양 7/7 오전 8시31분 대서 음 6/22 양 7/23 오전 1시58분

음력	1	2	3	4	5	6	7	8	9	10	11	12	13	14	15	16	17	18	19	20	21	22	23	24	25	26	27	28	29	30
양력	7/2	3	4	5	6	7	8	9	10	11	12	13	14	15	16	17	18	19	20	21	22	23	24	25	26	27	28	29	30	31
요일	금	토	일	월	화	수	목	금	토	일	월	화	수	목	금	토	일	월	화	수	목	금	토	일	월	화	수	목	금	토
일진	庚辰	辛巳	壬午	癸未	甲申	乙酉	丙戌	丁亥	戊子	己丑	庚寅	辛卯	壬辰	癸巳	甲午	乙未	丙申	丁酉	戊戌	己亥	庚子	辛丑	壬寅	癸卯	甲辰	乙巳	丙午	丁未	戊申	己酉
대운 남	2	1	1	1	1	小	10	10	9	9	9	8	8	8	7	7	7	6	6	6	5	大	5	4	4	4	3	3	3	2
대운 여	9	9	10	10	10	暑	1	1	1	1	2	2	2	3	3	3	4	4	4	5	5	暑	6	6	6	7	7	7	8	8

七月小　　月建 庚申　　二黑　　입추 음 7/7 양 8/7 오후 6시20분 ● 처서 음 7/23 양 8/23 오전 9시9분

음력	1	2	3	4	5	6	7	8	9	10	11	12	13	14	15	16	17	18	19	20	21	22	23	24	25	26	27	28	29
양력	8/1	2	3	4	5	6	7	8	9	10	11	12	13	14	15	16	17	18	19	20	21	22	23	24	25	26	27	28	29
요일	일	월	화	수	목	금	토	일	월	화	수	목	금	토	일	월	화	수	목	금	토	일	월	화	수	목	금	토	일
일진	庚戌	辛亥	壬子	癸丑	甲寅	乙卯	丙辰	丁巳	戊午	己未	庚申	辛酉	壬戌	癸亥	甲子	乙丑	丙寅	丁卯	戊辰	己巳	庚午	辛未	壬申	癸酉	甲戌	乙亥	丙子	丁丑	戊寅
대운 남	2	2	1	1	1	1	立	10	10	9	9	9	8	8	8	7	7	7	6	6	6	5	處	5	4	4	4	3	3
대운 여	8	9	9	9	10	10	秋	1	1	1	1	2	2	2	3	3	3	4	4	4	5	5	暑	6	6	6	7	7	7

八月大　　月建 辛酉　　一白　　백로 음 8/9 양 9/7 오후 9시25분 ● 추분 음 8/25 양 9/23 오전 7시1분

음력	1	2	3	4	5	6	7	8	9	10	11	12	13	14	15	16	17	18	19	20	21	22	23	24	25	26	27	28	29	30
양력	8/30	31	9/1	2	3	4	5	6	7	8	9	10	11	12	13	14	15	16	17	18	19	20	21	22	23	24	25	26	27	28
요일	월	화	수	목	금	토	일	월	화	수	목	금	토	일	월	화	수	목	금	토	일	월	화	수	목	금	토	일	월	화
일진	己卯	庚辰	辛巳	壬午	癸未	甲申	乙酉	丙戌	丁亥	戊子	己丑	庚寅	辛卯	壬辰	癸巳	甲午	乙未	丙申	丁酉	戊戌	己亥	庚子	辛丑	壬寅	癸卯	甲辰	乙巳	丙午	丁未	戊申
대운 남	3	2	2	2	1	1	1	1	白	10	10	9	9	9	8	8	8	7	7	7	6	6	6	5	秋	5	4	4	4	3
대운 여	8	8	8	9	9	9	10	10	露	1	1	1	1	2	2	2	3	3	3	4	4	4	5	5	分	6	6	6	7	7

九月小　　月建 壬戌　　九紫　　한로 음 9/10 양 10/8 오후 1시20분 ● 상강 음 9/25 양 10/23 오후 4시39분

음력	1	2	3	4	5	6	7	8	9	10	11	12	13	14	15	16	17	18	19	20	21	22	23	24	25	26	27	28	29
양력	9/29	30	10/1	2	3	4	5	6	7	8	9	10	11	12	13	14	15	16	17	18	19	20	21	22	23	24	25	26	27
요일	수	목	금	토	일	월	화	수	목	금	토	일	월	화	수	목	금	토	일	월	화	수	목	금	토	일	월	화	수
일진	己酉	庚戌	辛亥	壬子	癸丑	甲寅	乙卯	丙辰	丁巳	戊午	己未	庚申	辛酉	壬戌	癸亥	甲子	乙丑	丙寅	丁卯	戊辰	己巳	庚午	辛未	壬申	癸酉	甲戌	乙亥	丙子	丁丑
대운 남	3	3	2	2	2	1	1	1	1	寒	10	9	9	9	8	8	8	7	7	7	6	6	6	5	霜	5	4	4	4
대운 여	7	8	8	8	9	9	9	10	10	露	1	1	1	1	2	2	2	3	3	3	4	4	4	5	降	5	6	6	6

十月小　　月建 癸亥　　八白　　입동 음 10/11 양 11/7 오후 4시49분 ● 소설 음 10/26 양 11/22 오후 2시30분

음력	1	2	3	4	5	6	7	8	9	10	11	12	13	14	15	16	17	18	19	20	21	22	23	24	25	26	27	28	29
양력	10/28	29	30	31	11/1	2	3	4	5	6	7	8	9	10	11	12	13	14	15	16	17	18	19	20	21	22	23	24	25
요일	목	금	토	일	월	화	수	목	금	토	일	월	화	수	목	금	토	일	월	화	수	목	금	토	일	월	화	수	목
일진	戊寅	己卯	庚辰	辛巳	壬午	癸未	甲申	乙酉	丙戌	丁亥	戊子	己丑	庚寅	辛卯	壬辰	癸巳	甲午	乙未	丙申	丁酉	戊戌	己亥	庚子	辛丑	壬寅	癸卯	甲辰	乙巳	丙午
대운 남	3	3	3	2	2	2	1	1	1	1	立	10	9	9	9	8	8	8	7	7	7	6	6	6	5	小	5	4	4
대운 여	7	7	7	8	8	8	9	9	9	10	冬	1	1	1	1	2	2	2	3	3	3	4	4	4	5	雪	5	6	6

十一月大　　月建 甲子　　七赤　　대설 음 11/12 양 12/7 오전 9시55분 ● 동지 음 11/27 양 12/22 오전 4시1분

음력	1	2	3	4	5	6	7	8	9	10	11	12	13	14	15	16	17	18	19	20	21	22	23	24	25	26	27	28	29	30
양력	11/26	27	28	29	30	12/1	2	3	4	5	6	7	8	9	10	11	12	13	14	15	16	17	18	19	20	21	22	23	24	25
요일	금	토	일	월	화	수	목	금	토	일	월	화	수	목	금	토	일	월	화	수	목	금	토	일	월	화	수	목	금	토
일진	丁未	戊申	己酉	庚戌	辛亥	壬子	癸丑	甲寅	乙卯	丙辰	丁巳	戊午	己未	庚申	辛酉	壬戌	癸亥	甲子	乙丑	丙寅	丁卯	戊辰	己巳	庚午	辛未	壬申	癸酉	甲戌	乙亥	丙子
대운 남	4	3	3	3	2	2	2	1	1	1	1	大	9	9	9	8	8	8	7	7	7	6	6	6	5	5	冬	4	4	4
대운 여	6	7	7	7	8	8	8	9	9	9	10	雪	1	1	1	1	2	2	2	3	3	3	4	4	4	5	至	5	6	6

十二月小　　月建 乙丑　　六白　　소한 음 12/11 양 1/5 오후 9시15분 ● 대한 음 12/26 양 1/20 오후 2시42분

음력	1	2	3	4	5	6	7	8	9	10	11	12	13	14	15	16	17	18	19	20	21	22	23	24	25	26	27	28	29
양력	12/26	27	28	29	30	31	1/1	2	3	4	5	6	7	8	9	10	11	12	13	14	15	16	17	18	19	20	21	22	23
요일	일	월	화	수	목	금	토	일	월	화	수	목	금	토	일	월	화	수	목	금	토	일	월	화	수	목	금	토	일
일진	丁丑	戊寅	己卯	庚辰	辛巳	壬午	癸未	甲申	乙酉	丙戌	丁亥	戊子	己丑	庚寅	辛卯	壬辰	癸巳	甲午	乙未	丙申	丁酉	戊戌	己亥	庚子	辛丑	壬寅	癸卯	甲辰	乙巳
대운 남	3	3	3	2	2	2	1	1	1	1	小	10	9	9	9	8	8	8	7	7	7	6	6	6	5	大	5	4	4
대운 여	6	7	7	7	8	8	8	9	9	9	寒	1	1	1	1	2	2	2	3	3	3	4	4	4	5	寒	5	6	6

2039년 | 단기 4372년 己未年

六日得辛 十一龍治水

東 大將軍 西 三殺 巳 弔客 酉 喪門 納音五行 天上火

正月大 月建 丙寅 五黃

입춘 음 1/12 양 2/4 오전 8시51분 ● 우수 음 1/27 양 2/19 오전 4시44분

음력	1	2	3	4	5	6	7	8	9	10	11	12	13	14	15	16	17	18	19	20	21	22	23	24	25	26	27	28	29	30
양력	1/24	25	26	27	28	29	30	31	2/1	2	3	4	5	6	7	8	9	10	11	12	13	14	15	16	17	18	19	20	21	22
요일	월	화	수	목	금	토	일	월	화	수	목	금	토	일	월	화	수	목	금	토	일	월	화	수	목	금	토	일	월	화
일진	丙午	丁未	戊申	己酉	庚戌	辛亥	壬子	癸丑	甲寅	乙卯	丙辰	丁巳	戊午	己未	庚申	辛酉	壬戌	癸亥	甲子	乙丑	丙寅	丁卯	戊辰	己巳	庚午	辛未	壬申	癸酉	甲戌	乙亥
대운 남	4	3	3	3	2	2	2	1	1	1	1	立	1	1	1	1	2	2	2	3	3	3	4	4	4	5	雨	5	6	6
대운 여	6	7	7	7	8	8	8	9	9	9	10	春	10	9	9	9	8	8	8	7	7	7	6	6	6	5	水	5	4	4

二月大 月建 丁卯 四綠

경칩 음 2/12 양 3/6 오전 2시42분 ● 춘분 음 2/27 양 3/21 오전 3시31분

음력	1	2	3	4	5	6	7	8	9	10	11	12	13	14	15	16	17	18	19	20	21	22	23	24	25	26	27	28	29	30
양력	2/23	24	25	26	27	28	3/1	2	3	4	5	6	7	8	9	10	11	12	13	14	15	16	17	18	19	20	21	22	23	24
요일	수	목	금	토	일	월	화	수	목	금	토	일	월	화	수	목	금	토	일	월	화	수	목	금	토	일	월	화	수	목
일진	丙子	丁丑	戊寅	己卯	庚辰	辛巳	壬午	癸未	甲申	乙酉	丙戌	丁亥	戊子	己丑	庚寅	辛卯	壬辰	癸巳	甲午	乙未	丙申	丁酉	戊戌	己亥	庚子	辛丑	壬寅	癸卯	甲辰	乙巳
대운 남	6	7	7	7	8	8	8	9	9	9	10	驚	1	1	1	1	2	2	2	3	3	3	4	4	4	5	春	5	6	6
대운 여	4	3	3	3	2	2	2	1	1	1	1	蟄	10	9	9	9	8	8	8	7	7	7	6	6	6	5	分	5	4	4

三月小 月建 戊辰 三碧

청명 음 3/12 양 4/5 오전 7시14분 ● 곡우 음 3/27 양 4/20 오후 2시16분

음력	1	2	3	4	5	6	7	8	9	10	11	12	13	14	15	16	17	18	19	20	21	22	23	24	25	26	27	28	29	
양력	3/25	26	27	28	29	30	31	4/1	2	3	4	5	6	7	8	9	10	11	12	13	14	15	16	17	18	19	20	21	22	
요일	금	토	일	월	화	수	목	금	토	일	월	화	수	목	금	토	일	월	화	수	목	금	토	일	월	화	수	목	금	
일진	丙午	丁未	戊申	己酉	庚戌	辛亥	壬子	癸丑	甲寅	乙卯	丙辰	丁巳	戊午	己未	庚申	辛酉	壬戌	癸亥	甲子	乙丑	丙寅	丁卯	戊辰	己巳	庚午	辛未	壬申	癸酉	甲戌	
대운 남	6	7	7	7	8	8	8	9	9	9	10	清	1	1	1	1	2	2	2	3	3	3	4	4	4	5	穀	5	6	
대운 여	4	3	3	3	2	2	2	1	1	1	1	明	10	10	9	9	9	8	8	8	7	7	7	6	6	6	雨	5	5	

四月大 月建 己巳 二黑

입하 음 4/14 양 5/6 오전 0시17분 ● 소만 음 4/29 양 5/21 오후 1시9분

음력	1	2	3	4	5	6	7	8	9	10	11	12	13	14	15	16	17	18	19	20	21	22	23	24	25	26	27	28	29	30
양력	4/23	24	25	26	27	28	29	30	5/1	2	3	4	5	6	7	8	9	10	11	12	13	14	15	16	17	18	19	20	21	22
요일	토	일	월	화	수	목	금	토	일	월	화	수	목	금	토	일	월	화	수	목	금	토	일	월	화	수	목	금	토	일
일진	乙亥	丙子	丁丑	戊寅	己卯	庚辰	辛巳	壬午	癸未	甲申	乙酉	丙戌	丁亥	戊子	己丑	庚寅	辛卯	壬辰	癸巳	甲午	乙未	丙申	丁酉	戊戌	己亥	庚子	辛丑	壬寅	癸卯	甲辰
대운 남	6	6	7	7	7	8	8	8	9	9	9	10	10	立	1	1	1	1	2	2	2	3	3	3	4	4	4	5	小	5
대운 여	4	4	4	3	3	3	2	2	2	1	1	1	1	夏	10	10	10	10	9	9	9	8	8	8	7	7	7	6	滿	5

五月大 月建 庚午 一白

망종 음 5/15 양 6/6 오전 4시14분 ● 하지 음 5/30 양 6/21 오후 8시56분

음력	1	2	3	4	5	6	7	8	9	10	11	12	13	14	15	16	17	18	19	20	21	22	23	24	25	26	27	28	29	30
양력	5/23	24	25	26	27	28	29	30	31	6/1	2	3	4	5	6	7	8	9	10	11	12	13	14	15	16	17	18	19	20	21
요일	월	화	수	목	금	토	일	월	화	수	목	금	토	일	월	화	수	목	금	토	일	월	화	수	목	금	토	일	월	화
일진	乙巳	丙午	丁未	戊申	己酉	庚戌	辛亥	壬子	癸丑	甲寅	乙卯	丙辰	丁巳	戊午	己未	庚申	辛酉	壬戌	癸亥	甲子	乙丑	丙寅	丁卯	戊辰	己巳	庚午	辛未	壬申	癸酉	甲戌
대운 남	6	6	6	7	7	7	8	8	8	9	9	9	10	10	芒	1	1	1	1	2	2	2	3	3	3	4	4	4	5	夏
대운 여	5	4	4	4	3	3	3	2	2	2	1	1	1	1	種	10	10	9	9	9	8	8	8	7	7	7	6	6	6	至

閏五月小

소서 음 윤5/16 양 7/7 오후 2시25분

음력	1	2	3	4	5	6	7	8	9	10	11	12	13	14	15	16	17	18	19	20	21	22	23	24	25	26	27	28	29	
양력	6/22	23	24	25	26	27	28	29	30	7/1	2	3	4	5	6	7	8	9	10	11	12	13	14	15	16	17	18	19	20	
요일	수	목	금	토	일	월	화	수	목	금	토	일	월	화	수	목	금	토	일	월	화	수	목	금	토	일	월	화	수	
일진	乙亥	丙子	丁丑	戊寅	己卯	庚辰	辛巳	壬午	癸未	甲申	乙酉	丙戌	丁亥	戊子	己丑	庚寅	辛卯	壬辰	癸巳	甲午	乙未	丙申	丁酉	戊戌	己亥	庚子	辛丑	壬寅	癸卯	
대운 남	5	6	6	6	7	7	7	8	8	8	9	9	9	10	10	小	1	1	1	1	2	2	2	3	3	3	4	4	4	
대운 여	5	5	4	4	4	3	3	3	2	2	2	1	1	1	1	暑	10	10	10	9	9	9	8	8	8	7	7	7	6	

六月大　月建 辛未　九紫

대서 음 6/3 양 7/23 오전 7시47분 ● 입추 음 6/19 양 8/8 오전 0시17분

음력	1	2	3	4	5	6	7	8	9	10	11	12	13	14	15	16	17	18	19	20	21	22	23	24	25	26	27	28	29	30
양력	7/21	22	23	24	25	26	27	28	29	30	31	8/1	2	3	4	5	6	7	8	9	10	11	12	13	14	15	16	17	18	19
요일	목	금	토	일	월	화	수	목	금	토	일	월	화	수	목	금	토	일	월	화	수	목	금	토	일	월	화	수	목	금
일진	甲辰	乙巳	丙午	丁未	戊申	己酉	庚戌	辛亥	壬子	癸丑	甲寅	乙卯	丙辰	丁巳	戊午	己未	庚申	辛酉	壬戌	癸亥	甲子	乙丑	丙寅	丁卯	戊辰	己巳	庚午	辛未	壬申	癸酉
대운 남	5	5	大	6	6	6	7	7	7	8	8	8	9	9	9	10	10	10	立	1	1	1	1	2	2	2	3	3	3	4
대운 여	6	6	暑	5	5	4	4	4	3	3	3	2	2	2	1	1	1	1	秋	10	10	9	9	9	8	8	8	7	7	7

七月小　月建 壬申　八白

처서 음 7/4 양 8/23 오후 2시57분 ● 백로 음 7/20 양 9/8 오전 3시23분

음력	1	2	3	4	5	6	7	8	9	10	11	12	13	14	15	16	17	18	19	20	21	22	23	24	25	26	27	28	29
양력	8/20	21	22	23	24	25	26	27	28	29	30	31	9/1	2	3	4	5	6	7	8	9	10	11	12	13	14	15	16	17
요일	토	일	월	화	수	목	금	토	일	월	화	수	목	금	토	일	월	화	수	목	금	토	일	월	화	수	목	금	토
일진	甲戌	乙亥	丙子	丁丑	戊寅	己卯	庚辰	辛巳	壬午	癸未	甲申	乙酉	丙戌	丁亥	戊子	己丑	庚寅	辛卯	壬辰	癸巳	甲午	乙未	丙申	丁酉	戊戌	己亥	庚子	辛丑	壬寅
대운 남	4	4	5	處	5	6	6	6	7	7	7	8	8	8	9	9	9	10	10	白	1	1	1	1	2	2	2	3	3
대운 여	6	6	6	暑	5	5	4	4	4	3	3	3	2	2	2	1	1	1	1	露	10	9	9	9	8	8	8	7	7

八月大　月建 癸酉　七赤

추분 음 8/6 양 9/23 오후 12시48분 ● 한로 음 8/21 양 10/8 오후 7시16분

음력	1	2	3	4	5	6	7	8	9	10	11	12	13	14	15	16	17	18	19	20	21	22	23	24	25	26	27	28	29	30
양력	9/18	19	20	21	22	23	24	25	26	27	28	29	30	10/1	2	3	4	5	6	7	8	9	10	11	12	13	14	15	16	17
요일	일	월	화	수	목	금	토	일	월	화	수	목	금	토	일	월	화	수	목	금	토	일	월	화	수	목	금	토	일	월
일진	癸卯	甲辰	乙巳	丙午	丁未	戊申	己酉	庚戌	辛亥	壬子	癸丑	甲寅	乙卯	丙辰	丁巳	戊午	己未	庚申	辛酉	壬戌	癸亥	甲子	乙丑	丙寅	丁卯	戊辰	己巳	庚午	辛未	壬申
대운 남	3	4	4	4	5	秋	5	6	6	6	7	7	7	8	8	8	9	9	9	10	寒	1	1	1	1	2	2	2	3	3
대운 여	7	6	6	6	5	分	5	4	4	4	3	3	3	2	2	2	1	1	1	1	露	10	9	9	9	8	8	8	7	7

九月小　月建 甲戌　六白

상강 음 9/6 양 10/23 오후 10시24분 ● 입동 음 9/21 양 11/7 오후 10시41분

음력	1	2	3	4	5	6	7	8	9	10	11	12	13	14	15	16	17	18	19	20	21	22	23	24	25	26	27	28	29
양력	10/18	19	20	21	22	23	24	25	26	27	28	29	30	31	11/1	2	3	4	5	6	7	8	9	10	11	12	13	14	15
요일	화	수	목	금	토	일	월	화	수	목	금	토	일	월	화	수	목	금	토	일	월	화	수	목	금	토	일	월	화
일진	癸酉	甲戌	乙亥	丙子	丁丑	戊寅	己卯	庚辰	辛巳	壬午	癸未	甲申	乙酉	丙戌	丁亥	戊子	己丑	庚寅	辛卯	壬辰	癸巳	甲午	乙未	丙申	丁酉	戊戌	己亥	庚子	辛丑
대운 남	3	4	4	4	5	霜	5	6	6	6	7	7	7	8	8	8	9	9	9	10	立	1	1	1	1	2	2	2	3
대운 여	7	6	6	6	5	降	5	4	4	4	3	3	3	2	2	2	1	1	1	1	冬	10	9	9	9	8	8	8	7

十月大　月建 乙亥　五黄

소설 음 10/7 양 11/22 오후 8시11분 ● 대설 음 10/22 양 12/7 오후 3시44분

음력	1	2	3	4	5	6	7	8	9	10	11	12	13	14	15	16	17	18	19	20	21	22	23	24	25	26	27	28	29	30
양력	11/16	17	18	19	20	21	22	23	24	25	26	27	28	29	30	12/1	2	3	4	5	6	7	8	9	10	11	12	13	14	15
요일	수	목	금	토	일	월	화	수	목	금	토	일	월	화	수	목	금	토	일	월	화	수	목	금	토	일	월	화	수	목
일진	壬寅	癸卯	甲辰	乙巳	丙午	丁未	戊申	己酉	庚戌	辛亥	壬子	癸丑	甲寅	乙卯	丙辰	丁巳	戊午	己未	庚申	辛酉	壬戌	癸亥	甲子	乙丑	丙寅	丁卯	戊辰	己巳	庚午	辛未
대운 남	3	3	4	4	4	5	小	5	6	6	6	7	7	7	8	8	8	9	9	9	10	大	1	1	1	1	2	2	2	3
대운 여	7	7	6	6	6	5	雪	5	4	4	4	3	3	3	2	2	2	1	1	1	1	雪	10	9	9	9	8	8	8	7

十一月小　月建 丙子　四綠

동지 음 11/7 양 12/22 오전 9시39분 ● 소한 음 11/22 양 1/6 오전 3시2분

음력	1	2	3	4	5	6	7	8	9	10	11	12	13	14	15	16	17	18	19	20	21	22	23	24	25	26	27	28	29
양력	12/16	17	18	19	20	21	22	23	24	25	26	27	28	29	30	31	1/1	2	3	4	5	6	7	8	9	10	11	12	13
요일	금	토	일	월	화	수	목	금	토	일	월	화	수	목	금	토	일	월	화	수	목	금	토	일	월	화	수	목	금
일진	壬申	癸酉	甲戌	乙亥	丙子	丁丑	戊寅	己卯	庚辰	辛巳	壬午	癸未	甲申	乙酉	丙戌	丁亥	戊子	己丑	庚寅	辛卯	壬辰	癸巳	甲午	乙未	丙申	丁酉	戊戌	己亥	庚子
대운 남	3	3	4	4	4	5	冬	5	6	6	6	7	7	7	8	8	8	9	9	9	10	小	1	1	1	1	2	2	2
대운 여	7	7	6	6	6	5	至	5	4	4	4	3	3	3	2	2	2	1	1	1	1	寒	9	9	9	8	8	8	7

十二月小　月建 丁丑　三碧

대한 음 12/7 양 1/20 오후 8시20분 ● 입춘 음 12/22 양 2/4 오후 2시38분

음력	1	2	3	4	5	6	7	8	9	10	11	12	13	14	15	16	17	18	19	20	21	22	23	24	25	26	27	28	29
양력	1/14	15	16	17	18	19	20	21	22	23	24	25	26	27	28	29	30	31	2/1	2	3	4	5	6	7	8	9	10	11
요일	토	일	월	화	수	목	금	토	일	월	화	수	목	금	토	일	월	화	수	목	금	토	일	월	화	수	목	금	토
일진	辛丑	壬寅	癸卯	甲辰	乙巳	丙午	丁未	戊申	己酉	庚戌	辛亥	壬子	癸丑	甲寅	乙卯	丙辰	丁巳	戊午	己未	庚申	辛酉	壬戌	癸亥	甲子	乙丑	丙寅	丁卯	戊辰	己巳
대운 남	3	3	3	4	4	4	大	5	5	6	6	6	7	7	7	8	8	8	9	9	9	立	10	9	9	9	8	8	8
대운 여	7	7	6	6	6	5	寒	5	4	4	4	3	3	3	2	2	2	1	1	1	1	春	1	1	1	1	2	2	2

2040년 | 단기 4373년 # 庚申年 二日得辛 十一龍治水

南 大將軍 　 南 三殺 　 午 吊客 　 戌 喪門 　 納音五行 石榴木

正月大 　 月建 戊寅 　 二黑

우수 음 1/8 양 2/19 오전 10시22분 ● 경칩 음 1/23 양 3/5 오전 8시30분

음력	1	2	3	4	5	6	7	8	9	10	11	12	13	14	15	16	17	18	19	20	21	22	23	24	25	26	27	28	29	30
양력	2/12	13	14	15	16	17	18	19	20	21	22	23	24	25	26	27	28	29	3/1	2	3	4	5	6	7	8	9	10	11	12
요일	일	월	화	수	목	금	토	일	월	화	수	목	금	토	일	월	화	수	목	금	토	일	월	화	수	목	금	토	일	월
일진	庚午	辛未	壬申	癸酉	甲戌	乙亥	丙子	丁丑	戊寅	己卯	庚辰	辛巳	壬午	癸未	甲申	乙酉	丙戌	丁亥	戊子	己丑	庚寅	辛卯	壬辰	癸巳	甲午	乙未	丙申	丁酉	戊戌	己亥
대운 남	7	7	7	6	6	6	5	雨	5	4	4	4	3	3	3	2	2	2	1	1	1	1	驚	10	9	9	9	8	8	8
대운 여	3	3	3	4	4	4	5	水	5	6	6	6	7	7	7	8	8	8	9	9	9	10	蟄	1	1	1	1	2	2	2

二月小 　 月建 己卯 　 一白

춘분 음 2/8 양 3/20 오전 9시10분 ● 청명 음 2/23 양 4/4 오후 1시4분

음력	1	2	3	4	5	6	7	8	9	10	11	12	13	14	15	16	17	18	19	20	21	22	23	24	25	26	27	28	29
양력	3/13	14	15	16	17	18	19	20	21	22	23	24	25	26	27	28	29	30	31	4/1	2	3	4	5	6	7	8	9	10
요일	화	수	목	금	토	일	월	화	수	목	금	토	일	월	화	수	목	금	토	일	월	화	수	목	금	토	일	월	화
일진	庚子	辛丑	壬寅	癸卯	甲辰	乙巳	丙午	丁未	戊申	己酉	庚戌	辛亥	壬子	癸丑	甲寅	乙卯	丙辰	丁巳	戊午	己未	庚申	辛酉	壬戌	癸亥	甲子	乙丑	丙寅	丁卯	戊辰
대운 남	7	7	7	6	6	6	5	春	5	4	4	4	3	3	3	2	2	2	1	1	1	1	清	10	10	9	9	9	8
대운 여	3	3	3	4	4	4	5	分	5	6	6	6	7	7	7	8	8	8	9	9	9	10	明	1	1	1	1	2	2

三月大 　 月建 庚辰 　 九紫

곡우 음 3/9 양 4/19 오후 7시58분 ● 입하 음 3/25 양 5/5 오전 6시8분

음력	1	2	3	4	5	6	7	8	9	10	11	12	13	14	15	16	17	18	19	20	21	22	23	24	25	26	27	28	29	30
양력	4/11	12	13	14	15	16	17	18	19	20	21	22	23	24	25	26	27	28	29	30	5/1	2	3	4	5	6	7	8	9	10
요일	수	목	금	토	일	월	화	수	목	금	토	일	월	화	수	목	금	토	일	월	화	수	목	금	토	일	월	화	수	목
일진	己巳	庚午	辛未	壬申	癸酉	甲戌	乙亥	丙子	丁丑	戊寅	己卯	庚辰	辛巳	壬午	癸未	甲申	乙酉	丙戌	丁亥	戊子	己丑	庚寅	辛卯	壬辰	癸巳	甲午	乙未	丙申	丁酉	戊戌
대운 남	8	8	7	7	7	6	6	6	穀	5	5	4	4	4	3	3	3	2	2	2	1	1	1	1	立	10	10	9	9	9
대운 여	2	3	3	3	4	4	4	5	雨	5	6	6	6	7	7	7	8	8	8	9	9	9	10	10	夏	1	1	1	1	2

四月大 　 月建 辛巳 　 八白

소만 음 4/10 양 5/20 오후 6시54분 ● 망종 음 4/26 양 6/5 오전 10시7분

음력	1	2	3	4	5	6	7	8	9	10	11	12	13	14	15	16	17	18	19	20	21	22	23	24	25	26	27	28	29	30
양력	5/11	12	13	14	15	16	17	18	19	20	21	22	23	24	25	26	27	28	29	30	31	6/1	2	3	4	5	6	7	8	9
요일	금	토	일	월	화	수	목	금	토	일	월	화	수	목	금	토	일	월	화	수	목	금	토	일	월	화	수	목	금	토
일진	己亥	庚子	辛丑	壬寅	癸卯	甲辰	乙巳	丙午	丁未	戊申	己酉	庚戌	辛亥	壬子	癸丑	甲寅	乙卯	丙辰	丁巳	戊午	己未	庚申	辛酉	壬戌	癸亥	甲子	乙丑	丙寅	丁卯	戊辰
대운 남	8	8	8	7	7	7	6	6	6	小	5	5	4	4	4	3	3	3	2	2	2	1	1	1	1	芒	10	10	9	9
대운 여	2	2	3	3	3	4	4	4	5	滿	5	6	6	6	7	7	7	8	8	8	9	9	9	10	10	種	1	1	1	1

五月小 　 月建 壬午 　 七赤

하지 음 5/12 양 6/21 오전 2시45분 ● 소서 음 5/27 양 7/6 오후 8시18분

음력	1	2	3	4	5	6	7	8	9	10	11	12	13	14	15	16	17	18	19	20	21	22	23	24	25	26	27	28	29
양력	6/10	11	12	13	14	15	16	17	18	19	20	21	22	23	24	25	26	27	28	29	30	7/1	2	3	4	5	6	7	8
요일	일	월	화	수	목	금	토	일	월	화	수	목	금	토	일	월	화	수	목	금	토	일	월	화	수	목	금	토	일
일진	己巳	庚午	辛未	壬申	癸酉	甲戌	乙亥	丙子	丁丑	戊寅	己卯	庚辰	辛巳	壬午	癸未	甲申	乙酉	丙戌	丁亥	戊子	己丑	庚寅	辛卯	壬辰	癸巳	甲午	乙未	丙申	丁酉
대운 남	9	8	8	8	7	7	7	6	6	6	5	夏	5	4	4	4	3	3	3	2	2	2	1	1	1	1	小	10	10
대운 여	2	2	2	3	3	3	4	4	4	5	5	至	6	6	6	7	7	7	8	8	8	9	9	9	10	10	暑	1	1

六月大 　 月建 癸未 　 六白

대서 음 6/14 양 7/22 오후 1시39분 ● 입추 음 6/30 양 8/7 오전 6시9분

음력	1	2	3	4	5	6	7	8	9	10	11	12	13	14	15	16	17	18	19	20	21	22	23	24	25	26	27	28	29	30
양력	7/9	10	11	12	13	14	15	16	17	18	19	20	21	22	23	24	25	26	27	28	29	30	31	8/1	2	3	4	5	6	7
요일	월	화	수	목	금	토	일	월	화	수	목	금	토	일	월	화	수	목	금	토	일	월	화	수	목	금	토	일	월	화
일진	戊戌	己亥	庚子	辛丑	壬寅	癸卯	甲辰	乙巳	丙午	丁未	戊申	己酉	庚戌	辛亥	壬子	癸丑	甲寅	乙卯	丙辰	丁巳	戊午	己未	庚申	辛酉	壬戌	癸亥	甲子	乙丑	丙寅	丁卯
대운 남	10	9	9	9	8	8	8	7	7	7	6	6	6	大	5	5	4	4	4	3	3	3	2	2	2	1	1	1	1	立
대운 여	1	1	2	2	2	3	3	3	4	4	4	5	5	暑	6	6	6	7	7	7	8	8	8	9	9	9	10	10	10	秋

七月大　　月建 甲申　　五黃

처서 음 7/15 양 8/22 오후 8시52분

음력		1	2	3	4	5	6	7	8	9	10	11	12	13	14	15	16	17	18	19	20	21	22	23	24	25	26	27	28	29	30
양력		8/8	9	10	11	12	13	14	15	16	17	18	19	20	21	22	23	24	25	26	27	28	29	30	31	9/1	2	3	4	5	6
요일		수	목	금	토	일	월	화	수	목	금	토	일	월	화	수	목	금	토	일	월	화	수	목	금	토	일	월	화	수	목
일진		戊辰	己巳	庚午	辛未	壬申	癸酉	甲戌	乙亥	丙子	丁丑	戊寅	己卯	庚辰	辛巳	壬午	癸未	甲申	乙酉	丙戌	丁亥	戊子	己丑	庚寅	辛卯	壬辰	癸巳	甲午	乙未	丙申	丁酉
대운	남	10	10	9	9	9	8	8	8	7	7	7	6	6	6	處	5	5	4	4	4	3	3	3	2	2	2	1	1	1	1
	여	1	1	1	1	2	2	2	3	3	3	4	4	4	5	暑	5	6	6	6	7	7	7	8	8	8	9	9	9	10	10

八月小　　月建 乙酉　　四綠

백로 음 8/1 양 9/7 오전 9시13분 ● 추분 음 8/16 양 9/22 오후 6시43분

음력		1	2	3	4	5	6	7	8	9	10	11	12	13	14	15	16	17	18	19	20	21	22	23	24	25	26	27	28	29	
양력		9/7	8	9	10	11	12	13	14	15	16	17	18	19	20	21	22	23	24	25	26	27	28	29	30	10/1	2	3	4	5	
요일		금	토	일	월	화	수	목	금	토	일	월	화	수	목	금	토	일	월	화	수	목	금	토	일	월	화	수	목	금	
일진		戊戌	己亥	庚子	辛丑	壬寅	癸卯	甲辰	乙巳	丙午	丁未	戊申	己酉	庚戌	辛亥	壬子	癸丑	甲寅	乙卯	丙辰	丁巳	戊午	己未	庚申	辛酉	壬戌	癸亥	甲子	乙丑	丙寅	
대운	남	白	10	10	9	9	9	8	8	8	7	7	7	6	6	6	秋	5	5	4	4	4	3	3	3	2	2	2	1	1	
	여	露	1	1	1	1	2	2	2	3	3	3	4	4	4	5	分	5	6	6	6	7	7	7	8	8	8	9	9	9	

九月大　　月建 丙戌　　三碧

한로 음 9/3 양 10/8 오전 1시4분 ● 상강 음 9/18 양 10/23 오전 4시18분

음력		1	2	3	4	5	6	7	8	9	10	11	12	13	14	15	16	17	18	19	20	21	22	23	24	25	26	27	28	29	30
양력		10/6	7	8	9	10	11	12	13	14	15	16	17	18	19	20	21	22	23	24	25	26	27	28	29	30	31	11/1	2	3	4
요일		토	일	월	화	수	목	금	토	일	월	화	수	목	금	토	일	월	화	수	목	금	토	일	월	화	수	목	금	토	일
일진		丁卯	戊辰	己巳	庚午	辛未	壬申	癸酉	甲戌	乙亥	丙子	丁丑	戊寅	己卯	庚辰	辛巳	壬午	癸未	甲申	乙酉	丙戌	丁亥	戊子	己丑	庚寅	辛卯	壬辰	癸巳	甲午	乙未	丙申
대운	남	1	1	寒	10	9	9	9	8	8	8	7	7	7	6	6	6	5	霜	5	4	4	4	3	3	3	2	2	2	1	1
	여	10	10	露	1	1	1	1	2	2	2	3	3	3	4	4	4	5	降	5	6	6	6	7	7	7	8	8	8	9	9

十月小　　月建 丁亥　　二黑

입동 음 10/3 양 11/7 오전 4시28분 ● 소설 음 10/18 양 11/22 오전 2시4분

음력		1	2	3	4	5	6	7	8	9	10	11	12	13	14	15	16	17	18	19	20	21	22	23	24	25	26	27	28	29	
양력		11/5	6	7	8	9	10	11	12	13	14	15	16	17	18	19	20	21	22	23	24	25	26	27	28	29	30	12/1	2	3	
요일		월	화	수	목	금	토	일	월	화	수	목	금	토	일	월	화	수	목	금	토	일	월	화	수	목	금	토	일	월	
일진		丁酉	戊戌	己亥	庚子	辛丑	壬寅	癸卯	甲辰	乙巳	丙午	丁未	戊申	己酉	庚戌	辛亥	壬子	癸丑	甲寅	乙卯	丙辰	丁巳	戊午	己未	庚申	辛酉	壬戌	癸亥	甲子	乙丑	
대운	남	1	1	立	9	9	9	8	8	8	7	7	7	6	6	6	5	5	小	4	4	4	3	3	3	2	2	2	1	1	
	여	9	10	冬	1	1	1	1	2	2	2	3	3	3	4	4	4	5	雪	5	6	6	6	7	7	7	8	8	8	9	

十一月大　　月建 戊子　　一白

대설 음 11/3 양 12/6 오후 9시29분 ● 동지 음 11/18 양 12/21 오후 3시31분

음력		1	2	3	4	5	6	7	8	9	10	11	12	13	14	15	16	17	18	19	20	21	22	23	24	25	26	27	28	29	30
양력		12/4	5	6	7	8	9	10	11	12	13	14	15	16	17	18	19	20	21	22	23	24	25	26	27	28	29	30	31	1/1	2
요일		화	수	목	금	토	일	월	화	수	목	금	토	일	월	화	수	목	금	토	일	월	화	수	목	금	토	일	월	화	수
일진		丙寅	丁卯	戊辰	己巳	庚午	辛未	壬申	癸酉	甲戌	乙亥	丙子	丁丑	戊寅	己卯	庚辰	辛巳	壬午	癸未	甲申	乙酉	丙戌	丁亥	戊子	己丑	庚寅	辛卯	壬辰	癸巳	甲午	乙未
대운	남	1	1	大	10	9	9	9	8	8	8	7	7	7	6	6	6	5	冬	5	4	4	4	3	3	3	2	2	2	1	1
	여	9	9	雪	1	1	1	1	2	2	2	3	3	3	4	4	4	5	至	5	6	6	6	7	7	7	8	8	8	9	9

十二月小　　月建 己丑　　九紫

소한 음 12/3 양 1/5 오전 8시47분 ● 대한 음 12/18 양 1/20 오전 2시12분

음력		1	2	3	4	5	6	7	8	9	10	11	12	13	14	15	16	17	18	19	20	21	22	23	24	25	26	27	28	29	
양력		1/3	4	5	6	7	8	9	10	11	12	13	14	15	16	17	18	19	20	21	22	23	24	25	26	27	28	29	30	31	
요일		목	금	토	일	월	화	수	목	금	토	일	월	화	수	목	금	토	일	월	화	수	목	금	토	일	월	화	수	목	
일진		丙申	丁酉	戊戌	己亥	庚子	辛丑	壬寅	癸卯	甲辰	乙巳	丙午	丁未	戊申	己酉	庚戌	辛亥	壬子	癸丑	甲寅	乙卯	丙辰	丁巳	戊午	己未	庚申	辛酉	壬戌	癸亥	甲子	
대운	남	1	1	小	9	9	9	8	8	8	7	7	7	6	6	6	5	5	大	4	4	4	3	3	3	2	2	2	1	1	
	여	9	10	寒	1	1	1	1	2	2	2	3	3	3	4	4	4	5	寒	5	6	6	6	7	7	7	8	8	8	9	

2041년 | 단기 4374년 辛酉年

七日得辛 四龍治水

南 大將軍 東 三殺 未 吊客 亥 喪門

納音五行 石榴木

正月大 月建 庚寅 八白

입춘 음 1/3 양 2/3 오후 8시24분 ● 우수 음 1/18 양 2/18 오후 4시16분

음력	1	2	3	4	5	6	7	8	9	10	11	12	13	14	15	16	17	18	19	20	21	22	23	24	25	26	27	28	29	30
양력	2/1	2	3	4	5	6	7	8	9	10	11	12	13	14	15	16	17	18	19	20	21	22	23	24	25	26	27	28	3/1	2
요일	금	토	일	월	화	수	목	금	토	일	월	화	수	목	금	토	일	월	화	수	목	금	토	일	월	화	수	목	금	토
일진	乙丑	丙寅	丁卯	戊辰	己巳	庚午	辛未	壬申	癸酉	甲戌	乙亥	丙子	丁丑	戊寅	己卯	庚辰	辛巳	壬午	癸未	甲申	乙酉	丙戌	丁亥	戊子	己丑	庚寅	辛卯	壬辰	癸巳	甲午
대운 남	1	1	立春	1	1	1	1	2	2	2	3	3	3	4	4	4	5	雨水	5	6	6	6	7	7	7	8	8	8	9	9
대운 여	9	9		10	9	9	9	8	8	8	7	7	7	6	6	6	5		5	4	4	4	3	3	3	2	2	2	1	1

二月小 月建 辛卯 七赤

경칩 음 2/3 양 3/5 오후 2시16분 ● 춘분 음 2/18 양 3/20 오후 3시5분

음력	1	2	3	4	5	6	7	8	9	10	11	12	13	14	15	16	17	18	19	20	21	22	23	24	25	26	27	28	29
양력	3/3	4	5	6	7	8	9	10	11	12	13	14	15	16	17	18	19	20	21	22	23	24	25	26	27	28	29	30	31
요일	일	월	화	수	목	금	토	일	월	화	수	목	금	토	일	월	화	수	목	금	토	일	월	화	수	목	금	토	일
일진	乙未	丙申	丁酉	戊戌	己亥	庚子	辛丑	壬寅	癸卯	甲辰	乙巳	丙午	丁未	戊申	己酉	庚戌	辛亥	壬子	癸丑	甲寅	乙卯	丙辰	丁巳	戊午	己未	庚申	辛酉	壬戌	癸亥
대운 남	9	10	驚蟄	1	1	1	1	2	2	2	3	3	3	4	4	4	5	春分	5	6	6	6	7	7	7	8	8	8	9
대운 여	1	1		10	9	9	9	8	8	8	7	7	7	6	6	6	5		5	4	4	4	3	3	3	2	2	2	1

三月小 月建 壬辰 六白

청명 음 3/4 양 4/4 오후 6시51분 ● 곡우 음 3/20 양 4/20 오전 1시53분

음력	1	2	3	4	5	6	7	8	9	10	11	12	13	14	15	16	17	18	19	20	21	22	23	24	25	26	27	28	29
양력	4/1	2	3	4	5	6	7	8	9	10	11	12	13	14	15	16	17	18	19	20	21	22	23	24	25	26	27	28	29
요일	월	화	수	목	금	토	일	월	화	수	목	금	토	일	월	화	수	목	금	토	일	월	화	수	목	금	토	일	월
일진	甲子	乙丑	丙寅	丁卯	戊辰	己巳	庚午	辛未	壬申	癸酉	甲戌	乙亥	丙子	丁丑	戊寅	己卯	庚辰	辛巳	壬午	癸未	甲申	乙酉	丙戌	丁亥	戊子	己丑	庚寅	辛卯	壬辰
대운 남	9	9	10	清明	1	1	1	1	2	2	2	3	3	3	4	4	4	5	5	穀雨	6	6	6	7	7	7	8	8	8
대운 여	1	1	1		10	10	9	9	9	8	8	8	7	7	7	6	6	6	5		5	4	4	4	3	3	3	2	2

四月大 月建 癸巳 五黄

입하 음 4/6 양 5/5 오전 11시53분 ● 소만 음 4/22 양 5/21 오전 0시47분

음력	1	2	3	4	5	6	7	8	9	10	11	12	13	14	15	16	17	18	19	20	21	22	23	24	25	26	27	28	29	30
양력	4/30	5/1	2	3	4	5	6	7	8	9	10	11	12	13	14	15	16	17	18	19	20	21	22	23	24	25	26	27	28	29
요일	화	수	목	금	토	일	월	화	수	목	금	토	일	월	화	수	목	금	토	일	월	화	수	목	금	토	일	월	화	수
일진	癸巳	甲午	乙未	丙申	丁酉	戊戌	己亥	庚子	辛丑	壬寅	癸卯	甲辰	乙巳	丙午	丁未	戊申	己酉	庚戌	辛亥	壬子	癸丑	甲寅	乙卯	丙辰	丁巳	戊午	己未	庚申	辛酉	壬戌
대운 남	9	9	9	10	10	立夏	1	1	1	1	2	2	2	3	3	3	4	4	4	5	5	小滿	6	6	6	7	7	7	8	8
대운 여	2	1	1	1	1		10	10	9	9	9	8	8	8	7	7	7	6	6	6	5		5	4	4	4	3	3	3	2

五月小 月建 甲午 四綠

망종 음 5/7 양 6/5 오후 3시48분 ● 하지 음 5/23 양 6/21 오전 8시34분

음력	1	2	3	4	5	6	7	8	9	10	11	12	13	14	15	16	17	18	19	20	21	22	23	24	25	26	27	28	29
양력	5/30	31	6/1	2	3	4	5	6	7	8	9	10	11	12	13	14	15	16	17	18	19	20	21	22	23	24	25	26	27
요일	목	금	토	일	월	화	수	목	금	토	일	월	화	수	목	금	토	일	월	화	수	목	금	토	일	월	화	수	목
일진	癸亥	甲子	乙丑	丙寅	丁卯	戊辰	己巳	庚午	辛未	壬申	癸酉	甲戌	乙亥	丙子	丁丑	戊寅	己卯	庚辰	辛巳	壬午	癸未	甲申	乙酉	丙戌	丁亥	戊子	己丑	庚寅	辛卯
대운 남	8	9	9	9	10	10	芒種	1	1	1	1	2	2	2	3	3	3	4	4	4	5	5	夏至	6	6	6	7	7	7
대운 여	2	2	1	1	1	1		10	10	10	9	9	9	8	8	8	7	7	7	6	6	6		5	5	4	4	4	3

六月大 月建 乙未 三碧

소서 음 6/10 양 7/7 오전 1시57분 ● 대서 음 6/25 양 7/22 오후 7시25분

음력	1	2	3	4	5	6	7	8	9	10	11	12	13	14	15	16	17	18	19	20	21	22	23	24	25	26	27	28	29	30
양력	6/28	29	30	7/1	2	3	4	5	6	7	8	9	10	11	12	13	14	15	16	17	18	19	20	21	22	23	24	25	26	27
요일	금	토	일	월	화	수	목	금	토	일	월	화	수	목	금	토	일	월	화	수	목	금	토	일	월	화	수	목	금	토
일진	壬辰	癸巳	甲午	乙未	丙申	丁酉	戊戌	己亥	庚子	辛丑	壬寅	癸卯	甲辰	乙巳	丙午	丁未	戊申	己酉	庚戌	辛亥	壬子	癸丑	甲寅	乙卯	丙辰	丁巳	戊午	己未	庚申	辛酉
대운 남	8	8	8	9	9	9	10	10	10	小暑	1	1	1	1	2	2	2	3	3	3	4	4	4	5	大暑	5	6	6	6	7
대운 여	3	3	2	2	2	1	1	1	1		10	10	9	9	9	8	8	8	7	7	7	6	6	6		5	5	4	4	4

七月大 月建 丙申 二黑 입추 음 7/11 양 8/7 오전 11시47분 ● 처서 음 7/27 양 8/23 오전 2시35분

음력	1	2	3	4	5	6	7	8	9	10	11	12	13	14	15	16	17	18	19	20	21	22	23	24	25	26	27	28	29	30
양력	7/28	29	30	31	8/1	2	3	4	5	6	7	8	9	10	11	12	13	14	15	16	17	18	19	20	21	22	23	24	25	26
요일	일	월	화	수	목	금	토	일	월	화	수	목	금	토	일	월	화	수	목	금	토	일	월	화	수	목	금	토	일	월
일진	壬戌	癸亥	甲子	乙丑	丙寅	丁卯	戊辰	己巳	庚午	辛未	壬申	癸酉	甲戌	乙亥	丙子	丁丑	戊寅	己卯	庚辰	辛巳	壬午	癸未	甲申	乙酉	丙戌	丁亥	戊子	己丑	庚寅	辛卯
대운 남	7	7	8	8	8	9	9	9	10	10	立	1	1	1	1	2	2	2	3	3	3	4	4	4	5	5	處	6	6	6
대운 여	3	3	3	2	2	2	1	1	1	1	秋	10	10	9	9	9	8	8	8	7	7	7	6	6	6	5	暑	5	4	4

八月小 月建 丁酉 一白 백로 음 8/12 양 9/7 오후 2시52분 ● 추분 음 8/28 양 9/23 오전 0시25분

음력	1	2	3	4	5	6	7	8	9	10	11	12	13	14	15	16	17	18	19	20	21	22	23	24	25	26	27	28	29	
양력	8/27	28	29	30	31	9/1	2	3	4	5	6	7	8	9	10	11	12	13	14	15	16	17	18	19	20	21	22	23	24	
요일	화	수	목	금	토	일	월	화	수	목	금	토	일	월	화	수	목	금	토	일	월	화	수	목	금	토	일	월	화	
일진	壬辰	癸巳	甲午	乙未	丙申	丁酉	戊戌	己亥	庚子	辛丑	壬寅	癸卯	甲辰	乙巳	丙午	丁未	戊申	己酉	庚戌	辛亥	壬子	癸丑	甲寅	乙卯	丙辰	丁巳	戊午	己未	庚申	
대운 남	7	7	7	8	8	8	9	9	9	10	10	白	1	1	1	1	2	2	2	3	3	3	4	4	4	5	5	秋	6	
대운 여	4	3	3	3	2	2	2	1	1	1	1	露	10	10	9	9	9	8	8	8	7	7	7	6	6	6	5	分	5	

九月大 月建 戊戌 九紫 한로 음 9/14 양 10/8 오전 6시45분 ● 상강 음 9/29 양 10/23 오전 10시0분

음력	1	2	3	4	5	6	7	8	9	10	11	12	13	14	15	16	17	18	19	20	21	22	23	24	25	26	27	28	29	30
양력	9/25	26	27	28	29	30	10/1	2	3	4	5	6	7	8	9	10	11	12	13	14	15	16	17	18	19	20	21	22	23	24
요일	수	목	금	토	일	월	화	수	목	금	토	일	월	화	수	목	금	토	일	월	화	수	목	금	토	일	월	화	수	목
일진	辛酉	壬戌	癸亥	甲子	乙丑	丙寅	丁卯	戊辰	己巳	庚午	辛未	壬申	癸酉	甲戌	乙亥	丙子	丁丑	戊寅	己卯	庚辰	辛巳	壬午	癸未	甲申	乙酉	丙戌	丁亥	戊子	己丑	庚寅
대운 남	6	6	7	7	7	8	8	8	9	9	9	10	10	寒	1	1	1	1	2	2	2	3	3	3	4	4	4	5	霜	5
대운 여	4	4	4	3	3	3	2	2	2	1	1	1	1	露	10	9	9	9	8	8	8	7	7	7	6	6	6	5	降	5

十月大 月建 己亥 八白 입동 음 10/14 양 11/7 오전 10시12분 ● 소설 음 10/29 양 11/22 오전 7시48분

음력	1	2	3	4	5	6	7	8	9	10	11	12	13	14	15	16	17	18	19	20	21	22	23	24	25	26	27	28	29	30
양력	10/25	26	27	28	29	30	31	11/1	2	3	4	5	6	7	8	9	10	11	12	13	14	15	16	17	18	19	20	21	22	23
요일	금	토	일	월	화	수	목	금	토	일	월	화	수	목	금	토	일	월	화	수	목	금	토	일	월	화	수	목	금	토
일진	辛卯	壬辰	癸巳	甲午	乙未	丙申	丁酉	戊戌	己亥	庚子	辛丑	壬寅	癸卯	甲辰	乙巳	丙午	丁未	戊申	己酉	庚戌	辛亥	壬子	癸丑	甲寅	乙卯	丙辰	丁巳	戊午	己未	庚申
대운 남	6	6	6	7	7	7	8	8	8	9	9	9	10	立	1	1	1	1	2	2	2	3	3	3	4	4	4	5	小	5
대운 여	4	4	4	3	3	3	2	2	2	1	1	1	1	冬	10	9	9	9	8	8	8	7	7	7	6	6	6	5	雪	5

十一月小 月建 庚子 七赤 대설 음 11/14 양 12/7 오전 3시14분 ● 동지 음 11/28 양 12/21 오후 9시17분

음력	1	2	3	4	5	6	7	8	9	10	11	12	13	14	15	16	17	18	19	20	21	22	23	24	25	26	27	28	29	
양력	11/24	25	26	27	28	29	30	12/1	2	3	4	5	6	7	8	9	10	11	12	13	14	15	16	17	18	19	20	21	22	
요일	일	월	화	수	목	금	토	일	월	화	수	목	금	토	일	월	화	수	목	금	토	일	월	화	수	목	금	토	일	
일진	辛酉	壬戌	癸亥	甲子	乙丑	丙寅	丁卯	戊辰	己巳	庚午	辛未	壬申	癸酉	甲戌	乙亥	丙子	丁丑	戊寅	己卯	庚辰	辛巳	壬午	癸未	甲申	乙酉	丙戌	丁亥	戊子	己丑	
대운 남	6	6	6	7	7	7	8	8	8	9	9	9	10	大	1	1	1	1	2	2	2	3	3	3	4	4	4	冬	5	
대운 여	4	4	4	3	3	3	2	2	2	1	1	1	1	雪	9	9	9	8	8	8	7	7	7	6	6	6	5	至	5	

十二月大 月建 辛丑 六白 소한 음 12/14 양 1/5 오후 2시34분 ● 대한 음 12/29 양 1/20 오전 7시59분

음력	1	2	3	4	5	6	7	8	9	10	11	12	13	14	15	16	17	18	19	20	21	22	23	24	25	26	27	28	29	30
양력	12/23	24	25	26	27	28	29	30	31	1/1	2	3	4	5	6	7	8	9	10	11	12	13	14	15	16	17	18	19	20	21
요일	월	화	수	목	금	토	일	월	화	수	목	금	토	일	월	화	수	목	금	토	일	월	화	수	목	금	토	일	월	화
일진	庚寅	辛卯	壬辰	癸巳	甲午	乙未	丙申	丁酉	戊戌	己亥	庚子	辛丑	壬寅	癸卯	甲辰	乙巳	丙午	丁未	戊申	己酉	庚戌	辛亥	壬子	癸丑	甲寅	乙卯	丙辰	丁巳	戊午	己未
대운 남	5	6	6	6	7	7	7	8	8	8	9	9	9	小	1	1	1	1	2	2	2	3	3	3	4	4	4	5	大	5
대운 여	4	4	4	3	3	3	2	2	2	1	1	1	1	寒	10	9	9	9	8	8	8	7	7	7	6	6	6	5	寒	5

2042년 | 단기 4375년 壬戌年

二日得辛 九龍治水

南 大將軍　北 三殺　申 吊客　子 喪門

納音五行 大海水

正月小　月建 壬寅　五黃

입춘 음 1/14 양 2/4 오전 2시11분 ● 우수 음 1/28 양 2/18 오후 10시3분

음력	1	2	3	4	5	6	7	8	9	10	11	12	13	14	15	16	17	18	19	20	21	22	23	24	25	26	27	28	29
양력	1/22	23	24	25	26	27	28	29	30	31	2/1	2	3	4	5	6	7	8	9	10	11	12	13	14	15	16	17	18	19
요일	수	목	금	토	일	월	화	수	목	금	토	일	월	화	수	목	금	토	일	월	화	수	목	금	토	일	월	화	수
일진	庚申	辛酉	壬戌	癸亥	甲子	乙丑	丙寅	丁卯	戊辰	己巳	庚午	辛未	壬申	癸酉	甲戌	乙亥	丙子	丁丑	戊寅	己卯	庚辰	辛巳	壬午	癸未	甲申	乙酉	丙戌	丁亥	戊子
대운 남	6	6	6	7	7	7	8	8	8	9	9	9	10	立	9	9	9	8	8	8	7	7	7	6	6	6	5	雨	5
대운 여	4	4	4	3	3	3	2	2	2	1	1	1	1	春	1	1	1	1	2	2	2	3	3	3	4	4	4	水	5

二月大　月建 癸卯　四綠

경칩 음 2/14 양 3/5 오후 8시4분 ● 춘분 음 2/29 양 3/20 오후 8시52분

음력	1	2	3	4	5	6	7	8	9	10	11	12	13	14	15	16	17	18	19	20	21	22	23	24	25	26	27	28	29	30
양력	2/20	21	22	23	24	25	26	27	28	3/1	2	3	4	5	6	7	8	9	10	11	12	13	14	15	16	17	18	19	20	21
요일	목	금	토	일	월	화	수	목	금	토	일	월	화	수	목	금	토	일	월	화	수	목	금	토	일	월	화	수	목	금
일진	己丑	庚寅	辛卯	壬辰	癸巳	甲午	乙未	丙申	丁酉	戊戌	己亥	庚子	辛丑	壬寅	癸卯	甲辰	乙巳	丙午	丁未	戊申	己酉	庚戌	辛亥	壬子	癸丑	甲寅	乙卯	丙辰	丁巳	戊午
대운 남	4	4	4	3	3	3	2	2	2	1	1	1	1	驚	10	10	9	9	9	8	8	8	7	7	7	6	6	6	春	5
대운 여	5	6	6	6	7	7	7	8	8	8	9	9	9	蟄	1	1	1	1	2	2	2	3	3	3	4	4	4	5	分	5

閏二月小

청명 음 윤2/15 양 4/5 오전 0시39분

음력	1	2	3	4	5	6	7	8	9	10	11	12	13	14	15	16	17	18	19	20	21	22	23	24	25	26	27	28	29
양력	3/22	23	24	25	26	27	28	29	30	31	4/1	2	3	4	5	6	7	8	9	10	11	12	13	14	15	16	17	18	19
요일	토	일	월	화	수	목	금	토	일	월	화	수	목	금	토	일	월	화	수	목	금	토	일	월	화	수	목	금	토
일진	己未	庚申	辛酉	壬戌	癸亥	甲子	乙丑	丙寅	丁卯	戊辰	己巳	庚午	辛未	壬申	癸酉	甲戌	乙亥	丙子	丁丑	戊寅	己卯	庚辰	辛巳	壬午	癸未	甲申	乙酉	丙戌	丁亥
대운 남	5	4	4	4	3	3	3	2	2	2	1	1	1	1	清	10	9	9	9	8	8	8	7	7	7	6	6	6	5
대운 여	6	6	6	7	7	7	8	8	8	9	9	9	10	10	明	1	1	1	1	2	2	2	3	3	3	4	4	4	5

三月小　月建 甲辰　三碧

곡우 음 3/1 양 4/20 오전 7시38분 ● 입하 음 3/16 양 5/5 오후 5시41분

음력	1	2	3	4	5	6	7	8	9	10	11	12	13	14	15	16	17	18	19	20	21	22	23	24	25	26	27	28	29
양력	4/20	21	22	23	24	25	26	27	28	29	30	5/1	2	3	4	5	6	7	8	9	10	11	12	13	14	15	16	17	18
요일	일	월	화	수	목	금	토	일	월	화	수	목	금	토	일	월	화	수	목	금	토	일	월	화	수	목	금	토	일
일진	戊子	己丑	庚寅	辛卯	壬辰	癸巳	甲午	乙未	丙申	丁酉	戊戌	己亥	庚子	辛丑	壬寅	癸卯	甲辰	乙巳	丙午	丁未	戊申	己酉	庚戌	辛亥	壬子	癸丑	甲寅	乙卯	丙辰
대운 남	穀	5	4	4	4	3	3	3	2	2	2	1	1	1	1	立	10	10	9	9	9	8	8	8	7	7	7	6	6
대운 여	雨	5	6	6	6	7	7	7	8	8	8	9	9	9	10	夏	1	1	1	1	2	2	2	3	3	3	4	4	4

四月大　月建 乙巳　二黑

소만 음 4/3 양 5/21 오전 6시30분 ● 망종 음 4/18 양 6/5 오후 9시37분

음력	1	2	3	4	5	6	7	8	9	10	11	12	13	14	15	16	17	18	19	20	21	22	23	24	25	26	27	28	29	30
양력	5/19	20	21	22	23	24	25	26	27	28	29	30	31	6/1	2	3	4	5	6	7	8	9	10	11	12	13	14	15	16	17
요일	월	화	수	목	금	토	일	월	화	수	목	금	토	일	월	화	수	목	금	토	일	월	화	수	목	금	토	일	월	화
일진	丁巳	戊午	己未	庚申	辛酉	壬戌	癸亥	甲子	乙丑	丙寅	丁卯	戊辰	己巳	庚午	辛未	壬申	癸酉	甲戌	乙亥	丙子	丁丑	戊寅	己卯	庚辰	辛巳	壬午	癸未	甲申	乙酉	丙戌
대운 남	6	5	小	5	4	4	4	3	3	3	2	2	2	1	1	1	1	芒	10	10	10	9	9	9	8	8	8	7	7	7
대운 여	5	5	滿	6	6	6	7	7	7	8	8	8	9	9	9	10	10	種	1	1	1	1	2	2	2	3	3	3	4	4

五月小　月建 丙午　一白

하지 음 5/4 양 6/21 오후 2시14분 ● 소서 음 5/20 양 7/7 오전 7시46분

음력	1	2	3	4	5	6	7	8	9	10	11	12	13	14	15	16	17	18	19	20	21	22	23	24	25	26	27	28	29
양력	6/18	19	20	21	22	23	24	25	26	27	28	29	30	7/1	2	3	4	5	6	7	8	9	10	11	12	13	14	15	16
요일	수	목	금	토	일	월	화	수	목	금	토	일	월	화	수	목	금	토	일	월	화	수	목	금	토	일	월	화	수
일진	丁亥	戊子	己丑	庚寅	辛卯	壬辰	癸巳	甲午	乙未	丙申	丁酉	戊戌	己亥	庚子	辛丑	壬寅	癸卯	甲辰	乙巳	丙午	丁未	戊申	己酉	庚戌	辛亥	壬子	癸丑	甲寅	乙卯
대운 남	6	6	6	夏	5	5	4	4	4	3	3	3	2	2	2	1	1	1	1	小	10	10	9	9	9	8	8	8	7
대운 여	4	5	5	至	6	6	6	7	7	7	8	8	8	9	9	9	10	10	10	暑	1	1	1	1	2	2	2	3	3

六月大 月建 丁未 九紫

대서 음 6/7 양 7/23 오전 1시5분 ● 입추 음 6/22 양 8/7 오후 5시37분

음력	1	2	3	4	5	6	7	8	9	10	11	12	13	14	15	16	17	18	19	20	21	22	23	24	25	26	27	28	29	30
양력	7/17	18	19	20	21	22	23	24	25	26	27	28	29	30	31	8/1	2	3	4	5	6	7	8	9	10	11	12	13	14	15
요일	목	금	토	일	월	화	수	목	금	토	일	월	화	수	목	금	토	일	월	화	수	목	금	토	일	월	화	수	목	금
일진	丙辰	丁巳	戊午	己未	庚申	辛酉	壬戌	癸亥	甲子	乙丑	丙寅	丁卯	戊辰	己巳	庚午	辛未	壬申	癸酉	甲戌	乙亥	丙子	丁丑	戊寅	己卯	庚辰	辛巳	壬午	癸未	甲申	乙酉
대운 남	7	7	6	6	6	5	大	5	4	4	4	3	3	3	2	2	2	1	1	1	1	立	10	10	9	9	9	8	8	8
대운 여	3	4	4	4	5	5	暑	6	6	6	7	7	7	8	8	8	9	9	9	10	10	秋	1	1	1	1	2	2	2	3

七月小 月建 戊申 八白

처서 음 7/8 양 8/23 오전 8시17분 ● 백로 음 7/23 양 9/7 오후 8시44분

음력	1	2	3	4	5	6	7	8	9	10	11	12	13	14	15	16	17	18	19	20	21	22	23	24	25	26	27	28	29
양력	8/16	17	18	19	20	21	22	23	24	25	26	27	28	29	30	31	9/1	2	3	4	5	6	7	8	9	10	11	12	13
요일	토	일	월	화	수	목	금	토	일	월	화	수	목	금	토	일	월	화	수	목	금	토	일	월	화	수	목	금	토
일진	丙戌	丁亥	戊子	己丑	庚寅	辛卯	壬辰	癸巳	甲午	乙未	丙申	丁酉	戊戌	己亥	庚子	辛丑	壬寅	癸卯	甲辰	乙巳	丙午	丁未	戊申	己酉	庚戌	辛亥	壬子	癸丑	甲寅
대운 남	7	7	7	6	6	6	5	處	5	4	4	4	3	3	3	2	2	2	1	1	1	1	白	10	10	9	9	9	8
대운 여	3	3	4	4	4	5	5	暑	6	6	6	7	7	7	8	8	8	9	9	9	10	10	露	1	1	1	1	2	2

八月大 月建 己酉 七赤

추분 음 8/10 양 9/23 오전 6시10분 ● 한로 음 8/25 양 10/8 오후 12시39분

음력	1	2	3	4	5	6	7	8	9	10	11	12	13	14	15	16	17	18	19	20	21	22	23	24	25	26	27	28	29	30
양력	9/14	15	16	17	18	19	20	21	22	23	24	25	26	27	28	29	30	10/1	2	3	4	5	6	7	8	9	10	11	12	13
요일	일	월	화	수	목	금	토	일	월	화	수	목	금	토	일	월	화	수	목	금	토	일	월	화	수	목	금	토	일	월
일진	乙卯	丙辰	丁巳	戊午	己未	庚申	辛酉	壬戌	癸亥	甲子	乙丑	丙寅	丁卯	戊辰	己巳	庚午	辛未	壬申	癸酉	甲戌	乙亥	丙子	丁丑	戊寅	己卯	庚辰	辛巳	壬午	癸未	甲申
대운 남	8	8	7	7	7	6	6	6	5	秋	5	4	4	4	3	3	3	2	2	2	1	1	1	1	寒	10	9	9	9	8
대운 여	2	3	3	3	4	4	4	5	5	分	6	6	6	7	7	7	8	8	8	9	9	9	10	10	露	1	1	1	1	2

九月大 月建 庚戌 六白

상강 음 9/10 양 10/23 오후 3시48분 ● 입동 음 9/25 양 11/7 오후 4시6분

음력	1	2	3	4	5	6	7	8	9	10	11	12	13	14	15	16	17	18	19	20	21	22	23	24	25	26	27	28	29	30
양력	10/14	15	16	17	18	19	20	21	22	23	24	25	26	27	28	29	30	31	11/1	2	3	4	5	6	7	8	9	10	11	12
요일	화	수	목	금	토	일	월	화	수	목	금	토	일	월	화	수	목	금	토	일	월	화	수	목	금	토	일	월	화	수
일진	乙酉	丙戌	丁亥	戊子	己丑	庚寅	辛卯	壬辰	癸巳	甲午	乙未	丙申	丁酉	戊戌	己亥	庚子	辛丑	壬寅	癸卯	甲辰	乙巳	丙午	丁未	戊申	己酉	庚戌	辛亥	壬子	癸丑	甲寅
대운 남	8	8	7	7	7	6	6	6	5	霜	5	4	4	4	3	3	3	2	2	2	1	1	1	1	立	10	9	9	9	8
대운 여	2	2	3	3	3	4	4	4	5	降	5	6	6	6	7	7	7	8	8	8	9	9	9	10	冬	1	1	1	1	2

十月小 月建 辛亥 五黃

소설 음 10/10 양 11/22 오후 1시36분 ● 대설 음 10/25 양 12/7 오전 9시8분

음력	1	2	3	4	5	6	7	8	9	10	11	12	13	14	15	16	17	18	19	20	21	22	23	24	25	26	27	28	29
양력	11/13	14	15	16	17	18	19	20	21	22	23	24	25	26	27	28	29	30	12/1	2	3	4	5	6	7	8	9	10	11
요일	목	금	토	일	월	화	수	목	금	토	일	월	화	수	목	금	토	일	월	화	수	목	금	토	일	월	화	수	목
일진	乙卯	丙辰	丁巳	戊午	己未	庚申	辛酉	壬戌	癸亥	甲子	乙丑	丙寅	丁卯	戊辰	己巳	庚午	辛未	壬申	癸酉	甲戌	乙亥	丙子	丁丑	戊寅	己卯	庚辰	辛巳	壬午	癸未
대운 남	8	8	7	7	7	6	6	6	5	小	5	4	4	4	3	3	3	2	2	2	1	1	1	1	大	9	9	9	8
대운 여	2	2	3	3	3	4	4	4	5	雪	5	6	6	6	7	7	7	8	8	8	9	9	9	10	雪	1	1	1	1

十一月大 月建 壬子 四綠

동지 음 11/11 양 12/22 오전 3시3분 ● 소한 음 11/25 양 1/5 오후 8시24분

음력	1	2	3	4	5	6	7	8	9	10	11	12	13	14	15	16	17	18	19	20	21	22	23	24	25	26	27	28	29	30
양력	12/12	13	14	15	16	17	18	19	20	21	22	23	24	25	26	27	28	29	30	31	1/1	2	3	4	5	6	7	8	9	10
요일	금	토	일	월	화	수	목	금	토	일	월	화	수	목	금	토	일	월	화	수	목	금	토	일	월	화	수	목	금	토
일진	甲申	乙酉	丙戌	丁亥	戊子	己丑	庚寅	辛卯	壬辰	癸巳	甲午	乙未	丙申	丁酉	戊戌	己亥	庚子	辛丑	壬寅	癸卯	甲辰	乙巳	丙午	丁未	戊申	己酉	庚戌	辛亥	壬子	癸丑
대운 남	8	8	7	7	7	6	6	6	5	5	冬	4	4	4	3	3	3	2	2	2	1	1	1	1	小	10	9	9	9	8
대운 여	2	2	2	3	3	3	4	4	4	5	至	5	6	6	6	7	7	7	8	8	8	9	9	9	寒	1	1	1	1	2

十二月大 月建 癸丑 三碧

대한 음 12/10 양 1/20 오후 1시40분 ● 입춘 음 12/25 양 2/4 오전 7시57분

음력	1	2	3	4	5	6	7	8	9	10	11	12	13	14	15	16	17	18	19	20	21	22	23	24	25	26	27	28	29	30
양력	1/11	12	13	14	15	16	17	18	19	20	21	22	23	24	25	26	27	28	29	30	31	2/1	2	3	4	5	6	7	8	9
요일	일	월	화	수	목	금	토	일	월	화	수	목	금	토	일	월	화	수	목	금	토	일	월	화	수	목	금	토	일	월
일진	甲寅	乙卯	丙辰	丁巳	戊午	己未	庚申	辛酉	壬戌	癸亥	甲子	乙丑	丙寅	丁卯	戊辰	己巳	庚午	辛未	壬申	癸酉	甲戌	乙亥	丙子	丁丑	戊寅	己卯	庚辰	辛巳	壬午	癸未
대운 남	8	8	7	7	7	6	6	6	5	大	5	4	4	4	3	3	3	2	2	2	1	1	1	1	立	1	1	1	1	2
대운 여	2	2	3	3	3	4	4	4	5	寒	5	6	6	6	7	7	7	8	8	8	9	9	9	10	春	10	9	9	9	8

2043년 | 단기 4376년 # 癸亥年 **八日得辛 九龍治水**

西 大將軍 　西 三殺 　酉 吊客 　丑 喪門 　納音五行 大海水

正月小 　月建 甲寅 　二黑

우수 음 1/10 양 2/19 오전 3시40분 ● 경칩 음 1/25 양 3/6 오전 1시46분

음력	1	2	3	4	5	6	7	8	9	10	11	12	13	14	15	16	17	18	19	20	21	22	23	24	25	26	27	28	29
양력	2/10	11	12	13	14	15	16	17	18	19	20	21	22	23	24	25	26	27	28	3/1	2	3	4	5	6	7	8	9	10
요일	화	수	목	금	토	일	월	화	수	목	금	토	일	월	화	수	목	금	토	일	월	화	수	목	금	토	일	월	화
일진	甲申	乙酉	丙戌	丁亥	戊子	己丑	庚寅	辛卯	壬辰	癸巳	甲午	乙未	丙申	丁酉	戊戌	己亥	庚子	辛丑	壬寅	癸卯	甲辰	乙巳	丙午	丁未	戊申	己酉	庚戌	辛亥	壬子
대운 남	2	2	3	3	3	4	4	4	5	雨	5	6	6	6	7	7	7	8	8	8	9	9	9	10	驚	1	1	1	1
대운 여	8	8	7	7	7	6	6	6	5	水	5	4	4	4	3	3	3	2	2	2	1	1	1	1	蟄	10	9	9	9

二月大 　月建 乙卯 　一白

춘분 음 2/11 양 3/21 오전 2시26분 ● 청명 음 2/26 양 4/5 오전 6시19분

음력	1	2	3	4	5	6	7	8	9	10	11	12	13	14	15	16	17	18	19	20	21	22	23	24	25	26	27	28	29	30
양력	3/11	12	13	14	15	16	17	18	19	20	21	22	23	24	25	26	27	28	29	30	31	4/1	2	3	4	5	6	7	8	9
요일	수	목	금	토	일	월	화	수	목	금	토	일	월	화	수	목	금	토	일	월	화	수	목	금	토	일	월	화	수	목
일진	癸丑	甲寅	乙卯	丙辰	丁巳	戊午	己未	庚申	辛酉	壬戌	癸亥	甲子	乙丑	丙寅	丁卯	戊辰	己巳	庚午	辛未	壬申	癸酉	甲戌	乙亥	丙子	丁丑	戊寅	己卯	庚辰	辛巳	壬午
대운 남	2	2	2	3	3	3	4	4	4	5	春	5	6	6	6	7	7	7	8	8	8	9	9	9	10	淸	1	1	1	1
대운 여	8	8	8	7	7	7	6	6	6	5	分	5	4	4	4	3	3	3	2	2	2	1	1	1	1	明	10	9	9	9

三月小 　月建 丙辰 　九紫

곡우 음 3/11 양 4/20 오후 1시13분 ● 입하 음 3/26 양 5/5 오후 11시21분

음력	1	2	3	4	5	6	7	8	9	10	11	12	13	14	15	16	17	18	19	20	21	22	23	24	25	26	27	28	29
양력	4/10	11	12	13	14	15	16	17	18	19	20	21	22	23	24	25	26	27	28	29	30	5/1	2	3	4	5	6	7	8
요일	금	토	일	월	화	수	목	금	토	일	월	화	수	목	금	토	일	월	화	수	목	금	토	일	월	화	수	목	금
일진	癸未	甲申	乙酉	丙戌	丁亥	戊子	己丑	庚寅	辛卯	壬辰	癸巳	甲午	乙未	丙申	丁酉	戊戌	己亥	庚子	辛丑	壬寅	癸卯	甲辰	乙巳	丙午	丁未	戊申	己酉	庚戌	辛亥
대운 남	2	2	2	3	3	3	4	4	4	5	穀	5	6	6	6	7	7	7	8	8	8	9	9	9	10	立	1	1	1
대운 여	8	8	8	7	7	7	6	6	6	5	雨	5	4	4	4	3	3	3	2	2	2	1	1	1	1	夏	10	10	10

四月小 　月建 丁巳 　八白

소만 음 4/13 양 5/21 오후 12시8분 ● 망종 음 4/29 양 6/6 오전 3시17분

음력	1	2	3	4	5	6	7	8	9	10	11	12	13	14	15	16	17	18	19	20	21	22	23	24	25	26	27	28	29
양력	5/9	10	11	12	13	14	15	16	17	18	19	20	21	22	23	24	25	26	27	28	29	30	31	6/1	2	3	4	5	6
요일	토	일	월	화	수	목	금	토	일	월	화	수	목	금	토	일	월	화	수	목	금	토	일	월	화	수	목	금	토
일진	壬子	癸丑	甲寅	乙卯	丙辰	丁巳	戊午	己未	庚申	辛酉	壬戌	癸亥	甲子	乙丑	丙寅	丁卯	戊辰	己巳	庚午	辛未	壬申	癸酉	甲戌	乙亥	丙子	丁丑	戊寅	己卯	庚辰
대운 남	1	2	2	2	3	3	3	4	4	4	5	5	小	6	6	6	7	7	7	8	8	8	9	9	9	10	10	10	芒
대운 여	9	9	9	8	8	8	7	7	7	6	6	6	滿	5	5	4	4	4	3	3	3	2	2	2	1	1	1	1	種

五月大 　月建 戊午 　七赤

하지 음 5/15 양 6/21 오후 7시57분

음력	1	2	3	4	5	6	7	8	9	10	11	12	13	14	15	16	17	18	19	20	21	22	23	24	25	26	27	28	29	30
양력	6/7	8	9	10	11	12	13	14	15	16	17	18	19	20	21	22	23	24	25	26	27	28	29	30	7/1	2	3	4	5	6
요일	일	월	화	수	목	금	토	일	월	화	수	목	금	토	일	월	화	수	목	금	토	일	월	화	수	목	금	토	일	월
일진	辛巳	壬午	癸未	甲申	乙酉	丙戌	丁亥	戊子	己丑	庚寅	辛卯	壬辰	癸巳	甲午	乙未	丙申	丁酉	戊戌	己亥	庚子	辛丑	壬寅	癸卯	甲辰	乙巳	丙午	丁未	戊申	己酉	庚戌
대운 남	1	1	1	1	2	2	2	3	3	3	4	4	4	5	夏	5	6	6	6	7	7	7	8	8	8	9	9	9	10	10
대운 여	10	10	9	9	9	8	8	8	7	7	7	6	6	6	至	5	5	4	4	4	3	3	3	2	2	2	1	1	1	1

六月小 　月建 己未 　六白

소서 음 6/1 양 7/7 오후 1시26분 ● 대서 음 6/17 양 7/23 오전 6시52분

음력	1	2	3	4	5	6	7	8	9	10	11	12	13	14	15	16	17	18	19	20	21	22	23	24	25	26	27	28	29
양력	7/7	8	9	10	11	12	13	14	15	16	17	18	19	20	21	22	23	24	25	26	27	28	29	30	31	8/1	2	3	4
요일	화	수	목	금	토	일	월	화	수	목	금	토	일	월	화	수	목	금	토	일	월	화	수	목	금	토	일	월	화
일진	辛亥	壬子	癸丑	甲寅	乙卯	丙辰	丁巳	戊午	己未	庚申	辛酉	壬戌	癸亥	甲子	乙丑	丙寅	丁卯	戊辰	己巳	庚午	辛未	壬申	癸酉	甲戌	乙亥	丙子	丁丑	戊寅	己卯
대운 남	小	1	1	1	1	2	2	2	3	3	3	4	4	4	5	5	大	6	6	6	7	7	7	8	8	8	9	9	9
대운 여	暑	10	10	9	9	9	8	8	8	7	7	7	6	6	6	5	暑	5	4	4	4	3	3	3	2	2	2	1	1

七月小　　月建 庚申　　五黃

입추 음 7/3 양 8/7 오후 11시19분 ● 처서 음 7/19 양 8/23 오후 2시8분

음력	1	2	3	4	5	6	7	8	9	10	11	12	13	14	15	16	17	18	19	20	21	22	23	24	25	26	27	28	29
양력	8/5	6	7	8	9	10	11	12	13	14	15	16	17	18	19	20	21	22	23	24	25	26	27	28	29	30	31	9/1	2
요일	수	목	금	토	일	월	화	수	목	금	토	일	월	화	수	목	금	토	일	월	화	수	목	금	토	일	월	화	수
일진	庚辰	辛巳	壬午	癸未	甲申	乙酉	丙戌	丁亥	戊子	己丑	庚寅	辛卯	壬辰	癸巳	甲午	乙未	丙申	丁酉	戊戌	己亥	庚子	辛丑	壬寅	癸卯	甲辰	乙巳	丙午	丁未	戊申
대운 남	10	10	立	1	1	1	1	2	2	2	3	3	3	4	4	4	5	5	處	6	6	6	7	7	7	8	8	8	9
대운 여	1	1	秋	10	10	10	9	9	9	8	8	8	7	7	7	6	6	6	暑	5	5	4	4	4	3	3	3	2	2

八月大　　月建 辛酉　　四綠

백로 음 8/6 양 9/8 오전 2시29분 ● 추분 음 8/21 양 9/23 오후 12시5분

음력	1	2	3	4	5	6	7	8	9	10	11	12	13	14	15	16	17	18	19	20	21	22	23	24	25	26	27	28	29	30
양력	9/3	4	5	6	7	8	9	10	11	12	13	14	15	16	17	18	19	20	21	22	23	24	25	26	27	28	29	30	10/1	2
요일	목	금	토	일	월	화	수	목	금	토	일	월	화	수	목	금	토	일	월	화	수	목	금	토	일	월	화	수	목	금
일진	己酉	庚戌	辛亥	壬子	癸丑	甲寅	乙卯	丙辰	丁巳	戊午	己未	庚申	辛酉	壬戌	癸亥	甲子	乙丑	丙寅	丁卯	戊辰	己巳	庚午	辛未	壬申	癸酉	甲戌	乙亥	丙子	丁丑	戊寅
대운 남	9	9	10	10	10	白	1	1	1	1	2	2	2	3	3	3	4	4	4	5	秋	5	6	6	6	7	7	7	8	8
대운 여	2	1	1	1	1	露	10	9	9	9	8	8	8	7	7	7	6	6	6	5	分	5	4	4	4	3	3	3	2	2

九月大　　月建 壬戌　　三碧

한로 음 9/6 양 10/8 오후 6시26분 ● 상강 음 9/21 양 10/23 오후 9시45분

음력	1	2	3	4	5	6	7	8	9	10	11	12	13	14	15	16	17	18	19	20	21	22	23	24	25	26	27	28	29	30
양력	10/3	4	5	6	7	8	9	10	11	12	13	14	15	16	17	18	19	20	21	22	23	24	25	26	27	28	29	30	31	11/1
요일	토	일	월	화	수	목	금	토	일	월	화	수	목	금	토	일	월	화	수	목	금	토	일	월	화	수	목	금	토	일
일진	己卯	庚辰	辛巳	壬午	癸未	甲申	乙酉	丙戌	丁亥	戊子	己丑	庚寅	辛卯	壬辰	癸巳	甲午	乙未	丙申	丁酉	戊戌	己亥	庚子	辛丑	壬寅	癸卯	甲辰	乙巳	丙午	丁未	戊申
대운 남	8	9	9	9	10	寒	1	1	1	1	2	2	2	3	3	3	4	4	4	5	霜	5	6	6	6	7	7	7	8	8
대운 여	2	1	1	1	1	露	10	9	9	9	8	8	8	7	7	7	6	6	6	5	降	5	4	4	4	3	3	3	2	2

十月小　　月建 癸亥　　二黑

입동 음 10/6 양 11/7 오후 9시54분 ● 소설 음 10/21 양 11/22 오후 7시34분

음력	1	2	3	4	5	6	7	8	9	10	11	12	13	14	15	16	17	18	19	20	21	22	23	24	25	26	27	28	29
양력	11/2	3	4	5	6	7	8	9	10	11	12	13	14	15	16	17	18	19	20	21	22	23	24	25	26	27	28	29	30
요일	월	화	수	목	금	토	일	월	화	수	목	금	토	일	월	화	수	목	금	토	일	월	화	수	목	금	토	일	월
일진	己酉	庚戌	辛亥	壬子	癸丑	甲寅	乙卯	丙辰	丁巳	戊午	己未	庚申	辛酉	壬戌	癸亥	甲子	乙丑	丙寅	丁卯	戊辰	己巳	庚午	辛未	壬申	癸酉	甲戌	乙亥	丙子	丁丑
대운 남	8	9	9	9	10	立	1	1	1	1	2	2	2	3	3	3	4	4	4	5	小	5	6	6	6	7	7	7	8
대운 여	2	1	1	1	1	冬	10	9	9	9	8	8	8	7	7	7	6	6	6	5	雪	5	4	4	4	3	3	3	2

十一月大　　月建 甲子　　一白

대설 음 11/7 양 12/7 오후 2시56분 ● 동지 음 11/22 양 12/22 오전 9시0분

음력	1	2	3	4	5	6	7	8	9	10	11	12	13	14	15	16	17	18	19	20	21	22	23	24	25	26	27	28	29	30
양력	12/1	2	3	4	5	6	7	8	9	10	11	12	13	14	15	16	17	18	19	20	21	22	23	24	25	26	27	28	29	30
요일	화	수	목	금	토	일	월	화	수	목	금	토	일	월	화	수	목	금	토	일	월	화	수	목	금	토	일	월	화	수
일진	戊寅	己卯	庚辰	辛巳	壬午	癸未	甲申	乙酉	丙戌	丁亥	戊子	己丑	庚寅	辛卯	壬辰	癸巳	甲午	乙未	丙申	丁酉	戊戌	己亥	庚子	辛丑	壬寅	癸卯	甲辰	乙巳	丙午	丁未
대운 남	8	8	9	9	9	10	大	1	1	1	1	2	2	2	3	3	3	4	4	4	5	冬	5	6	6	6	7	7	7	8
대운 여	2	2	1	1	1	1	雪	10	9	9	9	8	8	8	7	7	7	6	6	6	5	至	5	4	4	4	3	3	3	2

十二月大　　月建 乙丑　　九紫

소한 음 12/7 양 1/6 오전 2시11분 ● 대한 음 12/21 양 1/20 오후 7시36분

음력	1	2	3	4	5	6	7	8	9	10	11	12	13	14	15	16	17	18	19	20	21	22	23	24	25	26	27	28	29	30
양력	12/31	1/1	2	3	4	5	6	7	8	9	10	11	12	13	14	15	16	17	18	19	20	21	22	23	24	25	26	27	28	29
요일	목	금	토	일	월	화	수	목	금	토	일	월	화	수	목	금	토	일	월	화	수	목	금	토	일	월	화	수	목	금
일진	戊申	己酉	庚戌	辛亥	壬子	癸丑	甲寅	乙卯	丙辰	丁巳	戊午	己未	庚申	辛酉	壬戌	癸亥	甲子	乙丑	丙寅	丁卯	戊辰	己巳	庚午	辛未	壬申	癸酉	甲戌	乙亥	丙子	丁丑
대운 남	8	8	9	9	9	10	小	1	1	1	1	2	2	2	3	3	3	4	4	4	大	5	5	6	6	6	7	7	7	8
대운 여	2	2	1	1	1	1	寒	9	9	9	8	8	8	7	7	7	6	6	6	5	寒	5	4	4	4	3	3	3	2	2

2044년 | 단기 4377년 甲子年

四日得辛 三龍治水

西 大將軍　南 三殺　戌 吊客　寅 喪門　納音五行 海中金

正月大　月建 丙寅　八白

입춘 음 1/6 양 2/4 오후 1시43분 ● 우수 음 1/21 양 2/19 오전 9시34분

음력	1	2	3	4	5	6	7	8	9	10	11	12	13	14	15	16	17	18	19	20	21	22	23	24	25	26	27	28	29	30
양력	1/30	31	2/1	2	3	4	5	6	7	8	9	10	11	12	13	14	15	16	17	18	19	20	21	22	23	24	25	26	27	28
요일	토	일	월	화	수	목	금	토	일	월	화	수	목	금	토	일	월	화	수	목	금	토	일	월	화	수	목	금	토	일
일진	戊寅	己卯	庚辰	辛巳	壬午	癸未	甲申	乙酉	丙戌	丁亥	戊子	己丑	庚寅	辛卯	壬辰	癸巳	甲午	乙未	丙申	丁酉	戊戌	己亥	庚子	辛丑	壬寅	癸卯	甲辰	乙巳	丙午	丁未
대운 남	8	8	9	9	9	立	10	9	9	9	8	8	8	7	7	7	6	6	6	5	雨	5	4	4	4	3	3	3	2	2
대운 여	2	1	1	1	1	春	1	1	1	1	2	2	2	3	3	3	4	4	4	5	水	5	6	6	6	7	7	7	8	8

二月小　月建 丁卯　七赤

경칩 음 2/6 양 3/5 오전 7시30분 ● 춘분 음 2/21 양 3/20 오전 8시19분

음력	1	2	3	4	5	6	7	8	9	10	11	12	13	14	15	16	17	18	19	20	21	22	23	24	25	26	27	28	29
양력	2/29	3/1	2	3	4	5	6	7	8	9	10	11	12	13	14	15	16	17	18	19	20	21	22	23	24	25	26	27	28
요일	월	화	수	목	금	토	일	월	화	수	목	금	토	일	월	화	수	목	금	토	일	월	화	수	목	금	토	일	월
일진	戊申	己酉	庚戌	辛亥	壬子	癸丑	甲寅	乙卯	丙辰	丁巳	戊午	己未	庚申	辛酉	壬戌	癸亥	甲子	乙丑	丙寅	丁卯	戊辰	己巳	庚午	辛未	壬申	癸酉	甲戌	乙亥	丙子
대운 남	2	1	1	1	1	驚	10	9	9	9	8	8	8	7	7	7	6	6	6	5	春	5	4	4	4	3	3	3	2
대운 여	8	9	9	9	10	蟄	1	1	1	1	2	2	2	3	3	3	4	4	4	5	分	5	6	6	6	7	7	7	8

三月大　月建 戊辰　六白

청명 음 3/7 양 4/4 오후 12시2분 ● 곡우 음 3/22 양 4/19 오후 7시5분

음력	1	2	3	4	5	6	7	8	9	10	11	12	13	14	15	16	17	18	19	20	21	22	23	24	25	26	27	28	29	30
양력	3/29	30	31	4/1	2	3	4	5	6	7	8	9	10	11	12	13	14	15	16	17	18	19	20	21	22	23	24	25	26	27
요일	화	수	목	금	토	일	월	화	수	목	금	토	일	월	화	수	목	금	토	일	월	화	수	목	금	토	일	월	화	수
일진	丁丑	戊寅	己卯	庚辰	辛巳	壬午	癸未	甲申	乙酉	丙戌	丁亥	戊子	己丑	庚寅	辛卯	壬辰	癸巳	甲午	乙未	丙申	丁酉	戊戌	己亥	庚子	辛丑	壬寅	癸卯	甲辰	乙巳	丙午
대운 남	2	2	1	1	1	1	淸	10	10	9	9	9	8	8	8	7	7	7	6	6	6	穀	5	5	4	4	4	3	3	3
대운 여	8	8	9	9	9	10	明	1	1	1	1	2	2	2	3	3	3	4	4	4	5	雨	5	6	6	6	7	7	7	8

四月小　月建 己巳　五黃

입하 음 4/8 양 5/5 오전 5시4분 ● 소만 음 4/23 양 5/20 오후 6시0분

음력	1	2	3	4	5	6	7	8	9	10	11	12	13	14	15	16	17	18	19	20	21	22	23	24	25	26	27	28	29
양력	4/28	29	30	5/1	2	3	4	5	6	7	8	9	10	11	12	13	14	15	16	17	18	19	20	21	22	23	24	25	26
요일	목	금	토	일	월	화	수	목	금	토	일	월	화	수	목	금	토	일	월	화	수	목	금	토	일	월	화	수	목
일진	丁未	戊申	己酉	庚戌	辛亥	壬子	癸丑	甲寅	乙卯	丙辰	丁巳	戊午	己未	庚申	辛酉	壬戌	癸亥	甲子	乙丑	丙寅	丁卯	戊辰	己巳	庚午	辛未	壬申	癸酉	甲戌	乙亥
대운 남	2	2	2	1	1	1	1	立	10	10	9	9	9	8	8	8	7	7	7	6	6	6	小	5	5	4	4	4	3
대운 여	8	8	9	9	9	10	10	夏	1	1	1	1	2	2	2	3	3	3	4	4	4	5	滿	5	6	6	6	7	7

五月小　月建 庚午　四綠

망종 음 5/10 양 6/5 오전 9시2분 ● 하지 음 5/26 양 6/21 오전 1시50분

음력	1	2	3	4	5	6	7	8	9	10	11	12	13	14	15	16	17	18	19	20	21	22	23	24	25	26	27	28	29
양력	5/27	28	29	30	31	6/1	2	3	4	5	6	7	8	9	10	11	12	13	14	15	16	17	18	19	20	21	22	23	24
요일	금	토	일	월	화	수	목	금	토	일	월	화	수	목	금	토	일	월	화	수	목	금	토	일	월	화	수	목	금
일진	丙子	丁丑	戊寅	己卯	庚辰	辛巳	壬午	癸未	甲申	乙酉	丙戌	丁亥	戊子	己丑	庚寅	辛卯	壬辰	癸巳	甲午	乙未	丙申	丁酉	戊戌	己亥	庚子	辛丑	壬寅	癸卯	甲辰
대운 남	3	3	2	2	2	1	1	1	1	芒	10	10	9	9	9	8	8	8	7	7	7	6	6	6	5	夏	5	4	4
대운 여	7	8	8	8	9	9	9	10	10	種	1	1	1	1	2	2	2	3	3	3	4	4	4	5	5	至	6	6	6

六月大　月建 辛未　三碧

소서 음 6/12 양 7/6 오후 7시14분 ● 대서 음 6/28 양 7/22 오후 12시42분

음력	1	2	3	4	5	6	7	8	9	10	11	12	13	14	15	16	17	18	19	20	21	22	23	24	25	26	27	28	29	30
양력	6/25	26	27	28	29	30	7/1	2	3	4	5	6	7	8	9	10	11	12	13	14	15	16	17	18	19	20	21	22	23	24
요일	토	일	월	화	수	목	금	토	일	월	화	수	목	금	토	일	월	화	수	목	금	토	일	월	화	수	목	금	토	일
일진	乙巳	丙午	丁未	戊申	己酉	庚戌	辛亥	壬子	癸丑	甲寅	乙卯	丙辰	丁巳	戊午	己未	庚申	辛酉	壬戌	癸亥	甲子	乙丑	丙寅	丁卯	戊辰	己巳	庚午	辛未	壬申	癸酉	甲戌
대운 남	4	3	3	3	2	2	2	1	1	1	1	小	10	10	10	9	9	9	8	8	8	7	7	7	6	6	6	大	5	5
대운 여	7	7	7	8	8	8	9	9	9	10	10	暑	1	1	1	1	2	2	2	3	3	3	4	4	4	5	5	暑	6	6

七月小　月建 壬申　二黑

입추 음 7/14 양 8/7 오전 5시7분 ● 처서 음 7/29 양 8/22 오후 7시53분

음력	1	2	3	4	5	6	7	8	9	10	11	12	13	14	15	16	17	18	19	20	21	22	23	24	25	26	27	28	29
양력	7/25	26	27	28	29	30	31	8/1	2	3	4	5	6	7	8	9	10	11	12	13	14	15	16	17	18	19	20	21	22
요일	월	화	수	목	금	토	일	월	화	수	목	금	토	일	월	화	수	목	금	토	일	월	화	수	목	금	토	일	월
일진	乙亥	丙子	丁丑	戊寅	己卯	庚辰	辛巳	壬午	癸未	甲申	乙酉	丙戌	丁亥	戊子	己丑	庚寅	辛卯	壬辰	癸巳	甲午	乙未	丙申	丁酉	戊戌	己亥	庚子	辛丑	壬寅	癸卯
대운 남	4	4	4	3	3	3	2	2	2	1	1	1	1	立	10	10	9	9	9	8	8	8	7	7	7	6	6	6	處
대운 여	6	7	7	7	8	8	8	9	9	9	10	10	10	秋	1	1	1	1	2	2	2	3	3	3	4	4	4	5	暑

閏七月小

백로 음 윤7/16 양 9/7 오전 8시15분

음력	1	2	3	4	5	6	7	8	9	10	11	12	13	14	15	16	17	18	19	20	21	22	23	24	25	26	27	28	29
양력	8/23	24	25	26	27	28	29	30	31	9/1	2	3	4	5	6	7	8	9	10	11	12	13	14	15	16	17	18	19	20
요일	화	수	목	금	토	일	월	화	수	목	금	토	일	월	화	수	목	금	토	일	월	화	수	목	금	토	일	월	화
일진	甲辰	乙巳	丙午	丁未	戊申	己酉	庚戌	辛亥	壬子	癸丑	甲寅	乙卯	丙辰	丁巳	戊午	己未	庚申	辛酉	壬戌	癸亥	甲子	乙丑	丙寅	丁卯	戊辰	己巳	庚午	辛未	壬申
대운 남	5	5	4	4	4	3	3	3	2	2	2	1	1	1	1	白	10	10	9	9	9	8	8	8	7	7	7	6	6
대운 여	5	6	6	6	7	7	7	8	8	8	9	9	9	10	10	露	1	1	1	1	2	2	2	3	3	3	4	4	4

八月大　月建 癸酉　一白

추분 음 8/2 양 9/22 오후 5시46분 ● 한로 음 8/18 양 10/8 오전 0시12분

음력	1	2	3	4	5	6	7	8	9	10	11	12	13	14	15	16	17	18	19	20	21	22	23	24	25	26	27	28	29	30
양력	9/21	22	23	24	25	26	27	28	29	30	10/1	2	3	4	5	6	7	8	9	10	11	12	13	14	15	16	17	18	19	20
요일	수	목	금	토	일	월	화	수	목	금	토	일	월	화	수	목	금	토	일	월	화	수	목	금	토	일	월	화	수	목
일진	癸酉	甲戌	乙亥	丙子	丁丑	戊寅	己卯	庚辰	辛巳	壬午	癸未	甲申	乙酉	丙戌	丁亥	戊子	己丑	庚寅	辛卯	壬辰	癸巳	甲午	乙未	丙申	丁酉	戊戌	己亥	庚子	辛丑	壬寅
대운 남	6	秋	5	5	4	4	4	3	3	3	2	2	2	1	1	1	1	寒	10	9	9	9	8	8	8	7	7	7	6	6
대운 여	5	分	5	6	6	6	7	7	7	8	8	8	9	9	9	10	10	露	1	1	1	1	2	2	2	3	3	3	4	4

九月小　月建 甲戌　九紫

상강 음 9/3 양 10/23 오전 3시25분 ● 입동 음 9/18 양 11/7 오전 3시40분

음력	1	2	3	4	5	6	7	8	9	10	11	12	13	14	15	16	17	18	19	20	21	22	23	24	25	26	27	28	29
양력	10/21	22	23	24	25	26	27	28	29	30	31	11/1	2	3	4	5	6	7	8	9	10	11	12	13	14	15	16	17	18
요일	금	토	일	월	화	수	목	금	토	일	월	화	수	목	금	토	일	월	화	수	목	금	토	일	월	화	수	목	금
일진	癸卯	甲辰	乙巳	丙午	丁未	戊申	己酉	庚戌	辛亥	壬子	癸丑	甲寅	乙卯	丙辰	丁巳	戊午	己未	庚申	辛酉	壬戌	癸亥	甲子	乙丑	丙寅	丁卯	戊辰	己巳	庚午	辛未
대운 남	6	5	霜	5	4	4	4	3	3	3	2	2	2	1	1	1	1	立	9	9	9	8	8	8	7	7	7	6	6
대운 여	4	5	降	5	6	6	6	7	7	7	8	8	8	9	9	9	10	冬	1	1	1	1	2	2	2	3	3	3	4

十月大　月建 乙亥　八白

소설 음 10/4 양 11/22 오전 1시14분 ● 대설 음 10/18 양 12/6 오후 8시44분

음력	1	2	3	4	5	6	7	8	9	10	11	12	13	14	15	16	17	18	19	20	21	22	23	24	25	26	27	28	29	30
양력	11/19	20	21	22	23	24	25	26	27	28	29	30	12/1	2	3	4	5	6	7	8	9	10	11	12	13	14	15	16	17	18
요일	토	일	월	화	수	목	금	토	일	월	화	수	목	금	토	일	월	화	수	목	금	토	일	월	화	수	목	금	토	일
일진	壬申	癸酉	甲戌	乙亥	丙子	丁丑	戊寅	己卯	庚辰	辛巳	壬午	癸未	甲申	乙酉	丙戌	丁亥	戊子	己丑	庚寅	辛卯	壬辰	癸巳	甲午	乙未	丙申	丁酉	戊戌	己亥	庚子	辛丑
대운 남	6	5	5	小	4	4	4	3	3	3	2	2	2	1	1	1	1	大	10	9	9	9	8	8	8	7	7	7	6	6
대운 여	4	4	5	雪	5	6	6	6	7	7	7	8	8	8	9	9	9	雪	1	1	1	1	2	2	2	3	3	3	4	4

十一月大　月建 丙子　七赤

동지 음 11/3 양 12/21 오후 2시42분 ● 소한 음 11/18 양 1/5 오전 8시1분

음력	1	2	3	4	5	6	7	8	9	10	11	12	13	14	15	16	17	18	19	20	21	22	23	24	25	26	27	28	29	30
양력	12/19	20	21	22	23	24	25	26	27	28	29	30	31	1/1	2	3	4	5	6	7	8	9	10	11	12	13	14	15	16	17
요일	월	화	수	목	금	토	일	월	화	수	목	금	토	일	월	화	수	목	금	토	일	월	화	수	목	금	토	일	월	화
일진	壬寅	癸卯	甲辰	乙巳	丙午	丁未	戊申	己酉	庚戌	辛亥	壬子	癸丑	甲寅	乙卯	丙辰	丁巳	戊午	己未	庚申	辛酉	壬戌	癸亥	甲子	乙丑	丙寅	丁卯	戊辰	己巳	庚午	辛未
대운 남	6	5	冬	5	4	4	4	3	3	3	2	2	2	1	1	1	1	小	9	9	9	8	8	8	7	7	7	6	6	6
대운 여	4	5	至	5	6	6	6	7	7	7	8	8	8	9	9	9	10	寒	1	1	1	1	2	2	2	3	3	3	4	4

十二月大　月建 丁丑　六白

대한 음 12/3 양 1/20 오전 1시21분 ● 입춘 음 12/17 양 2/3 오후 7시35분

음력	1	2	3	4	5	6	7	8	9	10	11	12	13	14	15	16	17	18	19	20	21	22	23	24	25	26	27	28	29	30
양력	1/18	19	20	21	22	23	24	25	26	27	28	29	30	31	2/1	2	3	4	5	6	7	8	9	10	11	12	13	14	15	16
요일	수	목	금	토	일	월	화	수	목	금	토	일	월	화	수	목	금	토	일	월	화	수	목	금	토	일	월	화	수	목
일진	壬申	癸酉	甲戌	乙亥	丙子	丁丑	戊寅	己卯	庚辰	辛巳	壬午	癸未	甲申	乙酉	丙戌	丁亥	戊子	己丑	庚寅	辛卯	壬辰	癸巳	甲午	乙未	丙申	丁酉	戊戌	己亥	庚子	辛丑
대운 남	5	5	大	4	4	4	3	3	3	2	2	2	1	1	1	1	立	1	1	1	1	2	2	2	3	3	3	4	4	4
대운 여	4	5	寒	5	6	6	6	7	7	7	8	8	8	9	9	9	春	10	9	9	9	8	8	8	7	7	7	6	6	6

2045년 | 단기 4378년 # 乙丑年 **十日得辛 三龍治水**

西 大將軍　東 三殺　亥 吊客　卯 喪門　納音五行 海中金

正月大 月建 戊寅 五黃

우수 음 1/2 양 2/18 오후 3시21분 · 경칩 음 1/17 양 3/5 오후 1시23분

음력	1	2	3	4	5	6	7	8	9	10	11	12	13	14	15	16	17	18	19	20	21	22	23	24	25	26	27	28	29	30
양력	2/17	18	19	20	21	22	23	24	25	26	27	28	3/1	2	3	4	5	6	7	8	9	10	11	12	13	14	15	16	17	18
요일	금	토	일	월	화	수	목	금	토	일	월	화	수	목	금	토	일	월	화	수	목	금	토	일	월	화	수	목	금	토
일진	壬寅	癸卯	甲辰	乙巳	丙午	丁未	戊申	己酉	庚戌	辛亥	壬子	癸丑	甲寅	乙卯	丙辰	丁巳	戊午	己未	庚申	辛酉	壬戌	癸亥	甲子	乙丑	丙寅	丁卯	戊辰	己巳	庚午	辛未
대운 남	5	雨水	5	6	6	6	7	7	7	8	8	8	9	9	9	10	驚蟄	1	1	1	1	2	2	2	3	3	3	4	4	4
대운 여	5		5	4	4	4	3	3	3	2	2	2	1	1	1	1		10	9	9	9	8	8	8	7	7	7	6	6	6

二月小 月建 己卯 四綠

춘분 음 2/2 양 3/20 오후 2시6분 · 청명 음 2/17 양 4/4 오후 5시56분

음력	1	2	3	4	5	6	7	8	9	10	11	12	13	14	15	16	17	18	19	20	21	22	23	24	25	26	27	28	29
양력	3/19	20	21	22	23	24	25	26	27	28	29	30	31	4/1	2	3	4	5	6	7	8	9	10	11	12	13	14	15	16
요일	일	월	화	수	목	금	토	일	월	화	수	목	금	토	일	월	화	수	목	금	토	일	월	화	수	목	금	토	일
일진	壬申	癸酉	甲戌	乙亥	丙子	丁丑	戊寅	己卯	庚辰	辛巳	壬午	癸未	甲申	乙酉	丙戌	丁亥	戊子	己丑	庚寅	辛卯	壬辰	癸巳	甲午	乙未	丙申	丁酉	戊戌	己亥	庚子
대운 남	5	春分	5	6	6	6	7	7	7	8	8	8	9	9	9	10	清明	1	1	1	1	2	2	2	3	3	3	4	4
대운 여	5		5	4	4	4	3	3	3	2	2	2	1	1	1	1		10	10	9	9	9	8	8	8	7	7	7	6

三月大 月建 庚辰 三碧

곡우 음 3/4 양 4/20 오전 0시51분 · 입하 음 3/19 양 5/5 오전 10시58분

음력	1	2	3	4	5	6	7	8	9	10	11	12	13	14	15	16	17	18	19	20	21	22	23	24	25	26	27	28	29	30
양력	4/17	18	19	20	21	22	23	24	25	26	27	28	29	30	5/1	2	3	4	5	6	7	8	9	10	11	12	13	14	15	16
요일	월	화	수	목	금	토	일	월	화	수	목	금	토	일	월	화	수	목	금	토	일	월	화	수	목	금	토	일	월	화
일진	辛丑	壬寅	癸卯	甲辰	乙巳	丙午	丁未	戊申	己酉	庚戌	辛亥	壬子	癸丑	甲寅	乙卯	丙辰	丁巳	戊午	己未	庚申	辛酉	壬戌	癸亥	甲子	乙丑	丙寅	丁卯	戊辰	己巳	庚午
대운 남	4	5	5	穀雨	6	6	6	7	7	7	8	8	8	9	9	9	10	10	立夏	1	1	1	1	2	2	2	3	3	3	4
대운 여	6	6	5		5	4	4	4	3	3	3	2	2	2	1	1	1	1		10	10	9	9	9	8	8	8	7	7	7

四月小 月建 辛巳 二黑

소만 음 4/4 양 5/20 오후 11시44분 · 망종 음 4/20 양 6/5 오후 2시55분

음력	1	2	3	4	5	6	7	8	9	10	11	12	13	14	15	16	17	18	19	20	21	22	23	24	25	26	27	28	29
양력	5/17	18	19	20	21	22	23	24	25	26	27	28	29	30	31	6/1	2	3	4	5	6	7	8	9	10	11	12	13	14
요일	수	목	금	토	일	월	화	수	목	금	토	일	월	화	수	목	금	토	일	월	화	수	목	금	토	일	월	화	수
일진	辛未	壬申	癸酉	甲戌	乙亥	丙子	丁丑	戊寅	己卯	庚辰	辛巳	壬午	癸未	甲申	乙酉	丙戌	丁亥	戊子	己丑	庚寅	辛卯	壬辰	癸巳	甲午	乙未	丙申	丁酉	戊戌	己亥
대운 남	4	4	5	小滿	5	6	6	6	7	7	7	8	8	8	9	9	9	10	10	芒種	1	1	1	1	2	2	2	3	3
대운 여	6	6	6		5	5	4	4	4	3	3	3	2	2	2	1	1	1	1		10	10	10	9	9	9	8	8	8

五月小 月建 壬午 一白

하지 음 5/7 양 6/21 오전 7시32분 · 소서 음 5/23 양 7/7 오전 1시7분

음력	1	2	3	4	5	6	7	8	9	10	11	12	13	14	15	16	17	18	19	20	21	22	23	24	25	26	27	28	29
양력	6/15	16	17	18	19	20	21	22	23	24	25	26	27	28	29	30	7/1	2	3	4	5	6	7	8	9	10	11	12	13
요일	목	금	토	일	월	화	수	목	금	토	일	월	화	수	목	금	토	일	월	화	수	목	금	토	일	월	화	수	목
일진	庚子	辛丑	壬寅	癸卯	甲辰	乙巳	丙午	丁未	戊申	己酉	庚戌	辛亥	壬子	癸丑	甲寅	乙卯	丙辰	丁巳	戊午	己未	庚申	辛酉	壬戌	癸亥	甲子	乙丑	丙寅	丁卯	戊辰
대운 남	3	4	4	4	5	5	夏至	6	6	6	7	7	7	8	8	8	9	9	9	10	10	10	小暑	1	1	1	1	2	2
대운 여	7	7	7	6	6	6		5	5	4	4	4	3	3	3	2	2	2	1	1	1	1		10	10	9	9	9	8

六月大 月建 癸未 九紫

대서 음 6/9 양 7/22 오후 6시25분 · 입추 음 6/25 양 8/7 오전 10시58분

음력	1	2	3	4	5	6	7	8	9	10	11	12	13	14	15	16	17	18	19	20	21	22	23	24	25	26	27	28	29	30
양력	7/14	15	16	17	18	19	20	21	22	23	24	25	26	27	28	29	30	31	8/1	2	3	4	5	6	7	8	9	10	11	12
요일	금	토	일	월	화	수	목	금	토	일	월	화	수	목	금	토	일	월	화	수	목	금	토	일	월	화	수	목	금	토
일진	己巳	庚午	辛未	壬申	癸酉	甲戌	乙亥	丙子	丁丑	戊寅	己卯	庚辰	辛巳	壬午	癸未	甲申	乙酉	丙戌	丁亥	戊子	己丑	庚寅	辛卯	壬辰	癸巳	甲午	乙未	丙申	丁酉	戊戌
대운 남	2	3	3	3	4	4	4	5	大暑	5	6	6	6	7	7	7	8	8	8	9	9	9	10	10	立秋	1	1	1	1	2
대운 여	8	8	7	7	7	6	6	6		5	5	4	4	4	3	3	3	2	2	2	1	1	1	1		10	10	9	9	9

七月小　月建 甲申　八白

처서 음 7/11 양 8/23 오전 1시38분 ● 백로 음 7/26 양 9/7 오후 2시4분

음력	1	2	3	4	5	6	7	8	9	10	11	12	13	14	15	16	17	18	19	20	21	22	23	24	25	26	27	28	29
양력	8/13	14	15	16	17	18	19	20	21	22	23	24	25	26	27	28	29	30	31	9/1	2	3	4	5	6	7	8	9	10
요일	일	월	화	수	목	금	토	일	월	화	수	목	금	토	일	월	화	수	목	금	토	일	월	화	수	목	금	토	일
일진	己亥	庚子	辛丑	壬寅	癸卯	甲辰	乙巳	丙午	丁未	戊申	己酉	庚戌	辛亥	壬子	癸丑	甲寅	乙卯	丙辰	丁巳	戊午	己未	庚申	辛酉	壬戌	癸亥	甲子	乙丑	丙寅	丁卯
대운 남	2	2	3	3	3	4	4	4	5	5	處暑	6	6	6	7	7	7	8	8	8	9	9	9	10	10	白露	1	1	1
대운 여	8	8	8	7	7	7	6	6	6	5		5	4	4	4	3	3	3	2	2	2	1	1	1	1		10	10	9

八月小　月建 乙酉　七赤

추분 음 8/12 양 9/22 오후 11시31분 ● 한로 음 8/28 양 10/8 오전 5시59분

음력	1	2	3	4	5	6	7	8	9	10	11	12	13	14	15	16	17	18	19	20	21	22	23	24	25	26	27	28	29
양력	9/11	12	13	14	15	16	17	18	19	20	21	22	23	24	25	26	27	28	29	30	10/1	2	3	4	5	6	7	8	9
요일	월	화	수	목	금	토	일	월	화	수	목	금	토	일	월	화	수	목	금	토	일	월	화	수	목	금	토	일	월
일진	戊辰	己巳	庚午	辛未	壬申	癸酉	甲戌	乙亥	丙子	丁丑	戊寅	己卯	庚辰	辛巳	壬午	癸未	甲申	乙酉	丙戌	丁亥	戊子	己丑	庚寅	辛卯	壬辰	癸巳	甲午	乙未	丙申
대운 남	1	2	2	2	3	3	3	4	4	4	5	秋分	5	6	6	6	7	7	7	8	8	8	9	9	9	10	10	寒露	1
대운 여	9	9	8	8	8	7	7	7	6	6	6		5	5	4	4	4	3	3	3	2	2	2	1	1	1	1		10

九月大　月建 丙戌　六白

상강 음 9/14 양 10/23 오전 9시11분 ● 입동 음 9/29 양 11/7 오전 9시28분

음력	1	2	3	4	5	6	7	8	9	10	11	12	13	14	15	16	17	18	19	20	21	22	23	24	25	26	27	28	29	30
양력	10/10	11	12	13	14	15	16	17	18	19	20	21	22	23	24	25	26	27	28	29	30	31	11/1	2	3	4	5	6	7	8
요일	화	수	목	금	토	일	월	화	수	목	금	토	일	월	화	수	목	금	토	일	월	화	수	목	금	토	일	월	화	수
일진	丁酉	戊戌	己亥	庚子	辛丑	壬寅	癸卯	甲辰	乙巳	丙午	丁未	戊申	己酉	庚戌	辛亥	壬子	癸丑	甲寅	乙卯	丙辰	丁巳	戊午	己未	庚申	辛酉	壬戌	癸亥	甲子	乙丑	丙寅
대운 남	1	1	1	2	2	2	3	3	3	4	4	4	5	霜降	5	6	6	6	7	7	7	8	8	8	9	9	9	10	立冬	1
대운 여	9	9	9	8	8	8	7	7	7	6	6	6	5		5	4	4	4	3	3	3	2	2	2	1	1	1	1		10

十月小　月建 丁亥　五黃

소설 음 10/14 양 11/22 오전 7시2분 ● 대설 음 10/29 양 12/7 오전 2시34분

음력	1	2	3	4	5	6	7	8	9	10	11	12	13	14	15	16	17	18	19	20	21	22	23	24	25	26	27	28	29
양력	11/9	10	11	12	13	14	15	16	17	18	19	20	21	22	23	24	25	26	27	28	29	30	12/1	2	3	4	5	6	7
요일	목	금	토	일	월	화	수	목	금	토	일	월	화	수	목	금	토	일	월	화	수	목	금	토	일	월	화	수	목
일진	丁卯	戊辰	己巳	庚午	辛未	壬申	癸酉	甲戌	乙亥	丙子	丁丑	戊寅	己卯	庚辰	辛巳	壬午	癸未	甲申	乙酉	丙戌	丁亥	戊子	己丑	庚寅	辛卯	壬辰	癸巳	甲午	乙未
대운 남	1	1	1	2	2	2	3	3	3	4	4	4	5	小雪	5	6	6	6	7	7	7	8	8	8	9	9	9	10	大雪
대운 여	9	9	9	8	8	8	7	7	7	6	6	6	5		5	4	4	4	3	3	3	2	2	2	1	1	1	1	

十一月大　月建 戊子　四綠

동지 음 11/14 양 12/21 오후 8시34분 ● 소한 음 11/29 양 1/5 오후 1시54분

음력	1	2	3	4	5	6	7	8	9	10	11	12	13	14	15	16	17	18	19	20	21	22	23	24	25	26	27	28	29	30
양력	12/8	9	10	11	12	13	14	15	16	17	18	19	20	21	22	23	24	25	26	27	28	29	30	31	1/1	2	3	4	5	6
요일	금	토	일	월	화	수	목	금	토	일	월	화	수	목	금	토	일	월	화	수	목	금	토	일	월	화	수	목	금	토
일진	丙申	丁酉	戊戌	己亥	庚子	辛丑	壬寅	癸卯	甲辰	乙巳	丙午	丁未	戊申	己酉	庚戌	辛亥	壬子	癸丑	甲寅	乙卯	丙辰	丁巳	戊午	己未	庚申	辛酉	壬戌	癸亥	甲子	乙丑
대운 남	1	1	1	1	2	2	2	3	3	3	4	4	4	冬至	5	5	6	6	6	7	7	7	8	8	8	9	9	9	小寒	1
대운 여	9	9	9	8	8	8	7	7	7	6	6	6	5		5	4	4	4	3	3	3	2	2	2	1	1	1	1		10

十二月大　月建 己丑　三碧

대한 음 12/14 양 1/20 오전 7시14분 ● 입춘 음 12/29 양 2/4 오전 1시30분

음력	1	2	3	4	5	6	7	8	9	10	11	12	13	14	15	16	17	18	19	20	21	22	23	24	25	26	27	28	29	30
양력	1/7	8	9	10	11	12	13	14	15	16	17	18	19	20	21	22	23	24	25	26	27	28	29	30	31	2/1	2	3	4	5
요일	일	월	화	수	목	금	토	일	월	화	수	목	금	토	일	월	화	수	목	금	토	일	월	화	수	목	금	토	일	월
일진	丙寅	丁卯	戊辰	己巳	庚午	辛未	壬申	癸酉	甲戌	乙亥	丙子	丁丑	戊寅	己卯	庚辰	辛巳	壬午	癸未	甲申	乙酉	丙戌	丁亥	戊子	己丑	庚寅	辛卯	壬辰	癸巳	甲午	乙未
대운 남	1	1	1	2	2	2	3	3	3	4	4	4	5	大寒	5	6	6	6	7	7	7	8	8	8	9	9	9	10	立春	9
대운 여	9	9	9	8	8	8	7	7	7	6	6	6	5		5	4	4	4	3	3	3	2	2	2	1	1	1	1		1

2046년 | 단기 4379년

丙寅年

六日得辛 九龍治水

北 大將軍　北 三殺　子 吊客　辰 喪門

納音五行 爐中火

正月大　月建 庚寅　二黑

우수 음 1/13 양 2/18 오후 9시14분 ● 경칩 음 1/28 양 3/5 오후 7시16분

음력	1	2	3	4	5	6	7	8	9	10	11	12	13	14	15	16	17	18	19	20	21	22	23	24	25	26	27	28	29	30
양력	2/6	7	8	9	10	11	12	13	14	15	16	17	18	19	20	21	22	23	24	25	26	27	28	3/1	2	3	4	5	6	7
요일	화	수	목	금	토	일	월	화	수	목	금	토	일	월	화	수	목	금	토	일	월	화	수	목	금	토	일	월	화	수
일진	丙申	丁酉	戊戌	己亥	庚子	辛丑	壬寅	癸卯	甲辰	乙巳	丙午	丁未	戊申	己酉	庚戌	辛亥	壬子	癸丑	甲寅	乙卯	丙辰	丁巳	戊午	己未	庚申	辛酉	壬戌	癸亥	甲子	乙丑
대운 남	9	9	8	8	8	7	7	7	6	6	6	5	雨	5	4	4	4	3	3	3	2	2	2	1	1	1	1	驚	10	9
대운 여	1	1	1	2	2	2	3	3	3	4	4	4	水	5	5	6	6	6	7	7	7	8	8	8	9	9	9	蟄	1	1

二月小　月建 辛卯　一白

춘분 음 2/13 양 3/20 오후 7시56분 ● 청명 음 2/28 양 4/4 오후 11시43분

음력	1	2	3	4	5	6	7	8	9	10	11	12	13	14	15	16	17	18	19	20	21	22	23	24	25	26	27	28	29
양력	3/8	9	10	11	12	13	14	15	16	17	18	19	20	21	22	23	24	25	26	27	28	29	30	31	4/1	2	3	4	5
요일	목	금	토	일	월	화	수	목	금	토	일	월	화	수	목	금	토	일	월	화	수	목	금	토	일	월	화	수	목
일진	丙寅	丁卯	戊辰	己巳	庚午	辛未	壬申	癸酉	甲戌	乙亥	丙子	丁丑	戊寅	己卯	庚辰	辛巳	壬午	癸未	甲申	乙酉	丙戌	丁亥	戊子	己丑	庚寅	辛卯	壬辰	癸巳	甲午
대운 남	9	9	8	8	8	7	7	7	6	6	6	5	春	5	4	4	4	3	3	3	2	2	2	1	1	1	1	清	10
대운 여	1	1	2	2	2	3	3	3	4	4	4	5	分	5	6	6	6	7	7	7	8	8	8	9	9	9	10	明	1

三月大　月建 壬辰　九紫

곡우 음 3/15 양 4/20 오전 6시37분 ● 입하 음 3/30 양 5/5 오후 4시39분

음력	1	2	3	4	5	6	7	8	9	10	11	12	13	14	15	16	17	18	19	20	21	22	23	24	25	26	27	28	29	30
양력	4/6	7	8	9	10	11	12	13	14	15	16	17	18	19	20	21	22	23	24	25	26	27	28	29	30	5/1	2	3	4	5
요일	금	토	일	월	화	수	목	금	토	일	월	화	수	목	금	토	일	월	화	수	목	금	토	일	월	화	수	목	금	토
일진	乙未	丙申	丁酉	戊戌	己亥	庚子	辛丑	壬寅	癸卯	甲辰	乙巳	丙午	丁未	戊申	己酉	庚戌	辛亥	壬子	癸丑	甲寅	乙卯	丙辰	丁巳	戊午	己未	庚申	辛酉	壬戌	癸亥	甲子
대운 남	10	9	9	9	8	8	8	7	7	7	6	6	6	5	穀	5	4	4	4	3	3	3	2	2	2	1	1	1	1	立
대운 여	1	1	1	2	2	2	3	3	3	4	4	4	5	5	雨	6	6	6	7	7	7	8	8	8	9	9	9	10	10	夏

四月大　月建 癸巳　八白

소만 음 4/16 양 5/21 오전 5시27분

음력	1	2	3	4	5	6	7	8	9	10	11	12	13	14	15	16	17	18	19	20	21	22	23	24	25	26	27	28	29	30
양력	5/6	7	8	9	10	11	12	13	14	15	16	17	18	19	20	21	22	23	24	25	26	27	28	29	30	31	6/1	2	3	4
요일	일	월	화	수	목	금	토	일	월	화	수	목	금	토	일	월	화	수	목	금	토	일	월	화	수	목	금	토	일	월
일진	乙丑	丙寅	丁卯	戊辰	己巳	庚午	辛未	壬申	癸酉	甲戌	乙亥	丙子	丁丑	戊寅	己卯	庚辰	辛巳	壬午	癸未	甲申	乙酉	丙戌	丁亥	戊子	己丑	庚寅	辛卯	壬辰	癸巳	甲午
대운 남	10	10	9	9	9	8	8	8	7	7	7	6	6	6	5	小	5	4	4	4	3	3	3	2	2	2	1	1	1	1
대운 여	1	1	1	1	2	2	2	3	3	3	4	4	4	5	5	滿	6	6	6	7	7	7	8	8	8	9	9	9	10	10

五月小　月建 甲午　七赤

망종 음 5/1 양 6/5 오후 8시31분 ● 하지 음 5/17 양 6/21 오후 1시13분

음력	1	2	3	4	5	6	7	8	9	10	11	12	13	14	15	16	17	18	19	20	21	22	23	24	25	26	27	28	29
양력	6/5	6	7	8	9	10	11	12	13	14	15	16	17	18	19	20	21	22	23	24	25	26	27	28	29	30	7/1	2	3
요일	화	수	목	금	토	일	월	화	수	목	금	토	일	월	화	수	목	금	토	일	월	화	수	목	금	토	일	월	화
일진	乙未	丙申	丁酉	戊戌	己亥	庚子	辛丑	壬寅	癸卯	甲辰	乙巳	丙午	丁未	戊申	己酉	庚戌	辛亥	壬子	癸丑	甲寅	乙卯	丙辰	丁巳	戊午	己未	庚申	辛酉	壬戌	癸亥
대운 남	芒	10	10	10	9	9	9	8	8	8	7	7	7	6	6	6	夏	5	5	4	4	4	3	3	3	2	2	2	1
대운 여	種	1	1	1	1	2	2	2	3	3	3	4	4	4	5	5	至	6	6	6	7	7	7	8	8	8	9	9	9

六月小　月建 乙未　六白

소서 음 6/4 양 7/7 오전 6시39분 ● 대서 음 6/20 양 7/23 오전 0시7분

음력	1	2	3	4	5	6	7	8	9	10	11	12	13	14	15	16	17	18	19	20	21	22	23	24	25	26	27	28	29
양력	7/4	5	6	7	8	9	10	11	12	13	14	15	16	17	18	19	20	21	22	23	24	25	26	27	28	29	30	31	8/1
요일	수	목	금	토	일	월	화	수	목	금	토	일	월	화	수	목	금	토	일	월	화	수	목	금	토	일	월	화	수
일진	甲子	乙丑	丙寅	丁卯	戊辰	己巳	庚午	辛未	壬申	癸酉	甲戌	乙亥	丙子	丁丑	戊寅	己卯	庚辰	辛巳	壬午	癸未	甲申	乙酉	丙戌	丁亥	戊子	己丑	庚寅	辛卯	壬辰
대운 남	1	1	1	小	10	10	9	9	9	8	8	8	7	7	7	6	6	6	5	大	5	4	4	4	3	3	3	2	2
대운 여	10	10	10	暑	1	1	1	1	2	2	2	3	3	3	4	4	4	5	5	暑	6	6	6	7	7	7	8	8	8

七月大　　月建 丙申　　五黃

입추 음 7/6 양 8/7 오후 4시32분●처서 음 7/22 양 8/23 오전 7시23분

음력	1	2	3	4	5	6	7	8	9	10	11	12	13	14	15	16	17	18	19	20	21	22	23	24	25	26	27	28	29	30
양력	8/2	3	4	5	6	7	8	9	10	11	12	13	14	15	16	17	18	19	20	21	22	23	24	25	26	27	28	29	30	31
요일	목	금	토	일	월	화	수	목	금	토	일	월	화	수	목	금	토	일	월	화	수	목	금	토	일	월	화	수	목	금
일진	癸巳	甲午	乙未	丙申	丁酉	戊戌	己亥	庚子	辛丑	壬寅	癸卯	甲辰	乙巳	丙午	丁未	戊申	己酉	庚戌	辛亥	壬子	癸丑	甲寅	乙卯	丙辰	丁巳	戊午	己未	庚申	辛酉	壬戌
대운 남	2	1	1	1	1	立秋	10	10	9	9	9	8	8	8	7	7	7	6	6	6	5	處暑	5	4	4	4	3	3	3	2
대운 여	9	9	9	10	10		1	1	1	1	2	2	2	3	3	3	4	4	4	5	5		6	6	6	7	7	7	8	8

八月小　　月建 丁酉　　四綠

백로 음 8/7 양 9/7 오후 7시42분●추분 음 8/23 양 9/23 오전 5시20분

음력	1	2	3	4	5	6	7	8	9	10	11	12	13	14	15	16	17	18	19	20	21	22	23	24	25	26	27	28	29
양력	9/1	2	3	4	5	6	7	8	9	10	11	12	13	14	15	16	17	18	19	20	21	22	23	24	25	26	27	28	29
요일	토	일	월	화	수	목	금	토	일	월	화	수	목	금	토	일	월	화	수	목	금	토	일	월	화	수	목	금	토
일진	癸亥	甲子	乙丑	丙寅	丁卯	戊辰	己巳	庚午	辛未	壬申	癸酉	甲戌	乙亥	丙子	丁丑	戊寅	己卯	庚辰	辛巳	壬午	癸未	甲申	乙酉	丙戌	丁亥	戊子	己丑	庚寅	辛卯
대운 남	2	2	1	1	1	1	白露	10	10	9	9	9	8	8	8	7	7	7	6	6	6	5	秋分	5	4	4	4	3	3
대운 여	8	9	9	9	10	10		1	1	1	1	2	2	2	3	3	3	4	4	4	5	5		6	6	6	7	7	7

九月小　　月建 戊戌　　三碧

한로 음 9/9 양 10/8 오전 11시41분●상강 음 9/24 양 10/23 오후 3시2분

음력	1	2	3	4	5	6	7	8	9	10	11	12	13	14	15	16	17	18	19	20	21	22	23	24	25	26	27	28	29
양력	9/30	10/1	2	3	4	5	6	7	8	9	10	11	12	13	14	15	16	17	18	19	20	21	22	23	24	25	26	27	28
요일	일	월	화	수	목	금	토	일	월	화	수	목	금	토	일	월	화	수	목	금	토	일	월	화	수	목	금	토	일
일진	壬辰	癸巳	甲午	乙未	丙申	丁酉	戊戌	己亥	庚子	辛丑	壬寅	癸卯	甲辰	乙巳	丙午	丁未	戊申	己酉	庚戌	辛亥	壬子	癸丑	甲寅	乙卯	丙辰	丁巳	戊午	己未	庚申
대운 남	3	2	2	2	1	1	1	1	寒露	10	9	9	9	8	8	8	7	7	7	6	6	6	5	霜降	5	4	4	4	3
대운 여	8	8	8	9	9	9	10	10		1	1	1	1	2	2	2	3	3	3	4	4	4	5		5	6	6	6	7

十月大　　月建 己亥　　二黑

입동 음 10/10 양 11/7 오후 3시13분●소설 음 10/25 양 11/22 오후 12시55분

음력	1	2	3	4	5	6	7	8	9	10	11	12	13	14	15	16	17	18	19	20	21	22	23	24	25	26	27	28	29	30
양력	10/29	30	31	11/1	2	3	4	5	6	7	8	9	10	11	12	13	14	15	16	17	18	19	20	21	22	23	24	25	26	27
요일	월	화	수	목	금	토	일	월	화	수	목	금	토	일	월	화	수	목	금	토	일	월	화	수	목	금	토	일	월	화
일진	辛酉	壬戌	癸亥	甲子	乙丑	丙寅	丁卯	戊辰	己巳	庚午	辛未	壬申	癸酉	甲戌	乙亥	丙子	丁丑	戊寅	己卯	庚辰	辛巳	壬午	癸未	甲申	乙酉	丙戌	丁亥	戊子	己丑	庚寅
대운 남	3	3	2	2	2	1	1	1	1	立冬	10	9	9	9	8	8	8	7	7	7	6	6	6	5	小雪	5	4	4	4	3
대운 여	7	7	8	8	8	9	9	9	10		1	1	1	1	2	2	2	3	3	3	4	4	4	5		5	6	6	6	7

十一月小　　月建 庚子　　一白

대설 음 11/10 양 12/7 오전 8시20분●동지 음 11/25 양 12/22 오전 2시27분

음력	1	2	3	4	5	6	7	8	9	10	11	12	13	14	15	16	17	18	19	20	21	22	23	24	25	26	27	28	29
양력	11/28	29	30	12/1	2	3	4	5	6	7	8	9	10	11	12	13	14	15	16	17	18	19	20	21	22	23	24	25	26
요일	수	목	금	토	일	월	화	수	목	금	토	일	월	화	수	목	금	토	일	월	화	수	목	금	토	일	월	화	수
일진	辛卯	壬辰	癸巳	甲午	乙未	丙申	丁酉	戊戌	己亥	庚子	辛丑	壬寅	癸卯	甲辰	乙巳	丙午	丁未	戊申	己酉	庚戌	辛亥	壬子	癸丑	甲寅	乙卯	丙辰	丁巳	戊午	己未
대운 남	3	3	2	2	2	1	1	1	1	大雪	9	9	9	8	8	8	7	7	7	6	6	6	5	5	冬至	4	4	4	3
대운 여	7	7	8	8	8	9	9	9	10		1	1	1	1	2	2	2	3	3	3	4	4	4	5		5	6	6	6

十二月大　　月建 辛丑　　九紫

소한 음 12/10 양 1/5 오후 7시41분●대한 음 12/25 양 1/20 오후 1시8분

음력	1	2	3	4	5	6	7	8	9	10	11	12	13	14	15	16	17	18	19	20	21	22	23	24	25	26	27	28	29	30
양력	12/27	28	29	30	31	1/1	2	3	4	5	6	7	8	9	10	11	12	13	14	15	16	17	18	19	20	21	22	23	24	25
요일	목	금	토	일	월	화	수	목	금	토	일	월	화	수	목	금	토	일	월	화	수	목	금	토	일	월	화	수	목	금
일진	庚申	辛酉	壬戌	癸亥	甲子	乙丑	丙寅	丁卯	戊辰	己巳	庚午	辛未	壬申	癸酉	甲戌	乙亥	丙子	丁丑	戊寅	己卯	庚辰	辛巳	壬午	癸未	甲申	乙酉	丙戌	丁亥	戊子	己丑
대운 남	3	3	2	2	2	1	1	1	1	小寒	10	9	9	9	8	8	8	7	7	7	6	6	6	5	大寒	5	4	4	4	3
대운 여	7	7	7	8	8	8	9	9	9		1	1	1	1	2	2	2	3	3	3	4	4	4	5		5	6	6	6	7

2047년 | 단기 4380년 丁卯年 二日得辛 三龍治水

北 大將軍　西 三殺　丑 吊客　巳 喪門　納音五行 爐中火

正月大　月建 壬寅　八白

입춘 음 1/10 양 2/4 오전 7시16분 ● 우수 음 1/25 양 2/19 오전 3시9분

음력	1	2	3	4	5	6	7	8	9	10	11	12	13	14	15	16	17	18	19	20	21	22	23	24	25	26	27	28	29	30
양력	1/26	27	28	29	30	31	2/1	2	3	4	5	6	7	8	9	10	11	12	13	14	15	16	17	18	19	20	21	22	23	24
요일	토	일	월	화	수	목	금	토	일	월	화	수	목	금	토	일	월	화	수	목	금	토	일	월	화	수	목	금	토	일
일진	庚寅	辛卯	壬辰	癸巳	甲午	乙未	丙申	丁酉	戊戌	己亥	庚子	辛丑	壬寅	癸卯	甲辰	乙巳	丙午	丁未	戊申	己酉	庚戌	辛亥	壬子	癸丑	甲寅	乙卯	丙辰	丁巳	戊午	己未
대운 남	3	3	2	2	2	1	1	1	1	立	1	1	1	1	2	2	2	3	3	3	4	4	4	5	雨	5	6	6	6	7
대운 여	7	7	8	8	8	9	9	9	10	春	10	9	9	9	8	8	8	7	7	7	6	6	6	5	水	5	4	4	4	3

二月小　月建 癸卯　七赤

경칩 음 2/10 양 3/6 오전 1시4분 ● 춘분 음 2/25 양 3/21 오전 1시51분

음력	1	2	3	4	5	6	7	8	9	10	11	12	13	14	15	16	17	18	19	20	21	22	23	24	25	26	27	28	29	
양력	2/25	26	27	28	3/1	2	3	4	5	6	7	8	9	10	11	12	13	14	15	16	17	18	19	20	21	22	23	24	25	
요일	월	화	수	목	금	토	일	월	화	수	목	금	토	일	월	화	수	목	금	토	일	월	화	수	목	금	토	일	월	
일진	庚申	辛酉	壬戌	癸亥	甲子	乙丑	丙寅	丁卯	戊辰	己巳	庚午	辛未	壬申	癸酉	甲戌	乙亥	丙子	丁丑	戊寅	己卯	庚辰	辛巳	壬午	癸未	甲申	乙酉	丙戌	丁亥	戊子	
대운 남	7	7	8	8	8	9	9	9	10	驚	1	1	1	1	2	2	2	3	3	3	4	4	4	5	春	5	6	6	6	
대운 여	3	3	2	2	2	1	1	1	1	蟄	10	9	9	9	8	8	8	7	7	7	6	6	6	5	分	5	4	4	4	

三月大　月建 甲辰　六白

청명 음 3/11 양 4/5 오전 5시31분 ● 곡우 음 3/26 양 4/20 오후 12시31분

음력	1	2	3	4	5	6	7	8	9	10	11	12	13	14	15	16	17	18	19	20	21	22	23	24	25	26	27	28	29	30
양력	3/26	27	28	29	30	31	4/1	2	3	4	5	6	7	8	9	10	11	12	13	14	15	16	17	18	19	20	21	22	23	24
요일	화	수	목	금	토	일	월	화	수	목	금	토	일	월	화	수	목	금	토	일	월	화	수	목	금	토	일	월	화	수
일진	己丑	庚寅	辛卯	壬辰	癸巳	甲午	乙未	丙申	丁酉	戊戌	己亥	庚子	辛丑	壬寅	癸卯	甲辰	乙巳	丙午	丁未	戊申	己酉	庚戌	辛亥	壬子	癸丑	甲寅	乙卯	丙辰	丁巳	戊午
대운 남	7	7	7	8	8	8	9	9	9	10	清	1	1	1	1	2	2	2	3	3	3	4	4	4	5	穀	5	6	6	6
대운 여	3	3	3	2	2	2	1	1	1	1	明	10	9	9	9	8	8	8	7	7	7	6	6	6	5	雨	5	4	4	4

四月大　月建 乙巳　五黃

입하 음 4/11 양 5/5 오후 10시27분 ● 소만 음 4/27 양 5/21 오전 11시18분

음력	1	2	3	4	5	6	7	8	9	10	11	12	13	14	15	16	17	18	19	20	21	22	23	24	25	26	27	28	29	30
양력	4/25	26	27	28	29	30	5/1	2	3	4	5	6	7	8	9	10	11	12	13	14	15	16	17	18	19	20	21	22	23	24
요일	목	금	토	일	월	화	수	목	금	토	일	월	화	수	목	금	토	일	월	화	수	목	금	토	일	월	화	수	목	금
일진	己未	庚申	辛酉	壬戌	癸亥	甲子	乙丑	丙寅	丁卯	戊辰	己巳	庚午	辛未	壬申	癸酉	甲戌	乙亥	丙子	丁丑	戊寅	己卯	庚辰	辛巳	壬午	癸未	甲申	乙酉	丙戌	丁亥	戊子
대운 남	7	7	7	8	8	8	9	9	9	10	立	1	1	1	1	2	2	2	3	3	3	4	4	4	5	5	小	6	6	6
대운 여	3	3	3	2	2	2	1	1	1	1	夏	10	10	10	9	9	9	8	8	8	7	7	7	6	6	6	滿	5	5	4

五月小　月建 丙午　四綠

망종 음 5/13 양 6/6 오전 2시19분 ● 하지 음 5/28 양 6/21 오후 7시2분

음력	1	2	3	4	5	6	7	8	9	10	11	12	13	14	15	16	17	18	19	20	21	22	23	24	25	26	27	28	29	
양력	5/25	26	27	28	29	30	31	6/1	2	3	4	5	6	7	8	9	10	11	12	13	14	15	16	17	18	19	20	21	22	
요일	토	일	월	화	수	목	금	토	일	월	화	수	목	금	토	일	월	화	수	목	금	토	일	월	화	수	목	금	토	
일진	己丑	庚寅	辛卯	壬辰	癸巳	甲午	乙未	丙申	丁酉	戊戌	己亥	庚子	辛丑	壬寅	癸卯	甲辰	乙巳	丙午	丁未	戊申	己酉	庚戌	辛亥	壬子	癸丑	甲寅	乙卯	丙辰	丁巳	
대운 남	7	7	7	8	8	8	9	9	9	10	10	10	芒	1	1	1	1	2	2	2	3	3	3	4	4	4	5	夏	5	
대운 여	4	4	3	3	3	2	2	2	1	1	1	1	種	10	10	9	9	9	8	8	8	7	7	7	6	6	6	至	5	

閏五月大

소서 음 윤5/15 양 7/7 오후 12시29분

음력	1	2	3	4	5	6	7	8	9	10	11	12	13	14	15	16	17	18	19	20	21	22	23	24	25	26	27	28	29	30
양력	6/23	24	25	26	27	28	29	30	7/1	2	3	4	5	6	7	8	9	10	11	12	13	14	15	16	17	18	19	20	21	22
요일	일	월	화	수	목	금	토	일	월	화	수	목	금	토	일	월	화	수	목	금	토	일	월	화	수	목	금	토	일	월
일진	戊午	己未	庚申	辛酉	壬戌	癸亥	甲子	乙丑	丙寅	丁卯	戊辰	己巳	庚午	辛未	壬申	癸酉	甲戌	乙亥	丙子	丁丑	戊寅	己卯	庚辰	辛巳	壬午	癸未	甲申	乙酉	丙戌	丁亥
대운 남	6	6	6	7	7	7	8	8	8	9	9	9	10	10	小	1	1	1	1	2	2	2	3	3	3	4	4	4	5	5
대운 여	5	4	4	4	3	3	3	2	2	2	1	1	1	1	暑	10	10	9	9	9	8	8	8	7	7	7	6	6	6	5

六月小　月建 丁未　三碧

대서 음 6/1 양 7/23 오전 5시54분 ● 입추 음 6/16 양 8/7 오후 10시24분

음력	1	2	3	4	5	6	7	8	9	10	11	12	13	14	15	16	17	18	19	20	21	22	23	24	25	26	27	28	29
양력	7/23	24	25	26	27	28	29	30	31	8/1	2	3	4	5	6	7	8	9	10	11	12	13	14	15	16	17	18	19	20
요일	화	수	목	금	토	일	월	화	수	목	금	토	일	월	화	수	목	금	토	일	월	화	수	목	금	토	일	월	화
일진	戊子	己丑	庚寅	辛卯	壬辰	癸巳	甲午	乙未	丙申	丁酉	戊戌	己亥	庚子	辛丑	壬寅	癸卯	甲辰	乙巳	丙午	丁未	戊申	己酉	庚戌	辛亥	壬子	癸丑	甲寅	乙卯	丙辰
대운 남	大	6	6	6	7	7	7	8	8	8	9	9	9	10	10	立	1	1	1	1	2	2	2	3	3	3	4	4	4
대운 여	暑	5	4	4	4	3	3	3	2	2	2	1	1	1	1	秋	10	10	10	9	9	9	8	8	8	7	7	7	6

七月大　月建 戊申　二黑

처서 음 7/3 양 8/23 오후 1시9분 ● 백로 음 7/19 양 9/8 오전 1시37분

음력	1	2	3	4	5	6	7	8	9	10	11	12	13	14	15	16	17	18	19	20	21	22	23	24	25	26	27	28	29	30
양력	8/21	22	23	24	25	26	27	28	29	30	31	9/1	2	3	4	5	6	7	8	9	10	11	12	13	14	15	16	17	18	19
요일	수	목	금	토	일	월	화	수	목	금	토	일	월	화	수	목	금	토	일	월	화	수	목	금	토	일	월	화	수	목
일진	丁巳	戊午	己未	庚申	辛酉	壬戌	癸亥	甲子	乙丑	丙寅	丁卯	戊辰	己巳	庚午	辛未	壬申	癸酉	甲戌	乙亥	丙子	丁丑	戊寅	己卯	庚辰	辛巳	壬午	癸未	甲申	乙酉	丙戌
대운 남	5	5	處	6	6	6	7	7	7	8	8	8	9	9	9	10	10	10	白	1	1	1	1	2	2	2	3	3	3	4
대운 여	6	6	暑	5	5	4	4	4	3	3	3	2	2	2	1	1	1	1	露	10	9	9	9	8	8	8	7	7	7	6

八月小　月建 己酉　一白

추분 음 8/4 양 9/23 오전 11시6분 ● 한로 음 8/19 양 10/8 오후 5시36분

음력	1	2	3	4	5	6	7	8	9	10	11	12	13	14	15	16	17	18	19	20	21	22	23	24	25	26	27	28	29
양력	9/20	21	22	23	24	25	26	27	28	29	30	10/1	2	3	4	5	6	7	8	9	10	11	12	13	14	15	16	17	18
요일	금	토	일	월	화	수	목	금	토	일	월	화	수	목	금	토	일	월	화	수	목	금	토	일	월	화	수	목	금
일진	丁亥	戊子	己丑	庚寅	辛卯	壬辰	癸巳	甲午	乙未	丙申	丁酉	戊戌	己亥	庚子	辛丑	壬寅	癸卯	甲辰	乙巳	丙午	丁未	戊申	己酉	庚戌	辛亥	壬子	癸丑	甲寅	乙卯
대운 남	4	4	5	秋	5	6	6	6	7	7	7	8	8	8	9	9	9	10	寒	1	1	1	1	2	2	2	3	3	3
대운 여	6	6	5	分	5	4	4	4	3	3	3	2	2	2	1	1	1	1	露	10	9	9	9	8	8	8	7	7	7

九月小　月建 庚戌　九紫

상강 음 9/5 양 10/23 오후 8시47분 ● 입동 음 9/20 양 11/7 오후 9시6분

음력	1	2	3	4	5	6	7	8	9	10	11	12	13	14	15	16	17	18	19	20	21	22	23	24	25	26	27	28	29
양력	10/19	20	21	22	23	24	25	26	27	28	29	30	31	11/1	2	3	4	5	6	7	8	9	10	11	12	13	14	15	16
요일	토	일	월	화	수	목	금	토	일	월	화	수	목	금	토	일	월	화	수	목	금	토	일	월	화	수	목	금	토
일진	丙辰	丁巳	戊午	己未	庚申	辛酉	壬戌	癸亥	甲子	乙丑	丙寅	丁卯	戊辰	己巳	庚午	辛未	壬申	癸酉	甲戌	乙亥	丙子	丁丑	戊寅	己卯	庚辰	辛巳	壬午	癸未	甲申
대운 남	4	4	4	5	霜	5	6	6	6	7	7	7	8	8	8	9	9	9	10	立	1	1	1	1	2	2	2	3	3
대운 여	6	6	6	5	降	5	4	4	4	3	3	3	2	2	2	1	1	1	1	冬	10	9	9	9	8	8	8	7	7

十月大　月建 辛亥　八白

소설 음 10/6 양 11/22 오후 6시37분 ● 대설 음 10/21 양 12/7 오후 2시9분

음력	1	2	3	4	5	6	7	8	9	10	11	12	13	14	15	16	17	18	19	20	21	22	23	24	25	26	27	28	29	30
양력	11/17	18	19	20	21	22	23	24	25	26	27	28	29	30	12/1	2	3	4	5	6	7	8	9	10	11	12	13	14	15	16
요일	일	월	화	수	목	금	토	일	월	화	수	목	금	토	일	월	화	수	목	금	토	일	월	화	수	목	금	토	일	월
일진	乙酉	丙戌	丁亥	戊子	己丑	庚寅	辛卯	壬辰	癸巳	甲午	乙未	丙申	丁酉	戊戌	己亥	庚子	辛丑	壬寅	癸卯	甲辰	乙巳	丙午	丁未	戊申	己酉	庚戌	辛亥	壬子	癸丑	甲寅
대운 남	3	4	4	4	5	小	5	6	6	6	7	7	7	8	8	8	9	9	9	10	大	1	1	1	1	2	2	2	3	3
대운 여	7	6	6	6	5	雪	5	4	4	4	3	3	3	2	2	2	1	1	1	1	雪	10	9	9	9	8	8	8	7	7

十一月小　月建 壬子　七赤

동지 음 11/6 양 12/22 오전 8시6분 ● 소한 음 11/21 양 1/6 오전 1시28분

음력	1	2	3	4	5	6	7	8	9	10	11	12	13	14	15	16	17	18	19	20	21	22	23	24	25	26	27	28	29
양력	12/17	18	19	20	21	22	23	24	25	26	27	28	29	30	31	1/1	2	3	4	5	6	7	8	9	10	11	12	13	14
요일	화	수	목	금	토	일	월	화	수	목	금	토	일	월	화	수	목	금	토	일	월	화	수	목	금	토	일	월	화
일진	乙卯	丙辰	丁巳	戊午	己未	庚申	辛酉	壬戌	癸亥	甲子	乙丑	丙寅	丁卯	戊辰	己巳	庚午	辛未	壬申	癸酉	甲戌	乙亥	丙子	丁丑	戊寅	己卯	庚辰	辛巳	壬午	癸未
대운 남	3	4	4	4	5	冬	5	6	6	6	7	7	7	8	8	8	9	9	9	10	小	1	1	1	1	2	2	2	3
대운 여	7	6	6	6	5	至	5	4	4	4	3	3	3	2	2	2	1	1	1	1	寒	9	9	9	8	8	8	7	7

十二月大　月建 癸丑　六白

대한 음 12/6 양 1/20 오후 6시46분 ● 입춘 음 12/21 양 2/4 오후 1시3분

음력	1	2	3	4	5	6	7	8	9	10	11	12	13	14	15	16	17	18	19	20	21	22	23	24	25	26	27	28	29	30
양력	1/15	16	17	18	19	20	21	22	23	24	25	26	27	28	29	30	31	2/1	2	3	4	5	6	7	8	9	10	11	12	13
요일	수	목	금	토	일	월	화	수	목	금	토	일	월	화	수	목	금	토	일	월	화	수	목	금	토	일	월	화	수	목
일진	甲申	乙酉	丙戌	丁亥	戊子	己丑	庚寅	辛卯	壬辰	癸巳	甲午	乙未	丙申	丁酉	戊戌	己亥	庚子	辛丑	壬寅	癸卯	甲辰	乙巳	丙午	丁未	戊申	己酉	庚戌	辛亥	壬子	癸丑
대운 남	3	3	4	4	4	大	5	5	6	6	6	7	7	7	8	8	8	9	9	9	立	10	9	9	9	8	8	8	7	7
대운 여	7	6	6	6	5	寒	5	4	4	4	3	3	3	2	2	2	1	1	1	1	春	1	1	1	1	2	2	2	3	3

2048년 | 단기 4381년 # 戊辰年 **八日得辛 三龍治水**

北 大將軍 南 三殺 寅 吊客 午 喪門 納音五行 大林木

正月小 月建 甲寅 五黃

우수 음 1/6 양 2/19 오전 8시47분 ● 경칩 음 1/21 양 3/5 오전 6시53분

음력	1	2	3	4	5	6	7	8	9	10	11	12	13	14	15	16	17	18	19	20	21	22	23	24	25	26	27	28	29	
양력	2/14	15	16	17	18	19	20	21	22	23	24	25	26	27	28	29	3/1	2	3	4	5	6	7	8	9	10	11	12	13	
요일	금	토	일	월	화	수	목	금	토	일	월	화	수	목	금	토	일	월	화	수	목	금	토	일	월	화	수	목	금	
일진	甲寅	乙卯	丙辰	丁巳	戊午	己未	庚申	辛酉	壬戌	癸亥	甲子	乙丑	丙寅	丁卯	戊辰	己巳	庚午	辛未	壬申	癸酉	甲戌	乙亥	丙子	丁丑	戊寅	己卯	庚辰	辛巳	壬午	
대운 남	7	6	6	6	5	雨	5	4	4	4	3	3	3	2	2	2	1	1	1	1	驚	10	9	9	9	8	8	8	7	
대운 여	3	4	4	4	5	水	5	6	6	6	7	7	7	8	8	8	9	9	9	10	蟄	1	1	1	1	2	2	2	3	

二月大 月建 乙卯 四綠

춘분 음 2/7 양 3/20 오전 7시32분 ● 청명 음 2/22 양 4/4 오전 11시24분

음력	1	2	3	4	5	6	7	8	9	10	11	12	13	14	15	16	17	18	19	20	21	22	23	24	25	26	27	28	29	30
양력	3/14	15	16	17	18	19	20	21	22	23	24	25	26	27	28	29	30	31	4/1	2	3	4	5	6	7	8	9	10	11	12
요일	토	일	월	화	수	목	금	토	일	월	화	수	목	금	토	일	월	화	수	목	금	토	일	월	화	수	목	금	토	일
일진	癸未	甲申	乙酉	丙戌	丁亥	戊子	己丑	庚寅	辛卯	壬辰	癸巳	甲午	乙未	丙申	丁酉	戊戌	己亥	庚子	辛丑	壬寅	癸卯	甲辰	乙巳	丙午	丁未	戊申	己酉	庚戌	辛亥	壬子
대운 남	7	7	6	6	6	5	春	5	4	4	4	3	3	3	2	2	2	1	1	1	1	清	10	10	9	9	9	8	8	8
대운 여	3	3	4	4	4	5	分	5	6	6	6	7	7	7	8	8	8	9	9	9	10	明	1	1	1	1	2	2	2	3

三月大 月建 丙辰 三碧

곡우 음 3/7 양 4/19 오후 6시16분 ● 입하 음 3/23 양 5/5 오전 4시23분

음력	1	2	3	4	5	6	7	8	9	10	11	12	13	14	15	16	17	18	19	20	21	22	23	24	25	26	27	28	29	30
양력	4/13	14	15	16	17	18	19	20	21	22	23	24	25	26	27	28	29	30	5/1	2	3	4	5	6	7	8	9	10	11	12
요일	월	화	수	목	금	토	일	월	화	수	목	금	토	일	월	화	수	목	금	토	일	월	화	수	목	금	토	일	월	화
일진	癸丑	甲寅	乙卯	丙辰	丁巳	戊午	己未	庚申	辛酉	壬戌	癸亥	甲子	乙丑	丙寅	丁卯	戊辰	己巳	庚午	辛未	壬申	癸酉	甲戌	乙亥	丙子	丁丑	戊寅	己卯	庚辰	辛巳	壬午
대운 남	7	7	7	6	6	6	穀	5	5	4	4	4	3	3	3	2	2	2	1	1	1	1	立	10	10	9	9	9	8	8
대운 여	3	3	4	4	4	5	雨	5	6	6	6	7	7	7	8	8	8	9	9	9	10	10	夏	1	1	1	1	2	2	2

四月小 月建 丁巳 二黑

소만 음 4/8 양 5/20 오후 5시6분 ● 망종 음 4/24 양 6/5 오전 8시17분

음력	1	2	3	4	5	6	7	8	9	10	11	12	13	14	15	16	17	18	19	20	21	22	23	24	25	26	27	28	29	
양력	5/13	14	15	16	17	18	19	20	21	22	23	24	25	26	27	28	29	30	31	6/1	2	3	4	5	6	7	8	9	10	
요일	수	목	금	토	일	월	화	수	목	금	토	일	월	화	수	목	금	토	일	월	화	수	목	금	토	일	월	화	수	
일진	癸未	甲申	乙酉	丙戌	丁亥	戊子	己丑	庚寅	辛卯	壬辰	癸巳	甲午	乙未	丙申	丁酉	戊戌	己亥	庚子	辛丑	壬寅	癸卯	甲辰	乙巳	丙午	丁未	戊申	己酉	庚戌	辛亥	
대운 남	8	7	7	7	6	6	6	小	5	5	4	4	4	3	3	3	2	2	2	1	1	1	1	芒	10	10	9	9	9	
대운 여	3	3	3	4	4	4	5	滿	5	6	6	6	7	7	7	8	8	8	9	9	9	10	10	種	1	1	1	1	2	

五月大 月建 戊午 一白

하지 음 5/11 양 6/21 오전 0시52분 ● 소서 음 5/26 양 7/6 오후 6시25분

음력	1	2	3	4	5	6	7	8	9	10	11	12	13	14	15	16	17	18	19	20	21	22	23	24	25	26	27	28	29	30
양력	6/11	12	13	14	15	16	17	18	19	20	21	22	23	24	25	26	27	28	29	30	7/1	2	3	4	5	6	7	8	9	10
요일	목	금	토	일	월	화	수	목	금	토	일	월	화	수	목	금	토	일	월	화	수	목	금	토	일	월	화	수	목	금
일진	壬子	癸丑	甲寅	乙卯	丙辰	丁巳	戊午	己未	庚申	辛酉	壬戌	癸亥	甲子	乙丑	丙寅	丁卯	戊辰	己巳	庚午	辛未	壬申	癸酉	甲戌	乙亥	丙子	丁丑	戊寅	己卯	庚辰	辛巳
대운 남	8	8	8	7	7	7	6	6	6	5	夏	5	4	4	4	3	3	3	2	2	2	1	1	1	1	小	10	10	10	9
대운 여	2	2	3	3	3	4	4	4	5	5	至	6	6	6	7	7	7	8	8	8	9	9	9	10	10	暑	1	1	1	1

六月大 月建 己未 九紫

대서 음 6/12 양 7/22 오전 11시45분 ● 입추 음 6/28 양 8/7 오전 4시17분

음력	1	2	3	4	5	6	7	8	9	10	11	12	13	14	15	16	17	18	19	20	21	22	23	24	25	26	27	28	29	30
양력	7/11	12	13	14	15	16	17	18	19	20	21	22	23	24	25	26	27	28	29	30	31	8/1	2	3	4	5	6	7	8	9
요일	토	일	월	화	수	목	금	토	일	월	화	수	목	금	토	일	월	화	수	목	금	토	일	월	화	수	목	금	토	일
일진	壬午	癸未	甲申	乙酉	丙戌	丁亥	戊子	己丑	庚寅	辛卯	壬辰	癸巳	甲午	乙未	丙申	丁酉	戊戌	己亥	庚子	辛丑	壬寅	癸卯	甲辰	乙巳	丙午	丁未	戊申	己酉	庚戌	辛亥
대운 남	9	9	8	8	8	7	7	7	6	6	6	大	5	5	4	4	4	3	3	3	2	2	2	1	1	1	1	立	10	10
대운 여	2	2	2	3	3	3	4	4	4	5	5	暑	6	6	6	7	7	7	8	8	8	9	9	9	10	10	10	秋	1	1

七月小　　月建 庚申　　八白

처서 음 7/13 양 8/22 오후 7시1분 ● 백로 음 7/29 양 9/7 오전 7시26분

음력	1	2	3	4	5	6	7	8	9	10	11	12	13	14	15	16	17	18	19	20	21	22	23	24	25	26	27	28	29
양력	8/10	11	12	13	14	15	16	17	18	19	20	21	22	23	24	25	26	27	28	29	30	31	9/1	2	3	4	5	6	7
요일	월	화	수	목	금	토	일	월	화	수	목	금	토	일	월	화	수	목	금	토	일	월	화	수	목	금	토	일	월
일진	壬子	癸丑	甲寅	乙卯	丙辰	丁巳	戊午	己未	庚申	辛酉	壬戌	癸亥	甲子	乙丑	丙寅	丁卯	戊辰	己巳	庚午	辛未	壬申	癸酉	甲戌	乙亥	丙子	丁丑	戊寅	己卯	庚辰
대운 남	9	9	9	8	8	8	7	7	7	6	6	6	處暑	5	5	4	4	4	3	3	3	2	2	2	1	1	1	1	白露
대운 여	1	1	2	2	2	3	3	3	4	4	4	5		5	6	6	6	7	7	7	8	8	8	9	9	9	10	10	

八月大　　月建 辛酉　　七赤

추분 음 8/15 양 9/22 오후 4시59분 ● 한로 음 8/30 양 10/7 오후 11시25분

음력	1	2	3	4	5	6	7	8	9	10	11	12	13	14	15	16	17	18	19	20	21	22	23	24	25	26	27	28	29	30
양력	9/8	9	10	11	12	13	14	15	16	17	18	19	20	21	22	23	24	25	26	27	28	29	30	10/1	2	3	4	5	6	7
요일	화	수	목	금	토	일	월	화	수	목	금	토	일	월	화	수	목	금	토	일	월	화	수	목	금	토	일	월	화	수
일진	辛巳	壬午	癸未	甲申	乙酉	丙戌	丁亥	戊子	己丑	庚寅	辛卯	壬辰	癸巳	甲午	乙未	丙申	丁酉	戊戌	己亥	庚子	辛丑	壬寅	癸卯	甲辰	乙巳	丙午	丁未	戊申	己酉	庚戌
대운 남	10	9	9	9	8	8	8	7	7	7	6	6	6	5	秋分	5	4	4	4	3	3	3	2	2	2	1	1	1	1	寒露
대운 여	1	1	1	1	2	2	2	3	3	3	4	4	4	5		5	6	6	6	7	7	7	8	8	8	9	9	9	10	

九月小　　月建 壬戌　　六白

상강 음 9/16 양 10/23 오전 2시41분

음력	1	2	3	4	5	6	7	8	9	10	11	12	13	14	15	16	17	18	19	20	21	22	23	24	25	26	27	28	29
양력	10/8	9	10	11	12	13	14	15	16	17	18	19	20	21	22	23	24	25	26	27	28	29	30	31	11/1	2	3	4	5
요일	목	금	토	일	월	화	수	목	금	토	일	월	화	수	목	금	토	일	월	화	수	목	금	토	일	월	화	수	목
일진	辛亥	壬子	癸丑	甲寅	乙卯	丙辰	丁巳	戊午	己未	庚申	辛酉	壬戌	癸亥	甲子	乙丑	丙寅	丁卯	戊辰	己巳	庚午	辛未	壬申	癸酉	甲戌	乙亥	丙子	丁丑	戊寅	己卯
대운 남	10	10	9	9	9	8	8	8	7	7	7	6	6	6	5	霜降	5	4	4	4	3	3	3	2	2	2	1	1	1
대운 여	1	1	1	1	2	2	2	3	3	3	4	4	4	5	5		6	6	6	7	7	7	8	8	8	9	9	9	10

十月大　　月建 癸亥　　五黃

입동 음 10/2 양 11/7 오전 2시55분 ● 소설 음 10/17 양 11/22 오전 0시32분

음력	1	2	3	4	5	6	7	8	9	10	11	12	13	14	15	16	17	18	19	20	21	22	23	24	25	26	27	28	29	30
양력	11/6	7	8	9	10	11	12	13	14	15	16	17	18	19	20	21	22	23	24	25	26	27	28	29	30	12/1	2	3	4	5
요일	금	토	일	월	화	수	목	금	토	일	월	화	수	목	금	토	일	월	화	수	목	금	토	일	월	화	수	목	금	토
일진	庚辰	辛巳	壬午	癸未	甲申	乙酉	丙戌	丁亥	戊子	己丑	庚寅	辛卯	壬辰	癸巳	甲午	乙未	丙申	丁酉	戊戌	己亥	庚子	辛丑	壬寅	癸卯	甲辰	乙巳	丙午	丁未	戊申	己酉
대운 남	1	立冬	9	9	9	8	8	8	7	7	7	6	6	6	5	5	小雪	4	4	4	3	3	3	2	2	2	1	1	1	1
대운 여	10		1	1	1	1	2	2	2	3	3	3	4	4	4	5		5	6	6	6	7	7	7	8	8	8	9	9	9

十一月小　　月建 甲子　　四綠

대설 음 11/1 양 12/6 오후 7시59분 ● 동지 음 11/16 양 12/21 오후 2시1분

음력	1	2	3	4	5	6	7	8	9	10	11	12	13	14	15	16	17	18	19	20	21	22	23	24	25	26	27	28	29
양력	12/6	7	8	9	10	11	12	13	14	15	16	17	18	19	20	21	22	23	24	25	26	27	28	29	30	31	1/1	2	3
요일	일	월	화	수	목	금	토	일	월	화	수	목	금	토	일	월	화	수	목	금	토	일	월	화	수	목	금	토	일
일진	庚戌	辛亥	壬子	癸丑	甲寅	乙卯	丙辰	丁巳	戊午	己未	庚申	辛酉	壬戌	癸亥	甲子	乙丑	丙寅	丁卯	戊辰	己巳	庚午	辛未	壬申	癸酉	甲戌	乙亥	丙子	丁丑	戊寅
대운 남	大雪	10	9	9	9	8	8	8	7	7	7	6	6	6	5	冬至	5	4	4	4	3	3	3	2	2	2	1	1	1
대운 여		1	1	1	1	2	2	2	3	3	3	4	4	4	5		5	6	6	6	7	7	7	8	8	8	9	9	9

十二月小　　月建 乙丑　　三碧

소한 음 12/2 양 1/5 오전 7시17분 ● 대한 음 12/17 양 1/20 오전 0시40분

음력	1	2	3	4	5	6	7	8	9	10	11	12	13	14	15	16	17	18	19	20	21	22	23	24	25	26	27	28	29
양력	1/4	5	6	7	8	9	10	11	12	13	14	15	16	17	18	19	20	21	22	23	24	25	26	27	28	29	30	31	2/1
요일	월	화	수	목	금	토	일	월	화	수	목	금	토	일	월	화	수	목	금	토	일	월	화	수	목	금	토	일	월
일진	己卯	庚辰	辛巳	壬午	癸未	甲申	乙酉	丙戌	丁亥	戊子	己丑	庚寅	辛卯	壬辰	癸巳	甲午	乙未	丙申	丁酉	戊戌	己亥	庚子	辛丑	壬寅	癸卯	甲辰	乙巳	丙午	丁未
대운 남	1	小寒	9	9	9	8	8	8	7	7	7	6	6	6	5	5	大寒	4	4	4	3	3	3	2	2	2	1	1	1
대운 여	10		1	1	1	1	2	2	2	3	3	3	4	4	4	5		5	6	6	6	7	7	7	8	8	8	9	9

2049년 | 단기 4382년 # 己巳年 **四日得辛 九龍治水**

東 大將軍　東 三殺　卯 吊客　未 喪門　納音五行 大林木

正月大　月建 丙寅　二黑

입춘 음 1/2 양 2/3 오후 6시52분 ● 우수 음 1/17 양 2/18 오후 2시41분

음력	1	2	3	4	5	6	7	8	9	10	11	12	13	14	15	16	17	18	19	20	21	22	23	24	25	26	27	28	29	30
양력	2/2	3	4	5	6	7	8	9	10	11	12	13	14	15	16	17	18	19	20	21	22	23	24	25	26	27	28	3/1	2	3
요일	화	수	목	금	토	일	월	화	수	목	금	토	일	월	화	수	목	금	토	일	월	화	수	목	금	토	일	월	화	수
일진	戊申	己酉	庚戌	辛亥	壬子	癸丑	甲寅	乙卯	丙辰	丁巳	戊午	己未	庚申	辛酉	壬戌	癸亥	甲子	乙丑	丙寅	丁卯	戊辰	己巳	庚午	辛未	壬申	癸酉	甲戌	乙亥	丙子	丁丑
대운 남	1	立	1	1	1	1	2	2	2	3	3	3	4	4	4	5	雨	5	6	6	6	7	7	7	8	8	8	9	9	9
대운 여	9	春	10	9	9	9	8	8	8	7	7	7	6	6	6	5	水	5	4	4	4	3	3	3	2	2	2	1	1	1

二月小　月建 丁卯　一白

경칩 음 2/2 양 3/5 오후 12시41분 ● 춘분 음 2/17 양 3/20 오후 1시27분

음력	1	2	3	4	5	6	7	8	9	10	11	12	13	14	15	16	17	18	19	20	21	22	23	24	25	26	27	28	29	
양력	3/4	5	6	7	8	9	10	11	12	13	14	15	16	17	18	19	20	21	22	23	24	25	26	27	28	29	30	31	4/1	
요일	목	금	토	일	월	화	수	목	금	토	일	월	화	수	목	금	토	일	월	화	수	목	금	토	일	월	화	수	목	
일진	戊寅	己卯	庚辰	辛巳	壬午	癸未	甲申	乙酉	丙戌	丁亥	戊子	己丑	庚寅	辛卯	壬辰	癸巳	甲午	乙未	丙申	丁酉	戊戌	己亥	庚子	辛丑	壬寅	癸卯	甲辰	乙巳	丙午	
대운 남	10	驚	1	1	1	1	2	2	2	3	3	3	4	4	4	5	春	5	6	6	6	7	7	7	8	8	8	9	9	
대운 여	1	蟄	10	9	9	9	8	8	8	7	7	7	6	6	6	5	分	5	4	4	4	3	3	3	2	2	2	1	1	

三月大　月建 戊辰　九紫

청명 음 3/3 양 4/4 오후 5시13분 ● 곡우 음 3/19 양 4/20 오전 0시12분

음력	1	2	3	4	5	6	7	8	9	10	11	12	13	14	15	16	17	18	19	20	21	22	23	24	25	26	27	28	29	30
양력	4/2	3	4	5	6	7	8	9	10	11	12	13	14	15	16	17	18	19	20	21	22	23	24	25	26	27	28	29	30	5/1
요일	금	토	일	월	화	수	목	금	토	일	월	화	수	목	금	토	일	월	화	수	목	금	토	일	월	화	수	목	금	토
일진	丁未	戊申	己酉	庚戌	辛亥	壬子	癸丑	甲寅	乙卯	丙辰	丁巳	戊午	己未	庚申	辛酉	壬戌	癸亥	甲子	乙丑	丙寅	丁卯	戊辰	己巳	庚午	辛未	壬申	癸酉	甲戌	乙亥	丙子
대운 남	9	10	清	1	1	1	1	2	2	2	3	3	3	4	4	4	5	5	穀	6	6	6	7	7	7	8	8	8	9	9
대운 여	1	1	明	10	10	9	9	9	8	8	8	7	7	7	6	6	6	5	雨	5	4	4	4	3	3	3	2	2	2	1

四月小　月建 己巳　八白

입하 음 4/4 양 5/5 오전 10시11분 ● 소만 음 4/19 양 5/20 오후 11시2분

음력	1	2	3	4	5	6	7	8	9	10	11	12	13	14	15	16	17	18	19	20	21	22	23	24	25	26	27	28	29	
양력	5/2	3	4	5	6	7	8	9	10	11	12	13	14	15	16	17	18	19	20	21	22	23	24	25	26	27	28	29	30	
요일	일	월	화	수	목	금	토	일	월	화	수	목	금	토	일	월	화	수	목	금	토	일	월	화	수	목	금	토	일	
일진	丁丑	戊寅	己卯	庚辰	辛巳	壬午	癸未	甲申	乙酉	丙戌	丁亥	戊子	己丑	庚寅	辛卯	壬辰	癸巳	甲午	乙未	丙申	丁酉	戊戌	己亥	庚子	辛丑	壬寅	癸卯	甲辰	乙巳	
대운 남	9	10	10	立	1	1	1	1	2	2	2	3	3	3	4	4	4	5	小	5	6	6	6	7	7	7	8	8	8	
대운 여	1	1	1	夏	10	10	9	9	9	8	8	8	7	7	7	6	6	6	滿	5	5	4	4	4	3	3	3	2	2	

五月大　月建 庚午　七赤

망종 음 5/6 양 6/5 오후 2시2분 ● 하지 음 5/22 양 6/21 오전 6시46분

음력	1	2	3	4	5	6	7	8	9	10	11	12	13	14	15	16	17	18	19	20	21	22	23	24	25	26	27	28	29	30
양력	5/31	6/1	2	3	4	5	6	7	8	9	10	11	12	13	14	15	16	17	18	19	20	21	22	23	24	25	26	27	28	29
요일	월	화	수	목	금	토	일	월	화	수	목	금	토	일	월	화	수	목	금	토	일	월	화	수	목	금	토	일	월	화
일진	丙午	丁未	戊申	己酉	庚戌	辛亥	壬子	癸丑	甲寅	乙卯	丙辰	丁巳	戊午	己未	庚申	辛酉	壬戌	癸亥	甲子	乙丑	丙寅	丁卯	戊辰	己巳	庚午	辛未	壬申	癸酉	甲戌	乙亥
대운 남	9	9	9	10	10	芒	1	1	1	1	2	2	2	3	3	3	4	4	4	5	5	夏	6	6	6	7	7	7	8	8
대운 여	2	1	1	1	1	種	10	10	10	9	9	9	8	8	8	7	7	7	6	6	6	至	5	5	4	4	4	3	3	3

六月大　月建 辛未　六白

소서 음 6/8 양 7/7 오전 0시7분 ● 대서 음 6/23 양 7/22 오후 5시35분

음력	1	2	3	4	5	6	7	8	9	10	11	12	13	14	15	16	17	18	19	20	21	22	23	24	25	26	27	28	29	30
양력	6/30	7/1	2	3	4	5	6	7	8	9	10	11	12	13	14	15	16	17	18	19	20	21	22	23	24	25	26	27	28	29
요일	수	목	금	토	일	월	화	수	목	금	토	일	월	화	수	목	금	토	일	월	화	수	목	금	토	일	월	화	수	목
일진	丙子	丁丑	戊寅	己卯	庚辰	辛巳	壬午	癸未	甲申	乙酉	丙戌	丁亥	戊子	己丑	庚寅	辛卯	壬辰	癸巳	甲午	乙未	丙申	丁酉	戊戌	己亥	庚子	辛丑	壬寅	癸卯	甲辰	乙巳
대운 남	8	9	9	9	10	10	10	小	1	1	1	1	2	2	2	3	3	3	4	4	4	5	大	5	6	6	6	7	7	7
대운 여	2	2	2	1	1	1	1	暑	10	10	9	9	9	8	8	8	7	7	7	6	6	6	暑	5	5	4	4	4	3	3

七月小　月建 壬申　五黃

입추 음 7/9 양 8/7 오전 9시56분 ● 처서 음 7/25 양 8/23 오전 0시46분

음력		1	2	3	4	5	6	7	8	9	10	11	12	13	14	15	16	17	18	19	20	21	22	23	24	25	26	27	28	29
양력		7/30	31	8/1	2	3	4	5	6	7	8	9	10	11	12	13	14	15	16	17	18	19	20	21	22	23	24	25	26	27
요일		금	토	일	월	화	수	목	금	토	일	월	화	수	목	금	토	일	월	화	수	목	금	토	일	월	화	수	목	금
일진		丙午	丁未	戊申	己酉	庚戌	辛亥	壬子	癸丑	甲寅	乙卯	丙辰	丁巳	戊午	己未	庚申	辛酉	壬戌	癸亥	甲子	乙丑	丙寅	丁卯	戊辰	己巳	庚午	辛未	壬申	癸酉	甲戌
대운	남	8	8	8	9	9	9	10	10	立	1	1	1	1	2	2	2	3	3	3	4	4	4	5	5	處	6	6	6	7
	여	3	2	2	2	1	1	1	1	秋	10	10	9	9	9	8	8	8	7	7	7	6	6	6	5	暑	5	4	4	4

八月大　月建 癸酉　四綠

백로 음 8/11 양 9/7 오후 1시4분 ● 추분 음 8/26 양 9/22 오후 10시41분

음력		1	2	3	4	5	6	7	8	9	10	11	12	13	14	15	16	17	18	19	20	21	22	23	24	25	26	27	28	29	30
양력		8/28	29	30	31	9/1	2	3	4	5	6	7	8	9	10	11	12	13	14	15	16	17	18	19	20	21	22	23	24	25	26
요일		토	일	월	화	수	목	금	토	일	월	화	수	목	금	토	일	월	화	수	목	금	토	일	월	화	수	목	금	토	일
일진		乙亥	丙子	丁丑	戊寅	己卯	庚辰	辛巳	壬午	癸未	甲申	乙酉	丙戌	丁亥	戊子	己丑	庚寅	辛卯	壬辰	癸巳	甲午	乙未	丙申	丁酉	戊戌	己亥	庚子	辛丑	壬寅	癸卯	甲辰
대운	남	7	7	8	8	8	9	9	9	10	10	白	1	1	1	1	2	2	2	3	3	3	4	4	4	5	秋	5	6	6	6
	여	3	3	3	2	2	2	1	1	1	1	露	10	10	9	9	9	8	8	8	7	7	7	6	6	6	分	5	5	4	4

九月大　月建 甲戌　三碧

한로 음 9/12 양 10/8 오전 5시3분 ● 상강 음 9/27 양 10/23 오전 8시24분

음력		1	2	3	4	5	6	7	8	9	10	11	12	13	14	15	16	17	18	19	20	21	22	23	24	25	26	27	28	29	30
양력		9/27	28	29	30	10/1	2	3	4	5	6	7	8	9	10	11	12	13	14	15	16	17	18	19	20	21	22	23	24	25	26
요일		월	화	수	목	금	토	일	월	화	수	목	금	토	일	월	화	수	목	금	토	일	월	화	수	목	금	토	일	월	화
일진		乙巳	丙午	丁未	戊申	己酉	庚戌	辛亥	壬子	癸丑	甲寅	乙卯	丙辰	丁巳	戊午	己未	庚申	辛酉	壬戌	癸亥	甲子	乙丑	丙寅	丁卯	戊辰	己巳	庚午	辛未	壬申	癸酉	甲戌
대운	남	7	7	7	8	8	8	9	9	9	10	10	寒	1	1	1	1	2	2	2	3	3	3	4	4	4	5	霜	5	6	6
	여	4	3	3	3	2	2	2	1	1	1	1	露	10	9	9	9	8	8	8	7	7	7	6	6	6	5	降	5	4	4

十月小　月建 乙亥　二黑

입동 음 10/12 양 11/7 오전 8시37분 ● 소설 음 10/27 양 11/22 오전 6시18분

음력		1	2	3	4	5	6	7	8	9	10	11	12	13	14	15	16	17	18	19	20	21	22	23	24	25	26	27	28	29
양력		10/27	28	29	30	31	11/1	2	3	4	5	6	7	8	9	10	11	12	13	14	15	16	17	18	19	20	21	22	23	24
요일		수	목	금	토	일	월	화	수	목	금	토	일	월	화	수	목	금	토	일	월	화	수	목	금	토	일	월	화	수
일진		乙亥	丙子	丁丑	戊寅	己卯	庚辰	辛巳	壬午	癸未	甲申	乙酉	丙戌	丁亥	戊子	己丑	庚寅	辛卯	壬辰	癸巳	甲午	乙未	丙申	丁酉	戊戌	己亥	庚子	辛丑	壬寅	癸卯
대운	남	6	7	7	7	8	8	8	9	9	9	10	立	1	1	1	1	2	2	2	3	3	3	4	4	4	5	小	5	6
	여	4	3	3	3	2	2	2	1	1	1	1	冬	10	9	9	9	8	8	8	7	7	7	6	6	6	5	雪	5	4

十一月大　月建 丙子　一白

대설 음 11/13 양 12/7 오전 1시45분 ● 동지 음 11/27 양 12/21 오후 7시51분

음력		1	2	3	4	5	6	7	8	9	10	11	12	13	14	15	16	17	18	19	20	21	22	23	24	25	26	27	28	29	30
양력		11/25	26	27	28	29	30	12/1	2	3	4	5	6	7	8	9	10	11	12	13	14	15	16	17	18	19	20	21	22	23	24
요일		목	금	토	일	월	화	수	목	금	토	일	월	화	수	목	금	토	일	월	화	수	목	금	토	일	월	화	수	목	금
일진		甲辰	乙巳	丙午	丁未	戊申	己酉	庚戌	辛亥	壬子	癸丑	甲寅	乙卯	丙辰	丁巳	戊午	己未	庚申	辛酉	壬戌	癸亥	甲子	乙丑	丙寅	丁卯	戊辰	己巳	庚午	辛未	壬申	癸酉
대운	남	6	6	7	7	7	8	8	8	9	9	9	10	大	1	1	1	1	2	2	2	3	3	3	4	4	4	冬	5	5	6
	여	4	4	3	3	3	2	2	2	1	1	1	1	雪	9	9	9	8	8	8	7	7	7	6	6	6	5	至	5	4	4

十二月小　月建 丁丑　九紫

소한 음 12/12 양 1/5 오후 1시6분 ● 대한 음 12/27 양 1/20 오전 6시32분

음력		1	2	3	4	5	6	7	8	9	10	11	12	13	14	15	16	17	18	19	20	21	22	23	24	25	26	27	28	29
양력		12/25	26	27	28	29	30	31	1/1	2	3	4	5	6	7	8	9	10	11	12	13	14	15	16	17	18	19	20	21	22
요일		토	일	월	화	수	목	금	토	일	월	화	수	목	금	토	일	월	화	수	목	금	토	일	월	화	수	목	금	토
일진		甲戌	乙亥	丙子	丁丑	戊寅	己卯	庚辰	辛巳	壬午	癸未	甲申	乙酉	丙戌	丁亥	戊子	己丑	庚寅	辛卯	壬辰	癸巳	甲午	乙未	丙申	丁酉	戊戌	己亥	庚子	辛丑	壬寅
대운	남	6	6	7	7	7	8	8	8	9	9	9	小	1	1	1	1	2	2	2	3	3	3	4	4	4	5	大	5	6
	여	4	3	3	3	2	2	2	1	1	1	1	寒	10	9	9	9	8	8	8	7	7	7	6	6	6	5	寒	5	4

2050년 | 단기 4383년　庚午年　九日得辛 二龍治水

東 大將軍　北 三殺　辰 吊客　申 喪門　納音五行 路傍土

正月大　月建 戊寅　八白

입춘 음 1/13 양 2/4 오전 0시42분 · 우수 음 1/27 양 2/18 오후 8시33분

음력	1	2	3	4	5	6	7	8	9	10	11	12	13	14	15	16	17	18	19	20	21	22	23	24	25	26	27	28	29	30
양력	1/23	24	25	26	27	28	29	30	31	2/1	2	3	4	5	6	7	8	9	10	11	12	13	14	15	16	17	18	19	20	21
요일	일	월	화	수	목	금	토	일	월	화	수	목	금	토	일	월	화	수	목	금	토	일	월	화	수	목	금	토	일	월
일진	癸卯	甲辰	乙巳	丙午	丁未	戊申	己酉	庚戌	辛亥	壬子	癸丑	甲寅	乙卯	丙辰	丁巳	戊午	己未	庚申	辛酉	壬戌	癸亥	甲子	乙丑	丙寅	丁卯	戊辰	己巳	庚午	辛未	壬申
대운 남	6	6	7	7	7	8	8	8	9	9	9	10	立	9	9	9	8	8	8	7	7	7	6	6	6	5	雨	5	4	4
대운 여	4	4	3	3	3	2	2	2	1	1	1	1	春	1	1	1	1	2	2	2	3	3	3	4	4	4	水	5	5	6

二月小　月建 己卯　七赤

경칩 음 2/12 양 3/5 오후 6시31분 · 춘분 음 2/27 양 3/20 오후 7시18분

음력	1	2	3	4	5	6	7	8	9	10	11	12	13	14	15	16	17	18	19	20	21	22	23	24	25	26	27	28	29
양력	2/22	23	24	25	26	27	28	3/1	2	3	4	5	6	7	8	9	10	11	12	13	14	15	16	17	18	19	20	21	22
요일	화	수	목	금	토	일	월	화	수	목	금	토	일	월	화	수	목	금	토	일	월	화	수	목	금	토	일	월	화
일진	癸酉	甲戌	乙亥	丙子	丁丑	戊寅	己卯	庚辰	辛巳	壬午	癸未	甲申	乙酉	丙戌	丁亥	戊子	己丑	庚寅	辛卯	壬辰	癸巳	甲午	乙未	丙申	丁酉	戊戌	己亥	庚子	辛丑
대운 남	4	3	3	3	2	2	2	1	1	1	1	驚	10	9	9	9	8	8	8	7	7	7	6	6	6	5	春	5	4
대운 여	6	6	7	7	7	8	8	8	9	9	9	蟄	1	1	1	1	2	2	2	3	3	3	4	4	4	5	分	5	6

三月小　月建 庚辰　六白

청명 음 3/13 양 4/4 오후 11시2분 · 곡우 음 3/29 양 4/20 오전 6시1분

음력	1	2	3	4	5	6	7	8	9	10	11	12	13	14	15	16	17	18	19	20	21	22	23	24	25	26	27	28	29
양력	3/23	24	25	26	27	28	29	30	31	4/1	2	3	4	5	6	7	8	9	10	11	12	13	14	15	16	17	18	19	20
요일	수	목	금	토	일	월	화	수	목	금	토	일	월	화	수	목	금	토	일	월	화	수	목	금	토	일	월	화	수
일진	壬寅	癸卯	甲辰	乙巳	丙午	丁未	戊申	己酉	庚戌	辛亥	壬子	癸丑	甲寅	乙卯	丙辰	丁巳	戊午	己未	庚申	辛酉	壬戌	癸亥	甲子	乙丑	丙寅	丁卯	戊辰	己巳	庚午
대운 남	4	4	3	3	3	2	2	2	1	1	1	1	淸	10	10	9	9	9	8	8	8	7	7	7	6	6	6	5	穀
대운 여	6	6	7	7	7	8	8	8	9	9	9	10	明	1	1	1	1	2	2	2	3	3	3	4	4	4	5	5	雨

閏三月大

입하 음 윤3/15 양 5/5 오후 4시0분

음력	1	2	3	4	5	6	7	8	9	10	11	12	13	14	15	16	17	18	19	20	21	22	23	24	25	26	27	28	29	30
양력	4/21	22	23	24	25	26	27	28	29	30	5/1	2	3	4	5	6	7	8	9	10	11	12	13	14	15	16	17	18	19	20
요일	목	금	토	일	월	화	수	목	금	토	일	월	화	수	목	금	토	일	월	화	수	목	금	토	일	월	화	수	목	금
일진	辛未	壬申	癸酉	甲戌	乙亥	丙子	丁丑	戊寅	己卯	庚辰	辛巳	壬午	癸未	甲申	乙酉	丙戌	丁亥	戊子	己丑	庚寅	辛卯	壬辰	癸巳	甲午	乙未	丙申	丁酉	戊戌	己亥	庚子
대운 남	5	4	4	4	3	3	3	2	2	2	1	1	1	1	立	10	10	9	9	9	8	8	8	7	7	7	6	6	6	5
대운 여	6	6	6	7	7	7	8	8	8	9	9	9	10	10	夏	1	1	1	1	2	2	2	3	3	3	4	4	4	5	5

四月小　月建 辛巳　五黃

소만 음 4/1 양 5/21 오전 4시49분 · 망종 음 4/16 양 6/5 오후 7시53분

음력	1	2	3	4	5	6	7	8	9	10	11	12	13	14	15	16	17	18	19	20	21	22	23	24	25	26	27	28	29
양력	5/21	22	23	24	25	26	27	28	29	30	31	6/1	2	3	4	5	6	7	8	9	10	11	12	13	14	15	16	17	18
요일	토	일	월	화	수	목	금	토	일	월	화	수	목	금	토	일	월	화	수	목	금	토	일	월	화	수	목	금	토
일진	辛丑	壬寅	癸卯	甲辰	乙巳	丙午	丁未	戊申	己酉	庚戌	辛亥	壬子	癸丑	甲寅	乙卯	丙辰	丁巳	戊午	己未	庚申	辛酉	壬戌	癸亥	甲子	乙丑	丙寅	丁卯	戊辰	己巳
대운 남	小	5	4	4	4	3	3	3	2	2	2	1	1	1	1	芒	10	10	10	9	9	9	8	8	8	7	7	7	6
대운 여	滿	6	6	6	7	7	7	8	8	8	9	9	9	10	10	種	1	1	1	1	2	2	2	3	3	3	4	4	4

五月大　月建 壬午　四綠

하지 음 5/3 양 6/21 오후 12시31분 · 소서 음 5/19 양 7/7 오전 6시0분

음력	1	2	3	4	5	6	7	8	9	10	11	12	13	14	15	16	17	18	19	20	21	22	23	24	25	26	27	28	29	30
양력	6/19	20	21	22	23	24	25	26	27	28	29	30	7/1	2	3	4	5	6	7	8	9	10	11	12	13	14	15	16	17	18
요일	일	월	화	수	목	금	토	일	월	화	수	목	금	토	일	월	화	수	목	금	토	일	월	화	수	목	금	토	일	월
일진	庚午	辛未	壬申	癸酉	甲戌	乙亥	丙子	丁丑	戊寅	己卯	庚辰	辛巳	壬午	癸未	甲申	乙酉	丙戌	丁亥	戊子	己丑	庚寅	辛卯	壬辰	癸巳	甲午	乙未	丙申	丁酉	戊戌	己亥
대운 남	6	6	夏	5	5	4	4	4	3	3	3	2	2	2	1	1	1	1	小	10	10	9	9	9	8	8	8	7	7	7
대운 여	5	5	至	6	6	6	7	7	7	8	8	8	9	9	9	10	10	10	暑	1	1	1	1	2	2	2	3	3	3	4

六月小　月建 癸未　三碧

대서 음 6/4 양 7/22 오후 11시20분　입추 음 6/20 양 8/7 오후 3시51분

음력	1	2	3	4	5	6	7	8	9	10	11	12	13	14	15	16	17	18	19	20	21	22	23	24	25	26	27	28	29
양력	7/19	20	21	22	23	24	25	26	27	28	29	30	31	8/1	2	3	4	5	6	7	8	9	10	11	12	13	14	15	16
요일	화	수	목	금	토	일	월	화	수	목	금	토	일	월	화	수	목	금	토	일	월	화	수	목	금	토	일	월	화
일진	庚子	辛丑	壬寅	癸卯	甲辰	乙巳	丙午	丁未	戊申	己酉	庚戌	辛亥	壬子	癸丑	甲寅	乙卯	丙辰	丁巳	戊午	己未	庚申	辛酉	壬戌	癸亥	甲子	乙丑	丙寅	丁卯	戊辰
대운 남	6	6	6	大	5	5	4	4	4	3	3	3	2	2	2	1	1	1	1	立	10	10	9	9	9	8	8	8	7
대운 여	4	4	5	暑	5	6	6	6	7	7	7	8	8	8	9	9	9	10	10	秋	1	1	1	1	2	2	2	3	3

七月大　月建 甲申　二黑

처서 음 7/7 양 8/23 오전 6시31분　백로 음 7/22 양 9/7 오후 6시59분

음력	1	2	3	4	5	6	7	8	9	10	11	12	13	14	15	16	17	18	19	20	21	22	23	24	25	26	27	28	29	30
양력	8/17	18	19	20	21	22	23	24	25	26	27	28	29	30	31	9/1	2	3	4	5	6	7	8	9	10	11	12	13	14	15
요일	수	목	금	토	일	월	화	수	목	금	토	일	월	화	수	목	금	토	일	월	화	수	목	금	토	일	월	화	수	목
일진	己巳	庚午	辛未	壬申	癸酉	甲戌	乙亥	丙子	丁丑	戊寅	己卯	庚辰	辛巳	壬午	癸未	甲申	乙酉	丙戌	丁亥	戊子	己丑	庚寅	辛卯	壬辰	癸巳	甲午	乙未	丙申	丁酉	戊戌
대운 남	7	7	6	6	6	5	處	5	4	4	4	3	3	3	2	2	2	1	1	1	1	白	10	10	9	9	9	8	8	8
대운 여	3	4	4	4	5	5	暑	6	6	6	7	7	7	8	8	8	9	9	9	10	10	露	1	1	1	1	2	2	2	3

八月大　月建 乙酉　一白

추분 음 8/8 양 9/23 오전 4시27분　한로 음 8/23 양 10/8 오전 10시59분

음력	1	2	3	4	5	6	7	8	9	10	11	12	13	14	15	16	17	18	19	20	21	22	23	24	25	26	27	28	29	30
양력	9/16	17	18	19	20	21	22	23	24	25	26	27	28	29	30	10/1	2	3	4	5	6	7	8	9	10	11	12	13	14	15
요일	금	토	일	월	화	수	목	금	토	일	월	화	수	목	금	토	일	월	화	수	목	금	토	일	월	화	수	목	금	토
일진	己亥	庚子	辛丑	壬寅	癸卯	甲辰	乙巳	丙午	丁未	戊申	己酉	庚戌	辛亥	壬子	癸丑	甲寅	乙卯	丙辰	丁巳	戊午	己未	庚申	辛酉	壬戌	癸亥	甲子	乙丑	丙寅	丁卯	戊辰
대운 남	7	7	7	6	6	6	5	秋	5	4	4	4	3	3	3	2	2	2	1	1	1	1	寒	10	9	9	9	8	8	8
대운 여	3	3	4	4	4	5	5	分	6	6	6	7	7	7	8	8	8	9	9	9	10	10	露	1	1	1	1	2	2	2

九月小　月建 丙戌　九紫

상강 음 9/8 양 10/23 오후 2시10분　입동 음 9/23 양 11/7 오후 2시32분

음력	1	2	3	4	5	6	7	8	9	10	11	12	13	14	15	16	17	18	19	20	21	22	23	24	25	26	27	28	29
양력	10/16	17	18	19	20	21	22	23	24	25	26	27	28	29	30	31	11/1	2	3	4	5	6	7	8	9	10	11	12	13
요일	일	월	화	수	목	금	토	일	월	화	수	목	금	토	일	월	화	수	목	금	토	일	월	화	수	목	금	토	일
일진	己巳	庚午	辛未	壬申	癸酉	甲戌	乙亥	丙子	丁丑	戊寅	己卯	庚辰	辛巳	壬午	癸未	甲申	乙酉	丙戌	丁亥	戊子	己丑	庚寅	辛卯	壬辰	癸巳	甲午	乙未	丙申	丁酉
대운 남	7	7	7	6	6	6	5	霜	5	4	4	4	3	3	3	2	2	2	1	1	1	1	立	10	9	9	9	8	8
대운 여	3	3	3	4	4	4	5	降	5	6	6	6	7	7	7	8	8	8	9	9	9	10	冬	1	1	1	1	2	2

十月大　月建 丁亥　八白

소설 음 10/9 양 11/22 오후 12시5분　대설 음 10/24 양 12/7 오전 7시40분

음력	1	2	3	4	5	6	7	8	9	10	11	12	13	14	15	16	17	18	19	20	21	22	23	24	25	26	27	28	29	30
양력	11/14	15	16	17	18	19	20	21	22	23	24	25	26	27	28	29	30	12/1	2	3	4	5	6	7	8	9	10	11	12	13
요일	월	화	수	목	금	토	일	월	화	수	목	금	토	일	월	화	수	목	금	토	일	월	화	수	목	금	토	일	월	화
일진	戊戌	己亥	庚子	辛丑	壬寅	癸卯	甲辰	乙巳	丙午	丁未	戊申	己酉	庚戌	辛亥	壬子	癸丑	甲寅	乙卯	丙辰	丁巳	戊午	己未	庚申	辛酉	壬戌	癸亥	甲子	乙丑	丙寅	丁卯
대운 남	8	7	7	7	6	6	6	5	小	5	4	4	4	3	3	3	2	2	2	1	1	1	1	大	9	9	9	8	8	8
대운 여	2	3	3	3	4	4	4	5	雪	5	6	6	6	7	7	7	8	8	8	9	9	9	10	雪	1	1	1	1	2	2

十一月大　月建 戊子　七赤

동지 음 11/9 양 12/22 오전 1시37분　소한 음 11/23 양 1/5 오후 7시1분

음력	1	2	3	4	5	6	7	8	9	10	11	12	13	14	15	16	17	18	19	20	21	22	23	24	25	26	27	28	29	30
양력	12/14	15	16	17	18	19	20	21	22	23	24	25	26	27	28	29	30	31	1/1	2	3	4	5	6	7	8	9	10	11	12
요일	수	목	금	토	일	월	화	수	목	금	토	일	월	화	수	목	금	토	일	월	화	수	목	금	토	일	월	화	수	목
일진	戊辰	己巳	庚午	辛未	壬申	癸酉	甲戌	乙亥	丙子	丁丑	戊寅	己卯	庚辰	辛巳	壬午	癸未	甲申	乙酉	丙戌	丁亥	戊子	己丑	庚寅	辛卯	壬辰	癸巳	甲午	乙未	丙申	丁酉
대운 남	7	7	7	6	6	6	5	5	冬	4	4	4	3	3	3	2	2	2	1	1	1	1	小	10	9	9	9	8	8	8
대운 여	2	3	3	3	4	4	4	5	至	5	6	6	6	7	7	7	8	8	8	9	9	9	寒	1	1	1	1	2	2	2

十二月小　月建 己丑　六白

대한 음 12/8 양 1/20 오후 12시17분　입춘 음 12/23 양 2/4 오전 6시34분

음력	1	2	3	4	5	6	7	8	9	10	11	12	13	14	15	16	17	18	19	20	21	22	23	24	25	26	27	28	29
양력	1/13	14	15	16	17	18	19	20	21	22	23	24	25	26	27	28	29	30	31	2/1	2	3	4	5	6	7	8	9	10
요일	금	토	일	월	화	수	목	금	토	일	월	화	수	목	금	토	일	월	화	수	목	금	토	일	월	화	수	목	금
일진	戊戌	己亥	庚子	辛丑	壬寅	癸卯	甲辰	乙巳	丙午	丁未	戊申	己酉	庚戌	辛亥	壬子	癸丑	甲寅	乙卯	丙辰	丁巳	戊午	己未	庚申	辛酉	壬戌	癸亥	甲子	乙丑	丙寅
대운 남	7	7	7	6	6	6	5	大	5	4	4	4	3	3	3	2	2	2	1	1	1	1	立	10	9	9	9	8	8
대운 여	3	3	3	4	4	4	5	寒	5	6	6	6	7	7	7	8	8	8	9	9	9	10	春	1	1	1	1	2	2

무속탱화도식

巫俗撑畵圖式

삼 불 제 석

호 구 씨

별상님

불사할머니

백마신장
白馬神將

대신할머니

사 해 용 왕
福
福

福
壽
福
壽
칠
성
福
福

산
신

최일장군

명도령
福

오
방
신
장

大 運
大易卦 易術全書

초판 발행 – 1991년 8월 19일
재판 발행 – 1993년 7월 10일
증보판 발행 – 2021년 9월 10일

編著者 – 白 玧
발행인 – 金 東 求
발행처 – 명 문 당(창립 1923년 10월 1일)
서울시 종로구 윤보선길 61(안국동)
우체국 010579-01-000682
전 화 (02) 733-3039, 734-4798
FAX (02) 734-9209
Homepage www.myungmundang.net
E-mail mmdbook1@hanmail.net
등록 1977.11.19. 제1-148호

* 정가 35,000원

ISBN 979-11-91757-16-3 13140